No.1 NATIONAL BESTSELLER

NCERT

CLASS VI-XII

OBJECTIVE

भूगोल एवं पर्यावरण

(GEOGRAPHY & ENVIRONMENT)

No. 1 NATIONAL BESTSELLER

NCERT

CLASS VI-XII

OBJECTIVE

भूगोल एवं पर्यावरण

(GEOGRAPHY & ENVIRONMENT)

डॉ. रणजीत कुमार सिंह, IAS (AIR-49)

प्रकाशक

प्रभात एग्जाम

प्रभात प्रकाशन प्रा. लि. का उपक्रम

4/19 आसफ अली रोड, नई दिल्ली-110002

फोन - 232289555 • 23289666 • 23289777 • हेल्पलाइन/ 7827007777

इ-मेल : prabhatbooks@gmail.com ❖ वेब ठिकाना www.prabhatexam.com

मूल्य

दो सौ पचानवे रुपए

अ.मा.पु.स. 978-93-5488-307-1

मुद्रक

सीता फाईन आर्ट, प्रा॰ लि॰, दिल्ली

★

NCERT OBJECTIVE

BHUGOL EVAM PARYAVARAN

Dr. Ranjit Kumar Singh, IAS (AIR-49)

ISBN 978-93-5488-307-1

₹ 295.00

विषय-सूची

पर्यावरण 1-84

भूगोल

1 सामान्य परिचय

1. निम्नलिखित कथनों पर विचार करें–

1. भारत का सुदूर पश्चिमी बिन्दु लक्षद्वीप द्वीप समूह में स्थित है।

2. भारत का सुदूर पूर्वी बिंदु असम में स्थित है।

3. भारत का अक्षांशीय और देशांतरीय विस्तार लगभग 30 डिग्री है।

उपर्युक्त कथनों में से कौन-सा/से सही है/हैं?

(a) केवल 1 और 2

(b) केवल 2 और 3

(c) केवल 3

(d) 1, 2 और 3

उत्तर (c) भारत का सुदूर पश्चिमी बिन्दु गुजरात राज्य में स्थित है। **इसलिए, कथन 1 गलत है।**

भारत का सुदूर पूर्वी बिन्दु अरुणाचल प्रदेश में स्थित है। **इसलिए, कथन 2 भी गलत है।**

मुख्य भूमि 8°4' से 37.6' उ. अक्षांश और 68°7' पू. और 97°25' पू. देशांतर के बीच विस्तृत है। इस प्रकार भारत का अक्षांशीय और देशांतरीय विस्तार मोटे तौर पर लगभग 30° है। अत: **केवल कथन 3 सही है।**

2. निम्नलिखित नगरों में से कौन-सा नगर भारत के मानचित्र में कर्क रेखा के उत्तर में स्थित है?

(a) आइज़ोल (b) रांची

(c) भोपाल (d) गांधीनगर

उत्तर (a) रांची, भोपाल और गांधीनगर कर्क रेखा के दक्षिण में स्थित है।

3. यदि आप प्रायद्वीपीय भारत में दक्षिण से उत्तर की ओर यात्रा कर रहे हैं, तो निम्नलिखित में से कौन उस सही अनुक्रम को दर्शाता है जिसके अनुसार आप इन पहाड़ियों का अवलोकन करेंगे?

(a) इलायची - अन्नामलाई - नीलगिरि - जावदी

(b) अन्नामलाई - इलायची - नीलगिरि - जावदी

(c) इलायची - नीलगिरि - अन्नामलाई - जावदी

(d) इलायची - नीलगिरि - जावदी - अन्नामलाई

उत्तर (a) **विकल्प a सही क्रम है।**

इलायची पहाड़ियां, भारत की दक्षिणतम पहाड़ी है और दक्षिणी पश्चिमी घाट में दक्षिण-पूर्वी केरल और दक्षिण-पश्चिम तमिलनाडु में स्थित हैं। अन्नामलाई पहाड़ियां इलायची पहाड़ियों के बिल्कुल उत्तर में स्थित है। नीलगिरि की पहाड़ी कर्नाटक और केरल राज्यों के संगम पर तमिलनाडु राज्य के पश्चिमी भाग में स्थित पश्चिमी घाट एवं पूर्वी घाट का मिलन स्थल है।

जावदी पहाड़ियां (जवादी, जवादु पहाड़ियां भी) तमिलनाडु राज्य के उत्तरी भाग में वेल्लोर और तिरुवन्नमलाई जिलों के भागों में फैले पूर्वी घाट का विस्तार है।

4. असम से होकर जाने वाली अक्षांश रेखा निम्नलिखित में से किस अन्य राज्य से भी गुजरती है?

(a) गुजरात (b) राजस्थान

(c) हरियाणा (d) उत्तराखण्ड

उत्तर (b) असम 24 डिग्री अक्षांश के बीच अवस्थित है। इसलिए जो भी अक्षांश असम से होकर गुजरेंगे वे राजस्थान से होकर अवश्य गुजरेंगे क्योंकि यह 23.5 डिग्री से 30 डिग्री के बीच स्थित है। जबकि अन्य तीनों राज्यों के लिए यह कथन सत्य नहीं है।

5. मिजोरम राज्य के संबंध में निम्नलिखित कथनों पर विचार कीजिए–

1. इसे उर्मिल पहाड़ियों (Rolling hills) की भूमि के रूप में जाना जाता है।

2. इसे मोलेसिस बेसिन के रूप में भी जाना जाता है।

उपर्युक्त कथनों में से कौन-सा/से सही है/हैं?

(a) केवल 1

(b) केवल 2

(c) 1 और 2 दोनों

(d) न तो 1 न ही 2

उत्तर (c) **दोनों ही कथन सत्य हैं।** मिजोरम को उर्मिल पहाड़ियों, घाटियों, नदियों तथा झीलों की भूमि के रूप में जाना जाता है। 21 मुख्य पहाड़ियों की शृंखलाएं या विभिन्न ऊंचाइयों की, चोटियाँ इस राज्य के एक से दूसरे सिरे तक फैली हुई हैं, जिससे मैदान यहाँ वहाँ बिखरे हुए हैं। राज्य के पश्चिम में स्थित पहाड़ियों की औसत ऊंचाई लगभग 1000 मीटर (3,281 फीट) है। पूर्व की ओर इनकी ऊंचाई बढ़ती हुई 1,300 मीटर (4,265 फीट) तक पहुँच जाती है। यद्यपि कुछ क्षेत्रों में उच्चतर शृंखलाएं भी हैं जिनकी अधिकतम ऊंचाई 2000 मीटर (6,562 फीट) तक है।

मोलेसिस बेसिन सामान्यत: पहाड़ की तलहटियों की अग्रभूमि में कोमल असंगठित निक्षेपों से बनी हुई है। मिजोरम में ऐसा बहुतायत में पाया जाता है, इसलिए, इसे मोलेसिस बेसिन भी कहा जाता है।

6. भारतीय मानक समय मध्याह्न रेखा के सन्दर्भ में निम्नलिखित कथनों पर विचार कीजिए–

1. यह 82° 30' पूर्व में लिया जाता है क्योंकि यह भारत के देशांतरीय विस्तार को ठीक दो अर्द्धांशों में बांटती है।

2. यह उत्तर प्रदेश, उड़ीसा, छत्तीसगढ़ तथा तेलंगाना राज्यों से होकर गुजरती है।

उपर्युक्त कथनों में से कौन-सा/से सही है/हैं?

(a) केवल 1 (b) केवल 2

(c) 1 और 2 दोनों (d) न तो 1 न ही 2

उत्तर (d) आई.एस.टी. भारत को ठीक दो अर्द्ध देशांतरीय भागों में नहीं बांटती है, बल्कि यह भारत को दो बराबर अर्द्धांशों में विभाजित करने वाली देशांतर रेखा के सबसे समीप है तथा 7°30' के गुणज वाली देशांतर रेखा को ही मानक समय के रूप में अपनाए जाने की परिपाटी है। विशाल देशांतरीय विस्तार वाले बहुत से देशों, जैसे ऑस्ट्रेलिया, में एक से अधिक मानक समय देशांतर रेखाएं होती हैं। आई.एस.टी. तेलंगाना से होकर नहीं गुजरती। यह उत्तर प्रदेश, उड़ीसा, मध्य प्रदेश, छत्तीसगढ़ तथा आंध्र प्रदेश से होकर गुजरती है।

7. निम्नलिखित राज्यों पर विचार कीजिए–

1. मिजोरम 2. मणिपुर

3. त्रिपुरा 4. अरुणाचल प्रदेश

ऊपर दिए गए राज्यों में से किन राज्यों की सीमा म्यांमार के साथ लगती है?

(a) केवल 2 और 4

(b) केवल 1, 2 और 3

(c) केवल 2, 3 और 4

(d) केवल 1, 2 और 4

उत्तर (d) अरुणाचल प्रदेश, मणिपुर तथा मिजोरम की सीमाएं म्यांमार से मिलती हैं। त्रिपुरा की सीमाएं बांग्लादेश से लगती हैं, म्यांमार से नहीं।

8. प्राचीनतम भू-भाग प्रायद्वीपीय भारत निम्नलिखित में से किन देशों के साथ गोंडवाना भूमि का हिस्सा था?

1. दक्षिण अमेरिका

2. ऑस्ट्रेलिया

3. दक्षिण अफ्रीका

4. अन्टार्कटिका

नीचे दिए गए कूट का प्रयोग कर सही उत्तर चुनिए।

(a) केवल 2 और 3

(b) केवल 3

(c) केवल 1, 2 और 3

(d) 1, 2, 3 और 4

उत्तर (d) गोंडवाना भूमि में भारत, ऑस्ट्रेलिया, दक्षिण अफ्रीका, दक्षिण अमेरिका तथा अन्टार्कटिका एक एकल भूखंड के रूप में सम्मिलित थे।

9. भारतीय मानक याम्योत्तर (Meridian), निम्नलिखित में से किन भारतीय राज्यों से होकर गुजरता है?

1. उत्तर प्रदेश 2. मध्य प्रदेश

3. उड़ीसा 4. तमिलनाडु

नीचे दिए गए कूट का प्रयोग कर सही उत्तर का चयन कीजिए।

(a) केवल 1, 2 और 3

(b) केवल 1, 3 और 4

(c) केवल 2 और 4

(d) 1, 2, 3 और 4

उत्तर (d) **1, 2 और 3 सही है।** भारतीय मानक याम्योत्तर (82°30 पूर्वी याम्योत्तर) उत्तर प्रदेश, मध्य प्रदेश, छत्तीसगढ़, उड़ीसा और आंध्र प्रदेश से होकर गुजरता है।

10. जब ग्रीनविच पर रविवार को शाम के 6 बजे हों, तो 105° पूर्व में स्थित स्थान पर दिन और समय क्या होगा?

(a) सोमवार, 1 AM

(b) रविवार, 11 AM

(c) सोमवार, 11 AM

(d) रविवार, 1 PM

उत्तर (a) ग्रीनविच पर समय = 6 बजे अपराह्न

गंतव्य = 105° पूर्व

डिग्री का समय में परिवर्तन

1 घंटे = 15° और 4 मिनट = 1°

इसलिए 105° = 7 घंटे, अर्थात् 1 बजे पूर्वाह्न, सोमवार।

11. यदि आप भारत में कर्क रेखा (23.5° N) के साथ पश्चिम से पूर्व की ओर यात्रा करते हैं, तो आप कितने राज्यों को पार करेंगे?

(a) पांच (b) छह

(c) सात (d) आठ

उत्तर (d) कर्क रेखा (23.5°N) के साथ-साथ चलने पर 8 भारतीय राज्यों को पार किया जायेगा, जो निम्नानुसार हैं (पश्चिम से पूर्व)–

1. गुजरात 2. राजस्थान
3. मध्य प्रदेश 4. छत्तीसगढ़
5. झारखंड 6. पश्चिम बंगाल
7. त्रिपुरा 8. मिजोरम

12. भारतीय मानक समय (IST - 82° 30') के संदर्भ में, निम्नलिखित कथनों पर विचार कीजिए–

1. भारतीय मानक समय याम्योत्तर (IST मेरिडियन) कर्क रेखा को छत्तीसगढ़ राज्य में प्रतिच्छेदित करता है।

2. भारतीय मानक समय (IST) पड़ोसी देश श्रीलंका द्वारा साझा किया जाता है।

3. चायबागान पूर्वोत्तर राज्यों में प्रयुक्त भारत के आधिकारिक डे-लाइट सेविंग टाइम (DST) को संदर्भित करता है।

उपर्युक्त कथनों में से कौन-सा/से सही है/हैं?

(a) केवल 1 और 3

(b) 1, 2 और 3

(c) केवल 1 और 2

(d) केवल 2

उत्तर (d) **कथन 1 सही नहीं है–** 1 सितंबर, 1947 को स्थापित, IST उत्तर प्रदेश में मिर्जापुर के निकट 82.5 डिग्री पूर्वी देशान्तर के साथ समय सारिणी के समान होता है। इस देशांतर के पश्चिम में स्थित राज्यों की पूर्व की तुलना में डे-लाइट (daylight) घंटे अधिक होते हैं। भारतीय मानक समय UTC/GMT से साढ़े पांच घंटे आगे है। भारतीय मानक समय याम्योत्तर कर्क रेखा को मध्य प्रदेश राज्य में प्रतिच्छेदित करता है।

कथन 2 सही है– GMT के संदर्भ में, बिन्दु ग्रीनविच के 82.5 डिग्री पूर्व भारत में इलाहाबाद वेधशाला द्वारा आकलित भारतीय मानक समय के समान करने के लिए 15 अप्रैल, 2006 को श्रीलंका का समय प्रत्यावर्तित किया गया।

कथन 3 सही नहीं है। भारत में कोई आधिकारिक डे-लाइट सेविंग टाइम (DST) नहीं है, हालांकि देश 2000 किलोमीटर पूर्व से पश्चिम तक विस्तारित है। कुछ पूर्वोत्तर राज्यों में दिवालोक बचाने के लिए अलग 'चाय बगान समय' अपनाया गया है।

13. किसी भी स्थान का स्थानीय समय निम्नलिखित में से किसके द्वारा ज्ञात किया जाता है?

(a) मध्याह्न में सिर के ऊपर स्थित सूर्य द्वारा

(b) अक्षांश और देशांतर के प्रतिच्छेदन द्वारा

(c) देशांतर के डिग्री की लम्बाई द्वारा

(d) ध्रुव तारे की स्थिति द्वारा

उत्तर (a) किसी भी स्थान के स्थानीय समय को मध्याह्न काल में सिर के ऊपर स्थित सूर्य द्वारा ज्ञात किया जाता है। भिन्न देशांतर पर स्थित प्रत्येक स्थान का अपना स्थानीय समय होगा। उदाहरण के लिए यदि मुंबई 73 डिग्री पूर्व और दिल्ली 77 डिग्री पूर्व में स्थित है तो एक ही समय पर नई दिल्ली में मध्याह्न के 16 मिनट बाद का समय होगा।

14. अपने पड़ोसी देशों के साथ भारत की सीमाओं के संबंध में निम्नलिखित कथनों पर विचार कीजिए–

1. भारत-म्यांमार की सीमा ब्रह्मपुत्र और इरावदी नदियों के बीच जलविभाजक के रूप में कार्य करती है।

2. भारत द्वारा पाकिस्तान के साथ सबसे लंबी अंतर्राष्ट्रीय सीमा साझा की जाती है।

3. भारत, बाखान गलियारे के माध्यम से अफगानिस्तान के साथ सीमा साझा करता है।

उपर्युक्त कथनों में से कौन-सा/से सही है/हैं?

(a) केवल 1 और 2

(b) केवल 2 और 3

(c) केवल 1

(d) 1, 2 और 3

उत्तर (c) **कथन 1 सही है–** भारत-म्यांमार सीमा ब्रह्मपुत्र और इरावदी नदियों के बीच लगभग जलविभाजक के रूप में भी कार्य करती है। यह सीमारेखा भारत की ओर मिजो पहाड़ियों, मणिपुर और नागालैंड और म्यांमार की ओर

ओर चिन पहाड़ियों, नागा पहाड़ियों और काचिन राज्य के साथ घने वनों से गुजरती है।

कथन 2 सही नहीं है। भारत की बांग्लादेश के साथ सबसे लंबी अंतर्राष्ट्रीय सीमा है। यह 4,096 किमी. लंबी है। यह सीमा रेडक्लिफ लाइन के अंतर्गत निर्धारित की गई थी जिसने भूतपूर्व बंगाल प्रांत को दो भागों में विभाजित कर दिया।

कथन 3 सही है। बाखान गलियारा 350 किलोमीटर लम्बा प्राकृतिक गलियारा है, जो उत्तर पूर्वी अफगानिस्तान को चीन से जोड़ता है साथ ही ताजिकिस्तान और पाकिस्तान को एक-दूसरे से अलग करता है।

15. निम्नलिखित कथनों पर विचार कीजिए–

1. मध्याह्न का सूर्य सभी अक्षांशों पर वर्ष में कम से कम एक बार सिर के ठीक ऊपर होता है।

2. जैसे-जैसे ध्रुवों की ओर जाते हैं, सूर्य की किरणों का नति कोण बढ़ता जाता है।

उपर्युक्त कथनों में से कौन-सा/से सही है/हैं?

(a) केवल 1

(b) केवल 2

(c) 1 और 2 दोनों

(d) न तो 1, न ही 2

उत्तर (d) वर्ष में कम से कम एक बार कर्क रेखा और मकर रेखा के बीच सभी अक्षांशों पर दोपहर का सूर्य एकदम सिर के ऊपर होता है। कर्क रेखा और मकर रेखा से परे किसी भी अक्षांश पर दोपहर का सूर्य कभी सिर से ऊपर नहीं चमकता है। **इसलिए, कथन 1 सही नहीं है।**

ध्रुवों की ओर जाने पर सूर्य की किरणों का नति कोण कम होता जाता है, न कि बढ़ता है। **इसलिए, कथन 2 सही नहीं है।**

16. समताप रेखाओं के संदर्भ में, निम्नलिखित कथनों पर विचार कीजिए–

1. शीतऋतु के दौरान, उत्तरी गोलार्द्ध में ये महासागरों पर उत्तर की ओर विक्षेपित हो जाती हैं।

2. दक्षिणी गोलार्द्ध में ये अक्षांशों के लगभग समानांतर चलती हैं।

3. ये भूमध्य रेखा पर परस्पर एक दूसरे को काटती हैं।

उपर्युक्त कथनों में से कौन-सा/से सही है/हैं?

(a) केवल 1 और 2

(b) केवल 2 और 3

(c) केवल 1 और 3

(d) 1, 2 और 3

उत्तर (a) दक्षिणी गोलार्द्ध की तुलना में उत्तरी गोलार्द्ध में भूभाग का क्षेत्रफल काफी अधिक है। इसलिए, भू-संहति और महासागरीय धाराओं का प्रभाव सुस्पष्ट परिलक्षित होता है। जनवरी में समताप रेखाएं महासागरों के ऊपर उत्तर की ओर और महाद्वीपों के ऊपर दक्षिण की ओर विक्षेपित होती हैं। **इसलिए, कथन 1 सही है।**

दक्षिणी गोलार्द्ध में महासागरों का सुस्पष्ट प्रभाव परिलक्षित होता है। यहां समताप रेखाएं अक्षांशों के लगभग समानांतर होती हैं और उत्तरी गोलार्द्ध की तुलना में तापमान में परिवर्तन उत्तरोतर होता है। 20 डिग्री सेल्सियस, 10 डिग्री सेल्सियस और 0 डिग्री सेल्सियस की समताप रेखाएं क्रमशः 35 डिग्री दक्षिणी, 45 डिग्री दक्षिणी और 60 डिग्री दक्षिणी अक्षांशों के समानांतर चलती हैं। **इसलिए, कथन 2 सही है।**

कभी भी कोई दो समताप रेखाएं एक दूसरे को प्रतिच्छेदित नहीं करती हैं क्योंकि इसका तात्पर्य होगा कि एक ही समय में एक विशेष स्थान के दो अलग-अलग तापमान हैं, जो असंभव है। **इसलिए, कथन 3 सही नहीं है।**

17. वर्ष की विभिन्न समायावधियों में दिन और रात की लंबाई में भिन्नता के लिए निम्नलिखित में से कौन-सा/से कारक उत्तरदायी है?

(a) पृथ्वी का परिक्रमण और कक्षीय समतल (Plane of the ecliptic) पर इसका झुकाव

(b) नत अक्ष पर पृथ्वी का घूर्णन

(c) पृथ्वी का आकार

(d) उत्तरी गोलार्द्ध में भूभाग की अत्यधिक उपस्थिति

उत्तर (a) पृथ्वी के कक्षीय समतल को ऍक्लिप्टिक या प्लेन ऑफ ऍक्लिप्टिक कहा जाता है। पृथ्वी की धुरी के झुकाव के कारण कक्षीय समतल और पृथ्वी की भूमध्य रेखा के मध्य 23.5° का कोण निर्मित होता है। जब उत्तरी गोलार्द्ध सूर्य के विपरीत झुका होता है, तो उत्तरी गोलार्द्ध में सर्दी (दक्षिणी गोलार्ध में गर्मी) होती हैं। पृथ्वी की धुरी के झुकाव के कारण सर्दियों में रातें लम्बी और गर्मियों में दिन लम्बे रहते हैं। भिन्न-भिन्न समय पर दिन और रात की लम्बाई में भिन्नता, पृथ्वी के परिक्रमण और कक्षीय समतल (Plane of the ecliptic) पर झुकाव के कारण होती है।

18. निम्नलिखित कथनों पर विचार कीजिए–

1. उष्णकटिबंधों से परे, सूर्य वर्ष के किसी भी समय कभी भी सिर के ऊपर नहीं होता है।

2. विषुव (Equinox) में, विश्व के सभी भागों में दिन एवं रात बराबर होते हैं

उपर्युक्त कथनों में से कौन-सा/से सही है/हैं?

(a) केवल 1

(b) केवल 2

(c) 1 और 2 दोनों

(d) न तो 1, न ही 2

उत्तर (c) वर्ष के दौरान, पृथ्वी का अक्ष अपने इक्लिप्टिक तल से 66.5 डिग्री पर झुका हुआ है, जिसके कारण सूर्य के चारों ओर पृथ्वी का परिक्रमण दोपहर के सूर्य की ऊंचाई में परिवर्तन लाता है। सूर्य प्रति वर्ष दो दिन भूमध्य रेखा पर उर्ध्वाधर ऊपर होता है। ये दिन सामान्यतः 21 मार्च और 21 सितंबर हैं, हालांकि वर्ष बिल्कुल 365 दिन का न होने के कारण तिथि बदलती रहती है। इन दो दिनों को विषुव कहा जाता है जिसका अर्थ 'बराबर रात्रियां' होता है क्योंकि इन दो दिनों को विश्व के भागों में दिन और रात बराबर होते हैं, **इसलिए, कथन 2 सही है।**

मार्च विषुव के बाद सूर्य उत्तर की ओर जाता हुआ प्रतीत होता है और लगभग 21 जून को कर्क रेखा (23.5 डिग्री उत्तर) पर ऊर्ध्वाधर रूप से ऊपर रहता है। इसे जून या **ग्रीष्म अयनांत** के रूप में जाना जाता है, जब उत्तरी गोलार्द्ध में सबसे लंबा दिन और रात होती है लगभग 22 दिसंबर तक, सूर्य मकर रेखा (23.5 डिग्री दक्षिण) पर सिर के ऊपर होता है। यह शीत अयनांत है, जब दक्षिणी गोलार्द्ध का सबसे लंबा दिन और सबसे छोटी रात होती है। इस प्रकार अयन वृत्त सिर के ऊपर सूर्य की सीमाएं चिह्नित करते हैं, इनसे आगे, सूर्य वर्ष के किसी भी समय कभी सिर के ऊपर नहीं होता है। **इसलिए, कथन 1 सही है।**

19. निम्नलिखित में से कौन-सा/से भारत के विशाल देशांतरीय विस्तार का/के निहितार्थ है/हैं?

1. जलवायु में उष्णकटिबंधीय से लेकर उपोष्ण कटिबंधीय तक भिन्नता।

2. देश के पूर्वी और पश्चिमी छोरों के बीच लगभग दो घंटे का समायांतराल।

नीचे दिए गए कूट का प्रयोग कर सही उत्तर चुनिए–

(a) केवल 1

(b) केवल 2

(c) 1 और 2 दोनों

(d) न तो 1, न ही 2

उत्तर (b) अक्षांश के मान से, यह समझा जाता है कि देश का दक्षिणी भाग उष्णकटिबंध में स्थित है और उत्तरी भाग उपोष्णकटिबंधीय गर्म समशीतोष्ण क्षेत्र में स्थित है। **इसलिए, कथन 1 सही नहीं है।**

देशांतर के मान से, यह बिल्कुल स्पष्ट है कि लगभग 30 डिग्री का अंतर है, जिससे हमारे देश के पूर्वी और पश्चिमी छोर के बीच लगभग दो घंटे का समायांतराल होता है। **इसलिए, कथन 2 सही है।**

20. भारत का अक्षांशीय और देशांतरीय विस्तार मोटे तौर पर लगभग 30 डिग्री है, लेकिन उत्तर से दक्षिण तक नापी गई दूरी पूर्व से पश्चिम तक नापी गई दूरी से काफी अधिक है। क्यों?

(a) दो देशांतरों के बीच की दूरी ध्रुवों की ओर बढ़ती जाती है जबकि दो अक्षांशों के बीच की दूरी ध्रुवों की ओर कम होती जाती है।

(b) दो देशांतरों के बीच की दूरी ध्रुवों की ओर बढ़ती जाती है जबकि दो अक्षांशों के बीच की दूरी सर्वत्र लगभग एक समान रहती है।

(c) दो देशांतरों के बीच की दूरी ध्रुवों की ओर कम होती जाती है, जबकि दो अक्षांशों के बीच की दूरी लगभग सर्वत्र एक समान रहती है।

(d) जहां अक्षांश 0 से 90 डिग्री उत्तर और दक्षिण तक भिन्न-भिन्न होते हैं, वहीं देशांतर 0 से 180 डिग्री पूर्व और पश्चिम तक भिन्न-भिन्न होते हैं।

उत्तर (c) भारत का अक्षांशीय देशांतरीय विस्तार मोटे तौर पर लगभग 30 डिग्री है और उत्तर से दक्षिणी छोर तक नापी गई वास्तविक दूरी 3,214 किलोमीटर है। वहीं पूर्व से पश्चिम तक नापी गई वास्तविक दूरी केवल 2,933 किलोमीटर है। यह अंतर इस तथ्य पर आधारित है कि दो देशांतरों के बीच की दूरी ध्रुवों की ओर कम होती जाती है, जबकि दो अक्षांशों की बीच की दूरी सर्वत्र लगभग समान नही रहती है।

21. जब सूर्य मकर रेखा के ऊपर उर्ध्वाधर चमकता है तो भारत में निम्नलिखित में से कौन-सी परिघटना घटित होती है?

(a) उत्तर-पश्चिमी भारत में उच्च दबाव विकसित हो जाता है।

(b) गंगा के मैदान पर निम्न दबाव विकसित हो जाता है।

(c) प्रायद्वीपीय भारत दक्षिण पश्चिमी व्यापारिक पवनों के प्रभावान्तर्गत आ जाता है।

(d) हिमालय पर पूर्वी जेटधारा।

उत्तर (a) दिसम्बर (22 दिसंबर) के अंत तक, दक्षिणी गोलार्द्ध में सूर्य मकर रेखा के ऊपर उर्ध्वाधर चमकने लगता है। इस ऋतु के मौसम की विशेषता उत्तरी मैदान पर उच्च दबाव की क्षीण स्थिति है।

22. आप मैकमोहन रेखा पर पश्चिम से पूर्व की ओर चल रहे हैं–

1. यदि आप छलांग लगाकर भारतीय पक्ष की ओर वापस आ जाते हैं तो आप स्वयं को सिक्किम में पाएँगे।

2. आपके स्थान से गुजरने वाला अक्षांश नागालैंड और राजस्थान से होकर गुजरेगा।

3. रेखा के साथ-साथ अपनी यात्रा के अंत में आप म्यांमार में पहुँच सकते हैं।

उपर्युक्त कथनों में से कौन-सा/से सही है/हैं?

(a) केवल 1

(b) केवल 1 और 2

(c) केवल 2 और 3

(d) केवल 3

उत्तर (d) मैकमोहन रेखा भारत, भूटान तथा चीन तीनों के मिलन स्थल से भारत, चीन और म्यांमार इन तीनों के मिलन स्थल तक चलती है। यह अरुणाचल प्रदेश राज्य की सीमा के साथ-साथ भारत और चीन के बीच अंतर्राष्ट्रीय सीमा का पूर्वी क्षेत्रक है।

कथन 1 गलत है। यदि आप छलांग लगाकर भारतीय पक्ष की ओर वापस आ जाते हैं तो आप स्वयं को अरुणाचल प्रदेश में पाएंगे।

कथन 2 गलत है। आपके स्थान से गुजरने वाला अक्षांश राजस्थान से पास होगा लेकिन नागालैंड से नहीं।

कथन 3 सही है। रेखा के अंत में भारत, चीन और म्यांमार इन तीनों का संधि स्थल (Tri-junction) है।

23. कर्क रेखा भारत के निम्नलिखित राज्यों में से किससे होकर गुजरती है?

1. राजस्थान 2. बिहार

3. झारखण्ड 4. त्रिपुरा

नीचे दिए गए कूट का प्रयोग कर सही उत्तर चुनिए–

(a) केवल 1, 2 और 3

(b) केवल 1, 3 और 4

(c) केवल 2 और 4

(d) 1, 2, 3 और 4

उत्तर (b) कर्क रेखा बिहार से होकर नहीं गुजरती है। कर्क रेखा-मिजोरम, त्रिपुरा, पश्चिम बंगाल, झारखण्ड, छत्तीसगढ़, मध्यप्रदेश, राजस्थान और गुजरात से होकर गुजरती है।

24. देशांतर और समय के बीच संबंध के संदर्भ में निम्नलिखित कथनों पर विचार कीजिए–

1. जब हम पूर्व की ओर जाते हैं, प्रत्येक 15 डिग्री देशांतर पर, स्थानीय समय 1 घंटा पीछे हो जाता है।

2. जब हम पश्चिम की ओर जाते हैं, प्रत्येक 15 डिग्री देशांतर पर, स्थानीय समय 1 घंटा आगे हो जाता है।

3. ग्रीनविच के पूर्व के स्थानों का समय ग्रीनविच के समय से आगे होता है।

4. ग्रीनविच के पश्चिम के स्थानों का समय ग्रीनविच के समय के पीछे होता है।

उपर्युक्त कथनों में से कौन-सा/से सही है/हैं?

(a) केवल 1 और 3

(b) केवल 3

(c) केवल 3 और 4

(d) केवल 1 और 2

उत्तर (c) पृथ्वी ग्रह की घूर्णन की दिशा पश्चिम से पूर्व की ओर है। यही कारण है कि जब कोई पूर्व की ओर यात्रा करता है, तो प्रत्येक 15 डिग्री देशांतर की दूरी पर, स्थानीय समय 1 घंटे पीछे हो जाता है।

सामान्य नियम यह है कि ग्रीनविच के पूर्व स्थित स्थानों पर समय ग्रीनविच से आगे होता है और ग्रीनविच के पश्चिम स्थित स्थानों का समय ग्रीनविच से पीछे।

25. कार्डामम पहाड़ियाँ जिनकी सीमाओं पर स्थित हैं, वे हैं–

(a) कर्नाटक एवं तमिलनाडु

(b) कर्नाटक एवं केरल

(c) केरल एवं तमिलनाडु

(d) तमिलनाडु एवं आन्ध्र प्रदेश

उत्तर (c) कार्डामम पहाड़ियाँ केरल एवं तमिलनाडु की सीमाओं पर स्थित है। पश्चिमी घाट एवं पूर्वी घाट के दक्षिण में नीलगिरि पहाड़ियाँ मिलती हैं। नीलगिरि की सर्वोच्च चोटी दोडाबेट्टा (2637 मी) है। इसके दक्षिण में पालघाट दर्रा नीलगिरि पहाड़ी एवं अन्नामलाई पहाड़ी को अलग करता है। अन्नामलाई की एक शाखा (उत्तर में) पालनी पहाड़ियाँ एवं दूसरी शाखा कार्डामम (इलायची) की पहाड़ियाँ

(दक्षिण) में हैं। दक्षिण भारत की सबसे ऊँची चोटी अनाईमुडी है, जिसकी ऊँचाई 2696 मी है। यह अन्नामलाई की पहाड़ी पर स्थित है। अनाईमुडी तीन पहाड़ियों का केन्द्र बिन्दु है। यहाँ से तीन पहाड़ीश्रृंखलाएँ तीन दिशाओं में जाती हैं। दक्षिण की ओर इलायची, कार्डामम की पहाड़ियाँ, उत्तर की ओर अन्नामलाई की पहाड़ियाँ तथा उत्तर-पूर्व की ओर पालनी की पहाड़ियाँ हैं।

26. निम्न में से कौन-से कथन राजस्थान के मरुक्षेत्र के लिए सही हैं? सही उत्तर के चयन हेतु नीचे दिए गए कूट का उपयोग कीजिए–

1. यह विश्व का सबसे घना बसा मरुस्थल है।

2. यह लगभग 10,000 वर्ष पुराना है, जिसका कारण अत्यधिक मानवीय हस्तक्षेप रहा है।

3. यहाँ केवल 40 से 60 प्रतिशत क्षेत्र ही कृषि हेतु उपयुक्त है।

4. शुद्ध बोये गए क्षेत्र में वृद्धि के कारण चारागाह क्षेत्र के विस्तार पर कुप्रभाव पड़ा है।

कूट–

(a) 1, 2 और 3 (b) 2, 3 और 4

(c) 1, 2 और 4 (d) 1, 2, 3 और 4

उत्तर (d) राजस्थान का मरुक्षेत्र (थार मरुस्थल) विश्व का सबसे घना बसा मरुस्थल है। यहाँ का जनसंख्या घनत्व 83 व्यक्ति/वर्ग किमी है। यह अनुमानतः 10000 वर्ष पुराना है। यहाँ केवल 40 से 60 प्रतिशत क्षेत्र ही कृषि हेतु उपयुक्त है। सिंचाई सुविधाओं के विकास के फलस्वरूप शुद्ध बोए गए क्षेत्र में वृद्धि के कारण चारागाह क्षेत्र के विस्तार पर कुप्रभाव पड़ा है। **अतः चारों कथन सही हैं।**

27. भारत के किस प्रदेश की सीमाएँ तीन देशों क्रमशः नेपाल, भूटान एवं चीन से मिलती है?

(a) अरुणाचल प्रदेश

(b) मेघालय

(c) पश्चिम बंगाल

(d) सिक्किम

उत्तर (d) सिक्किम प्रदेश की सीमाएँ तीन देशों क्रमशः नेपाल, भूटान एवं चीन से मिलती हैं। सिक्किम एक छोटा पर्वतीय प्रदेश है। उत्तर में यह तिब्बत के पठार, पूर्व में तिब्बत की चुम्बी घाटी और भूटान साम्राज्य, पश्चिम में नेपाल साम्राज्य और दक्षिण में दार्जिलिंग से घिरा है। राज्य का कुल क्षेत्रफल 7,096 वर्ग किमी है और इसका भू-भाग उत्तर से दक्षिण तक 112 किमी तथा पूर्व से पश्चिम तक 64 किमी में फैला है। विश्व की तीसरी सबसे ऊँची चोटी कंचनजंगा इसी प्रदेश में स्थित है।

28. निम्नलिखित में से कौन-से कथन सिक्किम के सम्बन्ध में सही है?

नीचे दिए कूट से सही उत्तर चुनिए–

I. 1975 में यह भारत का अभिन्न अंग बन गया था।

II. इसे वनस्पति शास्त्रियों का स्वर्ग माना जाता है।

III. इसके मुख्य निवासी लेप्चा लोग हैं।

कूट–

(a) केवल I (b) I तथा II

(c) II तथा III (d) I, II तथा III

उत्तर (d) सिक्किम भारतीय संविधान के 38वें संशोधन के बाद 16 मई, 1975 ई॰ को भारत संघ का एक राज्य बना था। भारत संघ का 22वाँ राज्य सिक्किम पूर्वी हिमालय में स्थित एक छोटा-सा पहाड़ी राज्य है। इसके उत्तर में तिब्बत, पश्चिम में नेपाल, पूर्व में भूटान एवं दक्षिण में पश्चिम बंगाल है। यह सम्पूर्ण राज्य पहाड़ी है। इस राज्य की एक-तिहाई भूमि पर साल, महोगनी, सागवान, बाँस और अन्य वृक्षों के घने वन हैं। इस क्षेत्र में पहाड़ 7000 मी॰ से भी अधिक ऊँचे हैं। कंचनजंघा (8579 मी॰) जो विश्व की तीसरी सबसे ऊँची चोटी है, यहीं से प्रारम्भ होती है। यहाँ आर्किड नस्ल के सैकड़ों किस्म के फूलों के पौधे हैं और इसीलिए इसे वनस्पति विज्ञानशास्त्रियों का स्वर्ग कहा जाता है। यहाँ की जनसंख्या में मुख्यतः लेप्चा, भूटिया और इनसे मिलती-जुलती नस्लों के लोग और नेपाली हैं।

29. भारत ने नई सहस्त्राब्दी के सूर्योदय की पहली किरण निम्नलिखित में से किस देशान्तर (Meridian) पर देखी?

(a) 2° 30' पश्चिम

(b) 82° 30' पूर्व

(c) 92° 30' पश्चिम

(d) 92° 30' पूर्व

उत्तर (d) भारत में इस सहस्त्राब्दी का प्रथम सूर्योदय 92° 30' पूर्व देशान्तर पर स्थित ग्रेट अण्डमान के सुप्रसिद्ध स्थल कटचल में देखा गया।

30. कथन (A): उत्तर प्रदेश का पश्चिमी भाग-पूर्वी भाग से अधिक विकसित है।

कारण (R): यह उसकी सामाजिक, आर्थिक एवं व्यवस्थापनात्मक प्रादेशिक विषमताओं को प्रतिबिम्बित करता है।

नीचे दिए गए कूट का प्रयोग करते हुए सही उत्तर चुनिए–

कूट–

(a) A तथा R दोनों सही हैं, तथा R, A की सही व्याख्या है

(b) A तथा R दोनों सही हैं किन्तु R, A की सही व्याख्या नहीं है

(c) A सही है, परन्तु R गलत है

(d) A गलत है, परन्तु R सही है

उत्तर (a) उत्तर प्रदेश का पश्चिमी भाग पूर्वी भाग की अपेक्षा अधिक विकसित है। उत्तर प्रदेश के पश्चिमी भाग में कृषि के अलावा उद्योगों का अधिक विकास हुआ है। जबकि पूर्वी भाग में कृषि तथा उद्योग का विकास नहीं हुआ है। अतः कथन (A) और कारण (R) सही हैं और कारण (R), कथन (A) की सही व्याख्या करता है।

❑❑❑

2 भौतिक विभाजन

1. भारत की सीमा सुरक्षा के संदर्भ में सामरिक महत्व रखने वाली पैंगोंगत्सो झील किस देश की सीमा पर स्थित है?

(a) चीन (b) नेपाल

(c) भूटान (d) म्यांमार

उत्तर (a) लद्दाख में अवस्थित पैंगोंग झील चीन की सीमा पर है। यह भारत और चीन के बीच वास्तविक नियंत्रण रेखा (LAC) इस झील से होकर गुजरती है। हालांकि, दोनों देशों ने अभी तक LAC की सटीक अवस्थिति पर सहमति व्यक्त नहीं की है।

वर्तमान में, भारत झील के लगभग 45 किमी. लंबे पश्चिमी भाग (1/3 भाग) पर नियंत्रण रखता है और शेष पर चीन का नियंत्रण है। यह झील लद्दाख में चुशुल घाटी की ओर जाने वाले मुख्य मार्ग पर स्थित है।

2. उत्तरी भारत की नदियों के विपरीत, प्रायद्वीपीय भारत की नदियाँ नौवहन के लिए उपयुक्त नहीं हैं। इसके लिए निम्नलिखित में से कौन-सा/से प्रमुख कारण है/हैं?

1. प्रायद्वीपीय नदियों की मौसमी प्रवृत्ति

2. उत्तर भारत की नदियों की तुलना में छोटी होना

3. जलप्रपातों की कम संख्या

नीचे दिए गए कूट का प्रयोग कर सही उत्तर चुनिए।

(a) केवल 1

(b) 1, 2 ओर 3

(c) केवल 1 और 2

(d) केवल 2 और 3

उत्तर (c) अंतर्देशीय जलमार्ग, परिवहन का सस्ता साधन हैं और भारी और स्थूलकाय सामग्री ले जाने के लिए उपयुक्त होते हैं। उत्तरी भारत की नदियाँ अंतर्देशीय जलमार्ग नौवहन के लिए अधिक उपयुक्त हैं, लेकिन निम्नलिखित कारणों से प्रायद्वीपीय नदियों में यह विशेषता नहीं पायी जाती हैं–

उत्तर भारत की नदियों की लम्बाई सामान्यत: प्रायद्वीपीय भारत की नदियों की लंबाई की तुलना में अधिक बड़ी होती है, जैसे–गंगा, ब्रह्मपुत्र, सतलुज इत्यादि। प्रायद्वीपीय भारत की नदियों पर जलप्रपातों की संख्या अधिक है।

3. उत्तरी मैदान के संबंध में निम्नलिखित कथनों पर विचार करें–

1. उत्तरी मैदान का सबसे बड़ा भाग खादर नामक नई जलोढ़ मृदा से बना है।

2. खादर गहन कृषि के लिए उपयुक्त नहीं है।

3. नदी धाराएं बांगर पेटी में विलुप्त हो जाती हैं और तराई क्षेत्र में पुनः प्रकट हो जाती हैं।

उपर्युक्त कथनों में से कौन-सा/से सही नहीं है/हैं?

(a) केवल 2

(b) केवल 1 और 2

(c) केवल 2 और 3

(d) 1, 2 और 3

उत्तर (d) **दिए गए सभी कथन गलत हैं।**

उत्तरी मैदान का अधिकांश भाग पुराने जलोढ़ से बना है। यह भाग नदियों के बाढ़ मैदानों के ऊपर स्थित है और छतनुमा दृश्य प्रस्तुत करता है। इस भाग को बांगर के रूप में जाना जाता है।

बाढ़ के मैदानों के नए निक्षेपों को खादर कहा जाता है। लगभग हर साल इसका नवीकरण होने के कारण उपजाऊ होते हैं, इस प्रकार गहन कृषि के लिए आदर्श होते हैं।

पहाड़ों से उतरने के बाद नदियां, शिवालिक की ढलानों के समानांतर स्थित चौड़ाई में लगभग 8 से 16 किलोमीटर की संकीर्ण पेटी में कंकड़ जमा करती हैं। इसे भाबर के रूप में जाना जाता है।

सभी धाराएं इस भाबर पेटी में विलुप्त हो जाती हैं। इस पेटी के दक्षिण में नदियां और धाराएं पुनः प्रकट होती हैं और तराई के रूप में गीले, पंकीय और दलदली क्षेत्र का निर्माण करती है।

4. केन्द्रीय उच्च भूमि के संदर्भ में निम्नलिखित कथनों पर विचार करें–

1. केन्द्रीय उच्चभूमि में बहने वाली नदियों का प्रवाह उत्तर पूर्व से दक्षिण पश्चिम की ओर है।

2. केन्द्रीय उच्चभूमि पश्चिम में चौड़ी लेकिन पूर्व में संकरी है।

3. केन्द्रीय उच्चभूमि में अत्यधिक अनाच्छादित, विच्छिन्न अवशिष्ट पहाड़ियां पाई जाती हैं।

उपर्युक्त कथनों में से कौन-सा/से सही नहीं है/हैं?

(a) केवल 1 ओर 2

(b) केवल 2 और 3

(c) केवल 3

(d) 1, 2 और 3

उत्तर (b) नर्मदा नदी के उत्तर में स्थित प्रायद्वीपीय पठार का भाग जो मालवा पठार के विशाल क्षेत्र के अंतर्गत आता है, केन्द्रीय उच्चभूमि के रूप में जाना जाता है।

कथन 1 गलत है। इस क्षेत्र में बहने वाली नदियां, अर्थात् चंबल, सिंध, बेतवा और केन का प्रवाह दक्षिण-पश्चिम से उत्तर-पूर्व की ओर है।

कथन 2 सही है। केन्द्रीय उच्चभूमि पश्चिम में चौड़ी लेकिन पूर्व में संकरी है। **कथन 3 भी सही है।** अत्यधिक अनाच्छादित, अविच्छिन्न अवशिष्ट पहाड़ियां केन्द्रीय उच्चभूमि में पाई जाती हैं।

5. सूची-I (पर्वत चोटियाँ) से सूची-II (स्थान) सुमेलित करें–

पर्वत चोटी	स्थान
A. सैडल चोटी	1. ग्रेट निकोबार
B. माउंट डायवोलो	2. दक्षिण अंडमान
C. माउंट कोयोब	3. मध्य अंडमान
D. माउंट थुईल्लर	4. उत्तरी अंडमान

नीचे दिए गए कूट का प्रयोग कर सही उत्तर चुनिए–

	A	B	C	D
(a)	4	1	2	3
(b)	3	1	4	2
(c)	3	4	2	1
(d)	4	3	2	1

उत्तर (d) अंडमान और निकोबार द्वीप समूह में स्थित कुछ महत्वपूर्ण पर्वत चोटियां हैं– सैडल शिखर (उत्तरी अंडमान–738 मीटर) माउंट डायावोलो (मध्य अंडमान –515 मीटर), माउंट कोयोब (दक्षिण अंडमान – 460 मीटर) और माउंट थुईल्लर (ग्रेट निकोबार – 642 मीटर)।

6. पूर्व से पश्चिम की ओर जाने पर निम्नलिखित दर्रों के पाए जाने का सही क्रम क्या होगा?

1. बूम ला 2. दिफू दर्रा

3. खार्दूंग ला 4. नाथू ला

नीचे दिए गए कूट का प्रयोग कर सही उत्तर चुनिए।

(a) 2-1-3-4 (b) 1-2-4-3

(c) 2-1-4-3 (d) 2-4-1-3

उत्तर (c) दिफू दर्रा – अरुणाचल प्रदेश में भारत, चीन और म्यांमार के संगम पर अवस्थित है।

बूम ला – अरुणाचल प्रदेश में भूटान के बहुत निकट अवस्थित है।

नाथू ला – यह चुम्बा घाटी के माध्यम से सिक्किम को तिब्बत से जोड़ता है।

खार्दूंग ला – लद्दाख श्रेणी में स्थित है, लेह से सियाचिन बेस जाने वाला सड़क मार्ग, इससे होकर गुजरता है।

7. निम्नलिखित में से आपको 'कश्मीर घाटी' में क्या मिलने की संभावना है?

(a) चारस (b) करेवा

(c) बिल्स (d) बुग्याल

उत्तर (b) उत्तर–पूर्व में हिमालय की मुख्य श्रेणी और दक्षिण में पीर पंजाल श्रेणी से घिरी 'कश्मीर की घाटी' पश्चिमी जम्मू–कश्मीर में स्थित अंतरपर्वतीय घाटी है। करेवा कश्मीर की घाटी में सरोवरी जमाव हैं। इन्हें केसर की खेती के लिए जाना जाता है।

डेल्टा मैदानों में, ऊपर भू–भाग कहलाते हैं और बुग्याल दलदली भूमि अल्पाइन चरागाह भूमि, या उत्तराखंड के भारतीय राज्य में हिमालय के घास के मैदान हैं।

8. निम्नलिखित द्वीपसमूहों में से किससे लैबेरिन्थ और रिची द्वीपसमूह संबंधित हैं?

(a) अंडमान और निकोबार

(b) मन्नार की खाड़ी के द्वीप

(c) लक्षद्वीप

(d) मुंबई हार्बर के द्वीप

उत्तर (a) रिची द्वीपसमूह और भूलभुलैया द्वीप अंडमान और निकोबार द्वीप समूह में दो प्रमुख टापू समूह है। रिची द्वीपसमूह छोटे द्वीपों का समूह है। यह अंडमान द्वीप समूह के मुख्य द्वीप समूह ग्रेट अंडमान से 25-30 किमी (16-19 मील) पूर्व में स्थित है।

9. पश्चिमी घाट के संदर्भ में निम्नलिखित कथनों पर विचार करें–

1. पश्चिमी घाट तुलनात्मक रूप से पूर्वी घाट की तुलना में अधिक ऊंचे और अविच्छिन्न हैं।

2. दक्षिण से उत्तर की ओर ऊंचाई में वृद्धि के साथ इनकी औसत ऊंचाई लगभग 1500 मीटर है।

3. पश्चिमी घाट तापी नदी से लेकर कन्याकुमारी तक फैले हैं।

उपर्युक्त कथनों में से कौन-सा/से सही नहीं है/हैं?

(a) केवल 1 और 2

(b) केवल 1 और 3

(c) केवल 2 और 3

(d) केवल 1, 2 और 3

उत्तर (b) **कथन 1 और 3 सही हैं।** पश्चिमी घाट पूर्वी घाट की तुलना में तुलनात्मक रूप से अधिक ऊंचा और अविच्छिन्न है। उत्तर से दक्षिण की ओर बढ़ती हुई ऊंचाई के साथ इसकी औसत ऊंचाई लगभग 1500 मीटर है। पश्चिमी घाट तापी नदी से लेकर कन्याकुमारी तक फैले हैं।

10. निम्नलिखित युग्मों पर विचार करें–

1. नैनीताल : शिवालिक

2. माउंट आबू : अरावली

3. ऊटी : नीलगिरी की पहाड़ियां

उपर्युक्त युग्मों में से कौन-सा/से सही सुमेलित है/हैं?

(a) केवल 1 और 2

(b) केवल 2 और 3

(c) केवल 3

(d) 1, 2 और 3

उत्तर (b) नैनीताल हिमालय की कुमाऊं की पहाड़ियों में स्थित है, न कि शिवालिक में। माउंट आबू अरावली में और ऊटी नीलगिरि पहाड़ियों में स्थित है।

11. निम्नलिखित युग्मों पर विचार कीजिए–

1. गुरु शिखर : अरावली श्रेणी चोटी

2. बराक : पटकाई बूम

3. नोक्रेक चोटी : बरैल श्रेणी

उपर्युक्त युग्मों में से कौन-सा/से सही सुमेलित है/हैं?

(a) केवल 1

(b) केवल 1 और 3

(c) केवल 2 और 3

(d) 1, 2 और 3

उत्तर (a) गुरु शिखर अरावली शृंखला का उच्चतम बिन्दु है।

वहीं बराक बरैल शृंखला से निकलने वाली नदी है।

नोक्रेक शिखर मेघालय राज्य के गारो पहाड़ी क्षेत्र का उच्चतम बिन्दु है।

12. पूर्वी घाट का सर्वोच्च शिखर है–

(a) अनाइमुडी (b) महेन्द्रगिरि

(c) डोडाबेट्टा (d) अगस्त्यमलाई

उत्तर (b) अनाइमुडी पश्चिमी घाट में सर्वोच्च शिखर है जबकि अगस्त्यमलाई सर्वोच्च नहीं है और पश्चिमी घाट में है। दोडाबेट्टा नीलगिरि पहाड़ियों में सर्वोच्च शिखर है। महेन्द्रगिरि पूर्वी घाट में सर्वोच्च शिखर है।

13. निम्नलिखित में से द्वीपों का कौन-सा युग्म एक दूसरे से ग्रेट चैनल द्वारा अलग है?

(a) अण्डमान और निकोबार

(b) निकोबार और सुमात्रा

(c) अण्डमान और कोको द्वीप

(d) लक्षद्वीप और मालदीव

उत्तर (b) अण्डमान और निकोबार द्वीप दस डिग्री चैनल द्वारा पृथक है। ग्रेट चैनल निकोबार और सुमात्रा द्वीपों को पृथक करता है। कोको चैनल अण्डमान और कोको द्वीप (म्यांमार) को पृथक करता है, आठ डिग्री चैनल लक्षद्वीप और मालदीव को पृथक करता है।

14. भारत के तटीय मैदानों के सन्दर्भ में निम्नलिखित कथनों पर विचार कीजिए–

1. पश्चिमी तटीय मैदान उन्मज्जन तथा पूर्वी तटीय मैदान निमज्जन युक्त प्रकृति के हैं।

2. पश्चिमी तट संकरा है तथा पत्तनों और बंदरगाहों के विकास के लिए प्राकृतिक दशाएं उपलब्ध कराता है।

3. पूर्वी तट चौड़ा है तथा यहाँ डेल्टा का विकास अच्छी तरह से हुआ है।

उपर्युक्त कथनों में से कौन से सही हैं?

(a) केवल 1 और 2
(b) केवल 2 और 3
(c) केवल 1 और 3
(d) 1, 2 और 3

उत्तर (b) पश्चिमी तटीय मैदान भ्रंश-रेखा पर भूखंड के एक भाग के अवतलन के कारण निमग्नता की प्रकृति वाले तट के उदाहरण हैं। खड़ी ऊंचाई (ढाल) वाले पश्चिमी घाट इस भू-खंड के अन्य भाग हैं। पश्चिमी तट अपेक्षाकृत कम चौड़ाई वाले हैं जिससे वे बंदरगाहों के लिए स्वाभाविक दशा उपलब्ध कराते हैं तथा तीव्र गति से बहती हुई नदियों के लिए डेल्टों या मुहानों का निर्माण करते हैं। पूर्वी तट अपेक्षाकृत अधिक चौड़ाई वाले हैं तथा तीव्र गति से बहती हुई नदियों के लिए डेल्टा या मुहानों का निर्माण करते हैं। इस तट पर पत्तनों का निर्माण तथा रख-रखाव खर्चीला होता है। पोतों के लंगर डालने के लिए सतत निकर्षण की आवश्यकता होती है।

15. वृहद हिमालय के सन्दर्भ में निम्नलिखित कथनों पर विचार कीजिए–

1. वृहद हिमालय या 'हिमाद्रि' हिमालय की सबसे बाहरी पर्वतमाला है।

2. वृहद हिमालय के वलय भाग सममितीय प्रकृति के हैं।

उपर्युक्त कथनों में से कौन-सा/से सही है/हैं?

(a) केवल 1
(b) केवल 2
(c) 1 और 2 दोनों
(d) न तो 1 न ही 2

उत्तर (d) हिमालय की सबसे बाहरी शृंखला शिवालिक कहलाती है। सबसे उत्तरी पर्वत शृंखला को वृहद या आंतरिक हिमालय या हिमाद्रि कहा जाता है। **इसलिए, कथन 1 असत्य है।**

वृहद हिमालय के वलित भाग असममितीय प्रकृति के हैं। **इसलिए, कथन 2 भी असत्य है।**

16. सतपुड़ा पर्वतमाला के सन्दर्भ में निम्नलिखित कथनों पर विचार कीजिए–

1. यह पर्वतमाला भारतीय प्रायद्वीपीय खंड की उत्तरी सीमा को निर्धारित करती है।

2. यह प्राचीन वलित पर्वत है।

उपर्युक्त कथनों में से कौन-सा/से सही नहीं है/हैं?

(a) केवल 1
(b) केवल 2
(c) 1 और 2 दोनों
(d) न तो 1, न ही 2

उत्तर (d) प्रायद्वीपीय खंड की उत्तरी सीमा सतपुड़ा पर्वतमाला के थोड़ा उत्तर में गुजरात के कच्छ से लेकर गंगा के डेल्टा तक है। यह सीमा मोटे रूप से यमुना तथा गंगा के समानांतर फैली हुई है। सतपुड़ा पर्वतमाला वलित पर्वतमाला नहीं बल्कि भ्रन्शोत्थ पर्वत हैं।

17. निम्नलिखित सूचियों का मिलान कीजिए–

सूची-I	सूची-II
A. चोस	1. कश्मीर घाटी के झील निक्षेप
B. करेवा	2. पंजाब में हिमालय की तराइयों में छोटी-छोटी जलधाराएं
C. भुर	3. बंगाल के तराई वाले क्षेत्र
D. दुआर	4. ऊपरी गंगा के कुछ भागों में बालुका निक्षेप

नीचे दिए गए कूट का प्रयोग कर सही उत्तर चुनिए–

(a) A-2, B-1, C-3, D-4
(b) A-2, B-1, C-4, D-3
(c) A-3, B-1, C-2, D-4
(d) A-3, B-1, C-4, D-2

उत्तर (b) करेवा कश्मीर घाटी के झील निक्षेप हैं। यहाँ केसर की एक प्रजाति जाफरान की खेती होती है। चोस पंजाब की छोटी-छोटी जलधाराएं होती हैं– ये पहाड़ियों से निकलती हैं तथा मैदानों में जल-जमाव का कारण बनती हैं। दुआर बंगाल, असम तथा भूटान के तराई क्षेत्र हैं। उनकी अर्थव्यवस्था तीन T अर्थात् चाय (टी), लकड़ी (टिम्बर) तथा पर्यटन (टूरिज्म) पर आधारित है।

18. "ये मैदान पश्चिम में छोटानागपुर पठार और पूर्व में गंगा डेल्टा के मध्य स्थित हैं। इन्हें वृहत खनिज भंडारों के लिए जाना जाता है। दामोदर और अजय नदियां इन मैदानों के आस-पास घुमावदार मार्ग (विसर्प) में बहती हैं"।

उपर्युक्त विवरण निम्नलिखित मैदानों में से किससे संबंधित है?

(a) भूर मैदान
(b) राड़ मैदान
(c) बेट भूमि
(d) उत्कल मैदान

उत्तर (b) राड़ क्षेत्र, भारतीय उपमहाद्वीप के पश्चिम में छोटा नागपुर पठार और पूर्व में गंगा डेल्टा के मध्य स्थित एक क्षेत्र है। यह झारखंड, छत्तीसगढ़ और पश्चिम बंगाल के कुछ हिस्सों सहित प्रायद्वीपीय पठार के पूर्वोत्तर हिस्से को समाहित करता है। यह पाट भूमि पठार के रूप में प्रसिद्ध है तथा वृहत खनिज भंडारों के कारण इसे भारत का रूर कहा जाता है।

19. पाट पठार (Atland pateau) के संदर्भ में निम्नलिखित कथनों पर विचार कीजिए–

1. ये छोटा नागपुर पठारी क्षेत्र में पाए जाते हैं।

2. ये कपास और तंबाकू की कृषि के लिए सबसे उपयुक्त हैं।

3. ये प्रायः लेटेराईजेशन की प्रक्रिया से गुजरते हैं।

उपर्युक्त कथनों में से कौन-सा/से सही है/हैं?

(a) केवल 1
(b) केवल 2
(c) केवल 1 और 3
(d) 1, 2 और 3

उत्तर (c) पट, छोटा नागपुर पठार क्षेत्र में लावा से ढके पठार के लिए एक स्थानीय शब्द है। यह लावा दक्कन लावा का ही अंश है, क्योंकि छोटा नागपुर पठार दक्कन पठार का ही एक हिस्सा है। यह लौह खनिज (iron pan) से ढके उच्च भूमि का निर्माण करता है जिसे स्थानीय भाषा में पाट भूमि के नाम से जाना जाता है।

पाट क्षेत्र में मूल रूप से ऐसी चट्टानें हैं जो लेटेराइजेशन की प्रक्रिया से गुजरी हैं अर्थात् चट्टानों (मूल ज्वालामुखी चट्टान) के रासायनिक अपक्षय और निक्षालन (रासायनिक अपक्षय में, जल एक न्यूनीकरण (denuding) एजेंट है) के कारण खड़ी ढलान बन गई हैं जहाँ से जल वाहिकाओं (लघु जल धाराओं) की तीव्र धारा प्रवाहित होती हैं। लेटेराइजेशन की प्रक्रिया सामान्यत: उष्णकटिबंधीय क्षेत्रों में होती है।

20. निम्नलिखित कथनों पर विचार कीजिए–

1. हिमालयी क्षेत्र में उत्तरी ढलानों की तुलना में दक्षिणी ढलानों पर अधिक सघन वनस्पति आवरण है।

2. पश्चिमी घाट के पूर्वी ढलान में वहां के पश्चिमी ढलानों की तुलना में अधिक सघन वनस्पति आवरण है।

उपर्युक्त कथनों में से कौन-सा/से सही है/हैं?

(a) केवल 1
(b) केवल 2
(c) 1 और 2
(d) न तो 1 न ही 2

उत्तर (a) **कथन 1 सही है–** हिमालयी क्षेत्र में दक्षिणी ढलानों में उत्तरी ढलानों की तुलना में अधिक सघन वनस्पति आवरण है।

कथन 2 सही नहीं है– पश्चिमी घाट के पश्चिमी ढलान, पूर्वी ढलानों की तुलना में अधिक सघन वनस्पति से आच्छादित है क्योंकि उनकी अवस्थिति वायु के प्रवाह की दिशा में है जिसके परिणामस्वरूप बहती वायु वर्षा लाकर वनस्पति सघनता को बनाये रखती है।

21. सूची-I में फाल्ट लाइन के साथ सूची-II में पर्वतमाला को सुमेलित कीजिए–

सूची-I		सूची-II
1. मेन सेंट्रल थ्रस्ट	:	हिमालय
2. ग्रेट बाउंड्री फॉल्ट	:	अरावली
3. हाफलौंग थ्रस्ट	:	नागा पहाड़ियाँ

उपर्युक्त युग्मों में से कौन-सा/से सुमेलित है/हैं?

(a) केवल 1 और 2
(b) केवल 1 और 3
(c) केवल 2 और 3
(d) 1, 2 और 3

उत्तर (d) मेन सेन्ट्रल थ्रस्ट– मेन सेन्ट्रल थ्रस्ट हिमालय से संलग्न एक वृहद् भूवैज्ञानिक फॉल्ट है। यहाँ भारतीय प्लेट यूरेशियन प्लेट के नीचे धंस गयी है।

ग्रेट बाउंड्री फाल्ट– यह राजस्थान के बूंदी जिले के सतुर में अवस्थित, पूर्व-अरावली तथा ऊपरी विंध्यन श्रेणियों के मध्य भ्रंशित सीमा है जो NNW-SSE ट्रेंड धारण करती है। यह समानांतर तथा तिरछे भ्रंशों से मिलकर सीढ़ीनुमा ढांचे के रूप में निर्मित एक व्यवधान क्षेत्र को प्रदर्शित करती है।

हाफलोंग थ्रस्ट– दिसांग-नागा-हाफलौंग थ्रस्ट पूर्वोत्तर भारत के भूविज्ञान का एक प्रमुख संरचनात्मक तत्व है। दक्षिण में संपीडन के उपरांत उभरी नागा पहाड़ियाँ तथा ब्रैरल श्रेणी हिमालय के पश्चात एक प्रमुख संरचना का निर्माण करती है।

22. निम्नलिखित कथनों पर विचार कीजिए–

1. पश्चिमी घाट की तुलना में हिमालय में अधिक वनस्पति विविधता है।

2. हिमालय में घास के मैदान हैं जबकि पश्चिमी घाट में घास के मैदान नहीं है।

उपर्युक्त कथनों में से कौन-सा/से सही है/हैं?

(a) केवल 1
(b) केवल 2
(c) 1 और 2 दोनों
(d) न तो 1 न ही 2

उत्तर (a) **कथन 1 सही है।** पहाड़ी क्षेत्रों में, बढ़ती ऊंचाई के साथ तापमान में कमी प्राकृतिक वनस्पति में परिवर्तन इंगित करता है। हिमालय पर्वतमाला में बढ़ती ऊंचाई के साथ उष्णकटिबंधीय से टुंड्रा वनस्पति के अनुक्रमण को दर्शाता है। दक्षिणी पर्वतीय भाग के वन उष्ण कटिबंधीय समतुल्य हैं, और समुद्र स्तर से केवल 1500 मीटर ऊपर हैं, इसलिए पश्चिमी घाट के उपरी क्षेत्रों में शीतोष्ण वनस्पति और निचले क्षेत्रों में उपोष्णकटिबंधीय वनस्पति पाई जाती है, विशेष रूप से केरल, तमिलनाडु और कर्नाटक में।

कथन 2 सही नहीं है। नीलगिरी, अन्नामलाई और पालनी पहाड़ी में शीतोष्ण वनों को शोलास कहा जाता है।

23. निम्न में से कौन-सा पश्चिम से पूर्व की ओर सही क्रम में हैं?

(a) श्रीनगर, अमरनाथ, कारगिल, लेह
(b) कारगिल, श्रीनगर, लेह, अमरनाथ
(c) श्रीनगर, अमरनाथ, लेह, कारगिल
(d) अमरनाथ, श्रीनगर, कारगिल, लेह

उत्तर (a) सही क्रम–श्रीनगर, अमरनाथ, कारगिल, लेह है।

24. भारत के उत्तरी मैदानों के सन्दर्भ में निम्नलिखित में से कौन-सा/से कथन सही है/हैं?

1. ये मूल रूप से भू-सन्नति अवसाद के रूप में विकसित हुए थे।

2. ये भारत की सर्वाधिक युवा भू-आकृतिक विशेषताएं हैं।

3. ये मैदान केवल सिंधु और गंगा नदी तंत्रों द्वारा लाये गए जलोढ़ निक्षेपों से निर्मित हैं।

नीचे दिए गए कूट का प्रयोग कर सही उत्तर का चयन कीजिए–

(a) केवल 1 और 2
(b) केवल 2 और 3
(c) केवल 1
(d) 1, 2 और 3

उत्तर (a) **कथन 1 सही है।** भारत का तीसरा भूवैज्ञानिक विभाजन सिन्धु नदी, गंगा एवं ब्रह्मपुत्र नदियों द्वारा निर्मित मैदानों को शामिल करता है। मूल रूप से, यह एक भू-सन्नत अवनमन था जो लगभग 6.4 करोड़ वर्ष पूर्व हिमालय पर्वत निर्माण के तीसरे चरण में सर्वाधिक विकसित हुआ।

कथन 2 सही है। यह क्रमशः हिमालयी और प्रायद्वीपीय नदियों द्वारा लाये गए अवसाद से भर दिया गया। यह वृहत मैदान आगे बढ़ते प्रायद्वीपीय खंड तथा हिमालय के बीच के गहरे विकृत गर्त को भरने से निर्मित हुआ। यह निक्षेपण महान क्रमिक स्थापन/तल संतुलन की घटना के दौरान उन पर्वतों से निकली नदियों द्वारा लाए गए अवसादों द्वारा संपन्न हुआ। भूवैज्ञानिक तौर पर इस मैदान के अधिकांश भागों का निर्माण प्लीस्टोसीन काल में हुई संरचनाओं से हुआ। इस प्रकार, इस क्षेत्र का धरातलीय निक्षेपण भारत के भू-आकृतिक इतिहास के अंतिम अध्याय से जुड़ा है।

कथन 3 सही नहीं है। उत्तरी मैदान सिंधु, गंगा और ब्रह्मपुत्र नदियों द्वारा लाए गए जलोढ़ निक्षेपों से निर्मित हैं।

25. दून के संदर्भ में, निम्नलिखित कथनों पर विचार कीजिए–

1. ये लघु हिमालय और शिवालिक के बीच स्थित अनुदैर्ध्य घाटियाँ हैं।

2. वे यमुना और गंगा नदी प्रणालियों के बीच एक जल विभाजक का निर्माण करते हैं।

3. वे जई और लीची की खेती के लिए जाने जाते हैं।

उपर्युक्त कथनों में से कौन-सा/से सही है/हैं?

(a) केवल 1
(b) केवल 2
(c) केवल 1 और 2
(d) 1, 2 और 3

उत्तर (d) दून घाटी हिमालय की दो सविराम लघु हिमालय और शिवालिक (Intermittent) पर्वतमाला के बीच स्थित अनुदैर्ध्य घाटियाँ है।

यह चारों तरफ से पर्वतों से घिरा है, इसमें से एक अर्द्ध वित्तीय चाप (केन्द्र में मसूरी) के साथ पश्चिम में पूर्व की सीमा बनाता है और दूसरा दक्षिण की ओर हरिद्वार में पोंटा (Ponta) साहिब की ओर। दून घाटी यमुना और गंगा नदी प्रणालियों के बीच एक जलविभाजक के रूप में कार्य करती है।

वास्तव में यमुना और गंगा नदी दून घाटी के पास एक दूसरे के करीब से गुजरती है। यमुना दून घाटी की पश्चिमी सीमा और गंगा पूर्वी सीमा बनाती है। इन क्षेत्रों में जई, बासमती और लीची की अच्छी खेती की जाती है। यह अगुम्बे (कर्नाटक) से 7 किलोमीटर दूर है और इसकी ऊँचाई 850 फीट है।

26. निम्नलिखित युग्मों पर विचार कीजिए–

जलप्रपात	राज्य
1. बरकीना	: ओडिशा
2. दुदुमा	: आंध्र प्रदेश
3. जोग	: कर्नाटक

उपर्युक्त कथनों में से कौन-सा/से सही है/हैं?

(a) केवल 1 और 2
(b) केवल 1 और 3
(c) केवल 3
(d) 1, 2 और 3

उत्तर (c) बरकीना जलप्रपात (Barkana falls), सीता नदी द्वारा निर्मित है। यह कोरापुट से 92 किलोमीटर दूर है। यह आंध्र प्रदेश और ओडिशा के बीच सीमा का एक हिस्सा निर्मित करता है। यह दक्षिण भारत में सबसे ऊँचे जलप्रपातों में से एक है। इसके जल का प्रयोग 'ओनुकुदेल्ली' (Onukudelli) स्थित मचकुंद हाइड्रो इलेक्ट्रिक पावर प्रोजेक्ट नामक एक बड़ी पनबिजली परियोजना के लिए किया जाता है। मचकुंद तीर्थ यात्रा के लिए महत्वपूर्ण स्थान है। मचकुंद नाम आंध्र प्रदेश में पडेरू की बस्ती के पास स्थित मत्स्यकुंडा (MatsyaKunda) नामक एक तीर्थ स्थल से लिया गया है। **इसलिए, युग्म 2 सही नहीं है।**

जोग जलप्रपात कर्नाटक में शरावती नदी पर है। **अतः कथन (3) सही है।**

27. सिनटैक्सियल मोड़ (Syntaxial bend) भारत में निम्नलिखित में से किस भौगोलिक विशेषता के साथ जुड़ा हुआ है?

(a) उत्तरी मैदान
(b) हिमालय
(c) दक्कन के पठार
(d) केन्द्रीय उच्चभूमि

उत्तर (b) हिमालय की सामान्य पूर्वी-पश्चिमी प्रवृत्ति अचानक इससे पश्चिमी और पूर्वी छोर पर समाप्त हो जाती है और पर्वतमाला गहरे अक्षसंघीय (Knee-bend) मोड़ के द्वारा दक्षिण की ओर झुक जाती है जिसे सिटैक्सियल मोड़ (Syntaxial bend) कहा जाता है। पश्चिमी सिटैक्सियल मोड़

नंगा पर्वत के समीप है जहां सिंधु एक गहरा गॉर्ज बनाती है। यहाँ भूवैज्ञानिक संरचनाएं हेयरपिन जैसा तीक्ष्ण मोड़ लेती हैं। अरुणाचल प्रदेश में इसी प्रकार का एक हेयरपिन मोड़ है जहां पर्वत ब्रह्मपुत्र नदी पार करने के बाद पूर्व से दक्षिण दिशा की ओर तीव्र मोड़ लेती हैं।

28. निम्नलिखित युग्मों पर विचार कीजिए–

दर्रा	महत्व
1. मिन्ताका दर्रा	: भारत-चीन-अफगानिस्तान सीमा की त्रि-संधि।
2. चांग-ला	: तिब्बत को लद्दाख के साथ जोड़ता है।
3. अघिल दर्रा	: चीन के झिंजियांग प्रांत के साथ भारत के अखिल लद्दाख क्षेत्र से जोड़ता है।

उपर्युक्त युग्मों में से कौन-सा/से सही सुमेलित हैं?

(a) केवल 1
(b) केवल 2
(c) केवल 1 और 2
(d) 1, 2 और 3

उत्तर (d) **सभी युग्म सही सुमेलित हैं।**

अधिकांश दर्रे भारी हिमपात के कारण सर्दियों (नवंबर-अप्रैल) में बंद रहते हैं। ये जम्मू-कश्मीर के महत्वपूर्ण दर्रे हैं।

29. निम्नलिखित में से किस शहर में वर्ष भर सूर्य की किरणें सीधी नहीं पड़ती?

(a) नई दिल्ली (b) मुंबई
(c) कोलकाता (d) चेन्नई

उत्तर (a) नई दिल्ली का अक्षांश 28.7041° N है और उत्तर की ओर सूरज की स्पष्ट गति केवल 23.5 डिग्री उत्तर तक (अर्थात् कर्क रेखा तक) ही होगी। अन्य उल्लिखित स्थान अर्थात् चेन्नई, मुंबई और कोलकाता विषुवत रेखा और कर्क रेखा के बीच अवस्थित हैं। अतः इन स्थानों पर सूर्य की किरणें वर्ष में दो बार सीधी पड़ेंगी।

30. निम्नलिखित युग्मों पर विचार कीजिए–

चोटियाँ	राज्य
1. कामेत	: अरुणाचल प्रदेश
2. महेन्द्रगिरी	: ओडिशा
3. गुरु शिखर	: मध्य प्रदेश

उपर्युक्त युग्मों में से कौन-सा/से सही सुमेलित है/हैं?

(a) केवल 1 और 2
(b) केवल 1 और 3
(c) केवल 2
(d) 1, 2 और 3

उत्तर (c) **युग्म 1 सही सुमेलित नहीं है।** कामेत शिखर नंदा देवी के बाद गढ़वाल क्षेत्र में दूसरी सबसे ऊंची चोटी है। यह उत्तराखंड में स्थित है। कामेत पर्वत शिखर की ऊंचाई 7,816 मीटर (25,643 फीट) के लगभग है।

युग्म 2 सही सुमेलित है। महेन्द्रगिरी पर्वत शिखर उड़ीसा के गजपति जिले के उपखंड परलाखेमुंडी में अवस्थित है जो कि पूर्वी घाट के मध्य 1501 मीटर (4925 फीट) की ऊँचाई पर है।

युग्म 3 सही सुमेलित नहीं है। 5676 फीट (1722 मीटर) की ऊंचाई पर स्थित गुरु शिखर राजस्थान का सर्वोच्च बिन्दु है।

31. पूर्वी पहाड़ियों के संबंध में निम्नलिखित कथनों पर विचार कीजिए–

1. **दिहांग घाटी से, हिमालय 'अचानक दक्षिण की ओर मुड़ जाता है और अपेक्षाकृत निचली पहाड़ियों की एक शृंखला का निर्माण करता है।**
2. **प्रसिद्ध 'फूलों की घाटी' (Valley of flowers) इस क्षेत्र में स्थित है।**
3. **मणिपुर जिस क्षेत्र में स्थित है उसे 'मोलेसिस बेसिन' के रूप में जाना जाता है।**

उपर्युक्त कथनों में से कौन-सा/से सही है/हैं?

(a) केवल 1
(b) केवल 1 और 2
(c) केवल 2 और 3
(d) केवल 1, 2 और 3

उत्तर (a) पूर्वी पहाड़ियाँ और पर्वत हिमालय पर्वतशृंखला का भाग हैं जिनका सरेखण उत्तर से दक्षिण की ओर है। इन्हें स्थानीय स्तर पर अलग-अलग नामों से जाना जाता है। उत्तर में इन्हें पटकाई बूम, नागा पहाड़ियों, मणिपुर पहाड़ियों तथा दक्षिण में मिजो या लुसाई पहाड़ियों के नाम से जाना जाता है।

कथन 1 सही है। दिहांग गार्ज में, हिमालय अचानक दक्षिण की ओर मुड़ जाता है और अपेक्षाकृत कम ऊँची पहाड़ियों की एक शृंखला बनाता है जिन्हें सामूहिक रूप से पूर्वांचल कहा जाता है।

कथन 2 सही है। फूलों की घाटी उत्तराखंड के चमोली जिले में स्थित है,

कथन 3 सही नहीं है। मिजोरम मोलेसिस बेसिन के नाम से जाना जाता है जो कोमल असंपीडित निक्षेपों से बना है।

32. दक्कन ट्रैप के संदर्भ में, निम्नलिखित कथनों पर विचार कीजिए।

1. यह बेसाल्ट लावा प्रवाह से बना है।

2. यह मध्य प्रदेश, राजस्थान और उत्तर प्रदेश के हिस्सों तक विस्तृत है।

3. इस क्षेत्र में भूजल संसाधन की कमी है।

उपर्युक्त कथनों में से कौन-सा/से सही है/हैं?

(a) केवल 1 और 2
(b) केवल 1 और 3
(c) केवल 2 और 3
(d) 1, 2 और 3

उत्तर (d) **कथन 1 सही है।** दक्कन ट्रैप विश्व में वृहद् ज्वालामुखी प्रदेशों में से एक हैं। यह 6500 फुट से अधिक मोटे बेसाल्ट लावा प्रवाह से बना है और यह पश्चिम-मध्य भारत में लगभग 200,000 वर्ग मील (500,000 वर्ग किलोमीटर) के क्षेत्र को आच्छादित करता है।

कथन 2 सही है। पश्चिमी और मध्य भारत में दक्कन ट्रैप मुख्य रूप से महाराष्ट्र, मध्य प्रदेश, कर्नाटक, गुजरात और आंध्र प्रदेश राज्यों में और उत्तर प्रदेश के दक्षिणी भागों और राजस्थान के पूर्वी भागों में भी इसकी नाममात्र की उपस्थिति है। उपस्थिति क्षेत्र के आधार पर, दक्कन लावा को पुन: चार भागों में वर्गीकृत किया जाता है जैसे मालवा ट्रैप– मध्य प्रदेश के मालवा क्षेत्र में, मंडला ट्रैप– मध्यप्रदेश के मंडला क्षेत्र में, सौराष्ट्र ट्रैप– गुजरात के सौराष्ट्र क्षेत्र में और मुख्य दक्कन पठार– महाराष्ट्र, कर्नाटक और आंध्र प्रदेश राज्य में स्थित है।

कथन 3 सही है। यह भू-जल की कमी वाला क्षेत्र है क्योंकि 1,200 मीटर मोटी बेसाल्ट परत जल के अन्त:स्राव को रोकती है।

33. निम्नलिखित में से कौन से द्वीप प्रवाल द्वीप नहीं है?

1. मौनालोआ

2. गिल्बर्ट द्वीप

3. सेंट हेलेना द्वीप

4. मार्शल द्वीप

नीचे दिए गए कूट का प्रयोग कर सही उत्तर चुनिए–

(a) केवल 1 और 2
(b) केवल 2 और 3
(c) केवल 1 और 3
(d) केवल 3 और 4

उत्तर (c) मौनालोआ और सेंट हेलेना द्वीप ज्वालामुखी द्वीप है जबकि गिल्बर्ट और मार्शल द्वीप प्रवाल द्वीप हैं।

34. भारत के प्रायद्वीपीय भूखण्ड के संदर्भ में, निम्नलिखित कथनों पर विचार करें–

1. प्रायद्वीप अनिवार्य रूपेण बहुत ही प्राचीन नीस और ग्रेनाइट चट्टानों के वृहद् मिश्रण से बने हैं।

2. राजस्थान का थार रेगिस्तान भी प्रायद्वीपीय भूखण्ड का विस्तार है।

3. पश्चिमी तट का बड़ा भाग अतीत में सागर से उन्मज्जित हुआ था।

उपर्युक्त कथनों में से कौन-सा/से सही है/हैं?

(a) केवल 1 और 2
(b) केवल 1 और 3
(c) केवल 2 और 3
(d) 1, 2 और 3

उत्तर (a) प्रायद्वीप भूखण्ड प्राचीन नीस और ग्रेनाइट चट्टानों के वृहद् मिश्रण से बना है। प्रायद्वीपीय खण्ड की उत्तरी सीमा दिल्ली के निकट अरावली श्रेणी के पश्चिमी पार्श्व के साथ-साथ कच्छ से चलने वाली और उसके बाद मोटे तौर पर यमुना और गंगा के समानांतर राजमहल की पहाड़ियों और गंगा के डेल्टा तक अनियमित रेखा के रूप में है।

इनके अतिरिक्त, उत्तर पूर्व में कार्बी एंगलौंग और मेघालय का पठार तथा पश्चिम में राजस्थान भी इस भूखण्ड का विस्तार है।

कैम्ब्रियन युग के बाद से, प्रायद्वीप समुद्र के नीचे डूबे अपने कुछ पश्चिमी तट और मूल बेसमेंट को प्रभावित किए बिना विवर्तनिक गतिविधि से परिवर्तित कुछ अन्य भागों के अपवाद के साथ कठोर खण्ड की भांति खड़ा है।

35. उत्तर से दक्षिण की ओर चलने पर दक्षिण भारत की निम्न पर्वत श्रेणियों का सही अनुक्रम क्या है?

1. पालकोंडा पहाड़ियाँ

2. शेवराय पहाड़ियाँ

3. जावादी पहाड़ियाँ

4. पालनी पहाड़ियाँ

नीचे दिए गए कूट का प्रयोग कर सही उत्तर चुनिए–

(a) 1-2-3-4 (b) 2-1-3-4
(c) 3-2-4-1 (d) 1-3-2-4

उत्तर (d) दक्षिणी भारत के नक्शे में देखने पर स्पष्ट रूप से पालकोंडा पहाड़ियाँ उत्तर में उसके बाद क्रमश: जावादी, शेवरॉय और पालनी एक के बाद एक अनुप्रस्थ स्थिति में दक्षिणी पहाड़ियों के रूप में स्थित हैं।

36. भारत में भूगोल के संदर्भ में, पिग्मेलियन प्वाइंट या इंदिरा प्वाइंट क्या है?

(a) देश का सबसे दक्षिणी बिन्दु
(b) देश का सबसे उत्तरी बिन्दु
(c) देश का सबसे गहरी बिन्दु
(d) देश का उच्चतम बिन्दु

उत्तर (a) **विकल्प (a) सही उत्तर है।** देश का सबसे दक्षिण बिन्दु पिगमेलियन बिंदु या इंदिरा प्वाइंट है और यह 6° 45' उत्तरी अक्षांश पर स्थित है।

यह भारत के अंडमान और निकोबार द्वीप समूह में निकोबार द्वीप पर स्थित था। 2004 में आई सुनामी में यह जलमग्न हो गया है।

37. डोकलाम पठार किसके मध्य त्रिकोणीय जंक्शन है?

(a) चीन, भारत और नेपाल
(b) चीन, नेपाल और भूटान
(c) बांग्लादेश, भारत, भूटान
(d) चीन, भूटान, भारत

उत्तर (d) उत्तर में तिब्बत की चुम्बी घाटी, पूर्व में भूटान की ही घाटी और पश्चिम में भारत के सिक्किम राज्य के बीच स्थित डोकलाम पठारी और घाटी क्षेत्र है। भूटान के मानचित्र में 1961 से ही इसे भूटान के भाग के रूप में दर्शाया जाता है, लेकिन साथ ही इस पर चीन द्वारा भी दावा किया जाता रहा है। भूटान और चीन के मध्य सीमा वार्ता के कई दौरों के बावजूद, अभी तक यह विवाद सुलझा नहीं है।

38. निम्नलिखित युग्मों पर विचार कीजिए–

क्षेत्र	द्वारा पृथक
1. अंडमान और निकोबार द्वीप समूह	**: दस डिग्री चैनल**
2. भारतीय मुख्य भूमि और श्रीलंका	**: पाक जलसंधि**
3. लक्षद्वीप और मिनिकॉय द्वीप	**: आठ डिग्री चैनल**

उपर्युक्त युग्मों में से कौन-सा/से सही सुमेलित है/हैं?

(a) 1, 2 और 3 (b) केवल 1 और 2
(c) केवल 1 (d) केवल 2 और 3

उत्तर (b) उत्तर में स्थित ग्रेट अंडमान द्वीप समूह दक्षिण में निकोबार द्वीप समूह से दस डिग्री चैनल से अलग होता है। चैनल 150 किमी चौड़ा है।

पाक जलसंधि (Pak Strait) भारत के तमिलनाडु राज्य और श्रीलंका के उत्तरी प्रान्त के मन्नार जिले को अलग करती है।

लक्षद्वीप समूह (उत्तर में) और मिनीकॉय (दक्षिण में) से सबसे बड़े द्वीप समूहों को नौ डिग्री चैनल अलग करता है। आठ डिग्री चैनल लक्षद्वीप और मालदीव को अलग करता है।

39. **निम्नलिखित में से कौन-सी उत्तर के विशाल मैदानों की विशेषताएं हैं?**

1. गुंफित चैनल 2. अनूप एवं दलदल

3. रिफ्ट घाटियाँ 4. विसर्प

नीचे दिए गए कूट का प्रयोग कर सही उत्तर चुनिए–

(a) केवल 2 और 3

(b) केवल 1, 2 और 4

(c) केवल 1 और 4

(d) केवल 3 और 4

उत्तर (b) उत्तरी मैदानों में नदीय प्रौढ़ावस्था की अपरदनीय एवं निक्षेपीय भू-आकृतियों जैसे कि बालू रोधिकाओं, विसर्पों, गोखुर झीलों और गुंफित जलमार्गों की विशेषताएं पाई जाती हैं। ब्रह्मपुत्र के मैदान को उनके नदीय द्वीप समूहों, बालू रोधिकाओं के लिए जाना जाता है। इन अधिकांश क्षेत्रों में अवधिक बाढ़ें आती हैं एवं परिवर्तित होने वाले नदी मार्ग गुंफित जलधाराएं निर्मित करते हैं। अनूप एवं दलदल भी यहाँ पाए जाते हैं। **इसलिए, विकल्प 1, 2 एवं 4 सही हैं।**

रिफ्ट घाटियाँ प्रायद्वीपीय नदियों की विशेषता हैं। **इसलिए, विकल्प 3 सही नहीं है।**

40. **भारत में तटीय मैदानों के संबंध में निम्नलिखित में से कौन-सा/से कथन सही है/हैं?**

1. पूर्वी तटीय मैदान, पश्चिमी तटीय मैदानों की तुलना में अधिक विस्तृत हैं।

2. पश्चिमी तटीय मैदानों में पूर्वी तटीय मैदानों की तुलना में अधिक प्राकृतिक पत्तन हैं।

नीचे दिए गए कूट का प्रयोग कर सही उत्तर चुनिए।

(a) केवल 1 (b) केवल 2

(c) 1 और 2 दोनों (d) न तो 1, न ही 2

उत्तर (c) **कथन 1 सही है।** पश्चिमी तटीय मैदान की तुलना में, पूर्वी तटीय मैदान अधिक व्यापक है एवं उन्मज्जन तट का उदाहरण है।

यहाँ बंगाल की खाड़ी की ओर, पूर्व दिशा में प्रवाहित होने वाली नदियों द्वारा निर्मित भली-भांति विकसित डेल्टा पाए जाते हैं। इनमें महानदी, गोदावरी, कृष्णा और कावेरी के डेल्टा सम्मिलित हैं। इनकी उन्मज्जन प्रकृति के कारण इनमें पतनों एवं बंदरगाहों की संख्या कम पाई जाती है।

कथन 2 सही है। पश्चिमी तटीय मैदान जलमग्न तटीय मैदान के उदाहरण हैं। इस जलमग्नता के कारण यह संकरी पट्टी है और पतनों तथा बंदरगाहों के विकास के लिए प्राकृतिक परिस्थितियां प्रदान करती है। कांडला, मझगांव, JLN पत्तन न्हावाशेवा, मर्मागाओ, मंगलौर, कोचीन आदि पश्चिमी तट पर अवस्थित कुछ महत्वपूर्ण प्राकृतिक पत्तन हैं।

41. **निम्नलिखित युग्मों पर विचार कीजिए–**

	दर्रा		पर्वत श्रेणी
1.	बनिहाल	:	वृहत हिमालय
2.	खरदुंग ला	:	लद्दाख श्रेणी
3.	जोजिला	:	पीरपंजाल श्रेणी

उपर्युक्त युग्मों में से कौन-सा/से सही सुमेलित है/हैं?

(a) 1, 2 और 3 (b) केवल 2

(c) केवल 3 (d) केवल 1 और 3

उत्तर (b) जोजिला बृहत हिमालय पर, बनिहाल पीरपंजाल पर, फोटू ला जास्कर पर और खरदुंग ला लद्दाख श्रेणी पर अवस्थित है।

42. **निम्नलिखित में से कौन-सा भारत में प्रायद्वीपीय पठार का भाग निर्मित करता है?**

1. छोटा नागपुर का पठार

2. मेघालय का पठार

3. अरावली की पहाड़ियाँ

नीचे दिए गए कूट का प्रयोग कर सही उत्तर चुनिए–

(a) केवल 1

(b) केवल 1 और 2

(c) 1, 2 और 3

(d) उपर्युक्त में से कोई नहीं

उत्तर (c) सभी विकल्प सही हैं।

प्रायद्वीपीय खंड की उत्तरी सीमा कच्छ से दिल्ली के निकट अरावली श्रेणी के पश्चिमी भाग के साथ और फिर यमुना और गंगा के समानांतर राजमहल पहाड़ियों और गंगा डेल्टा तक विस्तृत अनियमित रेखा के रूप में ली जा सकती है। इनके अतिरिक्त, पूर्वोत्तर में कार्बी एंगलोंग और मेघालय का पठार और पश्चिम में राजस्थान भी इस खंड का विस्तार है। छोटा नागपुर के पठार से पूर्वोत्तर वाला भाग पश्चिम बंगाल में माल्दा भ्रंश से विभक्त होता है। राजस्थान में, मरुस्थल और अन्य मरुस्थल जैसी विशेषताएं इस खंड को ढक देती हैं।

43. **भारत की निम्नलिखित उत्तर-पूर्वी पहाड़ियों पर विचार कीजिए–**

1. डफला की पहाड़ियाँ

2. मिशमी की पहाड़ियाँ

3. अबोर की पहाड़ियाँ

4. मिरी की पहाड़ियाँ

निम्नलिखित में से कौन-सा उनकी अवस्थिति का पश्चिम से पूर्व की ओर सही क्रम है?

(a) 1-2-3-4 (b) 2-1-3-4

(c) 3-1-2-4 (d) 1-4-3-2

उत्तर (d) सही क्रम है– डफला पहाड़ियाँ–मिरी पहाड़ियाँ – अबोर पहाड़ियाँ – मिशमी पहाड़ियाँ

44. **भारत के द्वीप समूहों के संबंध में, निम्नलिखित कथनों पर विचार कीजिए–**

1. अंडमान और निकोबार द्वीप समूह अंत:सागरीय पर्वतों का उत्थित भाग हैं।

2. लक्षद्वीप द्वीप समूह कोरल निक्षेप से निर्मित है

उपर्युक्त कथनों में से कौन-सा/से सही है/हैं?

(a) केवल 1

(b) केवल 2

(c) 1 और 2 दोनों

(d) न तो 1, न ही 2

उत्तर (c) दोनों कथन सही हैं।

बंगाल की खाड़ी के द्वीपों को दो वर्गों-उत्तर में अंडमान एवं दक्षिण में निकोबार में विभाजित किया जाता है। वे एक जल निकाय से पृथक्कृत होते हैं जिसे 10 डिग्री चैनल कहा जाता है। ऐसा माना जाता है कि ये द्वीप अंत:सागरीय पर्वतों के उत्थित भाग हैं। लेकिन कुछ छोटे द्वीप ज्वालामुखी उद्गारों से निर्मित हैं। भारत में स्थित एकमात्र सक्रिय ज्वालामुखी, बैरन द्वीप भी निकोबार द्वीपसमूह में स्थित है।

अरब सागर के द्वीपसमूह में लक्षद्वीप और मिनिकॉय सम्मिलित हैं। ये 8° उत्तर 12° उत्तर एवं पूर्व 71° पूर्व-74° देशांतर के मध्य विस्तृत हैं। ये द्वीपसमूह केरल के तट से 240-480 किलोमीटर की दूरी पर स्थित है। संपूर्ण (द्वीपसमूह) प्रवाल निक्षेपों से निर्मित है।

45. **छोटा नागपुर का पठार निम्नलिखित में से किन राज्यों में फैला है?**

1. मध्य प्रदेश 2. छत्तीसगढ़

3. झारखण्ड 4. ओडिशा

नीचे दिए गए कूट का प्रयोग कर सही उत्तर चुनिए–

(a) केवल 1, 2 और 3

(b) केवल 2 और 3

(c) केवल 1 और 4

(d) केवल 2, 3 और 4

उत्तर (d) छोटा नागपुर का पठार पूर्वी भारत में स्थित पठार है, जिसमें झारखंड राज्य के काफी भाग के साथ ओडिशा, पश्चिम बंगाल, बिहार और छत्तीसगढ़ के भाग सम्मिलित हैं। सिन्धु-गंगा का मैदान, इस पठार के उत्तर और पूर्व में स्थित है, और महानदी की घाटी इसके दक्षिण की ओर स्थित है।

46. शेवरॉय की पहाड़ियां किसके भाग हैं–

(a) पश्चिमी घाट (b) विन्ध्य शृंखला

(c) पूर्वी घाट (d) अरावली शृंखला

उत्तर (c) शेवरॉय पहाड़ियां तमिलनाडु राज्य के सलेम शहर के निकट ऊँची पर्वत शृंखला (1620 मीटर) है। शेवरॉय पहाड़ियाँ पूर्वी घाट प्रणाली की दक्षिणी श्रेणियों का भाग हैं। शेवरॉय पहाड़ियां समुद्र तल से 4,000-5,000 फीट (1,200-1,500 मीटर) ऊँचे पठारों के साथ 400 वर्ग किलोमीटर (99,000 एकड़) क्षेत्र में फैली हैं।

47. उत्तर पश्चिमी हिमालय के संबंध में, निम्नलिखित कथनों पर विचार कीजिए–

1. इस क्षेत्र में ताजे जल और लवणीय जल, दोनों झीलें पाई जाती हैं

2. इस क्षेत्र में झेलम नदी विसर्प निर्मित करती है।

उपर्युक्त कथनों में से कौन-सा/से सही है/हैं?

(a) केवल 1 (b) केवल 2

(c) 1 और 2 दोनों (d) न तो 1, न ही 2

उत्तर (c) **कथन 1 सही है।** ताजे जल और खारे जल, दोनों प्रकार की झीलें पायी जाती हैं। डल ओर वूलर जैसी कुछ ताजे जल की झीलें और पांगोंस त्सो और सोमुरीरी जैसी खारे जल की झीलें भी इस क्षेत्र में स्थित हैं।

कथन 2 सही है। कश्मीर घाटी में झेलम अभी भी अपनी युवावस्था में है और फिर भी विसर्प बनाती है - जो नदी भूआकृति के विकास में प्रौढ़ावस्था में संबद्ध विशिष्ट विशेषता है। झेलम नदी में विसर्प पूर्व की बड़ी झील द्वारा प्रदान किए गए स्थानीय आधार स्तर से बने हैं, वर्तमान डल झील जिसका एक छोटा सा भाग है।

48. निम्नलिखित में से कौन-सा भौगोलिक दृष्टि से भारत की मुख्यभूमि के निकटतम है?

(a) बैरेन द्वीप

(b) मिनिकॉय द्वीप

(c) रीयूनियन द्वीप समूह

(d) चागोस द्वीप समूह

उत्तर (b) मिनिकॉय (जिसे स्थानीय रूप से मलिकु के रूप में जाना जाता है), लक्षद्वीप समूह, भारत का सुदूर दक्षिणी प्रवाल द्वीप वलय है। यह भौगोलिक दृष्टि से भारत की मुख्य भूमि के सबसे निकट है।

बैरन ज्वालामुखी के प्रभुत्वाधीन बैरन द्वीप अंडमान सागर में स्थित एक द्वीप है, जो दक्षिण एशिया में एकमात्र प्रमाणित ज्वालामुखी है।

रीयूनियन द्वीप हिंद महासागर में, मैडागास्कर के पूर्व और मॉरीशस के दक्षिण-पश्चिम में 175 किलोमीटर (109 मील) दूर फ्रांस के अधीन क्षेत्र है।

चागोस द्वीपपुंज या चागोस द्वीपसमूह सात प्रवालद्वीप-वलय का एक समूह है जिसमें मालदीव प्रवालद्वीप वलय के लगभग 500 किलोमीटर दक्षिण में हिन्द महासागर में 60 से अधिक अलग-अलग उष्णकटिबंधीय द्वीप समूह सम्मिलित हैं।

49. निम्नलिखित कथनों पर विचार कीजिए।

1. कश्मीर घाटी वृहत हिमालय और लद्दाख पर्वतश्रेणी के मध्य स्थित है।

2. झेलम नदी कश्मीर घाटी से होकर बहती है।

3. सोमुरीरी और पैंगोंग त्सो लद्दाख स्थित खारे पानी की झीलें हैं।

उपर्युक्त कथनों में से कौन-सा/से सही है/हैं?

(a) केवल 2

(b) केवल 1 और 3

(c) केवल 2 और 3

(d) 1, 2 और 3

उत्तर (c) **कथन 1 गलत है।** कश्मीर घाटी पीर पंजाल पर्वतश्रेणी और वृहत हिमालय पर्वतश्रेणी के बीच स्थित है। लद्दाख पर्वतश्रेणी वृहत हिमालय पर्वतश्रेणी के आगे उत्तर में स्थित है।

कथन 2 सही है। सिंधु की मुख्य सहायक नदियों में से एक झेलम कश्मीर घाटी से होकर बहती है।

कथन 3 सही है। सोमुरीरी और पैंगोंग त्सो जम्मू एवं कश्मीर के लद्दाख क्षेत्र में पाई जाने वाली खारे पानी की झीलें हैं।

50. भारत में तटीय मैदानों से संबंधित निम्नलिखित में से कौन-सा/से कथन सही नहीं है/हैं?

1. पश्चिमी तटीय मैदान जलमग्न तटीय मैदान के उदाहरण हैं।

2. पूर्वी तटीय मैदान बंदरगाहों और पत्तनों के विकास के लिए प्राकृतिक स्थितियां प्रदान करते हैं।

3. पश्चिमी तटीय मैदान पूर्वी तटीय मैदानों से अधिक चौड़े हैं।

नीचे दिए गए कूट का प्रयोग कर सही उत्तर चुनिए–

(a) केवल 1

(b) केवल 2 और 3

(c) केवल 1 और 3

(d) 1, 2 और 3

उत्तर (b) **कथन 1 सही है।** क्योंकि पश्चिमी तटीय मैदान जलमग्न तटीय मैदान का उदाहरण है।

कथन 2 सही नहीं है। पश्चिमी तटीय मैदानों में जलमग्न होने के कारण, यह संकरी पेटी है और बंदरगाहों और पत्तनों के विकास के लिए प्राकृतिक स्थितियां प्रदान करती है। पूर्वी तटीय मैदानों की उदगामी प्रकृति के कारण, इस पर कम संख्या में बंदरगाह और पत्तन हैं। महाद्वीपीय शेल्फ समुद्र में 500 किमी. तक विस्तृत है, जो इसे अच्छे बंदरगाहों और पत्तनों के विकास के लिए कठिन बना देता है।

कथन 3 सही नहीं है। क्योंकि पश्चिमी तटीय मैदान की तुलना में, पूर्वी तटीय मैदान अधिक चौड़ा है और उदगामी तट का उदाहरण है।

51. निम्नलिखित में से कौन-सी पर्वत चोटी/शृंखला भारत में स्थित है?

1. महाभारत पर्वत शृंखला

2. मकालू पर्वत शृंखला

3. अन्नपूर्णा

4. धौलाधार पर्वत शृंखला

नीचे दिए गए कूट का प्रयोग कर सही उत्तर चुनिए–

(a) केवल 1

(b) केवल 1 और 3

(c) केवल 2, 3 और 4

(d) केवल 4

उत्तर (d) धौलाधार पर्वतश्रेणी को छोड़कर दी गई सभी पर्वतश्रेणियां/चोटियां नेपाल में स्थित हैं, मकालू और अन्नपूर्णा भीतरी हिमालय का भाग है और महाभारत मध्य हिमालय का भाग है।

52. करेवा के संदर्भ में, निम्नलिखित कथनों पर विचार कीजिए–

1. करेवा हिमालय की तलहटी में पाया जाने वाला जलोढ़ निक्षेप है।

2. करेवा केसर की खेती के लिए लाभप्रद है।

उपर्युक्त कथनों में से कौन-सा/से सही है/हैं?

(a) केवल 1

(b) केवल 2

(c) 1 और 2 दोनों

(d) न तो 1, न ही 2

उत्तर (b) **कथन 1 सही नहीं है।** करेवा हिमनदीय चिकनी मिट्टी और हिमोढ़ के साथ सन्निहित अन्य सामग्रियों का मोटा निक्षेप हैं।

कथन 2 सही है। करेवा संरचनाएं कश्मीर हिमालय में केसर की स्थानीय किस्म जाफरान की खेती के लिए उपयोगी हैं।

53. निम्नलिखित में से कौन हिमाचल और उत्तराखंड हिमालय में विद्यमान है/हैं?

1. फूलों की घाटी

2. दून संरचनाएँ

3. नागटिब्बा पहाड़ियाँ

नीचे दिए गए कूट का प्रयोग कर सही उत्तर चुनिए–

(a) केवल 1

(b) केवल 1 और 2

(c) केवल 2 और 3

(d) 1, 2 और 3

उत्तर (d) फूलों की घाटी उत्तराखंड हिमालय में स्थित प्रसिद्ध राष्ट्रीय उद्यान है।

दून अनुदैर्ध्य घाटियाँ होती हैं और ऐसी दून जैसे देहरादून, नालागढ़ दून, कालका दून यहाँ पाई जाती हैं।

उत्तराखंड में निचले हिमालय को नागटिब्बा पहाड़ियाँ कहा जाता है।

54. लक्षद्वीप द्वीप समूह के संबंध में निम्नलिखित में से कौन-सा/से कथन सही है/हैं?

1. ये द्वीप ग्यारह डिग्री चैनल द्वारा विभाजित हैं।

2. सम्पूर्ण द्वीप समूह ज्वालामुखी निक्षेपों से निर्मित है।

3. मिनिकॉय इन द्वीपों के समूह में सबसे बड़ा द्वीप है।

नीचे दिए गए कूट का प्रयोग कर सही उत्तर चुनिए–

(a) केवल 1

(b) केवल 2 और 3

(c) केवल 1 और 3

(d) 1, 2 और 3

उत्तर (c) **कथन 1 सही है,** क्योंकि ग्यारह डिग्री चैनल द्वीप समूह को 2 भागों में विभाजित करता है। इन भागों के अंतर्गत उत्तर में अमीनीदिव द्वीप समूह और दक्षिण में कैन्नानोर द्वीप समूह है।

कथन 2 गलत है, क्योंकि संपूर्ण द्वीप समूह ज्वालामुखी निक्षेपों से नहीं बल्कि प्रवाल निक्षेपों से निर्मित है।

कथन 3 सही है, क्योंकि मिनिकॉय समूह के 36 द्वीपों में सबसे बड़ा है।

55. अबोर, मिश्मी और दफला क्या हैं?

(a) अरुणाचल हिमालय में निवास करने वाली जनजातियों के नाम।

(b) अरुणाचल हिमालय में विद्यमान पहाड़ियों के नाम।

(c) अरुणाचल हिमालय से होकर प्रवाहित होने वाली नदियों के नाम।

(d) (a) और (b) दोनों सही हैं।

उत्तर (d) अबोर, मिश्मी, दफला, मिरी अरुणाचल पर्वतमालाओं में निवास करने वाली जनजातियों के नाम हैं। इस क्षेत्र में विद्यमान निचले हिमालय की पहाड़ियों के नाम भी इन पहाड़ियों पर निवास करने वाली प्रमुख जनजातियों के नाम पर रखे गए हैं। इस प्रकार इन पहाड़ियों को भी दफला, मिरी, अबोर, मिश्मी के नाम से जाना जाता है।

56. निम्नलिखित शिखरों पर विचार कीजिए–

1. कंचनजंगा 2. नंगा पर्वत

3. नंदा देवी 4. माउंट एवरेस्ट

निम्नलिखित में से कौन-सा पश्चिम से पूर्व की ओर चोटियों का सही क्रम है?

(a) 1-2-4-3

(b) 2-3-4-1

(c) 2-1-3-4

(d) 2-4-3-1

उत्तर (b) नंगा पर्वत कश्मीर में स्थित पर्वत शिखर है। नंदा देवी उत्तराखंड में है, माउंट एवरेस्ट नेपाल में स्थित है और कंचनजंगा सिक्किम में स्थित है।

उन्हें पश्चिमी से पूर्व की ओर व्यवस्थित करने पर उनका क्रम इस प्रकार आता है–

नंगा पर्वत - नंदा देवी - माउंट एवरेस्ट - कंचनजंगा।

57. मेघालय पठार के संबंध में निम्नलिखित में से कौन-सा/से कथन सही है/हैं?

1. यह प्रायद्वीपीय पठार का विस्तार है।

2. यह कोयला, लौह अयस्क और यूरेनियम से समृद्ध है।

3. यह दक्षिण-पश्चिम मानसून की अरब सागर शाखा से अधिकतम वर्षा प्राप्त करता है।

नीचे दिए गए कूट का प्रयोग कर सही उत्तर चुनिए–

(a) केवल 1

(b) केवल 1 और 2

(c) केवल 2 और 3

(d) 1, 2 और 3

उत्तर (b) **कथन 1 सही है,** क्योंकि हिमालय के निर्माण के समय, भारतीय प्लेट की पूर्वोत्तर की ओर गति ने राजमहल की पहाड़ियों और मेघालय के पठार के बीच विशाल भ्रंश का निर्माण किया। इस प्रकार मेघालय का पठार समेत उत्तर-पूर्वी पठार और कार्बी एंगलोंग पहाड़ियाँ अलग हो गए।

कथन 2 सही है क्योंकि, मेघालय के पठार में चट्टानों की संरचना छोटानागपुर के पठार जैसी है। इस प्रकार, वे भी कोयला, लौह अयस्क, यूरेनियम, सिलिमेनाइट (silimanite) आदि खनिजों से समृद्ध हैं।

कथन 3 सही नहीं है, क्योंकि मेघालय के पठार पर दक्षिण-पश्चिम मानसून की बंगाल की खाड़ी शाखा से वर्षा होती है।

58. पूर्वी और पश्चिमी हिमालय के संबंध में निम्नलिखित कथनों पर विचार कीजिए–

1. पूर्वी हिमालय, पश्चिमी हिमालय की तुलना में अधिक वर्षा प्राप्त करता है।

2. पश्चिमी हिमालय में सघन सदाबहार वन हैं और पूर्वी हिमालय इससे रहित है।

3. पश्चिमी हिमालय की हिमाचल और शिवालिक पर्वतमालाएँ पूर्वी हिमालय में से एक ही शृंखला में मिल जाती हैं।

उपर्युक्त कथनों में से कौन-सा/से सही है/हैं?

(a) केवल 1

(b) केवल 2 और 3

(c) केवल 1 और 3

(d) 1, 2 और 3

उत्तर (c) **कथन 1 सही है।** क्योंकि पश्चिमी हिमालय की तुलना में लगभग 200 सेमी. वर्षा होती है। तथ्य के रूप में हम जानते हैं कि उत्तर-पूर्वी क्षेत्रों में पश्चिमी क्षेत्र की तुलना में अधिक वर्षा होती है।

कथन 2 गलत है। और इसका विपरीत तथ्य सही है, अर्थात् पश्चिमी हिमालय में सघन शंकुधारी वन पाए जाते हैं जबकि पूर्वी हिमालय सदाबहार वनों से आच्छादित हैं। वर्षा और बर्फबारी पैटर्न से भी इसका अनुमान लगाया जा सकता है।

कथन 3 सही है। पश्चिमी हिमालय के मामले में तीन विभिन्न प्रकार की पर्वत श्रेणियाँ पायी जाती हैं। ये हैं-हिमाद्री, हिमाचल और शिवालिक। ये पर्वत श्रेणियाँ पूर्वी हिमालय में एक ही पर्वत शृंखला में मिल जाती हैं।

59. निम्नलिखित में से किन्हें प्रायद्वीपीय खंड का विस्तार माना जाता है?

1. कार्बी ऑन्गलॉन्ग पठार
2. मेघालय का पठार
3. अरावली की पहाड़ियाँ
4. पटकाई बुम

नीचे दिए गए कूट का प्रयोग कर सही उत्तर चुनिए–

(a) केवल 1, 2 और 3
(b) केवल 1 और 2
(c) केवल 3 और 4
(d) 1, 2, 3 और 4

उत्तर (a) नदी मैदानों से 150 मीटर की ऊंचाई से आरम्भ होकर 600-900 मीटर की ऊंचाई तक उठने वाला एक अनियमित त्रिभुज के आकार क्षेत्र है जिसे प्रायद्वीपीय पठार के रूप में जाना जाता है। उत्तर-पश्चिम में दिल्ली का रिज (अरावली पर्वतमालाओं का विस्तार), पूर्व में राजमहल पहाड़ियाँ, पश्चिम में गिर पर्वतमाला एवं दक्षिण में इलायची पहाड़ियों द्वारा इस प्रायद्वीपीय पठार की बाहरी सीमा निर्मित होती है। हालांकि, मेघालय और कार्बी एंगलोंग पठार के रूप में इसका एक विस्तार पूर्वोत्तर में भी देखा जाता है। पटकाई बुम प्रायद्वीपीय खण्ड का नहीं बल्कि पूर्वी पहाड़ियों और पर्वतों का भाग है। **इसलिए, (a) सही उत्तर है।**

60. निम्नलिखित कथनों में से कौन-सा/से अरुणाचल हिमालय के संबंध में सही है/हैं?

1. इस भाग में नदियों में देश की सर्वाधिक जलविद्युत उत्पादन क्षमता है।
2. यह क्षेत्र उत्तर से दक्षिण की ओर तीव्र गति से बहकर तंग नदी घाटियों का निर्माण करने वाली नदियों द्वारा विच्छेदित है।

नीचे दिए गए कूट का प्रयोग कर सही उत्तर चुनिए।

(a) केवल 1
(b) केवल 2
(c) 1 और 2 दोनों
(d) न तो 1, न ही 2

उत्तर (c) **कथन 1 सही है।** अरुणाचल हिमालय में कामेंग, सुबनसिरी, दिहांग, दिबांग, लोहित आदि जैसी बड़ी संख्या में बारहमासी नदियां हैं और ढाल की दर उच्च है। इस प्रकार इनकी भारत में सर्वाधिक जलविद्युत संभाव्यता है।

कथन 2 सही है। पर्वत शृंखला की सामान्य दिशा दक्षिण-पश्चिम से पूर्वोत्तर की ओर है। इस क्षेत्र की कुछ महत्वपूर्ण पर्वत चोटियां कांग्टू और नामचा बरवा हैं। इन पर्वत शृंखलाओं को तीव्रगामी नदियों ने उत्तर से दक्षिण की ओर विच्छेदित कर दिया है, जिससे गहरे महाखड्डों का निर्माण हुआ है। नामचा बरवा पार करने के बाद ब्रह्मपुत्र एक गहरे महाखड्ड से होकर बहती है।

61. निम्नलिखित कथनों में से कौन-सा/से पूर्वी पहाड़ियों (पूर्वांचल पर्वतमाला) के संबंध में सही है/हैं?

1. इनका सामान्य संरेखण दक्षिण-पूर्व से उत्तर-पश्चिम की ओर है।
2. बराक तथा लोहित नदियाँ इन श्रेणियों से निकलती हैं।
3. लोकटक झील इसी क्षेत्र में स्थित है।

नीचे दिए गए कूट का प्रयोग कर सही उत्तर चुनिए–

(a) केवल 1 और 2
(b) केवल 3
(c) केवल 2 और 3
(d) 1, 2 और 3

उत्तर (b) **कथन 1 गलत है।** पूर्वांचल पर्वतमाला का सामान्य संरेखण उत्तर से दक्षिण की ओर है। ये पटकाई बूम नागा पहाड़ियां, मिजो पहाड़ियां हैं।

कथन 2 गलत है। बराक, धनसरी, दिकू पूर्वांचल पर्वतमाला से निकलने वाली महत्त्वपूर्ण नदियां हैं। लोहित तिब्बत हिमालय से निकलती है।

कथन 3 सही है। लोकटाक झील मणिपुर में स्थित है। पूर्वांचल पर्वतमाला का भाग है।

62. निम्नलिखित कथनों में से कौन-सा/से अंडमान तथा निकोबार द्वीप-समूह के संबंध में सही है?

1. सैडल चोटी अंडमान तथा निकोबार द्वीप समूहों की सबसे ऊंची चोटी है।
2. भारत की एकमात्र सक्रिय ज्वालामुखी, बैरेन द्वीप, यहाँ स्थित है।
3. नाइन डिग्री चैनल उत्तर में अंडमान द्वीपों तथा दक्षिण में निकोबार द्वीपों को पृथक करती है।

नीचे दिए गए कूट का प्रयोग कर सही उत्तर चुनिए–

(a) केवल 1 और 2
(b) केवल 3
(c) केवल 2 और 3
(d) 1, 2 और 3

उत्तर (a) **कथन 1 सही है।** सैडल चोटी अंडमान और निकोबार द्वीप समूह का उच्चतम बिन्दु है।

कथन 2 सही है क्योंकि निकोबार द्वीप समूह में स्थित बैरन द्वीप, भारत का एकमात्र सक्रिय ज्वालामुखी है।

कथन 3 सही नहीं है। यह दस डिग्री चैनल है जो उत्तर में अंडमान और दक्षिण में निकोबार को पृथक करता है। नौ डिग्री चैनल हिन्द महासागर में है। यह वह चैनल है जो लक्षद्वीप द्वीप समूह से मिनीकॉय द्वीप को अलग करता है।

63. निम्नलिखित युग्मों पर विचार कीजिए–

	पर्वतीय दर्रे		पर्वत-मालाएं
1.	बोमडी ला	:	जास्कर
2.	बनिहाल पीर	:	पीर पंजाल
3.	जोजिला	:	वृहद् हिमालय
4.	खार्दुंग ला	:	लद्दाख श्रेणी

नीचे दिए गए कूट का प्रयोग कर सही उत्तर चुनिए–

(a) केवल 2 और 3
(b) केवल 2, 3 और 4
(c) केवल 1 और 4
(d) 1, 2, 3 और 4

उत्तर (b) बोम्डी ला डाफला पहाड़ियों में स्थित दर्रा है। यह तवांग से असम घाटी को जोड़ता है।

बनिहाल दर्रा पीरपंजाल पर्वतश्रेणी में स्थित दर्रा है और जम्मू और दक्षिण के मैदानों से कश्मीर घाटी को जोड़ता है।

जोजिला दर्रा वृहत हिमालय में है और लेह से श्रीनगर को जोड़ता है।

खार्दुंग ला लद्दाख पर्वतश्रेणी पर स्थित दर्रा है। यह दर्रा श्योक और नुब्रा घाटी का प्रवेश द्वार है जहां सियाचिन ग्लेशियर है।

अन्य प्रसिद्ध दर्रे जास्कर पर्वतमाला पर फोटू ला और नामिका हैं जो लेह और कारगिल को आपस में जोड़ते हैं।

64. प्रायद्वीपीय पठारों की मध्यवर्ती उच्चभूमि के संबध में निम्नलिखित कथनों में से कौन-सा/से सही है/हैं?

1. इसका ढाल दक्षिण तथा दक्षिण-पूर्वी दिशाओं की ओर है।
2. इसकी विशेषता कायांतरित चट्टानों की उपस्थिति है।
3. यमुना की बहुत सी सहायक नदियाँ इस क्षेत्र से निकलती हैं।

नीचे दिए गए कूट का प्रयोग कर सही उत्तर चुनिए–

(a) केवल 1

(b) केवल 2 और 3

(c) केवल 1 और 2

(d) 1, 2 और 3

उत्तर (b) केन्द्रीय उच्चभूमि दक्कन के पठार की उत्तरी सीमा का निर्माण करती है। केन्द्रीय उच्चभूमि पश्चिम में अरावली पर्वतमाला से घिरी है। केन्द्रीय उच्चभूमि का पूर्वी विस्तार राजमहाल की पहाड़ियों से बना है जिसके दक्षिण में छोटानागपुर का पठार स्थित है।

कथन 1 गलत है क्योंकि केन्द्रीय उच्चभूमि की सामान्य ऊंचाई समुद्र तल से 700-1,000 मीटर के बीच है और इसका ढलान उत्तर और पूर्वोत्तर दिशा की ओर है।

कथन 2 सही है क्योंकि यह क्षेत्र अपने भूवैज्ञानिक इतिहास में कायांतरण की प्रक्रिया से गुजर चुका है, जिसकी संगमरमर, स्लेट, नीस, आदि जैसी कायांतरित चट्टानों की उपस्थिति से पुष्टि की जा सकती है।

कथन 3 सही है क्योंकि यमुना नदी की अधिकांश सहायक नदियां विंध्य और कैमूर पर्वतमालाओं से आती हैं।

❑❑❑

3 भारत के राज्य/ केन्द्रशासित प्रदेश

1. कोंकणी भाषा के सन्दर्भ में, निम्नलिखित कथनों पर विचार कीजिए–

1. यह गोवा राज्य की आधिकारिक भाषा है।

2. यह संविधान की आठवीं अनुसूची में उल्लिखित एक अनुसूचित भाषा है।

3. इसे रोमन के साथ ही देवनागरी लिपि में भी लिखा जाता है।

उपर्युक्त कथनों में से कौन-सा/से सही है/हैं?

(a) केवल 1 और 2
(b) केवल 1 और 3
(c) केवल 2 और 3
(d) 1, 2 और 3

उत्तर (d) कोंकणी गोवा राज्य की आधिकारिक भाषा है। इसे 1987 में यह दर्जा प्रदान किया गया था। कोंकणी भाषा कोंकण और मालाबार के तटवर्ती क्षेत्रों में बोली जाती है। कोंकणी भाषा बोलने वाले लोग कर्नाटक और केरल में प्रभावशाली अल्पसंख्यक हैं। **इसलिए, कथन 1 सही है।**

कोंकणी भाषा भारत के संविधान की 8वीं अनुसूची में उल्लिखित 22 अनुसूचित भाषाओं में से एक है। **इसलिए, कथन 2 सही है।**

यह एकमात्र ऐसी भाषा है जिसे पाँच अलग-अलग लिपियों-रोमन, कन्नड़, फारसी, अरबी और मलयालम में लिखा जाता है। 1556 में मुद्रित होने वाली यह पहली एशियाई भाषा भी बनी थी। **इसलिए, कथन 3 सही है।**

2. भारत के निम्नलिखित राज्यों पर विचार कीजिए–

1. झारखण्ड 2. महाराष्ट्र
3. छत्तीसगढ़ 4. ओडिशा
5. तेलंगाना 6. पश्चिम बंगाल

उपर्युक्त में से कौन-से राज्य, देश में उच्च गुणवत्ता युक्त लौह-अयस्क समृद्ध अर्धचंद्राकार क्षेत्र के भाग हैं?

(a) केवल 1, 3, 4 और 6
(b) केवल 1, 2, और 6
(c) केवल 3, 4 और 5
(d) 1, 2, 3, 4, 5 और 6

उत्तर (a) लौह और इस्पात उद्योग के विकास ने भारत में द्रुत औद्योगिक विकास के द्वार खोले हैं।

भारतीय उद्योग लगभग सभी क्षेत्रों में अपनी आधारभूत अवसंरचना के लिए लौह और इस्पात उद्योग पर अत्यधिक निर्भर हैं।

लौह अयस्क और कोकिंग कोल के अतिरिक्त लौह और इस्पात उद्योग के लिए आवश्यक अन्य कच्चा माल चूना पत्थर, डोमोलाइट, मैंगनीज और फायर क्ले हैं।

ये सभी कच्चे माल ठोस (वजन खोने वाले) हैं, इसलिए लौह और इस्पात संयंत्रों की सर्वोत्कृष्ट अवस्थिति कच्चे माल के स्रोतों के निकट होती है।

भारत में एक अर्धचंद्राकार क्षेत्र है, जिसमें छत्तीसगढ़, उत्तरी उड़ीसा, झारखंड और पश्चिम बंगाल के कुछ भाग शामिल हैं, जो उच्च श्रेणी के लौह अयस्क, अच्छी गुणवत्ता वाले कोकिंग कोल और अन्य पूरक कच्चे मालों में अत्यधिक समृद्ध हैं।

भारतीय लौह और इस्पात उद्योग में बड़े एकीकृत इस्पात संयंत्रों के साथ ही छोटी इस्पात मिलें शामिल हैं। साथ ही इसमें द्वितीयक उत्पादक, रोलिंग मिलें और सहायक उद्योग भी शामिल हैं।

3. भारत-म्यांमार-थाईलैंड त्रिपक्षीय राजमार्ग एक महत्वाकांक्षी परियोजना है जो भारत को आसियान क्षेत्र के साथ जोड़ेगी। यह किस भारतीय राज्य से होकर गुजरेगा?

(a) नागालैंड (b) अरुणाचल प्रदेश
(c) मिजोरम (d) मणिपुर

उत्तर (d) भारत-म्यांमार-थाईलैंड त्रिपक्षीय राजमार्ग 1990 मील (3200 किमी) की एक महत्वाकांक्षी परियोजना है। यह भारत को आसियान क्षेत्र के साथ जोड़ेगी।

यह राजमार्ग मणिपुर राज्य (भारत) स्थित मोरेह को मंडाले शहर (म्यांमार) के रास्ते मेंई सोत जिला (थाईलैंड) से जोड़ेगा।

यह राजमार्ग की परिष्कृत (अपग्रेडेड) 'एक्ट ईस्ट' नीति का भाग है। यह दक्षिणपूर्व आसियान क्षेत्र के साथ भारत के सम्पर्क निर्माण का रणनीति प्रयास है।

बांग्लादेश भी BIMSTEC के माध्यम से IMT राजमार्ग से जुड़ने में रूचि प्रदर्शित कर रहा है।

4. निम्नलिखित युग्मों पर विचार कीजिए–

	राज्य		क्षेत्र
1.	यनम	:	आंध्र प्रदेश
2.	कराईकल	:	केरल
3.	माहे	:	तमिलनाडु

उपर्युक्त युग्मों में से कौन-सा/से सही सुमेलित है/हैं?

(a) केवल 1
(b) केवल 1 और 2
(c) केवल 2 और 3
(d) 1, 2 और 3

उत्तर (a) **केवल 1 सही है।** ये सभी पुडुचेरी संघ राज्य क्षेत्र के भाग हैं लेकिन अलग-अलग राज्यों में स्थित हैं।

यनम - आंध्र प्रदेश
कराईकल और पुडुचेरी - तमिलनाडु
माहे - केरल

5. निम्नलिखित युग्मों पर विचार कीजिए–

	राष्ट्रीय राजमार्ग		राज्य जिनसे होकर राजमार्ग गुजरता है
1.	NH 9	:	कर्नाटक
2.	NH 13	:	पंजाब
3.	NH 10	:	असम

उपर्युक्त युग्मों में से कौन-सा/से सही सुमेलित है/हैं?

(a) केवल 1 (b) केवल 1 और 3
(c) केवल 3 (d) केवल 2 और 3

उत्तर (a) NH 9 - पुणे-शोलापुर - हैदराबाद-विजयवाड़ा-मछलीपट्टम अर्थात् महाराष्ट्र, कर्नाटक और आंध्र प्रदेश से गुजरता है। अतः युग्म 1 सही है।

NH 13-शोलापुर-चित्रदुर्ग- शिमोगा- मंगलौर अर्थात् महाराष्ट्र और कर्नाटक से गुजरता है। अतः युग्म 2 सही नहीं है।

NH10-दिल्ली-फाजिल्का-भारत-पाक सीमा अर्थात् दिल्ली, हरियाणा और पंजाब से गुजरता है। अतः युग्म 3 सही नहीं है।

6. भारत के एक राज्य की निम्नलिखित विशेषताओं पर विचार कीजिए–

1. यहाँ भारत में सर्वाधिक जलविद्युत शक्ति क्षमता है।
2. भारत की आर्किड प्रजातियों में से अधिकतर यहां पायी जाती हैं।
3. इसका राज्य पक्षी ग्रेट इंडियन हॉर्नबिल है।

उपरोक्त विशेषताएं निम्न में से किस राज्य की है?

(a) उत्तराखंड (b) नागालैंड
(c) सिक्किम (d) अरुणाचल प्रदेश

उत्तर (d) अरुणाचल प्रदेश में कुछ महत्वपूर्ण नदियां जैसे कामेंग, सुबनसिरी, दिहांग और लोहित प्रवाहित होती हैं। ये जलप्रपातों के उच्च दर के साथ बारहमासी नदियाँ हैं, इस प्रकार, यह देश में सबसे ज्यादा जल विद्युत् क्षमता वाला राज्य है।

भारत में ऑर्किड की 1000 में से लगभग 600 से अधिक प्रजातियां अकेले अरुणाचल प्रदेश में पाई जाती हैं। अत: इस राज्य को हमारे देश का 'आर्किड स्वर्ग' कहा जा सकता है।

अरुणाचल प्रदेश, ग्रेट इंडियन हार्नबिल जो एक असाधारण पक्षी है, असामान्य रूप से बड़ी चोंच वाला होता है, का अनुकूल आवास स्थल है, यह यहाँ का राज्य पक्षी भी है।

अरुणाचल हिमालय का एक महत्वपूर्ण पहलू यहाँ अधिवासित बहुत से नृजातीय समुदाय है। कुछ प्रमुख समुदाय जो पश्चिम से पूर्व की ओर अधिवासित हैं, उनमें मोनपा, डाफला, अबोर, मिश्मी, निशि और नागा हैं। इन समुदायों में अधिकांश झूम पद्धति अपनाते हैं। यह स्थानांतरण या 'स्लैश एंड बर्न' कृषि के रूप में जाना जाता है। यह जैव विविधता समृद्ध क्षेत्र है, जो स्थानिक आदिवासियों द्वारा संरक्षित किया गया है।

7. भारत के एक विशिष्ट राज्य की निम्नलिखित विशेषताएँ हैं–

1. यह उसी अक्षांश पर अवस्थित है जो गुजरात तथा मध्य प्रदेश से होकर गुजरती है।
2. इसका 40% क्षेत्र वनाच्छादित है।
3. इसका राजकीय पशु जंगली जलीय भैंसा है।
4. रिहंद नदी इससे होकर बहती है।

निम्नलिखित में से किस राज्य में उपर्युक्त सभी विशेषताएं पायी जाती हैं?

(a) छत्तीसगढ़ (b) त्रिपुरा
(c) मिजोरम (d) झारखंड

उत्तर (a) कर्क रेखा गुजरात, मध्य प्रदेश, छत्तीसगढ़, झारखंड, पश्चिम बंगाल, त्रिपुरा तथा मिजोरम से हेकर गुजरती है।

राज्य के उत्तरी तथा दक्षिणी भाग पहाड़ी हैं, जबकि मध्य भाग एक उपजाऊ मैदान है। पर्णपाती वन राज्य के 44 प्रतिशत भाग को आच्छादित करते हैं। वन भैंसा या जंगली जलीय भैंसा इसका राजकीय पशु है।

8. निम्नलिखित में से कौन-सा द्वीप 'नौ डिग्री चैनल' के द्वारा लक्षद्वीप द्वीपसमूह के अन्य द्वीपों से पृथक है?

(a) अगत्ती (b) कालपेनी
(c) करवत्ती (d) मिनिकॉय

उत्तर (d) मिनिकॉय लक्षद्वीप द्वीपसमूह के अन्य द्वीपों से 'नाइन डिग्री चैनल' के द्वारा पृथक है।

9. निम्नलिखित में से कौन-सा युग्म सही सुमेलित है?

(a) उत्तर-दक्षिण गलियारा : जम्मू से कन्याकुमारी
(b) पूर्व-पश्चिम गलियारा : पोरबंदर से गुवाहाटी
(c) राष्ट्रीय जलमार्ग 1 : इलाहाबाद से हल्दिया
(d) राष्ट्रीय जलमार्ग 3 : डिब्रूगढ़ से धुबरी

उत्तर (c) उत्तर-दक्षिण गलियारा (कॉरिडोर) श्रीनगर से होकर कन्याकुमारी तक फैला हुआ है। पूर्व-पश्चिम गलियारा पोरबंदर से सिलचर तक विस्तारित है। राष्ट्रीय जलमार्ग 1 इलाहाबाद से हल्दिया तक जाता है। राष्ट्रीय जलमार्ग 3 का विस्तार केरल में कोल्लम से कोट्टापुरम (Kottapuram) तक है।

10. उत्तर-पूर्वी भारत में दक्षिण से उत्तर की ओर चलने पर राज्यों का सही क्रम क्या है?

1. नागालैण्ड 2. अरुणाचल प्रदेश
3. मिजोरम 4. मणिपुर

नीचे दिए गए कूट का प्रयोग कर सही उत्तर चुनिए–

(a) 4-2-1-3 (b) 3-2-4-1
(c) 3-4-1-2 (d) 4-3-2-1

उत्तर (c) उत्तर-पूर्वी राज्य दक्षिण से उत्तर के क्रम में इस प्रकार व्यवस्थित हैं–

मिजोरम-मणिपुर-नागालैंड- अरुणाचल प्रदेश। हालांकि, कर्क रेखा उत्तर-पूर्वी भारत के केवल दो राज्यों अर्थात् मिजोरम और त्रिपुरा से होकर गुजरती है।

11. निम्नलिखित में से किन स्थानों में प्रवाल नहीं पाए जाते हैं?

(a) कच्छ की खाड़ी
(b) खंभात की खाड़ी
(c) मन्नार की खाडी
(d) उपर्युक्त में से कोई नहीं

उत्तर (d) कच्छ की खाड़ी, मन्नार की खाड़ी में प्रमुख भित्ति (रीफ) संरचनाएँ देखी जाती हैं। खंभात की खाड़ी के पश्चिमी हिस्से में छोटे प्रवेश मार्ग के आस-पास भी कुछ प्रवाल भित्तियाँ पाई गयी हैं।

12. झारखण्ड राज्य निम्नलिखित में से किस राज्य के साथ सीमा साझा नहीं करता है?

(a) उत्तर प्रदेश
(b) मध्य प्रदेश
(c) ओडिशा
(d) छत्तीसगढ़

उत्तर (b) **विकल्प (b) सही उत्तर है।**

झारखंड की सीमाएं निम्नलिखित राज्यों से लगती हैं– पश्चिम बंगाल, बिहार, उत्तर प्रदेश, छत्तीसगढ़, ओडिशा।

झारखण्ड मध्य प्रदेश के साथ सीमा साझा नहीं करता है।

13. पांडिचेरी संघ-राज्यक्षेत्र के चारों जिले, भिन्न-भिन्न राज्यों में अवस्थित हैं। निम्नलिखित में से कौन-सा राज्य उनमें शामिल नहीं है?

(a) आंध्र प्रदेश
(b) कर्नाटक
(c) तमिलनाडु
(d) केरल

उत्तर (b) पुडुचेरी, मूल नाम पुतुकेरी (Putucceri), पूर्व में (2006 तक) पांडिचेरी, भारत का संघ राज्य क्षेत्र, पांडिचेरी भी कहा जाता है। यह 1962 में फ्रांसीसी भारत के चार पूर्व उपनिवेशों: तमिलनाडु राज्य से घिरे, भारत के दक्षिणपूर्व कोरोमंडल तट पर पांडिचेरी (अब पुडुचेरी) और कराईकल; आंध्र प्रदेश राज्य से घिरे, गोदावरी नदी के डेल्टा क्षेत्र में पूर्वी तट पर आगे और उत्तर में यमन; और केरल राज्य से घिरे पश्चिमी मलबार तट पर स्थित माहे से मिलकर बना। इस प्रदेश की राजधानी कुडुलोर के उत्तर में पुडुचेरी क्षेत्र में पुडुचेरी शहर है।

14. यदि आप दिसपुर से उदयपुर तक सड़क मार्ग से यात्रा करते हैं तो मूल और गंतव्य स्थान सहित आप भारत में न्यूनतम कितने राज्यों से होकर यात्रा कर सकते हैं?

(a) 5 (b) 6
(c) 7 (d) 8

उत्तर (a) असम-पश्चिम बंगाल-बिहार- झारखंड-उत्तर प्रदेश - राजस्थान

15. मणिपुर में कुछ लोग लटकी हुई गाद से बंधे अपतृण और सड़ती वनस्पति के तैरते हुए द्वीपों पर बने हुए मकानों में रहते हैं, इन द्वीपों को कहते हैं–

(a) तिपिस (b) बरखान्स
(c) फूर्माड (d) इजबा

उत्तर (c) मणिपुर के लोक तक झील में तैरने वाले द्वीप को फूर्माड कहते हैं।

❑❑❑

4 प्रजाति/जनजातियाँ/ जनसंख्या

1. निम्नलिखित में से किस जनसंख्या पिरामिड से पता चलता है कि जनसंख्या का बड़ा भाग युवा है और भविष्य में तीव्र जनसंख्या वृद्धि हो सकती है?

(a) घंटी के आकार का और ऊपर की ओर क्रमश: संकीर्ण होता पिरामिड

(b) त्रिकोणीय आकार का पिरामिड

(c) संकीर्ण आधार व क्रमश: संकीर्ण होता शीर्ष

(d) कोई नहीं

उत्तर (b) त्रिकोणीय आकार के पिरामिड से पता चलता है कि जनसंख्या का एक बड़ा भाग युवा है और भविष्य में जनसंख्या में तेजी से वृद्धि होगी। उदाहरण के लिए नाइजीरिया का आयु-लिंग पिरामिड एक त्रिकोणीय आकार का पिरामिड है। इसका आधार चौड़ा है और यह कम विकसित देशों की एक विशिष्टता होती है। उनमें उच्च जन्म दर होने के कारण कम आयु वर्ग की जनसंख्या अधिक होती है। उदाहरण: बांग्लादेश, मैक्सिको आदि।

घंटी के आकार का और ऊपर की ओर क्रमश: संकीर्ण होता पिरामिड यह प्रदर्शित करता है कि जन्म और मृत्यु दर लगभग समान हैं और जनसंख्या स्थिर है। ऑस्ट्रेलिया के मामले में आयु-लिंग पिरामिड घंटी के आकार का है।

इसलिए, विकल्प (b) सही है।

2. निम्नलिखित युग्मों पर विचार कीजिए–

	जनजाति	राज्य
1.	चोलानाइकन	: केरल
2.	टोडा	: मेघालय
3.	बिरहोर	: झारखंड

उपर्युक्त युग्मों में से कौन-सा/से सही सुमेलित है/हैं?

(a) केवल 1 और 2

(b) केवल 2 और 3

(c) केवल 1 और 3

(d) 1, 2 और 3

उत्तर (c) चोलानाइकन भारत का एक जातीय समूह है। वे प्रमुख रूप से दक्षिणी केरल राज्य, विशेषकर साइलेंट वैली राष्ट्रीय उद्यान में निवास करते हैं और इस क्षेत्र के बचे हुए अंतिम शिकारी-संग्रहकर्ता जनजातीय समूहों में से एक है। चोलानाइकन लोग चोलानाइकन भाषा में वार्तालाप करते हैं, जो द्रविड़ घराने से संबंधित है। **इसलिए, युग्म 1 सही सुमेलित है।**

टोडा जनजाति तमिलनाडु के नीलगिरी पर्वतों की सबसे प्राचीन और अनोखी जनजाति है, उनकी अपनी भाषा, प्रथा और रीति-रिवाज हैं। **इसलिए, युग्म 2 सही सुमेलित नहीं है।**

बिरहोर झारखंड की आठ जनजातियों में से एक है, जिसे विशेष रूप से सुभेद्य जनजातीय समूह के रूप में वर्गीकृत किया गया है। **इसलिए, युग्म 3 सही सुमेलित है।**

3. निम्नलिखित में से किस पर प्रवासन (माइग्रेशन) का प्रभाव पड़ता है?

1. जनसंख्या के आकार

2. लिंग अनुपात

3. मृत्यु दर

नीचे दिए गए कूट का प्रयोग कर सही उत्तर चुनिए–

(a) केवल 1 और 2

(b) केवल 2 और 3

(c) केवल 1 और 3

(d) 1, 2 और 3

उत्तर (a) प्रवासन जनसंख्या परिवर्तन का एक महत्वपूर्ण निर्धारक है। यह न केवल जनसंख्या के आकार को परिवर्तित करता है अपितु शहर और ग्रामीण जनसंख्या की आयु और लिंग के संयोजन में भी परिवर्तन लाता है। भारत में ग्रामीण-शहर प्रवासन से शहरों और कस्बों की जनसंख्या के प्रतिशत में निरंतर वृद्धि हुई है। नौकरी के लिए शहरी क्षेत्रों में चयनित रूप से प्रवासन, इन शहरों में लिंगानुपात को विकृत कर देता है। **इसलिए, कथन 1 और 2 सही हैं।**

प्रवासन से मृत्यु दर प्रभावित नहीं होती है। स्वास्थ्य सेवा और चिकित्सा के क्षेत्र में उन्नत प्रौद्योगिकी और वैज्ञानिक तकनीकों ने मृत्यु दर को कम कर दिया है। **इसलिए, विकल्प 3 सही नहीं है।**

4. निम्नलिखित में से कौन-सा/से प्रवासन के अपकर्ष कारक (pull factors) है/हैं?

1. भूमि पर उच्च जनसंख्या दबाव

2. आधारभूत अवसंरचना सुविधाओं की कमी

3. शिक्षा के लिए बेहतर अवसर

नीचे दिए गए कूट का प्रयोग कर सही उत्तर चुनिए।

(a) केवल 1

(b) केवल 3

(c) केवल 2 और 3

(d) 1, 2 और 3

उत्तर (b) एक स्थान से दूसरे स्थान पर जनसंख्या के दो प्रमुख कारण हैं, जिन्हें पुल और पुश कारक कहा जाता है।

पुल (अपकर्ष) कारक लोगों द्वारा अपना आवास या निवास स्थान तथा स्थिरता आदि सम्मलित हैं।

पुश (प्रतिकर्ष) कारक लोगों द्वारा अपना आवास या निवास स्थान छोड़ने का कारण बनते हैं। भारत में लोग मुख्य रूप से निर्धनता, भूमि पर उच्च दबाव, स्वास्थ्य देखभाल, शिक्षा जैसी सुविधाओं का अभाव और प्राकृतिक आपदाओं जैसे बाढ़, सूखा, चक्रवात, तूफान, भूकम्प, सुनामी, युद्ध और स्थानीय संघर्षों के कारण पलायन करते हैं।

इसलिए, विकल्प (b) सही है।

5. भारतीय जनजातीय सहकारी विकास संघ (TRIFED) के संबंध में निम्नलिखित कथनों पर विचार कीजिए–

1. इसका उद्देश्य जनजातीय शिल्पकारों के लाभ के लिए जनजातीय कला और शिल्प को प्रोत्साहन देना है।

2. यह संस्कृति मंत्रालय के अधीन है।

उपर्युक्त कथनों में से कौन-सा/से सही नहीं है/है?

(a) केवल 1

(b) केवल 2

(c) 1 और 2 दोनों

(d) न तो 1, न ही 2

उत्तर (b) ट्रइफेड (TRIFED), भारत सरकार के जनजातीय मामलों के मंत्रालय के अधीन सार्वजनिक क्षेत्र का एक उद्यम है। यह देश के जनजातीय शिल्पकारों के लाभ के लिए

जनजातीय कला और शिल्प को प्रोत्साहन देने के मुख्य उद्देश्य से "जनजातीय उत्पादों/उपज के विकास तथा विपणन के लिए संस्थागत सहायता" योजना के अंतर्गत कार्य करता रहा है। **इसलिए, कथन 1 सही है और कथन 2 सही नहीं है।**

6. अंडमान निकोबार द्वीप समूह में निम्नलिखित में से कौन-सी जनजातियां पायी जाती हैं?

1. ओंग 2. जारवा
3. सेंटीनेलीज 4. अपतानी

नीचे दिए गए कूट का प्रयोग कर सही उत्तर चुनिए।

(a) केवल 1, 2 और 3
(b) केवल 2, 3 और 4
(c) केवल 1, 2 ओर 4
(d) केवल 1, 3 और 4

उत्तर (a) अंडमान और निकोबार द्वीप समूह 4 नीग्रों और 2 मंगोलियन जनजातीय का निवास स्थान है। नीग्रो मूल से सम्बन्धित हैं–ग्रेट अंडमानी, ओंग, जारवा और सेंटाइनलेस है। वे अभी भी शिकारी-संग्रहकर्ता अवस्था में हैं। मंगोलियाई मूल के लोग और सेंटीनेलीज ही समृद्ध हुए हैं और उनकी संख्या में वृद्धि भी हुई है। मंगोलियन जनजाति के अन्य सदस्य शेम्पेन अभी भी बाहरी लोगों से संकोच करते हैं। माना जाता है कि जारवा, ओंग, सेंटीनेलीज और ग्रेट अंडमानी ने 60,000 वर्ष पहले अफ्रीका से अंडमान की ओर यात्रा की थी। **इसलिए, विकल्प 1, 2 और 3 सही है।**

अपतानी अरुणाचल प्रदेश की जनजाति है। **इसलिए, 4 सही नहीं है।**

7. निम्नलिखित में से कौन-से कारक जनसंख्या के वितरण को प्रभावित करते हैं?

1. भू-आकृतियाँ 2. खनिज निक्षेप
3. मृदा प्रकार

नीचे दिए गए कूट का प्रयोग कर सही उत्तर चुनिए–

(a) केवल 1 और 2
(b) केवल 2 और 3
(c) केवल 1 और 3
(d) 1, 2 और 3

उत्तर (d) **सभी विकल्प सही हैं।**

भू-आकृति लोग समतल मैदानों और हल्की ढलानों वाले क्षेत्रों में रहना पसंद करते हैं। चूंकि ऐसे क्षेत्र फसलों के उत्पादन और सड़कों व उद्योगों के निर्माण के अनुकूल होते हैं। पर्वतीय और पहाड़ी क्षेत्रों में परिवहन नेटवर्क के विकास में बाधा आती है और इसलिए आरंभ में कृषि और औद्योगिक विकास के अनुकूल नहीं होते हैं। ये क्षेत्र बहुत कम जनसंख्या वाले होते हैं। गंगा के मैदानी क्षेत्र विश्व भर में सबसे घनी जनसंख्या वाले क्षेत्रों में से एक है, वहीं हिमालय के पर्वतीय क्षेत्रों की जनसंख्या विरल है।

मृदा– कृषि और सम्बन्धित गतिविधियों के लिए उर्वर मृदा अति महत्वपूर्ण हैं। अतः, जिन क्षेत्रों में उपजाऊ चिकनी मिट्टी होती है, उनके आसपास अधिक लोग निवास करते हैं क्योंकि यह गहन कृषि के लिए उपयुक्त होती है।

खनिज– खनिज भंडार वाले क्षेत्र उद्योगों को आकर्षित करते हैं। उत्खनन और औद्योगिक गतिविधियों से रोजगार उत्पन्न होते हैं। इसलिए कुशल और अर्ध-कुशल श्रमिक इन क्षेत्रों में जाते हैं और वहाँ जनसंख्या घनी हो जाती है। अफ्रीका में जाम्बिया की कटंगा ताँबा पट्टी इसका एक उदाहरण है।

8. जनसंख्या वृद्धि के संबंध में, निम्नलिखित कथनों पर विचार कीजिए–

1. जनसंख्या की वास्तविक वृद्धि में निवल प्रवासन को ध्यान में रखा जाता है।

2. जनसंख्या की प्राकृतिक वृद्धि सदैव जनसंख्या की वास्तविक वृद्धि से कम होती है।

उपर्युक्त कथनों में से कौन-सा/से सही है/हैं?

(a) केवल 1
(b) केवल 2
(c) 1 और 2 दोनों
(d) न तो 1, न ही 2

उत्तर (a) जनसंख्या में वास्तविक वृद्धि = {जन्म-मृत्यु + {आंतरिक प्रवासन-बाह्य प्रवासन}

इसलिए, कथन 1 सही है।

जनसंख्या में प्राकृतिक वृद्धि = जन्म -मृत्यु **कथन 2 सही नहीं है**, चूँकि जनसंख्या की प्राकृतिक वृद्धि, वास्तविक वृद्धि से तभी कम होती है जब निवल प्रवासन दर सकारात्मक हो। इसलिए यह नहीं कहा जा सकता है कि जनसंख्या में प्राकृतिक वृद्धि सदैव ही वास्तविक वृद्धि से कम होती है। यह केवल प्रवासन की दर निर्धारित करेगी कि प्राकृतिक वृद्धि, वास्तविक से अधिक है या कम।

9. 'वे सैकड़ों के समूह में चलते हैं, पशुओं का बड़ा झुंड रखते हैं और साथ ही कारवाँ व्यापारियों के साथ व्यापार में भी संलग्न रहते हैं। वे जानवरों की सवारी करते हैं और कड़ी धूप में भी भारी-भरकम कपड़े पहनते हैं।' उपर्युक्त परिच्छेद निम्नलिखित में से किस नृजातीय समूह का सर्वश्रेष्ठ वर्णन करता है?

(a) बद्दू (Bedoium)
(b) तुआरेग
(c) एस्किमो
(d) पिग्मी

उत्तर (a) **विकल्प 1 सही है।** अरब के बद्दू घुड़सवारी करते है और तम्बुओं में रहते हैं। बद्दू रेगिस्तानी समूहों का सर्वश्रेष्ठ उदाहरण हैं, जो खानाबदोश चरवाहों के रूप में काफी सफल रहे हैं। मवेशियों के बड़े झुण्ड रखने के अतिरिक्त, वे कारवाँ व्यापारियों और मरुउद्यानों के लोगों के साथ व्यापार भी करते हैं।

10. हाल ही में प्रस्तावित राष्ट्रीय जनजातीय सलाहकार परिषद् के संदर्भ में, निम्नलिखित कथनों पर विचार कीजिए–

1. जनजातीय कल्याण योजनाओं की प्रभावी निगरानी और कार्यान्वयन के लिए इस परिषद् की स्थापना की जाएगी।

2. भारतीय संविधान की चौथी अनुसूची के प्रावधानों के अंतर्गत इस परिषद् की स्थापना की गयी है।

3. इस परिषद् की अध्यक्षता जनजातीय मामलों का केन्द्रीय मंत्री करेगा।

उपर्युक्त कथनों में से कौन-सा/से सही है/हैं?

(a) केवल 1
(b) केवल 1 और 2
(c) केवल 2 और 3
(d) केवल 1 और 3

उत्तर (a) सरकार ने विभिन्न जनजातीय कल्याण योजनाओं की निगरानी और कार्यान्वयन को प्रभावी बनाने के लिए राष्ट्रीय जनजातीय सलाहकार परिषद् की स्थापना करने का निर्णय लिया है।

भारत के संविधान की पांचवीं अनुसूची में अनुसूचित क्षेत्रों और अनुसूचित जनजातियों के प्रशासन और नियंत्रण से संबंधित प्रावधान हैं।

चौथी अनुसूची सीटों के आवंटन के विषय से संबंधित है और राष्ट्रीय सलाहकार परिषद् से इसका कोई संबंध नहीं है। **कथन 2 गलत है।**

अनुसूची पांच के अंतर्गत प्रावधान यदि राष्ट्रपति निर्देशित करता है, तो अनुसूचित क्षेत्रों वाले प्रत्येक राज्य और अनुसूचित जनजाति की जनसंख्या वाला कोई भी राज्य (बशर्ते उसमें अनुसूचित क्षेत्र (scheduled area) न हों), की विधान सभा में बीस से अनधिक सदस्यों से युक्त जनजाति सलाहकार परिषद् का निर्माण होगा। इसके लगभग एक तिहाई सदस्य अनुसूचित जनजाति में से लिए जाएंगे।

हालांकि, पांचवीं अनुसूची राष्ट्रीय जनजातीय सलाहकार परिषद् के लिए प्रावधान नहीं करती है। **इसलिए कथन 2 गलत है।**

इस परिषद् की अध्यक्षता प्रधानमंत्री करेंगे और वर्ष में एक या दो बार इसका सम्मेलन होगा। **इसलिए, कथन 3 गलत है।**

11. भारत के 'जरवा' समुदाय के सन्दर्भ में निम्नलिखित कथनों पर विचार कीजिए–

1. वे लक्षद्वीप के निवासी होते हैं।

2. वे मुख्य रूप से शिकार तथा संचयन पर निर्भर होते हैं।

3. वे अनुसूचित जनजाति में सम्मिलित हैं।

उपर्युक्त कथनों में से कौन-सा/से सही है/हैं?

(a) केवल 1 और 2
(b) केवल 2 और 3
(c) केवल 3
(d) 1, 2 और 3

उत्तर (b) ऐसी मान्यता है कि अंडमान द्वीप समूह की जनजातियां (जारवा, ग्रेट अंडमानीज, औंगी तथा सेंटिनेलीज) 55,000 वर्षों से हिन्द महासागर स्थित अपने निवास स्थान में रह रही हैं। धरती के सबसे अलग-थलग लोग समझे जाने वाले जरवा जनजाति आदिवासी तथा शिकारी लोगों का समूह है जो हजारों वर्षों से अंडमान द्वीप समूह के घने जंगलों में बाह्य जगत से दूर रहते आए हैं।

यद्यपि, बाह्य जगत के लोगों के बढ़ते प्रवाह के कारण जरवा लोगों पर विलोपन का खतरा मंडरा रहा है। आज यायावर जरवा जनजाति के लगभग 400 सदस्य 40 से 50 लोगों के समूह में जिस बस्ती में रहते हैं और जिसे अपना घर मानते हैं, स्थानीय भाषा में उसे चड्ढा कहा जाता है।

उन्हें अनुसूचित जनजाति की श्रेणी में रखा गया है।

जरवा जनजाति के लोगों से संबंधित कुछ और तथ्य–

1. जरवा लोगो के द्वारा प्रयुक्त गर्भ-निरोधक प्रणाली– वचाही तथा हाथो के नाम से जानी जाने वाली पत्तियों का उपयोग वे गर्भ-निरोधक के रूप में करते हैं।

2. एक से दूसरे स्थान की यात्रा के समय जरवा समुदाय के लोगों के बीच श्रम का विशिष्ट विभाजन होता है। पुरुष सदस्य अपने शिकार करने के औजार साथ लेकर चलते हैं तथा मार्ग साफ करते हैं, महिला सदस्य खाद्य-सामग्री तथा गृहस्थी के अन्य सामानों को लेकर चलते हैं।

3. दोनों ही लिंगों के जरवा आदिवासी पूर्णतः नग्न रहते हैं, यद्यपि वे कुछ आभूषण अवश्य पहनते हैं किन्तु उनका उद्देश्य अपनी नग्नता को ढकना नहीं होता।

4. विवाह, सामान्यतः किशोरों के बीच होते हैं जरवा समुदाय में किसी विधुर या विधवा स्त्री का पुनर्विवाह हो सकता है। यद्यपि जारवा समुदाय के लोग एकल-विवाह प्रथा का कठोरता से पालन करते हैं, उनके बीच अनुवर्ती विवाह सामान्य बात है।

12. निम्नलिखित युग्मों पर विचार कीजिए–

आयु-लिंग पिरामिड	**प्रतिनिधि जनसंख्या**
1. समतल आधार के साथ	**: बढ़ती जनसंख्या त्रिकोणीय पिरामिड**
2. घंटी के आकार का	**: जनसंख्या में गिरावट पिरामिड**
3. पतले शीर्ष के साथ	**: स्थिर जनसंख्या संकीर्ण आधार**

उपर्युक्त युग्मों में से कौन-सा/से सही सुमेलित है/हैं?

(a) केवल 1
(b) केवल 2
(c) केवल 1 और 2
(d) 1, 2 और 3

उत्तर (d) आयु-लिंग पिरामिड– विभिन्न आयु वर्गों में महिलाओं और पुरुषों की संख्या को किसी जनसंख्या के आयु-लिंग विन्यास या संरचना के रूप में जाना जाता है। जनसंख्या पिरामिड का उपयोग जनसंख्या के आयु-लिंग विन्यास को दर्शाने के लिए किया जाता है। जनसंख्या पिरामिड के प्रतिरूप से जनसंख्या के अभिलक्षण प्रतिबिम्ब होते हैं। प्रत्येक आयु वर्ग में पुरुषों का प्रतिशत बायीं ओर दिखाया जाता है और महिलाओं को दायीं ओर।

बढ़ती जनसंख्या– उदाहरण के लिए नाइजीरिया का आयु-लिंग पिरामिड त्रिकोणीय आकार लिए हुए है। इसका आधार चौड़ा है और इसे कम विकासशील देशों के प्रतीक के रूप में देखा जाता है। उच्च जन्मदर के कारण कम आयु में इनकी जनसंख्या बहुत अधिक होती है।

अन्य उदाहरण– बांग्लादेश और मैक्सिको आदि।

स्थिर जनसंख्या– ऑस्ट्रेलिया के संदर्भ में आयु-लिंग पिरामिड घंटी के रूप लिए हुए है और ऊपर की ओर यह संकरा होता जाता है। इससे यह प्रदर्शित होता है कि वहाँ जन्म और मृत्यु दर लगभग समान है, जिसके कारण जनसंख्या स्थिर रहती है।

घटती जनसंख्या– जापानी पिरामिड का आधार संकरा है और इसका संकरा होता हुआ शीर्ष निम्न जन्म और मृत्यु दर प्रदर्शित करता है। विकसित देशों में जनसंख्या वृद्धि की दर प्रायः शून्य या नकारात्मक होती है।

13. सेंटीनिलीज जनजाति के संबंध में निम्नलिखित कथनों पर विचार कीजिए–

1. यह अंडमान द्वीप समूह की देशज (Indigenous) जनजाति है।

2. यह जनजाति जीवन यापन के लिए आदिम कृषि का प्रयोग करती है।

3. यह जनजाति जारवा भाषा बोलती है।

उपर्युक्त कथनों में से कौन-सा/से सही है/हैं?

(a) केवल 1
(b) केवल 1 और 2
(c) केवल 1 और 3
(d) 1, 2 और 3

उत्तर (a) **कथन 1 सही है।** बंगाल की खाड़ी में, सेंटिनेलीज जनजाति अंडमान द्वीप समूह की मूल निवासी जनजाति है। वे विशाल अंडमान द्वीपसमूह के दक्षिणी सिरे से पश्चिम की ओर कुछ दूर अवस्थित उत्तरी सेंटिनेलीज द्वीप समूह में निवास करते हैं। वे बाहरी दुनिया के संपर्क से बचते हैं और आधुनिक सभ्यता से लगभग अछूती और संबंध न रखने वाली अंतिम जनजातियों में से एक हैं।

उनकी भाषा अभी तक अवर्गीकृत है और उनके निकटतम पड़ोसियों की जारवा भाषा से पारस्परिक रूप से मेल नहीं खाती है। **इसलिए, कथन 3 सही नहीं है।**

वे शिकारी-संचयी हैं और किसी भी प्रकार की कृषि पद्धति नहीं अपनाते हैं। इसलिए **कथन 2 सही नहीं है।**

14. द्वितीय जनसांख्यिकीय लाभांश का संदर्भ निम्नलिखित में से किस कार्यशील जनसंख्या की क्षमता का उपयोग करने से है?

(a) 15 से 19 वर्ष आयु वर्ग
(b) 65 से 79 वर्ष आयु वर्ग
(c) 30 से 45 वर्ष आयु वर्ग
(d) 25 से 64 वर्ष आयु वर्ग की महिलाएँ

उत्तर (b) वृद्ध लोग कार्यस्थल पर स्थूल और वित्तीय सहयोग करते हैं और स्थानीय स्तर पर अपने समुदायों और व्यक्तिगत नेटवर्क में अपने अनुभव के रूप में अपना योगदान देते हैं।

स्कैंडिनेविया में योजना नियम मिश्रित-उपयोग विकास को प्रोत्साहित करते हैं, जिससे वृद्ध लोगों के लिए घर से दुकान और सेवाओं तक की यात्रा को बहुत छोटी होने से वृद्ध लोगों के लिए अधिक सुगम्य हो जाती है। कम श्रम-प्रधान शहरी वातावरण में महिला सशक्तिकरण, पर्यावरण बचाव, विवाद निपटान आदि के लिए वरिष्ठ सहकारी समितियों में वृद्धि हो रही है।

15. निम्नलिखित में से टुंड्रा क्षेत्र की खानाबदोश जनजातियाँ कौन-सी हैं?

1. सैमोइड 2. लैप्स

3. याकूत 4. चुकची

नीचे दिए गए कूट का प्रयोग कर सही उत्तर चुनिए।

(a) केवल 1 और 2

(b) केवल 2, 3 और 4

(c) केवल 1, 3 और 4

(d) 1, 2, 3 और 4

उत्तर (d) टुड्रा क्षेत्र– आर्कटिक क्षेत्र में कुछ महीनों के लिए बर्फ से मुक्त रहने वाली निचली भूमि टुंड्रा क्षेत्र होती है।

इस क्षेत्र में परिस्थितियाँ गंभीर और संसाधन स्वल्प होने के कारण अधिकतर जनजातियाँ यायावर होती हैं, जैसे कि–

- लैप्स– उत्तरी फिनलैंड
- सैमाइड– साइबेरिया, यूराल पर्वत से येनिसे बेसिन तक
- याकूत– पूर्वी रूस का लेना बेसिन
- चुकची– साइबेरिया का उत्तर-पूर्वी भाग

16. निम्नलिखित राज्यों को उनके जनसंख्या घनत्व के घटते क्रम में व्यवस्थित कीजिए।

1. बिहार

2. पश्चिम बंगाल

3. महाराष्ट्र

4. उत्तर प्रदेश

नीचे दिए गए कूट का प्रयोग कर सही उत्तर चुनिए।

(a) 1-2-3-4 (b) 1-2-4-3

(c) 4-1-2-3 (d) 2-1-4-3

उत्तर (b) सही क्रम है– बिहार-पश्चिम बंगाल-उत्तर प्रदेश-महाराष्ट्र

राज्य	जनसंख्या घनत्व (व्यक्ति/वर्ग/किमी)
1. बिहार	1, 106
2. पश्चिम बंगाल	1, 028
4. उत्तर प्रदेश	829
3. महाराष्ट्र	365

17. निम्नलिखित युग्मों पर विचार कीजिए–

जनजाति	राज्य
1. रैबारी	: गुजरात
2. वारली	: राजस्थान
3. असुर	: झारखंड

उपर्युक्त युग्मों में से कौन-सा/से सही सुमेलित है/हैं?

(a) केवल 1 और 2

(b) केवल 1 और 3

(c) केवल 2

(d) 1, 2 और 3

उत्तर (b) रैबारी एक अर्द्ध-यायावरी जनजाति है। यह गुजरात एवं राजस्थान के शुष्क क्षेत्रों में जीवित रहने एवं अनुकूलन के लिए जानी जाती है। यह मुख्य रूप से गुजरात के कच्छ और सौराष्ट्र क्षेत्रों में पायी जाने वाली कृषि-पूर्व, पशुचारणिक जीवनशैली अपनाती है।

वारली एक देशज जनजाति है, यह महाराष्ट्र के पर्वतीय और साथ ही तटीय क्षेत्रों में निवास करती है।

असुर, PVTG (Particularly vulnerable tribal group) है जो विशेष रूप से झारखंड में पाया जाता है। इस जनजाति के सदस्य बिहार, पश्चिम बंगाल एवं साथ ही कुछ अन्य राज्यों के इलाकों में भी निवास करते हैं। 2011 की जनसंख्या ने झारखंड के असुर जनजाति के लोगों की संख्या 22,259 एवं बिहार में 4,129 निधरित की है।

18. मधेशी लोगों के संदर्भ में निम्नलिखित कथनों पर विचार कीजिए–

1. वे नेपाल के दक्षिणी क्षेत्र के निवासी हैं।

2. उन्हें थारु भी कहा जाता है।

3. उनका ऐतिहासिक उद्भव बिहार के मिथिला क्षेत्र से सम्बद्ध किया जा सकता है।

उपर्युक्त कथनों में से कौन-सा/से सही है/हैं?

(a) केवल 1

(b) केवल 2 और 3

(c) केवल 1 और 3

(d) 1, 2 और 3

उत्तर (c) मधेशी लोग नेपाल के मधेश नामक मैदानी दक्षिणी क्षेत्र में निवास करते हैं। मधेश ऐतिहासिक रूप से बृहत्तर मिथिला क्षेत्र का अंग रहा है। थारु मधेश क्षेत्र के मूल निवासी हैं तथा वे मधेशियों से भिन्न होते हैं।

नेपाल के द्वारा नए संविधान को अंगीकार किए जाने के पश्चात, मधेशियों ने सरकार के विरुद्ध प्रदर्शन आरम्भ कर दिया। उनकी मांग में मधेशी क्षेत्र को सत्ता में भागीदारी प्रदान किया जाना सम्मिलित था, तथा उन्होंने नेपाल को उपभोक्ता वस्तुओं की आपूर्ति रोकने के लिए भारत-नेपाल सीमा की नाकाबंदी कर दी। हाल ही में, नेपाल सरकार मधेशी मूल के लोगों की शिकायतों पर विचार करने को तैयार हो गयी है।

19. कुर्द, नामक नृजातीय समूह मुख्य रूप से किस क्षेत्र के आस-पास निवास करता है?

1. सीरिया 2. तुर्की

3. ईरान 4. यमन

नीचे दिए गए कूट का प्रयोग कर सही उत्तर चुनिए–

(a) केवल 1, 2 और 3

(b) केवल 2, 3 और 4

(c) केवल 1, 3 और 4

(d) केवल 1, 2 और 4

उत्तर (a) यमन में कुर्दों की कोई उपस्थिति नहीं है।

20. निम्नलिखित में से कौन जनसंख्या नियंत्रण में सहायता कर सकता है?

1. परिवार नियोजन सेवाओं की उपलब्धता

2. गर्भ निरोधकों की निःशुल्क उपलब्धता

3. बड़े परिवारों के लिए कर प्रोत्साहन

नीचे दिए गए कूट का प्रयोग कर सही उत्तर चुनिए।

(a) केवल 1 और 3

(b) केवल 2 और 3

(c) केवल 1 और 2

(d) 1, 2 और 3

उत्तर (c) परिवार नियोजन बच्चों के बीच अंतर रखने या बच्चों के जन्म को रोकने के लिए है। परिवार नियोजन सेवाओं तक पहुंच जनसंख्या वृद्धि को सीमित करने और महिलाओं के स्वास्थ्य में सुधार हेतु महत्वपूर्ण कारक है। बड़े परिवारों के लिए टैक्स हतोत्साहन और गर्भ निरोधकों की निःशुल्क उपलब्धता और प्रचार कुछ उपाय हैं जिनसे जनसंख्या नियन्त्रण में सहायता हो सकती है।

21. लगभग स्थिर जनसंख्या वृद्धि निम्नलिखित में से किस प्रकार के जनसंख्या पिरामिड द्वारा प्रदर्शित की जाती है।

(a) व्यापक आधार वाले त्रिकोणीय आकार

(b) घंटी के आकार के और ऊपर की ओर पतले

(c) संकीर्ण आधार और ऊपर की ओर पतले

(d) उपर्युक्त में से कोई नहीं

उत्तर (b) आयु-लिंग पिरामिड घंटी के आकार का होता है और ऊपर की ओर पतला होता है। यह दर्शाता है कि जन्म और मृत्यु दर लगभग समान होते हैं जिससे लगभग स्थायी जनसंख्या की स्थिति उत्पन्न होती है।

त्रिकोणीय आकार का पिरामिड विस्तृत आधार पर पिरामिड होता है और यह विशिष्ट रूप से अल्प-विकसित देशों में पाया जाता है एवं यह परिलक्षित करता है कि इनमें उच्च जन्म दर के कारण कम आयु वर्गों में विशाल जनसंख्या होती है।

संकीर्ण आधार एवं पतले शीर्ष से युक्त पिरामिड निम्न जन्म और मृत्यु दर को दर्शाता है।

22. निम्नलिखित में से कौन-से जनसंख्या पिरामिड में प्रदर्शित किए जाते हैं?

1. महिला जनसंख्या

2. जनसंख्या आकार

3. जनसंख्या आयु समूह

नीचे दिए गए कूट का प्रयोग कर सही उत्तर चुनिए–

(a) केवल 1 और 2

(b) केवल 2 और 3

(c) केवल 1 और 3

(d) 1, 2 और 3

उत्तर (d) जनसंख्या पिरामिड का उपयोग जनसंख्या की आयु-लिंग संरचना को प्रदर्शित करने के लिए किया जाता है अर्थात् जनसंख्या की आयु-लिंग संरचना का संदर्भ विभिन्न आयु समूहों में महिलाओं और पुरुषों की संख्या से होता है।

बायाँ पक्ष पुरुषों के प्रतिशत को दर्शाता है जबकि दायाँ पक्ष प्रत्येक आयु वर्ग में महिलाओं के प्रतिशत को दर्शाता है। क्षैतिज अक्ष का उपयोग जनसंख्या आकार को प्रदर्शित करने के लिए किया जाता है।

23. निम्नलिखित युग्मों पर विचार कीजिए–

	जनजातियाँ	**क्षेत्र**
1.	**बुशमेन**	**: ऑस्ट्रेलिया**
2.	**जुलू**	**: ब्राजील**
3.	**माओरी**	**: न्यूजीलैंड**

उपर्युक्त युग्मों में से कौन-सा/से सही सुमेलित है/हैं?

(a) केवल 1 और 2

(b) केवल 1 और 3

(c) केवल 3

(d) 1, 2 और 3

उत्तर (c) बुशमेन दक्षिण अफ्रीका के मूल वासी हैं। मोटे तौर पर आखेट संग्रहक, ये जनजातियां भूमि के साथ अपने गहरे संबंध, प्राकृतिक विश्व के विषय में अपने अंतरंग ज्ञान, एवं पर्यावरण के साथ उनके द्वारा सदियों से भली-भांति संतुलन बनाये रखने के लिए जानी जाती हैं। बोत्सवाना, नामीबिया, दक्षिण अफ्रीका और अंगोला में लगभग 100,000 बुशमेन हैं। **इसलिए, युग्म 1 ठीक प्रकार से सुमेलित नहीं है।**

जुलु जनजाति दक्षिण अफ्रीका में जातीय समूहों की सबसे बड़ी जनसंख्या का प्रतिनिधित्व करती है; इसमें 10-11 मिलियन लोग सम्मिलित हैं। वे मुख्य रूप से प्रांत के काजुलु नेटाल प्रांत में निवास करते हैं। अल्प संख्या में वे जिम्बाब्वे, जाम्बिया, तंजानिया और मोजाम्बिक में भी निवास करते हैं। इसलिए, **युग्म 2 सही प्रकार से सुमेलित नहीं है।**

माओरी न्यूजीलैंड के मूल वासी पोलिनेसियन (Polynesian) लोग हैं। माओरी, पूर्वी पोलिनेशिया से आकार न्यूजीलैंड में बसने वाले लोगों से उत्पन्न हुए हैं। इसलिए, **युग्म 3 सही प्रकार से सुमेलित है।**

24. निम्नलिखित में से कौन-से क्षेत्रों में अधिक जनसंख्या घनत्व पाए जाने की प्रवृत्ति है?

1. उपजाऊ दुमटी मृदाओं वाले क्षेत्र।

2. ऐसे क्षेत्र जिनमें कठोर जलवायु एवं अधिक ऋतुगत परिवर्तन पाया जाता है।

नीचे दिए गए कूट का प्रयोग कर सही उत्तर चुनिए–

(a) केवल 1

(b) केवल 2

(c) 1 और 2 दोनों

(d) न तो 1, न ही 2

उत्तर (a) **कथन 1 सही है।** कृषि और संबद्ध क्रियाकलापों के लिए उपजाऊ मृदा महत्वपूर्ण होती है। इसलिए, उस क्षेत्र में जहाँ उपजाऊ दुमट मृदा होती है, अधिक लोग रहते हैं क्योंकि यह गहन कृषि में सहायक हो सकती है।

कथन 2 सही नहीं है। अनुकूल जलवायु वाला वैसा क्षेत्र जहां मौसमी परिवर्तन कम होता है अधिक जनसंख्या निवास करती हैं। इसलिए कठोर जलवायु, और अधिक मौसमी विविधता वाले क्षेत्र में कम आबादी होती है।

25. निम्नलिखित में से कौन भारत की कार्यशील जनसंख्या का भाग है?

1. 16 वर्षीय लड़का

2. 60 वर्षीय व्यक्ति

3. 21 वर्षीय लड़की

4. 14 वर्षीय लड़की

नीचे दिए गए कूट का प्रयोग कर सही उत्तर चुनिए–

(a) केवल 1 और 2

(b) केवल 2 और 3

(c) केवल 1 और 3

(d) केवल 2, 3 और 4

उत्तर (c) कार्य करने वाली आबादी (जैसे महिलाओं और पुरुषों का आयु समूह-15 से 59) कृषि, वन, मछली पकड़ने, निर्माण, विनिर्माण, वाणिज्यिक परिवहन, सेवाओं, संचार और अन्य अवर्गीकृत सेवाओं की श्रृंखला के विभिन्न व्यवसायों में भाग लेती है। 15-59 आयु वर्ग की बड़ी आबादी एक बड़ी कार्यशील आबादी को दर्शाती है।

26. भारत में जनसंख्या वृद्धि के चरणों के संबंध में निम्नलिखित युग्मों पर विचार कीजिए–

	अवधि	**चरण**
1.	**1901-21**	**: जनसंख्या विस्फोट**
2.	**1921-51**	**: स्थिर जनसंख्या वृद्धि**
3.	**1951-81**	**: वृद्धि का स्थिर चरण**

उपर्युक्त युग्मों में से कौन-सा/से सही सुमेलित है/हैं?

(a) केवल 1 और 3

(b) केवल 1 और 2

(c) केवल 2

(d) केवल 2 और 3

उत्तर (c) वार्षिक जन्म दर, मृत्यु दर और प्रवासन की दर के कारण, भारत में जनसंख्या दर की वृद्धि में विभिन्न चरणों से संबंधित प्रवृत्तियां दिखती हैं–

चरण-I : 1901-1921 की अवधि को भारत की जनसंख्या के विकास के निष्क्रिय या स्थिर चरण वाली अवधि के रूप में जाना जाता है, क्योंकि इस अवधि में विकास दर बहुत कम थी, यहाँ तक कि 1911-1921 के दौरान नकारात्मक विकास दर भी दर्ज की गयी थी। जन्म दर और मृत्यु दर, दोनों ही के उच्च होने से वृद्धि दर कम थी। खराब स्वास्थ्य और चिकित्सा सेवाएं, लोगों की व्यापक अशिक्षा भोजन और अन्य मूलभूत आवश्यकताओं से संबंधित अक्षम वितरण प्रणाली इस अवधि में उच्च जन्म दर और मृत्यु दर के लिए प्रमुख रूप से उत्तरदायी थी।

चरण-II : 1921-1951 के दशक को स्थिर जनसंख्या वृद्धि की अवधि के रूप में प्रदर्शित किया जाता है। पूरे देश में स्वास्थ्य और स्वच्छता में समग्र सुधार से मृत्यु दर नीचे आ गयी। उसी समय में बेहतर परिवहन और संचार प्रणाली से वितरण व्यवस्था में सुधार हुआ। इस अवधि में अशोधित जन्म दर उच्च रही, जिसके कारण पिछले चरण की तुलना में विकास दर उच्च रही। यह 1920 की आर्थिक मंदी और द्वितीय विश्व युद्ध की पृष्ठभूमि में काफी प्रभावशाली है।

चरण-III : 1951-1981 के दशकों को भारत में जनसंख्या विस्फोट की अवधि के रूप में संदर्भित किया जाता है, जो देश में मृत्युदर में तेजी से गिरावट और उच्च जनसंख्या की प्रजनन दर के कारण हुआ था। औसत वार्षिक वृद्धि दर 2.2 प्रतिशत के बराबर थी। यह इसी अवधि में ही था, कि स्वतन्त्रता के पश्चात, एक केन्द्रीकृत योजना प्रक्रिया के माध्यम से विकास की गतिविधियाँ प्रारम्भ की गयी थीं और अर्थव्यवस्था ने बड़े पैमाने पर लोगों की

जीवनशैली में सुधार करने प्रारम्भ कर दिए जिसका परिणाम उच्च प्राकृतिक वृद्धि और उच्चतर विकास दर के रूप में सामने आया। इसके अतिरिक्त, तिब्बतियों, बांग्लादेशियों, नेपालियों और यहाँ तक कि पाकिस्तान के लोगों के अधिक अंतर्राष्ट्रीय प्रवासन ने भी उच्च विकास दर में योगदान दिया।

27. बद्दू एवं बिन्दीबू जनजातियाँ निम्नलिखित में से कौन-से जलवायु के क्षेत्र से संबंद्ध हैं?

(a) मानसूनी
(b) ध्रुवीय
(c) विषुवतीय वन
(d) मध्य-अक्षांशीय मरुस्थल

उत्तर (d) अपनी असह्य प्रकृति के बावजूद भी, मरुस्थल सदा से ही निवासियों के विभिन्न समूहों जैसे अरब के बद्दू, कालाहारी के बुशमैन, ऑस्ट्रेलिया के बिन्दीबू आदि का निवास स्थान रहा है।

28. जनसांख्यिकीय संक्रमण सिद्धांत के संबंध में निम्नलिखित कथनों पर विचार कीजिए–

1. **यह समाज के कृषि से औद्योगिक की ओर प्रगति के साथ, जन्म और मृत्यु दर के बदलते पैटर्न को दर्शाता है।**
2. **इस सिद्धांत का उपयोग किसी क्षेत्र की भावी जनसंख्या का वर्णन और पूर्वानुमान लगाने के लिए किया जा सकता है।**

उपर्युक्त कथनों में से कौन-सा/से सही है/हैं?

(a) केवल 1
(b) केवल 2
(c) 1 और 2 दोनों
(d) न तो 1 न ही 2

उत्तर (c) जनसांख्यिकीय संक्रमण सिद्धांत का उपयोग किसी भी क्षेत्र की भविष्य की जनसंख्या का वर्णन और पूर्वानुमान करने के लिए किया जा सकता है। यह सिद्धान्त हमें बताता है कि किसी भी क्षेत्र की जनसंख्या, उच्च जन्म और मृत्यु दर से कम जन्म और कम मृत्यु की ओर परिवर्तित होती है, क्योंकि समाज ग्रामीण कृषि से निरंतर शहरी औद्योगिक तथा अशिक्षित से शिक्षित समाज में परिवर्तित होता है। यह परिवर्तन चरणों में होते हैं, जिन्हें सामूहिक रूप से **जनसांख्यिकीय चक्र** के रूप में जाना जाता है।

29. जनसंख्या की नकारात्मक वृद्धि किसके द्वारा प्राप्त की जा सकती है?

1. **जन्म दर की तुलना में उच्च मृत्यु दर द्वारा।**
2. **लोगों के उत्प्रवास द्वारा।**

नीचे दिए गए कूट का प्रयोग कर सही उत्तर चुनिए।

(a) केवल 1
(b) केवल 2
(c) 1 और 2 दोनों
(d) न तो 1 न ही 2

उत्तर (c) यदि जनसंख्या दो समय बिन्दुओं के बीच घट जाती है तो उसे **जनसंख्या की नकारात्मक वृद्धि कहा जाता है।**

ऐसा तब होता है, जब जन्म दर, मृत्यु दर से कम हो जाती है **या** लोग अन्य देशों में प्रवासित हो जाते हैं। जो प्रवासी किसी स्थान से बाहर की ओर प्रवास करते हैं, उन्हें उत्प्रवासी कहा जाता है और इस प्रक्रिया को उत्प्रवासन कहा जाता है।

30. निम्नलिखित युग्मों पर विचार कीजिए।

	जनजाति का नाम		हिमालय का वर्गीकरण
1.	लेप्चा	:	हिमाचल हिमालय
2.	भोटिया	:	सिक्किम हिमालय
3.	मोनपा	:	अरुणाचल हिमालय

उपर्युक्त युग्मों में से कौन-सा/से सही सुमेलित है/हैं?

(a) केवल 1
(b) केवल 1 और 2
(c) केवल 3
(d) 1, 2 और 3

उत्तर (c) लेप्चा जनजाति सिक्किम हिमालय के ऊपरी भागों में रहती है।

भोटिया उत्तराखंड और हिमाचल में वृहत हिमालय पर्वतमाला की घाटियों में रहती है। गर्मियों के दौरान भोटिया बुग्याल में प्रवास करते हैं और सर्दियों के दौरान घाटी में लौट आते हैं।

मोनपा जनजाति अरुणाचल प्रदेश में मोनपा पहाड़ियों के निकट पाई जाती है।

31. सवाना क्षेत्र में निवास करने वाले आदिवासी समूह के संदर्भ में निम्नलिखित कथनों पर विचार कीजिए–

1. **ये मुख्य रूप से पशु चरवाहे हैं।**
2. **ये मुख्य रूप से पूर्वी अफ्रीकी पठार में पाए जाते हैं, लेकिन अब ये केन्या और तंजानिया के आरक्षित क्षेत्रों में ही सीमित हैं।**
3. **ये जेबू मवेशियों को पालते हैं।**

निम्नलिखित में से कौन-सा आदिवासी समूह उपरोक्त विवरण से सही ढंग से मेल खाता है?

(a) हौसा/हउसा (b) मसाई
(c) बिंदीबू (d) बुशमैन

उत्तर (b) मसाई - पूर्वी अफ्रीका
बिंदीबू - आस्ट्रेलिया
हौसा - उत्तरी नाईजीरिया
बुशमैन - कालाहारी मरुस्थल

मसाईयों की भोजन की सभी आवश्यकताएं उनके मवेशियों से पूरी होती हैं। मसाई मांस खाते हैं, दूध पीते हैं और कभी-कभी खून भी पीते हैं। सांडों, बैलों, भेड़ों का विशेष अवसरों और समारोहों के लिए वध किया जाता है। हाल ही में, ऑक्सफेम ने दावा किया है कि जलवायु परिवर्तन के प्रत्युत्तर में रेगिस्तान और झाड़ियों से युक्त भूमि में खेती करने की क्षमता के कारण मसाईयों की जीवन शैली अपनायी जानी चाहिए। मसाई-समाज प्रकृति में अत्यधिक पितृसत्तात्मक है, कभी-कभी बुजुर्गों के साथ सेवानिवृत्त बुजुर्ग लोग प्रत्येक मसाई समूह के सबसे प्रमुख मामलों पर निर्णय करते हैं।

32. किसी देश का आयु लिंग पिरामिड विभिन्न आयु वर्गों में महिलाओं और पुरुषों की संख्या की समझ प्रदान करता है और साथ ही जनसंख्या वृद्धि की भी समझ देता है। इस संदर्भ में, आयु लिंग पिरामिड के संबंध में निम्नलिखित कथनों में से कौन-सा/से सही है/हैं?

1. **बढ़ती हुई जनसंख्या को त्रिकोणीय आकार के पिरामिड से निरूपित किया जाता है।**
2. **स्थिर जनसंख्या को घंटो के आकार के पिरामिड द्वारा दर्शाया जाता है।**
3. **गिरती हुई जनसंख्या का संकीर्ण आधार और पतला शीर्ष होता है।**

नीचे दिए गए कूट का प्रयोग कर सही उत्तर चुनिए।

(a) केवल 1
(b) केवल 2 और 3
(c) केवल 1 और 3
(d) 1, 2 और 3

उत्तर (d) किसी देश का आयु लिंग पिरामिड जनसंख्या की आयु व लैंगिक संरचना को दर्शाता है। यदि आधार चौड़ा अर्थात् त्रिकोणीय हो तो इससे पता चलता है कि कम आयु वर्ग के लोग अधिक हैं और यदि यह छोर की ओर पतला है तो इससे पता चलता है कि उच्च आयु वर्ग के लोग कम हैं। **इस प्रकार 1 सही है।**

कथन 2 की भांति कथन 3 भी सही है क्योंकि यह घंटी के आकार का है। इस प्रकार स्थिर चौड़ाई और स्थिर जनसंख्या, साथ ही संकीर्ण आधार और पतला शीर्ष गिरती हुई जनसंख्या को दर्शाता है।

33. ऋतुप्रवास (ट्रांसह्यूमंस) के संदर्भ में निम्नलिखित कथनों में से कौन-सा/से सही है/हैं?

1. **यह एक मौसमी प्रवास है जिसमें खानाबदोश/घुमंतू समुदाय शीत ऋतु के दौरान अपने पशुओं के झुंड के साथ चरागाहों की ओर प्रवसन करते हैं और ग्रीष्मऋतु में अपने स्थायी निवास पर वापस आ जाते हैं।**
2. **खानाबदोश/घुमंतू समुदाय जैसे - गुज्जर, बकरवाल, गद्दी और चांगपा हिमालय क्षेत्र में ऋतुप्रवास के लिए जाने जाते हैं।**

नीचे दिए गए कूट का प्रयोग कर सही उत्तर चुनिए-

(a) केवल 1
(b) केवल 2
(c) 1 और 2 दोनों
(d) न तो 1, न ही 2

उत्तर (b) खानाबदोश समुदाय ग्रीष्म ऋतु (शीत ऋतु में नहीं) में उच्च स्थलों की ओर प्रवसन करते हैं क्योंकि ग्रीष्म काल के दौरान चारागाह वनस्पति से भरे-पूरे होते हैं। शीत ऋतु के दौरान जब भूमि वनस्पति रहित हो जाती है तब वे घर वापस लौट आते हैं। **अतः कथन 1 गलत है।**

ऋतुवास की प्रथा हिमालय क्षेत्र में प्रचलित है जहां कई खानाबदोश जनजातियाँ जैसें - गुज्जर (जम्मू कश्मीर), बकरवाल (जम्मू और कश्मीर, हिमाचल प्रदेश, उत्तराखंड) गद्दी (जम्मू और कश्मीर तथा हिमाचल प्रदेश) और चंगपा (जम्मू कश्मीर) निवास करती हैं, जो भेड़ और बकरियों का पालन-पोषण करती हैं। ग्रीष्म ऋतु के दौरान जानवरों को उप-अल्पाइन और अल्पाइन चारागाहों की ओर ले जाया जाता है, जबकिं शीतऋतु के दौरान उन्हें निकटवर्ती मैदानों में चराया जाता है।

34. निम्नलिखित युग्मों पर विचार कीजिए-

	जनजातियाँ	**मुख्य स्थान**
1.	**जारवा**	**: निकोबार**
2.	**शोम्पेन**	**: अंडमान**
3.	**ओंग**	**: लिटिल अंडमान**

उपर्युक्त युग्मों में से कौन-सा/से सही सुमेलित है/हैं?

(a) केवल 1 और 2 (b) केवल 2 और 3
(c) केवल 3 (d) 1, 2 और 3

उत्तर c) जारवा जनजाति-यह जनजाति अधिकतर मध्य और दक्षिण अंडमान द्वीप समूह के पश्चिमी तटों पर निवास करती हैं। वे भोजन और जल के लिए मुख्य रूप से शिकार पर निर्भर होते हैं।

मंगोलियाई मूल की निकोबारी और शैम्पेन जनजातियाँ, निकोबार द्वीप की जनजातियों में सम्मिलित हैं।

ओंग- देश की सबसे प्राचीन जनजातियों में से एक है। ओंग जनजाति के लोग अधिकतर लिटिल अंडमान द्वीप के दुगोंग क्रीक में निवास करते हैं। पहले वे भोजन के लिए केवल प्रकृति पर निर्भर करते थे, किन्तु हाल ही मे हुए विकास के फलस्वरूप उन्हें अंडमान सरकार द्वारा पक्के मकान, वस्त्र, भोजन, दवाइयों इत्यादि से संपन्न किया गया है।

35. भारत की सबसे बड़ी जनजाति कौन-सी है?

(a) गोंड (b) भील
(c) पनियन (d) राजी

उत्तर (b) जनसंख्या की दृष्टि से भारत की सबसे बड़ी जनजाति भील है। इसके पश्चात गोंड जनजाति की जनसंख्या सबसे ज्यादा है।

❑❑❑

5 अपवाह तन्त्र

1. निम्नलिखित में से किन कारणों से गंगा नदी अपने मुहाने से लेकर इलाहाबाद तक नौवहन योग्य है?

1. नदी तल में पत्थरों और गाद की कमी
2. सहायक नदियों की अधिक संख्या
3. नदी की बारहमासी प्रवृत्ति

उपर्युक्त कथनों में से कौन-सा/से सही है/हैं?

(a) केवल 3 (b) केवल 2 और 3
(c) केवल 2 (d) 1, 2 और 3

उत्तर (d) निम्नलिखित कारणों से गंगा नदी अपने मुहाने से लेकर इलाहाबाद तक नौगम्य है–

गंगा बारहमासी नदी है जो वर्षा ऋतु में मानसूनी वर्षा और शुष्क मौसम के दौरान ऊंचे पर्वतों पर पिघलने वाली बर्फ से जल प्राप्त करती है।

गंगा में यमुना, सोन, रामगंगा, गोमती, घाघरा, गंडक और कोसी जैसी कई सहायक नदियाँ आकर मिलती हैं जिससे गंगा में जल की गहराई बढ़ जाती है।

गंगा की ढलान अन्य नदियों की तुलना में क्रमिक है, इसके नदीतल में पत्थरों और गाद की कमी है।

इसलिए, विकल्प (d) सही है।

2. निम्नलिखित भूगर्भीय घटनाओं में से कौन-सी घटना प्रायद्वीपीय भारत की वर्तमान अपवाह प्रणाली को आकार देने से संबंधित नहीं है?

(a) प्रायद्वीपीय खण्ड के पश्चिमी पार्श्व का अवतलन।
(b) प्रायद्वीपीय खण्ड के उत्तरी पार्श्व का अवतलन।
(c) उत्तर पश्चिम से दक्षिण पूर्व की ओर प्रायद्वीपीय खण्ड का मंद ढाल।
(d) उपर्युक्त सभी संबंधित हैं।

उत्तर (d) अतीत में तीन प्रमुख भूगर्भीय घटनाओं ने प्रायद्वीपीय भारत की वर्तमान अपवाह प्रणाली को आकार दिया–

1. प्रायद्वीप खण्ड के पश्चिम के पार्श्व का अवतलन – इससे यह समुद्र के नीचे जलमग्न हो गया और जिससे वास्तविक जल विभाजक क्षेत्र के दोनों ओर नदी की सममित योजना बिगड़ गई।

2. प्रायद्वीपीय खण्ड के उत्तरी पार्श्व का अवतलन – यह हिमालय की उथल-पुथल के कारण हुआ और इससे भ्रंशघाटी का निर्माण हुआ। नर्मदा और तापी भ्रंशघाटी में ही बहती हैं।

3. उत्तर पश्चिम से दक्षिण-पूर्व दिशा में प्रायद्वीपीय खण्ड का हल्का सा झुकाव।

इन सभी घटनाओं ने संपूर्ण अपवाह प्रणाली की दिशा बंगाल की खाडी की ओर निर्धारित की। इसलिए, सभी तीनों भूगर्भीय घटनाएं संबंधित हैं।

3. भारत की एक नदी के विषय में निम्नलिखित कथनों पर विचार करें–

1. यह सिंधु की सबसे बड़ी सहायक नदी है।
2. इसे 'चन्द्रभागा' के रूप में भी जाना जाता है।
3. यह केलांग के पास टांडी में दो धाराओं का संगम होने से बनती है।

निम्नलिखित नदियों में से किस नदी को उपरोक्त विशेषताओं से बसे अच्छी तरह से वर्णित किया जाता है?

(a) झेलम (b) रावी
(c) चिनाब (d) सतलुज

उत्तर (c) सही उत्तर चिनाब है। यह सिंधु की सबसे बड़ी सहायक नदी है। यह हिमाचल प्रदेश, के लाहौल और स्पीति जिले में ऊपरी हिमालय से निकलती है और जम्मू-कश्मीर के जम्मू क्षेत्र से होकर पंजाब, पाकिस्तान के मैदानी इलाकों में बहती है। चिनाब का पानी सिन्धु जल संधि की शर्तों के अंतर्गत पाकिस्तान को आवंटित हैं।

इसे चंद्रभागा के रूप में भी जाना जाता है क्योंकि दो धाराएं, चंद्र और भागा केलांग में मिलती हैं।

4. निम्नलिखित कथनों पर विचार करें–

1. उत्तरी मैदान के निचले मार्ग में कम ढाल के कारण नदी का वेग कम हो जाता है और नदी द्वीपों का निर्माण होता हैं।
2. हिमालय पर्वत के ऊपरी भागों में नदी द्वारा अपरदन क्रिया के कारण निचले मार्ग में नदी द्वीपों का निर्माण होता है।
3. ब्रह्मपुत्र का मैदान अपने नदी द्वीपों और रेतीले अवरोधों के लिए जाना जाता है।

उपर्युक्त कथनों में से कौन-सा/से सही है/हैं?

(a) केवल 1 और 3
(b) केवल 2 और 3
(c) केवल 3
(d) 1, 2 और 3

उत्तर (d) दिए गए सभी कथन सही हैं।

उत्तरी पहाड़ों से आने वाली नदियां निक्षेपकारी क्रियाओं में संलिप्त होती हैं।

निचले प्रवाह मार्ग में, मंद ढाल के कारण, नदी का वेग कम हो जाता है जिससे नदी द्वीपों का निर्माण होता है। हिमालय पर्वत के ऊपरी भागों में अपरदनात्मक गतिविधियों के कारण, नदियां अवसाद का परिवहन करती है। बाढ़ के मैदानों में जमा होने पर यह नदी द्वीपों का रूप ग्रहण कर लेता है।

5. भारत के हिमनदों के संदर्भ में निम्नलिखित कथनों पर विचार करें–

1. हिमनदों का अधिकतम विकास पीर पंजाल श्रेणी में है।
2. सियाचिन हिमनद नुब्रा घाटी में स्थित है।
3. गंगा का स्रोत, गंगोत्री हिमनद हिमालय के कुमाऊं-गढ़वाल क्षेत्र में स्थित है।

उपर्युक्त कथनों में से कौन-सा/से सही है/हैं?

(a) केवल 1 और 3
(b) केवल 2 और 3
(c) 1, 2 और 3
(d) कोई नहीं

उत्तर (b) हिमनदों का अधिकतम विकास काराकोरम श्रेणी में होता है। यह श्रेणी लगभग 16000 वर्ग किलोमीटर में फैली हिमालय क्षेत्र के हिमाच्छादित क्षेत्र के लगभग आधे के लिए उत्तरदायी है। ध्रुवीय और उप-ध्रुवीय क्षेत्रों से बाहर कुछ सबसे बड़े हिमनद भी इसी श्रेणी में पाए जाते हैं। नुब्रा घाटी में 75 किमी लंबे

सियाचिन हिमनद को ध्रुवीय और उप-ध्रुवीय क्षेत्रों से बाहर सबसे बड़ा हिमनद होने का गौरव प्राप्त है। 30 किमी लंबी गंगोत्री हिमानी हिमालय के कुमाऊं-गढ़वाल क्षेत्र की सबसे बड़ी हिमानी है।

6. निम्नलिखित नदियों में से कौन-सी नदी भारत में अंतःस्थलीय अपवाह प्रणाली का उदाहरण नहीं है?

(a) घग्गर (b) लूनी
(c) बनास (d) माही

उत्तर (d) माही नदी मध्य प्रदेश के विंध्य श्रेणी के पश्चिमोत्तर भाग से निकलती है और खंभात की खाड़ी में गिरती है।

शेष तीन अंतःस्थलीय अपवाह प्रणाली का उदाहरण हैं।

7. अपवाह प्रतिरूप के संदर्भ में निम्नलिखित कथनों पर विचार करें–

1. जालीदार प्रतिरूप वहां विकसित होता है, जहां कठोर और मुलायम चट्टानें एक दूसरे के समानांतर मौजूद होती हैं।

2. जब चट्टानें दृढ़तापूर्वक जुड़ी होती हैं, तो आयाताकार प्रतिरूप विकसित होता है।

3. जबकि नदीधारा क्षेत्र की ढाल का अनुसरण करती है, तो वह वृक्षाकार प्रतिरूप विकसित करती है।

उपर्युक्त कथनों में से कौन-सा/से सही है/हैं?

(a) केवल 1 और 2
(b) केवल 3
(c) 1, 2 और 3
(d) कोई नहीं

उत्तर (c) वृक्षाकार प्रतिरूप वहां विकसित होता है, जहां नदी धारा क्षेत्र के ढाल का अनुसरण करती है। अपनी सहायक नदियों के साथ धारा वृक्ष की शाखाओं के समान दिखाई देती है। इस प्रकार वृक्षाकार नाम पड़ा है। लगभग समकोण पर अपनी सहायक नदियों से जुड़ी नदी जालीदार प्रतिरूप विकसित करती है। जालीदार अपवाह प्रतिरूप वहां विकसित होता है जहां कठोर और मुलायम चट्टानें एक-दूसरे के समानांतर होती हैं। आयताकार अपवाह प्रतिरूप का विकास दृढ़तापूर्वक जुड़े चट्टानी क्षेत्र में होता है। आरीय प्रतिरूप तब विकसित होता है जब नदियां केन्द्रीय शिखर या गुंबद सदृश संरचना से अलग-अलग दिशाओं में प्रवाहित होती हैं।

8. निम्नलिखित नदियों पर विचार करें–

1. जास्कर 2. नुब्रा
3. श्योक 4. रामगंगा

उपर्युक्त में से कौन-सी सिंधु की सहायक नदियाँ हैं?

(a) केवल 1, 2 और 3
(b) केवल 2, 3 और 4
(c) केवल 1, 3 और 4
(d) केवल 2 और 3

उत्तर (a) सिंधु नदी मानसरोवर झील के निकट, तिब्बत से निकलती है। पश्चिम की ओर बहते हुए, यह जम्मू एवं कश्मीर में लद्दाख जिले में भारत में प्रवेश करती है। इस भाग में यह दर्शनीय गार्ज का निर्माण करती है। जास्कर, नुब्रा, श्योक और हुंबा जैसी कई सहायक नदियां कश्मीर क्षेत्र में इससे जुड़ती हैं। रामगंगा गंगा नदी की सहायक नदी हैं।

9. अध्यारोपित अपवाह तंत्र के संदर्भ में निम्नलिखित कथनों पर विचार करें–

1. यह वह अपवाह तंत्र है जो अंतर्निहित चट्टानी संरचना से भेद दर्शाती है।

2. इस प्रकार का अपवाह तंत्र प्रायद्वीपीय नदियों की विशिष्ट विशेषता है।

उपर्युक्त कथनों में से कौन-सा/से सही है/हैं?

(a) केवल 1
(b) केवल 2
(c) 1 और 2 दोनों
(d) न तो 1 न ही 2

उत्तर (c) अध्यारोपित अपवाह प्रणाली अंतर्निहित चट्टानी संरचना से भेद दर्शाती है क्योंकि मूल रूप से इसका विकास चट्टानों के आवरण पर हुआ था जो अब अनाच्छादन के कारण ओझल हो गयी हैं। प्रायद्वीपीय नदियां इस प्रकार के अपवाह प्रदर्शन करती हैं।

10. नदी द्वीप माजुली को निम्नलिखित नदियों में से किससे संबंधित किया जाता है?

(a) दिबांग (b) लोहित
(c) ब्रह्मपुत्र (d) तिस्ता

उत्तर (c) असम से होकर बहने वाली, ब्रह्मपुत्र नदी गुंफित जलमार्ग का विकास करती है। नदी धारा और रेतीले निरंतर स्थानांतरित होते रहते हैं और नदी द्वीप का निर्माण करते हैं जिनमें सबसे महत्वपूर्ण माजुली है।

11. निम्नलिखित नदियों पर विचार कीजिए–

1. पूर्णा 2. हिरन
3. अरूणावती 4. मंजारा

उपर्युक्त में से कौन-सी नदी/नदियाँ तापी नदी की सहायक नदी/नदियाँ है/हैं?

(a) केवल 1 और 3
(b) केवल 1, 2 और 3
(c) केवल 2, 3 और 4
(d) केवल 1, 3 और 4

उत्तर (d) हिरन, नर्मदा नदी की एक सहायक नदी है।

12. भारतीय अपवाह तन्त्र निम्नलिखित में से किन कारकों का परिणाम है?

1. भूवैज्ञानिक समयावधि

2. चट्टानों की प्रकृति और संरचना

3. जल के रासायनिक गुण

4. प्रवणता

5. जल प्रवाह की मात्रा और उसकी मौसमी प्रवृत्ति

6. स्थलाकृति

नीचे दिए गए कूट का प्रयोग कर सही उत्तर चुनिए–

(a) केवल 1, 2, 3, 4 और 5
(b) केवल 1, 2, 4, 5 और 6
(c) केवल 2, 3, 4, 5 और 6
(d) 1, 2, 3, 4, 5 और 6

उत्तर (b) अपवाह तन्त्र का विकास एक धीमी प्रक्रिया है और इसमें हजारों साल लगते हैं, इसलिए भूवैज्ञानिक समयावधि एक महत्वपूर्ण कारक हैं। चट्टानों की प्रकृति और संरचना अपवाह तन्त्र के प्रकार को निर्धारित करती है, उदाहरण के लिए गंगा नदी का मैदान कोमल जलोढ़ मृदा की उपस्थिति के कारण वृक्षाकार है, जबकि प्रायद्वीपीय भारत में अपवाह तन्त्र का प्रतिरूप कठोर चट्टानों की उपस्थिति के कारण जालीनुमा होता है। अपवाह तन्त्र जल के रासायनिक गुणों पर निर्भर नहीं होता है। यदि जल प्रवाह की मात्रा ओर आवधिकता उच्च है तो जल की अवक्षयकारी क्षमता में वृद्धि हो जाती है और अपवाह तंत्र का प्रतिरूप प्रभावित होता है। स्थलाकृति और प्रवणता के विषमतामूलक प्रभावों को हिमालय और प्रायद्वीपीय नदियों के अपवाह तंत्र के प्रतिरूप में अंतर से सिद्ध किया जा सकता है।

13. निम्न कथनों पर विचार कीजिए–

1. झेलम नदी भारत और पाकिस्तान के बीच सीमा का निर्धारण करती है।

2. पटकाई बूम नागालैंड तथा म्यांमार के बीच अंतर्राष्ट्रीय सीमा का निर्धारण करती है।

3. मणिपुर पहाड़ियां मणिपुर तथा म्यांमार के बीच सीमा का निर्धारण करती हैं।

उपर्युक्त कथनों में से कौन-सा/से सही है/हैं?

(a) केवल 1 और 2
(b) केवल 1 और 3
(c) केवल 2 और 3
(d) 1, 2 और 3

उत्तर (b) द्वितीय कथन गलत है। पटकाई बूम अरुणाचल प्रदेश तथा म्यांमार के बीच की सीमा का निर्माण करती है।

14. निम्नलिखित नदी-घाटियों को उनकी भूजल क्षमता की दृष्टि से अवरोही क्रम में व्यवस्थित कीजिए।
1. गंगा 2. गोदावरी
3. ब्रह्मपुत्र 4. नर्मदा
नीचे दिए गए कूट का प्रयोग कर सही उत्तर चुनिए–
(a) 1-2-3-4 (b) 3-1-4-2
(c) 3-2-1-4 (d) 2-1-3-4

उत्तर (a) जल संसाधन मंत्रालय (वर्ष 2007 के आंकड़ों) के अनुसार–कुल 431,42 BCM पुनर्भरणीय भूजल संसाधन में से, अकेले गंगा नदी का बेसिन लगभग 40 प्रतिशत भाग के लिए जिम्मेदार है। इस प्रकार यह संसाधन अत्यधिक संकेन्द्रित है और कोई अन्य बेसिन 10 प्रतिशत की सीमा को भी पार नहीं करता है। 5 प्रतिशत से अधिक कुल पुनर्भरणीय क्षमता वाले बेसिन गोदावरी (9.42 प्रतिशत), ब्रह्मपुत्र (6.14 प्रतिशत), और कृष्णा (6.12 प्रतिशत), नर्मदा (2.15 प्रतिशत) हैं।

15. निम्नलिखित युग्मों पर विचार कीजिए–

स्थान	**नदी तट**
1. हम्पी	**: गोदावरी**
2. उज्जैन	**: क्षिप्रा**
3. पुरी	**: महानदी**

उपर्युक्त युग्मों में से कौन-सा/से सही सुमेलित है/हैं?
(a) केवल 1
(b) केवल 3
(c) केवल 2 और 3
(d) 1, 2 और 3

उत्तर (c) क्षिप्रा, मध्य भारत के मध्य प्रदेश राज्य में प्रवाहित होने वाली नदी है। यह नदी इंदौर जिले में स्थित उज्जैनी से निकलती है और मंदसौर जिले में मध्य प्रदेश-राजस्थान सीमा पर चंबल नदी में मिलने के लिए मालवा पठार के पास उत्तर की ओर बहती है। यह हिन्दू धर्म की पवित्र नदियों में से एक है। धार्मिक शहर उज्जैन इसके पूर्वी तट पर अवस्थित है।

महानदी, बंगाल की खाड़ी में गिरने वाली सबसे बड़ी भारतीय प्रायद्वीपीय नदियों में से एक है। पुरी का प्रसिद्ध शहर इसके तट पर अवस्थित है।

तुंगभद्रा, दक्षिण भारतीय प्रायद्वीप की एक प्रमुख नदी है। हम्पी इस नदी के दक्षिणी तट पर अवस्थित है।

16. निम्नलिखित क्षेत्रों में से कौन-सा/से क्षेत्र, अग्रलिखित नदियों के साथ सुमेलित है/हैं?

1. बुंदेलखंड	**: गंगा**
2. विदर्भ	**: वेनगंगा**
3. रायलसीमा	**: दक्षिण गंगा**

नीचे दिए गए कूट का प्रयोग कर सही उत्तर चुनिए–
(a) केवल 1 और 2
(b) केवल 2 और 3
(c) केवल 2
(d) 1, 2 और 3

उत्तर (c) बुंदेलखंड– बुंदेलखंड की प्रमुख नदियां सिंध, बेतवा, शहजाद, केन, बगहीं, टोंस, पहुज, धासन और चंबल हैं। मालवा से निकलने वाली कालीसिंध, बुंदेलखंड की पश्चिमी सीमा बनाती है।

विदर्भ– वेनगंगा सभी विदर्भ नदियों में सबसे बड़ी है। विदर्भ क्षेत्र से बहने वाली अन्य प्रमुख नदियां वर्धा और कन्हन हैं जोकि गोदावरी नदी की सहायक नदियां हैं। उत्तर में, पांच छोटी नदियां पूर्णा, खपरा, सीपना, गडगा और डोलार, ताप्ती नदी की सहायक नदियां हैं। पेनगंगा नदी एक अन्य बड़ी नदी है जिसका उद्‌गम बुलढाणा (Buldhana) जिले में है।

रायससीमा–रायलसीमा, भारतीय राज्य आंध्र प्रदेश का एक भौगोलिक क्षेत्र है। इसमें अनंतपुर, चितूर, कडप्पा और कुरनूल, चार दक्षिणी जिले शामिल हैं। बंगाल की खाड़ी में गिरने वाली आंध्रप्रदेश की सभी प्रमुख नदियां इस क्षेत्र से प्रवाहित होती हैं। गोदावरी या दक्षिण गंगा रायससीमा से होकर प्रवाहित नहीं होती है, बल्कि कृष्णा नदी इससे होकर गुजरती है।

17. गंगा की सहायक नदियों के संदर्भ में, निम्नलिखित कथनों पर विचार कीजिए–
1. अलकनंदा और भागीरथी दोनों सतोपंथ हिमनद से निकलती है।
2. काली गंगा कर्णप्रयाग में अलकनंदा से मिलती है।
3. सोन नदी गंगा के बाएं किनारे से मिलने वाली सबसे लंबी सहायक नदी है।
उपर्युक्त कथनों में से कौन-सा/से सही है/हैं?
(a) केवल 1 और 2
(b) केवल 2 और 3
(c) 1, 2 और 3
(d) उपर्युक्त में से कोई नहीं

उत्तर (d) **कथन 1 सही नहीं है।** गंगा नदी अपनी बेसिन और सांस्कृतिक महत्व दोनों की दृष्टि से भारत की सबसे महत्वपूर्ण नदी है। यह उत्तराखंड के उत्तरकाशी जिले में गौमुख (3,900 मीटर) के निकट गंगोत्री हिमनद से निकलती है। यहाँ, यह भागीरथी के रूप में जानी जाती है। अलकनंदा का स्रोत बद्रीनाथ के ऊपर सतोपंथ हिमनद में है।

कथन 2 सही नहीं है। अलकनंदा धौलीगंगा और विष्णुगंगा से मिलकर बनती है जो जोशीमठ या विष्णु प्रयाग में मिलती है। अलकनंदा की अन्य सहायक नदी जैसे कि पिंडार, जो इससे कर्णप्रयाग में मिलती है, जबकि मंदाकिनी या काली गंगा इससे रुद्रप्रयाग में मिलती है।

कथन 3 सही नहीं है। सोन नदी गंगा के दाहिने किनारे की प्रमुख सहायक नदी है। बाएं किनारे की महत्वपूर्ण सहायक नदियों में रामगंगा, गोमती, घाघरा, गंडक, कोसी और महानंदा हैं।

18. निम्न में से कौन-सा/से नदी की प्रौढ़ अवस्था से संबंधित है/हैं?
1. दून 2. बांगर
3. खादर 4. भाबर
नीचे दिए गए कूट का प्रयोग कर सही उत्तर चुनिए–
(a) केवल 1 और 4
(b) केवल 2, 3 और 4
(c) केवल 2 ओर 3
(d) 1, 2, 3 और 4

उत्तर (b) **2, 3 और 4 सही है।**
तराई के दक्षिण में नवीन तथा पुराना जलोढ़ निक्षेप जिसे क्रमशः खादर और बांगर के नाम से जाना जाता है। इन मैदानों में नदी के प्रौढ़ावस्था के अपरदित तथा निक्षेपित स्थलाकृतियों जैसे सैंड बार्स (बालू रोधिका), विसर्प, गोखुर झील तथा ब्रेडेड चैनल की सामान्य विशेषताएँ विद्यमान हैं। ब्रह्मपुत्र नदी मैदान अपने नदीय द्वीपों एवं सैंड बार्स (बालू रोधिका) के लिए जानी जाती है। यहाँ के अधिकांश क्षेत्र समय-समय पर आने वाली बाढ़ से प्रभावित रहते हैं तथा बदलते नदी मार्ग यहाँ पर ब्रेडेड स्ट्रीम का निर्माण करते हैं।

दून घाटियाँ हिमालय में अवस्थित है जो नदी के युवावस्था की एक विशेषता है। दून लघु हिमालय और शिवालिक के मध्य लम्बी घाटियाँ हैं। नदी घाटियों से अलग दून घाटियों की व्युत्पत्ति संरचनात्मक होती है और ये हिमालय और शिवालिक उच्चभूमि के अपरदन से निर्मित बोल्डर क्ले और बजरी से आच्छादित है।

19. अपवाह तंत्र में वर्षा के वितरण के संबंध में निम्नलिखित कथनों पर विचार कीजिए–

1. अरब सागर अपवाह तंत्र को कम वर्षा प्राप्त होती है।
2. बंगाल की खाड़ी अपवाह तंत्र में दक्षिण-पश्चिम और उत्तर-पूर्वी मानूसन दोनों से वर्षा होती है।

उपर्युक्त कथनों में से कौन-सा/से सही है/हैं?

(a) केवल 1 (b) केवल 2
(c) 1 और 2 (d) न तो 1 न ही 2

उत्तर (c) नदी अपवाह के सन्दर्भ में वर्षा का वितरण– अरब सागरीय अपवाह तंत्र या पश्चिम अपवाह तंत्र कम वर्षण प्राप्त करते हैं। राजस्थान, हरियाणा तथा पंजाब कम वर्षा प्राप्त करते हैं।

पूर्वी बंगाल अपवाह तंत्र या बंगाल की खाड़ी अपवाह तंत्र दक्षिण-पश्चिम और उत्तर-पूर्वी मानूसन दोनों से वर्षा प्राप्त करते हैं।

अधिकांश हिमालयी (बारहमासी नदियों का) जल पूर्वी अपवाह (गंगा और ब्रह्मपुत्र) तंत्र में प्रवाहित होता है।

अरब सागर में प्रवाहित होने वाली भारतीय नदियाँ मौसमी या बारहमासी (लूनी, नर्मदा, आदि) नहीं है।

पूर्वी हिस्सों में चक्रवाती वर्षा का अधिक होना भी इसका एक प्रमुख कारण है।

20. निम्नलिखित युग्मों पर विचार कीजिए–

तिब्बत के नाम		नदी
1. त्सांग्पो	:	ब्रह्मपुत्र
2. सिंगी खंबान	:	सिंधु
3. लोंगचेन खंबान	:	सतलुज

उपर्युक्त कथनों में से कौन-सा/से युग्म सही सुमेलित है/हैं?

(a) केवल 1 (b) केवल 1 और 2
(c) केवल 3 (d) 1, 2 और 3

उत्तर (d) **युग्म 1 का मिलान सही है।** ब्रह्मपुत्र पूर्व की ओर देशांतरीय विस्तार में दक्षिणी तिब्बत के शुष्क और मैदानी इलाके में लगभग 1200 किलोमीटर की दूरी तय करती है जहाँ इसे त्सांग्पो के नाम से जाना जाता है। इसका अर्थ 'शोधक (Purifier)' है।

युग्म 2 का मिलान सही है। तिब्बत में सिंधु नदी सिंगी खंबान या शेर के मुख वाली नदी के नाम से जानी जाती है।

युग्म 3 का मिलान सही है। सतलुत नदी मानसरोवर के समीप तिब्बत में 4,555 मीटर की ऊंचाई पर राकस ताल से निकलती है। इसे वहां लोंगचेन खम्बान के नाम से जाना जाता है।

21. यह नदी ट्रांस हिमालय से निकलती है। यह घाघरा की एक सहायक नदी है और नेपाल और कुमाऊँ के बीच सीमा बनाती है। इस नदी पर पंचेश्वर बंहुउद्देशीय परियोजना भारत और नेपाल द्वारा संयुक्त रूप से विकसित की जाएगी।

निम्नलिखित नदियों में से कौन-सी ऊपर वर्णित है?

(a) गंडक (b) कोसी
(c) काली (d) पिंडर

उत्तर (c) काली नदी या शारदा नदी, जिसे स्थानीय लोगों द्वारा बुटियांगडी के नाम से जाना जाता है, नेपाल की एक नदी है, जो उसके बाद भारतीय राज्य उत्तर प्रदेश से होकर बहती है।

यह महाकाली नदी की शीर्ष जलीय धारा के रूप में प्रवाहित होती है, जो भारत और नेपाल की सीमा के इस तरफ और उस तरफ दो अलग अलग नामों से जानी जाती है।

इस नदी की पनबिजली क्षमता महत्वपूर्ण है। अत: यहाँ भारत और नेपाल द्वारा संयुक्त पंचेश्वर बहुउद्देशीय परियोजना हेतु सहमति व्यक्त की गई है। यह परियोजना ऊर्जा संचयन मुद्दे पर केन्द्रित है तथा 6000 मेगावाट से अधिक विद्युत् उत्पादन हेतु डिजाईन की गयी है। इसके साथ ही यह परियोजना सिंचाई में महत्वपूर्ण लाभ पहुंचाएगी तथा जलाशय (रिजर्वायर) मानूसन की बाढ़ को नियंत्रित करने के साथ ही नदी का नीचे की ओर नियमित प्रवाह. सुनिश्चित करेगा।

22. भारत में जलग्रहण क्षेत्र के घटते क्रम में निम्नलिखित नदियों को व्यवस्थित कीजिए।

1. गंगा 2. सिंधु
3. ब्रह्मपुत्र 4. कावेरी

नीचे दिए गए कूट का प्रयोग कर सही उत्तर का चयन कीजिए।

(a) 1-3-2-4 (b) 1-2-3-4
(c) 3-1-2-4 (d) 2-1-3-4

उत्तर (b) सही अनुक्रम है– गंगा-सिंधु-ब्रह्मपुत्र-कावेरी। भारत में उनके संबंधित जलग्रहण क्षेत्र हैं– गंगा (861,404) प्रतिवर्ग किलोमिटर, सिंधु 321,289 प्रतिवर्ग किलोमीटर, ब्रह्मपुत्र– (2,58,008) प्रतिवर्ग किलोमीटर, कावेरी– (87,900) प्रतिवर्ग किलोमीटर।

23. निम्नलिखित में से किन भूगर्भीय घटनाओं ने प्रायद्वीपीय भारत में अपवाह प्रणाली को प्रभावित किया है?

1. प्रायद्वीप के पश्चिमी किनारे का अवतलन
2. हिमालय में भूगर्भिक उथल-पुथल
3. प्रायद्वीपीय खंड के उत्तर-पश्चिम से दक्षिण-पूर्वी दिशा में आंशिक झुकाव।

नीचे दिए गए कूट का प्रयोग कर सही उत्तर का चयन कीजिए–

(a) केवल 1 और 2
(b) केवल 3
(c) केवल 1 और 3
(d) 1, 2 और 3

उत्तर (d) **सभी कथन सही हैं।**

सुदूर अतीत की तीन प्रमुख भूगर्भीय घटनाओं ने प्रायद्वीपीय भारत की वर्तमान अपवाह प्रणाली को आकार दिया है–

- आरंभिक टर्शियरी युग में प्रायद्वीप के पश्चिमी किनारे के अवरलन के कारण यह भाग समुद्र के नीचे जलमग्न हो गया। सामान्य तौर पर, इस परिघटना ने मूल जल विभाजन के दोनों तरफ नदी की सममित योजना को बिगाड़ दिया।
- हिमालय में उत्थान से प्रायद्वीपीय खंड के उत्तरी किनारे के अवतलन और परिणामी गर्त निर्मित करने वाला भ्रंशोत्थ हुआ। नर्मदा व तापी इन्हीं भ्रंश घाटियों से होकर बहती है और मूल गर्तों को अपने अपवादी पदार्थों से भरती हैं। इसलिए, इन नदियों में जलोढ़ और डेल्टा गाद की कमी है।
- प्रायद्वीपीय भाग के उत्तर-पश्चिम से दक्षिण-पूर्वी दिशा में आंशिक झुकाव ने इसी अवधि के दौरान सम्पूर्ण अपवाह प्रणाली की दिशा बंगाल की खाड़ी की ओर कर दी।

24. गोदावरी नदी के संदर्भ में, निम्नलिखित कथनों पर विचार कीजिए–

1. गोदावरी बेसिन महाराष्ट्र, आंध्र प्रदेश, छत्तीसगढ़ और ओडिशा राज्यों में विस्तृत है।
2. यह नासिक के त्र्यंबकेश्वर से निकलती है।
3. कोयना और इंद्रावती इसकी महत्वपूर्ण सहायक नदियाँ हैं।

उपर्युक्त कथनों में से कौन-सा/से सही है/हैं?

(a) केवल 1
(b) केवल 1 और 2
(c) केवल 2 और 3
(d) 1, 2 और 3

उत्तर (b) गोदावरी प्रायद्वीपीय भारत की सबसे बड़ी नदी तंत्र है और दक्षिण गंगा के रूप में प्रतिष्ठित है।

गोदावरी बेसिन मध्य प्रदेश, कर्नाटक और संघ राज्य क्षेत्र पुडुचेरी के छोटे भागों सहित महाराष्ट्र, आंध्र प्रदेश, छत्तीसगढ़ और ओडिशा राज्यों के कुल लगभग 3 लाख वर्ग किमी. क्षेत्र में विस्तृत है।

बेसिन उत्तर में सतमाला पहाड़ियों, अजंता श्रेणी और महादेव पहाड़ियों से घिरा है, दक्षिण और पूर्व में पूर्वी घाट से और पश्चिम में पश्चिमी घाट से घिरा हुआ है। गोदावरी नदी 1067 मीटर की ऊंचाई से, अरब सागर से करीब 80 किलोमीटर की दूरी पर स्थित नासिक जिले के त्र्यंबकेश्वर से निकलती है। कोयना नदी कृष्णा नदी की सहायक नदी है।

25. अनुवर्ती नदी को परवर्ती नदी से समकोण पर मिलाता हुआ 'एक भ्रंशित एवं संयुक्त भौमिकीय संरचना से निर्मित अपवाह प्रतिरूप'। यह अनियमित है और विन्ध्य पर्वतों में पाए जाने वाले अपवाह प्रतिरूपों की तरह इसकी सहायक नदियों की धाराएं न ही अधिक लम्बी होती हैं और न ही समांतर।

उपर्युक्त कथन निम्नलिखित में से किस अपवाह तंत्र का सर्वश्रेष्ठ निरूपण हैं?

(a) पादपाकार अपवाह

(b) जालीनुमा अपवाह

(c) आयताकार अपवाह

(d) वलयाकार अपवाह

उत्तर (c) आयताकार अपवाह प्रणाली - हिमालय क्षेत्र में ऊपरी भाग के भ्रन्शित एवं संयुक्त भू पटल में पायी जाने वाली नदियों की ही तरह सहायक नदियों की धाराएँ मुख्य धारा से 90 डिग्री के कोण पर मिलती हैं। यह अनियमित है और विन्ध्य पर्वतों में पाए जाने वाले अपवाह प्रतिरूपों की तरह इनकी सहायक नदियों की धाराएं न ही अधिक लम्बी होती है और न ही समानांतर।

26. निम्नलिखित नदियों में कौन-सी असम से प्रवाहित होती हैं?

1. बराक 2. लोहित

3. दिहांग 4. सुबनसिरी

5. कामेंग

नीचे दिए गए कूट का प्रयोग कर सही उत्तर का चयन कीजिए।

(a) केवल 1, 2 और 3

(b) केवल 1, 3 और 4

(c) केवल 2 और 4

(d) 1, 2, 3, 4 और 5

उत्तर (d) असम से होकर बहने वाली प्रमुख नदियाँ हैं-

- सुबनसिरी
- लोहित/तेल्लू
- दिहांग / सियांग
- कोपिली
- बराक
- धलेश्वरी
- कामेंग
- ब्रह्मपुत्र

27. निम्नलिखित नदियों में किसका अध्यारोपित (Superimposed) अपवाह तंत्र है?

(a) दामोदर (b) झेलम

(c) नर्मदा (d) कावेरी

उत्तर (a) अध्यारोपित या पूर्वारोपित या एपिजेनेटिक (discordant) या सुपर इंड्यूस्ड अपवाह तंत्र-

जब नदी घाटी का विकास पहले नरम ऊपरी आवरण शैल पर होता है, तथा नदी निम्रवर्ती (गहरे) अपरदन द्वारा ऊपरी आवरण शैल को काटकर कठोर निचली शैल पर पहुँच जाती है तब भी अपनी पूर्ववर्ती ढाल के अनुसार ही बहती है, और इसका कठोर निचली शैल से कोई संबंध नहीं प्रतीत होता। इस तरह के अपवाह तंत्र को अध्यारोपित अपवाह तंत्र कहा जाता है। सोन, चंबल, बनास, दामोदर आदि प्रायद्वीपीय नदियां इसका प्रमुख उदाहरण है।

28. निम्नलिखित में से कौन सी भारतीय नदियां अपनी प्रकृति में पूर्ववर्ती (Antecedent) हैं?

1. सिंधु 2. गंगा

3. सतलुज 4. नर्मदा

नीचे दिए गए कूट का प्रयोग कर सही उत्तर का चयन कीजिए।

(a) केवल 1 और 2

(b) केवल 1 और 4

(c) केवल 3 और 4

(d) 1, 2 और 3

उत्तर (d) भारत की पूर्ववर्ती नदियाँ, सिंधु, सतलुज, गंगा, घग्गर, चिनाब और कोसी हैं। जबकि नर्मदा एक अनुवर्ती नदी है।

यदि एक नदी अपने प्रवाह मार्ग के स्थलों के विवर्तनिक उत्थान के बावजूद अपने प्रवाह की दिशा बनाये रखने में सक्षम रहती है तो इसे एक पूर्ववर्ती या अक्रमवर्ती नदी कहा जाता है। कभी-कभी, किसी नदी की धारा के पूर्णत: स्थापित होने के बाद आग्नेय शैलों का विवर्तनिक संचलन, अतिक्रमण, बहिर्वेधन हो सकता है जो आम तौर पर धारा को मोड़ देगा। लेकिन यदि एक अवरोधक के उत्थान की दर नदी द्वारा होने वाले कटान की दर से कम है, तो नदी अपना मूल प्रवाह पथ बनाए रखने में सफल रहती है। उदाहरणार्थ, हिमालय क्षेत्र में पूर्ववर्ती नदियों के कई उत्कृष्ट उदाहरण मौजूद हैं।

सिंधु और इसकी सहायक नदी सतलुज और ब्रह्मपुत्र, उत्पत्ति में हिमालय से पहले की हैं क्योंकि वे उच्चतम चोटियों के पूर्णतया उत्तर में तिब्बत से निकलती हैं। सिंधु नदी, जब नंगा पर्वत (8737 मीटर) से आगे निकलती है तो पर्वत शृंखला के उत्थान के साथ गति बनाए रखते हुए, चट्टानों में लगभग 5600 मीटर के कटान के साथ दोनों किनारें पर एक खड़ी ढाल बनाती है। इसके अलावा, भारत में गंगा, घाघरा, चिनाब तथा संयुक्त राज्य अमेरिका में कोलोराडो नदी ऐसी अन्य नदियां हैं- जिन्होंने ऊंचे उठे हुए पर्वतों और पठारों को असाधारण रूप से गहरी घाटियों से गुजर कर पार किया है। पूर्ववर्ती नदी के सर्वाधिक उल्लेखनीय उदाहरणों में से एक नेपाल की अरुण नदी है।

29. निम्नलिखित कथनों पर विचार कीजिए-

1. यह पश्चिमी घाट से निकलती है।

2. इसमें अन्य प्रायद्वीपीय नदियों की तुलना में जल की मात्रा में उतार-चढ़ाव अपेक्षाकृत कम होती है तथा वर्ष भर जल रहता है।

3. यह कर्नाटक और तमिलनाडु से होकर गुजरती है और बंगाल की खाड़ी में गिरती है।

उपर्युक्त विशेषताएं निम्नलिखित में से किस नदी का विवरण प्रस्तुत करती हैं?

(a) महानदी (b) कृष्णा

(c) कावेरी (d) गोदावरी

उत्तर (c) कावेरी नदी कर्नाटक के कोगाडु जिले की ब्रह्मगिरि पहाड़ियों (पश्चिमी घाट) से निकलती है। इसकी लंबाई 800 किमी है व इसका अपवाह क्षेत्र (87,900) वर्ग किलोमीटर है।

चूंकि इसका ऊपरी जलग्रहण क्षेत्र दक्षिण-पश्चिम मानसून व निचला भाग पूर्वोत्तर मानसून से वर्षा प्राप्त करता है इसलिए इसमें अन्य प्रायद्वीपीय नदियों की तुलना में कम अस्थिरता के साथ वर्ष भर जल रहता है।

कावेरी बेसिन केरल, कर्नाटक, तमिलनाडु और पुडुचेरी राज्यों में फैला है। इसकी महत्वपूर्ण सहायक नदियाँ काबिनी, भवानी और अमरावती हैं।

30. निम्नलिखित युग्मों में से कौन-सा/से सही सुमेलित है/हैं?

	नदी		उद्गम स्थल
1.	सिन्धु	:	बोखर चू ग्लेशियर (Bokhar Chu Glacier)
2.	सतलुज	:	सो मोरारी झील
3.	रावी	:	राकस झील

नीचे दिए गए कूट का प्रयोग कर सही उत्तर का चयन कीजिए।

(a) केवल 1

(b) केवल 1 और 2

(c) केवल 2 और 3

(d) 1, 2 और 3

उत्तर (a) सिंधु-कैलाश पर्वत शृंखला मे बोखर चू ग्लेशियर

सतलुज - मानसरोवर के पास राकस ताल

रावी - कुल्लू पहाड़ियों में स्थित रोहतांग दर्रे के निकट
अलकनंदा - सतोपंथ हिमनद

31. नदी के विभिन्न चरणों के दौरान भू-आकृति के विकास के संदर्भ में निम्नलिखित कथनों पर विचार कीजिए–
1. **V-आकार की घाटियां और जलप्रपात युवावस्था में दिखाई देते हैं**
2. **प्रौढ़ावस्था में, अधिकांश भूदृश्य समुद्रतल के बराबर होते हैं।**
3. **जलप्रपात और रैपिड्स (क्षिप्रिकाएं) वृद्धावस्था में गायब हो जाते हैं**

नीचे दिए गए कूट का प्रयोग कर सही उत्तर चुनिए–

(a) केवल 1
(b) केवल 2 और 3
(c) केवल 1 और 3
(d) 1, 2 और 3

उत्तर (a) **कथन 1 सही है।** नदी के युवावस्था में बिना किसी बाढ़ के मैदानों वाली 'V-आकार' की घाटियां दिखाई देती हैं। जलप्रपात और रैपिड्स (क्षिप्रिकाएं) इस चरण में सामान्य हैं।

कथन 2 गलत है। वृद्धावस्था के दौरान अधिकांश भूदृश्य समुद्रतल के बराबर या थोड़ा ऊंचे होते हैं।

कथन 3 भी गलत है। जलप्रपात और रैपिड्स प्रौढ़ावस्था में गायब हो जाते हैं।

32. नदी डेल्टा के संदर्भ में, निम्नलिखित कथनों पर विचार कीजिए–
1. **डेल्टा बनाने वाले निक्षेप खराब किस्म के और अस्तरीकृत होते हैं**
2. **जैसे-जैसे डेल्टा बढ़ता है नदी वितरिकाएं लंबाई में बढ़ती हैं।**
3. **गंगा का डेल्टा विश्व में सबसे बड़ा डेल्टा है।**

उपर्युक्त कथनों में से कौन-सा/से सही है/हैं?

(a) केवल 1
(b) केवल 1 और 3
(c) केवल 2 और 3
(d) 1, 2 और 3

उत्तर (c) डेल्टा बनाने वाला निक्षेप स्पष्ट स्तरीकरण के साथ भलीभांति छंटा हुआ होता है। सबसे मोटी सामग्री सबसे पहले बैठती है और गाद तथा मिट्टी जैसे महीन अंश समुद्र में चले जाते हैं। जैसे-जैसे डेल्टा बढ़ता है, नदी वितरिकाएं भी लंबाई में बढ़ती रहती हैं और समुद्र में डेल्टा का निर्माण जारी रहता है। गंगा का डेल्टा विश्व में सबसे बड़ा डेल्टा है।

33. केरल के कयालों के संदर्भ में, निम्नलिखित कथनों पर विचार कीजिए–
1. **ये अरब सागर में गिरने से बिल्कुल पहले नदियों द्वारा बनाए जाने वाले मृदु जल के लैगून हैं।**
2. **वेम्बनाद कयाल सबसे बड़ा कयाल है और दूसरों के विपरीत यह पूरी तरह से खारे पानी से बना है।**

उपर्युक्त कथनों में से कौन-सा/से सही है/हैं?

(a) केवल 1 (b) केवल 2
(c) 1 और 2 दोनों (d) न तो 1, न ही 2

उत्तर (d) अधिकांश कयाल (बैकवाटर) मुख्य रूप से खारे अर्थात् लवणीय होते हैं। कुछ विशेष क्षेत्रों, जैसे-वेम्बनाद कयाल क्षेत्र में, जहाँ कुमारकोम के निकट बाँध बनाया गया है, समुद्र से आने वाले खारे पानी को अंदर प्रवेश करने से रोका जाता है जिससे ताजा पानी अविकल रहता है। इस प्रकार के ताजे पानी का बड़े पैमाने पर सिंचाई के लिए प्रयोग किया जाता है।

34. पूर्ववर्ती नदियों के संदर्भ में, निम्नलिखित कथनों पर विचार कीजिए–
1. **पूर्ववर्ती धारा वह धारा होती है जो नीचे की चट्टानी स्थलाकृति में परिवर्तन होने के बावजूद अपने मूल पथ और स्वरूप को बनाए रखती है।**
2. **भारत में हिमालयी नदियां पूर्ववर्ती नदियों का अच्छा उदाहरण हैं।**

उपर्युक्त कथनों में से कौन-सा/से सही है/हैं?

(a) केवल 1 (b) केवल 2
(c) 1 और 2 दोनों (d) न तो 1, न ही 2

उत्तर (c) पूर्ववर्ती धारा वह धारा होती है जो नीचे की चट्टानी स्थलाकृति में परिवर्तन आने के बावजूद अपना मूल मार्ग और स्वरूप बनाए रखती है। उदाहरण के लिए, वृक्षाकार अपवाह प्रतिरूप वाली धारा धीमें विवर्तनिक उत्थान के अधीन हो सकती है। हालांकि जैसे-जैसे उत्थान होता है, धारा उठते हुए कटक के माध्यम से अपरदन करती है जिसे खड़ी दीवार वाला गार्ज बनता है। इस प्रकार धारा अपना वृक्षाकार प्रतिरूप और अपना मूल मार्ग बनाए रखती है।

हिमालयी नदियां भारत में पूर्ववर्ती नदियों का अच्छा उदाहरण हैं क्योंकि हिमालय क्षेत्र का उत्थान होने से काफी पहले इन नदियों की उत्पत्ति हो चुकी थी। सिन्धु, ब्रह्मपुत्र और सतलुज नदियां तिब्बत की ओर अस्तित्व में आई और अब गहरी घाटियां काटते हुए, वर्तमान पर्वत श्रृंखलाओं को पार करती है।

35. निम्नलिखित नदियों पर विचार कीजिए–
1. **लक्ष्मणतीर्थ** 2. **काबिनी**
3. **अर्कावती** 4. **अमरावती**
5. **हेमावती**

उपर्युक्त में से कौन-सी नदियाँ कावेरी की दाहिने किनारे पर मिलने वाली सहायक नदियों के रूप में बहती है?

(a) केवल 1, 2 और 3
(b) केवल 2 और 3
(c) केवल 1, 2 और 4
(d) केवल 1, 2, 4 और 5

उत्तर (c) कावेरी के बाएँ किनारे पर मिलने वाली सहायक नदियाँ हैं– हेरांगी, हेमावती, शिमशा और अर्कावती कावेरी के दाहिने किनारे पर मिलने वाली सहायक नदियाँ हैं– लक्ष्मणतीर्थ, काबिनी, अमरावती, भवानी।

36. भारत में स्थित निम्नलिखित घाटियों में से कौन-सी रिफ्ट घाटी है?
1. **सोन घाटी** 2. **दामोदर घाटी**
3. **माही घाटी**

नीचे दिए गए कूट का प्रयोग कर सही उत्तर चुनिए।

(a) केवल 1
(b) केवल 1 और 2
(c) केवल 2 और 3
(d) 1, 2 और 3

उत्तर (d) भ्रंश घाटी, एक निम्नभूमि होती है। जिसका निर्माण पृथ्वी की विवर्तनिक प्लेटों के दूर हटने के कारण भ्रंशन के स्थान पर होता है या भ्रंश घाटियां भूमि पर और महासागरों के नीचे पाई जाती है। महासागरीय तल पर इनका निर्माण तल के प्रसार की प्रक्रिया से होता है। भ्रंश घाटियां नदी घाटियों और हिमनदी घाटियों से इस अर्थ में भिन्न होती है, क्योंकि इनका निर्माण विवर्तनिक गतिविधि से होता है, न कि अपरदन की प्रक्रिया से।

भारत में सोन घाटी, दामोदर घाटी, तापी घाटी, नर्मदा घाटी और माही घाटी भ्रंश घाटी के उदाहरण हैं। **अतः विकल्प (d) सही है।**

37. निम्नलिखित युग्मों पर विचार कीजिए–

नदी द्वारा वहन किया गया भार		**सामग्री**
1. **विलीन भार**	:	**चूना**
2. **निलंबित भार**	:	**कंकड़**
3. **तल भार (बेडलोड)**	:	**गाद**

उपर्युक्त युग्मों में से कौन-सा/से सही सुमेलित है/हैं?

(a) केवल 1
(b) केवल 1 और 3
(c) केवल 2 और 3
(d) केवल 2

उत्तर (a) नदी द्वारा वहन किए जाने वाले ढीले अपक्षयित एवं अपरदित शैल पदार्थ को उद्भार कहा जाता है। नदी द्वारा वहन की जा सकने वाली उद्भार की मात्रा जल के आयतन एवं उस ढलान की तीव्रता पर निर्भर करती है जिसके ऊपर से नदी प्रवाहित होती है। नदी द्वारा कुछ पदार्थ घुलित रूप से वहन किए जाते हैं जैसे लवण एवं चूना; मृदा एवं गाद को निलम्बित उद्भार के रूप में वहन किया जाता है। अपरिष्कृत और भारी पदार्थ जैसे कंकड़ नदी तल के साथ-साथ संस्तर भार के रूप में प्रवाहित होते हैं।

38. निम्नलिखित में से कौन-सा/से कथन यह प्रमाणित करता/करते है/हैं कि पृथ्वी, हिमनदीय और अन्तर-हिमनदीय कालखण्ड से गुजरी है।

1. उच्च अक्षांशों एवं तुंगता पर ग्लेशियरों के आगे बढ़ने और पीछे हटने के चिह्न।
2. हिमनदीय झीलों में अवसादों के निक्षेप।
3. वृक्षों में पाए जाने वाले वलय।

नीचे दिए गए कूट का प्रयोग कर सही उत्तर चुनिए-

(a) केवल 2 और 3
(b) केवल 1
(c) केवल 1 और 2
(d) 1, 2 और 3

उत्तर (d) भू-आकृतिक संरचनाएँ विशेष रूप से अधिक ऊंचाई और उच्च अक्षांशों में, ग्लेशियरों के आगे बढ़ने और पीछे हटने के चिह्न प्रदर्शित करती हैं। **इसलिए, कथन 1 सही है।**

हिमनदी झीलों में अवसादों का जमाव भी उष्ण एवं शीत अवधियों की घटनाओं को दर्शाता है। **इसलिए, कथन 2 सही है।**

वृक्षों में पाए जाने वाले वलय (छल्ला) भी आर्द्र एवं शुष्क अवधियों के संबंध में प्रमाण उपलब्ध कराते हैं। **इसलिए, कथन 3 सही है।**

39. निम्नलिखित में से कौन-सी नदियाँ अरब सागरीय अपवाह प्रणाली का भाग है/हैं?

1. पेरियार 2. पलार
3. पेन्नार

नीचे दिए गए कूट का प्रयोग कर सही उत्तर चुनिए।

(a) केवल 1
(b) केबल 1 और 2
(c) केवल 2 और 3
(d) 1, 2 और 3

उत्तर (a) पेरियार नदी केरल में पश्चिमी घाट से निकलकर पश्चिम में प्रवाहित होती हुई अरब सागर में गिरती है। **अतः (1) सही है।**

पलार तथा पन्नार नदी बंगाल खाड़ी में गिरती है।

40. निम्नलिखित युग्मों पर विचार कीजिए-

नदी : डेल्टा
1. **मिसीसिपी : पंजाकार (Bird's Foot)**
2. **नील : चापाकार (Arcuate)**
3. **नर्मदा : सरोवरी (Lacustrine)**

उपर्युक्त युग्मों में से कौन-सा/से सही सुमेलित है/हैं?

(a) केवल 1 और 2
(b) केवल 2
(c) केवल 2 और 3
(d) केवल 3

उत्तर (a) बर्ड्स फूट डेल्टा ऐसे स्थान पर निर्मित होता है, जहाँ समुद्री तरंगें नदी की शक्ति की तुलना में क्षीण होती हैं। महीन तलछट, तटीय रेखा से आगे तक विस्तारित हो जाती हैं। नदी की वाहिकाएं, वितरिकाओं में विभाजित होती हैं और पक्षी के पंजे (Birds foot) के समान दिखाई देती हैं। उदाहरणस्वरूप मिसीसिपी का डेल्टा है। **इसलिए, युग्म 1 सही सुमेलित हैं।**

धनुष डेल्टा का आकार एक चाप की भांति होता है। यदि इसे ऊपर से देखा जाता है तो यह एक उल्टे त्रिकोण के समान प्रतीत होता है। धनुषाकार डेल्टा ऐसे स्थान पर निर्मित होते हैं, जहाँ कंकड़ (Gravel) जैसे अपरिष्कृत पदार्थ निक्षेपित होते हैं। नदी द्वारा पदार्थों का निक्षेपण किया जाता है और इससे नई वाहिकाएं निर्मित हो जाती हैं। नील नदी इसका एक उदाहरण है। **इसलिए, युग्म 2 सही सुमेलित है।**

सरोवरी (Lacustrine) - जब नदी झील में प्रवाहित होती है तो इसके मुहाने पर डेल्टा का निर्माण होता है। नर्मदा नदी एक ज्वानदमुख डेल्टा बनाती है क्योंकि यह सीधे अरब सागर में प्रवाहित होती है। **इसलिए, युग्म 3 सही सुमेलित नहीं है।**

41. निम्नलिखित युग्मों पर विचार कीजिए-

नदियाँ : मूल स्रोत
1. **सतलुज : राकस झील**
2. **सोन : अमरकंटक पठार**
3. **कावेरी : ब्रह्मगिरि पहाड़ियाँ**

उपर्युक्त युग्मों में से कौन-सा/से सही सुमेलित है/हैं?

(a) 1, 2 और 3
(b) केवल 1 और 3
(c) केवल 2 और 3
(d) केवल 1 और 2

उत्तर (a) सही युग्म सही ढंग से सुमेलित हैं।

1.	सतलुज	:	राकस झील
2.	सिंधु	:	बोखर चू हिमनद
3.	झेलम	:	वेरीनाग में झरना
4.	चिनाब	:	चंद्र और भागा धारा
5.	रावी	:	हिमाचल प्रदेश की कुल्लू पहाड़ियों में रोहतांग दर्रा
6.	व्यास	:	रोहतांग दर्रे पर व्यास कुंड
7.	घाघरा	:	मपचाचुगो हिमनद
8.	सोन	:	अमरकंटक पठार
9.	कावेरी	:	ब्रह्मगिरी की पहाड़ियां
10.	कृष्णा	:	सह्याद्री में महाबलेश्वर
11.	नर्मदा	:	अमरकंटक पठार
12.	गोदावरी	:	महाराष्ट्र के नासिक जिले के निकट से निकलती है।

42. निम्नलिखित युग्मों पर विचार कीजिए-

अपवाहतंत्र प्रतिरूप : विशेषता
1. **अभिकेंद्रीय : पहाड़ से निकलने वाली एवं सभी दिशाओं में प्रवाहित होने वाली नदियाँ**
2. **जालीदार : एक दूसरे से समांतर, एवं कुछ समकोण पर प्रवाहित होने वाली सहायक नदियाँ**
3. **द्रुमाकृतिक : वृक्ष की शाखाओं सदृश सहायक नदियाँ**

उपर्युक्त युग्मों में से कौन-सा/से सही सुमेलित है/हैं?

(a) केवल 1 और 2
(b) केवल 2 और 3
(c) केवल 1 और 3
(d) 1, 2 और 3

उत्तर (b) महत्वपूर्ण जल अपवाहतंत्र प्रतिरूप-

पेड़ की शाखाओं के समान अपवाहतंत्र प्रतिरूप को 'द्रुमाकृतिक' प्रतिरूप के रूप में जाना जाता है, जिसका उदाहरण उत्तरी मैदान की नदियां हैं। **इसलिए, युग्म 3 सही ढंग से सुमेलित है।**

जब नदियां पहाड़ से निकलती हैं और सभी दिशाओं में प्रवाहित होती हैं, तो इस अपवाहतंत्र प्रतिरूप को 'अरीय' प्रतिरूप के रूप में जाना जाता है। अमरकंटक शृंखला से निकलने वाली नदियां इसका अच्छा उदाहरण प्रस्तुत करती हैं।

जब नदियों की प्राथमिक सहायक नदियां एक दूसरे के समानांतर प्रवाहित होती हैं और द्वितीयक सहायक नदियां उनसे समकोण पर मिलती हैं, तो इस प्रतिरूप को 'जालीदार' प्रतिरूप के रूप में जाना जाता है। **इसलिए, युग्म 2 सही ढंग से सुमेलित हैं।**

जब सभी दिशाओं से आने वाली नदियां अपना जल झील या अवनमन में छोड़ती है, तो इस प्रतिरूप को 'अभिकेंद्रीय' प्रतिरूप के रूप में जाना जाता है। **इसलिए, युग्म 1 सही रूप से सुमेलित नहीं है।**

43. निम्नलिखित भूआकृतिक विशेषताओं को नदी के प्रवाह मार्ग से ऊपरी से निचले क्षेत्र में पाए जाने के क्रम में व्यस्थित कीजिए–

1. विसर्प 2. नदी प्रग्रहण (रिवरकैप्च्रिंग)

3. डेल्टा

नीचे दिए गए कूट का प्रयोग कर सही उत्तर चुनिए।

(a) 2-1-3 (b) 2-3-1
(c) 1-3-2 (d) 3-1-2

उत्तर (a) सही व्यवस्था है– नदी प्रग्रहण - विसर्प - डेल्टा

ऊपरी मार्ग में नदी की विशेषताएं–

नदी प्रग्रहण– नदी प्रग्रहण या रिवर केप्च्रिंग का विकास विभाजन में पश्च अपरदन की विभेदक दर पर निर्भर करता है।

क्षिप्रिकाएं, प्रपातन और जल-प्रपात

मध्य या घाटी मार्ग–

विसर्प

नदी भृगु और स्कंध-ढाल

निचला या मैदानी मार्ग–

बाढ़ का मैदान

गोखुर झीलें

डेल्टा

44. नर्मदा और तापी नदियाँ रिफ्ट घाटियों से होकर प्रवाहित होती हैं। इसके संबंध में, निम्नलिखित कथनों पर विचार कीजिए–

1. रिफ्ट घाटियाँ, हिमालय की हलचल एवं प्रायद्वीपीय क्षेत्र के अवतलन के दौरान निर्मित होती हैं।

2. इन नदियों में अत्यधिक जलोढ़ निक्षेप पाए जाने के उपरांत भी डेल्टाओं का अभाव होता है।

उपर्युक्त कथनों में से कौन-सा/से सही है/हैं?

(a) केवल 1 (b) केवल 2
(c) 1 और 2 दोनों (d) न तो 1, न ही 2

उत्तर (a) रिफ्ट घाटियां हिमालय की उथल-पुथल के कारण बनी हैं, जब प्रायद्वीपीय खंड का उत्तरी पार्श्व का अवतलन और परिणामस्वरूप भ्रंशन हुआ। **इसलिए, कथन 1 सही है।**

नर्मदा और तापी भ्रंश से होकर बहती हैं और अपनी अपरदित सामग्री से मूल दरारें भरती हैं, इसलिए, इन नदियों में जलोढ़ और डेल्टाई निक्षेपों की कमी है। **इसलिए, कथन 2 सही नहीं है।**

45. नदी प्रणाली के संबंध में, निम्नलिखित कथनों पर विचार कीजिए–

1. एक अपवाह तंत्र को दूसरे से पृथक करने वाली सीमा रेखा जलविभाजक (वाटरशेड) के रूप में जानी जाती है।

2. नदी एवं इसकी सहायक नदियों के जलनिकासी या अपवाह क्षेत्र को अपवाह बेसिन कहा जाता है।

उपर्युक्त कथनों में से कौन-सा/से सही है/हैं?

(a) केवल 1
(b) केवल 2
(c) 1 और 2 दोनों
(d) न तो 1, न ही 2

उत्तर (c) **दोनों कथन सही हैं**

नदी जिस विशिष्ट क्षेत्र से एकत्रित जल की निकासी करती है, उसे 'जलग्रहण क्षेत्र' कहा जाता है।

नदी और उसकी सहायक नदियां जिस क्षेत्र से जलनिकासी करती हैं, उसे अपवाह बेसिन या द्रोणी कहा जाता है।

एक अपवाह द्रोणी को दूसरी से अलग करने वाली सीमा रेखा को जलविभाजक कहा जाता है।

बड़ी नदियों का जलग्रहण क्षेत्र नदी घाटी के रूप में संदर्भित किया जाता है, जबकि छोटी नदिकाओं और क्षुद्र सरिताओं को प्राय: जलविभाजक के रूप में संदर्भित किया जाता है। हालांकि, नदी घाटी और जलविभाजक के बीच थोड़ा अंतर होता है। जलविभाजक क्षेत्र में छोटे होते हैं जबकि घाटियां काफी विशाल क्षेत्र अच्छादित करती हैं।

46. निम्नलिखित में से कौन-से पूर्ववर्ती नदियों के उदाहरण हैं?

1. काली 2. सतलुज

3. तिस्ता 4. सिंधु

नीचे दिए गए कूट का प्रयोग कर सही उत्तर चुनिए।

(a) 1, 2, 3 और 4
(b) केवल 1, 2 और 3
(c) केवल 2 और 4
(d) केवल 1 और 3

उत्तर (a) नदी ढलान एवं आसपास के क्षेत्र का एक भाग ऊपर उठ जाता है और नदी ऊपर उठे भाग को आरी की तरह काटते हुए (ऊर्ध्वाधर अपरदन या ऊर्ध्वाधर रूप से नीचे की ओर कटान) महाखड्डों या गॉर्ज का निर्माण करते हुए अपने मूल ढलान पर प्रवाहित होती रहती है– इस प्रकार के अपवाह तंत्र को पूर्ववर्ती अपवाह तंत्र कहा जाता है।

हिमालय पर्वतमालाओं की तुलना में अधिक आयु की नदियाँ पूर्ववर्ती अपवाह तंत्र का निर्माण करती हैं।

उदाहरण– सिंधु, सतलुज, ब्रह्मपुत्र, काली, तिस्ता, कोसी, सुबनसिरी इत्यादि।

47. निम्नलिखित में से कौन-सी नदियां अरब सागर में गिरती हैं?

1. साबरमती 2. शरावती

3. मांडवी

नीचे दिए गए कूट का प्रयोग कर सही उत्तर चुनिए।

(a) 1, 2 और 3 (b) केवल 1 और 3
(c) केवल 2 (d) केवल 2 और 3

उत्तर (a) पश्चिम की ओर प्रवाहित होकर अरब सागर में जाने वाली नदियाँ–

शत्रुजी - इसका उद्गम अमरेली जिले में डलकहवा के निकट होता है।

भद्रा - इसका उद्गम राजकोट जिले में अनिआली गांव में होता है।

धाधार - घंटर गांव के निकट पंचमहल जिले में होता है।

वैतरणा - इसका उद्गम नासिक जिले में त्र्यंबक पहाड़ियों में होता है।

कालिंदी - इसका उद्गम बेलगाम जिले से होता है।

बेडती नदी

शरावती - इसका उद्गम अन्नामलाई पहाड़ियों (केरल) के निकट होता है।

पेरियार केरल। इसका जलग्रहण क्षेत्र 5,243 वर्ग किमी. है।

केरल की एक और उल्लेखनीय नदी पम्बा नदी है जो 177 किमी. का मार्ग तय करने के बाद वेम्बनाद झील में गिरती है।

48. गंगा की निम्नलिखित सहायक नदियों को पूर्व से पश्चिम दिशा में व्यवस्थित कीजिए–

1. कोसी **2. सोन**

3. गंडक **4. यमुना**

नीचे दिए गए कूट का प्रयोग कर सही उत्तर चुनिए।

(a) 1-3-2-4 (b) 3-2-1-4

(c) 4-3-2-1 (d) 4-2-3-1

उत्तर (a) पूर्व से पश्चिम की ओर सही क्रम है– कोसी-गण्डक-सोन-यमुना

49. निम्नलिखित में से कौन-सी प्रायद्वीपीय नदियों की विशिष्ट विशेषताएं हैं?

1. निश्चित मार्ग

2. विसर्पों की अनुपस्थिति

3. बारहमासी जलप्रवाह नहीं

नीचे दिए गए कूट का प्रयोग कर सही उत्तर चुनिए–

(a) केवल 1 और 2

(b) केवल 2 और 3

(c) केवल 1 और 3

(d) 1, 2 और 3

उत्तर (d) दी गई सभी विशेषताएं प्रायद्वीपीय नदियों की लाक्षणिक विशेषताएं हैं।

प्रायद्वीपीय नदियों की विशेषता निश्चित मार्ग, विसर्प का अभाव और बारहमासी जलप्रवाह का न होना है। हालांकि भ्रंश घाटी से होकर बहने वाली नर्मदा और तापी इसका अपवाद है।

50. निम्नलिखित में से कौन-सी नदियां सिंधु की सहायक नदियाँ हैं?

1. नुब्रा **2. द्रास**

3. काबुल

नीचे दिए गए कूट का प्रयोग कर सही उत्तर चुनिए–

(a) 1, 2 और 3

(b) केवल 1 और 2

(c) केवल 2 और 3

(d) केवल 1 और 3

उत्तर (a) सिंधु नदी की सहायक नदियाँ हैं– श्योक, गिलगित, जास्कर, हुंजा, नुब्रा, शिगार, गारिन्टम व द्रास। अंततः सिंधु नदी अतुक के निकट पहाड़ियों से बाहर निकलती है। जहाँ दाहिने तट पर काबुल नदी इसमें मिलती है। सही व्याख्या नहीं है।

51. प्रायद्वीपीय भारत की पश्चिम की ओर प्रवाहित होने वाली नदियां डेल्टा नहीं बनाती हैं, ये केवल ज्वारनदमुख बनाती हैं। इस परिघटना के लिए निम्नलिखित में से किसे उत्तरदायी ठहराया जा सकता है?

1. कठोर शैल से गुजरने वाला मार्ग।

2. वर्षपर्यंत जल प्रवाह का न होना।

3. विसर्पों का अभाव।

नीचे दिए गए कूट का प्रयोग कर सही उत्तर चुनिए–

(a) केवल 1

(b) केवल 1 और 2

(c) केवल 2 और 3

(d) 1, 2 और 3

उत्तर (a) **कथन 1 सही है।** भारत की पश्चिम की ओर बहने वाली नदियां डेल्टा नहीं बनाती हैं क्योंकि वे कठोर चट्टानों से होकर गुजरती है। इसका अर्थ यह है कि ये नदियां अवसाद रहित होती हैं जबकि यह डेल्टा बनाने के लिए आवश्यक होता है।

विसर्पों का अभाव और पानी का गैर-बारहमासी प्रवाह डेल्टा बनाने वाली पूर्व की ओर बहने वाली नदियों सहित प्रायद्वीपीय नदियों की विशेषता है। इसलिए, **कथन 2 और 3 सही नहीं है।**

52. प्रायद्वीपीय नदियों के संदर्भ में, निम्नलिखित कथनों पर विचार कीजिए।

1. ये प्रायः अपना मार्ग बदलने के लिए जानी जाती हैं।

2. इनकी विशेषता जालीदार और आरीय जल निकासी पैटर्न है।

3. इनका हिमालय की नदियों की तुलना में बड़ा जलग्रहण क्षेत्र है।

उपर्युक्त कथनों में से कौन-सा/से सही है/हैं?

(a) केवल 1 और 2

(b) केवल 2

(c) केवल 3

(d) 1, 2 और 3

उत्तर (b) **कथन 1 सही नहीं है।** प्रायद्वीपीय नदियों का अच्छी तरह से समायोजित घाटियों के साथ छोटा और निश्चित मार्ग है, जबकि ऊबड़-खाबड़ पहाड़ियों से होकर बहने वाली हिमालयी नदियों का मार्ग लंबा है। हिमालयी नदियां शीर्ष अपरदन करने के साथ नदी अभिग्रहण का सामना भी करती हैं। मैदानी इलाकों में हिमालयी नदियां विसर्प बनाने और मार्ग बदलने के लिए जानी जाती हैं।

कथन 2 सही है। प्रायद्वीपीय नदियों की विशेषता जालदार, अरीय और आयताकार जल निकासी पैटर्न है, जबकि हिमालयी नदियों की विशेषता मैदानों में वृक्षाकार पैटर्न है।

कथन 3 सही नहीं है। हिमालयी नदियों का जलग्रहण क्षेत्र प्रायद्वीपीय नदियों से बड़ा है।

53. नदी बहाव प्रवृत्ति (River regime) के संबंध में निम्नलिखित कथनों पर विचार कीजिए।

1. यह नदी प्रणाली (चैनल) में वर्षपर्यंत जल-प्रवाह के पैटर्न का निरूपण करता है।

2. प्रायद्वीपीय नदियों की नदी बहाव प्रवृत्ति हिमालयी नदियों की तुलना में अधिक उतार-चढ़ाव की साक्षी बनती है।

उपर्युक्त कथनों में से कौन-सा/से सही है/हैं?

(a) केवल 1

(b) केवल 2

(c) 1 और 2 दोनों

(d) न तो 1, न ही 2

उत्तर (c) **कथन 1 सही है।** वर्षभर नदी चैनल में पानी के प्रवाह के पैटर्न को नदी बहाव की प्रवृत्ति के रूप में जाना जाता है।

कथन 2 सही है। हिमालय से निकलने वाली उत्तर भारत की नदियां बारहमासी हैं, क्योंकि इनमें जलापूर्ति बर्फ के पिघलने के माध्यम से हिमनदियों द्वारा होती हैं और साथ ही ये नदियां वर्षाऋतु के दौरान वर्षा का भी पानी प्राप्त करती हैं। दक्षिण भारत की नदियां हिमनदियों से नहीं निकलती हैं और उनके प्रवाह का पैटर्न उतार-चढ़ाव का साक्षी होता है। मानूसनी वर्षा के दौरान प्रवाह में काफी वृद्धि हो जाती है। इस प्रकार, दक्षिण भारत की नदियों की व्यवस्था वर्षा द्वारा नियंत्रित होती है जो प्रायद्वीपीय पठार के एक भाग से दूसरे भाग में भिन्न-भिन्न है।

54. झेलम अपनी युवावस्था में विसर्प क्यों बनाती है जबकि यह नदियों की परिपक्वास्था से संबद्ध विशेषता है?

(a) युवावस्था में प्रवाह की कम प्रवणता के कारण इसकी गतिज ऊर्जा कम हो जाती है।

(b) इसके मार्ग में उपस्थित बड़ी संख्या में कंकड़ चट्टानों के कारण इसकी गति कम हो जाती है।

(c) पूर्वकालीन विशाल झील द्वारा प्रदान किए गए स्थानीय आधार स्तर के कारण।

(d) बड़ी संख्या में निर्मित बांधों के कारण पानी की मात्रा कम हो जाती है।

उत्तर (c) नदियां सामान्यतः अपनी परिपक्व अवस्था में विसर्प बनाती हैं लेकिन कश्मीर घाटी से होकर बहने वाली झेलम अपनी युवावस्था में ही विसर्प बनाती है। लगभग 20 लाख वर्ष

पहले जब उत्तर-पूर्व में वृहत हिमालय पर्वतमाला और दक्षिण में पीर पंजाल पर्वतमाला से घिरी कश्मीर घाटी जलमग्न हो गई थी, पीर पंजाल पर्वतमाला के विवर्तनिक उत्थान के कारण, इस क्षेत्र की जल निकासी अवरूद्ध हो गई और लगभग 5000 वर्ग किलोमीटर क्षेत्रफल वाली एक बड़ी झील बन गई। अंतर्जात बलों के कारण, बारामूला महाखड्ड (गॉर्ज) का निर्माण हुआ और इस विशाल झील का पानी अपने पीछे अवसाद (इन निक्षेपों को करेवा कहा जाता है) छोड़ते हुए इस महाखड्ड से निकल गया। ("करेवा" का कश्मीरी में अर्थ है "ऊंची मेजनुमा-भूमि")। ये अवसाद मूल में नद्य-सरोवरी और हिमनद्य-सरोवरी हैं और बारीक गाद, चिकनी मिट्टी, रेत, बजरी आदि से बने हैं और इनकी विशेषता स्तनधारियों के जीवाश्म है; इनकी मोटाई लगभग 1300-1400 मीटर है।

55. सिंधु की सहायक नदियों के संबंध में निम्नलिखित कथनों पर विचार कीजिए-

1. चिनाब, वुलर झील से होकर बहती है।

2. सतलुज, तिब्बत में मानसरोवर के निकट निकलती है और शिपकी ला दर्रे से होकर गुजरती है।

3. ब्यास, नदी हिमाचल प्रदेश, पंजाब और जम्मू-कश्मीर राज्यों से होकर बहती है।

उपर्युक्त कथनों में से कौन-सा/से सही नहीं है/हैं?

(a) केवल 1 और 2
(b) केवल 2 और 3
(c) केवल 1 और 3
(d) 1, 2 और 3

उत्तर (c) कथन 1 गलत है। सिंधु की महत्वपूर्ण सहायक नदी, झेलम कश्मीर घाटी के दक्षिण-पूर्वी भाग में पीर पंजाल की तलहटी में स्थित वेरीनाग से निकलती है। यह पाकिस्तान में प्रवेश करने से पहले गहरे संकरे महाखड्ड (गार्ज) से गुजरते हुए श्रीनगर और वूलर झील से होकर बहती है।

कथन 2 सही है। सतलुज तिब्बत में 4555 मीटर की ऊंचाई पर मानसरोवर के निकट राकस ताल से निकलती है। तिब्बत में सतलुज को लोंगचेन खंबान के रूप में जाना जाता है। भारत में प्रवेश करने से पहले लगभग 400 किमी. तक सतलुज सिंधु के समानांतर बहती है और रूपड़ में महाखड्ड (गॉर्ज) से बाहर निकलती है।

कथन 3 गलत है। ब्यास नदी हिमाचल प्रदेश से निकलती है और जहां यह हरिके के निकट सतलुज से मिलती है, पंजाब के मैदानी इलाकों में प्रवेश करती है। ब्यास जम्मू-कश्मीर से होकर नहीं बहती है।

56. निम्नलिखित में से कौन-सी नदियां अरावली पहाड़ियों से निकलती है?

1. लूनी 2. साबरमती

3. माही

नीचे दिए गए कूट का प्रयोग कर सही उत्तर चुनिए-

(a) केवल 1
(b) केवल 1 और 2
(c) केवल 2 और 3
(d) 1, 2 और 3

उत्तर (b) लूनी और साबरमती नदियां अरावली से निकलती हैं। वहीं दूसरी ओर, माही विंध्याचल की पहाड़ियों से निकलती है। **इसलिए, (b) सही उत्तर है।**

57. अपवाह के द्रुमाकृतिक पैटर्न के संबंध में निम्नलिखित कथनों पर विचार कीजिए।

1. वृक्ष की शाखाओं के समान अपवाह पैटर्न को द्रुमाकृतिक के रूप में जाना जाता है।

2. अमरकंटक पर्वतश्रेणी से आरम्भ होने वाली नदियाँ इसका एक अच्छा उदाहरण प्रस्तुत करती हैं।

उपर्युक्त कथनों में से कौन-सा/से सही है/हैं?

(a) केवल 1
(b) केवल 2
(c) 1 और 2 दोनों
(d) न तो 1, न ही 2

उत्तर (a) कथन 1 सही है। वृक्ष की शाखाओं के समान अपवाह प्रतिरूप को द्रुमाकृतिक के रूप में जाना जाता है। उत्तरी मैदान की नदियाँ इसका उदाहरण हैं।

कथन 2 सही नहीं है। अमरकंटक पर्वतश्रेणी से आरम्भ होने वाली नदियाँ अरीय प्रतिरूप का एक अच्छा उदाहरण प्रस्तुत करती हैं।

58. "ये मूल रूप से हिमालय पर्वत शृंखलाओं के उत्थान के दौरान नदियों के अवरुद्ध होने के कारण निर्मित हुई थीं। जैसे-जैसे नदियों ने अपना मार्ग निर्मित कर लिया ये झीलें सूख गईं। पत्थरों और मलबे ने झील को भर दिया और उन्हें घाटियों में परिवर्तित कर दिया। ये समतल घाटियाँ हिमाचल और शिवालिक पर्वतश्रेणियों के बीच अवस्थित हैं।"

उपर्युक्त विवरण निम्नलिखित में से किससे संबंधित है?

(a) दर्रे (b) दून
(c) तराई (d) दुआर

उत्तर (b) दिया गया कथन हिमाचल और शिवालिक पर्वतमाला के बीच पाई जाने वाली दून को संदर्भित करता है। इसके कुछ प्रमुख उदाहरण देहरादून, पटली (Patli), और कोटा हैं। दर्रे संकीर्ण प्रवेश द्वार हैं और तराई क्षेत्रों की प्रकृति दलदली होती है इसलिए ये दोनों दिए गए वर्णन में ठीक नहीं बैठते।

59. कृष्णा नदी के संदर्भ में, निम्नलिखित कथनों पर विचार कीजिए।

1. यह आंध्र प्रदेश और तेलंगाना के बीच एक भौगोलिक सीमा के रूप में कार्य करती है।

2. यह नासिक में त्र्यंबकेश्वर से निकलती है।

3. कोयना और तुंगभद्रा नदियाँ इसकी महत्वपूर्ण सहायक नदियाँ हैं।

उपर्युक्त कथनों में से कौन-सा/से सही है/हैं?

(a) केवल 1
(b) केवल 1 और 3
(c) केवल 2 और 3
(d) 1, 2 और 3

उत्तर (b) कथन 1 सही है। कृष्णा नदी तेलंगाना और आंध्र प्रदेश के बीच भौगोलिक सीमा के रूप में कार्य करती है।

कथन 2 गलत है। कृष्णा नदी का उद्गम महाबलेश्वर के ठीक उत्तर में पश्चिमी घाट पर है। त्र्यंबक से गोदावरी नदी निकलती है।

कथन 3 सही है। कोयना, घाटप्रभा, मालप्रभा, भीमा और तुंगभद्रा इसकी महत्वपूर्ण सहायक नदियाँ हैं।

60. निम्नलिखित में से कौन-सी नदियाँ मिजोरम से होकर गुजरती हैं?

1. दिहांग 2. बराक

3. कालावान 4. सुबनसिरी

नीचे दिए गए कूट का प्रयोग कर सही उत्तर चुनिए-

(a) केवल 1 और 2
(b) केवल 2 और 3
(c) केवल 1, 3 और 4
(d) 1, 2, 3 और 4

उत्तर (b) इस राज्य से होकर कई नदियाँ प्रवाहित होती हैं। कुछ नदियाँ जो मुख्य रूप से बांग्लादेश का भाग हैं, लेकिन मिजोरम राज्य से होकर भी गुजरती हैं उनमें थेगा नदी और सुरमा-मेघना नदी प्रणाली सम्मिलित हैं।

त्याउ नदी, तवांग, बराक, कालादान, करनफूली मिजोरम की कुछ प्रमुख नदियाँ हैं। मिजोरम राज्य से होकर प्रवाहित होने वाली अन्य नदियों और सहायक नदियों में त्युचोंग नदी, चिमतुइपुइ नदी, गेंगपुई नदी, च्वांगते नदी, तुईफल नदी, मत नदी और कर्थ्थिडेंग नदी सम्मिलित हैं। सुबनसिरी नदी असम और अरुणाचल प्रदेश में ब्रह्मपुत्र नदी की एक सहायक नदी है। मानस नदी दक्षिण भूटान और भारत के बीच हिमालय की निचली पहाड़ियों में दो देशों की सीमाओं के आर-पार प्रवाहित होने वाली नदी है।

61. तराई क्षेत्र के संबंध में निम्नलिखित में से कौन-सा/से कथन सही है/हैं?

1. यह भाबर क्षेत्र में निमग्न हुई धाराओं के पुनः प्रकट होने से निर्मित एक दलदली क्षेत्र है।

2. भाबर क्षेत्र की तुलना में अधिक सघन वनस्पति की विद्यमानता इस क्षेत्र का अभिलक्षण है।

3. वे पश्चिमी हिमालय की तुलना में पूर्वी हिमालय के निकट अधिक व्यापक रूप से फैले हुए हैं।

नीचे दिए गए कूट का प्रयोग कर सही उत्तर चुनिए-

(a) केवल 1

(b) केवल 1 और 3

(c) केवल 2 और 3

(d) 1, 2 और 3

उत्तर (d) **कथन 1 सही है।** यह विचित्र भूभाग है। भाबर क्षेत्र में लुप्त नदियाँ इस प्रदेश में धरातल पर निकल कर प्रकट होती है और क्योंकि इनकी निश्चित वाहिकाएं नहीं होती, यह क्षेत्र अनूप बन जाता है।

कथन 2 सही है क्योंकि इस क्षेत्र में सघन वन पाए जाते हैं और यह सघन वनस्पति से आच्छादित है।

कथन 3 सही है क्योंकि तराई क्षेत्र पश्चिम की तुलना में पूर्व में अधिक व्यापक है। इसका कारण यह है कि पश्चिमी हिमालय की अपेक्षा पूर्वी हिमालय में अधिक वर्षा होती है।

62. गंगा नदी निम्नलिखित में से किस राज्य से होकर प्रवाहित होती है?

1. हिमाचल प्रदेश 2. छत्तीसगढ़

3. बिहार 4. ओडिशा

नीचे दिए गए कूट का प्रयोग कर सही उत्तर चुनिए-

(a) केवल 1 और 3

(b) केवल 2, 3 और 4

(c) केवल 3

(d) 1, 2, 3 और 4

उत्तर (c) गंगा नदी निम्नलिखित राज्यों से होकर बहती है–

उत्तराखंड (110 किमी.)

उत्तर प्रदेश (1,450 किमी.)

बिहार (445 किमी.)

पश्चिम बंगाल (520 किमी.)

हालांकि यह झारखंड की सीमा को भी स्पर्श करती है।

63. माजुली विश्व के सर्वाधिक विशाल नदी द्वीपों में से एक है। यह द्वीप किस नदी पर स्थित है?

(a) गंगा (b) मानस

(c) ब्रह्मपुत्र (d) पद्मा

उत्तर (c) माजुली विश्व के सर्वाधिक विशाल नदीय द्वीपों में से एक है। यह असम में ब्रह्मपुत्र नदी पर स्थित है।

64. यह नदी बोखर चू हिमनद से निकलती है। तिब्बत में इसे सिंगी खंबन या लॉयन माउथ के नाम से जाना जाता है। यह जम्मू और कश्मीर के गिलगित में गॉर्ज का निर्माण करती है। निम्नलिखित में से किस नदी का वर्णन ऊपर किया गया है।

(a) चेनाब (b) झेलम

(c) सतलुज (d) सिन्धु

उत्तर (d) इंडस, जिसे सिंधु के रूप में भी जाना जाता है, भारत में हिमालय की नदियों में सबसे पश्चिमी नदी है। सिंधु नदी कैलाश पर्वत शृंखला में 4,164 मीटर की ऊंचाई पर तिब्बती क्षेत्र में बोखर (31°15' उत्तरी अक्षांश और 81°40' पूर्वी देशांतर) के निकट एक हिमनदी से निकलती है। तिब्बत में, सिंधु को सिंगी खंबन; या लॉयन माउथ के रूप में जाना जाता है। लद्दाख और जास्कर पर्वतश्रेणियों के बीच उत्तर-पश्चिम दिशा में बहने के बाद, सिंधु लद्दाख और बाल्टिस्तान से होकर गुजरती है। सिंधु लद्दाख पर्वतमाला काटकर पार करते हुए जम्मू-कश्मीर में गिलगित के निकट भव्य महाखड्ड बनाती है।

65. निम्नलिखित नदियों में से कौन-सी अरब सागर में गिरती है?

1. सुवर्णरेखा 2. पेरियार

3. भरतपुझा

नीचे दिए गए कूट का प्रयोग कर सही उत्तर चुनिए-

(a) केवल 1 और 3

(b) केवल 2

(c) केवल 2 और 3

(d) 1, 2 और 3

उत्तर (c) सुवर्णरेखा नदी झारखंड, पश्चिम बंगाल और उड़ीसा राज्य से होकर बहती है। यह बंगाल की खाड़ी में गिरती है।

पेरियार केरल की दूसरी सबसे बड़ी नदी है। यह अरब सागर में गिरती है।

केरल की सबसे लंबी नदी भरतपुझा अन्नामलाई की पहाड़ियों के निकट से निकलती है। इसे पोन्नानी के रूप में भी जाना जाता है। यह अरब सागर में गिरती है।

66. निम्नलिखित में से कौन-सा/सी ब्रह्मपुत्र की सहायक नदी/नदियाँ नहीं है/हैं?

1. लोहित 2. बराक

3. धनसिरी 4. तिस्ता

नीचे दिए गए कूट का प्रयोग कर सही उत्तर चुनिए-

(a) केवल 1 और 2

(b) केवल 2

(c) केवल 2, 3 और 4

(d) केवल 3 और 4

उत्तर (b) बराक नदी सूरमा मेघना नदी प्रणाली का भाग है और मणिपुर की पहाड़ियों से निकलती है और मणिपुर, मिजोरम और असम से होकर बहती है।

दिहांग, दिबांग, धनसिरी, तिस्ता, लोहित और मानस भारत में ब्रह्मपुत्र की सहायक नदियां हैं।

67. निम्नलिखित में से कौन-सा/से नदियों को आपस में जोड़ने के लाभ है/हैं?

1. उन्नत सिंचाई सुविधा।

2. जलविद्युत का उत्पादन।

3. बाढ़ नियंत्रण।

4. अधिशेष जल वाली नदी घाटियों के स्वास्थ्य में सुधार।

नीचे दिए गए कूट का प्रयोग कर सही उत्तर चुनिए-

(a) केवल 1, 2 और 3

(b) केवल 1 और 3

(c) केवल 2, 3 और 4

(d) 1, 2, 3 और 4

उत्तर (a) राष्ट्रीय नदी जोड़ो परियोजना 30 विभिन्न लिंक नहरों का निर्माण करके भारत की 26 प्रमुख नदियों को जोड़ने की परिकल्पना करती है। इसके दो घटक हैं हिमालयी नदियों का विकास घटक और प्रायद्वीपीय नदियों का विकास घटक। इन दोनों को महानदी पर जोड़ा जा सकता है।

गंगा और ब्रह्मपुत्र घाटियों जैसी विभिन्न नदी घाटियों में ठोस बाढ़ नियंत्रण के साथ ही नदियों को जोड़ने से अतिरिक्त सिंचाई और जल विद्युत का उत्पादन संभव होगा और देश भर में अंतर्देशीय नौवहन का संवर्धन होगा।

यह संकेत किया गया है कि अधिशेष पानी को इतने बड़े पैमाने पर नदी से नहीं मोड़ा जाना चाहिए क्योंकि नदी घाटियों को स्वस्थ बनाए रखने के लिए अतिरिक्त पानी आवश्यक है। यह नीचे रिसकर मिट्टी में चला जाता है और भूजल का पुनर्भरण करता है। कुछ लोगों ने भी इस मुद्दे को उठाया है कि विषैली नदी से अविषालु नदी को जोड़ने पर नदियों, मनुष्य और वन्य जीवन पर विनाशकारी प्रभाव पड़ेगा। इसलिए, कथन 4 गलत है।

68. अफ्रीका के उच्चभूमि क्षेत्र में बहुसंख्यक बड़ी झील होने की व्याख्या किसके द्वारा की जाती है?

(a) उल्कापात

(b) रिफ्ट घाटी की उपस्थिति

(c) नदियों की जल-क्षमता का दोहन करने हेतु कृत्रिम रूप से निर्मित

(d) उपर्युक्त में से कोई नहीं।

उत्तर (b) अफ्रीका की ग्रेट रिफ्ट घाटी इसकी विशेष भौतिक संरचनाओं में से एक है। रिफ्ट घाटी भूमि में रिफ्ट की दरारों के कारण निर्मित लंबी और गहरी घाटी होती है। यह अपने दोनों ओर दीवार जैसी खड़ी ढलानों से निर्मित होती है। अफ्रीका में इस प्रकार की रिफ्ट घाटियों की लम्बी शृंखला मौजूद है। यह शृंखला मलावी झील के दक्षिण से उत्तर की ओर लाल सागर तक और उसके बाद स्वेज की खाड़ी और अकाबा की खाड़ी से होते हुए मृत सागर तक जाती है। इनमें से कई घाटियाँ जल से भरी हुई हैं, जिन्हें झील कहा जाता है। इसलिए, अफ्रीका के उच्चभूमि क्षेत्र में बहुसंख्यक बड़ी झीलें हैं।

69. नदियों के मुहानों पर स्थित किसी तटीय प्रदेश की निम्नलिखित विशेषताओं पर विचार कीजिए-

1. समुद्र में उठने वाले ज्वार बहुत कम ऊंचाई के होते हैं।

2. वहाँ एक झील अवस्थित है जिससे होकर नदी तट के पास से होकर गुजरती है।

3. इस क्षेत्र में बहुत दूरी तक समुद्र की उथली सतह है।

4. नदी के मुहाने के समकोण पर एक धारा प्रवाहित होती है।

उपर्युक्त वर्णित विशेषताओं में से कौन सी विशेषता/विशेषताएं डेल्टाओं के निर्माण में सहायक हो सकती है?

(a) केवल 1 और 2

(b) केवल 1 और 3

(c) केवल 1 और 4

(d) केवल 2 और 3

उत्तर (b) डेल्टा ऐसी निक्षेपीय संरचनाएं होती हैं जो नदियों के समुद्र तटों के पास पहुँचने पर निर्मित होती हैं।

नदी के ऊपरी प्रवाह-मार्ग में अधिक अपरदन के परिणामस्वरूप नदी के निम्न प्रवाह-मार्ग में निक्षेप के लिए पर्याप्त सामग्री प्राप्त होती है।

किन्तु नदी के रास्ते में बड़ी झील के स्थित होने पर अपरदित सामग्री का अधिकांश भाग छन जाता है।

नदी के मुहाने के समकोण पर धारा प्रवाहित होने पर यह निक्षेप या गाद बहा कर ले जाया जा सकता है।

70. गोदावरी तथा कृष्णा नदियों को आपस में जोड़ने के लिए बन रहा पोलावरम जलाशय निम्नलिखित में से किस राज्य तक विस्तारित है?

1. आंध्र प्रदेश 2. तेलंगाना

3. उड़ीसा 4. छत्तीसगढ़

नीचे दिए गए कूट का प्रयोग कर सही उत्तर चुनिए।

(a) केवल 1 और 2

(b) केवल 1, 2 और 3

(c) केवल 1, 2 और 4

(d) 1, 2, 3 और 4

उत्तर (d) पोलावरम परियोजना को कृष्णा तथा गोदावरी को परस्पर जोड़ने के लिए क्रियान्वित किया जा रहा है जिससे पोलावरम जलाशय का निर्माण होगा। यह जलाशय चार राज्यों छत्तीसगढ़, उड़ीसा, तेलंगाना और आंध्र प्रदेश में फैला हुआ है।

71. दो राज्यों में पहली बार दो नदियों को जोड़ने की परियोजना के सम्बन्ध में समझौते के स्मृति-पत्र पर हस्ताक्षर किए गए हैं। राज्यों और नदियों के नाम हैं-

	राज्य	नदियाँ
(a)	पंजाब एवं राजस्थान	ब्यास एवं बनास
(b)	उत्तर प्रदेश एवं मध्य प्रदेश	केन एवं बेतवा
(c)	कर्नाटक एवं तमिलनाडु	कृष्णा एवं कावेरी
(d)	उत्तर प्रदेश एवं बिहार	गोमती एवं शारदा

उत्तर (b) केन-बेतवा लिंक परियोजना पर मध्य प्रदेश के तत्कालीन मुख्यमन्त्री बाबूलाल गौर, उत्तर प्रदेश के मुख्यमन्त्री मुलायम सिंह यादव और केन्द्र सरकार के तत्कालीन जल संसाधन मन्त्री प्रियरंजन दास मुंशी के मध्य 25 अगस्त, 2005 को समझौते पर हस्ताक्षर किये गए हैं।

72. कथन (A): गंगा बहुत ही प्रदूषित नदी है।

कारण (R): जो नदी जितनी पवित्र होती है, वह उतनी ही अधिक प्रदूषित होती है।

नीचे दिए गए कूट में से सही उत्तर चुनिए-

कूट-

(a) A तथा R दोनों सही हैं, तथा R, A की सही व्याख्या है

(b) A और R दोनों सही हैं परन्तु R, A की सही व्याख्या नहीं है

(c) A सही है, परन्तु R गलत है

(d) A गलत है, परन्तु R सही है

उत्तर (c) A सही है, परन्तु R गलत है

73. निम्नलिखित कथनों पर विचार कीजिए-

कथन (A)- प्रायद्वीपीय भारत की केवल दो प्रमुख नदियाँ हैं-नर्मदा एवं ताप्ती जो अरब सागर में गिरती हैं।

कारण (R)- ये नदियाँ भ्रंश-जनित हैं।

नीचे दिए गए कूट से सही उत्तर चुनिए-

कूट-

(a) A और R दोनों सही हैं, तथा R, A की सही व्याख्या करता है

(b) A और R दोनों सही हैं परन्तु R, A की सही व्याख्या नहीं करता है

(c) A सही है, परन्तु R गलत है

(d) A गलत है, परन्तु R सही है

उत्तर (a) हिमालय की हलचल के समय प्रायद्वीपीय खण्ड के उत्तरी पार्श्व का अवतलन हो गया परिणामस्वरूप द्रोणी भ्रंशन हुआ। प्रायद्वीपीय भारत की दो नदियाँ नर्मदा एवं ताप्ती पश्चिम की ओर बहने वाली नदियाँ हैं, जो भ्रंश घाटी में बहती हैं और अरब सागर में गिरती हैं। यह नदियाँ डेल्टा के बजाय एश्चुरी का निर्माण करती हैं।

74. किस नदी पर विश्व का सबसे बड़ा 'नदी द्वीप' है?

(a) नील (b) अमेजन

(c) ब्रह्मपुत्र (d) सिन्धु

उत्तर (c) विश्व का सबसे बड़ा नदी द्वीप 'माजुली द्वीप' ब्रह्मपुत्र नदी पर स्थित है। यह असम राज्य में स्थित है।

❑❑❑

जलवायु

1. निम्नलिखित युग्मों पर विचार करें–

जलवायु प्रकार	**संबद्ध क्षेत्र**
1. अर्द्ध शुष्क स्टेपी जलवायु	**: उत्तर-पश्चिमी गुजरात**
2. लघु ग्रीष्म वाली ठंडी आर्द्र सर्दियां	**: अरुणाचल प्रदेश**
3. शुष्क ग्रीष्म सहित मानसून	**: तमिलनाडु का कोरोमंडल तट**

उपर्युक्त युग्मों में से कौन-सा/से सही सुमेलित है/हैं?

(a) केवल 1
(b) केवल 1 और 3
(c) केवल 2 और 3
(d) 1, 2 और 3

उत्तर (d) कोपेन की योजना के अनुसार, भारत को आठ जलवायु क्षेत्रों में विभाजित किया जा सकता है।

जलवायु के प्रकार	**क्षेत्र**
(i) लघु शुष्कऋतु सहित मानसून	भारत का पश्चिमी तट (दक्षिण गोवा)
(ii) शुष्क ग्रीष्म सहित मानसून	तमिलनाडु का कोरोमंडल तट
(iii) उष्णकटिबंधीय	अधिकांश प्रायद्वीपीय सवाना पठार
(iv) अर्द्ध शुष्क स्टेपी	उत्तर-पश्चिमी गुजरात
(v) जलवायु उष्ण	पश्चिमी राजस्थान का अंतिम छोर रेगिस्तान
(vi) शुष्क ग्रीष्म सहित मानसून	तमिलनाडु का कारोमंडल तट
(vii) लघु ग्रीष्म सहित ठंडी आर्द्र सर्दियां	अरुणाचल प्रदेश
(vii) ध्रुवीय प्रकार	जम्मू-कश्मीर, हिमाचल प्रदेश और उत्तराखंड

2. निम्नलिखित युग्मों पर विचार करें–

स्थानीय तूफान	**राज्य**
1. बारदोली छीरा	: गुजरात
2. आम्रवर्षा	: कर्नाटक
3. कालबैशाखी	: असम

उपर्युक्त युग्मों में से कौन-सा/से सही सुमेलित है/हैं?

(a) केवल 1 और 2
(b) केवल 1 और 3
(c) केवल 2 और 3
(d) केवल 3

उत्तर (c) बारदोली छीरा असम में ग्रीष्म ऋतु का स्थानीय तूफान है। यह चाय, चावल और जूट की खेती के लिए उपयोगी है।

आम्रवर्षा केरल और कर्नाटक के समीप के क्षेत्रों में आने वाला ग्रीष्म ऋतु का स्थानीय तूफान हैं। यह कॉफी की खेती के लिए उपयोगी है।

कालबैसाखी असम और पश्चिम बंगाल में बैसाख के महीने में शाम को चलने वाले भयंकर व विनाशकारी वर्षायुक्त पवनें हैं। **अतः विकल्प (d) सही है।**

3. मानसून ऋतु के दौरान आई.टी.सी. जेड का उत्तर की ओर स्थानांतरण होने से निम्नलिखित वायुराशियों में से किसके लिए भारतीय उपमहाद्वीप के ऊपर आकर्षण पैदा होता है?

(a) महाद्वीपीय उष्णकटिबंधीय (cT)
(b) समुद्री उष्णकटिबंधीय (mT)
(c) भूमध्यरेखीय (E)
(d) समुद्री ध्रुवीय (mP)

उत्तर (b) मानसून ऋतु के दौरान, आई.टी.सी.जेड. में उत्तर की ओर होने वाला स्थानांतरण समुद्री उष्णकटिबंधीय (एमटी) वायुराशि को आकर्षित करता है। यह वायुराशि नमी से परिपूर्ण होती है और इसे भारतीय उप-महाद्वीप में मानसून लाने वाला कहा जाता है।

4. भारतीय भूभाग में प्रवेश करने वाली मानसून की अरब सागर शाखा और बंगाल की खाड़ी शाखा के संबंध में निम्नलिखित कथनों पर विचार करें–

1. अरब सागर शाखा बंगाल की खाड़ी शाखा से बहुत अधिक शक्तिशाली है।

2. अरब सागर शाखा तीन अलग-अलग शाखाओं में बंट जाती है, जबकि बंगाल की खाड़ी शाखा दो अलग-अलग शाखाओं में बंट जाती है।

उपर्युक्त कथनों में से कौन-सा/से सही है/हैं?

(a) केवल 1
(b) केवल 2
(c) 1 और 2 दोनों
(d) न तो 1 न ही 2

उत्तर (c) भारतीय भूभाग में मानसून दो शाखाओं-अरब सागर शाखा और बंगाल की खाड़ी शाखा के रूप में प्रवेश करता है। अरब सागर शाखा बंगाल की खाड़ी शाखा से काफी अधिक शक्तिशाली है। ऐसा दो कारणों से है–

- अरब सागर बंगाल की खाड़ी से बड़ा है।
- अरब सागर की शाखा का पूरा भाग भारत की ओर बढ़ता है जबकि बंगाल की खाड़ी की शाखा का केवल एक ही भाग भारत की ओर बढ़ता है, शेष भाग म्यांमार, थाईलैंड और मलेशिया की ओर बढ़ जाता है।

भारत की मुख्य भूमि में पहुंच जाने पर, अरब सागर शाखा तीन अलग-अलग धाराओं (पश्चिमी घाट से बाधित एक ओर मुंबई के तट पर पहुँचने वाली दूसरी शाखा और सौराष्ट्र प्रायद्वीप और कच्छ पहुंचने वाली तीसरी शाखा) में विभाजित हो जाती है। वहीं दूसरी ओर, बंगाल की खाड़ी शाखा दो धाराओं (गंगा के मैदान के साथ-साथ चलते हुए पंजाब के मैदान तक पहुंचने वाली एक शाखा और उत्तर और पूर्वोत्तर में ब्रह्मपुत्र घाटी में जाने वाली दूसरी शाखा) में विभाजित हो जाती है।

5. ग्रीष्म मानसून के मौसम में तमिलनाडु के तट के शुष्क रहने के कारण की सबसे उपयुक्त व्याख्या निम्नलिखित में से कौन करता है?

1. यह दक्षिण-पश्चिम मानूसन की बंगाल की खाड़ी की शाखा के समानांतर स्थित है।

2. यह दक्षिण-पश्चिम मानूसन की अरब सागरीय शाखा के वृष्टि-छाया क्षेत्र में पड़ता है।

नीचे दिए गए कूट का प्रयोग कर सही उत्तर चुनिए–

(a) केवल 1 (b) केवल 2

(c) 1 और 2 दोनों (d) न तो 1, न ही 2

उत्तर (c) तमिलनाडु तट ग्रीष्मकालीन मानसून ऋतु के दौरान शुष्क रहता है। इसके लिए दो कारक जिम्मेदार हैं–

1. तमिलनाडु तट दक्षिण-पश्चिम मानसून की बंगाल की खाड़ी वाली शाखा के समानांतर स्थित है।

2. यह दक्षिण-पश्चिम मानसून की अरब सागर शाखा के वृष्टि छाया प्रदेश में अवस्थित है। इसलिए दोनों ही कथन सही हैं।

6. निम्नलिखित कथनों पर विचार कीजिए–

1. समुद्र के समकारी प्रभाव से दूर।

2. निकटवर्ती हिमालयी क्षेत्र में बर्फबारी।

3. मध्य एशियाई क्षेत्र से आने वाली ठंडी पवनें।

उपर्युक्त में से शीत ऋतु में उत्तर भारत में अत्यधिक ठंड का/के सही कारण क्या है/हैं?

(a) केवल 1 और 2

(b) केवल 3

(c) केवल 1 और 3

(d) 1, 2 और 3

उत्तर (d) उत्तर भारत में शीत ऋतु के मौसम में अत्यधिक ठंड के कारण है–

1. पंजाब, हरियाणा इत्यादि जैसे राज्य समुद्र के समकारी प्रभाव से दूर स्थित है।

2. निकटवर्ती हिमालयी शृंखलाओं में हिमपात, शीत लहर की स्थिति उत्पन्न करता है।

3. कैस्पियन सागर और तुर्कमेनिस्तान से आने वाली ठंडी पवनें इस क्षेत्रों में पाले और कोहरे के साथ शीत लहर लाती हैं।

7. निम्नलिखित पहाड़ियों में से किस में पृथ्वी का सबसे अधिक वर्षा वाला स्थान मासिनराम स्थित है?

(a) गारो (b) खासी

(c) ज़यंतिया (d) मिकिर

उत्तर (b) मासिनराम, उत्तर-पूर्वी भारत में शिलोंग से 65 किलोमीटर की दूरी पर मेघालय राज्य के पूर्वी खासी पहाड़ियाँ जिले में स्थित एक गांव है। यह पृथ्वी पर कथित तौर पर सर्वाधिक वर्षा वाला स्थान है, जहाँ 11,872 मिलीमीटर औसत वार्षिक वर्षा होती है।

8. भारत में वर्षा के वितरण के संदर्भ में, निम्नलिखित में से कौन 'कम वर्षा' के क्षेत्रों के अंतर्गत आते हैं?

1. जम्मू और कश्मीर

2. पूर्वी मध्य प्रदेश

3. पश्चिमी उत्तर प्रदेश

4. झारखंड

नीचे दिए गए कूट का प्रयोग कर सही उत्तर चुनिए–

(a) केवल 1 और 3

(b) केवल 2 और 3

(c) केवल 2 और 4

(d) 1, 2, 3 और 4

उत्तर (a) कम वर्षा वाले स्थान (जिनमें 50-100 सेमी के बीच वर्षा होती है)– पश्चिमी उत्तर प्रदेश, दिल्ली, हरियाणा, पंजाब, जम्मू और कश्मीर, पूर्वी राजस्थान, गुजरात और दक्षिण के पठार हैं। पूर्वी मध्य प्रदेश तथा झारखण्ड मध्यम वर्षा वाले क्षेत्रों में आते हैं इनमें 100-200 सेमी वर्षा होती है।

9. निम्नलिखित ऋतुओं पर विचार कीजिए–

1. ग्रीष्म ऋतु

2. शीत ऋतु

3. वसंत ऋतु

4. शरद ऋतु (पतझड़)

5. मानसून

निम्नलिखित ऋतुओं में से कौन-सी भारत में 'कमजोर ऋतु' मानी जाती है/हैं?

(a) केवल 1 और 2

(b) केवल 3 और 4

(c) केवल 3, 4 और 5

(d) केवल 5

उत्तर (b) भारत में परिवर्तनशील मानसूनी पवनें वर्ष के दौरान ऋतु परिवर्तन के लिए उत्तरदायी हैं। भारत में जलवायु के अनुसार वर्ष को निम्न चार ऋतुओं में बाँटा जाता है–

(i) शीत ऋतु – दिसंबर से फरवरी

(ii) ग्रीष्म ऋतु – मार्च से मई दक्षिणी भारत में तथा मार्च से जून उत्तरी भारत में

(iii) आगे बढ़ते दक्षिण पश्चिम मानसून की ऋतु (वर्षा ऋतु) – जून से सितंबर

(iv) पीछे हटते दक्षिण पश्चिम मानसून की ऋतु (शरद ऋतु) – अक्टूबर और नवंबर

उपर्युक्त ऋतुओं में वर्षा और शरद ऋतु 'कमजोर ऋतु' मानी जाती है।

10. मानसून में अन्तराल के संदर्भ में, निम्नलिखित में से कौन-सा/से कथन सही है/हैं?

1. यह दक्षिण-पश्चिम और उत्तर-पूर्व मानसून के बीच की अवधि है।

2. इस अन्तराल के दौरान मानसून गर्त (आई.टी.सी.जेड.) उत्तर की ओर मार्ग परिवर्तन के बाद हिमालय पर्वतपाद में स्थित रहता है।

3. पश्चिमी तट पर, ये शुष्क समयावधियाँ उन दिनों से संबंधित होती हैं जब पवनें तट के समांतर बहती हैं।

नीचे दिए गए कूट का प्रयोग कर सही उत्तर चुनिए–

(a) केवल 1 और 2

(b) केवल 2 और 3

(c) केवल 3

(d) 1, 2 और 3

उत्तर (b) दक्षिण-पश्चिम मानूसन अवधि में कुछ दिन तक वर्षा होने के बाद यदि एक या एकाधिक सप्ताह तक वर्षा नहीं होती है, तो इसे मानसून में अन्तराल माना जाता है। ऐसा माना जाता है कि ये अन्तराल तिब्बती उच्च दाब क्षेत्र की विफलता के कारण उत्पन्न होते हैं, जिसके परिणामस्वरूप मानसून गर्त (आई.टी.सी.जेड.) उत्तर की ओर मार्ग परिवर्तन कर हिमालय के पर्वतपाद में स्थित हो जाता है। इसके परिणामस्वरूप ऐसी नदियों में अत्यधिक बाढ़ आती है जिनके जलग्रहण क्षेत्र हिमालय में स्थित है। विभिन्न क्षेत्रों में ये अन्तराल अलग-अलग कारणों से उत्पन्न होते हैं। पश्चिमी तट के ऊपर ये शुष्क समयावधियाँ उन दिनों से संबंधित होती हैं जब पवनें तट के समान्तर बहती हैं।

11. निम्नलिखित में से भारत में मानसून प्रस्फोट के लिए क्या जिम्मेदार है?

(a) 15° उत्तर के साथ पूर्वी जेट धारा का निर्माण।

(b) आई.टी.सी.जेड. की स्थिति का हिमालय के पर्वतपाद की ओर उत्तरवर्ती स्थानान्तरण।

(c) उत्तर भारतीय मैदान के ऊपर पश्चिमी जेट धारा का निर्माण

(d) आई.टी.सी.जेड. की स्थिति से निर्धारित होने वाले उष्णकटिबंधीय अवदाब।

उत्तर (a) तेज गरज, बिजली और मूसलाधार वर्षा के साथ मानसून का अचानक आगमन। इस अचानक होने वाली वर्षा को मानसून का प्रस्फोट कहा जाता है।

आई.टी.सी.जेड. की स्थिति में स्थानान्तरण, पश्चिमवर्ती जेट धारा का उत्तर भारतीय मैदाम के ऊपर से हटकर हिमालय के दक्षिण भाग की ओर जाने की परिघटना से संबंधित है। पूर्वी जेट धारा 15° उत्तरी अक्षांश के समान्तर केवल तभी व्यवस्थित होती है जब पश्चिमी जेट धारा स्वयं इस क्षेत्र से हट जाती है। इस पूर्वी जेट धारा

को भारत में मानसून प्रस्फोट के लिए जिम्मेदार माना जाता है।

मानसून गर्त (आई.टी.सी.जेड.) का हिमालय पर्वतपाद की ओर उत्तरवर्ती स्थानान्तरण मानसून में अंतराल से संबंधित है।

12. भारत में वर्षा की लाक्षणिक विशेषता इसकी भिन्नता है। निम्नलिखित क्षेत्रों में से किस सम्बद्ध क्षेत्र में वर्षा के मध्य मान में 25 प्रतिशत से कम भिन्नता देखने को मिलती है।

1. गंगा के पूर्वी मैदान

2. पूर्वोत्तर भारत

3. जम्मू और कश्मीर का दक्षिणी-पश्चिमी भाग

4. दक्कन के पठार का भीतरी भाग

नीचे दिए गए कूट का प्रयोग कर सही उत्तर चुनिए-

(a) केवल 1 और 2

(b) केवल 2 और 3

(c) केवल 1, 2 और 3

(d) केवल 2, 3 और 4

उत्तर (c) 25 प्रतिशत से कम भिन्नता वाले क्षेत्रों में पश्चिमी घाट के पश्चिमी तट, पूर्वोत्तर का प्रायद्वीपीय भाग, गंगा के पूर्वी मैदान, पूर्वोत्तर भारत, उत्तराखंड, हिमाचल प्रदेश तथा जम्मू और कश्मीर के दक्षिणी-पश्चिमी भाग सम्मिलित हैं। इन क्षेत्रों में वर्ष में 100 सेमी से अधिक वर्षा होती है।

राजस्थान का पश्चिमी भाग, जम्मू और कश्मीर का उत्तरी भाग तथा दक्षिण के पठार के भीतरी भाग में भिन्नता 50 प्रतिशत से अधिक होती है। इन क्षेत्रों में वर्ष भर में वर्षा 50 सेमी से कम होती है।

शेष भारत में भिन्नता 25 से 50 प्रतिशत तक होती है तथा यहाँ वर्षा वर्ष भर में 50 से 100 सेमी के बीच होती है।

13. भारत में शीत ऋतु के सन्दर्भ में निम्नलिखित कथनों पर विचार कीजिए-

1. भारत में शीत ऋतु के दौरान हिमालय के ऊपरी क्षेत्रों में निम्न वायुदाब का क्षेत्र निर्मित हो जाता है।

2. शीत ऋतु में रात्रि के तापमान में वृद्धि पश्चिमी विक्षोभ के आगमन से संबंधित होती है।

उपर्युक्त कथनों में से कौन-सा/से सही है/हैं?

(a) केवल 1 (b) केवल 2

(c) 1 और 2 दोनों (d) न तो 1 न ही 2

उत्तर (b) शीत ऋतु के दौरान, हिमालय के उत्तरी भाग में स्थित क्षेत्र में एक उच्च वायुदाब का क्षेत्र बन जाता है। उच्च वायुदाब का यह केन्द्र पवन के प्रवाह को मध्य एशिया से भारतीय उपमहाद्वीप की ओर ले जाता है। **इसलिए कथन 1 गलत है।**

पश्चिमी विक्षोभ भूमध्य रेखा क्षेत्र में उत्पन्न होने वाली तुफानी हवाएँ हैं। जो जाड़ों में भारतीय उपमहाद्वीप के पश्चिमोत्तर भागों में अकस्मात् बारिश करती है। इससे भारतीय महाद्वीप में प्रवेश करने से रात्रि के तापमान में वृद्धि हो जाती है।

14. निम्नलिखित युग्मों पर विचार कीजिए-

परम्परागत भारतीय

	ऋतुएँ	मास
1.	हेमंत	: नवम्बर-दिसंबर
2.	वर्षा	: जुलाई-अगस्त
3.	शरद	: सितम्बर-अक्टूबर

उपर्युक्त युग्मों में से कौन-सा/से सही सुमेलित है/हैं?

(a) केवल 1 और 3

(b) केवल 1 और 2

(c) केवल 2

(d) 1, 2 और 3

उत्तर (d) भारतीय ऋतुओं को निम्नलिखित प्रकार से वर्गीकृत किया जा सकता है-

वसंत- मार्च-अप्रैल

ग्रीष्म- मई-जून

वर्षा- जुलाई-अगस्त

शरद- सितम्बर-अक्टूबर

हेमंत- नवम्बर-दिसम्बर

शिशिर- जनवरी-फरवरी

15. पश्चिमी विक्षोभों के सन्दर्भ में निम्नलिखित कथनों पर विचार कीजिए-

1. पश्चिमी विक्षोभ पूर्वी भूमध्यसागर के ऊपर उत्पन्न होते हैं तथा पूर्व दिशा में पश्चिम एशिया की ओर गमन करते हैं।

2. पश्चिमी विक्षोभ में उपस्थित आर्द्रता की मात्रा उत्तर में कैस्पियन सागर तथा दक्षिण में फारस की खाड़ी (Persian Gulf) के कारण बढ़ जाती है।

3. पश्चिमी विक्षोभ को उत्तर भारत में खरीफ फसलों के लिए बहुत लाभदायक समझा जाता है।

उपर्युक्त कथनों में से कौन-सा/से सही है/हैं?

(a) केवल 1

(b) केवल 1 और 2

(c) केवल 2 और 3

(d) 1, 2 और 3

उत्तर (b) पश्चिमी विक्षोभ पूर्वी भूमध्यसागर के ऊपर उत्पन्न होते हैं तथा पूर्व दिशा में पश्चिम एशिया की ओर गमन करते हैं।

पश्चिमी विक्षोभ में उपस्थित आर्द्रता की मात्रा उत्तर में कैस्पियन सागर तथा दक्षिण में फारस की खाड़ी (Persian Gulf) के कारण बढ़ जाती है।

पश्चिमी विक्षोभ को उत्तरी भारत में रबी फसलों के लिए अत्यंत लाभदायक माना जाता है।

इसलिए, केवल कथन 1 और 2 सत्य है।

16. भारत के विभिन्न क्षेत्रों में मानसून में अंतराल निम्नलिखित में से किस/किन कारणों की वजह से है/हैं?

1. पवनें पश्चिमी तट के समानांतर बहती है।

2. पश्चिम जेट धाराओं की उत्तरी मैदानों से वापसी।

3. उत्तरी मैदानों पर प्रतिचक्रवाती परिस्थितियों का विकास

नीचे दिए गए कूट का प्रयोग कर सही उत्तर का चयन कीजिए-

(a) केवल 1

(b) केवल 1 और 2

(c) केवल 2 और 3

(d) 1, 2 और 3

उत्तर (a) कुछ दिनों तक वर्षा होने के बाद दक्षिण-पश्चिम मानूसन अवधि के दौरान, यदि एक या एक से अधिक सप्ताह के लिए वर्षा नहीं होती है, तो यह मानसून अवकाश/अंतराल के रूप में जाना जाता है। सूखे की यह अवधि वर्षा के मौसम के दौरान काफी आम हैं। विभिन्न क्षेत्रों में यह अंतराल विभिन्न कारणों से है-

- उत्तर भारत में वर्षा विफल हो जाती है यदि वर्षा वाली पवनें मानसून गर्त या ITCZ क्षेत्र के साथ निरंतर नहीं हैं।
- पश्चिम तट पर सूखे की अवधि उन दिनों के साथ सम्बद्ध है जब पवनें तट के समानांतर प्रवाहित होने लगती हैं।

कथन 2 सही नहीं है। ITCZ की स्थिति में परिवर्तन पश्चिमी जेट स्ट्रीम की वापसी की घटना से संबंधित है। यह वापसी उत्तर भारत के मैदान अर्थात् हिमालय के दक्षिण से होती है। पश्चिमी जेट स्ट्रीम क्षेत्र से वापसी के बाद ही पूर्वी जेट स्ट्रीम 15A° N अक्षांश के साथ चलना आरम्भ करती है। यह पूर्वी जेट स्ट्रीम ही भारत में मानसून के प्रस्फोट के लिए जिम्मेदार मानी जाती है।

कथन 3 सही नहीं है। प्रति चक्रवातीय संचालन का विकास शीतकालीन मानूसन के साथ जुड़ा हुआ है।

17. इस जेट स्ट्रीम की भारतीय मानसून के साथ जुड़ी खास विशेषता यह है कि गर्मियों में मानसून की शुरुआत के साथ ही इसकी दिशा में परिवर्तन हो जाता हैं यह मेडागास्कर के पास स्थायी उच्च दाब को मजबूत करती है और दक्षिण-पश्चिमी मानसून को अधिक गति और तीव्रता से भारत की ओर लाने में मदद करती है। उपर्युक्त विवरण निम्न में से किससे संबंधित है?

(a) उष्णकटिबंधीय पूर्वी जेट स्ट्रीम
(b) उष्णकटिबंधीय पश्चिमी जेट स्ट्रीम
(c) सोमाली जेट स्ट्रीम
(d) अफ्रीकी पूर्वी जेट

उत्तर (c) भारत की ओर दक्षिण पश्चिम मानसून की प्रति में केन्या, सोमालिया और साहेल से होकर बहने वाली सोमाली जेट धारा की भूमिका महत्वपूर्ण है।

यह केन्या के तट पर पहुँचने से पहले मॉरिशस और मेडागास्कर के द्वीप के उत्तरी भाग से होकर बहती है।

यह मेडागास्कर के पास स्थायी उच्च दाब को मजबूत करती है और दक्षिण-पश्चिम मानुसन को अधिक गति और तीव्रता से भारत की ओर लाने में मदद करती है।

कम ऊंचाई का जेट प्रवाह इसलिए महत्वपूर्ण हो जाता है क्योंकि इसका मार्ग तटीय अपवेलिंग के क्षेत्र में पड़ता है। जब मजबूत हवाएं सतह के तटीय जल को पूर्व की ओर धकेल देती हैं, तो समुद्र की गहराई से अत्यधिक ठंडा जल द्रव्यमान की निरंतरता को बनाये रखने के लिए ऊपर की ओर उठता है।

सोमाली धारा की अनूठी विशेषता यह है कि ग्रीष्मकालीन मानूसन के आगमन के साथ ही यह उलटी दिशा में बहने लगती है।

सर्दियों में, यह धारा अरब के तट से पूर्वी अफ्रीका की तटरेखा में उत्तर से दक्षिण की ओर प्रवाहित होती है, किन्तु ग्रीष्मकालीन मानसून के आगमन पर इसकी दिशा उल्टी हो जाती है और यह दक्षिण से उत्तर की ओर बहती है।

18. भारतीय उपमहाद्वीप पर ग्रीष्म ऋतु में उच्च ताप पर निम्न दाब, हिंद महासागर से वायु का कर्षण करते हैं जिसके कारण प्रवाहित होती है–

(a) दक्षिण-पूर्वी मानसून
(b) दक्षिण-पश्चिमी मानसून
(c) व्यापारिक हवाएँ
(d) पश्चिमी हवाएँ

उत्तर (b) ग्रीष्म ऋतु में भारतीय उपहाद्वीप पर उच्च तापमान और निम्न दाब की स्थिति बनने के कारण दक्षिण-पश्चिमी मानसूनी हवाएं भारत में प्रवेश करती हैं।

19. निम्नलिखित कारकों में से कौन-से किसी क्षेत्र के स्थानीय तापमान को प्रभावित करते हैं?

1. महासागरीय धाराएं
2. पवन
3. प्राकृतिक वनस्पतियाँ
4. मृदा

नीचे दिए गए कूट का प्रयोग कर सही उत्तर चुनिए–

(a) केवल 1 और 2
(b) केवल 1 और 3
(c) केवल 2, 3 और 4
(d) 1, 2, 3 और 4

उत्तर (d) महासागरीय धाराएं विभिन्न क्षेत्रों से गर्मी तथा शीतलता को ले जाकर तापमान को प्रभावित करती हैं। पवन भी इसी प्रकार कार्य करते हैं। प्राकृतिक वनस्पति सघन वानस्पतिक आच्छादन के द्वारा स्थानीय तापमान को प्रभावित करती हैं। उदाहरण के लिए, सूर्य की रोशनी के लिए अभेद्य अमेजन के जंगलों में स्थानीय तापमान शीतलता युक्त होता है। काली मिट्टी में हल्की जलोढ़ मिट्टी की तुलना में कम मात्रा में प्रकाशानुपात (अल्बीडो) पाया जाता है, इसलिए, कुछ सीमा तक मृदा भी किसी क्षेत्र के स्थानीय तापमान पर प्रभाव डालती है।

20. चूना-पत्थर और चाक (chalk) स्थलाकृतियों के संबंध में निम्नलिखित कथनों पर विचार कीजिए–

1. ये स्थलाकृतियाँ कैल्शियम कार्बोनेट और मैग्नीशियम से बनी होती हैं।
2. इन स्थलाकृतियों पर पृष्ठीय अपवाह की प्रचुरता होती है।
3. स्टेलेक्टाइट और स्टेलेग्माइट इन स्थलाकृतियों की भूमिगत विशेषताएँ हैं।

उपर्युक्त कथनों में से कौन-सा/से सही है/हैं?

(a) केवल 1
(b) केवल 1 और 2
(c) केवल 1 और 3
(d) केवल 2 और 3

उत्तर (c) शुद्ध अवस्था में, चूना पत्थर का निर्माण केल्साइट या कैल्शियम कार्बोनेट से होता है, लेकिन जहां मैग्नीशियम भी उपस्थित होता है, वहाँ इसे डोलोमाइट कहा जाता है। **इसलिए, कथन 1 सही है।**

लुप्त हो चुकी धाराएं बाधित पृष्ठीय अपवाह प्रणाली का प्रमाण हैं और इस प्रकार यह भूमिगत अपवाह तंत्र की उपस्थिति को इंगित करती हैं। **इसलिए, कथन 2 सही नहीं है।**

अपने प्रवेश मार्ग से दूर, गुफाएँ या कन्दराएँ आमतौर पर लंबी समयावधि तक अपेक्षाकृत नियत तापमान एवं आर्द्रता की स्थितियाँ प्रदान करती हैं। इस प्रकार गुफाएँ या कन्दराएँ आमतौर पर लंबी समयावधि तक अपेक्षाकृत नियत तापमान एवं आर्द्रता की स्थितियाँ प्रदान करती हैं। इस प्रकार गुफाएँ खनिजों के रासायनिक निक्षेपण के लिए आदर्श वातावरण प्रदान करती हैं। घुलित कार्बोनेट युक्त जल जैसे-जैसे वायु युक्त गुफा मार्गों में पहुँचता है, यह गुफा के वातावरण में अतिरिक्त कार्बन डाइऑक्साइड का उत्सर्जन कर सकता है, यह जल स्वयं वाष्पीकृत हो सकता है, जिससे विलयन में घुले द्वितीयक कार्बोनेट या अन्य खनिजों का अवक्षेपण हो जाता है, जिसके परिणामस्वरूप गुहा स्थलाकृतियों का निर्माण होता है, जिनमें शंक्वाकार स्टेलेक्टाइट, स्टेलेग्माइट, फ्लोस्टोन या रिमस्टोन तथा अन्य रोचक आकृतियों का निर्माण होता है। **इसलिए, कथन 3 सही है।**

21. निम्नलिखित में से कौन-सी घटना/घटनाएं तापमान व्युत्क्रमण (Temperature inversion) से जुड़ी हो सकती है/हैं?

1. शीतऋतु में प्रातःकाल घने कोहरे की उत्पत्ति।
2. निचले वायुमंडल में धुएं और धूल कणों का संचय।

नीचे दिए गए कूट का प्रयोग कर सही उत्तर चुनिए–

(a) केवल 1 (b) केपल 2
(c) 1 और 2 दोनों (d) न तो 1, न ही 2

उत्तर (c) सामान्यतः, ऊंचाई में वृद्धि के साथ तापमान घटता है। इसे सामान्य ताप ह्रास दर कहा जाता है कई बार, स्थितियां उलट जाती हैं और सामान्य ताप ह्रास दर विपरीत हो जाती है। इसे तापमान का व्युत्क्रमण कहा जाता है। स्वच्छ आसमान और शांत वायु वाली लंबी शीतकालीन रात्रि व्युत्क्रमण के लिए आदर्श स्थितियां उत्पन्न करती हैं। धुआं और धूलकण व्युत्क्रमण परत के नीचे एकत्रित हो जाते हैं और वायुमंडल की निचली परत भरने हेतु क्षैतिज रूप से फैल

जाते हैं। विशेषकर सर्दियों के मौसम के दौरान, सुबह में घना कोहरा सामान्य घटना है। यह व्युत्क्रमण सामान्यत: कुछ घंटों तक रहता है जब तक कि सूर्य नहीं निकल आता है और पृथ्वी गर्म नहीं हो जाती। **इसलिए, दोनों कथन 1 और 2 सही हैं।**

22. निम्नलिखित में से कौन-से अपरदनात्मक स्थलरूप हैं?

1. चाप (आर्क)
2. हिमोढ़
3. बालू-टिब्बे
4. 'U' आकार की घाटियाँ

नीचे दिए गए कूट का प्रयोग कर सही उत्तर चुनिए–

(a) केवल 1 और 4
(b) केवल 2 और 3
(c) केवल 1 और 2
(d) 1, 2, 3 और 4

उत्तर (a) अपरदनात्मक अभिलक्षण–
पवन से - पवन अपरदित द्रोणियाँ
हिमनदों से - U-आकार की घाटियाँ
समुद्री लहरों से - चाप (मेहराब या आर्क) और समुद्री शिलाखंड (stacks)
निक्षेपण संबंधी अभिलक्षण–
पवन से - बालू-टिब्बे
हिमनदों से - हिमोढ़
समुद्री लहरों से - समुद्र तट, बालू रोधिकाएं

23. भारत में नदियों के अपवाह बेसिन के विस्तार के घटते क्रम में सही अनुक्रम निम्नलिखित में से कौन-सा है?

(a) ब्रह्मपुत्र > महानदी > नर्मदा > कृष्णा
(b) कृष्णा > ब्रह्मपुत्र > महानदी > नर्मदा
(c) ब्रह्मपुत्र > नर्मदा > महानदी > कृष्णा
(d) महानदी > नर्मदा > ब्रह्मपुत्र > कृष्णा

उत्तर (b) सही क्रम कृष्णा > ब्रह्मपुत्र > महानदी > नर्मदा है

कृष्णा बेसिन का क्षेत्रफल लगभग 2,58,948 वर्ग किलोमीटर है। कृष्णा नदी का उद्गम महाराष्ट्र के सतारा जिले से होता है और इसकी लंबाई 1400 किमी है। यह महाराष्ट्र, कर्नाटक, तेलंगाना और आंध्र प्रदेश से होकर बहती है और बंगाल की खाड़ी में जाकर गिरती है। इसकी प्रमुख सहायक नदियां घाटप्रभा, मालप्रभा, भीमा, मुसी, मुन्नार है।

ब्रह्मपुत्र बेसिन का क्षेत्रफल लगभग 2,40,000 वर्ग किलोमीटर है। इसकी कुल लंबाई लगभग 2580 किलोमीटर है, जिसमें से यह भारत में केवल 885 किमी की दूरी तय करती है। इसकी प्रमुख सहायक नदियां लोहित, दिबांग, सुबनसिरी, कामेंग, तिस्ता, दिखो आदि हैं।

महानदी बेसिन का क्षेत्रफल 1,41,589 वर्ग किलोमीटर है जो पांच राज्यों नामत: छत्तीसगढ़, उड़ीसा, मध्य प्रदेश, झारखंड और महाराष्ट्र में विस्तृत है। इसकी प्रमुख सहायक नदियां श्योनाथ, हसदेव, ओंग, ईब, तेल और जोंक हैं।

नर्मदा बेसिन मध्य प्रदेश, गुजरात, महाराष्ट्र और छत्तीसगढ़ में विस्तृत है। इसका क्षेत्रफल 98,796 वर्ग किलोमीटर है जो देश के कुल भौगोलिक क्षेत्र का लगभग 3% है। यह उत्तर में विंध्य पहाड़ियों, पूर्व में मैकाल पहाड़ियों, दक्षिण में सतपुड़ा और पश्चिम में अरब सागर से घिरा है।

24. निम्नलिखित में से कौन-सा अंतर उष्णकटिबंधीय अभिसरण क्षेत्र (ITCZ) निर्मित होने की प्रक्रिया के संबंध में सही है?

(a) यह पृथ्वी के घूर्णन के कारण गतिकीय रूप से उत्पन्न होता है।
(b) यह समुद्रीय प्लेट और महाद्वीपीय प्लेट के अभिसरण से उत्पन्न होता है।
(c) यह उष्णकटिबंधीय क्षेत्र में अत्यधिक वर्षा से निर्मित होता है।
(d) यह उच्च सूर्याताप के कारण उत्पन्न संवहन से निर्मित होता है।

उत्तर (d) अंतर उष्णकटिबंधीय अभिसरण क्षेत्र (ITCZ) की वायु उच्च सूर्याताप के कारण उत्पन्न संवहन से ऊपर उठती है एवं निम्न दबाव का क्षेत्र निर्मित करती है। उष्णकटिबंधों से आने वाली वायु इस कम दबाव क्षेत्र पर अभिसरित होती है। अभिसरित वायु संवहनी कोष्ठ के परित: ऊपर उठती है।

विषुवत वृत्त के दोनों ओर से आने वाली पूर्वी पवनें अंतर उष्णकटिबंधीय अभिसरण क्षेत्र (ITCZ) में अभिसरित होती हैं।

25. सर्क (Cirque) एवं क्रेवास (Creavasse) किसकी गतिविधि से निर्मित होते हैं?

(a) ग्लेशियर (b) हवा
(c) तरंग (d) भूजल

उत्तर (a) हिमनदित पहाड़ों में सर्क या हिमजगह्वर सर्वाधिक आम हैं। हिमजगह्वर (सर्क) प्राय: हिमनदीय घाटियों के शीर्ष पर पाए जाते हैं। जमा हुई बर्फ पर्वत के शीर्ष के नीचे उतरते समय काटकर इन हिमजगह्वरों (सर्क) का निर्माण करती है।

क्रेवास या हिमविदर हिमनदी में पाई जाने वाली गहरी दरार या विभंजन है। हिमविदर गति और लचकदार अध:स्तर के ऊपर दो अर्द्ध-कठोर टुकड़ों में गति की अलग-अलग दरें होने पर उत्पन्न अपरूपण प्रतिबल से संबद्ध परिणामी प्रतिबल के परिणामस्वरूप बनते हैं।

26. पूर्वी जेट स्ट्रीम के संदर्भ में, निम्नलिखित कथनों पर विचार कीजिए–

1. यह ग्रीष्म ऋतु के महीनों के दौरान 14° उत्तरी अक्षांश पर प्रवाहित होती है।
2. यह भारत में मानसून प्रस्फोट के लिए उत्तरदायी है।

उपर्युक्त कथनों में से कौन-सा/से सही है/हैं?

(a) केवल 1 (b) केवल 2
(c) 1 और 2 दोनों (d) न तो 1, न ही 2

26. (c) कथन 1 सही है। ग्रीष्म ऋतु के महीनों में पूर्वी जेट धारा, जिसको उपोष्ण कटिबंधीय पूर्वी जेट धारा कहते हैं, प्रायद्वीपीय भारत के ऊपर, लगभग 14 डिग्री उत्तरी अक्षांश पर प्रवाहित होती है। यह पश्चिमी जेट धारा के अपने स्थान से हटने के बाद उत्पन्न होती है।

कथन 2 सही है। पूर्वी जेट धारा को भारत में मानसून के प्रस्फोट के लिए उत्तरदायी माना जाता है। व्यापारिक पवनों के विपरीत, मानसून स्थायी पवनें नहीं हैं बल्कि गर्म उष्णकटिबंधीय समुद्रों के ऊपर अपने मार्ग में सामना होने वाली विभिन्न वायुमंडलीय दशाओं द्वारा प्रभावित प्रकृति में स्पंदमान होती हैं।

27. अल-नीनो के संदर्भ में, निम्नलिखित कथनों पर विचार कीजिए–

1. यह ठंडी विषुवतरेखीय जलधारा का विस्तार है।
2. इसके परिणामस्वरूप विषुवतरेखीय वायुमंडलीय परिसंचरण का विरूपण होता है।
3. इसके परिणामस्वरूप सागरीय जल के वाष्पीकरण में अनियमितता उत्पन्न होती है।

उपर्युक्त कथनों में से कौन-सा/से सही है/हैं?

(a) केवल 1
(b) केवल 2 और 3
(c) केवल 1 और 3
(d) 1, 2 और 3

उत्तर (b) **कथन 1 सही नहीं है।** अल-नीनो गर्म विषुवतरेखीय धारा का विस्तार है जो अस्थायी रूप से ठंडी पेरू धारा या हंबोल्ट धारा से प्रतिस्थापित हो जाती है। इस धारा से पेरू के तट पर जलसतह का तापमान 10 डिग्री सेल्सियस तक बढ़ जाता है।

कथन 2 और 3 सही हैं। अल-नीनो के परिणामस्वरूप विषुवतीय वायुमंडलीय परिसंचरण का विरूपण होने के साथ-साथ समुद्री जल के

वाष्पीकरण में अनियमितता और प्लवकों की मात्रा में कमी आती है जिससे समुद्र में मछलियों की संख्या और कम हो जाती है।

28. किसी भी स्थान पर वायु का तापमान निम्नलिखित में से कौन-से कारकों से प्रभावित होता है?

1. स्थान का अक्षांश

2. स्थान की ऊंचाई

3. गर्म और ठंडी महासागरीय धाराओं की उपस्थिति

नीचे दिए गए कूट का प्रयोग कर सही उत्तर चुनिए-

(a) 1, 2 और 3

(b) केवल 1 और 3

(c) केवल 2 और 3

(d) केवल 1

उत्तर (a) किसी भी स्थान पर वायु का तापमान निम्नलिखित द्वारा प्रभावित होता है-

स्थान का अक्षांश

स्थान की ऊंचाई

समुद्र से दूरी, वायु राशियों का परिसंचरण

गर्म और ठंडी महासागरीय धाराओं की उपस्थिति

स्थानीय पहलू

29. निम्नलिखित युग्मों पर विचार कीजिए-

भू-आकृतिक विशेषता	निर्माण की प्रकृति
1. हिमालय	: बहिर्जात और अंतर्जात विवर्तनिक बल
2. उत्तरी मैदान	: भू-अभिनतिक अवनमन में अवसादों का निक्षेप
3. तटीय मैदान	: निमज्जन एवं उन्मज्जन प्रक्रियाएं

उपर्युक्त युग्मों में से कौन-सा/से सही सुमेलित है/हैं?

(a) केवल 1 और 2

(b) केवल 2 ओर 3

(c) केवल 1 और 3

(d) 1, 2 और 3

उत्तर (d) **सभी युग्म सही प्रकार से सुमेलित हैं।**

हिमालय पर्वत मालाओं की उत्पत्ति विवर्तनिक है, ये तीव्र गति से प्रवाहित होने वाली नदियों से विभाजित होती हैं जो कि अपनी युवावस्था में हैं। कठोर और स्थिर प्रायद्वीपीय खंड के विपरीत अन्य प्रायद्वीपीय पर्वतों के साथ-साथ हिमालय पर्वत मालाएं अपनी भूवैज्ञानिक संरचना में युवा, कमजोर और लचीली हैं। परिणामस्वरूप, वे अभी भी अंतर्जात एवं बहिर्जात बलों का प्रभाव अनुभव करती हैं जिसके परिणामस्वरूप भ्रंशों, वलयों एवं थ्रस्ट प्लेन का विकास होता है।

उत्तरी मैदान सिंधु, गंगा और ब्रह्मपुत्र नदियों द्वारा निर्मित हैं। मूल रूप से, यह भू-अभिनतिक अवनमन था जिसका अधिकतम विकास लगभग 64 लाख वर्ष पहले हिमालय पर्वतमालाओं के निर्माण के तीसरे चरण के दौरान हुआ। तब से, यह हिमालय और प्रायद्वीपीय नदियों द्वारा लाए गए अवसादों से क्रमशः भरता रहा है। इन मैदानों में जलोढ़ निक्षेपों की औसत गहराई 1000-2000 मीटर के बीच है।

पश्चिमी तटीय मैदान जलमग्न तटीय मैदान के उदाहरण हैं। पश्चिमी तटीय मैदान की तुलना में, पूर्वी तटीय मैदान अधिक बड़ा है एवं उन्मज्जन तट का उदाहरण है।

30. कोरिऑलिस बल के संबंध में निम्नलिखित कथनों पर विचार कीजिए-

1. यह उत्तरी गोलार्द्ध में वायु को दाहिनी दिशा की ओर विक्षेपित करता है।

2. यह वायु के वेग पर निर्भर नहीं करता है।

उपर्युक्त कथनों में से कौन-सा/से सही है/हैं?

(a) केवल 1 (b) केवल 2

(c) 1 और 2 दोनों (d) न तो 1, न ही 2

उत्तर (a) कोरिऑलिस प्रभाव (जिसे कोरिऑलिस बल भी कहा जाता है) को पृथ्वी की सतह के सापेक्ष सीधी रेखा में गति करने वाली वस्तुओं (हवाई जहाज, पवन, मिसाइलों और समुद्री धाराओं इत्यादि) के आभासी विक्षेपन के रूप में परिभाषित किया जाता है। इसकी शक्ति विभिन्न अक्षांशों पर पृथ्वी के घूर्णन की गति के समानुपात में होती है लेकिन इसका प्रभाव संपूर्ण भूमंडल पर गतिशील वस्तुओं पर पड़ता है।

कोरिऑलिस विक्षेपण वस्तुओं की गति, पृथ्वी की गति, और अक्षांश से संबंधित होता है।

पृथ्वी का अपनी धुरी पर घूर्णन पवन की दिशा को प्रभावित करता है। 1844 में इसकी व्याख्या करने वाले भौतिक विज्ञानी के नाम पर इस बल को कॉरिऑलिस बल कहा जाता है। यह उत्तरी गोलार्द्ध में पवन को दाहिनी दिशा में एवं दक्षिणी गोलार्द्ध में बाईं ओर विक्षेपित करता है।

कम दबाव के क्षेत्र के चारों ओर पवन के परिसंचरण को चक्रवाती परिसंचरण कहा जाता है। उच्च दबाव के क्षेत्र के चारों ओर इस परिसंचरण को प्रतिचक्रवात परिसंचरण कहा जाता है। इस प्रकार की प्रणालियों के चारों तरफ पवन की दिशा विभिन्न गोलार्द्धों में उनके स्थान के अनुसार परिवर्तित होती रहती है।

31. निम्नलिखित युग्मों पर विचार कीजिए-

भूआकृतिक विशेषता	विवरण
1. बरखान	: पश्चिमी तटीय मैदानों पर पश्चजल
2. कयाल	: अर्द्धचंद्रकार रेत के टीले
3. भाबर	: उत्तरी मैदानों में पुराने जलोढ़ का क्षेत्र

उपर्युक्त युग्मों में से कौन-सा/से सही सुमेलित है/हैं?

(a) केवल 3

(b) 1, 2 और 3

(c) केवल 2 और 3

(d) उपर्युक्त में से कोई नहीं

उत्तर (d) **कोई भी युग्म सही प्रकार से सुमेलित नहीं है।**

बरखान- रेत के अर्द्ध चंद्राकार टिब्बे।

कयाल- पश्चिमी तटीय मैदानों में स्थित पश्चजल

भाबर- यह शिवालिक की तलहटी के ढाल की समाप्ति पर उसके समानान्तर 8-10 किमी लंबाई तक विस्तृत एक संकरी पट्टी है। इसके परिणामस्वरूप, पर्वतों से आने वाली जलधाराएं एवं नदियाँ चट्टानों एवं पाषाणखण्डों के भारी पदार्थ को यहाँ निक्षेपित करती हैं और कभी-कभी इस क्षेत्र में अदृश्य हो जाती हैं।

32. भारत में शीतऋतु के दौरान मौसम के संदर्भ में, निम्नलिखित कथनों पर विचार कीजिए-

1. हिमालय के उत्तर में स्थित क्षेत्र में निम्न वायुदाब का केन्द्र विकसित होता है

2. मध्य एशिया से बहने वाली भूपृष्ठीय पवनें शुष्क महाद्वीपीय वायुराशि के रूप में भारत पहुँचती हैं।

नीचे दिए गए कूट का प्रयोग कर सही उत्तर चुनिए-

(a) केवल 1 (b) केवल 2

(c) 1 और 2 दोनों (d) न तो 1, न ही 2

उत्तर (b) **कथन 1 सही नहीं है।** शीतकाल के दौरान हिमालय के उत्तर में स्थित क्षेत्र में उच्च वायुदाब का केन्द्र विकसित होता है। उच्च वायुदाब का यह केन्द्र उत्तर से भारतीय उपमहाद्वीप की ओर धरातलीय वायु प्रवाह को जन्म देता है।

कथन 2 सही है। सर्दियों के महीनों में, भारत में मौसम की स्थिति सामान्यतः मध्य और पश्चिमी एशिया में दबाव के वितरण से प्रभावित होती है। मध्य एशिया में उच्च दाब के केन्द्र

से बहने वाली भूपृष्ठीय पवनें शुष्क महाद्वीपीय वायुराशि के रूप में पहुँचती हैं। महाद्वीपीय पवनें उत्तर-पश्चिमी भारत में सन्मार्गी पवनों के संपर्क में आती हैं।

33. निम्नलिखित में से कौन-सी परिघटना/परिघटनाएं अल-नीनो से संबंधित है/हैं?

1. भूमध्यरेखीय वायुमंडलीय परिसंचरण में विकृति।

2. पेरू के तट पर प्लैंक्टन की मात्रा में कमी।

3. भारत में मानूसन की देरी।

नीचे दिए गए कूट का प्रयोग कर सही उत्तर चुनिए–

(a) केवल 1

(b) केवल 1 और 3

(c) केवल 2 और 3

(d) 1, 2 और 3

उत्तर (d) अल-नीनो एक जटिल मौसमी प्रणाली है। यह प्रत्येक तीन से सात वर्ष पर प्रकट होती है। अल-नीनो विश्व के विभिन्न भागों में सूखे, बाढ़ और अन्य मौसमी चरम दशाएं लाती हैं।

इस प्रणाली में पूर्वी प्रशांत महासागर में पेरू के तट पर गर्म धाराओं की उपस्थिति के साथ महासागरीय और वायुमंडलीय परिघटनाएं सम्मिलित है और इससे भारत सहित कई स्थानों का मौसम प्रभावित होता है। अल नीनो गर्म विषुवतरेखीय धारा का विस्तार भर है जो अस्थायी रूप से ठंडी पेरू धारा या हम्बोल्ट धार से प्रतिस्थापित होता रहता है। इस धार से पेरू के तट पर पानी का तापमान 10 डिग्री सेल्सियस तक बढ़ जाता है। जिसका परिणाम होता है–

- विषवुतरेखीय वायुमंडलीय परिसंचरण में विकृति;
- समुद्री जल के वाष्पीकरण में अनियमितताएं;
- प्लैंकटन की मात्रा में कमी जिससे समुद्र में मछलियों की संख्या कम हो जाती है।

एल नीनो को भारत में दीर्घावधिक मानसूनी वर्षा की भविष्यवाणी करने के लिए प्रयोग किया जाता है। 1990-91 में, उग्र अल-नीनो परिघटना घटी थी और देश के अधिकांश भागों में दक्षिण पश्चिम मानसून का आगमन पांच से लेकर बारह दिनों तक विलम्बित हो गया था।

34. दक्षिण पश्चिम मानसून की अरब सागर शाखा की निम्नलिखित में से कौन-सी उप-शाखा/शाखाएं बंगाल की खाड़ी शाखा में विलीन हो जाती है?

1. पश्चिमी घाट पार कर नर्मदा और तापी घाटी से होकर गुजरने वाली शाखा

2. अरावली के समानांतर गुजरने वाली शाखा।

नीचे दिए गए कूट का प्रयोग कर सही उत्तर चुनिए–

(a) केवल 1 (b) केवल 2

(c) 1 और 2 दोनों (d) न तो 1 न ही 2

उत्तर (c) **कथन 1 सही है।** नर्मदा और तापी की घाटियां पार करने के बाद यह शाखा छोटानागपुर पठार में वर्षा करती है। उसके बाद, यह गंगा के मैदानों में प्रवेश करती है और बंगाल की खाड़ी शाखा के साथ विलीन हो जाती है।

कथन 2 सही है। यह शाखा पंजाब और हरियाणा के मैदानी इलाकों के निकट बंगाल की खाड़ी शाखा के साथ विलीन हो जाती है और उसके बाद पश्चिमी हिमालय की ओर चली जाती है।

35. निम्नलिखित में से कौन-सा/से ग्रीष्म ऋतु के दौरान भारत में पूर्वी जेट धाराओं द्वारा लाए जाने वाले उष्णकटिबंधीय चक्रवातों का/के प्रभाव है/हैं?

1. ये भारत में मानसूनी वर्षा का वितरण प्रभावित करते हैं।

2. ये भारत में मानसूनी वर्षा की मात्रा कम करते हैं।

नीचे दिए गए कूट का प्रयोग कर सही उत्तर चुनिए–

(a) केवल 1 (b) केवल 2

(c) 1 और 2 दोनों (d) न तो 1 न ही 2

उत्तर (a) **कथन 1 सही है।** पूर्वी जेटधारा भारत में उष्णकटिबंधीय गर्त लाती है। ये गर्त भारतीय उपमहाद्वीप में मानसून वर्षा के वितरण में महत्वपूर्ण भूमिका निभाते हैं। इन गर्तों के क्षेत्र भारत में सर्वाधिक वर्षा वाले क्षेत्र हैं। इन गर्तों के भारत में आने की आवृत्ति, इनकी दिशा और तीव्रता, सभी दक्षिण-पश्चिम मानसून के दौरान वर्षा का पैटर्न निर्धारित करने में बड़ी भूमिका निभाते हैं।

कथन 2 सही नहीं है। ये गर्त भारत में मानसूनी वर्षा की मात्रा कम नहीं करते हैं। इन गर्तों के क्षेत्र भारत में सर्वाधिक वर्षा वाले क्षेत्र हैं।

36. पश्चिमी विक्षोभ के संदर्भ में, निम्नलिखित कथनों पर विचार कीजिए–

1. इसका उदगम भूमध्य सागर के ऊपर होता है।

2. यह पश्चिमी जेट धाराओं के प्रभावान्तर्गत भारत में प्रवेश करता है।

3. इसके आगमन से रात के प्रचलित तापमान में वृद्धि हो जाती है।

उपर्युक्त कथनों में से कौन-सा/से सही है/हैं?

(a) केवल 1 और 2

(b) केवल 1

(c) केवल 2 और 3

(d) 1, 2 और 3

उत्तर (d) **कथन 1 सही है।** सर्दियों के महीनों के दौरान पश्चिम और उत्तर-पश्चिम से भारतीय उपमहाद्वीप में प्रवेश करने वाली पश्चिमी चक्रवाती विक्षोभ का उद्गम भूमध्य सागर के ऊपर होता है।

कथन 2 सही है। भारत में पश्चिमी चक्रवाती विक्षोभ जेट धारा द्वारा लाया जाता है।

कथन 3 सही है। रात के प्रचलित तापमान में वृद्धि से सामान्यत: इन चक्रवाती विक्षोभों के आगमन का अग्रिम में पता चल जाता है।

37. किसी स्थान की भूआकृति या उच्चावच निम्नलिखित में से किस घटना को प्रभावित करता है?

1. तापमान 2. पवन की दिशा

3. पवन की गति 4. वर्षा की मात्रा

नीचे दिए गए कूट का प्रयोग कर सही उत्तर चुनिए–

(a) केवल 1, 2 और 3

(b) केवल 1, 2 और 4

(c) केवल 3 और 4

(d) 1, 2, 3 और 4

उत्तर (d) सभी दी गई परिघटनाएं स्थान के उच्चावच से प्रभावित हैं। भूआकृति या उच्चावच से तापमान, वायुदाब, पवन की दिशा और गति और वर्षा की मात्रा और वितरण प्रभावित होता है। उदाहरण के लिए पश्चिमी घाट की पवनाविमुख ढाल और असम जून-सितंबर के दौरान उच्च वर्षा प्राप्त करते हैं जबकि घाट के साथ-साथ अपनी पवनाविमुख स्थिति के कारण दक्षिणी पठार शुष्क रहता है।

38. भारत में वर्षा परिवर्तित के संबंध में निम्नलिखित कथनों पर विचार कीजिए।

1. पश्चिमी घाट में अधिक वर्षा होने के साथ ही उच्च वर्षा परिवर्तिता पाई जाती है।

2. राजस्थान में कम वर्षा होती है, लेकिन उच्च वर्षा परिवर्तिता देखने को मिलती है।

उपर्युक्त कथनों में से कौन-सा/से सही है/हैं?

(a) केवल 1 (b) केवल 2
(c) 1 और 2 दोनों (d) न तो 1 न ही 2

उत्तर (b) **कथन 1 गलत है।** पश्चिमी तट, पश्चिमी घाट, पूर्वोत्तर प्रायद्वीप, गंगा के पूर्वी मैदान, पूर्वोत्तर भारत, उत्तराखंड और हिमाचल प्रदेश और जम्मू एवं कश्मीर के दक्षिण-पश्चिमी भाग पर 25 प्रतिशत से कम परिवर्तित है। इन क्षेत्रों की वार्षिक वर्षा 100 सेमी. से अधिक है।

कथन 2 सही है। राजस्थान के पश्चिमी भाग, जम्मू-कश्मीर के उत्तरी भाग और दक्कन के पठार के भीतरी भागों में 50 प्रतिशत से अधिक परिवर्तिता पाई जाती है। इन क्षेत्रों में वार्षिक वर्षा 50 सेमी. से कम है। शेष भारत में 25-50 प्रतिशत परिवर्तिता पाई जाती और इन क्षेत्रों में 50-100 सेमी. के बीच वार्षिक वर्षा होती है।

39. जलवायु वर्गीकरण की कोपेन की योजना के संदर्भ में, निम्नलिखित युग्मों पर विचार कीजिए-

जलवायु का प्रकार		संबद्ध क्षेत्र
1. A	:	भारत का पश्चिमी तट
2. E	:	जम्मू व कश्मीर
3. Aw	:	सुदूर पश्चिमी राजस्थान
4. Cwg	:	गंगा का मैदान

उपर्युक्त युग्मों में से कौन-से सही सुमेलित हैं?

(a) केवल 1, 2 और 3
(b) केवल 1, 3 और 4
(c) केवल 2 और 4
(d) 1, 2, 3 और 4

उत्तर (c) कोपेन की जलवायु वर्गीकरण की योजना के अनुसार जलवायु प्रकार-

Amw (लघु शुष्क मौसम के साथ मानसून) -गोवा में दक्षिण भारत का पश्चिमी तट।

As (शुष्क ग्रीष्म के साथ मानसून) - तमिलनाडु का कोरोमंडल तट।

Aw (उष्णकटिबंधीय सवाना) - कर्क रेखा के दक्षिण के अधिकांश प्रायद्वीपीय पठार।

Bwhw (गर्म रेगिस्तान) - सुदूर पश्चिमी राजस्थान।

Cwg (शुष्क सर्दियों के साथ मानसून)- गंगा का मैदान, पूर्वी राजस्थान, उत्तरी मध्य प्रदेश, अधिकांश पूर्वोत्तर भारत।

Dfc (संक्षिप्त ग्रीष्म के साथ ठंडी आर्द्र सर्दियां) - अरुणाचल प्रदेश।

E (ध्रुवीय प्रकार)- जम्मू और कश्मीर, हिमाचल प्रदेश, उत्तराखंड।

40. भारत में जलवायु के संदर्भ में, निम्नलिखित कथनों पर विचार कीजिए-

1. अंडमान और निकोबार द्वीप समूह में वार्षिक और दैनिक तापांतर बहुत कम है।

2. थार रेगिस्तान का दैनिक तापांतर काफी अधिक है।

उपर्युक्त कथनों में से कौन-सा/से सही है/हैं?

(a) केवल 1 (b) केवल 2
(c) 1 और 2 दोनों (d) न तो 1 न ही 2

उत्तर (c) **कथन 1 सही है।** भूमध्य रेखा के निकट होने के कारण उष्णकटिबंधीय क्षेत्र लघु दैनिक और वार्षिक तापांतर के साथ-साथ वर्षपर्यंत ऊंचे तापमान का अनुभव करते हैं। अंडमान और निकोबार द्वीप समूह इस क्षेत्र में आता है।

कथन 2 सही है। उत्तर पश्चिम भारत बहुत गर्म और उतनी ही कठोर सर्दियां अनुभव करता है। वस्तुत: एक ही दिन में तापमान में बड़ी भिन्नता होती है। उदाहरण के लिए, थार मरुस्थल में, यदि दिन का तापमान लगभग 50 डिग्री सेल्सियस होता है, तो रात में यह 15-20 डिग्री सेल्सियस तक गिर सकता है।

41. प्रत्यावर्ती या लौटते हुए मानसून के मौसम के संदर्भ में निम्नलिखित कथनों पर विचार कीजिए।

1. मानसून पूर्वी भारत से पीछे हटना आरंभ करता है।

2. साफ आसमान इस मौसम की विशेषता होती है।

3. पूर्वी प्रायद्वीप में भारी वर्षा होती है।

उपर्युक्त कथनों में से कौन-सा/से सही है/हैं?

(a) केवल 1 और 3
(b) केवल 2 और 3
(c) केवल 1
(d) 1, 2 और 3

उत्तर (b) **कथन 1 गलत है।** अक्टूबर और नवंबर के महीने मानसून प्रत्यावर्तन के लिए जाने जाते हैं। सितंबर के अंत तक, दक्षिण-पश्चिम मानसून कमजोर हो जाता है क्योंकि गंगा के मैदान का कम दबाव सूर्य के दक्षिण की ओर प्रस्थान की अनुक्रिया में दक्षिण की ओर खिसकने लगता है। सितम्बर के पहले सप्ताह से पश्चिमी राजस्थान से मानसून पीछे हटने लगता है।

कथन 2 सही है। प्रत्यावर्तन करने वाले दक्षिण-पश्चिम मानसून के मौसम की विशेषता साफ आसमान और तापमान में वृद्धि है। भूमि अभी भी नम होती है। उच्च तापमान और आर्द्रता की स्थिति के कारण, मौसम थोड़ा कष्टकारी हो जाता है। इसे सामान्यत: 'अक्टूबर हीट (कार्तिक मास की ऊष्मा)' के रूप में जाना जाता है।

कथन 3 सही है। पीछे हटते मानसून से उत्तर भारत में मौसम शुष्क होता है लेकिन प्रायद्वीप के पूर्वी भाग में इसके साथ वर्षा होती है। यहां पर, अक्टूबर और नवंबर वर्ष के सर्वाधिक वर्षा वाले महीने होते हैं।

42. निम्नलिखित में से कौन-सा/से भारत की जलवायु पर हिमालय-का/के प्रभाव है/हैं?

1. शीत मरुस्थल बनने से उत्तर भारत को बचाना।

2. उत्तरी भारत में वर्षा।

3. प्रायद्वीपीय भारत में जलवायु पर मृदुकारी प्रभाव।

नीचे दिए गए कूट का प्रयोग कर सही उत्तर चुनिए-

(a) केवल 1
(b) केवल 2 और 3
(c) केवल 1 और 2
(d) 1, 2 और 3

उत्तर (c) **कथन 1 सही है।** हिमालय मध्य एशिया और साइबेरिया से बहने वाली ठंडी शुष्क पवनों को अवरूद्ध कर देता है और उन्हें भारत के मैदानों में प्रवेश करने से रोक देता है।

कथन 2 सही है। हिमालय नमी से लदी दक्षिण पश्चिम मानसूनी पवनों को भारत में वर्षा करने के लिए विवश करता है, नहीं तो भारत शुष्क क्षेत्र होता।

कथन 3 गलत है। यह मृदुकारी प्रभाव भारतीय महाद्वीप के तीनों ओर सटे हिन्द महासागर के प्रभाव के कारण होता है।

43. निम्नलिखित में से कौन भारत में ग्रीष्म ऋतु से संबद्ध हैं?

1. कालबैसाखी

2. बारदोली छीरा

3. आम्र बौछार

4. चेरी ब्लास्म (फूलों वाली बौछार)

नीचे दिए गए कूट का प्रयोग कर सही उत्तर चुनिए-

(a) केवल 1 और 2
(b) केवल 1, 3 और 4
(c) केवल 2, 3 और 4
(d) 1, 2, 3 और 4

उत्तर (d) दिए गए सभी स्थानीय तूफान हैं जो भारत में ग्रीष्म ऋतु से संबद्ध हैं।

नॉर वेस्टर्स- ये बंगाल और असम में सायंकाल बिजली की गरज के साथ आने वाले

खतरनाक तूफान हैं। उनकी कुख्यात प्रकृति को उनके स्थानीय नामकरण 'कालबैसाखी' अर्थात् बैशाख के महीने की आपदा से समझा जा सकता है। ये वर्षाएँ चाय, जूट और चावल की खेती के लिए उपयोगी होती हैं। असम में इन तूफानों को 'बारदोली छीरा' के रूप में जाना जाता है।

आम्र-बौछार– गर्मियों के अंत में, ये मानसून से पहले की वर्षाएँ हैं जो केरल और कर्नाटक के तटीय क्षेत्रों में एक सामान्य परिघटना हैं। स्थानीय रूप से उन्हें आम्र-बौछार के रूप में जाना जाता है क्योंकि वे आमों को जल्दी पकने में सहायता करती हैं।

चेरी ब्लास्म– इस वर्षा से केरल और आसपास के क्षेत्रों में कॉफी के फूल खिलते हैं।

इसलिए, सही उत्तर (d) है।

44. निम्नलिखित में से कौन-से क्षेत्र 200 सेमी. से अधिक की वार्षिक वर्षा प्राप्त करते हैं?

1. पश्चिमी घाटों के पश्चिमी ढलान

2. पश्चिमी हिमालय शृंखलाएँ

3. उत्तरी तमिलनाडु

नीचे दिए गए कूट का प्रयोग कर सही उत्तर चुनिए–

(a) केवल 1

(b) केवल 1 और 3

(c) केवल 2 और 3

(d) 1, 2 और 3

उत्तर (a) वार्षिक रूप से 200 सेमी से अधिक वर्षा प्राप्त करने वाले क्षेत्र हैं–

- पश्चिमी घाटों के पश्चिमी ढलान, मेघालय पहाड़ियाँ, पूर्वी हिमालय के दक्षिणी ढलान, असम, अरुणाचल प्रदेश।
- पश्चिमी हिमालय शुष्क हैं और 100 सेमी से कम वर्षा प्राप्त करते हैं।
- उत्तरी तमिलनाडु वार्षिक रूप से लगभग 50-100 सेमी वर्षा प्राप्त करता है।

45. अंतर उष्णकटिबंधीय अभिसरण क्षेत्र (ITCZ) के संदर्भ में, निम्नलिखित कथनों पर विचार कीजिए।

1. यह भूमध्य रेखा पर स्थित एक उच्च दाब क्षेत्र है।

2. ग्रीष्म ऋतु में ITCZ का ऊपर की ओर स्थानान्तरण दक्षिण-पश्चिम मानसून के आरम्भ का कारण बनता है।

3. उत्तर-पूर्वी मानसून का आरम्भ होना ITCZ के स्थानांतरण से स्वतंत्र है।

उपर्युक्त कथनों में से कौन-सा/से सही है/हैं?

(a) केवल 1 और 2

(b) केवल 2

(c) केवल 1 और 3

(d) 1, 2 और 3

उत्तर (b) **कथन 1 सही नहीं है।** अंतर उष्णकटिबंधीय अभिसरण क्षेत्र (ITCZ) भूमध्य रेखा पर स्थित एक निम्न दाब क्षेत्र है जहां व्यापारिक पवनें अभिसरित होती हैं इसलिए यह ऐसा क्षेत्र है जहां वायु ऊपर की ओर उठती है।

कथन 2 सही है। जुलाई में, ITCZ लगभग 20° उत्तरी - 25° उत्तरी अक्षांश (गंगा के मैदान पर) स्थित रहता है, इसे कभी-कभी मानसून गर्त कहा जाता है। यह मानसून गर्त उत्तर और पश्चिमोत्तर भारत के ऊपर निम्न ताप क्षेत्र के विकास को प्रोत्साहित करता है।

कथन 3 सही नहीं है। शीत ऋतु में ITCZ दक्षिण की ओर गति करता है और इस कारण पवनों का प्रवाह उलट कर पूर्वोत्तर से दक्षिण एवं दक्षिण-पश्चिम की ओर हो जाता है, वे उत्तर-पूर्व मानसून कहे जाते हैं।

46. भारत में वर्षा निम्नलिखित में से किन अभिलक्षणों को प्रदर्शित करती है?

1. अंतर-मौसमी परिवर्तन।

2. अंतरा-मौसमी परिवर्तन।

3. पर्वतीय वर्षा।

4. संवहनीय वर्षा

नीचे दिए गए कूट का प्रयोग कर सही उत्तर चुनिए–

(a) केवल 1, 2 और 3

(b) केवल 3 और 4

(c) केवल 1, 2 और 4

(d) 1, 2, 3 और 4

उत्तर (d) दक्षिण-पश्चिम मानसून से होने वाली वर्षा की प्रकृति मौसमी होती है, जो जून और सितंबर के बीच होती है।

मानसूनी वर्षा एक बार में कुछ दिनों की आर्द्र अवधियों में होती हैं। आर्द्र अवधियों के मध्य में वर्षाहीन अंतराल होता है जिसे विराम के रूप में जाना जाता है।

मानुसनी वर्षा काफी सीमा तक उच्चावच या स्थलाकृति द्वारा नियंत्रित होती है। उदाहरण के लिए पश्चिमी घाटों के प्रतिवात क्षेत्र (Windward side) 250 सेमी. से अधिक वर्षा दर्ज करते हैं।

मानसून से पहले की वर्षा जैसे आम्र-बौछार, काल-वैशाखी, चेरी ब्लास्म आदि संवहनीय वर्षा के उदाहरण हैं। **दिए गए सभी विकल्प सही है।**

47. निम्नलिखित में से कौन-से कारक भारत की जलवायु को प्रभावित करते हैं?

1. ला-नीना

2. पश्चिमी जेट धाराएँ

3. तिब्बत का पठार

4. हिन्द महासागर

नीचे दिए गए कूट का प्रयोग कर सही उत्तर चुनिए–

(a) केवल 1 और 2

(b) केवल 2, 3 और 4

(c) केवल 1, 2 और 3

(d) 1, 2, 3 और 4

उत्तर (d) ला-नीना और एल-नीनो संपूर्ण भारत में दक्षिण-पश्चिम मानसून और वर्षा प्रतिरूप को प्रभावित करती हैं।

पश्चिमी जेट धाराएँ - वे शीतऋतु के दौरान उत्तर भारत में प्रवाहित होती हैं और उत्तर-पश्चिमी क्षेत्र में शीतकालीन वर्षा के लिए भी जिम्मेदार हैं।

तिब्बत का पठार - तिब्बती पठार संपूर्ण भारत भर में दबाव प्रणाली के परिवर्तन का प्रमुख कारण है और यह मानसून को भी प्रभावित करता है।

हिन्द महासागर- भारत, हिन्द महासागर, बंगाल की खाड़ी और अरब सागर से घिरा हुआ है। यह दक्षिण-पश्चिम और पूर्वोत्तर मानसून के लिए नमी के प्रमुख स्रोत के रूप में कार्य करता है।

48. निम्नलिखित में से दक्षिण-पश्चिम मानसून की कौन-सी शाखाएँ पश्चिमी हिमालय में वर्षा के लिए जिम्मेदार हैं?

1. बंगाल की खाड़ी शाखा

2. अरब सागर शाखा

नीचे दिए गए कूट का प्रयोग कर सही उत्तर चुनिए–

(a) केवल 1 (b) केवल 2

(c) 1 और 2 दोनों (d) न तो 1, न ही 2

उत्तर (c) **दोनों सही हैं,** क्योंकि अरब सागर शाखा और बंगाल की खाड़ी शाखा ये दोनों शाखाएँ, पंजाब और हरियाणा के मैदानों के निकट एक दूसरे से मिलती हैं, और उसके बाद हिमालय की ओर बढ़ कर पश्चिमी हिमालय में पर्वतीय वर्षा करती हैं।

49. जब दक्षिण-पश्चिम मानसून पवनें पश्चिमी घाट की अनुवात दिशा (Leeward side) में अवरोहण करती हैं तो वे न्यून या बिल्कुल भी वर्षा नहीं करतीं। यह इस कारण होता है क्योंकि पवनें–

(a) उष्ण हो जाती हैं और उनकी आर्द्रता बढ़ जाती है।
(b) ऊष्ण हो जाती हैं और उनकी आर्द्रता कम हो जाती है।
(c) ठंडी हो जाती हैं और उनकी आर्द्रता बढ़ जाती है।
(d) ठंडी हो जाती हैं और उनकी आर्द्रता कम हो जाती है।

उत्तर (b) आम तौर पर, पर्वत की अनुवात दिशा में रूद्धोष्म संपीडन के कारण अवरोही वायु ऊष्ण हो जाती है, जो वायु की नमी धारण क्षमता को बढ़ा देती है और इसलिए आर्द्रता को कम कर देती है।

50. निम्नलिखित कथनों पर विचार कीजिए।

1. पश्चिमी घाट के वृष्टिछाया प्रभाव के कारण दक्कन का पठार अल्प वर्षा प्राप्त करता है।

2. अरावली पर्वत श्रेणियों से सरेखण राजस्थान में कम वर्षा होने के कारणों में से एक है।

उपर्युक्त कथनों में से कौन-सा/से सही है/हैं?

(a) केवल 1
(b) केवल 2
(c) 1 और 2 दोनों
(d) न तो 1 न ही 2

उत्तर (c) **कथन 1 सही है।** दक्कन पठार में, पश्चिमी घाट के वृष्टि छाया प्रभाव के कारण पश्चिमी घाट के पश्चिमी भागों की तुलना में कम वर्षा होती है।

कथन 2 सही है क्योंकि अरावली पर्वतश्रेणी दक्षिण-पश्चिम मानसून की दिशा के समांतर है। जो पर्वतीय वर्षा में अवरोध उत्पन्न करता है।

51. निम्नलिखित में से कौन भारत में मानसून निवर्तन से संबद्ध है/हैं?

1. गंगा के मैदानों पर कम दबाव।

2. तमिलनाडु तट पर चक्रवाती वर्षा।

3. अक्टूबर हीट

नीचे दिए गए कूट का प्रयोग कर सही उत्तर चुनिए–

(a) केवल 1 और 2
(b) केवल 1
(c) केवल 2 और 3
(d) 1, 2 और 3

उत्तर (c) **कथन 1 सही नहीं है।** दक्षिण-पश्चिम मानसून अक्टूबर के आरम्भ में उत्तरी भारत से पीछे आरम्भ करता है। इसलिए, अक्टूबर और नवम्बर के महीनों को मानसून निवर्तन के लिए जाना जाता है। इस निवर्तन का कारण यह है कि गंगा के मैदान पर कम दबाव का मानसून गर्त सूर्य की गति के कारण कमजोर पड़ जाता है। कम दबाव वाला गर्त धीरे- धीरे उच्च दबाव द्वारा प्रतिस्थापित कर दिया जाता है।

कथन 2 सही है। कम दबाव की स्थितियाँ नवम्बर के आरम्भिक दिनों में गंगा के मैदानों से बंगाल की खाड़ी के केन्द्र की ओर स्थानांतरित हो जाती है। कम दबाव क्षेत्र का यह स्थानांतरण अंडमान सागर पर उत्पन्न चक्रवाती अवनमन द्वारा चिह्नित होता है। कुछ चक्रवाती अवनमन दक्षिणी प्रायद्वीप के पूर्वी तटों को पार कर जाते हैं जिसके परिणामस्वरूप तमिलनाडु और उड़ीसा के तट पर भारी और व्यापक वर्षा होती है।

कथन 3 सही है। मानसून की वापसी साफ आसमान और रात्रि के तापमान में गिरावट द्वारा चिह्नित की जाती है। भूमि नम रहती है। उच्च तापमान और आर्द्रता का संयोजन घुटनभरा मौसम उत्पन्न करता है। इसे आमतौर पर अक्टूबर हीट के रूप में जाना जाता है।

52. निम्नलिखित में से कौन-सा/से कथन भारतीय मानसून के संबंध में सही है/हैं?

1. बंगाल की खाड़ी शाखा म्यांमार की अराकान पहाड़ियों के कारण भारत की ओर मुड़ जाती है।

2. कोरोमंडल तट को बंगाल की खाड़ी मॉनसून से पर्याप्त मात्रा में वर्षा प्राप्त होती है।

नीचे दिए गए कूट का प्रयोग कर सही उत्तर चुनिए–

(a) केवल 1
(b) केवल 2
(c) 1 और 2 दोनों
(d) न तो 1, न ही 2

उत्तर (a) **कथन 1 सही है।** बंगाल की खाड़ी शाखा म्यांमार की अराकान पहाड़ियों (जो पूर्वांचल पर्वतमाला का भाग है) से भारत की दिशा में विक्षेपित हो जाती है। वृहत हिमालय अरुणाचल प्रदेश के केवल दीफू दर्रे तक पाया जाता है।

कथन 2 सही नहीं है। कोरोमंडल तट अर्थात् तमिलनाडु तट मानसून की बंगाल की खाड़ी शाखा के समानांतर है, इसलिए कोरोमंडल तट मानसून की बंगाल की खाड़ी से वर्षा नहीं प्राप्त करता है। कोरोमंडल तट पर उत्तर पूर्वी मानसून से वर्षा होती है।

53. निम्नलिखित में से कौन से उत्तर भारत में अत्यधिक ठंड के कारण हैं?

1. महाद्वीपीय प्रभाव।

2. हिमालय में बर्फबारी।

3. उत्तर-पूर्वी मानसून।

4. साइबेरिया की ओर से चलने वाली ठंडी हवाएं।

नीचे दिए गए कूट का प्रयोग कर सही उत्तर चुनिए–

(a) केवल 1 और 2
(b) केवल 1, 2 और 3
(c) केवल 2 और 4
(d) केवल 2, 3 और 4

उत्तर (a) शीत ऋतु के दौरान उत्तर भारत में अत्यधिक ठंड के लिए उत्तरदायी तीन मुख्य कारण हैं– (i) पंजाब, हरियाणा और राजस्थान जैसे राज्य समुद्र के मृदकारी प्रभाव से दूर होने के कारण महाद्वीपीय जलवायु का अनुभव करते हैं। (ii) निकटवर्ती हिमालय पर्वतमाला में बर्फबारी शीत लहर की स्थिति पैदा करती है; और (iii) फरवरी के आसपास, कैस्पियन सागर और तुर्कमेनिस्तान से आने वाली ठंडी पवनें भारत के उत्तर पश्चिमी भाग में पाले और कोहरे के साथ शीत लहर लाती हैं। साइबेरिया से आने वाली ठंडी पवनें हिमालय द्वारा अवरुद्ध कर दी जाती हैं, इसलिए भारतीय उपमहाद्वीप पर कोई प्रभाव नहीं डालती हैं।

54. निम्नलिखित दशाओं में से कौन-सी भारत में शीत ऋतु से संबंधित है।

1. समशीतोष्ण चक्रवातों के द्वारा वर्षा।

2. उत्तर-पूर्वी व्यापारिक पवनों का प्रसार।

3. भारत के मध्य भाग में अधिक वर्षा

नीचे दिए गए कूट का प्रयोग कर सही उत्तर चुनिए–

(a) केवल 1
(b) केवल 1 और 2
(c) केवल 2 और 3
(d) 1, 2 और 3

उत्तर (b) **कथन 1 सही है।** शीतऋतु की एक प्रमुख विशेषता पश्चिम और उत्तर पश्चिम से गर्तों का अन्तर्प्रवाह है। ये कम दबाव वाली प्रणालियां पश्चिम एशिया और भूमध्य सागर के निकटवर्ती क्षेत्रों में उदगमित होती हैं।

कथन 2 सही है। इस ऋतु के दौरान, उत्तर पूर्वी व्यापारिक पवनें पूरे देश में प्रचलित होती हैं। ये पवनें भूमि से समुद्र की दिशा में बहती है और इसलिए, देश के अधिकांश भागों के लिए यह शुष्क ऋतु होती है। हालांकि जब ये पवनें बंगाल की खाड़ी के ऊपर से गुजरती हैं तो नमी ग्रहण कर लेती हैं और तमिलनाडु तट पर वर्षा करती हैं।

कथन 3 सही नहीं है। भारत का मध्य भाग सर्दियों में केवल सामयिक वर्षा प्राप्त करता है। तमिलनाडु तट और आंध्र प्रदेश के दक्षिणी सिरे पर सर्दियों में अधिक वर्षा होती है।

55. **निम्नलिखित कथनों में से कौन-सा/से दक्षिण-पश्चिम मॉनसून की अरब-सागर शाखा के संबंध में सही है/हैं?**

1. **यह नर्मदा और ताप्ती नदियों के साथ-साथ आगे बढ़ते हैं जिससे मध्य भारत में वर्षा होती है।**
2. **यह अरावली पहाड़ियों के सहारे आगे बढ़ते हुए पंजाब तथा हरियाणा में वर्षा करती हैं।**

नीचे दिए गए कूट का प्रयोग कर सही उत्तर चुनिए–

(a) केवल 1
(b) केवल 3
(c) 1 और 2 दोनों
(d) न तो 1, न ही 2

उत्तर (c) **कथन 1 सही है।** अरब सागर से उत्पन्न मानसून की एक शाखा (अरब सागर शाखा तीन भागों में विभाजित होती है) मुंबई के उत्तर में तट से टकराती है। नर्मदा और तापी नदी घाटियों के साथ चलते हुए ये पवनें मध्य भारत के विस्तृत क्षेत्रों में वर्षा करती हैं। छोटानागपुर पठार अरब सागर मानसून की शाखा के इस भाग से 15 सेमी. वर्षा प्राप्त करता है। तत्पश्चात यह शाखा गंगा के मैदानी इलाकों में प्रवेश करती है और बंगाल की खाड़ी शाखा के साथ मिल जाती है।

कथन 2 सही है। इस मानसूनी पवन की एक अन्य शाखा सौराष्ट्र प्रायद्वीप और कच्छ में प्रवेश करती है। इसके बाद यह पश्चिम राजस्थान के ऊपर से गुजरती है और अरावली के साथ-साथ, केवल अल्प वर्षा करती है। पंजाब और हरियाणा में यह भी बंगाल की खाड़ी शाखा के साथ मिल जाती है। ये दोनों शाखाएं, एक-दूसरे से प्रचलित होकर, पश्चिम हिमालय में वर्षा करती हैं।

56. **निम्नलिखित में से किस प्रकार के क्षेत्रों में आपको गुफा संरचनाएं मिलने की संभावना है?**

(a) लावा के निक्षेप वाले क्षेत्रों में
(b) प्रचुर मात्रा में जलोढ़ के निक्षेप वाले क्षेत्रों में
(c) चूना पत्थर समृद्ध चट्टानों वाले क्षेत्रों में
(d) बलुई मृदा आच्छादन वाले क्षेत्रों में

उत्तर (c) गुफाएं केवल कुछ क्षेत्रों में विशेष रूप से पाई जाती हैं। ऐसे स्थानों पर जहां चूना पत्थर बहुतायत में है, पानी नीचे की ओर रिसता है या चट्टानों के पास क्षैतिज रूप से बहता है, मुख्यत: इन परिस्थितियों में गुफा का निर्माण होता है। इस प्रकार की स्थलाकृति उत्तरी एड्रियाटिक में अवस्थित ट्रीस्ट नगर को चारों ओर से घेरने वाले चूना पत्थर के पठार में सामान्य है।

57. **निम्नलिखित पर विचार कीजिए–**

1. **सर्क**
2. **ड्रमलिन**
3. **एस्कर?**
4. **हॉर्न (मृग)**

उपर्युक्त प्रकारों में से कौन-से अभिलक्षण सामान्य रूप से हिमनद क्षेत्रों में पाए जाते हैं?

(a) केवल 1 और 2
(b) केवल 2 और 4
(c) केवल 1, 2 और 3
(d) 1, 2, 3 और 4

उत्तर (d) हॉर्न (शृंग) और सर्क अपरदित स्थलरूप हैं जबकि ड्रमलिन और एस्कर हिमनद क्षेत्रों में पायी जाने वाली निक्षेपित स्थलरुप हैं।

सर्क गहरे और चौड़े गर्त होते हैं जिनकी दीवारें तीव्र ढाल वाली और अवतल होती हैं।

हॉर्न, सर्क की दीवारों के अपरदन से निर्मित नुकीले और खड़ी ढलानों वाले शिखर होते हैं।

एस्कर ग्लेशियर द्वारा वहन किए जाने वाले स्थूल पदार्थो से मिलकर गठित होने वाली वक्राकार कटक होती हैं।

ड्रमलिन हिमनद मृत्तिका के अंडाकार समतल कटकनुमा स्थलरुप हैं, जो हिमनद के प्रवाह की दिशा के समानांतर अवस्थित होती हैं। वे मुख्य रूप से हिमनदीय गोलाश्मी मृत्तिका से गठित होती हैं।

58. **निम्न वक्तव्यों पर विचार कीजिए–**

कथन (A): भारत की जलवायु पर मानसून का प्रभुत्व है।

कारण (R): मानसून स्थायी पवन (Permanent winds) है।

कूट–

(a) A तथा R दोनों सही हैं और R, A की सही व्याख्या करता है
(b) A और R दोनों सही हैं परन्तु R, A की सही व्याख्या नहीं करता है
(c) A सही है, परन्तु R गलत है
(d) A गलत है, परन्तु R सही है

उत्तर (c) भारत की जलवायु पर मानसून का प्रभाव है। दक्षिण-पश्चिम मानसून हवाएँ, देश के उत्तर-पश्चिम में अधिक गर्मी अथवा उत्तर-पूर्व में अधिक ठण्डी के कारण क्रमश: निम्न दाब क्षेत्र अथवा उच्च दाब क्षेत्र उत्पन्न हो जाने के परिणामस्वरूप चलती है। इसलिए ये पवनें अस्थायी होती हैं। **अत: कथन (A) सही है परन्तु कारण (R) गलत है।**

59. **कथन (A): भारत एक मानसूनी देश है।**

कारण (R): उच्च हिमालय इसे जलवायु सम्बन्धी विशिष्टता प्रदान करता है

कूट–

(a) A और R दोनों सही हैं, तथा R, A की सही व्याख्या करता है
(b) A और R दोनों सही हैं परन्तु R, A की सही व्याख्या नहीं करता है
(c) A सही है, परन्तु R गलत है
(d) A गलत है, परन्तु R सही है

उत्तर (b) उच्च हिमालय भारत को जलवायु सम्बन्धी विशिष्टता प्रदान करता है। यदि हिमालय न होता तो मानसून आगे निकल जाता और भारत वर्षा से वंचित रह जाता। यह अरब सागर से उठने वाली दक्षिणी-पश्चिमी मानसून के मार्ग में बाधा खड़ी कर देता है जिससे मानसून को वापस होना पड़ता है और बारिश होने लगती है।

60. **निम्ननिलिखित में से कौन-सा एक सबसे सुखा स्थान है?**

(a) मुंबई (b) दिल्ली
(c) लेह (d) बंगलुरू

उत्तर (c) लेह भारत में सबसे कम वर्षा का क्षेत्र है। यह भारत का सबसे शुष्क स्थल है।

❑❑❑

7 प्राकृतिक आपदाएँ

1. निम्नलिखित पर विचार करें–
   1. ज्वालामुखी
   2. झूम कृषि
   3. लुढ़कते हुए पत्थर
   4. लहराते बांसों का घर्षण

   वन की आग उत्पन्न होने का निम्नलिखित में से क्या कारण हो सकता है?

   (a) केवल 1
   (b) केवल 1 और 2
   (c) केवल 3 और 4
   (d) 1, 2, 3 और 4

उत्तर (d) वन की आग सदैव दो कारणों - प्राकृतिक या मानवजनित में से किसी एक से उत्पन्न होती है। प्राकृतिक आग सामान्य रूप से बिजली गिरने, ज्वालामुखी विस्फोटों, चिंगारियाँ उत्पन्न करने वाले लुढ़कते हुए पत्थरों और वायु से लहराते बाँसों के घर्षण से आरम्भ होती है। झूम खेती वन की आग का एक मानव जनित कारण है।

2. भारत में दावानल (जंगल की आग) के संदर्भ में निम्नलिखित कथनों पर विचार कीजिए–
   1. पिछले पांच साल में उत्तराखंड में जंगल की आग की अधिकतम घटनाएं दर्ज की गई हैं।
   2. भारत में जंगल की आग की घटनाएँ आमतौर पर दिसंबर और जनवरी से सूखे के महीनों के दौरान सबसे ज्यादा होती हैं।
   3. एक प्राकृतिक प्रक्रिया के रूप में, वे जंगलों में पुष्पण और अंकुर के प्रसार में मदद प्रदान करती हैं।

   उपर्युक्त कथनों में से कौन-सा/से सही है/हैं?

   (a) केवल 1 और 2
   (b) केवल 2 और 3
   (c) केवल 3
   (d) 1, 2 और 3

उत्तर (c) हालांकि उत्तराखंड में 2012 और 2016 दोनों वर्षों में दावानल (जंगल की आग) में उछाल देखा गया है, 12 राज्य ऐसे हैं जहाँ पिछले पाँच साल में उत्तराखंड से अधिक दावानल के मामलों को दर्ज किया गया है। उत्तर-पूर्व (जहां स्थानांतरण कृषि आम प्रथा है) के बड़े हिस्से और ओडिशा, हर साल प्रभावित होते हैं। मध्य भारत के कुछ हिस्सों में भी ऐसा ही होता है। पिछले पांच वर्षों में जिन राज्यों में दावानल की अधिकतम घटनाएँ दर्ज की गई उनमें ओडिशा (10636), मिजोरम (10335), असम (9602), छत्तीसगढ़ (9210) और महाराष्ट्र 7534) शामिल हैं।

पिछले पांच वर्षों में, 2012 में दावानल की अधिकतम घटनाएँ देखी गई, हालांकि 2016 में भी घटनाओं की संख्या लगभग उतनी ही है। आमतौर पर, दावानल की घटना मार्च में सर्वाधिक होती हैं– पिछले पांच वर्षों में, इस महीने में 46% से लेकर 66% तक दावानल की घटनाएँ देखी गईं।

जंगल में आग लगना कभी-कभी मात्र एक प्राकृतिक प्रक्रिया होती है, और पुष्पन और अंकुर के प्रसार को बढ़ावा देने में मदद करती है। हिमाचल के प्रधान मुख्य वन संरक्षक एस पी वासुदेव के अनुसार सतह तक सीमित आग द्वारा वनों के प्राकृतिक उत्थान में मदद मिल सकती है। मिट्टी का तापन लाभकारी सूक्ष्म जीवाणु गतिविधि में परिणत हो सकता है, और उन विघटन प्रक्रियाओं की गति बढ़ा सकता है जो वनस्पति के लिए उपयोगी होते हैं।

3. चुम्बकीय तूफानों के संबंध में निम्नलिखित कथनों पर विचार कीजिए–
   1. वे सौर ज्वालाओं के कारण पृथ्वी के चुंबक मंडल में अस्थायी अशांति के कारण उत्पन्न होते हैं।
   2. उनकी आवृत्ति सौरकलंक चक्र पर निर्भर है।
   3. इनसे राडार, रेडियो, पेंडुलम घड़ी और चुम्बकीय कम्पास की गतिविधियाँ प्रभावित होती हैं।
   4. वे अति निम्न अक्षांश पर ध्वनिक प्रदर्शन उत्पन्न करते हैं।

   उपर्युक्त कथनों में से कौन-सा/से सही है/हैं?

   (a) केवल 1 (b) केवल 1 और 2
   (c) 1, 2 और 3 (d) 1, 2 और 4

उत्तर (b) पृथ्वी के चुंबकीय क्षेत्र पर (सौर कलंक चक्र के कारण उत्पन्न) सौर ज्वालाओं या चुंबकीय बादलों के प्रभाव के कारण चुंबकीय तूफान उत्पन्न होते हैं। वे इलेक्ट्रिक ग्रिडों, राडार, रेडियो और चुंबकीय कंपन के कार्यप्रणाली में व्यवधान उत्पन्न करते हैं क्योंकि आयनमंडल और पृथ्वी का चुंबकीय क्षेत्र प्रभावित हो जाता है।

चुंबकीय तूफानों के कारण ध्रुवीय ज्योति की घटना सामान्य अक्षांशों के स्थान पर निम्नतर अक्षांशों में स्थानांतरित हो गयी। पेंडुलम पृथ्वी के गुरुत्वाकर्षण के आधार पर कार्य करता है, जिस पर प्रभाव नहीं पडा है, इसलिए उन्होंने इसकी कार्य प्रणाली को बाधित नहीं किया। **कथन 3 गलत है।**

4. सुनामी के संदर्भ में निम्नलिखित कथनों पर विचार कीजिए–
   1. सुनामी केवल समुद्र के नीचे आने वाले भूकंपों और ज्वालामुखी विस्फोटों से उत्पन्न होती हैं।
   2. जब यह तट पर पहुँचती है तो इसका वेग बढ़ जाता है।
   3. 2004 की सुनामी, सुमात्रा तट से कुछ दूर, समुद्र के नीचे आए भूकंप के कारण उत्पन्न हुई थी।

   उपर्युक्त कथनों में से कौन-सा/से सही है/हैं?

   (a) केवल 1 और 2
   (b) केवल 2 और 3
   (c) केवल 3
   (d) 1, 2 और 3

उत्तर (c) सुनामी, समुद्र के नीचे भूकंपों और ज्वालामुखी विस्फोटों से उत्पन्न होते हैं, साथ ही साथ भूस्खनल के कारण समुद्री जल का विस्थापन, सागर में उल्कापिंडों और क्षुद्र ग्रहों का गिरना आदि इसके उत्पत्ति के अन्य कारक हैं। **इसलिए, कथन 1 गलत है।**

कथन 2 गलत है। जैसे-जैसे सुनामी लहरें तट के निकट पहुँचती हैं, जल की गहराई कम

होती जाती है, लहरें धीमी हो जाती हैं, तरंगदैर्ध्य कम हो जाती है और लहरों का आयाम या ऊँचाई अधिक बढ़ती जाती है ये विनाशकारी बन जाती हैं। **कथन 3 सही है।**

5. सुनामी के संदर्भ में, निम्नलिखित कथनों पर विचार कीजिए–

1. इन लहरों की गति गहरे महासागर की तुलना में उथले जल में अधिक होती है।

2. उथले जल की तुलना में गहरे महासागर में इसकी तरंगदैर्ध्य लंबी और तरंग की ऊँचाई कम होती है।

3. इसकी उत्पत्ति मुख्य रूप से महाद्वीपों के पूर्वी तट पर होती है।

उपर्युक्त कथनों में से कौन-सा/से सही है/हैं?

(a) केवल 1 और 2
(b) केवल 1 और 3
(c) केवल 2 और 3
(d) 1, 2 और 3

उत्तर (a) भूकंप और ज्वालामुखी विस्फोट से समुद्र तल में अचानक हलचल उत्पन्न होती है, जिससे ऊंची उर्ध्वाधर लहरों के रूप में महासागरीय जल का अचानक विस्थापन होता है, इन्हें सुनामी (बंदरगाह लहरें) या भूकंपीय समुद्री लहरें कहा जाता है।

महासागर में लहर की गति जल की गहराई पर निर्भर करती है। यह गहरे महासागर की तुलना में उथले पानी में अधिक होती है। परिणामस्वरूप, महासागरों में सुनामी का प्रभाव कम होता है और समुद्र तट के निकट अधिक होता है, जहां ये लहरें बड़े पैमाने पर विनाश करती है। **इसलिए, कथन 1 सही है।**

इसलिए, गहरे समुद्र में जहाज सुनामी से अधिक प्रभावित नहीं होता है और समुद्र के गहरे भागों में सुनामी को ज्ञात करना कठिन होता है। ऐसा इसलिए होता है, क्योंकि गहरे जल में सुनामी की तरंगदैर्ध्य लंबी और उसकी ऊंचाई कम होती है। इस प्रकार, सुनामी लहर से एक जहाज केवल एक या दो मीटर ऊपर उठता है और प्रत्येक बार उठने और नीचे आने में कई मिनट का समय लगता है। **इसलिए, कथन 2 सही है।**

सुनामी स्थान या क्षेत्र विशिष्ट नहीं होती है। **इसलिए, कथन 3 सही नहीं है।**

6. निम्नलिखित में से कौन-सा/से भारत में बाढ़ के कारण है/हैं?

1. चक्रवात

2. अवसाद का जमाव

3. निर्वनीकरण

नीचे दिए गए कूट का प्रयोग कर सही उत्तर चुनिए–

(a) केवल 1 और 2
(b) केवल 1
(c) केवल 2
(d) 1, 2 और 3

उत्तर (d) भारत में बाढ़ के लिए निम्नलिखित कारण उत्तरदायी हैं– भारी वर्षा, अवसाद का जमाव, निर्वनीकरण, चक्रवात, अपवाह प्रणाली में व्यवधान, नदी के मार्ग में परिवर्तन, सुनामी।

7. सुनामी के संबंध में निम्नलिखित कथनों पर विचार कीजिए–

1. इसकी गति उथले जल की तुलना में गहरे समुद्र में अधिक होती है।

2. प्रशांत अग्नि मेखला के निकट सुनामी प्राय: देखे जाते हैं।

उपर्युक्त कथनों में से कौन-सा/से सही है/हैं?

(a) केवल 1
(b) केवल 2
(c) 1 और 2 दोनों
(d) न तो 1, न ही 2

उत्तर (b) भूकंप और ज्वालामुखी विस्फोट से समुद्र तल में अचानक गति होती है, जिससे उच्च ऊर्ध्वाधर लहरों के रूप में होने वाले महासागर के पानी के अचानक विस्थापन को सुनामी (हार्बर वेव्स) या भूकंपी समुद्री लहरें कहा जाता है।

महासागर में लहर की गति जल की गहराई पर निर्भर करती है। गहरे महासागर की तुलना में उथले जल में यह गति अधिक होती है। इसके परिणामस्वरूप, महासागरों में सुनामी का प्रभाव कम और समुद्र तट के नजदीक अधिक होती है, जहां वे बड़े पैमाने पर विनाशलीला करती हैं। इसलिए, समुद्र में जहाज सुनामी से ज्यादा प्रभावित नहीं होता है और समुद्र के गहरे भागों में सुनामी का पता लगाना मुश्किल होता है। ऐसा इसलिए होता है क्योंकि गहरे जल में सुनामी की लहरों की लंबाई बहुत अधिक और ऊंचाई सीमित होती है। इस प्रकार, सुनामी लहर जहाज को केवल एक या दो मीटर ऊपर उठाती है और प्रत्येक उतार और चढ़ाव में कई मिनट लगते हैं। इसके विपरीत, जब सुनामी उथले पानी में प्रवेश करती है, तो इसकी लहरों की लंबाई कम हो जाती है और अवधि अपरिवर्तित रहती है, जिससे लहर की ऊंचाई बढ़ जाती है। कभी-कभी, यह ऊंचाई 15 मीटर या उससे अधिक हो सकती है, जो तट के किनारे बड़े पैमाने पर विनाश करती है। इस प्रकार, इन्हें उथले पानी की लहरें भी कहा जाता है। सुनामी प्रशांत अग्नि मेखला, विशेषकर अलास्का, जापान, फिलीपींस और दक्षिण पूर्व एशिया के अन्य द्वीपों, इंडोनेशिया, मलेशिया, म्यांमार, श्रीलंका और भारत, आदि में प्राय: आती है। **इसलिए, कथन 1 सही नहीं है और 2 सही है।**

8. निम्नलिखित युग्मों पर विचार कीजिए–

ग्रीष्म ऋतु के स्थानी तूफान		क्षेत्र
1. आम्र वर्षा	:	कर्नाटक
2. बारदोली चीरा	:	असम
3. काल-वैशाखी वर्षा	:	पश्चिम बंगाल

उपर्युक्त युग्मों में से कौन-सा/से सही सुमेलित है/हैं?

(a) केवल 1
(b) केवल 1 और 2
(c) केवल 2 और 3
(d) 1, 2 और 3

उत्तर (d) **कथन 1 सही है।** ग्रीष्म ऋतु की समाप्ति के दौरान मानूसन पूर्व वर्षा होती हैं जो केरल एवं कर्नाटक के तटीय क्षेत्रों में सामान्य परिघटना हैं। वे आमों के जल्दी पकने में सहायता करती हैं।

कथन 2 सही है। असम में काल-बैशाखी (Norwesters) को बारदोली चीरहा या **बोर्डो चिल्ला** के रूप में जाना जाता है। काल-वैशाखी बंगाल और असम में आने वाले तड़ित झंझा होते हैं।

कथन 3 सही है। पश्चिम बंगाल में काल-वैशाखी वर्षा चाय, जूट एवं धान की खेती के लिए उपयोगी है।

9. सुनामी क्यों तटीय इलाकों में बड़े पैमाने पर विनाश करती है, न कि गहरे समुद्र में मौजूद जहाजों का?

(a) तट पर सुनामी का पता लगाना बहुत कठिन होता है क्योंकि कई लहरें होती हैं।
(b) उथले पानी की तुलना में गहरे महासागर में लहरों की गति अधिक होती है।
(c) सुनामी जब तट के निकट पहुँचाती है तो इसकी तरंगदैर्ध्य कम हो जाती है।
(d) लहरें जब उथले पानी में पहुंचती है तो इसकी ऊंचाई कम हो जाती है।

उत्तर (c) सागर में लहर की गति पानी की गहराई पर निर्भर करती है। यह गहरे महासागर की तुलना में उथले पानी में अधिक होती है।

इसी के परिणामस्वरूप, सुनामी का प्रभाव सागर में कम और तट के निकट अधिक होता है, जहां सुनामी बड़े पैमाने पर विनाश का कारण बनती है। जब सुनामी उथले पानी में प्रवेश करती है, तो उसकी तरंगदैर्ध्य कम हो जाती है और आवर्तमाल अपरिवर्तित बना रहता है, जिससे लहर की ऊंचाई बढ़ जाती है। कभी-कभी, यह ऊंचाई 15 मीटर या उससे अधिक भी हो सकती है, तट के साथ-साथ बड़े पैमाने पर विनाश होता है। **इसलिए, (c) सही उत्तर है।**

10. निम्नलिखित में से कौन-सी स्थितियां सूखे का कारण बन सकती हैं?

1. अपर्याप्त वर्षा

2. अत्यधिक वाष्पीकरण दर

3. भूमिगत जल का अत्यधिक उपयोग

नीचे दिए गए कूट का प्रयोग कर सही उत्तर चुनिए–

(a) केवल 1
(b) केवल 1 और 2
(c) केवल 2 और 3
(d) 1, 2 और 3

उत्तर (d) सूखा शब्द ऐसी विस्तारित अवधि के लिए लागू किया जाता है जब अपर्याप्त वर्षा, वाष्पीकरण की अत्यधिक ऊंची दर और भूजल सहित जलाशयों और अन्य भंडारणों से पानी के अति उपयोग के कारण पानी की उपलब्धता में कमी आ जाती है। **इसलिए, (d) सही उत्तर है।**

11. सूखे के संबंध में निम्नलिखित कथनों पर विचार कीजिए।

1. मौसम विज्ञान संबंधी सूखे को मृदा की निम्न आर्द्रता वाले मृदा आर्द्रता सूखे के रूप में जाना जाता है।

2. जलीय सूखा ऐसी स्थिति है जिसमें लम्बे समय तक अपर्याप्त वर्षा होती है जो समय तथा स्थान के अनुसार समान रूप से वितरित नहीं होती।

उपर्युक्त कथनों में से कौन-सा/से सही है/हैं?

(a) केवल 1
(b) केवल 2
(c) 1 और 2 दोनों
(d) न तो 1, न ही 2

उत्तर (d) कृषि सूखा-इसे मिट्टी की नमी वाले सूखा के रूप में भी जाना जाता है। इसकी विशेषता मिट्टी की कम नमी होती है जो फसलों को सहायता पहुंचाने के लिए आवश्यक है।

मौसम विज्ञान सूखा – यह वह स्थिति है जब अपर्याप्त वर्षा की लम्बी अवधि होती है जिसकी विशेषता समय और स्थान के साथ वर्षा का कुवितरण है।

जल वैज्ञानिक सूखा – यह स्थिति तब पैदा होती है जब जलवाही स्तर, झीलों, जलाशयों आदि जैसे विभिन्न भंड़ारों और जलाशयों में पानी की उपलब्धता का स्तर नीचे गिर जाता है जिसकी वर्षा भरपाई कर सकती है।

12. निम्नलिखित में से कौन-सा/से बाढ़ का/के प्राकृतिक कारण है/हैं?

1. तूफान महालहर

2. हिम का पिघलना

3. अविवेकपूर्ण वनोन्मूलन

नीचे दिए गए कूट का प्रयोग कर सही उत्तर चुनिए–

(a) केवल 1 और 2
(b) केवल 2
(c) केवल 1 और 3
(d) 1, 2 और 3

उत्तर (a) तीसरे कथन को छोड़कर, दोनों प्राकृतिक कारण है। तूफानी लहरों (तटीय क्षेत्रों), काफी लंबी समयावधि तक अधिक तीव्रता वाली वर्षा, हिम और बर्फ के गलने और मृदा अपरदन की उच्च दर के कारण पानी में अपरदित सामग्री की उपस्थिति के कारण भी बाढ़ आ सकती है।

अंधाधुंध वनों की कटाई, अवैज्ञानिक कृषि पद्धतियां, प्राकृतिक जल निकासी, चैनलों के साथ गड़बड़ी और बाढ़ के मैदानों और नदी तट में बसावट मनुष्य के कारण आने वाली बाढ़ के कारण हैं।

❑❑❑

मिट्टियाँ

1. भारतीय मिट्टी के एक प्रकार की निम्नलिखित विशेषताओं पर विचार करें–

1. अपने गहरे लाल रंग और सतही बनावट के संदर्भ में यह मिट्टी ईंट जैसी दिखती है।

2. यह अत्यधिक निक्षालित मिट्टी है।

3. लौह आक्साइड की उपस्थिति के कारण मृदा का रंग लाल होता है।

4. यह व्यापक रूप से केरल में पायी जाती है।

ऊपर दिए गए कथन किस मिट्टी से संबंधित हैं–

(a) लेटराइट मिट्टी (b) जलोढ़ मिट्टी
(c) लाल मिट्टी (d) लवणीय मिट्टी

उत्तर (a) ये सभी लेटराइट मिट्टी की विशेषताएँ हैं। इसका विकास अधिक वर्षा और उच्च तापमान वाले क्षेत्रों में होता है। भारी वर्षा के कारण पानी में घुलनशील अन्य खनिज धुलकर नीचे चले जाते हैं और लौह आक्साइड और एल्युमिनियम से समृद्ध मिट्टी ऊपर ही रह जाती है, जो इस मिट्टी को ईंट की भांति लाल रंग और बनावट प्रदान करती है।

2. परत अपरदन के संदर्भ में निम्नलिखित कथनों पर विचार करें–

1. परत अपरदन खड़े ढालों पर सामान्य है।

2. परत अपरदन उत्खात भूमि से संबंधित है।

3. परत अपरदन शुष्क और अर्द्ध-शुष्क क्षेत्रों में महत्वपूर्ण है।

उपर्युक्त कथनों में से कौन-सा/से सही नहीं है/हैं?

(a) केवल 1 और 2
(b) केवल 1 और 3
(c) केवल 2
(d) 1, 2 और 3

उत्तर (d) मिट्टी हटाने और इसका परिवहन करने की अपनी क्षमता के कारण वायु और जल मृदा अपरदन के शक्तिशाली एजेंट हैं। जहाँ वायु अपरदन शुष्क और अर्ध-शुष्क क्षेत्रों में महत्वपूर्ण है, वहीं बहते पानी से होने वाला अपरदन आर्द्र क्षेत्रों में अधिक सक्रिय है। जल अपरदन मुख्य रूप से परत और अवनालिका अपरदन के रूप में होता है। जहां परत अपरदन समतल भूमि पर होता है, वहीं अवनालिका अपरदन खड़ी ढालों पर सामान्य है। उत्खात भूमि स्थलाकृति अवनालिका अपरदन से संबंधित है क्योंकि क्षेत्र में बड़ी संख्या में गहरी अवनालिकाओं या बीहड़ का विकास हो जाता है। बीहड चंबल बेसिन में बड़े पैमाने पर हैं। **इसलिए, कोई भी कथन सही नहीं है।**

3. निम्नलिखित में से कौन-सी मृदा संरक्षण पद्धति अवनालिका अपरदन की रोकथाम के लिए उपयुक्त नहीं है?

(a) वेदिकाकरण (टेरेसिंग)
(b) अवनालिकाओं पर अवरोध बनाना (प्लागिंग)
(c) वनस्पति आच्छादन को बढ़ाना
(d) आश्रय पट्टिकाएँ बनाना

उत्तर (d) अवनालिका अपरदन को रोकने और उनके निर्माण को नियंत्रित करने के लिए आश्रय पट्टिकाओं (शेल्टर बेल्टों) को छोड़कर उल्लिखित की गई सभी पद्धतियों को लागू किया जा सकता है। अंगुलि अवनालिकाओं (फिंगर गलीस) को वेदिकाकरण (टेरेसिंग) द्वारा समाप्त किया जा सकता है। अत्यधिक बड़ी अनलिकाओं में रोधी बाँधों की श्रृंखलाएँ निर्मित कर जल के अपरदनकारी वेग को कम किया जा सकता है।

4. भारत में काली मृदा के संदर्भ में निम्नलिखित कथनों पर विचार कीजिए–

1. आर्द्र मौसम में इन मृदाओं में चौड़ी दरारें पड़ जाती हैं, इस प्रकार इनमें एक प्रकार की स्वतः जुताई हो जाती है।

2. इन मृदाओं में पोटाश होता है किन्तु इनमें फॉस्फोरस और नाइट्रोजन का अभाव होता है।

3. इन्हें 'रेगुर मृदा' भी कहा जाता है।

उपर्युक्त कथनों में से कौन-सा/से सही है/हैं?

(a) केवल 1 और 2
(b) केवल 2 और 3
(c) केवल 3
(d) 1, 2 और 3

उत्तर (b) काली मृदा आर्द्र होने पर फूल जाती है और चिपचिपी हो जाती है और सूखने पर सिकुड़ जाती है। इसलिए शुष्क मौसम के दौरान, इन मृदाओं में चौड़ी दरारें विकसित हो जाती हैं। इस प्रकार इनमें एक प्रकार की स्वतः जुताई हो जाती है।

रासायनिक रूप से, काली मृदाएँ चूना, लोहा, मैग्नीशिया, और एल्यूमिना से समृद्ध होती हैं। उनमें पोटाश भी होता है। किन्तु उनमें फॉस्फोरस, नाइट्रोजन और कार्बनिक पदार्थ का अभाव होता है।

5. निम्नलिखित में से किस तकनीक का प्रयोग अति-प्रवण (खड़ी) ढालों तथा अत्यधिक वर्षा वाले स्थानों पर मृदा संरक्षण हेतु किया जाता है?

1. पट्टीदार खेती

2. समोच्च मेंड़बंदी (कन्टूर बंडिग)

3. समोच्च सीढ़ीनुमा खेती (कन्टूर टैरेसिंग)

4. आश्रय पट्टिकाएँ (शेल्टर बैल्ट्स)

नीचे दिए गए कूट का प्रयोग कर सही उत्तर चुनिए–

(a) केवल 1 और 4
(b) केवल 1, 2 और 3
(c) केवल 2 और 3
(d) केवल 2, 3 और 4

उत्तर (b) आश्रय पट्टिकाओं (शेल्टर बैल्ट्स) का प्रयोग शुष्क एवं अर्द्ध शुष्क क्षेत्रों में उपजाऊ भूमि को रेत के टीलों के अतिक्रमण से संरक्षित करने के लिए किया जाता है।

पट्टीदार खेती, कृषि की एक पद्धति है जिसमें लंबी, संकीर्ण पट्टियों में विभाजित खेत की खेती की जाती है। ढलानों के अत्यधिक खड़ी होने पर इसका प्रयोग किया जाता है।

6. रासायनिक उर्वरक मृदा के लिए मुख्य रूप से निम्नलिखित में से किस कारण हानिकारक हैं–

(a) वे मृदा की लवणता को बढ़ाते हैं।
(b) वे मृदा में उपस्थित नाइट्रोजन की मात्रा को कम करते हैं।

(c) वे मृदा को कठोर करते हैं और दीर्घावधिक रूप से इसकी उर्वरता कम करते हैं।

(d) वे मृदा को शिथिल कर अपरदन की संभावनाओं को बढ़ाते हैं।

उत्तर (c) कार्बनिक खाद की अनुपस्थिति में रासायनिक उर्वरक मृदा के लिए हानिकारक होते हैं। इसका कारण यह है कि जब तक मृदा को पर्याप्त ह्यूमस प्राप्त नहीं होता, रसायन इसे कठोर करते हैं और दीर्घावधि में मृदा की उर्वरता कम करते हैं।

लवणता की वृद्धि मुख्य रूप से अत्यधिक सिंचाई के कारण होती है। रासायनिक उर्वरक नाइट्रोजन की मात्रा को कम नहीं करते हैं। मृदा शिथिलता में उर्वरकों का ऐसा कोई संबंध नहीं होता है।

7. मृदा के एक प्रकार की निम्नलिखित विशेषताओं पर विचार कीजिए-

1. यह बंजर है तथा इसमें किसी प्रकार की वनस्पति नहीं उगती।

2. इसमें नाइट्रोजन तथा कैल्सियम की कमी है किन्तु सोडियम, पोटैशियम और मैग्नीशियम की प्रचुरता है।

3. भारत में पश्चिमी गुजरात तथा पश्चिम बंगाल के सुंदरबन क्षेत्र में पाई जाती है।

निम्नलिखित मृदा प्रकारों में से कौन-सी उपर्युक्त विशेषताओं के द्वारा सर्वोत्तम रूप से वर्णित है?

(a) दलदली मृदा (b) लवणीय मृदा
(c) शुष्क मृदा (d) काली मृदा

उत्तर (b) लवणीय मृदा को उसर मृदा के रूप में भी जाना जाता है। लवणीय मृदा में सोडियम, पोटैशियम और मैग्नीशियम अपेक्षाकृत अधिक मात्रा में पायी जाती है। इसलिए यह बंजर होती है तथा उसमें कोई वनस्पति नहीं उगती। शुष्क जलवायु तथा कमजोर अपवाह तंत्र के कारण उसमें लवण की मात्रा अधिक पायी जाती है। यह शुष्क, अर्द्ध शुष्क तथा जल-जमाव वाले और दलदली क्षेत्रों में पायी जाती है। उनकी संरचना बलुई से लेकर दोमटी तक हो सकती है। उनमें नाइट्रोजन तथा कैल्सियम की कमी होती है। लवणीय मृदा का प्रसार गुजरात, पूर्वी तट के डेल्टा तथा पश्चिम बंगाल के सुंदरबन क्षेत्रों में अधिक है।

8. यूक्रेन की ब्लैक अर्थ (Black earth) या चर्नोजम मृदा और भारत की काली मृदा के संदर्भ में कौन सा/से कथन सही है/हैं-

1. दोनों कैल्शियम में समृद्ध हैं।

2. दोनों अनिक्षालित (Unleached) मृदा हैं।

3. दोनों के रंग की विशेषता ह्यूमस के कारण है।

नीचे दिए गए कूट का प्रयोग कर सही उत्तर चुनिए-

(a) केवल 1 (b) केवल 1 और 3
(c) केवल 3 (d) 1, 2 और 3

उत्तर (a) ब्लैक अर्थ या चर्नोजम मृदा, ह्यूमस और कैल्शियम समृद्ध होती है। हालांकि, काली मृदा लोहा, कैल्शियम, लाइम, पोटाश में समृद्ध होती हैं लेकिन इनमें नाइट्रोजन, फास्फोरस और कार्बनिक पदार्थों की कमी होती है। **इसलिए, केवल कथन 1 सही है।**

ब्लैक अर्थ मृदा अनिक्षालित मृदा है। हालांकि, भारत की काली मिट्टी में, निक्षालन के कारण बहुत कम ह्यूमस सामग्री पाई जाती है।

दोनों ही मामलों में, काला रंग खनिज संरचना से जुड़ा हुआ है न कि ह्यूमस के साथ। भारत के मामले में यह लोहा और एल्युमिनियम का यौगिक, टिटानिफेरस मैग्रेटाइट है।

9. शुष्क मृदा में 'कंकर' के परत के संबंध में, निम्नलिखित कथनों पर विचार कीजिए-

1. वे उच्च कैल्शियम सामग्री के कारण बनते हैं।

2. वे केशिका क्रिया के कारण शीर्ष स्तर पर बनते हैं।

3. कंकर परत की उपस्थिति के कारण इस मृदा में किसी भी प्रकार की खेती संभव नहीं है।

उपर्युक्त कथनों में से कौन-सा/से सही है/हैं?

(a) केवल 1
(b) केवल 2 और 3
(c) केवल 1 और 3
(d) 1, 2 और 3

उत्तर (a) शुष्क मिट्टी का निचला स्तर नीचे की ओर बढ़ती कैल्शियम की मात्रा के कारण 'कंकर' (kankar) परतों से घिरा है। **इसलिए, कथन 1 सही है और कथन 2 सही नहीं है।**

कथन 3 सही नहीं है। निम्न सीमा में कंकर स्तर का गठन जल के प्रवेश को प्रतिबंधित करता है और इस तरह जब इस मृदा में सिंचाई हेतु जल उपलब्ध कराया जाता है, तो मृदा की नमी पौधों के स्थायी विकास के लिए आसानी से उपलब्ध होती है।

शुष्क मृदा विशेष रूप से पश्चिमी राजस्थान में विकसित है जो शुष्क स्थलाकृति की विशेषता को प्रदर्शित करते हैं। इस मृदा में ह्यूमस और कार्बनिक पदार्थ का अभाव होता है। पंजाब और हरियाणा में जलवायु परिस्थितियां अत्यधिक सिंचाई के कारण जलोढ़ मृदा में केशिका क्रिया को बढ़ावा देती हैं, जिसका परिणाम मृदा के शीर्ष स्तर पर लवण का निक्षेपित होना है।

10. लाल और पीली मृदा के सन्दर्भ में निम्नलिखित कथनों में से कौन-सा/से सही है/हैं?

1. ये मुख्य रूप से कम वर्षा वाले क्षेत्रों में पाई जाती हैं।

2. ये क्रिस्टलीय आग्नेय चट्टानों से विकसित होती हैं।

3. ये व्यापक रूप से घर के निर्माण में उपयोग हेतु ईंटों के रूप में काटी जाती हैं।

नीचे दिए गए कूट का प्रयोग कर सही उत्तर चुनिए-

(a) केवल 1 और 2
(b) केवल 2 और 3
(c) केवल 1
(d) 1, 2 और 3

उत्तर (a) **कथन 1 सही है।** लाल मृदा, दक्कन के पठार के पूर्वी और दक्षिणी भाग में कम वर्षा वाले क्षेत्रों में विकसित होती है। लाल मृदा, मृदा का प्रकार है जो गर्म, शीतोष्ण, आर्द्र जलवायु में मिश्रित या पर्णपाती वनों में वृक्षों के नीचे विकसित होती है। इसमें पतली कार्बनिक एवं कार्बनिक-खनिज परतें होती हैं जो एक पीली-भूरी निक्षालित परत के ऊपर होती हैं।

कथन 2 सही है। लाल मृदा, क्रिस्टलीय आग्नेय चट्टानों पर विकसित होती है। क्रिस्टलीय और रूपांतरित चट्टानों में लोहे के एक व्यापक विसरण के कारण मिट्टी लाल रंग की हो जाती है। यह पीली दिखाई देती है जब यही विसरण जलयोजित/हाइड्रेटेड रूप में होता है बारीक कणों वाली लाल और पीली मृदा सामान्यतः उपजाऊ होती है। शुष्क उच्चभूमि क्षेत्रों में पायी जाने वाली मोटी (Coarse grained) मृदा की उर्वरता निम्न होती है।

कथन 3 सही नहीं है व्यापक रूप से लेटेराइट मृदा (न कि लाल एवं पीली मृदा) पर के निर्माण में उपयोग हेतु ईंटों के रूप में काटी जाती हैं। ये मृदा आसानी से एक कुदाल से काटी जा सकती है, लेकिन हवा के संपर्क में आने पर ये लोहे जैसी कठोर हो जाती हैं। ये मृदा मुख्य रूप से प्रायद्वीपीय पठार के उच्च क्षेत्रों में विकसित हुई है।

11. जिन क्षेत्रों में पीट मृदा पाई जाती है, उन क्षेत्रों में निम्न में से कौन-सी स्थिति/स्थितियां पाई जाती है/हैं?

1. अत्यधिक वर्षा

2. कम वनस्पति विकास

3. ह्यूमस की प्रचुरता

नीचे दिए गए कूट का प्रयोग कर सही उत्तर चुनिए-

(a) केवल 1 और 2
(b) केवल 1 और 3
(c) केवल 2
(d) 1, 2 और 3

उत्तर (b) पीट मिट्टी बिहार के उत्तरी क्षेत्र, उत्तराखंड के दक्षिणी भाग भारी वर्षा और उच्च आर्द्रता के क्षेत्रों में स्थित पश्चिम बंगाल, उड़ीसा और तमिलनाडु के तटीय क्षेत्रों, जहां वनस्पति का अच्छा विकास है, में व्यापक रूप से मिलती हैं। इस प्रकार, मृत कार्बनिक पदार्थ की बड़ी मात्रा इन क्षेत्रों में जम जाती है, जिससे इस मिट्टी में ह्यूमस और कार्बनिक पदार्थ की प्रचुरता बनी रहती है। इस मिट्टी में कार्बनिक पदार्थ 40-50 फीसदी तक हो जाता है। **इसलिए, कथन 2 सही नहीं है।**

ये मिट्टी सामान्य रूप से भारी और काले रंग की होती है। कई जगहों पर ये क्षारीय भी हैं।

12. निम्नलिखित युग्मों पर विचार कीजिए-

स्थानीय नाम	**मृदा**
1. रेगुर	**: काली मृदा**
2. ऊसर	**: लवणीय मृदा**
3. कारी	**: पीट मृदा**

उपर्युक्त युग्मों में से कौन-सा/से सही सुमेलित है/हैं?

(a) केवल 1
(b) केवल 1 और 2
(c) केवल 2 और 3
(d) 1, 2 और 3

उत्तर (d) **युग्म 1 सही है।** यह 'रेगुर मृदा' या 'काली कपास मिट्टी' के रूप में भी जाना जाता है। काली मिट्टी आम तौर पर चिकनी, गहरी और अपारगम्य होती है।

युग्म 2 सही है। ये ऊसर (Usara) मिट्टी के रूप में भी जानी जाती है। लवणीय मिट्टी बड़ी मात्रा में सोडियम, पोटेशियम और मैग्नीशियम धारण करती है, और इस प्रकार ये अनुपजाऊ हैं, तथा इनमें किसी वनस्पति का विकास नहीं होता।

युग्म 3 सही है। ये भारी वर्षा और उच्च आर्द्रता के क्षेत्रों में पाए जाते हैं, जहां वनस्पति की पर्याप्त वृद्धि होती है। इसे केरल में कारी मिट्टी के रूप में जाना जाता है।

13. चोस (Chos) के संबंध में, निम्नलिखित कथनों पर विचार कीजिए।

1. वे पंजाब और हरियाणा के मैदानी इलाकों में मौसमी पहाड़ी धारा (Hill streams) हैं।

2. ये सिल्ट और क्ले प्रवाहित कर मृदा की उर्वरता बढ़ाते हैं।

उपर्युक्त कथनों में से कौन-सा/से सही है/हैं?

(a) केवल 1 (b) केवल 2
(c) 1 और 2 दोनों (d) न तो 1 और न ही 2

उत्तर (a) ये बडी संख्या में मौसमी पहाड़ी प्रचंड धाराएं (Hill torrent) हैं जो शिवालिक श्रेणी को छोड़कर, समतल मैदान में प्रवेश करती है। आस-पास के क्षेत्रों में होने वाली भारी वर्षा के कारण इन धाराओं में अत्यधिक मात्रा में जल भरा होता है तथा ये अपने साथ बालू और सिल्ट की भारी मात्रा भी प्रवाहित करते हैं। ये जब मैदानों की ओर चलती हैं, तो काफी उग्र होती हैं। ये मैदानों में 'चोस' (Chos) के नाम से जानी जाती हैं जहाँ इनकी तली चौड़ी, गुंथी (Braided), छिछली और रेतीली होती है।

चोस ने उपजाऊ मैदानों के बड़े भाग को बंजर बना दिया है चोस तीन प्रकार से भूमि को बंजर बनाने का कार्य करती है-

- पहाड़ियों के निकट पार्श्व संक्षारण (Lateral Corrosion),
- 'चोस (Chos)' के प्रसार से एक बड़े क्षेत्र में हल्के रेत का प्रसार होता है।
- पवनें, जो दूर के स्थानों तक रेत ले जाती हैं।

14. निम्नलिखित सूक्ष्म जीवों पर विचार कीजिए-

1. जीवाणु 2. कवक
3. प्रोटोजोआ 4. विषाणु

उपर्युक्त में से कौन-से सूक्ष्म जीव, मृदा के विकास में योगदान देते हैं?

(a) केवल 1 और 2
(b) केवल 1, 2 और 4
(c) केवल 1, 2 और 3
(d) 1, 2, 3 और 4

उत्तर (c) सूक्ष्म जीव मिट्टी की अनुमानित तीन चौथाई चपापचय गतिविधि के लिए उत्तरदायी हैं। ये सूक्ष्म जीव मृत जीवों से पोषक तत्व मुक्त करने में सहायता करते हैं। शैवाल, कवक, प्रोटोजोआ, एक्टिनोसाईसिटीज और अन्य मामूली जीव मिट्टी के विकास में भूमिका निभाते हैं। विषाणु मिट्टी के विकास में प्रत्यक्ष भूमिका नहीं निभाते हैं क्योंकि विकास और अस्तित्व के लिए इन्हें पोषण की आवश्यकता होती है।

15. मृदा अपरदन के संदर्भ में निम्नलिखित कथनों पर विचार करें-

1. अवनालिका अपरदन भारी वर्षा के बाद समतल भूमि पर होता है।

2. परतदार अपरदन सामान्यत: खड़ी ढालों पर दृष्टिगोचर होता है।

उपर्युक्त कथनों में से कौन-सा/से सही है/हैं?

(a) केवल 1
(b) केवल 2
(c) 1 और 2 दोनों
(d) न तो 1, न ही 2

उत्तर (d) परतदार अपरदन भारी वर्षा के बाद समतल भूमि पर होता है और मिट्टी का प्रतिस्थापन आसानी से दृष्टिगोचर नहीं होता है। यह हानिकारक है क्योंकि इससे महीन और अधिक उपजाऊ ऊपरी मिट्टी बन जाती है।

अवनालिका अपरदन खड़ी ढलानों पर आम है। वर्षा से गहरी बनी अवनालिकाएं कृषि भूमि को छोटे टुकड़ों में विभाजित कर देती हैं और खेती के लिए उन्हें अनुपयुक्त बना देती है।।

इसलिए, दोनों ही कथन गलत हैं।

16. भारत में मृदा की घटती हुई उर्वराशक्ति की समस्या को निम्नलिखित में से किन संरक्षण उपायों द्वारा सुलझाया जा सकता है?

1. परिरेखा (Contour) जुताई।
2. अवनालिका के किनारे मेड़ों का निर्माण।
3. झूम कृषि को बढ़ावा देकर।
4. गाय के गोबर तथा जिप्सम का प्रयोग।
5. वायु रोधकों का निर्माण

नीचे दिए गए कूट का प्रयोग कर सही उत्तर चुनिए-

(a) केवल 1, 2, और 3
(b) केवल 1, 2, 4 और 5
(c) केवल 2, 4 और 5
(d) 1, 2, 3, 4 और 5

उत्तर (b) मृदा संरक्षण की निम्नलिखित विधियां हैं- वनीकरण, वृक्षों की कटाई पर प्रतिबन्ध, परिरेखीय (Contour) जुताई तथा पट्टीदार (स्ट्रिप) खेती, बाढ़ों पर नियंत्रण, झूम खेती पर प्रतिबंध, लम्बे समय से बंजर पड़े क्षेत्रों को पुन: कृषि योग्य बनाना तथा जिप्सम इत्यादि के प्रयोग द्वारा लवणीय तथा क्षारीय मृदा की गुणवत्ता में सुधार करना।

17. भारत में रेगुर मृदा के संबंध में निम्नलिखित कथनों पर विचार कीजिए-

1. यह दक्कन ट्रैप क्षेत्र में पायी जाती है।
2. दक्कन क्षेत्र के सूखे तथा गर्म मौसम के कारण यह वर्षा-पोषित फसलें उगाने के लिए उपयुक्त नहीं है।
3. यह कपास की खेती के लिए उपयुक्त होती है।

4. यह प्रकृति में मृत्तिकामय (Clayey) तथा अप्रवेश होती है।

उपर्युक्त कथनों में से कौन-सा/से सही नहीं है/हैं?

(a) केवल 1 और 3
(b) केवल 2
(c) केवल 2 और 4
(d) केवल 4

उत्तर (b) काली मृदा/रेगुर मृदा दक्षिण के पठारों तथा आंध्र प्रदेश और तमिलनाडु के कुछ भागों में पायी जाती है। यह कपास की खेती के लिए उपयुक्त होती है तथा मृत्तिकामय (clayey) एवं अप्रवेश्य दोनों ही प्रकृति की होती है। **इसलिए, कथन 1, 3 और 4 सत्य हैं।**

चिपचिपी तथा गीली होने पर यह फूल जाती है तथा सूखी होने पर सिकुड़ जाती है (इसमें दरारें पड़ जाती है जिससे जुताई में आसानी होती है)। काली मृदा की यह अनोखी विशेषता, यथा मंद अवशोषण तथा अपेक्षाकृत कम आर्द्रता के नाश से आर्द्रता को लम्बे समय तक बनाए रखने में सहायता करती हैं तथा सूखे मौसमों में भी वर्षा-पोषित फसलों को उगाने में आसानी होती है। **इसलिए, द्वितीय कथन असत्य है।**

18. निम्नलिखित में से कौन-सा भारत में सिंचित कृषि भूमि क्षेत्र में मृदा निम्नीकरण का मुख्य कारण है?

(a) भूमि का अवसादन
(b) अवनालिका अपरदन
(c) मृदा की क्षारीयता तथा लवणता
(d) वायु अपरदन

उत्तर (c) सिंचित तथा कृषि योग्य भूमि के एक बड़े भाग की उर्वराशक्ति क्षारीयता तथा लवणता के कारण समाप्त हो गयी है (लगभग 80 लाख हेक्टेयर भूमि की उर्वराशक्ति क्षारीयता तथा लवणता के कारण और 70 लाख हेक्टेयर भूमि की उर्वराशक्ति जल-जमाव के कारण)।

19. निम्नलिखित में से कौन-सी मृदा संरक्षण की विधियाँ हैं?

1. समोच्च जुताई
2. वेदिका (सीढ़ीदार) खेती
3. बांधों का निर्माण
4. पट्टीदार खेती

नीचे दिए गए कूट का प्रयोग कर सही उत्तर चुनिए–

(a) केवल 1, 2 और 4
(b) केवल 1 और 3
(c) 1, 2, 3 और 4
(d) केवल 2, 3 और 4

उत्तर (c) मृदा संरक्षण मिट्टी की उर्वरता बनाए रखने, मृदा अपरदन और उर्वरता समाप्ति की रोकथाम करने और मिट्टी की निम्नीकृत स्थिति में सुधार करने की क्रियाविधि है। मृदा संरक्षण की विभिन्न विधियाँ हैं, जैसे कि–

सीढ़ीनुमा खेती– पहाड़ी ढलानों पर सीढ़ीदार खेतों का निर्माण किया जाता है जो बांध के रूप में कार्य करते हैं, ये सीढ़ीदार खेत मृदा अपरदन और बहते जल को बहने से रोकने में सहायक होते हैं।

समोच्च जुताई– ढाल के समोच्च के साथ जुताई से बहते पानी या भूपृष्ठीय अपवाह द्वारा बहाकर दूर ले जाने की रोकथाम होती है।

अवनालिका भराई– भारी वर्षा के दौरान, जल अपरदन के कारण मिट्टी में बनी अवनालिकाओं को गाद निक्षेपण से भरा जाता है।

बांधों-का निर्माण– नदियों से मृदा अपरदन होता है। मृदा अपरदन को नियंत्रित करने के लिए नदियों के ऊपरी मार्ग में बांध बनाए जाते हैं।

मृदा संरक्षण की अन्य विधियां आश्रय पट्टिका, पट्टीदार खेती और वृक्षारोपण हैं। **इसलिए विकल्प (c) सही है।**

20. जलोढ़ मृदाओं के संबंध में निम्नलिखित में से कौन-सा/से कथन सही है/हैं?

1. ये सम्पूर्ण उत्तरी मैदान को कवर करती हैं।
2. ये सामान्यतः पोटाश से समृद्ध होती हैं।
3. ये ह्यूमस से समृद्ध होने के कारण अत्यधिक उपजाऊ मृदाएँ होती हैं।

नीचे दिए गए कूट का प्रयोग कर सही उत्तर चुनिए–

(a) केवल 1 और 2
(b) केवल 2
(c) केवल 1 और 3
(d) 1, 2 और 3

उत्तर (a) **कथन 1 सही है।** यह व्यापक रूप से विस्तृत और महत्वपूर्ण मृदा है। वास्तव में, समूचा उत्तरी मैदान जलोढ़ मृदा से निर्मित है। इसे तीन महत्वपूर्ण हिमालयी नदी प्रणालियों - सिंधु, गंगा और ब्रह्मपुत्र द्वारा निक्षेपित किया जाता है।

कथन 2 सही है। जलोढ़ मृदाएं सामान्यतः पोटाश और चूना से समृद्ध होती हैं लेकिन इसमें फॉस्फोरस की कमी पायी जाती है।

कथन 3 सही नहीं है। बाढ़ द्वारा प्रतिवर्ष निक्षेपित महीन गाद के कारण जलोढ़ मृदा उपजाऊ होती है। गंगा के डेल्टा क्षेत्र की जलोढ़ को छोड़ दिया जाए तो इन मृदाओं में ह्यूमस और नाइट्रोजन की कमी होती है। इसलिए, यह विभिन्न प्रकार की रबी और खरीफ फसलों के लिए अनुकूल होती है।

21. एक प्रकार की मृदा की निम्नलिखित विशेषताओं पर विचार कीजिए–

1. यह ह्यूमस और कार्बनिक पदार्थों में समृद्ध होती है।
2. यह अत्यधिक अम्लीय होती है।
3. यह बिहार के उत्तरी भागों और पश्चिम बंगाल के तटीय क्षेत्रों में व्यापक रूप से पाई जाती है।

उपर्युक्त विशेषताएं निम्नलिखित में से कौन-सी मृदा का सबसे उपयुक्त वर्णन करती है?

(a) पीटमय मृदा (b) लवणीय मृदा
(c) शुष्क मृदा (d) पीली मृदा

उत्तर (a) पीट मृदा उच्च वर्षा और उच्च आर्द्रता वाले क्षेत्रों में पाई जाती है, जहाँ वनस्पति का अच्छा विकास होता है। इस प्रकार, इन क्षेत्रों में मृत जैविक पदार्थों का अत्यधिक निक्षेप पाया जाता है और जिसके परिणामस्वरूप ह्यूमस और जैविक पदार्थों से समृद्ध मृदा का निर्माण होता है। इनमें 10-40% कार्बनिक पदार्थ होते हैं। यह व्यापक रूप से बिहार के उत्तरी भाग, उत्तराखंड के दक्षिणी भाग, पश्चिम बंगाल के तटीय क्षेत्रों, ओडिशा और तमिलनाडु और केरल के कोट्टायम और अलाप्पुझा जिले में पायी जाती है, जहाँ इसे 'कारी' कहा जाता है। पीटमय मृदा काली, नमीयुक्त और दलदली होती है। इसकी प्रकृति अम्लीय होती है, जो अपघटन की प्रक्रिया को धीमा कर देती है और जिसके परिणामस्वरूप मृदा में पोषक तत्त्वों की कमी पाई जाती है।

22. काली मृदा निम्नलिखित में से किससे समृद्ध है?

1. लोहा 2. मैग्नीशियम
3. एलुमिना 4. नाइट्रोजन

नीचे दिए गए कूट का प्रयोग कर सही उत्तर चुनिए–

(a) केवल 2 और 4
(b) केवल 1, 2 और 3
(c) केवल 2, 3 और 4
(d) 1, 2, 3 और 4

उत्तर (b) काली मृदाएं चूने, लौह, मैग्नीशियम एवं एलुमिना से समृद्ध होती है। उनमें पोटाश भी पाया जाता है। लेकिन उनमें फॉस्फोरस, नाइट्रोजन एवं कार्बनिक पदार्थ का अभाव होता है। मिट्टी का रंग गहरे काले से भूरे रंग का होता है। दक्षिणी पठार का अधिकांश भाग जिसमें महाराष्ट्र, मध्य प्रदेश, गुजरात, आंध्रप्रदेश और तमिलनाडु के कुछ भाग सम्मिलित हैं; काली मृदा से आच्छादित है।

23. निम्नलिखित में से कौन-सा/से उपचारात्मक उपाय मृदा अपरदन को कम करने के लिए अपनाया/अपनाए जाता/जाते है/हैं?

1. मिश्रित फसल
2. फसल चक्रण
3. स्थानांतरित कृषि

नीचे दिए गए कूट का प्रयोग कर सही उत्तर चुनिए-

(a) केवल 1 और 2
(b) केवल 2
(c) 1, 2 और 3
(d) केवल 1 और 3

उत्तर (a) मृदा अपरदन वास्तव में दोषपूर्ण क्रियाविधियों के कारण बढ़ रहा है। अति-चारण और स्थानान्तरी कृषि ने भारत के कई भागों में भूमि के प्राकृतिक आवरण को प्रभावित किया है एवं इसके कारण व्यापक स्तर पर अपरदन को बढ़ावा मिला है।

समोच्च निर्माण, समोच्च वेदिकाकरण, विनियमित वानिकी, नियंत्रित चारण, आच्छादन शस्यन, मिश्रित फसल एवं फसल आवर्तन इत्यादि मृदा अपरदन को कम करने के लिए प्राय: अपनाए जाने वाले कुछ उपचारात्मक उपाय हैं।

मिश्रित फसल - मिश्रित फसल दो या तीन फसलों को एक साथ एक ही भूमि पर बोने की प्रणाली है, जिनमें से एक मुख्य फसल होती है और अन्य उप-फसलें होती हैं।

फसल आवर्तनिक - यह कृषि की ऐसी पद्धति है जहाँ एक खेत पर विभिन्न प्रकार के पौधों को एक के बाद एक उगाया जाता है जिससे मृदा स्वस्थ और उपजाऊ बनी रहे।

24. 'लाल और पीली मृदा' लौह तत्व के व्यापक विसरण के कारण लाल प्रतीत होती है। यह पीली उस समय प्रतीत होती है जब-

(a) नमी की हानि होती है।
(b) यह जलयोजित रूप में पायी जाती है।
(c) इसमें ह्यूमस का संचय होता है।
(d) मृदा के लौह तत्व का निष्कासन हो जाता है।

उत्तर (b) रवेदार और कायांतरित चट्टानों में लोहे के व्यापक विसरण के कारण यह मिट्टी लाल रंग की हो जाती है। जलयोजित रूप में होने पर यह पीली दिखती है। महीन कणों वाली लाल और पीली मिट्टी सामान्यत: उपजाऊ होती है, जबकि शुष्क उच्चभूमि वाले क्षेत्रों में पाई जाने वाली मोटे कणों वाली मिट्टी में कम उर्वरता होती है।

25. मृदा के प्रकार के संबंध में निम्नलिखित कथनों पर विचार कीजिए-

1. यह नम होने पर फूलकर चिपचिपी हो जाती है एवं शुष्क होने पर सिकुड़ जाती है।
2. यह अत्यधिक लम्बे समय तक नमी बनाए रखती है।
3. यह गोदावरी और कृष्णा नदी बेसिन के ऊपरी क्षेत्रों में पाई जाती है।

उपर्युक्त विशेषताओं के आधार पर मृदा प्रकार की पहचान कीजिए।

(a) लैटेराइट मृदा (b) काली मिट्टी
(c) लाल मिट्टी (d) जलोढ़ मृदा

उत्तर (b) काली मृदा या काली मिट्टी को 'रेगूर मिट्टी' या 'काली कपास मृदा' के रूप में जाना जाता है। काली मिट्टी सामान्यत: चिकनी, गहरी और अपारगम्य होती है। गीली होने पर काली मिट्टी फूल जाती है और चिपचिपी हो जाती है और सूखने पर सिकुड़ जाती है। शुष्क मौसम के दौरान, इस मिट्टी में चौड़ी दरारें पड़ जाती हैं। इसकी विशेषता नमी का धीमा अवशोषण और हानि होती है। काली मिट्टी बहुत लंबे समय तक नमी बनाए रखती हैं। जिससे शुष्क मौसम के दौरान भी टिके रहने में फसलों (यहां तक कि वर्षा सिंचित फसलों) को सहायता मिलती है। काली मिट्टी दक्कन के अधिकांश पठार में पाई जाती है जिसमें महाराष्ट्र, मध्य प्रदेश, गुजरात, आंध्र प्रदेश के भाग, गोदावरी का ऊपरी भाग और कृष्णा नदी की घाटी और तमिलनाडु के कुछ भाग सम्मिलित हैं।

26. मृदा सर्पण (Soil Creep) का संदर्भ किससे है?

(a) पहाड़ियों की ढलानों से नीचे की ओर मृदा का मंद एवं क्रमिक संचलन।
(b) मृदा की जल से पूर्ण संतृप्ति।
(c) खड़ी ढलानों पर मृदा के विशाल द्रव्यमान का तीव्र संचलन।
(d) भूकंपों के कारण चट्टानों का ढीला हो जाना।

उत्तर (a) मृदा सर्पण (Soil Creep) पहाड़ियों की ढाल पर नीचे की ओर मिट्टी का धीमी, क्रमिक लेकिन कम या अधिक निरंतर गति को संदर्भित करता है। यह गति बहुत स्पष्ट नहीं होती है, विशेषकर जब ढलान बहुत मंद होती है या जब मिट्टी अच्छी तरह से घास या अन्य वनस्पतियों से ढकी होती हैं।

27. निम्नलिखित युग्मों पर विचार कीजिए-

भूआकृतिक विशेषता	निर्माण की प्रकृति
1. हिमालय	: बहिर्जात और अंतर्जात विवर्तनिक बल
2. उत्तरी मैदान	: भू-अभिनतिक अवनमन में अवसादों का निक्षेप
3. तटीय मैदान	: निमज्जन एवं उन्मज्जन प्रक्रियाएं

उपर्युक्त युग्मों में से कौन-सा/से सही सुमेलित है/हैं?

(a) केवल 1 और 2
(b) केवल 2 और 3
(c) केवल 1 और 3
(d) 1, 2 और 3

उत्तर (a) केशिकीय क्रिया के कारण लवणीय मृदा का निर्माण होता है। केशिकीय क्रिया से मृदा की ऊपरी परत पर लवण का निक्षेपण होता है जिससे मृदा लवणीय हो जाती है। **इसलिए, कथन 1 सही नहीं है।** यह मृदा शुष्क और अर्ध-शुष्क क्षेत्रों, जल जमाव वाले और दलदली क्षेत्रों में पायी जाती है। इसकी संरचना बलुई से लेकर चिकनी दोमट तक होती है। लवणीय मृदा को 'ऊसर' मिट्टी के रूप में भी जाना जाता है। **इसलिए, कथन 2 और 3 सही हैं।**

28. लाल मृदा की विशेषताओं के संबंध में निम्नलिखित कथनों पर विचार कीजिए।

1. इसका मृदा संस्तर सामान्यत: उथला और प्रकृति में अम्लीय होता है।
2. यह नाइट्रोजन और कार्बनिक पदार्थ से समृद्ध होती है, इस प्रकार यह दलहन के लिए उपयुक्त होती है।
3. यह शुष्क कृषि के लिए आदर्श मृदा है क्योंकि यह कम वर्षा वाले क्षेत्रों में निर्मित होती है।

उपर्युक्त कथनों में से कौन-सा/से सही है/हैं?

(a) केवल 1
(b) केवल 3
(c) केवल 1 और 3
(d) 1, 2 और 3

उत्तर (b) **कथन 1 सही नहीं है।** मृदा सामान्यत: उथली होती है, लेकिन इसका pH मान- 6.6 से 8.0 के बीच होता है, अत: लाल मृदा थोड़ी क्षारीय होती है।

कथन 2 सही नहीं है क्योंकि लाल मृदा में नाइट्रोजन, पोटाश, फॉस्फोरस और कार्बनिक पदार्थों की कमी होती है।

कथन 3 सही है क्योंकि लाल मृदा का निर्माण कम वर्षा वाले क्षेत्रों में होता है। लाल मृदा पारागम्य होती है, इस प्रकार कम नमी रोक सकती है। अत: लाल मृदा शुष्क खेती के लिए अच्छी हो सकती है।

29. निम्नलिखित में से कौन-सा/से कथन काली मृदा के संबंध में सही है/हैं?

1. काली मृदा में नाइट्रोजन, फॉस्फोरस और कार्बनिक पदार्थ कम होता है।
2. इसकी संरचना बारीक होती है और प्रकृति में चिकनी होती है।
3. काली मृदा चूना, लोहा और मैग्नीशियम से बहुत समृद्ध होती है।

नीचे दिए गए कूट का प्रयोग कर सही उत्तर चुनिए–

(a) केवल 1
(b) केवल 1 और 3
(c) केवल 2 और 3
(d) 1, 2 और 3

उत्तर (d) **कथन 1 सही है** क्योंकि, काली मृदा में नाइट्रोजन, फास्फोरस और कार्बनिक पदार्थों की कमी होती है।

कथन 2 सही नहीं है क्योंकि, काली मृदा की संरचना बारीक और प्रकृति में चिकनी होती है।

कथन 3 सही है क्योंकि, ज्वालामुखी चट्टानों के अनाच्छादन से निर्मित होने के कारण लावा मृदाएं चूना, लोहा और मैग्नीशियम में समृद्ध होती हैं।

30. निम्नलिखित में से कौन-सा/से कथन जलोढ़ मृदा की विशेषताओं के संबंध में सही है/हैं?

1. यह केवल भारत के उत्तरी मैदानों तक सीमित है।
2. गंगा के डेल्टा को छोड़कर इसमें ह्यूमस की कमी है।
3. जलोढ़ मृदाएं शुष्क क्षेत्रों में अधिक क्षारीय हैं।

नीचे दिए गए कूट का प्रयोग कर सही उत्तर चुनिए–

(a) केवल 1
(b) केवल 2
(c) केवल 2 और 3
(d) 1, 2 और 3

उत्तर (c) **कथन 1 सही नहीं है** क्योंकि, तटीय मैदानों सहित पूरे भारत में सभी नदी मैदानों में जलोढ़ मृदा पाई जाती है।

कथन 2 सही है क्योंकि, ह्यूमस समृद्ध गंगा डेल्टा को छोड़कर, जलोढ़ मृदा में ह्यूमस की कमी होती है।

कथन 3 सही है क्योंकि, शुष्क क्षेत्रों में जलोढ़ मृदा क्षारीय होती है।

31. लेटेराइट मृदा के संबंध में निम्नलिखित में से कौन-सा/से कथन सही है/हैं?

1. यह मुख्य रूप से उच्च तापमान और उच्च वर्षा वाले क्षेत्रों में पाई जाती है।
2. यह नमी बनाए नहीं रखती है चाय, कॉफी तथा काजू की फसलों के लिए उपयुक्त होती है।

नीचे दिए गए कूट का प्रयोग कर सही उत्तर चुनिए–

(a) केवल 1 (b) केवल 2
(c) 1 और 2 दोनों (d) न तो 1, न ही 2

उत्तर (c) **कथन 1 सही है।** लेटेराइट उच्च तापमान और उच्च वर्षा वाले क्षेत्रों में विकसित होती है।

कथन 2 सही है क्योंकि, लेटेराइट मृदा की संरचना मोटी होती है और यह नमी बनाए नहीं रख सकती है। इसके अतिरिक्त इसमें अधिकांश खनिजों और ह्यूमस की कमी होती है, इसलिए ये उपजाऊ नहीं होती हैं। इस प्रकार केवल चाय, कॉफी, साबूदाना, काजू आदि जैसी विशेष फसलें उगाई जाती हैं।

32. निम्नलिखित में से कौन मृदा अपरदन रोकने में सहायता कर सकता है?

1. रासायनिक उर्वरकों का प्रयोग
2. सीढ़ीदार खेती
3. झूम खेती

नीचे दिए गए कूट का प्रयोग कर सही उत्तर चुनिए–

(a) केवल 1 और 3
(b) केवल 1 और 2
(c) केवल 2
(d) 1, 2 और 3

उत्तर (c) रासायनिक उर्वरकों के उपयोग से मृदा क्षरण की समस्या होती है। जैविक खाद की अनुपस्थिति में भी रासायनिक उर्वरक मिट्टी के लिए हानिकारक होते हैं। जब तक मिट्टी पर्याप्त ह्यूमस नहीं प्राप्त करती है, रसायन उसे कड़ा बना देते हैं और दीर्घकाल में उसकी उर्वरता कम कर देते हैं।

सीढ़ीदार खेती और विनियमित वानिकी मृदा संरक्षण की लोकप्रिय विधियां हैं। समोच्च मेंड़बंदी, समोच्च सीढ़ीदार खेत, विनियमित वानिकी, नियंत्रित चराई, फसली अच्छादन, मिश्रित खेती और फसल चक्रीकरण कुछ उपचारात्मक उपाय हैं जिन्हें अक्सर मिट्टी का अपरदन कम करने के लिए अपनाया जाता है।

झूम कृषि ऐसी कृषि प्रणाली है जिसमें व्यक्ति केवल कुछ समय बाद छोड़ने या आरंभिक उपयोग में परिवर्तन करने के लिए भूमि के टुकड़े का उपयोग करता है। इस प्रणाली में प्रायः भूमि का टुकड़ा साफ करना सम्मिलित होता है जिसके बाद मिट्टी की उर्वरता खोने से पूर्व कई वर्षों तक लकड़ी की कटाई या खेती की जाती है। एक बार जब भूमि फसलोत्पादन के लिए अनुपयुक्त हो जाती है तो इसे प्राकृतिक वनस्पति उगने के लिए छोड़ दिया जाता है, या कभी-कभी अलग दीर्घकालिक चक्रीय खेती के लिए परिवर्तित कर दिया जाता है। पुनरोत्पति की पूरी अवधि के बिना, भूमि पोषक तत्वों की कमी से नहीं उबर पाती है, मिट्टी का अपरदन होने लगता है और मिट्टी की संरचना में गिरावट आने लगती है।

33. जलोढ़ मृदाओं के संबध में निम्नलिखित कथनों पर विचार कीजिए।

1. वे निक्षेपण मृदाएँ हैं और उनकी प्रकृति रेतीले दोमट से चिकनी मिट्टी तक परिवर्तित होती है।
2. खादर और बांगर क्रमशः नए और पुराने जलोढ़ निक्षेप हैं।
3. मृदा में बालू की मात्रा पश्चिम से पूर्व की ओर बढ़ती जाती है।

नीचे दिए गए कूट का प्रयोग कर सही उत्तर चुनिए–

(a) केवल 1 और 2
(b) केवल 1 और 3
(c) केवल 2
(d) केवल 1, 2 और 3

उत्तर (a) **कथन 1 सही है।** जलोढ़ मृदाएँ उत्तरी मैदानों और नदी घाटियों में वड़े पैमाने पर पायी जाती हैं। ये मृदाएँ देश के कुल क्षेत्रफल का लगभग 40 प्रतिशत भाग आच्छादित करती हैं। वे नदियों ओर जलधाराओं द्वारा लाई व निक्षेपित की गईं अवसादी मृदाएँ हैं। जलोढ़ मृदाओं की प्रकृति रेतीली दोमट मृदा से लेकर चिकनी मृदा तक भिन्न होती है।

कथन 2 सही है। खादर नई जलोढ़क मृदा है और वार्षिक रूप से बाढ़ों द्वारा निक्षेपित की जाती है, यह महीन मिट्टी से मृदा को समृद्ध करती है। बांगर बाढ़ मैदानों से दूर निक्षेपित पुराने जलोढ़क की प्रणाली का प्रतिधित्व करती है।

कथन 3 गलत है। इसका क्रम इससे विपरीत है अर्थात्, मृदा में रेत की मात्रा पश्चिम से पूर्व की ओर घटती जाती है।

34. निक्षालन के संबंध में निम्नलिखित में से कौन-सा/से कथन सही है/हैं?

1. निक्षालन के कारण चूना और सिलिका बह जाते हैं और एल्यूमीनियम के यौगिक पीछे बचे रह जाते हैं।
2. लैटेराइट मृदाएँ भारी उष्णकटिबंधीय वर्षा के कारण होने वाले निक्षालयन से निर्मित होती है।

नीचे दिए गए कूट का प्रयोग कर सही उत्तर चुनिए–

(a) केवल 1 (b) केवल 2
(c) 1 और 2 दोनों (d) न तो 1 न ही 2

उत्तर (c) **कथन 1 सही है** क्योंकि, निक्षालन में मृदा के विसिलिकायन (डिसिलिकेशन) की प्रक्रिया सम्मिलित होती है। इस प्रक्रिया में मृदा

से चूना और सिलिका छनकर नीचे चले जाते हैं और एल्यूमीनियम के यौगिक ऊपर ही रह जाते हैं। निक्षालन की प्रक्रिया में पोषक तत्वों का ऊपरी मृदा से बह जाना सम्मिलित होता है। पोषक तत्व मृदा से छनकर बह जाते हैं।

कथन 2 सही है क्योंकि, लैटेराइट मृदाएँ भारी मौसम वर्षा के क्षेत्रों में निर्मित होती हैं जिसके परिणामस्वरूप चट्टानों का अपक्षय और उसके बाद निक्षालन होता है।

35. लाल मृदाओं के संबंध में निम्नलिखित में से कौन-सा/से कथन सही है/हैं?

1. लाल मृदा, जलोढ़ मृदा के बाद दूसरा सबसे बड़ा मृदा समूह निर्मित करती है।

2. कॉपर ऑक्साइडों की उपस्थिति के कारण इसका रंग लाल होता है।

3. जलयोजित होने के कारण यह पीले रंग की दिखाई देती है।

नीचे दिए गए कूट का प्रयोग कर सही उत्तर चुनिए–

(a) केवल 1

(b) केवल 1 और 3

(c) केवल 2 और 3

(d) 1, 2 और 3

उत्तर (b) **कथन 1 सही है** क्योंकि, लाल मृदा संपूर्ण प्रायद्वीपीय पठार पर पायी जाती है। यह काली मृदा क्षेत्रों के चारों ओर एक वृत्त का निर्माण करती है।

कथन 2 सही नहीं है क्योंकि, लाल मृदा अपना लाल रंग आयरन ऑक्साइड से प्राप्त करती है।

कथन 3 सही है क्योंकि, लाल मृदा इसमें विद्यमान लवणों में जलयोजन (हाइड्रेशन) के कारण पीले रंग की प्रतीत होती है।

36. काली मृदा में खेती के संबंध में निम्नलिखित में से कौन-सा/से कथन सही है/हैं?

1. काली मृदा शुष्क ऋतु में संकुचित होती है और इसमें दरारें पड़ जाती हैं जो वायु के परिसंचरण में सहयोग करती है।

2. काली मृदा की नमी धारण क्षमता उच्च होती है।

3. काली मृदा गन्ने और कपास की खेती के लिए अच्छी होती है।

नीचे दिए गए कूट का प्रयोग कर सही उत्तर चुनिए–

(a) केवल 1

(b) केवल 1 और 2

(c) केवल 2 और 3

(d) 1, 2 और 3

उत्तर (d) **कथन 1 सही है** क्योंकि, क्ले से समृद्ध (50%) होने के कारण काली मृदा नम होने पर फूल जाती है और इसकी जुताई में कठिनाई आती है। शुष्क मौसम में वे फैलती हैं और उनमें दरारें उत्पन्न हो जाती हैं जो वायु के परिसंचरण में सहायोग करती हैं।

कथन 2 सही है क्योंकि, क्ले की अधिक मात्रा के कारण काली मृदा की सभी धारण क्षमता उच्च होती है।

कथन 3 सही है क्योंकि, काली मृदा गन्ना, कपास, ज्वार आदि जैसी फसलों के लिए उपयुक्त होती है।

37. निम्नलिखित कथनों पर विचार कीजिए।

1. स्व-जुताई इससे संबद्ध एक परिघटना है।

2. ये ज्वालामुखी चट्टानों के अनाच्छादन द्वारा निर्मित होती हैं।

3. ये गहरी और अभेद्य हैं।

निम्नलिखित में से मृदा का वह प्रकार कौन-सा है जिसकी विशेषता उपर्युक्त कथनों द्वारा व्यक्त की जाती है?

(a) काली मृदा (b) लैटेराइट मृदा

(c) पीट मृदा (d) शुष्क मृदा

उत्तर (a) काली मृदा बहुत गहरी होती है। इन मृदाओं को रेगड़ मृदा या काली कपास मृदा के रूप में भी जाना जाता है। काली मृदा सामान्य रूप से मृण्मय, गहरी और अभेद्य होती हैं। नम होने पर वे फूल जाती हैं और चिपचिपी हो जाती हैं और सूखने पर संकुचित हो जाती हैं। इसलिए, शुष्क ऋतु के दौरान, इन मृदाओं में चौड़ी दरारें विकसित हो जाती हैं। इस प्रकार, इनमें एक प्रकार की स्व जुताई हो जाती है।

नमी के अवशोषण एवं हानि की मंद गति के इस गुण के कारण काली मृदा बहुत लंबे समय तक नमी धारण किए रखती है, जो विशेष रूप से वर्षासिंचित फसलों को शुष्क ऋतु के दौरान भी जीवित बने रहने में सहयोग करती है।

38. निम्नलिखित में से किसमें अत्यधिक उत्पादक और पोषक तत्वों से संपन्न चर्नोजम मिट्टी पाए जाने की संभावना है?

(a) रेगिस्तान

(b) भूमध्य सागरीय निम्न ऊंचाई वाले वृक्षों से युक्त भूमि

(c) उष्णकटिबंधीय चारागाह

(d) शीतोष्ण घास के मैदान

उत्तर (d) चर्नोजम शीतोष्ण घास के मैदानों की मिट्टी है। यह यूरोप और एशियाई क्षेत्रों में पाई जाती है। यह पोषक तत्वों से संपन्न होती हैं और इसमें ह्यूमस अधिक होता है। यह बात इसे विश्व में सबसे अधिक उत्पादक मिट्टियों में से एक बनाती है।

39. यूक्रेन की 'ब्लैक अर्थ' या चर्नोजेम मृदा और भारत की काली मृदा के संदर्भ में निम्नलिखित में से कौन-सा/से कथन सही नहीं है/हैं?

1. दोनों ही ह्यूमस और कैल्शियम की दृष्टि से समृद्ध हैं।

2. दोनों ही गैर-निक्षालित मृदा हैं।

3. दोनों ह्यूमस से अपना रंग प्राप्त करती है।

4. दोनों में उच्च नमी धारण क्षमता है।

नीचे दिए गए कूट का प्रयोग कर सही उत्तर चुनिए–

(a) केवल 1 और 2

(b) केवल 1, 2 और 3

(c) केवल 2 और 3

(d) केवल 4

उत्तर (b) 'ब्लैक अर्थ' या चर्नोजेम मृदाएँ ह्यूमस और कैल्शियम की दृष्टि से समृद्ध होती हैं। हालांकि काली मृदाएँ आयरन, कैल्शियम, चूना, पोटाश की दृष्टि से समृद्ध होती हैं किन्तु इनमें नाइट्रोजन, फास्फोरस और कार्बनिक पदार्थ की मात्रा कम होती है। **इसलिए, प्रथम कथन सही नहीं है।**

'ब्लैक अर्थ' गैर-निक्षालित मृदाएँ होती हैं। जबकि भारत की काली मृदाओं में निक्षालन के कारण ह्यूमस की मात्रा बहुत कम होती हैं।

दोनों ही प्रकरणों में, काला रंग खनिज मैट्रिक्स से संबंधित होता है न कि ह्यूमस से। भारत के प्रकरण में इसके कारण टिटेनीफेरस मैग्रेटाइट एवं आयरन और एल्यूमीनियम के यौगिक होते हैं। **अंतिम कथन सही है।**

40. मृदाओं के क्षेत्रीय वर्गीकरण के संदर्भ में निम्नलिखित में से कौन-सा/से कथन सही है/हैं?

1. पेडल्फर आर्द्र जलवायु में पाए जाते हैं, जबकि पेडोकल शुष्क, अर्द्ध शुष्क और उप-आर्द्र क्षेत्रों से संबंधित हैं।

2. पेडल्फर निक्षालित मृदाएँ होती हैं, जबकि पेडोकल मृदाओं में कैल्सीफिकेशन देने को मिलता है।

3. ब्लैक अर्थ या चर्नोजेम मृदाएँ, पेडल्फर समूह की सर्वाधिक समृद्ध मृदाएँ हैं।

नीचे दिए गए कूट का प्रयोग कर सही उत्तर चुनिए–

(a) केवल 1

(b) केवल 1 और 2

(c) केवल 2 और 3

(d) केवल 3

उत्तर (b) मृदा के दो मुख्य समूह पेडल्फर और पेडोकल हैं।

पेडल्फर मृदाएँ-ये उच्च अक्षांशीय शंकुधारी वनों, मध्य अक्षांशीय पर्णपाती वनों से लेकर निम्न अक्षांशीय उष्णकटिबंधीय वनों और घास के मैदानों तक विस्तारित आर्द्र जलवायु में पायी जाने वाली निक्षालित (जिसमें लवण रिसकर नीचे चले जाते हैं) मृदाएँ होती हैं।

पेडोकल - ये शुष्क, अर्द्ध शुष्क, और उप आर्द्र क्षेत्रों से संबंधित होती हैं। इन स्थानों में, संभावित वाष्पन-बाष्पोत्सर्जन की मात्रा वर्षण से अधिक हो जाती है, परिणामस्वरूप घुलनशील खनिज और जल दोनों ही ऊपर की ओर गति करते हैं। इसके परिणामस्वरूप कभी-कभी परतों में कैल्शियम का सान्द्रण हो जाता है, जिसे कैल्सीफिकेसन के रूप में जाना जाता है।

ब्लैक अर्थ या चर्नोजेम मृदाएँ पेडोकल समूह की सर्वाधिक समृद्ध मृदाएँ होती हैं। वे ह्यूमस से समृद्ध होती है और इनकी संरचना कण युक्त और नट जैसी होती है। अत्यधिक नमी धारण क्षमता के कारण इन्हें सिंचाई की आवश्यकता कम होती है। यूक्रेन के स्टेपी क्षेत्र, संयुक्त राज्य अमेरिका के मध्य भाग, मध्य अफ्रीका, दक्षिणी अमेरिका और ऑस्ट्रेलिया इन मृदाओं पर खाद्यान्न फसलों जैसे गेहूँ और जई की अत्यधिक पैदावार अथवा पशुपालन के लिए प्रसिद्ध हैं।

41. मृदा निर्माण के संबंध में निम्नलिखित कथनों पर विचार कीजिए–

1. लाल तथा पीली मिट्टियाँ अपने जनक शैल (Parent rocks) से सशक्त जुड़ाव प्रदर्शित करती हैं।

2. सामान्यतः यदि हम विषुवतरेखा से ध्रुव की ओर यात्रा करें तो हमें मृदा प्रोफाइल की बढ़ती हुई गहराई प्राप्त होगी।

उपर्युक्त कथनों में से कौन-सा/से सही है/हैं?

(a) केवल 1 (b) केवल 2
(c) 1 और 2 दोनों (d) न तो 1, न ही 2

उत्तर (a) लाल तथा पीली मिट्टियाँ रवेदार आग्नेय चट्टानों पर विकसित होती है। इसका लाल रंग लोहे के रवेदार तथा कायांतरित चट्टानों के व्यापक विसरण के कारण होता है। जलयोजित रूप में होने पर इसका रंग पीला हो जाता है। जलोढ़ मिट्टी का अपनी जनक शैल से सबसे कम संबंध होता है।

मृदा प्रोफाइल का अर्थ उदग्र दिशा में मिट्टी के विभिन्न परतों के विन्यास से है। सबसे ऊपरी परत जैविक होती है जिसमें आंशिक रूप से अपघटित जैविक पदार्थ होते हैं जो खनिजयुक्त जल, पौधों की वृद्धि के लिए आवश्यक पोषक तत्वों तथा जल से युक्त होती है। उससे नीचे वाली परत में अदृढ मूल पदार्थ जबकि मध्य परत इन दोनों परतों में संक्रमण के रूप में दिखाई पड़ता है। इन परतों की गहराई जनम शैल के अपक्षयन की सीमा तथा दर पर निर्भर करती है। अपक्षय गर्म तथा आर्द्र जलवायु में तीव्र गति से होता है जो विभिन्न क्षेत्रों की मृदा प्रोफाइल में स्पष्ट प्रतीत होता है। उष्णकटिबंधीय मृदा अधिक गहरी प्रोफाइल को प्रदर्शित करती है तथा टुन्ड्रा क्षेत्र की मिट्टी में मुख्यतः यांत्रिक रूप से टूटे पदार्थ उपस्थित होते हैं।

42. कथन (A): हिमालय की मिट्टियों में 'ह्यूमस' प्रचुर मात्रा में पाया जाता है।

कारण (R): हिमालय में सर्वाधिक क्षेत्र वनाच्छादित है।

कूट–

(a) A तथा R दोनों सही हैं तथा R, A की सही व्याख्या है
(b) A और R दोनों सही हैं परन्तु R, A की सही व्याख्या नहीं है
(c) A सही है, परन्तु R गलत है
(d) A गलत है, परन्तु R सही है

उत्तर (a) हिमालय की मिट्टियों में 'ह्यूमस' प्रचुर मात्रा में पाया जाता है। हिमालय की मिट्टियों में जीवांश (ह्यूमस) की अधिकता होती है। ये जीवांश अधिकतर अनपघटित (Undercomposed) होते हैं। फलस्वरूप ह्यूमिक अम्ल का निर्माण होता है एवं मिट्टी अम्लीय हो जाती है। इस मिट्टी में पोटाश, फॉस्फोरस एवं चूने की कमी होती है। ढालों पर स्थित होने के कारण यह मिट्टी बागानी फसलों की कृषि के लिए उपयोगी होती है। हिमालय में सर्वाधिक क्षेत्र वनाच्छादित है क्योंकि यहाँ पहाड़ी ढाल एवं अधिक वर्षा एवं ह्यूमस के कारण वन अधिक पाये जाते हैं। अतः कथन (A) एवं कारण (R) दोनों सही हैं एवं कारण (R) कथन (A) की सही व्याख्या भी है। **अतः विकल्प (a) होगा।**

43. कथन (A): दक्षिणी ट्रैप की रेगुर काली होती है।

कारण (R): उसमें ह्यूमस प्रचुर मात्रा में होता है।

नीचे दिए गए कूट से सही उत्तर चुनिए–

कूट–

(a) A और R दोनों सही हैं, तथा R, A की सही व्याख्या करता है
(b) A और R दोनों सही हैं परन्तु R, A की सही व्याख्या नहीं करता है
(c) A सही है, परन्तु R गलत है
(d) A गलत है, परन्तु R सही है

उत्तर (a) दक्कन ट्रैप की रेगुर मिट्टी काली होती है, क्योंकि उसमें ह्यूमस प्रचुर मात्रा में पाया जाता है। काली या रेगुर मिट्टी एक परिपक्व मिट्टी है, जो मुख्यतः दक्षिणी प्रायद्वीपीय पठार के लावा क्षेत्र में पायी जाती है, यह मिट्टी गुजरात एवं महाराष्ट्र राज्यों के अधिकांश क्षेत्र, मध्य प्रदेश के पश्चिमी क्षेत्र, कर्नाटक राज्य के उत्तरी जिलों, आन्ध्र प्रदेश के दक्षिणी एवं समुद्रतटीय क्षेत्र, तमिलनाडु के सलेम आदि में पायी जाती है। इस मिट्टी में लौह, चूना, एल्युमीनियम, पोटाश, मैग्नीशियम प्रचुर मात्रा में पाया जाता है। यह मिट्टी कपास एवं धान की उपज के लिए सर्वाधिक उपयुक्त होती है।

44. निम्नलिखित में से भारत का कौन-सा क्षेत्र मृदा अपरदन से अत्यधिक प्रभावित है?

(a) मालवा पठार
(b) उत्तर प्रदेश का तराई क्षेत्र
(c) आन्ध्र तटीय क्षेत्र
(d) चम्बल घाटी

उत्तर (d) भारत की चम्बल घाटी मृदा अपरदन से सबसे अधिक प्रभावित है। वर्तमान समय में भारत में मृदा अपरदन की समस्या काफी गम्भीर है। भारतीय कृषि अनुसन्धान परिषद् (ICAR) के अनुसार भारत की 60% भूमि मृदाक्षरण से ग्रसित है। रसेल के अनुसार भारत में प्रतिवर्ष 1.8 सेमी मोटी मृदा परत का क्षरण हो जाता है। इस मृदा परत के क्षरण के लिए प्राकृतिक एवं मानवीय दोनों ही कारण उत्तरदायी हैं। हाल के वर्षों में मानव द्वारा कृषि भूमि के अवैज्ञानिक प्रयोग के कारण मृदा अपरदन की समस्या गम्भीर होती जा रही है।

45. भारत में सबसे बड़ा मिट्टी का वर्ग है–

(a) लाल मिट्टी (Red Soil)
(b) काली मिट्टी (Black Soil)
(c) बलुई मिट्टी (Sandy Soil)
(d) कछारी मिट्टी (Alluvial Soil)

उत्तर (d) भारत में सबसे बड़ा मिट्टी वर्ग क्षेत्र कछारी मिट्टी (जलोढ़ मिट्टी) है। जलोढ़ मिट्टी का विस्तार भारत में 7.7 लाख वर्ग किमी क्षेत्र में पाया जाता है, जो भारत के कुल भौगोलिक क्षेत्र का लगभग 24% है। इस मिट्टी के दो प्रमुख क्षेत्र हैं–

1. उत्तर का विशाल मैदान
2. तटवर्ती मैदान।

❑❑❑

9 बहुउद्देशीय नदी घाटी परियोजनाएँ

1. निम्नलिखित कथनों पर विचार कीजिए–

1. उत्पादक सिंचाई (प्रोडक्टिव इरीगेशन), उच्च उत्पादकता प्राप्त करने हेतु फसल के मौसम में मिट्टी में पर्याप्त नमी उपलब्ध कराने के लिए होती है।

2. सुरक्षात्मक सिंचाई (प्रोटेक्टिव इरीगेशन), कीटनाशकों को जल में मिलाकर छिड़काव करके रोगों और कीटों से फसलों की रक्षा करने के लिए होती है।

उपर्युक्त कथनों में से कौन-सा/से सही है/हैं?

(a) केवल 1
(b) केवल 2
(c) 1 और 2 दोनों
(d) न तो 1, न ही 2

उत्तर (a) उत्पादक सिंचाई का प्रयोजन उच्च उत्पादकता प्राप्त करने के लिए फसल के मौसम में पर्याप्त मृदा नमी प्रदान करना है। ऐसी सिंचाई में खेती योग्य भूमि के प्रति इकाई क्षेत्रफल के लिए जल का इनपुट सुरक्षात्मक सिंचाई की तुलना में उच्च होता है। **इसलिए, कथन 1 सही है।**

सुरक्षात्मक सिंचाई का उद्देश्य मृदा में नमी की कमी के प्रतिकूल प्रभावों से फसलों को बचाना है। जिसका प्रायः तात्पर्य यह होता है कि सिंचाई, जल के लिए, वर्षा से अतिरिक्त एवं अधिक, एक अनुपूरक स्रोत के रूप में कार्य करती है। इस प्रकार की सिंचाई की रणनीति से यथासंभव अधिकतम क्षेत्र को मृदा नमी प्रदान होती है। **इसलिए, कथन 2 सही नहीं है।**

2. निम्नलिखित में से कौन-सी जल संरक्षण की तकनीक/तकनीकें है/हैं?

1. खत्री 2. जोहड़
3. बावली

नीचे दिए गए कूट का प्रयोग कर सही उत्तर चुनिए–

(a) केवल 1 और 3
(b) केवल 2
(c) केवल 3
(d) 1, 2 और 3

उत्तर (d) विभिन्न क्षेत्रों में जल भंडारण प्रणालियों को विभिन्न नामों से जाना जाता था यथा पश्चिमी हिमालय में खत्री या कुहल, गंगा के मैदानों में बावली या दीघी, मध्य भारत में जोहड़, दक्कन पठार में भडारा या केरे, पश्चिमी घाट में सुरंगम, पूर्वी घाट में कोरम्बू और लद्दाख में जिंग।

3. निम्नलिखित युग्मों पर विचार कीजिए–

	बाँध	**नदियाँ**
1.	**तिलैया**	**: दामोदर**
2.	**रिहन्द**	**: सोन**
3.	**कोयना**	**: कावेरी**

उपर्युक्त युग्मों में से कौन-सा/से सही सुमेलित नहीं है/हैं?

(a) केवल 1 और 2
(b) केवल 2 और 3
(c) केवल 1 और 3
(d) 1, 2 और 3

उत्तर (d) तिलैया बांध, दामोदर घाटी निगम के प्रथम चरण में सम्मिलित किए गए चार बहुउद्देशीय बांधों में से प्रथम बांध था। इसे भारतीय राज्य झारखण्ड के कोडरमा जिले में तिलैया नामक स्थान में बराकर नदी पर बनाया गया था और 1953 में खोला गया था। यह कंक्रीट गुरुत्वाकर्षण बांध है। गुरुत्वाकर्षण बांध में बांध को जल के दाब के विरुद्ध अपने स्थान पर बनाए रखने वाला बल बांध के द्रव्यमान को नीचे की ओर आकर्षित करने वाला पृथ्वी का गुरुत्वाकर्षण होता है। जल बांध पर पार्श्विक रूप से (अनुवाह) दबाव लगाता है, इसकी प्रवृत्ति बांध को इसके अगले सिरे (अनुवाह पक्ष में तल पर स्थित बिन्दु) बांध के निचले) हिस्से से घुमाकर पलट देने की होती है। बांध का भार बांध को उसके अगले सिरे से विपरीत दिशा में घुमाने का प्रयास करते हुए उस बल का प्रतिरोध करता है।

रिहन्द बांध उत्तर प्रदेश के सोनभद्र जिले में पिपरी नामक स्थान के निकट रिहन्द नदी पर बनाया गया है। रिहन्द नदी सोन नदी की सहायक नदी है। कंक्रीट गुरुत्वाकर्षण बांध की अधिकतम ऊँचाई 91 मीटर होती है। रिहन्द बांध द्वारा बनाए गए जलाशय को गोविन्द बल्लभ पंत (GBP) जलाशय के नाम से जाना जाता है। इस बांध को 1954-1962 की अवधि के दौरान पूरा किया गया था।

कोयना जलविद्युत परियोजना भारत में प्रचलित सबसे बड़ा जलविद्युत संयंत्र है। इसमें चार बांध सम्मिलित हैं जिनमें से सबसे बड़ा बांध महाराष्ट्र में कोयना नदी पर है, इसलिए इसका नाम कोयना जलविद्युत परियोजना है। यह सतारा में स्थित है।

4. निम्नलिखित युग्मों में से कौन सा/से सही सुमेलित है/हैं?

	बांध/परियोजना		**नदी**
1.	**तिलैया**	**:**	**हुगली**
2.	**हीराकुंड**	**:**	**महानदी**
3.	**कोयना**	**:**	**कावेरी**

नीचे दिए गए कूट का प्रयोग कर सही उत्तर चुनिए–

(a) केवल 1
(b) केवल 2
(c) केवल 1 और 2
(d) केवल 2 और 3

उत्तर (b) तिलैया बांध बराकर नदी (झारखंड) पर स्थित है।

हीराकुड बांध महानदी नदी (ओडिशा) पर स्थित है।

कोयना बांध कृष्णा की सहायक नदी कोयना नदी (महाराष्ट्र) पर स्थित है।

5. दीर्घकालिक सिंचाई कोष (LTIF) के संबंध में, निम्नलिखित कथनों पर विचार कीजिए–

1. इसका उद्देश्य अधूरी पड़ी बड़ी और मध्यम सिंचाई परियोजनाओं के वित्तपोषण एवं उनके कार्यान्वयन में तेजी लाना है।

2. इसकी स्थापना प्रधान मंत्री कृषि सिंचाई योजना के अंतर्गत नाबार्ड (NABARD) द्वारा की गई है।

उपर्युक्त कथनों में से कौन-सा/से सही है/हैं?

(a) केवल 1 (b) केवल 2
(c) 1 और 2 दोनों (d) न तो 1, न ही 2

उत्तर (c) अधूरी पड़ी बड़ी और मध्यम सिंचाई परियोजनाओं के वित्त पोषण और कार्यान्वयन में तेजी लाने के लिए वर्ष 2016 में 20,000 करोड़ रुपयों के प्रारम्भिक कोष के साथ LTIF की स्थापना की गई थी। **इसलिए, कथन 1 सही है।**

LATIF की स्थापना NABARD द्वारा प्रधानमंत्री कृषि योजना के अंतर्गत की गयी है। **इसलिए, कथन 2 सही है।**

6. भारत में सिंचाई पैटर्न के संबंध में निम्नलिखित कथनों पर विचार कीजिए–

1. नहर सिंचाई उत्तरी मैदानी इलाकों में बड़े पैमाने पर प्रचलित है।

2. दक्कन के पठार में तालाब से की जाने वाली सिंचाई की प्रमुखता है।

उपर्युक्त कथनों में से कौन-सा/से सही है/हैं?

(a) केवल 1

(b) केवल 2

(c) 1 और 2 दोनों

(d) न तो 1, न ही 2

उत्तर (c) भारत के दक्षिणी भाग में तालाब और कूप से सिंचाई अधिक होती है जबकि उत्तरी भारत में नहर से सिंचाई का व्यापक उपयोग होता है।

7. निम्नलिखित में से कौन-सी सिंचाई के स्त्रोतों के कुल आच्छादित क्षेत्र की घटते क्रम में सही व्यवस्था है?

(a) नलकूल एवं अन्य कूप > तालाब > नहरें

(b) नलकूप एवं अन्य कूप > नहरें > तालाब

(c) नहरें > तालाब > नलकूप एवं अन्य कूप

(d) नहरें > नलकूप एवं अन्य कूप > तालाब

उत्तर (b) सिंचाई के साधन

नलकूप एवं अन्य कूप	61.58%
नहरें	24.54%
सिंचाई के अन्य स्रोत	10.91%
तालाब	2.97%

8. निम्नलिखित युग्मों में से कौन-सा/से युग्म सही सुमेलित हैं?

1. मुल्लापेरियार : मुल्लयर नदी

2. पोलवरम : कृष्णा नदी

3. किशनगंगा : झेलम नदी

4. बगलिहार : सिंधु नदी

नीचे दिए गए कूट का प्रयोग कर सही उत्तर चुनिए–

(a) केवल 1

(b) केवल 1 और 3

(c) केवल 1, 3 और 4

(d) केवल 2, 3 और 4

उत्तर (a) मुल्लापेरियार – मुल्लयर नदी और पेरियार नदी दोनों से संबंधित है।

पोलवरम – गोदावरी

किशनगंगा – किशनगंगा

बगलिहार – चिनाब

मुल्लापेरियार शब्द मुल्लयर नदी और पेरियार नदी से लिया गया है, जिनके संगम पर बांध स्थित है।

गोदावरी नदी पर अंतर्राज्यीय परियोजना इंदिरा सागर पोलवरम की परिकल्पना गोदावरी जल विवाद न्यायाधिकरण (जी.डब्ल्यू. डी. टी.) की अनुशंसाओं के भाग के रूप में की गई थी।

किशनगंगा पनबिजली संयंत्र रन-ऑफ-द-रिवर पनबिजली योजना का भाग है जिसे झेलम नदी बेसिन में स्थित विद्युत संयंत्र और किशनगंगा नदी का पानी मोड़ने के लिए डिजाइन किया गया है। हाल ही में, प्रधानमंत्री नरेन्द्र मोदी ने चिनाब नदी पर निर्मित 450 मेगावाट की बगलिहार पनबिजली विद्युत परियोजना के द्वितीय चरण का उद्घाटन किया है।

9. सूची-I को सूची-II से सुमेलित कीजिए और नीचे दिए गए कूट से सही उत्तर चुनिए–

सूची I (परियोजना)	सूची II (राज्य)
A. मेटूर	**तमिलनाडु**
B. मयूराक्षी	**आन्ध्र प्रदेश**
C. नागार्जुन सागर	**पश्चिम बंगाल**
D. हीराकुड	**उड़ीसा**

कूट–

	A	B	C	D
(a)	1	3	2	4
(b)	2	4	3	1
(c)	4	3	1	2
(d)	3	1	4	2

उत्तर (a) सही सुमेलन इस प्रकार है–

सूची I (परियोजना)	सूची II (राज्य)
A. मेटूर	तमिलनाडु
B. मयूराक्षी	पश्चिम बंगाल
C. नागार्जुन सागर	आन्ध्र प्रदेश
D. हीराकुड	उड़ीसा

10. सही जोड़ियाँ बनाइए तथा नीचे दिए गए कूट से सही उत्तर चुनिए–

सूची-I	सूची-II
A. हीराकुड परियोजना	**1. पश्चिम बंगाल**
B. हल्दिया रिफाइनरी	**2. उड़ीसा**
C. तारापुर परमाणु केन्द्र	**3. कर्नाटक**
D. कुद्रेमुख पहाड़ियाँ	**4. महाराष्ट्र**

कूट–

	A	B	C	D
(a)	2	1	3	4
(b)	1	2	4	3
(c)	2	1	4	3
(d)	1	2	3	4

उत्तर (c) उपरोक्त प्रश्न का सही सुमेलन इस प्रकार है–

सूची-I	सूची-II
A. हीराकुड परियोजना	2. उड़ीसा
B. हल्दिया रिफाइनरी	1. पश्चिम बंगाल
C. तारापुर परमाणु केन्द्र	4. महाराष्ट्र
D. कुद्रेमुख पहाड़ियाँ	3. कर्नाटक

❑❑❑

10 कृषि

1. कॉफी की खेती के संबंध में निम्नलिखित कथनों पर विचार कीजिए–

1. इसके लिए समृद्ध व अच्छे जल निकास वाली दोमट मिट्‌टी की आवश्यकता होती है।

2. कॉफी का पौधा 100-200 सेमी. वार्षिक वर्षा वाली उष्ण जलवायु में उगता है।

उपर्युक्त कथनों में से कौन-सा/से सही है/हैं?

(a) केवल 1

(b) केवल 2

(c) 1 और 2 दोनों

(d) न तो 1, न ही 2

उत्तर (c) कॉफी की खेती के लिए समृद्ध, भली-भाँति शुष्क, भुरभुरी दोमट मिट्टी की आवश्यकता होती है जिसमें पर्याप्त मात्रा में वनस्पति अवशेष विद्यमान हों, **इसलिए, कथन 1 सही है।**

कॉफी को 20 डिग्री से 27 डिग्री सेंटीग्रेड के मध्य औसत तापमान की आवश्यकता होती है। हालांकि यह अरब प्रायद्वीप में 32 डिग्री सेल्सियस से अधिक दिन के तापमान में भी उगती है। सर्वाधिक वृद्धि गर्म वर्षा ऋतु के दौरान होती है और ठंडी शुष्क ऋतु के दौरान इसकी बेरियाँ पक जाती हैं और तोड़े जाने के लिए तैयार हो जाती हैं। तेज धूप और गर्म मौसम फसल तैयार होने के लिए आवश्यक है। कॉफी को प्रचुर वर्षा, अर्थात् 100 से 200 सेमी वार्षिक वर्षा की आवश्यकता होती है। अत: पर्वतीय वर्षा प्राप्त करने वाले पहाड़ी ढलान कॉफी की खेती के लिए सर्वोत्तम होते हैं। **इसलिए, कथन 2 सही है।**

2. निम्नलिखित में से किसका/किनके निर्माण में मूँगफली का उपयोग किया जा सकता है?

1. हाइड्रोजनीकृत तेल

2. टेक्सटाइल

3. साबुन

नीचे दिए गए कूट का प्रयोग कर सही उत्तर चुनिए–

(a) केवल 1 और 2

(b) केवल 1 और 3

(c) केवल 2

(d) 1, 2 और 3

उत्तर (d) मूँगफली में लगभग 42 प्रतिशत तेल होता है, जो पौधे की जड़ों में पाए जाने वाले दृढफलों (Nuts) से निकाला जाता है। खाना पकाने हेतु एक माध्यम के रूप में उपयोग किए जाने के अतिरिक्त वह मुख्य रूप से हाइड्रोजनीकृत तेल, मार्जरीन (कृत्रिम मक्खन), मेडिकल इमल्शन एवं साबुन के निर्माण के लिए प्रयोग किया जाता है, इसकी खली भी मवेशियों के चारे के रूप में उपयोग की जाती है।

मूँगफली के विभिन्न प्रकार के औद्योगिक अंतिम उपयोग हैं। मूंगफली के तेल से पेंट, वार्निश, लुब्रिकेटिंग आयल, चमड़े की ड्रेसिंग, फर्नीचर पॉलिश, कीटनाशकों और नाइट्रोग्लिसरीन का निर्माण किया जाता है। साबुनीकृत तेल से साबुन का निर्माण किया जाता है और कई सौंदर्य प्रसाधनों में मूँगफली का तेल व उसके व्युत्पन्न होते हैं। तेल के प्रोटीन वाले भाग का उपयोग कुछ वस्त्र रेशों के विनिर्माण में किया जाता है।

मूंगफली के छिलकों का उपयोग प्लास्टिक, मोटे गत्ते, अपघर्षी (Obrasives), ईंधन, सेलुलोस (रेयान और कागज में प्रयुक्त) और म्यूसिलेज (गोंद) के विनिर्माण में किया जाता है। **इसलिए, विकल्प (d) सही है।**

3. निम्नलिखित में से किन फसलों की खेती 'बागवानी' के अंतर्गत आती है?

1. फल **2. आलू**

3. फूल **4. औषधीय पौधे**

5. मसाले

नीचे दिए गए कूट का प्रयोग कर सही उत्तर चुनिए–

(a) केवल 1 और 3

(b) 1, 2, 3, 4 और 5

(c) केवल 2, 3 और 4

(d) केवल 1, 2 और 5

उत्तर (b) फल, सब्जियाँ और आलू जैसी कंद वाली फसलें, फूल, औषधीय पौधे, मसाले आदि बागवानी के अंतर्गत आते हैं। **इसलिए, विकल्प (b) सही है।**

4. स्थानांतरण कृषि को भारत में निम्नलिखित में से किन स्थानीय नामों से जाना जाता है?

1. ओणम **2. बीरा**

3. मशान

नीचे दिए गए कूट का प्रयोग कर सही उत्तर चुनिए–

(a) 1, 2 और 3

(b) केवल 1 और 2

(c) केवल 2 और 3

(d) केवल 1 और 3

उत्तर (a) भारत में स्थानांतरण कृषि विधि –इसमें वन काटकर और जलाकर खेत प्राप्त किया जाता है, जिस पर अनगढ़ और आदिम तकनीकों का उपयोग करके सूखे धान, कुटू, मक्का, छोटे आकार के मोटे अनाज, तंम्बाकू, गन्ना इत्यादि फसलें 2-3 वर्ष तक उगायी जाती हैं। मिट्टी की उर्वरता समाप्त हो जाने पर इन खेतों को छोड़ दिया जाता है और नये वन क्षेत्र को साफ किया जाता है।

प्रचलित क्षेत्र–असम, मेघालय, मणिपुर, त्रिपुरा, मिजोरम, अरुणाचल प्रदेश, उड़ीसा, मध्य प्रदेश, आंध्र प्रदेश।

स्थानीय नाम–

- असम में झूम
- केरल में ओणम
- आंध्र प्रदेश और उड़ीसा में पोदु
- मध्य प्रदेश के विभिन्न हिस्सों में बीवार, मशान, पेंदा और बीरा अत: **सभी विकल्प सही हैं।**

5. भारत में रबी की फसल के दौरान निम्नलिखित में से कौन-सी फसलें उगायी जाती हैं?

1. मक्का **2. धान**

4. कपास

नीचे दिए गए कूट का प्रयोग कर सही उत्तर चुनिए–

(a) केवल 1 (b) केवल 1 और 2

(c) 1, 2 और 3 (d) कोई नहीं

उत्तर (d) खरीफ फसल का समय जुलाई से अक्टूबर में दक्षिण-पश्चिम मानसून के दौरान होता है और रबी की फसल का समय अक्टूबर से मार्च (शीत ऋतु) में होता है।

खरीफ की फसलों में धान (चावल), मक्का, ज्वार, रागी, अरहर, सोयाबीन, कपास आदि हैं। रबी की फसलों में गेहूँ, जौ, जई, चना, अलसी, सरसों आदि।

6. 'रैटूनिंग' वह प्रक्रिया है जिसमें अनुक्रमिक फसल प्राप्त करने हेतु जड़युक्त तने के एक भाग को मिट्टी में छोड़ते हुए फसल की कटाई की जाती है। निम्नलिखित में से किस फसल की कृषि के लिए इस पद्धति का उपयोग किया जाता है।

(a) गन्ना (b) गेहूँ
(c) दालें (d) चाय

उत्तर (a) रैटूनिंग की प्रक्रिया में- पहली फसल के दौरान, मिट्टी में थोड़ा सा जड़ सहित डंठल छोड़ते हुए गन्ना काटा जाता है। डंठल से जल्द ही नई प्ररोह या पेड़ी निकल आती है। अवशेष फसल से प्राप्त की जाने वाली अनुक्रमिक फसल को पेड़ी/रैटूनिंग कहा जाता है। इस विधि से समय और लागत दोनों की बचत होती है, लेकिन अनुवर्ती फसल में उपज कम होती है।

7. विश्व भर में कृषि पद्धतियों के संदर्भ में, 'फाइव ओ क्लॉक फार्मर्स (5 o'clock farmers)' निम्नलिखित में से किसे संदर्भित करता है?

(a) द्वितीयक व्यवसायों में कार्यरत किसान
(b) दक्षिण एशिया में स्थानांतरण कृषि करने वाले किसान
(c) एक हेक्टेयर से कम भू-स्वामित्व वाले किसान
(d) उपर्युक्त में से कोई नहीं

उत्तर (a) **विकल्प (a) सही उत्तर है।** विश्व के कई भागों में, छोटे खेत इकाइयों से मिलने वाले सीमित लाभ के कारण, किसान प्राय: खेती से होने वाली आय के परिपूरक के लिए द्वितीयक व्यवसायों में कार्यरत होते हैं। उदाहरण के लिए, स्कैंडिनेविया में कई किसान वानिकी और मत्स्यन क्रियाकलापों में भी कार्यरत हैं जबकि फ्रांस, निचले देशों (the Low Countries), जर्मनी और पोलैंड के कई भागों में अनेक कृषक मजदूर या 'फाइव ओ क्लॉक फार्मर्स' कहा जाता है, निकट के शहरी केंद्र में पूर्णकालिक नौकरी के साथ साथ लघु भू स्वामित्व का संचालन संयुक्त रूप से करते हैं। इस प्रकार के अंशकालिक किसान विकसित और विकासशील दोनों देशों की विभिन्न कृषि पद्धतियों में सामान्य रूप से मिलते हैं।

8. निम्नलिखित युग्मों पर विचार कीजिए-

फसल		सबसे बड़ा उत्पादक राज्य
1. गन्ना	:	कर्नाटक
2. गेहूँ	:	उत्तर प्रदेश
3. कपास	:	आंध्र प्रदेश

उपर्युक्त कथनों में से कौन-सा/से सही है/हैं?

(a) केवल 1
(b) केवल 1 और 2
(c) केवल 2 और 3
(d) केवल 2

उत्तर (d) **युग्म 1 सही सुमेलित नहीं है।** यह एक लम्बी अवधि की फसल है और भौगोलिक परिस्थितियों के आधार परिपक्वता के लिए 10 से 15 और यहाँ तक कि 18 महीनों की आवश्यकता होती हैं। इसके लिए औसत तापमान 21°-27°C और 75-150 सेमी. वर्षा की आवश्यकता होती है। भारत में गन्ने की खेती का क्षेत्र विश्व में सबसे अधिक है तथा भारत विश्व में ब्राजील के बाद गन्ने का दूसरा सबसे बड़ा उत्पादक देश है। उत्तर-प्रदेश देश का सबसे बड़ा गन्ना उत्पादक राज्य है। इसके पश्चात महाराष्ट्र और कर्नाटक का स्थान आता है।

युग्म 2 सही सुमेलित है। गेहूँ मुख्य रूप से शीतोष्ण क्षेत्र की फसल है। इसलिए, भारत में इसकी खेती शीतकाल में की जाती है अर्थात् रबी के मौसम में। उत्तर-प्रदेश सबसे बड़ा गेहूँ उत्पादक राज्य है और उसके बाद मध्य प्रदेश और पंजाब का स्थान आता है।

युग्म 3 सही सुमेलित नहीं है। कपास, उष्णकटिबंधीय क्षेत्रों की फसल है तथा इसके लिए 21° और 30°C के बीच समान तापमान की आवश्यकता होती है। यदि तापमान 20° से नीचे चला जाता है तो कपास की वृद्धि मंद पड़ जाती है। गुजरात कपास का सबसे बड़ा उत्पादक राज्य है उसके पश्चात महाराष्ट्र और आंध्र प्रदेश का स्थान आता है।

9. शुष्क कृषि के अंतर्गत निम्नलिखित में से किन फसलों की खेती की जाती है?

1. जूट 2. गन्ना
3. बाजरा 4. रागी

नीचे दिए गए कूट का प्रयोग कर सही उत्तर चुनिए-

(a) केवल 1 और 2
(b) केवल 1, 2 और 3
(c) केवल 3 और 4
(d) 1, 2, 3 और 4

उत्तर (c) वर्षा-सिंचित कृषि को फसली मौसम के दौरान मृदा में पर्याप्त नमी के आधार पर शुष्क और आर्द्रभूमि में वर्गीकृत किया गया है।

भारत में, शुष्क कृषि व्यापक रूप से 75 सेमी से कम वार्षिक वर्षा वाले क्षेत्रों तक ही सीमित है। इन क्षेत्रों में कठोर और सूखा प्रतिरोधी फसलें जैसे रागी, बाजरा, मूंग, चना और ग्वार (चारा फसल) का उत्पादन होता है। इस प्रकार की कृषि में मृदा में नमी संरक्षण और वर्षा जल संचयन जैसे विभिन्न उपायों का उपयोग किया जाता है।

आर्द्रभूमि कृषि में वर्षा के मौसम में मृदा में नमी की मात्रा, पौधों की आवश्यकता से अधिक होती है। ऐसे क्षेत्रों को बाढ़ और मृदा अपरदन जैसे संकटों का सामना करना पड़ता है। इन क्षेत्रों में धान, जूट और गन्ना जैसी जलगहन फसलों की खेती की जाती है औरं ताजे जल निकायों में मत्स्य पालन किया जाता है।

10. निम्नलिखित में से कौन-सी फसलें 'मोटे अनाजों' की श्रेणी में आती हैं?

1. रागी 2. ज्वार
3. बाजरा 4. मक्का
5. जौ

नीचे दिए गए कूट का प्रयोग कर सही उत्तर चुनिए-

(a) 1, 2, 3, 4 और 5
(b) केवल 1, 2, 3 और 5
(c) केवल 2 और 3
(d) केवल 4 और 5

उत्तर (a) अनाजों को महीन अनाज (चावल और गेहूँ) और मोटे अनाज के रूप में वर्गीकृत किया जाता है। मिलेट्स (रागी, ज्वार और बाजरा) मकई और जौ को संयुक्त रूप से मोटा अनाज कहा जाता है। इन्हें अपर्याप्त वर्षा वाले शुष्क क्षेत्रों में उगाया जाता है।

11. निम्नलिखित में से कौन-सी जूट की कृषि के लिए अनुकूल जलवायविक परिस्थिति/परिस्थितियाँ है/हैं?

1. लगभग 25 डिग्री सेल्सियस का औसत मासिक तापमान।
2. 150 सेमी. से 200 सेमी. के मध्य वर्षा
3. नई जलोढ़ या दोमट मिट्टी।

नीचे दिए गए कूट का प्रयोग कर सही उत्तर चुनिए-

(a) केवल 1
(b) केवल 1 और 2
(c) केवल 2 और 3
(d) 1, 2 और 3

उत्तर (d) जूट, उष्ण और आर्द्र जलवायु की नकदी फसल है। बांग्लादेश और भारत प्रमुख जूट उत्पादक देश हैं। जूट के लिए उष्ण और आर्द्र जलवायु आदर्श है। जूट की खेती के लिए जलवायु की परिस्थितियाँ इस प्रकार है–

तापमान–जूट की कृषि के लिए 25°C आदर्श है।

वर्षा–150 सेमी. से 200 सेमी. तक की वर्षा जूट की कृषि के लिए आवश्यक है। हवा में नमी होना भी आवश्यक है।

मृदा–जूट की कृषि के लिए नई जलोढ़ मिट्टी या चिकनी बलुई/दोमट मिट्टी या नदी बेसिन आदर्श है।

भूमि–जूट की कृषि के लिए मैदानी या हल्के ढलान वाली भूमि या निम्न भूमि आदर्श है। परन्तु सिंचाई की सुविधाओं के साथ बड़ी संख्या में सस्ते श्रम की भी आवश्यकता होती है। HYV बीज जैसे-बासुदेव, सोबाजसोरा आदि तथा अत्यधिक उर्वरकों की आवश्यकता होती है।

भारत में पश्चिम बंगाल जूट का सबसे बड़ा उत्पादक है। इसके पश्चात् असम, बिहार, ओडिशा और आंध्र प्रदेश आते हैं। जूट के अपगलन (सड़ाने) के लिए लगभग स्थिर जल की आवश्यकता होती है।

12. निम्नलिखित कथनों पर विचार कीजिए–

1. जूट की उपलब्धता और कोयला खदानों से इसकी निकटता ने इस प्रमुख औद्योगिक क्षेत्र के विकास में योगदान दिया है।

2. यह पेटी रेशमी, सूती वस्त्र और चमड़े की वस्तुओं के उत्पादन में विशेषज्ञता रखती है।

3. इस क्षेत्र के मुख्य औद्योगिक कस्बे और नगर नैहाटी, आसनसोल और बज-बज हैं।

उपर्युक्त विवरण निम्नलिखित में से, देश के किस औद्योगिक क्षेत्र को संदर्भित करता है?

(a) गुजरात औद्योगिक क्षेत्र
(b) हुगली औद्योगिक क्षेत्र
(c) सहारनपुर-मुजफ्फरनगर औद्योगिक क्षेत्र
(d) अदीलाबाद, निजामाबाद औद्योगिक क्षेत्र

उत्तर (b) हुगली औद्योगिक क्षेत्र– यह हुगली नदी के तट पर स्थित है। ऐतिहासिक, भौगोलिक, आर्थिक और राजनीतिक कारकों ने इसके विकास में योगदान दिया है। गंगा और इसकी बारहमासी सहायक नदियाँ, गंगा और ब्रह्मपुत्र के मैदानों के समृद्ध भीतरी प्रदेशों से माल की ढुलाई के लिए प्रमुख जल-राजमार्गों के रूप में कार्य कर सकती हैं। नौवहनीय नदियों, सड़कों और रेलवे ने भी कोलकाता पत्तन को लाभप्रद स्थिति प्रदान की है। 1773-1912 तक ब्रिटिश सरकार की राजधानी होने के कारण शहर को बेहतर सुविधाएँ प्राप्त हुई और औद्योगीकरण को प्रोत्साहित करने के लिए विदेशी निवेश और पूँजी प्राप्त हुई हैं।

छोटानागपुर पठार में कोयला और लौह अयस्क की खोज, असम और उत्तरी बंगाल में चाय बागानों का प्रारम्भ होना, और बंगाल के डेल्टा में जूट प्रसंस्करण, बिहार और उड़ीसा से सस्ते श्रम की उपलब्धता तथा अफीम, नील और कपास के व्यापार के माध्यम से जमा की गयी पूँजी निवेश से हुगली नदी के दोनों तटों पर जूट मिलों की श्रृंखला स्थापित हुई।

इसी प्रकार, इस क्षेत्र में यांत्रिकी, चमड़े का सामान और उपभोक्ता वस्तुओं के उद्योग भी स्थापित हुए। इसलिए, संचार नेटवर्क की भूमिका भी इस क्षेत्र के विकास में अनुकूल कारक रही है।

इस पट्टी में कई उद्योग हैं, जैसे जूट, रेशम और सूती वस्त्र, यांत्रिकी, विद्युत, कागज, माचिस, रसायन, फार्मास्यूटिकल, परिवहन उपकरण, पेट्रोलियम शोधन, चमड़े के जूते, लोहा और इस्पात और खाद्य प्रसंस्करण उद्योग।

मुख्य औद्योगिक कस्बे और नगर– नैहाटी, जगतदल, अगरपाड़ा, शामनगर, बैरकपुर, टीटागढ़, बेलघरिया, किद्देरपुर, बाटानगर, वंज-बज्र, त्रिबेनी, हुगली, कोन्गर, जगतदल, अगरपाड़ा, शामनगर, बैरकपुर, टीटागढ़, बेलघरिया, किद्देरपुर, बाटानगर, बज-बज, त्रिबेनी, हुगली, कोन्गर, उत्तरपाड़ा, लिलुवा, हावड़ा, शिवपुर, रिसरा, अंदुल, चन्दन नगर, आसनसोल, कुल्टी, बर्नपुर, रानीगंज और दुर्गापुर।

13. निम्नलिखित में से कौन-सा वर्षा की आवश्यकता के घटते क्रम में, फसलों का सही क्रम है?

(a) कपास > सरसों > गन्ना > जूट
(b) जूट > गन्ना > कपास > सरसों
(c) सरसों > कपास > गन्ना > जूट
(d) गन्ना > कपास > जूट > सरसों

उत्तर (b) इन फसलों के लिए वर्षा की आवश्यकता है–

जूट - 100-200 सेमी. की भारी वर्षा
गन्ना - 175-120 सेमी की भारी वर्षा
कपास - 50-125 सेमी.
सरसों - 25-40 सेमी.

14. भूमध्यसागरीय और मानसूनी प्रकार की कृषि के बीच निम्नलिखित में से कौन-सी समानता/समानताएँ पायी जाती है/हैं?

1. गहन कृषि

2. शुष्क और आर्द्र दोनों प्रकार की कृषि पद्धतियों का प्रयोग

3. बागवानी फसलों का वर्चस्व।

नीचे दिए गए कूट का प्रयोग कर सही उत्तर चुनिए–

(a) 1, 2 और 3 (b) केवल 1 और 2
(c) केवल 2 (d) केवल 3

उत्तर (b) भूमध्यसागरीय और मानसूनी कृषि में कई समानताएँ और असमानताएँ हैं, जो इस प्रकार हैं–

समानताएँ

स्पष्ट शुष्क और वर्षा ऋतु होती है।

कृषि आमतौर पर गहन प्रकार की होती है। **(कथन 1 सही है।)**

शुष्क एवं आर्द्र दोनों प्रकार की कृषि की जाती हैं। **(कथन 2 सही है)**

मानसून कृषि में धान प्रमुख फसल होती है। भूमध्यसागरीय कृषि में बागवानी फसलों का प्रभुत्व पाया जाता है। **कथन 3 सही नहीं है।**

15. निम्नलिखित में से कौन-सा/से स्थानांतरित कृषि के प्रतिकूल प्रभाव है/हैं?

1. वनोपज की हानि

2. मिट्टी का अपरदन अधिक होता है।

3. तालाबों और नदियों में गाद बढ़ जाती है।

4. वनों में खरपतवारों का आक्रमण।

नीचे दिए गए कूट का प्रयोग कर सही उत्तर चुनिए–

(a) केवल 1 और 2
(b) केवल 1, 2 और 3
(c) केवल 2 और 3
(d) 1, 2, 3 और 4

उत्तर (d) स्थानांतरित कृषि उस चक्रीय खेती को कहते हैं जिसमें अस्थायी खेत बनाने के लिए वनस्पति को हटाया जाना और जलाया जाना सम्मिलित होता है। इसका अलग-अलग समय पर वन क्षेत्रों में अनुसरण किया जाता है। दिए गए सभी कथन स्थानांतरित कृषि के प्रतिकूल प्रभाव हैं।

16. निम्नलिखित विधियों में से किन-किन विधियों का मिट्टी के संरक्षण के लिए प्रयोग किया जाता है?

1. मल्चिंग

2. समोच्च रेखीय अवरोध

3. चट्टानी बांध

4. अंत:फसली कृषि

5. शेल्टर बेल्ट

6. सीढ़ीनुमा खेती

नीचे दिए गए कूट का प्रयोग कर सही उत्तर चुनिए–

(a) केवल 1, 2, 3 और 4

(b) केवल 2, 3 और 4

(c) केवल 1, 5 और 6

(d) 1, 2, 3, 4, 5 और 6

उत्तर (d) मृदा संरक्षण की निम्नलिखित विधियां हैं–

पलवार/माल्चिंग

समोच्च रेखीय अवरोध

चट्टानी बांध

सीढ़ीदार खेती

अंत:फसल

समोच्च रेखीय ज

शेल्टर बेल्ट

17. भारत में ति खेती के ... संदर्भ में, निम्नलिखितपर विचार ... कीजिए–

1. इनकी ध्र रूप से शुष् ... क्षेत्रों में की ...

2. भारत मेन की प्रति हे ... क्टेयर औसत उश्व में सर्वाधिक ... है।

उपर्युक्त कथन से कौन-सा/से ... सही है/हैं?

(a) केवल 1

(b) केवल 2

(c) 1 और 2 दोन

(d) न तो 1, न ही 2

उत्तर (a) **कथन 1 सही है।** भारत में तिलहन की खेती उच्च जोखिम वाले क्षेत्रों में होती है अर्थात् उन क्षेत्रों में जहां निवेश पर प्रतिफल अनिश्चित होता है। इन्हें अधिकांश शुष्क क्षेत्रों में उगाया जाता है जिनकी विशेषता अल्प और असमान वर्षा, कम ऊर्वर मृदा आदि है। इसके फलस्वरूप प्रतिवर्ष तिलहन के उत्पादन में भारी भिन्नता दृष्टिगोचर होती है।

कथन 2 सही नहीं है। भारत विश्व में तिलहन का सबसे बड़ा उत्पादक है और तिलहन क्षेत्र देश की कृषि अर्थव्यवस्था में महत्वपूर्ण स्थान रखता है। देश की वैश्विक तिलहन परिदृश्य में प्रमुख स्थिति होने के बावजूद, तिलहन की वास्तविक उत्पादकता बहुत कम है। भारत में अधिकांश तिलहनों की औसत पैदावार विश्व के अन्य देशों के औसत पैदावार की तुलना में बहुत कम है।

18. मिल्पा, लदांग और रे शब्द निम्नलिखित में से किससे संबंधित है?

(a) बागानी कृषि

(b) गहन वाणिज्यिक अनाज की कृषि

(c) स्थानांतरण कृषि

(d) मिश्रित कृषि

उत्तर (c) स्थानांतरण कृषि को विश्व के अलग-अलग भागों में अलग-अलग नामों से संबोधित किया जाता है। सामान्यत: इसे 'काटना और जलाना' (Slash and Bum) और 'बुश फैलो' (Bush fallow) कृषि के रूप में जाना जाता है। इसे इंडोनेशिया में लदांग, फिलीपींस में केनजिन, मध्य अमेरिका और मैक्सिको में मिल्पा, वियतनाम में रे, वेनेजुएला में कोनुको, ब्राजील में रेका, कांगो और मध्य अफ्रीका में मसोल कहा जाता है।

यह मंचूरिया, कोरिया और दक्षिण पश्चिम चीन के पर्वतीय क्षेत्रों में भी प्रचलित है। इसे पूर्वोत्तर भारत के पहाड़ी राज्यों में झूम के रूप में, उड़ीसा में पोदू, दबी, कोमन या ब्रिंगा के रूप में, पश्चिमी घाट में कुमारी के रूप में, दक्षिण पूर्व राजस्थान में बात्रा, छत्तीसगढ़ के बस्तर जिले में पेंदा, बेवार दहिया या कुमारी के रूप में जाना जाता है।

19. चाय और कॉफी की खेती के संदर्भ में, निम्नलिखित कथनों पर विचार कीजिए–

1. एक ओर जहां कॉफी के लिए उष्ण और आर्द्र जलवायु की आवश्यकता होती है, वहीं चाय ठंडी और शुष्क जलवायु वाले क्षेत्रों में उगाई जाती है।

2. चाय और कॉफी दोनों के लिए बेहतर जलनिकासी वाली दोमट मिट्टी की आवश्यकता होती है।

उपर्युक्त कथनों में से कौन-सा/से सही है/हैं?

(a) केवल 1

(b) केवल 2

(c) 1 और 2 दोनों

(d) न तो 1, न ही 2

उत्तर (b) **कथन 1 सही नहीं है।** चाय का पौधा ऊष्ण और उपोष्ण क्षेत्रों में फलता-फूलता है। इसे 24°C से 30°C तापमान की आवश्यकता होती है। शरद ऋतु में 15°C से कम तापमान इसकी फसल के लिए हानिकारक है। इसे वर्ष भर में नियमित रूप से वितरित 150 सेमी से 250 सेमी वार्षिक वर्षा की भी आवश्यकता पड़ती है। कॉफी के पौधे को 16°C से 28°C तापमान युक्त गर्म और आर्द्र जलवायु तथा 150 से 250 सेमी तक वर्षा की आवश्यकता पड़ती है।

कथन 2 सही है। कॉफी और चाय दोनों ही बेहतर अपवाह वाली एवं दोमट मृदा में उगाई जाती है।

20. मिश्रित शस्यन (Mixed cropping) शब्द किसे संदर्भित करता है–

(a) फसलों की खेती के साथ-साथ पशुपालन।

(b) एक ही मौसम में एक ही खेत पर एक साथ दो या दो से अधिक फसलें उगाने की पद्धति।

(c) एक ही खेत पर क्रमश: विभिन्न फसलें उगाने की पद्धति।

(d) उपर्युक्त में से कोई नहीं।

उत्तर (b) **विकल्प (a) सही नहीं है।** मिश्रित कृषि (Mixed Farming), खेती का एक प्रकार है जिसमें फसलों की खेती और पशुपालन साथ-साथ किए जाते हैं। ये दोनों गतिविधियाँ अर्थव्यवस्था में महत्वपूर्ण भूमिका निभाती हैं।

विकल्प (b) सही है। यह मिश्रित शस्यन (Mixed cropping) है। यह एक ही खेत में एक ही मौसम में दो से अधिक फसलें उगाने की पद्धति है।

विकल्प (c) सही नहीं है। यह शस्य आवर्तन (Crop Rotation) है। इसके तहत मृदा की उर्वरता बनाए रखने के लिए एक ही खेत पर ऋतु के अनुसार विभिन्न फसलों को क्रमिक रूप से उगाया जाता है।

21. निम्नलिखित में से कौन-से कारक पंजाब और हरियाणा क्षेत्र में चावल की उच्च उपज के लिए उत्तरदायी हैं?

1. बीज की आनुवंशिक रूप से उन्नत किस्में

2. उर्वरकों का अधिक उपयोग

3. शुष्क जलवायविक परिस्थितियों के कारण फसलों पर कीटों का कम प्रभाव

नीचे दिए गए कूट का प्रयोग कर सही उत्तर चुनिए–

(a) केवल 1 और 2

(b) केवल 1 और 3

(c) केवल 2 और 3

(d) 1, 2 और 3

उत्तर (d) पंजाब और हरियाणा धान के पारंपरिक उत्पादक क्षेत्र नहीं हैं। पंजाब और हरियाणा के सिंचित क्षेत्रों में धान की खेती 1970 के दशक में हरित क्रांति के बाद आरम्भ की गयी थी। बीज की आनुवंशिक रूप से उन्नत किस्में, उर्वरकों एवं कीटनाशकों का अपेक्षाकृत अधिक उपयोग एवं शुष्क जलवायविक परिस्थितियों के कारण फसलों पर कीटों का कम प्रभाव इत्यादि कारक इस क्षेत्र में धान की अधिक उपज के लिए जिम्मेदार हैं।

22. कृषि योग्य भूमि के निम्नीकरण के संदर्भ में निम्नलिखित कथनों पर विचार कीजिए–

1. बहु शस्यन (Multiple cropping) का परिणाम हमेशा मृदा की उर्वरता में कमी होती है।
2. परती की अवधि कम करने से मृदा की उर्वरता में कमी आती है।

उपर्युक्त कथनों में से कौन-सा/से सही है/हैं?

(a) केवल 1
(b) केवल 2
(c) 1 और 2 दोनों
(d) न तो 1, न ही 2

उत्तर (b) **कथन 1 सही नहीं है।** एक वर्ष में एक से अधिक फसलें उगाना बहु शस्यन (Multiple cropping) कहा जाता है। यदि फसल चक्र में नाइट्रोजन स्थिरीकरण के माध्यम से मृदा की उर्वरता बढ़ाने वाली फलीदार फसल सम्मिलित हो तो बहु शस्यन के कारण मृदा की उर्वरता में कमी नहीं होती है। हालांकि, सिंचित क्षेत्रों में फलीदार फसलों को शस्य-स्वरूपों से विस्थापित कर दिया गया है। इस प्रकार, कृषि भूमियों की उर्वरता में कमी हुई है।

कथन 2 सही है। परती अवधि को घटाने से मृदा की उर्वरता में कमी होती है। लंबी परती अवधि पिछली फसल के फसल अवशेष का अपघटन संभव करती है, इस प्रकार मृदा में कार्बनिक अवयव की मात्रा बढ़ जाती है।

23. शीतकालीन गेहूँ (Winter wheat) और वसंतकालीन गेहूं (Spring wheat) के संबंध में निम्नलिखित कथनों पर विचार कीजिए–

1. शीतकालीन गेहूं विश्व में कुल गेहूं उत्पादन के संदर्भ में गेहूं की खेती की प्रमुख किस्म है।
2. शीतकालीन गेहूं केक बनाने के लिए उपयुक्त होता है, जबकि वसंतकालीन गेहूं ब्रेड के लिए उपयुक्त होता है।
3. शीतकालीन गेहूं वसंतकालीन गेहूं की तुलना में कम तापमान वाले क्षेत्रों में उगाया जाता है।

उपर्युक्त कथनों में से कौन-सा/से सही है/हैं?

(a) केवल 1
(b) केवल 1 और 2
(c) केवल 2 और 3
(d) 1, 2 और 3

उत्तर (a) शीतकालीन गेहूं (Winter wheat) की फसल में गेहूं के कुल उत्पादन का लगभग तीन चौथाई भाग सम्मिलित होता है। यह शीतऋतु या शरद ऋतु के दौरान उगाया जाता है। शीतकालीन गेहूं में कठोर गेहूं (hard wheat) की उपज होती है। यह कठोर गेहूं ब्रेड बनाने के लिए सबसे अच्छा होता है।

वसंतकालीन गेहूं (Spring wheat) ऐसे स्थानों में उगाया जाता है जहां शीत ऋतु में तापमान अत्यधिक ठंडा होता है जिससे गेहूं के पौधों के जीवित रहने के लिए संभावनाएं कम होती हैं। वसंतकालीन गेहूं में कठोर गेहूं की उपज होती है। यह कठोर गेहूं केक बनाने के लिए उपयुक्त होता है।

24. निम्नलिखित फसलों को भारत में उनके सकल फसल (रोपण) क्षेत्र प्रतिशत के घटते क्रम में व्यवस्थित कीजिए।

1. चावल 2. गेहूं
3. दलहन 4. मोटा अनाज

नीचे दिए गए कूट का प्रयोग कर सही उत्तर चुनिए–

(a) 1-2-3-4 (b) 1-2-4-3
(c) 2-1-3-4 (d) 1-2-4-3

उत्तर (b) सही क्रम इस प्रकार है–धान-गेहूं -मोटे अनाज-दलहन

इनका क्षेत्रफल से सकल शस्य-क्षेत्रफल की प्रतिशत भागीदारी इस प्रकार है–

- धान– 22.33%
- गेहूं– 15.41%
- मोटे अनाज– 13.46%
- दलहन– 11.98%

25. भारत में निम्नलिखित में से तंबाकू की खेती का/के प्रमुख क्षेत्र कौन-सा/से हैं?

1. गुजरात 2. आंध्र प्रदेश
3. उत्तर प्रदेश

नीचे दिए गए कूट का प्रयोग कर सही उत्तर चुनिए–

(a) केवल 1 और 2
(b) केवल 1 और 3
(c) केवल 2 और 3
(d) 1, 2 और 3

उत्तर (d) प्रतिवर्ष 800 मिलियन किलोग्राम के अनुमानित उत्पादन के साथ, विश्व के सबसे बड़े तम्बाकू उत्पादकों में भारत का दूसरा स्थान है। देश की कुल कृषि योग्य भूमि के मात्र 0.24% क्षेत्र में ही तम्बाकू की खेती की जाती है। इसे मुख्य रूप से उन अर्द्ध-शुष्क और वर्षा सिंचित क्षेत्रों में ही उगाया जाता है जहां वैकल्पिक फसल उगाना आर्थिक रूप से अलाभकारी है।

तम्बाकू की खेती भारत के निम्नलिखित राज्यों में की जाती है– आंध्र प्रदेश, असम, बिहार, छत्तीसगढ़, गुजरात, कर्नाटक, मध्य प्रदेश, महाराष्ट्र, ओडिशा, तमिलनाडु, तेलंगाना, उत्तर प्रदेश और पश्चिम बंगाल।

26. उद्यान कृषि या बागवानी (हॉर्टिकल्चर) के संदर्भ में, निम्नलिखित कथनों पर विचार कीजिए–

1. इसके लिए पूंजी और श्रम दोनों की गहन आवश्यकता होती है।
2. कृषि भूमि छोटी होती हैं और ऐसे स्थानों में अवस्थित होती है जहां अच्छे परिवहन सम्पर्क होते हैं।
3. भूमध्यसागरीय क्षेत्र में यह भली प्रकार विकसि[illegible]

उपर्युक्त [illegible] से कौन-सा/से सही है/[illegible] हैं?

([illegible]a) केवल 2
([illegible]b) केवल 3
(c) केवल 3
(d) 1, 2 3

उ[illegible]त्तर (d) स[illegible]थन सही हैं। बाजार बागवा[illegible]ी (Marketning) और बागवानी कृषि उच्च [illegible]ूल्य वाली प(सब्जियां, फल और फूल) की खेती [illegible]में विशेषज्ञ संबंधित है और यह केवल शहरी बाजारों [illegible]के लिी जाती है।

खेत आकार में छोटे और ऐसे स्थानों पर स्थित होते हैं जो परिवहन तन्त्र द्वारा शहरी केन्द्रों से जुड़े होते हैं, जहां उच्च आय वर्ग के लोग निवास करते हैं।

यह श्रम और पूंजी प्रधान दोनों ही होते हैं और इनमें सिंचाई MYY बीज, ऊर्वरक, कीटनाशक, ग्रीनहाउस और ठंडे क्षेत्रों में कृत्रिम ऊष्मा पर बल दिया जाता है।

इस प्रकार की कृषि उत्तर-पश्चिमी यूरोप, उत्तर-पूर्वी संयुक्त राज्य अमेरिका के सघन जनसंख्या वाले औद्योगिक जिलों और भूमध्यसागरीय क्षेत्रों में पूर्णत: विकसित है। नीदरलैंड्स फूलों और बागवानी फसलों, विशेषकर ट्यूलिप की फसलों के लिए विशेष रूप से जाना जाता है, जिन्हें यूरोप के सभी प्रमुख शहरों में विमान से भेजा जाता है।

27. बागानी फसलों के लिए आय बीमा योजना (रेवेन्यू इन्श्योरेन्स स्कीम फॉर प्लांटेशन क्रॉप्स– RISPC) के संदर्भ में, निम्नलिखित कथनों पर विचार कीजिए–

1. इसका उद्देश्य बागान उत्पादकों को प्रतिकूल मौसम एवं अंतर्राष्ट्रीय और घरेलू दोनों मूल्यों में गिरावट होने के कारण होने वाली हानि से बचाना है।

2. यह केवल चाय, कॉफी और रबर की बागानी फसलों को समाविष्ट करेगी।

उपर्युक्त कथनों में से कौन-सा/से सही है/हैं?

(a) केवल 1
(b) केवल 2
(c) 1 और 2 दोनों
(d) न तो 1, न ही 2

उत्तर (a) **कथन 1 सही है।** बागवानी फसलों के लिए आय बीमा योजना (रेवेन्यू इन्श्योरेन्स स्कीम फॉर प्लांटेशन क्रॉप्स– RISPC) का उद्देश्य बागान उत्पादकों को फसल बीमा योजना के माध्यम से मौसम एवं प्रतिकूल मौसम मानदण्डों, कीटों के आक्रमणों, फसलों की विफलता इत्यादि के कारण उपज की हानि एवं अंतर्राष्ट्रीय/घरेलू मूल्यों में गिरावट के कारण होने वाली आय की हानि होने से उत्पन्न होने वाले मूल्यों के दोहरे जोखिम से संरक्षित करना है। इस प्रकार इसका उद्देश्य उत्पादकों की संधारणीयता को सुनिश्चित करने के लिए उनकी आय में स्थिरता का समावेश करना है। यह योजना हाल ही में वाणिज्य विभाग द्वारा अनुमोदित की गई थी।

कथन 2 सही नहीं है। RISPC के अंतर्गत बीमा प्रीमियम सहायिकी, 120 हेक्टेयर या उससे कम जोत वाले रबड़, चाय, कॉफी (रोबस्टा, और अरेबिका), तंबाकू और इलायची (छोटी और बड़ी) के छोटे उत्पादकों के लिए है। यह योजना केवल परिपक्व खड़ी फसल के लिए लागू होगी।

28. निम्नलिखित में से कौन-सी कृषि पद्धति कोलखोज (Kolkhoz) के मॉडल पर आधारित है?

(a) सामूहिक कृषि (b) सहकारी कृषि
(c) मिश्रित कृषि (d) ट्रक कृषि

उत्तर (a) सहकारी कृषि ऐसी कृषि को संदर्भित करती है जिसमें प्रत्येक सदस्य-किसान व्यक्तिगत रूप से अपनी जमीन का मालिक बना रहता है किन्तु कृषि संयुक्त रूप से की जाती है। सदस्य किसानों के बीच लाभ का वितरण उनके भूमि स्वामित्व के अनुपात में किया जाता है।

सामूहिक कृषि का आशय उत्पादन के साधनों के सामाजिक स्वामित्व एवं सामूहिक श्रम से होता है। यह कोलखोज के मॉडल पर आधारित है और तत्कालीन सोवियत संघ में इसे व्यवहार में लाया गया था।

ट्रक कृषि, सुदूरवर्ती बाजारों तक आपूर्ति करने के लिए, बड़े पैमाने पर एक या एक से अधिक सब्जी की फसलें उगाने की बागवानी पद्धति है।

मिश्रित कृषि, खेती की ऐसी प्रणाली है जिसमें फसलों को उगाना और पशुपालन के कार्य दोनों साथ-साथ किए जाते हैं।

29. निम्नलिखित में से कौन-सा कथन फैक्ट्री फार्मिंग की सही प्रकार से व्याख्या करता है?

(a) यह अत्यधिक गहन विधियों का प्रयोग करके पशुपालन करने की प्रणाली है।
(b) यह सब्जियों एवं फूलों की वृहत् स्तरीय खेती से संबंधित है।
(c) यह एक ही फसल में विशेषज्ञता के साथ वृहत् मात्रा में वृक्षारोपण खेती करने से संबंधित है।
(d) यह सहकारी समुदाय में संसाधनों की पूलिंग के माध्यम से खेती करने से संबंधित है।

उत्तर (a) बाजार बागवानी के अतिरिक्त पश्चिम यूरोप और उत्तरी अमेरिका के औद्योगिक क्षेत्रों में हुआ एक आधुनिक विकास, फैक्ट्री फार्मिंग है। विशेष रूप से कुक्कुट पालन और पशुपालन जैसा पशुधन विकास कार्य स्टाल (stalls) और बाड़ों में किया जाता है। उन्हें विनिर्मित पोषक आहार दिया जाता है और बीमारियों से बचाने के लिए सावधानीपूर्वक पर्यवेक्षण किया जाता है। इसके लिए भवन, विभिन्न कार्य संचालनें के लिए मशीनरी, पशु चिकित्सा सेवाओं एवं ताप एवं प्रकाश की उचित व्यवस्था करने इत्यादि के लिए भारी मात्रा में पूँजी निवेश की आवश्यकता होती है। मुर्गी पालन और पशु पालन की एक महत्वपूर्ण विशेषता नस्ल का चयन एवं वैज्ञानिक प्रजनन है।

30. निम्नलिखित युग्मों पर विचार कीजिए–

	फसल		मृदा
1.	काजू	:	लैटेराइट
2.	कपास	:	काली
3.	जूट	:	जलोढ़

उपर्युक्त युग्मों में से कौन-सा/से सही सुमेलित है/हैं?

(a) केवल 1 और 2
(b) केवल 1 और 3
(c) केवल 2 और 3
(d) 1, 2 और 3

उत्तर (d) काजू एक लघु, गठीला, कम-प्रसार वाला, सदाबहार उष्णकटिबंधीय वृक्ष है। इस पर जनवरी और नवंबर के महीनों के बीच वर्ष में एक बार पुष्प लगते हैं। 2 महीने के भीतर फल पूरी तरह से पक जाते हैं। भारत में विस्तृत विविधता वाली मृदाओं पर काजू की खेती की जाती है, जैसे लैटेराइट, लाल और तटीय रेतीली मृदा। एक सीमा तक यह काली मृदाओं में भी उगाया जाता है। इसे पहाड़ी ढलान में जैविक पदार्थ से समृद्ध कोरी मिट्टियों में भी उगाया जा सकता है।

जूट के पौधे को मृदा की उर्वरता में भारी कमी करने वाला पौधा कहा जाता है। इसलिए, जूट को नई जलोढ़ मृदाओं की आवश्यकता होती है। नई जलोढ़ मृदाओं के अभाव में रासायनिक उर्वरक का उपयोग करने की आवश्यकता होती है। जूट मृण्मय मृदा (चिकनी मिट्टी) में भी उगाया जाता है, किन्तु तब इसके रेशे चिपचिपे हो जाते हैं। बलुई मृदाएँ मोटे रेशों का उत्पादन करती हैं।

काली मृदा को काली कपास मिट्टी या रेगुर भी कहा जाता है। यह दक्कन प्रायद्वीप के लगभग एक-तिहाई भाग को आच्छादित करती है। भारत के मध्य, पश्चिमी और दक्षिणी राज्यों के लगभग 76 लाख हेक्टेयर भूभाग इस मृदा से आच्छादित हैं। हालांकि, इस मृदा से आच्छादित अधिकांश भूभाग महाराष्ट्र, मध्य प्रदेश और गुजरात में पाया जाता है। यह चिकनी मिट्टी जैसी सुगमता (consistency) वाली उर्वर मृदा है। यह भली प्रकार नमी धारण करती है और शुष्क परिस्थितियों में कठोर एवं नम परिस्थितियों में चिपचिपी हो जाती है।

31. निम्नलिखित में से किन्हें बागानी फसलों में रूप में वर्गीकृत किया जाता है?

1. काजू 2. सुपारी
3. नारियल 4. मूंगफली

नीचे दिए गए कूट का प्रयोग कर सही उत्तर चुनिए–

(a) केवल 1, 2 और 3
(b) केवल 2 और 3
(c) केवल 3 और 4
(d) 1, 2 3 और 4

उत्तर (a) बागान, वाणिज्यिक खेती का एक प्रकार हैं। इनमें चाय, कॉफी, गन्ना, काजू, रबड़, सुपारी, नारियल, केला या कपास की एक ही फसल उगायी जाती है। इनके लिए विशाल मात्रा में श्रम और पूंजी की आवश्यकता होती है। उपज को खेत पर ही या निकटवर्ती कारखानों में संशोधित किया जा सकता है। इस प्रकार इस तरह की खेती के लिए परिवहन नेटवर्क का विकास आवश्यक होता है। मूंगफली बागान फसल नहीं है।

32. हाल ही में भारतीय किसानों को कपास एवं अन्य फसलों की खेती के स्थान पर ग्वारफली की खेती करने के लिए प्रोत्साहित किया जा रहा है। इस प्रसंग में निम्नलिखित में से कौन-सा/से कथन सही है/हैं?

1. भारत ग्वारफली का सबसे बड़ा उत्पादक है/हैं?

2. **इसे भारत के शुष्क क्षेत्रों में मवेशियों के लिए खाद्य फसल के रूप में उगाया जाता है।**
3. **ग्वारफली से व्युत्पन्न होने वाले ग्वार के गोंद का उपयोग शैल गैस निष्कर्षण में किया जाता है।**

नीचे दिए गए कूट का प्रयोग कर सही उत्तर चुनिए-

(a) केवल 1
(b) केवल 2
(c) केवल 1 और 2
(d) 1, 2 और 3

उत्तर (d) **कथन 1 सही है।** ग्वारफली मुख्य रूप से भारत, पाकिस्तान, संयुक्त राज्य अमेरिका, आस्ट्रेलिया और अफ्रीका में उगायी जाती है। भारत प्रतिवर्ष 2.5-3.5 मिलियन टन ग्वार का उत्पादन करता है। ग्वारफली मुख्य रूप से राजस्थान और हरियाणा के किसानों द्वारा उगायी जाती है।

कथन 2 सही है। ग्वारफली मुख्यतः भारत और पाकिस्तान में उगायी जाती है। अमेरिका, ऑस्ट्रेलिया, चीन और अफ्रीका में भी अल्प मात्रा में इसकी खेती की जाती है।

कथन 3 सही है। उपसतही शैल इकाइयों (Subsurface rock units) में भारी मात्रा में तेल और प्राकृतिक गैस जमा है। ये उपसतही शैल इतने सन्निबद्ध हैं कि इनसे होकर द्रव पदार्थों का प्रवाह नहीं हो सकता। तेल और प्राकृतिक गैस को मुक्त कराने के लिए ड्रिलिंग कंपनियाँ कुएं में इतने दबाव से द्रव को पम्प करती हैं कि वह उपसतही शैल इकाइयों को भंग करने के लिए पर्याप्त हो। इस प्रक्रिया को हाइड्रोलिक फ्रेक्चरिंग के नाम से जाना जाता है। इस जल में ग्वारफली के चूर्ण अर्थात् ग्वार के गोंद को मिलाने से इसकी श्यानता (Viscosity) बढ़ जाती है और उच्च-दाब पम्पिंग एवं फ्रेक्चरिंग की प्रक्रिया और अधिक दक्ष हो जाती है।

33. निम्नलिखित में से गहन जीवन निर्वाह कृषि की विशेषता क्या है?

1. **बड़ी जोत**
2. **मशीनरी का सीमित प्रयोग**
3. **उच्च श्रम उत्पादकता**

नीचे दिए गए कूट का प्रयोग कर सही उत्तर चुनिए-

(a) केवल 1 और 3
(b) केवल 2 और 3
(c) केवल 2
(d) 1, 2 और 3

उत्तर (c) गहन जीवन निर्वाह कृषि की विशेषता-

(i) इसमें खेतों का आकार छोटा होता है।

(ii) भूमि पर जनसंख्या का दबाव वाले क्षेत्रों पर इस प्रकार की कृषि की जाती है।

(iii) उच्च उत्पादकता प्राप्त करने के लिए सीमित आधुनिक युक्तियों एवं रसायनी का प्रयोग किया जाता है।

(iv) यह श्रम गहन कृषि है।

34. निम्नलिखित एजेंसियों में से किसने भारत का पहला 'कृषि विपणन और किसान हितैषी सुधार सूचकांक जारी किया है?

(a) केन्द्रीय कृषि मंत्रालय
(b) नीति आयोग
(c) भारतीय खाद्य निगम
(d) लघु कृषक कृषि- बिजनेस कंसोर्टियम

उत्तर (b) नीति आयोग ने राज्यों तथा केन्द्र शासित प्रदेशों की रैंकिंग के लिए एक सूचकांक जारी किया है जो मॉडल APMC अधिनियम के तहत प्रस्तावित साल प्रावधानों के कार्यान्वयन, eNAM पहल में शामिल होने, सब्जियों और फलों के विपणन के लिए विशिष्ट उपायों तथा मंडियों में करों के स्तर जैसे मानदंडों पर आधारित होगा। ये संकेतक कृषि व्यवसाय की सहजता तथा किसानों को आधुनिक व्यापार एवं वाणिज्य के लाभों व सुविधाओं से परिचित कराएँगे तथा उसकी फसल की बिक्री के लिए विस्तृत विकल्प उपलब्ध कराएंगे। ये संकेतक कृषि बाजारों में प्रतिस्पर्धा, दक्षता और पारदर्शिता का प्रतिनिधित्व भी करते हैं।

35. जलकृषि (हाइड्रोपोनिक) के सन्दर्भ में, निम्नलिखित कथनों पर विचार कीजिए-

1. **यह मिट्टी के बिना पौधे उगाने की तकनीक है।**
2. **इस तकनीक द्वारा उगाए जाने वाले पौधों को पनपने के लिए सूर्य के प्रकाश की आवश्यकता नहीं पड़ती है।**
3. **इस तकनीक का उपयोग मक्का, जौ और ज्वार जैसे बीजों का उपयोग करके चारा उगाने के लिए किया जाता है।**

उपर्युक्त कथनों में से कौन-सा/से सही है/हैं?

(a) केवल 1 और 2
(b) केवल 1 और 3
(c) केवल 2 और 3
(d) 1, 2 और 3

उत्तर (d) जलकृषि (Hydroponics) का अर्थ है एक अल्प अवधि के लिए, मिट्टी या ठोस उत्पादन माध्यम के बिना, परन्तु केवल जल या पोषक तत्व समृद्ध घोल का उपयोग करके, पौधे उगाने की तकनीक। केरल दुग्ध उत्पादन विकास विभाग ने हाल ही में जलकृषिगत हरे चारे के उत्पादन के लिए एक योजना आरम्भ की है। जलकृषिगत चारा पूरी तरह से हरे चारे और घास की जगह नहीं ले सकते हैं, क्योंकि इसमें तन्तु सामग्री का अभाव होता है।

36. भारत में गेहूँ की खेती के संबंध में निम्नलिखित कथनों पर विचार कीजिए-

1. **भारत में इसकी खेती रबी के मौसम में की जाती है।**
2. **यह मुख्य रूप से उष्णकटिबंधीय क्षेत्र की फसल है।**
3. **यह नाइट्रोजन स्थिरीकरण के माध्यम से मृदाओं की प्राकृतिक उर्वरता में वृद्धि करती है।**

उपर्युक्त कथनों में से कौन-सा/से सही है/हैं?

(a) केवल 1 और 3
(b) केवल 2
(c) केवल 2 और 3
(d) केवल 1

उत्तर d) गेहूं मुख्य रूप से शीतोष्ण क्षेत्र की फसल है। इसलिए, भारत में इसकी खेती शीतकाल के दौरान, अर्थात् रबी मौसम के दौरान की जाती है। **इसलिए, कथन 1 सही है और कथन 2 गलत है।**

दलहन, फलीदार फसल होने के नाते नाइट्रोजन स्थिरीकरण के माध्यम से मिट्टी की प्राकृतिक उर्वरता बढ़ाती हैं। यह गेहूँ की फसल से नहीं होता। **इसलिए, कथन 3 सही नहीं है।**

37. अरेबिका, रोबस्टा और लिबेरिका निम्नलिखित में से किसके प्रकार हैं?

(a) उत्तर पूर्वी अफ्रीका में स्थानीय पवनें।
(b) गन्ने की आनुवंशिक रूप से संशोधित किस्में।
(c) विश्वभर में उपजाई जाने वाली कॉफी।
(d) उत्तर भारत में भैंस की देशी नस्लें।

उत्तर (c) कॉफी की तीन किस्में होती हैं अरेबिका, रोबस्टा और लिबेरिका। भारत में अधिकतर उत्तम गुणवत्ता की कॉफी अरेबिका उगायी जाती है, जिसकी अंतर्राष्ट्रीय बाजार में बहुत मांग है।

38. भारत में फसल ऋतु के संबंध में निम्नलिखित कथनों पर विचार कीजिए-

1. **भारत में खरीफ की ऋतु मोटे तौर पर दक्षिण पश्चिम मानूसन के साथ मेल खाती है।**

2. रबी ऋतु शीतकाल के आगमन के साथ प्रारम्भ होती है।

3. जायद, रबी फसलों की कटाई होने के बाद लघु अवधि की ग्रीष्मकालीन फसल ऋतु है।

उपर्युक्त कथनों में से कौन-सा/से सही है/हैं?

(a) केवल 1 (b) केवल 1 और 2

(c) केवल 3 (d) 1, 2 और 3

उत्तर (d) देश के उत्तरी और आन्तरिक भागों में फसलों की तीन ऋतुएं हैं - खरीफ, रबी और जायद।

मुख्य रूप से खरीफ की ऋतु दक्षिण-पश्चिम मानूसन के साथ मेल खाती है। इस ऋतु में उष्णकटिबंधीय फसलों की खेती की जाती है। **इसलिए कथन 1 सही है।**

रबी की ऋतु अक्टूबर-नवम्बर सर्दियों के आगमन के साथ आरम्भ होती है और मार्च-अप्रैल में समाप्त होती है। इस ऋतु में कम तापमान की स्थिति समशीतोष्ण और उपोष्णकटिबंधीय फसलों की खेती की सुविधा प्रदान करती है। **इसलिए, कथन 2 सही है।**

जायद एक छोटी अवधि है जो रबी की फसलों की कटाई के बाद आरम्भ होती है। **इसलिए कथन 3 सही है।**

39. निम्नलिखित में से कौन-सी बागानी फसल नहीं है?

(a) ऑयल पाम (b) गेहूं

(c) गन्ना (d) केला

उत्तर (b) कुछ महत्त्वपूर्ण बागानी फसलों में चाय, काफी, कोका, रबर, कपास, पाम तेल, ईख, केले और अनानास है। **इसलिए विकल्प (b) सही नहीं है।**

40. भारत के भूमि राजस्व रिकार्डों के अनुसार, बंजर या उसर भूमि को किस रूप में परिभाषित किया गया है?

(a) ऐसी अकृष्य भूमि जिसे उपलब्ध प्रौद्योगिकी द्वारा सामान्य रूप से कृषि के अंतर्गत नहीं लाया जा सकता।

(b) कृषि योग्य भूमि जिसे एक वर्ष से अधिक लेकिन पांच वर्ष से कम अवधि के लिए खेती न किए जाने की अवस्था में छोड़ दिया गया है।

(c) कृषि योग्य भूमि जिसे पांच वर्ष से अधिक अवधि के लिए खेती न किए जाने की अवस्था में छोड़ दिया गया है।

(d) वह भूमि जिसे पांच वर्ष से अधिक अवधि के लिए खेती न किए जाने की अवस्था में छोड़ दिया गया है और जिसे भूमि उद्धार के माध्यम से सुधार किए जाने के बाद कृषि हेतु उपयोग में लाया जा सकता है।

उत्तर (a) भूमि उपयोग की श्रेणियों का विवरण भूमि राजस्व अभिलेखों में रखा जाता है।

बंजर और ऊसर (बेकार) भूमि– जिस भूमि को बंजर और ऊसर भूमि के रूप में वर्गीकृत किया जा सकता है, वे हैं बंजर पर्वतीय क्षेत्र, रेगिस्तानी भूमि, घाटियाँ आदि। उन्हें उपलब्ध तकनीकों के साथ खेती योग्य नहीं बनाया जा सकता है।

41. निम्नलिखित में से कौन-सी रोपण या बागवानी कृषि की लाक्षणिक विशेषताएँ हैं?

1. एकल फसल विशेषज्ञता

2. सस्ता श्रम

3. खेती की वैज्ञानिक विधियाँ

नीचे दिए गए कूट का प्रयोग कर सही उत्तर चुनिए–

(a) 1, 2 और 3

(b) केवल 1 और 2

(c) केवल 1 और 3

(d) केवल 2 और 3

उत्तर (a) **सभी विकल्प सही हैं।**

उष्णकटिबंधों में स्थित उपनिवेशों में यूरोपीय लोगों द्वारा कृषि बागान आरम्भ किये गए थे। इस प्रकार की खेती की विशेषताएँ हैं–बड़ी सम्पदा या बागान, बड़ा पूँजी निवेश, प्रबंधकीय और तकनीकी सहायता, कृषि की वैज्ञानिक, विधियां, एकल फसल विशेषज्ञता, सस्ता श्रम और परिवहन की एक अच्छी व्यवस्था जो कारखानों, बाजारों को उत्पादनों के निर्यात के लिए एस्टेट्स से जोड़ती है।

42. 'उष्णकटिबंधों, विशेष रूप से अफ्रीका, दक्षिण और मध्य अमेरिका और दक्षिण पूर्व ऐशिया में कई जनजातियों द्वारा व्यापक रूप से इस तरीके का प्रयोग किया जाता है। वनस्पति को आम तौर पर आग से साफ कर दिया जाता है और राख मृदा की उर्वरता बढ़ाने में योगदान करती है।

उपर्युक्त परिच्छेद निम्नलिखित में से किस प्रकार की खेती का वर्णन करता है?

(a) गहन या व्यापक जीविका कृषि

(b) स्थानान्तरी कृषि

(c) गहन या व्यापक वणिज्यिक खाद्यान्न कृषि

(d) मिश्रित कृषि

उत्तर (b) आदिम जीविका कृषि या स्थानान्तरी कृषि, उष्णकटिबंधीय क्षेत्रों विशेष रूप से अफ्रीका, दक्षिण एवं मध्य अमेरिका एवं दक्षिण पूर्व एशिया में जनजातियों द्वारा व्यापक रूप से अपनाई जाती है। वनस्पति को आमतौर पर आग जलाकर साफ कर दिया जाता है और राख मृदा की उर्वरता बढ़ाती है। इसलिए, स्थानान्तरी कृषि को स्लैश एंड बर्न कृषि भी कहा जाता है।

43. 'ऑस', 'अमन', 'बोरो' क्या हैं?

(a) असम में गेहूं की विभिन्न किस्में।

(b) पश्चिम बंगाल में विभिन्न ऋतुओं में उपजायी जाने वाली धान की तीन फसलें।

(c) उत्तर भारत में स्थानीय पवनें।

(d) पंजाब राज्य में फसल कटाई त्यौहार।

उत्तर (b) चावल, भारत की बड़ी आबादी का मुख्य भोजन है। हालांकि, इसे ऊष्णकटिबंधीय क्षेत्रों की फसल माना जाता है। इसकी लगभग 3000 किस्में हैं जिन्हें विभिन्न कृषि-जलवायु क्षेत्रों में उगाया जाता है।

पश्चिम बंगाल में किसान तीन फसल उगाते हैं- 'ओस', 'अमन' और 'बोरो'।

44. भारत में हरित क्रांति के दौरान प्रयुक्त आदानों (इनपुट) के संबंध में निम्नलिखित कथनों पर विचार कीजिए–

1. प्रयोग किए गए उच्च उपज देने वाली किस्मों (HYVs) के बीज शुष्क भूमियों में आसानी से उग सकते थे।

2. जैविक उर्वरकों का व्यापक उपयोग किया गया था।

उपर्युक्त कथनों में से कौन-सा/से सही है/हैं?

(a) केवल 1

(b) केवल 2

(c) 1 और 2 दोनों

(d) न तो 1, न ही 2

उत्तर (d) उच्च उपज देने वाली किस्मों के रूप में जानी जाने वाली गेहूं (मेक्सिको) और चावल (फिलिपींस) की नई बीज की किस्में 1960 के दशक के मध्य खेती के लिए उपलब्ध थीं। भारत ने इसका लाभ लिया और रासायनिक उर्वरक के साथ MYV से युक्त पैकेज तकनीक आरंभ की। अत: **कथन 2 सही नहीं है।**

सिंचाई के माध्यम से मिट्टी को नमी की आपूर्ति इस नई कृषि प्रौद्योगिकी की सफलता की एक बुनियादी पूर्व-आवश्यकता थी। **अत: कथन 1 सही नहीं है।**

कृषि विकास की इस रणनीति ने तुरंत लाभांश दिया और अति तीव्र दर पर खाद्यान्न उत्पादन में वृद्धि हुई। इसने देश को खाद्यान्न उत्पादन में आत्मनिर्भर बना दिया।

45. निम्नलिखित कथनों पर विचार कीजिए–

1. कायिक घनत्व का संदर्भ कुल कृषि आबादी एवं निवल कृषि क्षेत्र के अनुपात से होता है।

2. कृषि घनत्व कुल आबादी और निवल कृषि क्षेत्र का अनुपात होता है।

उपर्युक्त कथनों में से कौन-सा/से सही है/हैं?

(a) केवल 1

(b) केवल 2

(c) 1 और 2 दोनों

(d) न तो 1 न ही 2

उत्तर (d) जनसंख्या घनत्व, मानव और भूमि के संबंधों की एक अपरिष्कृत (स्थूल) माप है। कुल खेती योग्य भूमि पर आबादी के दबाव के संदर्भ में मानव-भूमि अनुपात की बेहतर जानकारी प्राप्त करने के लिए, कायिक और कृषि घनत्व ज्ञात किया जाता है। यह भारत जैसे एक बड़ी कृषि आबादी वाले देश के लिए महत्वपूर्ण है।

कायिक घनत्व कुछ आबादी और शुद्ध खेती योग्य भूमि का अनुपात दर्शाता है।

कृषि घनत्व, कृषि कार्य में लगी जनसंख्या और निवल कृषि क्षेत्र का अनुपात दर्शाता है।

46. निम्नलिखित में से कौन-सा/सी मिश्रित कृषि की विशेषता/विशेषताएं है/हैं?

1. उच्च पूंजीगत व्यय

2. रासायनिक उर्वरकों का व्यापक उपयोग

3. कृषि और पशुपालन

नीचे दिए गए कूट का प्रयोग कर सही उत्तर चुनिए–

(a) केवल 1

(b) केवल 2 और 3

(c) केवल 1 और 3

(d) 1, 2 और 3

उत्तर (d) **सभी विकल्प सही हैं।** कृषि का यह रूप विश्व के एक बड़े भाग में पाया जाता है, उदाहरण के लिए उत्तर-पश्चिमी यूरोप, पूर्वी, उत्तरी अमेरिका, यूरेशिया के कुछ भागों और दक्षिण ी महाद्वीपों के समशीतोष्ण अक्षांश। मिश्रित खेती के फार्म मध्यम आकार के होते हैं और प्राय: गेहूं, जौ, राई, मक्का, चारा और मूल फसलों से जुड़े होते हैं। चारे की फसलें मिश्रित खेती की महत्वपूर्ण घटक हैं। फसलों का आवर्तन और फसलों में अंतर, मिट्टी की उर्वरता बनाये रखने में महत्वपूर्ण भूमिका निभाता है। फसलों की खेती के साथ पशुपालन पर समान रूप से बल दिया जाता है। मवेशियों में जैसे भेड़ें, सूअर और मुर्गियां जैसे पशु फसलों के साथ मुख्य आय प्रदान करते हैं। कृषि मशीनरी और भवन पर उच्च पूंजीगत व्यय, रासायनिक उर्वरकों का व्यापक उपयोग, हरी खाद और किसानों के कौशल और विशेषज्ञता भी मिश्रित कृषि की विशेषताएं हैं।

47. निम्नलिखित में से कौन-सी जलवायु और भूआकृतिक स्थितियाँ चाय की खेती के लिए उपयुक्त हैं?

1. मृदु शीतऋतु (Mild winter)

2. जैविक तत्वों की उच्च मात्रा के साथ मृदा की मोटी परत।

3. तीक्ष्ण ढाल

नीचे दिए गए कूट का प्रयोग कर सही उत्तर चुनिए–

(a) केवल 1 और 2

(b) केवल 2 और 3

(c) केवल 1 और 3

(d) 1, 2 और 3

उत्तर (a) दार्जिलिंग या सिक्किम हिमालय की परिस्थितियाँ चाय की खेती के लिए उपयुक्त हैं। प्राकृतिक जलवायु और भौगोलिक स्थितियों का लाभ लेते हुए, अंग्रेजों द्वारा यहाँ चाय की खेती प्रारम्भ की गई, जो इस प्रकार हैं–

मध्यम ढ़ाल **विकल्प 3 सही नहीं है**

जैविक तत्वों की उच्च मात्रा के साथ मृदा की मोटी परत **विकल्प 2 सही है**

वर्ष भर भलीभाति वितरित वर्षा।

मृदु शीत ऋतु **विकल्प 1 सही है।**

48. निम्नलिखित में से कौन-से क्षेत्र में अंगूर की कृषि (विटीकल्चर) प्रमुखता से की जाती है?

(a) सहारा क्षेत्र (b) भूमध्यसागरीय क्षेत्र

(c) मध्य एशिया (d) अमेजन क्षेत्र

उत्तर (b) विटीकल्चर या अंगूर की कृषि भूमध्यसागरीय क्षेत्र की विशेषता है। इस क्षेत्र के विभिन्न देशों में उच्च गुणवत्ता वाले अंगूर से विशिष्ट प्रकार के स्वाद और विश्व की बेहतरीन गुणवत्ता वाली शराब का उत्पादन किया जाता है। निम्न स्तर के अंगूरों को सुखा कर किशमिश और मुनक्का बनाया जाता है। इन क्षेत्रों में जैतून और अंजीर का उत्पादन भी होता है। भूमध्यसागरीय कृषि का लाभ यह है कि फलों और सब्जियों जैसी अधिक मूल्यवान फसलें सर्दियों में उगाई जाती हैं, जब उनकी मांग अधिक होती है। **इसलिए विकल्प (b) सही है।**

49. गहन वाणिज्यिक खाद्यान्न कृषि निम्नलिखित में से कौन-से क्षेत्रों में अपनायी जाती है?

1. अर्जेंटीना के पम्पास क्षेत्र में

2. दक्षिण अफ्रीका के वेल्ड क्षेत्र में

3. ऑस्ट्रेलिया के डाउन्स क्षेत्र में

नीचे दिए गए कूट का प्रयोग कर सही उत्तर चुनिए–

(a) केवल 1

(b) केवल 1 और 2

(c) केवल 2 और 3

(d) 1, 2 और 3

उत्तर (d) **सभी विकल्प सही हैं।**

मध्य अक्षांश के अर्ध शुष्क भूमि के आन्तरिक भागों में वाणिज्यक खाद्यान्नों की कृषि का प्रचलन है। गेहूं प्रमुख फसल है, यद्यपि मकई, जौ, जई और राई जैसी फसले भी उगाई जाती हैं। खेतों के आकार बहुत बड़े होते हैं, इसलिए कटाई के लिए कृषि का पूरा संचालन मशीनीकृत है। इस प्रकार की कृषि यूरेशियन स्टेपी, कनाडियाई और अमेरिकी प्रेयरी, अर्जेंटीना के पैम्पास, दक्षिणी अफ्रीका के वेल्ड्स, ऑस्ट्रेलियाई डाउन्स और न्यूजीलैंड के कैंटनबरी मैदानों में की जाती है।

50. निम्नलिखित युग्मों में से कौन-सा/से सही सुमेलित है/हैं?

	स्थानीय पवन		**लाभकारी है**
1.	**कालवैशाखी**	:	**जूट की खेती**
2.	**लू**	:	**गेहूं की खेती**
3.	**चेरी ब्लासम (फूलों वाली बौछार)**	:	**अंगूर की खेती**
4.	**आम्र वर्षा**	:	**कॉफी की खेती**

नीचे दिए गए कूट का प्रयोग कर सही उत्तर चुनिए–

(a) केवल 1 (b) केवल 2 और 4

(c) केवल 3 और 4 (d) 1, 2, 3 और 4

उत्तर (a) कालवैशाखी- कालवैशाखी मानसून के मौसम से पहले पश्चिम बंगाल, असम और उड़ीसा में वर्षा लाती है और जूट और चावल की खेती के लिए लाभप्रद होती है।

• लू-उत्तर भारत में ग्रीष्मऋतु की तेज और धूल भरी हवाएं हैं। लू किसी भी फसल की खेती के लिए लाभप्रद नहीं हैं।

चेरी ब्लासम - चेरी ब्लासम मानसून पूर्व अवधि के दौरान केरल और कर्नाटक के तट के साथ वर्षा करती है और इसलिए इस क्षेत्र में कॉफी की खेती के लिए लाभप्रद होती है।

आम्र वर्षा - आम्र वर्षा मानसून पूर्व अवधि के दौरान कर्नाटक के तट के साथ वर्षा करती है ओर इसलिए आम के शीघ्र पकने के लिए लाभप्रद होती है।

51. यदि आप वर्ष भर निरंतर पश्चिमी हिमालय क्षेत्र से होकर यात्रा करते हैं, तो निम्नलिखित फसलों में से किन्हें देखने की संभावना है?

(a) चावल, मक्का, गेहू, लीची, केसर

(b) चावल, आलू, चाय, लीची और नींबू

(c) जूट, मक्का, आलू, आम और केसर

(d) चावल, गेहूँ, दलहन, नींबू और केसर

उत्तर (a) पश्चिमी हिमालयी क्षेत्र में जम्मू-कश्मीर, हिमाचल प्रदेश और उत्तराखंड के पहाड़ी क्षेत्र आते हैं। कश्मीर, कुल्लू और दून की घाटियों में जलोढ़ मिट्टी और पहाड़ियों में भूरे रंग के मिट्टी पायी जाती है।

घाटी के तल पर चावल उगाया जाता है, जबकि पहाड़ी इलाकों में खरीफ मौसम में मक्का उगाया जाता है। जौ, जई और गेहूं शीतकालीन फसलें हैं। यह क्षेत्र बागवानी, विशेष रूप से सेब के फलोद्यानों और आड़ू, खूबानी, नाशपाती, चेरी, बादाम, लीची, अखरोट आदि जैसे अन्य शीतोष्ण फलों को आश्रय प्रदान करता है। इस क्षेत्र में केसर भी उगायी जाती है।

अपनी भेड़, बकरियों, मवेशियों और घोड़ों के लिए गुज्जर बकरवाल और गद्दी स्थानीय स्तर पर 'ढोक' या 'मर्ग' के रूप में ज्ञात अधिक ऊंचाई पर स्थित अल्पाइन चारागाहों का प्रयोग करते हैं। अर्थव्यवस्था मुख्य रूप से कृषि प्रधान है।

52. दालों के संदर्भ में निम्नलिखित कथनों पर विचार कीजिए–

1. भारत में उत्पादित सभी प्रकार की दालों में चने का उत्पादन सबसे अधिक है।
2. 1950 के दशक से दालों की प्रति व्यक्ति उपलब्धता में मामूली वृद्धि हुई है।
3. सभी दालें मुख्यतः रबी फसल के रूप में उगायी जाती हैं।

उपर्युक्त कथनों में से कौन-सा/से सही है/हैं?

(a) केवल 1

(b) केवल 1 और 2

(c) केवल 2 और 3

(d) 1, 2 और 3

उत्तर (a) कुल दलहन उत्पादन में चना 50% का योगदान करता है, इसके बाद उड़द, मूंग और मसूर हैं।

विगत 40 वर्षों में भारत में दालों के उत्पादन में 40 प्रतिशत से भी कम की वृद्धि दर्ज की गई है, जबकि इस की प्रति व्यक्ति उपलब्धता 1950 के दशक में 60 ग्राम प्रति दिन से गिरकर 2000 के दशक में 35 ग्राम प्रति दिन रह गयी।

हालांकि अधिकांश दलहनें रबी फसल हैं, लेकिन अरहर (अरहर पी या रेड्ग्राम) जैसी कुछ दालें मुख्य रूप से खरीफ फसल के रूप में उगायी जाती हैं।

53. निम्नलिखित में से कौन-से हरी खाद वाली फसलों के लाभ हैं?

1. ये फसलों की पहुंच से परे हो जाने वाले पोषक तत्वों को नीचे निक्षालित होने से रोकते हैं।
2. ये अपनी जड़ ग्रन्थियों से नाइट्रोजन लेने में फलीदार फसलों की सहायता करते हैं?
3. हानिकारक शाकनाशी का उपयोग किये बिना भी ये खरपतवारों को रोकते हैं।
4. ये मिट्टी की कटाव से रक्षा करते हैं।
5. ये मिट्टी की जुताई में सहायता कर सकते हैं।

नीचे दिए गए कूट का प्रयोग कर सही उत्तर चुनिए–

(a) केवल 1, 2 और 4

(b) केवल 2 और 4

(c) केवल 1, 2, 3 और 4

(d) 1, 2, 3, 4 और 5

उत्तर (d) हरी खाद वाली फसलें, फसलों की वे प्रजातियां होती हैं जिन्हें मिट्टी की समग्र गुणवत्ता में सुधार लाने के लिए उगाया और मिट्टी में बदल दिया जाता है। हरी खाद वाली फसल को काटा जा सकता है और इसके बाद मिट्टी में जोता जाता है या जुताई करने से पहले विस्तारित अवधि के लिए भूमि में छोड़ दिया जाता है। उदाहरण में घास मिश्रण और फलीदार पौधे सम्मिलित हैं।

लाभ– हरी खाद मृदा की संरचना में सुधार करती है, जल धारण करने की क्षमता को बढ़ाती है तथा अपरदन से होने वाली मृदा की हानि को कम करती जाती है। फसली मौसम के इतर हरी खाद वाली फसलों को उगाने से खरपतवार का प्रसार और खरपतवार की वृद्धि कम हो जाती है। हरी खाद क्षारीय भूमि के सुधार में और मिट्टी की जुताई में सहायता करती है। उदाहरण के लिए, अल्फाल्फा 60 फीट गहराई तक जड़ें नीचे भेद सकती है तथा अगले वर्ष की फसलों के लिए पोषक तत्त्वों को खींच लेती है।

54. 'कर्तन एवं दहन खेती' (स्लैश और बर्न कृषि') के संदर्भ में निम्नलिखित कथनों में से कौन-सा/से सही है/हैं?

1. यह स्थानांतरण प्रकार की खेती है, जो खेतों के चक्रानुक्रम के माध्यम से मिट्टी की उर्वरता को बनाए रखती है।
2. जली हुई वनस्पति से उत्पन्न राख मिट्टी की उर्वरता को बढ़ाती है।
3. उर्वरकों और कीटनाशकों के कम से कम उपयोग के कारण, इसे पर्यावरण के लिए अनुकूल माना जाता है।

नीचे दिए गए कूट का प्रयोग कर सही उत्तर चुनिए–

(a) केवल 1 और 2

(b) केवल 3

(c) केवल 2 और 3

(d) 1, 2 और 3

उत्तर (a) स्थानांतरण कृषि में एक भूखंड साफ किया जाता है और उस पर छोटी अवधि के लिए खेती की जाती है; उसके बाद उसे छोड़ दिया जाता है और उनकी प्राकृतिक वनस्पति को पुनः उगने दिया जाता है, जबकि कृषक दूसरे भूखंड की ओर आगे बढ़ जाता है। खेती की अवधि सामान्यतः तब समाप्त होती है जब मिट्टी अनुर्वरता के लक्षण दर्शाती है या, अधिकांश तब, जब खेत खरपतवारों से ढक जाता है।

स्थानांतरण कृषि में भूमि साफ करने की एक प्रणाली काटो और जलाओं विधि है। जिसमें, खड़ी वनस्पति काटने के पश्चात जब खेत को जलाया जाता है तो उसमें केवल ठूंठ और बड़े वृक्ष ही शेष बचते हैं और इसकी राख मिट्टी को उर्वर बनाती है। खेती की इस विधि को पर्यावरण अनुकूल नहीं माना जाता है क्योंकि इसमें निर्वनीकरण, जैव विविधता की हानि, वन अग्नि और वन मृदा का निम्नीकरण होता है। उत्तर पूर्वी राज्यों में वन आवरण की हानि के लिए झूम कृषि की एक प्रमुख कारण के रूप में पहचान की गई है।

55. भारत में झूम की खेती के संदर्भ में निम्नलिखित कथनों पर विचार कीजिए–

1. यह मुख्य रूप से उत्तर-पूर्वी राज्यों में प्रचलित है।
2. खेती के इस रूप को मध्य प्रदेश में 'बेवार' या 'दहिया' और आंध्र प्रदेश में 'पोदू' या 'पेंदा' कहा जाता है।
3. झूम खेती में मिट्टी की उर्वरता कालांतर में समृद्ध हो जाती है।

नीचे दिए गए कूट का प्रयोग कर सही उत्तर चुनिए–

(a) केवल 1 और 2

(b) केवल 2 और 3

(c) केवल 1 और 3

(d) 1, 2 और 3

उत्तर (a) यह असम, मेघालय, मिजोरम और नगालैंड जैसे पूर्वोत्तर राज्यों में झूमिंग के नाम से प्रचलित है, मणिपुर में पालमाऊ, छत्तीसगढ़ के बस्तर जिले और अंडमान और निकोबार द्वीप समूह में दीपा है। झूमिंग– कृषि मेक्सिको में 'कर्तन एवं दहन' काटो और जलाओ' के नाम से प्रसिद्ध है और मध्य अमेरिका में मिल्पा, वेनेजुएला में कोनोकू, ब्राजील में 'रोका', मध्य अफ्रीका में 'मैसोल', इंडोनेशिया में 'लदांग', और वियतनाम में 'रे' के रूप में जानी जाती है। भारत में खेती के इस अदिम रूप को मध्य प्रदेश में 'बेवार' या 'ढहिया', आंध्र प्रदेश में 'पोदू' या 'पेंदा', उड़ीसा में 'पामा दाबी' या 'कोमान' या 'ब्रिगा', पश्चिम घाट में 'कुमारी', दक्षिण-पूर्वी राजस्थान में 'वाल्वे', हिमालयी पेटी में 'खिल', झारखंड में 'कुरूवा' और उत्तर-पूर्वी क्षेत्र में 'झूमिंग' कहा जाता है। कालांतर में मिट्टी की उर्वरता कम हो जाती है।

56. "लगभग 27 डिग्री सेल्सियस का औसत मसिक तापमान, अपेक्षाकृत उच्च आर्द्रता तथा वसंत और गर्मियों के दौरान 170-180 सेमी की वर्षा इसके संवर्धन काल (Vegetative growth) के दौरान भौतिक आवश्यकताएं हैं।"

उपरोक्त उद्धरण में निम्नलिखित में से किस एक फसल को संदर्भित किया जा रहा है?

(a) कपास (b) जूट

(c) सोयाबीन (d) गन्ना

उत्तर (b) जूट उष्ण और आर्द्र जलवायु की नकदी फसल है। बांग्लादेश और भारत दो प्रमुख जूट उत्पादक देश हैं। उष्ण और आर्द्र जलवायु जूट के लिए आदर्श है। जूट की खेती के लिए जलवायु दशाओं का नीचे उल्लेख किया गया है–

- तापमान–25 डिग्री सेल्सियस जूट की खेती के लिए आदर्श होता है।
- वर्षा–जूट की खेती के लिए 150 सेमी से लेकर 200 सेमी वर्षा आवश्यक है। वायु में आर्द्रता आवश्यक है।
- मृदा–नई जलोढ़ या बलुई मिट्टी या नदी बेसिन जूट की खेती के लिए आदर्श है।
- भूमि–समतल भूमि या मंद ढाल वाली या निम्न भूमि जूट की खेती के लिए आदर्श है। लेकिन सिंचाई सुविधा के साथ-साथ भारी संख्या में सस्ते श्रम की आवश्यकता होती है। बासुदेव, सोबाजसोरा आदि जैसे एचवाईवी बीज और प्रचुर मात्रा में उर्वरक की आवश्यकता होती है।

पश्चिम बंगाल भारत में जूट का सबसे बड़ा उत्पादक हैं जिसके बाद असम, बिहार, उड़ीसा और आंध्र प्रदेश का स्थान आता है। जूट को लचीला या मुलायम बनाने के लिए निकट में ठहरा हुआ पानी आवश्यक है।

57. भारत में फसली मौसम के संदर्भ में निम्नलिखित कथनों पर विचार कीजिए–

1. खरीफ का मौसम, समशीतोष्ण फसलों की खेती के लिए उपयुक्त है, जबकि रबी का मौसम उष्णकटिबंधीय फसलों की खेती के लिए उपयुक्त है।

2. जायद मौसम में उगाई जाने वाली फसलों के विकास के लिए गर्म और आर्द्र स्थितियों की आवश्यकता होती है।

उपर्युक्त कथनों में से कौन-सा/से सही है/हैं?

(a) केवल 1

(b) केवल 2

(c) 1 और 2 दोनों

(d) न तो 1 न ही 2

उत्तर (b) खरीफ मौसम (जून-सितंबर) मुख्य रूप से दक्षिण पश्चिम मानसून की सक्रियता का काल है जिसमें चावल, कपास, जूट, ज्वार आदि जैसी उष्णकटिबंधीय फसलों की खेती संभव है। रबी मौसम अक्टूबर-नवम्बर में शीत ऋतु के आगमन के साथ प्रारंभ होता है और मार्च-अप्रैल में समाप्त होता है। इस मौसम के दौरान कम तापमान की स्थिति गेहूं, चना और सरसों जैसी शीतोष्ण और उपोष्णकटिबंधीय फसलों की खेती की सुविधा प्रदान करती है। **इसलिए, कथन 1 गलत है।**

जायद छोटी अवधि का गर्मियों का फसली मौसम होता है जो अप्रैल-जून के महीनों में रबी फसलों की कटाई के बाद आरंभ होता है। सूरजमुखी, तरबूज आदि जैसी फसलें उगाई जाती हैं जिन्हें विकास के लिए गर्म और आर्द्र परिस्थितियों की आवश्यकता होती है।

58. सूची-I (फसलों) को सूची-II (प्रमुख उत्पादक राज्यों) के साथ सुमेलित करें–

	सूची-I		सूची-II
A.	**चावल**	:	**1. महाराष्ट्र**
B.	**ज्वार**	:	**2. असम**
C.	**सोयाबीन**	:	**3. कर्नाटक**
D.	**कॉफी**	:	**4. मध्य प्रदेश**

नीचे दिए गए कूट का प्रयोग कर सही उत्तर चुनिए–

(a) A-2, B-1, C-3, D-4

(b) A-1, B-3, C-4, D-2

(c) A-3, B-4, C-1, D-3

(d) A-2, B-1, C-4, D-3

उत्तर (d) भारत का विश्व के चावल उत्पादन में 21.6 प्रतिशत का योगदान है तथा चीन के बाद इसका दूसरा स्थान है। देश के सम्पूर्ण फसल क्षेत्र की एक चौथाई चावल के उत्पादन में लगाई गयी है। पश्चिम बंगाल, पंजाब तथा उत्तर प्रदेश देश के अग्रणी चावल उत्पादक राज्यों में से एक थे।

केवल महाराष्ट्र देश के कुल ज्वार उत्पादन का एक चौथाई उगाता है। ज्वार के अग्रणी उत्पादक राज्य कर्नाटक, मध्य प्रदेश, आंध्र प्रदेश तथा तेलंगाना हैं।

सोयाबीन तथा सूरजमुखी भारत में उगाए जाने वाले अन्य महत्वपूर्ण तिलहन फसलें हैं। सोयाबीन का उत्पादन अधिकांशतः मध्य प्रदेश तथा महाराष्ट्र में होता है।

कॉफी एक उष्णकटिबंधीय फसल है। इसके बीजों को भूनने के बाद पीस कर एक पेय तैयार करने में प्रयोग किया जाता है। कॉफी की तीन प्रजातियाँ होती हैं– अरेबिका, रोबस्टा तथा लिबरिका। भारत में मुख्यतः श्रेष्ठ प्रजाति की कॉफी, अरेबिका उगाई जाती है। अंतर्राष्ट्रीय बाजार में इसकी बड़ी मांग है। भारत में विश्व में कॉफी उत्पादन का केवल 3.2 प्रतिशत ही उगाया जाता है। ब्राजील, वियतनाम, कोलंबिया, इंडोनेशिया, इथियोपिया तथा मेक्सिको के बाद इसका सातवाँ स्थान था। कॉफी की खेती कर्नाटक, केरल तथा तमिलनाडु के पश्चिमी घाट के पर्वतीय भूभागों में की जाती है। केवल कर्नाटक में देश के सकल कॉफी उत्पादन का दो-तिहाई उत्पादित किया जाता है।

59. भारत में कौन-सा मृदा प्रारूप लोहे का अतिरेक होने के कारण बंजर होता जा रहा है?

(a) मरुस्थलीय बालू

(b) जलोढ़

(c) राख (पॉडजोल)

(d) लैटेइराइट

उत्तर (d) लैटेराइट मृदा (Laterite Soil) मुख्यतः उन क्षेत्रों में पाई जाती है, जहाँ पर भारी वर्षा होती है। यह मृदा पठारों के उच्च तापमान और भारी वर्षा के क्षेत्र में तीव्र निक्षालन क्रिया के फलस्वरूप बनती है। भारत में इस मृदा का विस्तार लगभग 1.25 लाख वर्ग किमी क्षेत्र में पाया जाता है। इस मृदा का रंग पकी हुई ईंट की तरह लाल होता है। पश्चिमी घाट का तटवर्ती क्षेत्र, प्रायद्वीपीय पठार का पूर्वी भाग, राजमहल की पहाड़ी, मेघालय की पहाड़ी आदि ऐसे क्षेत्र हैं, जहाँ लैटेराइट मृदा का विस्तार पाया जाता है। जहाँ तहाँ लौह ऑक्साइड की गाँठें बड़े-बड़े कंकड़ के रूप में प्रधानता से बिछी रहने के कारण यह मृदा कृषि के लिए अनुपयुक्त होती

है। वर्षा होने पर लैटेराइट मृदा चिपचिपी हो जाती है। लैटेराइट मृदा में नाइट्रोजन, पोटाश, जीवांश, फॉस्फोरस आदि का अभाव पाया जाता है। इस मृदा में गोदली की खेती की जाती है।

60. सूची-I को सूची-II के साथ सुमेलित कीजिए तथा सूचियों के नीचे दिए गए कूट से सही उत्तर का चयन कीजिए-

सूची I (फसल)	सूची II (राज्य)
A. मूँगफली (Groundnut)	1. आन्ध्र प्रदेश
B. सरसों (Mustard)	2. राजस्थान
C. सोयाबीन (Soyabean)	3. मध्य प्रदेश
D. नारियल (Coconut)	4. केरल

कूट-

	A	B	C	D
(a)	1	3	2	4
(b)	2	1	3	4
(c)	1	2	3	4
(d)	4	3	2	1

उत्तर (c)

फसल	उत्पादक राज्य
A. मूँगफली	आन्ध्र प्रदेश
B. सरसों	राजस्थान
C. सोयाबीन	मध्य प्रदेश
D. नारियल	केरल

61. भारत में बागानी कृषि के अन्तर्गत उगाई जाने वाली मुख्य फसलें हैं-

(a) चाय, रबर, नारियल, कहवा
(b) चाय, रबर, सूरजमुखी, सोयाबीन
(c) चाय, केला, अंगूर, नारियल
(d) चाय, रबर, नारियल, सोयाबीन

उत्तर (a) बागानी कृषि का सम्बन्ध बड़े-बड़े बागानों के रूप में की जाने वाली कृषि से है। इसमें एक बार वृक्षों के बागान लगा दिए जाते हैं और कुछ समय पश्चात् कई वर्षों तक उनसे उत्पादन प्राप्त होता रहता है। यह मुख्यत: व्यापारिक कृषि है। इस कृषि के अन्तर्गत चाय, रबर, नारियल, कहवा, सोयाबीन, सूरजमुखी इत्यादि उगाए जाते हैं।

62. भारत में द्वितीय हरित क्रान्ति के सम्बन्ध में क्या सही है?

1. इसका लक्ष्य हरित क्रान्ति से पूर्व में ही लाभान्वित हो चुके क्षेत्रों में गेहूँ एवं चावल के उत्पादन में और वृद्धि करना है।

2. इसका लक्ष्य हरित क्रान्ति से अब तक लाभान्वित न हो सकने वाले क्षेत्रों में बीज-पानी-उर्वरक तकनीक का विस्तार करना है।

3. इसका लक्ष्य हरित क्रान्ति के प्रारम्भ में प्रयुक्त हो चुकी फसलों को छोड़कर अन्य फसलों के उत्पादन में वृद्धि करना है।

4. इसका लक्ष्य पशुपालन, सामाजिक वानिकी तथा मत्स्यपालन के साथ शस्योत्पादन का समाकलन करना है।

नीचे दिए गए कूट में से सही उत्तर चुनिए-

(a) 1 व 2 (b) 2 व 3
(c) 2 व 4 (d) 1 व 4

उत्तर (c) भारत में द्वितीय हरित क्रान्ति का लक्ष्य हरित क्रान्ति से अब तक लाभान्वित न हो सकने वाले क्षेत्रों में बीज, पानी, उर्वरक तकनीक का विस्तार करना तथा पशुपालन, सामाजिक वानिकी तथा मत्स्यपालन के साथ शस्योत्पादन का समाकलन करना है।

63. निम्नलिखित कथनों पर विचार कीजिए-
देश में तिलहन की माँग को पूरा करने के लिए भारत अभी भी आयात पर निर्भर करता है, क्योंकि-

1. किसान अन्य खाद्यान्नों को पैदा करने को अधिमान देते हैं जिनकी समर्थन कीमतें (Support Prices) अधिक लाभकारी हैं।

2. तिलहन की फसलों की पैदावार अधिकांशतः वर्षा पर निर्भर करती है।

3. पेड़ों से उत्पन्न बीजों तथा चावल चोकर (Rice bran) से तेल निकालने की प्रक्रियाओं को अभी प्रयोग में नहीं लाया गया।

4. तिलहन की फसल को पैदा करने की अपेक्षा तिलहन (Oilseed) का आयात बहुत सस्ता पड़ता हैं

उपरोक्त कथनों में से कौन-से सही हैं?

(a) 1 और 2 (b) 1, 2 और 3
(c) 3 और 4 (d) 1, 2, 3 और 4

उत्तर (b) भारत में कुल तिलहन उपभोग की अपेक्षा उत्पादन कम हो रहा है। इसके विकास के लिए सरकार द्वारा 'प्रयोगशाला से किसान तक' परियोजना चलाई जा रही है। चूँकि तिलहन का आयात बहुत खर्चीला होता है, अत: तिलहन पैदा करना ही राष्ट्रहित में है।

64. निम्न प्रश्न में दो उक्तियाँ दी हुई हैं, जिनमें से एक को 'कथन (A)' तथा दूसरे को 'कारण (R)' से निरूपित किया गया है। ध्यानपूर्वक इन उक्तियों का परीक्षण कीजिए तथा नीचे दिए गए कूटों का उपयोग करते हुए सही उत्तर का चयन कीजिए-

कथन (A): भारत में पश्चिमी तट की तुलना में पूर्वी तट में धान का उत्पादन अधिक होता हैं

कारण (R): भारत के पूर्वी तट पर पश्चिम की तुलना में अधिक वर्षा होती है।

कूट-

(a) A और R दोनों ही सत्य हैं तथा R, A की सही व्याख्या है।
(b) A और R दोनों ही सत्य हैं परन्तु R, A की सही व्याख्या नहीं है।
(c) A सही है और R गलत है।
(d) R सही है, परन्तु A गलत हैं।

उत्तर (c) भारत के पश्चिमी तट की तुलना में पूर्वी तट में धान का उत्पादन अधिक होता है। इसका प्रमुख कारण यहाँ पर (पूर्वी तट) वर्ष भर बहने वाली नदियाँ हैं, जिनकी घाटी में धान की फसल अधिक होती है। भारत के पश्चिमी तट पर पूर्वी तट की अपेक्षा अत्यधिक वर्षा होती हैं। भारत की कुल वर्षा का 75% भाग ग्रीष्म ऋतु में दक्षिण-पश्चिम मानसून से प्राप्त होता है। अरब सागर से उठने वाली दक्षिण-पश्चिम मानूसनी हवाएँ पश्चिमी तट की पहाड़ियों (पश्चिमी घाट) से टकराकर यहाँ घनघोर वर्षा (250 सेमी॰ से अधिक) करती है जबकि पूर्वी, तट, वृष्टि छाया प्रदेश में होने के कारण वर्षा से वंचित रह जाता है।

65. सूची-I को सूची-II से सुमेलित कीजिए और सूचियों के नीचे दिए गए कूट का प्रयोग करते हुए सही उत्तर का चयन कीजिए-

सूची-I (फसलें)	सूची-II (भूगोलीय परिस्थितियाँ)
A. जौ	1. तप्त और शुष्क जलवायु तथा अल्प जलवायु मृदा
B. चावल	2. ठण्डी जलवायु तथा अपेक्षाकृत कम उपजाऊ मृदा
C. मिलेट (ज्वार तथा बाजरा आदि)	3. गर्म और नम जलवायु तथा उच्च तुंगता
D. चाय	4. तप्त और नम जलवायु तथा उपजाऊ मृदा

कूट-

	A	B	C	D
(a)	2	4	1	3
(b)	3	4	1	2
(c)	2	1	4	4
(d)	3	2	4	1

उत्तर (a) जौ के उत्पादन के लिए ठण्डी जलवायु तथा कम उपजाऊ मिट्टी की आवश्यकता होती है। चावल तप्त व नम जलवायु की फसल है। मिलेट शुष्क, तप्त जलवायु में तथा चाय गर्म व नम जलवायु तथा तुंगता के क्षेत्रों में उगाई जाती है **अतः कूट उत्तर (a) सही है।**

❑❑❑

पशुपालन

1. वैश्विक मत्स्य पालन विकास के संबंध में, निम्नलिखित कथनों पर विचार कीजिए–
   1. उष्णकटिबंधीय मत्स्य पालन की तुलना में समशीतोष्ण समुद्री मत्स्य पालन अधिक विकसित है।
   2. उष्णकटिबंधीय जलक्षेत्रों में विविध प्रकार की प्रजातियाँ होती हैं।

   उपर्युक्त कथनों में से कौन-सा/से सही है/हैं?

   (a) केवल 1
   (b) केवल 2
   (c) 1 और 2 दोनों
   (d) न तो 1, न ही 2

उत्तर (c) **दोनों कथन सही हैं।**

उष्ण कटिबंधीय मत्स्य पालन क्षेत्रों की तुलना में समशीतोष्ण समुद्री मत्स्य पालन क्षेत्र अत्यधिक विकसित है। ऐसे कई कारक हैं जो उष्णकटिबंधीय मत्स्य पालन क्षेत्र को बाधित करते हैं, यह कारक निम्नलिखित हैं–

- उष्णकटिबंधीय जल क्षेत्रों में प्रजातियों की प्रचुर विविधता परस्पर मिश्रित रूप से प्राप्त होती है। परिणामस्वरूप बड़े पैमाने पर वाणिज्यिक दोहन की संभावना कम हो जाती है।
- उष्णकटिबंधीय क्षेत्रों का तापमान उच्च होता है जो पादप प्लवकों की वृद्धि में सहायक नहीं होता है।
- अत्यधिक उष्ण जलवायु मछली परिरक्षण की अनुमति नहीं देती है और मछलियों का उपभोग अनिवार्य रूप से यथाशीघ्र किया जाना होता है।

2. निम्नलिखित में से कौन-सा/से मोनोकल्चर (Monoculture) बागानों का/के अवांछनीय परिणाम है/हैं?
   1. सतही अपवाह में वृद्धि
   2. ऊपरी मृदा को अपारगम्य बनाना
   3. जीवाणुओं की अपघटनकारी गतिविधि में कमी

   नीचे दिए गए कूट का प्रयोग कर सही उत्तर चुनिए–

   (a) 1, 2 और 3 (b) केवल 1 और 2
   (c) केवल 3 (d) केवल 1 और 3

उत्तर (a) **सभी कथन सही हैं।**

मोनोकल्चर (एकल कृषि) में, प्राकृतिक वनों और जंगलों को बागानों द्वारा प्रतिस्थापित किया जाता है जिसमें एक या कुछ प्रजातियों से संबंधित पेड़ो की पंक्तियाँ होती हैं। ऐसे बागान विभिन्न पारिस्थितिकीय दोषों और अवांछनीय परिणामों से ग्रसित होते हैं, जो निम्नानुसार हैं–

- वृक्ष आबादी में विविधता की पूरी तरह से कमी होती है और लगभग पूरी आबादी एक ही आयु की होती है।
- कीटों और रोगजनकों के प्रकोप के प्रति अत्यधिक सुभेद्यता।
- मृदा संरचना में परिवर्तन–
  - पॉडसॉलीकरण बढ़ जाता है।
  - ऊपरी मृदा की सरन्ध्रता (Porosity) में कमी उसे अपारगम्य बना देती है।
- जल चक्र में परिवर्तन–
  - अपवाह में वृद्धि।
- वाष्पीकरण के कारण जलहानि में वृद्धि।
- मृदा, केंचुओं, आर्थ्रोपोडा और अपघटकों पर प्रभाव:
  - केंचुओं की आबादी में कमी।
- ऑर्थ्रोपॉड्स की विविधता में कमी।
  - जीवाणुओं की अपघटनकारी गतिविधि में कमी।

3. निम्नलिखित में से कौन-सा कारक चलवासी पशुचारण (Nomadic herding) को स्थायी पशुपालन (livestock ranching) से अलग करते हैं?
   1. उस क्षेत्र की जनसंख्या का आकार जहाँ इनका प्रचलन है।
   2. क्रियाकलापों का उद्देश्य।
   3. वाणिज्यीकरण का स्तर।

   नीचे दिए गए कूट का प्रयोग कर सही उत्तर चुनिए–

   (a) 1, 2 और 3
   (b) केवल 2 और 3
   (c) केवल 1 और 2
   (d) केवल 1 और 3

उत्तर (b) पशुपालन और खानाबदोश पशुचारण समानताएँ–

(1) दोनों ही भूमि का व्यापक रूप से उपयोग करते हैं क्योंकि एक मवेशी को खिलाने के लिए कई हेक्टेयर भूमि की आवश्यकता पड़ती है।

(2) दोनों को विरल जनसंख्या वाले क्षेत्रों में चलाया जाता है। **कथन 1 सही नहीं है।**

(3) दोनों ही मामलों में पशु उपलब्ध प्राकृतिक वनस्पति को ही मुख्य रूप से चरते हैं।

असमानताएँ–

आधुनिक मवेशी या भेड़ पालक समृद्ध लोग होते हैं। उनके उच्च उत्पादन वाले मवेशियों की बिक्री से उन्हें उच्च और स्थिर आय होती है। यह अर्थव्यवस्था पूरी तरह वाणिज्यक है। घुमन्तू पशु चारक बहुत कम आय में निर्वाह करते हैं और प्राय: अनिश्चित स्थितियों में रहते हैं। पशु चारण निर्वाह मात्र ही उपलब्ध करा पाता है। **कथन 3 सही है।**

पशुपालन के उत्पादों में मांस, खालें, चमड़ा आदि हैं जिनका मुख्यत: निर्यात किया जाता है। घुमन्तू पशु चारकों के उत्पाद अधिकतर स्थानीय उपभोग के लिए होते हैं। **कथन 2 सही है।**

4. निम्नलिखित में से वाणिज्यिक डेयरी फार्मिंग का/के मुख्य क्षेत्र कौन-सा/से है/हैं?
   1. उत्तरी-पश्चिमी यूरोप
   2. कनाडा
   3. दक्षिण-पूर्वी ऑस्ट्रेलिया

   नीचे दिए गए कूट का प्रयोग कर सही उत्तर चुनिए–

   (a) केवल 1 और 2
   (b) केवल 1 और 3
   (c) केवल 2
   (d) 1, 2 और 3

उत्तर (d) वाणिज्यिक डेयरी फार्मिंग के तीन मुख्य क्षेत्र हैं। सबसे बड़ा उत्तर पश्चिमी यूरोप, दूसरा कनाडा है और तीसरी पेटी में दक्षिण पूर्वी ऑस्ट्रेलिया, न्यूजीलैंड और तस्मानिया सम्मिलित हैं।

ये क्षेत्र विश्व में शीतोष्ण घास के मैदान है जहां कम पौष्टिक गुच्छ घास पौष्टिक अल्फा-अल्फा घास से प्रतिस्थापित कर दी है। परिणामस्वरूप दूध और मांस के रूप में यह पशुपालन के लिए प्रसिद्ध है।

5. वाणिज्यिक पशुपालन का व्यवसाय मुख्य रूप से पश्चिमी संस्कृतियों में किया जाता है। इसके संदर्भ में, निम्नलिखित में से कौन-सी वाणिज्यिक पशुधन पालन की विशेषता/विशेषताएं है/हैं?

1. केवल एक प्रकार का पशु पाला जाता है।

2. जनन और आनुवंशिक सुधार पर जोर दिया जाता है।

3. पशु उत्पादों को विश्व बाजार में निर्यात किया जाता है।

नीचे दिए गए कूट का प्रयोग कर सही उत्तर चुनिए-

(a) केवल 1

(b) केवल 2 और 3

(c) केवल 1 और 3

(d) 1, 2 और 3

उत्तर (d) वाणिज्यिक पशुपालन वस्तुतः पश्चिमी संस्कृतियों से संबद्ध है एवं यह स्थायी पशु-फार्म पर किया जाता है। ये पशु-फार्म बड़े क्षेत्रों को आच्छादित करते हैं एवं कई अनुभागों में विभाजित होते हैं, जिनके चारों ओर चराई को नियंत्रित करने के लिए बाड़ लगाई जाती है। जब एक भाग की घास की चराई हो जाती है, तो पशुओं को दूसरे भाग में पहुँचा दिया जाता है। एक चारागाह में पशुओं की संख्या चारागाह की वहन-क्षमता के अनुसार रखी जाती है। यह विशेषीकृत गतिविधि है जिसमें केवल एक प्रकार के पशुओं का पालन किया जाता है। **इसलिए, कथन 1 सही है।**

महत्वपूर्ण पशुओं में भेड़, गाय, बकरियां और घोड़े सम्मिलित हैं। मांस, ऊन, खाल और त्वचा जैसे उत्पादों को वैज्ञानिक पद्धति से संसाधित एवं पैक किया जाता है तथा विभिन्न विश्व बाजारों में निर्यात किया जाता है। **इसलिए, कथन 3 सही है।**

पशु-फार्मों में वैज्ञानिक आधार पर पशुपालन संपन्न किया जाता है। पशुओं के प्रजनन, आनुवंशिक सुधार, रोग नियंत्रण एवं स्वास्थ्य देखभाल पर मुख्य जोर दिया जाता है। **इसलिए, कथन 2 सही है।**

न्यूजीलैंड, ऑस्ट्रेलिया, अर्जेंटीना, उरुग्वे और संयुक्त राज्य अमेरिका ऐसे महत्वपूर्ण देश है। जहां वाणिज्यिक पशुपालन किया जाता है।

6. निम्नलिखित में से कौन-सा विषुवतीय क्षेत्रों में कम पशुपालन का कारण हो सकता है?

1. चारागाह घास का अत्यंत कम विकास।

2. पशुओं का रोगों के प्रति प्रवण होना।

3. अल्प वर्षा

नीचे दिए गए कूट का प्रयोग कर सही उत्तर चुनिए-

(a) केवल 1 और 3

(b) केवल 1 और 2

(c) केवल 2

(d) 1, 2 और 3

उत्तर (b) गर्म, आर्द्र, भूमध्य रेखीय क्षेत्र में चरागाहों में उच्च-स्थित क्षेत्रों में भी घास न होने के कारण पशुपालन व्यवसाय में बाधा उत्पन्न होती है। **इसलिए, कथन 1 सही है।** कुछ मवेशी जैसे, बैल या भैंस को प्रमुख रूप से बोझ ढोने वाले जंतुओं के रूप में पाला जाता है। उनके दूध और माँस का उत्पादन समशीतोष्ण घास के मैदानों के मवेशियों की तुलना में कम होता है। रोग एक अन्य कारक हैं, जो उष्णकटिबंधीय क्षेत्रों में पशुपालन में अवरोध पैदा करते हैं। **इसलिए, कथन 2 सही है।** अफ्रीका में, पालतू जानवरों पर सीसी मक्खियों (Tsetse fly) द्वारा हमला किया जाता है जिनसे नगाना (दहंद) या अफ्रीकी ट्रिपैनोसोमियासिस नामक घातक रोग उत्पन्न होता है। इस क्षेत्र में अत्यधिक वर्षा होती है। **इसलिए, कथन 3 सही नहीं है।**

7. भारत में मत्स्य उत्पादन के संबंध में, जहाँ पश्चिमी तट 75 प्रतिशत योगदान देता है वहीं पूर्वी तट मात्र 25 प्रतिशत का योगदान देता है। निम्नलिखित में से कौन-सा कारण इस अंतर के लिए जिम्मेदार है?

1. पूर्वी तट की तुलना में पश्चिमी तट पर जल ऊपर आने की क्रिया (अपवेलिंग) अधिक होती है।

2. हालांकि पूर्वी तट पर अधिक मछुआरे हैं, लेकिन उनकी उत्पादकता कम है।

3. पूर्वी तट के विपरीत पश्चिमी तट पर मत्स्य उत्पादन बड़े पैमाने पर यंत्रीकृत है।

4. पूर्वी तट की तुलना में पश्चिमी तट पर मत्स्य पकड़ने का समय/मौसम लंबा है।

नीचे दिए गए कूट का प्रयोग कर सही उत्तर चुनिए-

(a) केवल 2 और 4

(b) केवल 1 और 3

(c) केवल 1, 2 और 3

(d) केवल 1, 3 और 4

उत्तर (d) **कथन 1**– दक्षिण-पश्चिम मानसून के दौरान (जून से सितंबर) केरल तट पर प्रचुर मात्रा में, जल का उपरमुखी परिवहन होता है जिसके कारण फाइटो प्लैंकटन तथा जुओ प्लैंकटन की मात्रा बढ़ जाती है।

कथन 2– पूर्णकालिक मछुआरों का केवल एक तिहाई ही भारत के पूर्वी तट पर अवस्थित हैं, जबकि दो तिहाई पश्चिमी तट पर हैं।

कथन 3– जहां पारंपरिक बेड़े (कैटामरान्स) पूर्वी तट की सामान्य विशेषता हैं, वहीं पश्चिमी तट का सर्वाधिक मत्स्य उत्पादन यंत्रीकृत क्षेत्र से प्राप्त होता है।

कथन 4– पश्चिमी तट के अप्रवाही जल और ज्वारनदमुखों में मत्स्यआखेट वर्षपर्यंत चलता रहता है, जबकि समुद्र तटीय मत्स्यआखेट (अधिकांशतः पूर्वी तट में) मानसून अवधि के दौरान विनियमित, परिवर्तनीय एवं मौसमी है।

8. मत्स्य पालन के संदर्भ में निम्नलिखित कथनों पर विचार कीजिए-

1. कतला, रोहू और मृगल उच्च आर्थिक मूल्य वाली प्रसिद्ध समुद्री मत्स्य प्रजातियां हैं, जिन्हें समुद्री जल में पाला जाता है।

2. म्यूलेट्स, भेतकी और पर्ल स्पॉट जैसी मीनपक्षीय (Finned fish) मछलियां ताजे पानी में पाली जाती हैं।

उपर्युक्त कथनों में से कौन-सा/से सही है/हैं?

(a) केवल 1

(b) केवल 2

(c) 1 और 2 दोनों

(d) न तो 1, न ही 2

उत्तर (d) उच्च आर्थिक मूल्य वाली कुछ समुद्री मछलियां समुद्री जल में भी पाली जाती हैं। इसमें म्यूलेट्स, भेटकी और पर्ल स्पॉट जैसी मीनपक्षीय मछलियां, शेलफिश जैसी झींगे भी सम्मिलित हैं। ओइस्टर्स को उन मोतियां के लिए भी पाला जाता है जिन्हें ये बनाती हैं। ऐसी प्रणाली में, पांच या छह मत्स्य प्रजातियों के संयोजन का एक ही मत्स्य तालाब में प्रयोग किया जाता है। इन प्रजातियों का इस प्रकार चयन किया जाता है, ताकि ये भोजन के लिए प्रतिस्पर्धा न करें।

9. भारत की लगभग एक-तिहाई गाय-बैलों की संख्या तन राज्यों में पाई जाती है, ये हैं-

(a) बिहार, महाराष्ट्र एवं उत्तर प्रदेश

(b) मध्य प्रदेश, उत्तर प्रदेश एवं पश्चिम बंगाल
(c) पंजाब, ओडिशा एवं राजस्थान
(d) आंध्र प्रदेश, कर्नाटक एवं राजस्थान

उत्तर (b) मध्य प्रदेश, उत्तर प्रदेश एवं पश्चिम बंगाल में देश की एक-तिहाई गाय-बैलों की संख्या पाई जाती है। मध्य प्रदेश में 10.27% पशुधन है, उत्तर प्रदेश में 10.24% एवं पश्चिम बंगाल में 8.65% पशुधन है।

10. थारपरकर प्रजाति कहाँ पाई जाती है?

(a) जनजाति क्षेत्र
(b) राजस्थान के सीमावृत्ति क्षेत्र
(c) हाड़ौती क्षेत्र
(d) तोरावती क्षेत्र

उत्तर (b) थारपरकर गाय की प्रजाति है यह राजस्थान के सीमावृत्ति क्षेत्र में पाई जाती है। यह मुख्यरूप से राजस्थान के जैसलमेर व जोधपुर जिलों में पाई जाती है।

❑❑❑

12 खनिज संसाधन

1. भारत में मैंगनीज उत्पादन के संबंध में निम्नलिखित कथनों पर विचार कीजिए–

1. भारत में विश्व में सबसे कम मैंगनीज भंडार हैं।

2. भारत में मैंगनीज के निक्षेप केवल धारवाड़ शैल प्रणाली में पाए जाते हैं।

उपर्युक्त कथनों में से कौन-सा/से सही है/हैं?

(a) केवल 1 (b) केवल 2

(c) 1 और 2 दोनों (d) न तो 1, न ही 2

उत्तर (d) मिश्र धातु के रूप में मैंगनीज इस्पात बनाने में एक आवश्यक इनपुट (आगत) है और औद्योगिक अर्थव्यवस्था में सबसे महत्वपूर्ण धातुओं में से एक है।

भारतीय भूवैज्ञानिक सर्वेक्षण के अनुसार, जिम्बाब्वे के बाद विश्व में मैंगनीज का दूसरा सबसे बड़ा अयस्क भंडार भारत में है। विश्व के मैंगनीज अयस्कों का लगभग पांचवाँ भाग भारत में पाया जाता है। भारत में लगभग तीन चौथाई मैंगनीज भंडार महाराष्ट्र और मध्य प्रदेश में मौजूद हैं। शेष मैंगनीज राजस्थान, गोवा, आंध्र प्रदेश, उड़ीसा, कर्नाटक, गुजरात, तमिलनाडु और झारखंड में पाया जाता है। **इसलिए, कथन 1 सही नहीं है।**

मैंगनीज निक्षेप लगभग सभी निक्षेपों में पाए जाते हैं लेकिन अधिकांशतः कर्नाटक, मध्य प्रदेश, झारखंड, मेघालय और राजस्थान में पाई जाने वाली धारवाड़ प्रणाली से संबद्ध हैं। इस शैल प्रणाली में सोना, मैंगनीज अयस्क, लौह अयस्क, क्रोमियम, ताँबा, यूरेनियम, थोरियम, माइका जैसे खनिज एवं ग्रेनाइट, संगमरमर, क्वार्ट्जाइट और स्लेट जैसे भवन-निर्माण संबंधी पदार्थ पाए जाते हैं। **इसलिए कथन 2 सही नहीं है।**

2. भूमिगत कोयला गैसीकरण (UCG) के संबंध में निम्नलिखित कथनों पर विचार कीजिए–

1. यह औद्योगिक प्रक्रिया है जिसमें कोयले को गैस में परिवर्तित किया जाता है।

2. यह एक स्व-स्थाने (इन-सीटू) गैसीकरण प्रक्रिया है।

3. इस प्रक्रिया में प्रमुख उत्पादक गैसें कार्बन-डाइऑक्साइड और कार्बन मोनोऑक्साइड हैं।

उपर्युक्त कथनों में से कौन-सा/से सही है/हैं?

(a) केवल 1 और 2

(b) केवल 2

(c) केवल 1 और 3

(d) 1, 2 और 3

उत्तर (d) भूमिगत कोयला गैसीकरण (UCG) उन कोयले/लिग्नाइट संसाधनों से ऊर्जा के निष्कर्षण की एक विधि है, जो अन्य पारंपरिक खान विधियों के माध्यम से उत्पादित किए जाने पर अलाभकर माने जाते हैं।

भूमिगत कोयला गैसीकरण (UCG) एक औद्योगिक प्रक्रिया है, जो कोयले को गैस उत्पाद में रूपांतरित करती है। **यह** इन-सीटू गैसीकरण प्रक्रिया है जिसे खान न किए गए कोयले की तह में ऑक्सीकारकों के अंतःक्षेपण, और गैस उत्पाद को ड्रिल किए गए उत्पादन कुंओं के माध्यम से सतह पर लाकर संपन्न किया जाता है। मीथेन, हाइड्रोजन, कार्बन मोनोऑक्साइड और कार्बन डाइऑक्साइड प्रमुख उत्पाद गैसें हैं।

भूमिगत कोयला गैसीकरण (UCG) उत्पाद गैसों का उत्पादन करने के लिए कोयले की वैसी ही रासायनिक अभिक्रियाओं का लाभ उठाता है, जो पारंपरिक गैसीफायर रिएक्टरों में होती हैं। मुख्य अंतर यह है कि भूमिगत कोयला गैसीकरण (UCG) में भूमिगत कोयले की तह ही रिएक्टर बन जाती है, ताकि कोयले का गैसीकरण सतह पर विनिर्मित गैसीकरण पात्र के स्थान पर भूमिगत रूप से संपन्न हो।

3. डिगबोई, बरौनी और बीना शहर निम्नलिखित में से किसके लिए प्रसिद्ध हैं?

(a) तेल शोधन संयंत्र

(b) सोने की खान

(c) कोयले की खान

(d) परमाणु ऊर्जा संयंत्र

उत्तर (a) भारत में डिगबोई, बरौनी, बीना, कोयली, गुवाहाटी, जामनगर, नुमालीगढ़ आदि विभिन्न स्थानों पर स्थित 21 तेल शोधन संयंत्र हैं। डिगबोई 'क्षेत्र स्थित' संयंत्र एवं बरौनी बाजार स्थित तेल शोधन संयंत्र का उदाहरण है।

इसलिए, विकल्प (a) सही है।

4. विश्व की खनिज संपदा के संबंध में, निम्नलिखित युग्मों पर विचार कीजिए–

लौह अयस्क क्षेत्र		देश
1. मंचूरिया	:	चीन
2. क्रिवॉय रॉग	:	अमेरिका
3. रूर	:	ऑस्ट्रेलिया

उपर्युक्त युग्मों में से कौन-सा/से सही सुमेलित है/हैं?

(a) 1, 2 और 3 (b) केवल 2

(c) केवल 1 (d) केवल 1 और 3

उत्तर (c) विश्व भर में लौह अयस्क वितरण–

चीन में लौह अयस्क-मंचूरिया, सिनक्यांग, सी-किआंग, शान्डोंग प्रायद्वीप।

यूरोप में लौह अयस्क - रूर (जर्मनी), साउथ व्हेल्स, क्रिवॉय रॉग (यूक्रेन), बिलबाओ, लोरेन।

अफ्रीका में लौह अयस्क - ट्रांसवाल, साइबेरिया।

रूस कजाखस्तान में लौह अयस्क - उरल क्षेत्र, मैग्निटोरस्क।

उत्तरी अमेरिका में लौह अयस्क - ग्रेट लेक (मेसाबी क्षेत्र), लैब्राडोर।

दक्षिण अमेरिका में लौह अयस्क - कारजस (ब्राजील), इटाबिरा, मिनस गैरिएस।

ऑस्ट्रेलिया में लौह अयस्क - पिलबरा क्षेत्र, कुलन्याबबिंग, आयरन डयूक, आयरन नॉब्र।

5. निम्नलिखित में से किन कारकों ने विश्व भर में लौह-इस्पात उद्योग की अवस्थिति को प्रभावित किया है?

1. कोयले की खदान

2. चूना-पत्थर क्षेत्र

3. बाजार से निकटता

4. सस्ती विद्युत

नीचे दिए गए कूट का प्रयोग कर सही उत्तर चुनिए–

(a) केवल 1 और 4
(b) केवल 2, 3 और 4
(c) केवल 1 और 2
(d) 1, 2, 3 और 4

उत्तर (d) सभी विकल्प सही हैं।

लौह और इस्पात उद्योग संसाधन आधारित उद्योग है, जो मुख्य रूप से लौह अयस्क, कोयला, चूना पत्थर, मैंगनीज जैसे कच्चे माल की अवस्थिति पर निर्भर करता है।

चूँकि अंतिम उत्पाद परिवहन के लिए स्थूल और भारी होता है, इसलिए बाजार से निकटता महत्वपूर्ण कारक है जो इसकी अवस्थिति को निर्धारित करता है।

लौह और इस्पात उद्योगों के लिए बड़ी मात्रा में बिजली की आवश्यकता होती है और जलविद्युत ऊर्जा जैसे सस्ते स्रोत इसकी अवस्थिति के लिए महत्वपूर्ण हैं।

6. निम्नलिखित कथनों पर विचार कीजिए–
1. यह एक अलौह धातु है।
2. इसका उपयोग व्यापक रूप से विद्युत उद्योग में किया जाता है।
3. इस धातु के प्रमुख खनन क्षेत्र खेतड़ी और सिंहभूम में स्थित है।
उपर्युक्त विवरण निम्नलिखित में से किस धातु का सर्वश्रेष्ठ वर्णन करता है?

(a) अभ्रक (b) तांबा
(c) बॉक्साइट (d) सोना

उत्तर (b) ताँबा महत्वपूर्ण अलौह आधार धातु है जिसका रक्षा, अंतरिक्ष कार्यक्रम, रेलवे, बिजली की केबल, टकसाल, दूरसंचार की केबलों आदि में व्यापक औद्योगिक अनुप्रयोग है। भारत ताम्र अयस्क के संसाधनों में आत्मनिर्भर नहीं है। अयस्कों और कंसन्ट्रेट के घरेलू उत्पादन के अतिरिक्त, भारत ताँबे के कंसन्ट्रेट का उसके प्रगालकों से आयात भी करता है। ताँबा और उसकी मिश्र धातुओं की घरेलू माँग घरेलू उत्पादन, कबाड़ के पुनर्चक्रण और आयात से पूरी की जाती है।

ताँबा अघातवर्धनीय (malleable), तन्य (ductile) और मिश्रधातु बनाने योग्य होता है।

विवृत खनन और भूमिगत, दोनों विधियों से खनन किया जाता है। प्रमुख ताँबा खदानें राजस्थान में खेंतड़ी ताँबा पेटी, मध्यप्रदेश में सिंहभूमि ताँबा पेटी और मलंजखंड ताँबा पेटी में स्थित हैं।

7. प्लेसर निक्षेपों के संबंध में, निम्नलिखित कथनों पर विचार कीजिए-
1. ये नदी तल में निक्षेपित खनिज होते हैं।
2. जल द्वारा किए जाने वाले क्षरण के प्रतिरोधी होते हैं।
उपर्युक्त कथनों में से कौन-सा/से सही है/हैं?

(a) केवल 1
(b) केवल 2
(c) 1 और 2 दोनों
(d) न तो 1, न ही 2

उत्तर (c) दोनों कथन सही हैं।

प्लेसर निक्षेप गतिशील कणों पर गुरुत्वाकर्षण के प्रभाव से बने भारी खनिजों के प्राकृतिक सकेंद्रण हैं। अपक्षय प्रक्रियाओं से अपने मैट्रिक्स/अवशेष से मुक्त हो जाने पर भारी, स्थिर खनिज धीरे-धीरे धाराओं में ढलानों पर बह जाते हैं जो शीघ्रता से हल्के मैट्रिक्स/अवशेष से मुक्त हो जाने पर भारी, स्थिर खनिज धीरे-धीरे धाराओं में ढलानों पर बह जाते हैं जो शीघ्रता से हल्के मैट्रिक्स/अवशेष को छान देती हैं। इस प्रकार भारी खनिज जो धारा, समुद्र तट और अवशिष्ट बजरी में सांद्रित हो जाते हैं और उपयोगात्मक अयस्क निक्षेप का गठन करते हैं। प्लेसर निक्षेप का गठन करने वाले खनिज पदार्थों का उच्च विशिष्ट गुरुत्व होता है, जल से अपक्षय और क्षरण के प्रति रासायनिक रूप से प्रतिरोधी और टिकाऊ होते हैं। ऐसे खनिजों में सोना, प्लैटिनम, कैसिटेराइट, मैग्नेटाइट, क्रोमाइट, इल्मेनाइट, रूटाइल, मूल तांबा, जिर्कोन, मोनाजाइट और विभिन्न रत्न सम्मिलित हैं।

8. क्रूड पेट्रोलियम (Crude petroleum) निम्नलिखित में से किसके लिए कच्चा माल उपलब्ध कराता है?
1. फॉर्मास्यूटिकल ड्रग्स
2. पैराफिन मोम
3. लौह-इस्पात
नीचे दिए गए कूट का प्रयोग कर सही उत्तर चुनिए–

(a) केवल 1
(b) केवल 3
(c) केवल 1 और 2
(d) केवल 2 और 3

उत्तर (c) क्रूड पेट्रोलियम से कई वस्तुएँ उत्पन्न होती हैं, जो कई नए उद्योगों के लिए कच्चा माल उपलब्ध कराती हैं। इन्हें सामूहिक रूप से पेट्रो रसायन उद्योग कहा जाता है। उद्योगों का यह समूह चार उप-समूहों में विभाजित है– (i) पॉलिमर (ii) सिंथेटिक फाइबर (iii) इलैस्टोमर और (iv) सर्फैक्टेंट इंटरमीडिएट। पेट्रोलियम को आसवन द्वारा सरलता से पृथक एवं शोधित कर विभिन्न उपभोक्ता उत्पादों जैसे गैसोलीन (पेट्रोल) और केरोसिन से लेकर अस्फाल्ट तक बनाने में प्रयुक्त किया जाता है। साथ ही इसका प्रयोग फर्मास्यूटिकल ड्रग्स, पैराफिन मोम और प्लास्टिक बनाने हेतु रसायनिक अभिकर्मकों के निर्माण में भी किया जाता है।

क्रूड पेट्रोलियम का उपयोग लोहा और इस्पात उद्योग में नहीं होता है।

9. किम्बरले प्रोसेस सर्टिफिकेशन स्कीम (KPCS) निम्नलिखित में से किससे संबंधित है–

(a) हीरा
(b) सोना
(c) कच्चा तेल
(d) इलेक्ट्रॉनिक उपकरण

उत्तर (a) किम्बरले प्रक्रिया प्रमाणन योजना (किम्बरले प्रोसेस सर्टिफिकेशन स्कीम– KPCS) वर्ष 2003 में स्थापित की गयी एक प्रक्रिया है। इसका उद्देश्य फाउलर रिपोर्ट की अनुशंसाओं के आलोक में संयुक्त राष्ट्र महासभा प्रस्ताव 55/56 द्वारा मुख्य धारा के कोरा हीरा बाजार में 'कन्फ्लिक्ट डायमंड' के प्रवेश को रोकना है।

'कन्फ्लिक्ट डायमंड' क्या हैं? सिएरा लियोन में असंधारणीय हीरा खनन। ब्लड डायमंड (जिसे कन्फ्लिक्ट डायमंड या वार डायमंड अथवा हॉट डायमंड भी कहा जाता है) युद्ध क्षेत्र में खनन किए जाने वाले एवं विद्रोह, आक्रमण करने वाली सेना या आक्रमण सेनानायकों की गतिविधियों के वित्तपोषण के लिए बेचे जाने वाले हीरे के लिए प्रयोग किया जाने वाला शब्द-पद है।

10. यह अधात्विक खनिज प्लेटों की शृंखलाओं से बना होता है और इसे पतली-पतली चद्दरों में विभाजित किया जाता है। अपनी उत्कृष्ट डाइइलेक्ट्रिक क्षमता, न्यून पॉवर लॉस फैक्टर, विद्युत-रोधी गुणधर्मों एवं उच्च वोल्टेज के लिए प्रतिरोध के कारण इसका व्यापक रूप से विद्युत उपकरणों में प्रयोग किया जाता है। यह झारखंड की हजारीबाग बेल्ट और आंध्र प्रदेश की नेल्लोर बेल्ट में बड़ी मात्रा में पाया जाता है।
उपर्युक्त विवरण निम्नलिखित में से किस खनिज से संबंधित है?

(a) बॉक्साइट (b) माइका (अभ्रक)
(c) सीसा (d) कोबाल्ट

उत्तर (b) अभ्रक एक अधात्विक खनिज है। यह प्लेटों की शृंखला से बना हुआ होता है और पतली परतों से सम्बद्ध होता है। अपनी उत्कृष्ट डाइइलेक्ट्रिक क्षमता, न्यून पॉवर लॉस

फैक्टर, विद्युत-रोधी गुणधर्मों एवं उच्च वोल्टेज के लिए प्रतिरोध के कारण विद्युत उपकरणों में यह व्यापक रूप से प्रयोग किया जाता है। भारत में, अभ्रक पट्टी बिहार के पठार के उत्तरी किनारे के साथ स्थित है जिसमें हजारीबाग (झारखंड) और गया जिले के कुछ हिस्से एवं आंध्र प्रदेश की नेल्लोर बेल्ट सम्मिलित है। अभ्रक पट्टी आम तौर पर कायांतरित शैलों की शिराओं में पायी जाती है। इस क्षेत्र में अभ्रक पट्टी पूर्व-पश्चिम दिशा में स्थित है। गिरिडीह, डोमचांच और कोडरमा इसके प्रमुख संग्रह केन्द्र हैं, जहां इसे संसाधित किया जाता है। यह विशिष्ट अभ्रक पट्टी देश के कुल अभ्रक उत्पादन का आधे से अधिक उत्पादन करती है।

11. भारत के खनिज संसाधनों के संदर्भ में निम्नलिखित युग्मों पर विचार कीजिए–

(खनिज)		(90% प्राकृतिक स्रोत स्थल हैं)
1. तांबा	:	झारखंड
2. निकेल	:	ओडिसा
3. टंगस्टन	:	केरल

उपर्युक्त युग्मों में से कौन-सा/से सही सुमेलित है/हैं?

(a) केवल 1 और 2
(b) केवल 2
(c) केवल 1 और 3
(d) 1, 2 और 3

उत्तर (b) भारतीय खनिज वर्ष पुस्तक 2018 के अनुसार राजस्थान में 53.81% तांबे का प्राकृतिक स्रोत, निकेल का 92% प्राकृतिक स्रोत ओडिसा में पाया जाता है तथा टंगस्टन का 42% प्राकृतिक स्रोत कर्नाटक में पाया जाता है। **अतः विकल्प (b) सही उत्तर है।**

12. निम्नलिखित युग्मों पर विचार कीजिए–

संसाधन		सबसे बड़ा उत्पादक
1. सोना	:	चीन
2. चांदी	:	दक्षिण अफ्रीका
3. हीरा	:	ऑस्ट्रेलिया

उपर्युक्त युग्मों में से कौन-सा/से सही सुमेलित है/हैं?

(a) केवल 1
(b) केवल 1 और 3
(c) केवल 2 और 3
(d) 1, 2 और 3

उत्तर (a) चीन स्वर्ण का सबसे बड़ा उत्पादक है, ऑस्ट्रेलिया, रूस, अमेरिका और कनाडा क्रमशः इसके बाद आते हैं।

मैक्सिको चांदी का सबसे बड़ा उत्पादक है (2014-15-5400 MT) और उसके पश्चात् क्रमशः चीन, पेरू, ऑस्ट्रेलिया, चिली आते हैं।

रूस हीरों का सबसे बड़ा उत्पादक है उसके पश्चात् क्रमशः बोत्सवाना, डेमोक्रेटिक रिपब्लिक ऑफ कांगो, ऑस्ट्रेलिया और कनाडा आते हैं।

13. भारत में पन्ना और गोलकुण्डा नामक मात्र दो हीरे की खदानें, निम्नलिखित में से किन शैल प्रणालियों (rocks system) में अवस्थित हैं?

1. विन्ध्य 2. कुडप्पा
3. धारवाड़

नीचे दिए गए कूट का प्रयोग कर सही उत्तर चुनिए–

(a) केवल 1 (b) केवल 1 और 2
(c) केवल 2 और 3 (d) 1, 2 और 3

उत्तर (a) भारत में गोलकुंडा और पन्ना केवल दो ही हैं जिन्हें हीरों के लिए जाना जाता है। ये विन्ध्य शैल प्रणाली में स्थित हैं। पन्ना मध्यप्रदेश में और वहीं गोलकुंडा आन्ध्रप्रदेश के गुंटूर जिले में है।

विन्ध्य शैल प्रणाली गंगा की घाटी और दक्कन के बीच विभाजन रेखा निर्मित करती है। यह प्रणाली राजस्थान में चित्तौड़गढ़ से बिहार के सासाराम तक 103,600 वर्ग किलोमीटर में फैली हुई है।

इसमें 4270 मीटर चौड़ाई की अवसादी चट्टानों, जैसे बलुआ पत्थर, शैल (shale) और चूना पत्थर के भंडार हैं। कई स्थानों पर विन्ध्य शैलें दक्कनी लावा के नीचे दबी हुई हैं।

14. विश्व में यूरेनियम का सबसे बड़ा उत्पादक निम्नलिखित में से कौन-सा है?

(a) ऑस्ट्रेलिया (b) कनाडा
(c) ईरान (d) कजाखस्तान

उत्तर (d) कजाखस्तान विश्व में यूरेनियम का सबसे बड़ा उत्पादक है। मध्य कजाखस्तान में चू-सरीसू (Chu-Sarysu) बेसिन अकेले देश के आधे से अधिक ज्ञात यूरेनियम संसाधनों के लिए जिम्मेदार है।

15. बॉक्साइट के प्रमुख रिजर्व निम्नलिखित में से किन स्थानों पर पाए जाते हैं?

1. अमरकंटक पठार
2. मैकाल पहाड़ियाँ
3. बिलासपुर-कटनी पठार

नीचे दिए गए कूट का प्रयोग कर सही उत्तर चुनिए–

(a) केवल 1 और 2
(b) केवल 2 और 3
(c) केवल 3
(d) 1, 2 और 3

उत्तर (d) बॉक्साइट के प्रमुख भण्डार झारखंड, महाराष्ट्र, मध्य प्रदेश, छत्तीसगढ़, कर्नाटक, तमिलनाडु, गोवा और गुजरात राज्यों में पाए जाते हैं। बॉक्साइट के निक्षेप मुख्य रूप से अमरकंटक पठार, मैकाल पहाड़ियों और बिलासपुर-कटनी के पठार क्षेत्र में पाए जाते हैं।

16. भारत में कोयले के वितरण के संबंध में निम्नलिखित में से कौन-सा/से कथन सही हे/हैं?

1. एन्थ्रेसाइट भंडार गोंडवाना कोयला क्षेत्रों में पाए जाते हैं?

2. लिग्नाइट भंडार तमिलनाडु और पश्चिम बंगाल में पाए जाते हैं।

3. पीट भंडार नीलगिरी और कश्मीर घाटी में पाए जाते हैं।

नीचे दिए गए कूट का प्रयोग कर सही उत्तर चुनिए–

(a) केवल 1 और 2
(b) केवल 1 और 3
(c) केवल 2 और 3
(d) 1, 2 और 3

उत्तर (c) भारत में एन्थ्रेसाइट भण्डार जम्मू एवं कश्मीर घाटी में पाए जाते हैं।

बिटुमनी कोयला प्रमुख रूप से गोंडवाना कोयला क्षेत्रों में पाया जाता है।

लिग्नाइट के भण्डार तमिलनाडु, राजस्थान, पश्चिम बंगाल, केरल एवं पुडुचेरी में पाए जाते हैं।

पीट, नीलगिरी की पहाड़ियों की पट्टियों में, कश्मीर की घाटी में और तटीय मैदानों के दलदली क्षेत्रों में पाया जाता है।

17. भारत में कुडप्पा क्रम की चट्टानों के संदर्भ में निम्नलिखित कथनों पर विचार कीजिए–

1. ये भारत में निर्मित प्रथम शैल तंत्र हैं।

2. कुडप्पा क्रम की चट्टानों के अयस्कों में धात्विक पदार्थ कम है और अक्सर खनन के लिए ये आर्थिक रूप से व्यवहार्य नहीं हैं।

3. ये मुख्य रूप से उत्तर-पूर्वी राज्यों में पाए जाते हैं।

उपर्युक्त कथनों में से कौन-सा/से कथन सही है/हैं?

(a) केवल 1 और 3
(b) केवल 2
(c) केवल 2 और 3
(d) 1, 2 और 3

उत्तर (b) **कथन 1 सही नहीं है–** धारवाड़ क्रम की चट्टानें भारतीय भूवैज्ञानिक कालानुक्रम में प्रथम रूपांतरित चट्टानें हैं।

कथन 2 सही है– कुडप्पा प्राचीन अवसादी चट्टानों के 6000 मीटर मोटाई की सामानांतर शृंखला का प्रतिनिधित्व करता है। यह नाम आंध्र प्रदेश के कुडप्पा नामक जिले से लिया गया है जहाँ ये चट्टानें 35100 वर्ग किलोमीटर क्षेत्रक (कुडप्पा और कर्नूल जिला) के अर्ध वृत्तीय बेसिन में विस्तृत हैं। कुडप्पा प्रणाली की मुख्य चट्टानें बलुआ पत्थर, शेल/सिस्ट, क्वार्टजाइट स्लेट आदि हैं।

कुडप्पा चट्टानों के अयस्कों में धात्विक पदार्थ कम हैं और कई स्थानों पर खनन के लिए वे आर्थिक रूप से व्यवहार्य नहीं हैं।

कथन 3 सही नहीं है। ये चट्टानें उत्तर पूर्वी राज्यों में नहीं पाई जाती हैं। कुडप्पा क्रम की चट्टानें पायी जाती हैं:

- आंध्र प्रदेश के कुरनूल और कुडप्पा जिले
- छत्तीसगढ़
- राजस्थान-दिल्ली से अलवर के दक्षिण तक
- प्रायद्वीपोत्तर क्षेत्र में लघु हिमालय

18. निम्नलिखित युग्मों में से कौन सा युग्म सुमेलित नहीं है?

(a) बॉक्साइट : उड़ीसा
(b) अभ्रक : बिहार
(c) तांबा : त्रिपुरा
(d) यूरेनियम : मेघालय

उत्तर (c) उड़ीसा में बॉक्साइट के सबसे बड़े भंडारों में से एक स्थित है। बॉक्साइट एल्युमिनियम का अयस्क है। बिहार भी अभ्रक के प्रमुख उत्पादक राज्यों में से एक है। यूरेनियम मेघालय में पाया जाता है। हालांकि तांबा त्रिपुरा में नहीं पाया जाता है।

19. निम्नलिखित में से कौन खजिन और चट्टान को सर्वोत्तम रूप से परिभाषित करता है?

(a) चट्टान में खनिजों की क्रमिक, पुनरावृत्तीय, ज्यामितीय आंतरिक व्यवस्था होती है; खनिज, चट्टानों का शिलीभूत गोलाश्मी या समेकित समुच्चय है।

(b) खनिज में इसके घटक परमाणु एक ज्यामितीय दोहरावदार संरचना में व्यवस्थित होते हैं, एक चट्टान में, परमाणु बिना किसी ज्यामितीय तरीके के बेहतरीन ढंग से बंधे हुए होते हैं।

(c) खनिज में घटक परमाणु एक नियमित, दोहरावदार, आंतरिक संरचना में बंधे हुए होते हैं, चट्टान विभिन्न खनिज कणों का शिलीभूत गोलाश्मी या समेकित समुच्य होती है।

(d) चट्टान में परमाणु एक नियमित, ज्यामितीय रूप से पूर्वानुमेय संरचना के अनुसार बंधे हुए होते हैं। खनिज विभिन्न शैल कणों का शिलीभूत गोलाश्मी या समेकित समुच्चय है।

उत्तर (c) पारिभाषिक रूप से खनिज, प्राकृतिक रूप से पाया जाने वाला अकार्बनिक पदार्थ है, अक्सर एक सटीक क्रिस्टल संरचना भी इसकी एक अन्य विशेषता होती है। इसकी रासायनिक संरचना सटीक हो सकती है, या सीमित रूप से परिवर्तनीय हो सकती है। प्राकृतिक रूप से पाए जाने वाले स्थानीचय तत्वों को भी खनिज माना जाता है।

चट्टान प्राकृतिक रूप से पाए जाने वाले पदार्थों, मुख्य रूप से खनिजों का एक अनिश्चित मिश्रण होती है। इसका गठन खनिजों और कार्बनिक पदार्थों की उपस्थिति की दृष्टि से विभिन्न प्रकार का हो सकता है, और इसका संघन कभी सटीक नहीं होता है।

20. गोंडवाना शैल प्रणाली के संबंध में निम्नलिखित में से कौन-सा/से कथन सही है/हैं?

1. भारत के 90% से अधिक कोयला भंडार इन शैलों में पाए जाते हैं।

2. एंथ्रेसाइट गोंडवाना कोयला क्षेत्रों में प्रमुखता से पाया जाता है।

नीचे दिए गए कूट का प्रयोग कर सही उत्तर चुनिए–

(a) केवल 1 (b) केवल 2
(c) 1 और 2 दोनों (d) न तो 1 न ही 2

उत्तर (a) **कथन 1 सही है।** भारत में कोयले के कुल भंडार और उत्पादन में गोंडवाना कोयला की हिस्सेदारी 90 प्रतिशत है।

कथन 2 सही नहीं है। सामान्यत: एन्थ्रेसाइट गोंडवाना कोयला क्षेत्रों में नहीं पाया जाता है। एन्थ्रेसाइट मुख्य रूप से कश्मीर क्षेत्र में पाया जाता है।

21. शफ्ट खनन विधि के संबंध में निम्नलिखित कथनों पर विचार कीजिए–

1. यह उस स्थिति में की जाती है जब अयस्क पृथ्वी की सतह के नीचे गहराई से विद्यमान होता है।

2. इस विधि में उपरिव्यय जैसे कि सुरक्षा सावधानियाँ और उपकरण इत्यादि लागत अपेक्षाकृत कम होती है।

3. ओपेन कास्ट माइनिंग की तुलना में यह अधिक सुरक्षित होती है।

उपर्युक्त कथनों में से कौन-सा/से कथन सही है/हैं?

(a) केवल 1 (b) केवल 1 और 2
(c) केवल 2 और 3 (d) केवल 3

उत्तर (c) **कथन 1 सही है।** जब अयस्क सतह के नीचे गहराई में होते हैं तब भूमिगत खनन विधि (शाफ्ट विधि) का उपयोग करना पड़ता है। इस पद्धति में उर्ध्वाधर शाफ्ट को गहराई तक पहुंचाना होता है, जहां से यह खनिजों तक पहुंचती हैं और इन मार्गों के माध्यम से निष्कर्षित खनिज को सतह पर लाया जाता है।

कथन 2 और 3 गलत हैं। इसमें विशेष रूप से डिजाइन की गयी लिफ्ट, ड्रिल, ढुलाई वाहन, सुरक्षा के लिए संवातन (वायु-संचालन) व्यवस्था तथा लोगों और खनिज के कुशल आवागमन की आवश्यकता होती है। यह पद्धति बहुत ही जोखिम भरी और महंगी भी है। अतिरिक्त लागत जैसे सुरक्षा सावधानी और उपकरणों की लागत ओपन कास्ट (खुली) खनन में तुलनात्मक रूप से बहुत कम है।

22. भारत में खनिज सामान्य रूप से दो विस्तृत पट्टियों में केंन्द्रित हैं। इनमें से एक पट्टी-दक्षिण-पश्चिमी पठार क्षेत्र, में निम्नलिखित में से कौन-से खनिज प्रचुर मात्रा में पाए जाते हैं?

1. मैंगनीज **2. कोयला**
3. लौह अयस्क

नीचे दिए गए कूट का प्रयोग कर सही उत्तर चुनिए–

(a) केवल 1 और 2 (b) केवल 2 और 3
(c) केवल 3 (d) 1, 2 और 3

उत्तर (d) भारत में खनिज संसाधन सामान्यतया तीन व्यापक पट्टियों मे केन्द्रित हैं– पूर्वी पठार क्षेत्र, दक्षिण-पश्चिम पठार क्षेत्र और उत्तरी-पश्चिमी क्षेत्र।

इसमें दक्षिणी-पश्चिमी पठार क्षेत्र कर्नाटक, गोवा और तमिलनाडु की निकटवर्ती उच्च भूमि के साथ-साथ केरल सम्मलित हैं। यह पट्टी लौह धातुओं और बॉक्साइट से समृद्ध है। इसमें उच्च ग्रेड का लौह अयस्क, मैगनीज और चूना पत्थर भी उपलब्ध है। इस पट्टी में नेवेली लिग्नाइट को छोड़ कर कोयला भंडार नहीं हैं। इस पट्टी में उत्तरी-पूर्व पट्टी की भांति विधि खनिज नहीं है। केरल में मोनोजाइट और थोरियम, बाक्साइट क्ले हैं। **इसलिए, सभी विकल्प सही हैं।**

23. भारत में कोयला भंडार निम्नलिखित में से कौन-सी नदी घाटी/घाटियों में पाए जाते हैं?

1. दामोदर **2. गोदावरी**
3. महानदी **4. सोन**

नीचे दिए गए कूट का प्रयोग कर सही उत्तर चुनिए–

(a) केवल 1 और 3
(b) केवल 2 और 4
(c) केवल 1, 2 और 3
(d) 1, 2, 3 और 4

उत्तर (d) भारत के कोयला संसाधन प्रायद्वीपीय भारत के पुराने गोंडवाना संरचनाओं और उत्तर-पूर्वी क्षेत्रों की युवा तृतीयक संरचनाओं में उपलब्ध है।

दामोदर, सोन, महानदी और गोदावरी की घाटियों में 97 प्रतिशत से अधिक कोयले के भंडार हैं। पूर्वी पट्टी कोयला की प्रमुख उत्पादक है।

भारत में कोयले से प्राप्त ऊर्जा तेल से प्राप्त ऊर्जा से दोगुना अधिक है। जबकि विश्व भर में कोयले से प्राप्त ऊर्जा, तेल से प्राप्त ऊर्जा से लगभग 30% कम है।

24. निम्नलिखित में से कौन-सी भारतीय कोयले की विशेषता/विशेषताएं है/हैं?

1. राख की मात्रा का निम्न होना
2. सल्फर की उच्च मात्रा
3. निम्न कैलोरी मान

नीचे दिए गए कूट का प्रयोग कर सही उत्तर चुनिए–

(a) केवल 1 और 2 (b) केवल 3
(c) केवल 1 और 3 (d) 1, 2 और 3

उत्तर (b) भारतीय कोयले में राख की उच्च मात्रा और कैलोरिफिक मान कम होता है। इसमें सल्फर कम और फास्फोरस की मात्रा अधिक होती है। लेकिन उच्च राख संलयन तापमान (high ash fusion temperature) होता है। **इसलिए, केवल विकल्प 3 सही है।**

25. भारत में रेडियोधर्मी खनिज अयस्क की अवस्थिति के संदर्भ में, निम्नलिखित में से कौन-से स्थानों पर यूरेनियम पाया जाता है?

1. छत्तीसगढ़ **2. आंध्र प्रदेश**
3. राजस्थान

नीचे दिए गए कूट का प्रयोग कर सही उत्तर चुनिए–

(a) केवल 1 (b) केवल 1 और 2
(c) केवल 2 और 3 (d) 1, 2 और 3

उत्तर (d) यूरेनियम या पिच ब्लेंड खनिज गया (बिहार), अजमेर (राजस्थान) दुर्ग (छत्तीसगढ़) और नेल्लोर (आंध्रप्रदेश) में पाया जाता है।

26. कोयले के निक्षेप निम्नलिखित संरचना प्रणालियों में से किसमें पाए जाते हैं?

1. धारवाड़ संरचना
2. कडप्पा संरचना
3. गोंडवाना संरचना
4. तृतीयक संरचना

नीचे दिए गए कूट का प्रयोग कर सही उत्तर चुनिए–

(a) केवल 1, 2 और 4
(b) केवल 2, 3 और 4
(c) केवल 2 और 3
(d) केवल 3 और 4

उत्तर (d) कोयला एक अवसादी चट्टान है। इसका निर्माण ऑक्सीजन की आपूर्ति के बिना उच्च तापमान और दबाव के अधीन पादप अवशेषों के दबने के कारण हुआ है जिससे इनका अपघटन बाधित हुआ और ये अवशेष कोयले में परिवर्तित हो गए।

दोनों, कडप्पा और धारवाड़ चट्टानें भारत में सबसे पुरानी चट्टानी प्रणालियां हैं। ज्वालामुखी उद्‌गम से इनका निर्माण हुआ है और इस प्रकार इनमें जीवाश्मों की उपस्थिति नहीं है।

27. सूची-I को सूची-II से सुमेलित कीजिए तथा नीचे दिए गए कूट से सही उत्तर चुनिए–

सूची-I (क्षेत्र)	सूची-II (खनिज)
A. बादाम पहाड़	**1. ताँबा**
B. कोडरमा	**2. लौह-अयस्क**
C. मुसाबनी	**3. खनिज तेल (पेट्रोलियम)**
D. रवा	**4. अभ्रक**

कूट–

	A	B	C	D
(a)	4	3	1	2
(b)	2	4	3	1
(c)	1	2	4	3
(d)	2	4	1	3

उत्तर (d) उपरोक्त प्रश्न का सही सुमेलन इस प्रकार है–

सूची-I (क्षेत्र)	सूची-II (खनिज)
A. बादाम पहाड़ (ओडिशा)	लौह-अयस्क
B. कोडरमा (झारखंड)	अभ्रक
C. मुसाबनी	ताँबा
D. रवा (कृष्णा-गोदावरी के अपतटीय क्षेत्र)	खनिज तेल

28. निम्नलिखित को सुमेलित कीजिए। सही उत्तर का चयन नीचे दिए गए कूट से कीजिए–

A. स्वर्ण	**1. खेतड़ी**
B. कोयला	**2. कोलार**
C. ताँबा	**3. कुद्रेमुख**
D. लोहा	**4. झरिया**

कूट–

	A	B	C	D
(a)	1	2	3	4
(b)	4	3	2	1
(c)	3	4	1	2
(d)	2	4	1	3

उत्तर (d) उपरोक्त प्रश्न का सही सुमेलन इस प्रकार है–

खनिज	उत्पादन क्षेत्र
A. स्वर्ण	कोलार (कर्नाटक)
B. कोयला	झरिया (झारखंड)
C. ताँबा	खेतड़ी (राजस्थान)
D. लोहा	कुद्रेमुख (कर्नाटक)

29. निम्नलिखित वक्तव्यों पर विचार कीजिए–

कथन (A): भारत में देश की भावी ऊर्जा माँग की आपूर्ति का आशाप्रद स्रोत अणु ऊर्जा है।

कारण (R): भारत में अणु खनिज सर्वत्र सुलभ हैं।

नीचे दिए गए कूट से सही उत्तर का चयन कीजिए–

(a) A और R दोनों सही हैं तथा A की सही व्याख्या R है
(b) A और R दोनों सही हैं किन्तु A की सही व्याख्या R नहीं है
(c) A सही है, परन्तु R गलत है
(d) A गलत है, परन्तु R सही है

उत्तर (c) भारत में परमाणु ऊर्जा कार्यक्रम का प्रारम्भ 1948 ई॰ से माना जा सकता है, परमाणु ऊर्जा के शान्तिपूर्ण उपयोग के बारे में नीति निर्धारण करने वाली सर्वोच्च संस्था के रूप में परमाणु ऊर्जा आयोग का गठन किया गया। आधारभूत विज्ञान के क्षेत्र में अनुसन्धान करने तथा घरेलू संसाधनों पर आधारित परमाणु प्रौद्योगिकी विकसित करने के लिए 1957 ई॰ में ट्राम्बे (मुम्बई) में परमाणु ऊर्जा प्रतिष्ठान गठित किया गया। इस प्रतिष्ठान को अब भाभा परमाणु प्रतिष्ठान केन्द्र कहा जाता है। 1967 ई॰ में तारापुर परमाणु संयन्त्र की स्थापना की गई। परमाणु ऊर्जा के उत्पादन के लिए यूरेनियम, थोरियम एवं भारी जल की आवश्यकता होती है। बिहार तथा राजस्थान में कुल 11,000 टन यूरेनियम के भण्डार का पता चला है। परमाणु विद्युत उत्पादन के लिए कुल मिलाकर 14 नाभिकीय रिएक्टर्स वर्तमान में कार्यरत हैं, जिनका वार्षिक उत्पादन 2720 मेगावाट है। देश में 9 अन्य परमाणु ऊर्जा रिएक्टर्स

निर्माणाधीन हैं। इनकी स्थापना का कार्य पूर्ण होने पर देश की परमाणु विद्युत उत्पादन क्षमता बढ़कर 7300 मेगावाट हो जाएगी। देश में परमाणु विद्युत 2020 ई. तक 20000 मेगावाट हो जाएगी। भारत में परमाणु खनिज उपलब्ध हैं, परन्तु उच्च कोटि के नहीं हैं, जिससे भारत को इनका आयात करना पड़ता है।

30. निम्नांकित में कौन एक सुमेलित नहीं है?

परमाणु बिजली घर अवस्थित शहर		संबंधित राज्य
(a) कल्पक्कम	–	तमिलनाडु
(b) राणा प्रताप सागर	–	मध्य प्रदेश
(c) नरौरा	–	उत्तर प्रदेश
(d) तारापुर	–	महाराष्ट्र

उत्तर (b) सही सुमेलन इस प्रकार है–

परमाणु बिजली घर अवस्थित शहर	सम्बन्धित राज्य
(a) कल्पक्कम	तमिलनाडु
(b) राणा प्रताप सागर (कोटा)	राजस्थान
(c) नरौरा (बुलन्दशहर जिला)	उत्तर प्रदेश
(d) तारापुर	महाराष्ट्र

31. सूची-I और सूची-II को सुमेलित कीजिए तथा सूचियों के नीचे दिए गए कूट से सही उत्तर चुनिए–

सूची-I (खनिज)	सूची-II (उत्पादन क्षेत्र)
A. ताँबा	1. बादाम पहाड़ी
B. लौह-अयस्क	2. छिन्दवाड़ा
C. मैंगनीज	3. हजारीबाग
D. अभ्रक	4. मुसाबनी

कूट–

	A	B	C	D
(a)	4	1	3	2
(b)	4	1	2	3
(c)	1	3	2	4
(d)	2	4	1	3

उत्तर (b) सही सुमेलन इस प्रकार है–

खनिज	उत्पादन क्षेत्र
A. ताँबा	मुसाबनी
B. लौह-अयस्क	बादाम पहाड़ी
C. मैंगनीज	छिन्दवाड़ा
D. अभ्रक	हजारीबाग

32. निम्न में सोना, ताँबा, लोहा, कोयले के सही क्रम का चयन कीजिए–

(a) खेतड़ी–कोलार–कुद्रेमुख–झरिया
(b) कोलार–खेतड़ी–कुद्रेमुख–झरिया
(c) झरिया–कोलार–कुद्रेमुख–खेतड़ी
(d) खेतड़ी–कुद्रेमुख–कोलार–झरिया

उत्तर (b) सोना, ताँबा, लोहा तथा कोयले का सही क्रम इस प्रकार है–

सोना	–	कोलार (कर्नाटक)
ताँबा	–	खेतड़ी (राजस्थान)
लोहा	–	कुद्रेमुख (कर्नाटक)
कोयला	–	झरिया (झारखंड)

33. कथन (A): लिग्नाइट निकृष्ट कोटि का कोयला है, जिसमे कार्बन की मात्रा 35-40% है।

कारण (R): भारत में झारखंड लिग्नाइट का सर्वप्रमुख उत्पादक है।

उपरोक्त कथनों के सन्दर्भ में निम्नलिखित में से कौन-सा सत्य है?

कूट–

(a) (A) और (R) दोनों सत्य हैं और (R), (A) की सही व्याख्या करता है
(b) (A) और (R) दोनों सत्य हैं परन्तु (R), (A) की सही व्याख्या नहीं करता है
(c) (A) सत्य है, परन्तु (R) गलत है
(d) (A) असत्य है, परन्तु (R) सही है

उत्तर (c) झारखंड में बिटुमिनस किस्म का कोयला पर्याप्त मात्रा में पाया जाता है जिसमें कार्बन की मात्रा 45% से 65% होती है।

34. भारत के शैल समूहों में से गोण्डवाना शैलों को सबसे महत्वपूर्ण मानने के लिए निम्नलिखित में से कौन-सा तर्क उपयुक्त है?

(a) इनमें भारत का 90 प्रतिशत से अधिक चूना-पत्थर भण्डार पाया जाता है
(b) इनमें भारत का 90 प्रतिशत से अधिक कोयला भण्डार पाया जाता है
(c) इनके ऊपर 90 प्रतिशत से अधिक, उपजाऊ काली कपास मृदाएँ फैली हुई हैं
(d) इस सन्दर्भ में, ऊपर दिए गए तर्कों में से कोई भी तर्क उपयुक्त नहीं है

उत्तर (b) भारत में कुल संचित भण्डार का 96 प्रतिशत कोयला गोण्डवाना काल का है जिसमें कुल उत्पादन का लगभग 98 प्रतिशत भाग प्राप्त होता है। यह कोयला मुख्यत: बिटुमिनस प्रकार का है एवं मुख्यत: प्रायद्वीपीय पठार में संचित है।

35. सूची-I को सूची-II के साथ सुमेलित कीजिए और सूचियों के नीचे दिए गए कूट का प्रयोग कर सही उत्तर चुनिए–

सूची-I (खनिज पदार्थ)	सूची-II (खनन क्षेत्र)
A. ग्रेफाइट	1. बेल्लारी
B. सीसा	2. डीडवाना
C. लवण	3. राम्पा
D. चाँदी	4. जावर

कूट–

	A	B	C	D
(a)	3	4	1	2
(b)	1	4	2	3
(c)	3	1	4	2
(d)	2	3	1	4

उत्तर (a) उपरोक्त प्रश्न का सही सुमेलन इस प्रकार है–

खनिज पदार्थ	खनन क्षेत्र
A. ग्रेफाइट	राम्पा (आन्ध्र प्रदेश)
B. सीसा	जावर (राजस्थान)
C. लवण	डीडवाना
D. चाँदी	बेल्लारी (कर्नाटक)

❑❑❑

13 विद्युत ऊर्जा

1. थोरियम के संबंध में निम्नलिखित कथनों पर विचार कीजिए–
   1. परमाणु ऊर्जा की माँग पूरी करने के लिए भारत में अधिकांशतः इसका आयात किया जाता है।
   2. इसके निक्षेप मुख्य रूप से विंध्यन शैल प्रणाली में पाए जाते हैं।
   3. इसका उपयोग परमाणु रिएक्टर में सीधे ईंधन के रूप में किया जा सकता है।

   उपर्युक्त कथनों में से कौन-सा/से सही है/हैं?
   (a) केवल 1 और 2
   (b) केवल 2
   (c) केवल 3
   (d) कोई नहीं

उत्तर (d) **कथन 1 सही नहीं है।** देश का थोरियम भंडार विश्व के कुल भंडार का 25% है। विभिन्न देशों से यूरेनियम के आयात को कम करने के लिए, इसे सुगमता से ईंधन के रूप में प्रयुक्त किया जा सकता है। परमाणु ऊर्जा विभाग (DAE) की एक घटक इकाई, परमाणु खनिज पर्यवेक्षण और शोध निदेशालय (AMD) ने अब तक देश में 11.93 मिलियन टन इन-सीटू मोनाजाइट (थोरियम युक्त खनिज) संसाधनों की स्थापना की है, जिनमें लगभग 1.07 मिलियन टन थोरियम है।

कथन 2 सही नहीं है। मोनाजाइट बालू (रेत) केरल, आंध्रप्रदेश, तमिलनाडु आदि में पाया जाता है, जबकि विन्ध्य शैल प्रणाली, कडप्पा चट्टानों पर स्थित है और मध्यप्रदेश, छत्तीसगढ़, उत्तरप्रदेश तथा राजस्थान के बड़े क्षेत्रों को कवर करती है।

कथन 3 सही नहीं है। केवल थोरियम को प्रत्यक्ष रूप से परमाणु ईंधन के रूप में उपयोग नहीं किया जा सकता है। यह तीन चरणों की एक प्रक्रिया से गुजरने के बाद यूरेनियम-233 में परिवर्तित होता है और केवल तभी इसे रिएक्टर असेम्बली में डाला जा सकता है।

2. ग्रामीण विद्युतीकरण निगम (REC) के संबंध में निम्नलिखित कथनों पर विचार कीजिए–
   1. यह ऊर्जा मंत्रालय के अधीन एक नवरत्न कंपनी है।
   2. यह दीनदयाल उपाध्याय ग्राम ज्योति योजना के कार्यान्वयन हेतु नोडल एजेंसी भी है।

   उपर्युक्त कथनों में से कौन-सा/से सही है/हैं?
   (a) केवल 1
   (b) केवल 2
   (c) 1 और 2 दोनों
   (d) न तो 1, न ही 2

उत्तर (c) 1969 में स्थापित ग्रामीण विद्युतीकरण निगम, ऊर्जा मंत्रालय के अंतर्गत एक नवरत्न कम्पनी है। **इसलिए, कथन 1 सही है।**

यह DDUGJY (दीनदयाल उपाध्याय ग्राम ज्योति योजना) के कार्यान्वयन हेतु नोडल एजेंसी भी है, और UDAY (उज्ज्वल डिस्काम एश्योरेंस योजना) को चलाने में योगदान करने वाली एक एजेंसी है। **इसलिए, कथन 2 सही है।**

3. निम्नलिखित युग्मों पर विचार कीजिए–

	परमाणु ऊर्जा संयंत्र		अवस्थिति
1.	काकरापारा	:	राजस्थान
2.	रावतभाटा	:	गुजरात
3.	कलपक्कम	:	आंध्रप्रदेश

   उपर्युक्त कथनों में से कौन-सा/से सही सुमेलित है/हैं?
   (a) 1, 2 और 3 (b) केवल 1 और 2
   (c) केवल 3 (d) कोई नहीं

उत्तर (d) **कोई भी युग्म सही सुमेलित नहीं है।**

परमाणु ऊर्जा संयंत्र	अवस्थिति
काकरापारा	गुजरात
रावतभाटा	राजस्थान
कलपक्कम	तमिलनाडु

4. पाइपलाइन विभिन्न प्रकार की सामग्रियों के परिवहन का एक साधन है। पाइपलाइनों के माध्यम से निम्नलिखित में से किन सामग्रियों का परिवहन किया जाता है?
   1. कोयला 2. प्राकृतिक गैस
   3. दूध 4. कच्चा तेल

   नीचे दिए गए कूट का प्रयोग कर सही उत्तर चुनिए–
   (a) केवल 1 और 3
   (b) केवल 3 और 4
   (c) 1, 2, 3 और 4
   (d) केवल 1, 2 और 4

उत्तर (c) भूमि, पानी और वायु के साथ-साथ पाइपलाइनें भी परिवहन का एक साधन हैं। यात्रियों के अतिरिक्त पाइपलाइनें तरलीकृत रूप में अधिकांश सामग्रियों को भी ले जाती है, जैसे कि–

कच्चा तेल–प्राकृतिक गैस और पेट्रोलियम उदाहरण के लिए, बिग इंच पाइपलाइन मेक्सिको की खाड़ी के तेल कुओं से पेट्रोलियम उत्तर-पूर्वी राज्यों तक ले जाती हैं।

न्यूजीलैंड में फार्मों से कारखानों तक दूध की आपूर्ति पाइपलाइनों के माध्यम से की जा रही है। तरीकृत कोयले को पाइप लाइनों के माध्यम से एक स्थान से दूसरे स्थान पर भोजा जाता है।

इसलिए, विकल्प (c) सही है।

5. पेट्रोलियम निक्षेपों के संबंध में, निम्नलिखित कथनों पर विचार कीजिए–
   1. पेट्रोलियम निक्षेप अवसादी चट्टान संरचनाओं में पाए जाते हैं।
   2. पेट्रोलियम निक्षेप भूमि के नीचे ठोस, द्रव और गैस सभी तीन रूपों में पाए जाते हैं।

   उपर्युक्त कथनों में से कौन-सा/से सही है/हैं?
   (a) केवल 1
   (b) केवल 2
   (c) 1 और 2 दोनों
   (d) न तो 1, न ही 2

उत्तर (c) पेट्रोलियम बहुत ही जटिल गुणधर्मों वाले तैलीय हाइड्रोकार्बन का ज्वलनशील मिश्रण है। पेट्रोलियम जिसका शाब्दिक अर्थ 'चट्टानी तेल' होता है, भूमि के नीचे ठोस, तरल और गैसीय रूप से पाया जाता है। **कथन 2 सही है।** पेट्रोलियम का संचय अवसादी चट्टानी संरचनाओं के भूमिगत क्षेत्रों, पूल या भंडारों में पाया जाता है।

पेट्रोलियम केवल अवसादी संरचनाओं में पाया जाता है, यही कारण है कि अधिकांश

अफ्रीका और ऑस्ट्रेलिया, जो प्राचीन शील्ड हैं, उनमें पेट्रोलियम नहीं पाया जाता है। **कथन 1 सही है।**

6. शैल गैस (Shale Gas) के भंडार निम्नलिखित में से किस क्षेत्र में पाए जाते हैं?

1. गंगा बेसिन

2. कावेरी बेसिन

3. कृष्णा-गोदावरी बेसिन

नीचे दिए गए कूट का प्रयोग कर सही उत्तर चुनिए–

(a) केवल 1 और 2

(b) केवल 1 और 3

(c) केवल 3

(d) 1, 2 और 3

उत्तर (d) भारत में शैल गैस के अनुमानित भंडार 527 ट्रिलियन क्यूबिक फीट (tcf) है। पेट्रोलियम और प्राकृतिक गैस मंत्रालय (MoPNG) ने छः ऐसी घाटियों की पहचान की है, जिनमें शेल गैस मिलने की संभावना है। ये हैं–खम्भात, असम-अराकान, गोंडवाना, कृष्णा-गोदावरी और इंडो-गंगा घाटी।

7. भारत में नाभिकीय संसाधनों के संदर्भ में, निम्नलिखित कथनों पर विचार कीजिए–

1. यूरेनियम निक्षेप सिंहभूम कॉपर बेल्ट से सटे स्थानों में पाया जाता है।

2. थोरियम का निक्षेप केरल के पलक्कड़ और कोल्लम जिलों में पाया गया है।

उपर्युक्त कथनों में से कौन-सा/से सही है/हैं?

(a) केवल 1

(b) केवल 2

(c) 1 और 2 दोनों

(d) न तो 1, न ही 2

उत्तर (c) **कथन 1 सही है।** यूरेनियम के निक्षेप धारवाड़ शैलों में पाए जाते हैं। भौगोलिक दृष्टि से सिंहभूम कॉपर बेल्ट के किनारे कई स्थानो में यूरेनियम अयस्क पाए जाने की जानकारी है। यह राजस्थान के उदयपुर, अलवर और झुंझुनू जिले, छत्तीसगढ़ के दुर्ग जिले, महाराष्ट्र के भंडारा जिले एवं हिमाचल प्रदेश के कुल्लू जिले में भी पाये जाते हैं।

कथन 2 सही है। थोरियम मुख्य रूप से तमिलनाडु और केरल के तट के समीपवर्ती समुद्र की रेत में मिलने वाले मोनाजाइट एवं इलेनाइट से प्राप्त किया जाता है। विश्व के सर्वाधिक समृद्ध मोनाजाइट निक्षेप केरल के पलक्कड़ और कोल्लम जिलों में, आंध्र प्रदेश में विशाखापत्तनम के निकट एवं उड़ीसा में महानदी डेल्टा में पाए जाते हैं।

8. प्राकृतिक गैस हाइड्रेट्स के संदर्भ में, निम्नलिखित कथनों पर विचार कीजिए–

1. ये प्राकृतिक रूप से पाई जाने वाली प्राकृतिग गैस और जल के बर्फ सदृश संयोजन हैं।

2. ये महाद्वीप किनारों (मार्जिन) के साथ-साथ और आर्कटिक पर्माफ्रॉस्ट (परमशीत) के नीचे अवसादी निक्षेपों में पाए जाते हैं।

3. भारत में, कृष्णा-गोदावरी बेसिन में इनकी खोज की गई है।

उपर्युक्त कथनों में से कौन-सा/से सही है/हैं?

(a) केवल 1 और 2

(b) केवल 1

(c) केवल 2 और 3

(d) 1, 2 और 3

उत्तर (d) **कथन 1 सही है।** प्राकृतिक गैस हाइड्रेट्स प्राकृतिक गैस और जल का संयोजन है जो महासागरों और ध्रुवीय क्षेत्रों में प्राकृतिक रूप से पाए जाते हैं।

कथन 2 सही है। ये निम्नलिखित जगहों पर पाए जाते हैं–

- आर्कटिक पर्माफ्रॉस्ट (परमशीत) के नीचे अवसाद और अवसादी चट्टानीय इकाइयों में,
- महाद्वीपीय किनारों (मार्जिन) के साथ-साथ अवसादी निक्षेपों में;
- अंतर्देशीय झीलों और समुद्रों के गहरे पानी के अवसादों में; तथा
- अंटार्कटिका की बर्फ के नीचे।

कथन 3 सही है। भारत में गैस हाइड्रेट संसाधन 1,894 ट्रिलियम क्यूबिक मीटर होने का अनुमान है और ये निक्षेप पश्चिमी, पूर्वी और अंडमान अपतटीय क्षेत्रों में पाए जाते हैं। कृष्णा-गोदावरी बेसिन में रेत समृद्ध निक्षेपण प्रणालियों में गैस हाइड्रेट्स की खोज की गई है।

9. निम्नलिखित कथनों पर विचार कीजिए–

1. भारत में तरंग ऊर्जा की संभाव्यता ज्वारीय ऊर्जा की तुलना में अधिक है।

2. भारत में पश्चिमी समुद्र तट का उच्च ज्वारीय परिसर (रेंज) है जबकि पूर्वी तट पर उच्च तरंग ऊर्जा की संभावना है।

उपर्युक्त कथनों में से कौन-सा/से सही है/हैं?

(a) केवल 1

(b) केवल 2

(c) 1 और 2 दोनों

(d) न तो 1, न ही 2

उत्तर (a) तरंग और ज्वार समुद्रों और महासागरों में पानी की गति से ऊर्जा निष्कर्षित करने के दो अलग-अलग तरीके हैं।

तरंग ऊर्जा समुद्र की सतह के निकट पानी की गति के कारण विद्यमान होती है। लहरें समुद्र की सतह पर बहने वाली पवनों से बनती हैं, और पानी ऊर्जा के लिए वाहक के रूप में कार्य करता है। लहरों में निहित ऊर्जा की मात्रा लहरों की ऊंचाई और अवधि (क्रमिक चोटियों के बीच के समय) पर निर्भर करती है। लहर शिखा (crest) की प्रति इकाई लंबाई वार्षिक औसत शक्ति (उदाहरण के लिए 20-40 किलोवाट/मीटर) का प्राथमिक सूचक है कि एक विशेष स्थल कितना ऊर्जावान है।

ज्वारीय धाराएं ज्वार के उठने और गिरने से पैदा होती हैं, जो तट के चारों ओर एक दिन में दो बार घटित होती हैं। जब पानी ज्वारनदमुख में और उससे बाहर बहता है, तो यह ऊर्जा के लिए उपयुक्त होता है। निष्कर्षण योग्य ऊर्जा प्रवाहित धारा की गति और रोके गए क्षेत्र पर निर्भर करती है। यह पवन विद्युत निष्कर्षण के समान है, लेकिन पानी वायु की तुलना में अधिक सघन होता है, विद्युत की समतुल्य मात्रा छोटे क्षेत्र पर और धीमे वेग पर निष्कर्षित की जा सकती है। मध्य प्रतिक्षेप शिखर वेग; एक विशेष स्थल कितना ऊर्जावान है का प्राथमिक सूचक है।

ज्वारीय ऊर्जा के दोहन के लिए स्थल का आकलन करने का महत्वपूर्ण मापदंड ज्वार परिसर, ज्वारीय धारा के वेग, पानी की गहराई, और जलाशय की उपलब्धता पर निर्भर करता है। इसी प्रकार से, तरंग शक्ति की उपलब्धता, भूमि, अपरदन उन्मुखता, और विद्युत की स्थानीय मांग तरंग ऊर्जा के दोहन के लिए स्थल और प्रौद्योगिकी के चयन के कुछ मानदंड हैं।

भारत के पश्चिमी समुद्र तट का उच्च ज्वारीय परिसर है।

10. भारतीय रणनीतिक पेट्रोलियम भण्डारों (इंडियन स्ट्रेटेजिक पेट्रोलियम रिजर्व) के संदर्भ में, निम्नलिखित कथनों पर विचार कीजिए–

1. इसका उद्देश्य 5 मिलियन मीट्रिक टन कच्चे तेल भण्डार की स्थापना करना है।

2. ये भण्डार विशाखापत्तनम, मंगलौर एवं पादुर में स्थित हैं।

3. कच्चे तेल के रिजर्व को इस उद्देश्य के लिए विशेष रूप से बनाए गए एल्युमिनियम तेल टैंकरों में भण्डारित किया जाता है।

उपर्युक्त कथनों में से कौन-सा/से सही है/हैं?

(a) केवल 1 और 2 (b)केवल 2 और 3
(c) केवल 1 और 3 (d) 1, 2 और 3

उत्तर (a) **कथन 1 और 2 सही हैं।** ऊर्जा सुरक्षा सुनिश्चित करने के लिए, भारत सरकार ने, विशाखापत्तनम, मंगलौर और पादुर (उडूपी के निकट) नामक तीन स्थानों पर 5 मिलियन मीट्रिक टन कच्चे तेल के रणनीतिक भंडार स्थापित करने का निर्णय किया है। यह रणनीतिक भंडार तेल कम्पनियों के मौजूदा कच्चे तेल और पेट्रोलियम उत्पादों के भंडारों के अतिरिक्त होंगे और आपूर्ति में किसी बाहरी व्यवधान की स्थिति से निपटने में सहायक होंगे।

कथन 3 सही नहीं है। कच्चे तेल के भण्डार भूमिगत चट्टानों की कन्दराओं में स्थापित किए जाते हैं और यह भारत के पूर्वी और पश्चिम तट पर स्थित हैं। इन कन्दराओं से कच्चा तेल पाईपलाईन से या पाईपलाईन और पोत से मिश्रित उपयोग द्वारा भारतीय तेल परिशोधनशालाओं तक पहुंचाया जाता है। कन्दराओं को हाईड्रेकार्बन के भंडारण के लिए अत्यंत सुरक्षित माना जाता है।

11. निम्नलिखित में से ऊर्जा के पारम्परिक स्रोत कौन-सा/से हैं/हैं?

1. ज्वारीय 2. भू-तापीय
3. नाभिकीय 4. सौर

नीचे दिए गए कूट का प्रयोग कर सही उत्तर चुनिए–

(a) केवल 1 और 3
(b) केवल 3
(c) केवल 2, 3 और 4
(d) उपर्युक्त में से कोई नहीं

उत्तर (b) नाभिकीय ऊर्जा के अतिरिक्त अन्य सभी विकल्प ऊर्जा के गैर-परंपरागत स्रोत हैं।

ऊर्जा के गैर-परंपरागत स्रोत –पवन, ज्वारीय, सौर, भूतापीय ऊष्मा एवं जैव द्रव्यमान (कृषि एवं जन्तु अपशिष्ट एवं साथ ही मानव अपशिष्ट को सम्मिलित करते हुए) का उपयोग कर उत्पन्न की जाने वाली ऊर्जा को गैर-परंपरागत ऊर्जा के रूप में जाना जाता है। ये सभी स्रोत नवीकरणीय या अक्षय होते हैं और पर्यावरणीय प्रदूषण उत्पन्न नहीं करते हैं। इसके अतिरिक्त इनके लिए भारी व्यय की आवश्यकता नहीं होती है। उदाहरण के लिए पवन, सौर, ज्वारीय और भूतापीय।

ऊर्जा के परंपरागत स्रोत – ऐसे ऊर्जा स्रोत जिनके उपयोग (दोहन) करने के बाद उनकी क्षतिपूर्ति नहीं की जा सकती है, ऊर्जा के परंपरागत स्रोत कहे जाते हैं, जैसे कि-नाभिकीय, पेट्रोलियम, प्राकृतिक गैस, ईंधन की लकड़ी, कोयला, जल-विद्युत।

12. ऊर्जा संसाधनों के संबंध में निम्नलिखित कथनों पर विचार कीजिए–

1. भू-तापीय ऊर्जा पृथ्वी के मैन्टल और पृथ्वी की निचली क्रस्ट से उत्पन्न होती है।
2. ज्वारीय ऊर्जा पृथ्वी के संबंध में सूर्य और चंद्रमा की स्थिति पर निर्भर होती है।

उपर्युक्त कथनों में से कौन-सा/से सही है/हैं?

(a) केवल 1
(b) केवल 2
(c) 1 और 2 दोनों
(d) न तो 1 न ही 2

उत्तर (c) भूतापीय ऊर्जा, ऊष्मा है जो पृथ्वी के भीतर उत्पन्न होती है। मैग्मा पास की चट्टानों और भूमिगत जलस्रोतों को गर्म कर देती है। गर्म पानी गीजर, गर्म झरनों, वाष्प वाल्ट, जल के भीतर जलतापीय छिद्र द्वारा छोड़ा जा सकता है। मैग्मा, मेंटल और निचली क्रस्ट में उपस्थित होता है। **इसलिए, कथन 1 सही है।**

ज्वार गति का परिमाण और प्रकृति, पृथ्वी की चन्द्रमा और सूर्य के परिवर्तित होने की स्थिति, पृथ्वी के घूर्णन के प्रभाव और समुद्र अधस्तल व तटीय रेखाओं के स्थानीय भूगोल को दर्शाता है। **इसलिए, कथन 2 सही है।**

13. पेट्रोलियम रिफाइनरी निम्नलिखित में से कौन-से शहरों में अवस्थित है?

1. कोयली 2. मथुरा
3. हल्दिया

नीचे दिए गए कूट का प्रयोग कर सही उत्तर चुनिए–

(a) केवल 1 और 2
(b) केवल 2 और 3
(c) केवल 1 और 3
(d) 1, 2 और 3

उत्तर (d) भारत में पेट्रोलियम रिफाइनरी निम्नलिखित स्थानों पर स्थित हैं: बरौनी, कोयली, हल्दिया, मथुरा, पानीपत, दिगबोई, बोंगाईगांव, गुवाहाटी, पारादीप, मुंबई, विशाखापट्टनम, बठिण्डा, कोच्चि, चेन्नई, नागापट्टनम, नुमालीगढ़ा, तातीपाका, मंगलौर, जामनगर।

14. यूरेनियम और थोरियम के संबंध में निम्नलिखित में से कौन-सा/से कथन सही है/हैं?

1. यूरेनियम के विपरीत, अकेले थोरियम को रिएक्टर में परमाणु ईंधन के रूप में सीधे उपयोग नहीं किया जा सकता।
2. यूरेनियम की तुलना में थोरियम प्रकृति में अधिक प्रचुर मात्रा में पाया जाता है।

नीचे दिए गए कूट का प्रयोग कर सही उत्तर चुनिए–

(a) केवल 1
(b) केवल 2
(c) 1 और 2 दोनों
(d) न तो 1 न ही 2

उत्तर (c) यूरेनियम और थोरियम, दोनों में नाभिकीय रिएक्टरों में प्रयुक्त होने की विशिष्ट विशेषताएं हैं। यूरेनियम के विपरीत, थोरियम को अकेले रिएक्टर में परमाणु ईंधन के रूप में उपयोग नहीं किया जा सकता। **अतः, कथन 1 सही है।**

थोरियम प्रकृति में यूरेनियम की तुलना में चार गुना अधिक प्रचुर मात्रा में पाया जाता है, तथा यह व्यापक रूप से भू-पर्पटी पर वितरित है। **इस प्रकार, कथन 2 सही है।**

15. लघु जल-विद्युत कार्यक्रम (एस.एच.पी.) के संबंध में निम्नलिखित कथनों पर विचार कीजिए–

1. नवीन तथा नवीकरणीय ऊर्जा मंत्रालय को लघु जल-विद्युत (एस.एच.पी.) का उत्तरदायित्व सौंपा गया है।
2. किसी लघु जल-विद्युत परियोजना की न्यूनतम संस्थापित क्षमता 50 मेगावाट है।
3. एस.एच.पी. का निर्माण नदियों के साथ-साथ सिंचाई के लिए, बनी नहरों के तटों पर भी किया जा सकता है।

उपर्युक्त कथनों में से कौन-सा/से सही है/हैं?

(a) केवल 1 और 2
(b) केवल 1 और 3
(c) केवल 2 और 3
(d) केवल 3

उत्तर (b) नवीन तथा नवीकरणीय ऊर्जा मंत्रालय को लघु जल विद्युत परियोजनाओं (एस.एच.पी.) के विकास का उत्तरदायित्व सौंपा गया है।

लघु जल विद्युत् (एस.एच.पी.) परियोजनाएं 25 मेगावाट स्टेशन क्षमता की होती हैं। देश में ऐसे संयंत्रों से ऊर्जा उत्पादन की आकलित क्षमता लगभग 20,000 मेगावाट है।

अधिकांश क्षमता हिमालयी राज्यों में नदी-आधारित परियोजनाओं पर तथा अन्य राज्यों में सिंचाई हेतु निर्मित नहरों पर आश्रित हैं। एस.एच.पी. कार्यक्रम अब अनिवार्य रूप से निजी क्षेत्र द्वारा चालित है। परियोजनाएं सामान्य तौर पर आर्थिक रूप से साध्य हैं, तथा निजी क्षेत्र एस.एच.पी. परियोजनाओं में निवेश करने में तीव्र रूचि प्रदर्शित कर रहा है। देखा गया है कि लघु जलविद्युत परियोजनाएं देश की तथा विशेषत: सुदूर तथा अगम क्षेत्रों में समग्र ऊर्जा परिदृश्य में सुधार लाने में महत्वपूर्ण भूमिका निभा सकती हैं।

❑❑❑

14 उद्योग

1. **निम्नलिखित में से कौन-से 'सनराइज इंडस्ट्रीज' के उदाहरण हैं?**
   1. खाद्य प्रसंस्करण 2. चिकित्सा पर्यटन
   3. सूचना प्रौद्योगिकी
   नीचे दिए गए कूट का प्रयोग कर सही उत्तर चुनिए–
   (a) केवल 2 और 3
   (b) केवल 1 और 3
   (c) केवल 1 और 3
   (d) 1, 2 और 3

उत्तर (d) यह प्रारंभिक अवस्था में होने वाले, लेकिन द्रुतगति से विकास करने वाले क्षेत्र या व्यापार के लिए प्रयोग किया जाने वाला शब्द है। सामान्यत: सनराइज इंडस्ट्री (सूर्योदय उद्योग) की विशेषता उच्च विकास दर, कई स्टार्ट-अप्स का होना और उद्यम पूँजी वित्तपोषण की प्रचुरता होती है। उदाहरण के लिए, वर्तमान में चिकित्सा पर्यटन, खाद्य प्रसंस्करण उद्योगों और डिजिटलीकरण पर दिए गए बल के कारण IT क्षेत्र को भारत में सनराइज इंडस्ट्री माना जाता है।

2. **निम्नलिखित स्थानों पर विचार कीजिए–**
   1. वड़ोदरा 2. कोयम्बटूर
   3. हुगली 4. कानपुर
   उपर्युक्त शहर निम्नलिखित में से भारत के किस उद्योग से संबंधित हैं?
   (a) चीनी उद्योग (b) सूती वस्त्र उद्योग
   (c) जूट उद्योग (d) कृत्रिम फाइबर उद्योग

उत्तर (b) तमिलनाडु में कपास मिलों की संख्या सबसे अधिक है और इनमें से अधिकतर कपड़े की बजाय धागे का उत्पादन करती हैं। कोयम्बटूर सबसे महत्वपूर्ण केन्द्र के रूप में उभरा है। लगभग आधी मिलें यहीं स्थित हैं। उत्तर प्रदेश में, कानपुर सबसे बड़ा सूती धागा उत्पादन केन्द्र है। वड़ोदरा ब्रिटिश काल से ही महत्वपूर्ण सूती वस्त्र का केन्द्र रहा है और पश्चिम बंगाल में सूत मिलें हुगली क्षेत्र में केन्द्रित हैं। **इसलिए, विकल्प (b) सही है।**

3. **निम्नलिखित कथनों पर विचार कीजिए–**
   1. यह उद्योग वजन ह्रास वाले कच्चे माल पर निर्भर है।
   2. उत्पाद की बेहतर प्राप्ति हेतु कटाई के 24 घंटे के भीतर फसल की पेराई की जानी होती है।
   3. इस उद्योग में महाराष्ट्र और उत्तर प्रदेश अग्रणी उत्पादक हैं।
   उपर्युक्त विवरण निम्नलिखित में से किस उद्योग का सर्वश्रेष्ठ वर्णन करता है?
   (a) जूट उद्योग
   (b) चीनी उद्योग
   (c) सूती कपड़ा उद्योग
   (d) तम्बाकू उद्योग

उत्तर (b) गन्ना एक वजन ह्रास वाली फसल है। इसकी प्रजाति के आधार पर चीनी का अनुपात 9 से 12 प्रतिशत के बीच होता है। खेत से इसकी कटाई के पश्चात इसकी ढुलाई के दौरान सुक्रोज की मात्रा सूखना प्रारम्भ कर देती है। महाराष्ट्र देश का अग्रणी चीनी उत्पादक राज्य बन कर उभरा है। उत्तर प्रदेश चीनी का सबसे बड़ा उत्पादक है। **इसलिए, विकल्प (b) सही है।**

4. **पॉलिमर उद्योग के संदर्भ में, निम्नलिखित कथनों में से कौन-सा/से सही है/हैं?**
   (a) पॉलिमर एथिलीन (ethylene) और प्रोपलीन (propylene) से बनाए जाते हैं। कच्चे तेल के शोधन की प्रक्रिया में इन पदार्थों को प्राप्त किया जाता है।
   (b) पॉलिमर क्षेत्र में लगभग 75% इकाईयाँ छोटे पैमाने की हैं।
   (c) इनका उपयोग प्लास्टिक उद्योग में कच्चे माल के रूप में किया जाता है।
   (d) सभी कथन (a), (b) और (c) सही हैं।

उत्तर (d) पॉलिमर एथिलीन और प्रोपलीन से बनाए जाते हैं। कच्चे तेल के शोधन की प्रक्रिया में इन पदार्थों को प्राप्त किया जाता है। पॉलिमर का प्लास्टिक उद्योग में कच्चे माल के रूप में उपयोग किया जाता है।

पॉलिमर में, पॉलीएथिलीन व्यापक रूप से उपयोग किया जाने वाला थर्मोप्लास्टिक है। प्लास्टिक को पहले चादरों, पाउडर, रेजिन और पेलेट में परिवर्तित किया जाता है, फिर प्लास्टिक उत्पादों के निर्माण में उपयोग किया जाता है।

मुंबई, बरौनी, मेट्टूर, पिंपरी और रिशरा में स्थित संयंत्र प्लास्टिक की सामग्रियों के प्रमुख उत्पादक हैं। GAIL इंडिया लिमिटेड, हल्दिया पेट्रोकेमिकल्स लिमिटेड, रिलायंस इंडस्ट्रीज लिमिटेड पॉलीमर उद्योग के शीर्ष खिलाड़ियों में हैं। लगभग 75% इकाईयाँ छोटे पैमाने की हैं।

इसलिए, सभी कथन सही हैं।

5. **कोच्चि पत्तन के संबंध में निम्नलिखित कथनों पर विचार कीजिए–**
   1. यह प्राकृतिक बंदरगाह के साथ ही नौसेना पत्तन भी है।
   2. इस पत्तन को लोकप्रिय रूप से 'अरब सागर की रानी' के नाम से जाना जाता है।
   उपर्युक्त कथनों में से कौन-सा/से सही है/हैं?
   (a) केवल 1
   (b) केवल 2
   (c) 1 और 2 दोनों
   (d) न तो 1, न ही 2

उत्तर (c) **कथन 1 सही है।** कोच्चि पत्तन भारत के पश्चिमी केरल तट पर स्थित एक प्राकृतिक बंदरगाह है। इसका रणनीतिक महत्व भी है और यह युद्धपोतों के लिए सेवाएँ प्रदान करने के साथ-साथ मरम्मत कार्यशालाओं की सुविधाएँ भी उपलब्ध कराता है। इसलिए यह भारत का महत्वपूर्ण नौसैनिक पत्तन है।

कथन 2 सही है। कोच्चि पत्तन वेम्बनाद कयाल के शीर्ष पर स्थित है और इसे लोकप्रिय रूप से 'अरब सागर की रानी' के नाम से जाना जाता है। यह पत्तन केरल, दक्षिणी कर्नाटक और दक्षिण-पश्चिमी तमिलनाडु की आवश्यकताएँ पूरी करता है। कुल यातायात में लगभग 97% भाग केवल केरल का है। कांडला पत्तन देश के पश्चिमी और उत्तर-पश्चिमी भागों की आवश्यकताएँ पूरी करता है।

6. **निम्नलिखित में से कौन-सा कथन 'पैकेट स्टेशन' की व्याख्या करता है?**
   (a) ये गहरे जल के बंदरगाह होते हैं जिनका निर्माण वास्तविक पत्तनों से दूर उन जहाजों के लिए किया जाता है जो बड़े

आकार के कारण वहाँ तक नहीं पहुँच पाते हैं।

(b) इन पत्तनों का केवल रणनीतिक महत्व है।

(c) इनका संबंध विशेष रूप से जल-निकायों के आर-पार छोटी दूरी तक जाने वाले यात्रियों और डाक की आवाजाही से है।

(d) इन पत्तनों का संबंध तेल के प्रसंस्करण एवं नौपरिवहन से है।

उत्तर (c) पैकेट स्टेशन को फेरी पोर्ट के रूप में भी जाना जाता है। इसका संबंध विशेष रूप से जलनिकायों के आर-पार छोटी दूरी तक जाने वाले यात्रियों और डाक की आवाजाही से हैं। ये स्टेशन इस तरह से जोड़े में स्थित होते हैं कि वे जल निकाय के आर-पार एक-दूसरे के आमने-सामने अवस्थित होते हैं, उदाहरण के लिए इंग्लिश चैनल के आर-पास इंग्लैण्ड में डोबर और फ्रांस में केलेस। **इसलिए, विकल्प (c) सही है।**

नौसैनिक पत्तन वे पत्तन होते हैं जिनका रणनीतिक महत्व होता है। ये युद्धपोतों के लिए सेवाएँ प्रदान करने के साथ-साथ मरम्मत कार्यशालाओं की भी सुविधाएँ उपलब्ध कराते हैं।

बाह्य पत्तन (Out ports) वास्तविक पत्तन से दूर गहरे जल में निर्मित पत्तन होते हैं। ये पत्तन उन बड़े जहाजों के लिए मुख्य सेवाएँ प्रदान करते हैं, जो अपने बड़े आकार के कारण वहाँ तक पहुँचने में असमर्थ होते हैं।

तेल पत्तनों का संबंध तेल के प्रसंस्करण एवं नौपरिवहन में हैं। इनमें से कुछ टैंकर पोर्ट और कुछ रिफाइनरी पोर्ट होते हैं।

7. विश्व के वाणिज्यिक समुद्री पत्तनों के संबंध में, निम्नलिखित युग्मों पर विचार कीजिए–

समुद्री पत्तन	राष्ट्र
1. मोंटेवीडियो	: अर्जेंटीना
2. ग्वांगझोउ	: दक्षिण कोरिया
3. पोर्टलैंड	: कनाडा

उपर्युक्त कथनों में से कौन-सा/से सही सुमेलित है/हैं?

(a) 1, 2 और 3

(b) केवल 3

(c) केवल 1 और 2

(d) कोई नहीं

उत्तर (d) कोई युग्म सही सुमेलित नहीं है।

मोंटेवीडियो– उरुग्वे

ग्वांगझोउ– चीन

पोर्टलैंड– संयुक्त राज्य अमेरिका

8. 'यह पत्तन समुद्र तट से दूर स्थित है और नदी के माध्यम से समुद्र से जुड़ा हुआ है। यह भारत का सबसे पुराना पत्तन है एवं नदी पत्तन का उत्कृष्ट उदाहरण है' उपर्युक्त परिच्छेद द्वारा निम्नलिखित में से किस पत्तन का सर्वश्रेष्ठ वर्णन किया गया है?

(a) न्यू मंगलोर पत्तन

(b) कोलकाता पत्तन

(c) हल्दिया पत्तन

(d) मुंबई पत्तन

उत्तर (b) कोलकाता पत्तन, अंतर्देशीय पत्तन का उदाहरण है। यह समुद्र तट से दूर अवस्थित है और नदी या नहर के माध्यम से समुद्र से जुड़ा हुआ है। यह अंग्रेजों द्वारा निर्मित भारत का सबसे प्राचीन पत्तन है। कोलकाता पत्तन का व्यापक पृष्ठीय क्षेत्र (hinterland) है। जिसमें उत्तरप्रदेश, बिहार, झारखंड, पश्चिम बंगाल, सिक्किम और पूर्वोत्तर राज्य शामिल है। इसके अतिरिक्त यह हमारे पडोसी देशों जैसे भूटान और नेपाल जैसे पत्तन विहीन देशों को भी पत्तन सुविधाएँ उपलब्ध कराता है। **इसलिए, विकल्प (b) सही है।**

9. चीनी उद्योग के उप-उत्पाद के संबंध में निम्नलिखित कथनों पर विचार कीजिए–

1. शीरा, गन्ने की पेराई प्रक्रिया के बाद बचा शेष भाग है।

2. खोई, चीनी विनिर्माण में प्रयुक्त पुनरावर्ती क्रिस्टलीकरण और अपकेन्द्रण (सेन्ट्रिफ्यूगेशन) प्रक्रिया से प्राप्त होती है।

उपर्युक्त कथनों में से कौन-सा/से सही है/हैं?

(a) केवल 1

(b) केवल 2

(c) 1 और 2 दोनों

(d) न तो 1, न ही 2

उत्तर (d) गन्ने के प्रसंस्करण से उत्पाद के रूप में चीनी, गुड़, खांडसारी प्राप्त होते हैं और शीरा, खोई और प्रेस उप-उत्पाद के रूप में प्राप्त होते हैं।

चीनी उत्पादन में पुनरावर्ती क्रिस्टलीकरण और अपकेंन्द्रण (सेंट्रीफ्यूगेशन) होने से शीरे की प्राप्ति होती है। इसका उपयोग एल्कोहल उद्योग में शराब (रम) और पॉवर एल्कोहल आदि के आसवन के लिए किया जाता है। **इसलिए, कथन 1 सही नहीं है।**

गन्ने की पिराई के पश्चात बचा हुआ पदार्थ खोई है। इसका उपयोग भाप उत्पन्न करने के लिए किया जाता है, जो चीनी उद्योग के लिए ऊर्जा का स्रोत है। **इसलिए, कथन 2 सही नहीं है।**

प्रेस मड का उपयोग मोम, कार्बन पेपर और जूतों की पॉलिश बनाने के लिए किया जाता है।

10. निम्नलिखित में से कौन-सा फुट लूज उद्योग है?

(a) चीनी उद्योग

(b) इलेक्ट्रॉनिक्स उद्योग

(c) लोहा एवं इस्पात उद्योग

(d) रासायनिक उर्वरक उद्योग

उत्तर (b) फूटलूज उद्योगों को व्यापक और विविध स्थानों पर स्थापित किया जा सकता है। ये किसी विशिष्ट कच्चे माल, घटते भार या भार ग्रहण पर भी निर्भर नहीं होते हैं। ये मुख्यत: उन घटकों पर निर्भर होते है जो कहीं भी आसानी से उपलब्ध हो सकते हैं। इनका उत्पादन कम मात्रा में होता है और बहुत ही कम श्रमिकों को रोजगार में लगाया जाता है। प्राय: ये प्रदूषण न करने वाले उद्योग होते हैं।

हीरा और इलेक्ट्रॉनिक उद्योग, फूटलूज उद्योगों के कुछ उदाहरण हैं।

11. निम्नलिखित में से कौन-सी गतिविधियां प्राथमिक (प्राइमरी) गतिविधियां है/हैं?

1. खनन (Mining)

2. उत्खनन (Quarrying)

3. निर्माण (Construction)

नीचे दिए गए कूट का प्रयोग कर सही उत्तर चुनिए–

(a) केवल 1 और 2

(b) केवल 1 और 3

(c) केवल 2

(d) 1, 2 और 3

उत्तर (a) **कथन 1 और 2 सही हैं।** आय उत्पन्न करने वाली मानव गतिविधियों को आर्थिक गतिविधियों के रूप में जाना जाता है। आर्थिक गतिविधियों को व्यापक रूप से प्राथमिक, द्वितीयक, तृतीयक एवं चतुर्थक गतिविधियों में वर्गीकृत किया जाता है। प्राथमिक गतिविभिगाँ प्रत्यक्ष रूप से पर्यावरण पर निर्भर होती हैं क्योंकि इनका संदर्भ पृथ्वी के संसाधनों जैसे भूमि, जल, वनस्पति, निर्माण सामग्रियों और खनिजों इत्यादि से होता है। इस प्रकार इनमें शिकार और संचय, पशुचारण गतिविधियाँ, मत्स्य, वानिकी, कृषि और खान एवं उत्खनन सम्मिलित हैं।

3 सही नहीं है। द्वितीयक गतिविधियाँ कच्चे माल को मूल्यवान उत्पादों में रूपांतरित कर प्राकृतिक संसाधनों की गुणवत्ता में वृद्धि करती हैं। इसलिए द्वितीयक गतिविधियाँ विनिर्माण, प्रसंस्करण और निर्माण (अवसंरचना) उद्योगों से संबंधित है।

12. निम्नलिखित में से कौन-सा/से उद्योग प्रधानतः बाजार के निकट अवस्थित होता है/होते हैं?

1. सूती वस्त्र

2. लौह एवं इस्पात उद्योग

3. पेट्रोलियम शोधशालाएं

नीचे दिए गए कूट का प्रयोग कर सही उत्तर चुनिए–

(a) केवल 1 और 3

(b) केवल 2 और 3

(c) केवल 2

(d) 1, 2 और 3

उत्तर (a) **1 सही है।** बाजार वस्तुतः विनिर्मित उत्पादों के लिए एक निकासी मार्ग (खपत स्थल) प्रदान करते हैं। भारी मशीन, मशीन टूल्स, भारी रसायन से जुड़े उद्योग उच्च मांग वाले क्षेत्रों के निकट अवस्थित होते हैं क्योंकि ये बाजार केन्द्रित होते हैं। सूती वस्त्र उद्योग में वजन न खोने वाले कच्चे माल का उपयोग होता है और सामान्यतः बड़े शहरी केन्द्रों में स्थित होते हैं, उदाहरण के लिए मुंबई, अहमदाबाद, सूरत, आदि।

2 सही नहीं है। वजन खोने वाले कच्चे माल का उपयोग करने वाले उद्योग ऐसे क्षेत्रों में स्थित होते हैं जहां कच्चा माल अवस्थित होता है। लोहा और इस्पात उद्योग में, लौह अयस्क और कोयला दोनों वजन खोने वाले कच्चे माल हैं। इसलिए, लोहा और इस्पात उद्योगों के लिए इष्टतम स्थान कच्चे माल के स्रोतों के निकट होना चाहिए।

3 सही है। पेट्रोलियम शोधनशालाएं भी बाजार के निकट स्थित होती हैं क्योंकि कच्चे तेल का परिवहन आसान होता है और इससे प्राप्त होने वाले कई उत्पादों का अन्य उद्योगों में कच्चे माल के रूप में उपयोग होता है। कोयली, मथुरा और बरौनी शोधनशालाएं आदर्श उदाहरण हैं।

13. "वे किसी विशिष्ट कच्चे माल, भारहानि या किसी अन्य कारक पर निर्भर नहीं होते हैं। वे मुख्य रूप से घटक भागों पर निर्भर होते हैं जिन्हें कहीं भी प्राप्त किया जा सकता है। ये सामान्यतः प्रदूषण फैलाने वाले उद्योग नहीं हैं। उनकी अवस्थिति में महत्वपूर्ण कारक सड़क नेटवर्क के माध्यम से अभिगम्यता है"।

निम्नलिखित में से कौन-से उद्योग को उपर्युक्त अनुच्छेद द्वारा सही ढंग से प्रस्तुत किया गया है।

(a) पारिवारिक उद्योग

(b) कुटीर उद्योग

(c) विनिर्माण उद्योग

(d) फुटलूज उद्योग

उत्तर (d) फुटलूज उद्योगों से आशय ऐसे उद्योग से है जिसे संसाधनों या परिवहन जैसे कारकों के किसी भी प्रभाव के बिना किसी भी स्थान पर स्थापित और अवस्थित किया जा सकता है।

प्रायः इन उद्योगों की स्थिर लागतें स्थान निर्भर नहीं करतीं। इसका अर्थ है कि उत्पाद असेंबल किए जाने के स्थान के आधार पर उत्पादों की लागत में परिवर्तन नहीं होता है। फुटलूज उद्योग का उदाहरण हैं– कंप्यूटर चिप इत्यादि। **इसलिए, विकल्प d सही है।**

14. निम्नलिखित में से कौन-सी गतिविधि/गतिविधियों को 'प्राथमिक गतिविधियों' के रूप में वर्गीकृत किया जा सकता है?

1. वानिकी

2. खनन और उत्खनन

3. खाद्य प्रसंस्करण

नीचे दिए गए कूट का प्रयोग कर सही उत्तर चुनिए–

(a) 1, 2 और 3 (b) केवल 1 और 2

(c) केवल 1 (d) केवल 2

उत्तर (b) आय सृजित करने वाली मानव गतिविधियों को आर्थिक गतिविधियों के रूप में जाना जाता है। आर्थिक गतिविधियों को सामान्यतः प्राथमिक, द्वितीयक, तृतीयक और चतुर्थक गतिविधियों में बांटा जाता है। प्राथमिक गतिविधियाँ सीधे पर्यावरण पर निर्भर होती हैं क्योंकि ये गतिविधियाँ भूमि, जल, वनस्पति, निर्माण सामग्री और खनिज जैसे पृथ्वी के संसाधनों के उपयोग को संदर्भित करती हैं। इस प्रकार, इसमें शिकार और संग्रहण, चरवाही गतिविधियाँ, मछली पकड़ना, वानिकी, कृषि, और खनन और उत्खनन सम्मिलित है। विकल्प 1 और 2 सही हैं।

खाद्य प्रसंस्करण द्वितीयक गतिविधियों का भाग है। **अतः विकल्प 3 सही नहीं है।**

15. निम्नलिखित में से कौन-से उद्योग कोर उद्योग माने जाते हैं?

1. उर्वरक

2. कोयला

3. पेट्रोलियम रिफाइनरी

4. इस्पात

नीचे दिए गए कूट का प्रयोग कर सही उत्तर चुनिए–

(a) केवल 1 और 3

(b) केवल 2 और 4

(c) केवल 2, 3 और 4

(d) 1, 2, 3 और 4

उत्तर (d) कोर उद्योग को मुख्य उद्योग के रूप में परिभाषित किया जा सकता है। अधिकतर देशों में, ऐसा एक विशिष्ट उद्योग होता है जो अन्य सभी उद्योगों की रीढ़ होता है एवं मुख्य उद्योग माने जाने की गुणवत्ता से सुसंपन्न होता है।

भारत के आठ कोर उद्योगों में औद्योगिक उत्पादन सूचकांक (IIP) में सम्मिलित मदों का लगभग 38% भार समाविष्ट है।

- कोयला उत्पादन (भार– 4.38%)
- कच्चे तेल का उत्पादन (भार– 5.22%)
- प्राकृतिक गैस उत्पादन (भार– 1.71%)
- पेट्रोलियम रिफाइनरी उत्पादन (भार– 5.94%)
- उर्वरक उत्पादन (भार– 1.25%)
- इस्पात उत्पादन (भार– 6.68%)
- सीमेन्ट उत्पादन (भार– 2.41%)
- विद्युत उत्पादन (भार– 10.22%)

इसे केन्द्रीय सांख्यिकी संगठन (CSO) द्वारा संदर्भ माह की समाप्ति के छह सप्ताह उपरांत मासिक रूप से संकलित और प्रकाशित किया जाता है।

16. निम्नलिखित में से कौन से कारक किसी क्षेत्र में उद्योग की अवस्थिति को प्रभावित करते हैं?

1. ऊर्जा के स्रोतों तक पहुंच

2. सरकारी नीति

3. श्रम आपूर्ति तक पहुंच

नीचे दिए गए कूट का प्रयोग कर सही उत्तर चुनिए–

(a) केवल 1 और 3

(b) केवल 2 और 3

(c) केवल 1

(d) 1, 2 और 3

उत्तर d) **सभी विकल्प सही हैं।**

वह कारक जो उद्योग के स्थापना को प्रभावित करते हैं–

- बाजार तक पहुंच
- कच्चे माल तक पहुंच
- श्रम आपूर्ति तक पहुंच
- ऊर्जा के स्रोतों तक पहुंच
- परिवहन और संचार सुविधाओं तक पहुंच
- सरकारी नीति
- अर्थव्यवस्थाओं के समुदायों/उद्योगों के बीच संपर्क तक पहुंच

17. आधुनिक उद्योग के संदर्भ में, शब्द "पंचमक गतिविधियों" (quinary activities) का संदर्भ निम्नलिखित में से किससे हैं?

(a) निर्णय और नीति निर्धारण के उच्चतम स्तर को समाविष्ट करने वाली गतिविधियों से।
(b) वस्तुओं के उत्पादन एवं कारखाने की प्रक्रियाओं को समाविष्ट करने वाली गतिविधियाँ।
(c) कच्चे माल को मूल्यवान उत्पादों में रूपांतरित करने की प्रक्रिया को समाविष्ट करने वाली गतिविधियाँ।
(d) उपर्युक्त में से कोई नहीं।

उत्तर (a) **विकल्प (a) सही है।**

निर्णय या नीति निर्माता शीर्ष स्तर पर पंचमक (quinary) गतिविधियाँ हैं। ये ज्ञान आधारित उद्योगों से काफी भिन्न हैं, जिनसे सामान्यत: पंचमक क्षेत्र सम्बन्धित है। पंचमक गतिविधियाँ वे सेवाएं हैं, जिनका फोकस सृजन, पुनःव्यवस्था, और नए व विद्यमान विचारों की व्यवस्था, आंकड़ों की व्याख्या और नयी प्रौद्योगिकी का उपयोग कर आकलन पर होता है। इसे प्राय 'गोल्ड कालर' व्यवसाय के रूप में संदर्भित किया जाता है, ये बिजनेस एग्जक्यूटिव्स, सरकारी अधिकारी, अनुसंधान वैज्ञानिक, वित्तीय और कानूनी सलाहकारों आदि के विशेष और उच्च भुगतान कौशल का प्रतिनिधित्व करते हैं। उन्नत अर्थव्यवस्थाओं की संरचना में उनका महत्व उनकी संख्या से अधिक है।

18. निम्नलिखित युग्मों पर विचार कीजिए–

क्षेत्र		उद्योग
1. मुंबई-पुणे औद्योगिक क्षेत्र	:	**कपास वस्त्र उद्योग**
2. हुगली औद्योगिक क्षेत्र	:	**जूट उद्योग**
3. छोटानागपुर औद्योगिक क्षेत्र	:	**भारी धातुकर्म उद्योग**

उपर्युक्त युग्मों में से कौन-सा/से सही है/हैं?

(a) केवल 1 और 2
(b) केवल 1
(c) केवल 2 और 3
(d) 1, 2 और 3

उत्तर (d) मुम्बई-पुणे औद्योगिक क्षेत्र मुम्बई-ठाणे से पुणे तक और आसपास के नासिक और सोलापुर के जिलों में फैला हुआ है।

कपास-वस्त्र उद्योग के विकास के साथ रासायनिक उद्योग भी विकसित हुआ है। मुम्बई में उच्च पेट्रोलियम क्षेत्र के खुलने और परमाणु ऊर्जा संयंत्रों के निर्माण से इस क्षेत्र को अतिरिक्त आकर्षण प्राप्त हुआ है।

हुगली औद्योगिक क्षेत्र, हुगली नदी के तट पर स्थित यह क्षेत्र उत्तर में बांसबेरिया से दक्षिण में बिरलानगर और लगभग 100 किमी. तक फैला है। जूट उद्योग की मुख्य सघनता हावड़ा और भाटापारा में है।

19. निम्नलिखित शहरों में से कौन-सा चर्म, जूट और कपास का औद्योगिक केन्द्र है?

(a) जयपुर (b) श्रीनगर
(c) कानपुर (d) हैदराबाद

उत्तर (c) कानपुर उत्तर प्रदेश का एक शहर है, जहाँ चमड़ा, कपास, जूट और ऊन के औद्योगिक केन्द्र स्थित हैं।

20. पृष्ठ संक्रियक मध्यवर्ती (सर्फेक्टेंट इंटरमीडिएट) निम्नलिखित में से कौन-से उद्योगों के उत्पाद हैं?

(a) चीनी उद्योग
(b) ज्ञान आधारित उद्योग
(c) पेट्रोरसायन उद्योग
(d) लौह एवं इस्पात उद्योग

उत्तर (c) कच्चे पेट्रोलियम से कई पदार्थ प्राप्त होते हैं, जो कई नए उद्योगों को कच्चा माल उपलब्ध कराते हैं। इन्हें सामूहिक रूप से पेट्रो-रसायन उद्योगों के नाम से जाना जाता है। इस औद्योगिक समूह को चार उप-समूहों अर्थात्, पोलिमर, सिंथेटिक फाइबर, एलास्टोमर और सर्फेक्टेंट इंटरमीडिएट (पृष्ठ संक्रियक मध्यवती) में विभाजित किया गया है।

21. भारत में कपास वस्त्र उद्योग द्वारा निम्नलिखित में से किन समस्याओं का सामना किया जा रहा है?

1. अप्रचलित मशीनरी
2. कच्चे माल की कमी
3. अनियमित विद्युत आपूर्ति
4. श्रम की कमी

नीचे दिए गए कूट का प्रयोग कर सही उत्तर चुनिए–

(a) केवल 1 और 4
(b) केवल 2 और 3
(c) केवल 1, 2 और 3
(d) 1, 2, 3 और 4

उत्तर (c) **कथन 4 सही नहीं है।** भारतीय सूती वस्त्र उद्योग के लिए श्रम की कमी कभी भी समस्या नहीं रही है। सदैव अतिरिक्त श्रम उपलब्ध रहता है। इसके साथ मुख्य समस्या है अकुशल श्रमिक तथा श्रम की कम उत्पादकता।

22. निम्नलिखित में से कौन-से क्षेत्र लोहे और इस्पात उद्योग के लिए प्रसिद्ध हैं?

1. पीट्सबर्ग, अमेरिका
2. सेंट पीट्सबर्ग, रूस
3. भद्रावती, भारत
4. डसेलडोर्फ, जर्मनी

नीचे दिए गए कूट का प्रयोग कर सही उत्तर चुनिए–

(a) केवल 1 और 3
(b) 1, 2, 3 और 4
(c) केवल 2, 3 और 4
(d) केवल 2 और 4

उत्तर (b) **सभी विकल्प सही हैं।**

वितरण–यह उद्योग सबसे जटिल और पूंजी-गहन उद्योगों में से एक है एवं उत्तरी अमेरिका, यूरोप और एशिया के उन्नत देशों में संकेन्द्रित है। संयुक्त राज्य अमेरिका में, अधिकांश उत्पादन उत्तर से आता है।

अप्लेशीयन क्षेत्र (पिट्सबर्ग), ग्रेट लेक क्षेत्र (शिकागो-गैरी, ऐरी, क्लीवलैंड, लोरेन, बफैलो और डुलुथ) और अटलांटिक तट (सपैरोस प्वाइंट एवं मोरिसविले)। इस उद्योग का प्रसार अलबामा के दक्षिणी राज्य की ओर भी हुआ है। पिट्सबर्ग क्षेत्र अब आधार खोता जा रहा है। अब यह संयुक्त राज्य अमेरिका का "जंग लगा कटोरा (rust bowl)" बन गया है।

यूरोप में, ब्रिटेन, जर्मनी, फ्रांस, बेल्जियम, लक्समबर्ग, नीदरलैंड और रूस अग्रणी उत्पादक हैं। महत्वपूर्ण इस्पात केन्द्र ब्रिटेन में बर्मिंघ्म और शेफील्ड; जर्मनी में डयूसबर्ग, डॉर्टमुंड, डसेलडोर्फ और एसेन; फ्रांस में क्रेउसॉट और सेंट एटीन; एवं रूस में मास्को, सेंट पीटर्सबर्ग, लिपेत्स्क, तुला एवं यूक्रेन में दोनेत्स्क हैं।

एशिया के महत्वपूर्ण केन्द्रों में जापान में नागासाकी और टोक्यो-योकोहामा; चीन में शंघाई, तिएनस्टिन और वुहान सम्मिलित हैं।

भारत में जमशेदपुर, कुल्टी-बर्नपुर, दुर्गापुर, राउरकेला, भिलाई, बोकारो, सलेम, विशाखापट्टनम और भद्रावती।

23. निम्नलिखित युग्मों पर विचार कीजिए–

लौह समृद्ध क्षेत्र		देश
1. लोरेन	:	**जापान**
2. रूर	:	**रूस**
3. ग्रेट लेक्स	:	**संयुक्त राज्य अमेरिका**

उपर्युक्त युग्मों में से कौन-सा/से सही सुमेलित है/हैं?

(a) केवल 1 और 2
(b) केवल 3
(c) केवल 2 और 3
(d) 1, 2 और 3

उत्तर (b) फ्रांस का लोरेन क्षेत्र लौह अयस्क से समृद्ध है। जापान में कोई लौह अयस्क का भंडार नहीं है। **अत:, युग्म 1 सही सुमेलित नहीं है।**

रूर जर्मनी का सबसे समृद्ध लौह अयस्क क्षेत्र है। **अतः युग्म 2 सही सुमेलित नहीं है।**

अमेरिका के ग्रेट लेक क्षेत्र (मेसबी शृंखला) में समृद्ध लौह अयस्क भंडार हैं। **अतः युग्म 3 सही सुमेलित है।**

24. भारत के खनिज संसाधनों के संदर्भ में, निम्नलिखित युग्मों पर विचार कीजिए–

खनिज	उच्चतम भण्डार
1. तांबा	: कर्नाटक
2. बॉक्साइट	: गुजरात
3. क्रोमाईट	: ओडिशा

उपर्युक्त युग्मों में से कौन-सा/से सही सुमेलित है/हैं?

(a) केवल 1 और 2
(b) केवल 1 और 3
(c) केवल 3
(d) 1, 2 और 3

उत्तर (c) **युग्म 1 सही सुमेलित नहीं है।** भारत में तांबा के भंडार राजस्थान (50%) मध्यप्रदेश (24%) और झारखंड (19%) में हैं। शेष 7% AP, गुजरात, हरियाणा, कर्नाटक आदि में हैं।

युग्म 2 सही सुमेलित नहीं है। अकेले ओडिशा में 52 प्रतिशत, आंध्रप्रदेश में 18 प्रतिशत, गुजरात में 7 प्रतिशत है। बॉक्साइट के प्रमुख क्षेत्र ओडिशा के पूर्वी तट और आंध्रप्रदेश में हैं। भारत कम मात्रा में बॉक्साइट का निर्यात करने में भी सक्षम है।

युग्म 3 सही सुमेलित है। 93 प्रतिशत क्रोमाइट के भंडार ओडिशा (कटक में सुकिंडा घाटी और जजापुर) में है। अल्प भंडार मणिपुर, नागालैंड, झारखंड, महाराष्ट्र, तमिलनाडु और आंध्र प्रदेश में भी हैं।

25. निम्नलिखित में से कौन-सी गतिविधि अर्थव्यवस्था के सेवा क्षेत्र में चतुर्थक क्रियाकलाप से संबंधित है?

1. परामर्श सेवाएं
2. चिकित्सा पर्यटन
3. अनुसंधान व विकास

नीचे दिए गए कूट का प्रयोग कर सही उत्तर चुनिए–

(a) केवल 1
(b) केवल 1 और 3
(c) केवल 2 और 3
(d) केवल 3

उत्तर (d) सेवा क्षेत्र में 3 प्रमुख प्रकार की गतिविधियां आती हैं–

तृतीयक गतिविधियां - इसमें व्यापार, परिवहन, संचार, वित्तीय सेवाएं, पर्यटन, जनसंचार, थोक और खुदरा शृंखला स्टोर आदि आते हैं।

चतुर्थ क्षेत्र की गतिविधियां - ये गतिविधियाँ अनुसंधान और विकास पर आधारित होती है और सेवाओं का उन्नत रूप हैं जिसमें विशेषीकृत ज्ञान और तकनीकी कौशल सम्मिलित होते हैं। चतुर्थ क्षेत्र की गतिविधियों में सूचना का संग्रहण, उत्पादन और प्रसार सम्मिलित है।

पंचम गतिविधियां - ये निर्णय कर्ताओं, परामर्शदाताओं, नीति निर्माताओं और विशेषज्ञों से संबंधित गतिविधियां हैं।

26. निम्नलिखित कथनों में से किसे/किन्हें पश्चिमी यूरोपीय देशों में उद्योगों के तीव्र विकास का कारण माना जाता है?

1. **लगभग सभी पश्चिम यूरोपीय देशों को आच्छादित करने वाली सुविकसित नहर प्रणाली।**
2. **डॉन नदी पर बनी नहर जर्मनी और तुर्की को जोड़ती है और इस प्रकार समग्र व्यापार को बढ़ावा देती है।**
3. **बंदरगाह नगरों की बहुतायत उपस्थिति उत्तरी अमेरिका के साथ व्यापार की संभावना को बढ़ाती है।**

नीचे दिए गए कूट का प्रयोग कर सही उत्तर चुनिए–

(a) केवल 1
(b) केवल 2 और 3
(c) केवल 1 और 3
(d) 1, 2 और 3

उत्तर (c) विश्व के इस भाग में कील नहर जैसी सुविकसित नहर प्रणाली है जो तीव्र परिवहन की सुविधा प्रदान करती हैं।

इस प्रकार कथन 1 सही है। बोर्डेक्स जैसे कई प्रमुख बंदरगाह जो व्यापार की सुविधा प्रदान करते हैं, यूरोप के पूर्वी तट पर अवस्थित हैं। **इस प्रकार 3 भी सही है।** डॉन नदी रूस में बहती है न कि इस भाग में। **इसलिए, इसका उत्तर c है।**

27. कनाडा के लकड़ी काटने के सफल उद्योग के लिए उत्तरदायी कारकों के संदर्भ में, निम्नलिखित कथनों पर विचार करें–

1. **वसंत के दौरान नदियों में जमें बर्फ के पिघलने से नदी का बहाव बड़े लट्ठों के परिवहन में सहायता करता है।**
2. **सर्दियों के दौरान सतह जम सकती है और इससे बड़े पेड़ों को खींचने/सरकाने में आसानी होती है।**
3. **लकड़ी की घरेलू और पड़ोसी क्षेत्रों में भारी मांग।**

ऊपर दिए गए कारकों में से कौन-सा/से इस क्षेत्र में लकड़ी काटने के उद्योग के विकास के लिए उत्तरदायी है/हैं?

(a) केवल 1
(b) केवल 2 और 3
(c) केवल 1 ओर 3
(d) 1, 2 और 3

उत्तर (d) नदियों का पिघलना आरा मिलों तक बड़े-बड़े लट्ठों के परिवहन में सहायता करता है क्योंकि इन मिलों को सामान्यतः नदी के बहाव की दिशा में नीचे की ओर स्थापित किया जाता है। **कथन 2 सही है।** क्योंकि जमी हुई सतह इन विशालकाय लट्ठों को खींचना/सरकाना सरल बनाती है। **इस प्रकार उत्तर d है।**

28. निम्नलिखित कारकों में से कौन-से कारक रूस में लौह और इस्पात उद्योग के विकास के लिए यूराल द्वारा उपलब्ध करायी गई अनुकूल परिस्थितियों की व्याख्या करते हैं?

1. **इस क्षेत्र में लौह अयस्क की उपस्थिति पर्याप्त कच्चा माल प्रदान करती है।**
2. **इस क्षेत्र में उद्योगों की बड़ी संख्या अतिरिक्त प्रोत्साहन प्रदान करती है।**

नीचे दिए गए कूट का प्रयोग कर सही उत्तर चुनिए–

(a) केवल 1
(b) केवल 2
(c) 1 और 2 दोनों
(d) न तो 1 और न ही 2

उत्तर (c) **कथन 1 सही है क्योंकि,** इस क्षेत्र में लौह अयस्क अपर्याप्त मात्रा में है। **कथन 2 सामान्य कथन है और सही है क्योंकि,** इस क्षेत्र में सुविकसित औद्योगिक पेटी है।

29. निम्नलिखित विशेषताओं में से कौन-से कहीं भी ले जाए जाने को स्वतंत्र उद्योगों (फुटलूज उद्योग) की सही परिभाषा हैं?

1. **इन उद्योगों को बहुत प्रकार के स्थानों पर अवस्थित देखा जा सकता है।**
2. **वे प्रारम्भिक रूप से विशिष्ट प्रकार के कच्चे माल पर निर्भर होते हैं।**
3. **ये सामान्यतः एक प्रदूषण-रहित उद्योग होते हैं।**
4. **इन उद्योगों के लिए सामान्यतः कम संख्या में श्रम शक्ति की आवश्यकता होती है।**

नीचे दिए गए कूट का प्रयोग कर सही उत्तर चुनिए–

(a) 1 और 2 (b) 2 और 3
(c) 1, 3 और 4 (d) 1, 2, 3 और 4

उत्तर (c) ये उद्योग, सामान्यत:, कच्चे माल पर निर्भर नहीं रहते हैं तथा इनकी निर्भरता बाजार की समीपता पर होती है। वे मुख्यत: संगटक अंगों (Component parts) पर आश्रित होते हैं यथा, घड़ी निर्माण उद्योग। **इस प्रकार उत्तर c है।**

30. सूची-I को सूची-II से सुमेलित कीजिए तथा सूचियों के नीचे दिए गए कूट से सही उत्तर का चयन कीजिए–

सूची-I (स्थान)	सूची-II (उद्योग)
A. विशाखापट्टनम	1. मोटर-गाड़ियाँ
B. मुरी	2. पोत-निर्माण
C. गुड़गाँव	3. उर्वरक
D. पनकी	4. एल्युमीनियम

कूट–

	A	B	C	D
(a)	2	3	4	1
(b)	2	4	1	3
(c)	1	2	3	4
(d)	2	4	3	1

उत्तर (c) उपरोक्त प्रश्न का सही सुमेलन इस प्रकार है–

सूची I	सूची II
A. विशाखापट्टनम	पोत-निर्माण
B. मुरी	एल्युमीनियम
C. गुड़गाँव	मोटर-गाड़ियाँ
D. पनकी	उर्वरक

31. सूची-I और सूची-II को सुमेलित कीजिए तथा सूचियों के नीचे दिए गए कूट का उपयोग करके सही उत्तर चुनिए–

सूची-I (नगर)	सूची-II (उद्योग)
A. अहमदाबाद	1. तेलशोधन
B. राउरकेला	2. रेल-कोच
C. कपूरथला	3. लौह-इस्पात
D. बरौनी	4. सूती वस्त्र

कूट–

	A	B	C	D
(a)	2	3	2	1
(b)	3	4	3	4
(c)	4	3	2	1
(d)	1	2	1	4

उत्तर (a) सही सुमेलन इस प्रकार है–

नगर	उद्योग
A. अहमदाबाद	सूती वस्त्र
B. राउरकेला	लौह-इस्पात
C. कपूरथला	रेल-कोच
D. बरौनी	तेलशोधन

32. सूची-I को सूची-II से सुमेलित कीजिए तथा नीचे दिए गए कूट से सही उत्तर चुनिए–

सूची I	सूची II
A. भिलाई	1. छत्तीसगढ़
B. बोकारो	2. झारखंड
C. दुर्गापुर	3. उड़ीसा
D. राउरकेला	4. पश्चिम बंगाल

कूट–

	A	B	C	D
(a)	1	2	3	4
(b)	1	2	4	3
(c)	1	3	2	4
(d)	2	3	1	4

उत्तर (b) उपरोक्त प्रश्न का सही सुमेलन इस प्रकार है–

(i) भिलाई (रूस की सहायता से)–छत्तीसगढ़

(ii) बोकारो (रूस की सहायता से)–झारखंड

(iii) दुर्गापुर (ब्रिटेन की सहातया से)–पश्चिम बंगाल

(iv) राउरकेला (जर्मनी की सहातया से)–उड़ीसा

33. कथन (A): तटीय गुजरात को औद्योगिक कार्यशाला कहा जाता है

कारण (R): इसमें कपड़ा एवं वस्त्र, औषधियाँ एवं पेट्रो-रसायन की बहुत-सी औद्योगिक इकाइयाँ पायी जाती हैं।

कूट–

(a) A तथा R दोनों सही हैं, तथा R, A की सही व्याख्या है

(b) A तथा R दोनों सही हैं किन्तु R, A की सही व्याख्या नहीं है

(c) A सही है, परन्तु R गलत है

(d) A गलत है, परन्तु R सही है

उत्तर (a) तटीय गुजरात में कपड़ा एवं वस्त्र, औषधि एवं पेट्रो रसायन की बहुत-सी औद्योगिक इकाइयाँ पायी जाती है। इसलिए इसे औद्योगिक कार्यशाला कहा जाता है। सूरत एवं अहमदाबाद में सूती वस्त्र उद्योग, बड़ोदरा एवं अंकलेश्वर में पेट्रो-रसायन उद्योग विद्यमान है। अहमदाबाद में भारत के सम्पूर्ण सूती वस्त्र का सबसे अधिक उत्पादन होता है।

34. सूची–I (हस्तशिल्प केन्द्र) को सूची–II (राज्य) के साथ सुमेलित कीजिए और सूचियों के नीचे दिए गए कूट का प्रयोग कर सही उत्तर चुनिए–

सूची-I (हस्तशिल्प केन्द्र)	सूची-II (राज्य)
A. मोन	1. अरुणाचल प्रदेश
B. नलबाड़ी	2. असम
C. पासीघाट	3. मेघालय
D. तूरा	4. नागालैण्ड

कूट–

	A	B	C	D
(a)	4	2	1	3
(b)	1	3	4	2
(c)	4	3	1	2
(d)	1	2	4	3

उत्तर (a) मोन भारत के उत्तर-पूर्वी राज्य नागालैण्ड का एक प्रशासनिक जिला है। इस जिले के सांग्न्यू गाँव में नागाओं में से सबसे अच्छे लकड़ी के वास्तुकार मिलते हैं।

नलबाड़ी असम राज्य में एक प्रशासनिक जिला है, जो गुवाहाटी के समीप अवस्थित है। यह जिला बाँस पर आधारित पारम्परिक वस्तु के निर्माण के लिए विख्यात है। इसके अतिरिक्त यहाँ की सचल रंगशाला परम्परा भी प्रसिद्ध है।

पासी घाट अरुणाचल प्रदेश में ब्रह्मपुत्र नदी के दायें किनारे पर अवस्थित है। यहाँ लाली वन्य जीव अभयारण्य स्थित है। यहाँ का पोनंग नृत्य प्रसिद्ध है, जो जनजातीय आदिम लोगों द्वारा किया जाता है।

तूरा मेघालय राज्य के पूर्वी गारो पहाड़ी जिले का प्रशासनिक मुख्यालय है। यह ब्रह्मपुत्र नदी के निचले मैदानी भाग के पीछे पहाड़ी भू-दृश्य वाला जिला है। यहाँ की तूरा चोटी प्रसिद्ध है, जिसकी ऊँचाई 1400 मीटर है। **अत: उपरोक्त विकल्पों में से सही उत्तर विकल्प (a) होगा।**

35. निम्नलिखित युग्मों में कौन-सा एक सही सुमेलित नहीं है?

भारतीय रेल की इकाई (Unit of Indian Railway)	स्थान जहाँ स्थित है (Location)
(a) रेलवे स्टॉफ कॉलेज (Railway Staff College)	बड़ोदरा
(b) केन्द्रीय रेलवे विद्युतीकरण संगठन (Central Organization of Railway Electrification)	वाराणसी
(c) पहिया और धुरा कारखाना (Wheel and Axle Plant)	बंगलौर
(d) रेल-डिब्बा कारखाना (Rail-coach Factory)	कपूरथला

उत्तर (b) गुजरात के बड़ोदरा में रेलवे स्टाफ कॉलेज है। वाराणसी (UP) में केन्द्रीय रेलवे विद्युतीकरण संगठन स्थित नहीं है, बल्कि यहाँ डीजल लोकोमोटिव कारखाना है। केन्द्रीय रेलवे विद्युतीकरण संगठन इलाहाबाद में स्थित है। बंगलौर. (कर्नाटक) में पहिया और धुरा कारखाना है एवं कपूरथला (पंजाब) में रेल-डिब्बा कारखाना अवस्थित है।

36. सूची-I को सूची-II से सुमेलित कीजिए और सूचियों के नीचे दिए गए कूट का प्रयोग कर सही उत्तर चुनिए–

सूची-I (स्थान)	सूची-II (उद्योग)
A. जामनगर	1. एल्युमीनियम
B. हॉसपेट	2. ऊनी वस्त्र
C. कोरबा	3. उर्वरक
D. हल्दिया	4. सीमेन्ट
	5. लोहा एवं इस्पात

कूट–

	A	B	C	D
(a)	4	3	1	2
(b)	2	5	1	3
(c)	4	5	2	1
(d)	2	1	4	3

उत्तर (b) उपरोक्त प्रश्न का सही सुमेलन इस प्रकार है–

(स्थान)	(उद्योग)
A. जामनगर (गुजरात)	ऊनी वस्त्र
B. हॉसपेट (कर्नाटक)	लोहा एवं इस्पात
C. कोरबा (मध्य प्रदेश)	एल्युमीनियम
D. हल्दिया (पश्चिम बंगाल)	उर्वरक

37. निम्नलिखित में सम्बन्ध बनाइए–

उद्योग	क्षेत्र
A. मूलभूत उद्योग	1. उर्वरक
B. सामरिक उद्योग	2. पेट्रोलियम
C. क्रान्तिक उद्योग	3. ऑटोमोबाइल्स
D. माल-आधारित उद्योग	4. शस्त्र और गोला बारूद

	A	B	C	D
(a)	4	2	3	1
(b)	4	1	2	3
(c)	1	4	2	3
(d)	2	4	3	1

उत्तर (d)

उद्योग	क्षेत्र
मूलभूत उद्योग	– पेट्रोलियम
सामरिक उद्योग	– शस्त्र और गोला बारूद
क्रान्तिक उद्योग	– ऑटोमोबाइल्स
माल-आधारित उद्योग	– उर्वरक

❑❑❑

15 ब्रह्माण्ड

1. निम्नलिखित में से कौन उच्च अक्षांशों में दिखायी देने वाले प्राकृतिक प्रकाश प्रदर्शन - अरोरा (ध्रुवीय ज्योति) की परिघटना की व्याख्या करता है?

(a) मैग्रेटोस्फीयर आयनित होता है और सौर पवनों के विक्षोभ में उत्तेजित हो जाता है।

(b) आयनमंडल में कण पराबैंगनी प्रकाश से उत्तेजित हो जाते हैं।

(c) सौर पवनों के कारण होने वाली प्रकीर्णन की परिघटना।

(d) उच्च तुंगता वाले समतापमंडलीय बादल सफेद प्रकाश को अपवर्तित करते हैं।

उत्तर (a) सौर वनों से मैग्रेटोस्फीयर के आयनित और उत्तेजित होने पर दिखाई देने वाली ध्रुवीय ज्योति (अरोरा) प्राकृतिक परिघटना है। इन सौर पवनों से पृथ्वी का मैग्रेटोस्फीयर अस्थिर हो जाता है जिससे आयनीकरण होता है। सामान्यत: यह उच्च अक्षांशों में दिखायी देता है।

2. उल्का है–

(a) चमकीली गैसीय पूंछ वाला धूमकेतु

(b) पदार्थ का टुकड़ा जो बाह्य अंतरिक्ष से पृथ्वी के वायुमंडल में प्रवेश करते समय जल उठता है और राख में परिवर्तित हो जाता है।

(c) पदार्थ का टुकड़ा जो पूर्ण रूप से नहीं जलता है और पृथ्वी की सतह पर पहुँच जाता है।

(d) उपरोक्त में से कोई नहीं

उत्तर (d) उल्का पिण्ड पदार्थ के वे टुकड़े हैं जो पृथ्वी के गुरुत्वाकर्षण बल के कारण बाह्य अंतरिक्ष से पृथ्वी के वायुमंडल में प्रवेश करते हैं। आकार में बड़े होते हैं। यह पूरी तरह से नहीं जलते हैं, इसलिए पृथ्वी की सतह तक पहुंच जाते हैं।

3. निम्नलिखित कथनों पर विचार कीजिए–

1. सूर्यग्रहण अमावस्या के दौरान होता है।

2. चंद्रग्रहण पूर्णिमा के दौरान होता है।

3. पूर्ण सूर्यग्रहण के दौरान संपूर्ण सूर्य पृथ्वी के सभी भागों में अदृश्य होता है।

उपर्युक्त कथनों में से कौन-सा/से सही है/हैं?

(a) केवल 1 और 2

(b) केवल 1 और 3

(c) केवल 3

(d) 1, 2 और 3

उत्तर (a) सूर्यग्रहण केवल अमावस्या के दौरान होता है जब पृथ्वी और सूर्य के बीच चंद्रमा आ जाता है और तीनों खगोलीय पिंड एक सीधी रेखा– पृथ्वी-चंद्रमा - सूर्य; का निर्माण करते हैं। 3 प्रकार के सूर्यग्रहण होते हैं– आंशिक, कुंडलाकार (annular)

चंद्रग्रहण तब होता है जब पृथ्वी सूर्य ओर चन्द्रमा के बीच आ जाती है और सूर्य की किरणों को सीधे चंद्रमा तक पहुंचने से रोक देती है। चंद्रग्रहण केवल पूर्णिमा के दौरान होता है। 3 प्रकार के चंद्रग्रहण होते हैं– पूर्ण, आंशिक, और खंडच्छायायुक्त (Penumberal)।

पूर्ण सूर्यग्रहण सूर्य छाया क्षेत्र (umbra region) से पूरी तरह से अदृश्य होता है।

4. चन्द्रमा की ओर स्थित पृथ्वी के हिस्से में चन्द्रमा की गुरुत्वीय शक्ति के कारण ज्वार उठते हैं, यद्यपि साथ-साथ, इसके विपरीत भाग में भी ज्वार उत्पन्न होते हैं, जिसका कारण है–

(a) पृथ्वी का अपकेन्द्रीय बल

(b) पृथ्वी का अभिकेन्द्रीय बल

(c) पृथ्वी का गुरुत्व बल

(d) कोरिओलिस बल

उत्तर (a) पृथ्वी के दूसरे भाग में ज्वार की उत्पत्ति सशक्त अपकेन्द्रीय बल के कारण पृथ्वी के घूर्णन को संतुलित करने के लिए होती है।

5. निम्नलिखित युग्मों को सुमेलित कीजिए।

	ग्रह		चन्द्रमा
1.	मंगल ग्रह	:	A. गैनिमीड
2.	बृहस्पति	:	B. टाइटन
3.	शनि	:	C. मिरांडा
4.	यूरेनस	:	D. फोबोस

नीचे दिए गए कूट का प्रयोग कर सही उत्तर चुनिए–

(a) 1-B, 2-A, 3-C, 4-D

(b) 1-D, 2-C, 3-A, 4-D

(c) 1-D, 2-A, 3-B, 4-C

(d) 1-B, 2-C, 3-D, 4-A

उत्तर (c) बुध और शुक्र ग्रह का कोई चन्द्रमा नहीं हैं। पृथ्वी का 1 चंद्रमा है जिसे वैज्ञानिक शब्दावली में लूना नाम दिया गया है। मंगल ग्रह के दो चन्द्रमा हैं डिमोस और फोबोस। बृहस्पति के 67 चन्द्रमाओं की पुष्टि की जा चुकी है। आयो (Io), यूरोपा, गैनिमीड और केलिस्टो बृहस्पति के चार सबसे बड़े चन्द्रमा हैं। गैनिमीड सौर मंडल का सबसे बड़ा चन्द्रमा है। शनि के 3 नामित चन्द्रमा हैं, जिनमें, सौर मंडल का दूसरे सबसे बड़ा चन्द्रमा टाइटन भी सम्मिलित है। शनि के अन्य महत्वपूर्ण चन्द्रमाओं में रिया और ऍनलेलेडस सम्मिलित हैं। यूरेनस के 27 चन्द्रमा हैं। इसके 5 प्रमुख चन्द्रमा - मिरांडा, टाइटेनिआ, ओबेरॉन, एरियल और अम्ब्रिअल, शेक्सपियर के साहित्यिक कार्यों में वर्णित चरित्रों के नामों से नामित किए गए हैं। नेप्च्यून के 14 चन्द्रमा हैं जिनमें, टाइटन सबसे प्रमुख है।

6. सौर प्रणाली के संदर्भ में, निम्नलिखित कथनों पर विचार कीजिए–

1. सभी ग्रह सूर्य के चारों ओर वृत्ताकार कक्षाओं में परिक्रमण करते हैं।

2. सभी ग्रहों के प्राकृतिक उपग्रह हैं।

3. आंतरिक ग्रहों के चारों ओर वलय पाई जाती हैं।

उपर्युक्त कथनों में से कौन-सा/से सही है/हैं?

(a) केवल 1 और 2

(b) केवल 3

(c) केवल 1

(d) कोई नहीं

उत्तर (d) सूर्य के चारों ओर सभी ग्रह एक निश्चित मार्ग पर परिक्रमण करते हैं, जिसे कक्षा कहा जाता हैं। ग्रह, सूर्य के चारों ओर दीर्घवृत्ताकार कक्षा में परिक्रमण करते हैं, वृत्ताकार कक्षा में नहीं। इसलिए, **कथन 1 सही नहीं है।**

बुध और शुक्र को छोड़कर सभी ग्रहों के प्राकृतिक उपग्रह हैं, जिन्हें चन्द्रमा कहा जाता है। **इसलिए, कथन 2 सही नहीं हैं।**

बाह्य ग्रहों या जोवियन ग्रहों की उत्पत्ति गैसों के द्वारा हुई है और उनके चारों ओर वलय पाई जाती है। **इसलिए, कथन 3 सही नहीं है।**

7. अपसौर (Aphelion) की स्थिति है–

(a) चन्द्रमा की, जब वह अपने परिक्रमण के दौरान पृथ्वी के निकटतम होता है।

(b) पृथ्वी की, जब वह अपने परिक्रमण के दौरान सूर्य के निकटतम होती है।

(c) चन्द्रमा की, जब वह अपने परिक्रमण के दौरान पृथ्वी से अधिकतम दूर होता है।

(d) पृथ्वी की, जब वह अपने परिक्रमण के दौरान सूर्य से अधिकतम दूर होती है।

उत्तर (d) सूर्य के चारों ओर अपने परिक्रमण के दौरान पृथ्वी 4 जुलाई को सूर्य से सर्वाधिक दूरी (152 मिलियन किलोमीटर) पर होती है। पृथ्वी की इस स्थिति को अपसौर (Aphelion) कहा जाता है। 3 जनवरी को पृथ्वी के सर्वाधिक निकट (147 मिलियन किलोमीटर) रहती है। इस स्थिति को उपसौर (Perihelion) कहा जाता है।

8. निम्नलिखित कथनों पर विचार कीजिए–

1. दो देशांतरों के मध्य की दूरी ध्रुवों की ओर जाने पर घटती है।

2. दो अक्षांशों के मध्य की दूरी ध्रुवों की ओर जाने पर बढ़ती है।

उपर्युक्त कथनों में से कौन-सा/से सही है/हैं?

(a) केवल 1

(b) केवल 2

(c) 1 और 2 दोनों

(d) न तो 1, न ही 2

उत्तर (a) भारत का अक्षांशीय एवं देशांतरीय विस्तार लगभग 30 डिग्री हैं, जबकि उत्तर से दक्षिण सिरे के बीच की नापी गई वास्तविक दूरी 3,214 किमी. है एवं पूर्व से पश्चिम के बीच की दूरी केवल 2,933 किमी. है।

यह अंतर इस तथ्य पर आधारित है कि दो देशांतरों के बीच की दूरी ध्रुवों की ओर जाने पर कम होती जाती है जबकि दो अक्षांशों के बीच की दूरी सर्वत्र एक समान रहती है। चूँकि ध्रुवों पर पृथ्वी कुछ चपटी होती है, इसलिए अक्षांश की एक डिग्री की रैखिक दूरी ध्रुवों पर विषुवत वृत्त की तुलना में कुछ अधिक लम्बी होती है। **इसलिए, कथन 1 सही है और कथन 2 सही नहीं है।**

9. निम्नलिखित कथनों पर विचार कीजिए–

1. वर्ष के दौरान दिन और रात की लंबाई में भिन्नता पृथ्वी की परिक्रमण कक्षा की दीर्घवृत्ताकार प्रकृति के कारण होती है।

2. उत्तरी गोलार्द्ध में ग्रीष्म ऋतु के दौरान ध्रुव की ओर जाने पर दिन के प्रकाश (daylight) में बढ़ोत्तरी होती है।

उपर्युक्त कथनों में से कौन-सा/से सही है/हैं?

(a) केवल 1

(b) केवल 2

(c) 1 और 2 दोनों

(d) न तो 1, न ही 2

उत्तर (b) पृथ्वी की धुरी दीर्घवृत्ताकार कक्षा के तल (वह तल जिसमें पृथ्वी सूर्य के चारों ओर परिक्रमण करती है) की ओर 66.5 डिग्री के कोण पर, झुकी होती है, जिसके परिणामस्वरूप ऋतु परिवर्तन होता है एवं दिन और रात की लंबाई भिन्न होती है। यदि धुरी इस पर तल के अभिलंब होती तो भूमंडल के सभी भागों में वर्ष के सभी समय दिन और रात की लंबाई समान होती। **इसलिए, कथन 1 सही नहीं है।**

10. उषाकाल एवं गोधूलि के संदर्भ में, निम्नलिखित कथनों पर विचार कीजिए–

1. उषाकाल एवं गोधूलि सूर्य की क्षितिज के नीचे होने की स्थिति में होता है।

2. यह सूर्य के प्रकाश के वितरण और अपवर्तन के कारण निर्मित होते हैं।

3. उषाकाल एवं गोधूलि की समायावधि ध्रुवों की तुलना में भूमध्य रेखा पर अधिक लम्बी होती है।

उपर्युक्त कथनों में से कौन-सा/से सही है/हैं?

(a) केवल 1 और 2

(b) केवल 1 और 3

(c) केवल 2 और 3

(d) 1, 2 और 3

उत्तर (a) सूर्योदय और सूर्य के पूर्ण प्रकट होकर दिन का उजाला होने के बीच की संक्षिप्त अवधि को उषाकाल कहा जाता है एवं सूर्यास्त और सूर्य के पूर्ण रूप से दिखना बंद होकर रात्रि का अंधकार होने के बीच की संक्षिप्त अवधि को गोधूलि काल कहा जाता है। यह इस तथ्य के कारण घटित होता है कि उषाकाल एवं गोधूलि काल की अवधियों के दौरान पृथ्वी सूर्य से विसरित या अपवर्तित प्रकाश प्राप्त करती है जबकि वह उस समय क्षितिज के नीचे ही रहता है। **इसलिए, कथन 1 और 2 सही हैं।**

क्योंकि सूर्य विषुवत वृत्त पर ऊर्ध्वाधर पथ में उदय एवं अस्त होता है इसलिए अपवर्तित प्रकाश प्राप्त होने की अवधि छोटी होती है। लेकिन शीतोष्ण अक्षांशों में सूर्य तिर्यक मार्ग में उदय एवं अस्त होता है इसीलिए अपवर्तित प्रकाश प्राप्त होने की अवधि लंबी होती है। यह अवधि ध्रुवों पर अधिक लंबी होती है इसलिए शीतकालीन अंधकार वस्तुत: अधिकतर केवल उषाकाल में ही होता है। **इसलिए, कथन 3 सही नहीं है।**

11. सौर प्रणाली के संदर्भ में, निम्नलिखित कथनों पर विचार कीजिए–

1. पार्थिव ग्रह और जोवियन ग्रह कुइपर बेल्ट से पृथक्कृत हैं।

2. जोवियन ग्रह, पार्थिव ग्रहों की तुलना में अधिक विशाल होते हैं एवं उनका वायुमंडल अधिक सघन होता है।

उपर्युक्त कथनों में से कौन-सा/से सही है/हैं?

(a) केवल 1

(b) केवल 2

(c) 1 और 2 दोनों

(d) न तो 1, न ही 2

उत्तर (b) आठ ग्रहों में से बुध, शुक्र, पृथ्वी और मंगल ग्रह को आंतरिक ग्रह कहा जाता है क्योंकि ये ग्रह सूर्य और क्षुद्रग्रहों के पेटी के बीच स्थित हैं और अन्य चार ग्रहों को बाहरी ग्रह कहा जाता है। वैकल्पिक रूप से, पहले चार ग्रहों को स्थलीय या पार्थिव, अर्थात् पृथ्वी सदृश कहा जाता है क्योंकि ये चट्टानों और धातुओं से बने हैं, और इनका घनत्व अपेक्षाकृत उच्च है। बाकी चार को जोवियन या गैसीय ग्रह कहा जाता है जोवियन का अर्थ बृहस्पति-सदृश होता है। इनमें से अधिकांश ग्रह स्थानीय ग्रहों की तुलना में काफी बड़े हैं और उनका सघन वायुमंडल है जिसमें अधिकांशतया हीलियम और हाइड्रोजन हैं। कुइपर बेल्ट, नेप्च्यून की कक्षा से लेकर ग्रहों से परे स्थित है। यह क्षुद्रग्रह पेटी के समान है, लेकिन वहीं अधिक बड़ी और विशाल है। **इसलिए, कथन 1 सही नहीं है और कथन 2 सही है।**

12. बिग बैंग सिद्धांत निम्नलिखित में से किससे संबंधित है?

(a) ब्रह्मांड के विस्तार से

(b) समुद्र तल के विस्तार से

(c) प्रकाश के प्रकीर्णन से

(d) जीवन के उद्भव से

उत्तर (a) ब्रह्माण्ड की उत्पत्ति के विषय में सर्वाधिक लोकप्रिय तर्क महाविस्फोट सिद्धांत (बिग बैंग) है। इसे वितरित होते ब्रह्मांड की परिकल्पना भी कहा जाता है। 1920 में एडविन

हब्बल ने प्रमाण प्रदान किए कि ब्रह्मांड निरंतर विस्तारित हो रहा है।

13. सूर्य और चंद्र ग्रहण के संदर्भ में, निम्नलिखित कथनों पर विचार कीजिए–

1. जहां सूर्य ग्रहण अमावस्या के दौरान होता है, वहीं चंद्रग्रहण पूर्णिमा के दौरान होता है।

2. चन्द्रग्रहणों की बारंबारता अधिक होती हैं और यह सूर्य ग्रहणों से अधिक दीर्घ अवधि के हो सकते हैं।

उपर्युक्त कथनों में से कौन-सा/से सही है/हैं?

(a) केवल 1
(b) केवल 2
(c) 1 और 2 दोनों
(d) न तो 1, न ही 2

उत्तर (c) **कथन 1 सही है।** सूर्य ग्रहण केवल अमावस्या के दौरान ही हो सकता है, जब चंद्रमा पृथ्वी और सूर्य के बीच आ जाता है और तीनों खगोलीय पिंड सीधी रेखा बनाते हैं– पृथ्वी-चंद्रमा - सूर्य। चंद्र ग्रहण तब होता है जब पृथ्वी सूर्य और चंद्रमा के बीच आ जाती है और सूर्य की किरणों को सीधे चंद्रमा पर पहुंचने से रोक देती है। चंद्र ग्रहण केवल पूर्णिमा को होता है।

कथन 2 सही है। चंद्रग्रहण तब होता है, जब चंद्रमा पृथ्वी की छाया से गुजरता है। ऐसा केवल पूर्णिमा के दौरान होता है। क्योंकि पृथ्वी द्वारा डाली गई छाया चंद्रमा की तुलना में काफी बड़ी होती है, इसलिए चंद्रग्रहण सूर्य ग्रहण की तुलना में अधिक सामान्य हैं, और यह लगभग एक घंटे तक होता है।

14. भू-स्थैतिक (जिओ-स्टेशनरी) उपग्रह के सन्दर्भ में निम्नलिखित कथनों पर विचार कीजिए–

1. भू-स्थैतिक उपग्रह की कक्षा केवल विषुवत रेखा के ऊपर वृत्ताकार आकृति में ही पायी जा सकती है।

2. उपग्रह की परिक्रमण अवधि पृथ्वी की घूर्णन अवधि के समान होती है।

उपर्युक्त कथनों में से कौन-सा/से सही है/हैं?

(a) केवल 1
(b) केवल 2
(c) 1 और 2 दोनों
(d) न तो 1 न ही 2

उत्तर (c) भू-स्थैतिक उपग्रह धरती के चारों ओर परिक्रमा करने वाला एक उपग्रह है, जिसे विषुवत रेखा के ऊपर 35,800 किलोमीटर (22,300 मील) की ऊंचाई पर स्थापित किया जाता है। यह उसी दिशा में परिक्रमा करता है जिस दिशा में पृथ्वी घूमती है (पश्चिम से पूर्व की ओर)। इस ऊंचाई पर एक बार पृथ्वी को परिक्रमा करने में 24 घंटे लगते हैं। यह समय की उतनी ही मात्रा है जितनी पृथ्वी को अपने अक्ष पर एक बार घूर्णन करने में लगती है। अन्य कक्षाओं से ठीक उलट (जो अण्डाकार होते हैं) भू-स्थैतिक कक्षा की आकृति वृत्ताकार होती है।

15. निम्नलिखित कथनों पर विचार कीजिए–

1. पृथ्वी ग्रह पर, उपयोग के लिए उपलब्ध अलवण जल (मीठा पानी) कुल प्राप्त जल की मात्रा के लगभग 1 प्रतिशत से भी कम है।

2. पृथ्वी ग्रह पर पाए जाने वाले कुल अलवण जल (मीठा पानी) का 95 प्रतिशत ध्रुवीय बर्फ छत्रक एवं हिमनदों में आबद्ध है।

उपरोक्त कथनों में से कौन-सा/से सही है/हैं?

(a) केवल 1
(b) केवल 2
(c) 1 और 2 दोनों
(d) न तो 1 और न ही 2

उत्तर (a) पृथ्वी पर केवल 2.75 प्रतिशत ताजा पानी है जिसमें से इसके दो-तिहाई भाग ग्लेशियर से जमे हुए हैं। एक चौथाई भू-जल तथा 0.005 प्रतिशत सतह जल है। विश्व के ताजे पानी का केवल 1 प्रतिशत से कम हिस्सा ही सहज रूप से सुलभ है।

16. नीचे दो वक्तव्य दिए गए हैं। एक को कथन (A) तथा दूसरे को कारण (R) कहा गया है। इन दोनों वक्तव्यों का उत्तर नीचे दिए हुए कूट की सहायता से चुनिए।

कथन (A): पृथ्वी द्वारा सूर्य की परिक्रमा की समयावधि की तुलना में मंगल ग्रह द्वारा सूर्य की परिक्रमा की समयावधि कम है।

कारण (R): मंगल ग्रह का व्यास पृथ्वी के व्यास की तुलना में कम है।

कूट–

(a) A और R दोनों सही हैं और R, A का सही स्पष्टीकरण है
(b) A और R दोनों सही हैं, परन्तु R, A का सही स्पष्टीकरण नहीं है
(c) A सही है, परन्तु R गलत है
(d) A गलत है, परन्तु R सही है

उत्तर (d) सूर्य की परिक्रमा की समयावधि सूर्य से ग्रहों की दूरी पर निर्भर करती है, अर्थात जो ग्रह सूर्य से जितनी दूर होगा उतनी ही उसकी परिक्रमण अवधि अधिक होगी। सूर्य से इसके विभिन्न ग्रहों की दूरी एवं परिक्रमा की समयावधि इस प्रकार है–

पिण्ड	परिभ्रमण की अवधि (मिलियन किमी॰)	घूर्णन	उपग्रहों
बुध	88 दिन	59 दिन	0
शुक्र	225 दिन	257 दिन	0
पृथ्वी	365 दिन	24 घंटे	1
मंगल	687 दिन	24.6 घंटे	2
बृहस्पति	12 वर्ष	9.8 घंटे	16
शनि	29 वर्ष	10.30 घंटे	22
अरुण	84 वर्ष	10.8 घंटे	12
वरुण	165 वर्ष	15.7 घंटे	6
प्लूटो	248 वर्ष	6.4 दिन	1

इस प्रकार पृथ्वी की परिक्रमा अवधि 365 दिन तथा मंगल की परिक्रमा अवधि 687 दिन है। अतः मंगल की परिक्रमा अवधि पृथ्वी की परिक्रमा अवधि की अपेक्षा अधिक है। मंगल ग्रह का व्यास 6794.4 किमी॰ है तथा पृथ्वी का विषुवत रेखीय व्यास 12756.28 किमी॰ है। अतः मंगल का व्यास पृथ्वी के व्यास की अपेक्षा कम है। अतः कथन (A) असत्य है, जबकि कारण (R) सत्य है। **अतः उत्तर विकल्प (d) होगा।**

17. कथन (A) : पृथ्वी पर एक स्थान से बढ़ते हुए अक्षांश वाले दूसरे स्थान पर किसी वस्तु का वजन घटता है।

कारण (R) : पृथ्वी एक परिशुद्ध गोला नहीं है।

नीचे दिए गए कूट की सहायता से सही उत्तर चुनिए–

कूट–

(a) A और R दोनों सही हैं तथा R, A का सही स्पष्टीकरण है
(b) A और R दोनों सही हैं, तथा R, A का सही स्पष्टीकरण नहीं है
(c) A सही है, किन्तु R गलत है
(d) A गलत है, किन्तु R सही है

उत्तर (b) पृथ्वी के ध्रुवों पर g का मान अधिकतम तथा केन्द्र पर न्यूनतम होता है। इस प्रकार पृथ्वी की विषुवत रेखा से जैसे-ध्रुवों की ओर बढ़ते जाते हैं g का मान बढ़ता जाता है। इसी कारण किसी वस्तु का भार विषुवत रेखा की अपेक्षा ध्रुवों पर अधिक होता है एवं विषुवत् अक्षांश से बढ़ते हुए अक्षांश की तरफ जाने पर किसी वस्तु का वजन बढ़ता जाता है। पृथ्वी का आकार पूर्णतः गोलाकार नहीं अपितु लध्वक्ष दीर्घवृत्ताकार है।

18. निम्नलिखित कथनों पर विचार कीजिए–

कथन (A): पृथ्वी जून की अपेक्षा दिसम्बर में तीव्रतर गति से भ्रमण करती है।

कारण (R): पृथ्वी की गति सर्वोच्च होती है जब वह सूर्य से निकटतम दूरी पर होती है।

(a) A तथा R दोनों सही हैं और R, A की सही व्याख्या करता है

(b) A तथा R दोनों सही हैं, और R, A की सही व्याख्या नहीं करता है

(c) A सही है, परन्तु R गलत है

(d) A गलत है, परन्तु R सही है

उत्तर (a) पृथ्वी, सूर्य के चारों ओर चक्कर लगाती है। पृथ्वी और सूर्य के मध्य में दूरी 3 जनवरी (जाड़ों में) सबसे कम (1473 लाख किमी॰) होती है जबकि 4 जुलाई (गर्मी में) की अपेक्षाकृत अधिक (1532 लाख किमी॰) होती है। सूर्य के निकट पृथ्वी की गति तीव्र होगी और निकटतम दूरी पर सर्वोच्च होगी। अत: कथन (A) एवं कारण (R) दोनों सही हैं तथा कारण (R) कथन (A) की सही व्याख्या है। **अत: विकल्प (A) होगा।**

19. निम्न कथनों पर विचार कीजिए तथा नीचे दिए कूट से सही उत्तर चुनिए–

1. पृथ्वी के अक्ष के उत्तरी सिरे को उत्तरी ध्रुव कहते हैं।

2. 45° अक्षांश की लम्बाई विषुवत रेखा की आधी होती है।

3. पृथ्वी के अक्ष की समान्तरता है।

4. अपसौर अवस्था में पृथ्वी के परिभ्रमण की गति तीव्र होती है।

कूट–

(a) 1 एवं 2 (b) 2 एवं 3

(c) 3 एवं 4 (d) 1 एवं 3

उत्तर (a) पृथ्वी के अक्ष के उत्तरी सिरे को उत्तरी ध्रुव तथा दक्षिणी सिरे को दक्षिणी ध्रुव कहते हैं। 10° अक्षांश पर विषुवत रेखा होती है। जबकि 90° अक्षांश पर ध्रुव शीर्ष होते हैं, अत: 45° अक्षांश पर विषुवत रेखा की लम्बाई आधी होगी।

20. क्षुद्रग्रह (एस्ट्रायड) सूर्य के चारों ओर किनके बीच चक्कर लगाते हैं?

(a) पृथ्वी और मंगल

(b) मंगल और बृहस्पति

(c) बृहस्पति और शनि

(d) शनि और वरूण

उत्तर (b) क्षुद्रग्रह मंगल और बृहस्पति के मध्य क्षेत्र में सूर्य की परिक्रमा करने वाले छोटे से लेकर सैकड़ों कि.मी. आकार के पिंड है। इसकी उत्पत्ति ग्रहों के विस्फोट के फलस्वरूप टूटे खंडों से हुई है।

❑❑❑

16 पृथ्वी

1. निम्नलिखित कारकों पर विचार कीजिए–
   1. विकिरण 2. चालन
   3. संवहन

   उपर्युक्त में से कौन-से कारक पृथ्वी के वायुमंडल को गर्म करने हेतु उत्तरदायी हैं?
   (a) केवल 1 और 2
   (b) केवल 2 और 3
   (c) केवल 1 और 3
   (d) 1, 2 और 3

उत्तर (d) पृथ्वी के सतह के तापन में सूर्य से आने वाले विकिरण का प्रमुख योगदान होता हैं बदले में पृथ्वी की सतह अपने से ऊपर की वायुमंडल की परतों को सूर्य के विकिरण से प्राप्त ऊष्मा के चालन के माध्यम से और वायुधारा के लंबवत गमन से ऊष्मा का संचरण करके या संवहन से गर्म करती है।

2. 'पृथ्वी का एल्बिडो' शब्द का अर्थ है–
   (a) जलमंडल और वायुमंडल से परावर्तित विकिरण की कुल मात्रा
   (b) स्थलमंडल, जलमंडल और वायुमंडल से परावर्तित विकिरण की कुल मात्रा
   (c) हिमाच्छादित क्षेत्र और बादलों से परावर्तित विकिरण की कुल मात्रा
   (d) पृथ्वी के वायुमंडल से परावर्तित विकिरण की कुल मात्रा।

उत्तर (b) एल्बिडो शब्द (श्वेत के लिए प्रयुक्त लैटिन शब्द) को सामान्यतः वस्तु के समग्र औसत प्रतिबिंबन गुणांक हेतु लागू करने के लिए उपयोग किया जाता है। 'पृथ्वी का एल्बिडो' वापस अंतरिक्ष में पृथ्वी द्वारा परावर्तित सौर ऊर्जा -लघुतरंगीय विकिरण) का अंश है। इसलिए, यह स्थलमंडल, वायुमंडल और जलमंडल द्वारा वापस परावर्तित विकिरण की कुल मात्रा है।

3. भू-संतुलन/समस्थिति के संदर्भ में, निम्नलिखित कथनों पर विचार कीजिए–
   1. समस्थिति पृथ्वी की भूपर्पटी और मैण्टल के बीच गुरुत्वाकर्षण संतुलन की स्थिति को दर्शाता है।
   2. हिमालय सदृश पृथ्वी के कुछ क्षेत्र समस्थैतिक संतुलन में नहीं है।

   उपर्युक्त कथनों में से कौन-सा/से सही है/हैं?
   (a) केवल 1
   (b) केवल 2
   (c) 1 और 2 दोनों
   (d) न तो 1, न ही 2

उत्तर (c) **दोनों कथन सही हैं।**
भू-संतुलन/समस्थिति/समस्थैतिकता (isostasy) पृथ्वी की भूपर्पटी और मैण्टल के बीच अथवा स्थलमंडल और दुर्बलतामंडल (ऐस्थेनोस्फीयर) के बीच गुरुत्वाकर्षण संतुलन की स्थिति को दर्शाता है। यह पृथ्वी के संपूर्ण धरातल पर स्थलाकृति की ऊंचाई में भिन्नता की व्याख्या करता है।
हिमालय समस्थैनिक संतुलन में नहीं है क्योंकि यह ऊंचाई में वृद्धि जारी रखे हुए है। समस्थैनिक संतुलन में, अंतर्जात (एंडोजेनिक) बल के कारण इनकी ऊंचाई में आगे कोई भी परिवर्तन नहीं होगा।

4. निम्नलिखित कथनों पर विचार कीजिए–
   1. पृथ्वी की आंतरिक परतों का निर्माण विभेदन की प्रक्रिया से हुआ है।
   2. आरंभिक वायुमंडल मुख्य रूप से ऑक्सीजन और बहुत अल्प मात्रा में नाइट्रोजन से मिलकर बना था।
   3. महासागरों में ऑक्सीजन की वृद्धि केवल वायुमंडल के ऑक्सीजन से संतृप्त हो जाने के बाद हुई।

   उपर्युक्त कथनों में से कौन-सा/से सही नहीं है/हैं?
   (a) केवल 1
   (b) केवल 1 और 2
   (c) केवल 2 और 3
   (d) 1, 2 और 3

उत्तर (c) **कथन 1 सही है।** विभेदन की प्रक्रिया के माध्यम से ही पृथ्वी की भीतरी परतों का निर्माण हुआ है। विभेदन से आशय घनत्व के आधार पर पदार्थों के पृथक्करण से है।
कथन 2 गलत है। आरंभिक वायुमंडल मुख्य रूप से वाष्प, नाइट्रोजन, CO2, मीथेन आदि और नाममात्र के ऑक्सीजन से बना था।
कथन 3 गलत है। महासागरों में ऑक्सीजन की संतृप्तता की परिणति वायुमंडल में ऑक्सीजन की वृद्धि के रूप में हुई।

5. निम्नलिखित वायुमंडलीय स्तरों में से कौन-सा/से तापमान व्युत्क्रमण की परिघटना के साथ संबंधित है/हैं?
   1. क्षोभमंडल 2. समतापमंडल
   3. मध्यमंडल

   नीचे दिए गए कूट का प्रयोग कर सही उत्तर चुनिए–
   (a) केवल 1
   (b) केवल 2
   (c) केवल 1 और 2
   (d) 1, 2 और 3

उत्तर (a) तापमान व्युत्क्रमण केवल क्षोभमंडल में ही होता है। यहीं मौसम संबंधी अधिकांश वायुमंडलीय घटनाएं होती हैं।

6. निम्नलिखित में से कौन-सा/से पृथ्वी की आंतरिक संरचना को समझने में सहायता करता/करते है/हैं?
   1. भूकम्पीय तरंगो का अध्ययन
   2. उल्कापिंडों का अध्ययन
   3. पृथ्वी की सतह पर स्थित चट्टानों का विश्लेषण।

   नीचे दिए गए कूट का प्रयोग कर सही उत्तर चुनिए–
   (a) केवल 1
   (b) केवल 1 और 2
   (c) केवल 2 और 3
   (d) 1, 2 और 3

उत्तर (d) भूवैज्ञानिकों द्वारा कई अलग-अलग स्रोतों से पृथ्वी की सतह से सुदूर आंतरिक भाग के बारे में जानकारी एकत्रित की जाती है। पृथ्वी की सतह पर पाई जाने वाली कुछ चट्टानें जिन्हें किम्बरलाइट और ऑफियोलाइट के रूप में जाना जाता है, अत्यधिक गहराई पर भूपर्पटी और मैंटल में उत्पन्न होती हैं। कुछ उल्कापिंड भी पृथ्वी के मैंटल की चट्टानों और क्रोड के प्रतिनिधि माने जाते हैं। ये चट्टानें भूवैज्ञानिकों को पृथ्वी की आंतरिक संरचना के संबंध में कुछ अनुमान

प्रदान करती है। जानकारी का एक अन्य स्रोत यद्यपि अधिक अप्रत्यक्ष परन्तु संभवत: अधिक महत्वपूर्ण है। यह स्रोत भूकंप, या भूकंपीय तरंगें हैं। जब पृथ्वी पर कहीं भी भूकंप आता है, तो भूकंपीय तरंगें भूकंप के केन्द्र से बाहर की ओर गमन करती हैं। भूकंपीय तरंगों की गति, संचरण और दिशा पृथ्वी के अंदर विभिन्न स्तरों पर नाटकीय रूप से परिवर्तित होती है, इन स्तरों को भूकंपीय संक्रमण क्षेत्रों के रूप में जाना जाता है।

7. समतापमंडल के संबंध में निम्नलिखित कथनों में से कौन-सा/से सही है/हैं?

1. इसमें ओजोन परत होती है।

2. यह परत जेट वायुयानों को उड़ाने के लिए उपयुक्त होती है।

3. तुंगता में वृद्धि के साथ इस परत में तापमान घटता जाता है।

4. इसमें जलवाष्प लगभग अनुपस्थित रहता है इसलिए बादलों का निर्माण नहीं होता है।

नीचे दिए गए कूट का प्रयोग कर सही उत्तर चुनिए–

(a) केवल 1 और 2

(b) केवल 1, 2 और 3

(c) केवल 1, 2 और 4

(d) 1, 2, 3 और 4

उत्तर (c) पृथ्वी की सतह के ठीक ऊपर क्षोभ मंडल (ट्रोपो स्फियर) का विस्तार औसतन 10 किमी की ऊँचाई तक होता है, जिसमें ऊंचाई के साथ-साथ तापमान घटता जाता है। क्षोभ मंडल के ऊपर पृथ्वी की सतह से 10 से 50 किलोमीटर तक समताप मंडल का विस्तार होता है, जहाँ ऊंचाई के साथ तापमान बढ़ता जाता है।

ओजोन परत वायुमंडल के इस भाग में 10-15 किलोमीटर की ऊंचाई में स्थित होती है। इस परत के निचले भाग में मौसम परिघटना बहुत कम या बिल्कुल नहीं होती है, यह परिस्थिति इसे जेट उड़ान के लिए उपयुक्त बनाती है।

8. पृथ्वी के वायुमंडल की विभिन्न परतों के संबंध में निम्नलिखित कथनों पर विचार कीजिए–

1. समतापमंडल में जेट स्ट्रीम प्रवाहित होती हैं।

2. समतापमंडल (Stratosphere) का घनत्व आयनमंडल (Ionosphere) से अधिक है।

3. पृथ्वी की सतह पर संचार में तापमंडल (Thermosphere) द्वारा सहयोग किया जाता है।

4. मध्यमंडल (Mesophere) में ऊँचाई बढ़ने के साथ तापमान घटता है।

उपर्युक्त कथनों में से कौन-सा/से सही है/हैं?

(a) केवल 1 और 2

(b) केवल 2 और 3

(c) केवल 1, 3 और 4

(d) केवल 2, 3 और 4

उत्तर (d) जेट धाराएँ क्षोभमंडल के साथ संबंधित उच्च वेग पवनें हैं। **इसलिए, कथन 1 गलत है।**

पृथ्वी की सतह पर घनत्व उच्चतम होता है। ऊपर की ओर जाने पर यह धीरे-धीरे घटता जाता है।

विद्युत आवेशित परत 'आयनमंडल, पृथ्वी से प्रेषित रेडियो तरंगों को परावर्तित करता है, यह संचार-व्यवस्था में सहायता करता है।

चूँकि, आयनमंडल, तापमंडल का एक हिस्सा है इसलिए तापमंडल संचार व्यवस्था में सहायता करता है।

मध्यमंडल में ऊंचाई के साथ तापमान घटता जाता है।

9. प्लेट विवर्तनिक सिद्धांत के संदर्भ में निम्नलिखित कथनों पर विचार कीजिए–

1. यह प्रस्तावित करता है कि पृथ्वी का स्थलमंडल सात प्रमुख प्लेटों में विभाजित है।

2. भारत और अंटार्कटिक प्लेट के बीच की सीमा अपसारी सीमा है।

उपर्युक्त कथनों में से कौन-सा/से सही है/हैं?

(a) केवल 1

(b) केवल 2

(c) 1 और 2 दोनों

(d) न तो 1 न ही 2

उत्तर (c) **कथन 1 सही है।** प्लेट विवर्तनिक सिद्धान्त प्रस्तावित करता है कि पृथ्वी का स्थलमंडल सात प्रमुख प्लेटों में विभाजित है, जिनके नाम हैं–

- अंटार्कटिक और इसको घेरने वाली समुद्रीय प्लेट
- उत्तरी अमेरिकी प्लेट
- दक्षिण अमेरिकी प्लेट
- प्रशांत प्लेट
- भारत ऑस्ट्रेलिया-न्यूजीलैंड प्लेट
- पूर्वी अटलांटिक तल प्लेट के साथ अफ्रीका
- यूरेशिया और सन्निकट समुद्रीय प्लेट

10. मोहोरोविविक असांतत्य (mohorovicic discontinuity) के संदर्भ में, निम्नलिखित कथनों पर विचार कीजिए–

1. यह क्रस्ट और मैंटल के बीच की सीमा है।

2. महासागरीय एवं महाद्वीपीय क्रस्ट के नीचे इसकी औसत गहराई समान होती है।

उपर्युक्त कथनों में से कौन-सा/से सही है/हैं?

(a) केवल 1

(b) केवल 2

(c) 1 और 2 दोनों

(d) न तो 1, न ही 2

उत्तर (a) **कथन 1 सही है।** मोहोरोविविक असांतत्य, या 'मोहो', पर्पटी और प्रावार के मध्य की सीमा है। भूविज्ञान में 'असांतत्य' शब्द का उपयोग उस सतह के लिए किया जाता है, जिस पर भूकंपी तरंगों का वेग परिवर्तित होता है।

कथन 2 सही नहीं है। इस भूकंपीय असांतत्यता को मोहो के रूप में जाना जाता है (मोहरोविविक भूकंपी असांतत्य' की तुलना में अधिक सरल) यह लगभग 6 किमी/सेकंड भूकंपीय वेग वाले फेल्सिक/मेफिक पर्पटी और लगभग 8 किमी/सेकंड भूकंपीय वेग वाले अपेक्षाकृत सघन अल्ट्रामेफिक मैंटल के मध्य की सीमा है। महाद्वीपों के नीचे मोहो की गहराई औसतन लगभग 35 किमी. है लेकिन परास लगभग 20 किमी. से लेकर 70 किमी. तक है। महासागरों के नीचे मोहो सामान्यतया समुद्र तल से लगभग 7 किमी. नीचे स्थित है। (अर्थात्, महासागर पर्पटी की मोटाई लगभग 7 किमी. है।)

11. निम्नलिखित में से कौन-से साक्ष्य पृथ्वी की गोलाई से सम्बन्धित हैं?

1. ऊंचाई बढ़ने के साथ वृत्ताकार क्षितिज चौड़ा होता जाता है।

2. चंद्र ग्रहण के दौरान पृथ्वी द्वारा चंद्रमा पर डाली गई छाया।

3. अलग-अलग स्थानों पर सूर्योदय और सूर्यास्त के अलग-अलग समय।

नीचे दिए गए कूट का प्रयोग कर सही उत्तर चुनिए–

(a) केवल 1 और 2

(b) केवल 2 और 3

(c) केवल 1 और 3

(d) 1, 2 और 3

उत्तर (d) धरातल से चंद्रग्रहण के दौरान दिखाई देने वाली पृथ्वी की छाया (shadow) पृथ्वी के आकार से संबंधित सबसे पुराने साक्ष्यों में एक है। चंद्रग्रहण की ज्यामिति का ज्ञान प्राचीन ग्रीस काल से ही है। जब पृथ्वी की कक्षा के तल में पूर्णिमा की स्थिति होती है, तो चंद्रमा धीरे-धीरे पृथ्वी की छाया से पीछे हटता है। हर बार जब छाया दिखाई देती है, तो उसका किनारा गोल होता है। पुनश्च, एकमात्र ठोस जो सदैव गोला

छाया प्रक्षेपित करता है वह गोला है। **इसलिए, कथन 2 सही है।**

समुद्र में जहाज के डेक से दिखाई देने वाला सुदूर क्षितिज सदैव आकार में वृत्ताकार होता है। बढ़ती हुई ऊंचाई के साथ वृत्ताकार क्षितिज चौड़ा होता जाता है और केवल गोलाकार पिंड पर ही देखा जा सकता है। **इसलिए, कथन 1 सही है।**

अलग-अलग स्थानों पर सूर्यास्त अलग-अलग समय पर होता है। यदि पृथ्वी मेज के आकार की तरह होती, तो प्रत्येक स्थान पर सूर्योदय और सूर्यास्त एक ही समय पर होता, परन्तु हमारी पृथ्वी गोलाकार है और पश्चिम से पूर्व की ओर घूर्णन करती है, अत: पश्चिम की तुलना में पूर्व में स्थित स्थान पर सूर्योदय और सूर्यास्त जल्दी होता है। **इसलिए, कथन 3 सही है।**

12. हाल ही में खोजी गई माल्पेलो विवर्तनिक प्लेट निम्नलिखित में से किस क्षेत्र में स्थित है?

(a) पूर्वी प्रशांत महासागर में इक्वाडोर के तट के निकट।

(b) अफ्रीका के दक्षिण-पूर्वी तट से कुछ दूर, मेडागास्कर के निकट।

(c) अनातोलिया प्रायद्वीप के महाद्वीपीय स्थान पर।

(d) अंटार्कटिक प्रायद्वीप के महाद्वीपीय स्थान पर।

उत्तर (a) विकल्प (a) सही उत्तर है।

माल्पेलो प्लेट, अब तक खोजी गयी 57वीं तथा पिछले लगभग एक दशक में खोजी गयी प्रथम प्लेट है। इसका नामकरण इस पर विद्यमान द्वीप एवं अन्त:जलीय कटक के आधार पर किया गया है। इस प्लेट की खोज पूर्वी प्रशांत महासागर में इक्वाडोर के तट के निकट की गयी है।

महत्व: प्लेटो का संचरण अत्यधिक गहरे, विस्तृत भूकंपों की एक रहस्यमय शृंखला की व्याख्या में सहायक हो सकता है। फिजी और ऑस्ट्रेलिया के मध्य मेंटल में उत्पन्न इन भूकम्पों को वियाज भूकंप के रूप में जाना जाता है।

माल्पेलो को शामिल करने के बाद भी इस नए सर्किट के कोणीय वेगों का योग शून्य नहीं होता है तथा प्रशांत महासागरीय प्लेट की सिकुड़न भी इस अंतर की व्याख्या करने में अक्षम है, इसलिए अभी प्लेट संख्या 58 खोज की संभावना बनी हुई है।

13. निम्नलिखित युग्मों पर विचार कीजिए–

	परतें/मंडल	गुण
1.	भूपर्पटी (क्रस्ट)	: महासागरीय और महाद्वीपीय प्लेट से मिलकर बनी होती है।
2.	स्थलमंडल (लिथोस्फीयर)	: क्रस्ट और ऊपरी मैंटल से मिलकर बनी होती है।
3.	दुर्बलतामंडल	: निचले मैंटल का भाग (एस्थेनोस्फीयर)

उपर्युक्त युग्मों में से कौन-सा/से सही सुमेलित है/हैं?

(a) केवल 1

(b) केवल 1 और 2

(c) केवल 2 और 3

(d) 1, 2 और 3

उत्तर (b) भूपर्पटी पृथ्वी का सबसे बाहरी ठोस भाग है। इसकी प्रकृति भंगुर होती है। भूपर्पटी की मोटाई महासागरीय और महाद्वीपीय क्षेत्रों में भिन्न-भिन्न है। महाद्वीपीय भूपर्पटी की तुलना में महासागरीय भूपर्पटी पतली है। महासागरीय भूपर्पटी की औसत मोटाई 5 किमी. है जबकि महाद्वीपीय भूपर्पटी की लगभग 30 किमी. है।

पर्पटी और मेंटल के सबसे ऊपरी भाग को स्थलमण्डल कहा जाता है। इसकी मोटाई 10-200 किमी. तक है। निचला मेंटल दुर्बलतामण्डल से आगे तक विस्तृत है। यह ठोस स्थिति में है। **इसलिए, युग्म 2 सही सुमेलित है।**

भूपर्पटी से परे आंतरिक भाग को मेंटल कहा जाता है। मेंटल मोहो असांत्य से 2,900 किलोमीटर की गहराई तक विस्तृत है। मेंटल के ऊपरी भाग को दुर्बलतामण्डल कहा जाता है।

14. निम्नलिखित युग्मों पर विचार कीजिए–

	आकाशीय पिण्ड	विवरण
1.	धूमकेतु	: मंगल और बृहस्पति के बीच परिक्रमा करने वाली चट्टानें
2.	क्षुद्रग्रह	: बाह्य मंडल से आने वाली पूंछयुक्त चट्टानें
3.	उल्का	: पृथ्वी के वायुमंडल में प्रकाश की रेखा के रूप में दिखने वाली जलती हुई चट्टान

उपर्युक्त युग्मों में से कौन-सा/से सही सुमेलित है/हैं?

(a) केवल 1 और 2

(b) केवल 3

(c) केवल 1 और 3

(d) 1, 2 और 3

उत्तर (b) केवल युग्म 3 सही सुमेलित है।

क्षुद्रग्रह सामान्यत: चट्टान का विशाल खंड होते हैं जो मंगल और बृहस्पति की कक्षाओं के बीच स्थित क्षुद्रग्रह पेटी से आते हैं। कभी-कभी उनकी कक्षाएं अव्यवस्थित या परिवर्तित हो जाती हैं और कुछ क्षुद्रग्रह सूर्य के निकट, और इस प्रकार पृथ्वी के निकट आ जाते हैं। धूमकेतु भी काफी कुछ क्षुद्रग्रह की भांति होते हैं, लेकिन अधिक बर्फ, मीथेन, अमोनिया और अन्य यौगिक से युक्त हो सकते हैं जिससे धुँधला, बादल सदृश कोश विकसित होता है जिसे कोमा कहा जाता है - साथ ही सूर्य के निकट आने पर पूंछ विकसित हो जाती है। क्षुद्रग्रह से छोटे अंतरिक्ष मलबे को उल्काभ कहा जाता है। उल्काभ अंतरग्रहीय पदार्थ का टुकड़ा होता है जो आकार में एक किलोमीटर से छोटा और प्राय: केवल कुछ मिलीमीटर होता है। पृथ्वी के वायुमंडल में प्रवेश करने वाले अधिकांश उल्काभ इतने छोटे होते हैं कि वे पूरी तरह से वाष्पीकृत हो जाते हैं और कभी ग्रह की सतह तक नहीं पहुच पाते हैं।

यदि वायुमंडल से गिरते हुए उल्काभ का कोई भी भाग शेष बचता है और पृथ्वी पर गिरता है, तो उसे उल्कापिंड कहा जाता है। हमारे वातावरण से गुजरते समय अंतरग्रहीय मलबे के छोटे टुकड़े के जलने पर रात्रि में आसमान में दिखाई पड़ने वाला क्षणिक प्रकाश उल्का है।

15. भार की दृष्टि से, पृथ्वी या पृथ्वी के आंतरिक भाग में पाए जाने वाले तत्वों के संबंध में निम्नलिखित कथनों पर विचार कीजिए–

1. **पृथ्वी की क्रस्ट में सिलिकॉन की मात्रा सर्वाधिक है।**
2. **पृथ्वी के कुल द्रव्यमान में लौह तत्व की मात्रा सर्वाधिक है।**
3. **मैंटल में ऑक्सीजन की मात्रा सर्वाधिक है।**

उपर्युक्त कथनों में से कौन-सा/से सही है/हैं?

(a) केवल 1

(b) केवल 1 और 2

(c) केवल 2 और 3

(d) 1, 2 और 3

उत्तर (c)

भार के अनुसार पृथ्वी की पर्पटी में तत्व (%)	भारत के अनुसार समग्र रूप से में तत्व (%)
1. ऑक्सीजन - 46.60	1. लोहा - 32.1
2. सिलिकॉन - 8.13	2. ऑक्सीजन - 30

3. एल्यूमीनियम - 8.13	3. सिलिकॉन - 15
4. लोहा - 5.00	4. मैग्नीशियम - 13
5. कैल्शियम - 3.63	5. सल्फर - 2.9
6. सोडियम - 2.83	6. निकेल - 1.8
7. पोटैशियम - 2.59	7. कैल्शियम - 1.5
8. मैग्नीशियम - 2.09	8. एल्यूमीनियम - 1.4
9. अन्य -	1.41

16. पृष्ठीय तरंगों (surface waves) के संबंध में निम्नलिखित कथनों पर विचार कीजिए–

1. ये दो माध्यमों (जैसे पृथ्वी और वायुमंडल) के अंतरापृष्ठ (इंटरफेस) पर गमन करती है।

2. ये ठोस, तरल और गैस में गमन कर सकती है।

3. ये सीस्मोग्राफ पर दर्ज होने वाली अंतिम तरंगे हैं और ये अधिक विनाशकारी होती हैं।

उपर्युक्त कथनों में से कौन-सा/से सही है/हैं?

(a) केवल 1
(b) केवल 1 और 2
(c) केवल 1 और 3
(d) केवल 2 और 3

उत्तर (c) **कथन 1 सही है।** भूकंपीय तरंगें मूलतः दो प्रकार की होती हैं–कायिक तरंगें (body waves) और पृष्ठीय तरंगें (surface waves)। भूकंप मूल (focus) पर ऊर्जा के विमोचन के कारण कायिक तरंगें उत्पन्न होती हैं और पृथ्वी के आंतरिक क्षेत्र से गुजरते हुए सभी दिशाओं में गमन करने लग जाती हैं। इसलिए, इनका नाम कायिक तरंगें हैं।

कथन 2 सही नहीं है। पृष्ठीय तरंगें कायिक तरंगों की भांति पृथ्वी के आंतरिक भाग से नहीं गुजरती हैं। पृष्ठीय तरंगों की यह विशेषता काफी महत्वपूर्ण है। इससे वैज्ञानिकों को पृथ्वी के आंतरिक भागों की संरचना समझने में सहायता मिली है। परावर्तन के कारण तरंगें टकराकर वापस लौटती हैं जबकि अपवर्तन से तरंगें अलग-अलग दिशाओं में मुड़ जाती हैं। तरंगों की दिशा में भिन्नताओं का अनुमान भूकंपलेखी (सीस्मोग्राफ) पर उनके अभिलेखन की सहायता से लगाया जाता है।

17. वायुमंडलीय कार्बन डाइऑक्साइड के संदर्भ में, निम्नलिखित कथनों पर विचार कीजिए–

1. यह पृथ्वी के वायुमंडल का सबसे बड़ा घटक है।

2. यह वायुमंडल में क्षोभमंडल से बाहर नहीं पाई जाती हैं।

उपर्युक्त कथनों में से कौन-सा/से सही है/हैं?

(a) केवल 1
(b) केवल 2
(c) 1 और 2 दोनों
(d) न तो 1, न ही 2

उत्तर (d) मौसम विज्ञान के अनुसार, कार्बन डाइऑक्साइड बहुत ही महत्वपूर्ण गैस है क्योंकि यह आने वाले सौर विकिरण के लिए पारदर्शी होती है लेकिन बाहर जाने वाले पार्थिव विकिरण के लिए अपारदर्शी होती है। यह पार्थिव विकिरण को अवशोषित कर लेती है और इसके कुछ भाग को वापस पृथ्वी की सतह की ओर परावर्तित कर देती है। इस प्रकार, यह ग्रीनहाउस प्रभाव के लिए भी काफी हद तक उत्तरदायी होती है। नाइट्रोजन (78.8%), ऑक्सीजन (20.95%) और आर्गन (0.93%) के बाद कार्बन डाइऑक्साइड (0.036%) पृथ्वी के वायुमंडल की चौथी सबसे बड़ी घटक गैस है। **इसलिए, कथन 1 सही नहीं है।**

वायुमंडल गैसें, जल वाष्प और धूल कणों से बना है। वायुमंडल के ऊपरी परतों में गैसों के अनुपात में इस प्रकार परिवर्तन होता है कि कार्बन डाइऑक्साइड और जलवाष्प पृथ्वी की सतह से केवल 90 किमी. तक ही मिलते हैं। क्षोभमंडल समुद्र तल से लगभग 10 किमी. ऊपर तक विस्तृत है। **इसलिए, कथन 2 सही नहीं है।**

18. निम्नलिखित में से कौन-से पृथ्वी के आंतरिक भाग के संबंध में जानकारी के प्रत्यक्ष स्रोत हैं?

1. ओशन ड्रिलिंग (Ocean Drilling)
2. ज्वालामुखी विस्फोट
3. भूकंप
4. चुम्बकीय क्षेत्र

नीचे दिए गए कूट का प्रयोग कर सही उत्तर चुनिए–

(a) 1, 2, 3 और 4
(b) केवल 1 और 2
(c) केवल 2 और 4
(d) केवल 3 और 4

उत्तर (b) आंतरिक भाग के संबंध में, जानकारी के प्रत्यक्ष स्रोत–

1. डीप ओशन ड्रिलिंग प्रोजेक्ट
2. इंटीग्रेटेड ओशन ड्रिलिंग प्रोग्राम
3. ज्वालामुखी विस्फोट

इसलिए, विकल्प 1 और 2 सही हैं।

आंतरिक भाग के संबंध में, जानकारी के अप्रत्यक्ष स्रोत।

1. पृथ्वी पर पहुंचने वाली उल्काएं
2. गुरुत्वाकर्षण,
3. चुम्बकीय क्षेत्र, और
4. भूकम्पीय गतिविधियाँ

इसलिए, विकल्प 3 और 4 गलत हैं।

19. निम्नलिखित में से मुख्य रूप से कौन-सी प्रक्रिया पृथ्वी के विकास के दौरान वायुमंडल को ऑक्सीजन से परिपूर्ण करने हेतु उत्तरदायी है?

(a) गैस निष्कासन (डिगैसिंग)
(b) प्रकाश संश्लेषण
(c) ज्वालामुखी विस्फोट
(d) पटल विरूपण

उत्तर (b) वर्तमान वायुमंडल के विकास के तीन चरण हैं। पहला चरण प्रारंभिक वायुमंडल की क्षति के रूप में चिह्नित किया गया है। दूसरा चरण पृथ्वी के गर्म आंतरिक भाग द्वारा वायुमंडल के विकास में योगदान को संदर्भित करता है। अंत में, सजीव जगत द्वारा प्रकाश संश्लेषण की प्रक्रिया के माध्यम से वायुमंडल की संरचना को संशोधित किया गया। महासागरों में प्रकाश संश्लेषण प्रक्रिया द्वारा ऑक्सीजन की उत्पत्ति हुई। अंततः महासागर ऑक्सीजन से संतृप्त हो गए और 200 मिलियन वर्ष पूर्व ऑक्सीजन वायुमंडल में भरने लगी। **इसलिए, विकल्प** (b) **सही है।**

20. भूपर्पटी की सतह के असमतल (uneven) होने का/के क्या कारण है/हैं?

1. पृथ्वी के भीतर भूतापीय प्रवणता में होने वाले परिवर्तन

2. भूपर्पटी की मोटाई और दृढ़ता

नीचे दिए गए कूट का प्रयोग कर सही उत्तर चुनिए–

(a) केवल 1
(b) केवल 2
(c) 1 और 2 दोनों
(d) न तो 1, न ही 2

उत्तर (c) पृथ्वी से निकलने वाली ऊर्जा, अंतर्जनित भूआकृतिक प्रक्रम (endogenic geomorphic processes) के लिए उत्तरदायी प्रमुख बल है। यह ऊर्जा अधिकतर पृथ्वी के मूल से उत्पन्न ऊष्मा, रेडियोधर्मी, आवर्तनशील और ज्वारीय घर्षण से उत्पन्न होती है। यह ऊर्जा भू-तापीय प्रवणता और स्थलमंडल में ज्वालामुखी घटनाओं एवं प्रेरित पटलविरूपण में प्रवाहित होने

वाली ऊष्मा के कारण है। भू-तापीय प्रवणता में भिन्नताएँ और भूपर्पटी की मोटाई और क्षमता के कारण, अंतर्जनित शक्तियाँ एक समान नहीं होती हैं, इसलिए विवर्तनिक रूप से नियंत्रित मूल भूपर्पटी की सतह असमान होती है।

पटल विरूपण और ज्वालामुखीय घटनाएं अंतर्जनित भूआकृतिक क्रियाएं हैं। पृथ्वी की पर्पटी को स्थानांतरित, उन्नयित या निर्मित करने वाली सभी प्रक्रियाएं पटलविरूपण के अंतर्गत आती हैं। ज्वालामुखी की घटनाओं में पिघली हुई चट्टानों (मैग्मा) का पृथ्वी पर या इसकी ओर आना और कई अन्तर्वेधी और बहिर्वेधी ज्वालामुखीय आकृतियों का निर्माण भी शामिल है।

इसलिए, दोनों कथन सही हैं।

21. वायुमंडल की संरचना के संबंध में निम्नलिखित कथनों पर विचार कीजिए–

1. क्षोभमंडल वायुमंडल की सबसे निचली परत है।

2. समतापमंडल में ओजोन परत समाविष्ट होती है।

3. आयनमंडल मध्यसीमा (मेसोपॉज) के ऊपर अवस्थित होता है।

उपर्युक्त कथनों में से कौन-सा/से सही है/हैं?

(a) केवल 1
(b) केवल 1 और 2
(c) केवल 2 और 3
(d) 1, 2 और 3

उत्तर (d) क्षोभ मंडल वातावरण की सर्वाधिक निचली परत होती है। इसकी औसत ऊँचाई 13 किमी होती है तथा ध्रुवों के निकट यह लगभग 8 किमी की ऊँचाई एवं भूमध्य रेखा पर लगभग 18 किमी की ऊंचाई तक विस्तारित होती है।

समतापमंडल क्षोभसीमा के ऊपर पाया जाता है और 80 किमी. की ऊंचाई तक विस्तृत होता है। समतापमंडल की एक महत्वपूर्ण विशेषता इसमें ओजोन परत की उपस्थिति है। यह सतह पराबैंगनी विकिरण का अवशोषण करती है और पृथ्वी के जीवन की पराबैंगनी विकिरणों से रक्षा करती है।

मध्यमंडल की ऊपरी सीमा को मध्य सीमा या मेसोपॉज के नाम से जाना जाता है। आयनमंडल मध्य सीमा के ऊपर 80 और 400 किमी. के मध्य अवस्थित है। इसमें विद्युत आवेशित कण होते हैं जिन्हें आयन कहा जाता है और इसलिए इसे आयनमंडल के नाम से जाना जाता है।

22. प्लेट विवर्तिनिकी सिद्धान्त के संदर्भ में, निम्नलिखित कथनों पर विचार कीजिए–

1. प्लेट केवल महाद्वीपीय पर्पटी से निर्मित होती हैं।

2. भूपर्पटी के नीचे स्थित गर्म द्रवित मैन्टल (hot softened mentle) की गति प्लेट संचलन का कारण है।

उपर्युक्त कथनों में से कौन-सा/से सही है/हैं?

(a) केवल 1
(b) केवल 2
(c) 1 और 2 दोनों
(d) न तो 1, न ही 2

उत्तर (b) प्लेट महाद्वीपीय या महासागरीय हो सकती है, जो इस तथ्य पर निर्भर करता हैं कि दो में से किसके द्वारा अधिक भाग का निर्माण किया है। प्लेटें दुर्बलतामंडल (मैन्टल) पर दृढ़ इकाइयों के रूप में क्षैतिज रूप से गति करती है। प्रशांत (पैसिफिक) प्लेट मोटे तौर पर एक महासागरीय प्लेट है जबकि यूरेशियन प्लेट को महाद्वीपीय प्लेट कहा जा सकता है। दृढ प्लेटों के नीचे अवस्थित उष्ण गलित मैन्टल की मंद गति प्लेट की गति हेतु अंतर्निहित बल प्रदान करती है।

23. वायु के ऊर्ध्वाधर संचलन के कारण वायुमंडल के तापन की प्रक्रिया को क्या कहा जाता है?

(a) अभिवहन (b) विकिरण
(c) चालन (d) संवहन

उत्तर (d) सूर्यातप द्वारा गर्म होने के बाद पृथ्वी दीर्घ तरंगों के रूप में पृथ्वी की निकटवर्ती वायुमंडलीय परतों में ऊष्मा संचारित करती है।

भूमि से संपर्क वाली वायु धीरे-धीरे गर्म हो जाती है और निचली परतों से संपर्क वाली ऊपरी परतें भी गर्म हो जाती हैं। इस प्रक्रिया को चालन कहा जाता है। चालन तब होता है जब असमान तापमान वाले दो पिंड एक-दूसरे के संपर्क में होते हैं, गर्म से ठंडे पिंड की ओर ऊर्जा का प्रवाह होता है।

ऊष्मा का अंतरण तब तक जारी रहता है जब तक कि दोनों पिंड एक ही तापमान पर नहीं आ जाते हैं या संपर्क टूट नहीं जाता है। वायुमंडल की निचली परतों के तापन में चालन महत्वपूर्ण है।

गर्म होने पर पृथ्वी से संपर्क वाली वायु धाराओं के रूप में ऊर्ध्वाधर ऊपर उठती है और पुन: वायुमंडल में ताप संचारित करती है। वायुमंडल के ऊर्ध्वाधर तापन की इस प्रक्रिया को संवहन के रूप में जाना जाता है।

ऊर्जा का संवहनी हस्तांतरण केवल क्षोभमंडल तक ही सीमित होता है। वायु की क्षैतिज गति के माध्यम से होने वाला ऊष्मा के हस्तांतरण को अभिवहन कहा जाता है।

24. निम्नलिखित में से कौन-सा वातावरण में उनकी घटती मात्रा के क्रम में गैसों का सही अनुक्रम है?

(a) कार्बन डाइऑक्साइड - नाइट्रोजन -ऑक्सीजन - ऑर्गन
(b) नाइट्रोजन - ऑक्सीजन - ऑर्गन - कार्बन डाइऑक्साइड
(c) ऑक्सीजन - नाइट्रोजन - ऑर्गन - कार्बन डाइऑक्साइड
(d) नाइट्रोजन - कार्बन डाइऑक्साइड - ऑक्सीजन - ऑर्गन

उत्तर (b) आयतन के आधार पर विभिन्न अवयवों का प्रतिशत

- नाइट्रोजन - 78.08
- ऑक्सीजन - 20.95
- ऑर्गन - 0.93
- कार्बन डाइऑक्साइड - 0.036
- निऑन - 0.002
- हीलियम - 0.0005
- क्रिप्टॉन - 0.001
- जीनॉन - 0.00009
- हाइड्रोजन - 0.00005

25. निम्नलिखित में से कौन-सा/से स्रोत पृथ्वी की आंतरिक संरचना के संबंध में जानकारी प्रदान करते हैं?

1. पृथ्वी की सतह पर स्थित चट्टानें

2. ज्वालामुखी उद्गार

3. उल्का

नीचे दिए गए कूट का प्रयोग कर सही उत्तर चुनिए–

(a) केवल 1 और 2
(b) केवल 2 और 3
(c) केवल 1 और 3
(d) 1, 2 और 3

उत्तर (d) पृथ्वी के आंतरिक भाग को अधिकतर अप्रत्यक्ष प्रमाणों द्वारा समझा जा सकता है क्योंकि कोई भी न तो पृथ्वी के आंतरिक भाग मे पहुँच सका है और न ही कोई पहुँच सकता है। तब भी, जानकारी का एक भाग पदार्थों के प्रत्यक्ष निरीक्षणों और विश्लेषण से प्राप्त किया जाता है।

प्रत्यक्ष स्रोत– सर्वाधिक सरलतापूर्वक उपलब्ध ठोस पृथ्वी पदार्थ सतही चट्टान या खनन क्षेत्रों से प्राप्त की जाने वाली चट्टानें हैं।

ज्वालामुखी उद्गार प्रत्यक्ष जानकारी प्राप्त करने का अन्य स्रोत निर्मित करते हैं। जब कभी ज्वालामुखी उद्गार के दौरान पिघला हुआ पदार्थ (मैग्मा) पृथ्वी की सतह पर फेंका जाता है तो यह प्रयोगशाला विश्लेषण के लिए उपलब्ध हो जाता है।

जानकारी के अन्य स्रोत कभी-कभी पृथ्वी तक पहुँचने वाले उल्का हैं। तथापि, यह ध्यान दिया जा सकता है कि विश्लेषण के लिए उल्का से उपलब्ध होने वाला पदार्थ, पृथ्वी के आंतरिक भाग का नहीं होता है। उल्का में प्रेक्षित किया जाने वाला पदार्थ एवं संरचना पृथ्वी में पाए जाने वाले पदार्थ एवं संरचना के समान होती है। उल्काएं पृथ्वी के आंतरिक भाग के विषय में जानकारी का अप्रत्यक्ष स्रोत हैं।

26. पार्थिव विकिरण के संबंध में निम्नलिखित कथनों पर विचार कीजिए–

1. सूर्य द्वारा गर्म होने पर पृथ्वी लघु तरंगों के रूप में वातावरण में ऊर्जा विकीर्णन करती है।

2. सूर्यातप के रूप में प्राप्त ताप की मात्रा पृथ्वी द्वारा पार्थिव विकिरण द्वारा निर्मुक्त मात्रा की तुलना में अधिक होती है।

उपर्युक्त कथनों में से कौन-सा/से सही है/हैं?

(a) केवल 1

(b) केवल 2

(c) 1 और 2 दोनों

(d) न तो 1, न ही 2

उत्तर (d) पृथ्वी द्वारा प्राप्त किया जाने वाला सूर्यातप लघु तरंगों के रूप में होता है और इसकी सतह को गर्म करता है। पृथ्वी गर्म होने के बाद विकिरणकारी पिंड बन जाती है तथा यह ऊर्जा को दीर्घ तरंगों के रूप में वातावरण में विकीर्णन करती है। यह ऊर्जा वातावरण को नीचे की ओर गर्म करती है। इस प्रक्रिया को पार्थिव विकिरण के नाम से जाना जाता है।

दीर्घ तरंग विकिरण वातावरण में विशेष रूप से कार्बन डाईऑक्साइड तथा अन्य ग्रीन हाउस गैसों द्वारा अवशोषित किया जाता है। इस प्रकार वातावरण अप्रत्यक्ष रूप से पृथ्वी के विकिरण से गर्म होता है। बदले में वातावरण ऊर्जा को अंतरिक्ष में विकिरित करता एवं संचारित करता है।

अंततः, सूर्य से प्राप्त ताप की मात्रा अंतरिक्ष में वापस पहुंच जाती है। इस प्रकार पृथ्वी की सतह पर एवं वातावरण में स्थिर तापमान बना रहता है।

समग्र रूप से पृथ्वी ताप का न तो संचय करती है और न ही इसकी हानि करती है। यह अपना तापमान बनाए रखती है। यह केवल उसी अवस्था में हो सकता है जब पृथ्वी द्वारा सूर्यातप के रूप में प्राप्त होने वाली ऊष्मा पृथ्वी द्वारा पार्थिव विकिरण के रूप में क्षय की जाने वाली ऊष्मा के समतुल्य हो।

27. निम्नलिखित में से कौन-सा क्रस्ट, मैंटल और कोर के गठन से संबंधित है?

(a) विभेदन

(b) डीगैसिंग

(c) प्रकाश संश्लेषण

(d) सौर पवनें

उत्तर (a) स्थलमंडल का विकास – अपनी प्रारंभिक अवस्था के दौरान पृथ्वी अस्थिर अवस्था में थी। घनत्व में क्रमिक वृद्धि के कारण आंतरिक तापमान बढ़ गया है। परिणामस्वरूप आंतरिक पदार्थों का अपने घनत्वों के आधार पर पृथक होना आरम्भ हो गया। इससे भारी पदार्थ (जैसे लौह) पृथ्वी के केन्द्र की ओर खिसकते गए और हल्के पदार्थ सतह की ओर गति करते गए। समय बीतने के साथ-साथ यह और अधिक ठंडा होता गया और संघनित होकर छोटे आकार में जम गया। इसके परिणामस्वरूप बाद में भूपर्पटी (क्रस्ट) के रूप में बाहरी सतह का विकास हुआ। चंद्रमा के निर्माण के समय विशाल टक्कर के कारण पृथ्वी और भी अधिक गर्म हो गई थी।

विभेदन की प्रक्रिया के माध्यम से पृथ्वी का निर्माण करने वाले पदार्थ विभिन्न स्तरों में पृथक्कृत हो गए। सतह से केन्द्रीय भागों की ओर जाने पर हमें भूपर्पटी, मैंटल (प्रावार) बाहरी कोर (क्रोड) एवं आंतरिक क्रोड इत्यादि सतह मिलती हैं। भूपर्पटी से क्रोड की ओर पदार्थ का घनत्व बढ़ता जाता है।

28. निम्नलिखित में से कौन-सा पृथ्वी के एल्बिडो का सर्वोत्तम वर्णन करता है?

(a) यह भूसंहति के कारण पृथ्वी की सतह द्वारा अवशोषित ऊर्जा की मात्रा है।

(b) यह पृथ्वी पर अवलोकित वर्षा की औसत मात्रा है।

(c) यह पृथ्वी की सतह द्वारा परावर्तित विकिरण की मात्रा है।

(d) यह महासागरों में लवणत की प्रवणता है।

उत्तर (c) एल्बिडो किसी सतह की परावर्तकता या प्रकाशिक दीप्ति का माप है। यह धरातल से अंतरिक्ष में परावर्तित सौर ऊर्जा (लघु तरंग विकिरण) का अंश है। हिमाच्छादित धरातल का एल्बिडो, उच्च होता है जिसमें धरातल से टकराने वाला अधिकतम सूर्यातप पुनः अंतरिक्ष में लौटा दिया जाता है।

29. निम्नलिखित में से किन कारकों से पृथ्वी पर सूर्यातप में भिन्नता उत्पन्न होती है?

1. पृथ्वी का अपनी धुरी पर घूर्णन

2. सूर्य की किरणों का आपतन कोण

3. दिन की लंबाई

नीचे दिए गए कूट का प्रयोग कर सही उत्तर चुनिए–

(a) केवल 1 और 2

(b) केवल 3

(c) केवल 2 और 3

(d) 1, 2 और 3

उत्तर (d) सूर्यातप की मात्रा एवं तीव्रता दिन के दौरान, ऋतु में एवं वर्ष में परिवर्तित होती है। सूर्यातप में भिन्नताएँ उत्पन्न करने वाले इन कारकों में सम्मिलित हैं–

- पृथ्वी का अपनी धुरी पर घूर्णन।
- सूर्य की किरणों का आपतन कोण
- दिन की लंबाई।
- वातावरण की पारदर्शिता।
- अभिमुखन (Aspect) के संदर्भ में भूमि का संविन्यास।

30. निम्नलिखित युग्मों पर विचार कीजिए–

विवर्तनिक प्लेट	अवस्थिति
1. नजका प्लेट	: दक्षिण अमेरिका और प्रशांत महासागर के मध्य
2. स्कॉशिया प्लेट	: उत्तरी अमेरिका और आर्कटिक महासागर के मध्य
3. कोकोस प्लेट	: मध्य अमेरिका और प्रशांत महासागर के मध्य

उपर्युक्त युग्मों में से कौन-सा/से सही सुमेलित है/हैं?

(a) केवल 1

(b) केवल 2 और 3

(c) केवल 1 और 3

(d) 1, 2 और 3

उत्तर (c) विवर्तनिक प्लेट ठोस चट्टान की विशाल, अनियमित आकार के खंड हैं, जो सामान्यतः महाद्वीपीय और महासागरीय दोनों से बने होते हैं।

प्लेट विवर्तनिक के सात प्रमुख प्लेट हैं–अंटार्कटिक प्लेट, उत्तरी अमेरिकी प्लेट, दक्षिण अमेरिकी प्लेट, प्रशांत महासागरीय प्लेट, इंडो-आस्ट्रेलियन-न्यूजीलैंड प्लेट, अफ्रीकी प्लेट, यूरेशियाई प्लेट।

प्लेट विवर्तनिक के कुछ महत्वपूर्ण छोटी प्लेटें निम्न हैं–

कोकोस, नजका, अरेनियन, फिलिपीन, कैरोलिन इत्यादि।

❑❑❑

चट्टानें/ज्वालामुखी/भूकम्प

1. निम्नलिखित युग्मों पर विचार कीजिए–

मूल चट्टान	रूपांतरित चट्टान
1. बलुआ पत्थर	: शिस्ट
2. चूना पत्थर	: संगमरमर
3. ग्रेनाइट	: नीस
4. शेल	: स्लेट

उपर्युक्त युग्मों में से कौन-सा/से सही सुमेलित है/हैं?

(a) वेवल 1, 2 और 3
(b) केवल 1 और 3
(c) केवल 2, 3 और 4
(d) केवल 1, 2 और 4

उत्तर (c) कायांतरण के बाद, बलुआ पत्थर क्वार्टजाइट में परिवर्तित हो जाता है न कि शिस्ट में। **इसलिए कथन 1 गलत है।** चूना पत्थर संगमरमर में परिवर्तित हो जाता है; कायांतरण की प्रक्रिया के बाद ग्रेनाइट नीस में और शेल स्लेट में परिवर्तित हो जाता है।

2. आग्नेय चट्टानों के संदर्भ में निम्नलिखित कथनों पर विचार करें–

1. जहाँ बहिर्वेधी आग्नेय चट्टानों के रवे बड़े होते हैं, वहीं अन्तर्वेधी आग्नेय चट्टानों के रवों की संरचना महीन होती है।

2. क्षारीय आग्नेय चट्टानों की तुलना में अम्लीय आग्नेय चट्टानें कम सघन और रंग में हल्की होती हैं

उपर्युक्त कथनों में से कौन-सा/से सही है/हैं?

(a) केवल 1 (b) केवल 2
(c) 1 और 2 दोनों (d) न तो 1, न ही 2

उत्तर (b) बहिर्वेधी आग्नेय चट्टानों की महीन रवों की संरचना होती है क्योंकि इनका निर्माण तब होता है जब पिघला हुआ लावा, तेजी से ठंडा होता है जबकि अन्तर्वेधी आग्नेय चट्टानों में रवे बड़े होते हैं क्योंकि इनका निर्माण तब होता है जब मैग्मा धीरे-धीरे ठंडा होता है। **इसलिए, कथन 1 गलत है।**

क्षारीय आग्नेय चट्टानों में लोहा, एल्यूमीनियम आदि जैसे क्षारीय ऑक्साइड का उच्च अनुपात होता है, इसलिए ये सघन और रंग में काले होते हैं। **इसलिए, कथन 2 सही है।**

3. पृथ्वी की भूपर्पटी के संबंध में, निम्नलिखित कथनों पर विचार कीजिए–

1. महाद्वीपीय भूपर्पटी महासागरीय भूपर्पटी की तुलना में अधिक सघन है।

2. महाद्वीपीय भूपर्पटी प्रकृति में बेसाल्टिक होती है।

3. प्लेटों की टक्कर के दौरान महासागरीय भूपर्पटी महाद्वीपीय भूपर्पटी के नीचे क्षेपित हो जाती है।

उपर्युक्त कथनों में से कौन-सा/से सही है/हैं?

(a) केवल 1 और 2
(b) केवल 1 और 3
(c) केवल 3
(d) 1, 2 और 3

उत्तर (c) **कथन 1 गलत है।** महासागरीय भूपर्पटी महाद्वीपीय भूपर्पटी से अधिक सघन है।

कथन 2 गलत है। महासागरीय चट्टानें बेसाल्ट से बनी हैं और महाद्वीपीय चट्टानें ग्रेनाइट से बनी हैं।

कथन 3 सही है। महासागरीय भूपर्पटी महाद्वीपीय भूपर्पटी से अधिक सघन है अत: महाद्वीपीय भूपर्पटी के नीचे क्षेपित हो जाती है।

4. S-तरंगों के छाया क्षेत्र का अस्तित्व निम्नलिखित में से किसका प्रमाण है?

(a) बाहरी क्रोड तरल अवस्था में है।
(b) बाहरी क्रोड लौह तथा निकेल ऑक्साइड से मिलकर बना है।
(c) आंतरिक क्रोड ठोस स्वरूप में है।
(d) P- तरंगें S- तरंगों की अपेक्षा तीव्र गति से चलती है।

उत्तर (a) भूकंपीय छाया क्षेत्र पृथ्वी की सतह पर एक ऐसा क्षेत्र होता है जहाँ भूकंपीय तरंगों के धरती से गुजरने के पश्चात सिस्मोग्राफ भूकंप का पता नहीं लगा सकते। भूकंप उत्पन्न होने पर भूकंप के केन्द्र (फोकस) से भूकंपीय तरंगें गोलाकार रूप से विकसित होती हैं। प्रारम्भिक भूकंपीय तरंगें (P-तरंगें) पृथ्वी के तरल बाहरी क्रोड के द्वारा अपवर्तित कर दी जाती हैं, तथा उनका पता अधिकेन्द्र से 105° से 145° के बीच नहीं लगाया जा सकता। द्वितीयक भूकंपीय तरंगें (S-तरंगें) तरल बाह्य क्रोड से होकर नहीं गुजर सकतीं, तथा उनका अधिकेन्द्र से 104° से अधिक पर पता नहीं लगाया जा सकता।

5. भूकम्पों के सन्दर्भ में, निम्नलिखित कथनों पर विचार कीजिए–

1. भूकम्प के परिमाण (मैग्रीट्यूड) को मरकेली स्केल पर मापा जाता है।

2. परिमाण (मैग्रीट्यूड) को 1 से 12 की समग्र संख्याओं के रूप में व्यक्त किया जाता है।

3. सिस्मोग्राफ का प्रयोग भूकंप की तरंगों को रिकॉर्ड करने के लिए किया जाता है।

उपर्युक्त कथनों में से कौन-सा/से सही है/हैं?

(a) केवल 1
(b) केवल 2 आर 3
(c) केवल 3
(d) 1, 2 और 3

उत्तर (c) **कथन 1 असत्य है।** भूकम्प परिमाण/मैग्नीट्यूड के पैमाने को रिक्टर स्केल के रूप में जाना जाता है, भूकम्प के तीव्रता/इंटेसिटी के पैमाने को मरकेली पैमाने के नाम से जाना जाता है। परिमाण/मैग्नीट्यूड का संबंध भूकंप के दौरान मुक्त हुई ऊर्जा से होता है। **कथन 2 असत्य है।** परिमाण को 1 से 10 तक की समग्र संख्या के रूप में अभिव्यक्त किया जाता है। तीव्रता के पैमाने की सीमा 1 से 12 तक होती है। **कथन 3 सत्य है।**

6. भूकम्पीय छाया क्षेत्र के सन्दर्भ में निम्नलिखित कथनों पर विचार कीजिए–

1. अधिकेन्द्र से 105° और 145° के बीच के क्षेत्र को दोनों ही प्रकार की तरंगों के लिए छाया क्षेत्र के रूप में माना जाता है।

2. 105° से परे के सम्पूर्ण क्षेत्र में P- तरंगें नहीं पहुँच पातीं।

3. P- तरंगों का छाया क्षेत्र S- तरंगों के छाया क्षेत्र से अधिक विस्तृत होता है।

उपर्युक्त कथनों में से कौन-सा/से सही है/हैं?

(a) केवल 1
(b) केवल 1 और 2
(c) केवल 2 और 3
(d) 1, 2 और 3

उत्तर (a) भूकंपीय तरंगों को सुदूर स्थानों पर अवस्थित सिस्मोग्राफ में रिकॉर्ड कर लिया जाता है। यद्यपि, कुछ ऐसे भी विशिष्ट क्षेत्र होते हैं जहां तरंगों का पता नहीं चल पाता। ऐसे क्षेत्र को 'छाया क्षेत्र' कहा जाता है। अधिकेन्द्र से 105° तथा 145° के बीच स्थित क्षेत्र की पहचान दोनों ही प्रकार की तरंगों के लिए छाया क्षेत्र के रूप में की जाती है। **इस प्रकार, विकल्प 1 सही है।**

105° के परे स्थित सम्पूर्ण क्षेत्र में ही S-तरंगें नहीं पहुँच पातीं, **इसलिए विकल्प 2 असत्य है।**

S-तरंगों का छाया क्षेत्र P-तरंगों के छाया क्षेत्र से बहुत बड़ा होता है। S-तरंगों का छाया क्षेत्र न केवल बड़े आकार का होता है, बल्कि यह पृथ्वी की सतह के 40 प्रतिशत से कुछ अधिक भाग में विस्तृत होता है। **इसलिए, विकल्प 3 असत्य है।**

7. निम्नलिखित में से किसकी उत्पत्ति ज्वालामुखीय कारणों से हुई है?
   1. अंडमान और निकोबार द्वीप समूह
   2. लक्षद्वीप
   3. दक्कन ट्रैप
   4. अरावली पर्वत श्रृंखला

नीचे दिए गए कूट का प्रयोग कर सही उत्तर चुनिए–

(a) केवल 1, 2 और 3
(b) केवल 2 और 4
(c) केवल 1 और 3
(d) 1, 2, 3 और 4

उत्तर (c) अंडमान और निकोबारद्वीप समूहों समेत बंगाल की खाड़ी में द्वीपों में अधिकतर की उत्पत्ति विवर्तनिक तथा ज्वालामुखीय कारणों से हुई है।

8. वृहद् संचलन के सन्दर्भ में निम्नलिखित कथनों पर विचार करें–
   1. वृहद् संचलन का आशय किसी भी भू-आकृतिक कारक जैसे कि बहते हुए जल के प्रभाव से किसी ढलान से पत्थरों के ढेर का नीचे की ओर स्थानांतरित होना है।
   2. अपक्षय वृहद् संचलन के लिए एक पूर्व शर्त है।

उपर्युक्त कथनों में से कौन-सा/से सही है/हैं?

(a) केवल 1
(b) केवल 2
(c) 1 और 2 दोनों
(d) न तो 1 न ही 2

उत्तर (d) वृहद् संचलन का तात्पर्य गुरुत्व बल के कारण किसी ढलान से पत्थरों के ढेर का नीचे स्थानांतरित होना है। इस प्रक्रिया में कोई अन्य भू-आकृतिक कारक भाग नहीं लेता। चूँकि गुरुत्वाकर्षण का प्रभाव केवल टूटे-घिसे पथरीले मलबों पर ही नहीं होता बल्कि आधार-शैलों पर भी होता है, अपक्षय मास मूवमेंट के लिए कोई पूर्व-शर्त नहीं है। तथापि, अपक्षय मास मूवमेंट में सहायक अवश्य होता है।

9. P-तरंगों के संबंध में निम्नलिखित कथनों पर विचार कीजिए-
   1. वे ध्वनि तरंगों के समान होती हैं।
   2. वे तरंग की दिशा के लम्बवत कम्पन करती हैं।
   3. वे संचरण की दिशा में पदार्थ पर दबाव डालती हैं।

उपर्युक्त कथनों में से कौन-सा/से सही है/हैं?

(a) केवल 1 और 2
(b) केवल 1 और 3
(c) केवल 2 और 3
(d) 1, 2 और 3

उत्तर (b) P-तरंगें ध्वनि तरंगों के ही समान होती हैं। प्राथमिक तरंगें (P-तरंगें) संपीडक तरंगें होती हैं। उनकी प्रकृति अनुदैर्ध्य या लम्बवत होती है। वे गैसीय, तरल तथा ठोस पदार्थों से होकर गुजर सकती हैं। **इसलिए, विकल्प 1 सत्य है।**

P-तरंगें तरंग की दिशा के समानांतर कंपन करती हैं। **इसलिए, विकल्प 2 असत्य है।**

P-तरंगें संचरण की दिशा में पदार्थ पर दबाव डालती हैं। परिणामस्वरूप, पदार्थ में घनत्व का अंतर उत्पन्न हो जाता है जिससे पदार्थ पर तनाव व दबाव दोनों का ही असर होता है। **इसलिए विकल्प 3 सत्य है।**

10. निम्नलिखित कथनों पर विचार कीजिए–
    1. जब भूकंपीय तरंगें भूपर्पटी से क्रोड की ओर गमन करती हैं तो सामान्यतः उनकी गति में वृद्धि होती है।
    2. S (एस) तरंगें पृथ्वी के आंतरिक भाग को समझने में सहायता प्रदान करती हैं, वही P (पी) तरंगें ऐसा नहीं करतीं।

उपर्युक्त कथनों में से कौन-सा/से सही है/हैं?

(a) केवल 1
(b) केवल 2
(c) 1 और 2 दोनों
(d) न तो 1 न ही 2

उत्तर (b) पदार्थ का घनत्व जितना अधिक होगा, वेग उतना ही अधिक होगा। इसलिए, जब तरंगें भूपर्पटी से क्रोड की ओर गमन करती हैं तो इनका वेग बढ़ जाता है। भूपर्पटी का घनत्व 3g/सेमी^3 है, जबकि मैंटल और क्रोड के घनत्व क्रमशः 3.4 g/सेमी^3 और 5 g/सेमी^3 हैं।

P और S तरंगें दोनों ही पृथ्वी के आंतरिक भाग को समझने में सहायता प्रदान करती हैं। जब P तरंगें मैंटल में प्रवेश करती हैं तो ये विक्षेपित हो जाती हैं। इससे पता चलता है कि माध्यम बदल गया है (इस मामले में माध्यम ठोस से बदलकर तरल हो जाता है)।

जबकि, S तरंगें केवल ठोस माध्यम में ही गमन करती हैं। यह विशेषता वैज्ञानिकों को पृथ्वी के आंतरिक भाग को समझने में सहायता करती है।

11. चट्टानों से संबंधित 'शिलीभवन (lithification)' की प्रक्रिया–

(a) अवसादी चट्टानों को सीधे आग्नेय चट्टान में परिवर्तित करती है।
(b) प्राकृतिक चट्टानी अवसादों को संगठित अवसादी चट्टानों में परिवर्तित करती है।
(c) ब्लॉक पर्वतों के निर्माण के लिए उत्तरदायी होती है।
(d) अवसादी चट्टानों को कायांतरित चट्टानों में परिवर्तित करती है।

उत्तर (b) सभी अवसादी चट्टानें कुछ सामूहिक द्रव्यमान में शिलीभूत होती है। शिलीभवन कोई भी ऐसी प्रक्रिया है जो प्राकृतिक चट्टानी अवसाद को संगठित अवसादी चट्टान में परिवर्तित करती है।

शुष्कन और संघनन द्वारा।

लोहे और एल्यूमीनियम के ऑक्सीकरण से।

कैल्शियम और सिलिका के अवक्षेपण से।

12. क्षारीय लावा के संदर्भ में, निम्नलिखित कथनों पर विचार कीजिए-
    1. यह अत्यधिक तरल होता है।
    2. यह मंद ढाल वाले ज्वालामुखियों का निर्माण करता है।
    3. इसमें सिलिका का उच्च प्रतिशत होता है।

उपर्युक्त कथनों में से कौन-सा/से सही है/हैं?

(a) केवल 1 और 2
(b) केवल 1 और 3
(c) केवल 2 और 3
(d) 1, 2 और 3

उत्तर (a) क्षारीय लावा अत्यधिक तरल होता है, रंग में गहरा होता है एवं इसमें सिलिका की मात्रा कम होती है। चूँकि क्षारीय लावा कम चिपचिपा होता है, यह अन्तिम रूप से ठंडा होने एवं जमने से पूर्व ज्वालामुखी छिद्र या वेंट से बहुत दूर पहुँच सकता है। इसलिए, क्षारीय लावा विस्तृत व्यास तथा कम ढलान वाले ज्वालामुखियों का निर्माण करता है। यह मंद गति से प्रवाहित होता है और अत्यधिक विस्फोट नहीं होता है।

13. निम्नलिखित में से कौन-सा भूकंप का परिणाम हो सकता है?

1. भूस्खलन
2. द्रावण (Liquefaction)
3. सुनामी

नीचे दिए गए कूट का प्रयोग कर सही उत्तर चुनिए-

(a) केवल 1 और 2
(b) केवल 2
(c) केवल 1 और 3
(d) 1, 2 और 3

उत्तर (d) भूकंप अपने प्रभाव स्थल पर अत्यधिक विनाशकारी प्रभाव डालते हैं। इनके कुछ प्रभाव इस प्रकार हैं-

- भूमि पर- विदर, भूस्खलन, द्रावण तथा संभावित श्रृंखला - प्रभाव इत्यादि।
- मानव निर्मित संरचनाओं पर- चटकना, बकलिंग या झुकाव, प्रतिवलन, निपात तथा संभावित श्रृंखला-प्रभाव इत्यादि।
- जल पर- सुनामी, जल-गतिक दबाव, तरंगें एवं संभावित-प्रभाव इत्यादि।

14. निम्नलिखित में से कौन-सी प्राथमिक चट्टान/चट्टानें है/हैं?

1. आग्नेय चट्टानें
2. अवसादी चट्टानें
3. कायांतरित चट्टानें

नीचे दिए गए कूट का प्रयोग कर सही उत्तर चुनिए-

(a) केवल 1 और 2
(b) केवल 1 और 3
(c) केवल 2 और 3
(d) केवल 1

उत्तर (d) चट्टानें (शैल) लंबे समय तक अपने मूल रूप में नहीं रहती हैं अपितु उनका रूपांतरण हो सकता है। शैल चक्र एक सतत प्रक्रिया है जिसके माध्यम से पुरानी चट्टानें नए प्रकार की चट्टानों में रूपांतरित हो जाती है। आग्नेय शैल, प्राथमिक चट्टानें होती हैं और अन्य चट्टान (अवसादी एवं कायांतरित) के प्रकार इन प्राथमिक चट्टानों से निर्मित होते हैं।

15. भूकंप के संदर्भ में, अवकेन्द्र (hypocenter) संदर्भित करता है-

(a) पृथ्वी की सतह पर वह बिन्दु जहां भूकंपीय तरंगें सर्वप्रथम अनुभव होती हैं।
(b) वह बिन्दु जहाँ P और S तरंगें मिलती हैं।
(c) वह बिन्दु जहां भूकंप के दौरान ऊर्जा निर्मुक्त होती है।
(d) पृथ्वी पर वह बिन्दु जहां भूकंपीय तरंगें अनुभव नहीं होती हैं।

उत्तर (c) भ्रंश के साथ-साथ ऊर्जा मुक्त होती है। भ्रंश पर्पटीय शैलों में तीक्ष्ण विभंजन से निर्मित होता है। भ्रंश के सहारे स्थित शैलों में विपरीत दिशाओं में गति करने की प्रवृत्ति होती है। इससे ऊर्जा मुक्त होती है एवं ऊर्जा तरंगें सभी दिशाओं में गति करती हैं। यह बिन्दु जिस पर ऊर्जा मुक्त होती है उसे भूकम्प का केन्द्र **(focus)** कहा जाता है, वैकल्पिक रूप से इसे अपकेंद्र भी कहा जाता है।

16. भूकंप की प्राथमिक तरंगों के संबंध में निम्नलिखित में से कौन-सा कथन सही नहीं है?

(a) ये ध्वनि तरंगों के समान होती हैं।
(b) ये केवल ठोस पदार्थ से गमन करती हैं।
(c) ये तरंगें फोकस पर ऊर्जा विमोचित होने के कारण उत्पन्न होती हैं।
(d) पदार्थ का घनत्व जितना अधिक होता है, इन तरंगों का वेग उतना ही अधिक होता है।

उत्तर (b) भूकंप तरंगें मूल रूप से दो प्रकार की होती हैं - कायिक (body) तरंगें एवं पृष्ठीय तरंगें। कायिक तरंगें केन्द्र पर ऊर्जा मुक्त होने से उत्पन्न होती है तथा पृथ्वी के पिण्ड के माध्यम से गमन करते हुए सभी दिशाओं में गति करती हैं। कायिक तरंगें पृष्ठीय शैलों से अंतर्क्रिया करती है एवं तरंगों के नए सेट उत्पन्न करती हैं जिन्हें पृष्ठीय तरंगें कहा जाता है। ये तरंगे धरातल पर गति करती हैं। विभिन्न घनत्व के पदार्थों के माध्यम से यात्रा करने के दौरान तरंगों की गति परिवर्तित होती है। पदार्थ जितना अधिक सघन होता है गति उतनी अधिक तीव्र होती है।

17. निम्नलिखित में से किन क्षेत्रों या उनके भागों का भारतीय मानक ब्यूरो द्वारा सबसे अधिक संभाव्य भूकंप क्षेत्रों के रूप में वर्गीकरण किया गया है?

1. उत्तरी बिहार
2. कच्छ का रन
3. अंडमान और निकोबार द्वीप समूह
4. कन्याकुमारी-कुडनकुलम पेटी

नीचे दिए गए कूट का प्रयोग कर सही उत्तर चुनिए-

(a) केवल 1, 2 और 3
(b) केवल 2 और 4
(c) केवल 3 और 4
(d) 1, 2, 3 और 4

उत्तर (a) भारतीय मानक ब्यूरो ने देश को चार भूकंपीय क्षेत्रों में बांटा है, नामतः जोन-II, जोन-III, जोन-IV, और जोन-V... इनमें, जोन-V, उच्च भूकंपीय घटना के साथ, भूकंपीय दृष्टि से सबसे अधिक सुभेद्य क्षेत्र है और जोन.II कम भूकंपीय घटना के साथ भूकंपीय दृष्टि से सबसे कम सुभेद्य क्षेत्र है।

व्यापक रूप से जोन-V, में संपूर्ण पूर्वोत्तर भारत, जम्मू-कश्मीर, हिमाचल प्रदेश, उत्तराखंड के कुछ भाग, गुजरात में कच्छ के रण, उत्तरी बिहार और अंडमान एवं निकोबार द्वीप समूह सम्मिलित हैं।

जोन-IV जम्मू-कश्मीर और हिमाचल प्रदेश के शेष भागों, संघ शासित प्रदेश दिल्ली, सिक्किम, उत्तर प्रदेश, बिहार और पश्चिम बंगाल के उत्तरी भाग, गुजरात के कुछ भागों और पश्चिमी तट के निकट महाराष्ट्र के छोटे से भाग और राजस्थान को आच्छादित करता है।

जोन-III में केरल, गोवा, लक्षद्वीप, उत्तर प्रदेश, गुजरात और पश्चिम बंगाल के शेष भाग, पंजाब, राजस्थान, मध्य प्रदेश, बिहार, झारखंड, छत्तीसगढ़, महाराष्ट्र, उड़ीसा के कुछ भाग, तेलंगाना के कुछ भाग, आंध्र प्रदेश के कुछ भाग, तमिलनाडु और कर्नाटक सम्मिलित है।

जोन-II में देश के शेष भाग सम्मिलित हैं।

18. भारत के मध्य-पश्चिमी भागों, विशेष रूप से गुजरात और महाराष्ट्र में भूकंपों का निम्नलिखित में से कौन-सा कारण है?

(a) प्रायद्वीपीय खंड अधिक पुराना है इसलिए इसकी चट्टानें कमजोर हैं और सरलतापूर्वक भंग हो जाती हैं।
(b) भारतीय प्लेट का यूरेशियन प्लेट के नीचे क्षेपण इन झटकों का कारण बनता है।
(c) दक्कन ट्रैप एक अस्थिर भूभाग है और विवर्तनिक रूप से सक्रिय क्षेत्र है।
(d) उपर्युक्त में से कोई भी नहीं।

उत्तर (d) भारत के मध्य-पश्चिमी भागों, विशेष रूप से गुजरात (1819, 1956 और 2001 में) और महाराष्ट्र (1967 और 1993 में) ने भी कुछ गंभीर भूकंपों का अनुभव किया है। भू-वैज्ञानिकों ने लम्बे समय से प्रायद्वीपीय खंड के एक सबसे पुराने, सबसे अधिक स्थिर और परिपक्व भूभाग में भूकंप की इस घटना की व्याख्या करना कठिन अनुभव किया है। हाल ही में, कुछ पृथ्वी वैज्ञानिकों ने लातूर और उस्मानाबाद (महाराष्ट्र) के निकट भीमा (कृष्णा) नदी द्वारा प्रतिदर्शित की जाने वाली भ्रंश रेखा की उत्पत्ति एवं भ्रंश रेखा पर ऊर्जा के एकत्रीकरण एवं भारतीय प्लेट के संभावित रूप से टूटने का सिद्धांत प्रस्तुत किया है। **ऊपर दिए गए कथनों में से कोई भी कथन सही नहीं है।**

19. निम्नलिखित युग्मों पर विचार कीजिए–

सक्रिय ज्वालामुखी	स्थान
1. एरेबस	: अंटार्कटिका
2. कोटोपैक्सी	: चिली
3. सोपुतन	: इंडोनेशिया
4. एटना	: इटली

उपर्युक्त युग्मों में से कौन-सा/से सही सुमेलित है/हैं?

(a) केवल 1, 3 और 4
(b) केवल 2 और 4
(c) केवल 2 और 3
(d) केवल 3 और 4

उत्तर (a) कोटोपैक्सी - ईक्वाडोर में अवस्थित है, शेष सभी युग्म सही सुमेलित हैं।

माउंट एरेबस अंटार्कटिका का एकमात्र सक्रिय ज्वालामुखी है।

माउंट एटना यूरोप का सर्वाधिक ऊंचा सक्रिय ज्वालामुखी है।

20. निम्नलिखित कथनों पर विचार कीजिए–

1. **रिक्टर स्केल एक लघुगणकीय (लॉगोरिथ्मीय) मापक्रम हैं तथा इसके फलस्वरूप परिमाण मात्रक में 1 की वृद्धि आयाम के लिए 10 के गुणक को निरूपित करती है।**
2. **रिक्टर स्केल में प्रत्येक पूर्णांक पठन पर ऊर्जा पूर्ववर्ती पूर्णांक पठन की ऊर्जा के 100 गुणा होती है।**

उपरोक्त कथनों में से कौन-सा/से सही है/हैं?

(a) केवल 1
(b) केवल 2
(c) दोनों 1 तथा 2
(d) न ही 1 तथा न ही 2

उत्तर (a) भूकम्पीय तीव्रता का मापन रिक्टर स्केल एवं मरकेली स्केल पर किया जाता है। रिक्टर स्केल का आविष्कार 1934 ई॰ में संयुक्त राज्य अमेरिका के चार्ल्स एफ॰ रिक्टर ने किया था। यह भूकम्प द्वारा आई पृथ्वी में गति को मापता है। यह एक लघुगणकीय पैमाना है, जो 1 से 9 तक बना रहता है। इसका प्रत्येक आगे का पैमाना, अपने पूर्ववर्ती से 10 गुना अधिक शक्तिशाली होता है। एक आकलन के अनुसार विश्व में 5-6 तीव्रता के 800 भूकम्प आते हैं। 49,000 भूकम्प 3 से 4 तीव्रता के आते हैं। 8 से 9 तीव्रता के बीच का प्रतिवर्ष एक भूकम्प आता है। 9 या इससे ऊपर का भूकम्प प्रत्येक 20 वर्ष में एक बार आता है। रिक्टर स्केल के प्रत्येक चरण की ऊर्जा, अपने पूर्ववर्ती से 31.6 गुना अधिक ऊर्जा को प्रदर्शित करती है। रिक्टर स्केल 2.0 का भूकम्प मानव द्वारा अनुभव नही किया जाता, केवल सीस्मोग्राफ से पता लगता है।

21. भूकम्प के बारे में निम्नलिखित कथनों पर विचार कीजिए–

1. **भूकम्प की तीव्रता को मरकैली स्केल पर नापा जाता है।**
2. **भूकम्प का मैग्निट्यूड विमुक्त ऊर्जा की माप है।**
3. **भूकम्प का मैग्निट्यूड भूकम्पी तरंगों के आयाम के सीधे मापनों पर आधारित है।**
4. **रिक्टर स्केल में, हर पूर्णांक विमुक्त ऊर्जा के परिणाम में सौगुनी वृद्धि का निदर्शन करता है।**

इन कथनों में से कौन-कौन से सही हैं?

(a) 1, 2 और 3
(b) 2, 3 और 4
(c) 1 और 4
(d) 1 और 3

उत्तर (a) भूकम्प की तीव्रता को मरकैली स्केल पर मापा जाता है। इस स्केल में तीव्रता के मापन को 1 से 12 तक के अंकों के सहारे किया जाता है। परन्तु भूकम्प की तीव्रता का सर्वाधिक मापन रिक्टर स्केल (Richter Scale) पर उसके 1 से 9 अंकों के सहारे किया जाता है। इसके प्रत्येक आगे वाला अंक अपने पीछे वाले अंक के 10 गुने के बराबर तीव्रता प्रदर्शित करता है। भूकम्प की तीव्रता विमुक्त हुई ऊर्जा की माप के बराबर होती है।

22. ज्वालामुखी उद्‌गार (Volcanic Eruptions) नहीं होते हैं–

(a) बाल्टिक सागर में
(b) काला सागर में
(c) कैरिबियन सागर में
(d) कैस्पियन सागर में

उत्तर (a) बाल्टिक सागर में ज्वालामुखी उद्‌गार नहीं होते हैं।

23. सूची-I को सूची-II के साथ सुमेलित कीजिए और सूचियों के नीचे दिए कूट का प्रयोग कर सही उत्तर चुनिए–

सूची I (ज्वालामुखी पर्वत)	सूची II (देश)
A. माऊन्ट रैनियर	1. इटली
B. एटना	2. मैक्सिको
C. पैरिकुटिन	3. फिलीपीन्स
D. टाल	4. यू॰ एस॰ ए॰

कूट–

	A	B	C	D
(a)	4	2	1	3
(b)	4	1	2	4
(c)	2	1	4	3
(d)	4	3	2	1

उत्तर (c)

ज्वालामुखी पर्वत	देश
A. माऊन्ट रैनियर	1. मैक्सिको
B. एटना	2. इटली
C. पैरिकुटिन	3. यू॰ एस॰ ए॰
D. टाल	4. फिलीपीन्स

24. विश्व के 80% सक्रिय ज्वालामुखी निम्नलिखित में से किन पेटियों में पाए जाते हैं?

1. **अन्ध महासागरीय पेटी**
2. **मध्य महाद्वीपीय पेटी**
3. **परि-प्रशान्त पेटी**
4. **हिन्द महासागरीय पेटी**

कूट–

(a) 2 और 3
(b) 1 और 3
(c) 3 और 4
(d) 1 और 2

उत्तर (a) विश्व में 80% सक्रिय ज्वालामुखी परि-प्रशान्त मेखला एवं मध्य महाद्वीपीय पेटी में पाये जाते हैं। परि-प्रशान्त मेखला को, प्रशान्त महासागर की अग्नि श्रृंखला भी कहा जाता है।

जापान का फ्यूजीयामा, फिलिपीन्स का माउण्ट ताल मेयॉन, अमेरिका का काशस्ता, रेनियर एवं हुड इत्यादि इस पेटी में महत्वपूर्ण ज्वालामुखी पड़ते हैं। मध्य-महाद्वीपीय प्लेट अभिसरण क्षेत्र में स्थित है। यह पेटी केनारी द्वीप के निकट से लेकर इण्डोनेशिया तक फैली हुई है, जहाँ यह परि-प्रशान्त पेटी में मिल जाती है।

25. निम्नलिखित ज्वालामुखियों में से किसे 'भूमध्य सागर का प्रकाश स्तंभ' कहा जाता है?

(a) एटना
(b) पेली
(c) स्ट्राम्बोली
(d) विसुवियस

उत्तर (c) स्ट्राम्बोली ज्वालामुखी भूमध्य सागर में स्थित सिसली के उत्तर में सिपारी द्वीप पर स्थित एक सक्रिय ज्वालामुखी है। इससे सदैव प्रज्जलवित गैसें निकलती रहती हैं जिसके कारण आस-पास के क्षेत्र सदैव प्रकाशमान रहते हैं। इस कारण इसे भूमध्य सागर का प्रकाश स्तंभ कहते हैं।

❑❑❑

18 महाद्वीप/विश्व की पर्वत श्रेणियाँ/ पठार/घाटियाँ/ मरुस्थल/घास मैदान

1. निम्नलिखित युग्मों पर विचार कीजिए–

पर्वत	स्थान
1. ब्लैक हिल्स	: उत्तरी अमेरिका
2. ब्लैक माउंटेन्स	: यूरोप
3. ब्लू माउंटेन्स	: अफ्रीका

उपर्युक्त युग्मों में से कौन-सा/से सही सुमेलित है/हैं?

(a) केवल 1
(b) केवल 1 और 2
(c) केवल 2 और 3
(d) 1, 2 और 3

उत्तर (b) ब्लैक हिल्स उत्तरी अमेरिका में संयुक्त राज्य अमेरिका के पूर्वी व्योमिंग और दक्षिण डकोटा में वलित पर्वत श्रृंखला है।

ब्लैक माउंटेन्स वेल्स (यूनाइटेड किंगडम) के दक्षिणी भाग में एक पर्वत श्रृंखला है। यह पर्णपाती और शंकु वृक्ष जैसे पेड़ों से आच्छादित है।

ब्लू माउंटेन्स ऑस्ट्रेलिया में न्यू साउथ वेल्स में स्थित है। पर्वत के ऊपर यूकेलिप्टस वनो से निकल कर फैली यूकेलिप्टस तेल की सूक्ष्म बूंदों से होने वाले प्रकीर्णन के कारण यह पर्वत नीला प्रतीत होता है।

2. निम्नलिखित में से विश्व के मध्य अक्षांश मरुस्थल कौन-से हैं?

1. अटाकामा
2. पेटागोनिया
3. मोजावे
4. गोबी

नीचे दिए गए कूट का प्रयोग कर सही उत्तर चुनिए–

(a) केवल 1 और 2
(b) केवल 2 और 4
(c) केवल 1 और 3
(d) केवल 2, 3 और 4

उत्तर (b) विश्व के शीतोष्ण क्षेत्रों के चारों ओर या तो महाद्वीपीयता या वृष्टिछाया क्षेत्रों के कारण बने मरुस्थलों को मध्य अक्षांश या शीतोष्ण मरुस्थल कहा जाता है।

गोबी मरुस्थल, पेटागोनिया एवं तुर्केस्तान मरुस्थल, शीतोष्ण क्षेत्रों में स्थित विश्व के मध्य अक्षांश मरुस्थल हैं।

3. निम्नलिखित में से कौन-सा द्वीप हिन्द महासागर में स्थित नहीं है?

(a) कच्चातीवु द्वीप
(b) पंबन द्वीप
(c) रीयूनियन द्वीप
(d) कुक द्वीप

उत्तर (d) पम्बन द्वीप – यह रामेश्वर द्वीप के नाम से भी जाना जाता है और यह प्रायद्वीपीय भारत और श्रीलंका के बीच स्थित है। पम्बन द्वीप, एडम ब्रिज के छिछले जल और श्रीलंका के मन्नार द्वीप से निर्मित श्रृंखला पाक खाड़ी और पाक जलडमरूमध्य को दक्षिण पश्चिम में मन्नार की खाड़ी से उत्तर पूर्व में अलग करता है।

4. वलित पर्वतों के विषय में निम्नलिखित कथनों पर विचार कीजिए–

1. वलित पर्वतों को संचयी (accumulation) पर्वत भी कहा जाता है।
2. वलित पर्वतों के ऊपरी भाग वलन अभिनति (synclines) कहलाते हैं और आकार में उत्तल होते हैं।
3. प्रतिबल वलन के अधिभावी भाग को 'आवरण' (nappe) कहा जाता है।

उपर्युक्त कथनों में से कौन-सा/से सही है/हैं?

(a) केवल 1 और 2
(b) केवल 2 और 3
(c) केवल 3
(d) 1, 2 और 3

उत्तर (c) **कथन 1 गलत है।** वलित पर्वतों को उत्थान वाले पर्वत भी कहा जा सकता है। ज्वालामुखी पर्वतों को प्राय: संचयी पहाड़ कहा जाता है।

कथन 2 गलत है। वलित पर्वतों की ऊपरी वलन अवनति (anticlines) कहलाती हैं और आकार में उत्तल होती हैं।

कथन 3 सही है। प्रतिबल वलन के अधिभावी भाग को 'आवरण' (nappe) कहा जाता है।

5. वलित पर्वतों के सन्दर्भ में निम्नलिखित कथनों पर विचार कीजिए–

1. वलित पर्वत पृथ्वी की सतह पर निर्मित नवीनतम पर्वत हैं।
2. वलित पर्वतों का निर्माण संपीडनमूलक तथा तनावमूलक दोनों ही बलों के द्वारा होता है।

उपर्युक्त कथनों में से कौन-सा/से सही है/हैं?

(a) केवल 1 (b) केवल 2
(c) 1 और 2 दोनों (d) न तो 1 न ही 2

5. (a) **कथन 1 सत्य है।** किसी वलित पर्वत का निर्माण केवल संपीड़क बलों के द्वारा ही होता है, तथापि, किसी भ्रन्शोत्थ पर्वत का निर्माण संपीड़क तथा खिंचावकारी दोनों ही बलों के द्वारा होता है। **इसलिए, कथन 2 गलत है।**

6. निम्नलिखित में से कौन-सा कारक पैटागोनिया के मरुस्थल के निर्माण के लिए मुख्य रूप से उत्तरदायी हैं?

(a) मध्य अक्षांशों में बहने वाली अपतटीय (ऑफशोर) भूमंडलीय हवाएँ।
(b) एंडीज पर्वत की अनुवात दिशा (हवा की दिशा) में वृष्टि-छाया स्थिति।
(c) महाद्वीप में आंतरिक अवस्थिति।
(d) दक्षिणी अमेरिका के पूर्वी तट के किनारे ठंडी समुद्री हवाएं।

उत्तर (b) पैटागोनिया मरुस्थल एक मध्य-अक्षांशीय मरुस्थल है। अन्य मध्य-अक्षांशीय मरुस्थल हैं– गोबी, जो वर्षा-वाहक पवन से दूर महाद्वीप में अपनी आंतरिक स्थिति के कारण निर्मित है। किन्तु, पैटागोनिया मरुभूमि का निर्माण महाद्वीपीय कारणों से अधिक विशाल एन्डीज पर्वतमाला की दिशा में वृष्टि-छाया स्थिति के कारण हुआ है।

7. विश्व के गर्म रेगिस्तान, जो मुख्य रूप से महाद्वीपों के पश्चिमी किनारों पर स्थित हैं, निम्नलिखित में से किन कारकों के कारण निर्मित होते हैं?

1. अपतटीय (ऑफ शोर) व्यापारिक पवन
2. समुद्रतट से सटी हुई ठंडी जल धाराओं की उपस्थिति

3. वे हॉर्स अक्षांश में पड़ते हैं, जहाँ वायु ऊपर की ओर गति करती है, यह परिस्थिति वर्षण के लिए सबसे कम अनुकूल होती हैं।

नीचे दिए गए कूट का प्रयोग कर सही उत्तर चुनिए-

(a) केवल 1
(b) केवल 1 और 2
(c) केवल 2 और 3
(d) केवल 1 और 3

उत्तर (b) अपतटीय व्यापारिक पवनें और ठंडी जल धाराएँ आर्द्रताधारी पवनों को इन क्षेत्रों में वर्षा लाने से रोकती हैं, परिणामस्वरूप रेगिस्तान का निर्माण होता है। ठंडी जल धारा इस क्षेत्र में प्रवेश करने वाली पवनों की वर्षा धारण क्षमता को कम कर देती है। आर्द्रताधारी पवनें महाद्वीपों में निम्न अक्षांशों में पूर्वी सीमा से प्रवेश करती हैं और जिस समय वे पश्चिमी सीमा तक पहुँचती हैं तो उनकी अधिकांश आर्द्रता समाप्त हो चुकी होती है। उष्ण मरुस्थल उपोष्ण उच्च दाब पट्टी में पड़ते हैं जहां वायु ऊपर से नीचे की ओर गति करती है, यह परिस्थिति वर्षा के लिए सबसे कम अनुकूल होती है।

8. अंटार्कटिका महाद्वीप के संदर्भ में निम्नलिखित कथनों पर विचार कीजिए-

1. इसे 'विज्ञान के लिए महाद्वीप' के नाम से भी जाना जाता है।
2. क्वीन मॉड रेंज पर्वत शृंखला इस महाद्वीप को लगभग दो बराबर भागों में विभाजित करती है।
3. माउंट एरेबस इस महाद्वीप पर स्थित एक सक्रिय ज्वालामुखी है।

उपर्युक्त कथनों में से कौन-सा/से सही है/हैं?

(a) केवल 1
(b) केवल 1 और 2
(c) केवल 2 और 3
(d) 1, 2 और 3

उत्तर (d) **कथन 1 सही है-** अपने विशिष्ट और पृथक पर्यावरण के कारण अंटार्कटिका वैज्ञानिकों के लिए पृथ्वी के संबंध में अधिक जानकारी प्राप्त करने के अद्वितीय अवसर प्रदान करता है। इसलिए इसे 'विज्ञान के लिए महाद्वीप' भी कहा जाता है।

कथन 2 सही है- क्वीन मॉड शृंखला महाद्वीप को लगभग दो बराबर भागों में विभाजित करती है।

3 कथन सही है- माउंट एरेबस इस पर स्थित एक सक्रिय ज्वालामुखी है, यह पृथ्वी का सबसे दक्षिणी सक्रिय ज्वालामुखी है।

9. शीतोष्ण और उष्णकटिबंधीय मरुस्थलों के संदर्भ में, निम्नलिखित में से कौन-से कथन सही हैं?

1. ठंडी महासागरीय धाराएँ शीतोष्ण और उष्णकटिबंधीय दोनों प्रकार के मरुस्थल के निर्माण में सहायक होती हैं।
2. शीतोष्ण मरुस्थल में वार्षिक तापान्तर उष्णकटिबंधीय मरुस्थल की तुलना में अधिक होता है।
3. प्रमुख शीतोष्ण मरुस्थल महाद्वीपों के पूर्वी तट पर अवस्थित हैं, जबकि उष्णकटिबंधीय मरुस्थल पश्चिमी तट पर अवस्थित हैं।

नीचे दिए गए कूट का प्रयोग कर सही उत्तर चुनिए-

(a) केवल 1 और 2
(b) केवल 2 और 3
(c) 1, 2 और 3
(d) केवल 1 और 3

उत्तर (a) **कथन 1 सही है।** शीतोष्ण मरुस्थल विशाल भूभागों के आंतरिक भाग में पर्वतों के पवनविमुख भाग में पाए जाते हैं और वहाँ वर्षा वाली पवनों की पहुँच न होना, इन मरुस्थलों के निर्माण में योगदान प्रदान करता है। इसके अतिरिक्त, ठंडी महासागरीय धाराएँ भी शीतोष्ण मरुस्थल के निर्माण में सहायता करती हैं, महासागरीय धाराएँ उष्णकटिबंधीय मरुस्थल का निर्माण करने में भी सहायता करती है, क्योंकि वे वर्षा, धूलिका या कुहासा निर्मित नहीं करती है और तापमान में कमी करती हैं।

कथन 2 सही हैं शीताष्ण मरुस्थल की निम्न अक्षांशों में पाए जाने वाले मरुस्थलों में वार्षिक तापान्तर अधिक और शीतकालीन तापमान अत्यंत निम्न होता है।

कथन 3 सही नहीं है। अधिकांशत: मध्य अक्षांशीय मरुस्थल (शीतोष्ण मरुस्थल) पठारों पर पाए जाते हैं और वे समुद्र से पर्याप्त दूरी पर अवस्थित होते हैं।

10. 'इस महाद्वीप का एक बड़ा भाग शुष्क और अर्द्ध-शुष्क भूमि है। यह अपने चारागाह उद्योगों (pastoral industries) के लिए जाना जाता है। यहाँ विश्व की विशाल उत्स्रुत प्रणाली (artesian system) पायी जाती है।

उपर्युक्त विवरण निम्नलिखित में से किस महाद्वीप के सन्दर्भ में सबसे सटीक है?

(a) दक्षिण अमेरिका
(b) ऑस्ट्रेलिया
(c) उत्तरी अमेरिका
(d) अफ्रीका

उत्तर (b) **विकल्प (b) सही उत्तर है।**

ऑस्ट्रेलिया का एक बड़ा भाग निम्न वर्षा वाला क्षेत्र है। इसके केवल 4% भूमि पर ही कृषि होती है। लेकिन लोगों ने अपने सीमित भूमि एवं जल संसाधनों को भलीभांति प्रबंधित किया है। यह अपने पशुचारण उद्योगों (pastoral industries) के लिए जाना जाता है, जिनका संचालन आधुनिक और वैज्ञानिक आधार पर किया जाता है।

उत्स्रुत कूप गहराई में खोदा गया कुआँ होता है जिसके माध्यम से जल को दबाव से ऊपर की ओर धकेला जाता है। उत्स्रुत कूप में जल एक जलभृत (aquifer) से प्रवाहित होता है, जो एक बहुत ही छिद्रयुक्त चट्टान या तलछट (प्राय: बलुआ पत्थर) की परतों से बना होता है।

11. सिनाई प्रायद्वीप निम्नलिखित में से कौन-से समुद्रों के बीच स्थित है।

(a) लाल सागर एवं भूमध्य सागर
(b) कैस्पियन सागर और काला सागर
(c) भूमध्य सागर और काला सागर
(d) लाल सागर और काला सागर

उत्तर (a) सिनाई प्रायद्वीप मिस्र में एक त्रिकोणीय प्रायद्वीप है। इसके उत्तर में भूमध्य सागर एवं दक्षिण में लाल सागर अवस्थित है। यह एशिया में स्थित मिस्र एक एकमात्र क्षेत्र है।

12. निम्नलिखित युग्मों पर विचार कीजिए-

	मरुस्थल		स्थान
1.	रब अल-खाली	:	तुर्की
2.	दश्त-ए-कवीर	:	ईरान
3.	मोजावे	:	सऊदी अरब

उपर्युक्त युग्मों में से कौन-सा/से सही सुमेलित है/हैं?

(a) केवल 1
(b) केवल 2
(c) केवल 2 और 3
(d) केवल 1 और 3

उत्तर (b) रब-अल-खाली सऊदी अरब, यमन, ओमान और संयुक्त अरब अमीरात में स्थित विश्व का सर्वाधिक विशाल अविच्छिन्न मरुस्थल है। **इसलिए, युग्म 1 सही प्रकार से सुमेलित नहीं है।**

दश्त-ए-लत एवं दश्त-ए-कवीर ईरान में स्थित सर्वाधिक विशाल लवण मरुस्थल है। मोजावे मरुस्थल उत्तरी अमेरिका में स्थित है। **इसलिए, युग्म 2 सही है एवं युग्म 3 सही नहीं है।**

13. निम्नलिखित में से कौन-सी आर्थिक गतिविधियाँ स्टेपी प्रकार के घास मैदानों में बड़े पैमाने पर होती हैं?

1. चलवासी (घुमंतु) पशुचारण
2. गेहूं की यंत्रीकृत खेती
3. चारवाह कृषि

नीचे दिए गए कूट का प्रयोग कर सही उत्तर चुनिए–

(a) केवल 2 और 3
(b) केवल 1 और 2
(c) केवल 1 और 3
(d) 1, 2 और 3

उत्तर (a) स्टेपी प्रकार के घास के मैदानों में आर्थिक गतिविधियों की व्याख्या निम्नलिखित रूप से की जा सकती है–

चलवासी पशुचारण– इस प्रकार की प्रवासी पशु चराई प्रमुख घास के मैदानों से लगभग लुप्त हो चुकी है।

व्यापक मशीनीकृत गेहूं की खेती– शीतोष्ण घास के मैदान व्यापक गेहूं की खेती के लिए आदर्श हैं।

चारवाह कृषि– प्रशीतित जहाजों के विकास के साथ शीतोष्ण घास के मैदान प्रमुख पशुपाल्य क्षेत्र बन गए हैं।

14. "दक्षिणी ब्राजील के उष्णकटिबंधीय घास के मैदानों के दक्षिण में शीतोष्ण घास के मैदान स्थित हैं। इस क्षेत्र की जलवायु गर्म है और पूरे वर्ष वर्षा होती रहती है, हालांकि सर्दियों की तुलना में गर्मियों में अधिक वर्षा होती है। ये घास के मैदान मध्य अर्जेंटीना में पाए जाते हैं।" निम्नलिखित में से किस क्षेत्र का उपरोक्त विवरण में वर्णन किया गया है?

(a) सेल्वास (b) कैम्पोस
(c) ग्रान चाको (d) पम्पास

उत्तर (d) परिच्छेद में पम्पास क्षेत्र का वर्णन है।

15. घास के मैदानों और उनसे संबंधित क्षेत्रों के निम्नलिखित युग्मों पर विचार करें–

घास के मैदान	क्षेत्र
1. प्रेयरी	: यूरेशिया
2. स्टेपीस	: उत्तरी अमेरिका
3. पुस्ताज	: हंगरी
4. पम्पास	: अर्जेंटीना

उपर्युक्त युग्मों में से कौन-सा/से सही सुमेलित है/हैं?

(a) केवल 1 और 2
(b) केवल 2 और 3
(c) केवल 3 और 4
(d) केवल 4

उत्तर (c) शीतोष्ण महाद्वीपीय (स्टेपी) वनस्पति सामान्यत: पछुवा पवन पेटी में अवस्थित है। ये वृक्षविहीन होती है। यूरेशिया में स्टेपी, हंगरी में पुस्ताज, उत्तरी अमेरिका में प्रेयरी, अर्जेंटीना में पम्पास, दक्षिण अफ्रीका में वेल्ड और ऑस्ट्रेलिया में डाऊन्स स्टेपी के उदाहरण हैं।

16. अफ्रीकी महाद्वीप के संदर्भ में, 'साहेल क्षेत्र' का क्या अर्थ है?

(a) यह अफ्रीका के तटीय क्षेत्र के लिए प्रयोग किया जाने वाला शब्द है।
(b) यह नील नदी द्वारा निर्मित बाढ़ के मैदान के लिए प्रयोग किया जाने वाला शब्द है।
(c) यह अफ्रीकी भ्रंश घाटी द्वारा पृथक्कृत स्थानों के लिए प्रयोग किया जाने वाला शब्द है।
(d) यह सहारा रेगिस्तान के पड़ोसी शुष्क क्षेत्रों के लिए प्रयोग किया जाने वाला शब्द है।

उत्तर (d) साहेल वास्तव में एक अरबी शब्द है जिसका अर्थ तट या किनारा होता है। यह क्षेत्र सहारा के विशाल मरुस्थल के तट जैसा प्रतीत होता है। इस क्षेत्र में सेनेगल, माली, बुर्किना फासो, नाइजर, चाड जैसे देश स्थित हैं। यह क्षेत्र शुष्क है और सवाना और मरुस्थलीय प्रकार की वनस्पति पायी जाती है।

17. वर्तमान में, निम्नलिखित महाद्वीपों में से किसमें सर्वाधिक जनसंख्या वृद्धि हुई है?

(a) अफ्रीका
(b) एशिया
(c) दक्षिण अमेरिका
(d) उत्तरी अमेरिका

उत्तर (a) अफ्रीका – 2.51%
एशिया – 1.06%
दक्षिण अमेरिका – 1.06%
उत्तरी अमेरिका –1.00% ।

उच्च वृद्धि दर के लिए अफ्रीका में उच्च प्रजनन दर को उत्तरदाई ठहराया जाता है। औसत प्रजनन दर जो 5.2 प्रतिशत है विश्व (2.3) की औसत प्रजनन दर से काफी अधिक है।

18. शीतोष्ण घास के मैदान गेहूं की व्यापक खेती के लिए आदर्श होते हैं। निम्नलिखित कथनों में से कौन-सा/से इस क्षेत्र में इस फसल के विकास के लिए अनुकूल परिस्थितियों का निरूपण करता है/करते हैं?

1. ठंडा और आर्द्र वसंत प्रारंभिक विकास को बढ़ावा देता है।
2. सर्दियों के दौरान पूर्णतया वर्षारहित अवधि अनाज के पकने में सहायता करती है।
3. स्टेपी का समतल स्तर जुताई और कटाई करना सरल बनाता है।

नीचे दिए गए कूट का प्रयोग कर सही उत्तर चुनिए–

(a) केवल 1
(b) केवल 2 और 3
(c) केवल 1 और 3
(d) 1, 2 और 3

उत्तर (c) **कथन 1 सही है क्योंकि,** इस जलवायु को ठंडी और आर्द्र वसंत द्वारा निर्दिष्ट किया जाता है। कथन 2 की उपेक्षा की जा सकती है क्योंकि सर्दियों के दौरान विश्व के इस भाग में वाताग्र संबंधी गतिविधि संपन्न होती है जिससे फसलों को पकने में सहायता मिलती है। **कथन 3 सही है क्योंकि** यह क्षेत्र मुख्य रूप से काली मिट्टी से ढका है। प्रश्न गहन कृषि की विशेषताओं से संबंधित है जो सामान्यत: समतल मैदानों में न कि यूक्रेनी स्टेपी मैदान जैसे बीहड़ इलाकों में संभव है।

19. ऑस्ट्रेलिया और न्यूजीलैंड के बीच निम्नलिखित अंतरों पर विचार कीजिए–

1. ऑस्ट्रेलिया में नवीन और कम स्थिर चट्टानें पायी जाती हैं, न्यूजीलैंड में अनेक पुरानी चट्टानें हैं।
2. ऑस्ट्रेलिया बहुत कम भूकंपों का सामना करता है, न्यूजीलैंड अनेक भूकंपों का सामना करता है।
3. ऑस्ट्रेलिया में एक विशाल, शुष्क व निम्न उच्चावच वाला आन्तरिक भूभाग है, न्यूजीलैंड की स्थलाकृति पहाड़ी और पर्वतीय है।

उपर्युक्त कथनों में से कौन-सा/से सही है/हैं?

(a) केवल 1 और 2
(b) केवल 2 और 3
(c) केवल 3
(d) कोई नहीं

उत्तर (b) ऑस्ट्रेलिया और न्यूजीलैंड में कई भौगोलिक भिन्नताएँ हैं। ऑस्ट्रेलिया का आंतरिक भूभाग अत्यधिक विशाल और शुष्क है। न्यूजीलैंड की स्थलाकृति पहाड़ी संरचना वाली है।

आस्ट्रेलिया में अधिक भूकंप नहीं आते, लेकिन न्यूजीलैंड अनेक भूकंपों का सामना करता है।

आस्ट्रेलिया में विश्व की कुछ प्राचीनतम चट्टानें पायी जाती हैं, जबकि न्यूजीलैंड में युवा और कम स्थिर चट्टानें पायी जाती हैं।

20. निम्नलिखित में से कौन-सा मरुस्थल किसी महाद्वीप के पश्चिमी तट पर अवस्थित नहीं है?

(a) मोजाबे मरुस्थल
(b) ग्रेट ऑस्ट्रेलियाई मरुस्थल
(c) अटाकामा मरुस्थल
(d) पैटागोनिया मरुस्थल

उत्तर (d) विश्व के प्रमुख उष्ण मरुस्थल महाद्वीपों के पश्चिमी तटों पर अवस्थित हैं। गर्म मरुस्थल की शुष्कता मुख्य रूप से अपतटीय व्यापारिक पवनों के प्रभाव के कारण उत्पन्न होती है। उदाहरणार्थ यू.एस.ए. का मोजाबे मरुस्थल, ग्रेट ऑस्ट्रेलियाई मरुस्थल, अटाकामा मरुस्थल इत्यादि।

शीतोष्ण कटिबंधीय मरुस्थल, शीतोष्ण अक्षांश के आंतरिक स्थानों में, वर्षा वहन करने वाली पवनों से पर्याप्त दूर अवस्थित होने के कारण वर्षाविहीन होते हैं। उदाहणार्थ – गोबी तथा पैटागोनिया मरुस्थल।

21. कार्डीलेरा का संदर्भ ऐसी पर्वत-शृंखलाओं से है जो–

(a) भ्रंशन के कारण निर्मित है।
(b) वाटरशेड (जल-संभर) के रूप में कार्य करती है।
(c) मोटे तौर पर समानांतर होती हैं या एक सामान्य दिशा में अवस्थित हैं।
(d) ज्वालामुखी गतिविधि के कारण निर्मित है।

उत्तर (c) कार्डीलेरा पर्वत शृंखलाओं की एक ऐसीशृंखला को संदर्भित करता है जो मोटे तौर पर समान्तर है या एक सामान्य दिशा में अवस्थित हैं। इसका एक प्रमुख उदाहरण उत्तर अमेरिका महाद्वीप में पाया जाता है। महाद्वीप का पश्चिमी भाग एक पर्वतीय क्षेत्र है जिसे पश्चिमी कार्डीलेरा के रूप में जाना जाता है। यह महाद्वीप की संपूर्ण लम्बाई के साथ उत्तर से दक्षिण तक फैला हुआ है। उत्तरी अमेरिका की अधिकतर नदियाँ पश्चिमी कार्डीलेराओं से निकलती हैं। इसमें कई समानांतर पर्वत शृंखलाएँ सम्मिलित होती हैं। इनमें रॉकी पर्वत सबसे प्रमुख है। तटीय पर्वत शृंखलाएँ और सिएरा नवादा दो अन्य पर्वत शृंखलाएँ हैं।

काल्डेरा पृथ्वी के सर्वाधिक विस्फोटक ज्वालामुखी होते हैं। वे आम तौर पर इतने अधिक विस्फोटक होते हैं कि जब वे प्रस्फुटित होते हैं तो कोई संरचना निर्मित करने के स्थान पर सामान्यत: स्वयं ही ध्वस्त हो जाते हैं। ध्वस्त होने से निर्मित गड्ढे काल्डेरा कहे जाते हैं। उनकी विस्फोटकता यह इंगित करती है कि इन्हें लावा की आपूर्ति करने वाला मैग्मा कक्ष न केवल अत्यधिक विशाल होता है बल्कि अत्यधिक निकट स्थित भी होता है।

22. निम्नलिखित पठारों के संबंध में विचार कीजिए–

1. **द ग्रेट बेसिन**
2. **तिब्बत का पठार**
3. **बोलीविया का पठार**

उपर्युक्त में से कौन-से अन्तरापर्वतीय (इंटरमौन्टेन) पठार हैं?

(a) केवल 1 और 2
(b) केवल 1 और 3
(c) केवल 2 और 3
(d) 1, 2 और 3

उत्तर (d) अंतरापर्वतीय पठार, पर्वतों या पर्वतमालाओं के बीच स्थित पठार होते हैं। सामान्यत:, वे बहुत ऊंचाई वाले होते हैं।

बोलिविया के पठार – एन्डीज पर्वतमालाओं के बीच स्थित हैं। दक्षिण अमेरिका की सबसे बड़ी झील-टिटिकाका झील - इस पठारी क्षेत्र में स्थित है। बोलिविया की राजधानी, ला पाज, विश्व की सबसे ऊंची प्रकासकीय राजधानी है।

ग्रेट बेसिन – उत्तरी अमेरिका के पश्चिमी कार्डिलेरा कुछ अंतरापर्वतीय पठारों के चारों ओर स्थित हैं। ग्रेट बेसिन इस महाद्वीप के सबसे बड़े अंतरापर्वतीय पठार हैं। चूँकि इसकी नदियों का जल महासागरों तक नहीं पहुंच पाता, यह अंतर्देशीय निकास प्रणाली का निर्माण कर लेती हैं।

तिब्बत का पठार – तिब्बत के पठार दक्षिण में काराकोरम तथा हिमालयी शृंखला तथा उत्तर में कुनगुन पर्वत शृंखला के बीच स्थित हैं।

23. अन्टार्कटिका के सन्दर्भ में निम्नलिखित कथनों पर विचार कीजिए-

1. **इसकी सतह के नीचे ताम्बे तथा लोहे का भण्डार है।**
2. **मैड्रिड प्रोटोकॉल खनिज संसाधनों के वैज्ञानिक शोध तथा व्यावसायिक दोहन की अनुमति प्रदान करता है।**
3. **भारत का स्थायी केन्द्र 'मैत्री', शिरमाकर (Schirmacher) मरुद्यान कहे जाने वाले चट्टानी पर्वतीय क्षेत्र में स्थित है।**

उपर्युक्त कथनों में से कौन-सा/से सही है/हैं?

(a) केवल 1
(b) केवल 1 और 3
(c) केवल 2 और 3
(d) 1, 2 और 3

उत्तर (b) Ag- चांदी, Au- स्वर्ण, Co- कोबाल्ट, -Cu- तांबा, Cr- क्रोमियम, Fe- लोहा, Mb- मैंगनीज, Ni- निकेल, Pb- सीसा, Ti- टाइटेनियम, U- यूरेनियम, Zn- जस्ता। ये सभी खनिज पदार्थ अन्टार्कटिका क्षेत्र में पाए जाते हैं। **इसलिए, कथन 1 सत्य है।**

मैड्रिड प्रोटोकॉल के अनुसार अन्टार्कटिका में मानवीय गतिविधियों पर लागू होने वाले आधारभूत सिद्धांतों को निर्धारित किया गया है। इस प्रोटोकॉल का अनुच्छेद 7 अंटार्कटिक खनिज संसाधनों के क्षेत्र में वैज्ञानिक शोध को छोड़कर अन्य सभी गतिविधियों को प्रतिबंधित किया गया है।

मैत्री भारतीय अंटार्कटिका कार्यक्रम के अंतर्गत अंटार्कटिका में भारत का दूसरा स्थायी शोध केन्द्र है। इसे प्रथम केन्द्र गंगोत्री के 1990-91 में बर्फ के नीचे चले जाने तथा परित्यक्त होने के शीघ्र बाद 1989 में निर्मित तथा तैयार किया गया था। मैत्री, शिरमाकर (Schirmachaer) मरुद्यान में चट्टानी पर्वतीय क्षेत्र पर स्थित है।

24. विश्व की निम्न पर्वत शृंखलाओं को उनकी लम्बाई के अवरोही क्रम में रखिए तथा नीचे दिए कूट से सही उत्तर का चयन कीजिए–

1. एण्डीज **2. ग्रेट डिवाइडिंग रेंज**
3. हिमालय **4. रॉकी**

कूट–

(a) 1, 3, 4, 2
(b) 1, 4, 2, 3
(c) 1, 4, 2, 3
(d) 4, 3, 1, 2

उत्तर (b) दिए गए पर्वतों की अवरोही क्रम में लम्बाई निम्न प्रकार है–

पर्वत का नाम	कुल लम्बाई (किमी में)
(i) एण्डीज पर्वत	6,437
(ii) रॉकी पर्वत	5,100
(iii) ग्रेट डिवाइडिंग रेंज	3,200
(iv) हिमालय	2,550

25. निम्नलिखित में से कौन-सा महाद्वीप संसार में सर्वाधिक माध्य ऊँचाई वाला है?

(a) दक्षिणी ध्रुव (अंटार्कटिका)
(b) उत्तरी अमेरिका
(c) एशिया
(d) दक्षिणी अमेरिका

उत्तर (a) अंटार्कटिका सभी महाद्वीपों में सर्वाधिक माध्य ऊँचाई वाला महाद्वीप है।

❑❑❑

19 विश्व के देश एवं उनकी सीमाएँ

1. जापान एकमात्र एशियाई देश है जो सुविकसित जलविद्युत परियोजना का उपयोग करता है। इसके लिए निम्नलिखित में से किन कारकों को उत्तरदायी माना जा सकता है?

1. सुवितरित और प्रचुर वर्षा
2. कोयले की कमी
3. पर्वतीय स्थलाकृति

नीचे दिए गए कूट का प्रयोग कर सही उत्तर चुनिए–

(a) केवल 2 (b) केवल 2 और 3
(c) 1, 2 और 3 (d) केवल 1

उत्तर (c) सभी विकल्प सही हैं।

जापान एकमात्र एशियाई देश है जहां सुविकसित जलविद्युत ऊर्जा परियोजनाओं का उपयोग किया जाता है।

जलविद्युत के अत्यधिक विकास का मार्ग प्रशस्त करने वाले कारकों में सम्मिलित हैं–

- सुवितरित प्रचुर वर्षा
- पर्वतीय स्थलाकृति
- कोयले की कमी
- औद्योगिक क्षेत्र के लिए विद्युत की आवश्यकता

अधिकांश विशाल शक्ति स्थल होन्शु के मध्य पहाड़ियों की पूर्वी और दक्षिणी ढलान पर स्थित हैं।

2. निम्नलिखित में से कौन-सा/से कारक कनाडा में सुविकसित काष्ठ/लम्बरिंग उद्योग के लिए उत्तरदायी है/हैं?

1. वसंत ऋतु के दौरान नदियों का पिघलना
2. शीत ऋतु के दौरान जमी हुई सतह
3. लकड़ी की भारी घरेलू माँग

नीचे दिए गए कूट का प्रयोग कर सही उत्तर चुनिए–

(a) केवल 1
(b) केवल 1 और 2
(c) केवल 2 और 3
(d) 1, 2 और 3

उत्तर (d) कनाडा में सफल काष्ठ/लम्बरिंग उद्योग के पीछे उत्तरदायी कारक हैं–

- वसंत ऋतु के दौरान नदियों के पिघलने से नदी प्रवाह के क्रम में स्थित मिलों तक बड़े-बड़े लट्ठे ले जाने में सहायता मिलती है क्योंकि सामान्यत: ये मिलें नदी प्रवाह की ओर स्थित होती हैं।
- जमी हुई सतह से इन विशाल लट्ठों को घसीटना आसान हो जाता है।
- कागज और लुग्दी उद्योग के कारण घरेलू और पड़ोसी क्षेत्रों में लकड़ी की भारी मांग है।

इसलिए, सभी कथन सही हैं।

3. जब आप उत्तर से दक्षिण की ओर वायु-मार्ग से यात्रा करते हैं तो दक्षिण-पूर्व एशिया के निम्नलिखित नगरों का सही अनुक्रम क्या है?

1. मनीला 2. कुआलालम्पुर
3. जकार्ता 4. हांगकांग

नीचे दिए गए कूट का प्रयोग कर सही उत्तर चुनिए–

(a) 2-1-4-3 (b) 4-1-2-3
(c) 3-2-1-4 (d) 4-2-1-3

उत्तर (b) जब कोई व्यक्ति उत्तर से दक्षिण की ओर वायु-मार्ग से जाता है तो नगरों का सही अनुक्रम है– हांगकांग, मनीला (फिलिपीन्स), कुआलालम्पुर (मलेशिया), जकार्ता (इंडोनेशिया)।

इसलिए, विकल्प (b) सही उत्तर है।

4. निम्नलिखित युग्मों पर विचार कीजिए–

	शहर	प्रमुख उद्योग
1.	पिट्सबर्ग	: लोहा और खनिज
2.	मैनचेस्टर	: सूती वस्त्र
3.	डेट्रायट	: ऑटोमोबाइल

उपर्युक्त युग्मों में से कौन-सा/से सही सुमेलित है/हैं?

(a) केवल 1 और 2
(b) केवल 2
(c) केवल 1 और 3
(d) 1, 2 और 3

उत्तर (d) पिट्सबर्ग संयुक्त राज्य अमेरिका के पेनिसिल्वेनिया में स्थित एक शहर है। इसे लोहा और इस्पात उद्योग के लिए जाना जाता है, यह क्षेत्र भी उच्च प्रौद्योगिकी, रोबोटिक्स, स्वास्थ्य देखभाल, परमाणु इंजीनियरिंग, पर्यटन, जैव चिकित्सा प्रौद्योगिकी, वित्त, शिक्षा और सेवाओं की ओर स्थानांतरित हो गया है।

यूनाइटेड किंगडम का मैनचेस्टर औद्योगिक क्रांति के समय से ही सूती वस्त्र निर्माण के लिए जाना जाता है।

डेट्रायट प्रमुख ऑटोमोबाइल उद्योग के रूप में अपने उद्भव के कारण संयुक्त राज्य अमेरिका में महत्वपूर्ण महानगरीय क्षेत्र के रूप में उभरा है। शेवरले जैसी ऑटोमोबाइल कंपनियों का मुख्यालय डेट्रायट में ही है।

5. निम्नलिखित में से कौन-सा अफ्रीकी देश स्थलरूद्ध नहीं है?

(a) चाड (b) बोत्सवाना
(c) मांली (d) लीबिया

उत्तर (d) लीबिया स्थल-रुद्ध देश नहीं है और भूमध्य सागर का सीमावर्ती है।

6. निम्नलिखित युग्मों पर विचार कीजिए–

	राजधानी	नदियाँ
1.	लंदन	: टेम्स
2.	पेरिस	: सीन
3.	बर्लिन	: स्प्री

उपर्युक्त युग्मों में से कौन-सा/से सही सुमेलित है/हैं?

(a) केवल 1
(b) केवल 2 और 3
(c) केवल 1 और 3
(d) 1, 2 और 3

उत्तर (d) **युग्म 1 सही सुमेलित है।** लंदन टेम्स नदी के तट पर स्थित है, यह इंग्लैंड की सबसे लम्बी नदी है और यूनाइटेड किंगडम में दूसरी सबसे लम्बी नदी है। ऑक्सफोर्ड सिटी भी इसके तट पर स्थित है।

युग्म 2 सुमेलित है। पेरिस सीन नदी के तट पर स्थित है।

युग्म 3 सुमेलित है। जर्मनी की राजधानी, बर्लिन स्प्री नदी के तट पर स्थित है।

7. भारत के साथ सीमा साझा करने वाले निम्नलिखित देशों को लंबाई के घटते क्रम में व्यवस्थित कीजिए–

1. बांग्लादेश 2. चीन
3. म्यांमार 4. अफगानिस्तान

नीचे दिए गए कूट का प्रयोग कर सही उत्तर का चयन कीजिए।

(a) 1-2-3-4 (b) 1-3-2-4
(c) 2-1-4-3 (d) 2-1-3-4

उत्तर (a)

देश का नाम	सीमा की लंबाई (किमी)
बांग्लादेश	4,096.7
चीन	3,488
पाकिस्तान	3323
नेपाल	1751
म्यांमार	1643
भूटान	699
अफगानिस्तान	106
कुल	**15106**

8. निम्नलिखित में से कौन-सा देश, हिन्द-चीन क्षेत्र से संबंधित है?

1. भूटान 2. वियतनाम
3. कम्बोडिया 4. थाईलैंड
5. लाओस

नीचे दिए गए कूट का प्रयोग कर सही उत्तर चुनिए–

(a) केवल 1 और 2
(b) केवल 1, 3 और 4
(c) केवल 2, 3 और 5
(d) केवल 3, 4 और 5

उत्तर (c) शब्द 'इंडो-चाइना' अर्थात् 'हिन्द-चीन' का उपयोग दक्षिण पूर्व एशिया, विशेष रूप से 'भारतीय चीनी प्रायद्वीप' को दर्शाने के लिए किया जाता है, जिस पर वियतनाम, कम्बोडिया और लाओस देशों का आधिपत्य है। इसकी एक सीमा पर थाईलैंड और वर्मा, और दूसरी सीमा पर चीन और दक्षिण चीन सागर स्थित हैं।

9. विभिन्न समय क्षेत्रों (टाइम जोन) के संदर्भ में, दिए गए शहरों को प्रासंगिक समय के साथ सुमेलित कीजिए।

शहर		स्थानीय समय और दिनांक
1. न्यूयॉर्क	:	A. 5:01 AM, 24 जनवरी
2. लॉस एंजिल्स	:	B. 8:01 AM, 24 जनवरी
3. रोम	:	C. 1:01 PM, 24 जनवरी
4. लंदन	:	D. 2:01 PM, 24 जनवरी

नीचे दिए गए कूट का प्रयोग कर सही उत्तर चुनिए–

(a) 1-A, 2-B, 3-D, 4-C
(b) 1-B, 2-D, 3-C, 4-A
(c) 1-B, 2-A, 3-D, 4-C
(d) 1-D, 2-C, 3-A, 4-B

उत्तर (c) तिथि रेखा से आरम्भ करने पर पश्चिम से पूर्व की ओर शहरों का क्रम लॉस एंजिल्स (पश्चिम तट), न्यूयार्क (पूर्वी तट), लंदन और रोम है।

10. निम्नलिखित युग्मों पर विचार कीजिए–

	द्वीप समूह		स्थान
1.	पैरासेल	:	दक्षिण चीन सागर
2.	हवाई	:	अटलांटिक महासागर
3.	डिएगो गार्सिया	:	प्रशांत महासागर

उपर्युक्त युग्मों में से कौन-सा/से सही सुमेलित है/हैं?

(a) केवल 1 और 2
(b) केवल 1
(c) केवल 2 और 3
(d) 1, 2 और 3

उत्तर (b) पैरासेल द्वीपसमूह दक्षिण चीन सागर में स्थित है और विवादित द्वीपों में से एक है। **इसलिए, युग्म 1 सही सुमेलित है।**

हवाई द्वीपसमूह उत्तरी प्रशांत महासागर में स्थित है।

डिएगो गार्सिया द्वीपसमूह हिन्द महासागर में स्थित है। **इसलिए, युग्म 2 और 3 सही सुमेलित नहीं है।**

11. म्यांमार का 'रखाइन प्रांत' निम्नलिखित में से किस/किन देश/देशों की सीमाओं में लगा हुआ है?

1. चीन 2. भारत
3. बांग्लादेश

उपर्युक्त कथनों में से कौन-सा/से सही है/हैं?

(a) केवल 1 और 2
(b) केवल 3
(c) केवल 2 और 3
(d) केवल 1

उत्तर (b) रखाइन प्रान्त म्यांमार का एक राज्य है। म्यांमार के पश्चिम तट पर स्थित, यह राज्य उत्तर में चिन प्रान्त, पूर्व में मैगवे क्षेत्र, बागो क्षेत्र और इरावदी क्षेत्र, पश्चिम में बंगाल की खाडी और उत्तर-पश्चिम में बांग्लादेश के चटगांव डिवीजन से सीमा साझा करता है।

12. निम्नलिखित में से किन देशों द्वारा थाईलैंड की खाड़ी घिरी हुई है?

1. कंबोडिया 2. वियतनाम
3. फिलीपींस 4. म्यांमार

नीचे दिए गए कूट का प्रयोग कर सही उत्तर चुनिए–

(a) 1, 2, 3 और 4
(b) केवल 1 और 2
(c) केवल 1, 3 और 4
(d) केवल 2 और 4

उत्तर (b) थाईलैंड की खाड़ी, जिसे पूर्व सियाम की खाड़ी भी कहा जाता था, दक्षिण चीन सागर का मुहाना है। थाईलैंड, कंबोडिया और वियतनाम के दक्षिण-पश्चिमी किनारे से घिरी इस खाड़ी की अधिकतम चौड़ाई 350 मील (560 किमी.) है, और लंबाई में यह लगभग 450 मील (725 किमी.) तक विस्तृत है।

थाईलैंड की खाड़ी तटीय क्षेत्रों के साथ काफी उथली है, और यह उथला समुद्र आकर्षक मत्स्यन स्थल प्रदान करता है। थाईलैंड की खाड़ी में कई नदियां गिरती हैं, जिसमें चाओ फ्राया सबसे महत्वपूर्ण है।

13. निम्नलिखित में से कौन-सा/से शहर अपने जलवायु प्रकार के साथ सही सुमेलित है/हैं?

शहर		जलवायु
1. रोम	:	भूमध्यसागरीय
2. सिडनी	:	सवाना
3. कुआलालंपुर	:	विषुवतीय

नीचे दिए गए कूट का प्रयोग कर सही उत्तर चुनिए–

(a) केवल 1 और 3
(b) केवल 1
(c) केवल 2 और 3
(d) 1, 2 और 3

उत्तर (a) भूमध्यसागरीय प्रकार की जलवायु एक विशिष्ट जलवायु अभिलक्षण के रूप में विशेषीकृत होती है। ग्रीष्म ऋतु अपेक्षाकृत उष्ण होती है और अपतटीय सन्मार्गी पवनों द्वारा शुष्क ग्रीष्म मौसम का अनुभव होता है। रोम में लगभग 76° फारेनहाइट तापमान पाया जाता है। चक्रवाती वर्षा लाने वाली तटीय पछुआ पवनों के कारण अधिकांश वर्षा सर्दियों में होती है। **इसलिए, युग्म 1 सही सुमेलित है।**

सिडनी चीन तुल्य जलवायु अनुभव करता है, जिसे उष्ण शीतोष्ण पूर्वी सीमांत प्रकार के रूप में भी जाना जाता है, जिसकी विशेषता उष्ण गर्मियां और ठंडी शुष्क सर्दियां हैं। **इसलिए, युग्म 2 सही सुमेलित नहीं है।**

कुआलालंपुर में उष्ण और आर्द्र विषुवतीय/ भूमध्यरेखीय प्रकार की जलवायु पायी जाती है। वर्षपर्यंत तापमान में एकरूपता रहती है। बादल और वर्षा से दैनिक तापमान नियंत्रित रहता है। **इसलिए, युग्म 3 सही सुमेलित है।**

14. पूर्वी अफ्रीकी रिफ्ट घाटी में दक्षिण से उत्तर दिशा की ओर जाने के दौरान, निम्नलिखित में से किन देशों को पार करना पड़ेगा?

1. तंजानिया 2. नाइजीरिया
3. केन्या 4. इथोपिया

नीचे दिए गए कूट का प्रयोग कर सही उत्तर चुनिए–

(a) 1, 2, 3 और 4
(b) 1, 3 और 4
(c) केवल 2 और 3
(d) केवल 1 और 4

उत्तर (b) पूर्वी अफ्रीकी रिफ्ट (EAR) एक सक्रिय महाद्वीपीय रिफ्ट है, जो अफ्रीकी प्लेट के दो भागों में विभाजित होने के परिणामस्वरूप उत्पन्न हुई है। EAR की दो मुख्य शाखाएं हैं– पूर्वी रिफ्ट घाटी और पश्चिमी रिफ्ट घाटी। पूर्वी रिफ्ट घाटी, जिसमें मुख्य इथियोपिया रिफ्ट जो अफार त्रिकोण जंक्शन (Afar Triple Junction) से प्रारम्भ होकर दक्षिण में केन्याई रिफ्ट घाटी और पश्चिमी रिफ्ट घाटी के रूप में विस्तारित है।

15. जिबूती निम्नलिखित में से किन जल निकायों का सीमावर्ती है?

1. अदन की खाड़ी
2. लाल सागर
3. स्वेज की खाड़ी
4. फारस की खाड़ी

नीचे दिए गए कूट का प्रयोग कर सही उत्तर चुनिए–

(a) केवल 1
(b) केवल 1 और 2
(c) केवल 2, 3 और 4
(d) 1, 2, 3 और 4

उत्तर (b) जिबूती गणराज्य, हॉर्न ऑफ अफ्रीका में अवस्थित एक देश है। इसकी उत्तरी सीमा पर इरीट्रिया, पश्चिम और दक्षिण में इथोपिया और दक्षिण-पूर्व में सोमालिया है। सीमा के शेष भागों की सीमाएं लाल सागर और पूर्व की ओर अदन की खाड़ी द्वारा निर्मित है।

16. निम्नलिखित में से कौन से देश स्थलरुद्ध हैं?

1. कोलंबिया 2. बोलीविया
3. पराग्वे 4. वेनेजुएला

नीचे दिए गए कूट का प्रयोग कर सही उत्तर चुनिए–

(a) केवल 1 और 3
(b) केवल 2 और 3
(c) केवल 2 और 4
(d) केवल 1, 3 और 4

उत्तर (b) दक्षिण अमेरिका में केवल बोलीविया और पराग्वे स्थलरुद्ध हैं।

17. पश्चिम एशिया में उत्तर से दक्षिण की ओर जाने पर निम्नलिखित शहरों का सही क्रम क्या है?

1. बगदाद 2. रियाद
3. कुवैत सिटी 4. सना

नीचे दिए गए कूट का प्रयोग कर सही उत्तर चुनिए–

(a) 3-2-1-4 (b) 1-3-2-4
(c) 1-2-4-3 (d) 1-2-3-4

उत्तर (b) बगदाद इराक की राजधानी है। बगदाद के दक्षिण में कुवैत शहर है। फिर सऊदी अरब की राजधानी रियाद आता है। जिसके बाद प्रायद्वीप के अत्यंत दक्षिण में सना (यमन की राजधानी) आता है।

18. कोरिया जलसंधि किनके मध्य का पारगमन मार्ग है।

(a) जापान और दक्षिण कोरिया
(b) जापान और चीन
(c) उत्तर कोरिया और चीन
(d) उत्तर कोरिया और दक्षिण कोरिया।

उत्तर (a) कोरिया जलसन्धि, जापान और दक्षिण कोरिया के बीच उत्तर-पश्चिमी प्रशांत महासागर में पूर्वी चीन सागर और जापान सागर को संबद्ध करने वाली समुद्री पारगमन मार्ग है।

19. अबेई का विवादित क्षेत्र निम्नलिखित में से किसकी सीमा के निकट स्थित है?

(a) इजराइल-फिलिस्तीन
(b) ट्यूनीशिया-अल्जीरिया
(c) सूडान-दक्षिण सूडान
(d) सीरिया-तुर्की

उत्तर (c) अबेई क्षेत्र सूडान और दक्षिण सूडान के मध्य अस्पष्ट सीमा के निकट स्थित है। 4,000 वर्ग मील भूभाग पर विस्तृत इस मरुस्थल में कृषि फार्म और तेल क्षेत्र विद्यमान है। अबेई पर दोनों ही देशों द्वारा दावा किया गया है और यह 50 से भी अधिक वर्षों तक सूडान में संघर्ष का एक कारण रहा है।

अबेई के समृद्ध भंडार इसे सूडान और दक्षिणी सूडान दोनों ही के लिए आर्थिक रूप से वांछनीय बना देते हैं। इसकी सीमा स्थान पर भी परस्पर विरोधी, सांस्कृतिक और भाषाई दावे किए गए हैं। अबेई क्षेत्र की स्थिति का समाधान करना उन अनिवार्य कदमों में से एक है, जिससे सूडान और दक्षिणी सूडान के बीच दीर्घकालिक शांति सुनिश्चित की जा सकती है।

20. निम्नलिखित में से किस नगर समूह का एक ही समय क्षेत्र (टाइम जोन) नहीं है?

(a) वाशिंगटन डीसी, लीमा और पनामा
(b) एथेंस, यरूशलेम और प्रिटोरिया
(c) मास्को, बगदाद और नैरोबी
(d) जकार्ता, प्योंगयांग और टोक्यो

उत्तर (d) साम्राज्यवादियों द्वारा एक सदी से भी पहले जापानी आरोपित मानक से अलग हटते हुए उत्तर कोरिया से नया 'प्योंगयांग समय' बनाने के लिए अगस्त में अपनी घड़ी 30 मिनट पीछे कर दी। इस परिवर्तन से उत्तर कोरिया का मानक समय जीएमटी + 8:30 पर हो जाएगा, जोकि दक्षिण कोरिया जिसका मानक समय, जापान की भांति, जीएमटी + 9:00 है, से 30 मिनट पीछे है।

वाशिंगटन डीसी, लीमा और पनामा - (जीएमटी-5)

एथेंस, यरूशलेम और प्रिटोरिया - जीएमटी + 2

मास्को, बगदाद और नैरोबी - जीएमटी + 3

जकार्ता - जीएमटी + 7

21. हिन्द महासागर में स्थित निम्नलिखित द्वीपीय देशों को मालाबार तट से उनकी दूरी से बढ़ते क्रम में व्यवस्थित करें।

1. मेडागास्कर 2. सेशेल्स
3. मॉरीशस 4. मालदीव

नीचे दिए गए कूट का प्रयोग कर सही उत्तर चुनिए–

(a) 2-3-4-1 (b) 4-2-3-1
(c) 3-1-4-2 (d) 2-1-3-4

उत्तर (b) दिए गए देशों का भारत के मालाबार तट से बढ़ती हुई दूरी के अनुसारक्रम निम्नलिखित है– मालदीव-सेशेल्स-मॉरीशस-मेडागास्कर।

22. निम्नलिखित देशों में से कौन-सा देश दोहरा स्थल अवरुद्ध देश है?

(a) उज्बेकिस्तान (b) ऑस्ट्रिया
(c) तुर्कमेनिस्तान (d) दक्षिणी सूडान

उत्तर (a) स्थल अवरुद्ध देश की सीमाओं की महासागर तक पहुँच नहीं होती है। विश्व के 198 देशों में से 44 स्थल अवरुद्ध देश हैं। वहीं दूसरी ओर, दोहरा स्थल अवरुद्ध देश वह देश होता है जो स्थल अवरुद्ध देशों से घिरा होता है।

विश्व में ऐसे केवल दो देश हैं। यूरोप में लिचेस्टीन दो स्थल अवरुद्ध, देशों, स्विट्जरलैंड और ऑस्ट्रिया से घिरा हुआ है, जबकि एशिया में उज्बेकिस्तान पांच देशों से घिरा हुआ है। ये हैं, अफगानिस्तान, कजाकिस्तान, किर्गिस्तान, ताजाकिस्तान और तुर्कमेनिस्तान।

23. निम्नलिखित में से कौन-से देश पूरी तरह से मकर रेखा और विषुवत रेखा के बीच अवस्थित है?

1. अंगोला 2. इंडोनेशिया
3. ऑस्ट्रेलिया 4. बोलीविया

नीचे दिए गए कूट का प्रयोग कर सही उत्तर चुनिए–

(a) केवल 1 और 2
(b) केवल 2 और 4
(c) केवल 3 और 4
(d) केवल 1 और 4

उत्तर (d) इंडोनेशिया का कुल भाग विषुवत एवं कर्क रेखा के मध्य फैला हुआ है और ऑस्ट्रेलिया वस्तुतः मकर रेखा द्वारा लगभग दो बराबर भागों में विभाजित है। दूसरी ओर, अफ्रीकी देश अंगोला और दक्षिण अमेरिकी देश बोलीविया पूर्ण रूप से विषुवत रेखा और मकर रेखा के बीच अवस्थित है।

24. निम्नलिखित देशों पर विचार कीजिए–

1. रूस 2. अजरबैजान
3. ईरान 4. कजाकस्तान
5. तुर्कमेनिस्तान

उपर्युक्त में से कौन-से देश कैस्पियन सागर से जुड़े हुए हैं?

(a) केवल 1, 2 और 4
(b) केवल 1, 3 और 5
(c) केवल 2, 3, 4 और 5
(d) 1, 2, 3, 4 और 5

उत्तर (d) कैस्पियन सागर – यह विश्व का सबसे बड़ा अंतःस्थलीय जल निकाय है। यह काकेशस पर्वत के पूर्व की ओर तथा मध्य एशिया के विशाल स्टेपी के पश्चिम की ओर अवस्थित है। इस सागर का नाम प्राचीन कास्पी लोगों से संबंधित है, जो कभी पश्चिम की ओर ट्रांसकाकेशिया में निवास करते थे। इस समुद्र की सीमा का निर्माण पूर्वोत्तर में क़जाखस्तान द्वारा, दक्षिण-पूर्व में तुर्कमेनिस्तान द्वारा और दक्षिण में ईरान द्वारा, दक्षिण-पश्चिम में अजरबैजान द्वारा और उत्तर-पश्चिम में रूस के द्वारा किया जाता है। प्रमुख नदियाँ – वोल्गा, यूराल, और टेरेक उत्तरी कैस्पियन सागर में गिरती हैं, जिनका संयुक्त वार्षिक जल प्रवाह इस समुद्र में गिरने वाले कुल नदी जल की 88 प्रतिशत मात्रा का योगदान करता है।

कैस्पियन सागर, स्टर्जन नामक एक मछली के लिए प्रसिद्ध रहा है, जो अपने कैवियार के लिए बहुमूल्य मानी जाती है और यह सागर विश्व में इसके शिकार की अधिकांश मात्रा का योगदान करता है। पेट्रोलियम और प्राकृतिक गैस इस क्षेत्र के सबसे महत्वपूर्ण संसाधन बन गए हैं।

25. दक्षिण से उत्तर की ओर जाने पर पश्चिम एशिया में निम्नलिखित शहरों का सही अनुक्रम क्या है?

1. अम्मान 2. दमिश्क
3. रियाद 4. काहिरा

नीचे दिए गए कूट का प्रयोग कर सही उत्तर चुनिए–

(a) 4-2-1-3
(b) 3-2-4-1
(c) 3-4-1-2
(d) 4-3-2-1

उत्तर (c) दिए गए शहर चार पड़ोसी देशों की राजधानियाँ हैं–

- अम्मान, जॉर्डन की राजधानी है।
- दमिश्क, सीरिया की राजधानी हैं।
- रियाद, सऊदी अरब की राजधानी है।
- काहिरा, मिस्र की राजधानी है।

दक्षिण से उत्तर की ओर देशों का क्रम है– सऊदी अरब, मिस्र, जॉर्डन और सीरिया। दक्षिण से उत्तर की ओर राजधानियों का अनुक्रम संबंधित देशों के समान ही है। **इसलिए, विकल्प C सही उत्तर है।**

ये देश तेल की कीमतें गिरने, अस्थिर राजनीतिक परिदृश्य इत्यादि कारणों से समाचारों में रहे हैं।

26. 'रूर क्षेत्र' जो सबसे प्रमुख कोयला क्षेत्रों में से एक है और जिसके चारों ओर अनेक औद्योगिक क्षेत्र विकसित हुए हैं, निम्नलिखित में से किस देश में अवस्थित है?

(a) रूस (b) जर्मनी
(c) रोमानिया (d) यूक्रेन

उत्तर (b) रूर क्षेत्र जर्मनी के 80% इस्पात उत्पादन में योगदान करता है। डॉर्टमुंड, हेगन जैसे प्रमुख औद्योगिक इलाके भी इस क्षेत्र में अवस्थित हैं। रूर क्षेत्र में बड़े पैमाने पर नहर प्रणाली का भी विकास हुआ, जिससे यह सम्पूर्ण क्षेत्र लाभान्वित होता है।

27. निम्नलिखित युग्मों पर विचार कीजिए–

भौगोलिक क्षेत्र	संबद्ध क्षेत्र
1. लेवांट	: पूर्वी भूमध्यसागर
2. मेलानिशिया	: ओसेनिया
3. नॉर्डिक देश	: उत्तर-पश्चिम यूरोप

उपर्युक्त युग्मों में से कौन-सा/से सही सुमेलित है/हैं?

(a) केवल 1 और 2
(b) केवल 1 और 3
(c) केवल 2 और 3
(d) 1, 2 और 3

उत्तर (d) लेवांट – लेवांट पूर्वी भूमध्य सागर के देशों को संदर्भित करने वाला एक पुराना शब्द है। कुछ विद्वान इसमें साइप्रस और तुर्की के एक छोटे भाग को भी सम्मिलित करते हैं। लेकिन ऐतिहासिक रूप से लेवांट का अर्थ सीरिया, लेबनान और फिलिस्तीन हीं रहा है। इसका अर्थ है कि जॉर्डन, वेस्ट बैंक (अब इजराइल के अधिकार के अंतर्गत) और स्वयं इजराइल लेवांट का भाग हैं।

मिलानिशिया – दक्षिण प्रशांत उत्तर-पूर्व (ऑस्ट्रेलिया के द्वीप समूहों को सम्मिलित करने वाले ओशिनिया के लिए तीन प्रमुख प्रभागों में से एक है। अन्य दो क्षेत्र-पोलिनेशिया और माइक्रोनेशिया हैं।

28. तुर्की का मुख्य भू-भाग निम्नलिखित में से किन जल-निकायों के द्वारा विभाजित है?

1. बोस्फोरस जलडमरूमध्य
2. डार्डेनलीज जलडमरूमध्य
3. मार्मरा सागर
4. एजियन सागर

नीचे दिए गए कूट का प्रयोग कर सही उत्तर चुनिए–

(a) केवल 1 और 2
(b) केवल 3
(c) 1, 2 और 3
(d) 1, 2, 3 और 4

उत्तर (c) एजियन सागर मरमरा सागर से डार्डेनलीज जलडमरूध्य के द्वारा तथा मरमरा सागर काला सागर से बोस्फोरस जलडमरूमध्य से सम्बद्ध है। तुर्की का मुख्य भू-भाग मरमरा सागर के दोनों किनारों पर स्थित है। यह जलडमरूमध्य अत्यंत रणनीतिक महत्व के हैं, क्योंकि यह समुद्री मार्ग बहुत से पूर्वी यूरोप के देशों, तथा बुल्गारिया, रोमानिया, यूक्रेन और रूस के लिए एकमात्र मार्ग है।

29. निम्नलिखित देशों में से किसकी समुद्र तट रेखा सर्वाधिक लेनी है?

(a) भारत की (b) कनाडा की
(c) आस्ट्रेलिया की (d) ब्राजील की

उत्तर (b) कनाडा की समुद्र तट रेखा सर्वाधिक लंबी है। (2,02,080 किमी.)

30. 'हॉर्न ऑफ अफ्रीका' के अंग हैं–

(a) अल्जीरिया, मोरक्को तथा पश्चिमी सहाश
(b) लीबिया, सूडान तथा मिस्र
(c) सोमालिया, इथिओपिया तथा जिबूती
(d) जिब्बावे, बोत्सवाना तथा अंगोला

उत्तर (c) जिबूती, इथिओपिया, इरीट्रिया तथा सोमालिया 'हॉर्न ऑफ अफ्रीका' के अंग हैं।

❑❑❑

20 विश्व के प्रमुख समुद्र/ महासागरीय धाराएँ/लवणता/ ज्वार-भाटा/महासागरीय गर्त

1. निम्नलिखित में से किस/किन देश/देशों की सीमा कैस्पियन सागर और काला सागर दोनों से छूती है?

1. रूस 2. तुर्की

3. यूक्रेन 4. कजाखस्तान

नीचे दिए गए कूट का प्रयोग कर सही उत्तर चुनिए-

(a) केवल 1

(b) केवल 1 और 2

(c) केवल 2 और 3

(d) केवल 2, 3 और 4

उत्तर (a) काला सागर छह देशों की सीमाओं से लगता है-पश्चिम में रोमानिया और बुल्गारिया, उत्तर और पूर्व में यूक्रेन, रूस और जॉर्जिया और दक्षिण में तुर्की। इसकें अतिरिक्त पांच प्रमुख नदियों के माध्यम से यह 10 अन्य देशों से भी प्रभावित होता है, ये नदियाँ काला सागर में गिरती हैं, जिनमें सबसे बड़ी नदी डेन्यूब है।

कैस्पियन सागर के उत्तर-पश्चिम सीमा पर रूस है, उत्तर-पूर्व में कजाखस्तान, पश्चिम में अजरबैजान, दक्षिण-पूर्व में तुर्कमेनिस्तान और दक्षिण में ईरान है।

केवल रूस की ही सीमा काला सागर और कैस्पियन सागर दोनों से मिलती है।

2. निम्नलिखित में से समुद्री शैवाल का/के संभावित उपयोग क्या है/हैं?

1. खाद्य पदार्थ (भोजन)

2. उर्वरक

3. रसायन

नीचे दिए गए कूट का प्रयोग कर सही उत्तर चुनिए-

(a) केवल 1 (b) केवल 2 और 3

(c) केवल 1 और 3 (d) 1, 2 और 3

उत्तर (d) समुद्री शैवाल (seaweed) की खेती- यह वाणिज्यिक उद्देश्यों हेतु समुद्री शैवाल प्रजातियों जैसे कि लाल और भूरे रंग की शैवाल का संग्रहण एवं खेती करने की पद्धति है।

इसे प्रमुख रूप से निम्नलिखित प्रकार से प्रयोग किया जाता है-

- खाद्य- दक्षिण कोरिया और जापान जैसे देश भोजन के स्त्रोत के रूप में उपयोग करते हैं और यहाँ तक कि इसी प्रयोजन हेतु इसका प्रयोग निर्यात के लिए भी किया जाता है।
- उर्वरक- कई तटीय क्षेत्रों में इसका उपयोग मृदा की उर्वरता को बनाए रखने के लिए उर्वरक के रूप में प्रत्यक्ष रूप से किया जाता है और अप्रत्यक्ष रूप से इसका प्रयोग संश्लिष्ट उर्वरकों का उत्पादन करने के लिए किया जाता है।
- रासायनिक- हाइड्रोकोलाइड के निष्कर्षण (extraction of hydrocolloids) के लिए इनका व्यापक स्तर पर प्रयोग किया जाता है जो बाद में प्रसाधन-सामग्री (कास्मेटिक) इत्यादि उद्योगों में रसायनों के रूप में प्रयोग किए जाते हैं।

3. स्वेज नहर निम्नलिखित में से किन जल निकायों को जोड़ती है?

(a) अटलांटिक महासागर और प्रशांत महासागर

(b) लाल सागर और भूमध्य सागर

(c) बाल्टिक सागर और भूमध्य सागर

(d) अटलांटिक महासागर और लाल सागर

उत्तर (b) स्वेज नहर- इस नहर का निर्माण वर्ष 1869 में मिस्र में उत्तर में सईद पत्तन और दक्षिण में स्वेज पत्तन के बीच भूमध्य सागर और लाल सागर को आपस में जोड़कर किया गया था। यह यूरोप को हिन्द महासागर के लिए एक नया मार्ग देती है। यह लिवरपूल एवं कोलम्बो के बीच सीधी समुद्र-मार्ग दूरी को केप ऑफ गुड होप मार्ग की तुलना में कम कर देती है। यह लगभग 160 किमी लम्बी और 11 से 15 मीटर गहरी समुद्र-स्तर नहर है। प्रतिदिन लगभग 100 जहाज इससे होकर यात्रा करते हैं और इसे पार करने में प्रत्येक जहाज को 10-12 घंटे का समय लगता है। इस पर इतने भारी पथकर लगते हैं कि यदि अधिक किसी अन्य मार्ग से जाने पर लगने वाला विलम्ब यदि महत्वपूर्ण न हो तो कुछ जहाजों को केप मार्ग से जाना सस्ता पड़ता है। एक रेलमार्ग स्वेज की ओर जाने वाली नहर के साथ-साथ चलता है और इस्माइलिया से कैरो के लिए एक प्रशाखा (ब्रांच लाइन) निकलती है। इस्माइलिया में अलवण जल (ताजे पानी) की एक नौगम्य नहर भी स्वेज नहर से जुड़ जाती है जो पोर्ट सईद और स्वेज पत्तनों को अलवण जल (ताजे मानी) की आपूर्ति करती है।

4. उच्च ज्वार किसमें सहायता प्रदान करता है?

1. नौसंचालन 2. मत्स्यन

3. विद्युत उत्पादन

नीचे दिए गए कूट का प्रयोग कर सही उत्तर चुनिए-

(a) केवल 1 (b) केवल 1 और 3

(c) केवल 2 और 3 (d) 1, 2 और 3

उत्तर (d) उच्च ज्वार नौसंचालन में सहायता करते हैं। वे तटों के निकट जल स्तर को उच्च कर देते हैं। इससे जहाजों को बंदरगाह में अधिक सरलतापूर्वक पहुँचने में सहायता प्रदान करते हैं।

उच्च ज्वार मत्स्यन में भी सहायता करते हैं। उच्च ज्वार के दौरान और अधिक मछलियाँ तट के निकट आ जाती हैं। यह मछुआरों को प्रचुर मात्रा में मत्स्यग्रहण करने में सक्षम करता है।

ज्वार-भाटों के कारण जल के ऊपर उठने और नीचे आने का उपयोग ज्वारीय ऊर्जा का दोहन कर विद्युत उत्पादन करने के लिए किया जा रहा है।

5. निम्नलिखित में से कौन-सा मार्ग सबसे व्यस्त समुद्री मार्ग है जिसे प्रायः 'बिग ट्रंक रूट' कहा जाता है?

(a) उत्तरी अटलांटिक समुद्री मार्ग

(b) केप ऑफ गुड होप मार्ग

(c) स्वेज नहर मार्ग

(d) भूमध्य सागर हिन्द महासागर समुद्री मार्ग

उत्तर (a) उत्तरी अटलांटिक समुद्र मार्ग- यह विश्व के औद्योगिक रूप से विकसित दो क्षेत्रों उत्तर-पूर्वी संयुक्त राज्य अमेरिका एवं उत्तर-पश्चिमी यूरोप से जोड़ता है। इस मार्ग से होने वाला विदेशी व्यापार शेष विश्व के सम्पूर्ण विदेशी व्यापार की तुलना में अधिक है। विश्व के विदेश व्यापार का एक चौथाई भाग इस मार्ग

से होता है। इसलिए, यह विश्व का व्यस्तम मार्ग अर्थात अन्य शब्दों में कहें तो बिग ट्रंक रूट है। दोनों के तटों पर अत्यधिक उन्नत पत्तन एवं पोताश्रय सुविधाएँ उपलब्ध हैं।

6. निम्नलिखित में से समुद्र तल खनन के क्या परिणाम हो सकते हैं?

1. समुद्री जीवों की खाद्य श्रृंखला में भारी धातुओं का प्रवेश.

2. पादप प्लवक (फाइटोप्लैंक्टन) की प्रकाश संश्लेषण प्रक्रियाओं में हस्तक्षेप।

3. प्लेट विस्थापन की परिणति गंभीर भूकंप में हो सकती है।

नीचे दिए गए कूट का प्रयोग कर सही उत्तर चुनिए–

(a) केवल 1 (b) केवल 1 और 2
(c) केवल 2 और 3 (d) 1, 2 और 3

उत्तर (b) महासागरों का खनन प्राकृतिक पारिस्थितिक तंत्र के लिए विनाशकारी हो सकता है। समुद्र तल का खनन करने पर, पानी में तलछट के अवसाद घुल जाते हैं जो खाद्य श्रृंखला में भारी धातुएं प्रविष्ट करने के अतिरिक्त पादप प्लवक और अन्य समुद्री जीवन की प्रकाश संश्लेषण प्रक्रियाओं में हस्तक्षेप करता है।

प्लेट विस्थापन को खनन के परिणाम के रूप में स्थापित नहीं किया गया है।

7. निम्नलिखित में से कौन से कारक महासागरीय लवणता को प्रभावित करते हैं?

1. वाष्पीकरण

2. वर्षण

3. बर्फ का जमना

4. महासागरीय धाराएं

5. पवन

6. दबाव

नीचे दिए गए कूट का प्रयोग कर सही उत्तर चुनिए–

(a) केवल 1, 2, 4 और 5
(b) केवल 1, 2, 3, 4 और 5
(c) केवल 2, 3, 4 और 6
(d) केवल 1, 3, 4, 5 और 6

उत्तर (b) महासागरीय लवणता निम्नलिखित कारकों से प्रभावित हो सकता है– वाष्पीकरण, वर्षण, नदियों से होने वाला जल प्रवाह, (ध्रुवीय क्षेत्रों में) बर्फ का जमना और पिघलना, पवन (अन्य क्षेत्रों में पानी का स्थानांतरण), समुद्री धाराएं।

8. निम्नलिखित में से कौन-सी गर्म महासागरीय धाराएं हैं?

1. क्युरोशियो धारा 2. बेनेजुएला धारा
3. ब्राजील धारा 4. लैब्रोडोर धारा

नीचे दिए गए कूट का प्रयोग कर सही उत्तर चुनिए–

(a) केवल 1 और 3
(b) केवल 1 और 4
(c) केवल 2 और 3
(d) केवल 2 और 4

उत्तर (a) उत्तरी गोलार्द्ध में क्युरोशियो धारा दक्षिण से उत्तर की ओर चलती है। इसलिए, यह गर्म महासागरीय धारा है।

दक्षिणी गोलार्द्ध में बेनेजुएला धारा दक्षिण से उत्तर की ओर बहती है। इसलिए, यह ठंडी महासागरीय धारा है।

इसी प्रकार, दक्षिणी गोलार्द्ध में ब्राजील धारा उत्तर से दक्षिण की ओर चलती है। इसलिए, गर्म महासागरीय धारा है। जबकि वहीं, उत्तरी गोलार्द्ध में लैब्रोडोर धारा उत्तर से दक्षिण की ओर बहती है। इस प्रकार, यह ठंडी धारा है।

9. महासागरों के द्वारा ऊष्मा के स्थानान्तरण के सन्दर्भ में, निम्नलिखित कथनों पर विचार कीजिए–

1. महासागर ऊष्मा को उष्णकटिबंधीय क्षेत्रों से ध्रुवों की ओर स्थानांतरित करते हैं।

2. गर्मियों के दौरान, महासागर की ठंडी धाराओं का प्रभाव मध्य अक्षांशों में अधिक सुस्पष्ट होता है।

3. ऊष्मा का अधिकतम स्थानांतरण मध्य अक्षांशों के आस-पास होता है।

उपर्युक्त कथनों में से कौन-सा/से सही है/हैं?

(a) केवल 1 (b) केवल 1 और 2
(c) केवल 1 और 3 (d) 1, 2 और 3

उत्तर (d) महासागर तथा वायुमंडल एक विशाल तापीय इंजन के रूप में काम करते हैं जो ऊष्मा को उष्णकटिबंधीय क्षेत्रों से ध्रुवों की ओर स्थानांतरित करते हैं। महासागरीय धाराएं पार्श्ववर्ती क्षेत्रों के तापमान को प्रभावित करती हैं। ठंडी धाराओं के प्रभाव का सर्वाधिक अनुभव उष्णकटिबंधीय क्षेत्रों में तथा गर्मियों के महीनों के दौरान मध्य-अक्षांशों में किया जाता है। ऊष्मा का स्थानांतरण मध्य-अक्षांशों पर सर्वाधिक होता है। इसलिए सभी तीनों कथन सत्य हैं।

10. निम्नलिखित महासागरीय धाराओं में से कौन-सी सारगासो सागर की सीमा का निर्माण करती हैं?

1. गल्फ स्ट्रीम

2. कनारी धारा

3. उत्तरी अटलांटिक विषुवतीय धारा

4. लैब्रोडोर धारा

5. कैलिफोर्निया धारा

नीचे दिए गए कूट का प्रयोग कर सही उत्तर चुनिए–

(a) केवल 1, 3 और 4
(b) केवल 1, 2 और 3
(c) केवल 1, 4 और 5
(d) केवल 2, 3 और 4

उत्तर (b) सारगासो सागर उत्तरी अटलांटिक महासागर के मध्य में चक्रगति युक्त एक क्षेत्र है। इसके पश्चिम में गल्फ स्ट्रीम, उत्तर में उत्तरी अटलांटिक अपवाह, पूर्व में कनारी जलधारा तथा दक्षिण में उत्तरी अटलांटिक विषुवतीय धारा स्थित है।

11. ज्वार-भाटा के सन्दर्भ में निम्नलिखित कथनों पर विचार कीजिए–

1. वृहत् ज्वार सूर्य तथा चन्द्रमा के समकोण में स्थित होने पर आने वाले उच्च ज्वार होते हैं।

2. वृहत् ज्वार केवल अमावस्या को आते हैं।

उपर्युक्त कथनों में से कौन-सा/से सही है/हैं?

(a) केवल 1
(b) केवल 2
(c) 1 और 2 दोनों
(d) न तो 1 न ही 2

उत्तर (d) वृहत् ज्वार ऐसे उच्च ज्वार होते हैं जिनकी उत्पत्ति सूर्य, चन्द्रमा तथा पृथ्वी के एक सीधी रेखा में आने पर होती है। **इसलिए, कथन 1 असत्य है।**

वृहत् ज्वार की उत्पत्ति अमावस्या तथा पूर्णिमा को होती है चूँकि इन दोनों ही दिनों में सूर्य, चन्द्रमा तथा पृथ्वी एक सीध में होते हैं। **इसलिए, कथन 2 असत्य है।**

12. महासागरीय धाराओं के सन्दर्भ में निम्नलिखित कथनों पर विचार कीजिए–

1. गर्म महासागरीय जलधाराएं विषुवत रेखा के निकट उत्पन्न होती हैं तथा ध्रुवों की ओर बढ़ती हैं।

2. ठंडी धाराएं जल को ध्रुवीय या उच्चतर अक्षांशों से उष्णकटिबंधीय क्षेत्रों या निम्नतर अक्षांशों की ओर ले जाती हैं।

3. जिन क्षेत्रों में गर्म तथा ठंडी जलधाराएँ मिलती हैं वहाँ कुहरे वाला मौसम होता है जिससे नौवहन में कठिनाई होती है।

उपर्युक्त कथनों में से कौन-सा/से सही नहीं है/हैं?

(a) 1, 2 और 3
(b) केवल 1 और 2
(c) केवल 3
(d) केवल 2 और 3

उत्तर (d) महासागरीय धाराएं महासागर की सतह पर एक निश्चित दिशा में सतत प्रवाहमान जलधाराएं होती हैं। सामान्यत:, महासागरीय धाराएं गर्म या ठंडी हो सकती हैं। गर्म जलधाराओं की उत्पत्ति विषुवत रेखा के आस-पास होती है तथा उनका प्रवाह ध्रुवों की ओर होता है। ठंडी जलधाराएं जल को ध्रुवीय या उच्चतर अक्षांशों से उष्णकटिबंधीय या निम्नतर अक्षांशों की ओर ले जाती हैं। गर्म जलधाराएं भू-सतह पर ऊष्मा या गर्मी लाती हैं। गर्म तथा ठंडी जलधाराओं के मिलन स्थल विश्व में सर्वोत्तम मत्स्यन क्षेत्रों के रूप में जाने जाते हैं। जापान के आस-पास का समुद्र या उत्तरी अमेरिका के पूर्वी तट इसके उदाहरण हैं। गर्म तथा ठंडी जलधाराओं के मिलन-स्थलों पर कुहरे की उपस्थिति भी रहती हैं जो नौवहन में कठिनाइयां उत्पन्न करती हैं।

13. महासागरों की लवणता के संबंध में निम्नलिखित कथनों पर विचार कीजिए–

1. लवणता पवन की गति पर निर्भर करती है।
2. सभी लवणों में सोडियम क्लोराइड सबसे अधिक अनुपात में पाया जाता है।
3. बंद सागर या अन्त:स्थलीय सागर में खुले महासागर की अपेक्षा लवणता कम होती है

उपर्युक्त कथनों में से कौन-सा/से सही है/हैं?

(a) केवल 1 (b) केवल 1 और 3
(c) केवल 2 और 3 (d) केवल 1 और 2

उत्तर (d) पवन की गति में वृद्धि से वाष्पीकरण की गति में वृद्धि होती है जिससे लवणता भी बढ़ जाती है।

बंद सागरों (enclosed sea) में विलयन (dilution) का प्रभाव नहीं होने तथा संचरण कम होने के कारण लवणीयता अधिक होती है।

14. निम्नलिखित परिस्थितियों पर विचार कीजिए–

1. पेरू धारा का गर्म होना।
2. मानसून के सुदृढ़ीकरण के परिणामस्वरूप दक्षिण और दक्षिण-पूर्वी एशिया में भारी वर्षा होना।

ऊपर दी गई परिस्थितियों में से सामान्य रूप से अलनीनो की विशेषता/विशेषताएँ कौन-सी है/हैं?

(a) केवल 1 (b) केवल 2
(c) 1 और 2 दोनों (d) न तो 1 न ही 2

उत्तर (a) अल-नीनो, पेरू धारा के असामान्य रूप से गर्म होने से संबंधित है, जिसके परिणामस्वरूप दक्षिण अमेरिका के पश्चिम तटीय क्षेत्र में भारी वर्षा और भारत, इंडोनेशिया, ऑस्ट्रेलिया और अन्य दक्षिण एशियाई क्षेत्रों में सूखे जैसी परिस्थिति उत्पन्न हो जाती है।

15. 'बे' (bay) के संदर्भ में, निम्नलिखित कथनों पर विचार कीजिए–

1. यह भूमि से लगभग घिरा हुआ एक जल निकाय है, जिसका मुख चौड़ा होता है और महासागर में खुलता है।
2. यह सामान्यत: गल्फ (gulf) की तुलना में बड़ा और कम घिरा हुआ होता है।

उपर्युक्त कथनों में से कौन-सा/से सही है/हैं?

(a) केवल 1 (b) केवल 2
(c) 1 और 2 दोनों (d) न तो 1, न ही 2

उत्तर (a) बे छोटा जल निकाय होता है, जो सामान्यत: विशाल जल निकाय से उस स्थान से अलग होता है, जहां भूमि अंदर की ओर मुड़ती है। **इसलिए, कथन 1 सही है।**

सरल शब्दों में, वे तीन ओर से भूमि से घिरा जल निकाय होता है और चौथा पक्ष (मुहाना) महासागर की ओर खुला होता है। (गल्फ में, मुहाना संकरा होता है)।

गल्फ की तुलना में वे सामान्यत: अपेक्षाकृत छोटा और कम परिबद्ध होता है। **इसलिए, कथन 2 सही नहीं है।**

उदाहरण– पिग्स की खाड़ी (क्यूबा), हडसन की खाड़ी (कनाडा), बंगाल की खाड़ी आदि।

16. निम्नलिखित कथनों पर विचार कीजिए–

1. जलडमरूमध्य (strait), दो जल निकायों को पृथक करने वाला संकीर्ण भूभाग होता है।
2. स्थलडमरूमध्य (isthmus), दो जल निकायों को जोड़ने वाला एक संकीर्ण जलमार्ग होता है।

उपर्युक्त कथनों में से कौन-सा/से सही है/हैं?

(a) केवल 1 (b) केवल 2
(c) 1 और 2 दोनों (d) न तो 1, न ही 2

उत्तर (d) जलडमरूमध्य दो बड़े जल निकायों को जोड़ने वाला संकीर्ण जलमार्ग होता है। इसलिए, कथन 1 सही नहीं है।

स्थलडमरूमध्य या स्थल-संयोजक दो बड़े भू-स्थलों (भूमि-खंडों) को जोडने वाली भूमि की सकरी पट्टी होती है और यह दो जल निकायों को पृथक करती है। **इसलिए, कथन 2 सही नहीं है।**

उदाहरण के लिए, कैरेबियन सागर और प्रशांत महासागर के बीच अवस्थित, उत्तरी और दक्षिणी अमेरिका को जोड़ने वाला पनामा स्थलडमरूमध्य।

17. निम्नलिखित प्रमुख महासागरों को उनके आकार के घटते हुए क्रम में व्यवस्थित कीजिए–

1. प्रशांत महासागर
2. हिन्द महासागर
3. अटलांटिक महासागर
4. आर्कटिक महासागर

नीचे दिए गए कूट का प्रयोग कर सही उत्तर चुनिए–

(a) 1-2-3-4 (b) 1-2-4-3
(c) 2-1-3-4 (d) 1-3-2-4

उत्तर (d) प्रशांत महासागर सबसे बड़ा महासागर है जिसका क्षेत्रफल सभी महाद्वीपों से संयुक्त क्षेत्रफल से भी अधिक है। यह किसी भी अन्य सागर से अधिक गहरा है।

विशाल महासागरों का आकार के अनुसार क्रम इस प्रकार है–प्रशांत महासागर, अटलांटिक महासागर, हिन्द महासागर और आर्कटिक महासागर। अंटार्कटिका के चारों ओर प्रशांत, अटलांटिक और हिन्द महासागर के विस्तान को दक्षिणी महासागर कहा जाता है।

18. क्यूरोशिवो जलधारा के संदर्भ में, निम्नलिखित कथनों पर विचार कीजिए–

1. यह पश्चिमी-उत्तर प्रशांत महासागर में ठंडी जलधारा है।
2. यह जापान की प्रवाल भित्तियों का पोषण करती है।

उपर्युक्त कथनों में से कौन-सा/से सही है/हैं?

(a) केवल 1 (b) केवल 2
(c) 1 और 2 दोनों (d) न तो 1, न ही 2

उत्तर (b) क्यूरोशिवो धारा पश्चिमी उत्तर प्रशांत महासागर में उत्पन्न एक गर्म जलधारा है। **इसलिए, कथन 1 सही नहीं है।**

यह ताईवान के पूर्वी तट से प्रारम्भ होकर पूर्वोत्तर जापान की ओर प्रवाहित होती हैं, जहाँ यह उत्तरी प्रशांत धारा के पूर्वी प्रवाह में विलीन हो जाती है।

कई बार इसे ब्लैक स्ट्रीम (क्यूरोशिवो का अंग्रेजी अनुवाद) और जापान धारा के रूप में भी जाना जाता है।

यह जापान की प्रवाल भित्तियों का पोषण करती है और सुशीमा धारा के रूप में जापान सागर में मिल जाती है। **इसलिए, कथन 2 सही है।**

19. अरल सागर निम्नलिखित में से किन देशों का सीमावर्ती है?

1. तुर्कमेनिस्तान 2. उज्बेकिस्तान

3. कजाखस्तान

नीचे दिए गए कूट का प्रयोग कर सही उत्तर चुनिए-

(a) केवल 1 और 2
(b) केवल 2 और 3
(c) केवल 1 और 3
(d) 1, 2 और 3

उत्तर (b) अरल सागर मध्य एशिया में कजाखस्तान के दक्षिणी भाग एवं उत्तरी उज्बेकिस्तान के मध्य स्थित है।

20. उष्णकटिबंधीय समुद्री जलवायु के क्षेत्रों के संबंध में निम्नलिखित कथनों पर विचार कीजिए-

1. वे उष्णकटिबंधीय भूमियों के पूर्वी तट के सहारे अवस्थित हैं।

2. वे व्यापारिक पवनों के प्रभाव के अंतर्गत आते हैं।

3. वे उष्णकटिबंधीय चक्रवातों के प्रति प्रवण होते हैं।

उपर्युक्त कथनों में से कौन-सा/से सही है/हैं?

(a) केवल 1 और 2 (b) केवल 2 और 3
(c) केवल 1 और 3 (d) 1, 2 और 3

उत्तर (d) **उष्णकटिबंधीय समुद्री जलवायु-** इस प्रकार की जलवायु व्यापारिक पवनों से सदैव सतत वर्षा करने वाली उष्णकटिबंधीय भूमियों के पूर्वी तट के सहारे अवस्थित हैं।

ग्रीष्म काल में अधिकतम वर्षा प्राप्त होती है लेकिन इसमें कोई पृथक शुष्क अवधि नहीं होती है।

ऐसा कोई महीना नहीं होता है जिसमें वर्षा न होती हो।

उष्णकटिबंधीय समुद्री जलवायु वासस्थान के लिए अनुकूल होती है, लेकिन यह गंभीर उष्णकटिबंधीय चक्रवातों, हरिकेन या टाइफून के प्रति प्रवण होती है।

21. महासागरीय धाराओं के संदर्भ में, निम्नलिखित कथनों पर विचार कीजिए-

1. उनका प्रवाह केवल सागरीय सतह तक सीमित है।

2. वे पृथ्वी के ताप-संतुलन को बनाए रखने में सहयोग करती हैं।

उपर्युक्त कथनों में से कौन-सा/से सही है/हैं?

(a) केवल 1 (b) केवल 2
(c) 1 और 2 दोनों (d) न तो 1, न ही 2

उत्तर (b) **कथन 1 सही नहीं है।** महासागरीय धाराओं का प्रवाह सतत तक सीमित नहीं होता है। सतही धाराओं में महासागर के सम्पूर्ण जल का लगभग 10 प्रतिशत भाग समाविष्ट होता है, यह जल महासागर की ऊपरी 400 मीटर सतह का जल होता है। गहरी समुद्र धाराएं महासागर जल के अन्य 90 प्रतिशत भाग का निर्माण करती हैं।

गर्म महासागर धाराएं विषुवत वृत्त के सतह के साथ गति करती है, ये नीचे अवतलित होते ठंडे जल को प्रतिस्थापित करने के लिए ध्रुवों की ओर प्रवाहित होती हैं। यही वह प्रक्रिया है जो तापीय बजट के संतुलन को बनाए रखती हैं। **इसलिए, कथन 2 सही है।**

22. समुद्र-तल में एकान्तर रूप से वृद्धि और गिरावट की आवधिक परिघटना को ज्वार-भाटा के रूप में जाना जाता है। निम्नलिखित में से कौन-सा कथन ज्वार-भाटा के संबंध में सही नहीं है।

(a) पृथ्वी से अपनी निकटता के कारण चंद्रमा ज्वार-भाटा पर प्रबलतम प्रभाव डालता हैं।
(b) पूर्णिमा एवं अमावस्या दोनों अवसरों पर ज्वार-भाटा उच्चतम होते हैं।
(c) ज्वार-भाटा डेल्टाओं के निर्माण में सहायता करते हैं।
(d) ज्वारीय बल का उपयोग विद्युत उत्पन्न करने के स्रोत के रूप में किया जा सकता है।

उत्तर (c) ज्वार नदियों द्वारा लाया गया तलछट (जो डेल्टा के निर्माण में सहायक होते हैं) साफ करते हैं, इससे तटीय क्षेत्रों को साफ करने में सहायता मिलती है। **इसलिए, कथन (c) सही नहीं है।**

सूर्य की तुलना में, पृथ्वी से अपनी निकटता के कारण चंद्रमा ज्वार पर सबसे प्रबल प्रभाव डालता है। पूर्णिमा या अमावस्या होने पर, चंद्रमा और सूर्य का गुरुत्वाकर्षणात्मक बल संयुक्त हो जाता है। इस समय, उच्च ज्वार बहुत उच्च है और निम्न ज्वार बहुत निम्न होता है। चूंकि सूर्य के संदर्भ में पृथ्वी और चन्द्रमा की स्थिति वर्षपर्यंत बदलती रहती है, अत: हम उठते और गिरते समुद्र स्तर की दैनिक गति में निहित जल की स्थितिज ऊर्जा का उपयोग विद्युत उत्पन्न करने के लिए कर सकते हैं।

23. निम्नलिखित युग्मों पर विचार कीजिए-

महासागरीय धारा	**संबंधित मरुस्थल**
1. बेंगुला धारा	**: नामिब मरुस्थल**
2. हम्बोल्ट धारा	**: अटाकामा मरुस्थल**
3. कैलिफोर्निया धारा	**: मोजावे मरुस्थल**

उपर्युक्त युग्मों में से कौन-सा/से सही सुमेलित है/हैं?

(a) केवल 1
(b) केवल 1 और 2
(c) केवल 2 और 3
(d) 1, 2 और 3

उत्तर (d) चिली के अटाकामा मरुस्थल, दक्षिणी अफ्रीका के तामिब मरुस्थल और कालाहारी मरुस्थल, अमेरिका के मोजावे मरुस्थल और पश्चिमी ऑस्ट्रेलियाई मरुस्थल जैसे कुछ मरुस्थल, ठंडी महासागरीय धाराओं का परिणाम हैं जो आर्द्रता युक्त पवनों को समुद्र तट से परे मोड़ देती हैं। नामिब मरुस्थल, अटाकामा और मोजावे मरुस्थल क्रमश: बेंगुएला धारा, हंबोल्ट धारा और कैलिफोर्निया धारा के परिणाम हैं।

मंगोलिया और चीन के गोबी और तकला मकान जैसे अन्य मरुस्थल समुद्र से इतनी दूर हैं कि पवनें बहुत दूर महाद्वीपीय अभ्यन्तर तक पहुंचने से पहले ही अपनी आर्द्रता को खो देती हैं।

24. ध्रुवीय महासागरों में जल की लवणता निम्नलिखित कारणों से कम होती है-

1. कम वाष्पीकरण

2. ध्रुवीय ग्लेशियरों से ताजे जल का अंतर्वाह।

3. उच्च वायुमंडलीय दाब

नीचे दिए गए कूट का प्रयोग कर सही उत्तर चुनिए-

(a) केवल 1 और 2 (b) केवल 2 और 3
(c) 1, 2 और 3 (d) केवल 1

उत्तर (a) महासागरों की लवणता 20 डिग्री से 30 डिग्री उत्तरी और दक्षिण अक्षांश के बीच उच्चतम होती है क्योंकि उच्च तापमान और निम्न आर्द्रता के कारण यहां वाष्पीकरण की दर बहुत अधिक होती है। कम तापमान और वाष्पीकरण की निम्न दर के कारण शीतोष्ण महासागरों में लवणता कम होती है। निम्न वाष्पीकरण और पिघलती बर्फ से ताजे पानी के निरंतर संयोजन के कारण ध्रुवीय महासागरों में लवणता और भी कम होती हैं।

भारी वर्षा और उच्च सापेक्ष आर्द्रता के कारण भूमध्यरेखीय समुद्रों की औसत से भी कम लवणता होती है, क्योंकि वर्षा से महासागर जल में ताजे पानी की अच्छी मात्रा आती है।

उच्च वायुमंडलीय दाब ध्रुवीय महासागरों में कम लवणता का कारण नहीं है।

25. महासागरीय धाराओं के संदर्भ में निम्नलिखित कथनों पर विचार कीजिए–

1. ये विश्व में प्रमुख मत्स्यन क्षेत्रों के स्थानों को निर्धारित करती हैं।

2. ये ब्रिटेन तट को ठंड के कारण जमने से बचाती हैं।

3. ये भारतीय उप-महाद्वीप में मानसून को प्रभावित करती हैं।

उपर्युक्त कथनों में से कौन-सा/से सही है/हैं?

(a) केवल 1 और 2 (b) केवल 2 और 3

(c) केवल 1 (d) 1, 2 और 3

उत्तर (d) **सभी कथन सही हैं।** प्रमुख मत्स्यन क्षेत्र उन स्थानों पर स्थित हैं जहां गर्म धाराएं ठंडी धाराओं से मिलती हैं, जैसे न्यू फाउंड आइलैंड, जहां गल्फ स्ट्रीम लैब्राडोर धारा से मिलती है या जापानी तट, जहां क्युरोशियो धारा ओयाशियों धारा से मिलती है।

ब्रिटेन के तट की ओर बहने वाली गर्म उत्तरी अटलांटिक ड्रिफ्ट इसे जमने से बचाता है।

पेरू या हंबोल्ट धारा ठंडी धारा है जो पेरू के तट पर प्रशांत महासागर से गुजरती है। यह धारा भारतीय मानूसन में प्रमुख भूमिका निभाती है। जब यह धारा सामान्य प्रवाह में प्रवाहित होती है, तो यह उच्च दबाव का क्षेत्र बनाए रखती है और भारतीय उपमहाद्वीप कम दबाव का क्षेत्र बना रहता है, जिसके कारण नमी युक्त पवनें भारतीय उपमहाद्वीप की ओर बहती हैं। लेकिन कुछ वर्षों में यह धारा सामान्य से अधिक गर्म होती है जिसके कारण पेरू और चिली तट पर निम्न दबाव का क्षेत्र बनता है, और महासागर की नमी पेरू तट की ओर बहती है, परिणामस्वरूप भारतीय उपमहाद्वीप में कम वर्षा होती है। इस परिघटना को लोकप्रिय रूप से एल-नीनो के रूप में जाना जाता है।

26. निम्नलिखित में से कौन-सी गर्म महासागरीय धाराएं हैं?

1. कनारी

2. हम्बोल्ट

3. अगुलहास

4. उत्तरी अटलांटिक ड्रिफ्ट

नीचे दिए गए कूट का प्रयोग कर सही उत्तर चुनिए–

(a) केवल 2 और 3 (b) केवल 1 और 4

(c) केवल 3 और 4 (d) 1, 2, 3 और 4

उत्तर (c) कैनरी अटलांटिक महासागर में ठंडी धारा है एवं हम्बोल्ट धारा प्रशांत महासागर में एक ठंडी धारा है।

अगुलहास धारा, हिन्द महासागर की एक गर्म महासागरीय धारा है एवं उत्तरी अटलांटिक अपवाह या ड्रिफ्ट, अटलांटिक महासागर में गर्म महासागर धारा है।

27. हिन्द महासागर में 'महासागरीय धारा की ओर दिशा के व्युत्क्रमण' की परिघटना देखने को मिलती है। निम्नलिखित में से कौन-सा इसके लिए मुख्य रूप से उत्तरदायी है?

(a) पृथ्वी की धुरी का 23 1/2° पर झुका होना।

(b) उत्तरी हिन्द महासागर में मानसूनी पवनों का प्रभुत्व।

(c) हिन्द महासागर के उत्तर में भारतीय प्रायद्वीप की विद्यमानता।

(d) हिन्द महासागर में अपवाहित होने वाली नदियों की बड़ी संख्या।

उत्तर (b) उत्तरी हिन्द महासागर में मानसून पवनों का प्रभुत्व महासागरीय धारा की दिशा के व्युत्क्रमण का प्राथमिक कारण है। संपूर्ण विश्व में महासागरीय धारा ग्रहीय पवनों के कारण परिसंचरित होती है, लेकिन हिन्द महासागर में जब अंतर उष्णकटिबंधीय अभिसरण क्षेत्र (ITCZ) का स्थान भारतीय उपमहाद्वीप की ओर परिवर्तित होता है तो पवन की दिशाएं भी परिवर्तित होती हैं। ग्रीष्म ऋतु में जून से अक्टूबर के दौरान जब दक्षिणी पश्चिमी मानूसनी पवनें प्रभावी होती है तब धाराएं दक्षिण पश्चिमी दिशा से प्रवाहित होती हैं, शीत ऋतु में जब उत्तर-पूर्वी मानसून प्रभावी होता है तो धारा उत्तर पूर्व से उत्तर-पूर्वी मानसून के रूप में प्रवाहित होती है।

28. महाद्वीपीय सीमान्त में सम्मिलित हैं–

1. वितलीय मैदान

2. महाद्वीपीय मग्नतट

3. गहरी महासागरीय खाइयाँ (ट्रेंच)

4. महाद्वीपीय उत्थान

नीचे दिए गए कूट का प्रयोग कर सही उत्तर चुनिए–

(a) केवल 1, 3 और 4

(b) केवल 2, 3 और 4

(c) केवल 1, 2 और 3

(d) केवल 1, 2 और 4

उत्तर (b) महासागरीय नितल के उच्चावचों को तीन प्रमुख प्रभागों में विभाजित किया गया है। ये हैं–महाद्वीपीय सीमान्त, गहरी सागरीय द्रोणियाँ (वितलीय मैदान) एवं मध्य महासागरीय कटक। महाद्वीपीय सीमान्त महाद्वीपीय तटों और गहरी सागरीय द्रोणियाँ के बीच संक्रमण का निर्माण करती हैं। इनमें महाद्वीपीय मग्नतट या शेल्फ, महाद्वीपीय ढाल, महाद्वीपीय उत्थान और गहरी महासागरीय खाइयां सम्मिलित हैं।

29. पनामा नहर निम्नलिखित में से किन जल निकायों को जोड़ती है–

(a) लाल सागर और भूमध्य सागर

(b) कैलिफोर्निया की खाड़ी और कैरेबियन सागर

(c) मैक्सिको की खाड़ी और कैरेबियन सागर

(d) कैरेबियन सागर और प्रशांत महासागर

उत्तर (d) पनामा नहर पनामा में स्थित 48-मील (77 किमी.) लम्बा कृत्रिम जलमार्ग है जो कैरिबाई सागर (अटलांटिक महासागर में स्थित) को प्रशांत महासागर के साथ जोड़ता है। यह अंतर्राष्ट्रीय समुद्री व्यापार के लिए प्रमुख मार्ग है।

30. निम्नलिखित में से कौन-से कारक महासागरीय धाराओं को प्रभावित करते हैं?

1. पृथ्वी का घूर्णन

2. वायुदाब और पवन

3. पृथ्वी का परिक्रमण

4. सौर ऊर्जा द्वारा तापन

नीचे दिए गए कूट का प्रयोग कर सही उत्तर चुनिए–

(a) 1, 2, 3 और 4

(b) केवल 2, 3 और 4

(c) केवल 1, 2 और 4

(d) केवल 1 और 3

उत्तर (c) महासागरीय धाराएं दो प्रकार के बलों से प्रभावित होती हैं-

- प्राथमिक बल जो जल संचालन प्रारंभ करते हैं। धाराओं को प्रभावित करने वाले प्राथमिक बल निम्नलिखित हैं:
- सौर ऊर्जा के द्वारा तापन;
- पवन;
- गुरुत्वीय बल;
- कोरिऑलिस बल।
- द्वितीयक बल जो धाराओं के प्रवाह को प्रभावित करते हैं।

31. महासागरों पर तापमान वितरण के संबंध में निम्नलिखित में से कौन-सा/से कथन सही है/हैं?

1. सूर्यातप की घटती मात्रा के कारण भूमध्य रेखा से ध्रुवों की ओर तापमान में कमी।

2. भूमि से अपने कम संपर्क के कारण दक्षिणी गोलार्ध में महासागर कम ऊष्मा प्राप्त करते हैं।

3. भूमि से समुद्र की ओर प्रवाहित होने वाली पवनें समुद्र तट के निकट समुद्री सतह का तापमान बढ़ा देती हैं।

नीचे दिए गए कूट का प्रयोग कर सही उत्तर चुनिए–

(a) केवल 1 और 2 (b) केवल 2

(c) केवल 1 और 3 (d) 1, 2 और 3

उत्तर (a) **कथन 1 और 2 सही हैं।** सूर्यातप की घटती मात्रा के कारण भूमध्य रेखा से ध्रुवों की ओर तापमान में कमी आती है। भूमि के साथ अपने कम संपर्क के कारण दक्षिणी गोलार्ध में महासागर कम ऊष्मा प्राप्त करते हैं और इस प्रकार ठंडे रहते हैं।

कथन 3 सही नहीं है। धरातल से सागर की ओर प्रवाहित होने वाली पवनें सतह का गर्म जल हटाती हैं, जिसके कारण नीचे के शीत जल का उद्वेलन होता है तथा तट के निकट समुद्री सतह का तापमान कम हो जाता है।

32. निम्नलिखित में से किस समुद्री मार्ग को बिग ट्रंक मार्ग के रूप में जाना जाता है?

(a) केप ऑफ गुड होप समुद्री मार्ग

(b) भूमध्य सागरीय-हिन्द महासागर समुद्री मार्ग

(c) उत्तरी अटलांटिक समुद्री मार्ग

(d) उत्तरी प्रशांत समुद्री मार्ग

उत्तर (c) उत्तरी अटलांटिक समुद्र मार्ग विश्व के दो औद्योगिक रूप से विकसित क्षेत्रों, उत्तर-पूर्वी संयुक्त राज्य अमेरिका और उत्तर पश्चिमी यूरोप को जोड़ता है। इस मार्ग पर होने वाला विदेशी व्यापार, शेष संपूर्ण विश्व के सम्मिलित व्यापार की तुलना में अधिक है। विश्व का एक चौथाई विदेशी व्यापार इस मार्ग के माध्यम से सम्पन्न होता है। इसलिए, यह विश्व में सर्वाधिक व्यस्तम मार्ग है और दूसरे रूप में इसे बिग ट्रंक मार्ग कहा जाता है। दोनों ही तटों पर अति उन्नत पत्तन और बंदरगाह सुविधाएं विद्यमान हैं।

33. निम्नलिखित में से कौन-सा गर्त प्रशांत महासागर में स्थित नहीं है?

(a) टोंगा गर्त (b) मेरियाना गर्त

(c) प्योर्टोरिको गर्त (d) कमचटका गर्त

उत्तर (c) प्यूर्टो रिको गर्त अटलांटिक महासागर में है, जबकि अन्य प्रशांत महासागर में हैं।

34. ग्रेट बैरियर रीफ के संबंध में निम्नलिखित कथनों पर विचार कीजिए–

1. यह एक अत्यधिक लंबी कटक जैसी संरचना है जो ऑस्ट्रेलिया के उत्तर-पश्चिमी तट से कुछ दूर स्थित है।

2. यह प्रवाल त्रिभुज जैव-क्षेत्र के एक भाग का गठन करता है।

उपर्युक्त कथनों में से कौन-सा/से सही है/हैं?

(a) केवल 1 और 3

(b) केवल 2

(c) केवल 2 और 3

(d) केवल 1, 2 और 3

उत्तर (b) ग्रेट बैरियर रीफ अत्यधिक लंबी कटक जैसी संरचना है जो ऑस्ट्रेलिया के उत्तर-पूर्वी तट के कुछ दूर स्थित है। यह प्रवालों के कंकालों के निक्षेपण के परिणामस्वरूप निर्मित हुई है। यह एक विश्व विरासत स्थल है।

प्रवाल भित्तियाँ – जब प्रवाल मृत हो जाते हैं तो उनके कठोर ककाल उसी स्थान पर स्थिर रहते हैं और उनके ऊपर नए प्रवाल विकसित हो जाते हैं। प्रवालों के कंकालों के इन विशाल जमावों को प्रवाल भित्तियों के रूप में जाना जाता है।

प्रवाल त्रिभुज – प्रवाल त्रिभुज इंडोनेशिया, मलेशिया, पापुआ न्यू गिनी, फिलीपींस, सोलोमन द्वीप और पूर्वी तिमोर को आच्छादित करता है तथा इसमें विश्व की लगभग 30 प्रतिशत प्रवाल भित्तियाँ और मछलियों की 3,000 से अधिक प्रजातियाँ सम्मिलित हैं। यह ग्रेट बैरियर रीफ की अपेक्षा जैव विविधता की दृष्टि से अधिक समृद्ध है।

35. होर्मुज जलडमरूमध्य निम्नलिखित में से किन्हें जोड़ता है?

(a) लाल सागर और अदन की खाड़ी

(b) फारस की खाड़ी और ओमान की खाड़ी

(c) भूमध्यसागर और लाल सागर

(d) फारस की खाड़ी और अदन की खाड़ी

उत्तर (b) होर्मुज से संकीर्ण जलडमरूमध्य को पृथ्वी पर सामरिक रूप से सर्वाधिक महत्वपूर्ण जलडमरूमध्य माना जाता है। होर्मुज जलडमरूमध्य बिन्दुओं (चेकपॉइंट्स) को प्रदर्शित करता है। इससे लगभग 14 लाख बैरल प्रतिदिन (बी/डी) तेल निर्यात किया जाता है। विशाल सागरीय टैंकरों के माध्यम से बहरीन, ईरान, इराक, कुवैत, कतर, सऊदी अरब और संयुक्त अमीरात से जाने वाला अधिकांश तेल इसके जल क्षेत्र से होकर गुजरता है।

यह समुद्री क्षेत्र जिसके किनारे ईरान, ओमान का मुसन्दम प्रायद्वीप और संयुक्त अरब अमीरात इत्यादि अवस्थित हैं, स्पष्ट रूप से सैन्य दृष्टि से महत्वपूर्ण है।

36. अंतर्राष्ट्रीय समुद्री संगठन (आई.एम.ओ.) के संबंध में निम्नलिखित कथनों में से कौन-सा/सही है/हैं?

1. यह संयुक्त राष्ट्र की एक एजेंसी है।

2. भारत आई.एम.ओ. का एक सदस्य है।

3. यह समुद्री प्रदूषण की रोकथाम के लिए जिम्मेदार है।

नीचे दिए गए कूट का प्रयोग कर सही उत्तर चुनिए–

(a) केवल 1 और 2

(b) केवल 1 और 3

(c) केवल 2 और 3

(d) केवल 1, 2 और 3

उत्तर (d) आई.एम.ओ. (अंतर्राष्ट्रीय समुद्री संगठन) संयुक्त राष्ट्र का एक विशिष्ट अभिकरण है जिस पर नौ-परिवहन या जहाजरानी की सुरक्षा और संरक्षण तथा जल यानों द्वारा होने वाली समुद्री प्रदूषण की रोकथाम का उत्तरदायित्व है।

स्थापना– 1948 में जिनेवा में और 1959 में लागू हुआ। मुख्यालय– लंदन, यूनाइटेड किंगडम।

भारत आई. एम. ओ. के सबसे पहले सदस्यों में से एक था और यह इसमें 1959 में एक सदस्य-राज्य के रूप में सम्मिलित हुआ था।

37. महासागरीय अथवा समुद्री प्रकार की जलवायु के संबंध में निम्नलिखित कथनों पर विचार कीजिए–

1. यहां वर्षा वर्षपर्यन्त होती है।

2. यह समशीतोष्ण, मिश्रित वनों का क्षेत्र है जहां बीच तथा देवदार महत्वपूर्ण वृक्ष हैं।

3. यह सामान्यतः समशीतोष्ण क्षेत्र के पूर्वी तटों पर पाया जाता है।

उपर्युक्त कथनों में से कौन-सा/से सही है/हैं?

(a) केवल 1 और 2 (b) केवल 1 और 3

(c) केवल 2 और 3 (d) 1, 2 और 3

उत्तर (a) महासागरीय या समुद्री जलवायु प्रकार – ये समशीतोष्ण क्षेत्रों के उन पश्चिमी तटों पर पाए जाते हैं जो वर्ष भर गरजता चालीसा के प्रभाव

में रहते हैं। इसलिए, वर्षा वर्षपर्यन्त होती है। यह जलवायु दक्षिणी चिली तथा ब्रिटिश कोलंबिया के तटीय भूमि-प्रदेशों में पायी जाती है।

38. निम्नलिखित में से कौन-से हॉटस्पॉट उन महासागरों से सुमेलित है जिन में वे अवस्थित हैं?

1. रियूनियन हॉटस्पॉट : हिन्द महासागर
2. हवाइयन हॉटस्पॉट : प्रशांत महासागर
3. आईसलैंड हॉटस्पॉट : आर्कटिक महासागर
4. एजोर्स हॉटस्पॉट : प्रशांत महासागर
5. गैलापैगस हॉटस्पॉट : प्रशांत महासागर

नीचे दिए गए कूट का प्रयोग कर सही उत्तर चुनिए–

(a) केवल 1, 3, 4, 5
(b) केवल 1, 3 और 4
(c) केवल 1, 2, 4, 5
(d) 1, 2, 3, 4 5

उत्तर (c) रियूनियन हॉटस्पॉट – हिन्द महासागर
हवाइयन हॉटस्पॉट – प्रशांत महासागर
आइसलैंड हॉटस्पॉट – अटलांटिक महासागर
कारकोटा हॉटस्पॉट – प्रशांत महासागर
संत हेलेना हॉटस्पॉट – अटलांटिक महासागर
एजोरेस हॉटस्पॉट – अटलांटिक महासागर
गैलपागोस हॉटस्पॉट – प्रशांत महासागर
इन हॉटस्पॉट्स ने प्रमुख द्वीप समूहों का निर्माण किया है। इसमें आइसलैंड हॉस्पॉट से हटाया जा सकता है।

39. निम्नलिखित में से कौन-सा/सी नदी/नदियां अटलांटिक महासागर में आकर नहीं मिलती है/हैं?

1. नील **2. कांगो**
3. नाइजर **4. जाम्बेजी**
5. ऑरेंज

नीचे दिए गए कूट का प्रयोग कर सही उत्तर चुनिए–

(a) केवल 1
(b) केवल 1 और 4
(c) केवल 2, 3 और 4
(d) केवल 3 और 5

उत्तर (b) **नाइल** – यह विश्व की सबसे लम्बी नदी है। यह सम्पूर्ण अफ्रीका के लगभग 10 प्रतिशत भागों से होकर बहती है, तथा इसकी दो सहायक नदियाँ हैं– श्वेत नाइल तथा नीली नाइल। उनका संगम सूडान की राजधानी खर्तूम में होता है। वहाँ से नदी उत्तर की ओर सहारा मरुस्थल से होकर बहते हुए अंततः अपने विशाल डेल्टा से गुजरती हुई भूमध्यसागर में मिल जाती है। अधिकांश मिस्रवासी नाइल के किनारे या इसके समीप निवास करते हैं तथा यह उनकी जीवनधारा है। आस्वान, लक्सर तथा काहिरा इन नदी के किनारे आबाद मुख्य बस्तियां हैं।

कॉगो – यह अफ्रीका की दूसरी सबसे लम्बी नदी है। यह मध्य अफ्रीका से होकर पश्चिम की ओर बहती है। अफ्रीका के विशालतम वर्षा क्षेत्र में स्थित होने के कारण यह प्रति सेकण्ड 34,000 घन मीटर पानी अटलांटिक महासागर में प्रवाहित करती है जो जल प्रवाह के मामले में केवल अमेजॉन नदी के बाद स्थान रखता है। अफ्रीका में इसका सबसे बड़ा जलग्रहण बेसिन है जो 4.1 मिलियन वर्ग किलोमीटर क्षेत्र में फैली हुई है। अपने कुछ कैनियनों के कारण यह विश्व की सबसे गहरी नदी भी है। इसके किनारे पर बसे मुख्य शहर बंडाका, किन्शासा, किसनगनी तथा ब्रैजविल हैं।

नाइजर – यह अफ्रीका की तीसरी सबसे लम्बी नदी है। इसकी बूमरैंग आकृति ने सदियों तक यूरोपवासियों को उलझन में रखा। इसका उद्गम अटलांटिक महासागर से केवल 240 किलोमीटर है। नाइजर गिनी की खाड़ी नामक क्षेत्र में अटलांटिक महासगार में मिलती है। इस नदी की एक असामान्य विशेषता नाइजर अन्तःस्थलीय डेल्टा है। इसका निर्माण वहां हुआ है जहां नदी अचानक कम ढलान वाली हो जाती है। हर वर्ष आने वाली बाढ़ इस डेल्टा को मत्स्यपालन तथा खेती के लिए उपयुक्त बनाती है। यह प्रवासी पक्षियों के लिए भी एक महत्वपूर्ण विश्रामस्थल है।

जाम्बेजी – यह अफ्रीका की चौथी सबसे बड़ी नदी, किन्तु पूर्व की ओर बह कर हिंन्द महासागर में मिलने वाली सबसे बड़ी नदी है। इसकी सर्वाधिक प्रसिद्ध विशेषता विक्टोरिया जल-प्रपात है, जो विश्व में पानी के सबसे बड़े परदे का निर्माण करती है तथा विश्व के सातवें आश्चर्यों में से एक है। इसके खाते में विश्व का सबसे बड़ा संरक्षण स्थल, जाम्बेजी ट्रांसफ्रंटियर संरक्षण क्षेत्र, आता है जो 2,80,000 वर्ग किलोमीटर क्षेत्र में फैला हुआ है।

ऑरेंज – यह अफ्रीका की पांचवी सबसे बड़ी नदी है। यह जल विद्युत ऊर्जा तथा सिंचाई जल का मुख्य स्रोत है। ऑरेंज नदी ईस्टर्न केप को ऑरेंज मत्स्य सुरंग के माध्यम से जल की आपूर्ति करती है। 83 किलोमीटर लम्बी यह सुरंग विश्व की दूसरी सबसे लम्बी आपूर्ति सुरंग है। पश्चिम की ओर बहती हुई यह कालाहारी तथा नाम्बी मरुस्थलों के अर्द्ध शुष्क क्षेत्रों से होकर गुजरती है। इन क्षेत्रों में प्रति वर्ष 50 मिलीमीटर से भी कम वर्षा होती है। जिससे ये नदी के आयतन में जल का कदाचित ही अंशदान कर पाते हैं।

40. हाल में, एक नई प्रकार की एल-निनो, जिसका नाम एल-निनो मोडोकी है, समाचारों में थी। इस प्रसंग में निम्नलिखित कथनों पर विचार कीजिए–

1. सामान्य एल-निनो मध्य प्रशान्त महासागर में बनती है, जबकि एल-निनो मोडोकी पूर्वी प्रशान्त महासागर में बनती है।

2. सामान्य एल-निनो के परिणामस्वरूप अटलाण्टिक महासागर में ह्रासमान प्रभंजन पैदा होता है, परन्तु एल-निनो मोडोकी के परिणामस्वरूप ज्यादा संख्या में और ज्यादा आवृत्ति के प्रभंजन पैदा होते हैं।

उपरोक्त कथनों में से कौन-सा/से सही है/हैं?

(a) केवल 1
(b) केवल 2
(c) 1 और 2 दोनों
(d) न तो 1 और न ही 2

उत्तर (b) एल-निनो मोडोकी (El Nino Modoki) का निर्माण मध्य प्रशान्त महासागर में होता है। इसके परिणामस्वरूप ज्यादा संख्या में और ज्यादा आकृति के प्रभंजन (Hurricane) पैदा होते हैं। सामान्य एल-निनो के परिणामस्वरूप अटलाण्टिक महासागर में ह्रासमान प्रभंजन पैदा होते हैं।

41. निम्नलिखित कथनों पर विचार कीजिए–

1. महासागरीय धाराएँ महासागर में जल का मन्द-भूपृष्ठ संचलन होती हैं।
2. महासागरीय धाराएँ पृथ्वी का ताप सन्तुलन बनाए रखने में सहायक होती है।
3. महासागरीय धाराएँ मुख्यतः सनातन पवनों द्वारा चलायमान होती हैं।
4. महासागरीय धाराएँ महासागर संरूपण द्वारा प्रभावित होती हैं।

इनमें से कौन-से वक्तव्य सही हैं?

(a) 1 और 2 (b) 2, 3 और 4
(c) 1, 3 और 4 (d) 1, 2, 3 और 4

उत्तर (d) महासागरीय धाराएँ महासागर में जल का मन्द-भूपृष्ठन संचलन होती है। महासागरीय धाराएँ पृथ्वी का ताप सन्तुलन बनाए रखने में सहायक होती हैं। महासागरीय धाराएँ मुख्यतः सनातन पवनों जैसे– व्यापारिक पवनों एवं पछुआ प्रवनों द्वारा चलायमान होती है। महासागीय धाराएँ महासागर संरूपण द्वारा प्रभावित होती है।

42. सूची-I को सूची-II के साथ सुमेलित कीजिए और सूचियों के नीचे दिए गए कूट का प्रयोग कर सही उत्तर चुनिए–

सूची I (महासागीय परिखा)

A. एल्यूशियन (Aleusian)

B. करमेडेक (Kermadec)

C. सुण्डा (Sunda)

D. एस. सैण्डविच (S. Sandwich)

सूची II (स्थान)

1. हिन्द महासागर

2. उत्तर प्रशान्त महासागर

3. दक्षिण प्रशान्त महासागर

4. दक्षिण अंध महासागर

कूट–

	A	B	C	D
(a)	2	4	1	3
(b)	2	3	1	4
(c)	1	3	2	4
(d)	1	4	2	3

उत्तर (b) एल्यूशियन–उत्तरी प्रशान्त महासागर में, करमेडेक–दक्षिणी प्रशान्त महासागर में, सुण्डा–हिन्द महासागर में तथा एस॰ सैण्डविच–दक्षिणी अन्ध महासागर में पायी जाने वाली जल सन्धियाँ हैं।

43. निम्नलिखित में कौन-सी शीतधारा है?

(a) वेनेजुएला (b) क्यूरोशिवो

(c) गल्फ स्ट्रीम (d) ब्राजील

उत्तर (a) क्यूरोशिवो धारा (गर्म धारा) (प्रशान्त महासागर)

गल्फ स्ट्रीम (गर्म धारा) (अटलाण्टिक महासागर)

ब्राजील धारा (गर्म धारा) (अटलाण्टिक महासागर) वेनेजुएला धारा (शीत धारा) (अटलाण्टिक महासागर)

44. 'एल नीनो इफैक्ट' इसके साथ घनिष्ठ रूप से संबंधित है–

(a) हम्बोल्ट करेंट (धारा)

(b) विषुवतीय प्रतिधारा

(c) कैनेरीज करेंट (धारा)

(d) गल्फ करेंट (गल्फ धारा)

उत्तर (b) एल नीनो इफेक्ट विषुवतरेखीय प्रतिधारा के साथ घनिष्ठ रूप से संबंधित है। एल नीनो का भारतीय मानसून पर प्रतिकूल प्रभाव होता है।

45. कौन-सी धारा दक्षिण अटलांटिक महासागर में धाराओं के एक पूर्ण वृत के निर्माण में योगदान नहीं देती है?

(a) बेंगुला

(b) ब्राजील

(c) कनारी

(d) पश्चिमी पवन प्रवाह

उत्तर (c) कनारी धारा का संबंध दक्षिण अटलांटिक महासागर की धाराओं के पूर्ण वृत से नहीं है। यह उत्तर अटलांटिक महासागर में प्रवाहित होने वाली ठंडी जलधारा है।

❑❑❑

21 विश्व की नदियाँ

1. निम्नलिखित में से किसे नौवहन के लिए अंतर्देशीय जलमार्ग के रूप में विकसित किया जा सकता है?

1. नहर

2. झील

3. पश्चजल (Backwater)

4. नदी

नीचे दिए गए कूट का प्रयोग कर सही उत्तर चुनिए–

(a) केवल 1 और 3

(b) केवल 1 और 4

(c) केवल 2, 3 और 4

(d) 1, 2, 3 और 4

उत्तर (d) नदियों, नहरों, खाड़ियों और पश्चजल क्षेत्र, सभी का जलमार्गों के रूप में उपयोग किया जाता है, बशर्ते उनमें पर्याप्त गहराई, नौवहन योग्य चौड़ाई, जल प्रवाह की निरंतरता और परिवहन प्रौद्योगिकी उपयोग में हो।

घने जंगलों में, जैसे कि कांगों में नदियाँ परिवहन का एकमात्र साधन हैं। इसके अतिरिक्त ह्युरॉन और ईरी जैसी झीलें अपने जलमार्गों के माध्यम से प्रेयरी से फॉरवर्ड और बैकवर्ड लिंकेज उपलब्ध कराती हैं। इससे इस क्षेत्र में अनाज परिवहन की लागत में काफी कमी आई है। केरल में पश्चजल, राज्य में परिवहन का महत्वपूर्ण साधन हैं। इसके अतिरिक्त, स्वेज और पनामा जैसी नहरें पूर्वी और पश्चिमी विश्व, दोनों के लिए वाणिज्य के प्रवेशद्वार के रूप में काम करती हैं।

इसलिए, विकल्प (d) सही है।

2. निम्नलिखित युग्मों पर विचार कीजिए–

नहर		जोड़ती है
1. सू नहर	:	सुपीरियर झील को ह्यूरोन झील से
2. स्वेज	:	भूमध्य सागर को लाल सागर से
3. वेलैंड नहर	:	ईरी झील को ओंटारियो झील से

उपर्युक्त युग्मों में से कौन-सा/से सही सुमेलित है/हैं?

(a) केवल 2 (b) केवल 1 और 2

(c) केवल 1 और 3 (d) 1, 2 और 3

उत्तर (d) सभी युग्म सही सुमेलित हैं।

सू नहर और वेलैंड नहर उत्तरी अमेरिका के विशाल जलमार्ग के भाग हैं। सू नहर, ह्यूरोन झील और सुपीरियर झील को जोड़ती हैं। वेलैंड नहर ईरी और ओंटारियो झीलों को जोड़ती हैं।

भूमध्य सागर और लाल सागर को जोड़ने वाली स्वेज नहर, मिस्र के उत्तर में पोर्ट सईद और दक्षिण में पोर्ट स्वेज के मध्य स्थित है।

3. अंतर्देशीय जलमार्ग देश के परिवहन में केवल एक प्रतिशत योगदान दे रहे हैं। निम्नलिखित में से कौन-से इसके अल्प विकास के कारण हैं?

1. खराब रख-रखाव

2. उच्च ऊर्जा लागत

3. सड़कों से प्रतिस्पर्धा

4. सिंचाई प्रयोजनों हेतु नदी के जल को मोड़ देना

नीचे दिए गए कूट का प्रयोग कर सही उत्तर चुनिए–

(a) केवल 1 और 3

(b) केवल 1, 3 और 4

(c) केवल 2, ओर 4

(d) केवल 2, 3 और 4

उत्तर (b) अंतर्देशीय जलमार्ग यात्रियों के परिवहन के साथ-साथ नौभार या मालवहन यातायात के लिए पर्यावरण अनुकूल सक्षम परिवहन साधन हैं। इसके अतिरिक्त, वे भारी और बड़ी सामग्री ले जाने के लिए सबसे उपयुक्त भी हैं। भारत के पास 14,500 किलोमीटर का नौवहनीय जलमार्ग है, जो निम्नलिखित कारणों से देश के परिवहन में केवल 1% का ही योगदान कर पाता है।

- सडक और रेलवे से प्रतिस्पर्धा
- खराब रख-रखाव
- सिंचाई के लिए नदी जल के डायवर्जन से जल की कमी उनके मार्गों के बड़े भाग को नौवहन हेतु अक्षम बना देती है।

हालांकि, जल परिवहन की ऊर्जा लागत कम है।

नदियों के तल से गाद हटाकर, नदी तटों को स्थिर बना कर तथा जल प्रवाह को नियमित करने हेतु बाँधों और बैराजों के निर्माण से अंतर्देशीय जलमार्गों की नौवहनीयता में वृद्धि की जा सकती है।

इसलिए, विकल्प (b) सही है।

4. निम्नलिखित में से कौन-सा जलमार्ग नदी और झील दोनों से होकर गुजरता है?

(a) डेन्यूब जलमार्ग

(b) वोल्गा जलमार्ग

(c) सेंट लॉरेंस जलमार्ग

(d) राइन जलमार्ग

उत्तर (c) सेंट लॉरेंस जलमार्ग झीलों और नदी दोनों से होकर गुजरता है। इसका कुछ भाग बड़ी झीलों जैसे Huron (ह्यूरोन), एरी, ओंटारियो द्वारा बनता है और शेष भाग सेंट लॉरेंस से ज्वारनदमुख से बनता है। यह प्रेअरी क्षेत्र के लिए परिवहन के सस्ते साधन उपलब्ध कराकर विशिष्ट वाणिज्यिक जलमार्ग बनाता है।

राइन जलमार्ग– यह जर्मनी और नीदरलैंड से होकर प्रवाहित होता है। यह महासागर में जाने वाले जहाजों को रूर नदी के माध्यम से राइन क्षेत्र के समृद्ध कोयला क्षेत्र से जोड़ता है। (यह किसी झील से होकर नहीं गुजरता है)

वोल्गा जलमार्ग– यह 11,200 किमी की नौगम्य लंबाई प्रदान करता है एवं कैस्पियन सागर से मिलता है। वोल्गा-मास्को नहर इसे मास्को क्षेत्र से जोड़ती है। (झील का भाग नहीं)।

डेन्यूब जलमार्ग– पूर्वी यूरोप से विभिन्न देशों को जोड़ने वाला यह जलमार्ग डेन्यूब नदी पर अवस्थित है। (यह भी झील से होकर गुजरता है)।

5. निम्नलिखित यूरोपीय नदियों को पश्चिम से पूर्व के क्रम में व्यवस्थित कीजिए–

1. राइन **2. टेम्स**

3. डेन्यूब **4. वोल्गा**

नीचे दिए गए कूट का प्रयोग कर सही उत्तर चुनिए–

(a) 3-2-1-4 (b) 2-1-3-4
(c) 1-2-3-4 (d) 2-3-4-1

उत्तर (c) यूरोपीय नदियों का पश्चिम से पूर्व की ओर सही अनुक्रम है–

1. राइन 2. टेम्स
3. डेन्यूब 4. वोल्गा

6. अंतर्देशीय जलमार्गों का विकास निम्नलिखित में से कौन-से कारकों पर निर्भर करता है?

1. चैनल की गहराई
2. उपयोग में ली जाने वाली परिवहन तकनीक
3. जल प्रवाह में निरंतरता

नीचे दिए गए कूट का प्रयोग कर सही उत्तर चुनिए–

(a) केवल 1 और 2 (b) केवल 2 और 3
(c) केवल 3 (d) 1, 2 और 3

उत्तर (d) अंतर्देशीय जलमार्ग का विकास, चैनल की नौगम्य चौड़ाई और गहराई, जल प्रवाह में निरंतरता और प्रयुक्त की जा रही परिवहन तकनीक पर निर्भर करता है। जहाँ कहीं भी नदी चौड़ी, गहरी और गाद मुक्त होती है, वहां अंतर्देशीय जलमार्ग परिवहन का प्रमुख स्रोत हैं।

7. निम्नलिखित युग्मों पर विचार कीजिए–

जलमार्ग	**महाद्वीप**
1. राइन जलमार्ग	**: यूरोप**
2. डेन्यूब जलमार्ग	**: ऑस्ट्रेलिया**
3. वोल्गा जलमार्ग	**: एशिया**

उपर्युक्त युग्मों में से कौन-सा/से सही सुमेलित है/हैं?

(a) केवल 1 और 2 (b) केवल 2 और 3
(c) केवल 1 और 3 (d) 1, 2 और 3

उत्तर (c) राइन जलमार्ग, स्विट्जरलैंड, जर्मनी, फ्रांस, बेल्जियम और नीदरलैंड्स के औद्योगिक क्षेत्रों को उत्तरी अटलांटिक समुद्र मार्ग के साथ जोड़ता है। **इसलिए युग्म 1 सही प्रकार से सुमेलित है।**

डेन्यूब अंतर्देशीय जलमार्ग पूर्वी यूरोप के लिए कार्य करता है। डेन्यूब नदी जर्मनी में ब्लैक फॉरेस्ट से निकलती है एवं पूर्व की ओर कई देशों से होकर गुजरती है। **इसलिए, युग्म 2 सही प्रकार से सुमेलित नहीं है।** वोल्गा नदी 11,200 किमी का नौगम्य जलमार्ग प्रदान करती है एवं कैस्पियन सागर में गिरती है। वोल्गा-मास्को नहर मॉस्को क्षेत्र से एवं वोल्गा-दोन नहर काला सागर के साथ जोड़ती है। **इसलिए, युग्म 3 सही प्रकार से सुमेलित है।**

8. भारत में उत्तर से दक्षिण की ओर जाते हुए नीचे दी गई नदियों का निम्नलिखित में से सही अनुक्रम कौन-सा है?

(a) श्योक - स्पिती - जास्कर - सतलज
(b) श्योक - जास्कर - स्पिती - सतलज
(c) जास्कर - श्योक - सतलज - स्पिती
(d) जास्कर - सतलज - श्योक - स्पिती

उत्तर (b) भारत में उत्तर से दक्षिण जाते हुए नीचे दिए गए नदियों का सही अनुक्रम इस प्रकार है–

श्योक
↓
जास्कर
↓
स्पिती
↓
सतलज

श्योक नदी सिन्धु नदी की सहायक नदी हैं इसे मध्य एशिया में 'यारकण्डी' तथा काराकोरम क्षेत्र में 'मृत्यु की नदी' के नाम से जाना जाता है। प्राचीन काल में मध्य एशिया के यारकण्डी से लद्दाख के बीच व्यापार इसी नदी से होता था।

जास्कर नदी सिन्धु नदी की सहायक है। कठोर चट्टानी भागों से होकर बहते हुए जास्कर श्रेणी गहरे गार्ज का निर्माण करती है। इसकी उत्पत्ति हिमाचल प्रदेश एवं जम्मू-कश्मीर राज्य की सीमा पर अवस्थित सरचू के उच्च अक्षांशीय पठारी भाग से होती है। ये नदी पहले उत्तर एवं पुन: पूर्व की ओर बहते हुए अन्ततः 150 किमी॰ की लम्बाई तय कर सिन्धु नदी में मिल जाती हैं

स्पिती नदी 16,000 फीट ऊँचे कुंजुम दर्रे से निकलती है। यह सतलज नदी की सहायक नदी है। यह नदी 60 मील की दूरी तय करने के बाद हिमाचल प्रदेश के किन्नौर जिले में नामजिया गाँव के पास सतलज नदी में मिल जाती है।

सतजल नदी तिब्बत में स्थित राकस झील जिसकी ऊँचाई 4555 मी॰ है, से निकलती है। इस नदी की कुल लम्बाई भारत में 1050 किमी॰ हैं। स्पिती एवं व्यास नदी इसकी दाहिनी ओर से इसमें मिलती है। यह नदी महान् हिमालय और जास्कर श्रेणी दोनों को पूर्णत: काटती है और शिपकीला दर्रे के पास इण्डो-तिब्बत सीमा को पार करती है। हिमाचल प्रदेश में इस नदी का जल ग्रहण क्षेत्र 20,000 वर्ग किमी॰ है। भारत का सबसे ऊँचा भाखड़ा बाँध भाखड़ा के निकट इसी नदी पर बनाया गया है, जिसके पीछे गोविन्द सागर झील है। भाखड़ा बाँध विश्व का दूसरा सबसे ऊँचा बाँध है, जिसकी ऊँचाई नदी तल से 226 मी॰ है एवं समुद्र तल से 518 मी॰ है। यह भारत की सबसे बड़ी बहुउद्देशीय परियोजना है।

9. निम्नांकित में कौन सुमेलित नहीं है?

(a) बान – राइन
(b) काहिरा – नील
(c) न्यूयार्क – हडसन
(d) वियना – वोल्गा

उत्तर (d) वियना डेन्यूब नदी के तट पर है और यह आस्ट्रिया की राजधानी है, जबकि वोल्गा यूरोप की सबसे लम्बी नदी है जिसकी लम्बाई 3,690 किमी॰ है। डेन्यूब नदी जर्मनी स्थित ब्लैक फॉरेस्ट पर्वत से निकलकर पूर्व की ओर बहती हुई काला सागर में गिरती है।

10. निम्नलिखित नदियों में से कौन-सी विषुवत रेखा को दो बार पार करती है?

(a) जायर (b) नाइजर
(c) नील (d) अमेजन

उत्तर (a) जायरे नदी अफ्रीका की एक प्रमुख नदी है। यह नील नदी के पश्चात अफ्रीका की दूसरी सबसे बड़ी नदी है। यह विषुवत रेखा को दो बार पार करती है।

❑❑❑

22 वायुमण्डल/सूर्यातप/चक्रवात/आर्द्रता/वायुदाब/बादल/हवाएँ

1. भारत में शीतोष्ण कटिबंधीय तूफान का वर्णन करने के लिए निम्नलिखित में से किसे प्रयोग किया जाता है?

(a) पश्चिमी विक्षोभ (b) नार्वेस्टर

(c) आम्र-वर्षा (d) निर्वतनी मानसून

उत्तर (a) पश्चिमी विक्षोभ ऐसे शीतोष्णकटिबंधीय तूफानों की व्याख्या करने वाला शब्द है जो भारतीय उपमहाद्वीप के उत्तर पश्चिमी भागों में शीत ऋतु में अचानक होने वाली वर्षा और हिमपात के कारण होते हैं। यह पश्चिमी पवनों (Westerlies) द्वारा उत्पन्न किया गया गैर-मानसूनी वर्षा पैटर्न है। इन तूफानों में सामान्य रूप से भूमध्य सागर के ऊपर आर्द्रता उत्पन्न होती है। पश्चिमी विक्षोभ रबी की फसल के विकास के लिए महत्वपूर्ण होते हैं।

2. बादलों के संदर्भ में निम्नलिखित में से कौन-सा कथन सही है?

(a) पक्षाभ मेघ वर्षा-वाहक मेघों से संबंधित हैं।

(b) वर्षा-स्तरी बादल अन्धेरा कर देते हैं क्योंकि इनकी अधिक मोटाई सूर्य के प्रकाश को बाधित करती है।

(c) शीतोष्णकटिबंधीय चक्रवातों के दौरान होने वाली वर्षा सामान्यत: वर्षा-स्तरी बादलों के कारण होती है।

(d) उष्णकटिबंधीय चक्रवातों के दौरान होने वाली वर्षा सामान्यत: कपासी-वर्षा बादलों के कारण होती है।

उत्तर (b) पक्षाभ मेघों से वर्षा नहीं होती। शीतोष्णकटिबंधीय चक्रवातों के दौरान वर्षा तूफानी कपासी वर्षा मेघों के कारण होती है। उष्णकटिबंधीय चक्रवातों के दौरान वर्षा वर्षा-स्तरी मेघों के कारण होती है।

3. निम्नलिखित में से कौन-सा/से शीतोष्णकटिबंधीय चक्रवात था/थे?

1. हुदहुद **2. कैटरीना**

3. फेलिन **4. अशोबा**

नीचे दिए गए कूट का प्रयोग कर सही उत्तर चुनिए–

(a) केवल 1 और 3

(b) केवल 2

(c) 1, 3 और 4

(d) उपर्युक्त में से कोई नहीं

उत्तर (d) ये सभी उष्णकटिबंधीय चक्रवात हैं। शीतोष्णकटिबंधीय चक्रवातों का नामकरण नहीं किया जाता है क्योंकि ये वर्ष भर आते रहते हैं।

4. उत्तर भारत में 'लू' के नाम से जाने वाले स्थानीय पवन की उत्पत्ति के लिए निम्नलिखित में से कौन-सी प्रक्रिया उत्तरदायी है?

(a) चालन (b) संवहन

(c) अभिवहन (d) विकिरण

उत्तर (c) लू ग्रीष्मकाल में उत्तर भारत और पाकिस्तान में सिंधु-गंगा के पश्चिमी मैदानी क्षेत्र में दोपहर में प्रवाहित होने वाली प्रबल, गर्म और शुष्क पवन है। लू विशेष रूप से, मई और जून के महीनों में अधिक प्रबल होती है। उष्णकटिबंधीय क्षेत्रों में विशेष रूप से उत्तरी भारत में ग्रीष्मऋतु के दौरान, 'लू' नामक स्थानीय पवनों की उत्पत्ति अभिवहन प्रक्रिया का परिणाम होती हैं।

5. वायुमंडल में विद्यमान धूल कणों के संदर्भ में, निम्नलिखित कथनों पर विचार कीजिए–

1. ये सामान्यत: वातावरण की निचली परतों में सकेंद्रित होते हैं।

2. ये विषुवतीय और ध्रुवीय क्षेत्रों में अत्यधिक संकेंद्रित होते हैं।

3. ये मेघों के निर्माण में सहायक होते हैं।

उपर्युक्त कथन में से कौन-सा सही है/हैं?

(a) केवल 1 और 2 (b) केवल 2 और 3

(c) केवल 1 और 3 (d) 1, 2 और 3

उत्तर (c) वायुमंडल में विभिन्न स्रोतों से उत्पन्न छोटे ठोस कणों को धारण करने की पर्याप्त क्षमता होती है। इन कणों में मुख्यत: समुद्री नमक, महीन मिट्टी, कालिख, राख, परागकण, धूल और विघटित उल्का कण शामिल हैं। धूल कण सामान्यत: वायुमंडल की निचली परतों में संकेंद्रित होते हैं, फिर भी, संवहनी वायु धाराएं उन्हें काफी ऊंचाई पर पहुंचा सकती हैं। शुष्क पवनों के कारण, उष्णकटिबंधीय और समशीतोष्ण क्षेत्रों में, विषुवतीय और ध्रुवीय क्षेत्रों की तुलना में ध्रुवीय कणों की अधिक सांद्रता पाई जाती है। **इसलिए कथन 1 सही और कथन 2 सही नहीं है।**

धूल और नमक के कण आर्द्रताग्राही नाभिक के रूप में कार्य करते हैं जिसके चारों ओर जलवाष्प संघनित होकर मेघों का निर्माण करते हैं। **इसलिए, कथन 3 सही है।**

6. निम्नलिखित में से कौन-सा/से कारक संघनन के लिए उत्तरदायी है/हैं?

1. आर्द्रताग्राही नाभिक की उपस्थिति

2. निम्न तापमान

3. नमी की उपस्थिति

नीचे दिए गए कूट का प्रयोग कर सही उत्तर चुनिए–

(a) केवल 1

(b) केवल 1 और 2

(c) केवल 2 और 3

(d) 1, 2 और 3

उत्तर (d) जलवाष्प का जल में परिवर्तन संघनन कहलाता है। मुक्त वायु में, बहुत छोटे कण के चारों ओर ठंडा होने के फलस्वरूप संघनन होता है, जिन्हें आर्द्रताग्राही संघनन नाभिक कहा जाता है। (मुक्त वायु वह वायु होती है जो दाब या बहाव या किसी भी प्रकार के विक्षोभ द्वारा नियंत्रित नहीं होती है।)

धूल, धुएं, और समुद्री नमक के कण विशेषरूप से अच्छे नाभिक होते हैं क्योंकि वे जल का अवशोषण करते हैं।

संघनन के लिए सबसे अनुकूल स्थिति वायु के तापमान में कमी है।

संघनन वायु की मात्रा, तापमान, वायुदाब और आर्द्रता से प्रभावित होता है।

संघनन के बाद वायुमंडल में उपस्थित जलवाष्प या नमी निम्नलिखित में से कोई एक रूप ग्रहण करती है– ओस, पाला, कोहरा और बादल।

7. निम्नलिखित में से कौन-सी स्थानीय और मौसमी पवनें आस-पास के क्षेत्रों से भूमध्य सागर की ओर प्रवाहित होती हैं?

1. चिनूक 2. मिस्ट्रल
3. सिरोको

नीचे दिए गए कूट का प्रयोग कर सही उत्तर चुनिए–

(a) केवल 1 और 2
(b) केवल 2 और 3
(c) केवल 1 और 3
(d) 1, 2 और 3

उत्तर (b) चिनूक पवन, प्रशांत महासागर से उत्पन्न होने वाली उष्ण और शुष्क पवन है। यह रॉकी पर्वतों पर पूर्व की ओर प्रवाहित होती है, फिर उसके ढालों से होते हुए नीचे प्रेयरी (घास का मैदान) की ओर चली जाती है। **इसलिए, कथन 1 सही नहीं है।**

मिस्ट्रल (इतालवी में इसे मेस्त्राले (maestrale) कहते हैं), दक्षिणी फ्रांस में प्रवाहित होने वाली तेज ठंडी और शुष्क पवन है। यह उत्तर से रोन नदी के निचली घाटी से होती हुई भूमध्यसागर की ओर प्रवाहित होती है।

इसलिए, कथन 2 सही है। सिरोको गर्म, आर्द्र पवन है। यह उत्तरी भूमध्यसागर और दक्षिणी यूरोप में दक्षिण या दक्षिण-पूर्व से चलती है जो अपने साथ असुविधा उत्पन्न करने वाली आर्द्रता लाती है। **इसलिए, कथन 3 सही है।**

8. उष्णकटिबंधीय चक्रवात के संदर्भ में, निम्नलिखित कथनों पर विचार कीजिए–

1. ओडिशा की तुलना में, केरल उष्णकटिबंधीय चक्रवात के प्रति कम प्रवण है।

2. विशाखापत्तनम की तुलना में, हैदराबाद उष्णकटिबंधीय चक्रवातों द्वारा उत्पन्न आपदा के प्रति अधिक प्रवण है।

उपर्युक्त कथन में से कौन-सा सही है/हैं?

(a) केवल 1 (b) केवल 2
(c) 1 और 2 दोनों (d) न तो 1, न ही 2

उत्तर (a) भारत का पूर्वी तट सबसे अधिक चक्रवात प्रभावित क्षेत्र है। चक्रवात प्रवण (प्रभावित) राज्य हैं– पश्चिम बंगाल, ओडिशा, आंध्रप्रदेश और तमिलनाडु। पश्चिमी तट अरब सागर से उत्पन्न होने वाले चक्रवातों से प्रभावित होता है। पश्चिमी तट पर गुजरात चक्रवातों से सर्वाधिक प्रभावित होता है। महाराष्ट्र के तटीय क्षेत्रों के आंतरिक भाग में भी चक्रवातों की उत्पत्ति होती है। **इसलिए, कथन 1 सही है।**

जैसे-जैसे चक्रवात समुद्र तट से दूर रहता है, इसके विनाशकारी प्रभाव में कमी होने लगती है। ऐसा इसलिए होता है क्योंकि आर्द्रता की आपूर्ति कम हो जाती है। तटीय शहरों में उष्णकटिबंधीय चक्रवातों की अधिक सम्भावना होती है। विशाखापत्तनम एक तटीय शहर है। **इसलिए, कथन 2 सही नहीं है।**

9. शीतोष्ण कटिबंधीय चक्रवातों के संबंध में निम्नलिखित कथनों पर विचार कीजिए–

1. वे ध्रुवीय वाताग्र के सहारे निर्मित होते हैं।

2. वे भूमि एवं समुद्र दोनों के ऊपर उत्पन्न हो सकते हैं।

3. वे पश्चिम से पूर्व की ओर गति करते हैं।

उपर्युक्त कथन में से कौन-सा सही है/हैं?

(a) केवल 1और 2 (b) केवल 2 और 3
(c) केवल 1 (d) 1, 2 और 3

उत्तर (d) शीतोष्ण कटिबंधीय चक्रवात, उष्णकटिबंधीय चक्रवात की तुलना में अधिक बड़े क्षेत्र को प्रभावित करते हैं। उष्णकटिबंधीय चक्रवात में पवन की गति अधिक तीव्र होती है और यह अधिक विनाशकारी होता है।

शीतोष्ण कटिबंधीय चक्रवात, पश्चिम से पूर्व की ओर गति करते हैं किन्तु उष्णकटिबंधीय चक्रवात पूर्व से पश्चिम की ओर गति करते हैं।

10. निम्नलिखित में से कौन-सा/से केटाबेटिक पवनों की सर्वोत्तम व्याख्या करता है?

(a) पर्वतीय ढलान पर आस-पास के वायु स्तम्भ की तुलना में गरम सतही तापमान के कारण ऊपर की दिशा में गति करने वाली पवनें।
(b) एक प्रकार की पवन प्रणाली जिसमें ऋतु के अनुसार विद्यमान दिशा का पूर्ण या लगभग पूर्ण उत्क्रमण होता है।
(c) ऐसी पवनें जिनमें भूमि के ऊपर ठंडी, भारी, सघन वायु का समुद्र की ओर प्रवाह होता है।
(d) ऐसी पवनें जिनमें उच्च पठारों एवं हिमक्षेत्रों की ठंडी वायु घाटी में अपवाहित होती है।

उत्तर (d) केटाबेटिक या अवरोही पवनें– रात्रिकाल के दौरान ढलान ठंडे हो जाते हैं और सघन वायु पर्वतीय पवन के रूप में घाटियों की ओर उतरती है। घाटी की ओर अपवाहित होने वाली उच्च पठारों एवं हिमक्षेत्रों की ठंडी वायु अवरोही पवन कही जाती है।

11. 'इस प्रकार के मेघ कपास के ढेर के समान प्रतीत होते हैं और सामान्य रूप से 4000-7000 मीटर की ऊंचाई पर निर्मित होते हैं। वे पैंचों (patches) के रूप में विद्यमान होते हैं और यहाँ-वहाँ छितरे देखे जा सकते हैं। उनका आधार चपटा होता है।' उपर्युक्त परिच्छेद द्वारा निम्नलिखित में से कौन-सा/से प्रकार के मेघों की व्याख्या की गई है?

(a) सिरस मेघ (b) क्युमुलस मेघ
(c) स्ट्रेटस मेघ (d) निंबस मेघ

उत्तर (b) कपासी (क्युमुलस) मेघ कपास के ढेर की भांति प्रतीत होते हैं। वे सामान्य रूप से 4000-7000 मीटर की ऊंचाई पर बनते हैं। वे पैचों के रूप में विद्यमान होते हैं और यहाँ-वहाँ छितरे हुए देखे जा सकते हैं। उनका आधार चपटा होता है।

पक्षाभ या सिरस मेघ– पक्षाभ मेघ उच्च ऊंचाई (8000 - 12000 मी.) पर बनते हैं। वे कम घने एवं पृथक्कृत मेघ होते हैं और पंख के समान प्रतीत होते हैं। इनका रंग सदैव सफेद होता है।

स्तरी या स्ट्रेटस मेघ– जैसा कि उनके नाम में निहित है, ये आकाश के बड़े भागों को आच्छादित करने वाले स्तरी मेघ होते हैं। ये मेघ आम तौर पर ताप की हानि या विभिन्न तापमानों वाली वायु राशियों के मिश्रित होने से बनते हैं।

वर्षा या निंबस मेघ– वर्षा मेघ काले या गहरे धूसर होते हैं। ये मध्यम स्तरों पर या पृथ्वी की सतह के बहुत निकट बनते हैं। ये अत्यधिक घने एवं सूर्य किरणों के लिए अपारदर्शी होते हैं। कभी-कभी, मेघ इतने निम्न तलीय पर होते हैं कि वे भूतल को स्पर्श करते प्रतीत होते हैं। वर्षा मेघ घनी वाष्प के आकारहीन द्रव्यमान होते हैं।

12. ग्रहीय या भूमंडलीय वनों का परिसंचरण प्रतिमान निम्नलिखित में से कौन-से कारक पर निर्भर करता है?

1. महाद्वीपों और महासागरों का वितरण।

2. पृथ्वी का घूर्णन

3. वायुदाब पट्टियों का उद्भव

नीचे दिए गए कूट का प्रयोग कर सही उत्तर चुनिए–

(a) केवल 1 और 2 (b) केवल 3
(c) केवल 2 और 3 (d) 1, 2 और 3

उत्तर (d) भूमंडलीय पवनों का परिसंचरण पैटर्न निम्न पर निर्भर करता है–

वायुमंडलीय तापन की अक्षांशीय भिन्नता पर

वायुदाब पेटियों के उद्भव पर

सूर्य के आभासी पथ का अनुसरण करने वाली पेटियों के स्थानांतरण पर

महाद्वीपों और महासागरों के वितरण पर

पृथ्वी के घूर्णन पर

13. निम्नलिखित में से कौन-सी परिस्थिति/परिस्थितियाँ ओस के निर्माण के लिए आदर्श है/हैं?

1. मेघाच्छन्नता

2. शान्त वायु

3. ठंडी एवं लंबी रातें

नीचे दिए गए कूट का प्रयोग कर सही उत्तर चुनिए-

(a) केवल 3 (b) केवल 2 और 3
(c) केवल 1 और 2 (d) 1, 2 और 3

उत्तर (b) जब आर्द्रता (सतह के ऊपर वायु में स्थित नाभिकों के स्थान पर) ठोस वस्तुओं जैसे कि पत्थर, घास की पत्तियों के किनारों, और पौधों की पत्तियों इत्यादि की ठंडी सतह पर, जल की बूंदों के रूप में निक्षेपित होती है, तो इसे ओस कहा जाता है।

इसके निर्माण की आदर्श स्थितियाँ स्वच्छ आकाश, शांत वायु, उच्च सापेक्षिक, ठंडी और लंबी रातें हैं। ओस के निर्माण के लिए, ओसांक का हिमांक से उच्च होना आवश्यक है।

14. निम्नलिखित में से कौन-सी स्थिति/स्थितियां उष्णकटिबंधीय चक्रवातों के निर्माण और तीव्रता के लिए अनुकूल है/हैं?

1. समुद्र की सतह का तापमान 27°C से अधिक

2. कोरिऑलिस बल का अभाव

3. पहले से विद्यमान उच्च दाब का क्षेत्र

नीचे दिए गए कूट का प्रयोग कर सही उत्तर चुनिए-

(a) केवल 1 और 3 (b) केवल 2 और 3
(c) केवल 1 (d) 1, 2 और 3

उत्तर (c) उष्णकटिबंधीय चक्रवात गर्त उष्णकटिबंधीय महासागरों पर उत्पन्न होते हैं एवं तीव्रता प्राप्त करते हैं। उष्णकटिबंधीय तूफानों के निर्माण एवं तीव्रता के लिए अनुकूल परिस्थितियाँ इस प्रकार हैं-

27°C से अधिक तापमान से युक्त विशाल समुद्री सतह।

कोरिऑलिस बल की उपस्थिति।

ऊर्ध्वाधर पवन गति में कम परिवर्तन।

पहले से विद्यमान कमजोर निम्न दाब क्षेत्र या निम्न-स्तरीय चक्रवाती परिसंचरण।

सागरीय सतह प्रणाली के ऊपर उच्चतलीय अपसरण।

15. पश्चिमी चक्रवाती विक्षोभों के संदर्भ में, निम्नलिखित कथनों पर विचार कीजिए-

1. इनका उद्भव भूमध्य सागर के ऊपर होता है।

2. इन्हें पश्चिमी जेट धारा भारत में लाती है।

3. इन चक्रवाती विक्षोभों के आगमन की विशेषता रात के प्रचलित तापमान में कमी आना है।

उपर्युक्त कथन में से कौन-सा सही है/हैं?

(a) केवल 1 (b) केवल 1 और 2
(c) 1, 2 और 3 (d) कोई नहीं

उत्तर (b) **कथन 1 और 2 सही हैं।** पश्चिमी चक्रवाती विक्षोभ शीतकाल के महीनों के दौरान पश्चिम और उत्तर-पश्चिम से भारतीय उपमहाद्वीप में प्रवेश करता है। इसका उद्‌गम भूमध्यसागर के ऊपर होता है। भारत में यह चक्रवाती विक्षोभ पछुआ जेट धारा द्वारा लाया जाता है।

कथन 3 सही नहीं है। रात के तापमान में वृद्धि से सामान्यतः इन चक्रवाती विक्षोभों के आगमन का पूर्वानुमान लगाया जाता है।

16. निम्नलिखित में से वर्षा जल संचयन विधियों के लाभ कौन-सा/से है/हैं?

1. इससे भूजल स्तर में वृद्धि होती है।

2. संदूषक तत्वों की मात्रा में कमी कर भूजल की गुणवत्ता में सुधार करता है।

3. लवणीय जल के अंतर्वेधन को रोकता है।

नीचे दिए गए कूट का प्रयोग कर सही उत्तर चुनिए-

(a) केवल 1 (b) केवल 1 और 2
(c) केवल 2 और 3 (d) 1, 2 और 3

उत्तर (d) वर्षा जल संचयन विभिन्न उपयोगों के लिए वर्षा के जल को अभिग्रहीत और संगृहीत करने का तरीका है। इसका उपयोग भूजल जलभृत (groundwater aquifers) के पुनर्भरण के लिए भी किया जाता है। यह वर्षा जल को बोर वेल तथा कुओं की ओर मोड़कर पानी की हर बूंद का संरक्षण करने के लिए कम लागतवाली तथा पर्यावरण-अनुकूल तकनीक है। वर्षा जल संचयन पानी की उपलब्धता बढ़ाता है, भूजल स्तर में कमी को रोकता है, फ्लोराइड और नाइट्रेट जैसे संदूषकों की मात्रा में कमी लाकर भूजल की गुणवत्ता में सुधार लाता है तथा मृदा अपरदन रोकता है। इसके साथ ही यदि इसका उपयोग जलभृतों का पुनर्भरण करने के लिए किया जाता है तो यह बाढ़ और तटीय क्षेत्रों में खारे पानी के अंतःस्राव को रोकता है।

17. निम्नलिखित में से कौन-सी तकनीक का उपयोग वर्षा जल संचयन के लिए किया जा सकता है?

1. वर्षा जल को नलकूपों की ओर मार्गनिर्देशित करना।

2. सिंचाई के लिए तालाब जैसे धरातलीय जल संग्रह निकायों का उपयोग करना।

3. जल संग्रह के लिए छतों का उपयोग करना।

नीचे दिए गए कूट का प्रयोग कर सही उत्तर चुनिए-

(a) केवल 1 और 3
(b) केवल 2 और 3
(c) केवल 2
(d) 1, 2 और 3

उत्तर (d) वर्षा जल संचयन विभिन्न उपयोगों के लिए वर्षा के जल का अभिग्रहण और संग्रहण करने का तरीका है। वर्षा जल को बोर वेल एवं कुओं की ओर मोड़कर पानी की हर बूंद का संरक्षण करने के लिए यह कम लागत वाली और पर्यावरण-अनुकूल तकनीक है।

ग्रामीण इलाकों में परंपरागत वर्षा जल संचयन झीलों, तालाबों, सिंचाई तालाबों जैसे धरातलीय जल संग्रह निकायों का उपयोग करके किया जाता है, स्थानीय रूप से वर्षा जल संचयन वाली संरचनाओं को कंड या टांका के रूप में जाना जाता है।

छतों और खुले स्थानो पर वर्षा जल संचयन, जल भण्डारण के कुछ अन्य तरीके हैं।

18. शीतोष्ण और उष्णकटिबंधीय चक्रवातों के संबंध में निम्नलिखित में से कौन-सा/से कथन सही है/हैं?

1. उष्णकटिबंधीय चक्रवात सामान्य रूप से शीतोष्ण चक्रवातों की तुलना में बड़े और अधिक विनाशकारी होते हैं।

2. उष्णकटिबंधीय चक्रवात केवल समुद्र पर उत्पन्न होते हैं जबकि शीतोष्ण चक्रवात भूमि और समुद्र दोनों में उत्पन्न होते हैं।

3. भारत एक उष्णकटिबंधीय देश होने के कारण शीतोष्ण चक्रवातों के प्रभाव के अंतर्गत नहीं आता है।

नीचे दिए गए कूट का प्रयोग कर सही उत्तर चुनिए-

(a) केवल 1 और 2 (b) केवल 1 और 3
(c) केवल 2 (d) 1, 2 और 3

उत्तर (c) **कथन 1 सही नहीं है।** उष्णकटिबंधीय चक्रवात आम तौर पर शीतोष्ण चक्रवात से छोटे होते हैं, लेकिन पवनों की अत्यधिक उच्च गति के कारण अधिक विनाशकारी होते हैं।

कथन 2 सही है। उष्णकटिबंधीय चक्रवात केवल समुद्रों के ऊपर निर्मित होते हैं जहां से वे प्रचुर मात्रा में उष्ण जल की आपूर्ति प्राप्त कर सकते हैं जबकि शीतोष्ण चक्रवात अधिकतर महाद्वीपों पर निर्मित होते हैं।

कथन 3 सही नहीं है। यद्यपि भारत में शीतोष्ण चक्रवात उत्पन्न नहीं होते, लेकिन वे

शीत ऋतु के दौरान पश्चिम की ओर से आने वाली जेट धाराओं द्वारा भूमध्यसागरीय क्षेत्र से भारत में लाए जाते हैं।

19. तड़ित झंझा (thunderstorms) के संबंध में निम्नलिखित कथनों पर विचार करें–

1. ये बहुत विस्तृत क्षेत्र में पाए जाते हैं।

2. ये मुख्य रूप से गहन संवहन के कारण बनते हैं।

3. बादलों का विस्तार विशाल ऊंचाइयों तक होता है।

4. आर्द्र एवं उष्ण मौसम इसके विकास के लिए अनुकूल हैं।

उपर्युक्त कथनों में से कौन-सा/से तड़ित झंझा की विशेषता है/विशेषताएं हैं?

(a) केवल 1 और 2

(b) केवल 1 और 3

(c) केवल 2, 3 और 4

(d) 1, 2, 3 और 4

उत्तर (c) तड़ित झंझा उष्ण आर्द्र मौसम के प्रतीक हैं। इनकी अवधि कम होती हैं और ये अत्यधिक तापमान के कारण बनते हैं। ये कपासी बादलों का निर्माण करते हैं और गर्जन और तड़ित पैदा करते हैं। अंततः ये बादल बढ़कर बड़े और दीर्घाकार हो जाते हैं, क्योंकि संवहन की प्रक्रिया जारी रहती है।

20. ऊपर आकाश में देखने पर, आप बहुत ही अधिक ऊंचाई पर एक बादल पाते हैं, जो पंख के आकार का प्रतीत होता है और संघटन में एकरूप नहीं होता है। यह बादल पतला और रंग में श्वेत दिखाई देता है। आप किस प्रकार के बादल की ओर देख रहे हैं?

(a) क्युमलस (कपासी मेघ)

(b) स्ट्रेट्स (स्तरी मेघ)

(c) सिरस (पक्षाभ मेघ)

(d) निंबस (वर्षा मेघ)

उत्तर (c) पक्षाभ मेघ बादलों का निर्माण बहुत अधिक ऊंचाई यानी 8 किमी की ऊंचाई पर होता है। ये सामान्यतः रंग में श्वेत होते हैं काफी पतले और भिन्न दिखाई देते हैं। ये पंख के आकार के प्रतीत होते हैं।

21. प्रति-चक्रवात के सन्दर्भ में निम्नलिखित कथनों पर विचार कीजिए–

1. इनके केन्द्र में उच्च दाब का क्षेत्र होता है।

2. मौसम की दशाएं तूफानी तथा मेघ युक्त होती हैं।

3. दक्षिणी गोलार्द्ध में पवन की गति घड़ी की सुई की दिशा में समान होती है।

उपर्युक्त कथनों में से कौन-सा/से सही है/हैं?

(a) केवल 1 (b) केवल 1 और 2

(c) केवल 2 और 3 (d) 1, 2 और 3

उत्तर (a) प्रतिचक्रवात चक्रवात के विपरीत होते हैं। यहाँ, दाब केन्द्र में अधिक होता है। हवाएं हल्की होती हैं। उनकी गति उत्तरी गोलार्द्ध में क्लॉकवाइज में तथा दक्षिणी गोलार्द्ध में एंटी क्लॉकवाईज में होती है। यहाँ मौसम सुन्दर तथा आकाश स्वच्छ रहता है।

22. निम्नलिखित कथनों पर विचार कीजिए–

1. विश्व में, उष्णकटिबन्धीय मरुस्थल महाद्वीपों के पश्चिमी सीमान्तों में व्यापारिक पवन पट्टी में पाये जाते हैं।

2. भारत में पूर्वी हिमालय क्षेत्र उत्तर-पूर्वी पवनों से अधिक वर्षा प्राप्त करता है।

उपरोक्त कथनों में से कौन-सा/से सही है/हैं?

(a) केवल 1

(b) केवल 2

(c) 1 और 2 दोनों

(d) न तो 1, न ही 2

उत्तर (a) विश्व में उष्णकटिबंधीय मरुस्थल प्रायः महाद्वीपों के पश्चिम में भूमध्य रेखा से 15° से 30° उत्तर या दक्षिण में व्यापारिक पवन पट्टी में पाये जाते हैं। सहारा को छोड़कर अन्य भागों में यह प्राकृतिक प्रदेश महादेशों के पश्चिमी भाग में स्थित है। सहारा में इसका विस्तार महाद्वीप के पूर्वी तट पर है जिसका कारण यह है कि इस भाग में आने वाले पवन एशिया के दक्षिण-पश्चिम स्थल भाग में पहुँचते हैं जो कि शुष्क होने के कारण वर्षा नहीं ला पाते हैं। प्रमुख उष्ण कटिबन्धीय मरुस्थल के अन्तर्गत अफ्रीका के सहारा एवं कालाहारी, एशिया में अरब, ईरान एवं थार, अमेरिका में निम्न कैलीफोर्निया, एरीजोना एवं कोलेरेडो, द० अमेरिका में अटाकामा एवं ऑस्ट्रेलिया के पश्चिमी एवं मध्य भाग आते हैं।

भारत में पूर्वी हिमालय क्षेत्र बंगाल उत्तर-पूर्वी पवनों से कम वर्षा प्राप्त करता है। पूर्वी हिमालय क्षेत्र बंगाल की खाड़ी की ओर से आने वाली दक्षिण-पश्चिम पवनों से अधिक वर्षा प्राप्त करता है।

इस प्रकार कथन 1 सही है एवं कथन 2 गलत है।

23. निम्नलिखित कथनों पर विचार कीजिए–

1. अटलाण्टिक महासागर की तुलना में प्रशान्त महासागर में तापमान का वार्षिक परिसर अधिक है।

2. दक्षिणी गोलार्द्ध की तुलना में उत्तरी गोलार्द्ध में तापमान का वार्षिक परिसर अधिक है।

उपरोक्त कथनों में से कौन-सा/से सही है/हैं?

(a) केवल 1

(b) केवल 2

(c) 1 और 2 दोनों

(d) न तो 1, न ही 2

उत्तर (b) अटलाण्टिक महासागर की तुलना में प्रशान्त महासागर में तापमान का वार्षिक परिसर कम पाया जाता है। प्रशान्त महासागर में अटलाण्टिक महासागर की तुलना में तापमान 2°C अधिक पाया जाता है, लेकिन वार्षिक तापमान परिसर अधिक क्षेत्रफल वाले महासागर/सागर का कम क्षेत्रफल वाले महासागर/सागर से कम होता है। चूँकि प्रशान्त महासागर का क्षेत्रफल अटलाण्टिक महासागर से अधिक है इसीलिए प्रशान्त महासागर का वार्षिक तापमान परिसर के अटलाण्टिक महासागर से कम है। **अतः कथन 1 सही नहीं है।** गर्म जलधाराएँ उत्तरी गोलार्द्ध के महासागर के तापमान को दक्षिणी गोलार्द्ध की अपेक्षा अधिक बढ़ा देती हैं। यही कारण है कि 5°C की समताप रेखा उत्तरी अटलाण्टिक महासागर में 70°C अक्षांश तक पहुँच जाती है, जबकि यही समताप रेखा दक्षिणी अटलाण्टिक महासागर में 50° अक्षांश तक ही पहुँच पाती है। उत्तरी गोलार्द्ध में तापमान का वार्षिक परिसर 14.3°C तथा दक्षिणी गोलार्द्ध में 7.3°C पाया जाता है। सभी महासागरों का औसत तापमान 17.2°C पाया जाता है, जबकि उत्तरी गोलार्द्ध में 19.4° तथा दक्षिणी गोलार्द्ध में 16.1°C तापमान पाया जाता है। **अतः कथन 2 सही है।**

24. कथन (A) : वायुमण्डल में नमी की मात्रा अक्षांश से सम्बद्ध है।

कारण (R) : नमी को जलवाष्प के रूप में रखने की क्षमता तापमान से सम्बद्ध है।

नीचे दिए गए कूट से सही उत्तर चुनिए–

कूट–

(a) A और R दोनों सही हैं तथा R, A का सही स्पष्टीकरण है

(b) A और R दोनों सही हैं, तथा R, A का सही स्पष्टीकरण नहीं है

(c) A सही है, किन्तु R गलत है

(d) A गलत है, किन्तु R सही है

उत्तर (a) वायुमण्डल में नमी की मात्रा अक्षांश से सम्बद्ध है, क्योंकि अक्षांश में परिवर्तन के साथ वायुमण्डल में नमी की मात्रा बदल

जाती है। इसी कारण पृथ्वी को विभिन्न अक्षांशों में उसके वायुमण्डल में उपस्थित नमी के आधार पर बाँटा गया है। वायुमण्डल की आर्द्रता भी तापमान पर निर्भर करती है, क्योंकि सूर्य की ऊष्मा को अवशोषित कर पृथ्वी का धरातल गर्म होता है। यहाँ उपस्थित पानी गर्म होकर जलवाष्प में परिवर्तित होकर वायुमण्डल में हमेशा पहुँचता रहता है।

25. सूची-I को सूची-II से सुमेलित कीजिए और सूचियों के नीचे दिए गए कूट का प्रयोग कर सही उत्तर चुनिए–

सूची-I (स्थानीय पवन)	सूची-II (क्षेत्र)
A. फॉन	1. अर्जेन्टीना
B. सामुन	2. कुर्दिस्तान
C. सान्ता अना	3. कैलिफोर्निया
D. जोंडा	4. आल्पस

कूट–

	A	B	C	D
(a)	2	4	1	3
(b)	4	2	3	1
(c)	2	4	3	1
(d)	4	2	1	3

उत्तर (a)

स्थानीय	पवन क्षेत्र
फॉन	आल्पस
सागुन	कुर्दिस्तान
सान्ता	अना कैलिफोर्निया
सान्डा	अर्जेन्टीना

26. इस प्रश्न में दो वक्तव्य हैं। एक को कथन (A) तथा दूसरे को कारण (R) कहा गया है। इन दोनों वक्तव्यों का सावधानीपूर्वक परीक्षण कर इन प्रश्नांशों का उत्तर नीचे दिए हुए कूट की सहायता से चुनिए–

कथन (A): ऊँचाई बढ़ने के साथ-साथ जल का क्वथनांक (Boiling point) घटता जाता है।

कारण (R): ऊँचाई के साथ वायुमण्डलीय दाब बढ़ता जाता है।

कूट–

(a) A और R दोनों सही है और R, A का सही स्पष्टीकरण है

(b) A और R दोनों सही हैं, परन्तु R, A का सही स्पष्टीकरण नहीं है

(c) A सही है, परन्तु R गलत है

(d) A गलत है, परन्तु R सही है

उत्तर (c) चूँकि ऊँचाई बढ़ने के साथ-साथ वायुमण्डलीय दाब कम होता जाता है एवं इसके कारण (दाब कम होने से) जल का क्वथनांक (Boiling point) घटता जाता है।

27. पृथ्वी के धरातल से ऊपर की ओर वायुमण्डल के विभिन्न स्तरों का सही अनुक्रम है–

(a) क्षोभमण्डल (Troposphere), समतापमण्डल, आयनमण्डल मध्यमण्डल

(b) समतापमण्डल (Stratosphere), क्षोभमण्डल, आयनमण्डल, मध्यमण्डल

(c) क्षोभमण्डल, समतापमण्डल, मध्यमण्डल, आयनमण्डल (Ionosphere)

(d) समतापमण्डल, क्षोभमण्डल, मध्यमण्डल (Mesophere), आयनमण्डल

उत्तर (c) क्षोभमण्डल सबसे निचली परत है। इसकी ऊँचाई भूमध्य रेखा पर 16 किमी॰ तथा ध्रुवों पर 8 किमी॰ तक है। इसके बाद समतापमण्डल है जिसकी ऊँचाई 50 किमी॰ तक है इसके बाद मध्यमण्डल का स्थान आता है। इस मण्डल की ऊँचाई 50 से 90 किमी॰ तक है। मध्यमण्डल के ऊपर आयनमण्डल है। आयनमण्डल की ऊँचाई 80 से 400 किमी॰ के बीच है जहाँ से रेडियो तरंगों का परावर्तन होता है।

28. विली विली है–

(a) एक प्रकार का वृक्ष जो शीतोष्ण कटिबन्ध में उगता है

(b) एक प्रकार की हवा जो मरुस्थल में चलती है

(c) उत्तर पश्चिम ऑस्ट्रेलिया का उष्णकटिबन्धीय चक्रवात

(d) लक्षद्वीप समूह के निकट सामान्यत: पाई जाने वाली मछली का एक प्रकार

उत्तर (c) ऑस्ट्रेलिया के तटीय भागों में उष्णकटिबन्धीय चक्रवात को विली-विलीज कहा जाता है। उष्णकटिबन्धीय चक्रवातों का व्यास 500 से 800 किमी॰ के बीच पाया जाता है। चक्रवात के केन्द्र के निकट वायुदाब प्रवणता काफी अधिक होने के कारण इन चक्रवातों में पवन की गति 120 से 200 किमी॰ प्रति घण्टा होती है। अत्यन्त भीषण चक्रवातों के केन्द्रीय भाग के निकट पवन का वेग इससे भी अधिक होता है। इस प्रकार के चक्रवात काफी विनाशकारी होते हैं। उष्णकटिबन्धीय चक्रवातों की एक महत्वपूर्ण विशेषता यह है कि इसके केन्द्र में शान्त क्षेत्र पाया जाता है, जिसके ऊपर आकाश प्राय: मेघ रहित होता है।

29. कथन (A): वायुमण्डल अधिकांश ऊष्मा परोक्ष रूप से सूर्य से तथा प्रत्यक्ष रूप से पृथ्वी के धरातल से प्राप्त करता है।

कारण (R): पृथ्वी के धरातल पर सौर लघु तरंगें पार्थिव ऊर्जा की लम्बी तरंगों में परिणत होती हैं।

कूट–

(a) A और R दोनों सही हैं तथा R, A की सही व्याख्या करता है

(b) A और R दोनों सही हैं परतु R, A की सही व्याख्या नहीं करता है

(c) A सही है परन्तु R गलत है

(d) A गलत है परन्तु R सही है

उत्तर (a) वायुमण्डल अधिकांश ऊष्मा परोक्ष रूप से सूर्य से तथा प्रत्यक्ष रूप से पृथ्वी के धरातल से प्राप्त करता है। सूर्य की ऊष्मा लघु तरंगों के रूप में सीधे पृथ्वी पर पहुँचती है, जिसे सूर्यातप कहते हैं। वायुमण्डल इससे गर्म नहीं होता है। सूर्यताप प्राप्त करने के पश्चात् पृथ्वी इस ऊष्मा को वातावरण में लगातार प्रक्षेपित करती रहती है। इसी से वायुमण्डल गरम होता है।

30. मानव द्वारा बनाये गए उपग्रह स्थापित होते हैं–

(a) मध्यमण्डल में

(b) समतापमण्डल में

(c) क्षोभमण्डल में

(d) थर्मोस्फीयर (वायुमण्डल) में

उत्तर (d) मानव द्वारा बनाये गए उपग्रह थर्मोस्फीयर (वायुमण्डल) में स्थापित होते हैं। धरातल से 80 किमी॰ की ऊँचाई से लेकर 640 किमी॰ तक वायुमण्डल का विस्तार है। इस मण्डल में ऊँचाई के साथ तापमान में वृद्धि होती है।

❑❑❑

23 वन

1. क्यासनूर वन रोग के संदर्भ में, निम्नलिखित कथनों पर विचार कीजिए–
   1. यह एक विषाणु जनित बीमारी है, जो पश्चिमी घाट में पनपने वाली एक किलनी (tick) के माध्यम से फैलती है।
   2. यह मनुष्य में संचरित नहीं हो सकती है।
   3. इसे 'मंकी फीवर' के रूप में भी जाना जाता है।

   उपर्युक्त कथनों में से कौन-सा/से सही है/हैं?

   (a) केवल 1 और 2 (b) केवल 2 और 3
   (c) केवल 1 और 3 (d) 1, 2 और 3

उत्तर (c) क्यासनूर वन रोग-कर्नाटक में स्थित उस वन के नाम पर इसका नामकरण किया गया हैं, जहाँ पहली बार इसका पता चला था। क्यासनूर वन रोग वायरस के कारण होता है जो फ्लैविविरिडे (Flaviviridae) वायरस परिवार का सदस्य है। यह रोग हेमाफिसालिस स्पिनिगेरा (Haemaphysalis Spinigera) नामक किलनी के काटने से फैलता है। ये किलनियाँ KFD वायरस का आश्रय स्थल होती हैं। ये किलनियाँ पश्चिमी घाटों में पनपने और मनुष्य में रोग संचारित करने के लिए जानी जाती हैं। **इसलिए, कथन 1 सही है और कथन 2 सही नहीं है।**

यह रोग पहली बार 1957 में बंदरों में जंतुमारी प्रकोप के रूप में प्रकट हुआ था जिसमे अनेक बंदर मारे गए थे। इसलिए इस रोग को स्थानीय रूप से मंकी फीवर के रूप में भी जाना जाता है। **इसलिए, कथन 3 सही है।**

2. भारत की प्राकृतिक वनस्पति की विशेषताओं के संदर्भ में, निम्नलिखित कथनों पर विचार करें–
   1. वृक्ष, गर्म और आर्द्र क्षेत्रों में पाए जाते हैं।
   2. औसत वार्षिक तापमान 22 डिग्री सेल्सियस से ऊपर रहता है।
   3. वार्षिक वर्षा 200 सेमी से अधिक होती है।
   4. रोजवुड, आबनूस और महोगनी पाई जाने वाली महत्वपूर्ण प्रजातियां हैं।

   उपर्युक्त लक्षण निम्नलिखित वनों में से किस वन की विशेषता हैं?

   (a) उष्णकटिबंधीय आर्द्र पर्णपाती वन
   (b) उष्णकटिबंधीय अर्द्ध सदाबहार वन
   (c) उष्णकटिबंधीय सदाबहार वन
   (d) उष्ण कटिबंधीय शुष्क पर्णपाती वन

उत्तर (c) उष्णकटिबंधीय सदाबहार वन पश्चिमी घाट के पश्चिमी ढलानों, पूर्वोत्तर क्षेत्र की पहाड़ियों और अंडमान और निकोबार द्वीपों में पाए जाते हैं। ये वन 200 सेमी से अधिक वार्षिक वर्षा और 22 डिग्री सेल्सियस से अधिक औसत वार्षिक तापमान वाले गर्म और आर्द्र क्षेत्रों में पाए जाते हैं। उष्णकटिबंधीय सदाबहार वन समीपी भूमि से भलीभांति समायोजित हो जाते हैं और छोटी बनावट वाले पेड़ों के बाद ऊँचे वृक्षों सहित झाड़ियों और लताओं से आच्छादित होते हैं। इन वनों में, वृक्ष 60 मीटर या उससे अधिक तक भी पहुँच जाते हैं।

3. निम्नलिखित नदी डेल्टाओं में से किसमें/किनमें मैंग्रोव वनावरण है?

   1. महानदी 2. कृष्णा
   3. गोदावरी 4. कावेरी

   नीचे दिए गए कूट का प्रयोग कर सही उत्तर चुनिए–

   (a) केवल 3
   (b) केवल 1, 2 और 3
   (c) केवल 2 और 3
   (d) 1, 2 3 और 4

उत्तर (d) भारत में, मैंग्रोव वन विशाल क्षेत्र मे फैले हुए हैं, जो विश्व के कुल मैंग्रोव वनों का 7 प्रतिशत है। ये वन अडमान और निकोबार द्वीप समूह और पश्चिम बंगाल के सुंदरबन में अत्यधिक विकसित हैं। अन्य महत्वपूर्ण क्षेत्र महानदी, गोदावरी, कावेरी और कृष्णा के डेल्टा क्षेत्र हैं।

4. सूची-I से सूची-II को सुमेलित करें–

सूची-I	सूची-II
A. महोगनी	1. उष्णकटिबंधीय पर्णपाती
B. शीशम	2. हिमालयी आर्द्र वन
C. अखरोट	3. अल्पाइन
D. जुनिपर	4. उष्णकटिबंधीय सदाबहार

   नीचे दिए गए कूट का प्रयोग कर सही उत्तर चुनिए–

   (a) A-4, B-1, C-2, D-3
   (b) A-4, B-2, C-1, D-3
   (c) A-3, B-2, C-1, D-4
   (d) A-3, B-1, C-2, D-4

उत्तर (a) उष्णकटिबंधीय सदाबहार वन इस वन के कुछ व्यावसायिक रूप से महत्वपूर्ण वृक्ष आबनूस, महोगनी, शीशम, रबर और कुनैन हैं।

उष्णटिबंधीय पर्णपाती वन - सागौन इस वन की सबसे प्रमुख प्रजाति है।

बांस, साल, शीशम, चंदन, खैर, कुसुम, अर्जुन, शहतूत आदि व्यावसायिक रूप से महत्वपूर्ण प्रजातियां हैं।

पर्वतीय वन - देवदार, जुनिपर, पाइन और बर्च इन वनों के सामान्य वृक्ष हैं।

हिमालयी आर्द्र वन - अखरोट।

5. भारत के वनों के संदर्भ में, निम्नलिखित कथनों पर विचार करें–
   1. हिमालय पर्वतमाला में उष्णकटिबंधीय से लेकर टुंड्रा तक विविध वनस्पतियां पाई जाती हैं।
   2. नीलगिरी के शीतोष्ण वन शोलास कहलाते हैं।
   3. हिमालय पर्वतमाला में पर्णपाती वन नहीं पाए जाते हैं?

   उपर्युक्त कथनों में से कौन-सा/से सही नहीं है/हैं?

   (a) केवल 1
   (b) केवल 2 और 3
   (c) केवल 1 और 3
   (d) केवल 3

उत्तर (d) **केवल कथन 3 गलत है।**

पहाड़ी क्षेत्रों में, ऊंचाई बढ़ने के साथ तापमान में गिरावट आने से प्रकृतिक वनस्पति में भी संगत परिवर्तन होता है।

हिमालय पर्वतमाला में ऊंचाई के साथ परिवर्तित होने वाली उष्णकटिबंधीय से लेकर टुंड्रा वनस्पति का अनुक्रम दिखाई देता है।

पर्णपाती वन हिमालय की तलहटी में पाए जाते हैं। नीलगिरी, अन्नामलाई और पालनी पहाड़ियों के शीतोष्ण वन शोला कहलाते हैं।

6. भारत में निम्नलिखित में से किस स्थान में मैंग्रोव और उष्णकटिबंधीय सदाबहार वन दोनों पाए जाते हैं?

1. अंडमान और निकोबार द्वीप

2. सुन्दर वन

3. भीतरकनिका

4. पिचावरम्

5. कच्छ की खाड़ी

नीचे दिए गए कूट का प्रयोग कर सही उत्तर चुनिए–

(a) केवल 1

(b) केवल 1 और 2

(c) केवल 1, 4 और 5

(d) केवल 3, 4 और 5

उत्तर (a) सुंदरवनों में वेलांचली और दलदली वन पाए जाते हैं। यहां पर मैंग्रोव पाए जाते हैं, सदाबहार वन नहीं पाए जाते हैं। यद्यपि सुन्दवनों को घेरने वाले क्षेत्र में उष्णकटिबंधीय सदाबहार वन होते हैं।

अन्य क्षेत्रों (अंडमान और निकोबार के अतिरिक्त) में मैंग्रोव होते हैं, लेकिन सदाबहार वन नहीं होते।

7. भारत में वन आवरण के संदर्भ में निम्नलिखित कथनों पर विचार कीजिए–

1. लक्षद्वीप में शून्य प्रतिशत वन क्षेत्र है।

2. 10 प्रतिशत से कम वन क्षेत्र वाले अधिकार राज्य देश के उत्तर और उत्तर-पश्चिमी भाग में पड़ते हैं।

3. हिमालय के दक्षिणी ढलानों में उत्तरी ढलानों की तुलना में अधिक सघन वनावरण है।

उपर्युक्त कथनों में से कौन-सा/से सही है/हैं?

(a) केवल 2

(b) केवल 2 और 3

(c) केवल 1 और 2

(d) 1, 2 और 3

उत्तर (d) लक्षद्वीप में शून्य प्रतिशत वन क्षेत्र पाया जाता है, **इसलिए कथन 1 सही है।** 10 प्रतिशत से कम वन क्षेत्र वाले अधिकतर राज्य देश के उत्तर और उत्तर-पश्चिमी भाग में अवस्थित हैं। ये राजस्थान, गुजरात, पंजाब, हरियाणा और दिल्ली में हैं। **इसलिए कथन 2 भी सही है।** हिमालय के दक्षिणी ढलानों में, शुष्क उत्तरी ढलानों की अपेक्षा अधिक वर्षा होने के कारण सघन वनस्पति आच्छादन पाया जाता है। **कथन 3 भी सही है।**

8. निम्नलिखित युग्मों पर विचार करें–

	प्रजाति	वनस्पति का प्रकार
1.	चीड़	कांटेदार झाड़ियों के वन
2.	आबनूस	उष्णकटिबंधीय पर्णपाती
3.	सुंदरी	मैंग्रोव वन

उपर्युक्त कथनों में से कौन-सा/से सही है/हैं?

(a) केवल 1 और 3 (b) केवल 2

(c) केवल 2 और 3 (d) केवल 3

उत्तर (d) पर्वतीय क्षेत्रों में शंकुधारी वृक्ष पाए जाते हैं। चीड़, पाइन और देवदार इन वनों के महत्वपूर्ण वृक्ष हैं। कांटेदार, कैक्टस, खैर, बबूल, कीकड़ महत्वपूर्ण हैं और राजस्थान, पंजाब, हरियाणा, पश्चिम घाट के पूर्वी ढलानों और गुजरात इत्यादि राज्यों में पाए जाते हैं। मैंग्रोव वन में सुन्दरी वृक्षों की एक सुविख्यात प्रजाति है जिसके नाम से सुन्दरवन का नामकरण हुआ है।

उष्णकटिबंधीय पर्णपाती– इन वनों के महत्वपूर्ण वृक्ष साल, टीक, पीपल, नीम और शीशम हैं।

9. सुंदरवनों की एक प्रमुख सदाबहार वृक्ष प्रजाति, सुन्दरी (Heritiera fomes) के संदर्भ में निम्नलिखित कथनों पर विचार कीजिए–

1. यह अपनी लकड़ी के लिए अत्यधिक मूल्यवान है।

2. आई.यू.सी.एन. ने इसे 'विलुप्तप्राय (endangered)' के रूप में निर्धारित किया है।

उपर्युक्त कथनों में से कौन-सा/से सही है/हैं?

(a) केवल 1

(b) केवल 2

(c) 1 और 2 दोनों

(d) न तो 1 न ही 2

उत्तर (c) सुन्दरी (Heritiera fomes) मैंग्रोव वृक्षों के Malvaceae वर्ग की एक प्रजाति है। इसके सामान्य नाम सुन्दर, सुन्दरी, जेकानाजो और पिनलेकानाजो इत्यादि हैं। यह बांग्लादेश और भारत के सुन्दरवनों की प्रमुख प्रजाति है, और क्षेत्र में 70% वृक्ष इसी के होते हैं। सुन्दरी (H. fomes) इमारती लकड़ी देने वाला प्रमुख वृक्ष है। अत्यधिक कटाई, गंगा नदी के बेसिन में जल के स्थांतरणों, नदी धाराओं के ऊपर के क्षेत्रों तथा समुद्रतटीय क्षेत्रों में विकास के फलस्वरूप लवणता में उतार-चढ़ाव होने एवं शीर्ष के सूखने संबंधी रोगों के कारण यह असुरक्षित (विलोपोन्मुखी) है। प्रकृति संरक्षण के लिए अन्तर्राष्ट्रीय संघ (आई.यू.सी.एन.) के आकलनों ने इसे 'विलुप्तप्राय (endangered)' निर्धारित किया है।

10. निम्नलिखित में से किन क्षेत्रों में आपको मॉस और लाइकेन प्राप्त होने की अधिक संभावना है?

(a) टुंड्रा वनस्पति

(b) उष्णकटिबंधीय सदाबहार वन

(c) मैंग्रोव वन

(d) शीतोष्ण सदाबहार वन

उत्तर (a) टुंड्रा प्रकार का क्षेत्र अत्यधिक ठंडा स्थान होता है। यहाँ पर प्राकृतिक वनस्पति का विकास बहुत सीमित होता है। यहाँ पर केवल मॉस, लाइकेन और अत्यधिक छोटी झाड़ियाँ पायी जाती हैं। इनका विकास अत्यधिक लघु अवधि की ग्रीष्म ऋतु के दौरान होता है।

11. निम्नलिखित में से वन का कौन-सा प्रकार भारत में सर्वाधिक विस्तृत है?

(a) उष्णकटिबंधीय सदाबहार वन

(b) उष्णकटिबंधीय पर्णपाती वन

(c) अर्द्ध-सदाबहार वन

(d) उष्णकटिबंधीय कंटक वन

उत्तर (b) भारत के अधिकांश भागों में पूरे वर्ष की सीमित समयावधि में संकेंद्रित 70 सेमी से लेकर 200 सेमी तक वर्षा होती है। मानसूनी जलवायु के रूप में विख्यात होने के बावजूद वर्ष के अधिकांश भागों में उष्णकटिबंधीय जलवायु ही देखने को मिलती है। इसलिए, भारत के उन भागों में तदनुरूप वनस्पति पर्णपाती ही होती है।

12. निम्नलिखित युग्मों पर विचार कीजिए–

	वन	प्रमुख आर्थिक गतिविधि
1.	शीतोष्ण वन	चराई
2.	उष्णकटिबंधीय वन	लकड़ी काटने का काम
3.	शीतोष्ण घास के मैदान	संग्रहण

उपर्यक्त युग्मों में से कौन-सा/से सही सुमेलित है/हैं?

(a) 1, 2 और 3

(b) केवल 1 और 2

(c) केवल 2

(d) उपर्युक्त में से कोई नहीं

उत्तर (d) विश्व में लट्ठ (टिम्बर) और लकड़ी की लुगदी का बड़ा भाग पृथ्वी के विशाल क्षेत्र

पर आच्छादित शीतोष्ण वनों से प्राप्त होता है। इन वनों में पेड़ सीधे होते हैं और लकड़ी काटना आसान होता है। **इसलिए, युग्म 1 सही सुमेलित नहीं है।**

उष्णकटिबंधीय वर्षा वन– इस वन में लोग शिकार और संग्रहण, छोटे पैमाने पर खेती, मछली पकड़ने या अपने स्वयं के उपयोग के लिए, बेचने के लिए या व्यापार करने के लिए वन उत्पादों के निष्कर्षण के माध्यम से अपनी आजीविका संधारित करते हैं। जैसे-जैसे वन सिकुड़ रहे हैं, कई वर्षों से इनकी संख्या में तेजी से गिरावट आती जा रही है। उष्णकटिबंधीय वर्षा वन के अभी तक अछूते घने वनों में असंख्य प्रजातियों के पेड़ होने के बावजूद, इस क्षेत्र में लकड़ी काटने का उद्योग अभी तक ठीक से विकसित नहीं हुआ है। **इसलिए, युग्म 2 सही सुमेलित नहीं है।**

13. क्यासानूर वन रोग के संदर्भ में, निम्नलिखित कथनों पर विचार कीजिए–

1. यह एक वायरल बीमारी है जो बंदरों में किलनी (tick) के माध्यम से फैलती है।

2. इसका हिमालय के अल्पाइन वनों में पता लगाया गया है।

उपर्युक्त कथनों में से कौन-सा/से सही है/हैं?

(a) केवल 1 (b) केवल 2

(c) 1 और 2 दोनों (d) न तो 1, न ही 2

उत्तर (a) **कथन 1 सही है।** क्यासनूर वन रोग का नामकरण कर्नाटक के एक वन के नाम पर किया गया है जहां पहली बार इसका पता चला था। क्यासनूर वन रोग वायरल के कारण होता है, जो फ्लेवीवायरीडे वायरस परिवार का सदस्य है। यह रोग हेमाफाइसलिस स्पिनिगेरा नामक किलनी के काटने से फैलता है। संक्रमित बंदर का रक्त इन किलनियों के लिए भोजन के रूप में कार्य करता है, जो बाद में मनुष्यों को काटते हैं।

कथन 2 सही नहीं है। इस रोग का सर्वप्रथम 1957 में कर्नाटक के शिमोगा जिले से क्यासानूर वन क्षेत्र में पता चला था, जब इससे 70 लोगों और बड़ी संख्या में बंदरों की मृत्यु हो गई थी।

14. परिघटना 'कार्तिक मास की ऊष्मा' (october heat) की निम्नलिखित में से क्या विशेषता होती है?

1. समग्र उत्तरी मैदान पर मानसून गर्त का सुदृढीकरण

2. उच्च तापमान

3. मेघाच्छादित आकाश एवं भारी वर्षा

नीचे दिए गए कूट का प्रयोग कर सही उत्तर का चयन कीजिए।

(a) केवल 1 और 2

(b) केवल 1 और 3

(c) केवल 2

(d) 1, 2 और 3

उत्तर (c) भारतीय उप-महाद्वीप में अक्टूबर माह के मौसम को 'कार्तिक मास की ऊष्मा' कहा जाता है। अक्टूबर और नवंबर माह के दौरान सूर्य के दक्षिणायन होने से उत्तरी मैदान के ऊपर मानसून गर्त या निम्न दाब गर्त कमजोर हो जाता है। यह धीरे-धीरे एक उच्च दाब प्रणाली द्वारा प्रतिस्थापित कर दिया जाता है। दक्षिण-पश्चिम मानूसन हवायें कमजोर हो जाती हैं और धीरे-धीरे वापस लौटने लगती हैं। अक्टूबर के आरम्भ में उत्तरी मैदान से मानसून का प्रस्थान हो जाता है। अक्टूबर और नवंबर माह, गर्म वर्षा के मौसम से शुष्क शीत की संक्रमण अवधि का निर्माण करते हैं। साफ आकाश और तापमान में वृद्धि, मानसून के प्रस्थान का संकेत देती हैं। दिन का तापमान उच्च रहता है जबकि रातें ठंडी और सुखद रहती हैं। भूमि अभी भी नम रहती है तथा दिन में मौसम अपेक्षाकृत उमस युक्त हो जाता है और इसे आमतौर पर कार्तिक मास की ऊष्मा या अक्टूबर हीट से जाना जाता है।

15. "यह उत्तर-पश्चिमी हिमालय और कश्मीर घाटी में पाया जाता है। इसकी टहनियां, टोकरियां बनाने तथा इसकी लकड़ी, क्रिकेट के बल्ले बनाने के लिए उपयोग में ली जाती हैं।"

उपर्युक्त वाक्य निम्नलिखित में से किस वृक्ष की महत्वपूर्ण विशेषता दर्शाता है?

(a) देवदार

(b) स्प्रूस

(c) सफेद विलो (White Willow)

(d) अखरोट (Walnut)

उत्तर (c) सेलिक्स अल्बा (Salix alba/सफेद विलो), की एक प्रजाति है जो मूलत: यूरोप, पश्चिमी एवं मध्य एशिया में पायी जाती है। यह नाम पत्तियों के तली के सफेद रंग से निकला है।

यह एक मध्यम आकार से लेकर बड़े पर्णपाती वृक्ष हैं जिनकी लम्बाई 10 से 30 मीटर तक होती है, तनें 1 मीटर व्यास तक होते हैं तथा इनके शीर्ष प्राय: अनियमित एवं झुके हुए होते हैं। छालें, धूसर-भूरे रंग की होती हैं और पुराने वृक्षों में गहरी दरारें होती हैं। इनकी टहनियाँ, टोकरियां बनाने और लकड़ी, क्रिकेट के बल्ले बनाने के लिए प्रयुक्त होती हैं।

16. भारत में वनों के संदर्भ में, निम्नलिखित कथनों पर विचार कीजिए–

1. भारत में प्रति व्यक्ति वन भूमि विश्व औसत से अधिक है।

2. भारतीय वनों की वार्षिक उत्पादकता विश्व में सर्वाधिक है।

उपर्युक्त कथनों में से कौन-सा/से सही है/हैं?

(a) केवल 1

(b) केवल 2

(c) 1 और 2 दोनों

(d) न तो 1, न ही 2

उत्तर (d) **कथन 1 सही नहीं है।** भारत में प्रति व्यक्ति वन भूमि केवल 0.06 हेक्टेयर है जो 0.6 हेक्टेयर के विश्व औसत से काफी कम है।

कथन 2 सही नहीं है। भारतीय वनों की उत्पादकता कुछ अन्य देशों की तुलना में बहुत कम है। उदाहरणार्थ, भारतीय वनों की वार्षिक उत्पादकता केवल 0.5 प्रति हेक्टेयर घन मीटर है, जबकि यह संयुक्त राज्य अमेरिका में प्रति हेक्टेयर 1.25 घन मीटर, जापान में प्रति हेक्टेयर 1.8 घन मीटर और फ्रांस में प्रति हेक्टेयर 3.9 घन मीटर है।

17. सामाजिक वानिकी के संबंध में निम्नलिखित कथनों पर विचार कीजिए–

1. यह वनों के संरक्षण और प्रबंधन तथा बंजर भूमि पर नवीकरण को संदर्भित करता है।

2. इसका लक्ष्य सामुदायिक वानिकी के माध्यम से वनों में स्थानिक जीवों और वनस्पतियों की रक्षा करना है।

उपर्युक्त कथनों में से कौन-सा/से सही है/हैं?

(a) केवल 1

(b) केवल 2

(c) 1 और 2 दोनों

(d) न तो 1, न ही 2

उत्तर (a) **कथन 1 सही है और कथन 2 गलत है।** राष्ट्रीय कृषि आयोग, कृषि मंत्रालय, भारत सरकार ने सबसे पहले 1976 में सामाजिक वानिकी शब्द का प्रयोग किया। यह उस समय हुआ जब भारत ने वनों पर दबाव को कम करने और सभी अप्रयुक्त और परती भूमि का उपयोग करने के उद्देश्य से एक परियोजना शुरू की। सामाजिक वानिकी के अन्य लक्ष्य आम आदमी द्वारा वृक्षारोपण को बढ़ावा देना भी था जिससे लकड़ी, ईंधन, चारा आदि के लिए बढ़ती मांग को पूरा किया जा सके और इस तरह परंपरागत

वन क्षेत्र पर दबाव को कम किया जा सके। ग्रामीण लोगों की जरूरतों को पूरा करने के लिए गांव के जंगलों की यह अवधारणा नई नहीं है। यह पूरे देश में सदियों से अस्तित्व में है, लेकिन अब इसे एक नया अवतार दिया गया है। सामाजिक वानिकी योजना को इन समूहों में वर्गीकृत किया जा सकता है– फार्म वानिकी, सामुदायिक वानिकी, विस्तार वानिकी और कृषि वानिकी। इसका लक्ष्य जंगलों के स्थानिक जीवों की रक्षा करना नहीं है।

18. प्राकृतिक वनस्पति के संदर्भ में, 'शोलास' हैं–

(a) हिमालय के गिरिपद पर स्थित सदाबहार वन।

(b) मध्य भारत के उष्णकटिबंधीय पर्णपाती वन।

(c) सुंदरवन में पायी जाने वाली सदाबहार प्रजातियाँ।

(d) दक्षिण भारत के पहाड़ी क्षेत्रों के शीतोष्ण कटिबंधीय वन।

उत्तर (d) शोलास दक्षिण भारत के उच्च पर्वतीय क्षेत्रों में पाए जाने वाले विशेष प्रकार के वनों का स्थानीय नाम है।

दक्षिणी पर्वतीय वनों में प्रायद्वीपीय भारत के तीन अलग क्षेत्रों में पाए जाने वाले वन अर्थात् पश्चिमी घाट, विंध्य और नीलगिरी शामिल हैं। चूंकि ये श्रृंखलाएं उष्ण कटिबंध में पड़ती हैं और समुद्र तल से केवल 1500 मीटर ऊपर स्थित हैं, अत: उच्च क्षेत्रों की वनस्पति शीतोष्ण कटिबंधीय होती है और पश्चिमी घाट के निचले क्षेत्रों, विशेष रूप से केरल, तमिलनाडु और कर्नाटक में वनस्पति उपोष्णकटिबंधीय होती है।

19. तेंदु, अमलतास, बेल और खैर के पेड़ आम तौर पर किस प्रकार की वनस्पति में पाए जाते हैं?

(a) शुष्क पर्णपाती वन

(b) पर्वतीय वन

(c) सदाबहार वन

(d) अर्द्ध सदाबहार वन

उत्तर (a) शुष्क पर्णपाती वन देश के उन विशाल भौगोलिक क्षेत्रों में फैले हैं जहां वर्षा 70-100 सेमी के बीच होती है। अपेक्षाकृत आर्द्र सीमान्त क्षेत्रों में, इनका संक्रमण आर्द्र पर्णपाती वनों के रूप में जबकि अपेक्षाकृत शुष्क सीमान्त क्षेत्रों में इनका रूपांतरण कंटीले वनों के रूप में दिखता है।

ये वन प्रायद्वीपीय भागों तथा उत्तर प्रदेश और बिहार के मैदानी इलाकों में पाए जाते हैं। प्रायद्वीपीय पठार और उत्तर भारतीय मैदान के उच्च वर्षा वाले क्षेत्रों में, खुले विस्तार से युक्त इन जंगलों में पार्कलैंड परिदृश्य देखने को मिलता है जहां सागौन और अन्य पेड़ों के बीच खुले हिस्सों में घास युक्त भूखंड पाए जाते हैं। जैसे ही शुष्क मौसम आरंभ होता है, वृक्ष अपने पत्तों को गिरा देते हैं और वन चारों ओर नग्न वृक्षों से युक्त एक विशाल चारागाह की तरह प्रतीत होता है।

सामान्यत: इन वनों में तेंदु, पलास, अमलतास, बेल, खैर, बबूल, आदि वृक्ष पाए जाते हैं।

20. बांस के सम्बन्ध में निम्नलिखित कथनों पर विचार कीजिए–

1. यह एक लघु वन उपज है।

2. भारत में उपयोग में लाए जाने वाले कुल बांस में से अधिकांश भाग का प्रयोग कागज के लिए लुग्दी बनाने के लिए किया जाता है।

3. मिजोरम को भारत के बांस राज्य के रूप में विकसित किया जायेगा।

उपर्युक्त कथनों में से कौन-सा/से सही है/हैं?

(a) केवल 1 (b) केवल 1 और 2

(c) केवल 1 और 3 (d) केवल 2 और 3

उत्तर (c) बांस, एक लघु वन उपज, घास परिवार का सदस्य है लेकिन एक पेड़ की तरह बढ़ता है। ये काष्ठीय होते हैं और 30 मीटर की ऊंचाई तक बढ़ सकते हैं। इसे गरीब आदमी की लकड़ी कहा जाता है क्योंकि यह भवन निर्माण, टोकरी निर्माण और अन्य कई वस्तुओं का निर्माण करने के लिए सस्ती सामग्री उपलब्ध कराता है। यह उत्तर पूर्व भारत, आंध्र प्रदेश, तेलंगाना, उड़ीसा, कर्नाटक और तमिलनाडु के उष्णकटिबंधीय नम और शुष्क वनो में पाया जाता है।

भारत में उपयोग में आने वाले कुल बांसों में से, 32% का उपयोग भवन निर्माण के लिए 30% ग्रामीण उपयोग के लिए, 17% लुग्दी बनाने के लिए, 7% पैकिंग के लिए और शेष 14% का उपयोग अन्य प्रयोजनों के लिए किया जाता है।

मिजोरम का विकास भारत के बांस राज्य के रूप में किया जाएगा। मिजो लोगों के सांस्कृतिक क्रियाकलापों, अर्थात्, चेरॉव (बांस) नृत्य में बांस का प्रमुख स्थान हैं। **अतः 1 और 3 सही हैं।**

21. निम्नलिखित में से शंकुधारी वनों की विशेषताएँ कौन-सी हैं?

1. इसकी पत्तियाँ चौड़ी होती हैं वृक्षों का फैलाव अधिक होता है, जो ग्रीष्मऋतु के दौरान छाया प्रदान करते हैं।

2. पत्तियों का वार्षिक प्रतिस्थापन नहीं होता है।

3. ये शीतोष्ण और उष्णकटिबंधीय, दोनों क्षेत्रों में पाए जा सकते हैं।

नीचे दिए गए कूट का प्रयोग कर सही उत्तर चुनिए–

(a) 1, 2 और 3 (b) केवल 2 और 3

(c) केवल 1 और 2 (d) केवल 1 ओर 3

उत्तर (b) शंकुधारी वृक्षों में चार प्रमुख प्रजातियां सम्मिलित हैं-पाइन, फर, स्प्रूस और लार्च।

वृक्ष, उप-आर्कटिक जलवायु से अनुकूलन करने के लिए झुकी हुई शाखाओं के साथ आकार में शंक्वाकार होते हैं।

अत्यधिक वाष्पीकरण को रोकने के लिए पत्तियां छोटी, मोटी, सख्त और सुई के आकार की होती हैं। **इसलिए, कथन 1 सही नहीं है।**

लगभग सभी शंकुधारी वृक्ष सदाबहार होते हैं। शंकुधारी वृक्षों का फल चक्र द्विवर्षीय होता है। पर्णपाती वृक्षों की भांति पत्तियों का कोई वार्षिक प्रतिस्थापन नहीं होता है। पत्तियां वृक्ष पर पांच वर्ष तक बनी रहती है। **इसलिए, कथन 2 सही है।**

शंकुधारी वन अन्य जलवायुविक क्षेत्रों, जहाँ ऊंचाई के साथ तापमान में कमी आती है, में भी पाए जाते हैं। शंकुधारी वृक्ष, समशीतोष्ण और उष्णकटिबंधीय देशों के पहाड़ी जिलों में पाए जाने वाले प्रमुख वृक्ष हैं। **इसलिए, कथन 3 सही है।**

22. भारत के निम्नलिखित में से किन क्षेत्रों में पर्वतीय, आर्द्र पर्णपाती और सदाबहार वनों का संयोजन पाया जाता है?

(a) उत्तर-पूर्वी पहाड़ियाँ

(b) अंडमान और निकोबार द्वीप समूह

(c) पूर्वी उच्चभूमि

(d) पश्चिमी हिमालय

उत्तर (a) पूर्वोत्तर के राज्यों के पर्वतीय क्षेत्रों में पर्वतीय, आर्द्र पर्णपाती और सदाबहार वनों का संयोजन पाया जाता है।

23. वनस्पति के विभिन्न प्रकारों के संदर्भ में, ग्रानचाको (Gran Chaco) निम्नलिखित में से किसे संदर्भित करता है?

(a) उष्ण समशीतोष्ण वन

(b) उष्णकटिबंधीय घास के मैदान

(c) मैंग्रोव वन

(d) विषुवतीय वर्षा-वन

उत्तर (a) **विकल्प (a) सही उत्तर है।**

ग्रान चाको (Gran Chaco) : उत्तरी अर्जेंटीना और पश्चिमी पराग्वे की निम्न भूमियों में सर्दियों

के दौरान शुष्कता और गर्मियों में आर्द्रता रहती है। भारी वर्षा होती है। ये उष्ण समशीतोष्ण वन हैं। यह क्षेत्र घने जंगलों और घास के मैदानों से ढंके हैं जिसे ग्रान चाको के रूप में जाना जाता है।

24. बेर, नीम, बबूल, खजूर पाम किस प्रकार की वनस्पति में पाए जाने वाले सामान्य वृक्ष हैं?

(a) आर्द्र पर्णपाती वन
(b) उष्णकटिबंधीय सदाबहार वन
(c) शुष्क पर्णपाती वन
(d) उष्णकटिबंधीय मरुस्थलीय वन

उत्तर (d) उष्णकटिबंधीय मरुस्थलीय वनों को उष्णकटिबंधीय कांटेदार वनों के रूप में भी जाना जाता है, ये वन 50 सेमी. से कम वर्षा वाले क्षेत्रों में पाए जाते हैं। इनमें विभिन्न प्रकार की घास और झाड़ियाँ होती हैं। इन वनों में, पौधे वर्ष के अधिकांश भाग में पत्तियों से रहित होते हैं और झाड़ूनुमा जैसी वनस्पति का आभास देते हैं। इन वनों में पाई जाने वाली तुस्सोकी घास की ऊंचाई 2 मीटर तक होती है।

ये वन पश्चिमी पंजाब, हरियाणा, राजस्थान, गुजरात, मध्यप्रदेश और उत्तरप्रदेश के अर्ध-शुष्क क्षेत्रों में पाए जाते हैं। इन वनों में पायी जाने वाली महत्वपूर्ण प्रजातियाँ हैं-बबूल, बेर, खजूर, पाम, खैर, नीम, खेजरी, पलास आदि।

इसलिए, विकल्प (d) सही है।

25. निम्नलिखित युग्मों पर विचार कीजिए-

प्रजा	जलवायु क्षेत्र
1. रोजवुड	: उष्णकटिबंधीय सदाबहार वन
2. टीक	: उष्णाकटिबंधीय कंटीले वन
3. तेंदू	: शुष्क पर्णपाती वन

उपर्युक्त युग्मों में से कौन-सा/से सही सुमेलित है/हैं?

(a) केवल 1 और 3 (b) केवल 2
(c) केवल 2 और 3 (d) केवल 3

उत्तर (a) उष्णकटिबंधीय सदाबहार वन - इन वनों में पाई जाने वाली वृक्षों की प्रजातियों में रोजवुड, महोगनी, आबनूस आदि सम्मिलित हैं। वन भूमि के निकट परतों के साथ अच्छी तरह स्तरीकृत होते हैं और छोटी संरचना वाले वृक्षों फिर वृक्षों की लंबी किस्मों के साथ झाड़ियों और लताओं से ढंके होते हैं।

अर्ध सदाबहार वन - मुख्य प्रजातियां सफेद देवदार, होलोक और केल हैं। वृक्षों के नीचे उगने वाली आरोही लताएं इन वनों को सदाबहार चरित्र प्रदान करती हैं। ऐसे वनों में सदाबहार और आर्द्र पर्णपाती वृक्षों का मिश्रण होता है।

आर्द्र पर्णपाती वन - सागौन, साल, शीशम, हडर, महुआ, आंवला, समेल, कुसुम और चंदन आदि इन वनों की मुख्य प्रजातियां हैं।

शुष्क पर्णपाती वन - तेंदू, पलास, अमलतास, बेल, एक्सलवुड आदि इन वनों के सामान्य वृक्ष हैं। शुष्क मौसम आरंभ होने पर, वृक्ष अपनी पत्तियां पूरी तरह झाड़ देते है और वन चारों ओर पर्ण रहित वृक्षों के साथ विशाल चरागाह की तरह दिखता है।

उष्णकटिबंधीय कंटीले वन - इन वनों में पाई जाने वाली महत्वपूर्ण प्रजातियां बबूल, बेर, और जंगली खजूर, खैर, नीम, खेजरी, पलास आदि हैं। इन वनों में, वर्ष के अधिकांश भाग के दौरान पेड़-पौधे पर्णरहित होते हैं और झाड़-झंखाड वनस्पति की अभिव्यक्ति देते हैं।

26. निम्नलिखित कथनों पर विचार कीजिए-

1. **वह क्षेत्र जहां वार्षिक वर्षा 200 सेमी. से अधिक होती है।**
2. **औसत वार्षिक तापमान 22°C से ऊपर रहता है।**
3. **वृक्षों की पत्तियां गिरने, फूल और फल आने का कोई निश्चित समय नहीं होता है।**
4. **भूमि के निकट की परतों समेत वन अच्छी तरह स्तरीकृत होते हैं।**

उपरोक्त विवरण निम्नलिखित में से किस प्रकार की वनस्पति की विशेषताएँ निरूपित करते हैं?

(a) उष्णकटिबंधीय आर्द्र सदाबहार
(b) उष्णकटिबंधीय अर्ध सदाबहार
(c) उष्णकटिबंधीय आर्द्र पर्णपाती
(d) उष्णकटिबंधीय शुष्क पर्णपाती

उत्तर (a) उष्णकटिबंधीय आर्द्र सदाबहार वन ऐसे गर्म और आर्द्र क्षेत्रों में पाए जाते हैं जहाँ वार्षिक वर्षण 200 सेमी से अधिक एवं औसत वार्षिक तापमान 22°C से ऊपर होता है।

ये वन भली प्रकार स्तरीकृत होते हैं, जिनमें भूमि की निकटवर्ती सतहें, झाड़ियों एवं लताओं से आच्छादित, छोटी संरचना के वृक्षों से लेकर वृक्षों की लम्बी किस्में पाई जाती हैं। इन वनों में, वृक्ष 60 मीटर या उससे अधिक की अत्यधिक ऊँचाई प्राप्त करते हैं।

वृक्षों के लिए अपने पत्ते गिराने, पुष्पण एवं फल आने का कोई निश्चित समय नहीं होता है। इस प्रकार ये वन वर्ष भर हरे प्रतीत होते हैं।

27. निम्नलिखित में से कौन-सी आर्द्र पर्णपाती वनों की विशेषता/विशेषताएं है/हैं?

1. **इन वनों में खुले विस्तार के साथ पार्कलैंड स्थलाकृति पाई जाती है।**
2. **100-200 सेमी. के मध्य वर्षा होती है।**
3. **टसक (Tussocky) घास इन वनों में वृक्षों के नीचे उगती है।**

नीचे दिए गए कूट का प्रयोग कर सही उत्तर चुनिए-

(a) केवल 1 और 2 (b) केवल 2
(c) 1, 2 और 3 (d) कोई नहीं

उत्तर (b) आर्द्र पर्णपाती वनों में, वर्षा 100-200 सेमी के मध्य होती है। ये वन पूर्वोत्तर राज्यों में हिमालय की तलहटी, पश्चिमी घाटों एवं ओडिशा के पूर्वी ढलानों के साथ पाए जाते हैं। **इसलिए, कथन 2 सही है।**

खुले भागों के साथ पार्कलैण्ड स्थलाकृति शुष्क पर्णपाती वनों में पाई जाती है। **इसलिए, कथन 1 सही नहीं है।**

टसक (Tussocky) घास उष्णकटिबंधीय कांटेदार वनों में उगती है। **इसलिए, कथन 3 सही नहीं है।**

28. निम्नलिखित युग्मों पर विचार कीजिए-

वन	भारतीय क्षेत्र
1. उष्णाकटिबंधीय सदाबहार	: पश्चिमी हिमालय वन
2. शुष्क पर्णपाती वन	: खासी पहाड़ियाँ
3. आर्द्र पर्णपाती वन	: पश्चिमी घाटों के पूर्वी ढाल

उपर्युक्त युग्मों में से कौन-सा/से सही सुमेलित है/हैं?

(a) केवल 1 और 2 (b) केवल 2
(c) केवल 3 (d) 1, 2 और 3

उत्तर (c) उष्णकटिबंधीय सदाबहार वन - ये वन पश्चिमी घाट के पश्चिमी ढलान, पूर्वोत्तर क्षेत्र की पहाड़ियों (खासी पहाड़ियों सहित) और अंडमान निकोबार द्वीप समूह में पाए जाते हैं।

शुष्क पर्णपाती वन - ये वन प्रायद्वीप के अपेक्षाकृत अधिक वर्षा वाले क्षेत्रों और उत्तर प्रदेश और बिहार के मैदानों में पाए जाते है। प्रायद्वीपीय पठार और उत्तर भारत के मैदान के उच्च वर्षा वाले क्षेत्रों में ये वन पाए जाते हैं।

आर्द्र पर्णपाती वन - ये वन हिमालय की तलहटी के साथ पूर्वोत्तर राज्यों, पश्चिमी घाट के पूर्वी ढलान पर और उड़ीसा में पाए जाते हैं।

29. निम्नलिखित कथनों पर विचार कीजिए-

1. **बढ़ती ऊँचाई के साथ तापमान में कमी से प्राकृतिक वनस्पति में संगत परिवर्तन होता है।**
2. **शुष्क पर्णपाती वनों के अपेक्षाकृत आर्द्र सीमांत का कंटीले वनों की ओर संक्रमण होता है, जबकि शुष्क**

सीमांत पर उनका आर्द्र पर्णपाती वनों की ओर संक्रमण होता है।

उपर्युक्त कथनों में से कौन-सा/से सही है/हैं?

(a) केवल 1 (b) केवल 2
(c) 1 और 2 दोनों (d) न तो 1, न ही 2

उत्तर (a) बढ़ती ऊंचाई के साथ तापमान में कमी आने से प्रकृतिक वनस्पति में भी संगत परिवर्तन होता है। हिमालय पर्वतमाला में उष्णकटिबंधीय से लेकर टुंड्रा तक की वनस्पतियों का क्रम दृष्टिगोचर होता है, जो ऊंचाई के साथ परिवर्तित होता है। हिमालय की तलहटी में पर्णपाती वन पाए जाते हैं। आगे इसका स्थान आर्द्र समशीतोष्ण प्रकार के वन ले लेते हैं। **इसलिए, कथन 1 सही है।**

शुष्क पर्णपाती वन 70 से लेकर 100 सेमी. के बीच वर्षा वाला देश का एक विशाल क्षेत्र आच्छादित करते हैं। अपेक्षाकृत आर्द्र सीमान्तों पर, इसका आर्द्र पर्णपाती की ओर, जबकि अपेक्षाकृत शुष्क सीमान्तों पर कांटेदार वनों की ओर संक्रमण होता है। ये वन प्रायद्वीप के अधिक वर्षा वाले क्षेत्रों में और प्रायद्वीपीय पठार और उत्तर भारत के मैदान के उच्च वर्षा वाले क्षेत्रों में पाए जाते हैं। **इसलिए, कथन 2 सही नहीं है।**

30. समशीतोष्ण क्षेत्रों की तुलना में, इमारती लकड़ी के संसाधनों का वाणिज्यिक निष्कर्षण उष्णकटिबंधीय वनों के निम्नलिखित में से कौन-से कारण/कारणों से कम होता है।

1. वृक्ष सजातीय स्थितियों में नहीं पाए जाते हैं।

2. हिमशील सतहों का अभाव।

3. उष्णकटिबंधीय दृढकाष्ठ (हार्डवुड) अधिक भारी होने के कारण जल पर तैरते नहीं है।

नीचे दिए गए कूट का प्रयोग कर सही उत्तर चुनिए–

(a) केवल 1 (b) केवल 1 और 2
(c) केवल 2 और 3 (d) 1, 2 और 3

उत्तर (d) **सभी कथन सही हैं।** भले ही उष्णकटिबंधीय क्षेत्रों में इमारती लकड़ी वाले संसाधनों की काफी संभावनाएं हैं, लेकिन वाणिज्यिक निष्कर्षण कठिन है। पेड़ सीधे खड़े नहीं रह सकते, लॉगिंग को सहारा देने के लिए जमी हुई सतह भी नहीं होती है और उष्णकटिबंधीय सख्त लकड़ी का अति भारी होने के कारण कभी-कभी नदियों में बहाना (तैरना) भी अति कठिन हो जाता है, भले ही धारा का प्रवाह वांछित दिशा में क्यों न हो।

31. प्राकृतिक वनस्पति प्रकार के संदर्भ में, सेल्वास से आशय है–

(a) अमेजन निम्नभूमियों में उष्णकटिबंधीय वर्षा वन से।

(b) शुष्क एवं अर्द्ध शुष्क क्षेत्रों में पाई जाने वाली झाड़ियों से।

(c) समतल शीतोष्ण घास के मैदानों के विशाल क्षेत्र से।

(d) प्राकृतिक क्षेत्र या जीवोम के ऐसे प्रकार से जिसमें वृद्ध नहीं होते हैं।

उत्तर (a) उष्णकटिबंधीय क्षेत्रों में उच्च तापमान और प्रचुर मात्रा में घनी वनस्पति के विकास में सहायक होते हैं, जिसे उष्णकटिबंधीय वर्षा वन कहा जाता है। अमेजन के निम्न भू-भाग में वन इतने घने हैं और वनस्पतियों से इतने परिपूर्ण है कि इनके लिए एक विशेष नाम सेल्वास का उपयोग किया जाता है। यह अमेजन वर्षा वनों का वैकल्पिक नाम है।

32. निम्नलिखित में से कौन-सा क्षेत्र बिग गेम कंट्री के रूप में जाना जाता है?

(a) अफ्रीकी सवाना
(b) ब्राजीलियाई विषुवतीय वन
(c) आर्कटिक साइबेरिया
(d) उष्णकटिबंधीय मानूसनी वन

उत्तर (a) अफ्रीका में सवाना, वन्य जीवों का आवास स्थल है। इसे 'बिग गेम कंट्री' के रूप में भी जाना जाता है और प्रति वर्ष विश्व भर के लोगों द्वारा हजारों जीवों को पकड़ा या मारा जाता है। कुछ जीवों का शिकार उनकी खाल, सींग, दांत, हड्डियों या बालों के लिए किया जाता है।

33. निम्नलिखित युग्मों पर विचार कीजिए–

	वृक्ष		वन
1.	**नीम**	:	**उष्ण कटिबंधीय कांटेदार**
2.	**सागवान (टीक)**	:	**उष्ण कटिबंधीय सदाबहार**
3.	**रोजवुड**	:	**उष्ण कटिबंधीय पर्णपाती**

उपर्युक्त युग्मों में से कौन-सा/से सही सुमेलित है/हैं?

(a) केवल 1 (b) केवल 1 और 3
(c) केवल 2 और 3 (d) कोई नहीं

उत्तर (a) उष्णकटिबंधीय कांटेदार वन– पाई जाने वाली महत्वपूर्ण प्रजातियां बबूल, बेर, और जंगली खजूर, खैर, नीम, खेजरी, पलास, आदि हैं। उष्णकटिबंधीय कांटेदार वन ऐसे क्षेत्रों में होते हैं जहां 50 सेमी. से कम वर्षा होती है।

उष्णकटिबंधीय सदाबहार और अर्ध सदाबहार वन– इन वनों में पाई जाने वाली प्रजातियां रोजवुड, महोगनी, ऐनी, एबोनी आदि हैं। पश्चिम घाट के पश्चिमी ढाल, पूर्वोत्तर क्षेत्र और अंडमान और निकोबार द्वीप की पहाड़ियों में ये वन पाए जाते हैं।

उष्णकटिबंधीय पर्णपाती वन– ये भारत के सबसे विस्तृत वन हैं। इन्हें मानसूनी वन भी कहा जाता है। सागवान, साल, शीशम, हुर्रा, महुआ, आंवला, सेमल, कुसुम आदि इन वनों की मुख्य प्रजातियां हैं।

34. मैंग्रोव वन निम्नलिखित में से किस नदी डेल्टा में पाए जाते हैं?

1. गोदावरी **2. कृष्णा**
3. महानदी

नीचे दिए गए कूट का प्रयोग कर सही उत्तर चुनिए–

(a) केवल 1 (b) केवल 1 और 2
(c) केवल 2 और 3 (d) 1, 2 और 3

उत्तर (d) मैंग्रोव वन तटीय और दलदली वनों के अंतर्गत आते हैं। ये सुंदरी वृक्ष खारे पानी के प्रति प्रतिरोधी वनस्पतियों के लिए मददगार होते हैं। ये वन गंगा-ब्रह्मपुत्र, महानदी, गोदावरी और कृष्णा आदि के डेल्टा में पाए जाते हैं। इन डेल्टाओं के अतिरिक्त, ये वन अंडमान और निकोबार और गुजरात में भी पाए जाते हैं।

35. निम्नलिखित में से कौन-से तमिलनाडु राज्य में पाए जाते हैं?

1. उष्णकटिबंधीय शुष्क सदाबहार वन।

2. उष्णकटिबंधीय पर्णपाती वन।

3. वेलंचली और अनूप वन।

4. पर्वतीय वन।

नीचे दिए गए कूट का प्रयोग कर सही उत्तर चुनिए–

(a) केवल 1 और 2
(b) केवल 1, 2 और 3
(c) केवल 3 और 4
(d) 1, 2, 3 और 4

उत्तर (d) दिए गए सभी चारों वनस्पति प्रकार तमिलनाडु में पाए जाते हैं:

उष्णकटिबंधीय सदाबहार वन
उष्णकटिबंधीय पर्णपाती वन
वेलंचली और अनूप वन
पर्वतीय वन

36. निम्नलिखित में से भारत के उष्णकटिबंधीय सदाबहार वनों की अभिलाक्षणिक विशेषताएँ क्या हैं?

1. ये घने वितान वाले बहुस्तरीय वन हैं।

2. वृक्ष विकसित होकर अत्यधिक ऊंचाइयों तक जाते हैं।

3. वृक्ष विशिष्ट ऋतु के दौरान अपनी पत्तियाँ गिरा देते हैं।

नीचे दिए गए कूट का प्रयोग कर सही उत्तर चुनिए–

(a) केवल 1 (b) केवल 1 और 2
(c) केवल 2 और 3 (d) 1, 2 और 3

उत्तर (b) कथन 1 सही है। ये घने वितान वाले बहुस्तरीय वन हैं। इनमें जड़ी-बूटियों और घासों की घनी परत भी पायी जाती है, हालांकि घने वितान के कारण वे अधिक विकसित नहीं होतीं।

कथन 2 सही है। ये 60 मीटर तक की अत्यधिक ऊंचाईयाँ प्राप्त करते हैं।

कथन 3 गलत है। उनमें पतझड़, पुष्पन और फल विकसित होने की कोई नियत ऋतु नहीं होती। इसीलिए वे सम्पूर्ण वर्ष हरे-भरे दिखाई देते हैं।

37. राष्ट्रीय कृषि आयोग के अनुसार, सामाजिक वानिकी में निम्नलिखित में से क्या सम्मिलित है?

1. शहरी वानिकी 2. ग्रामीण वानिकी
3. फार्म वानिकी

नीचे दिए गए कूट का प्रयोग कर सही उत्तर चुनिए–

(a) केवल 1 और 3 (b) केवल 2
(c) केवल 2 और 3 (d) 1, 2 और 3

उत्तर (d) राष्ट्रीय कृषि आयोग (1976) ने सामाजिक वानिकी को तीन श्रेणियों में वर्गीकृत किया है। ये श्रेणियाँ शहरी वानिकी, ग्रामीण वानिकी और फर्म वानिकी हैं। शहरी वानिकी, ग्रीन बेल्ट, पार्कों, सड़क के किनारे बने रास्तों, औद्योगिक और वाणिज्यिक ग्रीन बेल्ट, आदि जैसे शहरी केन्द्रों के आस-पास सार्वजनिक और निजी स्वामित्व वाली भूमि पर वृक्षों को विकसित करने का उनका प्रबंधन करने से संबंधित है। ग्रामीण वानिकी, कृषि-वानिकी और सामुदायिक वानिकी को बढ़ावा देने पर जोर देती है। फर्म वानिकी उस प्रक्रिया पर लागू होने वाला शब्द है जिसके अंतर्गत किसान अपनी कृषि भूमि पर वाणिज्यिक और गैर-वाणिज्यिक प्रयोजनों के लिए वृक्ष उगाते हैं। **इसलिए, सही उत्तर (d) है।**

38. शोलास वन निम्नलिखित में से किन क्षेत्रों में पाए जाते हैं?

1. नीलगिरि पहाड़ियां
2. अन्नामलाई पहाड़ियां
3. अंडमान और निकोबार द्वीप समूह

नीचे दिए गए कूट का प्रयोग कर सही उत्तर चुनिए–

(a) केवल 1 (b) केवल 1 और 2
(c) केवल 2 और 3 (d) 1, 2 और 3

उत्तर (b) समुद्र स्तर से 1500 मीटर ऊपर, पश्चिमी घाट से ऊंचाई वाले क्षेत्रों में समशीतोष्ण वनस्पति पायी जाती है एवं निचले क्षेत्रों, विशेष रूप से केरल, तमिलनाडु और कर्नाटक में उपोष्ण कटिबंधीय वनस्पति पायी जाती है। नीलगिरी, अन्नामलाई और पलानी पहाड़ियों में समशीतोष्ण वनों को शोलास कहा जाता है। इस वन के आर्थिक महत्व के कुछ अन्य वृक्षों में मैग्रोलिया, लॉरेल, सिनकोना और वैटल सम्मिलित हैं।

अंडमान और निकोबार द्वीप समूह में शोलास वन नहीं पाए जाते हैं, यहाँ उष्णकटिबंधीय सदाबहार वन और मैंग्रोव पाए जाते हैं।

39. निम्नलिखित वनों को भारत में उनकी प्रचुरता के बढ़ते क्रम में व्यवस्थित कीजिए।

1. उष्णकटिबंधीय पर्णपाती वन
2. वेलांचली और अनूप वन
3. उष्णकटिबंधीय सदाबहार वन

नीचे दिए गए कूट का प्रयोग कर सही उत्तर चुनिए–

(a) 1-3-2 (b) 2-3-1
(c) 2-1-3 (d) 3-2-1

उत्तर (b) सही क्रम है– वेलांचली (समुद्रतटवर्ती) और दलदली वन - उष्णकटिबंधीय सदाबहार वन - उष्णकटिबंधीय पर्णपाती वन।

40. निम्नलिखित वृक्षों में से कौन-से उष्णकटिबंधीय पर्णपाती वनस्पति के उदाहरण हैं?

1. शहतूत (मल्बेरी) 2. शीशम
3. रोजवुड 4. चन्दन का पेड़

नीचे दिए गए कूट का प्रयोग कर सही उत्तर चुनिए–

(a) केवल 1, 2 और 4
(b) केवल 1 और 2
(c) केवल 1 और 3
(d) केवल 2, 3 और 4

उत्तर (a) आर्द्र पर्णपाती वनों में पाए जाने वाले वृक्षों के प्रकार हैं– साल, सागवान, शीशम, चंदन, महुआ, शहतूत, पलास, सेमल आदि।

शुष्क पर्णपाती वनों में पाए जाने वाले वृक्षों के प्रकार हैं– साल, सागवान, तेंदू, पलास, अमलताश, खैर आदि।

उष्णकटिबंधीय सदाबहार वनों में पाए जाने वाले वृक्षों के प्रकार हैं– रोजवुड, एबोनी, तून, बांस, चेपल, गुर्जन, तेलसर, सिस्सू, आदि।

उष्णकटिबंधीय मरुस्थली वनों में पाए जाने वाले वृक्षों के प्रकार हैं– बेर, बबूल, नीम, खजूर आदि।

41. निम्नलिखित में से कौन-सा वनस्पति प्रकार नीलगिरी बायोस्फीयर रिजर्व में पाया जा सकता है?

1. समशीतोष्ण सदाबहार
2. उष्णकटिबंधीय शुष्क पर्णपाती
3. उष्णकटिबंधीय आर्द्र पर्णपाती

नीचे दिए गए कूट का प्रयोग कर सही उत्तर चुनिए–

(a) केवल 1
(b) केवल 1 और 3
(c) केवल 2 और 3
(d) 1, 2 और 3

उत्तर (d) नीलगिरी बायोस्फीयर रिजर्व में निम्नलिखित जैसी विभिन्न वनस्पतियों के साथ विभिन्न प्रकार के वासस्थल हैं–

- शुष्क और आर्द्र पर्णपाती वन
- अर्द्ध सदाबहार और आर्द्र सदाबहार वन
- सदाबहार शोला (शीतोष्ण वन)
- घास के मैदान और दलदल

42. निम्नलिखित कथनों पर विचार कीजिए।

1. भारत का वन-क्षेत्र सम्पूर्ण भौगोलिक क्षेत्र का 33 प्रतिशत है।
2. उत्तर-पूर्वी राज्यों में 30 प्रतिशत से अधिक भूमि वनों के अधीन है।
3. लक्षद्वीप में वन क्षेत्र शून्य प्रतिशत है।

उपर्युक्त कथनों में से कौन-सा/से सही है/हैं?

(a) केवल 1 और 2 (b) केवल 1
(c) केवल 2 और 3 (d) 1, 2 और 3

उत्तर (c) कथन 1 सही नहीं है। देश का कुल वन क्षेत्र देश के कुल भौगोलिक क्षेत्र का 21.34 प्रतिशत है।

कथन 2 सही है। पूर्वोत्तर राज्यों में 30 प्रतिशत से अधिक भूमि वनान्तर्गत है। पहाड़ी स्थलाकृति और भारी वर्षा वन के विकास के लिए उत्तम है।

कथन 3 सही है। वन क्षेत्र पेड़ों के अस्तित्व से निरपेक्ष वन भूमि के रूप में अधिसूचित और अभिलेखित क्षेत्र है। लक्षद्वीप में शून्य प्रतिशत वन क्षेत्र है।

43. निम्नलिखित में से कौन-सी सामाजिक वानिकी की विशेषताएं हैं?

1. स्थानीय जनसंख्या की भागीदारी।
2. अप्रयुक्त तथा परती भूमि का उपयोग करना।
3. सरल तथा प्रयोज्य प्रौद्योगिकी का उपयोग।
4. वनीकरण से प्राप्त लाभों का समान वितरण।

नीचे दिए गए कूट का प्रयोग कर सही उत्तर चुनिए–

(a) केवल 1, 2 और 3
(b) केवल 3 और 4
(c) केवल 2 और 4
(d) 1, 2, 3 और 4

उत्तर (d) सामाजिक वानिकी की विशेषताएँ–
• स्थानीय लोगों की भागीदारी से वृक्षारोपण करना।
• वनों पर से दबाव दूर करते हुए अप्रयुक्त और परती भूमि का उपयोग करना।
• सरल और कार्यान्वयन योग्य तकनीक का उपयोग करना।
• वानिकी से प्राप्त लाभों का समान वितरण।
• त्वरित लाभ, संक्षिप्त फसल चक्र के साथ-साथ संधारणीय वानिकी सुनिश्चित करना।
• स्थानीय सामाजिक-आर्थिक परिस्थितियों को वानिकी की संरचना और इसके प्रकार्य को नियंत्रित करने देना।

44. हालांकि विश्व के लिए भूमध्यरेखीय क्षेत्र इमारती लकड़ी संसाधनों के संभावित स्रोत है लेकिन इसका वाणिज्यिक उपयोग विभिन्न कारणों से सीमित रहा है। निम्नलिखित में से कौन-सा इस संसाधन के अकुशल वाणिज्यिक उपयोग का मुख्य कारण नहीं है?

(a) एक ही प्रकार के वृक्ष एक साथ नहीं पाए जाते हैं।
(b) लॉगिंग की सुविधा प्रदान करने के लिए सूखी भूमि का अभाव है।
(c) यहाँ के वनों की लकड़ियाँ कठोर एवं भारी होती हैं जिनका परिवहन नदियों द्वारा करने में कठिनाई होती है।
(d) जनसंख्या बहुत विरल है और मांग भी कम है।

उत्तर (d) **विकल्प a, b, c सही है** "क्योंकि, ये (भूमध्यरेखीय) जलवायु की सामान्य विशेषता दर्शाते हैं जिसमें वर्षपर्यंत वर्षा होती है और इसकी वनस्पति का विषमजातीय संस्तरों में होने के कारण व्यावसायिक उद्देश्य के लिए अनुपयुक्त है।

ये लट्ठे भारी होते हैं और डूब जाते हैं। यहाँ तक कि यदि ये तैरते भी हैं तो भी इनकी दिशा निश्चित नहीं होती है। चूंकि यह क्षेत्र भी आबादी वाला है और कई प्रमुख शहर इस पेटी में स्थित हैं, साथ ही इमारती लकड़ी संसाधनों के लिए पर्याप्त वैश्विक मांग भी है। **इस प्रकार d गलत है**, क्योंकि यह इसका मुख्य कारण नहीं है।

45. किसी देश का आयु लिंग पिरामिड विभिन्न आयु वर्गों में महिलाओं और पुरुषों की संख्या की समझ प्रदान करता है और साथ ही जनसंख्या वृद्धि की भी समझ देता है। इस संदर्भ में, आयु लिंग पिरामिड के संबंध में निम्नलिखित कथनों में से कौन-सा/से सही है/हैं?

1. बढ़ती हुई जनसंख्या को त्रिकोणीय आकार के पिरामिड से निरूपित किया जाता है।
2. स्थिर जनसंख्या को घंटी के आकार के पिरामिड द्वारा दर्शाया जाता है।
3. गिरती हुई जनसंख्या का संकीर्ण आधार और पतला शीर्ष होता है।

नीचे दिए गए कूट का प्रयोग कर सही उत्तर चुनिए–

(a) केवल 1 (b) केवल 2 और 3
(c) केवल 1 और 3 (d) 1, 2 और 3

उत्तर (d) किसी देश का आयु लिंग पिरामिड जनसंख्या की आयु व लैंगिक संरचना को दर्शाता है। यदि आधार चौड़ा अर्थात् त्रिकोणीय तो इससे पता चलता है कि कम आयु वर्ग के लोग अधिक हैं और यदि यह छोर की ओर पतला है तो इससे पता चलता है कि उच्च आयु वर्ग के लोग कम हैं। **इस प्रकार 1 सही है।**

कथन 2 की भांति कथन 3 भी सही हैं क्योंकि यह घंटी के आकार का है। इस प्रकार स्थित चौड़ाई और स्थिर जनसंख्या, साथ ही संकीर्ण आधार और पतला शीर्ष गिरती हुई जनसंख्या को दर्शाता है।

46. अल्जीरिया से आरम्भ करते हुए, जब कोई व्यक्ति इसके उत्तरी तट से उत्तर से दक्षिण की ओर चलता है तो अफ्रीका में निम्नलिखित वनस्पति प्रकारों के पाए जाने का सही अनुक्रम क्या है?

1. मरुस्थली वनस्पति
2. उष्णकटिबंधीय वर्षा-वन
3. सवाना घास का मैदान
4. भूमध्यसागरीय वनस्पति

नीचे दिए गए कूट का प्रयोग कर सही उत्तर चुनिए–

(a) 4-3-1-2 (b) 3-4-2-1
(c) 4-1-3-2 (d) 4-1-2-3

उत्तर (c) अफ्रीका का अधिकतर भू-भाग उष्णकटिबंधीय क्षेत्र के अंतर्गत अवस्थित है। विषुवत रेखा के दोनों ओर अवस्थित क्षेत्रों की जलवायु वर्ष भर उष्ण और आर्द्र रहती है। यहां लगभग प्रतिदिन वर्षा होती है और यहाँ पर एक ही ऋतु पायी जाती है, जिसे उष्ण-आर्द्र ग्रीष्म ऋतु के नाम से जाना जाता है। इसे विषुवतीय प्रकार की जलवायु भी कहा जाता है। यह घने वनों से आच्छादित है जिन्हें उष्णकटिबंधीय वर्षा-वन कहा जाता है।

वर्षा वनों के उत्तर और दक्षिण की ओर, उष्ण ग्रीष्म ऋतु और सौम्य शीत ऋतु के क्षेत्र हैं। इन पट्टियों में अधिकतर वर्षा ग्रीष्म ऋतु में होती है जिसमें स्पष्टतः पृथक शुष्क अवधि होती है। यहां कुल वर्षा भी उष्णकटिबंधीय वर्षा-वन की तुलना में बहुत कम होती है। इस जलवायु को सूडान प्रकार की जलवायु के रूप में जाना जाता है, इसकी वनस्पति में अधिकतर घासें सम्मिलित हैं। लम्बी और स्थूल घासों से आच्छादित क्षेत्र को सवाना के रूप में जाना जाता है।

सवाना के परे, उत्तरी और दक्षिणी दोनों भागों में, विस्तृत मरुस्थल हैं। उत्तर में इन्हें सहारा और दक्षिण में कालाहारी के रूप में जाना जाता है। वनस्पति या तो अनुपस्थित होती है या इसके अंतर्गत झाड़-झंखाड़ तथा झाड़ियां पायी जाती हैं।

अफ्रीका के उत्तरी और दक्षिणी तटों में सौम्य और वर्षायुक्त शीतऋतु तथा शुष्क ग्रीष्मऋतु पायी जाती है। ये भूमध्यसागरीय जलवायु के रूप में जाना जाता है।

47. कथन (A): मैंग्रोव कुछ समुद्र तटों के सीमावर्ती उष्ण कटिबन्धीय और उपोष्ण कटिबन्धीय क्षेत्रों के अति विशिष्ट वन पारिस्थितिक निकाय होते हैं।

कारण (R): वे तट रेखा को स्थिर रखते हैं और समुद्र द्वारा सीमोल्लंघन के विरूद्ध प्राचीर का काम करते हैं।

ऊपर के दोनों वक्तव्यों के सन्दर्भ में निम्नलिखित में से कौन सही है?

कूट–

(a) A और R दोनों सही हैं तथा R, A का सही स्पष्टीकरण है
(b) A और R दोनों सही हैं, परन्तु R, A का सही स्पष्टीकरण नहीं है
(c) A सही है, परन्तु R गलत है
(d) A गलत है, परन्तु R सही है

उत्तर (d) उष्ण कटिबन्धीय एवं उपोष्ण कटिबन्धीय क्षेत्रों में कुछ सागर तटीय भागों में जहाँ, नदियाँ अपना डेल्टा बनाती है, मैन्ग्रोव वनस्पतियाँ पायी जाती हैं। यहाँ की मिट्टी दलदली होती है, वृक्षों की जड़ें जटा की तरह होती हैं एवं तना को ऊपर उठाकर रखती हैं।

वृक्षों की ऊँचाई 30 मीटर तक होती है एवं वे सदैव हरे-भरे रहते हैं। डेल्टा प्रदेश की लवणीय भूमि में अन्य वनस्पतियाँ नहीं उग पाती हैं लेकिन मैन्ग्रोव वनस्पतियाँ अपनी विशेष संरचना के कारण बहुतायत से विकसित होती हैं। ये वनस्पतियाँ सागर तट में हो रहे कटाव को संरक्षण प्रदान करती हैं।

48. जो वन चक्रवातों के अवरोधकों का कार्य करते हैं वे वन कौन से हैं?

(a) अल्पाइन वन (b) मैंग्रोव वन

(c) एवरग्रीन वन (d) मॉनसून वन

उत्तर (b) मैंग्रोव वन चक्रवातों और अन्य प्राकृतिक आपदाओं जैसे ज्वारीय तरंगों और उष्णकटिबंधीय झंझावातों के विरुद्ध अवरोधों के रूप में कार्य करते हैं। ये वन आपदाओं के विरुद्ध जीवित समुद्री भित्तियों के रूप में कार्य करते हैं और मानव जीवन तथा संपत्ति को होने वाले नुकसान को कम करने में सहायता करते हैं और मृदा अपरदन को भी कम करते हैं।

❑❑❑

24 विश्व जलवायु

1. निम्नलिखित जलवायविक स्थितियों पर विचार कीजिए–
   1. शीत ऋतु में वर्षा
   2. शुष्क ग्रीष्मकाल
   3. पवन पट्टियों का स्थानांतरण
   4. महत्वपूर्ण फलों की खेती

   उपर्युक्त लक्षण निम्नलिखित जलवायविक क्षेत्रों में से किसकी विशेषताएं हैं?

   (a) चीन प्रकार
   (b) लॉरेन्शियन प्रकार
   (c) भूमध्यसागरीय प्रकार
   (d) ब्रिटिश प्रकार

उत्तर (c) दिए गए सभी लक्षण भूमध्यसागरीय जलवायु की विशेषताएँ हैं। पवन पट्टियों के स्थानांतरण से शीत ऋतु में वर्षा, शुष्क ग्रीष्मकाल आदि जैसी जलवायविक स्थितियां पैदा होती हैं। इस प्रकार की जलवायु फलों की खेती के लिए बहुत अधिक उपयुक्त होती है।

2. निम्नलिखित जलवायु प्रकार में से किसमें वर्ष पर्यंत वर्षा नहीं होती है?

   (a) स्टेपी प्रकार (b) चीन प्रकार
   (c) लॉरेन्शियन प्रकार (d) ब्रिटिश प्रकार

उत्तर (a) ब्रिटिश प्रकार, लॉरेन्शियन प्रकार और चीन प्रकार के जलवायु क्षेत्रों में वर्षपर्यंत वर्षा होती है, भले ही वर्षा की मात्रा कुछ कम रहे, लेकिन सभी मौसमों में वर्षा होती है।

स्टेपी प्रकार में हल्की ग्रीष्म वर्षा होती है। इस कारण वनों का विकास भी नहीं हो पाता है।

3. वर्षण के विभिन्न रूपों के संबंध में निम्नलिखित कथनों पर विचार कीजिए–
   1. ओस बनने के लिए, ओसांक का हिमांक से कम होना अनिवार्य है।
   2. तुषार के बनने के लिए ओसांक का हिमांक से अधिक होना अनिवार्य है।
   3. जब अधिक जलवाष्प वाली किसी आर्द्र वायुराशि का तापमान अचानक गिरता है तो कोहरा और धुंध निर्मित होते हैं।

   उपर्युक्त कथनों में से कौन-सा/से सही है/हैं?

   (a) केवल 1 और 2
   (b) केवल 1 और 3
   (c) केवल 3
   (d) 1, 2 और 3

उत्तर (c) ओस की उत्पत्ति के लिए ओसांक अनिवार्य रूप से हिमांक से ऊपर होना चाहिए और अगर यह हिमांक से नीचे हैं तो तुषार बनते हैं और बर्फबारी हो सकती है।

4. वायु राशियों के संबंध में निम्नलिखित में से कौन-सा कथन गलत है?

   (a) तापमान व्युत्क्रमण ऊर्ध्वाधर शीतलन को सीमित कर संघनन और वर्षण को रोकता है।
   (b) ध्रुवीय वायु राशियों के गतिमान होने पर कपासी मेघों का निर्माण होता है।
   (c) शीतोष्णकटिबंधीय चक्रवात वाताग्रजनन के क्षेत्रों में देखे जाते हैं।
   (d) समुद्री वायु राशियाँ शुष्क होती हैं, इसलिए इनके कारण वर्षा नहीं होती।

उत्तर (d) जब गर्म वायु ठंडी सहत पर गति करती है तो ताप व्युत्क्रमण होता है, परन्तु सतह से ऊपर की वायु ऊपर की परतों की तुलना में ठण्डी होती है और ऊर्ध्वाधर परतों को पृथक करती है और इस प्रकार ऊपर की परतों के ठण्डा होने को रोकती है, इसलिए किसी प्रकार का संघनन या वर्षा नहीं होती है।

जब ठंडी वायु गर्म सतह पर गति करती है तो कपासी बादल बनते हैं, इनके परिणामस्वरूप विक्षोभ, अस्थिरता और संवहन उत्पन्न होता है। इस प्रक्रिया को ठंडी ध्रुवीय वायुराशियों की उप-ध्रुवीय गरम सतह पर गति करने के दौरान देखा जा सकता है।

अलग-अलग घनत्व की वायु राशियाँ आसानी से मिश्रित नहीं होतीं, अभिसरण के इस सीमा क्षेत्र को वाताग्र कहा जाता है। मध्य-अक्षांशों में इन वाताग्र क्षेत्रों में शीतोष्णकटिबंधीय चक्रवात बनते हैं।

समुद्री वायु राशियों में उच्च आर्द्रता होती है और वे बड़ी मात्रा में वर्षण उत्पन्न करते हैं, दूसरी ओर महाद्वीपीय वायु राशियाँ शुष्क होती है और कम मात्रा में वर्षण उत्पन्न करती है।

5. स्थानीय पवनों के संबंध में निम्नलिखित कथनों पर विचार कीजिए–
   1. बोरा पवन सर्दियों (शीतकाल) में चलते हैं।
   2. गिबली पवन गर्मियों (ग्रीष्मकाल) में चलते हैं।
   3. चिनूक पवन शरद ऋतु में चलते हैं।

   उपर्युक्त कथनों में कौन-सा/से सही है/हैं?

   (a) केवल 1 और 2
   (b) केवल 2 और 3
   (c) केवल 1 और 3
   (d) 1, 2 और 3

उत्तर (a) बोरा पवन एड्रियाटिक सागर के पूर्वी किनारे में सर्दियों के दौरान चलती है। गिबली गर्मियों के दौरान लीबिया में चलती है और चिनूक सर्दियों के दौरान उत्तरी अमेरिका के आंतरिक पश्चिमी भाग में चलती है।

6. भूमध्यरेखीय क्षेत्र में कम वायुदाब के लिए निम्नलिखित में से कौन-से कारक उत्तरदायी हैं?
   1. उच्च तापमान
   2. उच्च आर्द्रता
   3. उच्च कॉरिऑलिस बल
   4. वायु अभिसरण

   नीचे दिए गए कूट का प्रयोग कर सही उत्तर चुनिए–

   (a) केवल 1 और 2
   (b) केवल 1 और 4
   (c) केवल 1, 2 और 4
   (d) 1, 2, 3, और 4

उत्तर (b) वायु अभिसरण के साथ मिलकर, उच्च तापमान भूमध्यरेखीय क्षेत्र का वायुदाब कम कर देता है। आर्द्रता और कोरिऑलिस बल भूमध्यरेखीय क्षेत्र के वायुदाब को प्रभावित नहीं करते हैं।

7. निम्नलिखित में से कौन-सी गतिविधियाँ, भूमध्यसागरीय जलवायु की आर्थिक गतिविधियों में शामिल हैं?

1. शराब का उत्पादन
2. फलोद्यान कृषि
3. कपास की कृषि

नीचे दिए गए कूट का प्रयोग कर सही उत्तर चुनिए–

(a) केवल 1 और 3 (b) केवल 2 और 3
(c) 1, 2 और 3 (d) केवल 1 और 2

उत्तर (d) भूमध्यसागरीय जलवायु शराब उत्पादन के लिए आदर्श जलवायु है क्योंकि सबसे अच्छी शराब मूलतः अंगूर से ही बनाई जाती हैं। अंगूर पकने के लिए लंबी, धूपभरी ग्रीष्म ऋतु अनुकूल होती है। अंगूर उत्पादन एक परम्परागत भूमध्यसागरीय व्यवसाय है और भूमध्यसागर के सीमावर्ती क्षेत्रों का विश्व के कुल शराब उत्पादन में तीन-चौथाई योगदान है।

भूमध्यसागरीय भूमि को विश्व के फलोद्यान के रूप में जाना जाता है क्योंकि इस क्षेत्र की जलवायु विभिन्न प्रकार के खट्टे फलों की कृषि के लिए उपयुक्त है। खट्टे फलों की मोटी, सख्त छाल अत्यधिक वाष्पोत्सर्जन रोकती है और लंबी, धूपभरी ग्रीष्म ऋतु फलों के सही पकाने और तोड़ने को संभव बनाती हैं।

कपास की खेती चीन तुल्य जलवायु की मुख्य विशेषता है।

8. निम्नलिखित कथनों पर विचार कीजिए–

1. थोड़ी-थोड़ी दूरियों पर माध्य तापमान में भारी परिवर्तन पाए जाते हैं।
2. वर्षण के प्रकारों व उनकी गहनता में भी स्थानिक अंतर पाए जाते हैं।
3. ऊंचाई के साथ जलवायु प्रदेशों का ऊर्ध्वाधर क्षेत्रीकरण (zonation) होता हैं।

उपर्युक्त कथन निम्नलिखित में से किस प्रकार की जलवायु की विशेषताओं का प्रतिनिधित्व करते हैं?

(a) शीत हिम-वन जलवायु
(b) उच्च भूमि जलवायु
(c) शुष्क जलवायु
(d) ध्रुवीय जलवायु

उत्तर (b) उच्च भूमि जलवायु स्थलाकृति द्वारा नियंत्रित होती है। ऊंचे पर्वतों में थोड़ी-थोड़ी दूरियों पर माध्य तापमान में भारी परिवर्तन पाए जाते हैं। उच्च भूमियों में वर्षण के प्रकारों व उनकी गहनता में भी स्थानिक अंतर पाए जाते हैं। पर्वतीय वातावरण में ऊँचाई के साथ जलवायु प्रदेशों में स्तरित ऊर्ध्वाधर कटिबंध पाए जाते हैं। **इसलिए, विकल्प (b) सही है।**

9. अल नीनो मोडोकी (El Nino Modoki) के संदर्भ में, निम्नलिखित कथनों पर विचार कीजिए–

1. मध्य उष्णकटिबंधीय प्रशांत क्षेत्र में तापन और पूर्वी और पश्चिमी उष्णकटिबंधीय प्रशांत क्षेत्र में शीतलन इसकी विशेषता है।
2. यह अरब सागर में उत्पन्न होने वाले चक्रवातों की आवृत्ति में वृद्धि करता है।

नीचे दिए गए कूट का प्रयोग कर सही उत्तर चुनिए–

(a) केवल 1 (b) केवल 2
(c) 1 और 2 दोनों (d) न तो 1, न ही 2

उत्तर (c) अल नीनो मोडोकी उष्णकटिबंधीय प्रशांत क्षेत्र में महासागर-वायुमंडल की युग्मित परिघटना है। यह उष्णकटिबंधीय प्रशांत महासागर में दूसरी युग्मित परिघटना, अर्थात्, अल नीनो से भिन्न है। पारंपरिक अल नीनो की विशेषता पूर्वी भूमध्यरेखीय प्रशांत क्षेत्र में प्रबल विसंगत तापन है। जबकि, अल नीनो मोडोकी मध्य उष्णकटिबंधीय प्रशांत क्षेत्र में प्रबल विसंगत तापन और पूर्वी और पश्चिमी उष्णकटिबंधीय प्रशांत क्षेत्र में शीतलन से संबद्ध है। **इसलिए, कथन 1 सही है।**

वहीं दूसरी ओर अल नीनो मोडोकी के दौरान अरब सागर में विशाल अभिसरण होता है जो उस क्षेत्र की बड़ी संख्या में चक्रवातों की व्याख्या करता है। इस अवधि के दौरान चार वर्षों में अल नीनो और सात वर्षों में अल नीनो मोडोकी का प्रभाव पाया गया। प्रति वर्ष चक्रवातों की संख्या उल्लेखनीय अंतर दर्शाती है जिससे पता चलता है कि अब नीनो मोडोकी वर्ष अरब सागर में चक्रवात के गठन के लिए अनुकूल होते हैं जबकि अल नीनो बंगाल की खाड़ी में चक्रवातों के लिए अनुकूल होता है। **इसलिए, कथन 2 सही है।**

10. निम्नलिखित में से किस/किन कारण/कारणों से उष्णकटिबंधीय और विषुवतीय जलवायु की मृदाओं में ह्यूमस की मात्रा बहुत कम होती है।

1. उच्च वर्षण
2. निम्न जीवाणु वृद्धि

नीचे दिए गए कूट का प्रयोग कर सही उत्तर चुनिए–

(a) केवल 1
(b) केवल 2
(c) 1 और 2 दोनों
(d) न तो 1, न ही 2

उत्तर (a) जैविक गतिविधि मृदा निर्माण का अभिन्न अंग है, क्योंकि इससे जैविक पदार्थ, नमी प्रतिधारण, नाइट्रोजन परिवर्धन आदि में सहायता मिलती है। लेकिन जीवाणुवीय गतिविधियों की गहनता के कारण ठंडी और गर्म जलवायु की मृदाओं के बीच अंतर होता है। आर्द्र, उष्णकटिबंधीय और विषुवतीय जलवायु में, भारी वर्षा होती है, जिसके चलते मृदा निक्षालन अधिक होता है एवं मृदा में ह्यूमस की मात्रा कम होती है। साथ ही, जीवाणुओं की वृद्धि और क्रिया तीव्र होती है और मृत वनस्पति तेजी से ऑक्सीकृत होती है। जिससे मृदा में ह्यूमस की बहुत कम मात्रा बचती है। वहीं दूसरी ओर, ठंडी जलवायु में ह्यूमस संचित होती है और जीवाणु वृद्धि भी कम होती है। निम्न जीवाणु वृद्धि के कारण, कार्बनिक पदार्थ बिना अपघटित हुए रहते हैं और उपआर्कटिक और टुंड्रा जलवायु में पीट की परतें विकसित हो जाती हैं। इसलिए, ठंडी जलवायु की मृदाओं में ह्यूमस की मात्रा उच्च होती है। **अतः केवल कथन 1 सही है।**

11. निम्नलिखित में से कौन-सा जलवायु प्रदेश, सतह पर अधिकतम सूर्यातप प्राप्त करता है?

(a) विषुवतीय वनल
(b) उपोष्णकटिबंधीय मरुस्थल
(c) उप-ध्रुवीय हिम चादर
(d) शीतोष्ण घास के मैदान

उत्तर (b) सतह पर प्राप्त होने वाला सूर्यातप उष्ण कटिबंधों पर 320 वाट/वर्गमीटर से लेकर ध्रुवों पर 70 वाट/वर्गमीटर तक भिन्न-भिन्न है। सूर्यातप की अधिकतम मात्रा उपोष्णकटिबंधीय मरुस्थलों के ऊपर प्राप्त होती है, जहां मेघों का आच्छादन न्यूनतम होता है। भूमध्यरेखा पर उष्णकटिबंधों की तुलना में अपेक्षाकृत कम सूर्याताप प्राप्त होता है। सामान्यतः एक ही अक्षांश पर, महासागरों की तुलना में महाद्वीपों पर अधिक सूर्यातप प्राप्त होता है। मध्य और उच्च अक्षांश गर्मियों की तुलना में सर्दियों में कम विकिरण प्राप्त करते हैं।

12. भूमध्यसागरीय जलवायु प्रकार के संबंध में निम्नलिखित कथनों पर विचार कीजिए–

1. यह पवन पेटी के स्थानांतरण से प्रभावित होती है।
2. शुष्क ग्रीष्म ऋतु एवं शीत ऋतु में वर्षा इसकी विशेषता है।

उपर्युक्त कथनों में से कौन-सा/से सही है/हैं?

(a) केवल 1
(b) केवल 2
(c) 1 और 2 दोनों
(d) न तो 1, न ही 2

उत्तर (c) भूमध्यसागरीय तुल्य की जलवायु–

भूमध्य रेखा के 30° और 45° उत्तर और दक्षिण अक्षांश के बीच पूरी तरह महाद्वीपीय भूसंहति के पश्चिमी भाग तक सीमित है। इस प्रकार की जलवायु का मूल कारण पवन पेटियों का स्थानांतरण है। भूमध्यसागरीय क्षेत्र में इस प्रकार की 'शीतकालीन वर्षा वाली जलवायु' का सबसे अधिक विस्तार है, और इसलिए भूमध्यसागरीय जलवायु नामकरण किया गया है।

अपतटीय सन्मार्गी पवनों के साथ शुष्क, गर्म गर्मियां– गर्मियों में जब सूर्य कर्क रेखा के ऊपर रहता है, तो पछुआ की प्रभाव पेटी थोड़ा ध्रुवों की ओर स्थानांतरित हो जाती है। इसलिए वर्षाकारी पवनों के भूमध्यसागरीय भूमि तक पहुंचने की संभावना नहीं होती है। प्रचलित सन्मार्गी पवनें (उष्णकटिबंधीय पूर्वा) अपतटीय होती है और इनमें वास्तव में कोई वर्षा नहीं होती है। अंतर्देशीय मरुस्थलीय क्षेत्रों से आने वाली प्रबल पवनों से वनाग्नि का खतरा रहता है।

13. विषुवतरेखीय प्रकार की जलवायु के संबंध में निम्नलिखित कथनों पर विचार कीजिए–

1. वर्ष भर तापमान समान रहता है।

2. उच्च वार्षिक वर्षा इसकी विशेषता है।

उपर्युक्त कथनों में से कौन-सा/से सही है/हैं?

(a) केवल 1 (b) केवल 2

(c) 1 और 2 दोनों (d) न तो 1, न ही 2

उत्तर (c) विषुवतरेखीय प्रकार की जलवायु के लक्षण–

विषुवतरेखीय गर्म और आर्द्र जलवायु भूमध्य रेखा के 5° और 10° उत्तर और दक्षिणी के बीच पाई जाती है। इसका सबसे अधिक विस्तार अमेजन की निम्नभूमियों, कांगो, मलेशिया और ईस्ट इंडीज में पाया जाता है।

विषुवतरेखीय जलवायु की सबसे उत्कृष्ट विशेषता वर्षपर्यंत अत्यधिक एकसमान तापमान है। माध्य मासिक तापमान बहुत कम भिन्नता के साथ सदैव 22 डिग्री सेल्सियस के आसपास रहता है। कोई शीतऋतु नहीं होती है। मेघाच्छादन और भारी वर्षा दैनिक तापमान नियंत्रित रखने में सहायता करते हैं, इसलिए यहां तक कि भूमध्य रेखा पर भी, जलवायु असहनीय नहीं होती है। इन क्षेत्रों में वर्ष में सामान्यत: 2000 मिमी. या अधिक वर्षा होती है।

14. 'उष्ण आर्द्र ग्रीष्मऋतु एवं ठंडी शुष्क शीतऋतु इस जलवायु की विशेषता है। यह जलवायु सागरीय प्रभाव से काफी संशोधित होती है। प्रतिमाह वर्षा होती है। यह उत्तरी और दक्षिणी दोनों गोलार्द्ध में पाई जाती है'।

निम्नलिखित में से किसकी उपर्युक्त परिच्छेद द्वारा सर्वोत्तम रूप से व्याख्या की जाती है?

(a) चीन तुल्य जलवायु

(b) साइबेरिया तुल्य जलवायु

(c) लॉरेन्शियन तुल्य जलवायु

(d) भूमध्य सागरीय तुल्य जलवायु

उत्तर (a) चीन तुल्य जलवायु–

इस प्रकार की जलवायु महाद्वीप की पूर्वी सीमा पर उष्ण शीतोष्ण अक्षांश में, ठीक उष्णकटिबंधों के बाहर पाई जाती है एवं समान अक्षांशों में से स्थित भूमध्य सागरीय जलवायु की तुलना में इससे अधिक वर्षा होती है, जो मुख्य रूप से ग्रीष्मऋतु में होती है।

गर्म शीतोष्ण पूर्वी सीमा जलवायु को समुद्री प्रभाव से संशोधित होकर उष्ण, नम ग्रीष्मऋतु एवं ठंडी, शुष्क शीतऋतु से अभिलक्षित किया जाता है। कभी-कभी, महाद्वीपीय आंतरिक भागों से ठंडी हवा का प्रवेश तापमान को हिमांक तक गिरा सकता है, लेकिन अधिकतर समय यह सुखद गर्म रहता है। वर्षा लगभग 75 सेमी से 150 सेमी के बीच होती है, पर्याप्त रूप से वर्ष भर वितरित रहती है, मध्य चीन के आंतरिक भागों के अतिरिक्त अन्य स्थानों में कोई भी शुष्क महीना नहीं होता है।

ठंडी समशीतोष्ण महाद्वीपीय (साइबेरियाई) जलवायु केवल उत्तरी गोलार्द्ध में अनुभव की जाती है, जहाँ उच्च अक्षांशों के अंतर्गत स्थिर महाद्वीपों का पूर्व से पश्चिम की ओर व्यापक विस्तार होता है। **इसलिए, विकल्प (b) सही नहीं है।**

लॉरेन्शियन प्रकार की जलवायु दक्षिणी गोलार्द्ध में अनुपस्थित है। **इसलिए, विकल्प (c) सही नहीं है।**

भूमध्य सागर में 'शीतकालीन वर्षा जलवायु' के इस प्रकार का सर्वाधिक विशाल क्षेत्र है और इसलिए इसे भूमध्य सागरीय जलवायु कहा जाता है। **इसलिए, विकल्प (d) सही नहीं है।**

15. मुख्य कारक जो किसी क्षेत्र के जलवायु को निर्धारित करता है, वह है–

(a) ऊँचाई

(b) अक्षांश

(c) वनस्पति का प्रकार

(d) समुद्र से समीपता

उत्तर (b) जलवायु को निर्धारित करने वाला मुख्य कारक अक्षांश होता है। विभिन्न अक्षांशों के अनुसार जी विश्व जलवायु की प्रमुख पेटियों का विभाजन किया गया है।

❑❑❑

25 विविध

1. निम्नलिखित युग्मों पर विचार कीजिए–

पत्तन	पत्तन के प्रकार
1. कांडला	: ज्वारीय
2. मुम्बई	: प्राकृतिक बंदरगाह
3. पारादीप	: स्थल रुद्ध
4. मार्मागाओ	: कृत्रिम पत्तन

उपर्युक्त युग्मों में से कौन-सा/से सही सुमेलित है/हैं?

(a) केवल 3 और 4
(b) केवल 1, 2 और 3
(c) केवल 1 और 2
(d) केवल 3

उत्तर (c) कांडला एक प्राकृतिक बंदरगाह और ज्वारीय पत्तन है। यह कच्छ की खाड़ी के पूर्वी छोर पर स्थित है। यह बंदरगाह विशेष रूप से बड़ी मात्रा में आने वाले पेट्रोलियम, पेट्रोलियम उत्पादों और उर्वरक के लिए डिजाइन किया गया है। यह देश के पश्चिमी और उत्तर-पश्चिमी भागों की आवश्यकताओं को पूरा करता है। **इसलिए, युग्म 1 सही सुमेलित है।**

मुम्बई का पत्तन एक भव्य प्राकृतिक बंदरगाह है और भारत के पश्चिमी तट पर स्थित सबसे बड़ा पत्तन है। यह मध्य पूर्व, उत्तरी अफ्रीका, उत्तरी अमेरिका और यूरोप के देशों के सामान्य मार्गों के निकट स्थित है। इसलिए यह अत्यंत विविधताओं और बड़े पैमाने पर होने वाले व्यापार को संभालता है। **इसलिए, युग्म 2 सही सुमेलित है।**

पारादीप पत्तन महानदी डेल्टा में ओडिशा के तट पर स्थित गहरे पानी और सभी मौसम में काम करने वाला पत्तन है। यह सबसे गहरा बंदरगाह है जो बहुत ही बड़े जहाजों को संभालने के लिए विशेष रूप से उपयुक्त है। यह मुख्य रूप से बड़े पैमाने पर लौह अयस्क के निर्यात हेतु विकसित किया गया है। ओडिशा, छत्तीसगढ़ और झारखंड इस पत्तन के आंतरिक क्षेत्र में आते हैं।

हालांकि, आंध्र प्रदेश में विशाखापत्तनम पत्तन स्थलरूद्ध पत्तन है। **इसलिए, युग्म 3 सही सुमेलित नहीं है।**

मार्मागाओ पत्तन एक प्राकृतिक बंदरगाह है और जुआरी ज्वारनदमुख के मुहाने पर स्थित है। कर्नाटक, गोवा, दक्षिणी महाराष्ट्र इस बंदरगाह की पश्चभूमि (आंतरिक भाग) हैं। किन्तु, चेन्नई पत्तन एक कृत्रिम बंदरगाह है। **इसलिए, युग्म 4 सही सुमेलित नहीं है।**

2. आधुनिक समय में, राष्ट्रों की विदेश-नीति का केन्द्र बिन्दु व्यापार है। निम्नलिखित में से कौन-सा/से अंतर्राष्ट्रीय व्यापार का/के आधार है/हैं?
   1. जलवायु में अंतर
   2. सांस्कृतिक विविधता
   3. भूवैज्ञानिक संरचना

नीचे दिए गए कूट का प्रयोग कर सही उत्तर चुनिए–

(a) केवल 2 और 3 (b) 1, 2 और 3
(c) केवल 1 और 3 (d) केवल 1

उत्तर (b) **कथन 1 सही है।** किसी क्षेत्र की जलवायु वहां निवास करने वाली वनस्पतियों और जीवों के प्रकार को प्रभावित करती है। यह विविध उत्पादों की रेंज में विविधता भी सुनिश्चित करती है। उदाहरण के लिए ठंडे क्षेत्रों में ऊन का उत्पादन होता है, केले, रबर और कोको का उत्पादन उष्णकटिबंधीय क्षेत्रों में किया जा सकता है। अंतर्राष्ट्रीय व्यापार में जलवायु महत्वपूर्ण भूमिका निभाती है।

कथन 2 सही है। विभिन्न संस्कृतियों में कला और हस्तशिल्प के विभिन्न रूप विकसित होते हैं, जिन्हें संपूर्ण विश्व में महत्ता दी जाती है। उदाहरण के लिए चीन द्वारा चीनी मिट्टी के बर्तन और बेल-बूटेदार वस्त्रों का उत्पादन किया जाता है। ईरान के कालीन और उत्तरी अफ्रीका का चमड़े का काम प्रसिद्ध हस्तशिल्प हैं।

कथन 3 सही है। भूवैज्ञानिक संरचना द्वारा खनिज संसाधनों का आधार निर्धारित होता है और साथ ही स्थलाकृतिक सम्बन्धी अंतर फसलों और पशुओं की विविधता भी सुनिश्चित होती हैं। उदाहरण के लिए तराई क्षेत्रों में अधिक कृषि क्षमता होती है जबकि पर्वतीय क्षेत्र पर्यटकों को आकर्षित करते हैं और पर्यटन को बढ़ावा देते हैं।

3. वस्तुओं को एक स्थान से दूसरे स्थान तक ले जाने में आने वाली परिवहन लागत, निम्नलिखित में से किन कारकों पर निर्भर करती है?
   1. कवर किए जाने वाले भू-भाग के प्रकार पर
   2. ले जाई जाने वाली वस्तु के प्रकार पर
   3. परिवहन साधन के प्रकार पर

नीचे दिए गए कूट का प्रयोग कर सही उत्तर चुनिए–

(a) केवल 1 और 2 (b) केवल 1 और 3
(c) केवल 2 और 3 (d) 1, 2 और 3

उत्तर (d) **सभी विकल्प सही हैं।**

अधिशेष क्षेत्रों में कमी वाले क्षेत्रों तक माल का परिवहन उनके मूल्य को बढ़ा देता है। परिवहन लागतें कई कारणों से परिवर्तित होती हैं जो इस प्रकार हैं–

- यात्रा की दूरी
- कवर किए जाने वाले भू भाग का प्रकार, इसीलिए भूमि को पार करना महासागर को पार करने की तुलना में अधिक महँगा होता है और पर्वतों को पार करना समतल मैदानों को पार करने की तुलना में अधिक महँगा होता है।
- उपयोग किए जाने वाले वाहन का प्रकार क्योंकि प्रति टन पेट्रोलियम को पाइप लाइन के माध्यम से कम मूल्य पर ले जाया जा सकता है जबकि रोड टैंकर के माध्यम से ले जाने में अधिक लागत आती है।
- ले जायी जाने वाली जिंस (वस्तु) का प्रकार क्योंकि एक टन कोयले की तुलना में एक टन बीफ ले जाने में अधिक लागत आती है, जिसे पॉश्चराईज करना पड़ता है।
- अन्य वाहकों से प्रतिस्पर्धा का स्तर, क्योंकि जिस मार्ग पर एक ही वाहन का एकाधिकार होता है उसकी तुलना में एक ही मार्ग पर कई वाहक संचालित होने की दशा में परिवहन दर आमतौर पर कम होती है।

4. भारत में शहरीकरण के संबंध में निम्नलिखित कथनों पर विचार कीजिए–
   1. भारत में यूरोपियों के आगमन के बाद शहरीकरण की दर धीमी हो गयी थी।

2. शहर द्वितीयक क्षेत्र की बजाय तृतीयक क्षेत्र के आधार पर विकसित हो रहे हैं।
3. उत्तरी भारत की तुलना में दक्षिणी भारत अधिक शहरीकृत है।

उपर्युक्त कथनों में से कौन-सा/से सही है/हैं?

(a) 1, 2 और 3 (b) केवल 1 और 2
(c) केवल 2 और 3 (d) केवल 1

उत्तर (c) भारतीय शहरीकरण की मुख्य विशेषताएँ–

भारत में शहरीकरण का इतिहास बहुत पुराना है क्योंकि ईसा पूर्व 2500 के आसपास सिंध घाटी में शहरों एवं शहरी क्षेत्रों का विकास हो गया था।

प्राचीन और मध्ययुगीन काल के दौरान भारत में शहरीकरण प्रशासनिक पीठों, पूँजी और व्यापार केन्द्रों से संबद्ध था।

भारत में यूरोपियों के आगमन के पश्चात्, मुख्य रूप से आधुनिक कारखानों एवं उद्योगों की अवस्थिति और स्थापना के कारण, शहरीकरण की दर त्वरित हो गयी थी।

भारतीय शहरीकरण निर्वाह प्रकृति का है। इसका निहितार्थ यह है कि ग्रामीण क्षेत्रों से आने वाले प्रवासी, शहरी केंद्रों की ओर शहरी परिवेश के लिए नहीं बल्कि रोजगार के लिए आकर्षित होते हैं।

भारतीय शहरीकरण में बहु-महानगरीय शीर्ष (पॉली मेट्रोपॉलिटन एपेक्स) विद्यमान हैं जिसमें भारत की कुल शहरी जनसंख्या के एक-तिहाई भाग को आश्रय देने वाले 'मिलियन सिटी' संपूर्ण शहरी योजना पर वर्चस्व रखते हैं।

भारत के बड़े शहरों में जनसंख्या बहुत तेजी से बढ़ती जा रही है जबकि छोटे शहरों की जनसंख्या थम-सी गयी है।

भारतीय शहरी प्रणाली कार्यात्मक और स्थानिक, दोनों रूपों में एकीकृत नहीं है और परिणामस्वरूप शहरी साथ ही ग्रामीण-शहरी रूपरेखा के पदानुक्रम में अंतराल एवं असंतुलन पाए जाते हैं। **कथन 3 सही नहीं है।**

भारतीय शहर द्वितीयक क्षेत्रक की तुलना में तृतीयक क्षेत्रक के आधार पर अधिक विकसित हो रहे हैं। इसलिए, कथन 2 सही है।

उत्तरी और पूर्वी भारत की तुलना में दक्षिणी भारत अधिक शहरीकृत है। ऐसा ऐतिहासिक, सामाजिक-सांस्कृतिक एवं संसाधनगत कारकों के कारण है, **इसलिए, कथन 3 सही है।**

5. भारत में हिम तेंदुए के संबंध में, निम्नलिखित कथनों पर विचार कीजिए–

1. यह IUNC की रेड लिस्ट के अंतर्गत एक 'क्रिटिकली इन्डैन्जर्ड' प्रजाति है।
2. यह वन्यजीव (संरक्षण) अधिनियम, 1972 की अनूसूची-I के अंतर्गत संरक्षित है।

उपर्युक्त कथनों में से कौन-सा/से सही है/हैं?

(a) केवल 1 (b) केवल 2
(c) 1 और 2 दोनों (d) न तो 1, न ही 2

उत्तर (b) **कथन 1 सही नहीं है।** हाल ही में, हिम तेंदुए की संरक्षण की स्थिति इंटरनेशनल यूनियन फॉर कंजर्वेशन ऑफ नेचर (IUCN) की रेड लिस्ट में 'एन्डेंजर्ड से अवनत करके' वल्नरेबल कर दी गयी। हिम तेंदुआ 1986 से इसी श्रेणी में रहा था। ऐसा एक प्रजाति के लिए खतरे में किसी ठोस कमी के कारण नहीं, बल्कि पहले के 'गलत मूल्यांकन' के कारण किया गया। 'एन्डेंजर्ड' प्रजाति मानने के लिए, वैश्विक आबादी में 2500 से कम परिपक्व वयस्कों का होना आवश्यक है, और गिरावट की दर 16 वर्षों के दौरान 20% से अधिक रहनी चाहिए। IUCN के अनुसार, 2008 में इस प्रजाति के पिछले आकलन में, 'प्रभावी आबादी के आकार' का 'गलत ढंग' से परिपक्व जीवों (mature individuals)' के रूप में उपयोग कर लिया गया था। इससे 'बहुत कम आंकडा' निकला। कई संगठनों के नए आकलनों में पाया गया कि हिम तेंदुआ इन दो मानदंडों को पूरा नहीं करता है। IUCN ने पाया कि विश्व में 2,500 से अधिक परिपक्व वयस्क हैं, जबकि अनुमानित गिरावट की दर 23 वर्षों के दौरान कम से कम 10% थी।

कथन 2 सही है। यह वन्यजीव (संरक्षण) अधिनियम, 1972 की अनुसूची 1 के अंतर्गत संरक्षित है।

6. निम्नलिखित में से कौन-सा कथन तटीय जहाजरानी (Coastal Shipping) का सबसे अच्छा वर्णन करता है?

(a) देश के भीतर एक पत्तन से दूसरे पत्तन तक वस्तुओं और यात्रियों की आवाजाही।
(b) देश के बाहर एक पत्तन से दूसरे पत्तन तक वस्तुओं और यात्रियों की आवाजाही।
(c) एक देश से दूसरे देश तक नदी के माध्यम से वस्तुओं और यात्रियों की आवाजाही।
(d) उपर्युक्त में से कोई नहीं।

उत्तर (a) तटीय जहाजरानी (coastal shipping) में देश के भीतर एक पत्तन से दूसरे पत्तन तक वस्तुओं और यात्रियों की आवाजाही सम्मिलित होती है। यह विदेशी जहाजरानी या अपतटीय जहाजरानी से काफी अलग है जिससे एक देश से दूसरे देश के बीच की जहाजरानी सम्मिलित होती है। दक्षिण भारत का प्रायद्वीपीय आकार तटीय जहाजरानी के लिए बड़ा अवसर प्रदान करता है। तटीय जहाजरानी कई लाभ प्रदान करती है जैसे कि –

- यह रेलवे और सड़क मार्गों की भीड़-भाड़ कम करती है।
- यह अपेक्षाकृत प्रदूषण मुक्त है और कम पूंजी गहन (capital intensive) होती है।
- इससे मत्स्य पालन और लक्जरी पर्यटन जैसे समुद्र आधारित उद्योगों को बढ़ावा देने में सहायता मिलती है। इसके अतिरिक्त इसमें भारी रोजगार उत्पन्न करने की भी क्षमता होती है।

इसलिए, विकल्प (a) सही है।

7. निम्नलिखित युग्मों पर विचार कीजिए–

	राष्ट्रीय जलमार्ग (NW)		संबद्ध नदियाँ
1.	NW 2	:	महानदी
2.	NW 4	:	गोदावरी
3.	NW 6	:	बराक

उपर्युक्त कथनों में से कौन-सा/से सही सुमेलित है/हैं?

(a) केवल 2 और 3 (b) केवल 2
(c) 1, 2 और 3 (d) केवल 1 और 3

उत्तर (a) राष्ट्रीय जलमार्ग-2 उत्तर-पूर्व क्षेत्र को कोलकाता और हल्दिया पत्तन को बांग्लादेश और सुन्दरवन जलमार्गों से जोड़ता है। ब्रह्मपुत्र नदी धुबरी-पांडू-तेजपुर-नेमाती-डिब्रूगढ-सदिया को जोड़ते हुए लगभग 891 किमी तक फैला हुआ है। इसे 1988 में जलमार्ग संख्या-2 घोषित किया गया था।

राष्ट्रीय जलमार्ग-4 आंध्रप्रदेश, तमिलनाडु और पुदुचेरी को जोड़ता है। NW-4 कोरोमंडल तट से काकीनाडा, एलुरु काममैनूर, बकिंघम नहरों और दक्षिण भारत में कृष्णा और गोदावरी नदियों के हिस्सों से होकर गुजरता है। इसे नवम्बर 2008 में राष्ट्रीय जलमार्ग घोषित किया गया था।

राष्ट्रीय जलमार्ग-6 लखीमपुर और भंगा के मध्य बराक नदी पर एक प्रस्तावित जलमार्ग है। **इसलिए, युग्म 2 और 3 सही सुमेलित हैं।**

8. निम्नलिखित में से कौन-सा कथन मानव विकास के क्षमता उपागम (capacity approach) की सही व्याख्या करता है?

(a) आय का स्तर जितना उच्च होता है, विकास का स्तर भी उतना ही उच्च होता है।
(b) लोग विकास के निष्क्रिय प्राप्तकर्ता होते हैं।
(c) भोजन और स्वास्थ्य जैसी मूलभूत आवश्यकताओं पर बल।

(d) बेहतर स्थिति प्राप्त करने की स्वतंत्रता इस तथ्य पर निर्भर है कि लोग क्या करने में सक्षम हैं।

उत्तर (d) क्षमता उपागम एक सैद्धांतिक रुपरेखा है, जो मुख्य दो दावों पर बल देता है– पहला, यह दावा है कि बेहतर स्थिति को प्राप्त करने की स्वतन्त्रता का प्राथमिक नैतिक महत्व है,और दूसरा, कि बेहतर स्थिति को प्राप्त करने की स्वतन्त्रता के सन्दर्भ को लोगों की क्षमताओं के सन्दर्भ में समझना है, अर्थात् यह उन्हें वैसा करने के लिए और बनने के लिए वास्तविक अवसर है और उनको महत्व देने का कारण है। क्षमता दृष्टिकोण का आशय है कि बेहतर स्थिति को प्राप्त करने की स्वतन्त्रता का अर्थ लोग क्या प्राप्त करने और बनने में सक्षम हैं, और इस प्रकार, वे किस तरह का जीवन प्रभावी रूप से व्यतीत करने में सक्षम हैं।

9. स्वर्णिम चतुर्भुज के संबंध में निम्नलिखित में से कौन-सा/से कथन सही नहीं है/हैं?

1. यह दिल्ली, मुम्बई, चेन्नई और कोलकाता को जोड़ता है।

2. इसका प्रबंधन भारतीय राष्ट्रीय राजमार्ग प्राधिकरण द्वारा किया जाता है।

नीचे दिए गए कूट का प्रयोग कर सही उत्तर चुनिए–

(a) केवल 1 (b) केवल 2

(c) 1 और 2 दोनों (d) न तो 1, न ही 2

उत्तर (d) **कथन 1 सही है।** स्वर्णिम चतुर्भुज भारत में विशालतम एक्सप्रेस राजमार्ग परियोजना है। यह भारत के चार सबसे बड़े महानगरों दिल्ली, मुम्बई, चेन्नई और कोलकाता को जोड़ता है, जिससे एक प्रकार की चतुर्भुज सी आकृति बन जाती है। बेंगलुरु, अहमदाबाद, सूरत और पुणे को भी इसी नेटवर्क से जोड़ा गया है।

कथन 2 सही है। इस परियोजना को राष्ट्रीय राजमार्ग प्राधिकरण द्वारा प्रबंधित किया जा रहा है, जिसका गठन 1988 में किया गया था। यह राष्ट्रीय राजमार्गों के विकास, अनुरक्षण और प्रबन्धन हेतु उत्तरदायी है।

10. निम्नलिखित में से कौन-सा/से कारक विश्व के प्रमुख मत्स्यन क्षेत्रों की अवस्थिति निर्धारित करता/करते है/हैं?

1. तटीय जल की गहराई

2. जल का संवहनीय मिश्रण

3. समुद्र तट की आकृति

नीचे दिए गए कूट का प्रयोग कर सही उत्तर चुनिए–

(a) केवल 1 और 2 (b) 1, 2 और 3

(c) केवल 2 (d) केवल 1 और 3

उत्तर (b) **सभी विकल्प सही हैं।**

विश्व के सभी प्रमुख मत्स्य क्षेत्रों की अवस्थिति कई कारकों से निर्धारित होती है–

● उथला तटीय जल एक से अधिक कारणों से मछली पकड़ने हेतु लाभप्रद है। यहाँ महाद्वीपों का अपरदन खनिज और जैविक पदार्थ प्रदान करता है जिसके कारण भोजन की भरपूर आपूर्ति होती है। यहाँ सूर्य का प्रकाश पर्याप्त रूप से प्रवेश करता है। यह पौधों की प्रकाश संश्लेषण प्रक्रिया संबंधी आवश्यकताओं हेतु महत्वपूर्ण है।

● तटीय अपवेलिंग वाले क्षेत्रों में प्राथमिक उत्पादन की दर उच्च होती है। संवहनीय मिश्रण के कारण तटीय क्षेत्रों में जीवन के पोषण हेतु और पोषक तत्वों का अनुकूल प्रसार सुनिश्चित करने के लिए प्रचुर मात्रा में ऑक्सीजन उपलब्ध होती है। ये दोनों मछलियों के लिए आदर्श स्थिति प्रदान करते हैं।

● गर्म और ठंडे जल का मिश्रण और इससे जुड़े प्लवक की उत्पत्ति, जो मछलियों का मुख्य भोजन है।

● अनगिनत दंतुरित आकृति वाले टूटे-फूटे समुद्री तट लंगर डालने के उत्कृष्ट ठिकाने उपलब्ध कराते हैं।

● उपलब्ध वन संसाधन, मछली पकड़ने वाली नावों, बांधों आदि के निर्माण में सहायक होते हैं।

● ऊबड़-खाबड़ भूमि जो कृषि जैसी अन्य गतिविधियों के विकास में बाधा डालती है, अत: लोग मत्स्यन जैसे कार्य के लिए विवश होते हैं।

11. 'मन्नार की खाड़ी' बायोस्फीयर रिजर्व के संबंध में, निम्नलिखित कथनों पर विचार कीजिए–

1. यह एशिया का प्रथम मैरीन बायोस्फीयर रिजर्व है।

2. यह UNESCO के 'मैन एंड बायोस्फेयर' कार्यक्रम का अंग नहीं है।

उपर्युक्त कथनों में से कौन-सा/से सही है/हैं?

(a) केवल 1 (b) केवल 2

(c) 1 और 2 दोनों (d) न तो 1, न ही 2

उत्तर (a) मन्नार की खाड़ी बायोस्फीयर रिजर्व यह एशिया का प्रथम मैरीन बायोस्फीयर रिजर्व है। **इसलिए, कथन 1 सही है।**

यह कोरोमंडल तट क्षेत्र में भारत के दक्षिणी सिरे और श्रीलंका के पश्चिमी तट के बीच स्थित है।

जीव-जन्तुः लुप्तप्राय डुगोंग (समुद्री गाय), समुद्री कछुओं की तीन लुप्तप्राय प्रजातियाँ, समुद्री घोड़े, डॉल्फिन और ह्वेल की कई प्रजातियाँ आदि।

यह UNESCO MAB (मैन एंड बायोस्फेयर) कार्यक्रम का अंग है। **इसलिए, कथन 2 सही नहीं है।**

12. निम्नलिखित में से कौन-सा/से प्रवासन के संभावित परिणाम है/हैं?

1. देश की अर्थव्यवस्था में वृद्धि

2. प्राकृतिक संसाधनों का अतिदोहन

3. ग्रामीण जनांकिकीय संरचना में परिवर्तन

4. सामासिक संस्कृति का विकास

नीचे दिए गए कूट का प्रयोग कर सही उत्तर चुनिए–

(a) केवल 1 और 2

(b) केवल 1 और 3

(c) केवल 2, 3 और 4

(d) 1, 2 3 और 4

उत्तर (d) **कथन 1 सही है।** अंतर्राष्ट्रीय या आन्तरिक प्रवासियों द्वारा विप्रेषित धन (Remittances), स्रोत क्षेत्र की अर्थव्यवस्था के विकास में महत्वपूर्ण भूमिका निभाता है। हालांकि, अन्तर्राष्ट्रीय प्रवासियों से प्राप्त विप्रेषण आंतरिक प्रवासियों की तुलना में काफी अधिक है। विप्रेषण का उपयोग मुख्य रूप से भोजन, ऋण, पुनर्भुगतान, उपचार, विवाह, बच्चों की शिक्षा और अर्थव्यवस्था के अन्य क्षेत्रों के लिए होता है।

कथन 2 सही है। ग्रामीण-शहरी प्रवास के कारण भारी संख्या में लोगों का शहरी क्षेत्रों में पलायन से शहरों की वर्तमान सामजिक व भौतिक अवसंरचना पर दबाव बढ़ा है और इस कारण प्राकृतिक संसाधनों का क्षमता से अधिक दोहन हो रहा है। परिणामस्वरूप इससे वायु प्रदूषण, भू-जल की कमी जैसी अन्य गम्भीर समस्याएँ उत्पन्न होती हैं।

कथन 3 सही है। प्रवासन एक देश की जनसंख्या का पुनर्वितरण करता है। ग्रामीण क्षेत्रों से आयु और कौशल पर आधारित चयनात्मक प्रवासन होने से ग्रामीण जनसांख्यिकी संरचना में परिवर्तन आया है। उन राज्यों में भी जनसांख्यिकी संरचना में असंतुलन आया है, जहाँ प्रवासी आए हैं।

कथन 4 सही है। प्रवासी लोग सामाजिक परिवर्तन के दूत के रूप में भी कार्य करते हैं। प्रवासन विविध संस्कृतियों के लोगों के बीच परस्पर मिश्रण करता है। इसके अतिरिक्त, नदी प्रौद्योगिकियों से जुड़ी युक्तियाँ, परिवार नियोजन, बालिकाओं की शिक्षा जैसे नए विचार शहरी लोगों से ग्रामीण लोगों तक प्रसारित होते हैं।

13. हेमिस राष्ट्रीय उद्यान के विषय में निम्नलिखित कथनों पर विचार करें–

1. यह राष्ट्रीय पार्क अरुणाचल प्रदेश के ऊपरी सियांग जिले में अधिक ऊंचाई पर स्थित है।
2. यह हिमालय के उत्तरी भागों में भारत का अकेला राष्ट्रीय पार्क है।
3. इसमें हिम तेंदुओं का उच्च घनत्व है।

उपर्युक्त कथनों में से कौन-सा/से सही है/हैं?

(a) केवल 1 और 2 (b) केवल 2 और 3
(c) केवल 1 और 3 (d) 1, 2 और 3

उत्तर (b) **कथन 1 गलत है।** हेमिस राष्ट्रीय उद्यान भारत के जम्मू-कश्मीर राज्य के पूर्वी लद्दाख क्षेत्र में अधिक ऊंचाई पर अवस्थित राष्ट्रीय उद्यान है। **कथन 2 सही है।** यह हिमालय के उत्तर में भारत का अकेला राष्ट्रीय उद्यान है। **कथन 3 सही है।** इसमें हिम तेंदुओं का उच्च घनत्व है।

14. निम्नलिखित में से कौन-से समझौतों का आई.यू.सी.एन की लाल सूची पर प्रभाव पड़ा है?

1. लुप्तप्राय प्रजातियों के अंतर्राष्ट्रीय व्यापार पर कन्वेंशन
2. प्रवासी प्रजातियों पर कन्वेंशन
3. रामसर कन्वेंशन

नीचे दिए गए कूट का प्रयोग कर सही उत्तर चुनिए–

(a) केवल 1 और 2 (b) केवल 1 और 3
(c) केवल 2 और 3 (d) 1, 2 और 3

उत्तर (d) समाज के कई अलग-अलग क्षेत्रों को सूचित और प्रभावित करने के लिए आई.यू. सी. एन. की लाल सूची का प्रयोग किया जाता है। यह निर्णय लेने की प्रक्रिया में जैव विविधता पर ध्यान देने की आवश्यकता को संभव बनाता है। आई.यू.सी.एन. की लाल सूची निर्णय निर्माण को सूचित करती है जो लुप्तप्राय प्रजातियों के अंतर्राष्ट्रीय व्यापार पर कन्वेंशन, प्रवासी प्रजातियों पर कन्वेंशन और रामसर कन्वेंशन सहित बहुपक्षीय पर्यावरण समझौतों को आकार देती है।

रामसर कन्वेंशन अंतर्राष्ट्रीय संगठन साझेदार (आई.ओ.पी) के रूप में ज्ञात पांच अन्य संगठनों के साथ निकटतापूर्वक काम करता है। यह हैं बर्डलाइफ इंटरनेशनल, अंतर्राष्ट्रीय प्रकृति संरक्षण संघ (आई.यू.सी.एन), अंतर्राष्ट्रीय जल प्रबंधन संस्थान (आई.डब्ल्यू.एम.आई.) वेटलैण्ड इंटरनेशनल और डब्ल्यू. डब्ल्यू. एफ इंटरनेशनल।

15. 'कयाल' (पश्चजल) के संदर्भ में निम्नलिखित कथनों पर विचार करें–

1. कयाल मालाबार तट की विशेषता हैं।
2. प्रति वर्ष प्रसिद्ध नेहरू ट्रॉफी वल्लमकली (नौका दौड़) केरल के पुन्निमादा कयाल में आयोजित की जाती है।

उपर्युक्त कथनों में से कौन-सा/से सही है/हैं?

(a) केवल 1 (b) केवल 2
(c) 1 और 2 दोनों (d) न तो 1 न ही 2

उत्तर (c) मालाबार तट ने 'कयाल' (अप्रवाही जल) के रूप में कुछ विशिष्ट प्रकृति प्राप्त कर ली है जिनका मछली पकड़ने, अंतर्देशीय नौवहन और पर्यटन के लिए उपयोग किया जाता है। प्रति वर्ष प्रसिद्ध नेहरू ट्राफी वल्लमकली (नौका दौड़) केरल के पुन्नमादा कयाल में आयोजित की जाती है।

16. निम्नलिखित में से किस प्रजाति के लिए केन्द्र सरकार ने कोई विशेष योजना या संरक्षण परियोजना प्रारम्भ नहीं की है?

(a) मगरमच्छ
(b) हंगुल
(c) हिमालयी कस्तूरी मृग
(d) हिमालयी तहर

उत्तर (d) मगरमच्छ प्रजनन परियोजना, हंगुल परियोजना और हिमालयी कस्तूरी मृग संरक्षण जैसी परियोजनाओं को भारत सरकार द्वारा इन प्रजातियों के विशेष संरक्षण प्रयासों के रूप में आरम्भ किया गया है। भारत सरकार द्वारा एकमात्र हिमालयी तहर के संरक्षण के लिए कोई विशेष परियोजना आरम्भ नहीं की गई है।

17. चरम तुंगता अनुसंधान केन्द्र (Extreme Altitude Research Centre) के संदर्भ में, निम्नलिखित कथनों पर विचार कीजिए–

1. यह विश्व का सबसे ऊंचा स्थलीय अनुसंधान एवं विकास केन्द्र है।
2. इसे सिक्किम राज्य में स्थापित किया गया है।
3. यह लुप्तप्राय चरम तुंगता (अत्यधिक ऊँचाई) पर पाए जाने वाले औषधीय पौधों के संरक्षण और प्रसार के लिए कार्य करेगा।

उपर्युक्त कथनों में से कौन-सा/से सही है/हैं?

(a) केवल 1 (b) केवल 2 और 3
(c) केवल 1 और 3 (d) कोई नहीं

उत्तर (c) डी.आर.डी.ओ. ने समुद्र तल से 17,600 फीट ऊपर, जम्मू एवं कश्मीर में चांग ला में चरम तुंगता अनुसंधान केन्द्र का उदघाटन किया। यह विश्व का सबसे ऊंचा स्थलीय अनुसंधान एवं विकास केन्द्र है। रक्षा अनुसंधान एवं विकास संगठन (डी.आर. डी.ओ.) के घटक प्रतिष्ठान उच्च तुंगता रक्षा अनुसंधान संस्थान (डी.आई.एच.ए.आर)लेह ने इसकी स्थापना की है।

इस केन्द्र पर कई जैविक विज्ञान संबंधित गतिविधियां की जाएंगी। इसमें मानव शारीरिक कार्य पर शोध, पादप आनुवंशिक संसाधनों का लंबी अवधि तक संरक्षण, सचल और पोर्टेबल हरितगृहों की डिजाइनिंग, परीक्षण और प्रदर्शन सम्मिलित होंगे। यह केन्द्र अत्यधिक ऊंचाई पर पाए जाने वाले लुप्तप्राय औषधीय पौधों और अन्य के संरक्षण और प्रसार की दिशा में भी काम करेगा।

18. भारत में एक बायोस्फीयर रिजर्व के संबंध में निम्नलिखित कथनों पर विचार कीजिए–

1. इसकी स्थलाकृति विविधतापूर्ण है जो 250 मी से 2500 मीटर ऊंचाई तक परिवर्तित होती है।
2. यह यूनेस्को द्वारा घोषित एक विश्व विरासत स्थल है।
3. यह शेर-पूंछ बन्दर की सबसे बड़ी आबादी को आश्रय प्रदान करता है।

उपर्युक्त विशेषताओं द्वारा निम्नलिखित में से कौन-सा बायोस्फीयर रिजर्व सबसे अच्छी प्रकार से वर्णित होता है?

(a) नंदा देवी बायोस्फीयर रिजर्व
(b) नीलगिरि बायोस्फीयर रिजर्व
(c) सिमलीपाल बायोस्फीयर रिजर्व
(d) अगस्त्यमलाई बायोस्फीयर रिजर्व

उत्तर (b) नीलगिरि बायोस्फीयर रिजर्व (एन.बी.आर.) भारत के चौदह बायोस्फीयर रिजर्व में सर्वप्रथम है, इसकी स्थापना सितम्बर 1986 में की गई थी। इसकी स्थलाकृति अत्यधिक विविधतापूर्ण है, जिसकी ऊँचाई 250 मीटर से 2,650 मीटर तक है। इसमें दो लुप्तप्राय प्रजातियों शेर पूँछ मकाक और नीलगिरि तहर की सर्वाधिक आबादी पायी जाती है। पश्चिमी घाट, नीलगिरि उपक्लस्टर, नीलगिरि बायोस्फीयर रिजर्व को संयुक्त करते हुए यूनेस्को द्वारा 2012 में घोषित विश्व विरासत स्थल है। इसमें मुदुमलाई, मुकुर्थी, वायनाड और बांदीपुर राष्ट्रीय पार्क सम्मिलित हैं।

19. निम्नलिखित में से किसके द्वारा भारत के आर्द्रभूमि पर्यावासों में सर्वाधिक योगदान दिया जाता है?

(a) मैंग्रोव (b) धान के खेत
(c) झीलें (d) जलाशय

उत्तर (b) भारत मे विविध प्रकार के आर्द्रभूमि पर्यावास पाए जाते हैं, इसके लगभग 70% भाग में धान की कृषि के क्षेत्र सम्मिलित है।

20. भारत में निम्नलिखित में से किस स्थान में जानवरों का शिकार करने की अनुमति है?

(a) वन्यजीव अभयारण्य
(b) प्रतिबन्धित क्षेत्र
(c) गेम रिजर्व
(d) राष्ट्रीय पार्क

उत्तर (c) यदि राज्य सरकार यह विचार करती है कि कोई क्षेत्र संरक्षण करने, प्रसार करने या वन्यजीव या इसके पर्यावरण के विकास हेतु, पारिस्थितिक, प्राणिजात, वनस्पतिजात, भूआकृतिक, प्राकृतिक या जन्तु विज्ञान की दृष्टि से पर्याप्त महत्व का है तो वह अधिसूचना जारी कर उसे अभयारण्य घोषित कर सकती है।

राष्ट्रीय पार्क– राष्ट्रीय पार्क में शिकार या कोई अन्य मानवीय गतिविधि पूर्णतया वर्जित होती है।

गेम रिजर्व– भारत में राज्य सरकार द्वारा गेम रिजर्व के रूप में अधिसूचित क्षेत्र में, वन्य जीवों के शिकार की अनुमति होती है।

प्रतिबन्धित क्षेत्र– राज्य सरकार द्वारा निश्चित अवधि के लिए शिकार हेतु प्रतिबंधित क्षेत्र। प्रतिबंधित क्षेत्र में वन्य जीवों के शिकार की अनुमति नहीं होती है।

21. निम्नलिखित युग्मों पर विचार कीजिए–

राष्ट्रीय उद्यान	राज्य
1. बेतला	**: छत्तीसगढ़**
2. बनेरघट्टा	**: तेलंगाना**
3. ओरांग	**: नागालैंड**

उपर्युक्त युग्मों में से कौन-सा/से सही सुमेलित है/हैं?

(a) केवल 1 और 2 (b) केवल 3
(c) 1, 2 और 3 (d) कोई नहीं

उत्तर (d) बेतला राष्ट्रीय उद्यान भारत के झारखंड राज्य के लातेहार जिले में छोटानागपुर के पठारों में स्थित है। इस उद्यान में कई प्रकार के वन्य जीव देखने को मिलते हैं। 'बेतला' निम्न शब्दों: बिसन (गौर), एलीफेंट (हाथी), टाइगर (बाघ), लेपर्ड (तेंदुआ) और एक्सिस-एक्सिस का एक संक्षिप्त रूप है।

बनेरघट्टा राष्ट्रीय उद्यान कर्नाटक में है। बनेरघट्टा जैविक उद्यान जिसे बी.बी.पी. के नाम से भी ख्याति प्राप्त है, बनेरघट्टा राष्ट्रीय उद्यान का अभिन्न अंग है। असम के डारंग तथा सोनिपुर जिले में ब्रह्मपुत्र नदी के उत्तरी तट पर स्थित ओरांग राष्ट्रीय उद्यान को मिनी काजीरंगा राष्ट्रीय उद्यान के नाम से भी जाना जाता है।

22. निम्नलिखित में से कौन ट्रांसह्युमेन्स शब्द का सही ढंग से वर्णन करता है?

(a) गर्मियों के दौरान मैदानी क्षेत्रों से पहाड़ों पर चराई के लिए और सर्दियों के दौरान पहाड़ों से मैदानी क्षेत्रों की ओर पलायन की प्रक्रिया।
(b) रोजगार के बेहतर अवसरों के लिए ग्रामीण क्षेत्रों से शहरी क्षेत्रों की ओर पलायन की प्रक्रिया।
(c) प्रौद्योगिकी के विकास के साथ आदिम निर्वाह कृषि से गहन वाणिज्यिक अनाज की खेती की ओर स्थानांतरण की प्रक्रिया।
(d) उपर्युक्त में से कोई नहीं।

उत्तर (a) ग्रीष्म ऋतु में मैदानी क्षेत्रों से पर्वतीय चरागाहों की ओर, और पुनः शरद ऋतु में पर्वतीय चरागाहों से मैदानी क्षेत्रों को होने वाले प्रवास की प्रक्रिया को ऋतुप्रवास (ट्रांसह्यूमेंस) के नाम से जाना जाता है।

हिमालय जैसे पर्वतीय क्षेत्रों में गुज्जर, बकरवाल, गद्दी और मोरिया लोग ग्रीष्म ऋतु में मैदानी क्षेत्रों से पर्वतीय क्षेत्रों की और और शरद ऋतु में उच्च ऊंचाई वाले क्षेत्रों से मैदानी क्षेत्रों की ओर प्रवास करते हैं। इसी प्रकार से, टुण्ड्रा क्षेत्रों में ग्रीष्म ऋतु में घुमन्तू चरवाहे दक्षिण से उत्तर की ओर और शरद ऋतु में उत्तर से दक्षिण की ओर प्रवास करते हैं।

23. निम्नलिखित युग्मों पर विचार कीजिए–

पत्तन	संबद्ध नदी
1. पारादीप	**: महानदी**
2. कोलकाता	**: हुगली**
3. मार्मगोआ	**: गोदावरी**

उपर्युक्त युग्मों में से कौन-सा/से सही सुमेलित है/हैं?

(a) केवल 1 और 2 (b) केवल 2
(c) केवल 1 और 3 (d) 1, 2 और 3

उत्तर (a) **युग्म 1 सही सुमेलित है।** भारत के पूर्वी तट पर ओडिशा के जगतसिंपुर जिले में स्थित पारादीप बंदरगाह गहरे पानी का एक कृत्रिम पत्तन है। यह महानदी और बंगाल की खाड़ी के संगम पर स्थित है।

युग्म 2 सही सुमेलित है। कोलकाता पत्तन बंगाल की खाड़ी से 128 किमी. की दूरी पर हुगली नदी में स्थित है।

युग्म 3 सही सुमेलित नहीं है। मार्मागाओ बंदरगाह जुआरी नदी एश्चुअरी के प्रवेश द्वार पर स्थित है और यह गोवा का एक प्राकृतिक बंदरगाह है।

24. एकीकृत वाटरशेड प्रबंधन कार्यक्रम (IWMP) का उद्देश्य निम्नलिखित में से क्या है?

1. मृदा के बहाव को रोकना
2. प्राकृतिक वनस्पति को पुनर्जीवित करना
3. भूजल स्तर पर पुनर्भरण

नीचे दिए गए कूट का प्रयोग कर सही उत्तर चुनिए–

(a) केवल 1 और 3 (b) केवल 2 और 3
(c) केवल 2 (d) 1, 2 और 3

उत्तर (d) एकीकृत वाटरशेड प्रबंधन कार्यक्रम (IWMP) का कार्यान्वयन भू-संसाधन विभाग, ग्रामीण विकास मन्त्रालय द्वारा किया जा रहा है।

IWPM का मुख्य उद्देश्य मृदा, वनस्पति आवरण और जल जैसे विकृत हो चुके प्राकृतिक संसाधनों के नवीकरण, उपयोग संरक्षण और विकास द्वारा पर्यावरणीय संतुलन को बहाल करना है।

इसके परिणामस्वरूप भू-क्षरण की रोकथाम, प्राकृतिक वनस्पतियों का पुनर्जीवन, वर्षा के जल का संग्रहण और भूजल स्तर का पुनर्भरण हुआ है। इससे बहु-फसल और कृषि आधारित विविध गतिविधियों में भी वृद्धि हुई है, जिससे वाटरशेड प्रबंधन क्षेत्रों में रहने वाले लोगों के लिए सतत आजीविका मिलने में सहायता मिली है।

25. फ्लाई ऐश के उपयोग की नीति अपनाने वाला भारत का पहला राज्य कौन है?

(a) तमिलनाडु (b) गुजरात
(c) महाराष्ट्र (d) छत्तीसगढ़

उत्तर (c) महाराष्ट्र सरकार ने हाल ही में फ़्लाई ऐश के उपयोग की नीति को अपनाया है। राज्य मंत्रिमण्डल ने तापीय विद्युत संयंत्रों एवं बायोगैस संयंत्रों से उत्पन्न होने वाली फ्लाई ऐश का निर्माण गतिविधियों के लिए 100 प्रतिशत उपयोग करने हेतु नीति का अनुमोदन किया। पहले फ्लाई ऐश का उपयोग विद्युत संयंत्र के चारों ओर 100 किमी त्रिज्या के क्षेत्र में अनुमोदित था, अब इस सीमा को बढ़ाकर 300 किमी कर दिया गया है।

फ्लाई ऐश या कोयला धूलि, विद्युत उत्पादन के दौरान चूर्णित कोयले के दहन से छोटे कणों के रूप में उत्पन्न राख है। यह स्वास्थ्य एवं पर्यावरण के लिए हानिकारक होती है। हालांकि इसका निर्माण उद्योगों द्वारा कंक्रीट एवं ईंटे बनाने में उपयोग किया जाता है।

महाराष्ट्र प्रतिवर्ष तीन मिलियन टन फ्लाई ऐश का उत्पादन करता है। इसमें से केवल 60 प्रतिशत का उपयोग किया जाता है। जबकि शेष भाग को डम्प कर दिया जाता है जिससे प्रदूषण में वृद्धि होती है।

26. निम्नलिखित में से किसका अंतर्देशीय जलमार्ग के माध्यम से नौवहन के लिए विकास किया जा सकता है?

1. नदियों का 2. नहरों का
3. झीलों का 4. तटीय क्षेत्रों का

नीचे दिए गए कूट का प्रयोग कर सही उत्तर चुनिए–

(a) केवल 1 और 2
(b) केवल 2 और 4
(c) केवल 1, 2 और 3
(d) 1, 2, 3 और 4

उत्तर (d) नदियों, नहरों, झीलों और तटीय क्षेत्रों सभी का जलमार्ग के रूप में उपयोग किया जाता है बशर्ते कि इनमें नौवहन के लिए पर्याप्त गहराई एवं चौड़ाई हो और जल का प्रवाह हो।

नदियां घने जंगलों में परिवहन का एकमात्र साधन हैं जैसे कांगो आदि।

ह्यूरोन और एरी जैसी झीलें प्रेयरी में जलमार्गों के माध्यम से फॉरवर्ड और बैकवर्ड लिंकेज में सहायता करती हैं। इससे इस क्षेत्र में अनाज की ढुलाई की लागत काफी हद तक कम हो गई है।

तटीय क्षेत्र भी आसन्न क्षेत्रों तक वस्तुओं के परिवहन में सहायता करते हैं।

27. जल निकायों के किनारे ग्रामीण बस्तियों के निम्नलिखित में से कौन-से प्रतिरूप विकसित होते हैं?

1. वृत्ताकार पैटर्न (Circular Pattern)
2. आयताकार पैटर्न (Rectangular Pattern)
3. रैखिक पैटर्न (Linear Pattern)

नीचे दिए गए कूट का प्रयोग कर सही उत्तर चुनिए–

(a) केवल 1 (b) केवल 1 और 3
(c) केवल 2 और 3 (d) 1, 2 और 3

उत्तर (b) ग्रामीण बस्तियां नदी, सडक आदि जैसे बाहरी प्रभावों के आधार पर रेखीय, आयताकार, गोलाकार, तारों सदृश और टी-आकार जैसे अलग-अलग आकार ग्रहण करती हैं।

बस्ती का गोलाकार पैटर्न झीलों और तालाब के चारों ओर विकसित होता है, जबकि रेखीय पैटर्न नदी नहर के किनारे या रेलवे लाइन के आसपास विकसित होता है **कथन 1 और 3 सही हैं।**

आयताकार पैटर्न मैदानी क्षेत्र या अंतर पर्वतीय घाटियों के आस-पास विकसित होता है। सड़कें आयताकार होती हैं और एक-दूसरे को समकोण पर काटती हैं।

तारों सदृश पैटर्न– यह कई सड़कों के अभिसरण के बिन्दु पर विकसित होता है।

28. निम्नलिखित में से कौन-से स्थलरुद्ध पत्तन हैं?

1. विशाखापत्तनम पत्तन
2. हल्दिया पत्तन
3. कोच्चि पत्तन

नीचे दिए गए कूट का प्रयोग कर सही उत्तर चुनिए–

(a) केवल 1 (b) केवल 2
(c) केवल 2 और 3 (d) कोई नहीं

उत्तर (a) आंध्र प्रदेश में विशाखापत्तनम पत्तन एक स्थलरूद्ध बंद पोताश्रय है। यह ठोस चट्टान और रेत को काट कर बनाए गए चैनल के माध्यम से समुद्र से जुड़ा हुआ है। लौह-अयस्क, पेट्रोलियम और सामान्य कार्गो का प्रबंधन करने के लिए एक बाह्य पोताश्रय विकसित किया गया है। आंध्र प्रदेश और तेलंगाना इस पतन के लिए मुख्य पृष्ठ प्रदेश (hinterland) हैं।

हल्दिया पत्तन कोलकाता से 105 मिमी. अनुप्रवाह (डाउन-स्ट्रीम) में स्थित है। यह कोलकाता पत्तन पर भीड़-भाड़ को कम करने के लिए बनाया गया है। यह थोक माल जैसे लौह अयस्क, कोयला, पेट्रोलियम उत्पादों और उर्वरक, जूट, जूट उत्पादों, कपास और सूती धागा आदि का प्रबंधन करता है।

बेम्बानाड क्रयाल के शीर्ष पर स्थित कोच्चि पत्तन, अरब सागर की रानी के नाम से लोकप्रिय है। यह भी एक प्राकृतिक पोताश्रय है। स्वेज -कोलंबो मार्ग के निकट स्थित होने के कारण यह पत्तन एक लाभप्रद स्थान पर अवस्थित है। यह केरल, दक्षिण कर्नाटक और दक्षिण पश्चिमी तमिलनाडु की आवश्यकताओं को पूरा करता है।

29. पत्तन के प्रकार के संबंध में निम्नलिखित कथनों पर विचार कीजिए–

1. ये वास्तविक पत्तन से दूर बनाए जाने वाले गहरे जल पत्तन हैं।
2. ये अपने बड़े आकार या गादन के कारण वास्तविक पत्तन तक न पहुँच पाने वाले जहाजों को ग्रहण करने के लिए सहायक पत्तन हैं।
3. इस प्रकार के पत्तन यूरोप एवं कनाडा के पूर्वी तट में पाए जाते हैं।

उपर्युक्त कथन निम्नलिखित में से किस पत्तन की सर्वोत्तम व्याख्या करते हैं?

(a) नौसेना पत्तन (Naval Ports)
(b) विश्राम पत्तन (Port of Call)
(c) बाह्य पत्तन (Out Ports)
(d) आंत्रपो पत्तन (Entrepot Ports)

उत्तर (c) बाह्य पत्तन वास्तविक पत्तन से दूर बनाए जाने वाले गहरे जल पत्तन होते हैं। ये बड़े आकार या गादन के कारण वास्तविक पत्तन तक न पहुँच पाने वाले जहाजों को ग्रहण करने के लिए बनाए जाने वाले सहायक पत्तन होते हैं। इस प्रकार के पत्तन यूरोप और कनाडा के पूर्वी तट जैसे न्यूफाउंडलैंड और लैब्राडोर में पाए जाते हैं। उदाहरण के लिए लंदन पत्तन से दूर स्थित तिलबुरी पत्तन इत्यादि।

30. चाबहार पत्तन निम्नलिखित में से किन स्थानों से संबद्ध है?

1. ओमान की खाड़ी
2. फारस की खाड़ी
3. अरब सागर

नीचे दिए गए कूट का प्रयोग कर सही उत्तर चुनिए–

(a) केवल 1 (b) केवल 2 और 3
(c) केवल 1 और 3 (d) 1, 2 और 3

उत्तर (c) चाबहार पत्तन, अरब सागर में स्थित ओमान की खाड़ी में, दक्षिण-पूर्वी ईरान में स्थित है। **1 और 3 सही हैं।**

भारत चाबहार पत्तन का विकास करेगा और उसे संचालित करेगा।

इंडिया पोर्ट्स ग्लोबल, जहाजरानी मंत्रालय की हाल ही में गठित की गई पत्तन परियोजना निवेश शाखा (port project investment arm) है। यह जवाहरलाल नेहरू पोर्ट व कांडला पत्तन का संयुक्त उद्यम है। यह 640 मीटर की लंबाई वाली दो कंटेनर बर्थ एवं तीन बहु-कार्गो बर्थ का विकास करने के लिए 85 मिलियन डॉलर का निवेश करेगी।

यह पतन सागर-भूमि मार्ग का उपयोग कर पाकिस्तान से गुजरे बिना अफगानिस्तान तक माल परिवहन के लिए मार्ग बनाएगा।

31. भारत और पाकिस्तान के बीच विवादित क्षेत्र सर क्रीक है–

(a) एक प्रवाल द्वीप
(b) एक ज्वालामुखी द्वीप
(c) एक ज्वारनदमुख
(d) एक पश्चजल लैगून

उत्तर (c) सर क्रीक भारत और पाकिस्तान की सीमा पर 96 किमी (60 मील) लंबा एक ज्वारनदमुख है। यह क्रीक, जो अरब सागर में खुलता है, पाकिस्तान के सिंध प्राप्त को भारत के गुजरात राज्य से अलग करता है।

32. कश्मीर के लाल हिरन या हंगुल के संदर्भ में, निम्नलिखित कथनों पर विचार कीजिए–

1. इसे हाल ही में IUCN द्वारा 'क्रिटिकली इन्डैन्जर्ड' श्रेणी में वर्गीकृत किया गया है।
2. यह भारतीय वन्यजीव संरक्षण अधिनियम, 1972 की अनुसूची-1 के अंतर्गत सूचीबद्ध है।

3. यह अपनी प्रसिद्ध कस्तूरी सुगंध के लिए जाना जाता है।

उपर्युक्त कथनों में से कौन-सा/से सही है/हैं?

(a) केवल 1
(b) केवल 1 और 2
(c) केवल 2 और 3
(d) 1, 2 और 3

उत्तर (b) **कथन 1 सही है।** IUCN (अंतर्राष्ट्रीय प्रकृति संरक्षण-संघ) कश्मीरी लाल हिरन या हंगुल को 'क्रिटिकली इनडेन्जर्ड' प्रजाति के रूप में घोषित किया है। इससे पहले यह लाल हिरन की एक उप-प्रजाति के रूप में में माना जाता था। इसलिए, IUCN ने इसे विश्व के यूरोपीय और अन्य 'लाल हिरण' प्रजातियों के साथ 'लीस्ट कन्सर्न (least concern)' के रूप में वर्गीकृत किया हुआ था।

कथन 2 सही है। यह भारतीय वन्यजीव (संरक्षण) अधिनियम 1972 और जम्मू-कश्मीर वन्यजीव (संरक्षण अधिनियम, 1978 की अनुसूची-I, के अंतर्गत सूचीबद्ध है और यह भारत सरकार द्वारा उच्च संरक्षण प्राथमिकता के शीर्ष 15 प्रजातियों में भी सूचीबद्ध किया गया है।

कथन 3 सही नहीं है। कस्तूरी मृग की विभिन्न प्रजातियां कस्तूरी सुगंध के लिए जानी जाती हैं जैसे कि हिमालयी कस्तूरी मृग, साइबेरियाई कस्तूरी मृग आदि।

33. निम्नलिखित में से कौन-सा/से भारत में रामसर स्थलों में शामिल है/हैं?

1. लोकटक झील 2. वुलर झील
3. हरिके झील

नीचे दिए गए कूट का प्रयोग कर सही उत्तर चुनिए-

(a) केवल 1 (b) केवल 1 और 2
(c) केवल 2 और 3 (d) 1, 2 और 3

उत्तर (d) भारत में निम्नलिखित रामसर स्थल अवस्थित है-

- अष्टमुडी आर्द्रभूमि भीतरकणिका मैंग्रोव
- भोज आर्द्रभूमि चिल्का झील
- दीपोर बील पूर्व कलकत्ता आर्द्रभूमि
- हरिके झील होकरा आर्द्रभूमि
- कांजली झील केवलादेव घाना राष्ट्रीय उद्यान
- कोलेरू झील लोकतक झील
- नलसरोवर पक्षी अभयारण्य प्वाइंट केलिमर
- पौंग बांध झील रेणुका आर्द्रभूमि
- रोपड़ झील, रुद्रसागर झील
- सांभर झील, सस्थमकोट्टा झील
- सुरिंसर-मानसर झील, त्सो मोरीरी झील
- वेम्बनाड कोल आर्द्रभूमि
- ऊपरी गंगा नदी (बृजघाट से नरोरा स्ट्रेच तक)
- वुलर झील

34. निम्नलिखित युग्मों पर विचार कीजिए-

पौधे		औषधीय गुण
1. सर्पगंधा	:	रक्तचाप
2. नीम	:	मधुमेह रोधी
3. तुलसी	:	खांसी और जुकाम

उपर्युक्त युग्मों में से कौन-सा/से सही सुमेलित है/हैं?

(a) केवल 1 और 2 (b) केवल 2
(c) केवल 2 और 3 (d) 1, 2 और 3

उत्तर (d) प्राचीन काल से ही भारत अपने मसालों और जड़ी बूटियों के लिए जाना जाता है। वर्ल्ड कंजर्वेशन यूनियन की लाल सूची में 352 औषधीय पौधे हैं जिनमें से 52 क्रिटिकली थ्रीटेन्ड है और 49 इन्डैन्जर्ड हैं।

भारत में आमतौर पर इस्तेमाल होने वाले पौधे हैं-

- सर्पगंधा- रक्तचाप के उपचार के लिए इस्तेमाल किया जाता है, यह केवल भारत में पाया जाता है।
- जामुन- पके फल से रस सिरका तैयार किया जाता है, वातहर और मूत्रवर्धक (carminative and diuretic) है और इसमें पाचनकारी गुण होता है। इसके बीज का पाउडर मधुमेह को नियंत्रित करने के लिए प्रयोग किया जाता है।
- अर्जुन- पत्तियों का ताजा रस कान दर्द की एक दवा है। यह रक्तचाप को नियंत्रित करने के लिए भी प्रयोग किया जाता है।
- बबूल- आंख के घाव के इलाज में इसकी पत्तियों का उपयोग किया जाता है। इसका गोंद एक टॉनिक के रूप में प्रयोग किया जाता है।
- नीम- उच्च एंटीबायोटिक मधुमेह विरोधी गुण होता है और रक्त शुद्ध करता है।
- तुलसी पौधा- खांसी और जुकाम के उपचार में प्रयोग किया जाता है। विशेष रूप से मानसून के दौरान कीड़ों का काटना बहुत कम है, इसलिए कीड़े के डंक वाली स्थान पर तुलसी की जड़ का पेस्ट लगाया जाता है।
- कचनार- अस्थमा और अल्सर के उपचार में प्रयोग किया जाता है। इसकी कलियों और जड़ों का पाचन समस्याओं के उपचार में उपयोग किया जाता है।

35. निम्नलिखित में से किन उपजों को अनुसूचित जनजाति एवं अन्य परंपरागत वनवासी (वन अधिकारों की मान्यता) अधिनियम, 2006 के तहत लघु वनोपज के रूप में वर्गीकृत किया जाता है?

1. इमारती लकड़ी 2. बांस
3. गोंद और रेजिन 4. हाथी दांत

नीचे दिए गए कूट का प्रयोग कर सही उत्तर चुनिए-

(a) केवल 1, 3 और 4
(b) केवल 1 और 2
(c) केवल 2 और 3
(d) केवल 3 और 4

उत्तर (c) लघु वनोपज (MFP) वन उपज का उपसमुच्चय है। इसे 2007 में अनुसूचित जनजाति एवं अन्य परंपरागत वन निवासी (वन अधिकारों की मान्यता) अधिनियम, 2006 को लागू करते समय ही परिभाषित किया गया था। उक्त अधिनियम की धारा 2 (i) सभी गैर इमारती लकड़ियाँ को लघु वनोपज के रूप में परिभाषित करती है जिसमें बांस, झाड़ियाँ, ठूठ, बेंत, कोकून, शहद, टसर, तेंदू/केंदु की पत्तियाँ, औषधीय पौधे एवं जड़ी बूटियाँ, जड़ें, कंद एवं इसी प्रकार के अन्य उत्पाद सम्मिलित हैं।

इस प्रकार, 'लघु वनोपज' की परिभाषा में बांस और बेंस (बंदम) सम्मिलित हैं। अतः भारतीय वन अधिनियम, 1927 के तहत 'पेड़' के रूप में वर्गीकृत बांस और बेंत के वर्गीकरण में परिवर्तन किया गया है।

अनुसूचित जनजाति एवं अन्य परंपरागत वन निवासी (वन अधिकारों की मान्यता) अधिनियम, 2006 के तहत हाथीदांत लघु वनोपज के रूप में परिभाषित नहीं है।

36. अंटार्कटिक परिध्रुवीय अभियान (अंटार्कटिक सर्कम्पोलर एक्स्पिडिशन) शुरू किया गया है-

(a) अंटार्कटिक महासागर में सभी प्रमुख द्वीपों का अध्ययन के लिए
(b) अंटार्कटिक में तेल भंडार की खोज की संभावना का पता लगाने के लिए
(c) जीवाश्मों की खोज के लिए गहरी आइस कोर ड्रिलिंग को प्रोत्साहित करने के लिए
(d) सभी P-5 देशों के स्थायी अनुसंधान केन्द्र की स्थापना के लिए।

उत्तर (a) अंटार्कटिक परिध्रुवीय अभियान 'अंटार्कटिक सर्कम्पोलर एक्स्पिडिशन) "देशों के बीच अंतर्राष्ट्रीय संबंधों और सहयोग को बढ़ाने के साथ-साथ ध्रुवीय अनुसंधान के क्षेत्र में युवा वैज्ञानिकों की नई पीढ़ी रूचि बढ़ाने के लिए" नव निर्मित स्विस पोलर इंस्टिट्यूट (SPI) की पहली परियोजना है।

यह अंटार्कटिका महासागर में सभी प्रमुख द्वीपों, के साथ ही अंटार्कटिक मुख्य भूमि के अध्ययन हेतु प्रथम वैज्ञानिक मिशन होगा।

SPI एक बड़ी परियोजना आयोजित कर रहा है– अंटार्कटिका परिध्रुवीय अभियान (अंटार्कटिक सर्कम्पोलर, एक्स्पिडिशन) सबसे दक्षिणी महाद्वीप के आसापास पूरी तरह से नौगम्य पहला वैज्ञानिक अभियान है।

37. निम्नलिखित में से कौन-सा/से पशु नीलगिरी बायोस्फीयर रिजर्व में पाया जाता है/ पाए जाते हैं?

1. राइनो

2. हाथी

3. टाइगर

4. शेर पूँछ बन्दर

नीचे दिए गए कूट का प्रयोग कर सही उत्तर का चयन कीजिए।

(a) केवल 1, 2 और 3
(b) केवल 1 और 4
(c) केवल 2, 3 और 4
(d) 1, 2, 3 और 4

उत्तर (c) नीलगिरी बायोस्फीयर रिजर्व में दो लुप्तप्राय जानवरों की प्रजातियों, अर्थात् नीलगिरि तहर और शेर पूँछ बन्दर की सबसे बड़ी ज्ञात आबादी शामिल है।

हाथी, बाघ, गौर, सांभर और चीतल की सबसे बड़ी दक्षिण भारतीय आबादी के साथ-साथ स्थानिक और लुप्तप्राय पौधों की एक बड़ी संख्या भी इस रिजर्व में पायी जाती है। जबकि राइनो केवल पूर्वोत्तर भारत में पाए जाते हैं।

38. एक 'सुरक्षित क्षेत्र' के बारे में निम्नलिखित कथनों पर विचार कीजिए–

1. यह राजस्थान, मध्य प्रदेश और उत्तर प्रदेश के क्षेत्र के त्रि-बिन्दु (tri-point) में अवस्थित है।

2. यहाँ घड़ियाल, रेड-क्राउन्ड रूफ टर्टल (कछुआ) और गंगा नदी डॉल्फिन जैसी क्रिटिकली इंडेंजर्ड प्रजातियाँ पाई जाती हैं।

3. अभयारण्य का मुख्यालय मध्यप्रदेश के मुरैना में स्थित है।

उपरोक्त कथनों में निम्नलिखित में से किस अभयारण्य का वर्णन किया गया है?

(a) राष्ट्रीय चंबल अभयारण्य
(b) पालपुर कुनो वन्यजीव अभयारण्य
(c) संजय गांधी राष्ट्रीय उद्यान
(d) पेंच राष्ट्रीय उद्यान

उत्तर (a) राष्ट्रीय चंबल अभयारण्य के बारे में कुछ तथ्य–

राष्ट्रीय चंबल घड़ियाल अभयारण्य कुल 54 वर्ग किलोमीटर के क्षेत्र में फैला हुआ है।

यह एक संरक्षित त्रि-राज्य क्षेत्र में है जो घड़ियाल (छोटे मगरमच्छ) और रेड-क्राउन्ड रूफ कछुए जैसी क्रिटिकली इनडेंजर्ड प्रजातियों और साथ ही इनडेंजर्ड गंगा नदी की डॉल्फिन को आश्रय प्रदान करता है।

चंबल नदी के किनारे स्थित यह अभयारण्य राजस्थान, मध्य प्रदेश और उत्तर प्रदेश के त्रि-संधि क्षेत्र में अवस्थित है।

वन के क्षेत्र को वन्य जीव संरक्षण अधिनियम, 1972 की धारा 18(1) के तहत 30 सितंबर 1978 को अभयारण्य श्रेणी में मान्यता प्रदान की गयी थी।

अभयारण्य का मुख्यालय मध्यप्रदेश के मुरैना में स्थित है।

39. प्वाइंट निमो है–

(a) पृथ्वी पर भूमि से सुदूर बिन्दु
(b) अंतरिक्ष में एक बिन्दु जहां गुरुत्वाकर्षण तरंगों का अध्ययन किया जा रहा है
(c) रात में आसामन में नेविगेशन के लिए उपयुक्त एक स्थिर बिन्दु
(d) समुद्र के तल पर स्थित सबसे निचला बिन्दु

उत्तर (a) प्वाइंट निमो सुदूर स्थित तीन द्वीपों के तटों से 1,000 मील (1,6000 किमी) की समान दूरी पर स्थित एक बिन्दु है। उत्तर में ड्यूसी द्वीप (पिटकेयर्न द्वीपों में से एक), पूर्वोत्तर में मोटू नुई (ईस्टर द्वीप शृंखला का भाग) और दक्षिण में माहेर द्वीप (अंटार्कटिका के तट पर) स्थित है।

40. यह उत्तर-पूर्व में नाल बेसिन और दक्षिण-पश्चिम में अरब सागर से घिरा हुआ है। इसके उच्चतम बिन्दु माउंट गिरनार की उत्पत्ति ज्वालामुखी से मानी जाती है। इसके दक्षिणी भाग में अवस्थित गिर राष्ट्रीय उद्यान में अंतिम भारतीय जंगली सिंह पाए जाते हैं।

उपरोक्त विवरण निम्न में से किसके संबंधित है?

(a) कच्छ प्रायद्वीप
(b) काठियावाड़ प्रायद्वीप
(c) कोंकण मैदान
(d) उत्कल मैदान

उत्तर (b) काठियावाड़ प्रायद्वीप, जिसे सौराष्ट्र प्रायद्वीप भी कहा जाता है, दक्षिण-पश्चिमी गुजरात राज्य में स्थित है। यह उत्तर के कच्छ के छोटे रण (दलदल), पूर्व में खम्भात की खाड़ी, दक्षिण-पश्चिम में अरब सागर, उत्तर पूर्व में नाल बेसिन तथा उत्तर पश्चिम में कच्छ की खाड़ी से घिरा है।

प्रायद्वीप का अधिकांश भाग, समुद्र के स्तर से 600 फीट (180 मीटर) तक ऊँचा है, लेकिन गिरनार पर्वत और गिर शृंखलाओं की ऊंचाइयां क्रमश: 3665 फीट (1117 मीटर) और 2110 फीट (643 मीटर) तक पहुँच जाती हैं। गिरनार उच्चतम बिन्दु है और इसकी उत्पत्ति ज्वालामुखी से मानी जाती है। शुष्क, गर्म क्षेत्र की प्राकृतिक वनस्पति मुख्य रूप से काँटों वाला वन है, किन्तु समुद्र के पास के निचले क्षेत्रों में मैन्ग्रोव वन की उपस्थिति सामान्य है। दक्षिण में गिर राष्ट्रीय उद्यान में अंतिम जंगली भारतीय शेर मिलते हैं।

41. निम्नलिखित रोगों में कौन वेक्टर जनित नहीं है/हैं?

1. डेंगू

2. चिकनगुनिया

3. क्षय रोग

4. जापानी इंसेफ्लाईटिस

नीचे दिए गए कूट का प्रयोग कर सही उत्तर का चयन कीजिए।

(a) केवल 1 और 2
(b) केवल 3
(c) केल 3 और 4
(d) उपरोक्त में से कोई नहीं

उत्तर (b) वेक्टर जनित रोग संक्रमित संधि पाद प्राणी (आर्थ्रोपोड/Arthropod) प्रजातियों जैसे मच्छरों, टिक (ticks), ट्रियाट्रोमाइन (triatomine) कीटों, सैंडफ्लाई, एवं ब्लैकफ्लाई के काटने से होते हैं। डेंगू, जापानी इंसेफ्लाईटिस और चिकनगुनिया वेक्टर जनित रोग हैं। क्षय रोग (टीबी) एक संक्रामक रोग है जो जीवाणु, माइकोबैक्टीरियम ट्यूबरकुलोसिस (MTB) के कारण होता है।

42. नव स्थापित, विश्व के सबसे बड़े समुद्री पार्क के संदर्भ में, निम्नलिखित कथनों पर विचार कीजिए–

1. यह अंटार्कटिक के आस-पास रॉस सागर के क्षेत्र को शामिल करेगा।

2. यह अंतर्राष्ट्रीय जल क्षेत्र में बनाया गया पहला समुद्री पार्क है।

3. यह कमीशन फॉर द कंजर्वेशन ऑफ अंटार्कटिक मरीन लिविंग रिसोर्स (CCAMLR) के द्वारा स्थापित किया गया है।

उपर्युक्त कथनों में से कौन-सा/से सही है/हैं?

(a) केवल 1 और 2 (b) केवल 1 और 3
(c) केवल 2 और 3 (d) 1, 2 और 3

उत्तर (d) यूरोपीय संघ और 24 अन्य देशों ने दक्षिणी महासागर में 1.1 वर्ग किलोमीटर जल क्षेत्र के संरक्षण के लिए एक महत्वपूर्ण संधि पर हस्ताक्षर किए हैं। यह अंटार्कटिका के इर्द गिर्द रॉस सागर में 1.5 वर्ग किलोमीटर क्षेत्रफल में विस्तृत विश्व का सबसे बड़ा समुद्री पार्क होगा। यह एक नो-टेक (no-take) 'सामान्य सुरक्षा क्षेत्र/जोन' के रूप में स्थापित किया जाएगा जहाँ मत्स्यन/मछली पकड़ना निषिद्ध/वर्जित होगा।

इस समझौते पर कमीशन फॉर द कंजर्वेशन ऑफ अंटार्कटिक मरीन लिविंग रिसोर्स (CCAMLR) की बैठक में हस्ताक्षर किए गए। यह अंटार्कटिक समुद्री जीवन के संरक्षण के उद्देश्य से स्थापित एक अंतर्राष्ट्रीय निकाय है। इसमें 25 सदस्य हैं और 11 अन्य देशों ने भी समझौते को स्वीकार कर लिया है। इसका मुख्यालय तस्मानिया, ऑस्ट्रेलिया में स्थित है। भारत भी इस आयोग का एक सदस्य है।

43. 'मडका (Madakas)', 'पेमघड़ा (pemghara)' और 'जोहड़' की तकनीकें किसके संरक्षण से जुड़ी है?

(a) मृदा संरक्षण

(b) वन संरक्षण

(c) जल संरक्षण

(d) जलवायु परिवर्तन संरक्षण

उत्तर (c) कर्नाटक में मडका, ओडिशा में पेमघड़ा और राजस्थान में जोहड़, भूजल संरक्षण और पुनर्भरण हेतु प्रयोग की जाने वाली सबसे प्राचीन प्रणालियों में से एक हैं। स्वाभाविक रूप से इसका निर्माण तीन तरफ से ऊँचे क्षेत्र पर किया जाता है, जहाँ एक भंडारण क्षेत्र बनाने हेतु मिट्टी को खोद कर निकाल दिया जाता है और चौथी तरफ से एक दीवार बनाई जाती है जो जल को रोक कर रख सके। जोहड़ मानसून जल को संचित करता है, जो धीरें- धीरे रिसकर भूजल पुनर्भरण और मृदा की नमी को बनाए रखता है। कभी-कभी, कई जोहड़ एक नाले या गहरे नहर के साथ एकल निकास मार्ग द्वारा नदी या आस पास की धारा से जुड़े होते हैं जिससे संरचनात्मक क्षति को रोका जा सके। इस लागत प्रभावी तथा सामान्य संरचना को वार्षिक रूप से अवसाद हटाने और घास वृद्धि वाले भंडारण क्षेत्र की सफाई और रखरखाव की आवश्यकता होती है।

भारत के कई हिस्सों में अभी भी किसान खेतों की सिंचाई के लिए व्यापक रूप से जोहड़ के जल का इस्तेमाल करते हैं। वास्तव में, तरुण भारत संघ के राजेन्द्र सिंह द्वारा जोहड़ के पुनर्जीवन के लिए प्रयासों के कारण शुष्क राज्य राजस्थान में जल संरक्षण में भारी सुधार देखा गया है।

44. भारत में आर्द्रभूमि के सन्दर्भ में, निम्नलिखित कथनों पर विचार कीजिए।

1. भारत में लगभग 70% आर्द्रभूमि मैंग्रोव और झीलों के अंतर्गत है।

2. राजस्थान और गुजरात के लवणीय विस्तार (Saline expanses) भारत में आर्द्रभूमि का हिस्सा हैं।

3. रामसर कन्वेंशन के तहत भारत में प्रथम आर्द्रभूमि संरक्षण स्थल सांभर झील है।

उपर्युक्त कथनों में से कौन-सा/से सही है/हैं?

(a) केवल 1 और 3 (b) केवल 2

(c) केवल 2 और 3 (d) 1, 2 और 3

उत्तर (b) **कथन 1 सही नहीं है।** भारत में आर्द्रभूमि आवास की समृद्ध विविधता है। इसमें लगभग 70 प्रतिशत क्षेत्र धाल की खेती के अधीन हैं। आर्द्र भूमि का कुल क्षेत्रफल 4.1 लाख हेक्टेयर है।

कथन 2 सही है। देश की आर्द्र भूमियों को आठ श्रेणियों में बांटा गया है। (i) लैगून और दक्षिणी पश्चिमी तट की अन्य आर्द्र भूमियों के साथ दक्षिण में दक्कन पठार के जलाशय; (ii) राजस्थान, गुजरात और कच्छ की खाड़ी के विशाल लवणीय (सेलाइन) विस्तार; (iii) गुजरात से पूर्व की ओर राजस्थान (केवलादेव राष्ट्रीय उद्यान) और मध्य प्रदेश के मीठे जल के झील और जलाशय; (iv) डेल्टा आर्द्रभूमि और भारत के पूर्वी तट के लैगून (चिल्का झील); (v) गंगा के मैदान के मीठे जल से बनी कच्छ भूमि (दलदल), (vi) ब्रह्मपुत्र के बाढ़ के मैदान; पूर्वोत्तर भारत की पहाड़ियों और हिमालयी गिरिपाद क्षेत्र के दलदल और कच्छ भूमि क्षेत्र; (vii) कश्मीर और लद्दाख के पर्वतीय क्षेत्र के झील और नदियाँ; और (viii) अंडमान और निकोबार द्वीप चाप की अन्य आर्द्र भूमि और मैंग्रोव वन।

कथन 3 सही नहीं है। चिल्का झील (ओडिशा) रामसर कन्वेंशन, 1981 के तहत संरक्षित पहली आर्द्रभूमि है।

45. निम्नलिखित कथनों पर विचार कीजिए–

1. कैनियन तथा खाइयां (ट्रेंच) महाद्वीपीय ढालों में पायी जाती हैं।

2. खाइयों का संबंध सक्रिय ज्वालामुखियों तथा प्रवल भूकम्पों से है।

3. प्रशांत महासागर में अधिकतम संख्या में महासागरीय गर्त पाए जाते हैं।

उपर्युक्त कथनों में से कौन-सा/से सही है/हैं?

(a) केवल 1 (b) केवल 1 और 2

(c) केवल 1 और 3 (d) 1, 2 और 3

उत्तर (d) एक अंत: समुद्री कैनियन या घाटी महाद्वीपीय ढालों की समुद्री सतह में बनी हुई खड़े पार्श्व वाली एक घाटी होती है। कभी-कभी यह महाद्वीपीय मग्नतट तक विस्तारित होती है। खाइयाँ (ट्रेंच) सब्डक्शन (अंत:क्षेपित) क्षेत्र होती हैं, इसलिए इनका संबंध चट्टानों के वलन तथा भ्रंशन के कारण उत्पन्न होने वाले ज्वालामुखियों तथा शक्तिशाली भूकम्पों से होता है। सबसे अधिक संख्या में गर्त प्रशांत महासागर में तथा सबसे कम संख्या में हिन्द महासागर में पाए जाते हैं।

46. निम्नलिखित कथनों में से कौन-सा/से संयुक्त राष्ट्र संघ के द्वारा अपनाई गयी नवीन सतत विकास कार्य-सूची (एस.डी.जी.) के विषय में सही है/हैं?

1. कार्य-सूची के अंग के रूप में 169 सतत विकास संबंधी लक्ष्य हैं।

2. ये लक्ष्य सहभागी देशों पर बाध्यकारी नहीं हैं।

3. इसमें जलवायु संबंधी लक्ष्य सम्मिलित हैं जो यू.एन.एफ.सी.सी. के अंतर्गत आते हैं।

नीचे दिए गए कूट का प्रयोग कर सही उत्तर चुनिए–

(a) केवल 1 (b) केवल 2

(c) केवल 2 और 3 (d) केवल 1 और 3

उत्तर (d) संयुक्त राष्ट्र संघ ने निर्धनता, असमानता तथा जलवायु परिवर्तन से मुकाबला करने के लिए 25 सितम्बर, 2016 को वैश्विक लक्ष्यों के एक नए समुच्चय को अपनाया।

इस समझौते में 17 गैर-बाध्यकारी लक्ष्यों को रेखांकित किया गया है जिन्हें सतत विकास संबंधी लक्ष्य कहा जाता है, तथा जिनमें विभिन्न सामाजिक-आर्थिक मुद्दों वाले 169 विशिष्ट उद्देश्य समाहित हैं।

ये लक्ष्य 8 एम.डी.जी. (महासहस्त्राब्दी विकास लक्ष्य) का स्थान लेंगे जिन्हें सतत विकास पर रिहो 20+ शिखर सम्मेलन में 2000 में 15 वर्षों के लिए अपनाया गया था।

47. निम्नलिखित रामसर आर्द्रभूमियों में से कौन-सी मीठे जल से संबंधित है?

1. लोकटक-झील

2. सस्थामकोट्टा झील

3. कोल्लेरू झील

4. चिल्का झील

नीचे दिए गए कूट का प्रयोग कर सही उत्तर चुनिए–

(a) केवल 1 और 3
(b) केवल 2 और 4
(c) केवल 1, 2 और 4
(d) केवल 1, 3 और 4

उत्तर (a) लोकटक तथा कोल्लेरू दोनों ही मीठे जल के रामसर स्थल हैं जो क्रमश: मणिपुर तथा आंध्रप्रदेश में अवस्थित हैं। सस्थामकोट्टा झील केरल की एक खारे पानी की झील है। उसी प्रकार, चिल्का झील को एक तटीय रामसर स्थल होने का दर्जा प्राप्त है।

48. भारत सरकार द्वारा घोषित सीमान्त भूमि नीति के सन्दर्भ में निम्नलिखित कदमों पर विचार कीजिए–

1. **यह कोयले के छोटे तथा अज्ञात खानों की नीलामी से संबंधित हैं।**
2. **घरेलू तथा विदेशी दोनों कम्पनियां बोली लगाने की प्रक्रिया के लिए आमंत्रित की जाएंगी।**
3. **बोली प्रतिस्पर्द्धात्मक तथा राजस्व की साझेदारी मॉडल पर आधारित होगी।**

उपर्युक्त कथनों में से कौन-सा/से सही है/हैं?

(a) केवल 1 (b) केवल 2 और 3
(c) केवल 1 और 3 (d) 1, 2 और 3

उत्तर (b) अलग-थलग अवस्थितियां, छोटे आकारों, निषेधकारी विकासात्मक लागत, प्रौद्योगिकी संबंधी अड़चनों, प्रतिकूल वित्तीय व्यवस्था आदि जैसे विभिन्न कारणों से बहुत से सीमान्त तेल तथा गैस के क्षेत्रों को वर्षों तक मुद्रीकृत नहीं किया गया था।

संघीय नीति (एम.एफ.पी.) को स्वीकृति दी है। तेल और प्राकृतिक गैस निगम (ओ.एन.जी.सी.) तथा ऑयल इंडिया लिमिटेड (ओ.आई.एल.) के स्वामित्व वाली दोहन से वंचित तेल क्षेत्रों को प्रतिस्पर्द्धात्मक बोली के लिए राजस्व में साझेदारी मॉडल के आधार पर निजी तथा विदेशी कंपनियों के लिए खोल दिया जाएगा।

इस प्रकार, कथन 2 और 3 सत्य हैं।

49. निम्नलिखित युग्मों पर विचार कीजिए–

राष्ट्रीय उद्यान	राष्ट्रीय उद्यान के बीच से बहने वाली नदियाँ
1. बांदीपुर	दामोदर
2. कैबुल लामजाओ	मानस
3. भगवान महावीर	माण्डवी

उपर्युक्त युग्मों में से कौन-सा/से सही सुमेलित है/हैं?

(a) 1, 2 और 3 (b) केवल 2
(c) केवल 2 और 3 (d) केवल 3

उत्तर (d) बांदीपुर राष्ट्रीय उद्यान कर्नाटक के दक्षिणी भाग में स्थित प्रसिद्ध उद्यान है, जबकि दामोदर नदी झारखंड के उत्तरी क्षेत्र में बहती है। बांदीपुर राष्ट्रीय उद्यान उत्तर में काबिनी नदी और दक्षिण में मोयर नदी की तटवर्ती है। केबुल लामजाओ वन्य जीव अभयारण्य मणिपुर में स्थित है जबकि मानस नदी अरुणाचल प्रदेश और असम में बहती है। भगवान महावीर राष्ट्रीय उद्यान या अभयारण्य और मोल्लेम राष्ट्रीय उद्यान गोवा राज्य में स्थित है। यहाँ प्रसिद्ध दूधसागर प्रपात है, जो राष्ट्रीय उद्यान के बीच से गुजरने वाली माण्डवी नदी पर स्थित है।

50. निम्नलिखित युग्मों में से कौन-सा/से सही सुमेलित है/हैं?

बांध/परियोजना		नदी
1. तिलैया	:	हुगली
2. हीराकुड	:	महानदी
3. कोयना	:	कावेरी

नीचे दिए गए कूट का प्रयोग कर सही उत्तर चुनिए–

(a) केवल 1 (b) केवल 2
(c) केवल 1 और 2 (d) केवल 2 और 3

उत्तर (b) तिलैया बांध बराकर नदी (झारखंड) पर स्थित है।

हीराकुड बांध महानदी नदी (ओडिशा) पर स्थित है।

कोयना बांध कृष्णा की सहायक नदी कोयना नदी (महाराष्ट्र) पर स्थित है।

51. एक राष्ट्रीय उद्यान के संदर्भ में, निम्नलिखित कथनों पर विचार कीजिए–

1. **यह उत्तर में बनास नदी और दक्षिण में चंबल नदी से घिरा है।**
2. **यह प्रोजेक्ट टाइगर (बाघ परियोजना) के अंतर्गत है।**

निम्नलिखित राष्ट्रीय उद्यानों में से किसमें उपर्युक्त सभी विशेषताएँ हैं?

(a) बांधवगढ़ राष्ट्रीय उद्यान
(b) रणथंभौर राष्ट्रीय उद्यान
(c) कान्हा राष्ट्रीय उद्यान
(d) गौरुमारा राष्ट्रीय उद्यान

उत्तर (b) रणथंभौर राष्ट्रीय उद्यान–

यह राष्ट्रीय उद्यान एक पठार के किनारे पर स्थित है, और उत्तर में बनास नदी द्वारा और दक्षिण में चंबल नदी द्वारा घिरा है।

रणथंभौर बाघ अभयारण्य (टाइगर रिजर्व), अरावली और विंध्य पहाड़ियों के संधि-स्थल पर स्थित है।

यह जोगी महल नामक स्थान में भारत के सबसे बड़े बरगद के वृक्षों के स्थानों में से एक है।

यह राष्ट्रीय उद्यान, बाघ परियोजना (प्रोजेक्ट टाइगर) के अंतर्गत भी है।

एक महत्वपूर्ण भूवैज्ञानिक विशेषता आरक्षित क्षेत्र के बीच से गुजरने वाला 'ग्रेट बाउन्ड्रीय फाल्ट' है जहाँ विंध्य पठार, अरावली पहाड़ियों की शृंखलाओं से मिलता है।

52. बढ़ते क्रम में भूवैज्ञानिक समय के पैमाने के संबंध में, सही क्रम का चयन कीजिए–

(a) नील हरित शैवाल-मछली-मेंढक-बंदर (ऐप)
(b) नील हरित शैवाल-मेंढक-बंदर (ऐप)-मछली
(c) मछली-नील हरित शैवाल-मेंढक-बंदर (ऐप)
(d) मेंढक-मछली-नील हरित शैवाल-बंदर (ऐप)

उत्तर (a) नील हरित शैवाल- पूर्ण-कैम्ब्रियन महाकल्प

मछली– पुराजीवी (Palaezoic) महाकल्प

मेंढक– मध्यजीवी (Mesozoic) महाकल्प

बन्दर (ऐप)– नूतनजीव (Cainozoic) महाकल्प

उत्तर में किस क्रम में आते हैं–

जीवाणु और अन्य एककोशिकीय जीव प्रथम प्रजातियाँ थे। **इसलिए, विकल्प c और d हटाए जा सकते हैं।** इसके अतिरिक्त, हम आनुवंशिक रूप से बन्दर के निकटतम है। इसलिए, यह अनिवार्य रूप से मनुष्यों से पहले की अंतिम प्रजाति होनी चाहिए।

53. महादेशजनक (epeirogenic) बलों के संबंध में निम्नलिखित कथनों पर विचार कीजिए–

1. **ये महाद्वीपों एवं महासागरों का निर्माण करते हैं।**
2. **भूपर्पटी में वलित संरचनाओं का निर्माण महादेशजनक बलों की प्रमुख विशेषता है।**
3. **महादेशजनक बलों के प्रभाव से चट्टानें पृथ्वी की सतह से ऊर्ध्वाधर दिशा में गति करती हैं।**

उपर्युक्त कथनों में से कौन-सा/से सही है/हैं?

(a) केवल 1 (b) केवल 2
(c) केवल 1 और 3 (d) कोई नहीं

उत्तर (c) महादेश रचना संबंधी बल (Epeirogenic forces), पर्वतनी बलों (orogenic forces) के साथ-साथ पटलविरूपी (बड़े पैमाने पर) बलों का भाग हैं। ये बल पृथ्वी की सतह पर विभिन्न प्रकार के उच्चावचों का निर्माण करने के लिए उर्ध्वाधर और क्षैतिज रूप से कार्य करते हैं। इन बलों के बीच निम्नलिखित अंतर है–

1. पर्वतन (Orogeny), पर्वत निर्माण प्रक्रिया है, जबकि महादेशजनन (epeirogeny), महाद्वीप निर्माण प्रक्रिया है। अत: कथन 1 सही है।

2. भूपर्पटी का तीव्रता से वलितों के रूप में विरूपित होना पर्वतन की प्रमुख विशेषता है, जबकि महादेशजनन, में सरल विरुपण होता है। इसलिए, कथन 2 सही नहीं है।

3. पर्वतन में, शैल-संहति (चट्टान) धरातल की स्पर्शरेखीय दिशा में गति करती है जबकि महादेश रचना में शैल-संहति (चट्टान) धरातल की रेडियल या ऊर्ध्वाधर दिशा में गति करते हैं। इसलिए, कथन 3 सही है।

4. पर्वतन में ऊँचे पर्वतों का निर्माण होता है, जिससे पृथ्वी के एल्बिडो में वृद्धि होती है जबकि महादेशजनन में नई प्लेट सामग्री द्वारा महासागरीय बेसिन के आकार में परिवर्तन के कारण समुद्री सतह का उत्थान एवं पतन होता है।

54. निम्नलिखित कथनों पर विचार कीजिए–

1. समदाब रेखाएं समान तापमान वाले स्थानों को जोड़ने वाली रेखाएँ हैं।

2. उत्तरी गोलार्द्ध में महाद्वीपीय भूभाग के अधिक विस्तार के कारण समदाब रेखाएँ अत्यधिक टेढ़ी-मेढ़ी होती हैं।

उपर्युक्त कथनों में से कौन-सा/से सही है/हैं?

(a) केवल 1 (b) केवल 2

(c) 1 और 2 दोनों (d) न तो 1, न ही 2.

उत्तर (b) वायुदाब के क्षैतिज वितरण का अध्ययन समान अंतराल पर खींची गयी समदाब रेखाओं द्वारा किया जाता है।

समदाब रेखाएं समान वायुदाब वाले स्थानों को जोड़ने वाली रेखाएं होती हैं। **इसलिए, कथन 1 सही नहीं है।**

उत्तरी गोलार्द्ध में अत्यधिक भूभाग की उपस्थिति के कारण उच्च अक्षांशों में समदाब रेखाएँ थोड़ी जटिल हो जाती हैं, जबकि दक्षिणी गोलार्द्ध विशाल जल-संहति की उपस्थिति के कारण समदाब रेखाएँ प्राय: सीधी होती हैं। **इसलिए कथन 2 सही है।**

55. पृथ्वी के उष्मा बजट के संदर्भ में, निम्नलिखित कथनों पर विचार कीजिए:

1. पृथ्वी का वायुमंडल आने वाले (इनकमिंग) सौर विकिरण से कोई ऊष्मा अवशोषित नहीं करता।

2. बादल, पृथ्वी के क्रायोस्फीयर की तुलना में आगमी विकिरण को अधिक परावर्तित करते हैं।

उपर्युक्त कथनों में से कौन-सा/से सही है/हैं?

(a) केवल 1 (b) केवल 2

(c) 1 और 2 दोनों (d) न तो 1, न ही 2

उत्तर (b) मान लीजिए वायुमंडल के शीर्ष पर प्राप्त होने वाला सूर्यातप 100 प्रतिशत है। वायुमंडल से गुजरते समय ऊर्जा की कुछ मात्रा परावर्तित, प्रकीर्णित और अवशोषित हो जाती है। केवल शेष बचा भाग ही पृथ्वी की सतह तक पहुंच पाता है। शेष बची 65 इकाइयां अवशोषित हो जाती हैं, जिसमें से वायुमंडल के भीतर 14 इकाइयां और पृथ्वी की सतह द्वारा 51 इकाइयां अवशोषित की जाती हैं। **इसलिए कथन 1 सही नहीं है।**

पृथ्वी की सतह तक पहुंचने से पहले ही लगभग 35 इकाइयां वापस अंतरिक्ष में परावर्तित हो जाती है। इनमें से, 27 इकाइयां बादलों के ऊपर से और 2 इकाइयां हिम और पृथ्वी के हिमाच्छादित क्षेत्रों (क्रायोस्फीयर) से वापस परावर्तित हो जाती है। विकिरण की परावर्तित मात्रा को 'पृथ्वी का एल्बीडो' कहा जाता है। **इसलिए कथन 2 सही है।**

56. अवनालिका अपरदन (Gully erosion) निम्नलिखित में से क्या है?

(a) प्रबल समुद्री लहरों द्वारा तटीय अपरदन।

(b) भारी वर्षा से समतल भूमियों पर मृदा अपरदन।

(c) भारी वर्षा से तीव्र ढलानों पर मृदा अपरदन।

(d) पवनों द्वारा शुष्क और अर्द्ध-शुष्क क्षेत्रों में मृदा अपरदन।

उत्तर (c) वायु और जल, मृदा अपरदन के शक्तिशाली कारक हैं, क्योंकि उनमें मृदा को स्थानांतरित और अपवहित करने की क्षमता होती है। भारत के विभिन्न भागों में व्यापक रूप से जल द्वारा क्षरण होता है। यह मुख्यत: परत कटाव और अवनालिका कटाव के रूप में होता है।

भारी वर्षा और तीव्र ढलान वाले क्षेत्रों में अत्यधिक जल क्षरण होता है। भारी वर्षा से ढलवां ढलानों में अवनालिका क्षरण सामान्य है। अधिक संख्या में गहरी अवनालिकाओं या बीहड़ों को अनुर्वर स्थलाकृति कहा जाता है। दूसरी ओर भारी वर्षा के पश्चात समतल भूमि पर होने वाले कटाव को शीट/परत कटाव कहा जाता है। हालांकि, शुष्क और अर्ध-शुष्क में वायु क्षरण महत्वपूर्ण होता है। **इसलिए, विकल्प (c) सही है।**

57. विलयन, ऑक्सीकरण, कार्बोनेशन, हाइड्रेशन शब्द निम्नलिखित में से किससे संबंधित हैं?

(a) भौतिक अपक्षय

(b) रसायनिक अपक्षय

(c) जैविक अपक्षय

(d) उपर्युक्त में से कोई नहीं

उत्तर (b) अपक्षय, पृथ्वी की सतह से निकट चट्टान के विघटन का कारण है। पौधे और जंतु जीवन, वायुमंडल और जल, अपक्षय के प्रमुख कारण हैं। अपक्षय के कारण चट्टान टूट जाते हैं और उनमें मौजूद खनिज मुक्त या ढीले हो जाते हैं, जिन्हें अपरदन के कारकों जैसे जल, वायु और बर्फ द्वारा स्थानांतरित कर दिया जाता है।

अपक्षय की प्रक्रियाएं हैं–

- भौतिक अपक्षय– खंड/पिंड विच्छेदन, रवेदान विच्छेदन, अपशल्कन, तुषारी अपक्षय।
- रासायनिक अपक्षय– विलयन, ऑक्सीकरण, कार्बोनेशन, हाईड्रेशन।
- जैविक अपक्षय– जानवरों और कीटों, वनस्पति, मानव आदि द्वारा।

58. निम्नलिखित युग्मों पर विचार कीजिए–

पहाड़ी/श्रेणी	**स्थान**
1. कैमूर पहाड़ियाँ	**: विन्ध्य**
2. महादेव पहाड़ियाँ	**: सतपुड़ा**
3. मैकाल श्रेणी	**: पूर्वी**

उपर्युक्त युग्मों में से कौन-सा सही सुमेलित हैं?

(a) केवल 1 और 2 (b) केवल 1 और 3

(c) केवल 2 और 3 (d) 1, 2 और 3

उत्तर (a) कटंगी तक विंध्य श्रेणी के दक्षिणी भाग को भंडार श्रेणी कहा जाता है। इस बिन्दु से आगे, सीरमपुर की भूबद्ध घाटी को घेरने वाले कगार और निरंतर पर्वत श्रेणी को कैमूर श्रेणी कहा जाता है।

महादेव पहाड़ियां मध्य भारत के मध्य प्रदेश राज्य में स्थित पहाड़ियों की श्रृंखला है। ये पहाड़ियां सतपुड़ा श्रेणी के मध्य भाग का गठन करती हैं।

मैकाल पहाड़ी भारत के छत्तीसगढ़ राज्य में स्थित पर्वत श्रेणी हैं। मैकाल पहाड़ी छत्तीसगढ़ के कवर्धा जिले में स्थित सतपुड़ा का पूर्वी भाग है। **इसलिए, युग्म 1 और 2 सही सुमेलित हैं।**

59. वृहत संचलन की प्रक्रिया के लिए उत्तरदायी प्राथमिक अभिकर्ता हैं–

(a) लहरें (b) बहता हुआ जल
(c) गुरुत्वाकर्षण (d) पवन

उत्तर (c) वृहत संचलन चट्टानों के मलबे के द्रव्यमान को गुरुत्वीय बल के प्रभाव के अंतर्गत ढलानों पर नीचे की ओर स्थानांतरित करते हैं। गुरुत्वीय बल और भू-आकृतिक एजेंट जैसे की प्रवाहित जल, हिमनद, पवन, तरंगें और धाराएं वृहत संचलनों की प्रक्रिया के लिए प्राथमिक रूप से उत्तरदायी नहीं है।

महासागरीय नितल के उच्चावचों को तीन प्रमुख प्रभागों में विभाजित किया जाता है। ये हैं – महाद्वीपीय सीमान्त, गहरी सागरीय द्रोणियाँ (वितलीय मैदान) एवं मध्य महासागरीय कटक। महाद्वीपीय सीमान्त महाद्वीपीय तटों और गहरी सागरीय द्रोणियाँ के बीच संक्रमण का निर्माण करती हैं। इनमें महाद्वीपीय मग्नतट या शेल्फ, महाद्वीपीय ढाल, महाद्वीपीय उत्थान और गहरी महासागरीय खाइयां सम्मिलित हैं।

60. निम्नलिखित में से कौन-सी नदी निर्मित स्थलाकृति की युवावस्था की विशेषता/विशेषताएं है/हैं?

1. इस अवस्था में विशाल बाढ़ के मैदानों में धारा स्वतंत्र रूप से विसर्पित होती है।
2. जहां स्थानीय कठोर चट्टानी पिंड अनावृत होते हैं, जलप्रपात और क्षिप्रिकाएं विद्यमान हो सकती हैं।
3. शीर्ष और ऊर्ध्वाधर अपरदन का स्थान पार्श्विक अपरदन ले लेता है।

नीचे दिए गए कूट का प्रयोग कर सही उत्तर चुनिए–

(a) केवल 1 और 2 (b) केवल 1 और 3
(c) केवल 2 (d) 1, 2 और 3

उत्तर (c) युवावस्था - धाराएं प्रधान धाराओं के साथ बिना किसी बाढ़ के मैदान के साथ या बहुत ही संकीर्ण बाढ़ के मैदान के साथ उथली वी-आकार की घाटियां निर्मित करती हुई मूल ढलान पर बहती हैं। विसर्प, यदि उपस्थित होते हैं, तो इन विस्तृत उच्चभूमि की सतहों पर विकसित होते हैं। जलप्रपात और क्षिप्रिकाएं वहां हो सकती हैं, जहां स्थानीय कठोर चट्टान अनावृत्त होते हैं। **इसलिए, कथन 2 सही है।**

61. भारत में कुल सड़क लम्बाई का उच्चतम प्रतिशत निम्नलिखित सड़क श्रेणियों में से किस श्रेणी का है?

(a) राष्ट्रीय राजमार्ग (b) राज्य राजमार्ग
(c) जिला सड़कें (d) ग्रामीण सड़कें

उत्तर (d) भारत में सड़कों की कुल लंबाई का लगभग 80 प्रतिशत ग्रामीण सड़कों के रूप में वर्गीकृत है। **इसलिए, विकल्प (d) सही है।**

62. निम्नलिखित में से कौन-सा कथन भारत की जनगणना के अनुसार महानगरीय शहर (metropolitan city) को परिभाषित करता है?

(a) ऐसे शहर जिनकी 75% से अधिक जनसंख्या प्राथमिक क्षेत्रक में कार्यरत है।
(b) 50 लाख (5 मिलियन) से अधिक जनसंख्या वाले शहर।
(c) 500 व्यक्ति प्रति वर्ग किलोमीटर से अधिक जनसंख्या घनत्व वाले शहर।
(d) 1 से 5 मिलियन तक की जनसंख्या वाले शहर।

उत्तर (d) भारत की जनगणना में शहरी केन्द्रों को छह वर्गों में वर्गीकृत किया गया था।

1,00,000 और अधिक; 50,000 – 99,999; 20,000 – 49,999; 10,000 – 9,000; 5,000 – 9,999; 5,000 – से कम

एक लाख से अधिक की आबादी वाले शहरी केन्द्रों को शहर या प्रथम श्रेणी का शहर कहा जाता है।

दस लाख से पचास लाख के बीच जनसंख्या समायोजित करने वाले शहरों को मेट्रोपॉलिटन शहर कहा जाता है और पाँच मिलियन से अधिक आबादी समायोजित करने वाले शहरों को मेगा शहर कहा जाता है।

63. ऐसा पत्तन जिसे विभिन्न देशों से निर्यात के लिए लाई गई वस्तुओं के संग्रहण केन्द्र के रूप में उपयोग किया जाता है–

(a) नौसेना पत्तन (b) एंट्रेपोट पत्तन
(c) तेल पत्तन (d) अंतर्देशीय पत्तन

उत्तर (b) विशेषीकृत प्रकार्यों के आधार पर पत्तनों के प्रकार–

तेल पत्तन– ये पत्तन तेल के प्रसंस्करण और ढुलाई से संबंधित होते हैं।

पुनर्निर्यात या एंट्रेपोट पत्तन– ये संग्रह केन्द्र होते हैं जहां विभिन्न देशों से निर्यात के लिए वस्तुएं लाई जाती हैं।

नौसैनिक पत्तन– ये ऐसे पत्तन हैं जिनका केवल रणनीतिक महत्व होता है। ये पत्तन युद्धपोतों के लिए मरम्मत के स्थान होते हैं।

पोर्ट ऑफ कॉल – ऐतिहासिक रूप से ये मुख्य समुद्री मार्गों पर कॉलिंग बिन्दु के रूप में विकसित पत्तन होते थे जहां जहाज ईंधन भरने तथा पानी और खाद्य पदार्थ लेने के लिए लंगर डाला करते थे। आगे चलकर, ये विकसित होकर वाणिज्यिक पत्तन बन गए।

पैकेट स्टेशन– इन्हें फेरी पत्तन के रूप में भी जाना जाता है। ये पैकेट स्टेशन विशेष रूप से छोटी दूरी आच्छादित करने वाले जल निकायों में यात्रियों और डाक के आवागमन से संबंधित होते हैं। ये स्टेशन इस प्रकार अवस्थित युग्मों में पाए जाते हैं कि वे जल निकाय के आर-पास दूर-दूसरे के सामने हों।

64. अनेक सड़कों के मिलन स्थलों पर निम्नलिखित में से किस प्रकार की ग्रामीण बस्तियाँ विकसित होती हैं।

(a) रेखीय पैटर्न
(b) वृत्तीय पैटर्न
(c) तारा सदृश्य पैटर्न (Star Like Pattern)
(d) उपर्युक्त में से कोई नहीं

उत्तर (c) ग्रामीण बस्तियों को बस्तियों के रूप या आकार के आधार पर वर्गीकृत किया जा सकता है। ये रैखिक, आयताकार, गोलाकार, तारा सदृश, T आकार के गांव, दोहरे गाँव, क्रॉस-आकार के गांव आदि जैसे कई ज्यामितीय रूप और आकार के हो सकते हैं। तारा सदृश पैटर्न वहां पाया जाता है, जहां कई सड़कें आकर मिलती हैं। सड़क के किनारे बने घरों द्वारा तारा आकार की बस्तियों का विकास होता है।

65. उत्तर-दक्षिण और पूर्व-पश्चिम गलियारा राजमार्ग के संबंध में निम्नलिखित कथनों पर विचार कीजिए–

1. उत्तर-दक्षिण गलियारा श्रीनगर से कन्याकुमारी को जोड़ता है एवं पूर्व-पश्चिम गलियारा पोरबंदर को सिलचर से जोड़ता है।
2. इस परियोजना का प्रबंधन राष्ट्रीय राजमार्ग प्राधिकरण द्वारा किया जाता है।

उपर्युक्त कथनों में से कौन-सा/से सही है/हैं?

(a) केवल 1 (b) केवल 2
(c) 1 और 2 दोनों (d) न तो 1 न ही 2

उत्तर (c) उत्तर-दक्षिण-पूर्व-पश्चिम (NS-EM) गलियारा भारत में वर्तमान में जारी सबसे बड़ी राजमार्ग परियोजना है। यह राष्ट्रीय राजमार्ग विकास परियोजना (NHDP) का दूसरा चरण है। इसमें श्रीनगर, कन्याकुमारी, पोरबंदर और सिलचर को जोड़ने वाले 7300 किलोमीटर लम्बे चार/छह लेन वाले एक्सप्रेस-वे का निर्माण समाविष्ट है।

66. निम्नलिखित युग्मों पर विचार कीजिए–

ट्रांस महाद्वीपीय रेलवे लाइनें	वह स्टेशन जिन्हें यह जोड़ती हैं।

1. ट्रांस साइबेरियाई लाइन : सेंट पीटर्सबर्ग से व्लादिवोस्तोक
2. ट्रांस कनाडा लाइन : वैंकूवर से हैलिफैक्स
3. ऑस्ट्रेलियाई ट्रांस कॉन्टिनेंटल : पर्थ से सिडनी

उपर्युक्त युग्मों में से कौन-से सही सुमेलित हैं?

(a) केवल 1 और 3 (b) केवल 1 और 2
(c) केवल 2 और 3 (d) 1, 2 और 3

उत्तर (d) महाद्वीपीय रेलें पूरे महाद्वीप में चलती है और दोनों सिरों को जोड़ती हैं। उनका निर्माण आर्थिक और राजनीतिक कारणों से विभिन्न दिशाओं में आवागमन की सुविधा के लिए किया गया था।

ट्रांस-साइबेरियन रेलवे रूस का प्रमुख रेलमार्ग है जो पश्चिम में सेंट पीट्सबर्ग से पूर्व के प्रशांत तट पर व्लादिवोस्तक तक मास्को, उफा, नोवोसिबिर्स्क, इर्कुत्स्क, चीता और ख्बोव्स्क होते हुए जाती है। यह एशिया में सबसे महत्वपूर्ण मार्ग है और विश्व में सबसे लम्बी (9,332 किमी.) दोहरे ट्रैक वाली ओर विद्युतीय महाद्वीपीय रेल है। **इसलिए, युग्म 1 सही है।**

ट्रांस-कनाडियाई रेलवे कनाडा के पूर्व में 7,050 किमी. लम्बी रेलवे लाइन है। यह पूर्व में हलिफैक्स से मोंट्रियल, ओटावा, विनिपेग और कैलगरी होते हुए पश्चिमी तट पर स्थित वैंकूवर तक जाती है। **इसलिए, युग्म 2 सही है।**

ऑस्ट्रेलियन ट्रांस-कांटिनेंटल रेलवे लाइन महाद्वीप के दक्षिणी भाग में पश्चिम से पूर्व को जोड़ती है। यह पश्चिमी तट पर पर्थ से पूर्वी तट पर सिडनी तक जाती है। **इसलिए, युग्म 3 सही है।**

67. संकुल बस्तियाँ निम्नलिखित में से कौन-से क्षेत्रों में पाई जा सकती हैं?

(a) उपजाऊ जलोढ़ मैदान
(b) शुष्क क्षेत्र
(c) दूरस्थ वन क्षेत्र
(d) पहाड़ी भूभाग

उत्तर (a) संकुलित या क्लस्टर ग्रामीण बस्तियों का आशय निकटस्थ निर्मित घरों के सुसम्बद्ध क्षेत्र से है। इस प्रकार के गाँवों में सामान्य निवास क्षेत्र सुस्पष्ट और आसपास के खेतों, खलिहानों और चरागाहों से अलग होते हैं। निकटस्थ निर्मित क्षेत्र और इसके बीच की गतियों में कुछ सरलता से पहचानने योग्य नमूने या ज्यामितीय आकृतियाँ होती हैं जैसे- आयताकार, अर्धव्यास, पंक्तिमय आदि। इस प्रकार की बस्तियां प्रायः पूर्वोत्तर राज्यों के उपजाऊ कछारी क्षेत्रों में पाई जाती हैं।

68. निम्नलिखित युग्मों पर विचार कीजिए–

शहर		कार्यात्मक वर्गीकरण
1. जमशेदपुर	:	औद्योगिक शहर
2. कोलकाता	:	वाणिज्यिक शहर
3. आगरा	:	परिवहन नगर

उपर्युक्त युग्मों में से कौन-से सही सुमेलित हैं?

(a) केवल 1 और 3
(b) केवल 2
(c) केवल 2 और 3
(d) 1, 2 और 3

उत्तर (d) उपर्युक्त शहरों को व्यापक रूप से प्रमुख या विशेष कार्यों के आधार पर वर्गीकृत किया गया है। औद्योगिक शहर उद्योग इन शहरों का प्रमुख प्रेरक बल होता है जैसे कि मुंबई, सेलम, कोयम्बटूर, मोदी नगर, जमशेदपुर, हुगली, भिलाई, आदि।

69. निम्नलिखित में से कौन-सा कथन अशोधित जन्म दर (CBR) की सर्वोत्तम व्याख्या करता है?

(a) नियत समयावधि में जन्मे बच्चों की निरपेक्ष संख्या
(b) प्रति एक वर्ष में प्रति हजार जनसंख्या में जीवित जन्मों की संख्या।
(c) एक देश में एक महीने में जीवित जन्मों की अनुमानित संख्या।
(d) ऐसे जीवित जन्मों (लाइव बर्थ्स) की संख्या जिसमें प्रसव संस्थागत नहीं था।

उत्तर (b) अशोधित जन्म दर (CBR) को प्रति एक वर्ष में प्रति हजार जनसंख्या में जीवित जन्मों की संख्या के रूप में व्यक्त किया जाता है।

अशोधित जन्म दर (CBR) = (जन्मों की संख्या) × 1000/ वर्ष के मध्य में अनुमानित जनसंख्या।

70. निम्नलिखित में से कौन-से भारत में सड़कों के घनत्व के प्रमुख निर्धारक हैं?

1. भू-भाग की प्रकृति
2. जनसंख्या
3. आर्थिक विकास स्तर

नीचे दिए गए कूट का प्रयोग कर सही उत्तर चुनिए–

(a) केवल 1 और 2 (b) केवल 1 और 3
(c) केवल 2 और 3 (d) 1, 2 और 3

उत्तर (b) भूभाग की प्रकृति एवं आर्थिक विकास का स्तर सड़कों के घनत्व के मुख्य निर्धारक हैं। मैदानी क्षेत्रों में सड़कों का निर्माण आसान और सस्ता होता है जबकि पहाड़ी और पठारी क्षेत्र में यह कठिन एवं महंगा होता है। इसलिए, उच्च ऊंचाई क्षेत्रों, बरसाती और वन क्षेत्रों की सड़कों के तुलना में मैदानों में न केवल घनत्व अपितु सड़कों की गुणवत्ता भी बेहतर होती है। इसलिए, **कथन 1 एवं 3 सही हैं।**

सड़कों के घनत्व (प्रति 100 वर्ग किलोमीटर क्षेत्र में सड़कों की लंबाई) में जम्मू और कश्मीर में केवल 12.14 किमी. से केरल में 517.77 किमी. तक की विविधता देखी जाती है, एवं 2011 में राष्ट्रीय औसत 142.68 किमी. था। अधिकतर उत्तरी राज्यों एवं प्रमुख दक्षिणी राज्यों में सड़क का घनत्व उच्च है। हिमालयी क्षेत्र, उत्तर पूर्वी क्षेत्र में यह निम्न है। उच्च जनसंख्या होने के बाद भी मध्यप्रदेश और राजस्थान में निम्न सड़क घनत्व पाया जाता है। इस प्रकार, जनसंख्या प्रमुख निर्धारक नहीं है। इसलिए, **कथन 2 सही नहीं है।**

71. 'यह भारत के पूर्वी तट पर प्राचीनतम पत्तनों में से एक है। यह एक कृत्रिम बंदरगाह है। यह तट के निकट उथले जल के कारण बड़े जहाजों के लिए बहुत उपयुक्त नहीं है।'

उपर्युक्त परिच्छेद निम्नलिखित में से किस पत्तन की सर्वोत्तम व्याख्या करता है?

(a) चेन्नई (b) मार्मगोआ
(c) हल्दिया (d) पारादीप

उत्तर (a) **चेन्नई** पत्तन पूर्वी तट के सबसे पुराने पत्तनों में से एक है। यह 1859 में निर्मित एक कृत्रिम पत्तन है। तट पर उथले पानी के कारण यह बड़े जहाजों के लिए अत्यधिक उपयुक्त नहीं है।

72. जल परिवहन के संदर्भ में, निम्नलिखित कथनों पर विचार कीजिए–

1. **जल परिवहन की ऊर्जा लागत स्थल परिवहन की तुलना में उच्च है।**
2. **भूमि और वायु की तुलना में, महासागरीय परिवहन महाद्वीपों के मध्य भारी माल के परिवहन का महंगा माध्यम है।**

उपर्युक्त कथनों में से कौन-सा/से सही है/हैं?

(a) केवल 1 (b) केवल 2
(c) 1 और 2 दोनों (d) न तो 1 न ही 2

उत्तर (d) जल परिवहन बहुत सस्ता है क्योंकि जल का घर्षण भूमि की तुलना में बहुत कम है। जल परिवहन की ऊर्जा लागत कम है। **इसलिए, कथन 1 सही नहीं है।**

यह बिना किसी रखरखाव की लागत के सभी दिशाओं में एक सरल राजमार्ग है। भूमि

और हवा की तुलना में, महासागरीय परिवहन एक महाद्वीप से दूसरी दूरी तक लम्बी दूरी पर भारी माल के परिवहन (भारी समान की ढुलाई) का एक सस्ता साधन है। **इसलिए, कथन 2 सही नहीं है।**

73. निम्नलिखित में से कौन-से प्रवासन के पशु फैक्टर हैं?

1. निम्नस्तरीय रहन-सहन

2. राजनीतिक उथल-पुथल

3. बेहतर रोजगार के अवसर

4. महामारियाँ

नीचे दिए गए कूट का प्रयोग कर सही उत्तर चुनिए–

(a) केवल 1 और 4

(b) केवल 2 और 3

(c) केवल 1, 2 और 4

(d) 1, 2, 3 और 4

उत्तर (c) प्रवासन को प्रभावित करने वाले कारकों (फैक्टर) के दो समूह हैं–

बेरोजगारी, राजनीतिक अस्थिरता, अप्रिय जलवायु, प्राकृतिक आपदाएं, महामारियां और सामाजिक -आर्थिक पिछड़ापन जैसे पुश फैक्टर्स (Push factors) के कारण मूल स्थान कम आकर्षक लगता है।

पुल फैक्टर्स (Pull factors) गन्तव्य स्थान को रोजगार के बेहतर अवसर और रहन-सहन की स्थितियाँ, शांति और स्थिरता, जीवन और सम्पत्ति की सुरक्षा और सुखद जलवायु आदि में मूल स्थान से अधिक आकर्षक बनाते हैं।

इसलिए (c) सही उत्तर है।

74. भारत में पल्ली बस्तियों के संदर्भ में, निम्नलिखित कथनों पर विचार कीजिए–

1. वे भौतिक रूप से एक-दूसरे से पृथक कई इकाइयों में खंडित होती हैं।

2. वे गंगा के निचले मैदान में पाई जाती हैं।

3. वे स्थानीय रूप से पन्ना, पैरा, पल्ली कही जाती हैं।

उपर्युक्त कथनों में से कौन-सा/से सही है/हैं?

(a) केवल 1 (b) केवल 1 और 3

(c) 1, 2 और 3 (d) केवल 2 और 3

उत्तर (c) गांवों की बस्तियां प्राय: कई विभिन्न इकाइयों में विखंडित होती हैं, जो भौतिक रूप से एक-दूसरे से अलग होती हैं, जो देश के विभिन्न भागों में एक सामान्य नाम से जानी जाती हैं। एक बड़े गाँव का यह विभाजन प्राय: सामाजिक और जातीय कारकों से प्रेरित होता है।

ऐसे गाँव, अधिकांशत: गंगा के मध्य एवं निचले मैदानी क्षेत्रों, छत्तीसगढ़ और हिमाचल के निचली घाटियों में पाए जाते हैं।

स्थानीय रूप से इन इकाइयों को पन्ना, पाड़ा, नगला, ढाणी आदि कहा जाता है।

75. प्रवासन के प्रकार के संदर्भ में, निम्नलिखित कथनों पर विचार कीजिए–

1. राज्य के भीतर ही प्रवासन में महिलाओं का ग्रामीण क्षेत्र से ग्रामीण क्षेत्र की ओर प्रवास अधिक होता है।

2. अंतर्राज्यीय प्रवासन में पुरुषों का ग्रामीण क्षेत्र से शहरी क्षेत्र की ओर प्रवास अधिक होता है।

उपर्युक्त कथनों में से कौन-सा/से सही है/हैं?

(a) केवल 1 (b) केवल 2

(c) 1 और 2 दोनों (d) न तो 1 न ही 2

उत्तर (c) दोनों प्रकार के प्रवासों में सर्वाधिक महिलाएं एक ग्रामीण क्षेत्र से अन्य ग्रामीण क्षेत्र की ओर कम दूरी का प्रवासन करती हैं, अर्थात् अन्तर्राज्यीय और राज्य के भीतर ही प्रवासन। इसके विपरीत, सर्वाधिक पुरुष आर्थिक कारणों से अन्तर्राज्यीय प्रवासन में गांवों से शहरों की ओर जाते हैं।

76. निम्नलिखित में से किन पशुओं (जन्तुओं) के लिए, भारत सरकार द्वारा 'समर्पित संरक्षण पहल' आरंभ की गई है?

1. हाथी 2. हंगुल

3. मगरमच्छ

नीचे दिए गए कूट का प्रयोग कर सही उत्तर चुनिए–

(a) केवल 1 और 3 (b) केवल 2

(c) केवल 2 और 3 (d) 1, 2 और 3

उत्तर (d) संधारणीय तरीके से इन प्रजातियों और उनके वासस्थल का संरक्षण करने के लिए प्रोजेक्ट टाइगर (1973) और प्रोजेक्ट एलीफैंट (1992) जैसी विशेष योजनाएं आरंभ की गई हैं। इसके अतिरिक्त भारत सरकार ने मगरमच्छ प्रजनन परियोजना, हंगुल परियोजना जैसी कुछ अन्य परियोजनाओं का भी शुभारंभ किया है। इसलिए, (d) सही उत्तर है।

77. निम्नलिखित में से कौन-सा रोही (ROHI) का सही वर्णन है?

(a) थार मरुस्थली क्षेत्र में शुष्क मैदान

(b) राजस्थान के मैदानी इलाकों में उपजाऊ भूमि

(c) गुजरात में लूनी नदी का स्थानीय नाम

(d) राजस्थान के मैदान में खारी झीलें

उत्तर (b) राजस्थान बांगर से बना रोही राजस्थान के मैदानी इलाकों में उपजाऊ भूमि खंड है। यह रेगिस्तान के पूर्वी भाग में अवस्थित अर्द्ध शुष्क मैदान है। इस क्षेत्र में खेती छोटी नदियों की सहायता से छोटे-छोटे खंडों में की जाती है।

78. निम्नलिखित युग्मों पर विचार कीजिए।

पहाड़ी दर्रा		**राज्य**
1. शिपकी ला	:	**हिमाचल प्रदेश**
2. नीति ला	:	**सिक्किम**
3. थांगला	:	**उत्तराखंड**
4. नाथू ला	:	**कश्मीर**

उपर्युक्त युग्मों में से कौन-सा/से सही सुमेलित है/हैं?

(a) केवल 1 और 2 (b) केवल 2 और 4

(c) केवल 3 और 4 (d) केवल 1 और 3

उत्तर (d) शिपकी ला दर्रा-हिमाचल प्रदेश, नीति ला-उत्तराखंड, थांगला-उत्तराखण्ड, नाथू ला-सिक्किम।

79. निम्नलिखित शहरों पर विचार कीजिए–

1. उदयपुर 2. भुवनेश्वर

3. नागपुर 4. झांसी

उपर्युक्त में से किन शहरों में आप एक वर्ष में दो बार सूर्य का अवलोकन सिर के ठीक ऊपर कर सकते हैं?

(a) केवल 1, 2 और 3

(b) केवल 1 और 4

(c) केवल 2 और 3

(d) केवल 2, 3 और 4

उत्तर (c) कर्क रेखा के दक्षिण में स्थित शहरों से निवासी वर्ष में दो बार ठीक सिर के ऊपर सूर्य का होना अनुभव करेंगे।

उदयपुर और झांसी कर्क रेखा के उत्तर में स्थित हैं। इसके अतिरिक्त, झांसी को इनमें से हटाया जा सकता है क्योंकि कर्क रेखा उत्तर प्रदेश से होकर नहीं गुजरती।

नागपुर और भुवनेश्वर कर्क रेखा के दक्षिण में स्थित हैं। **इसलिए, सही उत्तर (c) है।**

80. निम्नलिखित में से किसके द्वारा 'बुग्याल' शब्द का वर्णन सही प्रकार से किया जाता है?

(a) वे अरुणाचल हिमालय में अनुदैर्ध्य घाटियाँ हैं।

(b) वे कश्मीर हिमालय में सरोवरी निक्षेप हैं।

(c) वे उत्तराखंड हिमालय के उच्च स्थानों में ग्रीष्मकालीन घास के मैदान हैं।

(d) वे हिमालय के पर्वतपाद पर नए जलोढ़ निक्षेप हैं।

उत्तर (c) 'बुग्याल' उत्तराखंड हिमालय के उच्च स्थानों में ग्रीष्मकालीन घास के मैदान हैं। भोटिया इत्यादि घूमंतु या खानाबदोश समूह ग्रीष्म ऋतु के महीनों मे 'बुग्यालों' में प्रवास करते हैं।

81. पिछले वर्षों में, भारत में पौधों और जानवरों की प्रजातियों की संख्या काफी घट गई है। इस गिरावट का/के निम्नलिखित में से कौन-सा/से कारण है/हैं?

1. औद्योगिक उन्नति।
2. घरेलू पशुओं द्वारा चराई।
3. वन में आग लगने की घटनाएँ।

नीचे दिए गए कूट का प्रयोग कर सही उत्तर चुनिए–

(a) केवल 1 और 3
(b) केवल 2
(c) केवल 2 और 3
(d) 1, 2 और 3

उत्तर (d) वन्य जीवन की गिरावट के महत्वपूर्ण कारणों में से कुछ इस प्रकार हैं– (i) औद्योगिक और तकनीकी उन्नति ने वन संसाधनों के दोहन में तेजी से वृद्धि की। (ii) कृषि, मानव बस्तियों, सड़कों, खनन, जलाशयों, आदि के लिए अधिक से अधिक भूमि से वृक्षों को काट कर साफ कर दिया गया (iii) चारे और ईंधन के लिए कटाई एवं स्थानीय लोगों द्वारा छोटी लड़कियाँ बीनने के कारण वनों पर दबाव बढ़ गया। (iv) घरेलू मवेशियों द्वारा की जाने वाली चराई ने वन्य जीवन और उसके पर्यावास पर प्रतिकूल प्रभाव डाला। (v) अभिजात वर्ग द्वारा शिकार को खेल के रूप में लिया गया था और एकल शिकार में ही सैकड़ों जंगली जानवर मारे गए थे। अब अवैध वाणिज्यिक शिकार बड़े पैमाने पर हो रहा है। (vi) वनों में आग लगने की घटना।

82. कयालों के संबंध में निम्नलिखित कथनों पर विचार कीजिए–

1. वे काठियावाड़ तट के पश्चजल क्षेत्र हैं।
2. वे मछली पकड़ने (मत्स्यग्रहण) और अंतर्वेशीय नौसंचालन के लिए उपयुक्त नहीं हैं।

उपर्युक्त कथनों में से कौन-सा/से सही है/हैं?

(a) केवल 1
(b) केवल 2
(c) 1 और 2 दोनों
(d) न तो 1 और न ही 2

उत्तर (d) भारत के मालाबार तट पर अनेक प्रकार के पश्च जल हैं जिसे स्थानीय भाषा में कयाल कहते हैं। ये मछली पकड़ने और नौकासंचालन के लिए उपयुक्त होते हैं।

83. निम्नलिखित युग्मों पर विचार कीजिए।

पशु	बायोस्फीयर रिजर्व
1. डयूगोंग	: मन्नार की खाड़ी
2. लायन टेल्ड मकाक	: नंदा देवी
3. बार्किंग डियर	: सुंदरवन

उपर्युक्त युग्मों में से कौन-सा/से सही सुमेलित है/हैं?

(a) केवल 1 (b) केवल 1 और 3
(c) केवल 2 (d) 1, 2 और 3

उत्तर (b) **युग्म 1 सही सुमेलित है।** मन्नार की खाड़ी बायोस्फीयर रिजर्व भारत के दक्षिण पूर्वी तट पर 105,000 हेक्टेयर क्षेत्र में फैला हुआ है। खाड़ी के 3600 पौधे और पशु प्रजातियों में विश्व स्तर पर लुप्तप्राय (इंडेंजर्ड) समुद्री गाय (ड्यूगोंग) और प्रायद्वीपीय भारत की छह स्थानिक मैंग्रोव प्रजातियाँ है।

युग्म 2 सही सुमेलित नहीं है। नीलगिरी बायोस्फीयर रिजर्व दो लुप्तप्राय जन्तु प्रजातियों, अर्थात् नीलगिरि ताहर और लायन टेल्ड मकाक की सबसे बड़ी ज्ञात संख्या को भी सम्मिलित करता है। हाथी, बाघ, गौर, सांभर और चीतल की सर्वाधिक विशाल दक्षिण भारतीय संख्या और साथ ही साथ स्थानिक और लुप्तप्राय पौधों की एक अच्छी संख्या भी इस रिजर्व में पायी जाती है।

युग्म 3 सही प्रकार से सुमेलित है। सुंदरवन बायोस्फीयर रिवर्ज चीतल, हिरण, बार्किंग डियर मैकाक का पर्यावास है।

84. निम्नलिखित बायोस्फीयर रिजर्व में से कौन-सा यूनेस्को के बायोस्फीयर रिजर्व के वर्ल्ड नेटवर्क में सम्मिलित हैं?

1. नीलगिरी 2. सुंदरवन
3. मानस 4. दिहांग-दिबांग

नीचे दिए गए कूट का प्रयोग कर सही उत्तर चुनिए–

(a) केवल 1
(b) केवल 1 और 2
(c) केवल 1, 2 और 3
(d) केवल 2, 3 और 4

उत्तर (b) भारत में 18 बायोस्फीयर रिजर्व हैं जिनमें से केवल 10 यूनेस्को के बायोस्फीयर रिजर्व के विश्व नेटवर्क में सम्मिलित हैं।

ये हैं – नीलगिरी, नंदा देवी, नोकरेक, मन्नार की खाड़ी, सुंदरवन और ग्रेट निकोबार, सिमलीपाल, अचानकमार-अमरकंटक और पचमढ़ी। अगस्त्य मलाई बायोस्फीयर रिजर्व इस नेटवर्क में जोड़ा जाने वाले नवीनतम और 10वां बायोस्फीयर रिजर्व होगा।

मानस और दिहांग दिबांग बायोस्फीयर रिजर्व यूनेस्को के बायोस्फीयर रिजर्व के विश्व नेटवर्क में सम्मिलित नहीं हैं।

85. निम्नलिखित में से कौन-सा/से उत्तर से दक्षिण की ओर बायोस्फीयर रिजर्व की सही शृंखला है?

(a) नोक्रेक-मानस-सिमलीपाल-मन्नार की खाड़ी
(b) मानस-नोक्रेक-सिमलीपाल-मन्नार की खाड़ी
(c) नोक्रेक-सिमलीपाल-मन्नार की खाड़ी-मानस
(d) मानस-मन्नार की खाड़ी-नोक्रेक-सिमलीपाल

उत्तर (b) सही अनुक्रम है– मानस > नोक्रेक > सिमलीपाल > मन्नार की खाड़ी।

मानस बायोस्फीयर रिजर्व असम राज्य में है। यह पश्चिम में संकोश नदी से लेकर पूर्व में धनसिरी नदी तक विस्तृत है।

नोक्रेक बायोस्फीयर रिजर्व मेघालय में तुरा पर्वतमाला, जो मेघालय के पठार का भाग है पर विस्तृत है।

सिमलीपाल बायोस्फीयर रिजर्व उड़ीसा के मयूरभंज जिले के उत्तरी भाग में स्थित है।

मन्नार की खाड़ी बायोस्फीयर रिजर्व एशिया में पहला समुद्री बायोस्फीयर रिजर्व है जो बंगाल की खाड़ी के दक्षिणी भाग में स्थित है।

86. आर्द्रभूमि ऐसे क्षेत्र हैं जहां पर्यावरण और किसी भी प्रकार के प्राणि जीवन तथा वनस्पति जीवन का मुख्य आधार जल होता है। निम्नलिखित में से कौन आर्द्रभूमि का गठन करते हैं?

1. झीलें
2. सिंचित कृषि भूमि
3. प्रवाल भित्तियाँ
4. नदियाँ
5. अनुप (स्वैम्प) और दलदल
6. लवण भूमि

नीचे दिए गए कूट का प्रयोग कर सही उत्तर चुनिए–

(a) केवल 1, 4 और 5
(b) केवल 1, 2, 4 और 5
(c) केवल 2, 3 और 6
(d) 1, 2, 3, 4, 5 और 6

उत्तर (d) आर्द्रभूमि छः प्रकार की होती हैं– समुद्री या तटीय आर्द्रभूमि, जिनमें लैगून, चट्टानी तट और प्रवाल भित्तियां सम्मिलित हैं।

ज्वारनदमुखी आर्द्रभूमियाँ, जिनमें डेल्टा, ज्वारीय कच्छ, मैंग्रोव अनूप सम्मिलित होते हैं।

झीलों से संबद्ध सरोवरी आर्द्रभूमियाँ।

नदियों और धाराओं के साथ पायी जाने वाली नदीय आर्द्रभूमियाँ।

कच्छीय आर्द्रभूमियाँ, जो अनिवार्य रूप से कच्छ, अनूप और दलदल होती हैं।

मानव निर्मित आर्द्रभूमियाँ जैसे मछली, झींगा और खेत के तालाब, सिंचित कृषि भूमि, लवण क्यारियाँ, जलाशय, बजरी गड्ढे और नहरें आदि।

87. निम्नलिखित में से कौन-सा कथन आर्द्रभूमि के पारिस्थितिक स्वास्थ्य का सही संकेत है?

(a) अकार्बनिक स्वास्थ्य का सही संकेत है?
(b) विलेय ऑक्सीजन की मात्रा
(c) उपस्थित सूक्ष्मजीवों का घनत्व
(d) आर्द्रभूमि में पक्षियों का घनत्व

उत्तर (d) आर्द्रभूमियाँ ऐसे क्षेत्र होते हैं जिनके पर्यावरण और संबंधित वनस्पति और जन्तु जीवन को नियंत्रित करने वाला प्राथमिक कारक जल होता है। वे ऐसे क्षेत्रों में पाए जाते हैं जहाँ जल स्तर धरातल या धरातल के निकट होता है, या जहाँ भूमि जल से आच्छादित होती है।

आर्द्रभूमियों पर रामरस कंन्वेंशन के अनुसार आर्द्रभूमियों की परिभाषा है– "दलदल, कछार, पीटलैंड या जल के क्षेत्र जो प्राकृतिक या कृत्रिम, स्थायी या अस्थायी; स्थिर या प्रवाहित अलवणजल, क्षारजल अथवा लवणजल से युक्त हो सकते हैं, इनमें समुद्री जल के ऐसे क्षेत्र भी सम्मिलित हैं जिनकी गहराई निम्न ज्वार भाटा की स्थिति में छः मीटर से अधिक नहीं होती है।"

प्राकृतिक और मानव निर्मित, अलवणजलीय या लवणीय इत्यादि प्रकारों की आर्द्रभूमियाँ अनेक परिस्थितिकीय सेवाएँ प्रदान करती हैं। विशिष्ट रूप से पक्षियों का घनत्व किसी विशेष आर्द्रभूमि के पारिस्थितिकीय स्वास्थ्य का सटीक संकेत होता है। हालांकि, आर्द्रभूमियों की स्वांगीकरण क्षमता का ध्यान रखे बिना जिनका असंधारणीय प्रयोग करने से इन संवेदनशील जैव विविधता समृद्ध क्षेत्रों के संरक्षण और प्रबन्धन के प्रति गंभीर संकट उत्पन्न हो सकते हैं।

88. निम्नलिखित में से कौन-सा युग्म सही सुमेलित है?

(a) तकलामकान : मंगोलिया
(b) नुबियन मरुस्थल : अरब
(c) किम्बरले पठार : ऑस्ट्रेलिया
(d) गुयाना उच्चभूमि : दक्षिण-पश्चिमी अफ्रीका

उत्तर (c) तकलामकान मरुस्थल, जिसे तकलामकान और तेकलीमान के नाम से भी जाना जाता है, पश्चिमोत्तर चीन के दक्षिण-पश्चिम झिनजियांग उर्दघुर स्वायत्तशासी क्षेत्र में अवस्थित एक मरुस्थल है। यह दक्षिण में कुनलुन पर्वत शृंखलाओं, पश्चिम और उत्तर में मीर पर्वत शृंखलाओं और तियान शान (प्राचीन इमियोजन पर्वत) और पूर्व में गोबी मरुस्थल से घिरा है।

नुबियन मरुस्थल पूर्वोत्तर सूडान का एक मरुस्थल है। यह पश्चिम की ओर नील नदी घाटी द्वारा लीबियाई रेगिस्तान से पृथक किया जाता है, जबकि इसके उत्तर की ओर मिस्र है; पूर्व की ओर लाल सागर, और दक्षिण की ओर पुनः नील नदी है। यह वस्तुतः एक बलुआ पत्थर का पठार है जिसमें कई मौसमी नदियाँ बिखरी हुई हैं, जो नील नदी तक पहुँचने के पहले ही समाप्त हो जाती हैं।

किम्बरली पठार उत्तरी पश्चिमी ऑस्ट्रेलिया का क्षेत्र है, जो विषम उत्तर-पश्चिमी हिन्द महासागर तट से फिट्जराय (Fitzroy) नदी के दक्षिण की ओर तथा ओर्ड नदी के पूर्व की ओर विस्तारित है। यह पठार मुख्यतः बलुआ पत्थर से निर्मित है जिसमें यत्र-तत्र बेसाल्ट के क्षेत्र पाए जाते हैं।

गुयाना उच्चभूमि में आमेजन के उत्तर और ओरिनोकी नदी के दक्षिण में स्थित पठार तथा दक्षिण अमेरिका की कम ऊँचाई की पर्वत शृंखला इत्यादि सम्मिलित है। उच्चभूमियों में सर्वाधिक उल्लेखनीय प्राकृतिक भू-चिह्न एंजिल प्रपात है, जो विश्व का सर्वाधिक ऊँचा प्रपात है।

89. संरक्षित मशरूमों के सन्दर्भ में निम्नलिखित कथनों पर विचार कीजिए–

1. उन्हें धवलीकरण (Blanching), निर्मलन (Cleaning) तथा कभी-कभी कटाई तथा छंटाई के द्वारा निर्मित या संरक्षित किया जाता है।
2. उनमें प्रोटीन तथा रेशे काफी मात्रा में पाए जाते हैं तथा उनमें फोलिक एसिड पाया जाता है जो सामान्यतः सब्जियों में नहीं उपलब्ध होता।
3. हिमाचल प्रदेश में सोलन को 'भारत के मशरूम शहर' के रूप में जाना जाता है।

उपर्युक्त कथनों में से कौन-सा/से सही है/हैं?

(a) केवल 1
(b) केवल 1 और 2
(c) केवल 2 और 3
(d) 1, 2 और 3

उत्तर (d) अगस्त 2015 में, संयुक्त राज्य अमेरिका ने भारतीय संरक्षित मशरूमों पर कम मूल्य पर विक्रय-रोधी कर को पांच और वर्षों के लिए बढ़ा दिया। संरक्षित मशरूमों पर कम मूल्य पर बिक्री-रोधी कर संबंधित वर्तमान आदेशों को पुनः लागू करने का निर्णय संयुक्त राज्य अमेरिका अंतर्राष्ट्रीय व्यापार आयोग द्वारा चिली, चीन, भारत तथा इंडोनेशिया से सस्ते आयातों पर लिया गया।

पंजाब, हरियाणा, हिमाचल प्रदेश, उत्तर प्रदेश, राजस्थान तथा जम्मू और कश्मीर प्रमुख मशरूम उत्पादक राज्य हैं। हिमाचल प्रदेश का सोलन भारत के 'मशरूम शहर' के रूप में विख्यता है।

भारतीय मशरूम के मुख्य निर्यात गंतव्य संयुक्त राज्य अमेरिका, संयुक्त अरब अमीरात, रूस तथा इजरायल हैं।

'संरक्षित मशरूम' का आशय उन मशरूमों से है जिन्हें निर्मलीकरण, धवलीकरण तथा कभी-कभी टुकड़े करके तथा कटाई के द्वारा तैयार या संरक्षित किया गया है।

मशरूम अत्यत पौष्टिक, प्रोटीन युक्त, तथा फोलिक एसिड से पूर्ण होते हैं। ये तत्व सामान्यतः अन्य सब्जियों में नहीं पाए जाते। इन में अनाज में अनुपलब्ध एमिनो एसिड भी पाया जाता है।

90. सर्वाधिक जैव विविधता पायी जाती है–

(a) कश्मीर घाटी में
(b) शान्त घाटी में
(c) सुरमा घाटी में
(d) फूलों की घाटी में

उत्तर (b) सर्वाधिक जैव विविधता केरल राज्य की शान्त घाटी अथवा Silent Valley में पायी जाती है।

91. कथन (A): पश्चिमी तट की तुलना में पूर्वी तट चक्रवातों (Cyclones) द्वारा अधिक प्रभावित है।
कारण (R): पास का पूर्वी तट उत्तर-पूर्वी व्यापारिक हवाओं की मेखला में पड़ता है।

उपरोक्त वक्तव्यों के सन्दर्भ में निम्नलिखित में से कौन-सा सही है?

कूट–

(a) (A) और (R) दोनों सही हैं, तथा (R), (A) की सही व्याख्या करता है
(b) (A) तथा (R) दोनों सही हैं परन्तु (R), (A) की सही व्याख्या नहीं करता है
(c) (A) सही है, परन्तु (R) गलत है
(d) (A) गलत है, परन्तु (R) सही है

उत्तर (a) बंगाल की खाड़ी में उत्पन्न चक्रवात ग्रीष्म एवं शीत दोनों ऋतुओं में पूर्वी तट पर वर्षा

करता है जिससे प्रभावित क्षेत्र हैं तमिलनाडु के कोरोमण्डल तट, आन्ध्र प्रदेश के रायल सीमा तथा उड़ीसा के उत्तरी सरकार तट।

92. भारत के पर्यावरण से जुड़े मुद्दों से सम्बन्धित निम्नलिखित कथनों पर विचार कीजिए–

1. मन्नार की खाड़ी जैवमण्डल आरक्षित क्षेत्रों में से एक है।

2. गंगा कार्य योजना चरण-II का विलयन राष्ट्रीय नदी संरक्षण योजना में हो गया।

3. नई दिल्ली स्थित राष्ट्रीय प्राकृतिक इतिहास संग्रहालय पर्यावरण और संरक्षण से सम्बन्धित और औपचारिक शिक्षा प्रदान करता है।

4. पर्यावरणीय सूचना प्रणाली पर्यावरणीय सूचना के लिए एक विकेन्द्रीकृत सूचना नेटवर्क रूप में कार्य करती है।

इनमें से कौन-कौन से कथन सही हैं?

(a) 1, 2 और 4

(b) 1, 2, 3 और 4

(c) 2 और 4

(d) 1, 3 और 4

उत्तर (b) **उपरोक्त चारों कथन सत्य हैं।** परिस्थितिक प्रणाली में आनुवंशिक विविधता बनाए रखने के लिए जैवमण्डलीय आरक्षित क्षेत्र स्थापित किए जा रहे हैं। भारत सरकार ने अभी तक 13 जैवमण्डलीय आरक्षित क्षेत्र स्थापित किए हैं जिसमें नीलगिरि (तमिलनाडु), सुन्दरवन (पश्चिम बंगाल) एवं मन्नार की खाड़ी को यूनेस्को ने मान्यता प्रदान कर दी है।

गंगा नदी में जल-प्रदूषण की गम्भीर स्थिति को देखते हुए भारत सरकार के पर्यावरण विभाग ने 1984 ई० में गंगा कार्य योजना तैयार की। जून, 1985 ई० में 'गंगा सफाई प्राधिकरण' का गठन किया गया। इस योजना में गंगा के किनारे अवस्थित 27 प्रथम श्रेणी के नगरों के अपशिष्ट जल को स्वच्छ करने का मुख्य उद्देश्य रखा गया। अपशिष्ट जल को गंगा में गिरने से रोकना, उसे दूर ले जाकर साफ करना, सिंचाई, मत्स्य पालन एवं जन-जीवन संवहन इत्यादि अन्य उद्देश्य रखे गए। लेकिन इस योजना को 31 मार्च, 2000 को बन्द कर दिया गया। गंगा कार्य योजना के दूसरे चरण को राष्ट्रीय नदी संरक्षण कार्य योजना (NRCP) के साथ विलय कर दिया गया।

93. कथन (A): भारत में अन्तर्देशीय जल मार्गों का पर्याप्त विकास नहीं हुआ है।

कारण (R): भारत के अधिकतर भागों में वर्षा साल के चार महीनों में ही होती है।

कूट–

(a) A और R दोनों सही हैं, तथा R, A की सही व्याख्या है

(b) A और R दोनों सही हैं तथा R, A की सही व्याख्या नहीं है

(c) A सही है, परन्तु R गलत है

(d) A गलत है, परन्तु R सही है

उत्तर (a) भारत में अन्तर्देशीय जलमार्गों का पर्याप्त विकास नहीं हुआ है। भारत के पास देशीय जल परिवहन के लिए 17500 किमी जलमार्ग है। वर्तमान समय में मुख्य नदियों की 3700 किमी लम्बाई यान्त्रिक जलयानों के संचालन के योग्य है। परन्तु वास्तव में 200 किमी लम्बाई का ही उपयोग हो रहा है। इसी प्रकार 900 किमी की लम्बाई में ही मशीनी नौकाएँ चलाई जा रही हैं। देशीय जल परिवहन वर्तमान समय में गोदावरी, कृष्णा नदियों के डेल्टा क्षेत्रों एवं गंगा-भागीरथी-ब्रह्मपुत्र नदी, बराक, हुगली एवं गोवा की नदियों के कुछ हिस्सों एवं केरल के अप्रवाहित जल तक ही सीमित है। सरकार ने 10 महत्वपूर्ण जलमार्गों को राष्ट्रीय जलमार्गों का दर्जा दिया है। इनमें निम्नलिखित महत्वपूर्ण हैं–

(i) इलाहाबाद-हल्दिया के मध्य गंगा नदी–1620 किमी

(ii) ब्रह्मपुत्र नदी की सदिया धुबरी सीमा–891 किमी

(iii) पश्चिम तट के नहर के कोल्लम-कोटापुरम खण्ड–186 किमी

94. कोंकण रेलवे के विषय में निम्नलिखित में से कौन-सा एक कथन सत्य नहीं है?

(a) इसकी कुल लम्बाई लगभग 760 किमी० है

(b) यह कर्नाटक, गोवा, महाराष्ट्र और केरल राज्यों से होकर गुजरती है

(c) यह एकमात्र ऐसा रेलमार्ग है जो पश्चिमी घाटों को पार करते हुए गुजरता है

(d) जो कोंकण रेल निर्माण कम्पनी बनी, उसने सार्वजनिक निर्गमों (Public issue) के माध्यम से धन इकट्ठा किया

उत्तर (d) **उपरोक्त विकल्पों में (a), (b) और (c) सही हैं, परन्तु विकल्प (d) गलत है।** कोंकण रेल परियोजना का कार्य कोंकण रेलवे निगम लिमिटेड द्वारा किया गया है, जिसकी इक्विटी में 51% भागीदारी भारतीय रेलवे की है, तथा शेष चार राज्यों कर्नाटक, गोवा, महाराष्ट्र और केरल की सरकारों द्वारा प्रदत्त है।

95. विश्व के वन्य जीव भारत में पाए जाते हैं–

(a) 5 प्रतिशत (b) 2 प्रतिशत

(c) 6 प्रतिशत (d) 4 प्रतिशत

उत्तर (a) पाँच प्रतिशत विश्व के वन्य जीव भारत में पाए जाते हैं।

96. सूची-I को सूची-II से सुमेलित कीजिए जो उत्तर प्रदेश के पक्षी विहारों से सम्बन्धित है तथा नीचे दिए गए कूट से सही उत्तर का चयन कीजिए–

सूची-I	सूची-II
A. नवाबगंज पक्षी विहार	1. गोण्डा
B. ओखला पक्षी विहार	2. उन्नाव
C. समसपुर पक्षी विहार	3. गाजियाबाद
D. पार्वती अरंगा पक्षी विहार	4. रायबरेली

कूट–

	A	B	C	D
(a)	2	4	3	1
(b)	2	3	4	1
(c)	4	3	1	2
(d)	3	4	2	1

उत्तर (b) उपरोक्त प्रश्न का सही सुमेलन इस प्रकार है–

पक्षी विहार	स्थान	स्थापना वर्ष
1. नवाबगंज पक्षी विहार	उन्नाव	1984 ई०
2. ओखला पक्षी विहार	गाजियाबाद	1990 ई०
3. समसपुर पक्षी विहार	रायबरेली	1987 ई०
4. पार्वती अरंगा पक्षी विहार	गोण्डा	1990 ई०

97. सूची–I (जैव-मण्डलीय आरक्षित क्षेत्र) को सूची–II (राज्य) के साथ सुमेलित कीजिए और सूचियों के नीचे दिए गए कूट का प्रयोग कर सही उत्तर चुनिए–

सूची-I जैव-मण्डलीय आरक्षित क्षेत्र	सूची-II राज्य
A. सिमलीपाल	1. सिक्किम
B. देहांग दिबांग	2. उत्तराखंड
C. नोक्रेक	3. अरुणाचल प्रदेश
D. कंचनजंगा	4. उड़ीसा
	5. मेघालय

कूट–

	A	B	C	D
(a)	1	3	5	4
(b)	4	5	2	1
(c)	1	5	2	4
(d)	4	3	5	1

उत्तर (d) उपरोक्त प्रश्न का सही सुमेलित इस प्रकार है–

जैव-मण्डलीय आरक्षित क्षेत्र	राज्य
A. सिमलीपाल	उड़ीसा
B. देहांग दिबांग	अरुणाचल प्रदेश
C. नोक्रेक	मेघालय
D. कंचनजंगा	सिक्किम

98. धर्म के आधार पर विश्व की जनसंख्या अवरोही क्रम (Descending order) में निम्नांकित है–

(a) बौद्ध, ईसाई, मुस्लिम, हिन्दू

(b) ईसाई, मुस्लिम, हिन्दू, बौद्ध

(c) ईसाई, बौद्ध, हिन्दू, मुस्लिम

(d) बौद्ध, मुस्लिम, ईसाई, हिन्दू

उत्तर (b) धर्म के आधार पर विश्व की जनसंख्या वर्ष 2007 के अनुसार इस प्रकार है–

धर्म विश्व जनसंख्या	कुल जनसंख्या
1. ईसाई	2.1 बिलियन
2. मुस्लिम (शिया 21 व सुन्नी)	1.5 बिलियन
3. हिन्दू	900 मिलियन
4. बौद्ध	376 मिलियन
5. सिख	23 मिलियन
6. जैन	4.2 मिलियन

99. निम्नलिखित में से कौन एक सुमेलित नहीं है?

(a)	शेरपा	नेपाल
(b)	थारु	उत्तराखंड
(c)	टोडा	दक्षिण भारत
(d)	जुलू	उड़ीसा

उत्तर (d) शेरपा नामक जनजाति नेपाल में, थारु नामक जनजाति उत्तराखंड तथा उत्तर प्रदेश में तथा टोडा नामक जनजाति दक्षिण भारत में पायी जाती है। जुलू नामक जनजाति अफ्रीका महाद्वीप में पायी जाती है।

100. वह देश जहाँ विश्व में प्रति व्यक्ति प्रति वर्ष सर्वाधिक घरेलू अपशिष्ट (Waste) सृजित होता है, है–

(a) ऑस्ट्रेलिया

(b) डेनमार्क

(c) आयरलैण्ड

(d) संयुक्त राज्य अमेरिका

उत्तर (d) संयुक्त राज्य अमेरिका, विश्व में प्रति व्यक्ति प्रति वर्ष सर्वाधिक घरेलू अपशिष्ट (Waste) सृजित करता है।

❑❑❑

पर्यावरण

1 पारिस्थितिकी तंत्र

1. निम्नलिखित में से कौन-से जीव पुष्पी पादपों में सामान्य परागण एजेन्ट हैं?

1. चमगादड़ 2. मुधमक्खियाँ

3. ततैया 4. चींटियाँ

नीचे दिए गए कूट का प्रयोग कर सही उत्तर का चयन कीजिए–

(a) केवल 1 और 2

(b) केवल 2 और 3

(c) केवल 1, 2, और 4

(d) 1, 2, 3 और 4

उत्तर (d) पुष्पीय पादप परागण एजेंट के रूप में विभिन्न प्रकार के जन्तुओं का उपयोग करते हैं। मधुमक्खियां, तितलियां, मक्खियां, भृंग, ततैया, चींटिया, पतंगे, पक्षी (सनबर्ड और हमिंग बर्ड) और चमगादड़ आम परागण एजेंट हैं, विशेष रूप से मधुमक्खियां प्रमुख जैविक परागण एजेंट हैं। यहां तक कि बड़े जन्तु भी जैसे कि कुछ कपि (लेमूर), वृक्षवासी (पेड़ पर रहने वाले) कृन्तक या यहां तक कि सरीसृप (जेको) छिपकली और उद्यान छिपकली) भी कुछ प्रजातियों में परागणकर्ताओं के रूप में कार्य करते हैं।

2. "विदेशी प्रजातियों द्वारा जैविक आक्रमण को देशी प्रजातियों और पारिस्थितिकी प्रणालियों के लिए एक प्रमुख खतरे के रूप में मान्यता प्रदान की जाती है।" निम्नलिखित में से भारत में पाई जाने वाली आक्रामक प्रजातियाँ कौन-सी है?

1. स्लीपिंग ग्रास

2. विशाल अफ्रीकी घोंघा

3. गोल्ड फिश

4. कबूतर

नीचे दिए गए कूट का प्रयोग कर सही उत्तर का चयन कीजिए–

(a) केवल 1, 3 और 4

(b) केवल 3 और 4

(c) केवल 1 और 2

(d) 1, 2, 3 और 4

उत्तर (d) आक्रामक प्रजातियां गैर-देशज प्रजातियां होती है जो स्वाभाविक रूप से एक विशिष्ट क्षेत्र में नहीं पाई जाती है, जिनके प्रवेश से आर्थिक या पर्यावरणीय हानि या मानव स्वास्थ्य की हानि होती है या हानि होने की संभावना होती है। आक्रामक प्रजातियों में सूक्ष्म कीटों से लेकर बड़े स्तनधारी तक, सजीवों के सभी वर्ग सम्मिलित हैं और ये किसी भी पारिस्थितिकी तंत्र पर धावा बोल सकते हैं।

भारत में पाए जाने वाले कुछ आक्रामक जन्तु निम्नलिखित हैं–

- दक्षिण भारत में यूकेलिप्टस पर गॉल (gall) निर्मित करने वाला आक्रामक कीट। लेप्टोसाइब इन्वेसा (Leptocybe invasa) एक नया कीट पीड़क जिसका तटीय तमिलनाडु के कुछ इलाकों में पता चला है और यह प्रायद्वीपीय भारत तक फैल चुका है। यह एक छोटी सी ततैया है जो यूकेलिप्टस की पत्तियों और तने में गाल निर्मित करती है।
- क्रेजी आंट (Crazy ant)
- विशाल अफ्रीकी घोंघा
- मैना
- गोल्ड फिश
- कबूतर
- गधा
- घरेलू छिपकली
- तिलापिया

भारत की कुछ आक्रामक विदेशी वनस्पतियां

- नीडल बुश
- ब्लैक वाटल
- गोट वीड
- आल्टरनैन्थेरा पैरोनाईकाइ ऑयड्स (Alterna-thera paronychioides)
- प्रिकली पोपी (Pricky Poppy)
- ब्लूमिया एरिएन्था
- पंखिया खजूर (Palmyra), टोड्डी पाम
- कैलोट्रोपिस/मदार, स्वालो वर्ट
- धतूरा, मैड प्लांट, थोर्न एप्पल
- जल कुंभी
- टच-मी-नॉट/स्लीपिंग ग्रास
- अंतर्राष्ट्रीय प्रकृति संरक्षण संघ (IUCN) द्वारा किए गए नवीनतम मात्रात्मक मूल्यांकन (2011) के अनुसार भारत मे जन्तुओं की 57 प्रजातियां क्रिटिकली इंडेंजर्ड (Critically endangered) हैं। नामदफा उड़न गिलहरी, मालाबार सीबिट, साबेरियाई क्रेन, घड़ियाल क्रिटिकली इंडेंजर्ड हैं।
- जंगली गधा नियर थ्रीटेन्ट (Near Threatened) जन्तु हैं, क्रिटिकली इंडेंजर्ड नहीं है।

3. निम्नलिखित पर विचार कीजिए–

1. मैन्ग्रोव

2. लैगून

3. डेल्टा या मुहाना

4. नदी तट

उपर्युक्त में से किसे/किन्हें इकोटोन समझा जाता है/हैं?

(a) केवल 1 और 2

(b) केवल 1, 2 और 4

(c) केवल 2, 3 और 4

(d) 1, 2, 3 और 4

उत्तर (d) इकोटोन : इकोटोन दो बायोम के बीच एक संक्रमण क्षेत्र होता है। यह दो समुदायों के मिलने और एकीकरण स्थल पर होता है। यह संकीर्ण या विस्तृत हो सकता है, और यह स्थानीय (एक खेत और वन के बीच का क्षेत्र) या क्षेत्रीय (वन और चरागाह (घासस्थल) पारिस्थितिक प्रणालियों के बीच संक्रमण) हो सकता है।

इकोटोन केवल स्थलीय समुदायों तक सीमित नहीं होता है; उदाहरण के लिए, समुद्री समुदायों के संदर्भ में कोमल तल से कठोर तल की ओर एक संक्रमण एक प्रकार का जलीय इकोटोन है।

- मैंग्रोव : मैंग्रोव ऐसी वनस्पति रूप हैं जो उष्णकटिबंधीय और उप उष्णकटिबंधीय देशों में समुद्रतटीय क्षेत्रों को शरण प्रदान करते हैं और समुद्री और स्थलीय वातावरण के बीच इकोटोन के रूप में अपने पर्यावरण के कारण वे भूमध्य रेखा पर सबसे समृद्ध पारिस्थितिक तंत्र हैं।
- लैगून : लैगून, अवरोधय द्वीपों या भित्तियों द्वारा बड़े जल निकाय से पृथक किया हुआ उथला जल निकाय होता है।
- ज्वारनदमुख : ज्वारनदमुख नदियों और समुद्र के बीच की सीमा का प्रतिनिधित्व करता है।

• नदी तट : नदी तट स्थलीय और जलीय बायोमों के बीच एक इकोटोन या संक्रमण स्थल होता है। यह एक ऐसा पर्यावास संकुल होता है, जिसमें कई प्रकार के विभिन्न समुदाय निवास करते हैं। वे विभिन्न अंतर्क्रियाओं द्वारा संबंधित होते हैं, जिसमें, से प्रत्येक की अपनी जैविक विशिष्टताएँ होती हैं।

4. पौधों में उपस्थित जाइलम किसके/किनके परिवहन के लिए उत्तरदायी होता/होते है/हैं?

1. जल

2. खनिज

3. कार्बन डाइऑक्साइड

नीचे दिए गए कूट का प्रयोग कर सही उत्तर का चयन कीजिए–

(a) केवल 1

(b) केवल 1 और 2

(c) केवल 2 और 3

(d) 1, 2 और 3

उत्तर (b) जाइलम जड़ों से सम्पूर्ण पादप में जल एवं विलेय खनिज पोषक तत्वों का परिवहन करता है। इसका प्रयोग वाष्पोत्सर्जन एवं प्रकाश संश्लेषण के दौरान जल को प्रतिस्थापित करने के लिए भी किया जाता है। फ्लोएम पत्तियों से प्रकाश संश्लेषण के उत्पादों का पादप के अन्य भाग तक परिवहन करता है।

5. लाइकेन के संबंध में, निम्नलिखित में से कौन-सा/से कथन सही है/हैं?

1. यह शैवाल और कवक का एक सहजीवी साहचर्य (symbiotic association) हैं।

2. पारिस्थितिक अनुक्रमण में अग्रगामी प्रजातियां (pioneer species) हैं।

3. यह चट्टानों के जैविक अपक्षय में सहायक होते हैं।

नीचे दिए गए कूट का प्रयोग कर सही उत्तर का चयन कीजिए–

(a) केवल 1 और 2

(b) केवल 1 और 3

(c) केवल 2 और 3

(d) 1, 2 और 3

उत्तर (d) लाइकेन या लाइकेन में परिणत कवक, वस्तुत: एकल, स्थिर इकाई के रूप में कार्य करने वाले दो जीव होते हैं। लाइकेन में शैवाल (algae) या साइनोबैक्टीरियम (या कुछ मामलों में दोनों) के साथ सहजीवी संबंध में रहने वाला कवक (fungi) सम्मिलित होता है। **इसलिए, कथन 1 सही है।**

कवक प्रकाश संश्लेषण में असमर्थ होते हैं किन्तु वे अन्य कार्बनिक पदार्थों से पोषक तत्वों का अवशोषण करते हैं जबकि शैवाल एवं साइनोबैक्टीरिया प्रकाश संश्लेषण कर सकते हैं।

लाइकेन आम तौर पर अनावृत चट्टान पर कॉलोनी स्थापित करने वाले सबसे पहले जीव होते हैं। इसलिए वह प्राथमिक अनुक्रमण आरम्भ करने वाली अग्रणी प्रजाति होती है। **कथन 2 सही है।**

लाइकेन के कार्य :

• नाइट्रोजन स्थिरीकरण

• जैविक अपक्षय-चट्टानों का निम्नीकरण एवं कुछ रसायनों का उत्पादन करके खनिज मुक्त करना **कथन 3 सही है।**

• चट्टानों की सतह का विघटन-भौतिक रूप से उनसे सम्बद्ध होकर।

• यह भारी धातुओं, कार्बन और सल्फर इत्यादि प्रदूषकों का अवशोषण करता है।

6. समुद्री घास (Sea Grass) के संदर्भ में, निम्नलिखित कथनों पर विचार कीजिए:

1. ये केवल उष्णकटिबंधीय जल में पाई जाती हैं।

2. ये समुद्र के गहरे क्षेत्रों में विकसित होते हैं।

3. इनमें जड़, तना और पत्तियाँ होती है।

उपर्युक्त कथनों में से कौन-सा/से सही है/हैं?

(a) केवल 1 और 2

(b) केवल 2 और 3

(c) केवल 3

(d) 1, 2 और 3

उत्तर (c) समुद्रीघास उष्णकटिबंधों से लेकर उत्तर ध्रुवीय वृत्त तक, विश्व के कई भागों में, उथले लवणीय और खारे जल में पाई जाती है। **कथन 1 और 2 सही नहीं है।**

इनका समुद्री घास नाम इसलिए पड़ा है क्योंकि अधिकतर प्रजातियों में लंबी हरे रंग की घास जैसी पत्तियां होती है। कभी-कभी उन्हें देखकर समुद्री शैवाल का भ्रम हो जाता है किंतु वास्तव में उनका भूमि पर पाए जाने वाले पुष्पीय पादपों से घनिष्ठ संबंध होता है। समुद्री घासों में जड़ें, तना और पत्तियां होती है, और वे पुष्प एवं बीज उत्पन्न करती है। **कथन 3 सही है।** वे लगभग 100 मिलियन वर्ष पहले विकसित हुई एवं आज उनकी लगभग 72 विभिन्न प्रजातियां विद्यमान हैं जो चार प्रमुख समूहों से संबंधित हैं।

वे विश्व में सर्वाधिक उत्पादक पारिस्थितिक तंत्रों में से एक हैं। समुद्री घासें प्राणियों के अतिविविध समुदाय को शरण एवं भोजन प्रदान करती हैं जिनमें छोटे अकशेरुकी प्राणियों से लेकर बड़ी मछलियां, केकड़े, कछुए, समुद्री स्तनधारी एवं पक्षी सम्मिलित हैं। समुद्री घासें मानवों को भी कई महत्वपूर्ण सेवाएं प्रदान करती हैं, किन्तु कई समुद्रीघास-मैदान मानवीय गतिविधियों के कारण समाप्त हो चुके हैं।

7. कम्युनिटी रिजर्व के विषय में, निम्नलिखित कथनों पर विचार कीजिए–

1. इसका उद्देश्य वर्तमान या प्रस्तावित संरक्षित क्षेत्रों में या उसके चारों ओर के निकटवर्ती क्षेत्रों को भूमि-उपयोग के निजी स्वामित्व एवं भूमि उपयोग संबंधी गतिविधियों से संरक्षित करना है।

2. यह वन्यजीव संरक्षण अधिनियम, 1972 के अंतर्गत घोषित किए गए हैं।

3. इनका प्रबंधन कम्युनिटी रिज़र्व मैनेजमेंट कमिटी (समुदायिक रिजर्व प्रबंधन समिति) द्वारा किया जाता है।

उपर्युक्त कथनों में से कौन-सा/से सही है/हैं?

(a) केवल 1 और 3

(b) केवल 3

(c) केवल 1 और 2

(d) 1, 2 और 3

उत्तर (d) भारत में कम्युनिटी रिजर्व, भारत में संरक्षित क्षेत्रों जो आमतौर पर स्थापित राष्ट्रीय पार्कों, वन्यजीव अभयारण्यों और भारत के सुरक्षित एवं संरक्षित वनों के बीच बफर जोन या कनेक्टर्स और प्रवास गलियारों के रूप में कार्य करते हैं, को दर्शाने वाला शब्द है।

ऐसे क्षेत्रों को संरक्षण क्षेत्र के रूप में इसलिए नामित किया जाता है क्योंकि वे निर्जन है और सरकार और व्यक्तियों, दोनों के स्वामित्व में हैं, तो इसे संरक्षण क्षेत्र कहा जाता है।

संरक्षित क्षेत्रों की श्रेणियों को पहली बार वन्यजीव (संरक्षण) संशोधन अधिनियम, 2002 के द्वारा आरंभ किया गया था, यह 1972 के वन्य जीव संरक्षण अधिनियम में संशोधन के द्वारा किया गया। अधिनियम के अंतर्गत कम्युनिटी रिजर्व के प्रबंधन हेतु सामुदायिक रिजर्व प्रबंधन समिति (कम्युनिटी रिज़र्व मैनेजमेंट कमिटी-CRMC) का गठन किया जाता है। इसके सदस्यों को ग्राम सभा से लिया जाएगा। **कथन 2 सही है।**

इन श्रेणियों को वर्तमान या प्रस्तावित संरक्षित भूमि में और उसके आस-पास निजी स्वामित्व और भूमि-उपयोग के कारण पर्याप्त संरक्षण के अभाव के कारण जोड़ा गया था। इस प्रकार वे किसी क्षेत्र की घोषणा का उद्देश्य ऐसे क्षेत्रों में रहने वाले लोगों की सामाजिक-आर्थिक स्थिति

में सुधार लाने के साथ ही वन्य जीवों का संरक्षण करना है। **कथन 1 सही है।**

कानून रिजर्व के लिए प्रबंधन की योजना बनाने एवं उन्हें कार्यान्वित करने और रिजर्व में वन्य जीवों एवं उनके पर्यावास का संरक्षण सुनिश्चित करने हेतु कदम उठाने के लिए प्राधिकारी के रूप में CRMC का उपबंध करता है। इसके प्रतिनिधियों को स्थायी ग्राम पंचायत या ग्राम सभा में मनोनीत किया जाएगा। **कथन 3 सही है।**

8. निम्नलिखित युग्मों पर विचार कीजिए–

फ्लोरा (पादप) समूह विवरण

1. लाइकेन : क्लोरोफिल पूर्णतया अनुपस्थित

2. ब्रायोफाइट : वास्तविक जड़े अनुपस्थित

3. जिम्नोस्पर्म : नग्न-बीज वाले पादप

उपर्युक्त युग्मों में से कौन-सा/से सही है/हैं?

(a) केवल 1 और 3
(b) केवल 2
(c) केवल 2 और 3
(d) 1, 2 और 3

उत्तर (c) लाइकेन : लाइकेन एक जटिल जीव है जोकि दो अलग प्रजातियों अर्थात कवक और शैवाल के बीच सहजीवी संबंध धारण करता है। इसमें कवक प्रमुख भागीदार होता है। यह लाइकेन को उसके फ्रूटिंग बॉडी से लेकर थैलस आकार के रूप में अपनी तमाम विशेषताएं प्रदान करता है। शैवाल या तो एक हरित शैवाल या एक नील-हरित शैवाल हो सकता है। इसे सायनोबैक्टीरिया के रूप में जाना जाता है। इसमें क्लोरोफिल का केवल एक ही रूप क्लोरोफिल-a पाया जाता है जोकि हरे रंग का वर्णक होता है। बहुत से लाइकेन दोनों प्रकार के शैवाल धारण करते हैं। **अतः युग्म 1 सही नहीं हैं।**

ब्रायोफाइटा में वास्तविक जड़े अनुपस्थित होती हैं।

पौधे को छोटे तने और सरल पत्तियों में विभेदित किया जाता है, लेकिन वास्तविक जड़े अनुपस्थित होती है। वे आम तौर पर नम स्थानों पर उगाए जाते हैं उदाहरण: लीवरवॉर्ट काई (मॉस)। ये भारत में हरे पौधों का दूसरा सबसे बड़ा समूह है। यह पूर्वी हिमालय, पूर्वोत्तर भारत, पश्चिमी हिमालय और पश्चिमी घाट में बड़े पैमाने पर पायी जाती हैं। **इस प्रकार युग्म 2 सही है।**

जिम्नोस्पर्म अनावृतबीजी पौधे होते हैं। अनावृतबीजी ऐसे साइकैड्स, जिन्कगो, येव्स और कोनिफर्स जैसे बीज-धारी संवहनी पौधे हैं, जिनमें बीजाणु या बीज एक अंडाशय में नहीं होते हैं। "जिम्नोस्पर्म" शब्द, ग्रीक शब्द जिम्नोस्पर्म (gymnospermos) से बना है जिसका अर्थ है नग्न-बीज। अनावृतबीजी बीज या तो कोंपल की तरह या पत्ती की तरह के कोन्स (cones) के उपांग के रूप में, या छोटे डंठल के अंत में विकसित होते हैं। **युग्म 3 सही है।**

9. जैविक ऑक्सीजन मांग (BOD) एवं रासायनिक ऑक्सीजन मांग (COD) के संबंध में निम्नलिखित कथनों पर विचार कीजिए–

1. जैविक ऑक्सीजन मांग (COD) जल में उपस्थित कार्बनिक यौगिकों का ऑक्सीकरण करने के लिए आवश्यक ऑक्सीजन की मात्रा का मापन करती है, वहीं रासायनिक ऑक्सीजन मांग (COD) जल में उपस्थित अकार्बनिक यौगिकों का ऑक्सीकरण करने के लिए आवश्यक ऑक्सीजन की मात्रा का मापन करती है।

2. अत्यधिक प्रदूषित जल में जैविक ऑक्सीजन मांग (COD) का स्तर निम्न एवं रासायनिक ऑक्सीजन मांग (COD) का स्तर उच्च होगा।

उपर्युक्त कथनों में से कौन-सा/से सही है/हैं?

(a) केवल 1
(b) केवल 2
(c) 1 और 2 दोनों
(d) न तो 1 न ही 2

उत्तर (d) **कथन 1 सही नहीं है।** रासायनिक ऑक्सीजन मांग (COD) जैविक पदार्थ के उपघटन और अमोनिया और नाइट्राइट जैसे अजैविक रसायनों के ऑक्सीकरण, दोनों के दौरान ऑक्सीजन का उपभोग करने की पानी की क्षमता का पैमाना है। जैविक ऑक्सीजन मांग (BOD) दिए गए जल के नमूने में उपस्थित जैविक पदार्थ को अपघटित करने के लिए वायवीस सूक्ष्म जीवों द्वारा अपेक्षित (अर्थात्, मांगी गई) घुलित ऑक्सीजन की मात्रा है।

कथन 2 सही नहीं है। अत्यधिक प्रदूषित जल में जैविक ऑक्सीजन मांग (BOD) और रासायनिक ऑक्सीजन की मांग (COD) दोनों का उच्च स्तर होगा।

10. निम्नलिखित में से पारिस्थितिक तंत्र के अजैविक अवयव कौन से हैं?

1. पानी
2. सौर ऊर्जा
3. गुरुतत्वाकर्षण
4. अपघटक
5. मिट्टी

नीचे दिए गए कूट का प्रयोग कर सही उत्तर का चयन कीजिए–

(a) केवल 1 और 5
(b) केवल 1, 2, 3 और 5
(c) केवल 2, 3 और 4
(d) 1, 3, 4 और 5

उत्तर (b) पारिस्थितिकी तंत्र में सभी निर्जीव चीजें पारिस्थितिकी तंत्र के अजैविक घटक हैं। अजैविक कारक सभी प्रकारों में आते हैं और विभिन्न पारिस्थितिकी तंत्र के बीच भिन्न-भिन्न हो सकते हैं। उदाहरण के लिए, जलीय प्रणालियों में पाए जाने वाले अजैविक कारक जल, pH, सौर प्रकाश, मैलापन (पानी के गंदलेपन की मात्रा), लवणता (नमक की सांद्रता), उपलब्ध पोषक तत्व (नाइट्रोजन, फॉस्फोरस, आदि) और घुलित ऑक्सीजन (पानी में घुली ऑक्सीजन की मात्रा) जैसी चीजें हो सकते हैं। स्थलीय पारिस्थितिकीय तंत्र में पाए जाने वाले अजैविक चरों मे वर्षा, वायु, तापमान, ऊंचाई, मिट्टी, प्रदूषण, पोषक तत्व, pH, मिट्टी के प्रकार, और सूर्य का प्रकाश जैसी चीजें सम्मिलित हो सकती है। ऊर्जा और गुरुत्वाकर्षण भी अजैविक घटक हैं। हालांकि, अपघटक सजीव प्राणी हैं और वे पारिस्थितिकीय तंत्र के जैविक घटक का अंग होते हैं।

11. निम्नलिखित में से जलीय खाद्य शृंखला का सही क्रम कौन-सा है?

(a) डायनोफ्लेजलेट्स - एम्फीपॉड - स्क्विड
(b) डायनोफ्लेजलेट्स - स्क्विड - एम्फीपॉड
(c) एम्फीपॉड - स्क्विड - डायनोफ्लेजलेट्स
(d) स्क्विड - डायनोफ्लेजलेट्स - एम्फीपॉड

उत्तर (a) पादपप्लवक जिन्हें सूक्ष्म शैवाल के रूप में जाना जाता है, इस अर्थ में स्थलीय पौधों के समान होते हैं कि इनमें क्लोरोफिल होता है और जीवित रहने व विकास करने हेतु इन्हें सौर प्रकाश की आवश्यकता होती है। अधिकांश पादप प्लवक उत्प्लावी होते हैं और महासागरों के ऊपरी भाग में, जहां तक जल में सूर्य का प्रकाश प्रवेश करता है, तैरते हैं।

पादप प्लवक के दो मुख्य वर्ग डाइनोफ्लैजलेट्स और डायटम हैं। डाइनोफ्लेजलेट्स पानी के माध्यम से आगे बढ़ने के लिए चाबुक सदृश पूंछ या कशाभ का उपयोग करते हैं और उनका शरीर जटिल कवच से ढका होता है। डायटम में भी कवच होता है, लेकिन वे अलग पदार्थ से बने होते हैं और उनकी संरचना कठोर और इंटरलॉकिंग भागों से बनी होती है। डायटम पानी के माध्यम से आगे बढ़ने के लिए कशाभ पर निर्भर नहीं करते अपितु इसकी बजाय पानी के माध्यम से यात्रा करने के लिए महासागरीय धाराओं पर निर्भर करते हैं।

संतुलित पारिस्थितिकी तंत्र में, पादप प्लवक, प्राणीप्लवक (जैसे क्रसटेशियन, प्रोटोजोआ), सिक्वड और विशाल मछलियों सहित विस्तृत प्रकार के समुद्री जीवों को भोजन प्रदान करते हैं। कोपपॉड और एम्फीपॉड क्रसटेशियन होते हैं।

इस प्रकार, **विकल्प C सही है।**

12. निम्नलिखित युग्मों पर विचार कीजिए–

बायोम का प्रकार	वनस्पति का प्रकार
1. टैगा	: छोटी झाड़ियों के अतिरिक्त वृक्षों से रहित
2. सवाना	: छिट-पुट वृक्षों एवं अग्निरोधी कांटेदार झाड़ियों सहित घासें
3. शीतोष्ण	: पादप प्रजातियों की कम विविधता सहित चौड़ी पत्तियों वाले वृक्ष

उपर्युक्त युग्मों में से कौन-सा/से सही नहीं है/हैं?

(a) केवल 1 और 3
(b) 1, 2 और 3
(c) केवल 1 और 2
(d) केवल 2

उत्तर (b) युग्म 1: उत्तरी गोलार्द्ध के उच्च अक्षांशों में (50°-70°), शंकुधारी वन पाए जाते हैं। इन्हें टैगा भी कहा जाता है। ये वन अधिक ऊंचाईयों में भी देखे जाते हैं।

टुंड्रा प्रकार की वनस्पति में प्राकृतिक वनस्पति की वृद्धि बहुत ही सीमित होती है। इसमें केवल मॉस, लाइकेन और बहुत छोटी झाड़ियाँ पाई जाती है। यह बहुत छोटी ग्रीष्म ऋतु के दौरान विकसित होती है। इसे टुंड्रा प्रकार की वनस्पति कहा जाता है। यह वनस्पति यूरोप, एशिया एवं उत्तरी अमेरिका के ध्रुवीय क्षेत्रों में पाई जाती है। **इस प्रकार, युग्म 1 सही सुमेलित है।**

युग्म 2: उष्णकटिबंधीय घास के मैदान: ये भूमध्य रेखा के दोनों ओर विकसित होते हैं और उष्णकटिबंधों तक विस्तारित होते हैं। यह वनस्पति सामान्य से लेकर कम वर्षा के क्षेत्रों में विकसित होती है। इनकी ऊँचाई लगभग 3 से 4 मीटर तक हो सकती है। अफ्रीका के सवाना घास के मैदान इस प्रकार के होते हैं। सवाना झाड़ियाँ अग्नि-प्रतिरोधी होती हैं जो उन्हें वनों में फैलने वाली आवधिक, प्राकृतिक आग से सुरक्षित रखने में सहायता करता है। इस प्रकार, **युग्म 2 सही सुमेलित हैं।**

युग्म 3: शीतोष्ण वनों में सामान्य रूप से घने चौड़ी पत्तियों वाले वृक्ष पाए जाते हैं एवं उनमें पादप प्रजातियों की कम विविधता होती है, ओक, बीच मेपल इत्यादि कुछ आम प्रजातियां हैं। इस प्रकार, **युग्म 3 सही सुमेलित हैं।**

13. जलीय पारिस्थितिकी तंत्र में घुलित ऑक्सीजन के संबंध में निम्नलिखित कथनों पर विचार कीजिए–

1. **जल-निकाय के तापमान में वृद्धि के साथ इसमें बढ़ोत्तरी होती है।**
2. **अलवणीय जल (फ्रेश वाटर) में इसकी सान्द्रता आम तौर पर वायु में ऑक्सीजन की सान्द्रता से अधिक होती है।**
3. **जल पर बर्फ का हिमाच्छादन घुलित ऑक्सीजन की सान्द्रता को कम करता है।**

उपर्युक्त कथनों में से कौन-सा/से सही है/हैं?

(a) केवल 1 और 2
(b) केवल 3
(c) केवल 1 और 3
(d) 1, 2 और 3

उत्तर (b) **कथन 1 सही नहीं है।** तापमान बढ़ने के साथ ऑक्सीजन की विलेयता घटती है। गर्म जल अपघटक गतिविधि में भी बढ़ोत्तरी करता है। जल-निकाय के तापमान में बढ़ोत्तरी के साथ विलेय ऑक्सीजन की सान्द्रता घटती है, बढ़ती नहीं है।

कथन 2 सही नहीं है। अलवणी जल में इसकी सान्द्रता आम तौर मर वायु में ऑक्सीजन की सान्द्रता की तुलना में 100 गुना से भी कम होती है।

कथन 3 सही है। हिमाच्छादन वातावरण में ऑक्सीजन के अंतरण की अनुमति प्रदान नहीं करता है। यह जलीय पादपों द्वारा प्रकाश संश्लेषण गतिविधियों को भी कम करता है। इस प्रकार, घुलित ऑक्सीजन की सान्द्रता में कमी होती है।

14. निम्नलिखित में से कौन-सा कथन सूचक प्रजातियों (इंडिकेटर स्पीशीज) की सर्वोत्तम व्याख्या करता है?

(a) यह ऐसी प्रजाति है जिसकी उपस्थिति, अनुपस्थिति या प्रचुरता विशिष्ट पर्यावरणीय परिस्थितियों को दर्शाती है।
(b) यह ऐसी प्रजाति है जो उन समुदायों को, जिनमें यह पायी जाती है, व्यापक रूप से प्रभावित करती हैं।
(c) यह ऐसी प्रजाति है जो विचाराधीन पारिस्थितिक तंत्र की देशज प्रजाति नहीं होती है और पारिस्थितिक तंत्र में जिसका प्रवेश हानिकारक होता है या जिससे नुकसान होने की संभावना रहती है।
(d) यह ऐसी प्रजाति है जिसे किसी पारिस्थितिक तंत्र में प्रदूषण का स्तर कम करने के लिए प्रवेश कराया जाता है।

उत्तर (a) सूचक प्रजाति वह जीव है जिसकी उपस्थिति, अनुपस्थिति या प्रचुरता विशिष्ट पर्यावरणीय परिस्थितियों को दर्शाता है। सूचक प्रजातियां विशिष्ट पारिस्थितिकी तंत्र की जैविक स्थिति में परिवर्तन का संकेत दे सकती है और इस प्रकार किसी पारिस्थितिकी तंत्र के स्वास्थ्य/अवस्था का निरूपण करने हेतु प्रतिनिधि के रूप में प्रयुक्त की जा सकती हैं। उदाहरण के लिए, वर्षण में भारी धातुओं या अम्लों के प्रति संवेदनशील पौधे या लाइकेन वायु प्रदूषण के सूचक हो सकते हैं।

विकल्प (b) कीस्टोन प्रजाति है। कीस्टोन प्रजाति ऐसी प्रजाति है जो जिन समुदायों में पायी जाती हैं उन्हें व्यापक रूप से/अत्यधिक प्रभावित करती है। ऐसी प्रजातियाँ समुदाय के अंतर्गत या तो समुदाय पर प्रभावी रहने वाली अन्य प्रजातियों पर नियंत्रण कर या प्रजातियाँ की विस्तृत शृंखला हेतु महत्वपूर्ण संसाधन प्रदान कर स्थानीय जैव विविधता बनाए रखने में सहायता करती है। कीस्टोन प्रजाति नाम अमेरिकी जीव वैज्ञानिक रॉबर्ट टी. पायने द्वारा 1969 में दिया गया।

विकल्प (c) आक्रामक प्रजाति है। आक्रामक प्रजातियाँ पौधे, जन्तु या रोगाणु होते हैं जो विचाराधीन पारिस्थितिक तंत्र के लिए विदेशी प्रजाति होती है और जिनका प्रवेश हानिकारक होता है या जिनके प्रवेश से नुकसान होने की संभावना रहती है।

15. जैव-उपचार (बायोरेमेडिएशन) के संदर्भ में, निम्नलिखित कथनों पर विचार कीजिए–

1. **इस प्रक्रिया में विषाक्त रसायनों का प्रयोग नहीं किया जाता है।**
2. **यह प्रक्रिया जैवनिम्नीकरणीय यौगिकों तक सीमित होती है।**
3. **यह प्रक्रिया अवायवीय दशाओं में प्रभावी होती है।**

उपर्युक्त कथनों में से कौन-सा/से सही है/हैं?

(a) केवल 1
(b) केवल 2 और 3
(c) केवल 1 और 2
(d) 1, 2 और 3

उत्तर (c) **कथन 1 सही है।** जैव-उपचार (बायोरेमेडिएशन) ऐसा उपचार है जो खतरनाक पदार्थों को कम विषाक्त या गैर-विषाक्त पदार्थों में विघटित करने के लिए प्राकृतिक रूप से पाए जाने वाले जीवों का उपयोग करता है।" इसमें किसी प्रकार के रसायनों का उपयोग नहीं किया

जाता है। संदूषण के उपचार एवं निराकरण के लिए मानव निर्मित रसायनों का उपयोग करने से संबंधित एक समस्या यह है कि ये रसायन अंततः जल आपूर्ति (वाटर सप्लाई) में पहुँच जाते हैं। जैव-उपचार प्रक्रिया से ऐसी कोई समस्या उत्पन्न नहीं होती है।

कथन 2 सही है। जैव-उपचार का प्रमुख दोष यह है कि इसका अनुप्रयोग केवल जैव निम्नीकरणीय यौगिकों तक ही सीमित है। सभी यौगिक पूर्ण और तीव्र निम्नीकरण के योग्य नहीं होते हैं।

कथन 3 सही नहीं है। अवयावीय परिस्थितियों का संदर्भ मुक्त ऑक्सीजन के अभाव से होता है। ऑक्सीजन सूक्ष्मजीवों के जीवित रहने के लिए आवश्यक होता है। जैव-उपचार, वायवीय परिस्थितियों में अधिक प्रभावी होता है।

16. निम्नलिखित में से कौन-सी आम तौर पर संवर्द्धित यूट्रोफिकेशन (सुपोषण) की परिस्थिति में उत्पन्न होने वाली आक्रामक (invasive) पादप प्रजातियाँ) है/हैं?

1. वॉटर हायसिन्थ (जल-कुंभी)

2. हाइड्रिला

3. जल कुमुदिनी

नीचे दिए गए कूट का प्रयोग कर सही उत्तर का चयन कीजिए–

(a) केवल 1

(b) केवल 1 और 2

(c) केवल 2 और 3

(d) 1, 2 और 3

उत्तर (d) संवर्द्धित या त्वरित यूट्रोफिकेशन मानवीय गतिविधियों जैसे जल निकायों का प्रदूषण, उद्योगों से बहिःस्राव का विसर्जन आदि का परिणाम है। वहीं दूसरी ओर प्राकृतिक यूट्रोफिकेशन हजारों वर्षों के दौरान होता है।

जलीय हानिकारक प्रजातियां (Aquatic nuisance species : ANS) गैर-देशज (non indigenous) प्रजातियां होती है जो जल निकायों की जैव विविधता या देशी प्रजातियों की बहुतायत एवं पारिस्थितिकी स्थिरता के लिए खतरा उत्पन्न करती हैं।

जलकुंभी (Eichhornia crassipes) विश्व की सबसे अधिक समस्याजनक जलीय खर-पतवार है। इसे 'बंगाल का आतंक' भी कहा जाता है। यह सुपोषित जल निकायों में बहुतायत में उगती है और जलनिकाय की पारिस्थितिकी गतिशीलता में असंतुलन उत्पन्न करती है।

हाइड्रिला गैर-देशज या "विदेशी" जलमग्र खरपतवार प्रजाति है जिसे पूर्णतया अवांछनीय माना जाता है।

वाटरलिली (जल कुमुदिनी) भारत में अधिकांश भागों में पाई जाती है। इसे सौंदर्यात्मक अपील के लिए भी लगाया जाता है। यह भी तालाबों और धीमी गति से प्रवाहित जल निकायों की आक्रामक प्रजाति है।

17. जलीय पारिस्थितिक तंत्र के संदर्भ में 'विंटरकिल' (Winterkill) शब्द किससे संदर्भित है?

(a) शीतऋतु के दौरान वॉर्ग ब्लडेड जीवों की मृत्यु।

(b) विगत हिमयुग में डायनासोर का उन्मूलन।

(c) शीतऋतु के दौरान ऑक्सीजन की कमी के कारण झीलों में मछलियों का विनाश।

(d) शीतऋतु के दौरान ओजोन छिद्र का आकार बढ़ने के कारण जलीय जीवों का विनाश।

उत्तर (c) विंटरकिल, शीत ऋतु के दौरान जल-निकाय में ऑक्सीजन की कमी के कारण मछलियों के विनाश का वर्णन करने हेतु प्रयुक्त शब्द है। जलमग्र वनस्पतियां और शैवाल प्रकाश संश्लेषण की प्रक्रिया के माध्यम से ऑक्सीजन का निर्माण करते हैं। शीत ऋतु के दौरान, ऑक्सीजन का निर्माण प्रायः कम हो जाता है क्योंकि झील पर बर्फ और हिम की परत वनस्पतियों तक पहुँचने वाली सौर प्रकाश की मात्रा सीमित कर देती है। छोटी और उथली झीलों में उपलब्ध ऑक्सीजन सजीव पौधों (live plants) (जो शाम को ऑक्सीजन का उपभोग करते हैं, और मृत और क्षयशील वनस्पति पर निर्वाह करने वाली मछलियों और जीवाणु) द्वारा शीघ्रतापूर्वक उपयोग कर ली जाती हैं। जब ऑक्सीजन के स्तर में गिरावट आती है, तो कम सहनशील मत्स्य प्रजतियों और कुल मिलाकर खराब परिस्थिति में निर्वाह करने वाली मछलियों का दम घुटने लगता है।

18. फायटोरिमेडिएशन संदर्भित करता है–

(a) सूक्ष्म जीवों द्वारा ऑक्सीजन का उपयोग कर जल में उपस्थित कार्बनिक पदार्थ का अपघटन की प्रक्रिया।

(b) मृदा और जल से संदूषकों को दूर करने के लिए पादपों का प्रयोग।

(c) प्रकाश की सहायता से अपघटन प्रक्रिया तीव्र करने की प्रक्रिया।

(d) इंजीनियर्ड कन्टेनमेंट सिस्टम के द्वारा संदूषित ठोस सामग्री या जल का प्रसंस्करण।

उत्तर (b) फायटोरिमेडिएशन (पादप उपचार) वह जैव उपचार प्रक्रिया है जिसमें मिट्टी और भूजल में से संदूषित पदार्थ दूर करने, स्थानांतरित करने, स्थिर करने और/या नष्ट करने के लिए विभिन्न प्रकार के पौधों का उपयोग किया जाता है।

पादप उपचार तंत्र के विभिन्न प्रकार हैं। ये हैं–

Rhizosphere biodegratiation : इस प्रक्रिया में, पौधे मिट्टी में सूक्ष्मजीवों के लिए पोषक तत्वों की आपूर्ति करते हुए, अपनी जड़ों के माध्यम से प्राकृतिक पदार्थ विमोचित करते हैं। सूक्ष्मजीव जैविक निम्नीकरण में वृद्धि करते हैं।

Phyto-stabilization : इस प्रक्रिया में, पादपों द्वारा उत्पादित रासायनिक यौगिक संदूषित पदार्थों का निम्नीकरण करने की बजाय उनका निम्नीकरण करते हैं।

Phyto-accumulation (phyto-extraction भी कहा जाता है): इस प्रक्रिया में, पौधों की जड़े अन्य पोषक तत्वों और पानी के साथ-साथ दूषित पदार्थों को भी अवशोषित करती है। संदूषित पदार्थ नष्ट नहीं होते हैं, बल्कि पौधों की कलियों और पत्तियों में समाप्त होते हैं। इस विधि का मुख्य रूप से धातु युक्त अपशिष्ट के लिए उपयोग किया जाता है। जल धाराओं के उपचार के लिए जलकृषि प्रणाली (राइजोफिल्ट्रेशन)। राइजोफिल्ट्रेशन भी पादप-संचय की ही भांति होता है, लेकिन सफाई के लिए प्रयोग किए जाने वाले पौधों को पानी में उनकी जड़ों के साथ ग्रीनहाउस में उगाया जाता है। इस प्रणाली का एक्स-सीटू भूजल उपचार के लिए उपयोग किया जा सकता है। अर्थात् इन पौधों की सिंचाई के लिए सतह तक भूजल पंप किया जाता है। जब जड़े संदूषक पदार्थ से संतृप्त हो जाती है, उन्हें काट लिया और निपटा दिया जाता है।

Phyto-volatilization : इस प्रक्रिया में, पौधे कार्बनिक संदूषक पदार्थ युक्त पानी ग्रहण करते हैं और अपनी पत्तियों के माध्यम से हवा में दूषित पदार्थों को विमोचित करते हैं।

Phyto-degradation : इस प्रक्रिया में, पौधे वास्तव में ऊतकों के भीतर उपापचय करते हैं और दूषित पदार्थों को नष्ट कर देते हैं।

19. शीत निष्क्रियता के संदर्भ में, निम्नलिखित कथनों पर विचार कीजिए–

1. केवल मांसाहारी प्राणी शीत ऋतु के दौरान शीत निष्क्रियता की प्रक्रिया का उपयोग करते है।

2. शीत निष्क्रियता में प्राणियों के शरीर का तापमान घट जाता है।

उपर्युक्त कथनों में से कौन-सा/से सही नहीं है/हैं?

(a) केवल 1

(b) केवल 2

(c) 1 और 2 दोनों

(d) न तो 1 न ही 2

उत्तर (b) **कथन 1 सही नहीं है।** कुछ जन्तु सर्दियों में शीतनिंद्रा में चले जाते हैं, जो बहुत ही गहरी नींद में जाना है। शीतनिंद्रा की प्रक्रिया का मांसाहारी और शाकाहारी, दोनों द्वारा समान रूप से प्रयोग किया जाता है। शीतनिंद्रा में जाने वाले जन्तु सुरक्षा और आश्रय के लिए सामान्यत: गुफा, बिल, या खोखले लट्ठे में शरण लेते हैं। 'वास्तविक शीतनिंद्रा' के दौरान जन्तुओं के शरीर का तापमान गिर जाता है और उनके श्वसन की दर धीमी हो जाती है।

कथन 2 सही है। अधिकांश जन्तु शरीर में वसा बढ़ाने के लिए शीतनिंद्रा में जाने से पहले बड़ी मात्रा में भोजन करते हैं, जो सर्दियों के दौरान उन्हें पोषण देता है। कभी-कभी, शीतनिंद्रा में जाने वाले जन्तु सर्दियों के दौरान खाने के लिए समय-समय पर जगते भी रहते हैं। जब अधिकांश शीतनिंद्रा में जाने वाले जन्तु वसंत में जगते हैं, तो वे बहुत भूखे होते हैं।

20. बढ़ते वैश्विक तापमान, प्रदूषण एवं अति मत्स्यन के कारण प्रवाल भित्तियां संकटग्रस्त हैं। प्रवाल भित्तियों के संबंध में निम्नलिखित में से कौन-से कथन सही हैं?

1. प्रवाल भित्ति जल के अंतर्गत पाई जाने वाली, प्रवाल के कंकालों से निर्मित विशाल संरचना है।

2. प्रवाल समुद्री अकशेरुकी प्राणी होते हैं।

3. प्रवालों को अपना रंग सहजीव जीवित शैवालों से प्राप्त होता है।

नीचे दिए गए कूट का प्रयोग कर सही उत्तर का चयन कीजिए–

(a) केवल 1 और 3
(b) केवल 2 और 3
(c) केवल 1 और 2
(d) 1, 2 और 3

उत्तर (d) प्रवाल भित्तियाँ जल के अंतर्गत पाई जाने वाली विशाल संरचनाएँ होती हैं, ये प्रवालों के कंकालों से बनी होती है जो समुद्री अकशेरूकी प्राणी होते हैं। प्रवाल भित्तियों का निर्माण करने वाली प्रवाल प्रजातियों को हरमाटाइपिक या "कठोर प्रवालों" के रूप में जाना जाता है क्योंकि वे उनकी कोमल थैली जैसे शरीर की रक्षा करने वाले कठोर, टिकाऊ बहि:कंकाल का निर्माण करने के लिए समुद्री जल से कैल्शियम कार्बोनेट का निष्कर्षण करते हैं। **इसलिए कथन 1 और 2 सही हैं।**

प्रवाल अलास्का के तट से दूर स्थित एल्यूशियन द्वीपसमूह (Aleutian Island) से लेकर कैरेबियन सागर के गर्म उष्णकटिबंधीय जलों तक विश्व भर के सभी महासागरों में पाए जाते हैं। सर्वाधिक विशाल प्रवाल भित्तियाँ उष्णकटिबंधीय और उपोष्ण क्षेत्र के, उथले महासागरीय जलक्षेत्रों में पाई जाती हैं, जहाँ वे तेजी से विकसित होती हैं। इन प्रवाल भित्ति प्रणालियों में सर्वाधिक विशाल-ऑस्ट्रेलिया की ग्रेट बैरियर रीफ है जिसकी लंबाई 1,500 मील (2,400 कि.मी.) से अधिक है।

प्रवाल दो भिन्न प्रकार के पोषण प्राप्त करते हैं: कुछ प्रजातियाँ अपने शरीर के बाहरी किनारों पर पाए जाने वाले दंशन स्पर्शकों का प्रयोग करके मछलियों एवं पादपप्लवकों जैसे छोटे समुद्री जीवों को पकड़ने में सक्षम होती हैं। लेकिन अधिकतर प्रवाल जूजैंथिली कहे जाने वाले शैवाल के साथ सहजीवी संबंध (पारस्परिक रूप से लाभदायक) रखते हैं। ये शैवाल पॉलिप के शरीर में निवास करते हैं एवं स्वयं के लिए एवं पॉलिप के लिए प्रकाश-संश्लेषण के माध्यम से भोजन का निर्माण करते हैं। पॉलिप बदले में शैवाल के लिए आवास एवं कार्बन डाईऑक्साइड प्रदान करते हैं। इसके साथ ही, जूजैंथिली प्रवालों को अपने जीवंत रंग प्रदान करती है। अधिकतर प्रवाल पॉलिप के शरीर स्वच्छ और रंगहीन होते हैं। **इसलिए कथन 3 सही है।**

21. निम्नलिखित में से किन सूक्ष्मजीवों का उपयोग कीटनाशक के रूप में किया जा सकता है?

1. जीवाणु **2. कवक**
3. विषाणु

नीचे दिए गए कूट का प्रयोग कर सही उत्तर चुनिए–

(a) केवल 1
(b) केवल 1 और 3
(c) केवल 1, 2 और 3
(d) केवल 3

उत्तर (c) उल्लिखित सभी सूक्ष्मजीवों को कीटनाशियों के रूप में प्रयोग किया जा सकता है। जीवाणु, कवक एवं प्रोटोज़ोआ जैसे एककोशिकीय जीवों को कीटनाशकों की भाँति उपयोग करने के लिए बड़े पैमान पर उत्पादित एवं सूत्रबद्ध किया जाता रहा है। उदाहरण के लिए Bacillus Thuringiensis

अनेक कवकों का संभावित सूक्ष्मजीवीय कीटनाशकों के रूप में अध्ययन किया गया है। Beauveria bassiana आर्थ्रोपोडा (संधिपाद संघ) से संबंधित विभिन्न प्रकार के जीवों को प्रभावित कर सकता है।

विषाणुओं (virus) का उपयोग भी कीटनाशकों के रूप में किया जा सकता है। Baculoviruses प्राकृतिक रूप में पाए जाने वाले विषाणुओं का एक वर्ग है जो केवल कीटों एवं इनसे संबंधित कुछ आर्थ्रोपोडा जीवों को संक्रमित करने के लिए जाने जाते हैं। उनकी कार्रवाई इतनी विशिष्ट होती है कि वे लेपिडॉप्टेरा लारवा (इम्ली) की एक या कुछ ही प्रजातियों को ही संक्रमित करते एवं नष्ट करते हैं, इस प्रकार वे फसल-पीड़कों की लक्षित प्रजातियों से न्यूनतम भटकाव प्रदर्शित करते हुए फसल-पीड़कों के प्रबंधन के लिए अच्छे और उपयोगी सिद्ध होते हैं।

22. निम्नलिखित में से कौन-सा कथन जैविक संभाव्यता (बायोटिक पोटेंशियल) का सर्वोत्तम वर्णन करता है?

(a) यह प्रति इकाई क्षेत्र शुष्क भार के रूप में मापित जनसंख्या का संभाव्य बायोमास दर्शाता है।
(b) यह उस संभव कार्यात्मक भूमिका को संदर्भित करता है जो एक प्रजाति पारिस्थितिकी तंत्र में निभा सकती है।
(c) यह इष्टतम पर्यावरणीय स्थितियों में सजीव की अधिकतम प्रजनन क्षमता को दर्शाता है।
(d) यह खाद्य संजाल बनाए रखने के लिए एक प्रजाति की आवश्यक न्यूनतम जनसंख्या दर्शाता है।

उत्तर (c) जैविक संभाव्यता, इष्टतम पर्यावरणीय परिस्थितियों के अंतर्गत किसी जीव की अधिकतम प्रजनन क्षमता है। इसे प्राय: प्रति वर्ष अनुपात या प्रतिशत वृद्धि के रूप में व्यक्त किया जाता है, जैसा कि इस कथन में 'पिछले वर्ष मानव जनसंख्या में 3 प्रतिशत की वृद्धि हुई।' इसे किसी आबादी के आकर को दुगुना होने में लगने वाले समय (द्विगुणन समय) के रूप में भी व्यक्त किया जा सकता है।

किसी प्राणी के जैविक संभाव्यता का पूर्ण प्रकटन पर्यावरणीय प्रतिरोध, आबादी की वृद्धि को बाधित करने वाले किसी कारक द्वारा प्रतिबंधित होती है। इन कारकों में प्रतिकूल जलवायु परिस्थितियाँ, स्थान, प्रकाश या उपयुक्त अध:स्तर का अभाव, आवश्यक रासायनिक यौगिकों या खनिजों की कमी; एवं परभक्षियों, परजीवियों, रोगकारक जीवों या प्रतिकूल आनुवंशिक परिवर्तनों के बाधाकारी प्रभाव सम्मिलित हैं।

23. निम्नलिखित युग्मों पर विचार कीजिए–

जनसंख्या अंतरक्रिया	विशेषता
1. सहोपकारिता :	दोनों प्रजातियां लाभान्वित होती हैं।

2. प्रतिस्पर्धा : दोनों प्रजातियों को हानि होती है।
3. सहभोजिता : एक प्रजाति को हानि होती है और दूसरी अप्रभावित रहती है।
4. अंतरजातीय परजीविता : एक प्रजाति लाभान्वित होती है और दूसरी अप्रभावित रहती है।

उपर्युक्त युग्मों में से कौन-सा/से सही सुमेलित है/हैं?

(a) केवल 1 और 2
(b) केवल 3 और 4
(c) केवल 1, 2 और 3
(d) 1, 2, 3 और 4

उत्तर (d) सहोपकारिता ऐसी अन्योन्यक्रिया है जिससे अन्योन्यक्रिया करने वाली दोनों प्रजातियाँ लाभान्वित होती है, उदाहरण के लिए कवक एवं उच्च पादपों की जड़ों के बीच संबंध। कवक पादप को मृदा से पोषक तत्वों का अवशोषण करने में सहयोग करता है, जबकि इसके बदले में पादप कवक को ऊर्जा करने वाले कार्बोहाइड्रेट प्रदान करता है। यह युग्म सही प्रकार से सुमेलित है।

प्रतिस्पर्धा ऐसी अन्योन्यक्रिया है जिसमें प्रजातियाँ सीमित मात्रा में उपलब्ध संसाधनों का उपयोग करने के लिए एक दूसरे से प्रतिस्पर्धा करती है। इस अन्योन्यक्रिया में दोनों ही प्रजातियों को हानि होती है क्योंकि वे एक-दूसरे से आगे बढ़ने का प्रयास करतीं है, उदाहरण के लिए शाकाहारी प्राणी सीमित चराई संसाधनों को प्राप्त करने के लिए एक दूसरे से प्रतिस्पर्धा करते हैं। यह युग्म सही प्रकार से सुमेलित है।

सहभोजिता प्रजातियों के बीच ऐसी अंतक्रिया है जिसमें एक प्रजाति को हानि होती है जबकि दूसरी अप्रभावित रहती है, उदाहरण के लिए कुछ उच्च प्रजाति के पौधे जैसे की काला अखरोट ऐसे पदार्थों का स्राव करते है जो प्रतिस्पर्धा करने वाले निकटवर्ती पौधों की वृद्धि को रोकते हैं या उन्हें नष्ट कर देते हैं। यह युग्म सही प्रकार से सुमेलित है।

24. निम्नलिखित में से किससे वासस्थल का विनाश होता है?

1. वन क्षेत्र में निर्माण गतिविधियां
2. आक्रमक प्रजातियों का प्रवेश
3. ज्वालामुखी विस्फोट

नीचे दिए गए कूट का प्रयोग कर सही उत्तर चुनिए-

(a) केवल 1 (b) केवल 1 और 3
(c) केवल 2 और 3 (d) 1, 2 और 3

उत्तर (d) वासस्थल का ह्रास या विनाश अनेक वन्य पादप प्रजातियों एवं पादप समुदायों के लिए खतरा उत्पन्न होने का प्रमुख कारण है। वासस्थल का विनाश निम्नलिखित कारणों से हो सकता है-

मानव को बसाने या कृषि विस्तार करने, वाणिज्यिक परिसर, विशाल जल विद्युत योजनाएं, अग्नि, मानव एवं पशुधन दबाव आदि के लिए वन क्षेत्रों की सफाई।

प्रदूषण (वायु एवं जल दोनों प्रकार का) परिस्थितिक तंत्र पर दबाव डालता है, औद्योगिक एवं कृषि अपशिष्टों का कुप्रबंधन स्थलीय एवं जलीय परिस्थितिक तंत्र दोनों को संकटग्रस्त करता है।

मुख्य रूप से मांस, फर, पशुचर्म, शरीर के अंगों, औषधि आदि व्यावसायिक उद्देश्य के लिए सीमा से अधिक दोहन।

विदेशी प्रजातियों का दुर्घटनावश या जानबूझकर प्रवेश जो परभक्षण या प्रतिस्पर्धा के माध्यम से प्रत्यक्ष रूप से और साथ ही प्राकृतिक पर्यावास को परिवर्तित करें या रोगों का प्रवेश कर स्थानीय वनस्पतियों और जीवों को परोक्ष रूप से संकटग्रस्त कर सकती है।

वनों का उप-शाखाओं में विखण्डन, वन्य जीवों के पर्यावासों को नष्ट कर देता है। इसमें फ्लोरिडा का काला भालू (Florida black bear) एवं रेड-कोकाइड वुडपेकर (red-cockade woodpecker) सम्मिलित हैं। भालू, बनबिलाव और लोमड़ी जैसे कुछ अन्य जीव, वन में परिवर्तन के प्रति अनुकूलित होने में असमर्थ हैं।

विश्व भर में होने वाले युद्धों में महत्वपूर्ण प्राकृतिक आवास और उनसे संबद्ध जैव विविधता में कमी हो जाती है। इसी प्रकार, युद्ध और उसके परिणामों से संबद्ध निर्वनीकरण (वनों की कटाई), पर्यावास विनाश एवं विकृत मानव अपशिष्ट निपटान प्रणालियाँ आदि अपरदन नियंत्रण, जल गुणवत्ता और खाद्य उत्पादन जैसे अन्य महत्वपूर्ण पारिस्थितिक सेवाओं को प्रभावित कर सकती हैं।

नई सड़कों के लिए भूमि अधिग्रहण के कारण पर्यावासों का विनाश होता है यह, अपने पर्यावासों से भोजन की खोज या एक स्थान से दूसरे स्थान की ओर प्रवसन के उद्देश्य से जन्तुओं एवं पक्षियों के मुक्त आवागमन को बाधित करता है।

मोटर वाहनों या रेलगाड़ियों से टकराने से जन्तुओं का घायल होना एवं मर जाना या खड़ी ढलानों वाली नहरों में तैरने पर डूब जाना।

मछलियां भी प्रभावित होती है। जैसे कि साल्मन मछलियाँ प्रायः अप्रत्यक्ष रूप से सड़कों द्वारा प्रभावित होती है। सड़कों के अभेद्य किनारे, जैसे कि कंक्रीट, सड़क से जलधाराओं की ओर जल के प्रवाह को बढ़ाते है, परिणामस्वरूप तलछट निर्मित होता है एवं जल का तापमान एवं प्रदूषण बढ़ जाता है। सड़कों से तीव्र गति से बहकर आने वाला जल सबसे बड़ा खतरा है, क्योंकि साल्मन मछलियाँ इन अनियमित "आकस्मिक-प्रवाहों" के प्रति बहुत संवेदनशील होती है।

सड़कें पर्यावासों को खण्डित भी कर देती है एवं जन्तुओं की विशाल आबादी को छोटी एवं कम जीवाश्म इकाइयों में विभाजित कर देती है। इनके कारण आंतरिक प्रजनन एवं आबादी में अस्थिरता उत्पन्न हो सकती है और इनके परिणामस्वरूप प्रायः प्रजातियों का स्थानीय विलोपन हो जाता है।

प्रजातियों की छोटी आबादी के मामले में, प्राकृतिक आपदाओं (जैसे ज्वालामुखी, चक्रवात और सूखा) या स्थानीय प्रजातीय गतिकी में परिवर्तन (उदाहरण के लिए प्रतिस्पर्धा में वृद्धि) जैसे संकटों के कारण विलुप्ति का जोखिम अधिक होता है।

25. सुपोषण (यूट्रोफिकेशन) के संदर्भ में, निम्नलिखित कथनों पर विचार कीजिए-

1. यह जलनिकाय में पोषक तत्वों की कमी की प्रक्रिया है।
2. इससे जल निकायों से ऑक्सीजन का क्षय होता है।
3. इसके परिणामस्वरूप हानिकारक शैवाल पुष्पन में बढ़ोतरी होती है।

उपर्युक्त कथनों में से कौन-सा/से सही है/हैं?

(a) केवल 1 (b) केवल 1 और 2
(c) केवल 2 और 3 (d) 1, 2 और 3

उत्तर (c) **कथन 1 गलत है।** सुपोषण पोषक तत्वों (मुख्य रूप से फॉस्फेटों) की अत्यधिक आपूर्ति से उत्पन्न होता है। इस अत्यधिक आपूर्ति के कारण वनस्पतियों एवं शैवालों की अधिवृद्धि होती है। इस प्रकार के जीवों के मरने के बाद उनके जैव भार का जीवाणुजनित निम्नीकरण जल में उपस्थित ऑक्सीजन का उपभोग करता है।

कथन 2 सही है। सुपोषण प्राकृतिक एवं मानव निर्मित दोनों प्रकार से होता है। यह घरेलू

वाहितमल, औद्योगिक बहि:स्रावों एवं कृषि क्षेत्रों से या प्राकृतिक रूप से उर्वरकों के विसर्जन के कारण नाइट्रेट और फॉस्फेट जैसे पोषक तत्वों की अनुवृद्धि की अनुक्रिया होती है। यह प्रक्रिया जल निकाय में विलयित ऑक्सीजन की मात्रा को कम कर देती है।

कथन 3 सही है। पोषक तत्व शैवाल के लिए समृद्ध खाद्य पदार्थ के रूप में कार्य करते हैं, परिणामस्वरूप शैवाल प्रस्फुटित होते हैं।

26. पारिस्थितिकी के संदर्भ में, निम्नलिखित में से कौन-सा सही ढंग से एलन के नियम (Allen's rule) का वर्णन करता है?

(a) यह बताता है कि पौधे का विकास और उत्पादकता हमेशा महत्वपूर्ण पोषक तत्वों की उपलब्धता द्वारा सीमित होती है।

(b) यह बताता है कि यदि दो प्रजातियों का पूर्णतया परस्पर व्यापन (ओवरलैपिंग) करने वाला निकेत (niches) है तो वे सहअस्तित्व में नहीं रह सकती हैं।

(c) यह बताता है कि ऊष्मा की हानि कम करने के लिए ठंडी जलवायु के स्तनधारियों के साधारणतया छोटे कान और अंग होते हैं।

(d) उपर्युक्त में से कोई नहीं।

उत्तर (c) एलेन के नियम के कथनानुसार ऊष्मा की हानि को कम करने के लिए ठंडी जलवायु के स्तनधारियों के कान एवं अंग छोटे होते हैं। लीबिग का न्यूनतम सिद्धांत कहता है किसी पादप के विकास की दर, इसका सम्पूर्ण विकसित आकार एवं इसका समग्र स्वास्थ्य इस उपलब्ध आवश्यक पोषक तत्वों में से न्यूनतम मात्रा में उपलब्ध पोषक तत्व की मात्रा पर निर्भर करता है। प्रतिस्पर्धा अपवर्जन का नियम, जिसे कभी-कभी गॉस के प्रतिस्पर्धा बहिष्करण नियम के रूप में जाना जाता है, एक प्रस्ताविकी है जो यह कहती है कि यदि अन्य पारिस्थितिक कारक स्थिर रहें, तो एक संसाधन के लिए प्रतिस्पर्धा करने वाली दो प्रजातियाँ स्थिर जनसंख्या मानों पर एक साथ विद्यमान नहीं रह सकती हैं।

27. जैव-रासायनिक ऑक्सीजन मांग (BOD) के संबंध में निम्नलिखित कथनों पर विचार कीजिए–

1. यह दिए गए जल के नमूने में उपस्थित कार्बनिक पदार्थ को तोड़ने के लिए वायवीस (aerobic) सूक्ष्म जीवों द्वारा आवश्यक ऑक्सीजन की मात्रा है।

2. BOD का उच्च स्तर पानी के प्रदूषण का निम्न स्तर दर्शाता है।

उपर्युक्त कथनों में से कौन-सा/से सही है/हैं?

(a) केवल 1 (b) केवल 2

(c) 1 और 2 दोनों (d) न तो 1 न ही 2

उत्तर (a) **कथन 1 सही है।** BOD विशिष्ट समयवधि में निश्चित तापमान पर दिए गए जल के नमूने में उपस्थित कार्बनिक पदार्थ तोड़ने के लिए बायवीय सूक्ष्म जीवों द्वारा आवश्यक (अर्थात मांगी गई) घुलित ऑक्सीजन की मात्रा है।

कथन 2 गलत है। BOD जितना अधिक होता है, पानी में प्रदूषण का स्तर भी उतना ही अधिक होता है। पानी में BOD की मात्रा प्रदूषण के स्तर का सूचक है। यदि पानी में बहुत अधिक कार्बनिक पदार्थ मिला दिया जाए तो सारी उपलब्ध ऑक्सीजन का उपयोग हो जाएगा। इससे मछलियों और ऑक्सीजन पर निर्भर जलीय जीवों के अन्य रूपों की मृत्यु हो जाएगी।

28. पारिस्थितिकीय पिरामिड के संबंध में निम्नलिखित कथनों पर विचार कीजिए–

1. संख्या और बायोमास का पिरामिड सीधा और उल्टा दोनों हो सकता है।

2. ऊर्जा का पिरामिड हमेशा सीधा होता है।

उपर्युक्त कथनों में से कौन-सा/से सही है/हैं?

(a) केवल 1 (b) केवल 2

(c) 1 और 2 दोनों (d) न तो 1, न ही 2

उत्तर (c) **कथन 1 सही है।** संख्या और बायोमास का पिरामिड सीधा और उल्टा दोनों हो सकता है। उदाहरण के लिए वन और परजीवी खाद्य शृंखला में संख्या का पिरामडि क्रमश: सीधा और उल्टा होता है। वन पारिस्थितिकी तंत्र में बायोमास का पिरामिड सीधा होता है क्योंकि उत्पादकों का बायोमास शाकाहारियों या उपभोक्ताओं से काफी अधिक होता है जोकि आगामी पोषक स्तर (मांसाहारी) के बायोमास को निष्प्रभावी बना देता है। हालांकि तालाब पारिस्थितिकी तंत्र में, बायोमास का पिरामिड उल्टा होता है क्योंकि उत्पादक का बायोमास प्राथमिक और माध्यमिक उपभोक्ता से कम होता है (बड़ी मछली का बायोमास पादप प्लवक या छोटे उत्पादकों की तुलना में अधिक होता है।)

कथन 2 सही है। ऊर्जा का पिरामिड हमेशा सीधा होता है, कभी भी उल्टा नहीं हो सकता है क्योंकि जब ऊर्जा एक विशिष्ट पोषक स्तर से अगले पोषक स्तर पर प्रवाहित होती है, तो कुछ ऊर्जा ऊष्मा के रूप में हर चरण में लुप्त हो जाती है। ऊर्जा पिरामिड में प्रत्येक दण्ड प्रति इकाई क्षेत्र में निश्चित समय में या वार्षिक रूप में प्रत्येक पोषक स्तर पर उपस्थित ऊर्जा की मात्रा को इंगित करता है।

29. निम्नलिखित में से कौन-सा/से अपने वातावरण के साथ तालमेल कायम करने के लिए जीवों द्वारा किए जाने वाले अनुकूलन का/के उदाहरण है/हैं?

1. मिट्टी में बिल बनाने की जीवों की क्षमता।

2. ध्रुवीय क्षेत्रों में पशुओं की खाल के नीचे वसा की मोटी परत।

3. मरूस्थलीय पौधों में पत्तियों का अभाव।

नीचे दिए गए कूट का प्रयोग कर सही उत्तर चुनिए–

(a) केवल 1 और 2 (b) केवल 1

(c) केवल 2 और 3 (d) 1, 2 और 3

उत्तर (d) अनुकूलन सजीव का ऐसा कोई भी गुण है। कायांतरण, शरीरिक, व्यवहार संबंधी) जो सजीव को अपने आवास में जीवित रहने और प्रजनन में सक्षम बनाता है।

कथन 1 सही है। कुछ सजीव अपने वातावरण में होने वाले परिवर्तन का सामना करने के लिए व्यवहार संबंधी अनुक्रियाएं प्रदर्शित करते है। अपने वासस्थल के उच्च तापमान से निपटने के लिए मरूस्थलीय छिपकली में उन शरीरिक क्षमताओं का अभाव होता है जो स्तनधारियों में होते हैं, लेकिन व्यवहारात्मक साधनों से अपने शरीर का तापमान काफी स्थिर रखने में सफल होती है। जब मरूस्थलीय छिपकली के शरीर का तापमान सुविधाजनक स्थिति से नीचे चला जाता है तो वे धूप सेंकती है और ऊष्मा अवशोषित करती है, लेकिन जब परिवेश के तापमान में वृद्धि होने लगती है तो छाया में चली जाती हैं। कुछ प्रजातियां भूमि से ऊपर की गर्मी से छिपने और बचने के लिए मिट्टी में बिल खोदने में सक्षम होती हैं।

कथन 2 सही है। ठंडी जलवायु में स्तनधारियों में साधारणतया ऊष्मा की हानि कम करने के लिएं छोटे कान और अंग होते हैं। (इसे एलन का सिद्धांत कहा जाता है।) ध्रुवीय समुद्रों में सील जैसे जलीय स्तनधारियों में उनकी त्वचा के नीचे वसा (ब्लबर) की मोटी परत होती है जो ऊष्मारोधी के रूप में कार्य करती है और शरीर की ऊष्मा की हानि कम करती है।

कथन 3 सही है। वाष्पन के माध्यम से पानी की हानि कम करने के लिए कई मरूस्थलीय पौधों में उनकी पत्ती की सतह पर मोटा उपचर्म होता है और उनके रंध्र गहरे गड्ढों में व्यवस्थित

होते हैं। इनका एक विशेष प्रकाशसंश्लेषक माग (CAM) होता है जो दिन के दौरान उनका रंध्र बंद बना रहना संभव बनाता है। ओपुन्टिया (Opuntia) जैसे कुछ मरूस्थली पौधों में कोई पत्ती नहीं होती है, वे कांटों में बदल जाते हैं और प्रकाशसंश्लेषक का कार्य चपटे तनों द्वारा संभाल लिया जाता है।

30. 'अपघटन' के संदर्भ में निम्नलिखित में से कौन-सा/से कथन सही है/हैं?

1. ह्यूमस सूक्ष्मजीव (माइक्रोबियल) क्रिया के प्रति अतिसंवेदनशील होती है और यह तीव्र दर से अपघटन की प्रक्रिया से गुजरती है।

2. यदि अपरद (detritus) नाइट्रोजन में समृद्ध होती है तो अपघटन धीमा होता है।

3. कम तापमान और अवायुवीयकरण (ऐनएयराबोसिस) अपघटन को अवरूद्ध करता है।

नीचे दिए गए कूट का प्रयोग कर सही उत्तर चुनिए–

(a) केवल 3

(b) केवल 2 और 3

(c) केवल 1 और 2

(d) 1, 2 और 3

उत्तर (a) कथन 1 गलत है, क्योंकि ह्यूमस सूक्ष्मजीव (माइक्रोबियल) क्रिया के प्रति अत्यधिक प्रतिरोधी होती है और बहुत ही धीमी दर से अपघटन की प्रक्रिया से गुजरती है।

कथन 2 गलत है, क्योंकि यदि अपरद नाइट्रोजन से समृद्ध होता है तो अपघटन तेजी से होता है।

कथन 3 सही हैं, क्योंकि कम तापमान और अवायुवीयकरण (ऐनएयरोबायोसिस) अपघटन अवरूद्ध करता है अपघटक सूक्ष्म, जीवों की वृद्धि को धीमा करने के लिए, जल्दी खराब होने वाले उत्पादों का संरक्षण करने के लिए शीत भंडारण किया जाता है।

31. जैवआवर्धन की प्रक्रिया के लिए उपयुक्त रसायन की क्या विशेषता होनी चाहिए–

1. अल्पकालिक

2. गतिशील और जैविक रूप से सक्रिय

3. पानी में घुलनशील

नीचे दिए गए कूट का प्रयोग कर सही उत्तर चुनिए–

(a) केवल 1 और 2

(b) केवल 2

(c) केवल 3

(d) 1, 2 और 3

उत्तर (b) जैवआवर्धन की प्रक्रिया संभव हो सके, इसके लिए प्रदूषक को होना चाहिए:

- दीर्घकालिक
- गतिशील
- वसा में घुलनशील
- जैविक रूप से सक्रिय

यदि प्रदूषक अल्पकारिक है, तो खतरनाक होने से पहले वह विघटित हो जाएगा। यदि यह गतिशील नहीं है, तो एक ही स्थान पर बना रहेगा और सजीवों द्वारा ग्रहण किए जाने की संभावना नहीं होगी। यदि प्रदूषक पानी में घुलनशील है तो यह सजीव द्वारा उत्सर्जित कर दिया जाएगा। हालांकि, ऐसे प्रदूषक जो वसा में घुल जाते हैं लंबे समय तक बने रह सकते हैं। मछलियों जैसे सजीवों के वसा ऊतकों में प्रदूषकों की मात्रा का मान पारंपरिक है। स्तनधारियों में हम प्रायः मादा द्वारा उत्पादित दूध का परीक्षण करते हैं क्योंकि दूध में ढेर सारी वसा होती है और बहुत छोटे बच्चे विषाक्त पदार्थों (विष) से होने वाली क्षति के प्रति अतिसंवेदनशील होते हैं।

32. निम्नलिखित में से कौन-सा/से सहजीविता के उदाहरण हैं?

1. शैवाल और लाइकेन

2. राइजोबियम जीवाणु और पौधे

3. प्रवाल पॉलिप्स और जूजैन्थेले

4. जोंक और मवेशी

नीचे दिए गए कूट का प्रयोग कर सही उत्तर चुनिए–

(a) केवल 1 और 3

(b) केवल 2 और 4

(c) केवल 1, 2 और 3

(d) 1, 2, 3 और 4

उत्तर (c) मवेशियों पर पोषण प्राप्त करने वाली जोंकि परजीविता का उदाहरण हैं, यह दो भिन्न प्रकार की प्रजातियों के बीच ऐसा संबंध है जिसमें परजीवी लाभान्वित होता है एवं आतिथेय (मेज़बान) को हानि होती है। अन्य सभी सहजीविता के उदाहरण हैं। जिनमें दोनों जीवों को लाभ होता है।

शैवाल भोजन प्रदान करती है एवं लाइकेन से जल एवं सुरक्षा चाहती है।

राइजोबियम जीवाणु, पादपों से कार्बोहाइड्रेट प्राप्त करता है एवं बदले में जीवाणु द्वारा इसमें नाइट्रोजन का स्थिरीकरण किया जाता है।

प्रवाल के पॉलिप संरक्षण करते हैं एवं कच्चे माल की आपूर्ति करते हैं एवं Zooxznthellae आतिथेय (मेज़बान) को भोजन प्रदान करते हैं।

33. समुद्री पारिस्थितिकी तंत्र के संबंध में निम्नलिखित कथनों पर विचार कीजिए–

1. समुद्री जल, जल की लवणता के आधार पर प्रकाशित और अप्रकाशित मण्डलों में विभाजित हैं।

2. हरे पादप केवल प्रकाशित मण्डलों में पाए जाते हैं।

3. अप्रकशित मण्डल पूर्णतया जीवनरहित है।

उपर्युक्त कथनों में से कौन-सा/से सही है/हैं?

(a) केवल 1 (b) केवल 2

(c) केवल 2 और 3 (d) केवल 1 और 2

उत्तर (b) **कथन 1 गलत है।** समुद्री जल सूर्य के प्रकाश की उपलब्धता के आधार पर प्रकाशित एवं अप्रकाशित मण्डलों में विभाजित होते हैं। प्रकाशित मण्डल महासागर की सतही परत होता है जो सूर्य के प्रकाश को ग्रहण करता है। सबसे ऊपरी 80 मीटर (260 फीट) या उससे अधिक का महासागरीय क्षेत्र जो पादप प्लवकों एवं पादपों द्वारा प्रकाश संश्लेषण की अनुमति प्रदान करने के लिए पर्याप्त प्रकाशित होता है उसे सुप्रकाशी क्षेत्र कहा जाता है। प्रकाश संश्लेषण के लिए अपर्याप्त सूर्य का प्रकाश मंदप्रकाशी क्षेत्र को प्रकाशित करता है, यह मंदप्रकाशी क्षेत्र के आधार से लगभग 200 मीटर तक विस्तारित रहता है। प्रकाशित एवं सुप्रकाशी क्षेत्रों की मोटाई, सूर्य के प्रकाश की तीव्रता के साथ ऋतु और अक्षांश के अनुरूप एवं जल के गंदलेपन की कौटि के अनुसार परिवर्तित होती है। सूर्य के प्रकाश की उपस्थिति वनस्पतियों और जन्तुओं के विकास को बढ़ावा देती है। हरे पौधे केवल प्रकाशित मण्डलों में पाए जाते हैं क्योंकि उन्हें प्रकाशसंलेषण के लिए सूर्य के प्रकाश की आवश्यकता होती है। **इसलिए कथन 2 सही है।**

कथन 3 गलत है। यद्यपि सबसे नीचे का या अप्रकाशित मण्डल के नीचे स्थित सदा अंधकारपूर्ण रहने वाला स्थान है एवं यह अधिकांश समुद्री जल को समाविष्ट करता है, तथापि इसमें गैर-प्रकाश संश्लेषण पौधे, जीवाणु और कवक पाए जाते हैं।

34. प्रतिकूल वातवरण के प्रति सजीवों की अनुक्रियाओं के संबंध में निम्नलिखित कथनों पर विचार कीजिए–

1. शीतनिष्क्रियता और ग्रीष्मकालीन शिथिलता कठिनाई भरे वासस्थल से अधिक अनुकूल क्षेत्रों में सजीवों के अस्थायी गमन को संदर्भित करती है।

2. उपरति (डायापॉज) प्रतिकूल पर्यावरणीय परिस्थितियों के कारण होने वाली जीव निष्क्रियता है जिसमें वृद्धि या विकास निलंबित रहता है।

उपर्युक्त कथनों में से कौन-सा/से सही है/हैं?

(a) केवल 1 (b) केवल 2

(c) 1 और 2 दोनों (d) न तो 1, न ही 2

उत्तर (b) शीत-निष्क्रियता (Hibernation), ग्रीष्मकालीन-शिथिलता (aestivation) एवं उपरति (diapause) पर्यावरण के अजैव घटकों के प्रति जीवों की निलंबित अनुक्रियाओं के प्रकार हैं।

कथन 1 सही नहीं है। शीत-निष्क्रियता, ग्रीष्मकालीन-शिथिलता प्राणियों द्वारा एक स्थान से दूसरे स्थान की ओर गमन से संबंधित नहीं है, बल्कि वे कुछ समयावधि के लिए बचाव करने के उपाय हैं। भालू, शीतऋतु के दौरान शीत-निष्क्रियता में चले जाते हैं जबकि कुछ घोंघे और मछलियाँ गर्मी से संबंधित ताप इत्यादि समस्याओं से बचने के लिए ग्रीष्मकालीन-शिथिलता में चले जाते हैं। यह प्राणियों के प्रवसन के प्रकार नहीं हैं।

कथन 2 सही है। प्रतिकूल पर्यावरणीय परिस्थितियाँ में कीटों एवं अनेक जन्तु-प्लवकों जैसे कुछ जीव उपरति की अवस्था में प्रवेश कर जाते हैं। इस अवस्था में इन जीवों की शारीरिक गतिविधि कम हो जाती है एवं वृद्धि भी निलंबित हो जाती है।

35. निम्नलिखित में से कौन-सा/से कथन अलवणजलीय (फ्रेश वॉटर) पारिस्थितिक तंत्र के संबंध में सही है/हैं?

1. लोटिक (lotic) पारिस्थितिकी तंत्र स्थिर तल पारिस्थितिकी तंत्र है जबकि लेंटिक (lentic) पारिस्थितिकी तंत्र प्रवाही जल पारिस्थितिकी तंत्र है।
2. थर्मोक्लाइन एक जलीय पारिस्थितिकी तंत्र है जो स्थिर तापमान का क्षेत्र है।

नीचे दिए गए कूट का प्रयोग कर सही उत्तर चुनिए–

(a) केवल 1 (b) केवल 2

(c) 1 और 2 दोनों (d) न तो 1, न ही 2

उत्तर (d) अलवणजलीय पारिस्थितिक तंत्र को दो भागों में विभाजित किया जा सकता है :

1. अप्रवाही जल या स्थिरजलीय (lentic) (lenis का अर्थ शान्त है) पारिस्थितिक तंत्र जैसे झील, तालाब, दलदल या अनूप। इन्हें तालाब पारिस्थितिक तंत्रों के रूप में जाना जाता है।

2. प्रवाही जल या सरित्जलीय (lotic) पारिस्थितिक तंत्र नदी या झरने का होता है। **इसलिए कथन 1 गलत है।**

कथन 2 गलत है। थर्मोक्लाइन जलीय पारिस्थितिक तंत्र का क्षेत्र है जिसमें जल का तापमान तेजी से परिवर्तित होता है।

36. निम्नलिखित कथनों पर विचार कीजिए–

1. किसी क्षेत्र में वर्षा के द्वारा प्राप्त जल की कुल मात्रा को वर्षा जल संचयन क्षमता कहा जाता है।
2. कुल प्राप्त जल में से, जल की वह मात्रा जिसका प्रभावी ढंग से संचयन किया जा सकता है, रेनवाटर एन्डाउमेन्ट (rainwater endowment) कहलाता है।

उपर्युक्त कथनों मे से कौन-सा/से सही है/हैं?

(a) केवल 1 (b) केवल 2

(c) 1 और 2 दोनों (d) न तो 1 न ही 2

उत्तर (d) **दोनों कथन गलत हैं।** परिभाषाएँ अंतरपरिवर्तित हैं। वर्षा जल संचयन की क्षमता किसी क्षेत्र में होने वाली वर्षा से प्राप्त कुल जल में से प्रभावी रूप से संचित की जा सकने वाली जल की मात्रा है। जबकि वर्षा जल संग्रहण (endowment) किसी क्षेत्र में वर्षा के रूप में प्राप्त जल की कुल मात्रा है।

37. कीस्टोन प्रजातियों के संदर्भ में, निम्नलिखित कथनों पर विचार कीजिए–

1. कीस्टोन प्रजातियां अपनी कम संख्या के सापेक्ष पर्यावरण पर अधिक बड़ा प्रभाव प्रदर्शित करती है।
2. उष्णकटिबंधीय वर्षावन में अंजीर कीस्टोन प्रजाति है क्योंकि यह बड़ी मात्रा में फलों का उत्पादन करती है।

नीचे दिए गए कूट का प्रयोग कर सही उत्तर चुनिए–

(a) केवल 1 (b) केवल 2

(c) 1 और 2 दोनों (d) न तो 1, न ही 2

उत्तर (c) अपनी कम संख्या एवं निम्न बायोमास की तुलना में सामुदायिक अभिलक्षणों पर अधिक प्रभाव प्रदर्शित करने वाली प्रजातियों को कीस्टोन प्रजातियाँ कहा जाता है। ये प्रजातियाँ अन्य प्रजातियों की सापेक्षिक बहुलता को नियंत्रित करने में महत्वपूर्ण भूमिका निभाती है। कीस्टोन प्रजातियों का निष्कासन समुदाय की कार्यशीलता में गंभीर व्यवधान उत्पन्न करता है। उदाहरण के लिए उष्णकटिबंधीय वर्षावनों में अंजीर की विभिन्न प्रजातियाँ कीस्टोन प्रजातियां हैं क्योंकि ये बड़ी मात्रा में फलों का उत्पादन करती हैं। भोजन के अभाव में ये फल बंदर, पक्षियों, चमगादड़ एवं अन्य कशेरुकी जीवों द्वारा खाए जाते हैं। इस प्रकार, अंजीर के वृक्षों के संरक्षण द्वारा उन पर निर्भर प्राणियों का भी संरक्षण हो जाता है।

38. खाद्य शृंखला के संबंध में निम्नलिखित कथनों पर विचार कीजिए–

1. एक जलीय पारिस्थितिक तंत्र में, चराई (grazing) खाद्य शृंखला में अपरद (detritus) खाद्य शृंखला की तुलना में अधिक ऊर्जा प्रवाहित होती है।
2. स्थलीय पारिस्थितिक तंत्र में ऊर्जा का एक बड़ा भाग चराई (grazing) खाद्य शृंखला की तुलना में अपरद (detritus) खाद्य शृंखला से होकर प्रवाहित होता है।
3. विभिन्न पोषण स्तरों के मध्य ऊर्जा प्रवाह में 10% ऊर्जा की हानि होती है।

उपर्युक्त कथनों में से कौन-सा/से सही है/हैं?

(a) केवल 1 और 2 (b) केवल 3

(c) केवल 2 और 3 (d) 1, 2 और 3

उत्तर (a) **कथन 1 सही है।** चराई खाद्य शृंखला प्रथम पोषण स्तर पर विद्यमान उत्पादकों से आरंभ होती है। इसके बाद पादप बायोमास का शाकाहारियों द्वारा उपभोग किया जाता है, बदले में जिनका विभिन्न प्रकार के मांसाहारियों द्वारा उपभोग किया जाता है। जलीय पारिस्थितिकी तंत्र में, चराई खाद्य शृंखला ऊर्जा प्रवाह की प्रमुख वाहक है।

कथन 2 सही है। अपरद खाद्य शृंखला जन्तुओं के मृत शरीर या गिरी हुई पत्तियों जैसे अपरद से प्रारंभ होती है, जिन्हें तब अपघटकों या मृतजीवियों द्वारा सरल, अकार्बनिक पदार्थों में अपघटित कर दिया जाता है। स्थलीय पारिस्थितिकी तंत्र में अपरद खाद्य शृंखला ऊर्जा प्रवाह की प्रमुख वाहक है। चराई जाल (grazing web) के विपरीत, सभी उपमृदा जीव अपरद खाद्य शृंखला में सम्मिलित होते हैं।

कथन 3 गलत है क्योंकि 90% ऊर्जा विभिन्न पोषण स्तरों के मध्य ऊर्जा प्रवाह में लुप्त हो जाती है केवल 10% ही अगले पोषण स्तर तक स्थानांतरित होती है।

39. प्रजातीय विविधता किसी दिए गए पारिस्थितिक तंत्र की स्थिरता को बढ़ाती है, क्योंकि:

(a) पारिस्थितिक तंत्र की सूक्ष्म-जलवायु अधिक अनुकूल एवं स्थानीयकृत हो जाती है।

(b) यह प्रजाति के पारिस्थितिक निकेत (niche) को संकीर्ण करती है।

(c) यह खाद्य जाल में ऊर्जा प्रवाह के वैकल्पिक चैनल प्रदान करती है।

(d) प्रजाति विविधिता माध्य नेट प्राथमिक उत्पादक को कम करती है।

उत्तर (c) प्रजातिगत विविधता किसी स्थान में निवास करने वाली विभिन्न प्रजातियों की संख्या और अधिकता के रूप में परिभाषित की जाती है। प्रजातिगत विविधता से खाद्य जाल श्रृंखला की संख्या में वृद्धि होती है।

प्रजातिगत विविधता के कारण पारिस्थितिकी तंत्र में स्थिरता के विभिन्न कारण हो सकते हैं:

खाद्य जाल की वर्द्धित विविधता से बर्हिजातीय सजीवों के बाहरी हमलों से तंत्र का लचीलापन बढ़ता है और एक निश्चित पारिस्थितिकी तंत्र के भीतर आबादी में उतार-चढ़ाव कम होता है।

बड़ी संख्या में इंटरैक्टिव पोषण श्रृंखला ऊर्जा प्रवाह के लिए वैकल्पिक चैनल प्रदान करते हैं और इस प्रकार पारिस्थितिकी तंत्र के भीतर पर्यावरणीय परिवर्तनों और तनावों के प्रति आबादी की विस्तृत समायोजन उत्पन्न होता है।

एक अन्य कारण प्राकृतिक पारिस्थितिकी तंत्र की अधिक स्थिरता है क्योंकि जब समुदायिक अनुक्रम संचालित होता है तो बाह्य वातावरण परिवर्तन के विरूद्ध समुदाय के सदस्यों को अधिक सुरक्षा उपलब्ध होने के कारण होमियोस्ट्रेटिस बढ़ जाता है।

40. निम्नलिखित में से किसे/किन्हें स्वपोषी माना जाता है?

1. हरे पौधे

2. नील-हरित शैवाल

3. मानव

4. मवेशी

नीचे दिए गए कूट का प्रयोग कर सही उत्तर चुनिए–

(a) केवल 1

(b) केवल 1 और 2

(c) केवल 2, 3 और 4

(d) 1, 2 और 4

उत्तर (b) ऐसे जीव या पौधे जो अपना भोजन स्वयं बनाते हैं, एवं किसी के ऊपर निर्भर न रहकर एवं बिना किसी को हानि पहुँचाए, अपना भरण-पोषण करते हैं, उन्हें स्वपोषी कहा जाता है। उदाहरण–हरे पेड़-पौधे, नील हरित शैवाल इत्यादि।

41. निम्नलिखित में से जैविक समुदाय में सकारात्मक अंतरक्रिया का/के प्रकार कौन-सा/से हैं?

1. उपनिवेशन (कोलोनाइजेशन)

2. प्रतिस्पर्धा

3. प्रोटो को-आपरेशन (Proto co-operation)

नीचे दिए गए कूट का प्रयोग कर सही उत्तर चुनिए–

(a) केवल 1 और 2 (b) केवल 2 और 3

(c) केवल 3 (d) केवल 1 और 3

उत्तर (d) सकारात्मक अन्त:क्रिया दोनों पक्षों के लिए लाभदायक होती है एवं किसी भी प्रजाति के लिए हानिकारक नहीं होती हैं। उदाहरण :

उपनिवेशन (कोलोनाइजेशन) में, जानवर पारस्परिक आश्रयता और सहउपकारिता का प्रदर्शन करते हैं क्योंकि वे दुश्मनों और प्रतिकूल परिस्थितियों में एक-दूसरे की रक्षा करते हैं और भोजन संग्रह के लिए सामूहिक प्रयास में सम्मिलित होते हैं, आदि।

प्रोटो को-ऑपरेशन (proto co-operation) वह अन्योन्य क्रिया है जिनमें दो प्रजातियों के बीच संपर्क अल्प अवधि के लिए होता है और उनका जुड़ाव दोनों प्रजातियों के लिए लाभदायक होता है।

जैविक समुदायों में प्रतिस्पर्धा को नकारात्मक अन्त:क्रिया माना जाता है जिसमें एक प्रजाति पर दूसरे प्रजातियों की उपस्थिति का प्रतिकूल प्रभाव भोजन, आश्रय, स्थान, प्रकाश इत्यादि के सम्बन्ध में पड़ता है।

42. निम्नलिखित में से कौन-सा/से चक्र अवसादी पोषक तत्व चक्र हैं?

1. नाइट्रोजन चक्र

2. फास्फोरस चक्र

3. सल्फर चक्र

नीचे दिए गए कूट का प्रयोग कर सही उत्तर चुनिए–

(a) केवल 1 और 2 (b) केवल 2 और 3

(c) केवल 3 (d) 1, 2 और 3

उत्तर (b) एक पारिस्थितिकी तंत्र के विभिन्न घटकों के माध्यम से पोषक तत्वों के प्रवाहों को पोषक तत्वों का चक्रण कहते हैं। पोषक तत्व चक्र दो प्रकार के होते हैं। (a) गैसीय और (b) अवसादी। गैसीय प्रकार के पोषक तत्व चक्र का स्रोत वायुमंडल में उपस्थित होता है और अवसादी चक्र का स्रोत भूपटल में स्थित होता है। नाइट्रोजन चक्र, एक गैसीय पोषक तत्व चक्र है। फॉस्फोरस और सल्फर चक्र अवसादी पोषक तत्व चक्र है।

43. निम्नलिखित में से एक कृषि पारितंत्र में खाद्य श्रृंखला का सही क्रम क्या है?

(a) सरसों की फसल-एफिड-झींगुर-पक्षी

(b) सरसों की फसल-झींगुर-एफिड-पक्षी

(c) सरसों की फसल-एफिड-पक्षी-झींगुर

(d) सरसों की फसल-झींगुर-पक्षी-एफिड

उत्तर (a) दिए गए कृषि पारिस्थितिकी तंत्र में खाद्य श्रृंखला का सही क्रम है: फसल-एफिड-झींगुर-पक्षी।

एफिड, जिसे पादप जूं (पौधों का रस चूसने वाले छोटे कीड़े) भी कहा जाता है, सरसों के फसल पर निर्भर होता है एफिड को झींगुर और झींगुर को छोटे पक्षी खाते हैं।

44. निम्नलिखित में से किस पारिस्थितिक तंत्र द्वारा अन्य की तुलना में ग्लोबल वार्मिंग के प्रभाव का सामना करने की संभावना अधिक है?

(a) मानसून वन

(b) घासस्थल

(c) टुण्ड्रा वन

(d) मरुस्थलीय पारिस्थितिक तंत्र

उत्तर (c) ग्लोबल वार्मिंग (भूमंडलीय तापन) द्वारा जिन पारिस्थितिक तंत्र के प्रभावित होने की सबसे अधिक सम्भावना हैं, उनमें उच्चतर अक्षांशों पर स्थित टुंड्रा वन है। ध्रुवीय क्षेत्रों में अन्य स्थानों की तुलना में अधिक गर्मी का प्रभाव होगा। उच्च अल्पाइन क्षेत्रों में रहने वाली प्रजातियाँ अनुकूल निवास स्थान की तलाश में अधिक ऊंचे स्थान में जाने को मजबूर हो जाएगी जिससे उनके आवास स्थल कम होते जाएंगे। यदि जलवायु परिवर्तन की दर ऐसे ही तीव्र होती गई, तो कुछ पर्वतीय पेड़-पौधों और जीवों का विलुप्त होना निश्चित है।

45. पारिस्थितिक अनुक्रमण के संदर्भ में, क्रमक अवस्था (Seral Stage) शब्द का संदर्भ किससे हैं?

(a) पारिस्थितिक अनुक्रमण में मध्यवर्ती अवस्था।

(b) पारिस्थितिक अनुक्रमण में अंतिम अवस्था जो पर्यावरण के साथ लगभग संतुलन में होती है।

(c) किसी क्षेत्र में प्राथमिक अनुक्रमण की प्रथम अवस्था

(d) ऐसे क्षेत्रों में द्वितीयक अनुक्रमण की प्रथम अवस्था जहां प्राकृतिक जैविक समुदायों को नष्ट कर दिया गया है।

उत्तर (a) एक क्रमक समुदाय (या sere) एक मध्यवर्ती अवस्था है जो एक पारिस्थितिक तंत्र के पारिस्थितिक अनुक्रमण में चरम समदाय की ओर अग्रसर होती है पारिस्थितिक अनुक्रमण में वातावरण के साथ नजदीकी संतुलन में रहने वाले अंतिम समुदाय को चरम समुदाय (climax community) कहा जाता है।

46. पारिस्थितिक पिरामिडों के संबंध में निम्नलिखित कथनों पर विचार कीजिए–

1. मृतजीवियों को पारिस्थितिक पिरामिडों में कोई स्थान नहीं दिया गया है।

2. एक पारिस्थितिक पिरामिड में खाद्य शृंखला और खाद्य जाल दोनों को निरूपित किया जा सकता है।

उपर्युक्त कथनों में से कौन-सा/से सही है/हैं?

(a) केवल 1 (b) केवल 2

(c) 1 और 2 दोनों (d) न तो 1, न ही 2

उत्तर (a) **कथन 1 सही है।** मृतजीवियों (सैप्रोफाइट्स) को पारिस्थितिकी तंत्र में एक अतिमहत्वपूर्ण भूमिका निभाने के बावजूद पारिस्थितिक पिरामिड में कोई स्थान नहीं दिया गया है।

कथन 2 गलत है। पारिस्थितिक पिरामिड में खाद्य जाल के लिए कोई स्थान नहीं है। इसके तहत दो या दो से अधिक पोषण स्तरों से सम्बन्ध रखने वाली एक ही प्रजातियों को ध्यान में नहीं रखा जाता है। यह एक सरल खाद्य शृंखला को ग्रहण करता है, कुछ ऐसा जिसका, प्रकृति में शायद कभी अस्तित्व ही नहीं रहा है।

47. एक या अधिक पर्यावरणीय प्रवणताओं में क्रमिक परिवर्तन के साथ समुदायों द्वारा प्रदर्शित कुछ विशेषताओं में क्रमिक परिवर्तन को निम्नलिखित में से किसके द्वारा परिभाषित किया जाता है?

(a) इकोटोन (संक्रमिका)

(b) इकोटाइप (पारिस्थितिक प्रारूप)

(c) इकोक्लाइन (पारस्थितिक प्रवणता)

(d) इकोलॉजिकल निच (पारिस्थितिक निकेत)

उत्तर (c) इकोक्लाइन (पारिस्थितिक प्रवणता) एक पारिस्थितिक तंत्र से अन्य पारिस्थितिक तंत्र में क्रमिक स्थापना की स्थिति जब दोनों के बीच कोई स्पष्ट सीमा नहीं हो। यह संबद्ध समुदाय (कोइनोक्लाइन) और जटिल पर्यावरणीय प्रवणता की संयुक्त अभिव्यक्ति हैं।

इकोटोन : एक इकोटोन दो बायोम के बीच का संक्रमण क्षेत्र है। यही वह स्थान है जहाँ दो समुदाय मिलते और एकीकृत होते हैं। यह संकीर्ण या व्यापक हो सकता है, और यह स्थनीय (एक खेत और जंगल के बीच का क्षेत्र) या क्षेत्रीय (जंगल और चारागाह पारिस्थितिक तंत्रों के बीच संक्रमण) हो सकता है।

इकोटाइप : विकासवादी पारिस्थितिकी में, एक इकोटाइप, जिसे कभी-कभी इकोस्पीशीज भी कहा जाता है, एक प्रजाति की आनुवाशिक रूप से विशिष्ट भौगोलिक प्रजाति, जनसंख्या या नस्ल का निरूपण करता है, ये विशिष्ट पर्यावरणीय परिस्थिति के अनुरूप अनुकूलित होते हैं। ये सामान्यतया रूपात्मक अंतर (morphological differences) को दर्शाते हैं।

एक जंतु विशेष का प्राकृतिक वातावरण या समुदाय में भूमिका और स्थान पारिस्थितिकी निकेत (niche) है वह कैसे भोजन और आश्रय संबंधी आवश्यकताओं को पूरा करता है, कैसे जीवित रहता है, और कैसे प्रजनन करता है इत्यादि से जुड़ा है। एक प्रजाति के पारिस्थितिकी निकेत में जैविक और अजैविक कारकों के साथ उसकी सभी अन्योन्यक्रियाएँ सम्मिलित होती है। किन्हीं दो जातियों का निकेत एकसमान नहीं हो सकता है।

48. प्रजाति विविधता में समृद्ध समुदायों को स्थित समुदाय माना जाता है। निम्नलिखित में से स्थिर समुदायों का/के अभिलक्षण कौन-सा/से है/हैं?

1. वर्ष दर वर्ष उत्पादकता में उच्च भिन्नता।

2. आकस्मिक मानवीय व्यवधानों के प्रति प्रतिरोध।

3. विदेशी प्रजातियों द्वारा आक्रमण के प्रति प्रतिरोध।

नीचे दिए गए कूट का प्रयोग कर सही उत्तर चुनिए–

(a) केवल 1 और 2 (b) केवल 2 और 3

(c) केवल 3 (d) 1, 2 और 3

उत्तर (b) **केवल 2 और 3 सही है।** एक स्थिर समुदाय में वर्ष प्रति वर्ष उत्पादकता में बहुत अधिक बदलाव नहीं होना चाहिए, इसे आकस्मिक अवरोध (प्राकृतिक या मानव-निर्मित) के प्रति या तो प्रतिरोधी या लचीला होना चाहिए, एवं इसे बाहरी प्रजातियों के हमलों के प्रति भी प्रतिरोधी होना चाहिए।

49. पारिस्थितिकी के संदर्भ में, 'स्टैंडिंग स्टेट (Standing State)' शब्द किसको संदर्भित करता है?

(a) किसी निश्चित समय के दौरान मृदा में उपस्थित अजैविक पोषक तत्वों की मात्रा को।

(b) बीज को अंकुरित होने में लगने वाले समय को।

(c) किसी क्षेत्र में किसी प्रजाति की आबादी को।

(d) अपने प्राकृतिक पर्यावास में किसी जीव के औसत जीवन-काल को।

उत्तर (a) सजीवों को वृद्धि करने, प्रजनन करने और शरीर के विभिन्न कार्यों को विनियमित करने के लिए पोषक तत्वों की निरंतर आपूर्ति की आवश्यकता होती है। किसी निश्चित समय के दौरान मृदा में विद्यमान कार्बन, नाइट्रोजन, फास्फोरस, कैल्शियम इत्यादि अजैविक पोषक तत्वों की मात्रा को 'स्टैंडिंग स्टेट' कहा जाता है। यह विभिन्न प्रकार की पारिस्थितिक प्रणालियों में और मौसमी आधार पर, भिन्न-भिन्न होती है।

50. निम्नलिखित में से कौन-सा कथन 'इकोटाइप (Ecotype)' शब्द की सर्वोत्तम व्याख्या करता है?

(a) यह कृत्रिम पारिस्थितिक तंत्र का एक प्रकार है। जो किसी प्रजाति को विकास करने एवं जीवित रहने के लिए विकल्प प्रदान करता है।

(b) यह दो जीवोमों के मध्य का संक्रमण क्षेत्र है जहाँ समुदाय अन्योन्यक्रिया करते हैं।

(c) यह किसी प्रजाति के अंतर्गत आनुवंशिक रूप से एक भिन्न किस्म होती है, जो किन्हीं विशिष्ट पर्यावरणीय स्थितियों के लिए अनुकूलित होती है।

(d) यह पारिस्थितिक तंत्र का एक प्रकार है जिसमें जैविक और अजैविक अवयवों के बीच अंतर्निहित संतुलन बनाए रखा जाता है।

उत्तर (c) इकोटाइप : विकासवादी पारिस्थितिकी में, इकोटाइप, जिसे कभी-कभी पारिस्थितिक प्रजाति भी कहा जाता है, प्रजाति के भीतर आनुवंशिक रूप से विशिष्ट भौगोलिक किस्म, आबादी या जाति का वर्णन करता है जो विशिष्ट पर्यावरणीय पारिस्थितियों के प्रति आनुवंशिक रूप से अनुकूलित होती है। ये सामान्यत: शरीरिकी अथवा आकारिकी सम्बन्धी (morphological) भेद प्रदर्शित करती हैं।

इकोटोन : इकोटोन दो जीवोमों के मध्य एक संक्रमण क्षेत्र है। यह वह स्थान है जहाँ दो समुदाय मिलते एवं एकीकृत होते हैं। यह संकीर्ण या चौड़ा हो सकता है। साथ ही यह स्थानीय (खेत और वन के बीच क्षेत्र) अथवा क्षेत्रीय (वन और घासभूमि पारिस्थितिक तंत्र के बीच संक्रमण क्षेत्र) भी हो सकता है।

51. 'ये ऐसी प्रजातियाँ हैं जिनका अपने परिमाण की तुलना में अपने पर्यावरण पर अत्यधिक व्यापक प्रभाव होता है। ये प्रजातियाँ अन्य विभिन्न प्रजतियों के द्वारा समुदाय में अपना अस्तित्व बनाए रखने की क्षमता निर्धारित करने हेतु महत्वपूर्ण होती है।'

उपर्युक्त अनुच्छेद निम्नलिखित में से किस प्रकार की प्रजातियों का वर्णन करता है?

(a) संकटग्रस्त प्रजातियों का

(b) सूचक प्रजातियों का

(c) कीस्टोन प्रजातियों का

(d) फ्लैगशिप प्रजातियों का

उत्तर (c) कीस्टोन प्रजातियाँ वे प्रजातियाँ होती हैं जो पारिस्थितिकीय समुदाय की संरचना बनाए रखने में महत्वपूर्ण भूमिका निभाती हैं और समुदाय पर उनका प्रभाव, उनकी सापेक्षिक प्रचुरता या कुल जैवभार के परिमाण की तुलना में कही अधिक व्यापक होता है। हालांकि, सामान्यत: परभक्षी प्रजातियाँ कीस्टोन प्रजातियाँ होती हैं, लेकिन ऐसा नहीं है कि केवल वे ही इस प्रकार की भूमिका निभा सकती हैं। शाकाहारी प्रजातियाँ भी कीस्टोन प्रजातियाँ हो सकती हैं।

52. निम्नलिखित में से कौन-सा/से पारिस्थितिक कारक प्रवाल विरंजन के लिए उत्तरदायी है/हैं?

1. **उच्च सौर विकिरण के प्रति अति अनावरण (Overexposure)**
2. **अत्यधिक निम्न ज्वार**
3. **महासागरीय तापमान में वृद्धि**

नीचे दिए गए कूट का प्रयोग कर सही उत्तर चुनिए–

(a) केवल 1 और 2 (b) 1, 2 और 3

(c) केवल 2 और 3 (d) केवल 1 और 3

उत्तर (b) गर्म जल प्रवाल विरंजन कर सकता है। अधिक गर्म जल में प्रवाल अपने ऊतकों में रहने वाले शैवाल (जूजैन्थेले) निष्कासित कर देते हैं जिससे प्रवाल पूरी तरह से सफेद हो जाते हैं। इसे प्रवाल विरंजन कहा जाता है। प्रवाल विरंजित होने पर मरते नहीं हैं। वे प्रवाल विरंजन के बाद भी बचे रह सकते हैं परन्तु वे अत्यधिक दबाव में आ जाते हैं एवं प्राय: मृत हो जाते हैं।

सूर्य के प्रकाश से अधिक संपर्क : जब तापमान अधिक होता है तो उच्च सौर विकिरण के कारण उथले जल में स्थित प्रवालों का विरंजन हो जाता है।

अत्यधिक निम्न ज्वार के दौरान वायु से संपर्क उथले जल वाले प्रवालों में विरंजन का कारण बन सकता है।

इसलिए, सभी कथन सही हैं।

53. निम्नलिखित में से कौन-से कथन स्थिर जैविक समुदाय की सही व्याख्या करते हैं?

1. **इसे वर्ष दर वर्ष उत्पादकता में अत्यधिक भिन्नता प्रदर्शित करना चाहिए।**
2. **इसे आकस्मिक व्यवधानों के प्रति या तो प्रतिरोध या प्रत्यास्थ होना चाहिए।**
3. **इसे विदेशी प्रजातियों के आक्रमणों के प्रतिरोधी होना चाहिए।**

नीचे दिए गए कूट का प्रयोग कर सही उत्तर चुनिए–

(a) केवल 1 और 2 (b) केवल 2 और 3

(c) केवल 1 और 3 (d) 1, 2 और 3

उत्तर (b) स्थिर समुदाय को वर्ष-दर-वर्ष उत्पादकता में अत्यधिक भिन्नता प्रदर्शित नहीं करनी चाहिए: इसे आकस्मिक व्यवधानों (प्राकृतिक या मानव निर्मित) के प्रति या तो प्रतिरोधी या प्रत्यास्थ होना चाहिए, और साथ ही इसे विदेशी प्रजातियों के आक्रमणों के प्रति भी प्रतिरोधी होना चाहिए। यह ज्ञात नहीं है कि किसी समुदाय में प्रजातियों की समृद्धि से ये गुण कैसे सम्बद्ध है; किन्तु खुले भूखंडों का उपयोग करते हुए डेविड टिलमैन द्वारा किए गए दीर्घकालिक पारिस्थितिकी तंत्र प्रयोग कुछ प्रायोगिक उत्तर प्रदान करते हैं। टिलमैन ने पाया कि अधिक प्रजातियों वाले भूखंडों ने कुल जैवभार में वर्ष-दर-वर्ष कम परिवर्तन प्रदर्शित किया। उन्होंने यह भी दिखाया कि उनके प्रयोग के दौरान विविधता में वृद्धि ने उच्च उत्पादकता में योगदान दिया।

54. समुदाय सीमा पर कुछ जीवों की विविधता एवं घनत्व में वृद्धि की प्रवृत्ति को किस रूप में जाना जाता है?

(a) इकोटोन (Ecotone)

(b) इकोटोप (Ecotope)

(c) एज इफेक्ट (Edge Effect)

(d) निकेत (Niche)

उत्तर (c) एज इफेक्ट (Edge Effect) दो प्राकृतिक आवासों की सीमा पर जनसंख्या या सामुदायिक संरचना में होने वाले परिवर्तन को निरूपित करता है। छोटे पर्यावास खण्डों वाले क्षेत्रों में अधिक स्पष्ट सीमा प्रभाव देखने को मिलते हैं जो पूरे क्षेत्र में विस्तारित हो सकते हैं। एज इफेक्ट में वृद्धि के साथ-साथ सीमा पर स्थित पर्यावासों में उच्चतर जैवविविधता परिलक्षित होती है।

55. निम्नलिखित में से कौन-सा/से तत्व या यौगिक, किसी खाद्य शृंखला के अंदर जैव-संचयन (Bioaccumulation) में वृद्धि करते हैं?

1. **डाईक्लोरो-डाइफिनाइल-ट्राईक्लोरोईथेकन (DDT)**
2. **पारा**
3. **रेडियोधर्मी समस्थानिक**

नीचे दिए गए कूट का प्रयोग कर सही उत्तर चुनिए–

(a) केवल 1 (b) केवल 1 और 2

(c) केवल 2 और 3 (d) 1, 2 और 3

उत्तर (d) जैव-संचयन (Bioccumulation) : यह खाद्य शृंखला के अंदर एक जीव से दूसरे जीव तक विषाक्त पदार्थों के परिवहन को संदर्भित करता है।

जैव-आवर्धन (Biomagnification) : यह खाद्य शृंखला के विभिन्न स्तरों में विषाक्त पदार्थों की मात्रा के बढ़ने की प्रवृत्ति को दर्शाता है।

जल निकायों के माध्यम में DDT, मछलियों के माध्यम से पारा व मृदा संदूषण के माध्यम से रेडियोधर्मी समस्थानिक खाद्य शृंखला में प्रवेश कर जाते है और विभिन्न जीवों के अंदर संचित हो जाते है। ये पदार्थ उन पर नकारात्मक प्रभाव डालते हैं।

उदाहरण के लिए मिनामाटा की खाड़ी में उत्पन्न पारे के संकट तथा DDT से अमेरिका में पक्षियों की मृत्यु की घटनाएँ। इसी प्रकार के एक अन्य उदाहरण में, पंजाब में चट्टानों के तल से होने वाला निक्षालन, फसलों के अंदर रेडियोधर्मी संदूषण को बढ़ा देता है जो कैंसर का कारण बनता है।

56. दो प्रजातियों के बीच 'समष्टि अन्योन्यक्रिया (Population Interaction)' के संदर्भ में, निम्नलिखित कथनों पर विचार कीजिए–

1. **सहजीविता में दोनों ही प्रजातियां लाभान्वित होती हैं।**
2. **प्रतिस्पर्धा में, दोनों ही प्रजातियों को हानि होती है।**
3. **परजीविता एवं परभक्षण में, दोनों में से केवल एक ही प्रजाति लाभान्वित होती है।**

उपर्युक्त कथनों में से कौन-से सही हैं?

(a) केवल 1 और 2 (b) केवल 2 और 3

(c) केवल 1 और 3 (d) केवल 3

उत्तर (d) प्रजाति A प्रजाति B अंतरक्रिया का नाम

+ - म्यूचुअलिज़्म (सहजीविता)

+ - कॉम्पिटीशन (प्रतिस्पर्धा)

+ - प्रीडेशन (परभक्षण)

+ - पैरासाइटिज़्म (परजीविता)

+ 0 कमेंसलिज़्म (सहभोजिता)

− 0 अमेंसलिज़्म (असहभोजिता)

57. निम्नलिखित में से कौन-सी पारिस्थितिकी तंत्र सेवाएँ हैं?

1. **फसलों का परागण**
2. **उर्वर मृदा का निर्माण**
3. **कार्बन प्रच्छादन**

नीचे दिए गए कूट का प्रयोग कर सही उत्तर चुनिए–

(a) केवल 1 और 2 (b) केवल 2 और 3
(c) केवल 2 और 3 (d) 1, 2 और 3

उत्तर (d) स्वस्थ पारिस्थितिकी तंत्र विभिन्न प्रकार की आर्थिक, पर्यावरणीय और सौंदर्य वस्तुओं एवं सेवाओं का आधार है। पारिस्थितिकी तंत्र की प्रक्रियाओं के उत्पादकों को पारिस्थितिकी तंत्र सेवाएँ कहा जाता है। उदाहरण के लिए, स्वस्थ वनीय पारिस्थितिकी तंत्र द्वारा प्रदान की जाने वाली सेवाएँ हैं, शुद्ध वायु एवं जल, सूखा एवं बाढ़ को कम करना, पोषक चक्र, उर्वर मृदा का निर्माण, वन्यजीवों को अधिवास प्रदान करना, जैव विविधता को बनाए रखना, फसलों का परागण, अपशिष्ट विघटन और विषाक्ता को कम करना, पर्यावरणीय संकटों का न्यूनीकरण और कार्बन प्रच्छादन। इसके साथ ही इन तंत्रों का सौंदर्यपरक, सांस्कृतिक और आध्यात्मिक मूल्य भी है।

58. खाद्य शृंखला के पोषक स्तरों के माध्यम से होने वाले ऊर्जा प्रवाह के संबंध में, निम्नलिखित कथनों पर विचार कीजिए–

1. **प्रत्येक उत्तरवर्ती स्तर में जीवों की संख्या में कमी होने के कारण एक पोषक स्तर से दूसरे पोषक स्तर में ऊर्जा सदैव घटती जाती है।**
2. **पोषक स्तरों के मध्य घटती ऊर्जा किसी खाद्य शृंखला में पोषक स्तरों की अधिकतम संख्या को निर्धारित करती है।**
3. **प्रत्येक पोषक स्तर पर क्रमशः बायोमास में कमी होने के कारण अजैव निम्नीकरण (non-biodegradable) पदार्थों का जैव-आवर्धन होता है।**

उपर्युक्त कथनों में से कौन-सा/से सही है/हैं?

(a) केवल 2 (b) केवल 2 और 3
(c) केवल 1 और 3 (d) 1, 2 और 3

उत्तर (b) एक पोषक स्तर से दूसरे पोषक स्तर में सदैव ऊर्जा में कमी होती है ऐसा निम्नलिखित कारणों से होता है:

श्वसन क्रिया में प्रयुक्त ऊर्जा उच्च पोषक स्तर के लिए उपलब्ध नहीं होती है।

उच्चतर पोषक स्तर निम्नतर पोषक स्तर के सभी भागों का उपभोग नहीं करता है, शेष भाग अपघटकों और अपमार्जकों (स्कैवेन्जर्स) द्वारा पचा लिया जाता है।

उच्चतर पोषक स्तर में जीवों की संख्या निम्नतर पोषक स्तर से अधिक हो सकती है, जैसे कि पेड़ पर चीटियाँ। इसलिए, कथन 1 सही नहीं है।

एक पोषक स्तर से दूसरे पोषक स्तर तक केवल 10% ऊर्जा ही स्थान्तरित होती है। बहुत अधिक पोषक स्तर संभव नहीं है क्योंकि बहुत कम मात्रा में ऊर्जा उपलब्ध होगी। **इसलिए, कथन 2 सही है।**

पारिस्थितिकी तंत्र गतिशीलता का एक सबसे महत्वपूर्ण पर्यावरणीय परिणाम जैव आवर्धन है। जैव आवर्धन प्राथमिक उत्पादकों से उच्च उपभोक्ताओं तक, प्रत्येक पोषक स्तर के जीवों में स्थायी विषाक्त पदार्थों की बढ़ती सांद्रता है, जैसे कि DDT। **इसलिए, कथन 3 सही है।**

59. पर्यावरण और पारिस्थितिकी के संदर्भ में, बायोफ्लॉक (biofloc) एक प्रौद्योगिकी से संबंधित है जिसका उपयोग किया जाता है–

(a) मधुमक्खी के छत्ते से शहद निकालने के लिए ताकि इसे शुद्ध तरल रूप में पृथक किया जा सके।
(b) महासागरों में तेल के रिसाव की सफाई करने के लिए।
(c) विभिन्न प्रणालियों में कार्बन और नाइट्रोजन के संतुलन के माध्यम से जल-कृषि हेतु जल की गुणवत्ता में वृद्धि करने के लिए।
(d) माइकोराइज़ल सम्बद्धता का उपयोग कर भूमि की स्थिति में सुधार करने के लिए।

उत्तर (c) बायोफ्लॉक प्रौद्योगिकी : यह बायोफ्लॉक के माध्यम से निर्मित उच्च संग्रहण घनत्व, प्रबल वायु-मिश्रण और बायोटा के अंतर्गत, सीमित या शून्य जल विनियम के द्वारा, विभिन्न प्रणालियों में कार्बन और नाइट्रोजन का संतुलन प्राप्त कर, जल-कृषि हेतु जल की गुणवत्ता में वृद्धि करने का तकनीक है। यह नवाचारी और लागत प्रभावी तकनीक है जिसमें मछलियों और कवच प्राणियों में नाइट्रेट, नाइट्राइट, अमोनिया जैसे विषाक्त पदार्थों को उपयोगी उत्पाद अर्थात प्रोटीनयुक्त आहार में परिवर्तित किया जा सकता है।

बायोफ्लॉक निलंबित कणों और एक्स्ट्रासेलुलर पॉलिमरिक सब्स्टैन्सेज से संबंधित विभिन्न प्रकार के सूक्ष्मजीवों का विषमजातीय समुच्चय आहार है जो सूर्य के प्रकाश की मदद से संवर्धन (कल्चर) प्रणाली के अंदर अप्रयुक्त आहार और मलमूत्र के प्राकृतिक खाद्य पदार्थों में परिवर्तित होने से निर्मित होता है। प्रत्येक फ्लॉक जीवाणुओं द्वारा चिपचिपे पदार्थ (mucus) के ढीले संजाल (loose matrix) में संगठित होता है और तंतुमय सूक्ष्मजीवों या इलेक्ट्रोस्टैटिक आकर्षण से बँधा होता है। बड़े फ्लॉक नग्न आंखों से देखे जा सकते हैं किन्तु उनमें से अधिकांश अति सूक्ष्म होते हैं। फ्लॉक का आकार 50-200 माइक्रॉन तक होता है।

आर्थिक, पर्यावरणीय और विपणन लाभों के कारण झींगा पालन में बायोफ्लॉक प्रौद्योगिकी को लागू किया गया हैं। झींगा और नाइल टिलापिया की प्रजनन क्षमता और उनके लार्वा के विकास का आकलन करने हेतु अध्ययन किया गया। इसमें सामान्य संवर्धन पद्धतियों के विपरीत बायोफ्लॉक प्रणाली द्वारा पालन किए गए झींगों में बेहतर प्रजनन देखा गया है। इसी प्रकार लार्वा के विकास के संबंध में भी बेहतर परिणाम प्राप्त हुए हैं।

60. सुपोषण (यूट्रोफिकेशन) के संबंध में, निम्नलिखित कथनों पर विचार कीजिए–

1. **यह जल निकाय से ऑक्सीजन क्षय की प्रक्रिया है।**
2. **यह पोषक तत्वों की कमी से होती है। जिससे पादप प्लवकों की वृद्धि बाधित हो जाती है।**
3. **इसे नियंत्रित किया और रोका जा सकता है लेकिन उत्क्रमित नहीं किया जा सकता।**

उपर्युक्त कथनों में से कौन-सा/से सही है/हैं?

(a) केवल 2 (b) केवल 1
(c) केवल 1 और 2 (d) 1, 2 और 3

उत्तर (b) सुपोषण जल निकाय से ऑक्सीजन क्षय की प्रक्रिया है जो प्राकृतिक रूप से या मानवीय गतिविधियों के कारण होती है। मछली, पौधे, आदि जीव सड़ने पर जलनिकाय में नीचे चले जाते हैं और अपघटन से गुजरते हैं। **इसलिए, कथन 1 सही है।**

मनुष्यों द्वारा घरेलू मलजल, औद्योगिक बहिस्रवण और कृषि क्षेत्र से उर्वरकों का निस्सरण किया जाता है तथा इस प्रकार पोषक तत्वों और रसायनों के प्रवेश से यह आगे और त्वरित गति से होता है। पोषक तत्व संचय के परिणामस्वरूप पादप प्लवकों और शैवालों का अभूतपूर्व विकास होता है। इससे जलनिकाय में ऑक्सीजन, प्रकाश और ऊष्मा का प्रवेश कम हो जाता है। इसलिए, कथन 2 सही नहीं है।

पोषक प्रवाह कम करके और प्रदूषण हटाने वाले तरीकों को अपनाकर सुपोषण को नियंत्रित किया जा सकता है, रोका जा सकता है और यहाँ तक कि उत्क्रमित भी किया जा सकता है। ऐसा निस्सरण से पहले अपशिष्ट जल का भौतिक या रासायनिक तरीकों से उपचार कर, शैवालों का संग्रहण कर और हटाकर तथा घुले हुए पोषक तत्वों को निकालकर किया जा सकता है। **इसलिए, कथन 3 सही नहीं है।**

61. **निम्नलिखित पर विचार कीजिए–**

1. मैंग्रोव 2. लैगून

3. ज्वारनदमुख 4. नदी-तट

उपर्युक्त में से किन्हें इकोटोन (ecotone) के रूप में माना जाता है।

(a) केवल 1 और 2

(b) केवल 1, 3 और 4

(c) केवल 2, 3, और 4

(d) 1, 2, 3 और 4

उत्तर (d) इकोटोन : यह दो बायोम के मध्य एक संक्रमण क्षेत्र है। यह वह स्थान है जहाँ दो समुदाय मिलते और एकीकृत होते हैं। यह संकीर्ण या चौड़ा हो सकता है साथ ही यह स्थानीय (खेत और वन के मध्य क्षेत्र) या क्षेत्रीय (वन और घासभूमि पारिस्थितिक तंत्र के बीच संक्रमण) हो सकता है।

इकोटोन स्थलीय समुदायों तक सीमित नहीं हैं; उदाहरण के लिए, मुलायम तल से कठोर तलीय समुद्री समुदायों का संक्रमण जलीय इकोटोन है।

मैंग्रोव : मैंग्रोव उष्णकटिबंधीय और उपोष्णकटिबंधीय राष्ट्रों में तटीय क्षेत्रों में पाये जाने वाले पादप हैं तथा सागरीय और स्थलीय वातावरणों के बीच इकोटोन के रूप में अपने पर्यावास के कारण भूमध्य रेखा पर सबसे समृद्ध पारिस्थितिकी तंत्र है।

लैगून : लैगून एक उथला जलनिकाय होता है जो किसी विशाल जलनिकाय से अवरोध द्वीप या भित्ति द्वारा विच्छित होता है।

ज्वारनदमुख : ज्वारनदमुख नदी और समुद्र के मध्य सीमा निर्मित करता है।

नदी-तट : नदी-तट स्थलीय और जलीय बायोम के बीच इकोटोन या संक्रमण क्षेत्र होता है। यह विभिन्न समुदायों द्वारा आवासित पर्यावास संकुल है। इनमें से प्रत्येक की अपनी जैविक विशेषताएँ होती है, हालांकि ये सभी अंतरक्रियाओं द्वारा परस्पर संबद्ध होते हैं।

62. **तालाब पारिस्थितिक तंत्र के संदर्भ में, निम्नलिखित युग्मों पर विचार कीजिए–**

	आधारिक गतिविधि	द्वारा निष्पादित
1.	अकार्बनिक पदार्थ	: पादप प्लवक का कार्बनिक पदार्थ के रूपांतरण
2.	मृत पदार्थ का अपघटन	: सूक्ष्मजीव
3.	मृत पदार्थ का खनिजीकरण	: मैक्रोफाइट्स

उपर्युक्त युग्मों में से कौन-से सही सुमेलित हैं?

(a) केवल 1 और 2 (b) केवल 2 और 3

(c) केवल 1 और 3 (d) 1, 2 और 3

उत्तर (a) निम्नलिखित पहलुओं पर विचार करने पर पारिस्थितिक तंत्र के घटकों को एक इकाई के रूप में कार्य करने वाले तंत्र के रूप में माना जा सकता है:

- उत्पादकता
- अपघटन
- ऊर्जा प्रवाह और
- पोषक चक्रण

जलीय पारिस्थितिक तंत्र की प्रकृति को समझने के लिए, एक छोटे तालाब का उदाहरण लिया जाता है। यह एक आत्मनिर्भर इकाई है और निःसन्देह एक सरल उदाहरण है जो एक जलीय पारिस्थितिक तंत्र में विद्यमान जटिल अंतःक्रियाओं का भी वर्णन करता है। तालाब एक उथला जल निकाय होता है जिसमें एक पारिस्थितिक तंत्र के ऊपर वर्णित सभी चार मूल घटकों का पूर्ण रूप से प्रदर्शन होता है। इसके मुख्य घटक नीचे वर्णित हैं–

अजैविक घटक – अजैविक घटक, सभी विलीन अकार्बनिक और कार्बनिक पदार्थों से युक्त जल और तालाब के निचले भाग में स्थित समृद्ध मृदा के जमाव से बना है।

कार्य की दर – सोलर इनपुट, तापमान-चक्र, दिन की अवधि और अन्य जलवायु पारिस्थितियाँ आदि पूरे तालाब के कार्य की दर को विनियमित करते हैं।

स्वपोषित घटक – स्वपोषित घटकों में पादप प्लवक, कुछ शैवाल और किनारों पर पाए जाने वाले तैरते हुए प्लावी, जलमग्न और किनारे पर पाए जाने वाले पौधे सम्मिलित होते हैं। पादप प्लवक, प्रकाश संश्लेषण व स्वपोषी होते हैं। वे न केवल स्वयं का पोषण करते हैं बल्कि वे ऑक्सीजन का उत्पादन भी करते हैं और परपोषियों के लिए भोजन के रूप में काम आते हैं। अकार्बनिक पदार्थों का कार्बनिक पदार्थों में रूपांतरण स्वपोषियों द्वारा किया जाता है। **इसलिए, युग्म 2 सही है।**

उपभोक्ता : उपभोक्ताओं में निर्बाध तैरते और तलछटी में रहने वाले प्राणिप्लवक सम्मिलित हैं।

किसी भी पारिस्थितिक तंत्र के कार्य–

किसी पारिस्थितिक तंत्र द्वारा अपने और व्यापक रूप से देखा जाए तो जीवमंडल के सभी कार्यों का निष्पादन किया जाता है। विभिन्न कार्यों को विभिन्न घटकों द्वारा निष्पादित किया जाता है। कुछ उदाहरण निम्नानुसार हैं–

- स्वपोषी – स्वपोषियों द्वारा सूर्य की विकिरण ऊर्जा की सहायता में अकार्बनिक पदार्थों का कार्बनिक पदार्थों में रूपांतरण।
- परपोषी – परपोषियों द्वारा स्वपोषियों का उपभोग।
- अपघटक – मृत पदार्थों का अपघटन और खनिजीकरण मुख्य रूप से सूक्ष्मजीवी निम्नीकरण द्वारा कार्बनिक पदार्थों को सरल अकार्बनिक यौगिकों में रूपांतरण करने की प्रक्रिया है। मैक्रोफाइट्स बड़े जलीय पौधे होते हैं **इसलिए युग्म 3 सही नहीं है और युग्म 2 सही है।**

63. **पारिस्थितिकी तंत्र की प्राथमिक उत्पादकता के विषय में निम्नलिखित कथनों पर विचार कीजिए–**

1. किसी पारिस्थितिकी तंत्र की सकल प्राथमिक उत्पादकता, प्रकाश संश्लेषण के दौरान कार्बनिक पदार्थ के उत्पादन की दर होती है।

2. निवल प्राथमिक उत्पादकता परपोषियों के उपभोग के लिए उपलब्ध जैव-द्रव्यमान (बायोमास) होता है।

उपर्युक्त कथनों में से कौन-सा/से सही है/हैं?

(a) केवल 1 (b) केवल 2

(c) 1 और 2 दोनों (d) न तो 1, न ही 2

उत्तर (c) सौर ऊर्जा की एक निश्चित मात्रा किसी भी पारितंत्र के कार्य करने तथा अस्तित्व में बने रहने हेतु एक मूलभूत आवश्यकता है। प्राथमिक उत्पादन से हमारा तात्पर्य प्रकाशसंश्लेषण के दौरान पौधों द्वारा एक विशेष अवधि में प्रति इकाई क्षेत्र में उत्पादित कार्बनिक पदार्थों या बायोमास (biomass) की मात्रा से है। इसे भार (g^2) या ऊर्जा ($kcalm^{-2}$) के रूप में व्यक्त किया जाता है। बायोमास की उत्पादन दर को उत्पादकता कहा जाता है। विभिन्न पारितंत्रों की उत्पादकता की तुलना में इसे $gm^{-2}yr^{-1}$ या $(kcal\ m^{-2})\ yr^{-1}$ के रूप में व्यक्त किया जाता है। किसी भी पारितंत्र की सकल प्राथमिक उत्पादकता प्रकाश संश्लेषण के दौरान कार्बनिक पदार्थों की उत्पादन की दर होती है। **इसलिए कथन 1 सही है।** GPP की एक अच्छी खासी मात्रा पौधों के द्वारा श्वसन में उपयोग कर ली जाती है। सकल प्राथमिक उत्पादकता में से श्वसन ह्रास (R) को घटाने पर निवल प्राथमिक उत्पादकता (NPP) प्राप्त होती है। GPP – R = NPP, निवल प्राथमिक उत्पादकता परपोषियों (शाकाहारी प्राणियों तथा अपघटक जीवों) के उपभोग हेतु उपलब्ध बायोमास की मात्रा है। **इसलिए, कथन 2 सही है।**

64. अपघटन के संदर्भ में, पोषक तत्व स्थिरीकरण (nutrient immobilization) संदर्भित करता है–

(a) पोषक तत्वों का जीवित सूक्ष्म जीवों में समावेश, जिससे वे (पोषक तत्व) अस्थाई रूप से अनुपलब्ध हो जाते हैं।

(b) एन्ज़ाइम के माध्यम से अपघटित होते अपरद का सरल यौगिकों एवं अकार्बनिक पोषक तत्वों में परिवर्तन।

(c) निक्षालन गतिविधि के कारण विखंडित अपरद से विलेय पोषक तत्वों का निष्कासन।

(d) अपरदभोजी अकशेरूकीय प्राणियों के पाचन-क्षेत्रों से गुजरने से अपरद का छोटे टुकड़ों में टूटना।

उत्तर (a) कुछ पारिस्थितियों में, मृदा के पोषक तत्व सूक्ष्म जीवों के बायोमास से बँध जाते हैं और अन्य जीवों के लिए अस्थाई रूप से उपलब्ध नहीं रहते। जीवित सूक्ष्मजीवों में पोषक तत्वों का इस प्रकार से समावेश पोषक तत्व स्थिरीकरण कहलाता है। पोषक तत्व विभिन्न अवधियों के लिए स्थिर रहते हैं और बाद में सूक्ष्म जीवों की मृत्यु के पश्चात खनिज बन जाते हैं। यह स्थिरीकरण, पारितंत्र से पोषक तत्वों के बहाव को रोकता है।

65. अपरद खाद्य शृंखला के संबंध में निम्नलिखित कथनों पर विचार कीजिए–

1. अपरद खाद्य शृंखला मृत कार्बनिक पदार्थों से आरम्भ होती है।

2. यह अकार्बनिक और कार्बनिक, दोनों प्रकार के पोषक तत्वों का स्थिरीकरण करने में सहायता करती है।

उपर्युक्त कथनों में से कौन-सा/से सही है/हैं?

(a) केवल 1 (b) केवल 2

(c) 1 और 2 दोनों (d) न तो 1, न ही 2

उत्तर (c) चराई खाद्य शृंखला और अपरद खाद्य के बीच प्रमुख अंतर–

चराई खाद्य शृंखला में कार्बनिक पदार्थों का अपघटन होता है किन्तु चराई शृंखला में नहीं।

चराई खाद्य जाल पारिस्थितिक तन्त्र में ऊर्जा का योगदान करता है। अपरद में अवमृदा जीव होते हैं, वहीं चराई खाद्य जल में सूक्ष्म जीव होते हैं। चराई खाद्य शृंखला अकार्बनिक पोषक तत्वों के स्थिरीकरण में सहायक होती है। **इसलिए कथन 2 सही है।**

चराई शृंखला उत्पादक स्तर पर हरे पौधों से प्रारम्भ होती है, वही अपरद शृंखला प्रथम पोषक स्तर पर अपघटकों से प्रारम्भ होती है। चराई खाद्य जाल में सौर ऊर्जा का उपयोग होता है। अपरद के लिए ऊर्जा, अपरद अवशेषों से प्राप्त होती है। अपरद की तुलना में चराई खाद्य जाल के अंतर्गत ऊर्जा के कम अंश का प्रवाह होता है।

66. निम्नलिखित को भूमि पर प्राथमिक अनुक्रमण (primary succesion) के दौरान, उनकी उत्पत्ति के सही क्रम में व्यवस्थित कीजिए–

1. झाड़ी 2. वन

3. लाइकेन 4. ब्रायोफाइट

नीचे दिए गए कूट का प्रयोग कर सही उत्तर चुनिए–

(a) 1-2-3-4 (b) 2-1-4-3

(c) 4-3-1-2 (d) 3-4-1-2

उत्तर (d) जो प्रजातियाँ अनावृत क्षेत्रों पर आक्रमण करती है, उन्हें अग्रणी प्रजातियाँ (pioneer species) कहा जाता है। चट्टानों पर प्राथमिक अनुक्रमण के दौरान प्रायः लाइकेन चट्टान को विघटित करने के लिए अम्ल का स्त्राव करने में सक्षम होते हैं और अपक्षय व मृदा निर्माण में सहायता करते हैं। बाद में ये ब्रायोफाइट्स जैसे अत्यंत छोटे पौधों के विकास का मार्ग प्रशस्त करते है। ये पौधे मृदा की बहुत कम मात्रा में पकड़ बनाने में सक्षम होते हैं। समय के साथ उनके पश्चात झाड़ियाँ और बड़े पौधे आ जाते हैं, और कई चरणों के पश्चात् अंततः चरम वन समुदाय का निर्माण होता है जो स्थायी होता है। चरम समुदाय तब तक बना रहता है जब तक वातावरण अपरिवर्तित बना रहे। समय के साथ मरुद्भिद् (xerophytic) प्राकृतिक आवास एक समोद्भिद् (mesophytic) प्राकृतिक आवास में परिवर्तित हो जाता है।

67. निम्नलिखित में से कौन-सी अवधारणा प्रजातियों द्वारा अपनी ऊर्जा प्राप्त करने एवं अपने परिवेश में अन्य प्रजातियों को प्रभावित करने की कार्यप्रणाली की सर्वश्रेष्ठ व्याख्या करती है?

(a) प्राकृतिक आवास (habitat)

(b) समुदाय (community)

(c) पारिस्थितिक निकेत (ecological niche)

(d) पारितंत्र (ecosystem)

उत्तर (c) पारिस्थितिक निकेत (ecological niche) एक जीव द्वारा निभाई गयी कार्यात्मक भूमिका के साथ-साथ उसके भौतिक आवास को भी परिभाषित करता है। यदि प्राकृतिक आवास किसी व्यक्ति का "पता" है तो निकेत उसका "व्यवसाय" है। इसमें यह सम्मिलित है कि वह अपनी ऊर्जा कैसे और कहाँ से प्राप्त करता है और अपने आस-पास की अन्य प्रजातियों व परिवेश को कैसे प्रभावित करता है। पारिस्थितिक निकेत का वर्णन करते समय हमारा सन्दर्भ नमी, तापमान, मृदा-रसायन प्रकाश और अन्य कारकों के प्रति जीवों की सहनशीलता और अनुक्रियाओं से सम्बंधित होता है।

68. "यह खुला जल क्षेत्र सुप्रकाशित है। इसमें जंतु प्लवकों (zooplankton) एवं पादप प्लवकों (phytoplankton), दोनों प्रकार के प्लकों (plankton) का प्रभुत्व पाया जाता है। ताजे (मीठे) जल में पायी जाने वाली मछलियों की विभिन्न किस्में भी इस क्षेत्र में पायी जाती है।"

उपर्युक्त परिच्छेद द्वारा, निम्नलिखित में से किसकी सर्वोत्तम व्याख्या की जाती है?

(a) लिमनेटिक क्षेत्र (Limnetic Zone)

(b) लिटोरल क्षेत्र (Littoral Zone)

(c) प्रोफंडल क्षेत्र (Profundal Zone)

(d) उपर्युक्त में से कोई नहीं

उत्तर (a) झीलों और तालाबों को तीन "क्षेत्रों (Zones)" में विभक्त किया जाता है जो प्रायः तटीय रेखा से दूरी और गहराई से निर्धारित होते हैं।

लिटोरल क्षेत्र (Littoral Zone) - एक झील या तालाब के तट के निकट सबसे ऊपरी क्षेत्र लिटोरल क्षेत्र होता है। यह क्षेत्र सबसे गर्म होता है क्योंकि यह उथला होता है और सूर्य की गर्मी को अधिक अवशोषित कर सकता है। इसमें काफी विविध समुदाय पाये जाते हैं, जिसमें कई शैवाल प्रजातियाँ (जैसे डायटम) जड़युक्त और तैरने वाले जलीय पौधे, चरने वाले घोंघे, सीपियाँ, कीड़े, क्रस्टेशियन, मछलियाँ और उभयचर सम्मिलित हो सकते हैं। लिटोरल (वेलांचली) मंडल की वनस्पतियाँ और जानवर अन्य प्राणियों जैसे कछुए, साँप और बत्तखों का भोजन हैं।

लिमनेटिक क्षेत्र (Limnetic Zone) - जल की सतह के निकट लिटोरल क्षेत्र से घिरा हुआ तालाब के माध्य का क्षेत्र लिमनेटिक क्षेत्र होता है लिमनेटिक क्षेत्र भली-भाँति प्रकाशित क्षेत्र होता है। (लिटोरल क्षेत्र की भाँति) और यहाँ पादप प्लवक (phytoplanktons) और प्राणीप्लवक (zooplankton), दोनों ही प्रकार के प्लवकों (planktons) का वर्चस्व होता है। प्लवक छोटे जीव हैं जो खाद्य शृंखला में महत्वपूर्ण भूमिका निभाते हैं। जलीय प्लवकों के बिना विश्व में बहुत ही कम जीव जीवित रहेंगे और मनुष्य तो निश्चित

रूप से जीवित नहीं रह पाएँगे। ताजे (मीठे) जल की विभिन्न मछलियाँ भी इस क्षेत्र में रहती हैं।

प्रोफंडल क्षेत्र (Profundal Zone) – झील या तालाब के गहरे जल के भाग को प्रोफंडल क्षेत्र कहा जाता है। यह क्षेत्र अन्य दो क्षेत्रों के तुलना में अधिक ठंडा और सघन होता है। लिमनेटिक क्षेत्र से होते हुए इस क्षेत्र तक अत्यंत न्यून प्रकाश प्रवेश कर पाता है। यहाँ परपोषी जीव पाए जाते है जो मृत जीवों का भक्षण करते हैं और कोशिकीय श्वसन के लिए ऑक्सीजन का उपयोग करते हैं।

69. सूचक प्रजातियों (इंडिकेटर स्पीशीज) के संबंध में निम्नलिखित कथनों पर विचार कीजिए–

1. यह ऐसी जैविक प्रजाति है जो पर्यावरण के किसी लक्षण या विशेषता को परिभाषित करती है।

2. लाइकेन और गौरैया सूचक प्रजाति के उदाहरण हैं।

उपर्युक्त कथनों में से कौन-सा/से सही है/हैं?

(a) केवल 1 (b) केवल 2

(c) 1 और 2 दोनों (d) न तो 1, न ही 2

उत्तर (c) सूचक प्रजाति (इंडिकेटर स्पीशीज) ऐसी कोई भी जैविक प्रजाति होती है जो पर्यावरण के किसी लक्षण या विशेषता को परिभाषित करती है। सूचक प्रजातियाँ जैवनिगरानी के लिए आदर्श होती हैं। यह प्रजातियां पर्यावरणीय स्थिति जैसे कि बीमारी के प्रकोप, प्रदूषण, प्रजातीय प्रतिस्पर्द्धा या जलवायु परिवर्तन का संकेत कर सकती है। उदाहरणों में निम्नलिखित सम्मिलित हैं :

- स्टोनफ्लाई : जल में ऑक्सीजन का उच्च स्तर इंगित करते हैं।
- मॉस और कवक : अम्लीय मृदा इंगित करते है।
- ग्रीजवुड : लवणीय मृदा इंगित करते हैं।
- लाइकेन : कुछ प्रजातियों का पाया जाना वायु प्रदूषण का कम होना इंगित करता है।
- मोलस्का : कुछ मोलस्क जल प्रदूषण की स्थिति इंगित करते हैं।
- टयूबीफेक्स कीड़े : एक स्थान पर जमा, ऑक्सीजन-रहित जल को इंगित करते हैं।

रिवर ओटर (ऊदबिलाव) जिस पर्यावास में पाए जाते हैं, उसकी गुणवत्ता के संबंध में महत्वपूर्ण सूचक प्रजाति होते हैं। इसका कारण यह है कि ओटर पूर्णतया मांसाहारी होते हैं और पर्यावरण में पाए जाने वाले संदूषित पदार्थ जैवआवर्धन के माध्यम से ओटर में संकेंद्रित हो सकते हैं।

पर्यावरण में होने वाले परिवर्तनों के प्रति बहुत ही संवेदनशील होने के नाते गौरैया, शहरी पारिस्थितिकी तंत्रों की सबसे अच्छी सूचक प्रजातियों में से एक है। गौरैया की स्थिति, आबादी, वायु और जल की गुणवत्ता, वनस्पति और पर्यावरण की गुणवत्ता के अन्य मापदंडों के संदर्भ में मनुष्य के लिए स्वस्थ पारिस्थितिकी यंत्र दर्शाती है।

70. निम्नलिखित में से किस बायोस्फीयर रिजर्व में उष्णकटिबंधीय से लेकर उपोष्ण, शीतोष्ण और टुंड्रा जलवायु पायी जाती है।

(a) दिहांग-दिबांग (b) मानस

(c) सिमलीपाल (d) डिब्रू-सैखोवा

उत्तर (a) दिहांग-दिबांग बायोस्फीयर रिजर्व अरुणाचल प्रदेश के तीन जिलों में विस्तृत है। ये जिले हैं–दिबांग घाटी, ऊपरी सियांग और पश्चिमी सियांग। इस बायोस्फीयर रिजर्व से सम्बन्धित एक महत्वपूर्ण तथ्य यह है कि प्राकृतिक वनस्पतियाँ उष्णकटिबंधीय से पर्वतीय टुन्ड्रा तक निरंतर रूप में फैली हुई हैं। इस बायोस्फीयर रिवर्ज में पायी जाने वाली वनस्पतियों के प्रकार और रूपों को इस प्रकार वर्गीकृत किया जा सकता है। 1. उपोष्ण कटिबंधीय चौड़ी पत्ती वाले वन 2. उपोष्ण कटिबंधीय देवदार वन 3. शीतोष्ण चौड़ी पत्ती वाले वन 4. शीतोष्ण शंकु वन 5. उप-अल्पाइन काष्ठ झाड़ियाँ 6. अल्पाइन घास के मैदान (चारागाह) 7. बांस वनं 8. घास भूमि।

इसलिए, विकल्प (a) सही है।

71. निम्नलिखित युग्मों पर विचार कीजिए–

बायोस्फीयर रिजर्व	अवस्थिति
1. डिब्रू-सैखोवा	**डफला पहाड़ियाँ**
2. पंचमढ़ी	**सतपुड़ा पर्वत शृंखला**
3. नोकरेक	**खासी पहाड़ियाँ**

उपर्युक्त युग्मों में से कौन-सा/से सही सुमेलित है/हैं ?

(a) केवल 1 और 3 (b) 1, 2 और 3

(c) केवल 2 और 3 (d) केवल 2

उत्तर (d) पंचमढ़ी बायोस्फीयर रिजर्व दक्कन प्रायद्वीप जैव-भौगोलिक क्षेत्र और मध्य भारत के जैविक प्रांत में स्थित है। सतपुड़ा पर्वत शृंखला भारत में पश्चिम से पूर्व तक विस्तृत है और पचमढ़ी इसके केन्द्र में स्थित है। सबसे ऊँचा शिखर धूपगढ़ है, जो समुद्र तल से 1,352 मीटर ऊँचा है, जबकि उत्तरी क्षेत्रों में पंचमढ़ी पहाड़ियों की विशेषता इनकी खड़ी ढाल है। इस बायोस्फीयर रिजर्व की पूर्वी सीमा कृष्य खेतों में लगती एक सड़क के साथ दुधी नदी के निकट स्थित है, जबकि दक्षिणी सीमा पठार से लगती है। पंचमढ़ी में तीन संरक्षण स्थल सम्मिलित हैं : बोरी अभयारण्य, सतपुडा राष्ट्रीय उद्यान और पंचमढ़ी अभयारण्य। **इसलिए, युग्म 2 सही सुमेलित है।**

नोकरेक बायोस्फीयर रिजर्व मेघालय पठार के एक भाग तूरा शृंखला पर भारत के उत्तर-पूर्व में स्थित है। पूरा क्षेत्र पहाड़ी है और नोकरेक पहाड़ियों का सबसे ऊँचा शिखर है, जो 1,412 मीटर ऊँचा है। इस बायोस्फीयर रिजर्व में प्रमुख नदियां और जलधाराएं हैं जो बारहमासी जलग्रहण प्रणाली का निर्माण करती हैं। उदाहरणों में गनोल, डारेंग और सिमसैंग नदियां सम्मिलित हैं, जिनमें से सिमसैंग सबसे लंबी और सबसे बड़ी है। सिमसैंग बायोस्फीयर रिजर्व के उत्तर से एवं डारेंग दक्षिणी चोटी से निकलती है, और गनोल पश्चिम की ओर ब्रह्मपुत्र नदी में बहती है। **इसलिए, युग्म 3 सही सुमेलित नहीं है।**

डिब्रू-सैखोवा राष्ट्रीय उद्यान के साथ ही बायोस्फीयर रिजर्व भी है, जो असम राज्य के सुदूर पूर्व में ब्रह्मपुत्र नदी के दक्षिणी किनारे पर स्थित है। अतः, यह उफला पहाड़ियों में स्थित नहीं है। डिब्रू-सैखोवा के वन प्रकारों में अर्ध-सदाबहार वन, पर्णपाती वन, तटवर्ती वन और दलदली वन और आर्द्र सदाबहार वनों के खंड सम्मिलित हैं। **इसलिए, युग्म 1 सही सुमेलित नहीं है।**

72. भारत में बायोस्फीयर रिजर्व के संदर्भ में, निम्नलिखित कथनों पर विचार कीजिए–

1. ये सामाजिक एवं पारिभाषिक तंत्रों के मध्य एक सहजीवी संबंध को प्रदर्शित करते हैं।

2. भारत के सभी बायोस्फीयर रिजर्वों को यूनेस्को के MAB वर्ल्ड नेटवर्क के अंतर्गत अनिवार्य रूप से मान्यता प्राप्त होना चाहिए।

उपर्युक्त युग्मों में से कौन-सा/से सही सुमेलित है/हैं?

(a) केवल 1 (b) केवल 2

(c) 1 और 2 दोनों (d) न तो 1, न ही 2

उत्तर (a) बायोस्फीयर रिजर्व में स्थलीय, समुद्री और तटीय पारिस्थितिक तंत्र समाविष्ट हैं। यह जैव-विविधता के संरक्षण और उसके संधारणीय उपयोग के बीच सामंजस्य बनाये रखते हुए समाधान को प्रोत्साहन देता है।

बायोस्फीयर रिजर्व 'संवहनीयता समर्थन स्थलों के लिए विज्ञान' है, अर्थात् परिवर्तनों को समझने और प्रबंधित करने एवं संघर्ष निवारण व जैव विविधता प्रबंधन सहित सामाजिक और पारिस्थितिकी प्रणालियों के साथ तालमेल बैठाते हुए अंतर्विषयक दृष्टिकोण के परीक्षण के लिए विशेष स्थल हैं। **अतः, कथन 1 सही है।**

बायोस्फीयर रिजर्व केन्द्र सरकार द्वारा नामित किए जाते हैं तथा संबंधित राज्यों के सार्वभौम क्षेत्राधिकार के अधीन रहते हैं। इनकी स्थिति को अंतर्राष्ट्रीय स्तर पर मान्यता प्राप्त है। भारत में 18 अधिसूचित बायोस्फीयर रिजर्व है। इनमें से 10 बायोस्फीयर रिजर्व यूनेस्को के MAB वर्ल्ड नेटवर्क में सम्मिलित हैं –नीलगिरि (2000), मन्नार की खाड़ी (2001), सुंदरवन (2001), नंदादेवी (2004), नोकरेक (2009), पंचमढ़ी (2009), सिमलीपाल (2009), अचानकमार-अमरकटक (2012), ग्रेट निकोबार (2013) और अगस्त्यमाला (2016) **अतः, कथन 2 सही नहीं है।**

73. यूनेस्को के मैन एंड द बायोस्फीयर कार्यक्रम का/के मुख्य उद्देश्य निम्नलिखित में से कौन-सा/से है/हैं?

1. मानव और प्राकृतिक गतिविधियों के फलस्वरूप जैव मंडल में उत्पन्न परिवर्तनों की पहचान करना एवं उनका आकलन करना।

2. प्राकृतिक परितंत्रों और सामाजिक-आर्थिक प्रक्रियाओं के मध्य गतिशील पारस्परिक संबंधों का अध्ययन करना एवं उनकी तुलना करना।

3. पर्यावरणीय समस्याओं एवं समाधानों से संबंधित ज्ञान के विनिमय और अंतरण को बढ़ावा देना।

नीचे दिए गए कूट का प्रयोग कर सही उत्तर चुनिए–

(a) 1, 2 और 3 (b) केवल 1 और 2

(c) केवल 1 (d) केवल 3

उत्तर (a) 'मैन एंड बायोस्फीयर' (MAB) कार्यक्रम जैवमंडल के संसाधनों का उचित एवं संधारणीय उपयोग एवं संरक्षण तथा लोगों एवं उनके पर्यावरण के मध्य समग्र संबंधों में सुधार करने हेतु प्राकृतिक तथा सामाजिक विज्ञान के अंतर्गत आधार तैयार करता है।

MAB कार्यक्रम की औपचारिक शुरुआत 1971 में व्यक्तियों और प्राकृतिक संसाधनों के मध्य संबंधों को बढ़ाने हेतु अंतर-सरकारी वैज्ञानिक पहल के रूप में की गयी थी। इसका उद्देश्य प्राकृतिक संसाधनों के मध्य संबंधों को बढ़ाने हेतु अंतर-सरकारी वैज्ञानिक पहल के रूप में की गयी थी। इसका उद्देश्य प्राकृतिक संसाधनों के प्रबंधन हेतु अंतर्विषयक शोध एवं प्रशिक्षण को बढ़ावा देना है। MAB रिजर्व की अवधारणा UNESCO के मानव तथा जीवमंडल कार्यक्रम के कार्यबल द्वारा अस्तित्व में आया तथा इसके दो वर्ष बाद प्रथम MAB रिजर्व को प्राधिकृत किया गया।

MAB कार्यक्रम बायोस्फीयर रिजर्व के वैश्विक संजाल के अंतर्गत अंतर्राष्ट्रीय स्तर पर मान्य स्थलों को केन्द्र में रखते हुए निम्न उद्देश्यों को प्राप्त करने का प्रयास करता है:

मानवीय तथा प्राकृतिक गतिविधियों के फलस्वरूप जैवमंडल में उत्पन्न परिवर्तनों की पहचान तथा उनका मूल्यांकन करना तथा, विशेषतः, जलवायु परिवर्तन के सापेक्ष में इन परिवर्तनों के परिणामस्वरूप मानव तथा वातावरण पर पड़ने वाले प्रभाव का अध्ययन करना;

विशेषत : पारितंत्र द्वारा मानव कल्याण के लिए महत्वपूर्ण सेवाएँ प्रदान करते रहने संबंधी क्षमता को प्रभावित करने वाले अनापेक्षित परिणामों के साथ-साथ जैविक तथा सांस्कृतिक विविधता में त्वरित दर से होने वाली क्षति के परिप्रेक्ष्य में प्राकृतिक/अर्द्ध प्राकृतिक परितंत्रों तथा सामाजिक-आर्थिक प्रक्रियाओं के मध्य गतिशील पारस्परिक संबंधों का अध्ययन एवं उनकी तुलना करना;

पर्यावरण संबंधी परिवर्तन में वृद्धि करने वाले तीव्र शहरीकरण तथा ऊर्जा खपत के सन्दर्भ में, आधारभूत मानव कल्याण तथा जीवित रहने योग्य वातावरण सुनिश्चित करना;

पर्यावरणीय समस्याओं एवं समाधानों के विषय में जानकारी के विनिमय और अंतरण को बढ़ावा देना तथा दीर्घकालिक विकास हेतु पर्यावरण संबंधी शिक्षा को प्रोत्साहन देना।

इसलिए, सभी कथन सही हैं।

74. पारिस्थितिक रूप से संवेदनशील क्षेत्र (इको सेंसिटिव जोन) के संदर्भ में, निम्नलिखित कथनों पर विचार कीजिए–

1. यह राष्ट्रीय उद्यान और वन्यजीव अभयारण्यों के चारों ओर स्थित बफर क्षेत्र होता है।

2. इसे पर्यावरण (संरक्षण) अधिनियम, 1986 के अंतर्गत घोषित किया जाता है।

3. इको सेंसिटिव जोन में किसी भी प्रकार की गतिविधि का पूर्ण निषेध होता है।

उपर्युक्त कथनों में से कौन-सा/से सही है/हैं?

(a) केवल 1 (b) केवल 2 और 3

(c) 1, 2 और 3 (d) केवल 1 और 2

उत्तर (d) **कथन 1 सही है।** पारिस्थितिक रूप से संवेदनशील क्षेत्र (इको सेंसिटिव जोन), राष्ट्रीय उद्यानों और वन्यजीव अभयारण्यों के चारों ओर स्थित बफर क्षेत्र होता है। यह उच्च संरक्षण क्षेत्र एवं निम्न संरक्षण क्षेत्र के मध्य एक संक्रमण क्षेत्र के रूप में कार्य करता है।

कथन 2 सही है। पारिस्थितिक रूप से संवेदनशील क्षेत्र को पर्यावरण (संरक्षण) अधिनियम 1986 के अंतर्गत घोषित किया जाता है।

कथन 3 सही नहीं है। हालांकि कुछ गतिविधियां (जैसे वर्षा जल संचयन) की सभी इको सेंसिटिव जोन में अनुमति प्रदान की जा सकती है, अन्य गतिविधियों को विनियमित या निषिद्ध करने की आवश्यकता होती है (जैसे पेड़ों की कटाई का विनियमन, व्यवसायिक खनन को निषिद्ध करना)। इसलिए, इको सेंसिटिव जोन के अन्दर गतिविधियां पूर्णतया निषिद्ध नहीं होती है।

75. निम्नलिखित में से कौन-सा/से पारिस्थितिकीय पिरामिड 'तालाब के पारिस्थितिकी तंत्र' के संबंध में उर्ध्वाधर है/हैं?

1. संख्या का पिरामिड

2. बायोमास का पिरामिड

3. ऊर्जा का पिरामिड

नीचे दिए गए कूट का प्रयोग कर सही उत्तर चुनिए–

(a) केवल 1 और 2 (b) केवल 1 और 3

(c) केवल 3 (d) 1, 2 और 3

उत्तर (b) तालाब के पारिस्थितिकी तंत्र में पिरामिड की संख्या तालाब के पारिस्थितिकी तंत्र में शैवाल, जीवाणु आदि जैसे पादप प्लवक उत्पादक होते हैं। ये संख्या में अधिकतम होते हैं। छोटी शाकाहारी मछलियां, रोटीफर्स आदि उत्पादकों की तुलना में कम संख्या में होते हैं जबकि छोटी मांसाहारी मछलियां और भी कम होती हैं। अंत में, सर्वोच्च उपभोक्ता या सबसे बड़ी मांसाहारी मछलियां संख्या में सबसे कम होती हैं। इसलिए, पिरामिड उर्ध्वाधर होता है।

तालाब के पारिस्थितिकी तंत्र में बायोमास का पिरामिड तालाब एक जलीय पारिस्थितिकी तंत्र होता है। जलीय तंत्र में, बायोमास उच्च पोष्टिकता स्तर तक बढ़ सकता है जिसमें मांसाहारी मछलियां सबसे बड़ी बायोमास होती हैं। इस प्रकार, पिरामिड उलटा होता है।

ऊर्जा का पिरमिड हमेशा उर्ध्वाधर होता है। **इसलिए, b सही उत्तर है।**

76. सुपोषण (यूट्रोफिकेशन) की समस्या कम करने के लिए निम्नलिखित में से कौन-सा/से कदम उठाया/उठाए जा सकता/सकते है/हैं ?

1. जल निकाय के चारों ओर आर्द्रभूमियों का निर्माण।

2. वायु प्रदूषण कम करना।

3. जलकृषि (Aquaculture) के लिए झीलों का निर्माण।

नीचे दिए गए कूट का प्रयोग कर सही उत्तर चुनिए–

(a) केवल 1 और 2 (b) केवल 2
(c) केवल 1 और 3 (d) 1, 2 और 3

उत्तर (a) यूट्रोफिकेशन (सुपोषण) रासायनिक पोषक तत्वों, सामान्यत: नाइट्रोजन, फास्फोरस या दोनों यौगिकों से पारिस्थितिकी तंत्र का संवर्धन है।

उर्वरकों के व्यापक उपयोग के परिणामस्वरूप कृषि अपवाह में पोषण तत्वों, विशेष रूप से नाइट्रोजन की सांद्रता अत्यधिक हो जाती है। यदि अपरदित मृदा झील तक पहुँच जाती है तो मिट्टी में विद्यमान फास्फोरस और नाइट्रोजन सुपोषण में योगदान देते हैं।

कृषि से विसरित प्रदूषण की समस्या का समाधान करने के लिए आर्द्रभूमियों का अधिक से अधिक उपयोग किया जाता है। आर्द्रभूमियों में नाइट्रेट, फ्री नाइट्रोजन में परिवर्तित और वायु में निर्मुक्त हो जाती है। यह हानिकारक नहीं होती है क्योंकि 4/5 वायुमंडल में फ्री नाइट्रोजन ही है। फॉस्फोरस आद्रभूमि की मिट्टी द्वारा अवशोषित कर लिया जाता है और नाइट्रोजन की भांति पौधों द्वारा ग्रहण कर लिया जाता है। इसलिए नाइट्रोजन और फॉस्फोरस, दोनों आर्द्रभूमियों द्वारा हटाए जा सकते हैं।

77. निम्नलिखित में से कौन-सी सूचक प्रजातियां (indicator species) हैं।

1. **टयूबीफेक्स टयूबीकेक्स**
2. **गौरैया**
3. **काई (मॉस)**
4. **नद्य ऊदबिलाव (river otter)**

नीचे दिए गए कूट का प्रयोग कर सही उत्तर चुनिए-

(a) केवल 1, 2 और 3
(b) केवल 1 और 4
(c) केवल 2 और 3
(d) 1, 2, 3 और 4

उत्तर (d) सूचक प्रजाति वह प्रजाति होती है जिसकी उपस्थिति, अनुपस्थिति या बहुतायत और उसमें परिवर्तन, कुछ विशेष पर्यावरणीय दशाओं का संकेत कर सकती है। सूचक प्रजाति की आबादी में परिवर्तन का प्रयोग विशेष पारिस्थितिक तंत्र में परिवर्तन और कभी-कभी समग्र रूप से पर्यावरण को प्रभावित करने वाले रुझानों पर दृष्टि रखने के लिए किया जाता है।

ट्यूबीफेक्स ट्यूबीफेक्स जिसे पंककृमि या सीवेज का कीड़ा भी कहा जाता है, ट्यूबिफिसिड खंडित कृमि की एक प्रजाति है। यह कई महाद्वीपों की झीलों और नदियों के तलछट में पाया जाता है। कम ऑक्सीजन, भारी धातुओं की उपस्थिति और अन्य पर्यावरणीय स्थितियां सहन करने की इसकी क्षमता के कारण इसे पानी की गुणवत्ता के सूचक के रूप में प्रयोग किया जाता है।

कई (मॉस) पारिस्थितिकी तंत्र के लिए वायु प्रदूषण के जोखिम की विश्वसनीय सूचक है क्योंकि ये अपना अधिकांश पोषक तत्व मिट्टी की बजाय सीधे वायु और वर्षा से प्राप्त करती है। काई और शैवाल की प्रमुखता वाले पारिस्थितिक तंत्र नाइट्रोजन प्रदूषण के प्रति सबसे अधिक संवेदनशील होते हैं। काई नाइट्रोजन के अवशोषण में इतनी अच्छी होती है कि वह इसे भूमिगत जल में निलक्षित होने से रोकती है, लेकिन अतिभारित होने पर यह शीघ्र विकृत हो जाती है। काई की कुछ प्रजातियां, विशेषकर नाइट्रोजन के स्तर में वृद्धि के प्रति संवेदनशील होती हैं।

रिवर औटर जहाँ पाये जाते हैं, उन क्षेत्रों में प्राकृतिक आवास की गुणवत्ता के महत्वपूर्ण सूचक प्रजाति हैं। इसका कारण यह है कि वे पूर्ण मांसभक्षी होते हैं और वातावरण में पाए जाने वाले संदूषक, समय के साथ जैवआर्वन प्रक्रिया के माध्यम से उनमें सांद्रित हो सकते हैं।

78. 'निकेत (niche)' के संदर्भ में, निम्नलिखित कथनों पर विचार कीजिए-

1. **यह पारिस्थितिकी तंत्र में प्रजाति द्वारा निभाई जाने वाली कार्यात्मक भूमिका है।**
2. **किन्हीं भी दो प्रजातियों का समान निकेत नहीं हो सकता है।**

उपर्युक्त कथनों में से कौन-सा/से सही है/हैं?

(a) केवल 1
(b) केवल 2
(c) 1 और 2 दोनों
(d) न तो 1, न ही 2

उत्तर (c) पारिस्थितिकीय निकेत, किसी प्रजाति की उसके पर्यावरण में स्थिति और भूमिका है अर्थात् यह कि वह किस प्रकार भोजन और आश्रय की अपनी आवश्यकताओं को पूरा करती है, किस प्रकार वह जीवित रहती है और किस प्रकार यह जनन करती है। प्रजाति के निकेत में उसके पर्यावरण के जैविक आकार अजैविक कारकों के साथ उसकी सभी अन्योन्यक्रियाएं सम्मिलित होती हैं।

किन्हीं दो प्रजातियों का एक समान निकेत नहीं होता है। निकेत भेद शब्द उस प्रक्रिया को दर्शाता है जिसके द्वारा प्रतिस्पर्धी प्रजातियां भिन्न-भिन्न रूप से पर्यावरण का इस प्रकार उपयोग करती है कि उन्हें एक साथ रहने में सहायता मिलती है। प्रतिस्पर्धी अपवर्जन सिद्धांत यह कहता है कि यदि एक समान निकेत (अर्थात पारिस्थितिकीय भूमिकाओं) वाली दो प्रजातियां प्रतिस्पर्धा करती हैं तो एक, अनिवार्य रूप से दूसरे को विलुप्त होने के कगार पर पहुंचा देती है। जब दो प्रजातियां अपने निकेत में भेद करती हैं तो उनमें कम प्रबलता के साथ प्रतिस्पर्धा करने की प्रवृत्ति होती है और इस प्रकार सह-अस्तित्व की अधिक संभावना होती है। प्रजातियां अपने निकेत में कई प्रकार से अंतर कर सकती हैं, जैसे भिन्न-भिन्न खाद्य पदार्थ का उपभोग करके या पर्यावरण के भिन्न-भिन्न भागों का उपयोग करके।

79. खाद्य शृंखला छोटी होने के पीछे निम्नलिखित में से कौन-सा/से कारण है/हैं?

1. **उच्च पोषण स्तर पर ऊर्जा क्षय की मात्रा अधिक होती है।**
2. **उच्च स्तर वाली प्रजातियां अपनी खाद्य आदतों में अधिक अविच्छिन्न (discrete) होती हैं।**

नीचे दिए गए कूट का प्रयोग कर सही उत्तर चुनिए-

(a) केवल 1 (b) केवल 2
(c) 1 और 2 दोनों (d) न तो 1, न ही 2

उत्तर (a) खाद्य शृंखलाएं काफी हद तक छोटी होती हैं। अधिकतम चार ऊर्ध्वाधर लिंक सामान्य होते हैं क्योंकि-

निम्न पोषण स्तर से उच्च पोषण स्तर की ओर जाने पर ऊर्जा क्षय की मात्रा अधिक होती है। (क्योंकि आकार में बड़ा होने के कारण उच्च पोषण स्तर वाली प्रजातियां को भोजन प्राप्त करने के लिए चलना और कार्य करना पड़ता है, इसलिए श्वसन के कारण अधिक ऊर्जा की हानि होती है)

उच्च पोषण स्तर, निम्न पोषण स्तर की तुलना में कम अविच्छिन्न होता है क्योंकि उत्तरोतर, उच्च पोषण स्तर वाले जीव एक से अधिक स्रोतों से ऊर्जा प्राप्त करते हैं और अपनी आहार आदतों में सामान्य होते हैं। वे अपने लिए उपलब्ध भोजन का उपयोग करने में अधिक कुशल होते हैं।

80. निम्नलिखित युग्मों पर विचार कीजिए-

अंतर्विशिष्ट अंतरक्रिया	उदाहरण
1. **सहभोजिता (Commensalism)**	**: अंजीर के पेड़ और ततैया के बीच अंत:क्रिया**
2. **अमेंसलिज्म (Amensalism)**	**: गाय बगुला और चराई करने वाले मवेशियों के बीच अंत:क्रिया**
3. **सहजीविता (Mutualism)**	**: शेर और हिरण के बीच अंत:क्रिया**
4. **परजीविता (Parasitism)**	**: जुएं और मानव की अंत:क्रिया**

उपर्युक्त युग्मों में से कौन-सा/से सही सुमेलित है/हैं?

(a) केवल 1, 2 और 3
(b) केवल 1, 2 और 4
(c) केवल 2 और 4
(d) केवलइ 4

उत्तर (d) अंतर्विशिष्ट अन्योन्यक्रिया दो अलग-अलग प्रजातियों की आबादी की अन्योन्यक्रिया से उत्पन्न होती है। यह दोनों में से एक प्रजाति या दोनों के लिए लाभप्रद, हानिकारक या तटस्थ (न तो हानिकारक और न ही लाभप्रद) हो सकती है। ये हैं पारस्परिकता, प्रतियोगिता, शिकार, परजीविता, सहभोज्यता और अमेंसलिज्म।

81. निम्नलिखित में से कौन कार्बन प्रच्छादन (carbon seauestration) में सहायता करता है?

1. आर्द्रभूमि पुनर्स्थापन
2. नगरीय वानिकी
3. पादप प्लवकों का विकास

नीचे दिए गए कूट का प्रयोग कर सही उत्तर चुनिए–

(a) केवल 1 (b) केवल 1 और 2
(c) केवल 2 और 3 (d) 1, 2 और 3

उत्तर (d) कार्बन प्रच्छादन (Carbon sequestration) का अर्थ होता है वायुमंडल से कार्बन डाइऑक्साइड (CO2) प्रग्रहण या वायुमंडल में निर्मुक्त किए जाने से पूर्व ऊर्जा संयंत्र सदृश बड़े आकार के स्थिर स्रोतों से मानवीय रूप से उत्पन्न CO2 का प्रग्रहण। एक बार प्रग्रहित हो जाने के पश्चात् CO2 गैस (या CO2 के कार्बन वाले भाग) को दीर्घकालिक भंडार में डाल दिया जाता है।

दलदली मृदा एक महत्वपूर्ण कार्बन सिंक होता है; विश्व के मृदा कार्बन का 14.5% दलदलीय भूमि में पाया जाता है।

शहरी वानिकी या शहरी क्षेत्रों में वृक्ष रोपण में वायुमंडलीय CO_2 को जैव-भार में परिवर्तित करना सम्मिलित है।

पादप प्लवक की वृद्धि : पादक प्लवक की वृद्धि वायुमंडल से कार्बन हटाती है। पादप प्लवक के मृत हो जाने पर, इसमें से कुछ गहरे सागर में डूब जाते हैं तथा अपने साथ वायुमंडलीय कार्बन को भी ले जाते हैं।

82. निम्नलिखित कथनों पर विचार कीजिए–

1. जलीय पारिस्थितिकी तंत्र में, ऊर्जा का बड़ा अंश अपरद (detritus) खाद्य शृंखला की तुलना में चारण (grazing) खाद्य शृंखला के माध्यम से प्रवाहित होता है।

2. स्थलीय पारिस्थितिक तंत्र में, ऊर्जा का बड़ा अंश चारण खाद्य शृंखला के माध्यम से प्रवाहित होता है।

उपर्युक्त कथनों में से कौन-सा/से सही है/हैं?

(a) केवल 1 (b) केवल 2
(c) 1 और 2 दोनों (d) न तो 1, न ही 2

उत्तर (c) चारण (चराई) खाद्य शृंखला, प्रथम पोषित स्तर पर विद्यमान उत्पादकों से आरम्भ होती है। पादप जैवभार या जैव द्रव्यमान को तत्पश्चात् शाकभक्षी प्राणियों द्वारा उपभोग कर लिया जाता है, जिन्हें तत्पश्चात् विधि प्रकार के मांसभक्षी प्राणियों द्वारा आहार बना लिया जाता है। किसी जलीय पारितंत्र में, चारण खाद्य शृंखला ऊर्जा प्रवाह का मुख्य वाहक होता है।

अपरद खाद्य शृंखला जंतुओं के मृत शरीर या गिरे हुए पत्तों जैसे अपरदों से आरम्भ होता है जिन्हें अपघटकों या अपरदभोजियों द्वारा सरल अकार्बनिक पदार्थों में अपघटित कर दिया जाता है। किसी स्थलीय पारिस्थितिक-तंत्र में अपरद खाद्य शृंखला ऊर्जा प्रवाह का मुख्य वाहक होता है। चारण शृंखला के ठीक विपरीत, मिट्टी के नीचे पाये जाने वाले सभी जीव अपरद खाद्य शृंखला में सम्मिलित होते हैं।

83. हैलोफाइटिक (लवणमृदोद्भिद) पौधों में निम्नलिखित में से कौन से अनुकूलन दृष्टिगोचर होते हैं?

1. अवलम्ब और अवस्तंभ मूल (prop and stilt roots)
2. न्यूमेटोफोर्ज रंध्र (Sunken stomata)
3. जलमग्न रंध्र (Sunken stomata)
4. जरायुजता (Vivipary)

नीचे दिए गए कूट का प्रयोग कर सही उत्तर चुनिए–

(a) केवल 1 और 2
(b) केवल 1, 2 और 4
(c) केवल 3 और 4
(d) 1, 2, 3 और 4

उत्तर (b) लवणमृदोद्भिद, अधिक लवणयुक्त जल में उगते हैं। ये अपनी जड़ों या लवणीय अर्द्ध मरुस्थलों, मैन्ग्रोव वाले दल-दलों, कच्छ भूमियों तथा समुद्री तटों पर नमक के छिड़काव से लवणयुक्त जल के संपर्क में आते हैं।

अवलम्ब और अवस्तंभ मूल (prop and stilt roots): ये किसी वृक्ष की क्षैतिज रूप से प्रसारित शाखाओं से विकसित स्तर सदृश जड़ें होती हैं। ये नीचे की ओर लम्बवत बढ़ती हैं तथा मिट्टी में प्रवेश कर जाती हैं। मैन्ग्रोव में ऐसा सामान्य रूप से देखा जाता है।

न्यूमेटोफोर्ज : न्यूमेटोफोर्ज ऐसी सीधी जड़ें होती हैं जो ऊपर की ओर सम्बद्ध या भूमिगत जड़ प्रणाली के विस्तारित रूप होते हैं। चूँकि ये जड़ें दिन के एक निश्चित भाग में खुली हुई होती हैं तथा ये जल में डूबी हुई नहीं होतीं, यह जड़ प्रणाली आवायवी अध:स्तर में ऑक्सीजन प्राप्त कर सकती है।

विविपैरी : विविपैरी ऐसी स्थिति है जिसमें भ्रूण (बीज के भीतर नन्हा पौधा) बढ़कर बीज की परत को फोड़, फल की दीवार बाहर निकल आता है, किन्तु मातृ-पौधा से जुड़ा रहता है।

जलमग्न रंध्र : जलमग्न रंध्र किसी लघु छिद्र में स्थित रंध्र होते हैं। यह जल-वाष्प को वायु धारा में उड़ने से सुरक्षित करते हैं। जलमग्न रंध्र, शुष्क वातावरण में उगने वाले पौधों में जल को संरक्षित करने के लिए, उनके अनुकूलनों में से एक के रूप में पाए जाते हैं। जलमग्न रंध्रों वाले पौधों में नम वातावरण के पौधों की अपेक्षा सामान्य रूप से कम रंध्र होते हैं। यह मरुद्भिदों में पायी जाने वाली विशेषता है।

84. पोषक तत्वों के चक्रण के सन्दर्भ में कार्बन चक्र तथा फॉस्फोरस चक्र के बीच तुलना करने वाले निम्नलिखित कथनों पर विचार कीजिए–

1. वर्षा के माध्यम से फॉस्फोरस का वातावरणीय इनपुट, कार्बन इनपुट से बहुत अधिक होता है।

2. जीव तथा वातावरण के बीच फॉस्फोरस का गैसीय आदान-प्रदान कार्बन की तुलना में नगण्य होता है।

उपर्युक्त कथनों में से कौन-सा/से सही नहीं है/हैं?

(a) केवल 1 (b) केवल 2
(c) 1 और 2 दोनों (d) न तो 1, न ही 2

उत्तर (a) पोषण चक्र दो प्रकार के होते हैं: (a) गैसीय, और (b) अवसादी। गैसीय प्रकार के पोषण चक्र (यथा, नाइट्रोजन, कार्बन चक्र) के लिए भण्डार वातावरण में अवस्थित है, यथा अवसादी चक्र (यथा, गंधक तथा फॉस्फोरस चक्र) के लिए यह पृथ्वी की पर्पटी में अवस्थित है। इस भण्डार का कार्य अंतर्वाह तथा बहिर्वाह में असंतुलन के कारण उत्पन्न कमी को पूरा करना है, तथा इसी में कार्बन तथा फॉस्फोरस चक्र के बीच अंतर निहित है।

कार्बन चक्र के ठीक विपरीत, फॉस्फोरस चक्र के बीच अंतर निहित है।

कार्बन चक्र के ठीक विपरीत, फॉस्फोरस को वातावरण में श्वसन के माध्यम से नहीं छोड़ा जाता है। इसके अतिरिक्त, वर्षा के माध्यम से वातावरण में फॉस्फोरस का इनपुट कार्बन के इनपुट से बहुत कम होता है, तथा जीव और वातावरण के बीच फॉस्फोरस का गैसीय विनिमय कार्बन की तुलना में नगण्य होता है।

85. निम्नलिखित में से किसे स्वपोषियों के अंतर्गत वर्गीकृत किया गया है?

1. प्रकाशपोषी

2. केमोट्रोफ्स (रसायनपोषी)

3. परजीवी

4. मृतजीवी

नीचे दिए गए कूट का प्रयोग कर सही उत्तर चुनिए-

(a) केवल 1

(b) केवल 1 और 2

(c) केवल 2, 3 और 4

(d) 1, 2, 3 और 4

उत्तर (b) स्वपोषी जीवों में वे प्रजातियाँ आती हैं जो अपना भोजन स्वयं उत्पादित करती हैं। इनमें निम्नलिखित सम्मिलित हैं-

प्रकाशपोषी – ये सौर विकिरण का उपयोग कर प्रकाश-संश्लेषण के माध्यम से भोजन तैयार करते हैं।

रसायनपोषी – ये ऑक्सीकरण के माध्यम से अकार्बनिक पदार्थों से रसोसंश्लेषण के माध्यम से भोजन तैयार करते हैं।

परपोषित में सम्मिलित है-

मृतजीवी (Saprophytes)- ये मृत पौधों तथा जंतुओं से प्राप्त विलयन में उपस्थित कार्बनिक यौगिकों पर निर्भर करते हैं।

प्राणीसमभोजी पोषण (Holozoic) – एक प्रकार का परपोषित पोषण है जिसे तरल तथा ठोस खाद्य कणों के समावेशन (अंतर्ग्रहण) तथा आंतरिक प्रक्रमण के रूप में पहचाना जाता है। प्रोटोजोआ, यथा अमीबा, तथा मानव सहित अधिकांश मुक्त जीवन वाले जंतु इस प्रकार की पोषण प्रक्रिया प्रदर्शित करते हैं।

• परजीवी – ये सजीवों पर निर्भर करते हैं।

86. पारस्थितिक तंत्र सम्बन्धी सेवाओं के संदर्भ में, निम्नलिखित में से कौन विनियमन सेवाओं (Regulating Services) के उदाहरण हैं?

1. कार्बन प्राच्छादन (sequestration) तथा भंडारण

2. चरस घटनाओं का संतुलन

3. अपशिष्ट-जल शोधन

4. आनुवांशिक विविधता को बनाए रखना

5. औषधीय संसाधन

नीचे दिए गए कूट का प्रयोग कर सही उत्तर चुनिए-

(a) केवल 1, 2 और 3

(b) केवल 1, 4 और 5

(c) केवल 2, 3, 4 और 5

(d) 1, 2, 3, 4 और 5

उत्तर (a) पारिस्थितिकी तंत्र सेवाएँ, मानव कल्याण के लिए पारिस्थितिकी प्रणालियों के प्रत्यक्ष और अप्रत्यक्ष योगदान को निरुपित करती हैं। पारिस्थितिकी तंत्र सेवाओं के प्रकार :

प्रावधान निर्मित करने वाली सेवाएँ (Provisioning Services) : ये ऐसी पारिस्थितिकी तंत्र सेवाएँ हैं जो पारिस्थितिकी प्रणालियों से उत्पन्न सामग्री या ऊर्जा का उल्लेख करती हैं। वे भोजन, जल, औषधीय संसाधनों और अन्य संसाधनों को सम्मिलित करती हैं।

विनियमनकारी सेवाएँ (Regulating Services) : ये ऐसी सेवाएँ हैं जो पारिस्थितिकी तंत्रों द्वारा विनियामकों के रूप में कार्य करते हुए प्रदान की जाती हैं। इनमें वायु और मिट्टी की गुणवत्ता को विनियमित करना अथवा बाढ़ के नियंत्रण, अपशिष्ट जल उपचार, चरम घटनाओं का अनुशोधन और कार्बन स्ववियोजन और भंडारण के प्रावधान निर्मित करना सम्मिलित हैं।

सहयोगी सेवाएँ (Supporting Services) : इनमें प्रजातियों को पर्यावास प्रदान करना और आनुवंशिक विविधता का अनुरक्षण करना सम्मिलित है।

सांस्कृतिक सेवाएँ : इसमें पर्यटन, आध्यात्मिक अनुभव एवं स्थान महत्ता की अनुभूति, मनोरंजन एवं मानसिक और शारीरिक स्वास्थ्य सम्मिलित हैं।

87. निम्नलिखित में से कौन वातावरण में व्याप्त नाइट्रोजन को अमोनियम आयनों में परिवर्तित करने में सक्षम हैं?

1. वायुजीवी अजैटोबैक्टर

2. राइजोबियम

3. नाइट्रोबैक्टर

4. नाइट्रोसोमोनास जीवाणु

नीचे दिए गए कूट का प्रयोग कर सही उत्तर चुनिए-

(a) केवल 1 और 2 (b) केवल 3 और 4

(c) केवल 2 और 3 (d) 1, 2, 3 और 4

उत्तर (a) कुछ सूक्ष्मजीव, वायुमंडलीय नाइट्रोजन का अमोनियम आयनों में स्थिरण करने में सक्षम होते हैं। इनमें मुक्त जीवन व्यतीत करने वाली नाइट्रीकारी जीवाणु (जैसे, वायवीय एजोटोबैक्टर और अवायवीय क्लोस्ट्रीडियम), और मूल ग्रंथिका (रूट नोड्यूल) युक्त फलीदार पादपों के साथ सहजीवन व्यतीत करने वाले नाइट्रीकारी बैक्टीरिया (जैसे राइजोबियम) साथ ही साथ नील हरित शैवाल (जैसे स्पाइरुलाइना, एनाबिना इत्यादि) सम्मिलित है।

कुछ पौधों द्वारा अमोनियम आयनों को सीधे नाइट्रोजन के स्रोत के रूप में ग्रहण किया जा सकता है, या विशेषीकृत जीवाणुओं के दो समूहों द्वारा नाइट्राइट में परिवर्तन को बढ़ावा देते हैं। बाद में नाइट्राइट को नाइट्रोबैक्टर जीवाणुओं द्वारा नाइट्रेट में परिवर्तित कर दिया जाता है।

88. कीस्टोन प्रजाति के सन्दर्भ में निम्नलिखित कथनों पर विचार कीजिए-

1. एक कीस्टोन प्रजाति अपने वातावरण पर अपनी प्रचुरता के सापेक्ष में समानुपातिक रूप से बहुत अधिक प्रभाव डालता है।

2. उष्णकटिबंधीय वर्षा वनों में अंजीर कीस्टोन प्रजाति हैं चूँकि वे बड़ी मात्रा में फलों का उत्पादन करते हैं।

नीचे दिए गए कूट का प्रयोग कर सही उत्तर चुनिए-

(a) केवल 1 (b) केवल 2

(c) केवल 1 और 2 (d) न तो 1, न ही 2

उत्तर (c) अपनी कम संख्या की तुलना में समुदाय की विशेषता पर अधिक प्रभाव रखने वाली प्रजातियों को कीस्टोन प्रजाति कहा जाता है। ये प्रजातियाँ अन्य प्रजातियों के सापेक्ष प्रचुरता को नियंत्रित करने में महत्वपूर्ण भूमिका निभाती हैं। कीस्टोन प्रजातियों को हटाने से समुदाय की कार्यपद्धति में गंभीर समस्या उत्पन्न हो सकती है क्योंकि ये अत्यधिक मात्रा में फल उत्पन्न करती हैं। भोजन के अभाव की अवधि के दौरान, इन फलों को बंदरों, पक्षियों, चमगादड़ों एवं अन्य कशेरुकी प्राणियों द्वारा खाया जाता है। इस प्रकार, अंजीर के पेड़ों का संरक्षण करने से उन पर निर्भर प्राणी भी संरक्षित हो जाते हैं।

❑❑❑

पर्यावरण प्रदूषण/संरक्षण/अन्य

1. पर्यावरणीय शरणार्थियों के अधिकारों को निम्नलिखित में से किसके अंतर्गत मान्यता प्रदान की गई है?
   1. संयुक्त राष्ट्र शरणार्थी समझौता, 1951
   2. पेरिस समझौता
   3. एजेंडा 21

   नीचे दिए गए कूट का प्रयोग कर सही उत्तर का चयन कीजिए–
   (a) केवल 1 और 3
   (b) केवल 2
   (c) केवल 1, और 3
   (d) 1, 2 और 3

उत्तर (b) UN शरणार्थी कन्वेंशन (1951) यह जाति, धर्म, राष्ट्रीयता, विशेष सामाजिक समूह या राजनीतिक मत से संबद्धता के कारण उत्पीड़न से भागने वाले लोगों को कुछ अधिकार प्रदान करता है।

वे अधिकार जिसके वे अधिकारी हैं, वे हैं- गैर-भेदभाव, गैर-दांण्डिकारण/दंडादेश और नॉनरिफाऊलमेंट (उत्पीड़न वाले क्षेत्र में, जहाँ से वे आये हैं, वापस न भेजा जाना) के सिद्धान्तों का अनुपालन।

हालांकि पर्यावरण आपदाओं के कारण पलायन करने वाले लोगों के लिए अंतर्राष्ट्रीय कानून में उनके 'शरणार्थी' दर्जे के लिए ऐसी कोई मान्यता नहीं है, जिससे वे पुनर्वास और क्षतिपूर्ति के किसी भी मूलभूत अधिकार से वंचित हो जाते हैं। **इसलिए, 1 सही नहीं है।**

पेरिस समझौता : पेरिस समझौता में उसकी प्रस्तावना में 'प्रवासियों के अधिकारों का उल्लेख किया गया है। यह समझौता, हानि और क्षति खंड (Loss and Damage section) के अनुच्छेद 50 में, जलवायु के कारण प्रवसन से निपटने के लिए वर्तमान कार्य को आगे बढ़ाने और अनुशासन विकसित करने के लिए कार्यदल का गठन करता है। **इसलिए 2 सही है।**

एजेंडा 21 संधारणीय विकास के संबंध में संयुक्त राष्ट्र की गैर-बाध्यकारी, स्वैच्छिक रूप से कार्यान्वित कार्य योजना है। इसमें पर्यावरणीय शरणार्थियों के अधिकार नहीं सम्मिलित हैं। **इसलिए, 3 सही नहीं है।**

2. बायो-गैस के संबंध में निम्नलिखित कथनों पर विचार कीजिए–
   1. यह मीथेन और कार्बन डाइऑक्साइड का संयोजन है।
   2. यह कार्बनिक पदार्थों के अवायवीय पाचन से निर्मित होती है।
   3. इसका दहन सामान्य रूप से बिना धुएँ के होता है और इसकी तापन क्षमता उच्च होती है।

   उपर्युक्त कथनों में से कौन-सा/से सही है/हैं?
   (a) केवल 1 और 2 (b) केवल 1 और 3
   (c) केवल 2 और 3 (d) 1, 2 और 3

उत्तर (d) **कथन 1 सही है।** बायो-गैस में 65% मीथेन और 35% तक CO_2 होती है।

कथन 2 सही है। सीलबंद किण्वक में जैविक पदार्थों के अवायवीय पाचन द्वारा बायोगैस का उत्पादन होता है। यह किण्वक लगभग 38-55 डिग्री सेल्सियस पर जैविक रूप में जटिल प्रक्रिया के माध्यम से मीथेन का उत्पादन करने वाले जीवाणुओं का उपयोग करके जैविक पदार्थ को बायोगैस में परिवर्तित करता है।

कथन 3 सही है : यह धूम्ररहित जलती है, लकड़ी, चारकोल और कोयला जलने पर राख की भांति कोई अवशेष नहीं छोड़ती है। इसकी ऊष्मन/तापन क्षमता उच्च होती है। जैव अपशिष्ट और मलजल सामग्री का बड़े पैमाने पर उपयोग ऊर्जा और खाद की आपूर्ति के अतिरिक्त अपशिष्ट निपटान के लिए सुरक्षित और कुशल विधि प्रदान करता है। बायो-गैस का प्रकाश व्यवस्था के लिए भी प्रयोग किया जाता है।

3. निम्नलिखित में से कौन-से उपाय शहरी क्षेत्र में वायु की गुणवत्ता में सुधार कर सकते हैं?
   1. कृत्रिम वर्षा करवाना।
   2. निजी वाहनों के लिए पार्किंग शुल्क में वृद्धि
   3. अपशिष्ट से ऊर्जा प्राप्त करने हेतु भस्मीकरण पर आधारित विद्युत संयंत्रों की स्थापना करना।

   नीचे दिए गए कूट का प्रयोग कर सही उत्तर का चयन कीजिए–
   (a) केवल 1 और 2 (b) केवल 2
   (c) केवल 1 और 3 (d) 1, 2 और 3

उत्तर (d) **कथन 1 सही है।** कृत्रिम वर्षा के परिणामस्वरूप PM2.5 एवं PM10 कण भूमि पर आपतित (settling) हो जाएँगे। इस प्रकार वायु की गुणवत्ता में सुधार होगा।

कथन 2 सही है। पार्किंग शुल्क में बढ़ोत्तरी होने से सड़कों पर वाहनों की संख्या में कमी होगी। इस प्रकार, प्रदूषण स्तर में कमी होगी।

कथन 3 सही नहीं है। भस्मीकरण तकनीक पर आधारित अपशिष्ट से ऊर्जा प्राप्त करने के संयंत्र ठोस अपशिष्ट प्रबंधन की समस्या का समाधान करते हैं किन्तु वे खतरनाक गैसों का उत्सर्जन करते हैं। इस प्रकार शहर में उनकी स्थापना वायु की गुणवत्ता में सुधार नहीं कर सकती। भस्मीकारकों की चिमनियों द्वारा उत्सर्जित धुँए एवं राख में अम्लीय गैसें, नाइट्रोजन ऑक्साइड, भारी धातुएँ, निलम्बित कण और डाइऑक्सिन सम्मिलित होते हैं जो कैंसरजनक है। यद्यपि इन प्रदूषकों में कमी करने के लिए भस्मीकरण प्रदूषण नियंत्रण प्रौद्योगिकी को और अधिक विकसित किया जा रहा है, किन्तु यह ज्ञात हुआ है कि इन नियंत्रणकारकों की स्थापना के बावजूद अभी भी कुछ ऐसे डाइऑक्सीजन शेष हैं जो वातावरण में प्रवेश कर जाते हैं।

4. राष्ट्रीय वायु गुणवत्ता सूचकांक के संबंध में निम्नलिखित कथनों पर विचार कीजिए–
   1. यह भारत में सभी शहरों के प्रदूषण के स्तर के संबंध में रियल टाइम डेटा देता है।
   2. यह विश्व स्वास्थ्य संगठन (WHO) द्वारा निर्धारित मानकों पर आधारित है।
   3. यह सीसा (लेड) और ओजोन सहित आठ प्रदूषकों पर विचार करता है।

   उपर्युक्त कथनों में से कौन-सा/से सही है/हैं?

(a) केवल 1 और 2
(b) केवल 3
(c) केवल 1, 2 और 3

उत्तर (b) कथन 1 सही नहीं है। राष्ट्रीय वायु गुणवत्ता (NAQI) सीमित शहरों के प्रदूषण के स्तर के संबंध में रीयल-टाइम डेटा प्रदान करता है। इसका लक्ष्य एक मिलियन से अधिक जनसंख्या वाले सभी शहरों को समाविष्ट करना है। इसे 11 शहरों से आरंभ किया गया था और केवल 33 शहरों तक ही विस्तारित किया गया है।

कथन 2 सही नहीं है। यह विश्व स्वास्थ्य संगठन (WHO) मानकों पर आधारित नहीं है। राष्ट्रीय वायु गुणवत्ता सूचकांक (NAQI) मानक, विश्व स्वास्थ्य संगठन (WHO) सुरक्षित दिशा-निर्देशकों की तुलना में 3 गुना अधिक हैं। उदाहरण के लिए विश्व स्वास्थ्य संगठन (WHO) सुरक्षित सीमा के रूप में PM2.5 की 10ppm मात्रा की अनुशंसा करता है जबकि राष्ट्रीय वायु गुणवत्ता सूचकांक (NAQI) इसकी मात्रा 50ppm निर्धारित करता है।

कथन 3 सही है। PM10, PM2.5, NO2, SO2, Co, अमोनिया (NH3), ओजोन (O3), एवं सीसा (लेड या Pb) राष्ट्रीय वायु सूचकांक (NAQI) द्वारा विचारधीन आठ प्रदूषक हैं।

5. केंद्रीय प्रदूषण नियंत्रण बोर्ड के संबंध में, निम्नलिखित कथनों पर विचार कीजिए–

1. इसकी स्थापना जल (प्रदूषण निवारण और नियंत्रण) अधिनियम, 1974 के अंतर्गत की गयी थी

2. इसकी अध्यक्षता पर्यावरण, वन और जलवायु परिवर्तन मंत्री द्वारा की जाती है।

3. यह प्रदूषण मानकों का उल्लंघन करने वाले किसी भी उद्योग पर अर्थदंड अधिरोपित कर सकता है।

उपर्युक्त कथनों में से कौन-सा/से सही है/हैं?

(a) केवल 2 और 3
(b) केवल 1
(c) 1, 2 और 3
(d) उपरोक्त में से कोई नहीं
(d) कोई नहीं

उत्तर (b) कथन 1 सही है। केन्द्रीय प्रदूषण नियंत्रण बोर्ड की स्थापना, जल (प्रदूषण निवारण एवं नियंत्रण) अधिनियम, 1974 के अंतर्गत की गयी थी।

कथन 2 सही नहीं है। यह क्षेत्र निर्माण के रूप में कार्य करता है तथा पर्यावरण (संरक्षण) अधिनियम, 1986 के प्रावधानों के अन्तर्गत पर्यावरण और वन मंत्रालय को तकनीकी सेवाएं भी उपलब्ध कराता है। पर्यावरण, वन और जलवायु परिवर्तन मंत्री इसकी अध्यक्षता नहीं करता है। इसका अध्यक्ष केन्द्र सरकार द्वारा मनोनीत किया जाता है।

कथन 3 सही नहीं है। CPCB केवल एक सलाहकारी संस्था है। इसे दंड आरोपित करने का अधिकार नहीं है। इसे राज्य सरकारों को समरूप मानकों को अपनाने के लिए बाध्य करने या राज्य सरकारों द्वारा इन मानकों के प्रवर्तन के प्रति अनिच्छुक रहने में सम्बद्ध मामलों को अपने हाथ में लेने की शक्तियाँ प्राप्त नहीं है। CPCB को जहां परामर्शदाता की भूमिका दी गयी है, वहीं SPCB को प्रदूषण नियंत्रण गतिविधियों का पालन और प्रवर्तन सुनिश्चित करने का महत्वपूर्ण कार्य सौंपा गया है।

6. वैश्विक पर्यावरण सुविधा (GEF) के संबंध में, निम्नलिखित कथनों पर विचार कीजिए–

1. इसकी स्थापना विश्व बैंक द्वारा विश्व पर्यावरण के संरक्षण में सहायता करने हेतु की गई थी।

2. यह जलवायु परिवर्तन पर संयुक्त राष्ट्र फ्रेमवर्क कन्वेंशन (UNFCCC) के वित्तीय तंत्र के रूप में कार्य करती है।

3. संयुक्त राष्ट्र पर्यावरण कार्यक्रम (UNEP) इसकी कार्यान्वयन एजेंसी है।

उपर्युक्त कथनों में से कौन-सा/से सही है/हैं?

(a) केवल 1 (b) केवल 2
(c) केवल 1 और 2 (d) 1, 2 और 3

उत्तर (d) सभी कथन सही हैं।

वैश्विक पर्यावरण सुविधा (CEF), अंतर्राष्ट्रीय सहयोग के लिए एक साझेदारी है, जिसमें 183 देश, अंतर्राष्ट्रीय संस्थाओं, नागरिक संगठनों और निजी क्षेत्र के साथ मिलकर वैश्विक पर्यावरण की समस्याओं के समाधान के लिए कार्य करेंगे। विश्व बैंक में वैश्विक पर्यावरण की सुरक्षा और सतत प्रोत्साहन की सहायता प्रदान करने के लिए 1 बिलियन डॉलर की एक प्रायोगिक परियोजना के रूप में वैश्विक पर्यावरण सुविधा की स्थापना की गयी थी। GEF, सात प्रमुख क्षेत्रों पर फोकस करता है, जिनमें जैव-विविधता, जलवायु परिवर्तन (शमन और अनुकूलन), रसायन, अंतर्राष्ट्रीय जल, भूमि निम्नीकरण, सतत वन प्रबंधन/REDD+, ओजोन परत ह्रास सम्मिलित हैं।

GEF निम्नलिखित चार समझौतों के वित्तीय तंत्र का कार्य भी करता है:

कनवेंशन ऑन बायलोजिकल डायवर्सिटी (CBD)।

यूनाइटेड नेशंस फ्रेमवर्क कन्वेंशन ऑन क्लाईमेट चेंज (UNFCCC)।

स्टॉकहोम कन्वेंशन ऑन परसिस्टेंट ऑर्गेनिक पोल्यूटेंटस (POP) और

यूनाइटेड नेशंस कन्वेंशन ऑन कम्बैट डेजर्टीफिकेशन (UNCCD)।

GEF, गैर-सरकारी संस्थाओं, स्थानीय समुदायों और अन्य जमीनी संगठनों के लिए भी UNDP द्वारा संचालित छोटे अनुदान कार्यक्रमों के माध्यम से एक सेपरेट विंडो की व्यवस्था करता है। विश्व बैंक, GEF की न्यास निधि के प्रशासक के रूप में कार्य करता है। विश्व बैंक और संयुक्त राष्ट्र विकास कार्यक्रम (UNDP) के साथ UNEP, GEF की एक कार्यान्वयन एजेंसी है।

भारत और GEF

सस्टैनबल लैंड एंड इकोसिस्टम मैनेजमेंट प्रोग्राम (SLEM): भारत सरकार और वैश्विक पर्यावरण सुविधा (GEF) के देशों की भागीदारी के अंतर्गत एक संयुक्त उपक्रम है।

7. 'फ्लाई ऐश' के संबंध में, निम्नलिखित में से कौन-सा/से कथन सही है/हैं?

1. फ्लाई ऐश, ताप विद्युत संयंत्रों में कोयले के दहन के उत्पाद के रूप में प्राप्त होती है।

2. फ्लाई ऐश के आर्द्र निपटान के फलस्वरूप, भू-जल प्रणाली में विषाक्त भारी धातुओं का निक्षालन होता है।

3. महाराष्ट्र, देश में फ्लाई ऐश उपयोगिता नीति अपनाने वाला प्रथम राज्य है।

नीचे दिए गए कूट का प्रयोग कर सही उत्तर का चयन कीजिए–

(a) केवल 1 (b) केवल 2 और 3
(c) केवल 1 और 3 (d) 1, 2 और 3

उत्तर (d) कथन 1 सही है। फ्लाई एश ताप विद्युत संयंत्रों में कोयले के जलने से प्राप्त होने वाला एक महीन उपोत्पाद है। यह एक माईक्रोन आकार का भू-तत्व है, जो मुख्यत: सिलिका, एल्युमिना और लोहे से निर्मित होता है। फ्लाई एश से वायु प्रदूषण होता है। यह जल और मृदा को भी प्रदूषित कर सकता है।

कथन 2 सही है। फ्लाई एश के आर्द्र निपटान के परिणामस्वरूप भू-जल व्यवस्था में विषाक्त भारी धातुओं का निक्षालन होता है।

फ्लाई एश का उपयोग पोर्टलैंड कंक्रीट में सीमेंट तत्वों के प्रतिस्थापन के लिए किया जा सकता है। इसका उपयोग भवन निर्माण की ईंटों के उत्पादन में किया जा सकता है। केन्द्र सरकार ने ताप ऊर्जा संयत्रों के 500 किमी की परिधि में होने वाले सभी भवन निर्माण गतिविधियों में फ्लाई एश ईंटों के उपयोग को अनिवार्य कर दिया है।

कथन 2 सही है। फ्लाई एश के आर्द्र निपटान के परिणामस्वरूप भू-जल व्यवस्था में विषाक्त भारी धातुओं का निक्षालन होता है।

फ्लाई एश का उपयोग पोर्टलैंड कंक्रीट में सीमेंट तत्वों के प्रतिस्थापन के लिए किया जा सकता है। इसका उपयोग भवन निर्माण की ईंटों के उत्पादन में किया जा सकता है। केन्द्र सरकार ने ताप ऊर्जा संयत्रों के 500 किमी की परिधि में होने वाले सभी भवन निर्माण गतिविधियों में फ्लाई एश ईंटों के उपयोग को अनिवार्य कर दिया है।

कथन 3 सही है। महाराष्ट्र, फ्लाई एश उपयोगिता नीति को अपनाने वाला देश का पहला राज्य है। इस नीति के अंतर्गत सभी भवन निर्माण गतिविधियों में ताप ऊर्जा संयत्रों और बायोगैस संयत्रों से उत्पादित फ्लाई एश का 100% उपयोग किया जायेगा।

8. विकिरण प्रदूषण के संदर्भ में निम्नलिखित कथनों पर विचार किजिए–

1. मोबाइल टावरों से होने वाले विकिरण के प्रकृति में आयनकारी (ionising) होने के कारण, ये मानव स्वास्थ्य के लिए हानिकारक हैं।

2. मोबाइल टावर से उत्सर्जित निम्न तीव्रता की सूक्ष्म तरंगे (माइक्रोवेव) पक्षियों की नेविगेशन क्षमता को कम कर देती हैं।

उपर्युक्त कथनों में से कौन-सा/से सही है/हैं?

(a) केवल 1 (b) केवल 2

(c) 1 और 2 दोनों (d) न तो 1 न ही 2

उत्तर (b) **कथन 1 सही नहीं है।** आयनीकारक विकिरण एक्स-रे या गामा-रे जैसे उच्च ऊर्जा विकिरण होते हैं जो DNA को परिवर्तित कर सकते हैं। मोबाइल टॉवरों से होने वाले विकिरणों की प्रकृति गैर-आयनीकारक होती है, इनमें निम्न स्तरीय ऊर्जा होती है जो केवल तापीय प्रभाव उत्पन्न कर सकती है। इनके मानव स्वास्थ्य पर पड़ने वाले प्रभावों के संबंध में अभी भी वाद-विवाद चल रहा है।

कथन 2 सही है। पक्षियों के नेविगेशन कौशल एवं पृथ्वी की चुम्बकीय अंतर्संबंधित होते हैं। प्राकृतिक विद्युत-चुम्बकीय विकिरण (EMR) एवं पृथ्वी-अभिविन्यस्त चुंबकीय कंपन सीधे समानुपातिक होते हैं, जबकि प्रौद्योगिकी-प्रेरित विद्युत चुम्बकीय विकिरण व्युत्क्रमानुपाती होता है। सभी मोबाइल फोन टावर माइक्रोवेव विकिरण उत्सर्जित करते हैं, जो रेडियो आवृति विकिरण (RFR) होता है। (विद्युत चुम्बकीय तरंग स्पेक्ट्रम का एक भाग)। छोटे प्राणियें के तंत्रिका तंत्र और प्रतिरक्षा तंत्र पर निम्न स्तरीय विद्युत चुम्बकीय (EMR) के प्रति दीर्घावधिक एक्सपोजर के हानिकारक प्रभाव होते हैं। अध्ययनों से संकेत मिलता है कि 900 मेगाहर्ट्ज वाहक आवृति का स्पंदित मोबाइल फोन विकिरण से कीटों की जनन क्षमता में 60% की कमी हुई। मोबाइल टावरों से होने वाला विकिरण न केवल मानव स्वास्थ्य पर प्रतिकूल प्रभाव डाल रहा है अपितु इसे शहरी क्षेत्रों में गौरैयों की कम संख्या के लिए भी दोषी ठहराया जाता है।

9. बंद जलनिकाय में तापीय प्रदूषण के संबंध में निम्नलिखित कथनों पर विचार कीजिए–

1. इससे जलनिकाय की ऑक्सीजन धारण करने की क्षमता कम हो जाती है।

2. इससे नील-हरित शैवाल के विकास में बाधा आती है।

3. इससे जलीय प्रणाली में मछलियों की मृत्यु हो जाती है।

उपर्युक्त कथनों में कौन-सा/से सही है/हैं?

(a) केवल 1 (b) केवल 2 और 3

(c) केवल 1 और 3 (d) 1, 2 और 3

उत्तर (c) तापीय प्रदूषण : जब जल निकाय में वापस डाले जाने वाले विसर्जित जल का तापमान, जल निकाय के तापमान से लगभग 10 डिग्री सेल्सियस अधिक होता है तो इसे तापीय प्रदूषण कहा जाता है।

तापमान में वृद्धि जल निकाय की ऑक्सीजन धारण क्षमता को कम करती है, क्योंकि गर्म जल की ऑक्सीजन धारण ठंडे जल की तुलना में कम होती है।

इसके कारण मछलियों की अनेक प्रजातियाँ जैसे ट्राउट इत्यादि की मृत्यु हो जाती है या वे प्रवसन कर जाती है।

हालांकि, नील हरित शैवाल की वृद्धि गर्म जल में बढ़ जाती है। वे जीवविष (टॉक्सिन) उत्पादित करती हैं जो जैवविविधता को और भी अधिक बाधित कर देता है।

10. कार्बन मोनोआक्साइड गैस के संबंध में निम्नलिखित कथनों पर विचार कीजिए–

1. यह दुर्गंधयुक्त गैस है जिससे सड़े अंडे जैसी दुर्गंध आती है।

2. इसका उत्पादन कार्बन के अपूर्ण दहन के परिणामस्वरूप होता है।

3. धान के खेत कार्बन मोनोऑक्साइड के महत्वपूर्ण स्रोत हैं।

उपर्युक्त कथनों में से कौन-सा/से सही है/हैं?

(a) केवल 1 और 3 (b) केवल 2

(c) 1, 2 और 3 (d) केवल 2 और 3

उत्तर (b) **कथन 1 गलत है।** कार्बन मोनोऑक्साइड एक रंगहीन एवं गंधहीन गैस है।

कथन 2 सही है। यह कार्बन के अपूर्ण दहन से उत्पन्न होती है।

कथन 3 गलत है। धान का खेत कार्बन मोनोऑक्साइड का नहीं बल्कि मीथेन का महत्वपूर्ण स्रोत है।

11. निम्नलिखित में से कौन-से प्रदूषक मोटर वाहनों द्वारा उत्पादित उत्सर्जन में विद्यमान होते हैं?

1. कार्बन डाइऑक्साइड

2. कार्बन मोनोआक्साइड

3. नाइट्रस ऑक्साइड

4. हाइड्रोकार्बन

नीचे दिए गए कूट का प्रयोग कर सही उत्तर चुनिए–

(a) केवल 1, 2 और 4

(b) केवल 2, 3 और 4

(c) केवल 1 और 3

(d) 1, 2, 3 और 4

उत्तर (d) उपर्युक्त उल्लिखित सभी उपोत्पाद मोटर वाहनों द्वारा उत्पादित उत्सर्जन के भाग है। यात्री वाहन, नाइट्रोजन ऑक्साइड, कार्बन मोनोऑक्साइड, और अन्य प्रदूषकों का महत्वपूर्ण मात्रा में उत्पादन कर प्रदूषण में प्रमुख रूप से योगदान करते हैं। 2013 में, वातावरण में उत्सर्जित कार्बन मोनोऑक्साइड और नाइट्रोजन आक्साइड की अधिक से अधिक मात्रा एवं हाइड्रोकार्बन की लगभग एक-चौथाई मात्रा का योगदान परिवहन द्वारा किया गया।

निकास (मगींनेज) गैस, दहन प्रक्रिया के माध्यम से उत्सर्जित होने वाली गैस है। निकास गैस वास्तव में N_2, CO_2, H_2O और O_2 इत्यादि कई विभिन्न गैसों का एक संयोजन है। यद्यपि इनमें से कुछ हानिरहित हैं किन्तु कुछ गैसें हानिकारक हैं एवं उन्हें प्रमुख प्रदूषक माना जाता है। इनमें से सर्वाधिक हानिकारक गैस CO (कार्बन मोनोऑक्साइड) है।

12. निम्नलिखित में से कौन-से नदियों में प्रदूषण के गैर बिंदु स्रोत हैं?

1. नगरीय मलमूत्र ले जाने वाली सतही नालियां।

2. खेतों से अपवाहित जल।

3. बिना-जले/अधजले शवों की डम्पिंग।

4. धोबी घाट

5. उद्योगों के अपशिष्ट

नीचे दिए गए कूट का प्रयोग कर सही उत्तर चुनिए-

(a) केवल 1, 4 और 5
(b) केवल 2 और 3
(c) केवल 2, 3 और 4
(d) केवल 1, 2, 3 और 4

उत्तर (c) बिन्दु स्रोत : ये प्रदूषण के सुव्यवस्थित स्रोत हैं जहाँ प्रदूषण भार का मापन किया जा सकता है, जैसे कि नगरीय मलमूत्र या औद्योगिक बहि:स्राव को वहन करने वाली सतही नालियाँ, सीवेज पंपिंग स्टेशन एवं सीवरेज प्रणालियाँ, उद्योगों से उत्पन्न होने वाले बहि:स्राव इत्यादि। गैर-उपचारित सीवेज के कारण उत्पन्न प्रदूषण भार नदियों के पारिस्थितिक स्वास्थ्य को संकटग्रस्त करने वाले मुख्य कारणों में से एक हैं। देश में अधिकतर शहरी झीलें भी इसी प्रकार की चुनौतियों से ग्रस्त हैं।

गैर-बिन्दु स्रोत : ये प्रदूषण के गैर-परिमेय स्रोत हैं जैसे कि रसायनों एवं उर्वरकों को वहन करने वाले कृषि क्षेत्रों से प्रवाहित जल, ठोस-अपशिष्ट निक्षेपों एवं खुले में शौच करने के लिए प्रयोग किए जाने वाले क्षेत्रों, बिन-जले/अध-जले शवों एवं मानव कंकालों, धोबी घाटों, पशुओं के लोटने के स्थानों से प्रवाहित जल।

विभिन्न बिन्दु स्रोतों से नदियों में होने वाले कुल परिमेय प्रदूषण में से लगभग 75% का योगदान नदियों के किनारे स्थित कस्बों के म्युनिसिपल सीवेज द्वारा किया जाता है एवं शेष 25% का योगदान औद्योगिक बहि:स्रावों द्वारा किया जाता है।

13. निम्नलिखित में से कौन-से मीथेन के स्रोत हैं?

1. बायोमास दहन
2. भराव क्षेत्र (लैंडफिल्स)
3. धान के खेत
4. कोयला खनन
5. पर्माफ्रॉस्ट

नीचे दिए गए कूट का प्रयोग कर सही उत्तर चुनिए-

(a) केवल 3 और 4
(b) केवल 1, 3 और 4
(c) केवल 1, 2 और 5
(d) 1, 2, 3, 4 और 5

उत्तर (d) ऐसे अनेक स्रोत हैं जो मीथेन के उत्सर्जन के लिए उत्तरदायी हैं। मीथेन एक प्रमुख ग्रीन हाउस गैस है। वैश्विक स्तर पर विभिन्न स्रोतों से वार्षिक उत्सर्जन की दर के अनुसार उन्हें निम्नलिखित प्रकार से व्यवस्थित किया जा सकता है।

क्रम संख्या	स्रोत	मीथेन उत्सर्जन का प्रतिशत
1	प्राकृतिक आर्द्रभूमियाँ	21.3
2	धान के खेत	20.4
3	जैव द्रव्यमान (बायोमास) का दहन	10.2
4	आंत्र किण्वन	14.8
5	दीमक 7.4	
6	भरावक्षेत्र	7.4
7	गैस प्रबंधन	8.3
8	कोयले का खनन	6.5
9	महासागर	1.9
10	अन्य स्रोत (स्थायी तुषार भूमि)	1.8
	कुल	100.0

स्थायी तुषार भूमि, ऐसी भूमि है जहां मृदा स्थायी रूप से हिमाच्छादित रहती है, यह अधिकतर उच्च अक्षांशों में पायी जाती है। स्थायी तुषार भूमि में उत्तरी गोलार्ध की 24% भूमि समाहित है एवं यह कार्बन की विशाल मात्रा का भण्डारण करती है। जलवायु परिवर्तन के परिणामस्वरूप स्थायी तुषार भूमि के पिघलने एवं इसके परिणामस्वरूप भण्डारित कार्बन का कार्बन डाइऑक्साइड एवं मीथेन के रूप में उत्सर्जित होने संबंधी जोखिम है, जोकि ताप का प्रग्रहण (वातावरण में ताप को रोकने वाली) करने वाली शक्तिशाली गैसें हैं।

14. निम्नलिखित में से कौन-सा/से फ्लाई ऐश का/के अवयव है/हैं?

1. कालिख **2. सीसा**
3. कैडमियम **4. निकेल**

नीचे दिए गए कूट का प्रयोग कर सही उत्तर चुनिए-

(a) केवल 1
(b) केवल 2, 3 और 4
(c) केवल 1, 2 और 3
(d) 1, 2, 3 और 4

उत्तर (d) फ्लाई ऐश : फ्लाई ऐश को चूर्णित ईंधन राख के रूप में भी जाना जाता है। यह एक हल्का पदार्थ है जो गर्म धूमनाल गैसों में उड़ता रहता है।

इसमें कोयले के दहन के कारण उत्पन्न होने वाला कालिख एवं सीसा (लेड), कैडमियम, निकेल इत्यादि के वाष्पीकृत कण सम्मिलित होते हैं।

कंक्रीट की शक्ति बढ़ाने के लिए फ्लाई ऐश को कंक्रीट में संक्रिय रूप से उपयोग किया जा रहा है। हालांकि, यह बर्फ पर निक्षेपित होकर एवं इस प्रकार प्रकाशानुपात को कम कर तथा पिघलने की प्रक्रिया आरम्भ कर पर्यावरण को नकारात्मक रूप से प्रभावित करती है। विशेष रूप से हिमालयी पारिस्थितिकी फ्लाई ऐश द्वारा नकारात्मक रूप से प्रभावित होती है।

15. वायुमंडल में विभिन्न गैसों की भूमिका के संदर्भ में, निम्नलिखित कथनों पर विचार कीजिए-

1. क्षोभमंडल में ओजोन मनुष्यों के लिए हानिकारक होती है।
2. नाइट्रोजन का उर्वरकों के निर्माण के लिए प्रयोग किया जाता है।
3. कार्बन डाइऑक्साइड अवरक्त विकिरण को अवशोषित करती है और पृथ्वी को गर्म रखती है।

उपर्युक्त कथनों में से कौन-सा/से सही है/हैं?

(a) केवल 1 और 2 (b) केवल 1 और 3
(c) केवल 3 (d) 1, 2 और 3

उत्तर (d) **कथन 1 सही है।** यद्यपि समतापमंडलीय ओजोन पराबैंगनी विकिरण से मनुष्यों की रक्षा करती है किन्तु क्षोभमंडलीय ओजोन हानिकारक होती है। यह उत्तेजक, प्रतिक्रियाशील अणु वनों एवं फसलों को हानि पहुँचाता है; नायलॉन, रबड़, और अन्य सामग्रियों को नष्ट करता है: एवं जीवित ऊतकों को क्षति पहुँचाता है या नष्ट करता है।

कथन 2 सही है। नाइट्रोजन कृषि में उर्वरक के रूप में मुख्य रूप से उपयोग की जाती है। वातावरण में विद्यमान नाइट्रोजन का उपयोग कर बड़े पैमाने पर नाइट्रोजन उर्वरक निर्मित किए जाते हैं।

कथन 3 सही है। वायु में उपस्थित कार्बन डाइऑक्साइड अवरक्त किरणों को अवशोषित करती है एवं पृथ्वी को गर्म रखती है। यदि वायु में कार्बन डाइऑक्साइड अनुपस्थित हो तो ये अवरक्त किरणें वातावरण में चली जाएगीं और पृथ्वी अत्यधिक तेजी से ठंडी होती जाएगी एवं इसका तापमान कम हो जाएगा।

वातावरण में कम मात्रा में उपस्थित कार्बन डाइऑक्साइड पादपों के लिए महत्वपूर्ण होती है। पादप, प्रकाश संश्लेषण की प्रक्रिया के माध्यम से भोजन के निर्माण के लिए कच्चे माल के रूप में कार्बन डाइऑक्साइड का उपयोग करते हैं एवं उपोत्पाद के रूप में ऑक्सीजन निर्मुक्त करते हैं।

16. निम्नलिखित में से किन गतिविधियों से वायुमंडल में कार्बन डाइऑक्साइड की सांद्रता बढ़ती है?

1. सीमेंट के निर्माण के दौरान चूना पत्थर का अपघटन

2. पौधों द्वारा प्रकाश संश्लेषण
3. ज्वालामुखीय विस्फोट
4. निर्वनीकरण

नीचे दिए गए कूट का प्रयोग कर सही उत्तर चुनिए–

(a) केवल 1, 3 और 4
(b) केवल 2 और 3
(c) केवल 1, 2 और 4
(d) केवल 1 और 4

उत्तर (a) **कथन 1 सही है** सीमेंट के निर्माण के दौरान चूना पत्थर के अपघटन से वातावरण में CO_2 निर्मुक्त होती है।

कथन 2 गलत है। पादपों द्वारा प्रकाश संश्लेषण की प्रक्रिया से वातावरण में ऑक्सीजन निर्मुक्त की जाती है एवं CO_2 का अवशोषण किया जाता है।

कथन 3 सही है। ज्वालामुखीय विस्फोट से वातावरण में CO_2 निर्मुक्त होती है।

कथन 4 सही है। वनोन्मूलन से वातावरण में CO_2 की सान्द्रता में वृद्धि हुई है।

17. निम्नलिखित में से कौन-सा/से युग्म सही सुमेलित है/हैं?

प्रदूषक		स्रोत
1. ऑरगेनो-क्लोरीन	:	कागज उद्योग
2. सीसा	:	पेंट
3. सल्फर डाइऑक्साइड	:	ताप विद्युत संयंत्र

नीचे दिए गए कूट का प्रयोग कर सही उत्तर चुनिए–

(a) केवल 1 और 2
(b) केवल 1 और 3
(c) केवल 2
(d) 1, 2 और 3

उत्तर (d) **युग्म 1 सही है।** क्लोरीन का उपयोग कागज उद्योग में कागज की सफेदी के लिए विरंजन एजेंट के रूप में किया जाता है। यह सेलूलोज में विद्यमान कार्बनिक सामग्री से अभिक्रिया करता है एवं ऑरगेनो-क्लोरिन बनाता है, जो एक विषाक्त यौगिक है। यह जल को प्रदूषित करता है। ऑक्सीजन या पेरोक्साइड से विरंजन करना क्लोरीन का एक अधिक स्वच्छ (पर्यावरण अनुकूल) विकल्प है।

युग्म 2 सही है। वातावरण में सीसा (लेड) प्रदूषण के सर्वाधिक सामान्य स्रोत विनिर्माण संयंत्र एवं उद्योग हैं जो पेंट, बैटरी, बियरिंग्स, सोल्डर, सील एवं टी वी ग्लास, टी वी ट्यूब, बैलास्ट (धारा स्थिरक), भारों, फ्वाइल, तारों क्रिस्टन ग्लास आदि इलेक्ट्रॉनिक उपकरणें के उत्पादन में सीसे (लेड) का व्यापक उपयोग करते हैं।

युग्म 3 सही है। ताप विद्युत संयंत्रों में कोयले या भारी तेल (heavy oil) में विद्यमान सल्फर के दहन से वायु में SO_2 निर्मुक्त होती है। SO_2 ऑक्सीजन एवं जल के साथ मिलकर सल्फ्यूरिक अम्ल बनाती है।

18. पर्यावरण प्रभाव आकलन (EIA) का/के क्या लाभ है/हैं?

1. **परियोजना के प्रभावों की बेहतर समझ प्रदान करता है।**
2. **विवाद और टकराव को कम करता है।**
3. **परियोजना में स्थानीय लोगों का सहयोग सुनिश्चित करता है।**

नीचे दिए गए कूट का प्रयोग कर सही उत्तर चुनिए–

(a) केवल 1 और 2 (b) केवल 2 और 3
(c) केवल 1 (d) 1, 2 और 3

उत्तर (d) पर्यावरण प्रभाव आकलन (EIA) के निम्नलिखित लाभ हैं:

यह परियोजना के प्रभावों की बेहतर समझ प्रदान करता है।

यह उन मुद्दों की पहचान करता है जो विवादास्पद होते हैं और उनके समाधान में सहायता करता है।

यह वैकल्पिक स्थल, अभिकल्पना आदि की पहचान करने में सहायता करता है।

यह विवाद और टकराव को कम करता है।

यह परियोजना क्षेत्र में और उसके आसपास रहने वाले लोगों में स्थानीय स्वामित्व की भावना पैदा करता है।

19. पारा एक गंभीर विषाक्त अपशिष्ट बन गया है। यह निम्नलिखित में से किस उपकरण में पाया जाता है?

1. **वायुदाबमापी**
2. **तापमापी**
3. **प्रतिदीप्त बल्ब (Fluorescent Lamp)**

नीचे दिए गए कूट का प्रयोग कर सही उत्तर चुनिए–

(a) केवल 1 और 2 (b) केवल 1
(c) केवल 2 और 3 (d) 1, 2 और 3

उत्तर (d) पारा, चांदी जैसी एक सफ़ेद धातु है। यह सामान्यतः तापमान पर द्रव अवस्था में होता है। इसका उपयोग सामान्यतया थर्मामीटर, नैनो-मीटर और बैरोमीटर में होता है, इस प्रकार यह लगभग प्रत्येक केमिस्ट्री और फिजिक्स लैब में मौजूद होता है। इस प्रकार के उपकरणों में उपस्थित पारे में स्वास्थ्य समस्या उत्पन्न होने की संभावना तो नहीं रहती है, लेकिन यदि पारे का वाष्प वातावरण में प्रवेश कर जाए तो इसका अत्यधिक विषाक्त वाष्प स्वास्थ्य के लिए खतरा उत्पन्न कर देता है।

फ्लोरेसेंट लैम्प ट्यूब गैस से भरी होती है जिसमें कम दाब पर पारे का वाष्प और आर्गन, जेनोन, नियोन, और क्रिस्टोन होता है। पारे के संपर्क में आने से उत्पन्न जोखिम के कुछ सामान्य लक्षणों में सम्मिलित होता है: चिड़चिड़ापन, आवेशित दौरे (fits of anger), ऊर्जा की कमी, थकान, बुद्धि ह्रास, स्वनियंत्रण में कमी, घबराहट, स्मृति क्षति, अवसाद, व्यग्रता, और अनिद्रा।

जब पारा किसी जल निकाय में प्रवेश करता है, तो यह जैविक प्रक्रिया के द्वारा मिथाइल-मर्करी में बदल जाता है जो एक अत्यधिक विषाक्त और जैव संचयी (bioaccumulative) रूप है। मछली अपने भोजन और गिल्स से गुजरने वाले जल से मिथाइल मर्करी को अवशोषित कर लेती है।

20. निम्नलिखित में कौन पर्यावरण में ई-अपशिष्ट के रूप में निर्मुक्त होते हैं?

1. **पारा** 2. **सीसा**
3. **आर्सेनिक** 4. **कैडमियम**
5. **सेलेनियम**
6. **ब्रोमीनीकृत अग्नि शामक**

नीचे दिए गए कूट का प्रयोग कर सही उत्तर चुनिए–

(a) केवल 1, 3, 4 और 6
(b) केवल 1, 2, 3, 4 और 5
(c) केवल 2, 4, 5 और 6
(d) 1, 2, 3, 4, 5 और 6

उत्तर (d) ई-कचरा या इलेक्ट्रॉनिक कचरा, व्यापक रूप से अव्यवस्थित तरीके से फेंके गए, अतिरिक्त, पुराने एवं खराब विद्युतीय एवं इलेक्ट्रॉनिक उपकरण है।

पर्यावरण में ई-कचरा सीसा, पारा, आर्सेनिक, कैडमियम, सेलेनियम, हेक्सावैलेंट क्रोमियम, और फ्लेम रिटार्डेंट्स जैसे तत्वों की एक सीसा से अधिक उपस्थिति में हानिकारक हो जाता है।

21. अपने आकार के बढ़ते क्रम में दिए गए निम्नलिखित वायु प्रदूषकों का सही क्रम क्या है?

(a) धुआँ < निलंबित कणिकीय पदार्थ < धूल
(b) निलंबित कणिकीय पदार्थ < धुआँ < धूल
(c) धुआँ < धूल < निलंबित कणिकीय पदार्थ
(d) निलंबित कणिकीय पदार्थ < धूल < धुआँ

उत्तर (a) धूल, निलंबित कणकीय पदार्थ (SPM) और धुआं, विभिन्न स्रोतों जैसे ईंट के भट्ठे एवं अन्य उद्योगों से उत्सर्जित वायु प्रदूषक हैं, जो जीवाश्म ईंधन के दहन से उत्पन्न होता है।

आकार के बढ़ते क्रम के अनुसार, धुआं <SPM> धूल

नीचे उनके आकार बताएं गए हैं:

- धुआं : 0.1-1 माइक्रोमीटर
- SPM 1-100 माइक्रोमीटर
- धूल: 100-200 माइक्रोमीटर

22. निम्नलिखित में से कौन-से द्वितीयक प्रदूषण के रूप हैं?

1. स्मॉग

2. भू-स्तरीय ओजोन

3. अम्ल वर्षा

नीचे दिए गए कूट का प्रयोग कर सही उत्तर चुनिए–

(a) केवल 1 और 2 (b) केवल 2 और 3

(c) केवल 1 और 3 (d) 1, 2 और 3

उत्तर (d) प्राथमिक प्रदूषक किसी स्रोत से प्रत्यक्ष रूप से उत्सर्जित एक वायु प्रदूषक होता है।

द्वितीयक प्रदूषक प्रत्यक्ष रूप से उत्सर्जित नहीं होते, किन्तु इनका निर्माण वायुमंडल में अन्य (प्राथमिक) प्रदूषकों द्वारा एक दूसरे के साथ की गयी अभिक्रियाओं के फलस्वरूप होता है।

द्वितीयक प्रदूषक के उदाहरणों में सौर प्रकाश की उपस्थिति में हाइड्रोकार्बन्स (HC) तथा नाइट्रोजन ऑक्साइड (NOx) के मेल से उत्पन्न ओजोन, वायु में नाइट्रोजन तथा ऑक्सीजन के मेल से उत्पन्न NO_2, तथा जल के साथ सल्फर डाइऑक्साइड या नाइट्रोजन ऑक्साइड की प्रतिक्रिया से उत्पन्न अम्ल वर्षा आदि हैं।

स्मॉग अथवा धूम-कोहरा एक अन्य द्वितीयक प्रदूषक है। स्मॉग का निर्माण वाहनों से उत्सर्जित पदार्थों तथा औद्योगिक प्रदूषण का सूर्य के प्रकाश से संयोग के परिणामस्वरूप होता है। स्मॉग वनस्पति जीवन तथा मानव और जंतु जीवन को भी प्रभावित करता है।

द्वितीयक प्रदूषण की उत्पत्ति जल संदूषण के रूप में लैंडफिल्स द्वारा भी होती है। जब लैंडफिल्स अनुपयुक्त रूप से भरी जाती हैं तो जलापूर्ति में रसायनों का निक्षालन हो जाता है। उचित देख-भाल के अभाव में लैंडफिल्स में गैस की उत्पत्ति भी हो सकती है। लैंडफिल्स क्षेत्र में पाए जाने वाले विषैले तत्वों के द्वारा मीथेन, अमोनिया, कार्बन डाइ ऑक्साइड तथा हाइड्रोजन सल्फाइड, आदि गैसों की उत्पत्ति होती है।

भू-स्तरीय ओजोन एक द्वितीयक वायु प्रदूषक है। भूतल पर पाए जाने वाला अथवा 'बैड' ओज़ोन का उत्सर्जन सीधे वायु में नहीं होता, बल्कि इसकी उत्पत्ति सूर्य के प्रकाश की उपस्थिति में नाइट्रोजन के ऑक्साइड (NOx) तथा वाष्पशील कार्बनिक यौगिकों (VOC) के मध्य होने वाली रासायनिक अभिक्रिया के परिणामस्वरूप होती है।

23. पराली दहन (फसल अवशेषों को जलाना) के दौरान निम्नलिखित में से कौन-से प्रदूषक उत्सर्जित होते हैं?

1. मीथेन

2. सल्फर डाईऑक्साइड

3. कार्बन मोनोऑक्साइड

4. नाइट्रस ऑक्साइड

5. ओजोन

नीचे दिए गए कूट का प्रयोग कर सही उत्तर चुनिए–

(a) केवल 1, 2, 3 और 4

(b) केवल 2, 3 और 5

(c) केवल 3 और 4

(d) केवल 1, 2 और 5

उत्तर (a) अगली फसल बुआई के लिए खेत तैयार करने के लिए ठूँठ एवं खरपतवार साफ करने की आवश्यकता होती है इसके लिए फसल अवशेषों को जलाया जाता है। पराली दहन (फसल अवशेषों को जलाना) सबसे सस्ता और कम समय लेने वाला उपाय हैं, परंतु यह पार्टिकुलेट मैटर (PM) और गैसीय प्रदूषकों के उत्सर्जन का एक महत्वपूर्ण स्रोत है। फसल अवशेषों को जलाए जाने के परिणामस्वरूप पार्टिकुलेट मैटर और हाइड्रोकार्बन्स के साथ-साथ अन्य हानिकारक गैसों, जैसे कार्बन मोनोऑक्साइड, N_2O, No_2, SO_2, CH_4 आदि का भी उत्सर्जन होता है। प्रत्येक टन फसल अवशेष जलाए जाने पर लगभग 3 किलोग्राम पार्टिकुलेट मैटर, 60 किलोग्राम CO, 1,460 किलोग्राम राख और 2 किलोग्राम SO_2 निर्मुक्त होती है।

24. जल प्रदूषण के स्रोतों के संदर्भ में, निम्नलिखित कथनों पर विचार कीजिए–

1. बिंदु स्रोत (point source) प्रदूषण की तुलना में गैर-बिंदु स्रोत प्रदूषण को नियंत्रित करना कठिन होता है।

2. नगरीय क्षेत्र का सीवेज आउटलेट बिंदु स्रोत प्रदूषण का उदाहरण है।

उपर्युक्त कथनों में से कौन-सा-से सही है/हैं?

(a) केवल 1 (b) केवल 2

(c) 1 और 2 दोनों (d) न तो 1, न ही 2

उत्तर (c) उत्पत्ति के आधार पर, जल प्रदूषक के स्रोतों को मोटे तौर पर निम्नलिखित रूप में वर्गीकृत किया जा सकता है:

- बिंदु स्रोत (point source), जहाँ बहि:स्राव निष्कासन किसी विशेष स्थान पर होता है; उदाहरण के लिए, नगरीय क्षेत्र की सीवेज आउटलेट या किसी कारखाने का बहि:स्राव आउटलेट; एवं
- गैर-बिन्दु स्रोत (non-point source), जहाँ प्रदूषकों का प्रवाह बड़े क्षेत्र पर होता है; उदाहरण के लिए, शहर के तूफानी जल का प्रवाह, कृषि अपवाह आदि।

बिंदु स्रोत प्रदूषण को उपयुक्त प्रौद्योगिकी के माध्यम से प्रभावी रूप से रोका जा सकता है। गैर-बिंदु स्रोत प्रदूषक को नियंत्रित करना कठिन हैं और इसके लिए बड़े पैमाने पर नियंत्रण उपायों का अनुप्रयोग करने की आवश्यकता होती है। **इसलिए, दोनों कथन सही है।**

25. पर्यावरण मंत्रालय द्वारा उद्योगों से उत्पन्न होने वाले प्रदूषण के स्तर के आधार पर किए गये उनके नए वर्गीकरण में निम्नलिखित में से कौन-से सम्मिलित हैं?

1. लाल श्रेणी (Red Category)

2. नारंगी श्रेणी (Orange category)

3. हरी श्रेणी (Green category)

4. पीली श्रेणी (Yellow category)

नीचे दिए गए कूट का प्रयोग कर सही उत्तर चुनिए–

(a) केवल 1, 2 और 3

(b) केवल 2 और 3

(c) केवल 2, 3 और 4

(d) केवल 1 और 4

उत्तर (a) सरकार ने उद्योगों द्वारा उत्पन्न प्रदूषक स्तर के आधार पर इनका एक नया वर्गीकरण जारी किया है। "श्वेत उद्योगों की एक नई श्रेणी को, जो व्यवहारिक रूप से गैर-प्रदूषणकारी है, पर्यावरणीय अनुमति (EC) और सहमति की आवश्यकता नहीं होगी और इन्हें ऋण संस्थानों से वित्त प्राप्त करने में सहायता प्राप्त होगी। पुनर्वर्गीकरण का कार्य पिछले एक वर्ष से किया जा रहा था। उद्योगों को उचित और निष्पक्ष छवि प्रदान करने के लिए यह एक महत्वपूर्ण निर्णय हैं।"

CPCB, SPCBs और MoEFCC के द्वारा गहन विचार विमर्श पश्चात, औद्योगिक क्षेत्रों के वर्गीकरण के उद्देश्य से 'प्रदूषण सूचकांक की श्रेणियों के निम्नलिखित मापदन्डों को अंतिम रूप दिया गया है।

- प्रदूषण सूचकांक पर 60 और उससे अधिक अंक वाले औद्योगिक क्षेत्रक वाले क्षेत्र-लाल श्रेणी (Red category) ।
- प्रदूषण सूचकांक पर 41 से 59 अंकों वाले औद्योगिक क्षेत्रक- नारंगी श्रेणी (Orange catgory)।
- प्रदूषण सूचकांक पर 21 से 40 अंकों वाले औद्योगिक क्षेत्रक - हरी श्रेणी (Green Category)।

- प्रदूषण सूचकांक पर 20 सहित और 20 तक वाले औद्योगिक क्षेत्रक - श्वेत श्रेणी (White category)।

प्रारम्भ की गयी नई श्रेणी 'श्वेत श्रेणी' के उद्योग उन औद्योगिक क्षेत्रकों से सम्बन्धित हैं जो व्यवहारिक रूप से गैर-प्रदूषणकारी है, जैसे कि बिस्किट ट्रे, रोल्ड PVC शीट (स्वचालित वैक्यूम बनाने वाली मशीनों से), सूती और ऊनी होजरी उत्पादन (केवल शुष्क प्रक्रिया जिसमें रंगाई/धुलाई शामिल न हों), विद्युत लैम्प (बल्ब) और CEL विनिर्माण (केवल संयोजन द्वारा) वैज्ञानिक और गणितीय उपकरणों का निर्माण, फोटोवोल्टिक सेल द्वारा सौर ऊर्जा उत्पादन, प्रवन ऊर्जा और लघु पनबिजली ऊर्जा (25 MW से कम) उत्पादन।

इस वर्गीकरण का उद्देश्य यह सुनिश्चित करना है कि उद्योग ऐसी विधि से स्थापित किए जाएँ जो पर्यावरण उद्देश्यों के अनुरूप हों। नए मानदंड औद्योगिक क्षेत्र को स्वच्छ प्रौद्योगिकी अपनाने के लिए प्रेरित करेंगे, जिसके परिणामस्वरूप अंततोगत्वा बहुत कम प्रदूषक उत्पन्न होंगे। नई वर्गीकरण प्रणाली की एक और विशेषता उद्योगों को स्व-आकलन की सुविधा प्रदान करना है क्योंकि इससे, पहले होने वाले आकलन की व्यक्तिपरकता समाप्त हो गयी है। यह पुनर्वर्गीकरण देश में स्वच्छ एवं पारदर्शी कार्य-वातावरण बनाने और वर्तमान में व्यापार करने को सुगम बनाने के लिए सरकार के प्रयासों, नीतियों और उद्देश्यों का एक भाग है।

26. निम्नलिखित में से किस पर 'पर्यावरण संरक्षण शुल्क' लागू होता है?

(a) उन उद्योगों पर जिनमें बहि:स्राव उपचार की सुविधाओं की कमी है।
(b) डीजल कारों का विक्रय करने वाले विनिर्माताओं पर।
(c) रेडियोधर्मी पदार्थों का क्रय-विक्रय करने वाले उद्योगों पर
(d) ई-अपशिष्ट उत्पन्न करने वाले विनिर्माताओं पर।

उत्तर (b) सर्वोच्च न्यायालय ने दिल्ली-NCR के सभी डीजल कार निर्माताओं/डीलरों को 2000cc और इससे अधिक इंजन क्षमता वाली कारों पर 1% पर्यावरण सरंक्षण शुल्क (वाहन के शो रूप मूल्य का 1%) का भुगतान करने का निर्देश दिया है। केन्द्रीय प्रदूषण नियंत्रण बोर्ड (CPCB) को इस प्रयोजन के लिए अनुसूचित सार्वजनिक क्षेत्र के किसी बैंक में एक पृथक खाता खोलने का निर्देश दिया गया है।

27. ई-अपशिष्ट धातुओं के समृद्ध स्रोत है। ई-अपशिष्ट के पुनर्चक्रण के द्वारा निम्नलिखित में से कौन-सी धातुएँ प्राप्त की जा सकती है?

1. स्वर्ण 2. थोरियम
3. निकेल 4. आर्सेनिक
5. प्लैटिनम

नीचे दिए गए कूट का प्रयोग कर सही उत्तर चुनिए–

(a) केवल 1, 3, 4 और 5
(b) केवल 1, 2 और 5
(c) केवल 1, 2, और 3
(d) केवल 3, 4 और 5

उत्तर (a) ई-अपशिष्ट, आधारभूत और मूल्यवान धातुओं के समृद्ध स्रोत होते हैं इनका उपयोग कम होते जा रहे उच्च श्रेणी के अयस्कों की क्षतिपूर्ति करने हेतु किया जा सकता है और साथ ही ये उद्योगों में भारी धातुओं की बढ़ती माँग को भी पूरा कर सकते हैं। ई-अपशिष्ट विशेषकर कीमती धातुओं का समृद्ध स्रोत हैं क्योंकि इनमें इन धातुओं का संकेन्द्रण प्राकृतिक रूप से पाए जाने वाले निक्षेपों की तुलना में 40 से 50 गुना अधिक होता है। विश्व भर में नए इलेक्ट्रॉनिक उत्पादों के निर्माण में प्रति वर्ष 320 टन से अधिक स्वर्ण और 7,500 टन से अधिक चाँदी का उपयोग किया जाता है। ई-अपशिष्ट के पुनर्चक्रण से स्वर्ण, प्लेटिनम और चाँदी जैसी कीमती धातुएँ और ताँबा, जस्ता, सीसा, निकेल, ऐल्युमिनियम, लोहा व आर्सेनिक जैसी अन्य धातुएँ प्राप्त की जाती है। थोरियम रेडियोधर्मी धातु हैं जिसे ई-अपशिष्ट से प्राप्त नहीं किया जाता है।

28. उर्वरकों का उपयोग पादप वृद्धि के लिए किया जाता है लेकिन उनका अत्यधिक उपयोग भूजल को संदूषित कर देता है। निम्नलिखित में से कौन-से तत्व उर्वरकों के भाग होते हैं?

1. नाइट्रोजन 2. सल्फर
3. पोटैशियम

नीचे दिए गए कूट का प्रयोग कर सही उत्तर चुनिए–

(a) केवल 1 और 2 (b) केवल 2 और 3
(c) केवल 1 और 3 (d) 1, 2 और 3

उत्तर (b) उर्वरकों के प्राथमिक घटक वे पोषक तत्व हैं जो पादपों की वृद्धि के लिए महत्वपूर्ण होते हैं। पादप प्रोटीन, न्यूक्लिक अम्ल और हार्मोन के संश्लेषण में नाइट्रोजन का उपयोग करते हैं। नाइट्रोजन की कमी होने पर, पादपों की वृद्धि मंद तथा पत्तियों का रंग पीला हो जाता है। पादपों का फॉस्फोरस, जो न्यूक्लिक अम्ल का एक घटक है, फास्फोलिपिड्स और कई प्रोटीनों की आवश्यकता होती है। यह उपापचय (metabolic) संबंधी रासायनिक अभिक्रियाएँ संचालित करने हेतु ऊर्जा प्रदान करने के लिए भी आवश्यक है। पर्याप्त फास्फोरस के बिना, पौधों की वृद्धि मंद हो जाती है। पोटैशियम दूसरा प्रमुख पदार्थ है जो पौधों को मृदा से प्राप्त होता है। इसका प्रोटीन संश्लेषण और अन्य प्रमुख पादप प्रक्रियाओं में उपयोग होता है। पीलापन, ऊतकों का क्षरण एवं कमजोर तने व जड़ आदि पोटैशियम की कमी वाले पादपों के संकेत हैं।

पादप वृद्धि में कैल्शियम, मैग्नीशियम और सल्फर भी महत्वपूर्ण पदार्थ है। हालाँकि, ये पदार्थ उर्वरकों में केवल न्यून मात्रा में ही सम्मिलित होते हैं क्योंकि अधिकांश मृदाओं में प्राकृतिक रूप से ये घटक पर्याप्त मात्रा में होते हैं। पादपों के विकास के लिए अन्य पदार्थों की अपेक्षाकृत कम मात्रा में आवश्यकता होती है। इन सूक्ष्म पोषक तत्वों (micronutrients) में आयरन, क्लोरिन, कॉपर, मैंगनीज, जिंक, मॉलिब्डेनम और बोरॉन सम्मिलित है जो मुख्य रूप से एंजाइमेटिक अभिक्रियाओं में सहकारकों (co-factors) के रूप में कार्य करते हैं। हालाँकि, ये सूक्ष्म मात्रा में विद्यमान हो सकते हैं, लेकिन वृद्धि के लिए इन योगिकों का महत्व कम नहीं होता है। इनके बिना पौधे मर सकते हैं।

29. ताप प्रवणता क्षेत्र (थर्मोक्लाइन) के संबंध में निम्नलिखित में से कौन-सा/से कथन सही है/हैं?

1. यह उष्णकटिबंधीय क्षेत्र में वर्ष भर उपस्थित रहता है लेकिन आर्कटिक और अंटार्कटिक वृत्तों में अनुपस्थित रहता है।

2. यह महासागरों में ऐसा क्षेत्र है जहाँ गहराई बढ़ने के साथ तापमान में तीव्र गिरावट होती है।

नीचे दिए गए कूट का प्रयोग कर सही उत्तर चुनिए–

(a) केवल 1 (b) केवल 2
(c) 1 और 2 दोनों (d) न तो 1, न ही 2

उत्तर (c) महासागरीय जल का तापमान-गहराई प्रोफाइल, गहराई में वृद्धि के साथ तापमान में कमी को दर्शाती है। वह सीमा क्षेत्र, जहाँ से तापमान में तीव्र गिरावट प्रारंभ होती है, ताप प्रवणता क्षेत्र (थर्मोक्लाइन) कहलाता है। सागरीय क्षेत्र के जल के कुल आयतन का 90 प्रतिशत ताप प्रवणता क्षेत्र (थर्मोक्लाइन) के नीचे पाया जाता है। इस क्षेत्र में तापमान 0°C

तक पहुँच जाता है। प्रथम परत उष्ण महासागरीय जल को दर्शाती है। यह लगभग 500 मीटर गहरी होती है तथा इसमें तापमान 20°C से 25°C तक होता है। उष्णकटिबंधीय क्षेत्र में यह परत वर्ष भर उपस्थित रहती है किन्तु मध्य-अक्षांशों में इसका निर्माण केवल ग्रीष्म ऋतु में होता है। थर्मोक्लाइन के नाम से जानी जाने वाली दूसरी परत, प्रथम परत के नीचे उपस्थित होती है। इसकी पहचान गहराई में वृद्धि के साथ तापमान में तीव्र गिरावट हैं। थर्मोक्लाइन की गहराई 500 मीटर से 1000 मीटर के मध्य होती है। तीसरी परत अति शीतल होती हैं तथा इसका विस्तार महासागरीय अधस्तल तक होता है। आर्कटिक तथा वृत्तों मे सतही जल का तापमान 0°C के आस-पास होता है, इसलिए गहराई के साथ तापमान में परिवर्तन नगण्य होता है। यहाँ शीतल जल की केवल एक परत उपस्थित होती है और यह सतह से गहरे महासागरीय अधस्तल तक विस्तारित होती है।

30. यदि वायु में कार्बन डाईऑक्साइड न हो तो उसके संभावित परिणाम क्या होंगे?

(a) पृथ्वी के तापमान का अत्यधिक कम हो जाना।

(b) पराबैंगनी किरणों का अधिकाधिक अवशोषण।

(c) अवरक्त किरणों का अधिकाधिक अवशोषण।

(d) पृथ्वी के तापमान का अत्यधिक उच्च हो जाना।

उत्तर (a) यद्यपि वायुमंडल में कार्बन डाईऑक्साइड बहुत कम अनुपात में है लेकिन यह वायुमंडल को बनाए रखने के लिए अति महत्वपूर्ण है क्योंकि यह अवरक्त किरणों को अवशोषित कर पृथ्वी को गर्म बनाए रखती है। यदि वायु में कार्बन डाईऑक्साइड न हो तो पृथ्वी का तापमान बहुत कम हो जाएगा क्योंकि अवरक्त किरणें वायमुंडल में अवशोषित होने के स्थान पर वायुमंडल से बाहर निकल जाएगी। दूसरी ओर, पराबैंगनी किरणों को अवशोषित करने का कार्य ओज़ोन परत का है। **इसलिए विकल्प (a) सही है।**

31. निम्नलिखित में से प्राकृतिक गैस का/के घटक कौन-सा/से है/हैं?

1. मीथेन

2. कार्बन डाईऑक्साइड

3. नाइट्रोजन

नीचे दिए गए कूट का प्रयोग कर सही उत्तर चुनिए–

(a) केवल 1 (b) केवल 1 और 2

(c) केवल 2 और 3 (d) 1, 2 और 3

उत्तर (d) प्राकृतिक गैस एक जीवाश्म ईंधन है और यह तेल के कुओं में पेट्रोलियम के बिना या उसके साथ पाया जाता है। यह मीथेन (85-90%), इथेन, ब्यूटेन, कार्बन डाईऑक्साइड, ऑक्सीजन और नाइट्रोजन का मिश्रण होता है। कम्प्रेस्ड नेचुरल गैस (CNG) का उपयोग डीजल और पेट्रोल के विकल्प के रूप में किया जा रहा है क्योंकि यह नाइट्रोजन, सल्फर डाईऑक्साइड और अन्य कणकीय पदार्थों का उत्सर्जन नहीं करती है।

32. 'कार्बन क्रेडिट' के संबंध में, निम्नलिखित कथनों पर विचार कीजिए:

1. ये क्रेडिट, किसी उत्सर्जन न्यूनीकरण परियोजना (emission reduction project) के माध्यम से वातावरण में ग्रीनहाउस गैसें के उत्सर्जन में कमी लाने या उसे हटाने के लिए प्रदान किए जाते हैं।

2. 'कार्बन क्रेडिट' व्यवस्था का अंगीकरण क्योटो प्रोटोकॉल के अंतर्गत किया गया है।

उपर्युक्त कथनों में से कौन-सा से सही है/हैं?

(a) केवल 1 (b) केवल 2

(c) 1 और 2 दोनों (d) न तो 1, न ही 2

उत्तर (c) एक कार्बन क्रेडिट (जिसे प्राय: कार्बन ऑफसेट कहा जाता है), किसी उत्सर्जन न्यूनकरण परियोजना (emission reducation project) द्वारा वातावरण में ग्रीनहाउस गैस के उत्सर्जन में कमी लाने या उसे हटाने के लिए प्रदान किया जाने वाला क्रेडिट है। इसे सरकार, उद्योग और निजी व्यक्तियों द्वारा किए गए उत्सर्जन की भरपाई के लिए उपयोग किया जा सकता है। इस प्रकार एक "कार्बन क्रेडिट" किसी व्यक्ति या संस्था को एक इकाई GHG उत्सर्जन (CO_2 समतुल्य) कम करने पर दिये जाने वाले क्रेडिट को मापने की इकाई है। यह क्योटो प्रोटोकाल के अंतर्गत, क्लीन डेवलॅपमेंट मेकेनिज़म **(CDM)** के माध्यम से प्रदान किया गया एक लचीला तन्त्र है अर्थात् कार्बन क्रेडिट व्यवस्था का अंगीकरण क्योटो प्रोटोकॉल के अंतर्गत किया गया है।

33. पर्यावरण, वन एवं जलवायु परिवर्तन मन्त्रालय की 'समुद्री कछुआ संरक्षण परियोजना' के संबंध में, निम्नलिखित में से कौन-सा/से कथन सही है/हैं?

1. इसका कार्यान्वयन यूनाइटेड नेशंस एनवायरमेंट प्रोग्राम (UNEP) के सहयोग से किया जा रहा है।

2. यह केवल ओडिशा और आंध्र प्रदेश के तटों को क़वर करती है।

नीचे दिए गए कूट का प्रयोग कर सही उत्तर चुनिए–

(a) केवल 1 (b) केवल 2

(c) 1, और 2 दोनों (d) न तो 1, न ही 2

उत्तर (d) ओलिव रिडले कछुओं की कुल वैश्विक संख्या का एक महत्वपूर्ण भाग प्रत्येक शीतकालीन मौसम में भारतीय तटीय जल में, मुख्य रूप से पूर्वी तट पर घोंसले बनाकर अंडे देने के लिए प्रवास करता है।

कथन 1 सही नहीं है : पर्यावरण और वन मंत्रालय ने यूनाइटेड नेशंस एनवायरमेंट प्रोग्राम (संयुक्त राष्ट्र विकास कार्यक्रम : UNDP) के सहयोग से ऑलिव रिडले कछुओं और अन्य लुप्तप्राय जलीय कछुओं के संरक्षण के लिए नवम्बर, 1999 में समुद्री कछुआ संरक्षण परियोजना प्रारम्भ की। भारत का वन्यजीव संस्थान, देहरादून इसकी कार्यान्वियन एजेंसी है।

कथन 2 सही नहीं है। इस परियोजना को देश के 10 तटीय राज्यों में कार्यान्वित किया जा रहा है जिनमें ओडिशा राज्य पर विशेष बल दिया जा रहा है।

34. केन्द्रीय प्रदूषण नियंत्रण बोर्ड (CPCB) के संदर्भ में, निम्नलिखित कथनों पर विचार कीजिए–

1. इसका गठन जल (प्रदूषण निवारण एवं नियंत्रण) अधिनियम, 1974 के अंतर्गत किया गया था।

2. इसके द्वारा राष्ट्रीय वायु गुणवत्ता निगरानी कार्यक्रम का क्रियान्वयन किया जा रहा है।

उपर्युक्त कथनों में से कौन-सा/से सही है/हैं?

(a) केवल 1 (b) केवल 2

(c) 1 और 2 दोनों (d) न तो 1, न ही 2

उत्तर (c) **दोनों कथन सही है।**

केन्द्रीय प्रदूषण नियंत्रण बोर्ड (CPCB), एक सांविधिक संगठन है। इसका गठन जल (प्रदूषण निवारण एवं नियंत्रण) अधिनियम, 1974 के द्वारा सितंबर 1974 में किया गया था। साथ ही, CPCB को वायु (प्रदूषण निवारण व नियंत्रण) अधिनियम, 1981 के अंतर्गत शक्तियां और कार्य सौंपे गए थे।

CPCB वायु गुणवत्ता की निगरानी के लिए राष्ट्रीय वायु गुणवत्ता निगरानी कार्यक्रम (NAMP) का क्रियान्वयन कर रहा है। इस नेटवर्क में देश के 29 राज्यों और 6 केन्द्रशासित प्रदेशों के 300 शहरों/कस्बों में मौजूद 683

ऑपरेटिंग स्टेशन सम्मिलित हैं। NAMP का उद्देश्य वायु गुणवत्ता की स्थिति का आकलन करना; यह निर्धारित करना कि वायु गुणवत्ता के तय मानकों का उल्लंघन तो नहीं हो रहा; उन शहरों की पहचान करना जिन तक कार्यक्रम की पहुंच नहीं है; निवारक और सुधारात्मक उपायों के विकास के लिए आवश्यक ज्ञान और समझ विकसित करना है तथा इसके साथ ही प्रदूषण को कम करना, विसर्जन, वायु-आधारित गति, शुष्क निक्षेपण, अवक्षेपण और उत्पन्न प्रदूषकों के रासायनिक परिवर्तन के माध्यम से वातावरण में स्वत: चलने वाली प्राकृतिक सफाई प्रक्रिया को समझना है।

NAMP के अंतर्गत चार वायु प्रदूषकों सल्फर डाइऑक्साइड (SO_2), नाइट्रोजन ऑक्साइड (NO_2), रेस्पिरेबल सस्पेंडेड पर्टिकुलेट मैटर (RSPM/PM10) और फाइन पर्टिकुलेट मैटर (MP2.5) की सभी स्थानों पर नियमित निगरानी के लिए पहचान की गयी है। मौसम-संबंधी मापदंडों की निगरानी, जैसे कि वायु की गति और दिशा, सापेक्ष आर्द्रता (RH) और तापमान को भी वायु की गुणवत्ता की निगरानी के साथ एकीकृत किया गया।

35. ग्रीन हाउस गैसों (GHGs) के संदर्भ में निम्नलिखित कथनों पर विचार कीजिए–

1. ग्रीन हाउस गैसों को विकिरणीय (radiatively) रूप से सक्रिय गैसें भी कहा जाता है क्योंकि ये गैसें अवरक्त विकिरण का अवशोषण करती हैं।

2. ग्रीनहाउस प्रवाह की प्रक्रिया के अंतर्गत, पृथ्वी वायुमंडल में ऊर्जा वापस विकरित कर देती है।

3. मीथेन का वायुमंडलीय जीवनकाल क्लोरोफ्लोरोकार्बन की तुलना में काफी अधिक होता है।

उपर्युक्त कथनों में से कौन-सा/से सही नहीं है/हैं?

(a) केवल 1 (b) केवल 2 और 3

(c) केवल 3 (d) 1, 2 और 3

उत्तर (b) **कथन 1 सही है।** GHGs को विकिरणीचय (radiatively) रूप से सक्रिय गैसें कहा जाता है क्योंकि ये लंबी तरंगों वाले अवरक्त विकिरण का अवशोषण कर सकती हैं।

कथन 2 गलत हैं जी.एच.जी. निर्गामी (बाहर जाने वाली) लम्बे तरंगदैर्ध्य वाले अवरक्त विकिरण का अवशोषण कर लेती हैं। वायुमंडल में इस ऊर्जा का अंश बने रहने के कारण पृथ्वी गर्म बनी रहती है।

साथ ही कथन 3 भी गलत है। सी.एफ.सी. का वायुमंडलीय जीवन काल 45 वर्ष से लेकर 260 वर्ष तक होता है। जबकि मीथेन का जीवनकाल लगभग 12 वर्ष होता है।

36. निम्नलिखित में से कौन-से नदियों में प्रदूषण के गैर-बिन्दु स्रोत (Non-Point Source) हैं?

1. नगर निकाय का सीवेज ले जाने वाली धरातलीय नालियां।

2. खेतों के अपवाह (Run-off from agricultural fields)।

3. बिना जले हुए/अधजले शवों की डम्पिंग

4. धोबी घाट

5. औद्योगिक अपशिष्ट प्रवाह

नीचे दिए गए कूट का प्रयोग कर सही उत्तर चुनिए–

(a) केवल 1, 4 और 5

(b) केवल 2 और 3

(c) केवल 2, 3 और 4

(d) केवल 1, 2, 3 और 4

उत्तर (c) बिन्दु स्रोत : जहां प्रदूषण भार की माप की जा सकती है, ये प्रदूषण के संगठित स्रोत होते हैं। जैसे, नगर निकायों का सीवेज या औद्योगिक अपशिष्ट ले जाने वाली धरातलीय नालियां, सीवेज पम्पिंग स्टेशन और सीवरेज सिस्टम, उद्योगों से व्यापार अपशिष्ट आदि। अनुपचारित सीवेज के कारण प्रदूषण भार नदियों के पारिस्थितिकीय स्वास्थ्य को खतरे में डालने वाले मुख्य कारणों में से एक है। देश में अधिकांश नगरीय झीलें भी इसी प्रकार की चुनौतियों का सामना कर रही हैं।

गैर बिन्दु स्रोत : ये कृषि क्षेत्रों से रसायन और उर्वरक ले जाने वाले अपवाह, ठोस अपशिष्ट डंप और खुले शौच के लिए प्रयोग किए जाने वाले क्षेत्रों से अपवाह, गैर-जले/अध जले शवों और पशुओं के शवों की डंपिंग, धोबी घाट, पशुओं के लोटने, आदि जैसे प्रदूषण के अपाच्य स्रोत हैं।

विभिन्न बिन्दु स्रोतों से नदियों में होने वाले कुल माप्य प्रदूषण में नदियों के किनारे स्थित शहरों से आने वाला नगर निकाय का सीवेज लगभग 75% का योगदान करता है और शेष 25% योगदान औद्योगिक अपशिष्ट द्वारा किया जाता है।

37. निम्नलिखित युग्मों पर विचार कीजिए–

रोग		प्रदूषक
1. मिनामाता रोग	:	**पारा**
2. इताई-इताई रोग	:	**नाइट्रेट**
3. ब्लू बेबी सिंड्रोम	:	**कैडमियम**
4. ब्लैक-फुट रोग	:	**आर्सेनिक**

उपर्युक्त युग्मों में से कौन-सा/से सही सुमेलित है/हैं?

(a) केवल 1 और 2 (b) केवल 2 और 3

(c) केवल 1 और 4 (d) 1, 2, 3 और 4

उत्तर (c) मिनामाता रोग एक तंत्रिका तंत्र संबंधी संलक्षण है, तथा यह पारे की गंभीर विषाक्तता के कारण उत्पन्न होता है। इसका कारण पारे का सेवन है। पारे की विषाक्तता का पता 1952 में, पारे से संदूषित मिनामाता की खाड़ी (जापान) से पकड़ी गयी मछलियाँ को खाने से चला।

इताई-इताई रोग का कारण कैडमियम का प्रदूषण है। इसे ओह-होम रोग भी कहा जाता है। इताई-इताई शब्द की उत्पत्ति स्थानीय जनसंख्या में रोगी द्वारा मेरुदण्ड तथा जोड़ों में भयानक दर्द अनुभव करने पर हुई। केडमियम विषाक्तता के कारण हड्डियों के नर्म होने तथा गुर्दे के विफल रहने के उदाहरण भी सामने आ सकते हैं।

मिथेमोग्लोबीनेमिया या ब्लू बेबी सिंड्रोम (संलक्षण) के संबंध में व्यापक रूप से यह माना जाता है कि यह भूमिगत जल में नाइट्रेट संक्रमण के कारण होता है। इसके परिणामस्वरूप हिमोग्लोबीन द्वारा ऑक्सीजन की मात्रा वहन करने के कारण बच्चों में मृत्यु तक हो सकती है। भूमिगत जल उर्वरकों तथा कृषि-भूमि में प्रयुक्त रसायनों, अपशिष्ट पदार्थों या गढ्ढ़ों में निर्मित शौचालयों (पिट लैट्रीन) से उत्पन्न नाइट्रेट के निक्षालय के कारण प्रदूषित हो सकता है।

आर्सेनिक के दीर्घकालीन संपर्क से ब्लैक फुट रोग होता है। ब्लैक फुट रोग (बी.एफ.डी.) परिधीय संवहनीय रोग (पी.वी.डी.) का एक उग्र रूप है जिसमें पैर की रक्त वाहिकाएं बुरी तरह क्षतिग्रस्त हो जाती है।

38. सल्फर डाइऑक्साइड प्रदूषण के सन्दर्भ में निम्नलिखित कथनों पर विचार कीजिए–

1. गाड़ियों से निकलने वाला धुआँ सल्फर डाइऑक्साइड प्रदूषण का एक बड़ा स्रोत है।

2. सल्फर डाइऑक्साइड का उच्च घनत्व फूलों की कलियों में कड़ेपन का कारण सिद्ध होता है।

3. लाइकेन का उपयोग सल्फर डाइऑक्साइड प्रदूषण के सूचक के रूप में किया जाता है।

उपर्युक्त कथनों में से कौन-सा/से सही है/हैं?

(a) केवल 1 और 2 (b) केवल 1 और 3

(c) केवल 2 और 3 (d) 1, 2 और 3

उत्तर (d) वायु में सल्फर डाइऑक्साइड का मुख्य स्रोत गंधक युक्त पदार्थों का प्रसंस्करण करने वाली औद्योगिक गतिविधियाँ होती है। उदाहरण के लिए, गंधक युक्त कोयले, तेल या गैस से विद्युत ऊर्जा का उत्पादन। कुछ खनिज अयस्कों में भी गंधक पाया जाता है। उनके प्रसंस्करण की स्थिति में सल्फर ऑक्साइड मुक्त होती है। इसके अतिरिक्त, गंधक युक्त जीवाश्म ईंधनों का दहन करने वाली औद्योगिक गतिविधियाँ भी सल्फर ऑक्साइड के महत्वपूर्ण स्रोत हो सकते हैं।

सल्फर डाइऑक्साइड जंतुओं तथा पादपों दोनों के लिए विषैला होता है। सल्फर डाइऑक्साइड मनुष्यों से श्वसन संबंधी रोगों, यथा दमा, ब्रोंकाइटिस, वातस्थिति, इत्यादि का कारण होता है। SO2 की उच्च सांद्रता पुष्प-कलियों में कड़ेपन का कारण बनता है जिससे वे अंततः पौधों से गिर जाती हैं।

लाइकेन का उपयोग पर्यावरणीय संकेतकों या जैव-सूचकों के रूप में व्यापक रूप से किया जाता है। यदि वायु सल्फर डाइऑक्साइड के कारण बुरी तरह प्रदूषित है तो हो सकता है लाइकेन बिल्कुल ही उपस्थित न हों, केवल हरित शैवाल प्रचुर मात्रा में उपस्थित हों। वायु के शुद्ध रहने पर स्वच्छ, झाड़ीदार, रोम वाले तथा पत्तीदार लाइकेन प्रचुरता में होते हैं।

39. निम्नलिखित में से कौन-सा/से वायु प्रदूषक तत्व राष्ट्रीय वायु गुणवत्ता सूचकांक में सम्मिलित किया/किए जाता/जाते है/हैं?

1. सल्फर डाइऑक्साइड
2. ओजोन
3. कार्बन डाइऑक्साइड
4. सीसा (lead)
5. अमोनिया

नीचे दिए गए कूट का प्रयोग कर सही उत्तर चुनिए–

(a) केवल 1, 2 और 3
(b) केवल 1, 2, 4 और 5
(c) केवल 2, 3 और 5
(d) केवल 1, 2 और 4

उत्तर (b) राष्ट्रीय वायु गुणवत्ता सूचकांक :

ए.क्यू.आइ. की छः श्रेणियां होती हैं, जिन्हें अच्छी, संतोषजनक, कुछ प्रदूषित, बुरा, बहुत बुरा तथा गंभीर की संज्ञा प्रदान की गई हैं।

एक.क्यू.आई. में आठ प्रदूषकों (MP10, PM2.5, NO_2, SO_2, CO, O_3, NH_3 तथा Pb) के लिए लघु अवधि (24 घंटे तक की औसत अवधि) राष्ट्रीय व्यापक वायु गुणवत्ता मानक प्रस्तुत किए जाते हैं।

40. निम्नलिखित में से कौन-सा प्राथमिक प्रदूषकों का निर्माण करता है?

1. कणिकीय पदार्थ (Particulate matter)
2. ओजोन
3. सल्फर डाइऑक्साइड
4. नाइट्रोजन डाइऑक्साइड

नीचे दिए गए कूट का प्रयोग कर सही उत्तर चुनिए–

(a) केवल 1
(b) केवल 1 और 3
(c) केवल 2 और 4
(d) केवल 1, 3 और 4

उत्तर (d) प्राथमिक प्रदूषक वे हानिकारक रसायन होते हैं जिन्हें स्रोत से पीछे वातावरण में मुक्त कर दिया जाता है। उदाहरण : कणिकीय पदार्थ (particulate matter), कार्बन तथा नाइट्रोजन के ऑक्साइड, सल्फर डाइऑक्साइड, मीथेन और बेंजीन जैसे हाइड्रोकार्बन।

द्वितीयक वायु प्रदूषक भी हानिकारक रसायन होते हैं। इनका निर्माण प्राथमिक प्रदूषकों के सहयोग से होने वाली रासायनिक अभिक्रियाओं से होता है। उदाहरण : ओजोन तथा सल्फर ट्राइऑक्साइड।

41. भारत में मुख्य जल प्रदूषक फ्लोराइड का अत्यधिक मात्रा में अंतर्गहण किसका कारण बनता है?

1. स्थायी जोड़ विरूपता
2. तंत्रिकातंत्र संबंधी समस्याएँ
3. चटके हुए दाँत
4. दृष्टि लोप

नीचे दिए गए कूट का प्रयोग कर सही उत्तर चुनिए–

(a) केवल 1 और 2
(b) केवल 2 और 3
(c) केवल 3
(d) 1, 2, 3 और 4

उत्तर (b) अत्यधिक मात्रा में फ्लोराइड का अंतग्रहण करने से दंत संबंधी, कंकाल तंत्र या गैर-कंकाल तंत्र संबंधी फ्लोरोसिस नामक रोग उत्पन्न हो जाते हैं। दंत संबंधी फ्लोरोसिस के परिणामस्वरूप दाँत काले, कुर्बुरित (चितकबरे) या दरातित (चटके हुए) हो जाते हैं। कंकालतंत्र संबंधी फ्लोरोसिस का अर्थ हड्डी एवं जोड़ों की स्थायी और गंभीर विकृतियाँ हैं। गैर-कंकाल तंत्र संबंधी फ्लोरोसिस के परिणामस्वरूप जठरांत्रिय और तंत्रिका तंत्र संबंधी समस्यायें उत्पन्न होती हैं।

42. निम्नलिखित में से किसे/किन्हें पर्यावरण संरक्षण अधिनियम, 1986 के दायरे में रखा गया है?

1. तटीय विस्तारों को तटीय विनियमन क्षेत्र (Coastal Regulation Zone) घोषित किया जाना।
2. आनुवांशिक रूप से संशोधित जीव (जी.एम.ओ. का नियंत्रण।
3. ध्वनि प्रदूषण (विनियमन तथा नियंत्रण) संबंधी नियम।
4. ओजोन अवक्षयकारी पदार्थ संबंधी नियमों के उल्लंघन के लिए दण्ड।
5. जैविक संसाधनों तथा इससे सम्बद्ध ज्ञान का संरक्षण।

नीचे दिए गए कूट का प्रयोग कर सही उत्तर चुनिए–

(a) केवल 1, 2, 3 और 4
(b) केवल 1, 3 और 5
(c) केवल 2, 4 और 5
(d) 1, 2, 3, 4 और 5

उत्तर (a) पर्यावरण संरक्षण अधिनियम द्वारा प्रदत्त शक्तियों का अनुपालन निम्नलिखित के लिए किया जाता है:

- प्रमुख नियमों में संशोधन
- तटीय विनियमन क्षेत्र
- शक्तियों का प्रत्यायोजन
- इको-मार्क्स योजना
- पर्यावरण के प्रति संवेदनशील क्षेत्र
- पर्यावरणीय मंजूरी-सामान्य
- पर्यावरणीय प्रयोगशालाएँ
- पर्यावरणीय मानक
- खतरनाक पदार्थों का प्रबंधन
- पारिस्थितिकी की क्षति
- ध्वनि प्रदूषण
- ओजोन परत अवक्षय
- जल प्रदूषण
- 2-टी तेल

पर्यावरण (संरक्षण) अधिनियम, 1986 केन्द्रीय सरकार को शोर उत्पन्न और जनित करने वाले स्रोतों के विनियमन और नियंत्रण हेतु नियम बनाने हेतु अधिकार प्रदान करता है।

ओजोन अवक्षय पदार्थ (ओ.डी.एस.) नियम, पर्यावरण संरक्षण अधिनियम 1986 के अंतर्गत निर्मित किए गए हैं, ओ.डी.एस. नियमों का कोई भी उल्लंघन पर्यावरण संरक्षण अधिनियम 1986 में निर्दिष्ट उपबंध आकर्षित करेगा।

जी.एम.ओ. से संबंधित विनियमन गतिविधियाँ, पर्यावरण और वन मंत्रालय (एम.ओ. ई.एफ.) द्वारा पर्यावरण (संरक्षण) अधिनियम,

1986 के प्रावधानों के अनुसार, खतरनाक पदार्थ प्रबंधन के अंतर्गत शासित की जाती हैं।

जैविक संसाधनों और संबद्ध ज्ञान का संरक्षण, जैव विविधता अधिनियम, 2002 के अंतर्गत आता है।

शेष सभी को पर्यावरण संरक्षण अधिनियम, 1986 के अंतर्गत आच्छादित किया जाता है। इसलिए, सही उत्तर C है।

43. इकोमार्क योजना के अंतर्गत, सरकार पर्यावरण अनुकूल उत्पादों को आधिकारिक मान्यता प्रदान करती है। इस सन्दर्भ में, निम्नलिखित कथनों पर विचार कीजिए–

1. उत्पाद को इकोमार्क का लेबल प्रदान किए जाने के लिए उसका निर्माण निश्चित रूप से सौर और वायु ऊर्जा जैसे नवीकरणीय ऊर्जा संसाधनों के प्रयोग से किया जाना चाहिए।

2. केन्द्रीय प्रदूषण नियंत्रण बोर्ड किसी उत्पाद को इकोमार्क का लेबल प्रदान करने के लिए नामित प्राधिकरणों में से एक है।

3. इस योजना के अंतर्गत सरकार कंपनियों को उनके उत्पादों के प्रतिकूल पर्यावरणीय प्रभाव को कम करने के लिए की गई पहल के लिए पुरस्कृत करती है।

उपर्युक्त कथनों में से कौन-सा/से सही है/हैं?

(a) केवल 1 और 2 (b) केवल 2 और 3

(c) केवल 1 और 3 (d) 1, 2 और 3

उत्तर (d) भारत सरकार ने पर्यावरण-अनुकूल उत्पादों की सफलतापूर्वक पहचान करने के लिए 1991 में 'इकोमार्क' नामक इकोलेबलिंग योजना आरम्भ की।

कथन 1 गलत है। नवीकरणीय ऊर्जा संसाधनों का अनिवार्य उपयोग किसी उत्पाद को इकोमार्क का लेबल प्रदान करने का मापदंड नहीं है। ये चार मापदंड हैं-

प्रदूषण उत्पन्न करने की काफी कम संभावना। पुनचर्क्रित, पुरर्चक्रणीय, पुनचतर्क्रित या जैव निम्नीय उत्पादों से निर्मित। गैर-नवीकरणीय संसाधनों की बचत करने के लिए महत्वपूर्ण योगदान। उत्पाद द्वारा, उत्पाद के प्रयोग से संबद्ध सर्वाधिक पर्यावरणीय प्रभाव उत्पन्न करने वाले प्रतिकूल प्राथमिक मापदंड में कमी किए जाने के लिए अनिवार्य रूप से योगदान किया जाना चाहिए।

कथन 2 सही है। पर्यावरण एवं वन मंत्रालय, केन्द्रीय प्रदूषण नियंत्रण बोर्ड और भारतीय मानक ब्यूरो किसी उत्पाद को इकोमार्क घोषित करने हेतु प्राधिकृत प्राधिकरण है।

कथन 3 सही है। इस योजना के विशिष्ट उद्देश्य निम्नलिखित हैं- उत्पादों के प्रतिकूल पर्यावरणीय प्रभावों को कम करने के लिए विनिर्माताओं एवं आयातकों को प्रोत्साहन प्रदान करना। अपने उत्पादों के प्रतिकूल पर्यावरणीय प्रभावों को कम करने के लिए कंपनियों द्वारा की गई सचमुच की पहलों को पुरस्कृत करना।

44. वायु (प्रदूषण तथा नियंत्रण) अधिनियम, 1981 के सन्दर्भ में, निम्नलिखित कथनों पर विचार कीजिए–

1. इस अधिनियम के अंतर्गत, शोर को वायु प्रदूषक तत्व माना जाता है।

2. इस अधिनियम के अंतर्गत, राज्य सरकारों को वायु प्रदूषण नियंत्रण क्षेत्रों को अभिहित करने का अधिकार प्रदान किया गया है।

3. यह अधिनियम केन्द्र सरकार को केन्द्रीय प्रदूषण नियंत्रण बोर्ड गठित करने का अधिकार प्रदान करता है।

उपर्युक्त कथनों में से कौन-सा/से सही है/हैं?

(a) केवल 1 और 2

(b) केवल 1 और 3

(c) केवल 2 और 3

(d) 1, 2 और 3

उत्तर (a) वायु (प्रदूषण एवं नियंत्रण) अधिनियम 1981 में लागू हुआ, किन्तु 1987 में शोर को एक वायु प्रदूषक के रूप में सम्मिलित करने के लिए इसका संशोधन किया गया था। यह अधिनियम वायु प्रदूषकों को वातावरण में उपस्थित ठोस, द्रव या गैसीय पदार्थ (शोर रहित) की ऐसी मात्रा के रूप में परिभाषित करता है, जो मनुष्यों या अन्य जीवित प्राणियों या पादपों या सम्पत्ति पर्यावरण के लिए हानिकारक हों या हानि करने की प्रवृत्ति के हों। **इसलिए कथन 1 सही है।**

यह अधिनियम प्रावधान करता है कि राज्य सरकार, राज्य बोर्ड से परामर्श करने के बाद, आधिकारिक गजट में निर्धारित किए जा सकने वाले संभाव्य रूप से अधिसूचना जारी कर राज्य के अंतर्गत किसी क्षेत्र या क्षेत्रों को वायु प्रदूषण नियंत्रण क्षेत्र या इस अधिनियम के कार्यान्वयन हेतु निर्धारित ईंधन के अतिरिक्त किसी अन्य ईंधन के उपयोग से, किसी वायु प्रदूषण नियंत्रण क्षेत्र या उसके भाग में, वायु प्रदूषण उत्पन्न हो सकता है या उत्पन्न होने की संभावना है। **इसलिए, कथन 2 सही है।**

केन्द्रीय प्रदूषण नियंत्रण बोर्ड स्थापित करने की शक्ति जल (प्रदूषण रोकथाम और नियंत्रण) अधिनियम, 1974 द्वारा प्रदान की जाती है। केन्द्रीय प्रदूषण नियंत्रण बोर्ड (सी.पी.सी.बी.) जो एक वैधानिक संगठन है, सितम्बर, 1974 में जल (प्रदूषण रोकथाम और नियंत्रण) अधिनियम, 1974 के अंतर्गत गठित किया गया था। इसके अतिरिक्त, सी.पी.सी.बी. को वायु (प्रदूषण नियंत्रण) अधिनियम, 1981 के अंतर्गत शक्तियाँ कार्य सौंपे गए थे। **इसलिए, कथन 3 सही नहीं है।**

45. पर्यावरण प्रभाव आकलन के निम्नलिखित कदमों को क्रमिक रूप में सजाएं–

1. प्रबन्धन और निगरानी

2. परीक्षण या जांच (स्क्रीनिंग)

3. लेखांकन (ऑडिट)

4. भविष्य-कथन तथा शमन

5. विस्तार करना (स्कोपिंग)

नीचे दिए गए कूट का प्रयोग कर सही उत्तर चुनिए–

(a) 2-5-4-3-1 (b) 5-2-3-1-4

(c) 2-5-1-3-4 (d) 5-2-3-4-1

उत्तर (c) पर्यावरण प्रभाव आंकलन (ई.आई.ए.) की प्रक्रिया में मुख्य चरण हैं :

- स्क्रीनिंग
- स्कोपिंग
- पूर्वानुमान और शमन
- प्रबंधन और निगरानी
- लेखा परीक्षा

स्क्रीनिंग के परिणामस्वरूप प्राय: परियोजना का वर्गीकरण होता है और इसके आधार पर यह निर्णय लिया जाता है कि पूर्ण ई.आई.ए. सम्पन्न किया जाए या नहीं।

स्कोपिंग अध्ययन करने योग्य सबसे महत्वपूर्ण समस्याओं को निर्धारित करने की प्रक्रिया और यह कुछ हद तक समुदाय भागीदारी को भी सम्मिलित करती है। इसी प्रारंभिक चरण में ई.आई.ए. रूपरेखा प्रस्ताव को सर्वाधिक प्रभावित कर सकते हैं।

स्कोपिंग के बाद व्यवहार्यता अध्ययनों के साथ ही साथ, विस्तृत पूर्वानुमान और शमन अध्ययन सम्पन्न किए जाते हैं।

दोनों स्थितियों में, पर्यावरणीय प्रभावों के प्रबंध और निगरानी के लिए विस्तृत योजना को प्रोत्साहित करती है।

अंत में, कार्यान्वयन के कुछ समय बाद ई.आई.ए. प्रक्रिया की लेखा परीक्षा की जाती है।

❑❑❑

3 जैव-विविधता संरक्षण/ जीव-जंतु संरक्षण प्रोजेक्ट

1. जैव विविधता के मापन के संबंध में निम्नलिखित कथनों पर विचार कीजिए–

1. अल्फा-विविधता का संदर्भ किसी विशिष्ट पारिस्थितिकी तंत्र के अंतर्गत किसी ऐसी विशिष्ट विविधता से होती है जिसे प्रजातियों की संख्या द्वारा अभिव्यक्त किया जाता है।

2. बीटा-विविधता का मापन विभिन्न पारिस्थितिकी तंत्रों के बीच प्रजातियों की संख्या में परिवर्तन के रूप में किया जाता है।

3. गामा-विविधता किसी क्षेत्र के अंतर्गत विभिन्न पारिस्थितिकी तंत्रों के लिए समग्र विविधता की माप है।

उपर्युक्त कथनों में से कौन-सा/से सही है/हैं?

(a) केवल 3 (b) केवल 1 और 2
(c) 1, 2 और 3 (d) केवल 1

उत्तर (c) सभी तीनों कथन सही हैं।

प्रजाति की विविधता के मापन में सामान्यत: "समृद्धि" का अनुमान सम्मिलित होता है। अल्फा-विविधता के रूप में भी संदर्भित; प्रजाति समृद्धता, जैव विविधता का मापन करने की सामान्य विधि है और इसमें दिए गए क्षेत्र में व्यष्टि- या यहां तक कि परिवारों-की संख्या की गणना सम्मिलित होती है।

पारिस्थितिकी तंत्र-स्तर पर, जैव विविधता के मापन का प्राय: दिए गए क्षेत्र में दो पारिस्थितिकी तंत्रों की तुलना करने या समय के साथ होने वाले परिवर्तन निर्धारित करने के लिए उपयोग किया जाता है। पारिस्थितिकी तंत्र के भीतर या बीच जैव विविधता में होने वाले परिवर्तनों का वर्णन बीटा-विविधता कहलाता है। बीटा-विविधता का मापन समय के विभिन्न बिंदुओं पर दो अलग-अलग आवासों के बीच या एक ही समुदाय के भीतर प्रजाति समृद्धि में अंतर इंगित करता है। परिणामी संख्या शोध कर्ताओं को इंगित करती है कि प्रत्येक समूह में पाई जाने वाली प्रजातियों में क्या कोई परस्पर व्यापन है या नहीं।

वहीं दूसरी ओर, गामा-विविधता संपूर्ण क्षेत्र के भीतर कुल जैव-विविधता की माप है।

2. जैव विविधता संरक्षण के संदर्भ में, फॉरेस्ट प्लस (Forest PLUS) क्या है?

(a) हिमालय के वनों हेतु संरक्षण प्रयासों को बढ़ाने के लिए भारत और नेपाल के बीच द्विपक्षीय कार्यक्रम।
(b) भारत में संधारणीय वन भूमि उपयोग हेतु समाधानों का विकास करने के लिए भारत और अमेरिका के बीच द्विपक्षीय कार्यक्रम।
(c) वनोन्मूलन और वन निम्नीकरण से उत्सर्जन में कमी करने के लिए जलवायु परिवर्तन पर संयुक्त राष्ट्र फ्रेमवर्क कन्वेंशन (UNFCCC) का कार्यक्रम।
(d) उपर्युक्त में से कोई नहीं।

उत्तर (b) फॉरेस्ट- PLUS भारत में वन भूमि के संधारणीय उपयोग हेतु समाधान विकसित करने के लिए भारत और अमेरिका के बीच द्विपक्षीय कार्यक्रम है। पर्यावरण, वन और जलवायु परिवर्तन मंत्रालय (MoEFCC) के साथ साझेदारी में यह कार्यक्रम, भारत को रीडयूसिंग एमिशन्स फ्रॉम डीफॉरेस्ट्रेशन एंड फॉरेस्ट डीग्रेडेशन (REDD+) को सफलतापूर्वक कार्यान्वित करने के लिए तैयार करता है, जो जलवायु परिवर्तन को कम करने, आजीविका सुधार और जैव विविधता संरक्षण के लिए अंतर्राष्ट्रीय तंत्र/प्रक्रम है।

3. जैव विविधता हॉटस्पॉट के रूप में अर्हता प्राप्ति हेतु किसी क्षेत्र द्वारा, निम्नलिखित में से कौन-सा/से मापदंड का पालन किया जाना चाहिए?

1. संवहनी (vascular) पौधों की न्यूनतम 1500 स्थानिक प्रजातियाँ होनी आवश्यक हैं।

2. इसके मूल प्राकृतिक आवास का न्यूनतम 70% भाग क्षतिग्रस्त हो चुका हो।

नीचे दिए गए कूट का प्रयोग कर सही उत्तर का चयन कीजिए–

(a) केवल 1 (b) केवल 2
(c) 1 और 2 दोनों (d) न तो 1, न ही 2

उत्तर (d) जैव विविधता हॉटस्पॉट के रूप में अर्हता प्राप्त करने के लिए, एक क्षेत्र को दो सख्त मानदंडों को पूरा करना होगा:

इसमें कम से कम 1500 स्थानिक विशिष्ट पौधे (Vascular plants) होने चाहिए जिससे तात्पर्य है कि वैसे पौधों का उच्च प्रतिशत होना चाहिए जो इस ग्रह पर और कहीं नहीं पाए जाते हों। दूसरे शब्दों में कहें तो एक हॉटस्पॉट को दूसरे से बदला या प्रतिस्थापित नहीं किया जा सकता है।

जिसने अपने मूल पर्यावास का कम से कम 70% खो दिया हो। दूसरे शब्दों में, यह संकटग्रस्त होना चाहिए। दुनिया भर में 35 क्षेत्रों को हॉटस्पॉट, के रूप में मान्यता दी गई है। ये पृथ्वी की भूमि की सतह के सिर्फ 2.3% का प्रतिनिधित्व करते हैं, लेकिन ये स्थानिक रूप से दुनिया के पौधों की आधी से अधिक प्रजातियों को स्थानिक के रूप में अवलंब प्रदान करते हैं, अर्थात् ऐसी प्रजातियां जो और कहीं नहीं पायी जाती- और पक्षी, स्तनपायी, सरीसृप और उभयचर प्रजातियों के लगभग 43% इनकी स्थानिक प्रजातियाँ हैं।

4. जैव विविधता वित्त पहल (The Bio-diversity Finance Initiative : BIOFIN) के संबंध में निम्नलिखित में से कौन-सा/से कथन सही है/हैं?

1. इसका उद्देश्य जैव विविधता पहलों के वित्तपोषण से जुड़ी चुनौतियों का व्यापक रूप से समाधान करना है।

2. इसे IUCN और WWF द्वारा प्रारम्भ किया गया था।

3. राष्ट्रीय जैव विविधता प्राधिकरण, भारत में BIOFIN का कार्यान्वयन-निकाय है।

नीचे दिए गए कूट का प्रयोग कर सही उत्तर का चयन कीजिए–

(a) केवल 1 (b) केवल 2 और 3
(c) केवल 1 और 3 (d) 1, 2 और 3

उत्तर (c) जैव विविधता वित्त पहल (BIOFIN) जैव विविधता संबंधी वित्तपोषण चुनौतियों का व्यापक रूप में समाधान करने हेतु वैश्विक भागीदारी है। यह पहल देशों को अपने वर्तमान जैव विविधता व्यय का मापन करने, मध्यम अवधि में अपनी वित्तीय आवश्यकताओं

का आकलन करने एवं अपने राष्ट्रीय जैव विविधता वित्तपोषण अंतरालों को पाटने हेतु सर्वाधिक उपयुक्त वित्तपोषण समाधान की पहचान करने में सक्षम करने के लिए नवोन्मेपी पद्धति प्रदान करती है।

संयुक्त राष्ट्र विकास कार्यक्रम (UNDP) ने पारिस्थितिक प्रणालियों और जैव विविधता के प्रबंधन में निवेश बढ़ाने के लिए सार्थक व्यावसायिक मामला निर्मित करते हुए - जैव विविधता वित्तपोषण चुनौती से व्यापक रूप से निपटने हेतु नई वैश्विक साझेदारी के रूप में, अक्टूबर 2012 में जैव विविधता वित्त पहल - BIOFIN लांच की। BIOFIN का प्रबंधन संयुक्त राष्ट्र विकास कार्यक्रम (UNDP) के पारिस्थितिक प्रणालियाँ और जैव विविधता कार्यक्रम द्वारा यूरोपीय यूनियन एवं जर्मनी और स्विट्ज़रलैंड की सरकारों की साझेदारी में किया जाता है।

5. उष्णकटिबंधों में अत्यधिक जैव विविधता का कारण निम्नलिखित में से कौन-सा/से है/हैं?

1. उष्णकटिबंधीय अक्षांश कई मिलियन वर्षों से अपेक्षाकृत रूप से अबाधित रहे हैं।

2. उष्णकटिबंधीय पर्यावरण कम मौसमी, अपेक्षाकृत अधिक स्थिर एवं पूर्वानुमान योग्य होते हैं।

3. उष्णकटिबंधों में अधिक सौर ऊर्जा उपलब्ध होती है।

नीचे दिए गए कूट का प्रयोग कर सही उत्तर का चयन कीजिए –

(a) केवल 1 (b) केवल 2 और 3

(c) केवल 1 और 3 (d) 1, 2 और 3

उत्तर (d) तीनों कथन सही हैं। पारिस्थितिकीविदों और विकासवादी जीववैज्ञानिकों ने उष्णकटिबंधों में अत्यधिक जैव विविधता हेतु विभिन्न परिकल्पनाएँ प्रस्तावित की हैं:

प्रजातीकरण सामान्यत: समय का फलन है, अतीत में बार-बार हिमाच्छादन से गुजरे शीतोष्ण क्षेत्रों के विपरीत, उष्णकटिबंधीय अक्षांश लाखों वर्षों तक अपेक्षाकृत अबाधित बने रहे और इस प्रकार प्रजाति विविधीकरण के लिए यहाँ दीर्घ विकासवादी समय विद्यमान रहा था।

शीतोष्ण पर्यावरण के विपरीत, उष्णकटिबंधीय पर्यावरण कम मौसमी, अपेक्षाकृत अधिक स्तर और पूर्वानुमान योग्य रहे हैं। इस प्रकार स्थिर वातावरण निकेत (niche) विशेषीकरण को बढ़ावा देता है और अधिक प्रजातिगत विविधता का मार्ग प्रशस्त करता है।

उष्णकटिबंधों में अधिक सौर ऊर्जा उपलब्ध होती है, जो उत्पादकता में योगदान देती है। यह अंततः अधिकाधिक विविधता में परोक्ष रूप से योगदान दे सकता है।

6. जैव विविधता अधिनियम, 2002 के संबंध में, निम्नलिखित कथनों पर विचार कीजिए–

1. यह पारंपरिक जैव संसाधनों एवं ज्ञान के उपयोग से उत्पन्न होने वाले लाभों की न्यायपूर्ण साझेदारी हेतु तंत्र प्रदान करता है।

2. इस अधिनियम के कार्यान्वयन को सुगम बनाने के लिए राष्ट्रीय जैव विविधता प्राधिकरण को अधिदेशित (मैंडेटेड) किया गया है।

3. चिकित्सा की भारतीय प्रणाली का प्रयोग करने वाले वैद्यों और हकीमों को वाणिज्यक प्रयोजनों के लिए जैविक सामग्री प्राप्त करने हेतु पूर्व स्वीकृति प्राप्त करने से छूट प्रदान की गई है।

उपर्युक्त कथनों में से कौन-सा/से सही है/हैं?

(a) केवल 1 (b) केवल 2 और 3

(c) केवल 1 और 3 (d) 1, 2 और 3

उत्तर (d) तीनों कथन सही हैं।

जैव विविधता अधिनियम, 2002 भारत में जैव विविधता के संरक्षण के लिए भारतीय संसद का अधिनियम है और पारंपरिक संसाधनों एवं ज्ञान के उपयोग से प्राप्त होने वाले लाभों की न्यायपूर्ण साझेदारी के लिए क्रियाविधि प्रदान करता है। इस अधिनियम को जैव विविधता पर कन्वेंशन (CBD) के आबंधों को पूरा करने के लिए अधिनियमित किया गया था, जिसका भारत एक भागीदार है। राष्ट्रीय जैव विविधता प्राधिकरण (NBA) की स्थापना वर्ष 2003 में जैव विविधता अधिनियम (2002) को कार्यान्वित करने के लिए की गई थी। राष्ट्रीय जैव विविधता प्राधिकरण (NBA) एक वैधानिक, स्वायत्त निकाय है और भारत सरकार के लिए जैविक संसाधनों के संरक्षण, संधारणीय उपयोग एवं जैविक संसाधनों के उपयोग से उत्पन्न होने वाले लाभों की न्यायपूर्ण साझेदारी के मुद्दों पर सुविधाप्रदायक, विनियामक और परामर्शी कार्यों का निष्पादन करता है।

कार्य

जैव विविधता अधिनियम 2002 सभी स्थानीय निकायों को जैवविविधता प्रबंधन समितियां (BMC) स्थापित करने के लिए आज्ञापित करता है।

स्थानीय जैव विविधता जैसे पक्षियों, जन्तुओं एवं पौधों की प्रजातियों का संरक्षण एवं संवर्द्धन।

लोगों का जैव विविधता रजिस्टर (PBR) तैयार करना - यह एक इलेक्ट्रानिक डेटाबेस है जिसमें स्थानीय लोगों से इनपुट प्राप्त किए जाते हैं।

स्थानीय वैद्यों (पारंपरिक चिकित्सकों) द्वारा उपयोग किए जाने वाले औषधीय पौधों/संसाधनों संबंधी डेटा का अनुरक्षण करना।

राज्य एवं राष्ट्रीय जैव विविधता बोर्डों को स्थानीय जैव विविधता के मामलों पर परामर्श प्रदान करना।

जैव विविधता पर कन्वेंशन (CBD) के नागोया प्रोटोकॉल के अंतर्गत ये शोधार्थियों एवं वाणिज्यिक कम्पनियों को जैव विविधता रजिस्टर तक पहुँच प्रदान करने के लिए शुल्क का संग्रहण कर सकते हैं।

जैविक संसाधनों की प्राप्ति के लिए सभी विदेशी नागरिकों को जैव विविधता प्राधिकरण (NBA) से स्वीकृति प्राप्त करने की आवश्यकता होती है।

भारतीय व्यक्तियों/संस्थाओं को विदेशियों को ज्ञान/शोध एवं सामग्री का हस्तांतरण करने से पूर्व अनुमति लेने की आवश्यकता होती है।

भारत से प्राप्त किए गए जैविक पदार्थ या संबद्ध ज्ञान पर शोध पर आधारित किसी भी प्रकार के बौद्धिक संपदा अधिकार (IPR) हेतु आवेदन करने के लिए राष्ट्रीय जैव विविधता प्राधिकरण की पूर्व स्वीकृति की आवश्यकता होती है।

भारतीयों को वाणिज्यिक प्रयोजनों के लिए जैविक सामग्री प्राप्त करने हेतु राज्य जैव विविधता बोर्डों को पूर्व सूचना प्रदान करने की आवश्यकता होती है। राज्य जैव विविधता बोर्ड (SBB) इस प्रकार की पहुँच को विनियमित कर सकते हैं। जैव विविधता के उत्पादकों और कृषकों एवं भारतीय चिकित्सा प्रणाली का अभ्यास करने वाले वैद्यों तथा हकीमों एवं स्थानीय लोगों को छूट दी जाती है।

7. भारत में निम्नलिखित में से कौन-सा/से क्षेत्र जैव विविधता हॉटस्पॉट हैं?

1. पूर्वी घाट

2. पूर्वी हिमालय

3. निकोबार द्वीप समूह

नीचे दिए गए कूट का प्रयोग कर सही उत्तर चुनिए–

(a) केवल 1 और 3

(b) केवल 2

(c) केवल 2 और 3

(d) 1, 2 और 3

उत्तर (c) कन्जर्वेशन इन्टरनेशनल के अनुसार हॉटस्पॉट के रूप में चिन्हित होने के लिए किसी क्षेत्र को दो कठोर मानदण्डों को अनिवार्य रूप से पूरा करना चाहिए कि: इसमें संवहनी पादपों की कम से कम 1500 स्थानिक प्रजातिया (विश्व की कुल प्रजातियों के 0.5% से अधिक) अवश्य सम्मिलित हों, एवं इसके वास्तविक आवास में कम-से-कम 70% भाग की क्षति हो गयी हो।

भारत में जैव विविधता के हॉटस्पॉट : 34 वैश्विक जैव विविधता हॉटस्पॉट में से चार भारत में विद्यमान हैं जो हिमालय, पश्चिमी घाटों (सह्याद्री), उत्तर-पूर्व, और निकोबार द्वीप समूह के रूप में निरूपित किए जाते हैं।

8. निम्नलिखित में से कौन-सी प्रक्रिया/प्रक्रियाएं बर्हिस्थानों (एक्स-सीटू) जैव उपचार (बायोरिमेडियेशन) का/के उदाहरण है/हैं?

1. काम्पोस्टिंग

2. ठोस अपशिष्ट उपचार

3. भूजल का धरातल (subsurface) उपचार

नीचे दिए गए कूट का प्रयोग कर सही उत्तर चुनिए-

(a) केवल 1 (b) केवल 2 और 3

(c) केवल 1 और 2 (d) 1, 2 और 3

उत्तर (c) जैव उपचार (बायोरिमेडीयेसन) : यह सूक्ष्म जीवों का उपयोग कर अपशिष्ट के उपचार की प्रक्रिया है। यह दो प्रकार का होता है: इन-सीटू (अपशिष्ट का उपचार उसके उत्पति स्थान पर ही करना), एक्स-सीटू (अपशिष्ट का उपचार उसके उत्पत्ति स्थान के बाहर करना)।

अधस्थल (subsurface) जल का उपचार इन-सीटू जैव उपचार का एक उदाहरण है।

एक्स-सीटू जैव उपचार में कम्पोस्टिंग, वेर्मिकम्पोस्टिंग, ठोस-अपशिष्ट उपचार इत्यादि सम्मिलित हैं।

9. निम्नलिखित में से कौन-से स्व-स्थाने (in-situ) संरक्षण की प्रक्रिया हैं?

1. जैव विविधता हॉटस्पॉट

2. पवित्र उपवन (sacred forest)

3. प्राणी उद्यान

4. टिशू कल्चर

5. बीज बैंक

नीचे दिए गए कूट का प्रयोग कर सही उत्तर चुनिए-

(a) केवल 1 और 2

(b) केवल 2, 3 और 4

(c) केवल 1, 2 और 3

(d) 1, 4 और 5

उत्तर (a) केवल 1 और 2 इन-सीटू संरक्षण की विधियाँ हैं।

इन-सीटू (आन साइट) संरक्षण के अंतर्गत, लुप्तप्राय जन्तुओं और पादपों का संरक्षण उनके प्राकृतिक आवास में किया जाता है। इसमें जैवविविधता हॉटस्पॉट, पवित्र उपवन (sacred forest), राष्ट्रीय उद्यान, वन्यजीव अभयारण्य, बायोस्फीयर रिजर्व आदि सम्मिलित हैं।

एक्स-सीटू संरक्षण के अंतर्गत लुप्तप्राय जन्तुओं और पादपों को उनके प्राकृतिक आवास से बाहर लाकर विशेष व्यवस्था में रखा जाता है, जहां उनका संरक्षण कर विशेष ध्यान दिया जा सकता है। इसमें प्राणी उद्यान, वनस्पति उद्यान, इन विट्रो फर्टिलाइजेशन, टिशू कल्चर, बीज बैंक आदि सम्मिलित हैं।

10. निम्नलिखित में से कौन-सा/से प्रकाश अवधि (photoperiod) से प्रभावित होता/होते है/हैं?

1. जन्तुओं में प्रवास

2. पौधों में कलियों और फूलों का खिलना

3. जन्तुओं में शीत निष्क्रियता

नीचे दिए गए कूट का प्रयोग कर सही उत्तर चुनिए-

(a) केवल 1 और 2 (b) केवल 1 और 3

(c) केवल 2 (d) 1, 2 और 3

उत्तर (d) प्रकाश अवधि (photoperiod) उप समयावधि को संदर्भित करता है जिस दौरान सजीव प्रतिदिन प्रकाश प्राप्त करता है। सजीव प्रकाशग्रहियों (जैसे आंख, प्रकाशग्राही, स्टिग्मा, नेत्रक आदि) से प्रकाश प्राप्त करते हैं। इस प्रकार गतिविधि चक्र के लिए प्रकाश उत्प्रेरक के रूप में कार्य करता है। प्रतिदिन और ऋतु अनुसार प्राप्त प्रकाश की अवधि, प्रकाश अवधि कहलाती है। उदाहरण के लिए, जब दिवाकालीन प्रकाश की अवधि कम हो जाती है, जन्तु शीतनिद्रा में चले जाते हैं। प्रकाश अवधि के कारण जीवन-चक्र की प्रोग्रामिंग, पौधों में कलियों और फूलों के खिलने का समन्वय और जन्तुओं का प्रवास होता है। इसलिए दिए गए सभी विकल्प सही है।

11. जैवविविधता की हानि के लिए चार प्रमुख कारणों को जिम्मेदार ठहराया जाता है जिन्हें 'शैतान चौकड़ी' ('the Evil Quartet') के नाम से जाना जाता है। निम्नलिखित में से 'शैतान चौकड़ी (the Evil Quartet) का/के भाग कौन सा/से है/हैं?

1. आवास की हानि एवं विखण्डन

2. अति-दोहन

3. आक्रामक, प्रजाति का प्रवेश

नीचे दिए गए कूट का प्रयोग कर सही उत्तर चुनिए-

(a) केवल 1 और 2 (b) केवल 2

(c) केवल 1 और 3 (d) 1, 2 और 3

उत्तर (d) वर्तमान में विश्व प्रजातियों के त्वरित विलुप्ति दर का सामना कर रहा है जिसका प्रमुख कारण मानवीय गतिविधियां हैं। ये चार प्रमुख कारण (The Evil Quartet) हैं:

आवास हानि और विखंडन : यह पादपों और जन्तुओं की विलुप्ति का सबसे महत्वपूर्ण कारण है। आवास हानि का सबसे नाटकीय उदाहरण उष्णकटिबंधीय वर्षा वनों का है। अमेज़न वर्षा वन जो लाखों प्रजातियों को शरण देता है (यह इतना विशाल है कि पृथ्वी का फेफड़ा कहा जाता है।) को सोयाबीन की कृषि और मांस उद्योग के लिए घास के मैदानों में बदलने के लिए काटा जा रहा है।

अतिदोहन : मनुष्य द्वारा अतिदोहन के कारण पिछले 500 वर्षों में कई प्रजातियों (स्टेलर्स समुद्री गाय, यात्री कबूतर (passanger pigeon) की विलुप्ति हुई। वर्तमान में पूरे विश्व में कई समुद्री मत्स्य आबादियों का अतिदोहन किया जा रहा है, जिससे कुछ वाणिज्यिक रूप से महत्वपूर्ण प्रजातियों के सतत अस्तित्व को खतरा पैदा हो गया है।

विदेशी प्रजातियों का आक्रमण : जब विदेशी प्रजातियों का अनजाने में या जानबूझ कर, जिस भी उद्देश्य से, प्रवेश कराया जाता है, तो उनमें से कुछ आक्रामक हो जाती हैं, जिससे स्थानीय प्रजातियों में कमी आती है या विलुप्त हो जाते हैं। आक्रामक खरपतवार प्रजातियों द्वारा स्थानीय प्रजातियों को खतरा और पर्यावरण को क्षति पहुचाई जा रही है जैसे गाजर घास (पार्थेनियम), लैंटाना और जलकुंभी (आईकोर्निया)। हाल ही में जलीय कृषि प्रयोजन हेतु अफ्रीकी कैटफिश क्लेरियस गैरीपाइनस के अवैध प्रवेश से नदियों में देशज कैटफिश के लिए खतरा हो गया है।

सह-विलुप्ति (Coextinctions) : जब कोई प्रजाति विलुप्त हो जाती है, तो इससे जुड़ी पादप और जन्तु प्रजातियां भी अनिवार्य रूप से विलुप्त हो जाती है। जब पोषक मछली प्रजातियां विलुप्त होती हैं, तो इसके परजीवियों के अनूठे समूह की भी यही नियति होती है। एक अन्य उदाहरण पादप-परागणकर्ता की सहविकसित पारस्परिकता है जहां एक प्रजाति की विलुप्ति निरपवाद रूप से दूसरे की विलुप्ति का भी मार्ग प्रशस्त करती है।

12. निम्नलिखित में से कौन-सी प्रक्रियाओं को स्व-स्थाने जैव-उपचारण (इन-सीटू

बायोरेमेडिएशन) के भाग के रूप में वर्गीकृत किया जा सकता है?

1. बायोवेंटिंग

2. बायोस्पार्जिंग

3. लैंडफॉर्मिंग (भू-अभिरूपण)

नीचे दिए गए कूट का प्रयोग कर सही उत्तर चुनिए–

(a) केवल 1 और 2 (b) केवल 2 और 3

(c) केवल 1 और 3 (d) 1, 2 और 3

उत्तर (a) जैव-उपचारण (बायोरेमेडिएशन) न केवल पर्यावरण से प्रदूषक हटाने की प्रक्रिया है बल्कि यह पर्यावरण अनुकूल भी है और अधिक प्रभावी प्रक्रिया भी है।

सूक्ष्मजीवों का उपयोग करके मृदा एवं जल से प्रदूषक हटाए जा सकते हैं अर्थात् उसे डीटॉक्सीफाई किया जा सकता है। इसे जैव-उपचारण कहा जाता है। इसका उद्देश्य पर्यावरण अनुकूल सूक्ष्मजीवों की सहायता से पर्यावरण को प्रदूषण से मुक्त करना होता है। जैव-अपचारण को मोटे तौर पर दो श्रेणियों में विभाजित किया जा सकता है अर्थात्, इन सीटू (स्व-स्थानें) जैव-उपचारण और एक्स सीटू (पर-स्थानें) जैव-उपचारण।

स्व-स्थाने जैव-उपचारण में दूषित स्थलों पर ही उपचार प्रदान किया जाता है और संदूषक पदार्थों का उत्खनन एवं परिवहन नहीं होता है। इसका अर्थ यह है कि उपचारण के लिए जल या संदूषित मृदा का उत्खनन करने की कोई आवश्यकता नहीं होती हैं। स्व-स्थानें जैव-उपचारण को आगे निम्नलिखित वर्गों में उप-विभाजित किया जाता है।

बायोवेन्टिंग : यह किसी भी वायविक रूप से निम्नीकरण योग्य (aerobically degradable) यौगिकों का निम्नीकरण करने की तकनीक है। बायोवेन्टिंग से प्रदूषित स्थल पर ऑक्सीजन तथा पोषक तत्व जैसे नाइट्रोजन एवं फास्फोरस अंत:क्षेपित (inject) किए जाते हैं। मृदा में इन पोषक तत्वों और ऑक्सीजन का वितरण मृदा के संगठन पर निर्भर करता है। बायोवेन्टिंग में सूक्ष्मजीवों को कम वायु प्रवाह दर पर पर्याप्त ऑक्सीजन उपलब्ध करायी जाती है। वस्तुत: बायोवेन्टिंग भौम जलस्तर (Water table) से ऊपर स्थित संदूषित मृदा में वायु की पम्पिंग है।

बायोस्पार्जिंग : बायोस्पार्जिंग में ऑक्सीजन की सांद्रता बढ़ाने के लिए वायु को दबाव के साथ भौम जलस्तर के नीचे अंत:क्षेपित किया जाता है। ऑक्सीजन को प्रदूषक के सूक्ष्मजैविक निम्नीकरण के लिए अंत:क्षेपित किया जाता हे। बायोस्पार्जिंग से वायविक निम्नीकरण एवं वाष्पीकरण में वृद्धि होती है। वायुमंडल में वाष्पशील पदार्थों का स्थानांतरण रोकने के लिए संदूषित स्थल पर ऑक्सीजन अंत:क्षेपित करते समय दबाव नियंत्रित होना चाहिए।

जैव-आवर्द्धन : अपशिष्ट का निम्नीकरण बढ़ाने के लिए संदूषित स्थल पर विशिष्ट उपापचयी क्षमता वाले सूक्ष्मजीव प्रवेश कराए जाते हैं।

पर-स्थाने जैव-उपचारण : इसमें उपचार संदूषित स्थल पर नहीं दिया जाता है। पर-स्थाने जैव-उपचार में, संदूषित मृदा की खुदाई की जाती है और किसी दूसरे स्थान पर उपचार किया जाता है। इसे आगे निम्नलिखित श्रेणियों में उप-विभाजित किया जा सकता है :

बायोपीलिंग : यह खाद बनाने और कृषि का एक संकर रूप है। आधारभूत बायोपीलिंग प्रणाली में उपचार आधार सतह (treatment bed), वातन प्रणाली, सिंचाई/पोषक तत्व प्रणाली और लीचेट (निक्षालक) संग्रह प्रणाली सम्मिलित होती है।

भू-अभिरूपण (landforming) : भू-अभिरूपण में उत्खनित मृदा को स्वच्छ मृदा तथा क्ले एवं कंक्रीट के मध्य में एक सैंडविच परत की भाँति व्यवस्थित किया जाता है। स्वच्छ मृदा की परत सबसे नीचे एवं कंक्रीट परत सबसे ऊपर होनी चाहिए। इसके बाद इसका प्राकृतिक निम्नीकरण होने दिया जाता है। इसमें ऑक्सीजन, पोषक तत्व एवं नमी भी उपलब्ध करायी जाती है और चूने का उपयोग करके pH के मान pH7 के निकट बनाए रखा जाता है। भू-अभिरूपण मुख्य रूप से कीटनाशकों के लिए उपयोगी होता है।

खाद बनाना (Compositing) : खाद निर्माण वह प्रक्रिया है जिसमें सूक्ष्मजीव अधिक तापमान, लगभग 55 से 65°C, पर अपशिष्ट का निम्नीकरण करते हैं।

13. प्रवाल भित्तियों के संदर्भ में, निम्नलिखित कथनों पर विचार कीजिए–

1. उन्हें जीवित रहने के लिए सामान्यतया शीत जल पारिस्थितियों की आवश्यकता होती है।

2. वे गहरे समुद्री जल क्षेत्रों में पाई जाती हैं।

3. उनका अस्थिपंजर डोलोमाइट और चूना पत्थर से बना होता है।

उपर्युक्त कथनों में से कौन-सा/से सही है/हैं?

(a) केवल 1 और 2 (b) केवल 3

(c) केवल 1 और 3 (d) केवल 2

उत्तर (b) भित्ति निर्मित करने वाले प्रवालों को जीवित रहने के लिए उष्ण जलीय स्थिति की आवश्यकता होती है। अलग-अलग क्षेत्रों में पाए जाने वाले भिन्न-भिन्न प्रवाल, तापमान में विविध प्रकार के उतार-चढ़ावों को सहन कर सकते हैं। यद्यपि सामान्यत: 20 से 30 डिग्री सेल्सियस तापमान में जीवित रहते हैं। **इसलिए कथन 1 सही नहीं है।**

प्रवाल सूर्य के प्रकाश की उपस्थिति वाले छिछले जल में पनपते तथा बढ़ते हैं। प्रवाल जूजैन्थेले (एक शैवाल) पर निर्भर होते हैं जो ऑक्सीजन तथा अन्य चीज़ों के लिए, उनके भीतर वृद्धि करते हैं। इन शैवालों को पनपने के लिए सूर्य के प्रकाश की आवश्यकता होती है, इसी प्रकार इन प्रवालों को भी सूर्य के प्रकाश की आवश्यकता पड़ती है। **इसलिए, कथन 2 सही नहीं है।**

प्रवालों का अस्थिपंजर चूनापत्थर तथा डोलोमाइट से बना होता है। **अत: कथन 3 सही है।**

14. हानिकारक शैवाल प्रस्फुटन के निम्नलिखित चरणों को उनके घटित होने के सही क्रम में व्यवस्थित कीजिए–

1. शैवाल प्रस्फुटन

2. पोषक तत्व संचयन एवं संवर्धन

3. ऑक्सीजन-क्षीणता की स्थिति

4. जलीय जीवों की मृत्यु और निम्नीकरण।

नीचे दिए गए कूट का प्रयोग कर सही उत्तर चुनिए–

(a) 1-2-3-4 (b) 2-3-1-4

(c) 1-3-2-4 (d) 2-1-3-4

उत्तर (d) कुछ शैवाल प्रस्फुटन जल में पोषक पदार्थों (विशेषकर फॉस्फोरस तथा नाइट्रोजन) की अधिकता का परिणाम होते हैं तथा जल में इन पोषक तत्वों का उच्च संकेद्रण शैवालों व हरित पौधों की संवर्द्धित वृद्धि का कारण बनता है।

जैसे-जैसे शैवालों तथा पादपों की वृद्धि अधिक होती है, अन्य जीवों का विनाश होने लगता है।

ये मृत कार्बनिक पदार्थ बैक्टीरिया का भोजन बनते हैं जब अन्य जीवों का विनाश होने लगता है।

अधिक भोजन की उपलब्धता के कारण बैक्टीरिया की संख्या में वृद्धि होती है तथा वे जल में घुली हुई ऑक्सीजन का उपयोग कर लेते हैं (एनॉक्सिया की स्थिति)

जब जल में घुली हुई ऑक्सीजन की मात्रा में कमी होती है तो बहुत सी मछलियाँ तथा जलीय कीटों की मृत्यु हो जाती है। इससे मृत क्षेत्र (डेड जोन) निर्मित होता है। **अत:, सही क्रम है विकल्प** (d)

15. भारत में बाघ गणना के संदर्भ में, निम्नलिखित कथनों पर विचार कीजिए–

1. यह प्रत्येक चार वर्षों में की जाती है।
2. गणना करने हेतु नोडल प्राधिकरण राष्ट्रीय बाघ संरक्षण प्राधिकरण (NTCA) है।
3. एम-स्ट्राइप्स (M-STRIPES) बाघों की गणना करने हेतु एक मोबाइल एप है।

उपर्युक्त कथनों में से कौन-सा/से सही है/हैं?

(a) केवल 1 और 2 (b) केवल 2 और 3
(c) केवल 1 और 3 (d) 1, 2 और 3

उत्तर (d) **कथन 1 सही है।** भारत में प्रत्येक 4 वर्ष पर बाघ गणना की जाती है। नवीनतम राउंड 2018 गणना है जो अभी विभिन्न राज्यों में प्रगति पर है। पिछली अखिल भारतीय गणना 2014 में हुई थी बाघों की अनुमानित संख्या 2010 के 1,706 से बढ़कर 2,226 हो गयी थी।

कथन 2 सही है। बाघ गणना के लिए नोडल प्राधिकरण राष्ट्रीय बाघ संरक्षण प्राधिकरण (NTCA) है। गणना गतिविधियों के लिए अधिकारियों और श्रमिकों की प्रतिनियुक्ति राज्य वन विभाग करता है। तत्पश्चात, संकलित डेटा NTCA को भेजा जाता है। NTCA की स्थापना भारत के प्रधानमंत्री द्वारा गठित टाइगर टास्क फोर्स (बाघ कार्यदल) की अनुशंसा के बाद दिसंबर 2005 में की गयी थी। टाइगर टास्क फोर्स, प्रोजेक्ट टाइगर [2] तथा भारत के कई टाइगर रिजर्वों के पुनर्योजित प्रबंधन हेतु गठित की गयी थी। NTCA की स्थापना के लिए 1972 के वन्यजीव संरक्षण अधिनियम में संशोधन किया गया था। NTCA संकटग्रस्त बाघों की रक्षा करने के लिए प्रोजेक्ट टाइगर योजना कार्यान्वित करने के लिए उत्तरदायी है। NTCA की स्थापना, पर्यावरण और वन मंत्री की अध्यक्षता में की गयी है।

कथन 3 सही है। M-STrIPES (मॉनिटरिंग सिस्टम फॉर टाइगर्स – इंटेंसिव प्रोटेक्शन एंड इकोलॉजिकल स्टेटस) वन्यजीव संस्थान, देहरादून का विकसित ऐप है।

16. इंडियन राइनो विजन-2020 (IRV 2020) कार्यक्रम के संदर्भ में, निम्नलिखित में से कौन-से कथन सही हैं?

1. इसका उद्देश्य वर्ष 2020 तक असम में एक सींग वाले गैंडों की वनो में रहने वाली आबादी को कम-से-कम 3000 करना है।
2. इसमें गैंडों के वितरण को विभिन्न क्षेत्रों में विस्तारित करना शामिल है ताकि उनकी आबादी को दीर्घजीविता प्रदान की जा सके।
3. इसे वर्ल्ड वाइड फण्ड फॉर नेचर-इंडिया (WWF-India) के सहयोग से कार्यान्वित किया जा रहा है।

नीचे दिए गए कूट का प्रयोग कर सही उत्तर चुनिए –

(a) केवल 1 और 2 (b) केवल 1 और 3
(c) केवल 2 और 3 (d) 1, 2 और 3

उत्तर (d) WWF-India चार दशकों से एक सींग वाले गैंडों के संरक्षण पर कार्य कर रहा है। इस कार्य के अंतर्गत WWF-INDIA ने 2005 में, असम वन विभाग और अन्य संगठनों के साथ साझेदारी से इंडियन राइनो विजन 2020 (IRV 2020) का शुभारंभ किया था। **इसलिए, कथन 3 सही है।**

इस कार्यक्रम का उद्देश्य असम में गैंडों (ग्रेटर वन-हॉर्न्ड राइनो) की वनों में रहने वाली आबादी को बढ़ाकर, 2020 तक कम-से-कम 3,000 करना है। साथ ही यह सुनिश्चित करने पर भी बल देना है कि ये गैंडे असम के कम से कम सात सुरक्षित क्षेत्रों में वितरित रहें। इससे असम में गैंडों की कुल संख्या दीर्घकाल तक बनी रह पाएगी। **इसलिए, कथन 1 सही है।**

अभी तक, कुल 18 गैंडों को पोबितोरा वन्यजीव अभ्यारण्य और काजीरंगा राष्ट्रीय उद्यान से मानस राष्ट्रीय उद्यान में स्थानांतरित किया गया है। हाल ही में, स्थानांतरित गैंडों में से एक ने मानस राष्ट्रीय उद्यान में एक शिशु को जन्म दिया। मानस में छोड़े गए सभी गैंडो की दैनिक निगरानी की जाती है और यह पाया गया है कि गैंडे अच्छी स्थिति में हैं तथा उद्यान के सभी तीन क्षेत्रों का उपयोग कर रहे हैं। **इसलिए, कथन 2 सही है।**

17. दाचीगाम राष्ट्रीय उद्यान का प्रयोजन केवल इस जंतु हेतु प्राकृतिक आवास को संरक्षित रखना था। लेकिन अब इसे नए और पुराने, दोनों प्रकार के निवासियों के साथ स्थान एवं संसाधनों के लिए समान रूप से प्रतिस्पर्द्धा करनी पड़ रही है। इस प्राणी को IUCN द्वारा "क्रिटिकली इंडेंजर्ड" के रूप में घोषित किया गया है और यह भारतीय वन्यजीव (संरक्षण) अधिनियम, 1972 की अनुसूची-I के अंतर्गत भी सूचीबद्ध है। उपर्युक्त विवरण निम्नलिखित में से किस जंतु को संदर्भित करता है?

(a) चीरू (b) ऑरिक्स
(c) हंगुल (d) घड़ियाल

उत्तर (c) कश्मीरी बारहसिंगा (सबसे कनाडेन्सिस हग्लू), जिसे हंगुल भी कहा जाता है, भारत के देशज जंतु एल्क की एक उप-प्रजाति है। यह कश्मीर घाटी और हिमाचल प्रदेश के उत्तरी जिले की उच्च घाटियों तथा पर्वतों में घने नदी-तटीय वनों में पाया जाता है। जम्मू और कश्मीर ने 1970 में IUCN और WWF के साथ मिलकर इन जन्तुओं की सुरक्षा के लिए परियोजना तैयार की थी। इसे प्रोजेक्ट हंगुल के रूप में जाना गया। यह भारतीय वन्यजीव (संरक्षण) अधिनियम, 1972 की अनुसूची-I तथा जम्मू और कश्मीर वन्यजीव (संरक्षण) अधिनियम, 1978 के अंतर्गत सूचीबद्ध है। साथ ही इसे भारत सरकार द्वारा उच्च संरक्षण प्राथमिकता वाली शीर्ष 15 प्रजातियों में भी दर्ज किया गया है। आवास की क्षति, पालतू पशुओं द्वारा अत्यधिक चराई और शिकार के कारण हंगुल संकटग्रस्त है।

दाचीगाम राष्ट्रीय उद्यान को इनके आवास के रूप में नामित किया गया था। बारहसिंगा सितंबर और अप्रैल के बीच निचले दाचीगाम का उपयोग करते हैं, संभोग-ऋतु सितंबर के मध्य में आरम्भ होती है और एक माह बाद समाप्त होती है। अप्रैल के अंत तक, अपने शिशु को जन्म देकर वे ऊपरी दाचीगाम में अपने ग्रीष्मकालीन चारागाह में चले जाते हैं। वर्तमान में, इन्हीं चारागाहों का गुज्जर, बकरवाल और अन्य चारवाहों द्वारा उपयोग किया जाता है जो गर्मियों के दौरान अपने पशुओं को अधिक ऊँचाई पर ले जाते हैं। भारतीय वन्यजीव ट्रस्ट की रिपोर्ट के अनुसार, उन्हीं क्षेत्रों में जहाँ हंगुल भी चरते हैं, चराई के लिए जम्मू के बकरवालों और बन्यारियों द्वारा अपनी भेड़, बकरियाँ इत्यादि लाने के कारण गर्मियों के दौरान हंगुल के लिए संभावित प्रतिस्पर्द्धी और परेशानी के सतत स्रोत उत्पन्न हो गए हैं।

18. प्रोजेक्ट एलीफैंट के संदर्भ में, निम्नलिखित कथनों पर विचार कीजिए–

1. इसका उद्देश्य मानव-पशु संघर्ष की समस्या का समाधान करना और हाथियों के प्राकृतिक आवासों का संरक्षण करना है।
2. इसे केवल भारत के उत्तर-पूर्वी राज्यों में कार्यान्वित किया जा रहा है।

उपर्युक्त कथनों में से कौन-सा/से सही है/हैं?

(a) केवल 1 (b) केवल 2
(c) 1 और 2 दोनों (d) न तो 1, न ही 2

उत्तर (a) भारत सरकार द्वारा वर्ष 1992 में केन्द्र प्रायोजित योजना के रूप में निम्नलिखित उद्देश्यों के साथ प्रोजेक्ट एलीफैंट का आरंभ किया गया था।

1. हाथियों, के आवास और उनके गलियारों की रक्षा करने के लिए।

2. मानव-पशु संघर्ष की समस्या का समाधान करने के लिए। **इसलिए, कथन 1 सही है।**

3. बंदी हाथियों के कल्याण के लिए।

यह परियोजना मुख्य रूप से 16 राज्यों/संघ शासित प्रदेशों, अर्थात्, आंध्र प्रदेश, अरुणाचल प्रदेश, असम, छत्तीसगढ़, झारखंड, कर्नाटक, केरल, महाराष्ट्र, नागालैंड, ओडिशा, तमिलनाडु, त्रिपुरा, उत्तराखंड, उत्तर प्रदेश व पश्चिम बंगाल में कार्यान्वित की जा रही है। **इसलिए, कथन 2 सही नहीं है।**

पर्यावरण, वन और जलवायु परिवर्तन मंत्रालय 'प्रोजेक्ट एलीफैंट' के माध्यम से देश में हाथियों की प्रमुख रेंजों वाले राज्यों को वित्तीय और तकनीकी सहायता प्रदान करता है।

19. मॉन्ट्रेक्स रिकॉर्ड के संदर्भ में, निम्नलिखित कथनों पर विचार कीजिए–

1. यह उन आर्द्रभूमि स्थलों का रजिस्टर है, जहाँ मानवीय हस्तक्षेप के परिणामस्वरूप पारिस्थितिक विशेषताओं में परिवर्तन हो चुके हैं, हो रहे हैं या होने की संभावना है।

2. यह रामसर सूची का एक घटक है।

3. इस रिकॉर्ड में भारत की कोई भी आर्द्रभूमि सम्मिलित नहीं है।

उपर्युक्त कथनों में से कौन-सा/से सही है/हैं?

(a) केवल 1 और 2
(b) केवल 2
(c) केवल 1 और 3
(d) केवल 2 और 3

उत्तर (a) रामसर कन्वेंशन आर्द्रभूमि के संरक्षण और संधारणीय उपयोग के लिए एक अंतर्राष्ट्रीय संधि है, जो आर्द्रभूमि के मौलिक पारिस्थितिक कार्यों और उनकी आर्थिक, सांस्कृतिक, वैज्ञानिक और मनोरंजन मूल्यों को मान्यता देती है। 1 फरवरी, 1982 को कन्वेंशन ऑन वेटलैंड्स भारत के लिए प्रभाव में आया। वर्तमान में भारत के 26 स्थलों को अंतर्राष्ट्रीय महत्व की आर्द्रभूमि के रूप में नामित किया गया है, जिनका सतही क्षेत्रफल 689,131 हेक्टेयर है। मॉन्ट्रेक्स रिकार्ड में अंतर्राष्ट्रीय महत्व की आर्द्रभूमि को शामिल किया जाता है जिसमें भारत की दो आर्द्रभूमि केवलादेव घाना राष्ट्रीय उद्यान और लोकटक झील शामिल है।

20. यदि आप संगाई हिरण को उसके प्राकृतिक आवास में देखना चाहते हैं, तो निम्नलिखित में से कौन-से स्थान की यात्रा करना सर्वाधिक उपयुक्त है?

(a) पुलिकट झील (b) लोकटक झील
(c) दीपोर झील (d) चिल्का झील

उत्तर (b) संगाई हिरण केवल मणिपुर की लोकटक झील के प्रवाहमान बायोमास पर ही पाया जाता है।

मणिपुर का वन विभाग स्थानीय क्षेत्र की इस दुर्लभ प्रजाति के एक भाग को पुस्लेन पट पर स्थानांतरित करने की योजना बना रहा है, जो इसके वर्तमान आवाव लोकटक झील के पास ही है। झील के भीतर स्थित केइबुल लामजाओ राष्ट्रीय उद्यान (KLNP) संगाई का एकमात्र शेष प्राकृतिक आवास है। संगाई कभी पूरी मणिपुर घाटी में पाया जाता था।

संरक्षण प्रयासों के कारण, इस दुर्लभ हिरण की जनसंख्या में पिछले कुछ वर्षों में वृद्धि हुई है। इनकी संख्या 2008 में 110 से भी कम थी जो 2013 में 204 हो गयी।

21. राष्ट्रीय जैव-विविधता प्राधिकरण (NBA) के अधिदेश के संदर्भ में निम्नलिखित में से कौन-सा कथन सही है?

(a) यह जैव विविधता के संरक्षण से संबंधित मामलों पर केन्द्र सरकार को परामर्श प्रदान करता है।
(b) यह जैविक संसाधनों के उपयोग से उत्पन्न लाभों के न्यायपूर्ण वितरण से संबंधित मामलों पर केन्द्र सरकार को परामर्श प्रदान करता है।
(c) यह धरोहर स्थलों के रूप में अधिसूचित किए जाने हेतु जैव-विविधता महत्व के क्षेत्रों का चयन करने के लिए राज्य सरकारों को परामर्श प्रदान करता है।
(d) (a), (b) और (c) कथन सही हैं।

उत्तर (d) जैव-विविधता अधिनियम (2002) का अधिदेश यह प्रावधान करता है कि विकेन्द्रीकृत प्रणाली के माध्यम से अधिनियम के प्रावधानों का कार्यान्वयन किया जाएगा। इस अधिनियम के अंतर्गत राष्ट्रीय, राज्य तथा स्थानीय स्तर पर एक त्रि-स्तरीय संरचना की स्थापना की गयी है।

स्थानीय स्तर पर इस अधिनियम के विशिष्ट प्रावधानों तथा नियमों के कार्यान्वयन हेतु स्थानीय स्व-शासन की संस्थाओं द्वारा जैव-विविधता प्रबंधन समितियों (BMCs) की स्थापना का प्रावधान है।

राज्य स्तर पर इस अधिनियम तथा इसके नियमों के कार्यान्वयन से संबंधित सभी मुद्दों से निपटने हेतु राज्य जैव-विविधता प्राधिकरणों (SBBs) की स्थापना की जाती है।

राष्ट्रीय स्तर पर इस अधिनियम तथा इसके नियमों के कार्यन्वयन से संबंधित सभी मुद्दों से निपटने हेतु राष्ट्रीय जैव विविधता प्राधिकरण (NBA) की स्थापना का प्रावधान है।

NBA जैव विविधता के संरक्षण, इसके अवयवों का संधारणीय उपयोग तथा जैव संसाधनों के उपयोग से होने वाले लाभों के न्यायपूर्ण वितरण से संबंधित मुद्दों पर केन्द्र सरकार को परामर्श प्रदान करता है। यह धरोहर स्थलों के रूप में अधिसूचित किए जाने हेतु जैव विविधता महत्व के स्थलों का चयन करने तथा ऐसे धरोहर स्थलों के प्रबंधन हेतु राज्य सरकारों को परामर्श प्रदान करता है।

22. सफेद बाघों के संबंध में निम्नलिखित कथनों पर विचार कीजिए–

1. बाघों का सफेद रंग मेलानिन पिगमेंट की कमी के कारण होता है।

2. सफेद बाघ केवल हिमाच्छादित क्षेत्रों में ही पाए जाते हैं।

3. विश्व की प्रथम व्हाइट टाइगर सफारी मध्य प्रदेश में अवस्थित है।

उपर्युक्त कथनों में से कौन-सा/से सही है/हैं?

(a) केवल 1 (b) केवल 1 और 3
(c) केवल 2 और 3 (d) 1, 2 और 3

उत्तर (b) **कथन 1 सही है।** मेलानिन पिगमेंट बाघों को गहरा रंग प्रदान करता है। मेलानिन की मात्रा जितनी कम होगी, बाघ उतना ही अधिक श्वेत रंग का होगा। कुछ विशिष्ट परिस्थितियों में, मेलानिन की अधिकता के कारण बाघ का रंग काला हो सकता है। आज तक ऐसे दो मामले सामने आए हैं।

कथन 2 सही नहीं है। सफेद बाघ केवल हिमाच्छादित क्षेत्रों तक ही सीमित नहीं है बल्कि ये किसी भी क्षेत्र में पाए जा सकते हैं।

कथन 3 सही है। विश्व की प्रथम 'व्हाइट टाइगर सफारी' विंध्य क्षेत्र (सतना जिले) में अवस्थित है। इस सफारी के अंदर तीन सफेद बाघ तथा दो रॉयल टाइगर हैं। आने वाले समय में इस सफारी में नौ सफेद बाघों को आश्रय प्रदान किए जाने की योजना है।

23. इम्पॉर्टेन्ट बर्ड एवं बायोडायवर्सिटी एरियाज (IBAs) के महत्व के संदर्भ में, निम्नलिखित कथनों पर विचार कीजिए–

1. इन क्षेत्रों को बर्ड लाइफ इंटरनेशनल द्वारा मान्यता प्रदान की जाती है।

2. सभी IBAs को वन्यजीव संरक्षण अधिनियम, 1972 के अंतर्गत संरक्षित क्षेत्रों का दर्जा प्राप्त है।
3. IBAs की पहचान केवल स्थलीय और अलवणीय जलीय पर्यावरण के लिए जाती है।

उपर्युक्त कथनों में से कौन-सा/से सही है/हैं?

(a) केवल 1 (b) केवल 1 और 2
(c) केवल 2 और 3 (d) 1, 2 और 3

उत्तर (a) इम्पॉर्टेन्ट बर्ड एड बायो डायवर्सिटी एरिया (IBA) एक ऐसा क्षेत्र है, जिसकी पहचान अंतर्राष्ट्रीय स्तर पर सहमति प्राप्त मानदंडों के आधार पर पक्षियों के संरक्षण हेतु वैश्विक रूप से महत्वपूर्ण क्षेत्र के रूप में भी की गयी है। कुछ मानदंड इस प्रकार हैं–

वैश्विक स्तर पर संकटग्रस्त एक या अधिक पक्षी प्रजातियों की सार्थक संख्या

उन स्थलों का समुच्चय हैं, जहाँ एक साथ सीमित संख्या में प्रजातियाँ या वायोम-सीमित प्रजातियाँ पायी जाती हैं।

जहाँ असाधारण रूप से बड़ी संख्या में प्रवासी पक्षी पाए जाते हैं।

कथन 1 सही है। IBA बर्ड-लाइफ इंटरनेशनल द्वारा विकसित किया गया था और यह इन स्थलों की पहचान भी करता है। बर्ड-लाइफ इंटरनेशनल (पूर्व में पक्षी संरक्षण के लिए अंतर्राष्ट्रीय परिषद) संरक्षण संगठनों की एक वैश्विक भागीदारी है, जो पक्षियों, उनके अधिवासों और वैश्विक जैव-विविधता संरक्षण की दिशा में प्रयास करती है। संकटग्रस्त पक्षी प्रजातियों के नाम ICUN की रेड लिस्ट में दर्ज करने के लिए यह एक आधिकारिक प्राधिकरण है।

कथन 2 सही नहीं है। प्रायः IBA किसी देश के वर्तमान संरक्षित क्षेत्र नेटवर्क का भाग होते हैं और इसलिए, राष्ट्रीय कानून के अंतर्गत संरक्षित होते हैं। परन्तु ऐसे क्षेत्र संरक्षित नेटवर्क से बाहर भी हो सकते हैं, जैसे-पूर्वोत्तर में बरैल पर्वतशृंखला। ऐसे मामलों में बर्ड लाईफ इंटरनेशनल सरकार के सहयोग से ऐसे क्षेत्रों के लिए संरक्षण नीतियों का विकास करता है।

कथन 3 सही नहीं है। प्रारम्भ में, IBAs की पहचान केवल स्थलीय और अलवणीय जलीय पर्यावरण के लिए जाती है। लेकिन विगत दशक के दौरान, IBA प्रक्रियाओं एवं पद्धतियों को समुद्री क्षेत्र में भी अपनाया और लागू किया गया है। 2012 में, बर्ड लाईफ ने पहला समुद्री IBA "ई-एटलस" प्रकाशित किया था, जिसके अंतर्गत तटीय एवं स्थलीय जल के साथ-साथ अंतर्राष्ट्रीय जल क्षेत्र (high seas में) में स्थित 3000 IBAs का विवरण शामिल था।

24. निम्नलिखित में से किस क्रम में बढ़ने पर प्रजातीय विविधता बढ़ती जाती है?

1. निम्न से उच्च अक्षांश
2. उच्च से निम्न तुंगता

नीचे दिए गए कूट का प्रयोग कर सही उत्तर चुनिए–

(a) केवल 1 (b) केवल 2
(c) 1 और 2 दोनों (d) न तो 1, न ही 2

उत्तर (b) जैसे-जैसे हम निम्न अक्षांश से उच्च अक्षांश की ओर बढ़ते हैं तो प्रजातियों की विविधता घटती जाती है। जैव-विविधता में अक्षांश या ऊँचाई के साथ भिन्नता पायी जाती है। जब हम उच्च से निम्न अक्षांशों की ओर (अर्थात् ध्रुवों से भूमध्य रेखा की ओर) बढ़ते हैं, तो सामान्यतः जैविक विविधता में वृद्धि होती है। जबकि समशीतोष्ण क्षेत्र में जलवायु कठोर होती है और पौधों को वृद्धि के लिए कम समय मिलता है, वहीं उष्णकटिबंधीय वर्षा वनों में, वर्षभर वृद्धि के लिए अनुकूल परिस्थितियाँ विद्यमान होती हैं। अनुकूल पर्यावरणीय परिस्थितियों के अंदर प्रजातियों की बहुलता को बढ़ावा मिलता है और बड़ी संख्या में प्रजातियां पाई जाती हैं एवं ये अनुकूल परिस्थितियां इनके विकास को संभव बनाती है। उदाहरण के लिए, उष्णकटिबंधीय वर्षा वनों में 0.1 हेक्टेयर के सैम्पल क्षेत्र में वाहिका युक्त पौधों (vascular plant) की औसत संख्या 118-236 के मध्य पाई जाती है, वहीं समशीतोष्ण क्षेत्रों में यह केवल 21-48 प्रजातियां ही पाई जाती हैं।

इसी प्रकार, प्रायः हमें उच्च से निम्न ऊँचाइयों पर प्रजातियों की विविधता में वृद्धि देखने को मिलती है। 1000 मी. की ऊँचाई पर तापमान में 6.5°C में गिरावट हो जाती है। तापमान में यह गिरावट और उच्च ऊंचाई पर अत्यधिक मौसमी परिवर्तनशीलता, विविधता में कमी का एक प्रमुख कारक है। अक्षांश और तुंगता प्रवणता मुख्य प्रवणताएँ हैं, यद्यपि क्षेत्रीय और वर्गिकी- संबंधित अपवाद भी होते हैं।

25. वन्यजीव संरक्षण के संदर्भ में, माइक (MIKE) परियोजना किससे संबंधित है?

(a) ग्रेट इंडियन बस्टर्ड की कैप्टिव ब्रीडिंग को बढ़ावा देने से।
(b) हाथियों के अवैध शिकार की ट्रैकिंग से।
(c) रे पांडा के अवैध व्यापार की रोकथाम से।
(d) हिमालय में हिम तेंदुए के संरक्षण से।

उत्तर (b) मॉनिटरिंग द किलिंग ऑफ एलिफैंट्स (MIKE) परियोजना एक अंतर्राष्ट्रीय सहयोग है जो सम्पूर्ण अफ्रीका और एशिया में हाथियों के अवैध शिकार से संबंधित जानकारी की ट्रैकिंग करता है। इसकी स्थापना कन्वेंशन ऑन इंटरनेशनल ट्रेड इन इंडेंजर्ड स्पीशीज ऑफ वाइल्ड फौना एंड फ्लोरा (CITES) के पक्षकारों के सम्मेलन से एक प्रस्ताव द्वारा की गयी थी। इसलिए, विकल्प (b) सही है।

26. ग्रेट इंडियन बस्टर्ड के संदर्भ में, निम्नलिखित कथनों पर विचार कीजिए–

1. इसे इंटरनेशनल यूनियन फॉर कंजर्वेशन ऑफ नेचर (IUCN) द्वारा "क्रिटिकली इंडेजर्ड" के रूप में वर्गीकृत किया गया है।
2. यह राजस्थान का राज्य पक्षी है।
3. अवैध शिकार और प्राकृतिक आवास की क्षति के कारण इनकी संख्या घटती जा रही है।

उपर्युक्त कथनों में से कौन-सा/से सही है/हैं?

(a) केवल 1 और 2 (b) केवल 2 और 3
(c) केवल 1 और 3 (d) 1, 2 और 3

उत्तर (d) इंटरनेशनल यूनियन फॉर कंजर्वेशन ऑफ नेचर (IUCN) की रेड लिस्ट में ग्रेट इंडियन बस्टर्ड को –"क्रिटिकली इंडेंजर्ड" (गंभीर रूप से लुप्तप्राय) के रूप में वर्गीकृत किया गया है। **इसलिए, कथन 1 सही है।**

यह राजस्थान का राज्य पक्षी है और इसे 'गोडावन' भी कहा जाता है। यह पक्षी गुजरात (कच्छ और जामनगर में स्थित अभयारण्य), महाराष्ट्र (सोलापुर में ग्रेट इंडियन बस्टर्ड के लिए वन्यजीव अभ्यारण्य) और आंध्र प्रदेश (रोल्लापाडू वन्यजीव अभयारण्य) में पाया जाता है। **इसलिए, कथन 2 सही है।**

संरक्षित क्षेत्रों से बाहर अवैध शिकार, उच्च विभव वाले विद्युत तारों से टक्कर, तेजी से चलने वाले वाहन और गाँवों के अवारा कुत्तों, बड़े पैमाने पर कृषि विस्तार और यंत्रीकृत खेती, सिंचाई, सड़क, विद्युत खंभों और साथ ही खनन और औद्योगीकरण जैसे अवसंरचनात्मक विकास के परिणामस्वरूप आवास क्षति और परिवर्तन और साथ ही नवीकरणीय ऊर्जा परियोजनाएँ इनकी संख्या में गिरावट आने के मुख्य कारण हैं। **इसलिए, कथन 3 सही है।**

27. किसी क्षेत्र को जैव विविधता हॉटस्पॉट के रूप में मान्यता प्रदान करने के लिए निम्नलिखित में से कौन-सा/से मापदंड है/हैं?

1. उस क्षेत्र में कम से कम 1500 स्थानिक वाहिकायुक्त पादप (वैस्कुलर प्लांट) पाए जाते हैं।
2. उस क्षेत्र में कम-से-कम 70 प्रतिशत मूल प्राकृतिक वनस्पति का ह्रास हो चुका हो।

नीचे दिए गए कूट का प्रयोग कर सही उत्तर चुनिए–

(a) केवल 1 (b) केवल 2

(c) 1 और 2 दोनों (d) न तो 1, न ही 2

उत्तर (c) जैव विविधता हॉटस्पॉट के रूप में मान्यता प्राप्त करने हेतु क्षेत्र को दो निश्चित मापदंडों का पालन अनिवार्य रूप से करना चाहिए।

इसमें स्थानिक रूप से न्यूनतम 1,500 वाहिकायुक्त (वैस्कुलर) पादपों की प्रजातियाँ होनी चाहिए अर्थात् इसमें ऐसे वनस्पति जीवन का उच्च प्रतिशत होना चाहिए जो संपूर्ण ग्रह पर अन्यत्र कहीं नहीं पाया जाता हो। अन्य शब्दों में कहा जाए तो हॉटस्पॉट अप्रतिस्थापनीय होता है।

यहाँ इसकी मूल प्राकृतिक वनस्पति का 30% या इससे भी कम भाग शेष होना चाहिए। अन्य शब्दों में कहा जाए तो यह संकटग्रस्त होना चाहिए।

विश्व भर में 35 क्षेत्र हॉटस्पॉट के रूप में मान्यता प्राप्त करने की कसौटी पर खरे उतरे हैं। वे पृथ्वी की संपूर्ण भूमि सतह के 2.3% भाग का प्रतिनिधित्व करते हैं लेकिन वे विश्व की आधी स्थानिक पाइप प्रजातियों (अर्थात् अन्यत्र नहीं पायी जाने वाली प्रजातियों) एवं पक्षियों, स्तनधारियों, सरीसृपों और उभयचरों की लगभग 43% स्थानिक प्रजातियों को पोषण प्रदान करते हैं। **इसलिए, दोनों कथन सही हैं।**

28. वन्यजीव संरक्षण से संबंधित निम्नलिखित अंतर्राष्ट्रीय कन्वेंशनों में से भारत किसका सदस्य है?

1. विश्व विरासत कन्वेंशन (WHC)

2. जंगली जीव-जंतुओं और वनस्पतियों की लुप्तप्राय प्रजातियों के अंतर्राष्ट्रीय व्यापार पर कन्वेंशन (Convention on International Trade in Endangered Species of wild fauna and flora-CITES)

3. प्रवासी प्रजातियों पर कन्वेंशन (CMS)

4. इंटरनेशनल व्हेलिंग आयोग (IWC)

नीचे दिए गए कूट का प्रयोग कर सही उत्तर चुनिए–

(a) केवल 1 और 2

(b) केवल 1, 2 और 3

(c) केवल 3 और 4

(d) 1, 2, 3 और 4

उत्तर (d) भारत वन्य जीव संरक्षण से संबंधित पांच प्रमुख अंतर्राष्ट्रीय कन्वेंशनों यानी जंगली जीव-जंतुओं और वनस्पतियों की लुप्तप्राय प्रजातियों के अंतर्राष्ट्रीय व्यापार पर कन्वेंशन (सी.आई.टी.ई.एस), अंतर्राष्ट्रीय प्रकृति और प्राकृतिक संसाधन संरक्षण संघ (आई.यू.सी.एन.) अंतर्राष्ट्रीय व्हेलिंग आयोग (आई.डब्ल्यू.सी), संयुक्त राष्ट्र शैक्षिक, वैज्ञानिक और सांस्कृतिक परिषद जंगली जीव-जंतुओं और वनस्पतियों की लुप्तप्राय प्रजातियों के अंतर्राष्ट्रीय व्यापार पर कन्वेंशन (Convention on International Trade in Endangered Species of Fauna and Flora, CITES) :

वन्य जीवों की लुप्तप्राय प्रजातियों के अंतर्राष्ट्रीय व्यापार का विनियमन करने के लिए, जंगली जीव-जंतुओं और वनस्पतियों की लुप्त प्रजातियों के अंतर्राष्ट्रीय व्यापार पर कन्वेंशन (सी.आइ.टी.ई.एस) पर मार्च 1973 में हस्ताक्षर किया गया था।

- विश्व धरोहर कन्वेंशन
- वन्य जन्तुओं की प्रवासी प्रजातियों के संरक्षण कन्वेंशन (सी.एम.एस)
- अंतर्राष्ट्रीय व्हेलिंग आयोग

29. निम्नलिखित में से कौन-सा 'जैव उपचार (बायोरीमेडिएशन)' का सबसे अच्छा वर्णन है?

(a) यह जैविक एजेंटों का प्रयोग कर मिट्टी के पोषक तत्वों की गुणवत्ता का संवर्धन है।

(b) यह पारिस्थितिकी तंत्र में ऊर्जा प्रवाह के माध्यम से जीवों में जैव-धात्विक यौगिकों की वृद्धि है।

(c) यह पर्यावरणीय संदूषक तत्वों का कम विषाक्त रूपों में अवक्षय करने के लिए सूक्ष्मजीवों का उपयोग है।

(d) यह अधिक उपज देने वाली किस्मों के प्रजनन के लिए अनुवांशिक परिवर्तनीय पौधों का अंगीकरण है।

उत्तर (c) जैव उपचार (बायोरीमेडिएशन) का अर्थ सजीव पदार्थों के उपयोग द्वारा पर्यावरणीय संदूषक तत्वों को कम विषाक्त रूपों में परिवर्तित करना है। इसमें प्राकृतिक रूप से उत्पन्न जीवाणुओं, फंफूंद या पौधों का उपयोग मानव स्वास्थ्य तथा पर्यावरण के लिए हानिकारक पदार्थों को विषरहित बनाने के लिए किया जाता है। ये सूक्ष्म-जीवी उस संदूषित क्षेत्र में उत्पन्न भी हो सकते हैं या उन्हें कहीं अन्य से उठाकर संदूषित स्थल पर लाया गया हो सकता है। संदूषक यौगिकों को सजीव पदार्थों के द्वारा उनकी उपापचय प्रक्रिया के अंग के रूप में होने वाली अभिक्रियाओं के द्वारा रूपांतरित कर दिया जाता है। जैवोपचार की प्रभाविता के लिए, सूक्ष्मजीवियों द्वारा प्रदूषकों पर इंजाइम रूप में आक्रमण करने तथा उन्हें हानि-रहित उत्पादों में परिवर्तित करने की आवश्यकता होती है।

30. जैविक खेती आजकल पुनः चर्चा में है। निम्नलिखित विधियों तथा सामग्रियों में से कौन-सी जैविक खेती में प्रयोग की जाती है?

1. जानवरों का गोबर

2. खेतों के अतिरिक्त अन्य जगह से प्राप्त जैविक अपशिष्ट।

3. GM फसलें

4. शस्यावर्तन

नीचे दिए गए कूट का प्रयोग कर सही उत्तर चुनिए–

(a) केवल 1 और 3

(b) केवल 1, 2 और 4

(c) केवल 2 और 4

(d) केवल 1, 2, 3 और 4

उत्तर (b) जैविक खेती कृषि का वह स्वरूप है जो शस्य आवर्तन, हरित खाद, गोबर की खाद तथा जैविक कीट नियंत्रण जैसी तकनीकों पर आश्रित होती है। प्रयुक्त परिभाषाओं के आधार पर जैविक खेती में संधारणीयता, स्पष्टता, स्वास्थ्य तथा सादगी जैसे कारणों से प्राकृतिक समझे जाने वाले (जैसे जानवरों से प्राप्त हड्डियों का चूरा) उर्वरकों तथा कीटनाशकों (जिनमें खर-पतवारनाशी, कीटनाशी तथा फफूंदनाशी सम्मिलित हैं) का प्रयोग किया जाता है, किन्तु इसमें कई भिन्न विधियों (जिनमें कृत्रिम पेट्रो-रसायन उर्वरक, तथा कीटनाशी, हारमोन जैसे पौधों की वृद्धि को नियंत्रित करने वाली दवाओं, पशुधन के लिए प्रतिजैविकों के प्रयोग, आनुवांशिक रूप से प्रवर्द्धित या संशोधित जीवों तथा सूक्ष्म-पदार्थों के प्रयोग सम्मिलित हैं।) का प्रयोग पूरी तरह वर्जित होता है।

31. निम्नलिखित में से किसे भारत का प्रथम जैविक राज्य (ऑर्गेनिक स्टेट) घोषित किया गया है?

(a) उत्तराखंड (b) सिक्किम

(c) केरल (d) मिजोरम

उत्तर (b) सिक्किम को भारत का पूर्णतः जैविक राज्य घोषित किया गया है। पिछले कुछ वर्षों के दौरान 75,000 हेक्टेयर भूमि को जैविक उत्पादन हेतु राष्ट्रीय कार्यक्रम के द्वारा अनुशंसित दिशा-निर्देशों के अनुसार प्रमाणित जैविक कृषि-भूमि में बदल दिया गया है।

जैविक खेती में रासायनिक कीटनाशकों तथा उर्वरकों का उपयोग नहीं किया जाता जिससे कई विभिन्न जटिल पारितंत्रों के बीच सामंजस्यपूर्ण संतुलन बनाए रखने में सहायता मिलती है। इसके अतिरिक्त, इससे मृदा की गुणवत्ता भी बढ़ती है। इस कारण वहाँ उपजाई गयी फसलों के स्तर में सुधार भी आता है।

32. संरक्षण की निम्नलिखित प्रणालियों में से किसका वर्गीकरण एक्स-सीटु (Ex-Situ) संरक्षण के रूप में किया जाता है?
1. वनस्पतिक उद्यान 2. जीन अभयारण्य
3. प्राणी उद्यान 4. जर्मप्लाज्म बैंक
नीचे दिए गए कूट का प्रयोग कर सही उत्तर चुनिए–
(a) केवल 1 और 3
(b) केवल 1, 3 और 4
(c) केवल 4
(d) 1, 2, 3 और 4

उत्तर (b) वानस्पतिक उद्यान : एक वानस्पतिक उद्यान अपने वानस्पतिक नाम से जाने जाने वाले बहुत प्रकार के पौधों के संकलन, संवर्धन तथा प्रदर्शन के लिए समर्पित उद्यान होते हैं। इनमें विशिष्ट पौधों, यथा नागफनी तथा सरस पौधे, औषधीय पौधों के बगीचे, विश्व के विशिष्ट भागों से प्राप्त पौधे, इत्यादि के संकलन हो सकते हैं।

जीन अभयारण्य : कभी-कभी आनुवंशिक विविधता का संरक्षण पर्यावास के अंतर्गत किया जाता है। दूसरे शब्दों में, विशाल आनुवंशिक विविधता वाले क्षेत्रों को मानवीय हस्तक्षेप से बचाया जाता है। प्राकृतिक वासों में स्थित ये संरक्षित क्षेत्र जीन अभयारण्य कहलाते हैं।

प्राणी उद्यान : प्राणी उद्यान एक ऐसा सुविधा केन्द्र होता है जिनमें पशुओं को बाड़ों में रखा जाता है, लोगों को दिखाया जाता है, तथा उनमें उनका जनन भी कराया जा सकता है।

जर्मप्लाज्म बैंक : जर्मप्लाज्म बीजों का ऊतकों सदृश सजीव आनुवांशिक संसाधन होता है जिनका रख-रखाव जंतुओं तथा पादपों के प्रजनन, परिरक्षण तथा अन्य शोध संबंधी प्रयोगों के लिए किया जाता है। ये संसाधन बीज बैंक में संगृहीत बीज संकलन, पौधशालाओं में उगते हुए वृक्षों, जंतु जनन कार्यक्रमों या जीन बैंक में पोषित जंतु जनन पद्धतियों का रूप ले सकते हैं।

33. निम्नलिखित कथनों में से कौन-सा जैविक क्षमता (biotic potential) को सर्वोत्तम रूप से प्रस्तुत करता है?
(a) यह प्रति इकाई क्षेत्र में शुष्क भार के रूप में परिमित किसी जनसंख्या के संभावित बायोमास के संबंध को बताता है।
(b) यह किसी पारिस्थितिक तंत्र में किसी प्रजाति द्वारा निभाई जाने वाली संभावित कार्यात्मक भूमिका को संदर्भित करता है।
(c) यह इष्टतम पर्यावरणीय दशाओं में किसी जीव की अधिकतम जनन क्षमता को संदर्भित करता है।
(d) यह किसी खाद्य संजाल को बनाए रखने के लिए आवश्यक किसी प्रजाति की न्यूनतम संख्या के संबंध में बताता है।

उत्तर (c) जैविक क्षमता, महत्तम पर्यावरणीय स्थितियों में किसी जीव की अधिकतम जनन क्षमता होती है। इसे प्रायः प्रति वर्ष आनुपातिक या प्रतिशत वृद्धि के रूप में व्यक्त किया जाता है, जैसा कि इस कथन में व्यक्त है, "पिछले वर्ष मानव जनसंख्या में 3 प्रतिशत की वृद्धि हुई। इसे किसी जनसंख्या विशेष द्वारा आकार में दो गुना होने के लिए गए समय के रूप में भी व्यक्त किया जा सकता है।

किसी जीव की जैविक क्षमता की पूर्ण अभिव्यक्ति को वातावरणीय प्रतिरोध, जनसंख्या में वृद्धि को रोकने वाले किसी भी अन्य कारक के रूप में प्रतिबंधित करने की चेष्टा की जाती है।

34. निम्नलिखित में से कौन-सा/से ताजे जल में शैवाल प्रस्फुटन के लिए आवश्यक शर्त है/हैं?
1. सौरप्रकाश
2. उच्च गंदलापन (Turbidity)
3. मंद गति से प्रवाहित जल
4. पोषक तत्वों की सम्पन्नता
नीचे दिए गए कूट का प्रयोग कर सही उत्तर चुनिए–
(a) केवल 1, 2 और 4
(b) केवल 1, 3 और 4
(c) केवल 2 और 3
(d) 1, 2, 3 और 4

उत्तर (b) अलवणीय जल शैवाल प्रस्फुटन निम्नलिखित उपयुक्त पर्यावरणीय परिस्थितियों का संयोजन होने पर होते हैं :

पोषक तत्व

पोषक तत्व नील हरित शैवाल के विकास को प्रोत्साहित करते हैं। जलमार्ग में पोषक तत्वों का संवर्धन होने की प्रक्रिया को सुपोषण कहा जाता है। सुपोषण में योगदान करने वाले मुख्य पोषक तत्व फास्फोरस और नाइट्रोजन हैं। जलमार्गों में प्रवेश करने वाले फॉस्फोरस और नाइट्रोजन के प्रमुख स्रोत उर्वरकयुक्त कृषि क्षेत्रों से अपवाह और अपरदन, नदी तट, नदी तल, वनो की कटाई (वनोन्मूलन) से अपरदन, एव वाहितमल बहिःस्राव हैं। फॉस्फेट तलछटों के साथ संबद्ध होता है। नील हरित शैवाल की आबादियाँ लम्बी अवधियों तक उच्च प्रकाश तीव्रता के प्रति अनावृत्त होने पर कम हो जाती है। किन्तु जब वे उच्च प्रकाश तीव्रताओं के प्रति असंतत रूप से (रूक-रूक कर) अनावृत की जाती है तो ये इष्टतम विकास करती है। परिवर्तनशील प्रकाश परिस्थितियों के प्रति अनुकूलित होने की यह क्षमता नील हरित शैवाल को अन्य शैवाल प्रजातियों पर प्रतिस्पर्धात्मक बढ़त प्रदान करती है।

35. निम्नलिखित युग्मों पर विचार कीजिए–

1. जैवसंचयन	:	विभिन्न पोषण स्तरों (tropic levels) में खाद्य श्रृंखला में ऊपर की ओर जाने पर किसी तत्व की सांद्रता या सघनता में वृद्धि।
2. जैवआवर्द्धन	:	किसी पोषण स्तर के भीतर किसी तत्व की मात्रा का बढ़ जाना।
3. जैवसघनता	:	जल से प्रत्यक्ष अवशोषण के फलस्वरूप किसी पोषण स्तर के भीतर किसी तत्व की मात्रा या सघनता का बढ़ जाना।

उपर्युक्त युग्मों में से कौन-सा/से सही सुमेलित है/हैं?
(a) केवल 1 और 2
(b) केवल 2 और 3
(c) केवल 3
(d) 1, 2 और 3

उत्तर (c) जैवसांद्रण और संचयन किसी जीव के अंतर्गत होता है, किन्तु जैव आवर्धन खाद्य श्रृंखलाओं के अंतर्गत होता है।

जैव-प्रवर्धन (या जैव आवर्धन) खाद्य श्रृंखला में ऊपर की ओर गति करने पर किसी पदार्थ की सान्द्रता में वृद्धि में संदर्भित होता है। ऐसा प्रायः प्रदूषकों के दीर्घस्थायी होने अर्थात प्रदूषकों को विघटित किया जाना संभव न होने या प्राकृतिक प्रक्रियाओं द्वारा अत्यंत मंद गति से विघटित करने के कारण होता है। ये दीर्घस्थायी प्रदूषक विघटन की तुलना में खाद्य श्रृंखला में ऊपरी पोषक स्तरों की ओर अधिक तेजी से स्थानांतरित किए जाते हैं।

इसके विपरीत, जैव संचयन किसी जीव के अंतर्गत होता है, जहाँ किसी पदार्थ का सान्द्रण ऊतकों में हो जाता है और इसके निष्कासन की तुलना में इसका अवशोषण अधिक तीव्र गति से होता है। जैव संचयन अक्सर दो प्रकार से होता है (i) संदूषित भोजन खाने से, (ii) सीधे जल से अवशोषण द्वारा। इस दूसरे मामले को विशेष रूप से जैवसांद्रण के रूप में संदर्भित किया जाता है। जैवसांद्रण किसी जीव में या किसी जीव पर रसायनों का संचयन है, जबकि रसायन का स्रोत केवल जल होता है।

❑❑❑

4 जलवायु परिवर्तन/ओजोन संरक्षण/ सतत विकास/अन्य

1. जलवायु परिवर्तन का/के प्रभाव निम्नलिखित में से कौन-सा/से है/हैं?
   1. चरम जलवायु की बढ़ती घटनाएँ फसल की उत्पादकता को कम कर देंगी।
   2. महासागरों का अम्लीकरण महासागरीय खाद्य शृंखला को अस्त-व्यस्त कर देगा।
   3. वैश्विक तापमान में वृद्धि के साथ, नाशक कीटों के हमले की घटनाओं में बढ़ोतरी हो सकती है।

   नीचे दिए गए कूट का प्रयोग कर सही उत्तर का चयन कीजिए-

   (a) केवल 1 और 2 (b) केवल 2

   (c) केवल 1 और 3 (d) 1, 2 और 3

उत्तर (d) कथन 1 सही है। सूखा, बाढ़, तूफान आदि जैसी चरम घटनाओं की जलवायु परिवर्तन से संबंधित तीव्रता और आवृत्ति में वृद्धि फसलोत्पादन पर प्रतिकूल प्रभाव डालेगी।

कथन 2 सही है। जलवायु परिवर्तन का परिणाम CO_2 की सांद्रता में वृद्धि के रूप में सामने आएगा जिससे महासागरों का अम्लीकरण होगा। समुद्री खाद्य विश्व भर के काफी लोगों के आहार का बड़ा भाग है। कई समुद्री प्रजातियां, उदाहरण के लिए प्लवक, अधिक अम्लीय वातावरण में जीवित नहीं रह सकते हैं, जो खाद्य शृंखला का आधार निर्मित करती हैं।

कथन 3 सही हैं। जलवायु परिवर्तन से जल संसाधनों के दुर्लभ होने और खर-पतवार और कीटों के प्रोत्साहन की सम्भावना है। तापमान में वृद्धि कई कीटों के लिए उत्तम प्रजनन प्रदान करती है। इसके अतिरिक्त, जैसे-जैसे जलवायु "विस्थापित" हो रही है, कीट और कवक ध्रुवों की ओर बढ़ रहे हैं जिससे शीतोष्ण क्षेत्रों में भी फसलें प्रभावित हो रही हैं।

2. निम्नलिखित में से कौन-सी परिस्थितियां अंटार्कटिका पर ओजोन अवक्षय में बढ़ोतरी करते हुए ओजोन छिद्र के निर्माण की दशाएं उत्पन्न करती हैं?
   1. शीतऋतु के दौरान ध्रुवीय समतापमंडलीय बादलों (PSC) का निर्माण।
   2. ग्रीष्मऋतु के दौरान क्लोरीन सिंक का निर्माण
   3. वंसत ऋतु में क्लोरीन के मुक्त-मूलको का निर्माण

   नीचे दिए गए कूट का प्रयोग कर सही उत्तर का चयन कीजिए-

   (a) केवल 1 और 2 (b) 1, 2 और 3

   (c) केवल 3 (d) केवल 1 और 3

उत्तर (d) कथन 1 सही है। शीतऋतु में, अंटार्कटिका के ऊपर समतापमंडलीय बादल नामक विशेष प्रकार के बादल बनते हैं। ये ध्रुवीय समतापमंडलीय बादल वह सतह प्रदान करते हैं जिस पर बनी हुई क्लोरिन नाइट्रेट हाइपोक्लोरस अम्ल बनाने के लिए जलअपघटित हो जाती है। यह आणविक क्लोरिन देने के लिए निर्मित हाइड्रोजन क्लोराइड के साथ भी अभिक्रिया करती है।

कथन 2 सही नहीं है। इस स्थिति से ओजोन अवक्षय नहीं होता है। ग्रीष्म ऋतु में, नाइट्रोजन डाइऑक्साइड और मीथेन, क्लोरिन मोनोऑक्साइड और क्लोरिन परमाणुओं के साथ अभिक्रिया करते हैं जिससे क्लोरिन सिंक का निर्माण होता है, जो ओजोन अवक्षय की काफी अधिक रोकथाम करता है।

कथन 3 सही है। जब वसंत ऋतु में सौर प्रकाश अंटार्कटिका में वापस आता है, तो सूर्य की गर्मी बादलों को विघटित कर देती है और HOCl और Cl_2 सौर प्रकाश अपघटित हो जाते हैं। इस प्रकार बनने वाले क्लोरिन मूलक, ओजोन अवक्षय के लिए शृंखला अभिक्रिया आरंभ करते हैं।

3. राष्ट्रीय संधारणी कृषि मिशन (NMSA) के अंतर्गत मृदा स्वास्थ्य प्रबंधन, एकीकृत पोषक तत्व प्रबंधन (Integrated Nutrient Managements INM) को प्रोत्साहित करता है। INM पद की व्याख्या निम्नलिखित में से किसके द्वारा सही रूप में की जाती है?

   (a) रासायनिक उर्वरकों और जैव उर्वरकों दोनों का विवेकपूर्ण उपयोग।

   (b) माईक्रो और मैक्रो दोनों प्रकार के पोषक तत्वों का विवेकपूर्ण उपयोग।

   (c) नवीनकरणीय एवं गैर-नवीकरणीय दोनों प्रकार के पोषक तत्वों के आपूर्ति स्रोतों का विवेकपूर्ण मिश्रण।

   (d) पशुपालन अपशिष्ट का कृषि-उर्वरक के रूप में एवं फसल अपशिष्ट का मवेशियों हेतु फीडस्टॉक के रूप में समेकित उपयोग।

उत्तर (a) एकीकृत पोषण तत्व प्रबंधन (Intergrated Nutrient Management : INM), रासायनिक उर्वरकों, माध्यमिक और सूक्ष्म पोषक तत्वों सहित जैविक उर्वरक एवं बायोफर्टिलाइजर के विवेकपूर्ण मिश्रित उपयोग से भूमि के स्वास्थ्य एवं उत्पादकता में सुधार हेतु उपयोग करना है।

एकीकृत पौधा पोषण प्रबंधन का लक्ष्य भू-निम्नीकरण को कम करने के साथ-साथ कृषि उत्पादन में वृद्धि के उद्देश्य में मृदा की भौतिक, रासायनिक, जैविक एवं जलीय विशेषताओं के संबंध में मृदा स्वास्थ्य को अनुकूलतम बनाना है।

4. निम्नलिखित में से कौन-से ओजोन परत अवक्षय के कारण पराबैंगनी विकिरण (UV) में होने वाली वृद्धि के प्रभाव हैं?
   1. तापमान में परिवर्तन और वर्षा की विफलता
   2. आनुवांशिक विकार
   3. पादपों के क्लोरोफिल अवयव में कमी
   4. महाद्वीपीय शेल्फ की उत्पादकता में कमी

   नीचे दिए गए कूट का प्रयोग कर सही उत्तर चुनिए-

   (a) केवल 1 और 2

   (b) केवल 2 और 3

   (c) केवल 1, 3 और 4

   (d) 1, 2, 3 और 4

उत्तर (d) ओजोन परत अवक्षय के कारण पृथ्वी द्वारा प्राप्त किए जाने वाले पराबैंगनी विकिरण में वृद्धि होगी। इसके द्वारा प्रत्यक्ष एवं परोक्ष दोनों प्रकार के हानिकारक प्रभाव उत्पन्न किए जाने की संभावना है।

प्रत्यक्ष प्रभाव: समतापमंडल में ओजोन परत द्वारा पराबैंगनी विकिरण के अवशोषण के कारण तापमान में वृद्धि होती है। इस परत के अवक्षय से तापमान में परिवर्तन होंगे एवं धरती पर वर्षा हीनता की परिस्थितियाँ उत्पन्न होंगी एवं वनस्पतियों एवं जन्तुओं में रोगों के प्रति सुग्रह्यता बढ़ जाएगी, मोतियाबिंद और कैंसर एवं आनुवंशिक विकारों की घटनाओं में बढ़ोत्तरी होगी जो अंततः आनुवंशिकता को प्रभावित करेंगे।

अप्रत्यक्ष प्रभाव: वनस्पतियों की वृद्धि में कमी, हरित लवक की मात्रा में कमी, पराबैंगनी विकिरण के प्रति अरक्षितता के कारण उत्परिवर्तनों में वृद्धि, पराबैंगनी किरणों में समुद्री पारिस्थितिकी प्रणालियों के पारिस्थितिकी संतुलन को अस्त-व्यस्त करने की क्षमता विद्यमान होती है। महाद्वीपीय शेल्फ में नवीन कोशिकाएं, लार्वा, हरित शैवाल, मछलियाँ एवं अन्य जन्तु पराबैंगनी विकिरण में प्रति बढ़ी हुई आरक्षितता के कारण प्रभावित हो जाते हैं।

सभी कथन सही हैं।

5. जलवायु परिवर्तन पर संयुक्त राष्ट्र फ्रेमवर्क कन्वेंशन (UNFCCC) के संबंध में निम्नलिखित कथनों पर विचार कीजिए-

1. इसे 1992 में "रियो पृथ्वी शिखर सम्मेलन" में अपनाया गया था।

2. यह कानूनी रूप से बाध्यकारी है क्योंकि यह ग्रीनहाउस गैसों के उत्सर्जन पर अनिवार्य सीमा निर्धारित करता है।

3. इसका अंतिम उद्देश्य वायुमंडल में से ग्रीन हाउस गैसों का उन्मूलन करना है।

उपर्युक्त कथनों में से कौन-सा/से सही है/हैं?

(a) केवल 1 (b) केवल 1 और 3

(c) केवल 2 और 3 (d) 1, 2 और 3

उत्तर (a) जलवायु परिवर्तन पर संयुक्त राष्ट्र फ्रेमवर्क कन्वेंशन (UNFCC) "रियो कन्वेंशन" हैं, यह 1992 में "रियो पृथ्वी शिखर सम्मेलन" में अपनायें गये तीन कन्वेंशनों में से एक है। जैव विविधता पर संयुक्त राष्ट्र कन्वेंशन एवं मरुस्थलीकरण का सामना करने के लिए कन्वेंशन इसके साथ के अन्य रियो कन्वेंशन हैं।

यह संधि ही विधिक रूप से बाध्यकारी नहीं है क्योंकि यह ग्रीन हाउस गैस उत्सर्जनों पर विभिन्न देशों पर पृथक-पृथक रूप से अनिवार्य सीमाएं निर्धारित नहीं करती हैं, और इसमें कोई प्रवर्तन क्रियाविधियाँ समाविष्ट नहीं हैं।

इस कन्वेंशन का अंतिम उद्देश्य "वातावरण में ग्रीनहाउस गैस सांद्रण को ऐसे स्तर पर स्थिर करना (समाप्त करना नहीं) है जोकि जलवायु प्रणाली के साथ खतरनाक मानवीय हस्तक्षेप रोके।" यह कहती है कि "ऐसा स्तर, पारिस्थितिक तंत्रों को जलवायु परिवर्तन के प्रति स्वाभाविक रूप से अनुकूल की अनुमति प्रदान करने हेतु पर्याप्त समय-सीमा के अंतर्गत प्राप्त किया जाना चाहिए, जिससे यह सुनिश्चित किया जा सके कि खाद्य उत्पादन संकटग्रस्त न हो एवं आर्थिक संधारणीय रूप से जारी रहे।"

6. निम्नलिखित में से कौन-सा/से ग्लोबल वार्मिंग के संभावित प्रभाव हैं?

1. कार्बनिक पदार्थों के अपघटन की दर बढ़ जाएगी।

2. बुवाई की अवधि छोटी हो जाएगी।

3. मृदा की गुणवत्ता में तीव्र गिरावट

नीचे दिए गए कूट का प्रयोग कर सही उत्तर चुनिए-

(a) केवल 3 (b) केवल 1 और 2

(c) केवल 2 और 3 (d) 1, 2 और 3

उत्तर (d) ग्लोबल वार्मिंग एवं इसके परिणामस्वरूप जलवायुवीय परिस्थितियों में उत्पन्न होने वाले परिवर्तनों में कृषि पारिस्थितिक तंत्रों को निम्नलिखित क्षेत्रों में प्रभावित करने की क्षमता होती है:

तापमान में वृद्धि वाष्पोत्सर्जन को बढ़ाएगी।

कृषि योग्य क्षेत्रों में बढ़ोत्तरी होगी।

अत्यधिक वाष्पीकरण एवं वाष्पोत्सर्जन के कारण मृदा जल की मात्रा अपर्याप्त हो जाएगी।

जल एवं मृदा के तापमान में वृद्धि होगी।

बुआई की अवधि छोटी हो जाएगी।

हानिकारक कीटों, रोगों एवं खरपतवार की घटनाओं में बढ़ोत्तरी होगी। सूक्ष्मजीवों की गतिविधियों में बढ़ोत्तरी होगी। जैविक पदार्थ एवं उर्वरकों का उपघटन बढ़ेगा।

मृदा गुणवत्ता का ह्रास तीव्र होगा।

7. वातावरण में निम्नलिखित में से किन गैसों की सान्द्रता के परिणामस्वरूप ग्रीन हाउस गैस प्रभाव उत्पन्न होता है?

1. समतापमंडलीय ओजोन

2. जल वाष्प

3. हाइड्रो-फ्लोरो कार्बन (HFC)

4. मीथेन

नीचे दिए गए कूट का प्रयोग कर सही उत्तर चुनिए-

(a) केवल 1, 2 और 4

(b) केवल 2, 3 और 4

(c) 1, 2, 3 और 4

(d) केवल 1 और 3

उत्तर (b) यद्यपि समतापमंडलीय ओजोन ग्रीन हाउस गैस नहीं है, परन्तु क्षोभमंडल ओजोन का ग्रीन हाउस गैस है। जलवाष्प, जमीन से आने वाले विकिरण को अवशोषित कर वायुमंडल के तापमान में वृद्धि करता है, इसलिए यह एक ग्रीन हाउस गैस (GHG) है।

हाइड्रो-फ्लोरो कार्बन और मीथेन GHG हैं।

8. पेरिस जलवायु समझौते के संबंध में, निम्नलिखित में से कौन-सा/से कथन सही है/हैं?

1. इसका दीर्घावधिक लक्ष्य औसत वैश्विक तापमान में वृद्धि को औद्योगिकरण-पूर्व स्तर से 2°C से कम पर सीमित रखना है।

2. यह समझौता 2020 से प्रभावी होगा।

3. संयुक्त राज्य अमेरिका ने इस समझौते से स्वयं को बाहर करने की घोषणा की है।

नीचे दिए गए कूट का प्रयोग कर सही उत्तर चुनिए-

(a) केवल 1

(b) केवल 1 और 3

(c) केवल 2 और 3

(d) 1, 2 और 3

उत्तर (d) **सभी कथन सही हैं** 2015 में पेरिस जलवायु सम्मेलन (COP 21) में पेरिस जलवायु समझौता अंगीकृत किया गया था। यह समझौता 2020 में लागू होगा।

सदस्य देशों ने सहमति व्यक्त की :

इनका दीर्घवधिक लक्ष्य, औसत वैश्विक तापमान में वृद्धि को औद्योगिकरण-पूर्व के स्तर से 2°C से पर्याप्त कम बनाए रखना है।

तापमान वृद्धि 1.5 डिग्री सेल्सियस तक सीमित करने के लक्ष्य क्योंकि इससे जलवायु परिवर्तन का जोखिम और प्रभाव काफी कम हो जाएगा;

जितना शीघ्र हो सके विश्वव्यापी उत्सर्जन को सीमित करने की आवश्यकता पर, यह मानते हुए कि ऐसा करने में विकासशील देशों को अधिक समय लगेगा;

विज्ञान के अनुसार अपेक्षित अधिक महत्वाकांक्षी लक्ष्य निर्धारित करने के लिए हर पाँच वर्ष पर एक साथ आने पर।

संयुक्त राज्य अमेरिका ने 2017 में घोषित किया कि वह पेरिस जलवायु समझौते से हट जाएगा, इससे ग्लोबल वार्मिंग का मुकाबला करने के प्रयास कमजोर हो जाएँगे। इस समझौते के अंतर्गत, संयुक्त राज्य अमेरिका ने 2025 तक अपने ग्रीनहाउस गैसों के उत्सर्जन को, 2005 के स्तर

से 26 से 28 प्रतिशत कम करने और 3 बिलियन डॉलर तक सहायता देने का वचन दिया था।

9. किसी भी ग्रीनहाउस गैस अणु की प्रभावशीलता निम्नलिखित में से किस/किन कारक/कारकों पर निर्भर करेगी?

1. **उसकी सान्द्रता में होने वाली वृद्धि के परिमाण।**
2. **वायुमंडल में उसके जीवन काल।**
3. **उसके द्वारा अवशोषित किए जाने वाले विकिरण की तरंगदैर्ध्य**

नीचे दिए गए कूट का प्रयोग कर सही उत्तर चुनिए–

(a) केवल 1 और 2
(b) केवल 1, 2 और 3
(c) केवल 2
(d) केवल 1

उत्तर (b) विकल्प (b) सही है।

किसी भी GHG अणु की प्रभावशीलता उसकी सांद्रता में वृद्धि, वायुमंडल में उसके जीवन काल और उसके द्वारा अवशोषित की जाने वाली विकिरण की तरंग दैर्ध्य पर निर्भर करती है।

GHG अणु वायुमंडल में जितने अधिक समय तक रहता है, इसके द्वारा लाए गए किसी भी परिवर्तन में उबरने में पृथ्वी की वायुमंडल प्रणाली को उतना ही अधिक समय लगता है।

ग्रीनहाउस गैस की प्रभावशीलता को ग्लोबल वार्मिंग पोटेंशियल (GWP) से भी मापा जाता है। GWP का विकास विभिन्न गैसों के ग्लोबल वार्मिंग प्रभावों की तुलना करने के लिए किया गया था। विशेष रूप से, यह किसी निश्चित अवधि के दौरान 1 टन कार्बन डाइऑक्साइड (CO_2) के उत्सर्जन के सापेक्ष किसी दी गयी गैस के 1 टन के उत्सर्जन द्वारा अवशोषित होने वाली ऊर्जा का मापन करती है GWP जितना अधिक होता है, उतना ही उक्त समयावधि के दौरान CO_2 की तुलना में दी गयी गैस पृथ्वी को अधिक गर्म करती है। सामान्यत: GWP के लिए उपयोग की जाने वाली समयावधि 100 वर्ष है।

10. निम्नलिखित में से कौन-सा/से जलवायु परिवर्तन का/के कारण है/हैं?

1. **सौर निर्गम (सोलर आउटपुट) में परिवर्तन**
2. **पृथ्वी की कक्षा और झुकाव में चक्रीय परिवर्तन**
3. **ज्वालामुखीय घटनाएँ**

नीचे दिए गए कूट का प्रयोग कर सही उत्तर चुनिए–

(a) केवल 1 (b) केवल 2
(c) केवल 1 और 3 (d) 1, 2 और 3

उत्तर (d) विकल्प (d) सही है।

जलवायु परिवर्तन के कारणों को खगोलीय और स्थलीय कारणों में वर्गीकृत किया जा सकता है। खगोलीय कारण और कलंक गतिविधियों से संबद्ध सौर निर्गम (आउटपुट) में परिवर्तन है। सौर कलंकों सूर्य पर अपेक्षाकृत काले और ठंडे खंड हैं जो चक्रीय ढंग से बढ़ते और घटाते हैं। कुछ मौसम विज्ञानियो के अनुसार, सौर कलंकों की संख्या बढ़ने पर, ठंडा और आर्द्र मौसम एवं तूफान उत्पन्न होते हैं। सौर कलंकों की संख्या में कमी गर्म और शुल्क स्थिति से संबंधित होती है।

मिलानकोविच सिद्धांत (Milankovitch Theory) पृथ्वी की कक्षा और झुकाव में 3 चक्रीय परिवर्तनों की व्याख्या करता है जिसके कारण लाखो वर्ष से लेकर करोड़ों वर्षों के दौरान जलवायु में उतार-चढ़ाव आता रहता है। 3 कक्षीय चक्रों की परस्पर क्रिया वर्ष के दौरान विभिन्न अक्षांशों पर प्राप्त होने वाली सौर विकिरण की मात्रा को प्रभावित करती है।

ज्वालामुखीय घटना को जलवायु परिवर्तन का एक और कारण माना जाता है। ज्वालामुखीय विस्फोट से वातावरण में अत्यधिक मात्रा में एयरोसॉल निस्मृत होता है। ये एयरोसॉल काफी समय तक वायुमंडल में बने रहते हैं जो पृथ्वी की सतह तक पहुचने वाले सौर्य विकिरण को कम कर देते हैं। हाल के पिनाटोवा और एल सियोन ज्वालामुखी विस्फोट वे बाद, पृथ्वी का औसत तापमान कुछ वर्षों तक कुछ हद तक कम हो गया था।

जलवायु पर सबसे महत्वपूर्ण मानवजनित प्रभाव वायुमंडल में ग्रीनहाउस गैसों की सांद्रता की वर्तमान प्रवृत्ति है जिससे ग्लोबल वार्मिंग होने की संभावना है।

11. ओजोन क्षरण के संदर्भ में, निम्नलिखित कथनों पर विचार कीजिए–

1. **प्रमुख ओजोन क्षरणकारी पदार्थो (ODSs) के वायुमंडलीय स्तर के पिछले दशक से निरंतर वृद्धि हो रही है।**
2. **भारत ने क्लोरोफ्लोरोकार्बन (CFCs) के उत्पादन एवं उपभोग को चरणबद्ध रूप से पूर्णतया समाप्त कर दिया है।**

उपर्युक्त कथनों में से कौन-सा/से सही है/हैं?

(a) केवल 1 (b) केवल 2
(c) 1 और 2 दोनों (d) न तो 1, न ही 2

उत्तर (b) ओज़ोन परत के संरक्षण हेतु आयोजित विएना कन्वेंशन तथा इसे क्षयित करने वाले पदार्थों से संबंधित मॉन्ट्रियल प्रोटोकॉल ऐसी अंतर्राष्ट्रीय संधियाँ हैं जिनका उद्देश्य विशिष्ट रूप से समतापमंडलीय ओज़ोन (ओज़ोन परत) का संरक्षण करना है। मॉन्ट्रियल प्रोटोकॉल को इतिहास की सबसे सफल अंतर्राष्ट्रीय पर्यावरण संधि के रूप में मान्यता दी गयी है। इसे विश्वव्यापी समर्थन प्राप्त है तथा विश्व में संयुक्त राष्ट्र संघ के सभी 197 सदस्य देश विएना कन्वेंशन तथा इसके मॉन्ट्रियल प्रोटोकॉल के अंग हैं। मॉन्ट्रियल प्रोटोकॉल के 29 वर्षों की प्रभाव अवधि में इस समझौते के अंतर्गत असाधारण अंतर्राष्ट्रीय सहयोग के कारण कई मुख्य ओज़ोन क्षरणकारी पदार्थों (ODS) यथा क्लोरोफ्लोरोकार्बन (CFC), कार्बन टेट्राक्लोराइड (CTC) तथा हैलोन्स के उत्पादन तथा उपभोग को 1 जनवरी, 2010 तक चरणबद्ध ढंग से पूरी तरह से रोक दिया गया है। मिथाइल क्लोरोफॉर्म के उत्पादन तथा उपभोग को इसके संभाव्य अनिवार्य उपभोग संबंधी छूट के साथ विश्व स्तर पर सम्पूर्ण रूप से बंद किया जा चुका है; मिथाइल ब्रोमाइड के उत्पादन तथा उपयोग को संगरोधन (कारंटाइन) तथा प्री-शिपमेंट उपयोगों को छोड़ कर अन्य सभी मामलों में 2016 तक विश्व स्तर पर पूरी तरह समाप्त कर दिया गया है। नियमित रूप से किए जाने वाले वैश्विक प्रेक्षणों से इसकी पुष्टि होती है कि मुख्य ओज़ोन क्षरणकारी पदार्थों के वायुमंडलीय स्तर में गिरावट दर्ज की जा रही है तथा अनुमान है कि मॉन्ट्रियल प्रोटोकॉल के प्रावधानों के सतत तथा सम्पूर्ण क्रियान्वयन के साथ इस शताब्दी के पूर्वार्द्ध तक वैश्विक ओज़ोन परत 1980 के पूर्व वाले स्तर पर तथा अंटार्कटिक ओज़ोन अपने 15 वर्षों पूर्व की स्थिति में लौट सकेगी। मॉन्ट्रियल प्रोटोकॉल के कारण जलवायु सुधार की दिशा में ठोस प्रयास हुए हैं। अत: कथन 1 सही नहीं हैं।

भारत ने समापन समय-सीमा से 17 महीने पूर्व ही CFC के उत्पादन तथा उपभोग को पूर्णतया समाप्त कर दिया था। इसके 50 प्रतिशत उपयोग को 2005 तक, 85 प्रतिशत उपयोग को 2007 तक एवं सम्पूर्ण रूप से इसके उपयोग को 2008 तक समाप्त कर दिया गया था। **इसलिए, कथन 2 सही है।**

12. ओज़ोन परत के अभाव में, निम्नलिखित में से क्या घटित होगा?

1. **बड़ी संख्या में स्थलीय प्राणी अंधे हो जाएँगे।**
2. **महासागरीय उत्पादकता में कमी आएगी।**
3. **कार्बन डाईऑक्साइड की सांद्रता बढ़ जाएगी।**

नीचे दिए गए कूट का प्रयोग कर सही उत्तर चुनिए-

(a) केवल 1 और 2

(b) 1, 2 और 3

(c) केवल 3

(d) उपर्युक्त में से कोई नहीं

उत्तर (b) ओज़ोन परत सूर्य से आने वाली हानिकारक पराबैंगनी किरणों को अवशोषित करती है और पृथ्वी पर विद्यमान जीवन को इन विकिरणों के हानिकारक प्रभाव से बचाती है। ओज़ोन परत के अभाव में पृथ्वी पर विद्यमान जीवन पर निम्नलिखित हानिकारक प्रभाव होंगे:

बड़ी संख्या में स्थलीय प्राणी अंधे हो जाएँगे।

प्राणियों के नवजातों की मृत्युदर उच्च हो जाएगी।

पराबैंगनी विकिरण प्रकाश संश्लेषण को बाधित करता है। इससे पादप प्लवकों पर प्रभाव पड़ने के कारण महासागरों की उत्पादकता घट जाएगी। स्थलीय तंत्र की उत्पादकता भी घट जाएगी।

प्रकाश संश्लेषण क्रिया में कमी वायुमंडल में कार्बन डाईऑक्साइड की सांद्रता में वृद्धि करेगी, जिससे वैश्विक तापमान में वृद्धि होगी।

समुद्री और स्थलीय, दोनों खाद्य श्रृंखलाओं में व्यवधान उत्पन्न हो जाएगा।

13. निम्नलिखित में से कौन ग्रीन हाउस गैस उत्सर्जन में योगदान करता/करते है/हैं?

1. कार्बन यौगिकों का ऑक्सीकरण

2. जीवाश्म ईंधनों का उपभोग

3. सीमेंट विनिर्माण

नीचे दिए गए कूट का प्रयोग कर सही उत्तर चुनिए-

(a) केवल 1 (b) केवल 1 और 2

(c) केवल 2 और 3 (d) 1, 2 और 3

उत्तर (d) ग्रीन हाऊस प्रभाव के लिए कार्बन डाईऑक्साइड, मीथेन, नाइट्रोजन ऑक्साइड और क्लोरोफ्लोरोकार्बन जैसी गैसें उत्तरदायी हैं। कार्बन यौगिकों का ऑक्सीकरण, जीवाश्म ईंधनों का उपभोग और सीमेंट विनिर्माण, वायुमंडल में कार्बन डाईऑक्साइड की वृद्धि में योगदान करते हैं।

सीमेंट उद्योग द्वारा वैश्विक कार्बन डाईऑक्साइड (CO_2) का लगभग 5% उत्सर्जन किया जाता है। सीमेंट के उत्पादन के कारण प्रत्यक्ष और अप्रत्यक्ष रूप से ग्रीनहाऊस गैसों का उत्सर्जन होता है। चूना पत्थर को गर्म करने से प्रत्यक्ष रूप से CO_2 का उत्सर्जन होता है और भट्टी को गर्म करने के लिए जीवाश्म ईंधन को जलाने से CO_2 का अप्रत्यक्ष उत्सर्जन होता है। एक टन सीमेंट उत्पादन के लिए 4.7 मिलियन BTU ऊर्जा की आवश्यकता होती है। यह लगभग 400 पाउंड कोयले के बराबर होती है और लगभग एक टन कार्बन डाईऑक्साइड का उत्सर्जन करती है।

14. पराबैंगनी (UV) किरणों के संदर्भ में, निम्नलिखित कथनों पर विचार कीजिए-

1. ऑक्सीजन युक्त गैसों पर पराबैंगनी किरणों की अभिक्रिया के परिणामस्वरूप ओजोन का निर्माण होता है।

2. यद्यपि UV-B किरणें जीवन के लिए हानिकारक नहीं होती हैं, UV-A किरण DNA को क्षति पहुँचा सकती हैं और विभिन्न प्रकार के त्वचा कैंसर का कारण बनती हैं।

उपर्युक्त कथनों में से कौन-सा/से सही है/हैं?

(a) केवल 1 (b) केवल 2

(c) 1 और 2 दोनों (d) न तो 1, न ही 2

उत्तर (a) **कथन 1 सही है।** ओज़ोन ऑक्सीजन के तीन अपरूपों में से एक है, यह एक गैसीय तत्व है। इससे ऑक्सीजन के तीन परमाणु होते हैं और यह ऑक्सीजन की तुलना में कम स्थिर होती है। इसका रासायनिक सूत्र O_3 है। समताप मंडल में ओजोन का पाया जाना जीवन के लिए अत्यंत महत्वपूर्ण है। इसका निर्माण ऑक्सीजन के अणुओं पर सूर्य से आने वाली पराबैंगनी किरणों की अभिक्रिया के फलस्वरूप होता है। हालांकि, यह मुख्य रूप से ऑक्सीजन युक्त अणुओं जैसे कि SO_2, NO_2, एल्डिहाइड अणुओं के पराबैंगनी विकिरणों के संपर्क में आने से निर्मित होती है। यहां NO_2 से ओजोन निर्माण की रासायनिक अभिक्रिया का उदाहरण प्रस्तुत किया गया है।

कथन 2 सही नहीं है। सूर्य के प्रकाश के अंदर तीन प्रकार की पराबैंगनी विकिरण होते हैं जिन्हें UV-A, UV-B और UV-C कहते हैं। UV-A एक निम्न ऊर्जा वाला विकिरण होता है जसकी तरंगदैर्ध्य 400 से 315 नैनोमीटर (1 नैनोमीटर = 10) होती है। UV-B विकिरण जो कुल विकिरण का 1-5 प्रतिशत है, एक उच्च ऊर्जा वाला विकिरण होता है जो एक लघुतम तरंगदैर्ध्य (280 से 100 नैनोमीटर) वाला विकिरण है। इसमें जीवन को अत्यधिक हानि पहुँचाने की शक्ति होती है, लेकिन ये विकिरण ओज़ोन परत को पूर्णतया पार नहीं कर पाने के कारण पृथ्वी तक पहुँचने में असमर्थ होते हैं। UV-A, B और C किरणों से त्वचा कैंसर हो सकता है और इस प्रकार ये जीवन के लिए हानिकारक हैं।

15. निम्नलिखित में से कौन-सी घटना/घटनाएँ जलवायु परिवर्तन के कारण घटित हुई है/हैं?

1. उभयचरों की विभिन्न प्रजातियों का लुप्त होना।

2. वनाग्नि की घटनाओं में वृद्धि

3. महासागरीय धाराओं के प्रवाह में परिवर्तन।

नीचे दिए गए कूट का प्रयोग कर सही उत्तर चुनिए-

(a) केवल 1 और 2 (b) केवल 1

(c) केवल 2 और 3 (d) 1, 2 और 3

उत्तर (d) **विकल्प 1 सही है।** ऐसे संकेत मिले हैं कि उष्णकटिबंधीय पर्वतीय वनों में उभयचरों की संख्या में गिरावट और फ्लोरिडा के सुनहरे मेंढकों का रहस्यमय ढंग से विलुप्त हो जाना जलवायु परिवर्तन के कारण हुआ है। ओज़ोन परत के क्षरण पर किए गये अध्ययनों से ज्ञात हुआ है कि पृथ्वी पर पहुँचने वाले पराबैंगनी विकिरण की अत्यधिक मात्रा से सैलामैन्डरों के भ्रूण नष्ट हो रहे हैं। इस कारण वे पृथ्वी से लुप्त हो रहे हैं।

विकल्प 2 सही है। हीट वेव्स, सूखा और चक्रीय जलवायु परिवर्तन जैसे कि अल-नीनो, वनाग्नि की घटनाओं में नाटकीय वृद्धि कर सकते हैं।

विकल्प 3 सही है। वैश्विक जलवायु और वायुमंडल में परिवर्तन सागरीय वनस्पति और जीवों को क्षति पहुँचाने के साथ ही महासागरीय धाराओं के प्रवाहों को भी प्रभावित कर रहे हैं।

16. 'जलवायु परिवर्तन के लिए राष्ट्रीय अनुकूलन निधि' (NAFCC) के संदर्भ में, निम्नलिखित कथनों में से कौन-सा सही नहीं है?

(a) यह जलवायु परिवर्तन अनुकूलन परियोजनाओं को लागू करने के लिए राज्यों को 100% वित्तपोषण प्रदान करती है।

(b) इसका लक्ष्य जलवायु परिवर्तन प्रभावों के विरुद्ध सुभेद्य समुदायों एवं पारिस्थितिकी तंत्रों की प्रत्यास्थता एवं अनुकूलन क्षमता में वृद्धि करना है।

(c) NAFCC के अंतर्गत राष्ट्रीय जैव विविधता प्राधिकरण को राष्ट्रीय कार्यान्वयन प्राधिकरण के रूप में नियुक्त किया गया है।

(d) यह 'जलवायु परिवर्तन पर राज्य कार्य योजना' (SAPCC) एवं जलवायु परिवर्तन पर राष्ट्रीय कार्य योजना' (NAPCC) दोनों के अंतर्गत पहचाने गए क्षेत्रों को प्राथमिकता देती है।

उत्तर (c) NAFCC 2015 में प्रारम्भ की गयी भारत सरकार की एक प्रमुख्य योजना है। यह जलवायु परिवर्तन अनुकूलन परियोजनाओं को कार्यान्वित करने हेतु राज्य सरकारों को 100% अनुदान प्रदान करती है। यह जलवायु पर राष्ट्रीय कार्य योजना (NAPCC) के उद्देश्यों को पूरा करने के लिए और जलवायु परिवर्तन की राज्य कार्य योजनाओं (SAPCCs) को संचालित करने के लिए बनाया गया है। फण्ड का उद्देश्य उन राज्यों और संघ शासित प्रदेशों के अनुकूलन की लागत को पूरा करने में सहायता करना है जो जलवायु परिवर्तन के प्रतिकूल प्रभावों के प्रति विशेष रूप से सुभेद्य हैं। राष्ट्रीय कृषि और ग्रामीण विकास बैंक (NABARD) को राष्ट्रीय कार्यान्वयन इकाई (NIE) के रूप में नियुक्त किया गया है। यह NAFCC के अंतर्गत अनुकूलन परियोजनाओं के कार्यान्वयन के लिए उत्तरदायी है। इसलिए, **विकल्प (c) सही उत्तर है क्योंकि यह कथन सही नहीं है।**

17. निम्नलिखित में से किस/किन जलवायु निधियों को विश्व बैंक द्वारा प्रसारित किया जाता है?

1. ग्लोबल क्लाइमेट चेंज अलायन्स (GCCA)

2. फॉरेस्ट कार्बन पार्टनरशिप फैमिलिटी (FCPF)

3. एडप्टेशन फंड

नीचे दिए गए कूट का प्रयोग कर सही उत्तर चुनिए–

(a) केवल 2 (b) केवल 2 और 3

(c) केवल 1 और 2 (d) केवल 3

उत्तर (b) ग्लोबल क्लाइमेट चेंज अलायन्स (GCCA) या वैश्विक जलवायु परिवर्तन गठबंधन, यूरोपीय संघ की एक पहल है। इसका समग्र उद्देश्य यूरोपीय संघ और उन निर्धन विकासशील देशों के मध्य जलवायु परिवर्तन पर नए गठबंधन का निर्माण करना है, जो सबसे अधिक प्रभावित हैं और जिनके पास जलवायु परिवर्तन से निपटने की न्यूनतम क्षमता है। **अतः, विकल्प 1 सही नहीं है।**

फॉरेस्ट कार्बन पार्टनरशिप फैसिलिटी (FCPF) या वन कार्बन निर्वनीकरण और वन निम्नीकरण से होने वाला उत्सर्जन कम करने, वन कार्बन भंडार बढ़ाने एवं संरक्षित करने तथा वनों का संधारणीय प्रबंधन करने (REDD+) हेतु विकासशील देशों की सहायता करने के उद्देश्य से किया गया था। **इसलिए, विकल्प 2 सही है।**

2001 में एडप्टेशन फंड (अनुकूलन निधि) की स्थापना उन विकासशील देशों में सुदृढ़ अनुकूलन परियोजनाओं और कार्यक्रमों का वित्त पोषण करने के लिए की गयी थी जो क्योटो प्रोटोकॉल के पक्षकार हैं तथा जलवायु परिवर्तन के प्रतिकूल प्रभावों के प्रति विशेष रूप से सुभेद्य हैं। एडप्टेशन फंड का वित्त पोषण, क्लीन डेवलपमेंट मैकेनिज्म (CDM) परियोजना गतिविधियों से होने वाली आय के एक हिस्से और फंड के अन्य स्त्रोतों से किया जाता है। आय की हिस्सेदारी CDM परियोजना गतिविधि के लिए जारी सर्टिफाइड एमिशन रिडक्शन (CER) के 2 प्रतिशत के बराबर है। एडप्टेशन फंड का पर्यवेक्षण और प्रबंधन एडप्टेशन फंड बोर्ड (AFB) द्वारा किया जाता है। साथ ही, विश्व बैंक अंतरिम आधार (10 वर्ष के लिए) पर, अनुकूल कोष (Adaptation Fund) के ट्रस्टी के रूप में कार्य करता है। **इसलिए, विकल्प 3 सही नहीं है।**

18. निम्नलिखित में से कौन-से संयुक्त राष्ट्र में अपनाए गए संधारणीय विकास लक्ष्यों के भाग हैं?

1. संधारणीय औद्योगीकरण को प्रोत्साहित करना।

2. संधारणीय उत्पादन एवं उपभोग पैटर्न सुनिश्चित करना।

3. महासागरों एवं समुद्री संसाधनों के संधारणीय उपयोग को प्रोत्साहित करना।

4. जलवायु परिवर्तन का सामना करने के लिए त्वरित कार्यवाही करना।

नीचे दिए गए कूट का प्रयोग कर सही उत्तर चुनिए–

(a) केवल 1 और 2

(b) केवल 3 और 4

(c) केवल 1, 2, और 3

(d) 1, 2, 3 और 4

उत्तर (d) **दिए गए सभी कथन सही हैं।** संधारणीय विकास लक्ष्य (SDGs) संयुक्त राष्ट्र द्वारा निर्धारित 17 वैश्विक लक्ष्यों का संग्रह हैं। ये व्यापक लक्ष्य आपस में सम्बद्ध हैं, हालांकि सभी लक्ष्यों के अपने-अपने टारगेट हैं। कुल टारगेट की संख्या 169 हैं।

19. निम्नलिखित में से किनके लिए पर्यावरणीय प्रभाव आकलन (EIA) या पर्यावरणीय स्वीकृति (EC) की आवश्यकता नहीं होती है?

1. EIA अधिनियम, 2006 से पूर्व प्रस्तावित परियोजनाएं।

2. 25 मेगावाट से कम विद्युत उत्पादन करने वाली परियोजनाएं।

3. बाढ़ के पश्चात किसानों द्वारा खेतों से रेत के निक्षेपों को हटाना।

नीचे दिए गए कूट का प्रयोग कर सही उत्तर चुनिए–

(a) 1, 2 और 3 (b) केवल 1 और 2

(c) केवल 2 और 3 (d) केवल 1 और 3

उत्तर (a) EIA अधिनियम, प्रस्तावित परियोजना की प्रकृति और व्यापकता से इतर, जैव विविधता पर प्रतिकूल प्रभाव डालने की संभावना वाली गतिविधियों हेतु प्रभाव आकलन अध्ययन को अनिवार्य बनाता है। वर्तमान में पारिस्थितिक रूप से संवेदनशील क्षेत्रों में अधिकांश परियोजनाएं EIA प्रक्रिया को दरकिनार करने में सक्षम हैं क्योंकि या तो वे न्यूनतम मानकों से नीचे हैं या सूचीबद्ध श्रेणी में सम्मिलित नहीं हैं।

कथन 1 सही है। EIA अधिनियम, 2006 से पूर्व प्रस्तावित परियोजनाओं के लिए EIA की आवश्यकता नहीं है। उत्तराखंड में लखवार–व्यासी जलविद्युत परियोजना (जो लगभग टिहरी जलविद्युत परियोजना के आकार की है), कानून की इस व्याख्या के कारण EIA को बाधित करने में सक्षम रही है, क्योंकि यह परियोजना 1987 में प्रस्तावित की गयी थी। इस परियोजना के परिणामस्वरूप यमुना नदी का 50 किमी. से अधिक का प्रवाह रूक सकता है, लेकिन इसके लिए कोई परिथितिकीय अध्ययन नहीं किया गया है।

कथन 2 सही है। EIA अधिनियम माँग करता है कि **25 मेगावाट से ऊपर** की परियोजनाओं का EIA अध्ययन होना चाहिए। इस प्रावधान के कारण EIA अध्ययन के बिना हिमालय और पश्चिमी घाट में बांधों की एक शृंखला को अनुमति दी गयी है, जिनका जलीय जैव विविधता पर प्रतिकूल प्रभाव पड़ सकता है।

कथन 3 सही है। रेत खनन जैसे लघु खनिजों के खनन पर MOEFCC द्वारा अधिसूचना के अंतर्गत कुछ गतिविधियों को पर्यावरणीय मंजूरी से छूट दी गयी है।

20. 'क्लाइमेट एक्शन नेटवर्क' संदर्भ में, निम्नलिखित में से कौन-सा/से कथन सही है/हैं?

1. यह गैर-सरकारी संगठनों का एक विश्वव्यापी नेटवर्क है।

2. इसका उद्देश्य मानव-प्रेरित जलवायु परिवर्तन को सीमित करने के लिए सरकारी एवं व्यक्तिगत, दोनों प्रकार की कार्यवाहियों को प्रोत्साहित करना है।

नीचे दिए गए कूट का प्रयोग कर सही उत्तर चुनिए–

(a) केवल 1

(b) केवल 2

(c) 1 और 2 दोनों

(d) न तो 1, न ही 2

उत्तर (c) दोनों कथन सही हैं।

क्लाइमेट एक्शन नेटवर्क (CAN) 120 से अधिक देशों में 1100 से अधिक ऐसे गैर-सरकारी संगठनों (NGOs) का विश्वव्यापी नेटवर्क है, जो मानव-प्रेरित जलवायु को पारिस्थितिक रूप से संधारणीय स्तर पर सीमित करने के लिए सरकारी और व्यक्तिगत कार्यवाही को बढ़ावा देने के लिए कार्य कर रहे हैं।

CAN के सदस्य अंतर्राष्ट्रीय, क्षेत्रीय और राष्ट्रीय स्तर के जलवायु सम्बन्धी मुद्दों पर, सूचनाओं के आदान-प्रदान और NGO रणनीति के समन्वित विकास के माध्यम से यह लक्ष्य प्राप्त करने के लिए कार्य करते हैं। CAN के पास विश्व भर में इन प्रयासों का समन्वय करने वाले क्षेत्रीय नेटवर्क केन्द्र हैं।

CAN के सदस्य स्वस्थ पर्यावरण और ऐसे विकास जिससे भावी पीढ़ी की आवश्यकता पूरी करने की क्षमता के साथ समझौता किए बिना वर्तमान समय की आवश्यकताओं की पूर्ति हो सके (बर्टलैंड आयोग), दोनों को उच्च प्राथमिकता देते हैं। CAN का लक्ष्य विश्व भर में संधारणीय और समतामूलक विकास संभव बनाते हुए वातावरण का संरक्षण करना है।

21. पर्यावरण, वन और जलवायु परिवर्तन मंत्रालय ने "प्रदूषण सूचकांक' के आधार पर औद्योगिक क्षेत्रों के वर्गीकरण का मानदंड विकसित किया है। प्रदूषण सूचकांक निम्न में से किन चरों का फलन (function) है :

1. उत्सर्जन

2. बहि:स्राव (effluents)

3. उत्पन्न खतरनाक अपशिष्ट

4. संसाधनों की खपत

नीचे दिए गए कूट का प्रयोग कर सही उत्तर चुनिए-

(a) केवल 1 और 2

(b) केवल 1, 2 और 3

(c) केवल 3 और 4

(d) 1, 2, 3 और 4

उत्तर (d) पर्यावरण, वन और जलवायु परिवर्तन मंत्रालय ने औद्योगिक क्षेत्रों के वर्गीकरण हेतु प्रदूषण सूचकांक पर आधारित मानदंड विकसित किए हैं। वह प्रदूषण सूचकांक उत्पन्न उत्सर्जनों (वायु प्रदूषण), बहि:स्राव (जल प्रदूषण), उत्पन्न खतरनाक अपशिष्ट और संसाधनों के उपभोग का फलन है। वर्गीकरण की पुरानी प्रणाली मुख्यत: उद्योगों के आकार और संसाधनों की खपत पर आधारित थी।

किसी भी औद्योगिक क्षेत्र का प्रदूषण सूचकांक (PI) 0 से लेकर 100 तक की संख्या है और PI का बढ़ता हुआ मान औद्योगिक क्षेत्र में प्रदूषण भार की बढ़ती मात्रा को दर्शाता है। CPCB, SPCB और पर्यावरण, वन और जलवायु परिवर्तन मंत्रालय के बीच विचार विमर्श सत्रों की शृंखला के आधार पर, औद्योगिक क्षेत्रों के वर्गीकरण के उद्देश्य से 'प्रदूषण सूचकांक की सीमा' पर निम्नलिखित मानदंडों को अंतिम रूप दिया गया है।

- 60 और उससे अधिक प्रदूषण सूचकांक स्कोर वाले औद्योगिक क्षेत्र - लाल श्रेणी
- 41 से लेकर 59 तक के प्रदूषण सूचकांक स्कोर वाले औद्योगिक क्षेत्र - नारंगी (ऑरेंज) श्रेणी
- 21 से लेकर 40 तक के प्रदूषण सूचकांक स्कोर वाले औद्योगिक क्षेत्र - हरित श्रेणी
- 20 तथा 20 तक के प्रदूषण सूचकांक स्कोर वाले औद्योगिक क्षेत्र - श्वेत श्रेणी (प्रवर्तित नवीन श्रेणी)

22. ओजोन परत का अवक्षय करने वाले पदार्थों पर मॉन्ट्रियल प्रोटोकॉल के संदर्भ में, निम्नलिखित कथनों पर विचार कीजिए-

1. यह हाइड्रोफ्लोरोकार्बन्स (HFC), जिसमें ओजोन क्षरण की अत्यधिक क्षमता होती है, के उपयोग में कमी लाने का प्रस्ताव करता है।

2. रक्षा क्षेत्र में प्रयोग किए जाने वाले हैलोन्स को, मॉन्ट्रियल प्रोटोकॉल से बाहर रखा गया है।

3. यह ओजोन परत के संरक्षण के लिए विएना कन्वेंशन के अंतर्गत एक प्रोटोकॉल है।

उपर्युक्त कथनों में से कौन-सा/से सही है/हैं?

(a) केवल 1 और 2 (b) केवल 2 और 3

(c) केवल 1 और 3 (d) 1, 2 और 3

उत्तर (b) ओजोन अवक्षयकारी पदार्थों से संबंधित मॉन्ट्रियल प्रोटोकॉल (ओजोन स्तर के संरक्षण के लिए विएना सम्मेलन प्रोटोकॉल) एक अंतर्राष्ट्रीय संधि है जिसे ओजोन अवक्षय हेतु उत्तरदायी बहुत-से पदार्थों के उत्पादन को धीरे-धीरे समाप्त कर ओजोन परत के संरक्षण के लिए अभिकल्पित किया गया है।

उदाहरण के लिए, क्लोरोफ्लोरोकार्बन, (CFC)] हाइड्रोक्लोरोफ्लोरोकार्बन (HCFC) कार्बनटेट्राक्लोराइड (CTC) तथा हैलोन्स।

हाइड्रोक्लोरोफ्लोरोकार्बन (HCF) ओजोन अवक्षयकारी नहीं होते, तथा उन्होंने CFC और HCFC को प्रतिस्थापित कर दिया है; तथापि, वैश्विक तापन संबंधी उनकी क्षमता बहुत अधिक है। HFC द्वारा HCFC तथा CFC को प्रतिस्थापित कर दिया जाने के कारण, मॉन्ट्रियल प्रोटोकॉल में इसकी सफलता के कारण HFC से संबंधित वार्ताएं वर्षों तक चलीं। नवम्बर, 2015 में, मॉन्ट्रियल प्रोटोकॉल के 197 सदस्य देश एक ऐसे संशोधन पर कार्य करने को तैयार हुए जिसमें पक्षकारों की दुबई में आयोजित 27वीं बैठक (MOP) में HFC के वैश्विक उत्पादन तथा उपभोग को कम करने पर सहमति बनी।

हैलोन का इससे पूर्व में उपयोग अग्नि-शामकों के रूप में किया जाता था। तथापि मॉन्ट्रियल प्रोटोकॉल से छूट प्राप्त रक्षा क्षेत्र में उनके उपयोग के अतिरिक्त उन्हें सब क्षेत्रों से हटा दिया गया है। **इस प्रकार, सभी कथन सत्य हैं।**

23. निम्नलिखित में से कौन-सा/से जलवायु परिवर्तन पर राष्ट्रीय कार्य योजना (NAPCC) का अंग नहीं है/हैं?

1. राष्ट्रीय बांस मिशन

2. राष्ट्रीय बागवानी मिशन

3. राष्ट्रीय जल मिशन

4. राष्ट्रीय आर्द्रभूमि संरक्षण कार्यक्रम

नीचे दिए गए कूट का प्रयोग कर सही उत्तर चुनिए-

(a) केवल 1, 2 और 3

(b) केवल 1, 2 और 4

(c) केवल 3 और 4

(d) केवल 4

उत्तर (b) जलवायु परिवर्तन पर राष्ट्रीय कार्य योजना (NAPCC) के अंतर्गत आठ मिशन निम्नलिखित हैं :

- राष्ट्रीय सौर मिशन
- बेहतर ऊर्जा दक्षता के लिए राष्ट्रीय मिशन
- संधारणीय पर्यावास पर राष्ट्रीय मिशन
- राष्ट्रीय जल मिशन
- हिमालयी परितंत्रों की संधारणीयता हेतु राष्ट्रीय मिशन
- 'हरित भारत' के लिए राष्ट्रीय मिशन
- संधारणीय कृषि हेतु राष्ट्रीय मिशन
- जलवायु परिवर्तन के लिए रणनीतिक ज्ञान पर राष्ट्रीय मिशन

24. निम्नलिखित ग्रीन हाउस गैसों को उनकी ग्लोबल वार्मिंग क्षमता (GWP) के बढ़ते क्रम मे व्यवस्थित कीजिए-

1. मीथेन (CH_4)

2. कार्बन डाइऑक्साइड (CO_2)

3. नाइट्रस ऑक्साइड (N_2O)

4. सल्फर हेक्साफ्लोराइड (SF_6)

5. परफ्लोरोकार्बन (PFC)

6. हाइड्रो फ्लोरो कार्बन (HFC)

नीचे दिए गए कूट का प्रयोग कर सही उत्तर चुनिए–

(a) 2-1-3-6-5-4 (b) 2-3-1-5-6-4
(c) 1-2-3-4-5-6 (d) 1-2-3-5-6-4

उत्तर (a) वैश्विक तापन क्षमता (GWP) का विकास विभिन्न गैसों के वैश्विक तापन संबंधी प्रभावों की तुलना के लिए किया गया था। विशिष्ट रूप से, इसका अर्थ है एक टन कार्बन डाइऑक्साइड के उत्सर्जन के सापेक्ष, एक टन गैस के उत्सर्जन में एक दिए हुए समय में कितनी ऊर्जा अवशोषित होगी। GWP जितना ज्यादा होगा, दिए गए समय में उक्त गैस कार्बन डाइऑक्साइड की तुलना में धरती को उतना ही गर्म करेगा।

GHG वैश्विक तापन क्षमता (GWP)
कार्बन डाइऑक्साइड (CO_2)-1
मीथेन (CH_4) - 6.5-56
नाइट्रस ऑक्साइड (N_2O) - 170-310
हाइड्रोफ्लोरोकार्बन (HFCs) - 42 - 11700
परफ्लोरो कार्बन (PFCs) - 4400 - 14000
सल्फर हैक्साफ्लोराइड (SF6) - 16300 - 34900

25. भारत के निम्न क्षेत्रों पर विचार कीजिए–

1. **कृषि**
2. **औद्योगिक प्रक्रियाओं तथा उत्पादों का उपयोग**
3. **ऊर्जा**
4. **अपशिष्ट**

निम्नलिखित को ग्रीन हाउस गैस उत्सर्जन में उनके योगदान के बढ़ते क्रम में सजाएं।

(a) 4-1-2-3 (b) 4-2-1-3
(c) 1-4-3-2 (d) 4-2-3-1

उत्तर (b) भारत ने कन्वेंशन के तहत, रिपोर्टिंग दायित्व निर्वहन संबंधी अपनी प्रथम द्विवार्षिक नवीनतम रिपोर्ट (BUR) जनवरी 2016 में जलवायु परिवर्तन पर गठित यूनाइटेड नेशंस फ्रेमवर्क कन्वेंशन को सौंप दी। इन कन्वेंशन के प्रावधानों के अनुसार, राष्ट्रों को अपने राष्ट्रीय सम्प्रेषण के रूप में नियत अवधि पर सूचना प्रदान करने की आवश्यकता होती है।

BUR के अनुसार, भारत ने 2010 में 2,136./84 मिलियन टन कार्बन डाइऑक्साइड समतुल्य ग्रीनहाउस गैसों का उत्सर्जन किया। ऊर्जा प्रक्षेत्र सर्वाधिक योगदान करने वाला क्षेत्र था, 2010 के कुल उत्सर्जन में इसका योगदान 71% था।

26. निम्नलिखित में से कौन-सा राष्ट्रीय पर्यावरण न्यायाधिकरण अधिनियम, 1995 के अंतर्गत स्थापित राष्ट्रीय पर्यावरण, न्यायाधिकरण का मूलभूत उद्देश्य है?

(a) केन्द्र तथा राज्य दोनों स्तरों पर प्रतिपूरक वनीकरण के लिए संस्थागत प्रणाली प्रदान करना।
(b) खतरनाक पदार्थों के रख-रखाव के फलस्वरूप होने वाली दुर्घटनाओं में हुई क्षति के लिए सख्त जवाबदेही सुनिश्चित करना।
(c) पर्यावरण की सुरक्षा और वनों के संरक्षण से संबंधित मुकदमों के प्रभावी तथा शीघ्र निपटारे की व्यवस्था करना।
(d) तटीय नियंत्रण क्षेत्रों में चलने वाली औद्योगिक गतिविधियों के कारण खड़े होने वाले मुकदमों के शीघ्र निपटारे की व्यवस्था करना।

उत्तर (b) राष्ट्रीय पर्यावरण न्यायाधिकरण अधिनियम, 1995 :

इस अधिनियम में किसी खतरनाक पदार्थ के रख-रखाव के दौरान होने वाली किसी दुर्घटना के संबंध में सख्त जवाबदेही तथा ऐसी दुघटनाओं के कारण होने वाले मुकदमों के प्रभावी तथा तीव्र निपटारे के लिए राष्ट्रीय पर्यावरण न्यायाधिकरण की स्थापना के लिए प्रावधान है। इसके अंतर्गत व्यक्तियों, संपत्ति तथा पर्यावरण को हुई क्षति के लिए राहत तथा क्षति-पूर्ति दण्ड प्रदान करने के उद्देश्य से तथा इससे संबंधित या सांयोगिक प्रवृत्ति के मामलों के लिए सख्त जवाबदेही की व्यवस्था की गयी है।

इस प्रकार, B सही उत्तर है।

राष्ट्रीय हरित न्यायाधिकरण का आधारभूत लक्ष्य पर्यावरण संरक्षण तथा वनों के संरक्षण से संबंधित मुकदमों का प्रभावी तथा तीव्र गति से निपटारा करना है।

प्रतिपूरक वनीकरण निधि प्रबंधन तथा नियोजन प्राधिकरण (CAMPA) केन्द्र तथा राज्य दोनों स्तरों पर प्रतिपूरक वनीकरण के लिए एक संस्थागत व्यवस्था प्रदान करता है।

27. जलवायु परिवर्तन संबंधी अंतरसरकारी पैनल (आइ.पी.सी.सी.) के सम्बन्ध में निम्नलिखित कथनों पर विचार करें–

1. **यह जलवायु परिवर्तन के आकलन के लिए एक अग्रणी अंतर्राष्ट्रीय संस्था है।**
2. **जलवायु परिवर्तन तथा इसके प्रभावों के संबंध में वैज्ञानिक आंकड़े प्रदान करने के लिए यह स्वतंत्र शोध करती है।**
3. **इसकी स्थापना संयुक्त रूप से विश्व मौसम विज्ञान संगठन (डब्ल्यू. एम. ओ.) तथा संयुक्त राष्ट्र पर्यावरण कार्यक्रम (यू.एन.इ.पी.) के द्वारा की गयी थी।**

उपर्युक्त कथनों में से कौन-सा/से सही है/हैं?

(a) केवल 1 और 2
(b) केवल 1 और 3
(c) केवल 2 और 3
(d) 1, 2 और 3

उत्तर (b) जलवायु परिवर्तन पर अंतर सरकारी पैनल (आई.पी.सी.सी.) जलवायु परिवर्तन के आंकलन के लिए अग्रणी अंतर्राष्ट्रीय निकाय है। इसकी स्थापना संयुक्त राष्ट्र पर्यावरण कार्यक्रम (यू.एन.ई.पी.) और विश्व मौसम विज्ञान संगठन (डब्ल्यू.एम.ओ.) के द्वारा 1988 में की गई थी।

आई.पी.सी.सी. आंकलन, विभिन्न राष्ट्रों की सरकार के लिए सभी स्तरों पर जलवायु संबंधित नीतियाँ विकसित करने के लिए वैज्ञानिक आधार प्रदान करते हैं। वे संयुक्त राष्ट्र जलवायु सम्मेलन में समझौता वार्ताओं अर्थात जलवायु परिवर्तन पर संयुक्त राष्ट्र फ्रेमवर्क कन्वेंशन (यू.एन.एफ.सी. सीसी.) की स्थापना करते हैं।एक अंतर सरकारी निकाय होने के कारण आई.पी.सी.सी. की सदस्यता संयुक्त राष्ट्र (संयुक्त राष्ट्र) और डब्ल्यू. एम.ओ. के आंकलन सैकड़ों अग्रणी वैज्ञानिकों द्वारा लिखे जाते हैं।

28. निम्नलिखित में से कौन-से ओजोन का अवक्षय करने वाले पदार्थ (ओ.डी.एस.) हैं?

1. **हैलोन**
2. **कार्बन टेट्राक्लोराइड**
3. **हाइड्रोक्लोरोफ्लोरोकार्बन (एच.सी. एफ.सी.)**
4. **हाइड्रोक्लोरोकार्बन (एच.एफ.सी.)**
5. **क्लोरोफ्लोरोकार्बन (सी.एफ.सी.)**

नीचे दिए गए कूट का प्रयोग कर सही उत्तर चुनिए–

(a) केवल 1 और 3
(b) केवल 1, 2, 3 और 5
(c) केवल 2 और 4
(d) 1, 2, 3, 4 और 5

उत्तर (b) ओजोन का अवक्षय करने वाले मुख्य पदार्थ (ओ.डी.एस.)

क्लोरोफ्लोरोकार्बन (सी.एफ.सी.)

यह सबसे व्यापक रूप से उपयोग किया जाने वाला ओ.डी.एस. है, जो कुल समतापमंडलीय ओजोन अवक्षय के 80% से अधिक के लिए जिम्मेदार होता है।

रेफ्रिजरेटरों (प्रशीतक), फ्रीजरों और भवनों तथा 1995 से पहले निर्मित कारों में एयर कंडीनरों (वातानुकूलकों) में प्रशीतक के रूप में प्रयोग किया जाता है।

औद्योगिक विलायक, ड्राई क्लीनिंग एजेंट और अस्पताल के निर्जर्मक पदार्थों में पाया जाता है।

फोम उत्पाद जैसे कोमल-फोम भरण (जैसे कुशन और गद्दे) एवं कठोर फोम (जैसे मकान के ऊष्मा रोधन) में भी उपयोग किया जाता है।

5 नवीकरणीय ऊर्जा स्रोत

1. भारत सरकार ने वर्ष 2022 के अंत तक 175 गीगावॉट नवीनकरणीय विद्युत उत्पादन की स्थापित क्षमता प्राप्त करने का लक्ष्य निर्धारित किया है। इस संदर्भ में निम्नलिखित नवीनकरणीय ऊर्जा स्रोतों को उनके विशिष्ट लक्ष्यों के घटते क्रम में व्यवस्थित कीजिए–

1. लघु जल विद्युत ऊर्जा

2. सौर ऊर्जा

3. बायोमास ऊर्जा

4. पवन ऊर्जा

नीचे दिए गए कूट का प्रयोग कर सही उत्तर का चयन कीजिए:

(a) 2-4-3-1 (b) 4-2-1-3

(c) 1-3-2-4 (d) 4-2-3-1

उत्तर (a) सरकार ने वर्ष 2022 तक नवीकरणीय ऊर्जा क्षमता का लक्ष्य बढ़ाकर 175 गीगावॉट कर दिया है।

इसमें सम्मिलित हैं:

- सौर ऊर्जा से 100 गीगावॉट
- पवन ऊर्जा से 60 गीगावॉट
- बायोमास ऊर्जा से 10 गीगावॉट और
- लघु जलविद्युत ऊर्जा से 5 गीगावॉट

2. "पिछले 40 वर्षों के दौरान मेथेनॉल को समय-समय पर वैकल्पिक परिवहन ईंधन के रूप में बढ़ावा दिया जाता रहा है।" मेथेनॉल के सबंध में निम्नलिखित में से कौन-सा कथन सही नहीं है?

(a) इसका उत्पादन प्राकृतिक गैस से किया जा सकता है।

(b) यह जैवनिम्नीकरणीय (बायोडिग्रेडेबल) ईंधन है।

(c) हाइड्रोकार्बन ईंधन के समान, यह जल में विलेय नहीं है।

(d) इसे इथेनॉल और गैसोलीन के साथ मिश्रित किया जा सकता है।

उत्तर (c) इथेनॉल की भांति लेकिन हाइड्रोकार्बन ईंधनों के विपरीत, मेथेनॉल जल में घुलनशील होता है। फलस्वरूप, इसका वातावरण में विसरण और संवहन के माध्यम से परिवहन हाइड्रोकार्बन की तुलना में अधिक तीव्र दर से होता है। तेजी से स्थानांतरण के अतिरिक्त, मेथेनॉल का जैवनिम्नीकरण हाइड्रोकार्बन की तुलना में बहुत तीव्र गति से होता है। तीव्र परिवहन और निम्नीकरण के परिणामस्वरूप इनका संक्षिप्त जीवन काल होता है। वहीं दूसरी ओर, हाइड्रोकार्बन में कई स्थिर यौगिक होते हैं, जैसे कि एरोमेटिक्स, जो सजीवों के लिए अत्यधिक विषाक्त होते हैं और धीरे-धीरे निम्नीकृत होते हैं।

परिवहन में उपयोग के लिए मेथनॉल में आकर्षक विशेषताएं हैं:

- यह तरल ईंधन है जिसे गैसोलीन और इथेनॉल के साथ मिश्रित किया जा सकता है और कम से कम वृद्धिशील लागत पर आज की वाहन प्रौद्योगिकी के साथ उपयोग किया जा सकता है।
- यह ऐसी दहन विशेषताओं वाला उच्च ऑक्टेन ईंधन है जो वर्तमान प्रदूषक उत्सर्जन विनियमों की पूर्ति करते हुए डीजल की सर्वश्रेष्ठ दक्षता से मेल खाने के लिए मेथेनॉल ईंधन के लिए विशेष रूप से डिजाइन किए गए इंजन संभव बनाता है।
- नवीकरणीय बायोमास से उत्पादित, मेथेनॉल लंबी अवधि में ग्रीन हाउस गैस में कमी करने वाला आकर्षक परिवहन ईंधन विकल्प है।
- ईंधन अवसंरचना (हल्का मिश्रण या भारी मिश्रण) में और वाहनों (लाइट ड्यूटी या हैवी ड्यूटी अनुप्रयोग) में मेथेनॉल के प्रचलन के लिए एकाधिक तरीके विद्यमान हैं। इष्टतम दृष्टिकोण अलग-अलग देशों में और अलग-अलग बाजारों में अलग-अलग है।
- प्राकृतिक गैस और कोयले से मेथेनॉल का बड़े पैमाने पर उत्पादन करने के लिए सुविकसित तकनीक उपलब्ध है।
- यह सुरक्षित ईंधन है। इसके द्वारा विषाक्तता (मृत्यु) की तुलना गैसोलीन से की जा सकती है या उसकी तुलना में श्रेष्ठतर है। यह अधिप्लावन (स्पिल) की स्थिति में जल्दी जैविनिम्नीकरणीय (पेट्रोलियम ईंधन की तुलना में) है।

3. बायो-गैस के संबंध में निम्नलिखित कथनों पर विचार कीजिए–

1. यह मीथेन और कार्बन डाइऑक्साइड का संयोजन है।

2. यह कार्बनिक पदार्थों के अवायवीय पाचन से निर्मित होती है।

3. इसका दहन सामान्य रूप से बिना धुएँ के होता है और इसकी तापन क्षमता उच्च होती है।

उपर्युक्त कथनों में से कौन-सा/से सही है/हैं?

(a) केवल 1 और 2 (b) केवल 1 और 3

(c) केवल 2 और 3 (d) 1, 2 और 3

उत्तर (d) अलग-थलग समुदायों और क्षेत्रों की ऊर्जा आवश्यकताएँ पूरी करने के लिए, जिन्हें निकट भविष्य में विद्युतीकृत किए जाने की संभावना नहीं हैं, देश में पवन ऊर्जा, बायोमास ऊर्जा, जल विद्युत और संकर प्रणाली का उपयोग करने वाली वितरित/विकेन्द्रीत नवीकरणीय ऊर्जा परियोजनाएं स्थापित की जा रही हैं।

निम्नलिखित का उपयोग कर ऑफ-ग्रिड नवीकरणीय ऊर्जा/विद्युत उत्पन्न की जा सकती है।

बायोमास आधारित उष्मा और विद्युत परियोजनाएं और कैप्टिव आवश्यकताएं पूरा करने के लिए औद्योगिक अपशिष्ट से ऊर्जा परियोजनाएं।

ग्रामीण और औद्योगिक ऊर्जा अनुप्रयोगों के लिए बायोमास गैसीफायर

पनचक्कियां/सूक्ष्म जल विद्युत परियोजनाएं- दूरदराज के गांवों की विद्युत आवश्यकताएं पूरा करने के लिए।

लघु पवन ऊर्जा और संकर प्रणाली- यांत्रिक और विद्युत अनुप्रयोगों के लिए, मुख्य रूप से जहां ग्रिड विद्युत उपलब्ध नहीं है।

शहरी क्षेत्रों में विद्युत उत्पादन के लिए डीजल में कमी लाने के लिए सोलर फोटो वोल्टिक रूफ-टॉप प्रणलियाँ।

नवीन और नवीकरणीय ऊर्जा मंत्रालय: ऐसी प्रणालियों को अधिक विश्वसनीय और लागत प्रभावी बनाने के लिए अनुसंधान एवं विकास का समर्थन करने, प्रदर्शन, क्षेत्र परीक्षण करने, निर्माण आधार मजबूत बनाने के मुख्य उद्देश्यों के साथ एक कार्यक्रम चला रहा है।

4. मोटर वाहनों को ऊर्जा प्रदान करने के लिए दूसरी पीढ़ी के इथेनॉल के उत्पादन में निम्नलिखित में से किसका उपयोग किया जा सकता है?

1. धान का पुआल

2. जट्रोफा

3. बांस

नीचे दिए गए कूट का प्रयोग कर सही उत्तर का चयन कीजिए–

(a) केवल 2 (b) केवल 1 और 2

(c) केवल 1 और 3 (d) 1, 2 और 3

उत्तर (c) पहली पीढ़ी के जैव ईंधन कृष्य फसलों में पाए जाने वाला शर्करा और वनस्पति तेलों से बनाए जाते हैं, जिन्हें पारंपरिक प्रौद्योगिकी का उपयोग करके सरलतापूर्वक निष्कर्षित किया जा सकता है।

इसकी तुलना में, दूसरी पीढ़ी के जैव ईंधन लिग्नोसेलुलोसिक बायोमास या काष्ठीय फसलों, कृषि अवशेषों या अपशिष्ट से बनाए जाते हैं, जो वांछित ईंधन निष्कर्षित करने की प्रक्रिया को कठिन बना देते हैं।

दूसरी पीढ़ी का इथेनॉल पहले से अनुप्रयुक्त (लिग्नो-) सेलुलोसी पादप भागों जैसे पुआल या मकई के भुट्टों का उपयोग करके बनाया जाता है। ये वाहनों को ऊर्जा प्रदान करने के उद्देश्य से बांस, धान के पुआल, गेहूं के पुआल, कपास के पुआल आदि के द्वारा बनाए जा सकते हैं।

डीजल इंजनों में उपयोग के लिए मुख्य रूप से जट्रोफा तेल को बायोडीजल में परिवर्तित किया जाता है, इथेनॉल में नहीं।

5. नेशनल स्मार्ट ग्रिड मिशन (NSGM), भारत में ऊर्जा क्षेत्र के आधुनिकीकरण का एक महत्वपूर्ण घटक है। निम्नलिखित में से कौन-सा कथन "स्मार्ट ग्रिड" की सर्वश्रेष्ठ व्याख्या करता है?

(a) ऐसी पॉवर ग्रिड जो केवल नवीनकरणीय ऊर्जा पर संचालित होती है।

(b) ऐसी पॉवर ग्रिड जिसकी स्थापना केवल स्मार्ट शहरों में की जाएगी।

(c) ऐसी पॉवर ग्रिड जो बेहतर विद्युत प्रबंधन हेतु विद्युत सेवाओं एवं इसके ग्राहकों के बीच द्विपक्षीय संचार की अनुमति प्रदान करती है।

(d) ऐसी पॉवर ग्रिड जो कृषि एवं ग्रामीण परिवारों के फीडर पृथक्करण पर फोकस करती है।

उत्तर (c) डिजिटल तकनीक द्वारा विद्युत सेवाओं और इसके ग्राहक के बीच द्विपक्षीय सम्पर्क तथा ट्रांसमिशन लाइनों की सेंसिंग ही ग्रिड को स्मार्ट बनाती है। इसलिए विकल्प (c) सही है।

इन्टरनेट के समान ही, स्मार्ट ग्रिड में कंट्रोल, कम्प्यूटर, ऑटोमेशन, तथा एक साथ कार्य करने वाली नई प्रौद्योगिकी और उपकरण सम्मिलित हैं, लेकिन यहाँ, ये प्रौद्योगिकियां हमारी तेजी से बदलती हुई विद्युत की मांग को डिजिटल प्रतिक्रिया देने के लिए विद्युत ग्रिड के साथ कार्य करती है।

स्मार्ट ग्रिड से जुड़े लाभ निम्नलिखित है:

- विद्युत पारेषण में अधिक कार्यकुशलता
- विद्युत व्यवधान के पश्चात तुरंत विद्युत आपूर्ति।
- उपयोगिता में परिचालन और प्रबंधन की लागत में कमी और अन्ततः ग्राहकों के लिए कम लागत में ऊर्जा उपलब्ध होती है।
- अधिकतम मांग में कमी आने से विद्युत दरों को कम करने में सहायता होती है।
- बड़े पैमाने पर अक्षय ऊर्जा प्रणालियों का एकीकरण।
- बेहतर सुरक्षा और नवीनकरणीय ऊर्जा सहित ग्राहक-स्वामित्व विद्युत उत्पादन प्रणालियों का एकीकरण।
- इसकी दोहरी संयोजक क्षमता के कारण, जब कभी विद्युत आपूर्ति में व्यवधान होता है, तो स्मार्ट ग्रिड प्रौद्योगिकी उसका पता लगा लेता है और उनके द्वारा बड़े पैमाने पर व्यवधान उत्पन्न किए जाने से पहले ही उन्हें अलग कर देती है।
- किसी भी आपात और सामरिक स्थिति के पश्चात नई प्रौद्योगिकियों द्वारा तुरंत विद्युत आपूर्ति की प्राप्ति में सहायता मिलती है।

6. निम्नलिखित में से कौन-से नवीनकरणीय ऊर्जा के स्रोत हैं?

1. भू-तापीय ऊर्जा

2. जैव ईंधन

3. बायोमास ऊर्जा

4. परमाणु ऊर्जा

नीचे दिए गए कूट का प्रयोग कर सही उत्तर चुनिए–

(a) केवल 1 और 3

(b) केवल 1, 2 और 3

(c) केवल 2 और 4

(d) 1, 2, 3 और 4

उत्तर (b) ऊर्जा के नवीकरणीय स्रोत: नवीकरणीय स्रोत ऐसे स्रोत हैं जो प्रकृति में निरंतर उत्पन्न किए जा सकते हैं एवं अक्षय है। नवीकरणीय स्रोत निम्नलिखित हैं:

- सौर ऊर्जा
- भू-तापीय ऊर्जा (कथन 1 सही)
- ज्वारीय ऊर्जा
- पवन ऊर्जा
- जल ऊर्जा
- बायोमास ऊर्जा (कथन 3 सही)
- जैव-ईंधन (कथन 2 सही)
- हाइड्रोजन

नवीकरणीय स्रोत निम्नलिखित हैं:

- जीवाश्म ईंधन (कोयला, पेट्रोलियम आदि)
- यूरेनियम (कथन 4 गलत)
- थोरियम

7. निम्नलिखित में से कौन-सी संपीड़ित प्राकृतिक गैस (CNG) की विशेषता/विशेषताएं है/हैं?

1. यह सीमा मुक्त होती है।

2. यह LPG की भांति तरल ईंधन है।

3. दहन होने पर यह पेट्रोल की तुलना में कम कार्बन मोनोआक्साइड का उत्सर्जन करती है।

4. इस इंजन के शोर का स्तर डीजल इंजन की तुलना में अधिक होता है।

नीचे दिए गए कूट का प्रयोग कर सही उत्तर चुनिए–

(a) केवल 1 और 2

(b) केवल 2 और 3

(c) केवल 2, 3 और 4

(d) केवल 1, 3 और 4

उत्तर (b) CNG संपीडित प्राकृतिक गैस का परिवर्णी शब्द है। यह गैसीय रूप में लगभग 80 से 90 प्रतिशत मीथेन से मिलकर बना हाइड्रोकार्बन का मिश्रण है।

कथन 1 सही है। CNG सीसा मुक्त होती है और हानिकारक उत्सर्जन कम करती है। CNG का एक अन्य लाभ स्नेहक तेलों के जीवन का विस्तार है क्योंकि यह ईंधन क्रैंकेज तेल को दूषित नहीं करता और पतला नहीं बनाता है।

कथन 2 गलत है। यह तरल ईंधन नहीं है और यह LPG (तरलीकृत पेट्रोलियम गैस) जैसी भी नहीं है।

कथन 3 सही है। पेट्रोल या डीजल की तुलना में CNG वाहन 40% कम नाइट्रस ऑक्साइड, 80% कम कार्बन मोनोऑक्साइड और 25% कम कार्बन डाइऑक्साइड का उत्सर्जन करते हैं।

कथन 4 गलत है। CNG इंजन के शोर का स्तर डीजल इंजन की तुलना में काफी कम होता है।

8. निम्नलिखित युग्मों पर विचार कीजिए–

वैकल्पिक ऊर्जा स्रोत	उपयोग की विधि
1. आइपोमोइया पौधे-	बायोमास गैसीकरण

2. नगरीय ठोस अपशिष्ट - भस्मीकरण

3. केले की पत्तियां - पेलीटाइजेशन

उपर्युक्त युग्मों में से कौन-सा/से सही सुमेलित है/हैं?

(a) केवल 2 (b) केवल 1 और 3

(c) केवल 2 और 3 (d) 1, 2 और 3

उत्तर (d) दिए गए सभी युग्म सही ढंग से सुमेलित हैं।

गैसीकरण बायोमास को दहनशील गैस में परिवर्तित करने की तकनीक से जुडा है। आइपोमोइया पौधे (creeping plant) जल निकायों के आसपास उगते हैं। आइपोमोइया से बिजली पैदा करने के लिए बायोमास गैसीकरण की नई तकनीक को मध्य प्रदेश में विकसित किया गया है।

नगरीय ठोस अपशिष्ट से ऊर्जा उत्पादन का सबसे आम तरीका भस्मीकरण (incineration) है। सरल शब्दों में इसका अर्थ अपशिष्ट उपचार प्रक्रिया का ऐसा तरीका है, जहां एकत्रित कचरे को उच्च तापमान पर जलाया जाता है।

जैवरसायन प्रौद्योगिकी केन्द्र, नई दिल्ली ने केले के पत्तों से ईंधन उत्पादित करने की विधि विकसित की है। इस विधि को पेलीटाइजेशन के रूप में जाना जाता है। केले के पत्तों को कूचकर पाउडर बना दिया जाता है। इसके बाद इस पाउडर में मिट्टी या गोबर मिलाकर मिश्रण बना दिया जाता है। इस मिश्रण को टिकिया में बदल लिया जाता है। इन टिकियों का ईंधन के रूप में उपयोग किया जा सकता है। इसका अच्छा कैलोरिफिक मान होता हैं।

9. ऊर्जा के स्त्रोतों के संदर्भ में, 'दूसरी पीढ़ी के जैव ईंधन' पद सामान्य रूप से किन जैव ईंधनों को संदर्भित करता है?

(a) जो गैर खाद्य फीडस्टॉक से बनाए जाते हैं।

(b) जो मानव उपभोग हेतु उपयोग किए जाने वाले फीडस्टॉक से बनाए जाते हैं।

(c) जहाँ इसके उत्पादन के लिए शैवाल को प्राथमिक ऊर्जा स्रोत के रूप में उपयोग किया जाता है।

(d) जो आनुवंशिक रूप से संश्लेषित सूक्ष्मजीवों के माध्यम से बड़ी मात्रा में कार्बन का अधिग्रहण करने के लिए अभिकिल्पत होते हैं।

उत्तर (a) विकल्प (a) सही है जबकि विकल्प (b), (c), (d) सही नहीं है।

दूसरी पीढ़ी के जैव ईंधन वे होते हैं जिनमें सामान्यत: काष्ठीय फसलों या कृषि अवशेषों अथवा अपशिष्ट जैसे गैर-खाद्य कच्चे माल का उपयोग किया जाता है। इनका निष्कर्षण थोड़ा अधिक कठिन होता है और ये मानव उपभोग हेतु अधिकांशत: अनुपयुक्त होते हैं।

इसे मूल रूप से पहली पीढ़ी के जैव ईंधन के रूप में संदर्भित किया जाता है। सामान्यत: मक्का, गन्ना, गेहूँ, ज्वार इत्यादि का कच्चे माल के रूप में उपयोग किया जाता है। चूँकि इनका निष्कर्षण आसान होता है, इसलिए इन्हें 'पारंपरिक जैव ईंधन' के रूप में भी जाना जाता है।

इसे तीसरी पीढ़ी के जैव ईंधन के रूप में संदर्भित किया जाता है जिसमें सामान्यत: शैवाल का उपयोग किया जाता है। यह अपने फीडस्टॉक समकक्षों की तुलना में अधिक उत्पादन करने में सक्षम होता है।

यह चौथी पीढ़ी का जैव ईंधन है जो उत्पादन के सबसे उन्नत चरण में हैं।

10. बायो-सीएनजी (Bio-CNG) के संदर्भ में, निम्नलिखित कथनों पर विचार कीजिए–

1. यह बायोगैस का शुद्ध रूप है जिसमें 50% से कम मीथेन गैस होती है।

2. यह ऊर्जा का एक नवीकरणीय स्रोत है।

उपर्युक्त कथनों में से कौन-सा/से सही है/हैं?

(a) केवल 1 (b) केवल 2

(c) 1 और 2 दोनों (d) न तो 1, न ही 2

उत्तर (b) बायो-सीएनजी (Bio-CNG), बायोगैस का शुद्ध रूप है। इसमें 95% से अधिक शुद्ध मीथेन गैस के उत्पादन के लिए सभी अवांछित गैसों को हटा दिया जाता है **अत: कथन 1 सही नहीं है।**

Bio-CNG अपने संघटन (97% मीथेन) और ऊर्जा क्षमता में व्यावसायिक रूप से उपलब्ध प्राकृतिक गैस के समान है। इसका निर्माण कृषि कचरे को एक विशेष बैक्टीरियल सोल्यूशन के साथ उपचारित करके किया जाता है। उसके बाद इस प्रकार से उत्पन्न हुई गैस को वाहनों में प्रयोग के लिए स्वच्छ एंव संपीडित किया जाता है।

चूँकि यह बायोमास से उत्पन्न होता है, अत: इसे ऊर्जा का अक्षय स्रोत माना जाता है। **अत:, कथन 2 सही है।**

पुणे के पिरंगुट में पहली जीरो लिक्विड डिसचार्ज (ZLD) Bio-CNG उत्पादन सुविधा स्थापित की गयी है।

11. सौर ऊर्जा उत्पादन के लिए प्रौद्योगिकियों के संदर्भ में, निम्नलिखित कथनों पर विचार कीजिए–

1. विद्युत उत्पादन करने के लिए, 'प्रकाश-वोल्टीय प्रणालियों' द्वारा अर्द्धचालकों का प्रयोग किया जाता है जबकि सौर तापीय प्रणालियों द्वारा दर्पण एवं लेसों का प्रयोग किया जाता है।

2. प्रकाश-वोल्टीय प्रणालियाँ विसरित विकिरण में भी कार्य करती है जबकि सौर तापीय प्रणालियों को सामान्य रूप से प्रत्यक्ष सौर विकिरण की विशाल मात्रा में आवश्यकता होती है।

उपर्युक्त कथनों में से कौन-सा/से सही है/हैं?

(a) केवल 1 (b) केवल 2

(c) 1 और 2 दोनों (d) न तो 1, न ही 2

उत्तर (c) सौर प्रकाश-वोल्टीय प्रणाली में सौर-सेलों में अर्धचालक पदार्थों का उपयोग कर सूर्य के प्रकाश का विद्युत में रूपांतरण सम्मिलित है। यह प्रकाश-वोल्टीय प्रभाव प्रदर्शित करती है।

सौर तापीय प्रणालियाँ दर्पण एवं लेंसों का प्रयोग कर विस्तृत क्षेत्र में सूर्य के प्रकाश या सौर ऊर्जा का छोटे से क्षेत्र पर संकेंद्रण कर विद्युत उत्पादन करती हैं। संकेंद्रित प्रकाश के ऊष्मा में परिवर्तित होने पर विद्युत उत्पन्न होती है, जो, एक विद्युत शक्ति जनरेटर से जुड़े ताप इंजन (आमतौर पर भाप टरबाइन) को संचालित करती है। **इसलिए, कथन 1 सही है।**

सौर तापीय प्रणाली को सूर्य के प्रत्यक्ष प्रकाश की आवश्यकता होती है, क्योंकि वायुमंडल द्वारा प्रकीर्णित विसरित प्रकाश को संकेंद्रित करना संभव नहीं होता है। इसका अर्थ है कि ये प्रणालियाँ ऐसे स्थानों तक सीमित होती है जहाँ अधिकांश समय मौसम स्वच्छ रहता है। इसके विपरीत अधिकतर प्रकाश वोल्टीय प्रणालियाँ संपूर्ण सूर्य प्रकाश का उपयोग कर सकती हैं इसलिए वे विविध जलवायु परिस्थितियों हेतु उपयुक्त होती है। **इसलिए, कथन 2 सही है।**

12. ऊर्जा संरक्षण के संदर्भ में, गृह (GRIHA) निम्नलिखित में से किससे संबंद्ध है?

(a) हाइब्रिड वाहन

(b) हरित भवन

(c) अपटतीय पवन ऊर्जा

(d) ज्वारीय ऊर्जा

उत्तर (b) ग्रीन रेटिंग फॉर इंटीग्रेटेड हैबिटैट असेसमेंट (गृह : GRIHA) एक रेटिंग उपकरण है जो लोगों को, राष्ट्रीय स्तर पर स्वीकार्य कुछ निश्चित बेंचमार्कों के आधार पर उनके भवन के प्रदर्शन का आकलन करने में सहायता करता है। यह भवन के पूरे जीवन चक्र के दौरान उसके पर्यावरणीय प्रदर्शन का मूल्यांकन करता है और कुछ निश्चित मानकों के आधार पर 'हरित भवन' (green building) निर्धारित करता है।

गृह (GRIHA) ऊर्जा की खपत, अपशिष्ट उत्पादन, नवीनकरणीय ऊर्जा अपनाने जैसे

पहलुओं को मात्रात्मक रूप से निर्धारित करने का प्रयास करता है ताकि इनका प्रबंधन, नियंत्रण और जहाँ आवश्यकता हो वहाँ इन पहलुओं को सर्वोत्तम संभव सीमा तक कम किया जा सके। इसे टेरी (TERI) द्वारा विकसित किया गया था एवं भारत सरकार द्वारा 2007 में हरित भवनों हेतु राष्ट्रीय रेटिंग प्रणाली के रूप में अपनाया गया था।

13. लघु पनविद्युत परियोजनाओं के संबंध में, निम्नलिखित कथनों पर विचार कीजिए–

1. इस श्रेणी के अंतर्गत 75 मेगावाट से कम क्षमता की परियोजनाओं को वर्गीकृत किया जाता है।

2. इन परियोजनाओं के लिए पर्यावरणीय प्रभाव मूल्यांकन (EIA) की आवश्यकता नहीं होती है।

3. ये विद्युत मंत्रालय के अधीन होती हैं।

उपर्युक्त कथनों में से कौन-सा/से सही है/हैं?

(a) केवल 1 और 2
(b) केवल 1 और 3
(c) केवल 2
(d) 1, 2 और 3

उत्तर (c) **कथन 1 सही नहीं है।** भारत में, 25 मेगावाट (MW) स्टेशन क्षमता तक की पनविद्युत परियोजनाओं को लघु पनविद्युत परियोजनाओं (*स्मॉल हाइडल पॉवर : SHP*) के रूप में वर्गीकृत किया गया है जबकि 25MW से अधिक क्षमता वाली परियोजनाएँ बड़ी विद्युत परियोजनाओं के अंतर्गत सम्मिलित हैं।

कथन 2 सही है। EIA केवल बड़ी पनविद्युत परियोजनाओं को कवर करता है।

कथन 3 सही नहीं है। भारत में बड़ी पनविद्युत परियोजनाएँ ऊर्जा मंत्रालय के अधिकार क्षेत्र में आती है और लघु पनविद्युत परियोजनाओं के लिए नवीन एवं नवीकरणीय ऊर्जा मंत्रालय (MNRE) उत्तरदायी है।

14. भारत में भू-तापीय ऊर्जा के संदर्भ में, निम्नलिखित कथनों पर विचार कीजिए–

1. यह ऊर्जा का नवीकरणीय स्रोत है।

2. यह वर्ष पर्यंत उपलब्ध रहता है।

3. भारत विश्व में सर्वाधिक भू-तापीय विद्युत का उत्पादन करता है।

उपर्युक्त कथनों में से कौन-सा/से सही है?

(a) 1, 2 और 3 (b) केवल 1 और 3
(c) केवल 1 और 2 (d) केवल 2 और 3

उत्तर (c) भू-तापीय ऊर्जा एक तापीय ऊर्जा है जो पृथ्वी से उत्पन्न और संग्रहित होती है। यह एक स्वच्छ तथा संधारणीय ऊर्जा है। भू-तापीय ऊर्जा के स्रोत उथले स्थल खण्डों से लेकर स्थल सतह के नीचे मीलों तक पाये जाने वाले गर्म जल के साथ ही इससे अधिक गहराइयों में मैग्मा कहलाने वाली पिघली चट्टानों के रूप में भी पाये जाते हैं।

भू-तापीय ऊर्जा को नवीकरणीय माना जाता है क्योंकि पृथ्वी के अंतरतम से निकलने वाली ऊष्मा अनिवार्य रूप से असीम है और इसके अरबों वर्षों तक बने रहने की संभावना है। **इसलिए, कथन 1 सही है।**

इसके अतिरिक्त सौर और पवन ऊर्जा के विपरीत यह 24 घंटों और वर्ष के 365 दिन उपलब्ध है। **इसलिए कथन 2 भी सही है।**

भू-तापीय ऊर्जा के दोहन के मामले में भारत अभी प्रारम्भिक चरणों में ही है जिसका मुख्य कारण मुख्यतः कोयले से उपलब्ध सस्ती ऊर्जा है। हालांकि, कोयला आधारित परियोजनाओं से जुड़ी हुई पर्यावरणीय समस्याओं में वृद्धि से, भारत भी अब पर्यावरण अनुकूल और स्वच्छ ऊर्जा स्रोतों को विकसित करने पर विचार कर रहा है। कुछ प्रमुख भू-तापीय स्रोतों में जम्मू-कश्मीर में पुगा घाटी और चूमाथांग, हिमाचल प्रदेश में मणिकर्ण, बिहार में राजगीर, महाराष्ट्र में जलगांव, उत्तराखंड में तपोव और छत्तीसगढ़ में तत्तापानी है। इनके अतिरिक्त, गुजरात, नर्मदा और तापी नदियों के बीच कैम्बे में उपलब्ध संसाधनों के माध्यम से भू-तापीय विद्युत प्राप्त करने के लिए तैयार है। **इसलिए, कथन 3 सही नहीं है।**

भू-तापीय विद्युत उत्पादन करने वाले पाँच शीर्ष देशों में अमेरिका, फिलीपींस, इंडोनेशिया, मैक्सिको और न्यूजीलैंड सम्मिलित हैं।

15. फिक्स्ड डोम (fixed dome) एवं फ्लोटिंग डोम (Floating dome) किसके प्रकार हैं?

1. भवनों का बेहतर ऊष्मा-रोधन।

2. सार्वजनिक परिवहन को प्रोत्साहित करना।

3. धातुओं को पुनर्चक्रण

नीचे दिए गए कूट का प्रयोग कर सही उत्तर चुनिए–

(a) केवल 2 और 3 (b) केवल 1 और 3
(c) 1, 2 और 3 (d) केवल 1 और 2

उत्तर (a) जैव अवशेषों, जैसे मृत पादप एवं पशु सामग्री, गोबर और रसोई के कचरे को बायो-गैस नामक गैसीय ईंधन में परिवर्तित किया जा सकता है। जैविक कचरे का बायो-गैस डाइजेस्टर्स में बैक्टीरिया द्वारा अवायवीय स्थितियों में अपघटन किया जाता है जिससे बायो-गैस का उत्सर्जन होता है। यह वास्तव में मीथेन (55% - 70%) और कार्बन डाईऑक्साइड (25% - 40%) का मिश्रण होता है।

व्यापक रूप से दो प्रकार के बायोगैस संयन्त्र होते हैं।

- फ्लोटिंग गुम्बद (फ्लोटिंग डोम) वाले - उदाहरण KVIC मॉडल आदि।
- स्थिर गुम्बद (फिक्स्ड डोम) वाले - उदाहरण दीनबंधु मॉडल आदि।

इनके अतिरिक्त, भारत में बैग-टाइप संयंत्रों का उपयोग भी किया जाता है।

16. ऊर्जा उत्पादन के सन्दर्भ में, 'सह-उत्पादन (Co-generation)' का आशय है:

(a) ऊर्जा उत्पादन करने के लिए दो प्रकार के ईंधनों का एक साथ प्रयोग करना।
(b) एक ईंधन से ऊर्जा के दो रूपों का उत्पादन और उपयोग।
(c) नवीकरणीय एवं गैर-नवीकरणीय, दोनों स्रोतों से विद्युत उत्पादन।
(d) वितरण ग्रिडों का ऊर्जा के नवीकरणीय स्रोतों से एकीकरण

उत्तर (b) सह-उत्पादन (कंबाइंड हीट एंड पावर या CHP) विद्युत् और ऊष्मा का साथ-साथ उत्पादन है। इसमें से दोनों का ही उपयोग होता है।

इसलिए, पारम्परिक पावर स्टेशनों और बायलरों से विद्युत् और ऊष्मा की आपूर्ति की तुलना में सह-उत्पादन से 15-40% ऊर्जा की बचत होती है। सह-उत्पादन सभी प्रकार के उपभोक्ताओं की ऊर्जा की इष्टतम आपूर्ति को संभव बनाता है। इसके उपभोक्ता और समग्र समाज, दोनों के लिए बड़े पैमाने पर निम्नलिखित लाभ है :

- ऊर्जा रूपांतरण और उपयोग दक्षता में वृद्धि सह-उत्पादन का सबसे प्रभावी और कुशल रूप है।
- पर्यावरण में हानिकारक गैसों का कम उत्सर्जन, विशेष रूप से प्रमुख ग्रीनहाउस गैस CO_2 का।
- लागत में बड़ी बचत, औद्योगिक और व्यावसायिक उपयोगकर्ताओं के लिए अतिरिक्त प्रतिस्पर्द्धात्मकता।
- विद्युत उत्पादन के अधिक विकेंद्रीकृत रूपों की ओर बढ़ने का एक अवसर जहाँ संयंत्रों का डिजाइन स्थानीय उपभोक्ताओं की आवश्यकताओं को पूरा करने के लिए, उच्च दक्षता प्रदान करने, ट्रांसमिशन क्षति से बचने के लिए और व्यवस्था के उपयोग में अधिक लचीलापन लाने के लिए किया जाता है। यह स्थिति विशेष रूप से तब होगी जब ऊर्जा वाहक (Energy carrier) प्राकृतिक गैस हो।

● स्थानीय और सामान्य आपूर्ति की सुरक्षा: सह-उत्पादन के द्वारा स्थानीय उत्पादन के माध्यम से उपभोक्ताओं को विद्युत और/या ऊष्मा की आपूर्ति न हो पाने की आशंका कम हो जाती है। इसके अतिरिक्त, सह-उत्पादन के परिणामस्वरूप ईंधन की कम आवश्यकता पड़ती है जिससे आयात निर्भरता कम हो जाती है।

● उत्पादन संयत्र की विविधता में वृद्धि और उत्पादन में प्रतिस्पर्द्धा बढ़ाने का अवसर। सह-उत्पादन, ऊर्जा बाजार के उदारीकरण को प्रोत्साहन देने का सबसे महत्वपूर्ण माध्यम है।

● रोजगार में वृद्धि - कई अध्ययनों से यह निष्कर्ष निकला है कि CHP व्यवस्था के विकास से रोजगार का सृजन होता है।

17. निम्नलिखित में से किसका उपयोग मेथेनॉल ईंधन के निर्माण के लिए किया जा सकता है?

1. कार्बन डाइऑक्साइड

2. कोयला

3. प्राकृतिक गैस

नीचे दिए गए कूट का प्रयोग कर सही उत्तर चुनिए–

(a) केवल 1 और 2

(b) केवल 2 और 3

(c) केवल 1 और 3

(d) 1, 2 और 3

उत्तर (d) वायुमंडल से कार्बन डाइऑक्साइड को वापस अभिग्रहीत करके बनाया जाने वाला नवीकरणीय पेथेनॉल बहुत लोकप्रिय हो रहा है और विश्व द्वारा इसे स्थायी ऊर्जा समाधान के रूप में देखा जा रहा है। **इसलिए, विकल्प 1 सही है।**

वर्तमान में चीन में परिवहन ईंधन में मेथनॉल की 9% हिस्सेदारी है। उन्होंने लाखों वाहनों को मेथेनॉल पर चलने वाले वाहनों में बदल दिया है। चीन अकेले ही विश्व के 65% मेथेनॉल का उत्पादन करता है और वह मेथेनॉल उत्पादन के लिए अपने कोयले का उपयोग करता है। **अतः, विकल्प 2 सही है।**

उच्च तापमान पर प्राकृतिक गैस को हाइड्रोजन गैस और कार्बन मोनोऑक्साइड में अपघटित एवं पुनः संयोजित करके भी मेथेनॉल का उत्पादन किया जाता है–जिसे 'स्टीम रिफार्मिंग' और 'मेथेनॉल सिन्थिसिस' के रूप में जाना जाता है। **अतः विकल्प 3 सही है।**

स्वच्छ ईंधन के उत्पादन और उपयोग को प्रोत्साहित करने के लिए नीति आयोग 4,000-5,000 करोड़ रुपए के मेथेनॉल इकॉनमी फण्ड (मेथेनॉल अर्थ निधि) की स्थापना करने की योजना बना रहा है। सरकार का थिंक टैंक अधिक राख वाले कोयले को मेथेनॉल में परिवर्तित करके ईंधन उत्पादन की योजना बना रहा है और इस प्रकार का संयंत्र कोल इंडिया द्वारा स्थापित किए जाने की आशा है।

18. 'पेट कोक' के संदर्भ में, निम्नलिखित में से कौन-सा/से कथन सही है/हैं?

1. यह तेल शोधन से व्युत्पन्न एक ठोस कार्बन समृद्ध पदार्थ है।

2. यह कोयले का एक स्वच्छ विकल्प है और कोयले की तुलना में 30% कम ग्रीन हाउस गैसों का उत्सर्जन करता है।

नीचे दिए गए कूट का प्रयोग कर सही उत्तर चुनिए–

(a) केवल 1

(b) केवल 2

(c) 1 और 2 दोनों

(d) न तो 1, न ही 2

उत्तर (a) **कथन 1 सही है।** पेट्रोलियम कोक या पेट कोक तेल शोधन से प्राप्त ठोस कार्बन समृद्ध (90% कार्बन और 3% से 6% सल्फर) सामग्री है। इसे 'बॉटम ऑफ बैरल' ईंधन के रूप में वर्गीकृत किया जाता है।

कथन 2 सही नहीं है। यह कोयले का अपेक्षाकृत निम्नस्तरीय विकल्प है और कोयले की तुलना में 11% अधिक ग्रीनहाउस गैसों का उत्सर्जन करता है। भारत विश्व में पेट्रोलियम कोक का सबसे बड़ा उपभोक्ता है। हाल ही में, उच्चतम न्यायालय ने हरियाणा, राजस्थान और उत्तर प्रदेश में फर्नेस ऑयल और पेट-कोक के उपयोग पर प्रतिबंध लगा दिया है।

19. निम्नलिखित ऊर्जा स्रोतों को भारत की ऊर्जा बास्केट में योगदान के अनुसार अवरोही क्रम में व्यवस्थित कीजिए :

1. कोयला

2. जल विद्युत

3. नवीकरणीय ऊर्जा स्रोत

4. प्राकृतिक गैस

5. परमाणु ऊर्जा

नीचे दिए गए कूट का प्रयोग कर सही उत्तर चुनिए–

(a) 1-3-2-5-4 (b) 2-1-3-4-5

(c) 1-2-3-4-5 (d) 1-2-4-5-3

उत्तर (c) विभिन्न ऊर्जा स्रोतों की स्थापित क्षमता (%) :

कोयला - 45%

जलविद्युत - 20%

अक्षय ऊर्जा - 12%

प्राकृतिक गैस - 9%

नाभिकीय - 2%

डीजल - 1%

20. निम्नलिखित में से किसे तृतीय पीढ़ी के जैव-ईंधन के रूप में वर्गीकृत किया जा सकता है?

1. जट्रोफा आधारित जैव-ईंधन

2. शैवाल आधारित जैव-ईंधन

3. अनाज-आधारित जैव-ईंधन

नीचे दिए गए कूट का प्रयोग कर सही उत्तर चुनिए–

(a) केवल 1 और 2

(b) केवल 1 और 3

(c) केवल 2

(d) केवल 2 और 3

उत्तर (c) पहली पीढ़ी के जैव ईंधन - वे सीधे खाद्य फसलों से उत्पादित किए जाते हैं। जैव ईंधन मूलभूत रूप से इन फसलों द्वारा प्रदान किए जाने वाले स्टार्च, शर्करा, पशु वसा और वनस्पति तेल से प्राप्त किया जाता है। मकई, गेहूँ और गन्ना सबसे अधिक उपयोग किए जाने वाले पहली पीढ़ी के जैव ईंधन फीड स्टॉक है।

दूसरी पीढ़ी के जैव ईंधन - वे उन्नत जैव ईंधन के रूप में भी जाने जाते हैं। पहली पीढ़ी के जैव ईंधनों से उन्हें पृथक करने वाला तथ्य यह है कि दूसरी पीढ़ी के जैव ईंधन के उत्पादन में प्रयोग किए जाने वाले फीड स्टॉक आम तौर पर खाद्य फसलें नहीं होती हैं। खाद्य फसलें केवल तभी दूसरी पीढ़ी के जैव ईंधन के रूप में कार्य कर सकती हैं जब वे अपना खाद्य प्रयोजन पूर्ण कर चुकी हों। इनमें जट्रोफा-आधारित जैव ईंधनों को सम्मिलित किया जाता है।

तीसरी पीढ़ी के जैव ईंधन - तीसरी पीढ़ी के जैव ईंधन शब्द शैवाल से व्युत्पन्न जैव ईंधन को संदर्भित करता है। शैवालों का संवर्धन कम लागत, उच्च ऊर्जा और पूरी तरह से नवीकरण ीय फीडस्टॉक के रूप में कार्य करने के लिए किया जाता है।

शैवाल आधारित जैव ईंधन का एक अन्य लाभ यह है कि ईंधन का विनिर्माण विस्तृत श्रृंखला के ईंधनों जैसे डीजल, पेट्रोल और जेट ईंधन के रूप में किया जा सकता है।

चौथी पीढ़ी के जैव ईंधन - वे प्रकाश जैविकीय सौर ईंधनों और विद्युत ईंधनों को सम्मिलित करते हैं। उन्हें जैवद्रव्यमान के विनाश की आवश्यकता नहीं होती है।

❑❑❑

6 राष्ट्रीय उद्यान/अभयारण्य/ वन संरक्षण/ अन्य

1. एक राष्ट्रीय पार्क के संदर्भ में निम्नलिखित कथनों पर विचार कीजिए–

1. इसमें आर्द्र पर्णपाती, अर्द्ध सदाबहार, सदाबहार, शोला वन और पर्वतीय घास के मैदान सम्मिलित होते हैं।

2. यह लॉयन टेल्ड मकाक (शेर जैसी पूँछ वाला बंदर) की सर्वाधिक संख्या का आवास है।

3. यह प्रोजेक्ट एलीफैंट (हाथी परियोजना) के अंतर्गत आता है।

उपर्युक्त विशेषताएँ निम्नलिखित में से किस राष्ट्रीय पार्क से सम्बद्ध हैं?

(a) मानस (b) बानेरघट्टा
(c) साइलेंट वैली (d) नंदा देवी

उत्तर (c) साइलेंट वैली राष्ट्रीय उद्यान में आर्द्र पर्णपाती, अर्द्ध सदाबहार, सदाबहार और शोला वनों से लेकर पर्वतीय घासभूमियों तक असाधारण पारिस्थितिकीय विविधता पाई जाती है। यहां लॉयन टेल्ड मकाक (शेर जैसी पूँछ वाला बंदर) और नीलगिरि लंगूर की सबसे बड़ी आबादी है। यह प्रोजेक्ट एलीफैंट वाले क्षेत्र के अंतर्गत आता है।

मानस राष्ट्रीय उद्यान अर्थात विकल्प (a) को आसांनी से हटाया जा सकता हैं क्योंकि शोला वन पश्चिमी घाट के दक्षिणी भाग में स्थानिक तौर पर पाए जाते हैं।

बानेरघट्टा राष्ट्रीय उद्यान बेंगलुरू के बिल्कुल दक्षिण में स्थित है और शोला वनों से वंचित है।

लॉयन टेल्ड मकाक नन्दा देवी राष्ट्रीय उद्यान में नहीं पाया जाता है।

2. एक राष्ट्रीय पार्क के संबंध में निम्नलिखित कथनों पर विचार कीजिए–

1. विश्व के संरक्षित क्षेत्रों में से इसमें बाघों का सर्वाधिक घनत्व पाया जाता है।

2. बर्डलाइफ इंटरनेशनल द्वारा इसे महत्वपूर्ण पक्षी क्षेत्र के रूप में मान्यता प्रदान की गई है।

3. यह एक UNESCO विश्व विरासत स्थल है।

उपर्युक्त विशेषताएं निम्नलिखित में से किस राष्ट्रीय पार्क से सम्बद्ध हैं?

(a) मानस (b) काजीरंगा
(c) केवलादेव (d) सरिस्का

उत्तर (b) काजीरंगा राष्ट्रीय उद्यान भी एक विश्व विरासत स्थल है। एवीफॉनल प्रजातियों के संरक्षण के लिए इस उद्यान को बर्डलाइफ इंटरनेशनल द्वारा एक महत्वपूर्ण पक्षी क्षेत्र के रूप में मान्यता प्रदान की गई है। यह उद्यान विश्व के दो-तिहाई विशाल एक सींग वाले गैंडों को आश्रय प्रदान करता है। काजीरंगा में विश्व के संरक्षित क्षेत्रों में बाघों का उच्चतम घनत्व है और 2006 में इसे बाघ अभयारण्य घोषित किया गया था। यहां टॉल एलीफैंट ग्रास (लंबे हाथी घास), दलदली भूमि और घने उष्णकटिबंधीय आर्द्र चौड़ी पत्ती वाले वन हैं।

केवलादेव में बाघ नहीं पाए जाते हैं। यह महत्वपूर्ण पक्षी क्षेत्र है तथा यह राष्ट्रीय उद्यान और विश्व विरासत स्थल दोनों है। सरिस्का विश्व विरासत स्थल नहीं हैं।

मानस में बाघों का उच्चतम घनत्व नहीं है।

3. 'वनजीवन' के संदर्भ में, निम्नलिखित कथनों पर विचार कीजिए–

1. यह आदिवासी आजीविका के मुद्दों के लिए राष्ट्रीय संसाधन केंन्द्र है।

2. यह पर्यावरण, वन और जलवायु परिवर्तन मंत्रालय के अंतर्गत है।

3. इसकी स्थापना संयुक्त राष्ट्र विकास कार्यक्रम (UNDP) के सहयोग से की गई है।

उपर्युक्त कथनों में से कौन-से सही हैं?

(a) केवल 1 और 2 (b) केवल 1 और 3
(c) केवल 2 और 3 (d) 1, 2 और 3

उत्तर (b) केंद्रीय जनजातीय कार्य मंत्रालय ने UNDP और राष्ट्रीय अनुसूचित जनजाति वित्त एवं विकास निगम (NSTFDC) के सहयोग से भुवनेश्वर में जनजातीय आजीविका के मुद्दों के लिए "वनजीवन" राष्ट्रीय संसाधन केंद्र (NRC) का शुभारंभ किया है। इस प्रकार, कथन 1 और 3 सही है। कथन 2 सही नहीं है।

यह योजना आजीविका के मुद्दों से संबंधित समस्याओं की पहचान करेगी। कौशल प्रशिक्षण प्रदान करेगी और आदिवासी लोगों के बीच उद्यमशीलता और रोजगार की सुविधा प्रदान करेगी।

पहले चरण में, इसे जनजातीय लोगों के निम्न HDI स्तर वाले छह राज्यों के चयनित जिलों में आरंभ किया जाएगा। ये राज्य असम, गुजरात, मध्य प्रदेश, राजस्थान, उडीसा और तेलंगाना हैं।

द्वितीय चरण में यह कार्यक्रम अरुणाचल प्रदेश, छत्तीसगढ़, झारखंड, महाराष्ट्र, मेघालय और त्रिपुरा में लागू किया जाएगा।

4. वन्य जीवन के संदर्भ में, कलिंग (Culling) से क्या आशय है?

(a) यह सह निर्भर पादप प्रजाति के विलुप्त होने के कारण जंतु प्रजाति का विलोपन है।
(b) यह आदिवासी अनुष्ठानों में पशुओं की बलि देने की प्रथा है।
(c) यह मानव पशु संघर्ष टालने के लिए पशुओं का नियंत्रित शिकार है।
(d) यह पशुओं की संकटग्रस्त प्रजातियों का स्व-स्थाने (in-situ) संरक्षण है।

उत्तर (c) कलिंग (Culling) नियंत्रित शिकार के माध्यम से वन्यजीव आबादी के प्रबंधन के मानवीय हस्तक्षेप को संदर्भित करता है। जब अधिक आबादी पारिस्थितिक तंत्र के लिए गंभीर खतरा उत्पन्न करती है और स्थानीय कृषि एवं पशुधन को चुनौती देती है तो कई देशों में कलिंग का कार्य किया जाता है।

5. बायोस्फीयर रिजर्व के विषय में, निम्नलिखित कथनों पर विचार कीजिए–

1. कोर क्षेत्र (कोर एरिया) सभी पोषक स्तरों की व्यवहार्य जनसंख्या के पोषण हेतु, पर्याप्त रूप से विशाल होना चाहिए।

2. भारत में बायोस्फीयर रिजर्व को कवर करने वाला कोई व्यापक कानून नहीं है।

3. भारत में सभी बायोस्फीयर रिजर्व, यूनेस्को के MAB कार्यक्रम के अंतर्गत हैं।

उपर्युक्त कथनों में से कौन-सा/से सही है/हैं?

(a) केवल 1
(b) केवल 1 और 2
(c) केवल 2 और 3
(d) 1, 2 और 3

उत्तर (b) बायोस्फीयर रिजर्व (BRs) प्राकृतिक और सांस्कृतिक भूदृश्यों के द्योतक होते हैं। ये स्थली या तटीय/समुद्री पारिस्थितिकी प्रणालियों के विशाल क्षेत्र या इनके मिश्रित रूप में विस्तृत होते हैं एवं यह जैव-भौगोलिक क्षेत्रों/प्रांतों के आदर्श उदाहरण होते हैं।

बायोस्फीयर रिजर्व का कोर क्षेत्र जैव-भौगोलिक इकाई का आदर्श रूप होना चाहिए और पारिस्थितिक तंत्र में सभी पौष्टिकता स्तरों का प्रतिनिधित्व करने वाले व्यवहार्य आबादी बनाए रखने के लिए पर्याप्त रूप में विशाल होना चाहिए।

यूनेस्को ने विकास और संरक्षण के मध्य संघर्ष को न्यून करने के लिए प्राकृतिक क्षेत्रों हेतु 'बायोस्फीयर रिजर्व' पदनाम प्रचलित किया है। कुछ मापदंडों के आधार पर राष्ट्रीय सरकार बायोस्फीयर रिजर्व को नामित करती है, जो यूनेस्को के मैन एंड बायोस्फीयर रिजर्व कार्यक्राम के अंतर्गत बायोस्फीयर रिजर्व के विश्व नेटवर्क में समावेशन की शर्तों के एक न्यूनतम समुच्यों का पालन करते हैं। इस प्रकार 18 में से केवल 10 बायोस्फीयर रिजर्व MAB के अंतर्गत हैं।

वर्तमान में, बायोस्फीयर के सभी पहलुओं से संबंधित कोई व्यापक कानून नहीं है। केवल कुछ ही पहलुओं के पीछे कानूनी अवलंब है, जैसे कि राष्ट्रीय उद्यान या वन्यजीव अभयारण्य जैसे कोर क्षेत्र वन जीव संरक्षण अधिनियम के अधीन हैं।

6. भारत में निम्नलिखित में से कौन-सा राष्ट्रीय पार्क, यूनेस्को विश्व विरासत स्थल एवं रामसर स्थल तीनों है?

(a) चिल्का झील राष्ट्रीय उद्यान
(b) मानस राष्ट्रीय उद्यान
(c) केवलादेव राष्ट्रीय उद्यान
(d) सुंदरवन राष्ट्रीय उद्यान

उत्तर (c) भरतपुर का केवलादेव राष्ट्रीय उद्यान यूनेस्को विश्व धरोहर स्थल होने के साथ रामसर स्थल भी है। यह अभयारण्य विश्व में सबसे समृद्ध पक्षी क्षेत्रों में से एक है और जलपक्षियों सहित निवासी पक्षियों और आंगतुक प्रवासी पक्षियों द्वारा घोंसले बनाने और अंडे देने के लिए जाना जाता है। दुर्लभ साइबेरियाई सारस इसी उद्यान में सर्दियां बिताते हैं। मणिपुर की लोकटक झील के साथ, केवलादेव राष्ट्रीय उद्यान को रामसर कन्वेशन के अंतर्गत मॉन्ट्रेक्स रिकार्ड (Montreux Record) में रखा गया है।

हालांकि सुंदरवन राष्ट्री उद्यान और विश्व धरोहर स्थल है, पर यह रामसर स्थल नहीं है। सुंदरवन का केवल बांग्लादेशी भाग रामसर स्थल है।

मानस रामसर स्थल नहीं है और चिल्का झील विश्व धरोहर स्थल नहीं है।

7. बायोस्फीयर रिजर्व को निम्नलिखित 2 अंतर-संबंधित क्षेत्रों में सीमांकित किया जाता है, कोर क्षेत्र, बफर क्षेत्र एवं संक्रमण क्षेत्र। राष्ट्रीय पार्क या अभयारण होने के कारण कोर जोन को निम्नलिखित में से किस अधिनियम के अंतर्गत विनियमित किया जाता है।

(a) पर्यावरण संरक्षण अधिनियम, 1986
(b) वन्य जीव संरक्षण अधिनियम, 1972
(c) जैव विविधता अधिनियम, 2002
(d) वन (संरक्षण) अधिनियम, 1980

उत्तर (b) बायोस्फीयर रिजर्व को 3 अंतर-संबंधित क्षेत्रों में सीमांकित किया जाता है :

कोर क्षेत्र : कोर क्षेत्र अनिवार्य रूप से अनेक पादप एवं प्राणी प्रजातियों जिनमें उच्च वर्ग वाले शिकारी प्राणी भी सम्मिलित हों, के लिए उचित पर्यावास प्रदान करने वाला होना चाहिए और यह स्थानिकता के केंद्रों को भी सम्मिलित कर सकता है। कोर क्षेत्र प्राय: आर्थिक प्रजातियों के वन्य संबंधियों का संरक्षण करते हैं तथा असाधारण वैज्ञानिक महत्व के महत्वपूर्ण अनुवांशिक कोश (reservoirs) का भी प्रतिनिधित्व करते हैं। राष्ट्रीय पार्क या अभयारण्य होने के कारण कोर जोन को वन्य जीवन (संरक्षण) अधिनियम, 1972 के अंतर्गत विनियमित किया जाता है। यद्यपि इस वास्तविकता का भान रखते हुए भी कि विचलन (Perturbation) पारिस्थितिक तंत्र की कार्य प्रणाली का एक अवयव है, कोर जोन को पारिस्थितिक तंत्र पर पड़ने वाले बाह्य मानवी दबावों से मुक्त रखा जाता है।

बफर जोन : बफर जोन, कोर जोन के समीप या उसके चारों ओर होता है, इस क्षेत्र में उपयोग एवं गतिविधियों को इस प्रकार से प्रबंधित किया जाता है कि वे कोर जोन को उसकी प्राकृतिक अवस्था में संरक्षण करने में सहायता करें। इन उपयोगों एवं गतिविधियों में पुनर्नवीकरण, संसाधनों का मूल्य संवर्द्धन करने के लिए प्रदर्शन स्थल, सीमित मनोरंजन, पर्यटन, मत्स्यन, चराई, आदि सम्मिलित होते हैं, जिनकी अनुमति कोर जोन पर इनका प्रभाव कम करने के लिए प्रदान की जाती है। अनुसंधान एवं शैक्षणिक गतिविधियों को प्रोत्साहित किया जाता है। यदि पारिस्थितिक विविधता प्रतिकूल रूप से प्रभावित न होती हो तो बायोस्फीयर रिजर्व के अंतर्गत मानवीय गतिविधियों को जारी रखे जाने की संभावना होती है।

संक्रमण क्षेत्र : संक्रमण क्षेत्र बायोस्फीयर रिजर्व का सबसे बाहरी भाग होता है। यह आमतौर पर सीमांकित नहीं होता है तथा सहयोग का क्षेत्र होता है, जहाँ संरक्षण ज्ञान और प्रबंधन कौशल लागू किए जाते हैं एवं उपयोगों को बायोस्फीयर रिजर्व के प्रयोजन से सामंजस्यपूर्वक प्रबंधित किया जाता है। इसमें बस्तियाँ, फसल भूमियां, प्रबंधित वन एवं गहन मनोरंजन हेतु क्षेत्र एवं क्षेत्र-विशिष्ट अन्य आर्थिक उपयोग सम्मिलित होते हैं।

8. निम्नलिखित युग्मों पर विचार कीजिए–

टाइगर रिजर्व	**स्थान**
1. बांधवगढ़	**: छत्तीसगढ़**
2. बाल्मीकि	**: उत्तर प्रदेश**
3. सतकोसिया	**: ओडिशा**

उपर्युक्त में से कौन-सा/से युग्म सही सुमेलित है/हैं?

(a) केवल 1 और 2
(b) केवल 2 और 3
(c) केवल 3
(d) 1, 2 और 3

उत्तर (c) बांधवगढ़ राष्ट्रीय उद्यान मध्य प्रदेश की विंध्य पहाड़ियों पर फैला हुआ है। बांधवगढ़ राष्ट्रीय उद्यान की स्थलाकृति में खड़ी पहाड़ी, लहराते जंगल और खुले घास के मैदान हैं। बांधवगढ़ राष्ट्रीय उद्यान रॉयल बंगाल टाइगर के लिए जाना जाता है।

बाल्मीकि राष्ट्रीय उद्यान और वन्यजीव अभयारण भारत में बिहार राज्य के पश्चिमी चंपारण जिले में स्थित है। वाल्मीकि टाइगर रिजर्व (VTR) पूर्वी भारत के अनछुए प्राकृतिक विश्रांति वाले स्थलों में से एक है जोकि बिहार के उत्तर पश्चिमी कोने में स्थित है। VTR के प्राचीन वन और निर्जन प्रदेश हिमालय की तराई के भूदृश्यों के उत्कृष्ट उदाहरण है। VTR में वाल्मीकि राष्ट्रीय उद्यान और वाल्मीकि वन्यजीव अभयारण्य सम्मिलित हैं।

सतकोसिया टाइगर रिजर्व ओडिशा में स्थित है। इस टाइगर रिजर्व में आर्द्र पर्णपाती वन, शुष्क पर्णपाती वन और आर्द्र प्रायद्वीपीय साल वन शामिल हैं। यह क्षेत्र बाघ, तेंदुआ, हाथी, गौर, सांभर, चित्तीदार हिरण, माउस डियर, नीलगाय, चौसिंघा, स्लॉथ बीयर, जंगली कुत्ते आदि का निवास स्थल है। स्थानीय और प्रवासी पक्षियों की किस्में, सरीसृप प्रजातियां (घड़ियाल, मगर, मगरमच्छ, ताजे पानी का कछुआ, विष एवं बिना विष वाले सांप आदि)

9. 'यह राष्ट्रीय उद्यान नीलगिरी पहाड़ियों में अवस्थित है तथा उष्णकटिबंधीय सदाबहार, पर्वतीय आर्द्र वन एवं घासभूमि प्रकार की वनस्पति से युक्त है। कुंती नदी इस उद्यान से होकर प्रवाहित होती है।' उपर्युक्त परिच्छेद द्वारा निम्नलिखित में से किस राष्ट्रीय उद्यान का वर्णन किया गया है?
(a) साइलेंट वैली (b) बन्नेरघट्टा
(c) पेरियार (d) गुइंडी

उत्तर (a) साइलेंट वैली राष्ट्रीय उद्यान नीलगिरि बायोस्फीयर रिजर्व का कोर भाग है और यह नीलगिरी पहाड़ियों में अवस्थित है। इस राष्ट्रीय उद्यान में चार प्रकार की वनस्पतियां पायी जाती हैं- पश्चिमी तटीय उष्णकटिबंधीय सदाबहार वन (600 से 1100 मीटर), दक्षिणी उप-उष्णकटिबंधीय चौड़ी पत्तियों वाले पर्वतीय वन (1300 से 1800 मीटर), दक्षिणी पर्वतीय शीतोष्ण आर्द्र वन (1900 मीटर से ऊपर) और घासभूमि। कुंती नदी उद्यान के मध्य से प्रवाहित होती है। यह भारतपुझा नदी की प्रमुख सहायक नदियों में से एक है।

अतः, विकल्प (a) **सही है।**

10. निम्नलिखित युग्मों पर विचार कीजिए–

राष्ट्रीय पार्क		अपस्थिति
1. बेतला	:	छोटा नागपुर पठार
2. कांगेर घाटी	:	अरावली पर्वत शृंखला
3. गुइंडी (Guindy)	:	पश्चिमी घाट

उपर्युक्त युग्मों में से कौन-सा/से सही सुमेलित है/हैं?
(a) केवल 1 (b) केवल 2 और 3
(c) केवल 1, और 3 (d) 1, 2 और 3

उत्तर (a) बेतला राष्ट्रीय पार्क भारत में, झारखंड राज्य के पलामू जिले के छोटानागपुर पठार में स्थित राष्ट्रीय पार्क है।

कांगेर घाटी राष्ट्रीय पार्क छत्तीसगढ़ के बस्तर क्षेत्र में जगदलपुर के निकट स्थित है। इस प्रकार अरावली गलत है।

गुइंडी (Guindy) राष्ट्रीय पार्क चेन्नई में स्थित है। इस प्रकार पश्चिमी घाट सही नहीं है। यह भारत का 8वां सबसे छोटा राष्ट्रीय पार्क है और किसी शहर के अंदर स्थित कुछ राष्ट्रीय पार्कों में से एक है।

11. भारत में आरक्षित वनों (reserved forests) एवं संरक्षित वनों (protected forests) के विषय में निम्नलिखित कथनों पर विचार कीजिए–
1. संरक्षित वनों के विपरीत आरक्षित वन में सामान्यतः स्थानीय लोगों को चराई और शिकार की अनुमति प्राप्त होती है।
2. आरक्षित वन राज्य सरकार द्वारा घोषित किए जाते है, जबकि संरक्षित वनों की घोषणा केन्द्र सरकार करती है।

उपर्युक्त कथनों में से कौन-सा/से सही है/हैं?
(a) केवल 1
(b) केवल 2
(c) 1 और 2 दोनों
(d) न तो 1 न ही 2

उत्तर (d) **दोनों ही कथन सही नहीं हैं।** भारत के वन्यजीव अभयारण्यों या भारत के नेशनल पार्क के विपरीत, संबंधित राज्य सरकारें आरक्षित वन और संरक्षित वन घोषित करती हैं। जैसा की वर्तमान में है, आरक्षित वन और संरक्षित वन महत्वपूर्ण रूप से भिन्न है: संरक्षित वन इस अर्थ में आरक्षित वनों से अलग होते हैं कि संरक्षित वन, वन में और वनों के आसपास रहने वाले और जो आजीविका के साधन के रूप में वन्य संसाधनों का उपयोग करते हैं, जनजातीय और स्थानीय लोगों को कुछ हद तक शिकार, चराई आदि की अनुमति देते हैं। आरक्षित वनों में जब तक सरकार से विशेष अनुमति नहीं प्राप्त की जाती है, ये गतिविधियां प्रतिबंधित होती हैं।

12. निम्नलिखित में से किसे महासागरों के वर्षा वन के रूप में जाना जाता है?
(a) मैंग्रोव
(b) प्रवाल भित्तियां
(c) सागरीय घास
(d) सीप

उत्तर (b) प्रवाल भित्तियों को महासागर का वर्षावन भी कहा जाता है। प्रवाल भित्तियों में लगभग 1,000,000 प्रजातियाँ निवास करती हैं, जो वर्षावनों की तुलना में अधिक विविधतापूर्ण हैं।

13. निम्नलिखित में से कौन-सा/से कथन बायोस्फीयर रिजर्व के संबंध में सही है/हैं?
1. बायोस्फीयर रिजर्व संपूर्ण पारिस्थितिकी तंत्र की बजाय एक ही प्रजाति के संरक्षण पर केंद्रित होता है
2. बायोस्फीयर रिजर्व के कोर और बफर जोन दोनों में मानव गतिविधि पूर्णतया निषिद्ध होती है।

नीचे दिए गए कूट का प्रयोग कर सही उत्तर चुनिए–
(a) केवल 1
(b) केवल 2
(c) 1 और 2 दोनों
(d) न तो 1, न ही 2

उत्तर (d) बायोस्फीयर रिजर्व जैव विविधता के संधारणीय उपयोग के साथ सामंजस्य स्थापित करने के लिए समाधान को बढ़ावा देने वाले स्थलीय और तटीय पारिस्थितिकी प्रणालियों के क्षेत्र हैं। इसे कोर, बफर और संक्रमण क्षेत्र में विभाजित किया जाता है। मानव हस्तक्षेप केवल बफर क्षेत्र तक सीमित होता है। संक्रमण क्षेत्र प्रबंधन और स्थानीय लोगों के बीच सक्रिय सहयोग का क्षेत्र है।

कथन 1 सही नहीं है। कुछ प्रजातियों या एक प्रजाति के पर्यावास पर ध्यान केंद्रित करने वाले राष्ट्रीय उद्यानों और अभयारण्यों के विपरीत बायोस्फीयर रिजर्व पूरे पारिस्थितिकी तंत्र का ध्यान रखता है।

कथन 2 सही नहीं है। बायोस्फीयर रिजर्व निम्नलिखित 3 अंतर-संबंधित क्षेत्रों में सीमांकित किए जाते हैं:

कोर जोन : कोर जोन में उच्च स्तरीय परभक्षियों सहित असंख्य पादप और जन्तु प्रजातियों के लिए उपर्युक्त वासस्थल होना चाहिए और ये स्थानिकता के केन्द्र भी हो सकते हैं। कोर क्षेत्रों में प्रायः आर्थिक प्रजातियों के वाइल्ड रिलेटिव का संरक्षण होता है। और ये असाधारण वैज्ञानिक महत्व वाले महत्वपूर्ण आनुवंशिक कोशों का प्रतिनिधित्व भी करते हैं। कोर जोन वन्यजीव (संरक्षण) अधिनियम, 1972 के अधीन राष्ट्रीय उद्यान या अभयारण/संरक्षण/विनियमित क्षेत्र होते हैं, जबकि यह अनुभव किया गया है कि व्यक्तिक्रम पारिस्थितिकी तंत्र की कार्यप्रणाली का घटक है, कोर जोन को मानव दबाव से मुक्त रखा जा रहा है।

बफर जोन : बफर जोन कोर से लगा हुआ या उसके चारों ओर होता है, इस क्षेत्र में उपयोग और गतिविधियां इस तरीके से प्रबंधित की जाती है जिससे कोर जोन को उसी प्राकृतिक अवस्था में संरक्षण में सहायता मिले। इन उपयोगों और गतिविधियों में, संसाधनों की मूल्यवृद्धि के लिए पुनर्स्थापन एवं प्रदर्शन स्थल, सीमित मनोरंजन, पर्यटन, मत्स्य पालन, चराई आदि सम्मिलित हैं, जिनको कोर जोन पर इनका प्रभाव कम करने के लिए अनुमति दी जाती है। अनुसंधान और शैक्षिक गतिविधियां प्रोत्साहित की जाती है। बायोस्फीयर रिजर्व के भीतर ऐसी प्राकृतिक मानव गतिविधियों के जारी रहने की संभावना होती है जिनसे पारिस्थितिक विविधता पर प्रतिकूल प्रभाव नहीं पड़ता है।

संक्रमण क्षेत्र : संक्रमण क्षेत्र बायोस्फीयर रिजर्व का सबसे बाहरी भाग होता है। यह साधारणतया सीमांकित क्षेत्र नहीं होता है और यह सहयोग का क्षेत्र होता है जहां संरक्षण ज्ञान और प्रबंधन कौशल व्यावहारिक है और इसका उपयोग बायोस्फीयर रिजर्व के उद्देश्यों के सामंजस्य से प्रबंधित होता है। इसमें बस्तियां, फसल भूमि, प्रबंधित वन और गहन मनोरंजन और अन्य आर्थिक उपयोगों के क्षेत्र सम्मिलित होते हैं जो इस क्षेत्र की विशेषता होते हैं।

14. निम्नलिखित में से कौन भारत में राष्ट्रीय वन्य जीव बोर्ड की अध्यक्षता करता है?

(a) राष्ट्रपति
(b) प्रधानमंत्री
(c) पर्यावरण, वन एवं जलवायु परिवर्तन मंत्रालय
(d) कैबिनेट सचिव

उत्तर (b) राष्ट्रीय वन्यजीव बोर्ड की अध्यक्षता भारत का प्रधानमंत्री करता है और इसका अध्यक्ष पर्यावरण, वन और जलवायु परिवर्तन मंत्री होता है। इसके अतिरिक्त, बोर्ड सांसदों, गैर-सरकारी संगठनों, प्रख्यात संरक्षणवादियों, परिस्थितिकी विज्ञानियों और पर्यावरणविदों, विभिन्न विभागों के सरकारी सचिवों सहित 47 सदस्यों वाला विशाल निकाय है।

राष्ट्रीय वन्यजीव बोर्ड सांविधिक संगठन है जिसका गठन वन्य जीव संरक्षण अधिनियम, 1972 के अंतर्गत किया गया है। सैद्धांतिक रूप से बोर्ड प्राकृति में सलाहकारी है और देश में वन्य जीवों के संरक्षण के लिए नीति निर्माण और कार्यवाही पर केन्द्र सरकार को सलाह देता है। यह अति महत्वपूर्ण निकाय है, क्योंकि यह वन्य जीवों से संबंधित सभी प्रोजेक्ट्स की समीक्षा और राष्ट्रीय उद्यानों और अभयारण्यों में और उसके आसपास परियोजनाओं को मंजूरी देने वाले शीर्ष निकाय के रूप में कार्य करता है।

15. राष्ट्रीय वनीकरण कार्यक्रम के संबंध में, निम्नलिखित मे से कौन-सा/से कथन सही है/हैं?

1. यह हरित भारत राष्ट्रीय मिशन के अंतर्गत एक फ्लैगशिप वनीकरण योजना है।

2. इसका उद्देश्य लोगों की भागीदारी के माध्यम से वन संसाधनों का विकास करना है।

3. इसमें गाँव को योजना निर्माण एवं कार्यान्वयन की इकाई माना जाता है।

नीचे दिए गए कूट का प्रयोग कर सही उत्तर चुनिए–

(a) केवल 1
(b) केवल 3
(c) केवल 2 और 3
(d) 1, 2 और 3

उत्तर (c) राष्ट्रीय वनीकरण कार्यक्रम (NAP) सरकार के राष्ट्रीय वनरोपण एवं पर्यावरण विकास बोर्ड (NAEB) की एक प्रमुख वनीकरण योजना है। राष्ट्रीय वनरोपण एवं पर्यावरण विकास बोर्ड (NAEB) की स्थापना अगस्त 1992 में हुई थी। यह देश में नवीनकरण, वृक्षारोपण, पारिस्थितिक पुनर्स्थापना और पर्यावरणीय विकास गतिविधियों को बढ़ावा देने के लिए उत्तरदायी है। इसके साथ ही यह वन क्षेत्रों, वन क्षेत्रों से संलग्न भूमियों, राष्ट्रीय उद्यानों, अभयारण्यों और अन्य संरक्षित क्षेत्रों के साथ-साथ पश्चिमी हिमालय, अरावली व पश्चिमी घाट क्षेत्रों पर विशेष ध्यान देते हैं। **अतः, कथन 1 सही नहीं है।**

इस योजना का समग्र उद्देश्य वनों पर निर्भर समुदायों, विशेष रूप से गरीबों, की आजीविका में सुधार पर ध्यान देते हुए लोगों की भागीदारी के साथ वन संसाधनों का विकास करना है। **अतः कथन 2 सही है।**

NPA योजना का उद्देश्य गाँव स्तर पर संयुक्त वन प्रबंधन समिति (JEMC) एवं वन विभाग के स्तर पर वन विकास एजेंसी (FDA) आदि विकेंद्रीकृत संस्थानों के माध्यम से, वन संरक्षण, प्रबंधन और विकास कार्यों की वर्तमान प्रक्रिया को प्रोत्साहन देना और उसमें गति लाना है।

इसमें गाँव को योजना निर्माण और कार्यन्वयन की एक इकाई माना जाता है और कार्यक्रम के अंतर्गत सभी गतिविधियों की अवधारणा ग्राम-स्तर पर तैयार की जाती है। **अतः, कथन 3 सही है।**

16. निम्नलिखित में से कौन-सी, मैंग्रोव के विकास के लिए आदर्श परिस्थितियाँ हैं?

1. लवणीय एवं अलवणीय जल का मिश्रण।

2. सूक्ष्म-कणों वाला अधस्तर।

3. तीव्र लहर क्रिया एवं ज्वारीय तरंग की अनुपस्थिति।

4. तापमान में निम्न मौसमी परिवर्तन।

नीचे दिए गए कूट का प्रयोग कर सही उत्तर चुनिए–

(a) केवल 1 और 3
(b) केवल 2 और 3
(c) केवल 1, 2, और 4
(d) 1, 2, 3 और 4

उत्तर (d) सभी कथन सही हैं। मैन्ग्रोव के विकास के लिए कई आवश्यकताएँ होती हैं :

इनके लिए सबसे ठंडे महीनों का औसत तापमान 20 डिग्री सेल्सियस से अधिक होना चाहिए। मौसमी तापमान की परास 5 डिग्री सेल्सियस से अधिक नहीं होनी चाहिए। मैन्ग्रोव 5 डिग्री सेल्सियस तक तापमान सहन कर सकते हैं, लेकिन उनका विकास प्रभावित हो जाता है। मैन्ग्रोव हिमकारी ठंड के प्रति प्रतिरोधक नहीं होते हैं।

सामान्य तौर पर इनके लिए सूक्ष्मकण वाले अध:स्तर की आवश्यकता होती है। लेकिन कुछ अपवाद हो सकते हैं। यह स्थिति पापुआ न्यू गिनी और केन्या में है, जहाँ मैन्गोव प्रवालों पर उगते हैं।

समुद्रतटों को तीव्र लहर क्रिया और ज्वारीय तरंग से मुक्त होना चाहिए।

इनके लिए लवणीय जल की आवश्यकता होती है। मैन्ग्रोव ऐच्छिक लवणोमृदोभिद (फैकल्टेटिव हैलोफाइट्स) होते हैं।

इनके लिए विशाल ज्वारीय परास (tidal range) की आवश्यकता होती है। इससे अपरदन और अवसादों का निक्षेपण सीमित होता है।

इनके लिए लवणीय और अलवणीय जल के उचित मिश्रण की आवश्यकता होती है।

17. निम्नलिखित में से कौन-सा बायोस्फीयर रिजर्व, राष्ट्रीय उद्यान एवं मिश्रित विश्व विरासत स्थल है?

(a) सुंदरवन
(b) बांदीपुर
(c) नीलगिरी
(d) कंचनजंगा

उत्तर (d) उत्तरी भारतीय राज्य, सिक्किम में स्थित कंचनजंगा राष्ट्रीय उद्यान, बायोस्फीयर रिजर्व और भारत का पहला मिश्रित विश्व धरोहर स्थल है। यह हिमालय वैश्विक जैव विविधता हॉटस्पॉट के अंतर्गत आता है और उष्णकटिबंधीय से लेकर अल्पाइन पारिस्थितिक तंत्रों तक की अद्भुत विविधता का प्रदर्शन करता है। यह कई स्थानिक, दुर्लभ और संकटापन्न पादप और जन्तु प्रजातियों का निवास है। कस्तूरी हिरण, हिम तेंदुआ, क्लाउडेड लेपर्ड और हिमालयी तहर जैसे जानवर इस उद्यान में अपना घर बनाते हैं। इस उद्यान में कई हिमनद (glaciers) हैं जिनमें जेमू हिमनद भी सम्मिलित है।

इसलिए, विकल्प (d) सही है।

18. निम्नलिखित युग्मों पर विचार कीजिए–

संरक्षित क्षेत्र	इससे गुजरने वाली नदी
1. पेरियार	**: पम्बा**
2. भितरकनिका	**: ब्रह्माणी**
3. जलदापाड़ा	**: महानदी**

उपर्युक्त युग्मों में से कौन-सा/से सही सुमेलित है/हैं?

(a) 1, 2 और 3
(b) केवल 1 और 2
(c) केवल 3
(d) केवल 2

उत्तर (b) भितरकनिका ब्राह्मणी-बैतरणी के ज्वारनदमुखीय क्षेत्र में स्थित राष्ट्रीय उद्यान के साथ ही एक वन्यजीव अभयारण्य भी है। भितरकनिका मैन्ग्रोव वनों, छोटी खाड़ियों, ज्वारनदमुखों, नदियों, संचित भूमि, पश्चजल और दलदली मैदान का एक अद्वितीय पर्यावास है जो उड़ीसा की पारिस्थितिकीय, जैविक और भूआकृतिक पृष्ठभूमि के लिए अधिक महत्वपूर्ण है।

पेरियार केरल की कार्डमम पहाड़ियों में स्थित राष्ट्रीय उद्यान होने के साथ ही बाघ अभ्यारण्य भी है। यह केरल की दो महत्वपूर्ण नदियों, परियार और पाम्बा, का प्रमुख जल विभाजक है। इस उद्यान में विभिन्न प्रकार की वनस्पतियाँ पायी जाती हैं जैसे कि उष्णकटिबंधीय सदाबहार वन, उष्णकटिबंधीय अर्द्ध-सदाबहार वन, आर्द्र पर्णपाती वन, घासभूमियाँ और यूकेलिप्टस के बागान।

तारसा नदी जलदापाड़ा राष्ट्रीय उद्यान से होकर बहती है। यह उद्यान पश्चिम बंगाल में पूर्वी हिमालय की तलहटी में स्थित है। इसमें मिश्रित पर्णपाती वन, घासभूमियों और नदी तटों की वनस्पतियों और जंतुओं की अत्यधिक विविधता समाहित है।

इसलिए, विकल्प (b) सही है।

19. भारत में मैंग्रोव वनस्पति के संबंध में, निम्नलिखित कथनों पर विचार कीजिए–

1. यह सभी तटीय राज्यों/केन्द्रशासित प्रदेशों में पाई जाती है।

2. भारत में मैंग्रोव वनस्पति द्वारा आच्छादित क्षेत्रफल निरंतर घटता जा रहा है।

उपर्युक्त कथनों में से कौन-सा/से सही है/हैं?

(a) केवल 1
(b) केवल 2
(c) 1 और 2 दोनों
(d) न तो 1, न ही 2

उत्तर (a) देश में मैन्ग्रोव 4,740 वर्ग किमी. क्षेत्रफल आच्छादित करते हैं। मैन्ग्रोव उच्च लवणता, ज्वार क्षेत्रों, तीव्र पवन वेग, उच्च तापमान और दलदली अवायवीय मृदा स्थितियों में जीवित रह सकते हैं जिनमें अन्य पौधे जीवित नहीं रह सकते हैं। मैन्ग्रोव पारिस्थितिकी तंत्र, स्थलीय और समुद्री पारिस्थितिकी तंत्रों के बीच संयोजक अथवा सहजीविता कड़ी का कार्य करता है।

सभी तटीय राज्यों/केन्द्रशासित प्रदेशों में मैन्ग्रोव पाए जाते हैं। भारत में विश्व के कुछ सर्वश्रेष्ठ मैन्ग्रोव पाए जाते हैं। देश में पश्चिम बंगाल में मैन्ग्रोव का सर्वाधिक अच्छादन है, जिसके बाद गुजरात और अंडमान निकोबार द्वीप समूह का स्थान है। **इसलिए, कथन (1) सही है।**

कथन 2 सही नहीं है : वन स्थिति रिपोर्ट 2015 के अनुसार 2013 के आकलन की तुलना में मैन्ग्रोव द्वारा आच्छादित क्षेत्रफल में 112 वर्ग किलोमीटर की वृद्धि हुई है।

20. जल कुम्भी (वाटर हायसिंथ), ताड़ (पाल्मायरा) एवं लाजवंती (स्लीपिंग ग्रास) भारत में पाई जाने वाली सामान्य वनस्पति प्रजातियाँ हैं। निम्नलिखित में से कौन-सा लक्षण उनमें समान रूप से पाया जाता है?

(a) ये सभी आक्रामक प्रजातियाँ हैं और देशी प्रजातियों एवं पारिस्थितिक तंत्रों के लिए खतरा हैं।
(b) ये सभी पश्चिमी घाटों में पाई जाने वाली स्थानिक प्रजातियाँ हैं।
(c) ये सभी मधुमेह का उपचार करने के लिए प्रयोग की जाने वाली औषधीय जड़ी-बूटियाँ है।
(d) ये सभी कीटभक्षी पौधे हैं जो कीटों को फँसाने की विशेष योग्यता से युक्त होते हैं।

उत्तर (a) कोई आक्रामक प्रजाति एक ऐसी गैर-देशीय प्रजाति होती है, जो प्राकृतिक रूप से उस विशिष्ट क्षेत्र में पायी जाती है। इसका प्रवेश आर्थिक या पर्यावरणीय क्षति या मानव स्वास्थ्य को हानि पहुँचाता है या पहुँचा सकता है। आक्रामक प्रजातियों में जीवों के सभी प्रकार सम्मिलित होते हैं। ये सूक्ष्म कीटों से लेकर बड़े स्तनधारियों तक हो सकते हैं और वे किसी भी पारिस्थितिकी तन्त्र पर आक्रमण कर सकते हैं।

भारत की कुछ आक्रमणकारी विदेशी वनस्पति प्रजातियाँ इस प्रकार हैं:

- निडल बुश
- ब्लैक वैटल
- गोट वीड
- अल्टरनानथेरा पैरानीकियोईड्स
- प्रिकली पॉपी
- ब्लूमिया एरियेंथा (Blumea Ariantha)
- पाल्मायरा (ताड़), टोडी पाम
- केलाट्रोपिस / मदार, स्वैलो वोर्ट
- धतूरा, मैड प्लांट, थोर्न एप्पल
- जलकुंभी (वाटर हायसिंथ)
- लाजवंती (टच-मी-नॉट) स्लीपिंग ग्रास

21. निम्नलिखित में से कौन-से राष्ट्रीय वन नीति, 1988 के अंतर्गत निर्धारित उद्देश्य हैं?

1. यह 2030 तक, 33% भौगोलिक क्षेत्रफल को वन या वृक्ष आवरण के अंतर्गत लाने का प्रस्ताव करती है।

2. इसका उद्देश्य बाढ़ों का शमन करने हेतु जलाशयों के अवसादीकरण की रोकथाम करना है।

3. यह ग्रामीण और आदिवासी जनसंख्या की लघु वन उपज सम्बन्धी आवश्यकता को पूर्ण करने का प्रयास करती है।

नीचे दिए गए कूट का प्रयोग कर सही उत्तर चुनिए–

(a) केवल 1 और 2 (b) केवल 2 और 3
(c) केवल 1 और 3 (d) 1, 2 और 3

उत्तर (b) वर्तमान राष्ट्रीय वन नीति, 1988 के अनुसार, देश की कुल भूमि क्षेत्र के कम से कम एक तिहाई भाग को वन या वृक्ष आवरण के अंतर्गत लाने का राष्ट्रीय लक्ष्य है। हालांकि इस लक्ष्य की प्राप्ति के लिए कोई समय सीमा निर्धारित नहीं की गयी है। **इसलिए, कथन 1 सही नहीं है।**

यह नीति देश में हरित आंदोलन की अग्रदूत थी। इसमें प्रस्तावित किया गया था कि पर्वतीय क्षेत्रों का 60% और मैदानी क्षेत्रों का 20% और समग्र रूप से कुल भौगोलिक क्षेत्र का 33% वन या वृक्ष आवरण के अंतर्गत होना चाहिए। 1988 में संशोधित राष्ट्रीय वन नीति में, वनों के संरक्षण और पुनर्निर्माण में समुदाय की सहभागिता की कल्पना की गयी। इसने वन संसाधनों के संधारणीय प्रबंधन को सर्वोच्च प्राथमिकता प्रदान की।

राष्ट्रीय वन नीति को संचालित करने वाले मुख्य उद्देश्य इस प्रकार हैं :

- मृदा और जल संरक्षण हेतु नदियों, झीलों और जलाशयों के जलग्रहण क्षेत्रों में मृदा अपरदन और अनाच्छादन की रोकथाम करना ताकि बाढ़ और सूखे को कम किया जा सके और जलाशयों को अवसादीकरण से सुरक्षित किया जा सके। साथ ही, रेत के टीलों के विस्तार पर रोक लगाना। **इसलिए, कथन 2 सही है।**
- ईंधन के लिए लकड़ी, चारा, लघु वन उपज और ग्रामीण व जनजातीय जनसंख्या की काष्ठ संबंधी लघु आवश्यकताओं की पूर्ति। मूलभूत राष्ट्रीय आवश्यकताओं की पूर्ति हेतु वनों की उत्पादकता में वृद्धि। **इसलिए, कथन 3 सही है।**

22. भारत के निम्नलिखित में से किस क्षेत्र में क्रिटिकली इंडेंजर्ड पिग्मी हॉग की एकमात्र वर्धनक्षम (viable) आबादी पायी जाती है?

(a) मानस राष्ट्रीय उद्यान
(b) सुंदरबन राष्ट्रीय उद्यान
(c) डिब्रू-सैखोवा राष्ट्रीय उद्यान
(d) केवलादेव राष्ट्रीय उद्यान

उत्तर (a) अतीत में, भारत में पिग्मी हॉग की पुष्टि केवल उत्तर-पश्चिम बंगाल और उत्तर-पश्चिम असम के कुछ ही स्थानों पर हुई थी। हालांकि, यह माना जाता है कि यह हिमालय की तलहटी के दक्षिण में संकीर्ण पट्टी में लम्बी घास के आर्द्र जलोढ़ मैदानों में पाया जाता था। उत्तर-पश्चिमी उत्तर प्रदेश व दक्षिणी नेपाल से असम तक, संभवत: दक्षिणी भूटान के कुछ पर्यावासों तक विस्तारित क्षेत्र (ओलिवर 1980) शामिल है। हालांकि, यह अब उत्तर-पश्चिमी असम के मानस राष्ट्रीय उद्यान और उसके आस-पास के कुछ क्षेत्रों तक ही सीमित है।

❑❑❑

अधिनियम/संगठन/सम्मेलन/रिपोर्ट

1. ट्रैफिक (Traffic) नेटवर्क के संबंध में निम्नलिखित में से कौन-सा/से कथन सही है/हैं?

1. यह विश्व वन्यजीव व्यापार के निरीक्षण का कार्य करने वाला गैर-सरकारी संगठन है।

2. इसकी स्थापना IUCN और WWF द्वारा संयुक्त रूप से की गई थी।

नीचे दिए गए कूट का प्रयोग कर सही उत्तर का चयन कीजिए–

(a) केवल 1 (b) केवल 2
(c) 1 और 2 दोनों (d) न तो 1 न ही 2

उत्तर (c) **TRAFFIC कार्यक्रम-** TRAFFIC अर्थात वन्यजीव व्यापार निगरानी नेटवर्क प्रमुख गैर-सरकारी संगठन है जो जैव विविधता के संरक्षण और संधारणीय विकास के संदर्भ में वन्य जन्तुओं और पौधों के व्यापार पर विश्व स्तर पर काम कर रहा है। **इसलिए कथन 1 सही है।**

वन्यजीवों के अवैध व्यापार और अत्यधिक दोहन से उत्पन्न बढ़ते खतरों के प्रत्युत्तर में IUCN और WWF द्वारा 1976 में TRAFFIC की स्थापना की गई थी। **इसलिए कथन 2 सही है।** भारत 1991 में इस कार्यक्रम का सदस्य बना।

2. वन्यजीव संरक्षण अधिनियम, 1972 के विषय में निम्नलिखित में से कौन-सा/से कथन सही है/हैं?

1. अधिनियम की पांचवी अनुसूची में ऐसे नाशक जीव (वर्मिन) सम्मिलित होते हैं, जिनका शिकार किया जा सकता है।

2. अधिनियम के अनुसार केवल केन्द्र सरकार किसी जीव को नाशक जीव (वर्मिन) घोषित कर सकती है।

3. अधिनियम केवल जीवों को सम्मिलित करना है, पादप को नहीं।

नीचे दिए गए कूट का प्रयोग कर सही उत्तर का चयन कीजिए:

(a) केवल 1
(b) केवल 1 और 2
(c) केवल 2 और 3
(d) 1, 2 और 3

उत्तर (b) ऐसी छह अनुसूचियाँ हैं जो वन्य जीवन संरक्षण अधिनियम 1972 के अंतर्गत विविध कोटि का संरक्षण प्रदान करती है। केन्द्र सरकार प्रथम अनुसूची एवं अनुसूची H के भाग 11 में निर्दिष्ट प्राणियों के अतिरिक्त किसी अन्य प्राणी को अधिसूचना द्वारा निश्चित समयावधि हेतु किसी क्षेत्र के लिए नाशक ज़ीव (vermin) घोषित कर सकती है। **इसलिए कथन 2 सही है।** अधिसूचना प्रवर्तित रहने तक इस प्रकार के वन्य जीव को कानून के अन्तर्गत किसी सरंक्षण से वंचित करते हुए कानून की पांचवी अनुसूची में सम्मिलित किया जाएगा।

पांचवी अनुसूची ऐसे प्राणियों को सम्मिलित करती है जिनका शिकार किया जा सकता है। इसमें केवल सामान्य कौवा, फलभक्षी चमगादड़, मूषक एवं चूहे आते हैं। **कथन 1 सही है।**

छठवीं अनुसूची में ऐसे पौधे सम्मिलित हैं जिनकी खेती एवं रोपण निषेध है। **कथन 3 सही नहीं है।** ये पौधे हैं-बेद्दोम्स सायकड (Cycas beddomel), ब्लू वन्दा (Vanda soerulec), कठ (Saussurea lappa) लेडीज स्लिपर ऑर्किड्स (Paphiopedilum spp), घटपर्णी (Nepenthes khasiana) तथा रेड वन्दा (Rananthera inschoo-tiana)।

3. क्योटो प्रोटोकॉल की द्वितीय प्रतिबद्धता अवधि के संदर्भ में निम्नलिखित में से कौन-सा/से कथन सही है/हैं?

1. द्वितीय प्रतिबद्धता अवधि 2013-2020 के लिए क्योटो प्रोटोकॉल में किए गए संशोधन दोहा में सफलतापूर्वक अपनाए गए थे।

2. यह ग्रीनहाउस गैसों (GHGs) के उत्सर्जन को नियंत्रित करने में संबंधित है।

3. भारत द्वारा क्योटो प्रोटोकॉल की द्वितीय प्रतिबद्धता अवधि की पुष्टि करना अभी तक शेष है।

नीचे दिए गए कूट का प्रयोग कर सही उत्तर का चयन कीजिए:

(a) केवल 1
(b) केवल 2
(c) केवल 1 और 2
(d) 1, 2 और 3

उत्तर (c) क्योटो प्रोटोकॉल 1997 में अंगीकृत किया गया था और प्रथम प्रतिबद्धता अवधि 2008-2012 थी। 2012 में दोहा में, 2013-2020 की अवधि के लिए द्वितीय प्रतिबद्धता अवधि हेतु क्योटो प्रोटोकॉल में संशोधन (दोहा संशोधन) सफलतापूर्वक अंगीकृत किया गया था। **अत: कथन 1 सही है।** विकसित देशों ने पहले से ही दोहा संशोधन के 'ऑप्ट-इन' प्रावधानों के अंतर्गत अपनी प्रतिबद्धताओं का कार्यान्वयन करना आरंभ कर दिया है।

ग्रीन हाउस गैसों (GHG) का उत्सर्जन सीमित करने पर क्योटो प्रोटोकॉल की द्वितीय प्रतिबद्धता अवधि की **कथन 2 सही है।** हाल ही में 24 जनवरी 2017 को भारत द्वारा पुष्टि की गयी है। **इसलिए कथन 3 सही नहीं है।**

4. पेरिस जलवायु समझौते के संबंध में निम्नलिखित कथनों पर विचार कीजिए–

1. इसका उद्देश्य वैश्विकं तापमान वृद्धि को पूर्व औद्योगिक स्तर की तुलना में 2 डिग्री सेलेसियस से नीचे तक सीमित करना है।

2. प्रत्येक पांच वर्ष में, सदस्य देशों को राष्ट्रीय रूप में निर्धारित नवीन योगदान प्रस्तुत करने की आवश्यकता होती है।

3. यह कानूनी रूप से बाध्यकारी वैश्विक जलवायु समझौता है।

उपर्युक्त कथनों में से कौन-सा/से सही है/हैं?

(a) केवल 1 और 3 (b) केवल 1
(c) केवल 2 और 3 (d) 1, 2 और 3

उत्तर (d) **दिए गए सभी कथन सही है।**

पेरिस जलवायु सम्मेलन (COP21) में 195 देशों ने पहली बार सार्वभौमिक, कानूनी रूप में बाध्यकारी वैश्विक जलवायु समझौता अंगीकृत किया था। यह समझौता 2020 में प्रभावी होने के लिए नियत है।

सदस्य देशों ने निम्न पर सहमति व्यक्त की:

वैश्विक औसत तापमान में वृद्धि पूर्व औद्योगिक स्तर की तुलना में 2 डिग्री सेल्सियस से नीचे रखने के दीर्घकालिक लक्ष्य पर;

1.5 डिग्री सेल्सियस तक वृद्धि सीमित करने का लक्ष्य बनाने पर, क्योंकि इससे जोखिम और जलवायु परिवर्तन के प्रभावों में ठोस कमी आएगी।

शीघ्रातिशीघ्र वैश्विक उत्सर्जन के उच्चतम स्तर पर पहुँचाने की आवश्यकता को महत्व देते हुए, इस बात पर सहमत होना कि विकासशील देशों को इस स्तर पर पहुँचने में अधिक समय लगेगा।

विज्ञान द्वारा यथा अपेक्षित अधिक महत्वाकांक्षी लक्ष्यों के निर्धारण के लिए प्रत्येक 5 वर्ष पर साथ इकट्ठा होने हेतु।

5. मॉन्ट्रियल प्रोटोकॉल के संबंध में निम्नलिखित में से कौन-सा/से कथन सही है/हैं?

1. इसका उद्देश्य ओजोन का अपक्षय करने वाले पदार्थों के उत्पादन एवं खपत दोनों को कम करना है।

2. यह विधिक रूप से बाध्यकारी प्रोटोकॉल हैं।

3. इसमें विकासशील देशों का सहयोग करने हेतु वित्तीय सहायता प्रदान करने की व्यवस्था नहीं है।

नीचे दिए गए कूट का प्रयोग कर सही उत्तर का चयन कीजिए–

(a) केवल 1 और 2 (b) केवल 1

(c) केवल 2 और 3 (d) 1, 2 और 3

उत्तर (a) ओजोन परत अवक्षयित करने वाले पदार्थों पर मॉन्ट्रियल प्रोटोकॉल (संक्षेप में मॉन्ट्रियल प्रोटोकॉल) का उद्देश्य पृथ्वी की ओजोन परत को होने वाली क्षति को सीमित करने के लिए ओजोन का अवक्षय करने वाले पदार्थों के उत्पादन और खपत को क्रमशः समाप्त करना है। मॉन्ट्रियल प्रोटोकाल 197 देशों द्वारा हस्ताक्षरित है- यह संयुक्त राष्ट्र के इतिहास में सार्वभौमिक अनुसमर्थन प्राप्त करने वाली प्रथम संधि है। यह विधिक रूप से बाध्यकारी प्रोटोकॉल है। **इसलिए कथन 1 और 2 सही है।**

बहुपक्षीय कोष (Multilateral Fund), अंतर्राष्ट्रीय संधि के अंतर्गत बनाई जाने वाली प्रथम वित्तीय व्यवस्था थी। इसका निर्माण 1990 में प्रोटोकॉल के अंतर्गत विकासशील देशों को ओजोन का अवक्षय करने वाले पदार्थों का उपयोग क्रमिक रूप से समाप्त करने संबंधी बाध्यताओं को पूरा करने में सहयोग करने हेतु वित्तीय सहायता प्रदान करने के लिए किया गया था। बहुपक्षीय कोष ने प्रोटोकॉल की स्थापना के बाद से ओजोन का अवक्षय करने वाले पदार्थों के उत्पादन एवं खपत को क्रमिक रूप से समाप्त करने के लिए विकासशील देशों के लिए वित्तीय सहायता के रूप में 2.5 मिलियन अमेरिका डॉलर से अधिक धनराशि प्रदान की है। **कथन 3 सही नहीं है।**

6. निम्नलिखित में से जलवायु परिवर्तन पर संयुक्त राष्ट्र फ्रेमवर्क कन्वेशन (UNFCCC) के लिए प्रस्तुत भारत के राष्ट्रीय स्तर पर निर्धारित योगदान (इंटेडेड नेशनली डेटरमाइंडेड कॉन्ट्रिब्यूशनः INDC) का/के भाग कौन-सा/से है/हैं?

1. अपने सकल घरेलू उत्पाद (GDP) की उत्सर्जन तीव्रता को 2030 तक 2005 के स्तर से 60-65 प्रतिशत तक कम करना।

2. 2030 तक अतिरिक्त वन और वृक्ष आवरण के माध्यम से 2.5 से 3 मिलियन टन CO_2 कार्बन समतुल्य का अतिरिक्त कार्बन सिंक निर्मित करना।

3. भारत में अत्याधुनिक जलवायु प्रौद्योगिकी के त्वरित प्रसार के लिए क्षमताओं का निर्माण करना।

नीचे दिए गए कूट का प्रयोग कर सही उत्तर का चयन कीजिए–

(a) केवल 1

(b) केवल 2 और 3

(c) केवल 1 और 3

(d) 1, 2 और 3

उत्तर (b) भारत में राष्ट्रीय स्तर पर निर्धारित अभीष्ट योगदान (INDC) के कुछ मुख्य बिंदु निम्नलिखित हैं–

परंपराओं तथा संरक्षण एवं संयमन पर आधारित स्वस्थ एवं संधारणीय जीवन शैली प्रस्तुत करना एवं साथ ही साथ उसका प्रचार करना।

आर्थिक विकास के संगत स्तर पर अन्य समकक्ष देशों द्वारा अपनाए गए मार्ग के स्थान पर जलवायु अनुकूल एवं पर्यावरणीय दृष्टि से स्वच्छ मार्ग को अपनाना।

अपने सकल घरेलू उत्पाद (GDP) की उत्सर्जन तीव्रता में 2030 तक 2005 के स्तर की तुलना में 33-35 प्रतिशत की कमी करना। (कथन 1 सही नहीं है)

प्रौद्योगिकी हस्तांतरण एवं हरित जलवायु कोष से प्राप्त होने वाले वित्तपोषण सहित कम लागत में अंतर्राष्ट्रीय वित्तपोषण की सहायता से वर्ष 2030 तक गैर-जीवाश्म ईंधन आधारित ऊर्जा संसाधनों से लगभग 40% संचयी स्थापित विद्युत शक्ति क्षमता प्राप्त करना।

2030 तक अतिरिक्त वन और वृक्ष आवरण के माध्यम से 2.5 से 3 बिलियन टन CO_2 समतुल्य का अतिरिक्त कार्बन सिंक निर्मित करना। (कथन 2 सही है)

जलवायु परिवर्तन के प्रति सुभेद्य क्षेत्रकों विशेष रूप से कृषि, जल संसाधन, हिमालयी क्षेत्र, तटीय क्षेत्र, स्वास्थ्य और आपदा प्रबंधन में निवेश बढ़ाकर जलवायु परिवर्तन हेतु बेहतर अनुकूलन।

वांछित संसाधन और संसाधन अंतराल को ध्यान में रखते हुए उपर्युक्त उपशमन और अनुकूलन गतिविधियों को कार्यान्वित करने के लिए विकसित देशों से घरेलू और नवीन और अतिरिक्त निधियों को जुटाना।

भारत में अत्याधुनिक जलवायु प्रौद्योगिकी के त्वरित प्रसार के लिए एवं इस तरह की भविष्य की प्रौद्योगिकियों के लिए संयुक्त सहयोगात्मक शोध एवं विकास हेतु क्षमताओं का निर्माण करना, घरेलू ढांचा एवं अंतर्राष्ट्रीय संरचना निर्मित करना। (कथन 3 सही है।)

7. बॉन कन्वेशन के संबंध में, निम्नलिखित कथनों पर विचार कीजिए–

1. यह संयुक्त राष्ट्र पर्यावरण कार्यक्रम (UNEP) के अंतर्गत एक पर्यावरणीय संधि है।

2. इसका उद्देश्य प्रवासी प्रजातियों के संरक्षण को प्रोत्साहन देना है।

3. यह कन्वेंशन केवल स्थलीय एवं पक्षी प्रजातियों को समाविष्ट करता है, समुद्री प्रजातियों को नहीं।

उपर्युक्त कथनों में से कौन-सा/से सही है/हैं?

(a) केवल 1 और 3

(b) केवल 1 और 2

(c) केवल 2

(d) 1, 2 और 3

उत्तर (b) बॉन कन्वेंशन : कन्वेंशन ऑन कांन्सर्वेशन ऑफ़ माइग्रेटरी स्पीशीज ऑफ वाइल्ड एनिमल्स (CMS) संयुक्त राष्ट्र पर्यावरण कार्यक्रम के तत्वाधान में हुई एक पर्यावरणीय संधि है।

बॉन कन्वेंशन का लक्ष्य स्थलीय, समुद्री और प्रवासी पक्षियों की प्रजातियों का उनके विस्तार क्षेत्र में संरक्षण करना है। **इसलिए कथन 1 और 2 सही हैं और कथन 3 गलत है।**

CMS एक फ्रेमवर्क कन्वेंशन के रूप में कार्य करता है। इसके समझौते विधिक रूप से बाध्यकारी (जिन्हें अनुबंध कहा जाता है।) होने से लेकर अपेक्षाकृत कम औपचारिक प्रपत्र तक हो सकते हैं, जैसे समझौता ज्ञापन, जिन्हें विशेष क्षेत्रों की आवश्यकताओं के अनुरूप बनाया जा सकता है। इसलिए इस कन्वेंशन की कोई विधिक बाध्यता नहीं है।

8. CITES के संबंध में, निम्नलिखित कथनों पर विचार कीजिए–

1. यह सदस्य देशों पर विधिक रूप में बाध्यकारी है।

2. भारत भी इस कन्वेशन का एक सदस्य देश है।

3. यह केवल IUCN द्वारा संकटग्रस्त के रूप में वर्गीकृत सभी प्रजातियों के व्यापार का निषेध करता है।

उपर्युक्त कथनों में से कौन-सा/से सही है/हैं?

(a) केवल 1 और 3 (b) केवल 1 और 2

(c) केवल 2 और 3 (d) 1, 2 और 3

उत्तर (b) CITES (द कन्वेंशन ऑन इंटरनेशनल ट्रेड इन एन्डैन्जर्ड स्पीशीज ऑफ वाइल्ड फौना एंड फ्लाक्रा) विभिन्न सरकारों के बीच यह एक अंतर्राष्ट्रीय समझौता है। इसका लक्ष्य यह सुनिश्चित करना है कि वन्यजीवों और वनस्पतियों के प्रतिरूपों (specimens) के अंतर्राष्ट्रीय व्यापार से उनके अस्तित्व पर संकट उत्पन्न न हो जाए।

CITES सभी पार्टीज पर विधिक रूप से बाध्यकारी है। दूसरे शब्दों में उन्हें इस समझौते को लागू करना अनिवार्य है। परन्तु यह राष्ट्रीय कानूनों का स्थान नहीं ले सकता। बल्कि यह एक ऐसा फ्रेमवर्क प्रदान करता है जिसका सभी पार्टीज द्वारा अनुसरण कियां जाता है तथा यह फ्रेमवर्क CITES के राष्ट्रीय स्तर पर प्रवर्तन को सुनिश्चित करता है। भारत इस समझौते का सदस्य राष्ट्र है। **इसलिए कथन 1 और 2 सही हैं।**

कथन 3 सही नहीं है। CITES की एक अपनी ही सूची है। उस सूची में उल्लिखित प्रजातियां IUCN की रेड लिस्ट से हो भी सकती है और नहीं भी।

CITES में समाविष्ट की गयी प्रजातियों को उनकी सुरक्षा की आवश्यकता के परिणाम के अनुसार तीन परिशिष्टों में सूचीबद्ध किया गया है।

परिशिष्ट-I में उन प्रजातियों को सम्मिलित किया गया है जिसके अस्तित्व पर संकट है। इस श्रेणी के प्रतिरूपों (Specimens) के अनुसार अपवादात्मक स्थितियों में दी जाती है। इस प्रकार से इनका व्यापार पूरी तरह से प्रतिबंधित नहीं है। **इसलिए कथन 3 सही नहीं है।**

परिशिष्ट-II में उन प्रजातियों को सम्मिलित किया गया है, जिनके विलुप्त होने का संकट तो नहीं हैं, परन्तु उनके उपयोग को उनके अस्तित्व के साथ असंगत होने से बचाने के लिए व्यापार को नियंत्रित किया जाना आवश्यक है।

परिशिष्ट-III में उन प्रजातियों को सम्मिलित किया गया है, जिनका कम से कम एक राष्ट्र में संरक्षण किया जाता है। और उसने CITES की अन्य पार्टीज को इनके व्यापार को नियंत्रित करने के लिए सहायता का अनुरोध किया है।

9. निम्नलिखित में से कौन-सा/से कन्वेंशन, खतरनाक अपशिष्ट पदार्थों के प्रबंधन एवं संचालन को नियंत्रित करता/करते है/हैं?

1. बेसेल कन्वेशन

2. एजेंडा 21

3. रॉटरडैम कन्वेंशन

नीचे दिए गए कूट का प्रयोग कर सही उत्तर का चयन कीजिए–

(a) केवल 1 और 2 (b) केवल 3

(c) केवल 2 और 3 (d) केवल 1 और 3

उत्तर (d) बेसेल और रोटरडम कन्वेंशन, दोनों का संबंध खतरनाक अपशिष्ट सामग्री के प्रबंधन से है। **इसलिए उत्तर है (d)।**

बेसेल कन्वेंशन : एक अंतर्राष्ट्रीय संधि है जिसे विभिन्न देशों के बीच खतरनाक अपशिष्ट स्थानांतरण को और विशिष्ट रूप से विकसित देशों से कम विकसित देशों (LDC) की ओर स्थानांतरण को रोकने के लिए आकार दिया गया है। परन्तु इसमें रेडियोधर्मी अपशिष्ट के स्थानांतरण की समस्या का कोई उपचार नहीं है।

रॉटरडैम. कन्वेंशन, एक बहुपक्षीय संधि है, जिसका उद्देश्य खतरनाक रसायनों के आयात से जुड़ी सूचना और खतरनाक रसायानों के निर्यातकों को सही नामकरण और सुरक्षित उपयोग की सूचना का मुक्त आदान-प्रदान करना है तथा क्रेताओं को किसी भी ज्ञात निषेध या प्रतिबंध से अवगत कराना है।

एजेंडा 21, 1992 के पृथ्वी शिखर सम्मेलन का परिणाम है जो सतत विकास से सम्बन्धित है।

10. स्थायी कार्बनिक प्रदूषकों से संबंधित स्टॉकहोम कन्वेंशन के सन्दर्भ में, निम्नलिखित कथनों पर विचार कीजिए–

1. यह कन्वेंशन 'डर्टी डजेन' कहे जाने वाले केवल बारह स्थायी कार्बनिक प्रदूषकों पर ही लागू किया जा सकता है।

2. यह जलवायु परिवर्तन पर अंतरसरकारी पैनल के ढाँचे के अंतर्गत है।

3. यह अपने हस्ताक्षरकर्ताओं पर कानूनी रूप से बाध्यकारी है।

उपर्युक्त कथनों में से कौन-सा/से सही है/हैं?

(a) केवल 1 और 2 (b) केवल 2 और 3

(c) केवल 3 (d) 1, 2 और 3

उत्तर (c) स्टॉकहोम कन्वेंशन, स्थायी कार्बनिक प्रदूषकों (पी.ओ.पी.) से मानव स्वास्थ्य और पर्यावरण की रक्षा के लिए एक वैश्विक संधि है। पी.ओ.पी. ऐसे रसायन हैं जो पर्यावरण में लम्बे समय तक यथावत् बने रहते हैं। ये भौगोलिक दृष्टि से व्यापक रूप से वितरित हो जाते हैं और जीवित जीवों के वसा ऊतकों में संग्रहित हो जाते हैं। ये मानव और वन्य जीवन के लिए विषैले होते हैं।

स्टॉकहोम कन्वेंशन के तहत 12 पी.ओ.पी. को नष्ट करने या कम करने पर ध्यान केन्द्रित किया गया। इन्हें 'डर्टी डजन' के नाम से जाना जाता है अर्थात् एल्ड्रिन, क्लोरडेन, डीडीटी, डाइएल्ड्रिन, एंड्रिन, फ्यूरोन्स, हेक्साक्लोरोबैंजीन, हैप्टाक्लोर, माइरेक्स, पीसीबी और टॉक्साफीन। परंतु इसके चौथे बैठक में इस सूची में नौ नए स्थायी कार्बनिक प्रदूषकों को जोड़ा गया था। इसके बाद अपनी पांचवीं बैठक में कन्वेंशन ने एंडोसल्फान और संबंधित बहुलकों को अपने पी.ओ.पी. की सूची में सम्मिलित किया।

स्टॉकहोम कन्वेंशन पी.ओ.पी. को लक्षित करने वाली सर्वाधिक महत्वपूर्ण विधिक रूप से बाध्यकारी वैश्विक संधि है।

संयुक्त राष्ट्र पर्यावरण कार्यक्रम (यू.एन.ई.पी.) ने स्टॉकहोम कन्वेंशन के गठन को समन्वित किया, जिस पर 23 मई 2001 को स्टॉकहोम, स्वीडन ने मूल रूप से 92 राष्ट्रों एवं यूरोपियन यूनियन द्वारा हस्ताक्षर किए गए थे।

11. 'मोंट्रेक्स रिकॉर्ड' के संबंध में निम्नलिखित कथनों पर विचार कीजिए–

1. इस रिकॉर्ड के अंतर्गत सम्मिलित की गई आर्द्रभूमियाँ मानवीय हस्तक्षेप के कारण पर्यावरणीय खतरे से ग्रस्त हैं।

2. यह रामसर सूची के एक भाग के रूप में निर्दिष्ट है।

3. भारत की कोई भी आर्द्रभूमि 'मोंट्रेक्स रिकॉर्ड' में सम्मिलित नहीं है।

उपर्युक्त कथनों में से कौन-सा/से सही है/हैं?

(a) केवल 1 और 2 (b) केवल 2

(c) केवल 1 और 3 (d) 1, 2 और 3

उत्तर (a) 1971 में रामसर, ईरान में आद्रभूमियां पर हस्ताक्षरित कन्वेंशन, अंतर-सरकारी संधि है, जो आर्द्रभूमियों और उनके संसाधनों के संरक्षण एवं बुद्धिमातापूर्ण उपयोग के लिए राष्ट्रीय कार्यवाहियों एवं अंतर्राष्ट्रीय सहयोग हेतु रूपरेखा प्रदान करती है।

इस कन्वेंशन के अन्तर्गत, मोंट्रेक्स रिकार्ड अंतर्राष्ट्रीय महत्व की आर्द्रभूमियों की सूची पर आधारित आर्द्रभूमि स्थलों का रजिस्टर है जहां की पारिस्थितिक विशेषता में तकनीकी विकास, प्रदूषण या अन्य मानवीय हस्तक्षेपों के परिणामस्वरूप परितर्वन हुआ है, या हो रहा है या होने की संभावना हैं। यह रामसर सूची के भाग के रूप में निर्दिष्ट है। **इसलिए कथन 1 और 2 सही हैं।**

वर्तमान में, भारत की दो आर्द्रभूमियां मोंट्रेक्स रिकॉर्ड के अंतर्गत है, अर्थात् केवलादेव राष्ट्रीय उद्यान, राजस्थान और लोकटक झील, मणिपुर। इसके अतिरिक्त, चिल्का झील को इस रिकॉर्ड में रखा गया था, लेकिन बाद में उसे इससे हटा दिया गया। **इसलिए कथन 3 सही नहीं है।**

12. कार्टाजेना प्रोटोकॉल के संबंध में निम्नलिखित कथनों पर विचार कीजिए–

1. यह लिविंग मॉडिफाइड ऑर्गानिज़म (LMO) के आयात और निर्यात का विनियमन करने के लिए प्रक्रियाओं की स्थापना करती है।

2. यह अनुवांशिक संसाधनों की उपलब्धता एवं लाभ की साझेदारी का विनियमन करती हैं।

3. भारत इस कन्वेंशन में एक पक्षकार हैं।

उपर्युक्त कथनों में से कौन-सा/से सही है/हैं?

(a) केवल 1 (b) केवल 2 और 3

(c) केवल 1 और 3 (d) 1, 2 और 3

उत्तर (c) जैव विविधता संबंधी अभिसमय की जैव सुरक्षा पर कार्टाजेना प्रोटोकॉल एक अंतर्राष्ट्रीय समझौता है। इसका उद्देश्य मानव स्वास्थ्य संबंधी जोखिम का संज्ञान लेकर आधुनिक जैव प्रौद्योगिकी से उत्पन्न उन सजीव संशोधित जीवों (living modified organisms : LMO) की सुरक्षित हैंडलिंग, परिवहन और उपयोग सुनिश्चित करना है जिनका जैव विविधिता पर प्रतिकूल प्रभाव पड़ सकता है। इसलिए कथन 1 सही है। इसे 29 जनवरी 2000 को अपनाया गया था और 11 सितंबर 2003 को प्रभाव में आया था।

इस पर वार्ता जैव विविधता पर अभिसमय (CBD) के तत्वावधान में किया गया था यह प्रोटोकॉल 29 जनवरी, 2000 को अंगीकृत किया गया था। पलाऊ द्वारा प्रोटोकॉल स्वीकार करने के साथ, देशों द्वारा अनुसमर्थन/परिग्रहण/अनुमोदन/स्वीकृति के 50 विपत्रों के लिए आवश्यक संख्या मई 2003 में प्राप्त हो गई। यह प्रोटोकॉल 11 सितंबर 2003 को प्रभाव में आया। वर्तमान में 169 देश इस प्रोटोकॉल के पक्षकार हैं।

भारत भी 5 जून 1992 को रियो डी जनेरियो में हस्ताक्षरित व 29 दिसंबर, 1993 को अस्तित्व में आए जैव विविधता पर संयुक्त राष्ट्र अभिसमय का पक्षकार है, **इसलिए कथन 3 सही है।**

नागोया प्रोटोकॉल, जो जैव विविधता पर अभिसमय का पूरक समझौता है, आनुवंशिक संसाधनों के उपयोग व उक्त उद्देश्य का कार्यान्वयन करने और लाभ को साझा करने के लिए कानूनी ढांचा प्रदान करता है। **इसलिए कथन 2 सही नहीं है।**

13. निम्नलिखित युग्मों पर विचार कीजिए–

कन्वेंशन	**से संबंधित**
1. बंकर कन्वेंशन	**आयल स्पिल**
2. मिनमाता कन्वेंशन	**पारा**
3. रॉटरडैम कन्वेंशन	**दीर्घस्थायी कार्बनिक प्रदूषक**

उपर्युक्त युग्मों में से कौन-सा/से सही सुमेलित है/हैं?

(a) केवल 1 और 2 (b) केवल 2

(c) केवल 1 और 3 (d) केवल 2 और 3

उत्तर (a) बंकर कन्वेंशन जलयानों के बंकरों में ईंधन के रूप में तेल का वहन करने के दौरान आयल स्पिल से होने वाली क्षति से पीड़ित होने वाले व्यक्तियों को पर्याप्त, शीघ्र एवं प्रभावी क्षतिपूर्ति की उपलब्धता सुनिश्चित करने के लिए अंगीकृत गई थी। यह कन्वेंशन भागीदार राष्ट्रों के प्रादेशिक समुद्र एवं विशेष आर्थिक क्षेत्रों सहित प्रादेशिक क्षेत्र में हुई क्षति पर लागू होती है।

पारे पर मिनिमाता कन्वेंशन मानव स्वास्थ्य एवं पर्यावरण को पारे के विपरीत प्रभावों से संरक्षित करने के लिए वैश्विक संधि है। भारत ने इस कन्वेंशन पर 2014 में हस्ताक्षर किए।

अंतर्राष्ट्रीय व्यापार में निश्चित खतरनाक रसायनों तथा कीटनाशकों के लिए पूर्व सूचित सहमति प्रक्रिया पर रोटरडम कन्वेंशन वर्ष 2004 में लागू हुई एवं भारत ने वर्ष 2005 में इसका अनुसमर्थन किया। इस कन्वेंशन ने कन्वेंशन के एनेक्स III के अंतर्गत ऐसे 47 रसायनों (33 कीटनाशकों एवं 14 औद्योगिक रसायनों) को सूचीबद्ध किया जिन्हें स्वास्थ्य या पर्यावरणीय कारणों से दो या दो से अधिक भागीदारों द्वारा प्रतिषिद्ध या गंभीर रूप से प्रतिबंधित कर दिया गया है।

स्टॉकहोम कन्वेंशन, दीर्घस्थायी कार्बनिक प्रदूषण (POPs) से संबंधित है।

14. अंतर्राष्ट्रीय प्रकृति संरक्षण संघ (आई. यू. सी.एन) के संदर्भ में, निम्नलिखित में से कौन-सा/से कथन सही है/हैं?

1. यह सरकारी और गैर-सरकारी दोनों संगठनों के सदस्य के रूप में सम्मिलित करता है।

2. इसे संयुक्त राष्ट्र (यू. एन.) में पर्यवेक्षक का दर्जा प्राप्त है।

नीचे दिए गए कूट का प्रयोग कर सही उत्तर चुनिए–

(a) केवल 1 (b) केवल 2

(c) 1 और 2 दोनों (d) न तो 1, न ही 2

उत्तर (c) **कथन 1 सही है।** आई.यू.सी.एन विश्व का सबसे पुराना और सबसे बड़ा पर्यावरणीय संगठन है। 200 से अधिक सरकारी और 900 से अधिक गैर-सरकारी संगठनों सहित इसके 1,200 से अधिक सदस्य हैं।

आई.यू.सी.एन का मिशन प्रकृति का संरक्षण करने के लिए "पूरे विश्व को प्रभावित, प्रोत्साहित और सहायता करना है और यह सुनिश्चित करना है कि प्राकृतिक संसाधनों का कोई भी उपयोग न्यायसंगत और पारिस्थितिकीय दृष्टि से सततपोषी हो।"

पिछले दशकों के दौरान, आई.यू.सी.एन ने अपने फोकस को पारिस्थितिकी संरक्षण के आलवा भी विस्तृत किया है यह अब लैंगिक समानता, गरीबी उन्मूलन और अपनी परियोजनाओं में सततपोषी व्यवसाय से संबंधित मुद्दों का समावेश करता है।

कथन 2 सही है। आई.यू.सी.एन का संयुक्त राष्ट्र में पर्यवेक्षक और सलाहकार का दर्जा है, और प्रकृति के संरक्षण और जैव विविधता पर कई अंतर्राष्ट्रीय अभिसमयों के कार्यान्वयन में प्रमुख भूमिका निभाता है।

इसका वित्तपोषण सरकार, द्विपक्षीय और बहुपक्षीय एजेंसियों, फाउंडेशन, सदस्य संगठनों और नियमों द्वारा किया जाता है।

15. बेसेल कन्वेंशन के संबंध में निम्नलिखित कथनों पर विचार कीजिए–

1. इसका लक्ष्य खतरनाक अपशिष्ट के निस्तारण एवं सीमा-पार आवागमन को विनियमित करना है।

2. भारत इस कन्वेंशन का हस्ताक्षरकर्ता है।

उपर्युक्त कथनों में से कौन-सा/से सही है/हैं?

(a) केवल 1 (b) केवल 2

(c) 1 और 2 दोनों (d) न तो 1, न ही 2

उत्तर (c) **कथन 1 सही है।** खतरनाक अपशिष्टों के सीमा-पार आवागमन और इनके निस्तारण हेतु बेसेल अभिसमय सर्वप्रथम 1992 में अस्तित्व में आया था। इस अभिसमय में निर्यातक देशों पर

यह सुनिश्चित करने की जिम्मेदारी डाली है कि खतरनाक अपशिष्ट का आयातक देश में पर्यावरणीय दृष्टि से गंभीर रूप में प्रबंधन किया जाए।

कथन 2 सही है। भारत इस अभिमय का एक पक्ष और हस्ताक्षरकर्ता है।

16. वन्य जीव संरक्षण अधिनियम, 1972 के अनुसार, मुख्य वन्यजीव संरक्षण निम्नलिखित में से किन परिस्थितियों के अंतर्गत वन्यजीवों का शिकार करने की अनुमति प्रदान कर सकता है?

1. जब कोई वन्यजीव मानव जीवन के लिए खतरनाक बन गया हो।

2. वन्यजीव इतना रोगग्रस्त हो गया हो, कि स्वस्थ होने की संभावना न हो।

3. जीवन रक्षक औषधियों के निर्माण के प्रयोजन से विष एकत्रित करने के लिए सर्पों का शिकार।

नीचे दिए गए कूट का प्रयोग कर सही उत्तर चुनिए–

(a) केवल 1 और 3

(b) केवल 1

(c) केवल 2 और 3

(d) 1, 2 और 3

उत्तर (d) दिए गए सभी कृत्य इस अधिनियम के विभिन्न प्रावधानों के अंतर्गत अनुमत्य हैं। वन्यजीव संरक्षण अधिनियम, 1972 की धारा 11 के अनुसार: मुख्य वन्यजीव संरक्षक शिकार की अनुमति दे सकता है।

यदि वह संतुष्ट हो जाता है कि अनुसूची 1 में विनिर्दिष्ट कोई भी वन्यजन्तु मानव जीवन के लिए खतरनाक बन गया है या इस प्रकार अक्षम या रोगग्रस्त है कि ठीक होने से परे है तो लिखित में और इसका कारण बताते हुए आदेश से, इस प्रकार के जन्तु के शिकार की किसी भी व्यक्ति को अनुमति देता या जन्तु का शिकार करवाता है।

अपनी या किसी अन्य व्यक्ति की सुरक्षा करते हुए किसी भी वन्यजीव की सदविश्वास से हत्या या घायल करना अपराध नहीं होगा।

इसी प्रकार धारा 12 चिकित्सीय प्रयोजनों हेतु विष के संग्रह के लिए सांपों के शिकार की अनुमति देती है।

17. निम्नलिखित में से जैव विविधता पर कन्वेंशन (CBD) का/के अधिदेश कौन-सा/से है/हैं?

1. संरक्षण प्रयासों में पारंपरिक ज्ञान, संपन्न स्थानीय लोगों की सहभागिता।

2. पारंपरिक ज्ञान के उपयोग से प्राप्त होने वाले लाभों की स्थानीय लोगों के साथ न्यायसंगत साझेदारी।

उपर्युक्त कथनों में से कौन-सा/से सही है/हैं?

(a) केवल 1 (b) केवल 2

(c) 1 और 2 दोनों (d) न तो 1, न ही 2

उत्तर (c) **कथन 1 सही है।** सी.बी.डी के संदर्भ में, "पारंपरिक ज्ञान" स्वदेशी और स्थानीय समुदायों के ज्ञान, नवाचार और परम्परा सम्मिलित पारंपरिक जीवन शैली है जो जैव विविधता के संरक्षण और सतत उपयोग के लिए प्रासंगिक हैं। प्रत्येक राज्य को स्वदेशी और स्थानीय समुदायों के ज्ञान, नवाचार और परम्परा सम्मिलित पारंपरिक जीवन शैली जो जैव विविधता के संरक्षण और सतत उपयोग के लिए प्रासंगिक है का सम्मान, संरक्षण और अनुरक्षण करना चाहिए। इस प्रकार के ज्ञान, नवाचारों और परम्परा के धारकों के अनुमोदन और भागीदारी से इनके अनुप्रयोग को बढ़ावा देना चाहिए और इस प्रकार के ज्ञान, नवाचारों और परम्पराओं के उपयोग से प्राप्त लाभ का समतापूर्ण साझेदारी प्रोत्साहित करना चाहिए। अत: कथन 2 भी सही है।

18. इंटरनेशनल मैरीटाइम ऑर्गेनाईजेशन (IMO) के संबंध में, निम्नलिखित कथनों पर विचार कीजिए–

1. यह संयुक्त राष्ट्र की विशेषीकृत एजेंसी है।

2. इसका लक्ष्य अंतर्राष्ट्रीय नौवहन की सुरक्षा एवं संरक्षा में सुधार करना एवं समुद्री जहाजों से होने वाले प्रदूषण की रोकथाम करना है।

3. भारत IMO का सदस्य राष्ट्र नहीं हैं।

उपर्युक्त कथनों में से कौन-सा/से सही है/हैं?

(a) केवल 2 (b) 1, 2 और 3

(c) केवल 1 और 2 (d) केवल 1

उत्तर (c) इंटरनेशनल मैरीटाइम ऑर्गेनाईजेशन (IMO) या अंतर्राष्ट्रीय समुद्री संगठन, संयुक्त राष्ट्र संघ की विशेषीकृत एजेंसी है जो अंतर्राष्ट्रीय नौवहन की सुरक्षा और सुरक्षा में सुधार लाने और जहाजों से होने वाले प्रदूषण की रोकथाम करने के लिए उत्तरदायी है। वर्तमान में इसके 172 सदस्य राज्य हैं और इसका मुख्यालय लंदन में स्थित है। इसकी स्थापना 1948 में जिनेवा में की गयी थी और यह 1959 में प्रभाव में आया। हाल ही में, भारत IMO की परिषद के लिए पुनर्निर्वाचित हुआ है। भारत IMO के प्रारंभिक सदस्यों में से एक रहा है; इसने इसके अभिसमय की पुष्टि की और 1959 में ही इसके सदस्य-राष्ट्र के रूप में सम्मिलित हो गया था। **इसलिए, कथन 1 और 2 सही हैं और 3 सही नहीं है।**

19. निम्नलिखित अंतर्राष्ट्रीय समझौतों पर विचार कीजिए–

1. वियना कन्वेंशन

2. बॉन कन्वेंशन

3. वर्ल्ड हेरिटेज कन्वेंशन

उपर्युक्त में से कौन-सा/से कन्वेंशन जलवायु एवं वायु गुणवत्ता से संबंधित है/हैं?

(a) केवल 1 और 2 (b) केवल 1

(c) केवल 2 और 3 (d) केवल 1 और 3

उत्तर (b) कई अंतर्राष्ट्रीय कन्वेंशन जलवायु एवं वायु गुणवत्ता से सम्बन्धित हैं।

वियना कन्वेंशन फॉर द प्रोटेक्शन ऑफ द ओजोन लेयर, 1985- वियना कन्वेंशन ओज़ोन परत में परिवर्तन लाने वाली अथवा ला सकने वाली मानवीय गतिविधियों, जिनका पर्यावरण और परिणामस्वरूप मुनष्य के स्वास्थ्य पर हानिकारक प्रभाव होता है, के विरूद्ध लाया गया था। **इसलिए, विकल्प 1 सही है।**

द कन्वेंशन ऑन द कंज़र्वेशन ऑफ माइग्रेटरी स्पीशीज ऑफ वाइल्ड एनीमल्स (बॉन कन्वेंशन या CMS) 1979 में बॉन, जर्मनी में अंगीकृत किया गया और 1985 में लागू हुआ। इसके अंतर्गत अनुबंध करने वाले पक्ष प्रवासी प्रजातियों के संरक्षण और प्रबंधन के लिए एक साथ मिलकर कार्य करते हैं। इस उद्देश्य से इसमें लुप्तप्राय प्रवासी प्रजातियों (अभिसमय के परिशिष्ट 1 में सूचीबद्ध) को सख्त सुरक्षा प्रदान की गयी एवं उन प्रवासी प्रजातियों और उनके पर्यावासों के संरक्षण के लिए एक बहुपक्षीय समझौता शामिल किया गया जिनके संरक्षण के लिए अंतर्राष्ट्रीय सहयोग से लाभान्वित हो सकती है (परिशिष्ट 2 में सूचीबद्ध) साथ ही इस कन्वेंशन में उद्देश्यों की प्राप्ति हेतु सहयोगी अनुसंधान गतिविधियाँ आरंभ करने का समझौता भी किया गया।

वर्ल्ड हेरिटेज कन्वेंशन, विश्व धरोहर स्थलों को सूचीबद्ध करने के लिए उत्तरदायी है। इन स्थलों में सांस्कृतिक और प्राकृतिक, दोनों प्रकार के स्थल सम्मिलित हैं। वर्ल्ड हेरिटेज कन्वेंशन, यूनाइटेड नेशंस एजूकेशनल, साइंटिफिक एंड कल्चरल आर्गेनाईजेशन (UNESCO) के तत्वावधान में कार्य करने वाला कन्वेंशन है।

इसलिए, विकल्प 2 और 3 सही नहीं हैं।

20. निम्नलिखित में से कौन-से अंतर्राष्ट्रीय कन्वेंशन जोखिम युक्त पदार्थों के प्रबंधन से सम्बंधित हैं?

1. बेसल कन्वेंशन

2. कार्टाजेना कन्वेंशन

3. स्टॉकहोम कन्वेंशन

नीचे दिए गए कूट का प्रयोग कर सही उत्तर चुनिए–

(a) केवल 1 और 2 (b) केवल 1 और 3
(c) केवल 2 और 3 (d) 1, 2 और 3

उत्तर (b) जोखिम युक्त पदार्थ प्रबन्धन विभाग (Hazardous Substances Management Division : HSMD), रासायनिक आपात स्थितियों तथा जोखिम युक्त पदार्थों के प्रबंधन हेतु पर्यावरण, वन तथा जलवायु परिवर्तन मंत्रालय के अंतर्गत नोडल पाइंट है। इस कार्यक्रम का मुख्य उद्देश्य स्वास्थ्य तथा पर्यावरण को होने वाली संभावित क्षति से बचाने हेतु, खतरनाक रसायनों तथा अपशिष्ट वस्तुओं समेत सभी जोखिम उत्पन्न करने वाले पदार्थों के सुरक्षित प्रबंधन तथा उपयोग को बढ़ावा देना है। यह प्रभाग निम्नलिखित अंतर्राष्ट्रीय समझौतों के लिए भी एक नोडल पाइंट है, ये हैं: (क) खतरनाक वस्तुओं को सीमा-पर ले जाने तथा उनके निपटान के नियंत्रण हेतु बेसल कन्वेंशन; (ख) कुछ विशिष्ट रसायनों तथा पीड़कनाशी दवाओं के अंतर्राष्ट्रीय व्यापार हेतु उनकी पूर्व-सूचित सहमति प्रक्रिया (Prior Informed Consent Procedure) संबंधी रोटरडैम कन्वेंशन; (ग) दीर्घस्थायी कार्बनिक प्रदूषकों से संबंधित स्टॉकहोम कन्वेंशन, (घ) स्ट्रैटेजिक अप्रोच टू इंटरनेशनल केमिकल्स मैनेजमेंट (अंतर्राष्ट्रीय रासायनिक पदार्थों के प्रबन्धन के प्रति रणनीतिक दृष्टिकोण; तथा (च) पारे (मर्करी) से संबंधित मिनामाटा कन्वेंशन, आदि।

कार्टाजेना प्रोटोकॉल, कन्वेंशन ऑन बायोलॉजिकल डाइवर्सिटी के तहत एक अंतर्राष्ट्रीय समझौता है जिसका उद्देश्य जैव विविधता को क्षति पहुँचाने की संभावना रखने वाले आधुनिक जैवप्रौद्योगिकी जनित जीवित संशोधित जीवों (living modified organisms : LMOs) का सुरक्षित प्रबंधन, परिवहन तथा उपयोग सुनिश्चित करना है। इसमें मानव स्वास्थ्य को क्षति पहुँचाने वाले कारकों को भी ध्यान में रखा जाता है। इसे 29 जनवरी, 2000 को अंगीकार किया गया था तथा 11 सितंबर, 2003 को लागू किया गया।

21. क्योटो प्रोटोकॉल के 'क्लीन डेवेलपमेंट मैकेनिज्म (CDM) के संदर्भ में, निम्नलिखित में से कौन-सा/से कथन सही है/हैं?

1. **'क्लीन डेवेलपमेंट मैकेनिज्म (CDM) के माध्यम से, एनेक्स-B देश, विकासशील देशों में उत्सर्जन-कटौती वाली परियोजनाओं में निवेश कर सकते हैं।**
2. **यह UNFCC अडप्टेशन फंड हेतु आय का प्रमुख स्रोत है।**

नीचे दिए गए कूट का प्रयोग कर सही उत्तर चुनिए–

(a) केवल 1 (b) केवल 2
(c) 1 और 2 दोनों (d) न तो 1, न ही 2

उत्तर (c) **कथन 1 सही है।** क्लीन डेवलपमेंट मैकेनिज्म (CDM) क्योटो प्रोटोकॉल के अंतर्गत उत्सर्जन नवीनीकरण या उत्सर्जन परिसीमन संबंधी प्रतिबद्धता वाले किसी देश (Annex B party) को विकासशली देशों में उत्सर्जन कटौती वाली किसी परियोजना को कार्यान्वित करने में सक्षम बनाती है। ऐसी परियोजनाओं से विक्रय-योग्य सर्टिफाइड एमीशन रिडक्शन (CER) क्रेडिट प्राप्त किए जा सकते हैं, 1 CER एक टन कार्बन डाइऑक्साइड के समतुल्य होता है। इन्हें क्योटो लक्ष्यों की प्राप्ति में सम्मिलित किया जा सकता है। यह अपनी तरह की प्रथम वैश्विक, पर्यावरणीय निवेश एवं क्रेडिट योजना है जो एमिशन ऑफसेट के मानवीकृत साधन अर्थात् CERs प्रदान करती है। किसी CDM परियोजना गतिविधि में, उदाहरण के लिए, सौर पैनलों पर आधारित ग्रामीण विद्युतीकरण योजना या अधिक ऊर्जा दक्ष बॉयलर लगाना आदि सम्मिलित हो सकते हैं।

कथन 2 सही है। अडप्टेशन फंड (अनुकूलन निधि) का प्रावधान क्योटो प्रोटोकॉल में सम्मिलित विकासशील देशों में अनुकूलन परियोजनाओं तथा कार्यक्रमों को वित्तपोषित करने के लिए किया गया था। CDM, UNFCCC अडप्टेशन फंड हेतु आय का मुख्य स्रोत है। प्रथम प्रतिबद्धता अवधि में इस निधि को CDM परियोजना गतिविधियों से प्राप्त मुनाफे से लिए गए एक भाग से वित्तपोषित किया था। 2012 में दोहा में यह निर्धारित किया गया कि द्वितीय प्रतिबद्धता अवधि में अंतर्राष्ट्रीय उत्सर्जन व्यापार तथा जॉइंट इम्प्लीमेंटेशन (joint implementation) भी अडप्टेशन फंड में अपना 2% योगदान देंगे।

22. 'जनरल डेटा प्रोटेक्शन रेगुलेशन (GDPR) निम्नलिखित में से किस संगठन से संबंधित है?

(a) यूरोपियन यूनियन
(b) गल्फ कन्ट्रीज़ काउन्सिल
(c) G-20
(d) शंघाई को-ऑपरेशन आर्गेनाइजेशन

उत्तर (a) यूरोपीय संघ (यूरोपियन यूनियन) के 'जनरल डेट्रा प्रोटेक्शन रेगुलेशन' (GDPR) के द्वारा 1995 के डेटा प्रोटेक्शन डायरेक्टिव को प्रतिस्थापित कर दिया गया है। इसे पूरे यूरोप में डेटा गोपनीयता कानूनों को सुसंगत बनाने, यूरोपीय संघ के सभी नागरिकों के डेटा की गोपनीयता को सुरक्षित व सशक्त बनाने के लिए और इस पूरे क्षेत्र संगठनों के आंकड़ों की गोपनीयता के प्रति दृष्टिकोण को एक नया स्वरूप देने के लिए डिज़ाइन किया गया है।

दिसम्बर 2017 में, अंतर्राष्ट्रीय साइबर सुरक्षा शिखर सम्मेलन भारत के हैदराबाद में आयोजित किया गया था। शिखर सम्मेलन का केंद्र बिंदु यह था कि GDPR के अनुसार उद्योगों, विशेषकर भारतीय उद्योगों को, कैसे तैयार किया जाए।

23. ग्लोबल एनवॉयरमेंट फैसिलिटी (GEF) निम्नलिखित में से किन अंतर्राष्ट्रीय पर्यावरणीय अभिसमयों हेतु वित्तीय तंत्र है?

1. **यूनाइटेड नेशंस कन्वेंशन टू कॉम्बैट डेज़र्टीफिकेशन (UNCCD)**
2. **पारे (Mercury) पर मिनामाटा कन्वेंशन**
3. **यूनाइटेड नेशंस फ्रेमवर्क कन्वेंशन ऑन क्लाइमेट चेंज (UNFCCC)**
4. **स्थायी कार्बनिक प्रदूषकों (POPs) पर स्टॉकहोम कन्वेंशन**

नीचे दिए गए कूट का प्रयोग कर सही उत्तर चुनिए–

(a) 1, 2, 3 और 4
(b) केवल 2 और 3
(c) केवल 1 और 4
(d) केवल 1, 2 और 3

उत्तर (d) ग्लोबल एनवॉयरमेंट फैसिलिटी (GEF) की स्थापना 1992 मे रियो अर्थ समिट के कुछ समय पूर्व की गयी थी ताकि पृथ्वी की पर्यावरण संबंधी सबसे बड़ी समस्याओं से निपटने में सहायता मिल सके। वर्तमान में GEF देशों, अंतर्राष्ट्रीय संस्थानों, नागरिक समाज संगठनों और निजी क्षेत्र की एक अंतर्राष्ट्रीय भागीदारी है जो वैश्विक पर्यावरणीय मुद्दों को संबोधित करती है। यह 5 प्रमुख अंतर्राष्ट्रीय पर्यावरणीय अभिसमयों: यूनाइटेड नेशंस फ्रेमवर्क कन्वेंशन ऑन क्लाइमेट चेंज (UNFCCC), यूनाइटेड नेशंस कन्वेंशन ऑन बायोलॉजिकल डाइवर्सिटी (UNCBD), स्थायी कार्बनिक प्रदूषकों (Persistant Organic Pollutants : POPs) पर स्टॉकहोम कन्वेंशन टू कॉम्बैट डेज़र्टिफिकेशन (UNCCD) और पारे (Mercury) पर मिनामाटा कन्वेंशन के लिए वित्तीय तंत्र है। यह अधिक समृद्ध व जलवायु-प्रत्यास्थ (climate-resilient) विश्व के निर्माण के लिए स्थलों और महासागरों के संकटग्रस्त पारिस्थितिकी तंत्रों का संरक्षण करने, हरित

शहरों का निर्माण करने तथा खाद्य सुरक्षा एवं स्वच्छ ऊर्जा को बढ़ावा देने हेतु अनेक हितधारकों के गठबंधन का समर्थन करती है।

24. निम्नलिखित युग्मों पर विचार कीजिए–

कार्य प्रणाली	संबंध
1. एडवांस इन्फॉर्म्ड अग्रीमेंट	**: कार्टाजेना**
2. सर्टिफाइड एमिशन रिडक्शन	**: नागोया प्रोटोकॉल**
3. जॉइंट इम्प्लीमेंटेशन	**: मॉन्ट्रियल प्रोटोकॉल**

उपर्युक्त युग्मों में से कौन-सा/से सही सुमेलित है/हैं?

(a) केवल 1 और 2 (b) केवल 2 और 3
(c) केवल 1 (d) 1, 2 और 3

उत्तर (c) एडवांस इन्फॉर्म्ड अग्रीमेंट (AIA) प्रक्रिया, वह प्रक्रिया है जो किसी जीवित संशोधित जीव (LMO) की पहली सोद्देश्य सीमापार आवाजाही पर लागू होती है। इसके माध्यम से उस LMO का आयात पक्ष के पर्यावरण में सोद्देश्य प्रवेश होता है। यह कार्टाजेना प्रोटोकॉल के अधीन है। **इसलिए, युग्म 1 सही सुमेलित है।**

क्योटो प्रोटोकॉल के अनुच्छेद 12 में परिभाषित क्लीन डेवलपमेंट मैकेनिज्म (CDM), क्योटो प्रोटोकॉल के अंतर्गत उत्सर्जन में कमी या उत्सर्जन सीमित करने हेतु प्रतिबद्ध किसी देश (एनेक्स B पार्टी) को विकासशील देशों में उत्सर्जन में कमी लाने वाली कोई परियोजना (एमिशन-रिडक्शन प्रोजेक्ट) कार्यान्वित करने की अनुमति देना है। ऐसी परियोजनाएँ विक्रय-योग्य सर्टिफाइड एमिशन रिडक्शन (CER) क्रेडिट अर्जित कर सकती है। प्रत्येक CER क्रेडिट उत्सर्जन में एक टन कार्बन डाइऑक्साइड उत्सर्जन के समतुल्य कमी लाने पर प्रदान किया ज़ाता है। इनकी गणना क्योटो लक्ष्यों की प्राप्ति के अंतर्गत की जाती है। **इसलिए, युग्म 2 सही सुमेलित नहीं है।**

जॉइंट एम्प्लीमेंटेशन (JI) उन तीन लोचशील कार्यप्रणालियों में से एक है जो ग्रीनहाउस गैसों के उत्सर्जन में कमी या बाध्यकारी लक्ष्य रखने वाले देशों (एनेक्स I देशों) को उनका दायित्व पूरा करने में सहायता करने के लिए क्योटो प्रोटोकॉल में निर्धारित की गयी थीं। **इसलिए, युग्म 3 सही ढंग से सुमेलित नहीं है।**

25. कार्टाजेना बायोसेफ्टी प्रोटोकॉल (CBP) के संदर्भ में, निम्नलिखित कथनों पर विचार कीजिए–

1. इस पर वार्ता कन्वेंशन ऑन बायोलॉजिकल डाइवर्सिटी (CBD) के तत्वावधान में की गई थी।

2. यह आधुनिक जैव-प्रौद्योगिकी से उत्पन्न जीवित संशोधित जीवों (LMOs) की आवाजाही को नियंत्रित करती है।

3. भारत इस प्रोटोकॉल का एक पक्षकार है।

उपर्युक्त कथनों में से कौन-सा/से सही है/हैं?

(a) केवल 1 (b) केवल 2 और 3
(c) केवल 1 और 3 (d) 1, 2 और 3

उत्तर (c) कार्टाजेना प्रोटोकॉल ऑन बायोसेफ्टी टू द कन्वेंशन ऑन बायोलॉजिकल डाइवर्सिटी, जैव सुरक्षा पर एक अंतर्राष्ट्रीय समझौता है जो 2003 से कन्वेंशन ऑन बायोलॉजिकल डाइवर्सिटी के अनुपूरक के रूप में प्रभावी है। बायोसेफ्टी प्रोटोकॉल आधुनिक जैव-प्रौद्योकिकी के परिणामस्वरूप आनुवंशिक रूप से संशोधित जीवों द्वारा उत्पन्न संभावित जोखिमों से जैव विविधता की रक्षा करने का प्रयास करता है।

26. बायोडायवर्सिटी हेरिटेज साइट्स (BHS) के संदर्भ में, निम्नलिखित कथनों पर विचार कीजिए :

1. इन स्थलों को राष्ट्रीय जैव-विविधता प्राधिकरण द्वारा अधिसूचित किया जाता है।

2. इनकी घोषणा जैव विविधता अधिनियम, 2002 के अंतर्गत की जाती है।

3. जैव-विविधता धरोहर स्थल के रूप में घोषित होने के लिए स्थल को किसी भी प्रकार की मानव संबद्धता से मुक्त होना चाहिए।

उपर्युक्त कथनों में से कौन-सा/से सही है/हैं?

(a) केवल 1 और 3 (b) केवल 2
(c) केवल 1 और 2 (d) केवल 2 और 3

उत्तर (b) बायोडाइवर्सिटी हेरिटेज साइट्स (BHS) अर्थात् जैवविविधता धरोहर स्थल – ये ऐसे स्पष्टत: निर्धारित क्षेत्र हैं जो अद्वितीय तथा पारिस्थितिक रूप से संवेदनशील स्थलीय, तटीय, अंतर्देशीय जलक्षेत्र और समुद्री पारिस्थितिक तंत्र होते हैं। इनमें समृद्ध जैव-विविधता पायी जाती है जिसमें निम्नलिखित में से कोई एक या अधिक घटक सम्मिलित होते हैं।

ये स्थल सांस्कृतिक विविधता के अनुरक्षण के लिए महत्वपूर्ण हैं, चाहे इनके साथ मानव-समबद्धता का लम्बा इतिहास जुड़ा हो या न हो।

कथन 1 सही नहीं है। इन्हें राज्य सरकार द्वारा अधिसूचित किया जाता है। BHS के चयन और प्रबंधन हेतु दिशा-निर्देश जारी करने के लिए NHA उत्तरदायी है।

कथन 2 सही है। जैव-विविधता धरोहर स्थल, जैव विविधता अधिनियम, 2002 (अनुच्छेद 37) के अंतर्गत घोषित किए गए। इन्हें राज्य सरकार द्वारा स्थानीय निकायों और राष्ट्रीय जैव विविधता प्राधिकरण से परामर्श करके अधिसूचित किया जाता है।

कथन 3 सही नहीं है। यह अनिवार्य नहीं है कि इन स्थलों को मानव संबद्धता से मुक्त होना चाहिए। इन स्थलों का चयन स्थानीय समुदायों, ग्राम सभा, जनजातीय परिषदों आदि के सुझावों के उपरांत किया जाता है। इसलिए यह स्पष्ट है कि समुदायों का ऐसे स्थलों के साथ कुछ प्रत्यक्ष या अप्रत्यक्ष संबंध होता है; जिसके चलते वे इन स्थलों को जैव विविधता धरोहर स्थल के रूप में संरक्षित कराना चाहते हैं।

27. यूनाइटेड नेशन्स फ्रेमवर्क कन्वेंशन ऑन क्लाइमेट चेंज (UNFCCC) के संदर्भ में, निम्नलिखित कथनों पर विचार कीजिए–

1. इसे रियो शिखर सम्मेलन में स्वीकृत किया गया था।

2. इसका लक्ष्य ग्रीनहाउस गैसों के सांद्रण को स्थिर करना है।

3. इसके अंतर्गत ग्रीन क्लाइमेट फंड की स्थापना की गई है।

उपर्युक्त कथनों में से कौन-से सही है?

(a) केवल 1 और 2
(b) केवल 2 और 3
(c) केवल 1 और 3
(d) 1, 2 और 3

उत्तर (d) UNFCCC 21 मार्च, 1994 से प्रभावी हुआ था। वर्तमान में, इसकी सदस्यता लगभग सार्वभौमिक है। जिन 197 देशों ने इस कन्वेंशन की पुष्टि की है, उन्हें पार्टी टू द कन्वेंशन (COP) कहा जाता है।

UNFCCC, 1992 के 'रियो पृथ्वी शिखर सम्मेलन' में अपनाए गए तीन कन्वेंशनों में से एक 'रियो कन्वेंशन' है। इस सम्मेलन के शेष दो कन्वेंशन, 'UN कन्वेंशन ऑन बायोलॉजिकल डाइवर्सिटी' एवं 'द कन्वेंशन टू कॉम्बैट डेजर्टीफिकेशन' हैं। ये तीनों परस्पर अंतर संबंधित हैं। इसी संदर्भ में, इन तीनों कन्वेंशनों के मध्य सहयोग बढ़ाने हेतु एक जॉइंट लायसन ग्रुप की स्थापना की गयी थी जिसका अंतिम लक्ष्य पारस्परिक चिंता के मुद्दों से

संबंधित गतिविधियों हेतु परस्पर भागीदारी विकसित करना था। **इसलिए, कथन 1 सही है।**

कन्वेंशन का अंतिम उद्देश्य ग्रीनहाउस गैसों की संद्रता को 'एक ऐसे स्तर पर स्थिर करना है जिससे जलवायु तंत्र के साथ खतरनाक एन्थ्रोपोजेनिक (मानव प्रेरित) हस्तक्षेप को रोका जा सके।' इसमें कहा गया है कि ऐसे स्तर को पारिस्थितिक तंत्र के जलवायु परिवर्तन के प्रति स्वाभाविक अनुकूलन के लिए पर्याप्त समय सीमा के भीतर प्राप्त किया जाना चाहिए, ताकि यह सुनिश्चित किया जा सके कि खाद्यान्न उत्पादन को किसी प्रकार की क्षति न हो और आर्थिक विकास को संधारणीय रूप से आगे बढ़ाया जा सके। **इसलिए, कथन 2 सही है।**

ग्रीन क्लाइमेट फंड UNFCCC के एक वित्तीय तंत्र है, जो विकासशील देशों में न्यूनीकरण और अनुकूलन परियोजनाओं एवं कार्यक्रमों के माध्यम से उत्सर्जन में कमी तथा जलवायु के प्रति सहनशील (climate resilient) विकास हेतु जलवायु वित्तपोषण में सहायता करता है। **इसलिए, कथन 3 सही है।**

28. निम्नलिखित में से कौन-से, जैव-विविधता प्रबंधन समितियों (BMCs) के उत्तरदायित्व हैं?

1. जैव-विविधता का प्रलेखन

2. प्राकृतिक आवासों का संरक्षण

3. किसी भी जैव-संसाधन के जैव-उपयोग की स्वीकृति

नीचे दिए गए कूट का प्रयोग कर सही उत्तर चुनिए-

(a) केवल 1 और 2

(b) केवल 2 और 3

(c) केवल 1, 2, और 4

(d) 1, 2, 3 और 4

उत्तर (a) स्थानीय स्तर पर जैव-विविधता प्रबंधन समितियाँ (BMCs), जैव-विविधता के संरक्षण, संधारणीय उपयोग और प्रलेखन को बढ़ावा देने हेतु उत्तरदायी हैं। इसके अंतर्गत प्राकृतिक आवासों का संरक्षण, स्थलीय प्रजातियों का संरक्षण, लोक विविधता और किसानों, घरेलू पशुओं एवं सूक्ष्मजीवों की नस्लों एवं संख्या का संरक्षण शामिल है। इसके अतिरिक्त इसमें जैव विविधता से संबंधित ज्ञान को कालक्रम के आधार पर व्यवस्थित करना भी सम्मिलित है। **इसलिए कथन 1 और 2 सही हैं।**

भारतीयों द्वारा किसी जैव संसाधन के व्यावसायिक उपयोग, जैव-सर्वेक्षण या जैव-उपयोग किए जाने या विनिमय 'राज्य जैव-विविधता बोर्ड (SBBs)' करते हैं। वे इसके लिए प्रस्तावों का अनुमोदन करते हैं या अनुरोध किए जाने पर अपनी स्वीकृति प्रदान करते हैं। **इसलिए, कथन 3 सही नहीं है।**

29. वेटलैंड्स इंटरनेशनल के संदर्भ में, निम्नलिखित कथनों पर विचार कीजिए-

1. यह वर्ल्ड वाइस फण्ड फॉर नेचर (WWF) द्वारा प्रायोजित अंतर-सरकारी एजेंसी है।

2. यह झीलों, दलदली भूमियों एवं नदियों जैसी आर्द्रभूमियों के संरक्षण एवं पुनर्स्थापन हेतु कार्य करती है।

उपर्युक्त कथनों में से कौन-सा/से सही है/हैं ?

(a) केवल 1

(b) केवल 2

(c) 1 और 2 दोनों

(d) न तो 1, न ही 2

उत्तर (b) वेटलैंड्स इंटरनेशनल एक वैश्विक गैर-लाभकारी संगठन है और यह आर्द्रभूमियों के संरक्षण और पुनर्स्थापन हेतु समर्पित है। यह एक अंतर-सरकारी संस्था नहीं है। **इसलिए, कथन 1 सही नहीं है।**

वैटलैंड्स इंटरनेशनल आर्द्रभूमियों जैसे झीलों, दलदली भूमियों और नदियों के संरक्षण और पुनर्स्थापन हेतु कार्य करती है। इसमें आर्द्रभूमियों के पर्यावरणीय मूल्यों के साथ-साथ लोगों को प्रदान की जाने वाली सेवाओं का संरक्षण और पुनर्स्थापन भी सम्मिलित है। **इसलिए, कथन 2 सही है।**

30. 'कन्वेंशन ऑन बायोलॉजिकल डायवर्सिटी के संदर्भ में, निम्नलिखित कथनों पर विचार कीजिए-

1. यह एक कानूनी रूप से बाध्यकारी बहुपक्षीय पर्यावरणीय समझौता है।

2. यह पारंपरिक ज्ञान के उपयोग से अर्जित लाभों के न्यायपूर्ण वितरण का प्रावधान करता है।

3. यह सदस्य देशों द्वारा स्थापित बायोस्फीयर रिवर्ज को मान्यता प्रदान करता है।

उपर्युक्त कथनों में से कौन-से सही हैं?

(a) केवल 1 और 2

(b) केवल 2 और 3

(c) केवल 1 और 3

(d) 1, 2 और 3

उत्तर (a) 'कन्वेंशन ऑन बायोलॉजिकल डाइवर्सिटी' (BCO) एक कानूनी रूप से बाध्यकारी बहुपक्षीय पर्यावरणीय समझौता है। 194 देश इसके सदस्य हैं। इसके तीन उद्देश्य हैं-जैव विविधता का संरक्षण, विविधता का संधारणीय उपयोग और इस उपयोग के लाभों का उचित एवं न्यायपूर्ण वितरण सुनिश्चित करना। यह 29 दिसम्बर, 1993 को लागू हुआ था। **इसलिए कथन 1 सही है।**

CBD सदस्य देशों को स्वयं के जैविक संसाधनों पर संप्रभुता का अधिकार प्रदान करता है और देशों से अनुरोध करता है कि वे अन्य सदस्यों को उनके राष्ट्रीय कानून के अधीन और पारस्परिक रूप से सहमत शर्तों के आधार पर आनुवंशिक संसाधनों तक पहुँच उपलब्ध कराएँगे। CBD पारम्परिक ज्ञान एवं पद्धतियों के उपयोग से उत्पन्न होने वाले लाभों को ऐसे ज्ञान के धारकों के साथ समान रूप से साझा करने के लिए प्रावधान करता है। इसने ऐसे कानून का अधिनियम आवश्यक बना दिया है जो पहुँच प्रदान करने, ऐसी पहुँच के संबंध में शर्तों के निर्धारण तथा लाभों के न्यायपूर्ण वितरण हेतु फ्रेमवर्क प्रदान करता हो। **इसलिए, कथन 2 सही है।**

बायोस्फीयर रिजर्व, देशों द्वारा स्थापित स्थल होता है जिन्हें UNESCO के मैन एंड द बायोस्फीयर (MAB) कार्यक्रम के अंतर्गत, स्थानीय समुदाय के प्रयासों और वैज्ञानिक आधारों पर आधारित संधारणीय विकास को प्रोत्साहित करने हेतु मान्यता प्रदान की गयी है। **इसलिए, कथन 3 सही नहीं है।**

31. मॉन्ट्रेक्स रिकॉर्ड के संदर्भ में, निम्नलिखित कथनों पर विचार कीजिए-

1. यह उन आर्द्रभूमि स्थलों का रजिस्टर है, जहाँ मानवीय हस्तक्षेप के परिणामस्वरूप पारिस्थितिक विशेषताओं में परिवर्तन हो चुके हैं, हो रहे हैं या होने की संभावना है।

2. यह रामसर सूची का एक घटक है।

3. इस रिकॉर्ड में भारत की कोई भी आर्द्रभूमि सम्मिलित नहीं है।

उपर्युक्त कथनों में से कौन-सा/से सही है/हैं?

(a) केवल 1 और 2 (b) केवल 2

(c) केवल 1 और 3 (d) केवल 2 और 3

उत्तर (a) **कथन 1 सही है।** मॉन्ट्रेक्स रिकॉर्ड्स, अंतर्राष्ट्रीय महत्व की आर्द्रभूमियों की सूची में उन आर्द्रभूमि स्थलों का रजिस्टर है, जहाँ तकनीकी विकास, प्रदूषण या अन्य मानवीय हस्तक्षेप के परिणामस्वरूप पारिस्थितिक विशेषताओं में परिवर्तन हो चुके हैं, परिवर्तन हो रहे हैं या परिवर्तन होने की सम्भावना है।

कथन 2 सही है। यह रामसर सूची का एक घटक है।

कथन 3 सही नहीं है। भारत की 2 आर्द्रभूमियों को मॉन्ट्रेक्स रिकॉर्ड्स में सम्मिलित किया गया है।

1. केवलादेव राष्ट्रीय उद्यान, राजस्थान (1991 में)
2. लोकटक झील, मणिपुर (1993 में)

32. किगाली समझौते के संदर्भ में, निम्नलिखित कथनों पर विचार कीजिए–

1. इसे मान्ट्रियल प्रोटोकॉल में संशोधन के रूप मे प्रस्तुत किया गया था।

2. इसका उद्देश्य हाइड्रोफ्लोरोकार्बन (HFCs) को चरणबद्ध रूप से कम करना है।

3. यह जनवरी, 2017 से प्रभावी हुआ था।

उपर्युक्त कथनों में से कौन-से सही हैं?

(a) केवल 1 और 3
(b) केवल 1 और 2
(c) केवल 2 और 3
(d) 1, 2 और 3

उत्तर (b) अक्टूबर 2016 में, किगाली (रवांडा) में ओजोन परत का क्षरण करने वाले पदार्थों पर मॉन्ट्रियल प्रोटोकॉल के पक्षकारों की 28वीं बैठक के दौरान जलवायु और ओजोन परत की रक्षा करने के उद्देश्य से 170 देशों से अधिक ने प्रोटोकॉल में संशोधन करने पर सहमति व्यक्त की थी। **इसलिए, कथन 1 सही है।**

किगाली संशोधन का उद्देश्य हाइड्रोफ्लोरोकार्बन (HFC) के उत्पादन और उपभोग में कटौती करके चरणबद्ध तरीके से हाइड्रोफ्लोरोकार्बन (HFC) को कम करना है। ओजोन परत के क्षय पर HFCs के शून्य प्रभाव को देखते हुए, वर्तमान में इसे हाइड्रोक्लोरो कार्बन (HCFC) और क्लोरोफ्लोरोकार्बन (CFC) के प्रतिस्थापन के रूप में उपयोग किया जाता है, हालांकि ये शक्तिशाली ग्रीन हाउस गैसें हैं। **इसलिए, कथन 2 सही है।**

किगाली संशोधन के माध्यम से, मॉन्ट्रियल प्रोटोकॉल ग्लोबल वार्मिंग के विरूद्ध और भी अधिक शक्तिशाली उपकरण बन जाएगा। ये संशोधन 1 जनवरी, 2019 से लागू होंगे, बशर्ते कि कम-से-कम 20 पक्षकारों द्वारा इसकी पुष्टि कर दी जाए। इसका लक्ष्य 2047 तक HCF उपभोग में 80% से भी अधिक की कमी करना है। इन संशोधनों के माध्यम से इस सदी के अंत तक वैश्विक तापमान में 0.5 डिग्री सेल्सियस तक की वृद्धि को कम किया जा सकेगा। **इसलिए, कथन 3 सही नहीं है।**

33. संकटग्रस्त प्रजातियों की IUCN रेड लिस्ट के संदर्भ में, निम्नलिखित कथनों पर विचार कीजिए–

1. यह विभिन्न प्रजातियों और उप-प्रजातियों के विलुप्त होने के जोखिम का मूल्यांकन करती है।

2. यह जंतु प्रजातियों तक सीमित है तथा पादप प्रजातियों को सम्मिलित नहीं करती है।

उपर्युक्त कथनों में से कौन-सा/से सही है/हैं?

(a) केवल 1 (b) केवल 2
(c) 1 और 2 दोनों (d) न तो 1, न ही 2

उत्तर (a) 1948 में सृजित IUCN विश्व के सबसे वृहद् एवं विविधतापूर्ण पर्यावरणीय नेटवर्क के रूप में विकसित हुआ है। इसे अपने 1,300 सदस्य संगठनों के अनुभव, संसाधनों एवं उनकी पहुँच और करीब 10,000 विशेषज्ञों के इनपुट्स का लाभ प्राप्त होता है। IUCN को विश्व के प्राकृतिक पर्यावरण की स्थिति तथा उसके संरक्षण के लिए आवश्यक उपायों के क्रियान्वयन हेतु वैश्विक सहमति प्राप्त है।

संकटग्रस्त प्रजातियों की IUCN रेड लिस्ट पादप तथा जंतु प्रजातियों की वैश्विक संरक्षण स्थिति की सर्वाधिक व्यापक सूची प्रस्तुत करती है। अतः, कथन 2 सही नहीं है।

हजारों प्रजातियों और उप-प्रजातियों के विलुप्त होने के जोखिम का मूल्यांकन करने के लिए यह कुछ मापदंडों का उपयोग करता है। **अतः कथन 1 सही है।**

ये मानदंड सभी प्रजातियों एवं विश्व के सभी क्षेत्रों के लिए प्रासंगिक हैं। अपने सुदृढ़ वैज्ञानिक आधार के कारण IUCN की रेड लिस्ट को जैविक विविधता की स्थिति को दर्शाने में सर्वाधिक प्रामाणिकसंदर्शिका (गाइड) के रूप में माना जाता है।

34. 'स्टेट ऑफ इंडियाज एन्वॉयरमेंट रिपोर्ट' किसके द्वारा जारी की जाती है?

(a) पर्यावरण, वन एवं जलवायु परिवर्तन मंत्रालय
(b) यूनाइटेड नेशन फ्रेमवर्क कन्वेंशन ऑन क्लाइमेट चेंज (UNFCCC)
(c) विज्ञान एवं पर्यावरण केन्द्र
(d) वन अनुसंधान संस्थान

उत्तर (c) **'स्टेट ऑफ इंडियाज'** एन्वॉयरमेंट को वार्षिक आधार पर विज्ञान एवं पर्यावरण केन्द्र द्वारा जारी किया जाता है। यह न केवल तथ्यों तथा आंकड़ों की सहायता से पर्यावरण संबंधी मुद्दों के संबंध में सूचना उपलब्ध कराती है, बल्कि महत्वपूर्ण मुद्दों पर स्पष्ट राय विकसित करने हेतु पाठकों को अंतर्दृष्टि तथा उचित दृष्टिकोण प्रदान करती है। 2017 में इस रिपोर्ट के चौथे संस्करण को जारी किया गया था।

35. निम्नलिखित में से कौन जलवायु परिवर्तन पर संयुक्त राष्ट्र के फ्रेमवर्क कन्वेंशन (UNFCCC) के क्योटो प्रोटोकॉल के अंतर्गत स्थापित अनुकूलन फंड की राष्ट्रीय कार्यान्वयन इकाई है?

(a) राष्ट्रीय कृषि और ग्रामीण विकास बैंक (NABARD)
(b) राष्ट्रीय जैव विविधता प्राधिकरण
(c) नीति आयोग
(d) भारतीय अक्षय ऊर्जा विकास एजेंसी (IREDA)

उत्तर (a) कार्यान्वयन संस्थाएं ऐसी राष्ट्रीय, क्षेत्रीय तथा बहुपक्षीय संस्थाएं होती हैं जिन्हें अनुकूलन परियोजनाओं तथा कार्यक्रमों को कार्यान्वित करने के लिए संबंधित निधि से प्रत्यक्ष वित्तीय अंतरणों को प्राप्त करने के लिए अनुकूलन निधि बोर्ड से मान्यता प्राप्त होती है।

कृषि और ग्रामीण विकास हेतु राष्ट्रीय बैंक (NABARD) राष्ट्रीय कार्यान्वयन एजेंसी हैं।

36. मरुस्थलीकरण से निपटने के लिए संयुक्त राष्ट्र कन्वेंशन (UNCCD) के सन्दर्भ में, निम्नलिखित कथनों पर विचार कीजिए–

1. यह शुष्क तथा अर्द्ध-शुष्क क्षेत्रों में सूखे के मुद्दे का समाधान करती है।

2. यह कानूनी रूप से बाध्यकारी एक अंतर्राष्ट्रीय समझौता है।

3. भारत इस कन्वेंशन का हस्ताक्षरकर्ता नहीं है।

उपर्युक्त कथनों में से कौन-सा/से सही है/हैं?

(a) केवल 1 और 2
(b) केवल 2 और 3
(c) केवल 1 और 3
(d) 1, 2 और 3

उत्तर (a) जलवायु परिवर्तन के साथ-साथ मरुस्थलीकरण तथा जैव विविधता की हानि को 1992 के रियो पृथ्वी शिखर-सम्मेलन में संधारणीय विकास की सबसे बड़ी चुनौतियों के रूप में पहचाना गया। 1994 में अंगीकृत, संयुक्त राष्ट्र का मरुस्थलीकरण प्रतिरोधी कन्वेंशन (UNCCD) 1996 में लागू हुआ तथा यह पर्यावरण और विकास को संधारणीय भू-प्रबंधन से जोड़ने वाला वैधानिक रूप से बाध्यकारी समझौता बन गया। **इसलिए, कथन 1 सही है।**

इस कन्वेंशन के अंतर्गत विशेष तौर पर मरुस्थलीकरण भूमि निम्नीकरण तथा सूखे (Desertification, Land Degradation and Drought, DLDD) की समस्या का समाधान करने की चेष्टा की गई है– कुछ विशेष अर्थात शुष्क, अर्ध शुष्क और सूखे क्षेत्रों में, क्योंकि यह विश्व के कुछ सर्वाधिक सुभेद्य लोगों तथा पारितंत्रों में से कुछ का घर है। **इसलिए, कथन 2 सत्य हैं।**

भारत 14 अक्टूबर, 1994 को UNCCD का हस्ताक्षरकर्ता देश बन गया तथा उसने 17 दिसंबर, 1996 को इसकी अभिपुष्टि की। पर्यावरण, वन तथा जलवायु परिवर्तन मंत्रालय भारत सरकार में इसके लिए नोडल मंत्रालय होगा तथा मरुस्थलीकरण प्रकोष्ठ मंत्रालय के अधीन इस कन्वेंशन से जुड़े हुए सभी मुद्दों पर समन्वय करने हेतु नोडल बिन्दु होगा। **इसलिए, कथन 3 सत्य नहीं है।**

37. वैश्विक पर्यावरण सुविधा (Global Environmental Facility, GEF) निम्नलिखित सम्मेलनों में से किसके लिए एक वित्तीय तंत्र के रूप में कार्य करता है?

1. जैव विविधता सम्मेलन (CBD)

2. जलवायु परिवर्तन पर संयुक्त राष्ट्र फ्रेमवर्क कन्वेंशन (UNFCCC)।

3. दीर्घस्थायी कार्बनिक प्रदूषकों (POP) पर स्टॉकहोम कन्वेंशन

4. मरुस्थलीकरण से निपटने के लिए संयुक्त राष्ट्र कन्वेंशन (UNCCD)।

5. पारे पर मिनामाटा कन्वेंशन।

नीचे दिए गए कूट का प्रयोग कर सही उत्तर चुनिए–

(a) केवल 1, 2 और 3

(b) केवल 1, 2, 3, 4 और 5

(c) केवल 2, 4 और 5

(d) 1, 2, 3, 4 और 5

उत्तर (d) वैश्विक पर्यावरण सुविधा (Global Environment Facility, GEF) की स्थापना 1992 में रियो पृथ्वी शिखर-सम्मेलन के पूर्व हमारे ग्रह की सर्वाधिक गंभीर पर्यावरणीय समस्याओं से निपटने के लिए की गयी थी।

GEF निम्नलिखित कन्वेंशन के लिए वित्तीय तंत्र के रूप में कार्य करती है :

- जैव विविधता पर कन्वेंशन (CBD)
- जलवायु परिवर्तन पर यूनाइटेड नेशंस फ्रेमवर्क कन्वेंशन (UNFCCC)
- दीर्घस्थायी कार्बनिक प्रदूषकों (POP) पर स्टॉकहोम कन्वेंशन
- संयुक्त राष्ट्र का मरुस्थलीकरण प्रतिरोध कन्वेंशन (UNCCD)
- पारे पर मिनामाटा कन्वेंशन।
- GEF ओजोन परत का अवक्षय करने वाले पदार्थों पर मॉन्ट्रियल प्रोटोकॉल से औपचारिक रूप से सम्बद्ध नहीं है। यह संक्रमण के दौर से गुजर रहे देशों में इस प्रोटोकॉल के कार्यान्वयन में सहयोग प्रदान करती है।

GEF, UNFCCC के सदस्यों के सम्मेलन (COP) के द्वारा प्रतिष्ठापित LDCF तथा SCCF को शासित करती है। GEF जैव विविधता सम्मेलन (CBD) द्वारा स्थापित नागोया प्रोटोकॉल कार्यान्वयन निधि (NPIF) का प्रबन्धन भी करती है। इसके अतिरिक्त, GEF सचिवालय अनुकूलन निधि बोर्ड सचिवालय की मेजबानी भी करता है। इसलिए, सभी सत्य हैं।

38. निम्नलिखित युग्मों में से कौन-सा/से सही सुमेलित है/हैं?

	प्रोटोकॉल		**सम्मेलन का एजेंडा**
1.	**कार्टाजेना प्रोटोकॉल**	**:**	**जैव विविधता के लाभों की साझेदारी**
2.	**नागोया प्रोटोकॉल**	**:**	**जीवित संशोधित जीव (Living modified organisms)**
3.	**वियना सम्मेलन**	**:**	**ओजोन क्षयकारी पदार्थ**

नीचे दिए गए कूट का प्रयोग कर सही उत्तर चुनिए–

(a) केवल 1 और 2

(b) केवल 3

(c) 1, 2 और 3

(d) कोई नहीं

उत्तर (b) जैव विविधता पर कन्वेंशन के लिए जैव सुरक्षा पर कार्टाजेना प्रोटोकॉल एक अंतर्राष्ट्रीय समझौता है जिसका लक्ष्य आधुनिक जैव प्रोद्योगिकी के परिणामस्वरूप उत्पन्न हुए जीवित संशोधित जीवों (एल.एम.ओ.) का सुरक्षित हस्तन (हैंडलिंग), परिवहन और उपयोग सुनिश्चित करना है। यह जीव जैव विविधता पर प्रतिकूल प्रभाव डालने के साथ-साथ मनुष्य के स्वास्थ्य हेतु संकट सिद्ध हो सकते हैं। इसे 29 जनवरी 2000 को स्वीकार किया गया था और यह 11 सितंबर 2003 को लागू हुआ।

आनुवंशिक संसाधनों की उपलब्धता एवं जैव विविधता पर कन्वेंशन के अनुसार उनके उपयोग से उत्पन्न लाभों की उचित और न्यायोचित साझेदारी पर नागोया प्रोटोकॉल पर अंतर्राष्ट्रीय समझौता है जिसका लक्ष्य आनुवंशिक संसाधनों के उपयोग से उत्पन्न होने वाले लाभों में उचित और न्यायोचित साझेदारी करना है। यह 12 अक्टूबर 2014 को लागू हुआ।

ओजोन परत के संरक्षण के लिए वियना कन्वेंशन और ओजोन परत का अवक्षय करने वाले पदार्थों पर मॉन्ट्रियल प्रोटोकॉल, ओजोन परत के संरक्षण के लिए अंतर्राष्ट्रीय संधियाँ हैं। भारत ने वियना कन्वेंशन और मॉन्ट्रियल प्रोटोकॉल में क्रमशः 18 मार्च, 1991 एवं 19 जून 1992 को सहभागिता की।

❑❑❑

8 विविध

1. लोकटक झील के विषय में निम्नलिखित कथनों पर विचार कीजिए–

   1. यह अपने ऊपर तैरने वाली फुम्डी (phumdis) के लिए जाना जाता है।
   2. यह क्रिटिकली इंडेंजर्ड संगाई को प्राकृतिक वास प्रदान करता है।
   3. यह रामसर सूची एवं मोट्रेक्स रिकॉर्ड के अंतर्गत आच्छादित है।
   4. यह खारे जल की झील है।

   उपर्युक्त कथनों में से कौन-से सही हैं?

   (a) केवल 3 और 4
   (b) केवल 2 और 3
   (c) केवल 1, 2 और 4
   (d) 1, 2 और 3

उत्तर (d) लोकटक झील उत्तर-पूर्वी भारत (मणिपुर) में सबसे बड़ी ताजे पानी की झील है जो इस पर तैरने वाले फुम्डी (अपघटन के विभिन्न चरणों पर वनस्पति, मिट्टी और कार्बनिक पदार्थों का विषम भार) के लिए प्रसिद्ध है।

इसे रामसर के साथ ही मॉन्टेक्स रिकार्ड (Montreux Record) के अन्तर्गत सूचीबद्ध किया गया है।

इस झील पर स्थित केबुल लामजाओ राष्ट्रीय उद्यान इंडेंजर्ड ब्रो-एंटलर्ड (brow-antlered) हिरण या नृत्य करने वाले हिरण, जिसे स्थानीय स्तर पर संगाई (Sangai) के रूप में जाना जाता है, का एकमात्र शेष बचा प्राकृतिक वासस्थल है। केबुल लामजाओ राष्ट्रीय उद्यान प्रजातियों के संरक्षण के लिए झील के अंदर स्थित है।

2. आर्द्रभूमि (संरक्षण और प्रबंधन) नियम, 2010 के संदर्भ में निम्नलिखित कथनों पर विचार कीजिए–

   1. इन नियमों के अन्तर्गत केवल रामसर कन्वेंशन के अंतर्गत सम्मिलित आर्द्रभूमियों को आच्छादित किया गया है।
   2. यह प्रत्येक राज्य में स्तरीय आर्द्रभूमि प्राधिकरण का निर्माण करने का प्रस्ताव देता है।
   3. यह नियमों के अंतर्गत समाविष्ट आर्द्रभूमियों के अंतर्गत नए उद्योगों की स्थापना का निषेध करता है।

   उपर्युक्त कथनों में से कौन-सा/से सही है/हैं?

   (a) केवल 1 और 2 (b) केवल 2 और 3
   (c) केवल 3 (d) 1, 2, और 3

उत्तर (c) **कथन 1 सही नहीं है।** निम्नलिखित आर्द्रभूतियों को इन नियमों के अन्तर्गत विनियमित किया जाता है, अर्थात्:

जैसा कि अनुसूची में निर्दिष्ट है, रामसर कन्वेंशन के अंतर्गत अंतर्राष्ट्रीय महत्व की रामसर आर्द्रभूमियों के रूप में वर्गीकृत आर्द्रभूमियां;

पारिस्थितिकीय रूप से संवदेनशील और महत्वपूर्ण क्षेत्रों की आर्द्रभूमियां, जैसे कि राष्ट्रीय उद्यान, समुद्री उद्यान, अभयारण्य, आरक्षित वन, वन्यजीव वासस्थल, कच्छ वनस्पतियां, प्रवाल, प्रवाल भित्तियां, उत्कृष्ट सुंदरता वाले क्षेत्र या ऐतिहासिक या धरोहर क्षेत्र और आनुवांशिक विविधता में समृद्ध क्षेत्र;

UNESCO विश्व धरोहर स्थल के रूप में मान्यता प्राप्त या इसके भीतर पड़ने वाले क्षेत्र;

पांच हेक्टेयर के समतुल्य या इससे अधिक क्षेत्रफल वाले दो हजार पांच सौ मीटर की ऊंचाई से नीचे स्थित आर्द्रभूमियों या आर्द्रभूमि परिसर;

पांच सौ हेक्टेयर के समतुल्य या इससे अधिक क्षेत्रफल वाले दो हजार पांच सौ मीटर की ऊंचाई से नीचे स्थित आर्द्रभूमियां या आर्द्रभूमि परिसर;

प्राधिकरण द्वारा इस प्रकार पहचानी गई और तत्पश्चात इन नियमों के प्रयोजनों के लिए अधिनियम के प्रावधानों के अंतर्गत केन्द्र सरकार द्वारा अधिसूचित कोई भी अन्य आर्द्रभूमि।

कथन 2 सही नहीं है। यह सचिव, पर्यावरण मंत्रालय की अध्यक्षता में और नौकरशाहों और विशेषज्ञों से मिलकर बनने वाले केंद्रीय आर्द्रभूमि विनियामक प्राधिकरण (CWRA) के निर्माण का प्रस्ताव करता है। हालांकि, राज्य स्तरीय आर्द्रभूमि प्राधिकरण इन नियमों में प्रस्तवित नहीं किया गया था, लेकिन वे प्रस्तावित प्रारूप आर्द्रभूमि (संरक्षण और प्रबंधन) नियम, 2016 का भाग है।

कथन 3 सही है। आर्द्रभूमि के भीतर निम्नलिखित गतिविधियां निषिद्ध होंगी, अर्थात्:

आर्द्रभूमियों का भूमिसुधार :

नए उद्योगों की स्थापना और वर्तमान उद्योगों का विस्तार:

खतरनाक पदार्थों का निर्माण या हैंडलिंग या भंडारण या निपटान

ठोस अपशिष्ट का क्षेपण: बशर्ते कि वर्तमान प्रथाएं, यदि कोई हैं, इन नियमों का प्रारंभ होने से पहले अस्तित्व में थीं, इन नियमों के प्रारंभ होने की तिथि से छह महीने से अनाधिक अवधि के भीतर चरणबद्ध ढंग से समाप्त की जाएगी;

उद्योगों, नगरों या शहरों या अन्य मानव बस्तियों से अनुपचारित अपशिष्ट और बहिःस्राव का निपटान: बशर्ते कि प्रथाएं, यदि कोई हैं, इन नियमों के प्रारम्भ होने की तिथि से एक वर्ष से अनधिक अवधि के भीतर चरणबद्ध ढंग से समाप्त की जाएगी।

इन नियमों के प्रारंभ होने की तिथि से प्रगणित पिछले दस वर्षों के दौरान अवलोकित औसत उच्च बाढ़ के स्तर से पचास मीटर के भीतर नौका घाटों को छोड़कर कोई भी प्रकृति का निर्माण।

इन नियमों के अनुसार गठित प्राधिकरण द्वारा लिखित में निर्दिष्ट की जाने वाली आर्द्रभूमि के पारिस्थितिकी तंत्र पर प्रतिकूल प्रभाव डालने की संभावना वाली कोई भी अन्य गतिविधि।

3. इंडियन राइनो विजन, 2020 के संदर्भ में, निम्नलिखित कथनों पर विचार कीजिए–

   1. इसका उद्देश्य संभावित आबास क्षेत्रों में स्थानांतरण कर राइनों की जनसंख्या में वृद्धि करना है।
   2. इसके अंतर्गत पूर्वोत्तर राज्यों के सभी राष्ट्रीय पार्कों एवं वन्य जीवन अभयारण्यों को समाविष्ट (कवर) किया जाएगा।
   3. बोडोलैंड क्षेत्रीय परिषद इस कार्यक्रम में सक्रिय भागीदार है।

   उपर्युक्त कथनों में से कौन-सा/से सही है/हैं?

   (a) केवल 1 (b) केवल 1 और 3
   (c) केवल 2 और 3 (d) 1, 2 और 3

उत्तर (b) भारतीय राइनो विजन (IRV) 2020, असम वन विभाग, इंटरनेशनल राइनो फाउंडेशन एवं यूनाइटेड स्टेट्स फिश एंड वाइल्डलाइफ सर्विस, बोडोलैंड प्रादेशिक परिषद, एवं वर्ल्ड (WWF) के बीच एक साझेदारी है। **कथन 3 सही हैं।**

इसका लक्ष्य भारतीय राज्य असम में एक सींग वाले विशाल राइनो की न्यूनतम वन्य आबादी 3,000 प्राप्त करना है। **कथन 2 सही नहीं है।**

इसका उद्देश्य संभावित पर्यावास क्षेत्र में स्थानांतरित कर राइनो की आबादी में वृद्धि करना है। **कथन 1 सही हैं।**

वर्ष 2020 तक के लिए इस मिशन का प्रसार असम के सात संरक्षित क्षेत्रों में है। IRV 2020, राइनो क्षेत्र और आबादी में वृद्धि हेतु एक महत्वाकांक्षी कार्यक्रम है।

4. परमाकल्चर (Permaculture) किससे संबंधित है?

(a) परजीवी प्रक्रिया के माध्यम से महासागरों में तेल-रिसाव (ऑयल-स्पिल) का उपचार।

(b) संधारणीय कृषि पारिस्थितिक तंत्रों का विकास

(c) कृषि उत्पादकता बढ़ाने के लिए आनुवंशिक रूप से संशोधित जीवों का उपयोग।

(d) स्थायी तुषार भूमि (परमाफ्रॉस्ट) से ग्रसित क्षेत्रों के लिए कृषि समाधानों का विकास करना।

उत्तर (b) तेल-रिसाव (ऑयल- स्पिल) को कई तरीकों से उपचारित किया जाता है, जैसे परिक्षेपक (dispersants) बूम/स्किमर, जैविक एजेंट आदि का उपयोग। लेकिन, परमाकल्चर तेल-रिसाव की सफाई से नहीं संबंधित है। इस प्रकार, विकल्प (a) सही नहीं है।

परमाकल्चर संधारणीय और आत्मनिर्भर होने के लिए अभिप्रेत कृषि पारिस्थितिकी प्रणालियों का विकास है। यह कृषि उत्पादों की मानवीय आवश्यकताएं संधारणीय ढंग से पूरा करने के लिए वैकल्पिक प्रतिमान प्रदान करता है। **इस प्रकार, विकल्प** (b) **सही है।**

परमाकल्चर कृषि प्रयोजनों के लिए आनुवंशिक रूप से संशोधित जीवों के उपयोग को बढ़ावा नहीं देता है। **इस प्रकार, विकल्प** (c) **सही है।**

स्थायी तुषार भूमि (परमाफ्रॉस्ट) वर्ष पर्याप्त जमी रहने वाली भूमि है जिसमें उत्तरी गोलार्द्ध में लगभग एक चौथाई अनावृत भूमि सम्मिलित है। यह जमे हुए कार्बनिक पदार्थ के रूप में अनुमानतः 1.7 ट्रिलियन टन कार्बन समेटे हुए है, जो इसके गर्म और विघटित होने से कार्बन डाइऑक्साइड (CO_2) और मीथेन के रूप में बाहर निकल रहा है। परमाकल्चर स्थायी तुषार भूमि से संबंधित नहीं है। इस प्रकार, **विकल्प** (d) **सही नहीं है।**

5. प्रकाश रासायनिक धूमकुहरे (फोटोकेमिकल स्मॉग) के संबंध में निम्नलिखित कथनों पर विचार कीजिए–

1. यह ठंडी आर्द्र जलवायु में उत्पन्न होता है।

2. यह असंतृप्त हाइड्रोकार्बनों एवं नाइट्रोजन ऑक्साइडों पर सूर्य के प्रकाश की अभिक्रिया से उत्पन्न होता है।

3. इसके कारण धातुओं और निर्माण सामग्रियों का संक्षारण होता है।

उपर्युक्त कथनों में से कौन-सा/से सही है/हैं?

(a) केवल 1 और 3 (b) केवल 2 और 3

(c) केवल 2 (d) 1, 2 और 3

उत्तर (b) **कथन 1 सही नहीं है।** धूमकुहरा, शब्द धुएं और कोहरे से निकला है। धूमकुमरा दो प्रकार का होता है:

पारंपारिक (क्लासिक) धूमकुहरा ठंडी आर्द्र जलवायु में पाया जाता है। यह धुएं, कोहरे और सल्फर डाइऑक्साइड का मिश्रण होता है। रासायनिक रूप से यह अपचयनकारी मिश्रण होता है और इसलिए इसे अपचयनकारी धूमकुहरा भी कहा जाता है।

प्रकाश रासायनिक धूमकुहरा गर्म, शुष्क और धूपयुक्त जलवायु में पाया जाता है। प्रकाश रासायनिक धूमकुहरे के मुख्य घटक ऑटोमोबाइल और कारखानों द्वारा उत्पन्न असंतृप्त हाइड्रोकार्बन और नाइट्रोजन ऑक्साइड पर सूर्य के प्रकाश की क्रिया के परिणामस्वरूप उत्पन्न होते हैं। **कथन 2 सही है।** प्रकाश रासायनिक धूमकुहरा में ऑक्सीकारक अभिकर्ताओं की उच्च सांद्रता होती है और इसलिए इसे ऑक्सीकारक धूमकुहरा कहा जाता है।

प्रकाश रासायनिक धूमकुहरे के सामान्य घटक ओजोन, नाइट्रिक ऑक्साइड, एक्रोलीन, फॉर्मल्डीहाइड और पेरोक्सीएसीटिल नाइट्रेट (PAN) हैं। प्रकाश रासायनिक धूमकुहरा स्वास्थ्य के लिए गंभीर समस्याएं पैदा करता है ओजोन और PAN दोनों ही आंखों के लिए शक्तिशाली जलनकारक के रूप में कार्य करते हैं। ओजोन और नाइट्रिक ऑक्साइड से नाक और गले में जलन पैदा होती है और इनकी उच्च सांद्रता से सिर दर्द, सीने में दर्द, खराश, खांसी और सांस लेने में कठिनाई होती है। प्रकाश रासायनिक धूमकुहरे में रबड़ में दरारें पड़ जाती है और पादप जीवन को भरी क्षति पहुंचाती है। इसके साथ ही यह धातु, पत्थर, निर्माण सामग्री, रबड़ और पेंट की सतहों के संक्षारण का कारण बनती है। **कथन 3 सही है।**

6. अपशिष्ट प्रबंधन की तकनीकों के संबंध में पैलेटाइजेशन (Pelletistion) का संदर्भ किससे/किनसे हैं?

(a) अवशिष्ट व्युत्पन्न ईंधन (Refuse Derived Fuel: RDF) का उत्पादन करने के लिए कार्बनिक अपशिष्ट पदार्थ का प्रसंस्करण।

(b) ऊर्जा प्राप्त करने के लिए कार्बनिक पदार्थों का दहन।

(c) कार्बनिक पदार्थ को पोषण तत्वों से समृद्ध मृदा अनुपूरक के रूप में पुनर्चक्रण करने की प्रक्रिया

(d) उपर्युक्त में से कोई नहीं।

उत्तर (a) नगरपालिका ठोस अपशिष्ट के पैलेटाइजेशन में छटाई, संदलन, उच्च और कम ऊष्मा मान वाले कार्बनिक अपशिष्ट पदार्थ का मिश्रण बनाना और ईंधन पेलेट या ब्रिकेट (जिसे अपशिष्ट व्युत्पन्न ईंधन-RDF भी कहा जाता है।) का उत्पादन करने के लिए इसे ठोस बनाने की प्रक्रिया सम्मिलित है। यह प्रक्रिया वस्तुतः ऐसी विधि है जो अपशिष्ट को संघनित करती है या उसका भौतिक रूप परिवर्तित कर देती है और अकार्बनिक सामग्री व नमी दूर कर उसकी कार्बनिक सामग्री को समृद्ध बनाती है RDF पेलेट का कैलोरिफिक मान अपशिष्ट में कार्बनिक पदार्थ और प्रक्रिया में प्रयुक्त योजकों और बाइंडर सामग्री के प्रतिशत के आधार पर लगभग 4000 किलो कैलोरी/किलोग्राम हो सकता है।

MSW घटिया गुणवत्ता वाला ईंधन है और इसकी स्थिरता (consistency), भंडारण और हैंडलिंग विशेषताओं, दहन व्यवहार और कैलोरिफिक मान में सुधार करने के लिहाज से ईंधन पेलेट तैयार करने हेतु इसका पूर्व-प्रसंस्करण आवश्यक है।

निम्नलिखित क्षेत्रों में RDF के महत्वपूर्ण अनुप्रयोग पाए जाते हैं:

- सीमेंट भट्टी
- RDF विद्युत संयंत्र
- कोयला चालित विद्युत संयंत्र
- औद्योगिक वाष्प/हीट बॉयलर
- पेलेट स्टोव
- ठोस अपशिष्ट का ब्रिकेट में रूपांतरण, अपशिष्ट के पर्यावरण की दृष्टि से सुरक्षित

निपटान के लिए वैकल्पिक साधन प्रदान करता है जिसका वर्तमान में गैर-स्वच्छतापूर्ण लैंडफिल में निपटान किया जाता है। इसके अतिरिक्त, पेलेटाइजेशन प्रौद्योगिकी नवीकरणीय ऊर्जा का एक अन्य स्रोत भी प्रदान करती है, जो जैव ईंधन, पवन, सौर और भूतापीय ऊर्जा के समान है RDF का उत्सर्जन गुण NOx, SOx, Co और Co_2 जैसे प्रदूषकों के कम उत्सर्जन के कारण कोयले की तुलना में श्रेष्ठतर हैं।

7. संयुक्त राष्ट्र पर्यावरण कार्यक्रम (UNEP) की ब्ल्यू-कार्बन पहल का उद्देश्य निम्नलिखित में से क्या है?

(a) ऊर्जा की बढ़ती मांग को पूरा करने के लिए ज्वारीय ऊर्जा का विकास

(b) तटीय पारिस्थितिकी प्रणालियों के कार्बन प्रच्छादन (sequestration) का संधारण सुनिश्चित करने के उद्देश्य से तटीय पारिस्थितिकी प्रणालियों का प्रबंधन।

(c) समुद्री मार्गों के माध्यम से खतरनाक पदार्थों के आवगमन को विनियमित करना।

(d) पर्यावरण में एयरोसोल के उत्सर्जनों में योगदान करने वाली गतिविधियों का विनियमन।

उत्तर (b) संयुक्त राष्ट्र पर्यावरण कार्यक्रम (UNEP) की ब्ल्यू-कार्बन पहल का उद्देश्य तटीय और समुद्री पारिस्थितिकी प्रणालियों के कार्बन प्रच्छादन (Sequesration) एवं संग्रहण कार्यों को बनाए रखना एवं ग्रीन हाउस गैसों का उत्सर्जन टालना सुनिश्चित करने के प्रयोजन से उनके उचित प्रबंधन की दिशा में प्रगति करने हेतु वैश्विक साझेदारी विकसित करना है। इस पहल का उद्देश्य 2025 तक समग्र रूप से निम्नलिखित लक्ष्यों की प्राप्त करना है:

- समुद्री और तटीय पर्यावासों की गिरावट की वर्तमान प्रवृत्ति को व्युत्क्रमित करना एवं कार्बन प्रच्छादन (Sequesration) की मात्रा को बनाए रखना;
- पारिस्थितिक तंत्र आधारित प्रभाव के अंतर्गत ब्ल्यू-कार्बन पारिस्थितिक तंत्रों के क्षेत्रफल में उल्लेखनीय बढ़ोत्तरी करना: एवं
- तटीय और समुद्री पर्यावासों की रक्षा करने और पुनर्वास के लिए 40 मिलियन अमेरिकी डॉलर जुटाना, इस प्रकार कार्बन संग्रहण और स्ववियोजन संबंधी उनकी क्षमता में बढ़ोत्तरी करना।

8. ठंडे जल के प्रवालों के संदर्भ में निम्नलिखित में से कौन-सा/से कथन सही है/हैं?

1. उन्हें जीवित रहने के लिए जूजैंथिली (Zooxanthellae) की आवश्यकता नहीं होती है।

2. ठंडे जल की प्रवाल भित्ति का विश्वव्यापी वितरण, उष्णकटिबंधीय भित्ति की तुलना में अधिक है।

नीचे दिए गए कूट का प्रयोग कर सही उत्तर का चयन कीजिए-

(a) केवल 1 (b) केवल 2

(c) 1 और 2 दोनों (d) न तो 1 न ही 2

उत्तर (c) ठंडे जल के प्रवाल उष्णकटिबंधीय प्रवालों की तुलना में महासागरों के अधिक गहरे एवं अधिक अंधकारमय भागों तक विस्तारित होते हैं। ये समुद्र सतह से लेकर समुद्र तल तक 2000 मीटर से भी अधिक गहराई तक विस्तारित हो सकते हैं जहाँ जल का तापमान 4°C तक ठंडा हो सकता है। ये गहरे जल में निवास करते हैं उथले जल में नहीं। उष्णकटिबंधीय प्रवालों की भांति ये अन्य प्रजातियों को पर्यावास प्रदान करते हैं, किन्तु गहरे जल के प्रवालों को जीवित रहने के लिए जूजैंथिली की आवश्यकता नहीं होती. है। **कथन 1 सही है।**

संयुक्त राष्ट्र पर्यावरण कार्यक्रम के अनुसार विश्व भर में उष्णकटिबन्धीय प्रवाल भित्तियों की तुलना में ठंडे जल की प्रवाल भित्तियों की संख्या अधिक होती है। उनका प्रसार उनके उष्णकटिबंधीय समकक्षों की तुलना में अधिक है। नार्वे से लेकर दक्षिण में पश्चिम अफ्रीका तक फैली विभिन्न अलग-अलग भित्तियों में से कुछ संयुक्त किया जाए तो उनका क्षेत्रफल ऑस्ट्रेलिया की ग्रेट बैरियर रीफ जैसी अपेक्षाकृत अधिक प्रसिद्ध उष्णकटिबंधीय प्रवाल भित्तियों की तुलना में अधिक होगा। **कथन 2 सही है।**

9. निम्नलिखित युग्मों पर विचार कीजिए-

सुक्ष्मजीव		उपयोग
1. साइनोबैक्टीरिया	:	जलीय पर्यावरण में वायुमंडलीय नाइट्रोजन का स्थिरीकरण करता है।
2. माइकोराइजा	:	मृदा लवणता के प्रति सहनशीलता को बढ़ाता है।
3. डिनोकॉकस रेडियोड्यूरांस	:	रेडियोधर्मी अपशिष्ट से स्रावित पारा संदूषण का निर्विषीकरण (detoxify) करता है।

उपर्युक्त युग्मों में से कौन-सा/से सही सुमेलित है/हैं?

(a) केवल 1 (b) 1, 2 और 3

(c) केवल 1 और 3 (d) केवल 2 और 3

उत्तर (b) सायनोबैक्टीरिया : जलीय पर्यावरण में वायुमंडलीय नाइट्रोजन का स्थिरीकरण करता है।

मायकोराइजा : मृदा लवणता के प्रति सहनशीलता में वृद्धि करते हैं।

डिनोकॉकस रेयोड्यूरांस : रेडियोधर्मी अपशिष्ट से स्रावित होने वाले टोल्यूइन और पारा संदूषण का निर्विषीकरण करने में उपयोग किए जाते हैं।

10. ठोस अपशिष्ट उपचार के लिए कंपोस्टिंग का प्रयोग किया जाता है। कंपोस्टिंग की प्रक्रिया के संबंध में निम्नलिखित में से क्या सही है/हैं?

1. यह ठोस अपशिष्ट उपचार के लिए कंपोस्टिंग अपघटन को सम्मिलित करती है।

2. कंपोस्ट मृदा के पोषक तत्वों में बढ़ोत्तरी करता है किन्तु मृदा की जल धारण क्षमता को घटाता है।

नीचे दिए गए कूट का प्रयोग कर सही उत्तर का चयन कीजिए-

(a) केवल 1 (b) केवल 2

(c) 1 और 2 दोनों (d) न तो 1 न ही 2

उत्तर (d) अपशिष्ट की कम्पोस्टिंग ठोस अपशिष्टों को अपघटित करने की वायवीय विधि है। इस प्रक्रिया में जैविक अपशिष्ट का हयूमस के रूप में अपघटन होता है जिसे कम्पोस्ट के रूप में जाना जाता है, यह पौधों के लिए अच्छा उर्वरक है। कम्पोस्टिंग की प्रक्रिया में कार्बन डाइऑक्साइड और ऊष्मा भी उत्पन्न होती है, जिसे भोजन पकाने इत्यादि विभिन्न प्रयोजनों के लिए उपयोग किया जा सकता है। सूक्ष्मजीव कार्बनिक पदार्थ का स्थिरीकरण करने में सहायता करते है। उदाहरण के लिए, सामग्री की डंपिंग के बाद प्रथम सप्ताह में कवक कार्य करना आरम्भ कर देते हैं। एक्टिनोमाइसिटीज अनुविभाजन प्रक्रिया की अंतिम अवस्था में सहायता करते हैं जबकि जीवाणु (बैक्टीरिया) इस सम्पूर्ण प्रक्रिया के दौरान मौजूद रहते हैं। इसलिए कथन 1 सही नहीं है।

कम्पोस्टिंग के प्रमुख लाभ निम्नलिखित हैं :

- यह मृदा पोषक तत्व एवं मृदाओं की जल धारण क्षमता को बढ़ाती है।
- यह पादप रोगों का दमन करती है।
- यह ह्यूमस का समावेश करके न्यून पोषक तत्वों वाली मृदा को नया जीवन देती है।

• यह तूफान के अपवाह जल में उपस्थित प्रदूषकों को अपवाहित होकर जल स्रोतों में मिलने से रोककर प्रदूषण को रोकती है।

• यह तटबंधों पर मिट्टी के अपरदन एवं गादन को रोकता है।

• यह अतिरिक्त जल, उर्वरकों एवं कीटनाशकों की आवश्कता में कमी के माध्यम से लागत को कम करती है।

इसलिए कथन 2 सही नहीं है।

11. राष्ट्रीय हरित प्राधिकरण (NGT) निम्नलिखित में से किन अधिनियमों के संबंध में मामलों की सुनवाई कर सकता है।

1. जल (प्रदूषण निवारण और नियंत्रण) अधिनियम, 1974

2. पर्यावरण (संरक्षण) अधिनियम, 1986

3. जैव विविधता अधिनियम, 2002

4. वन्यजीव (संरक्षण) अधिनियम, 1972

नीचे दिए गए कूट का प्रयोग कर सही उत्तर का चयन कीजिए–

(a) केवल 1, 2 और 3
(b) केवल 2, 3 और 4
(c) केवल 1 और 4
(d) 1, 2, 3 और 4

उत्तर (a) राष्ट्रीय हरित प्राधिकरण (NGT) को राष्ट्रीय हरित प्राधिकरण अधिनियम की प्रथम अनुसूची में सूचीबद्ध कानूनों के कार्यान्वन से संबंधित सभी नागरिक मामलों की सुनवाई करने की शक्ति है। इसमें निम्नलिखित सम्मिलित हैं:

• जल (प्रदूषण का निवारण एवं नियंत्रण) अधिनियम, 1974

• जल (प्रदूषण का निवारण एवं नियंत्रण) उपकर अधिनियम, 1977;

• वन (संरक्षण) अधिनियम, 1980

• वायु (प्रदूषण निवारण एवं नियंत्रण), 1981

• पर्यावरण (संरक्षण) अधिनियम, 1986

• सार्वजनिक देयता बीमा अधिनियम, 1991

• जैव विविधता अधिनियम, 2002

इसका अर्थ है कि केवल इन्ही कानूनों से संबंधित किसी प्रकार के उल्लघंनों को राष्ट्रीय हरित प्राधिकरण (NGT) के सामने चुनौती दी जा सकती है। राष्ट्रीय हरित प्राधिकरण (NGT) में वन्यजीवन (संरक्षण) अधिनियम, 1972, भारतीय वन अधिनियम, 1927, एवं राज्यों द्वारा वनों, वृक्ष संरक्षण इत्यादि से संबंधित किसी मामले की सुनवाई करने की शक्ति निहित नहीं की गई है। इसलिए, इन कानूनों से संबंधित विशिष्ट एवं महत्वपूर्ण मुद्दों को राष्ट्रीय हरित प्राधिकरण (NGT) के सामने नहीं उठाया जा सकता।

12. 'शैवाल प्रस्फुटन' के संदर्भ में निम्नलिखित कथनों में से कौन-सा/से सही है/हैं?

1. वे जलीय पारिस्थितिक तंत्र के लिए सदैव हानिकारक होते हैं।

2. उन्हें 'लाल ज्वार' (Red Tides) कहा जाता है।

3. शैवाल प्रस्फुटन अलवणीय जल और समुद्री पर्यावरण दोनों में उत्पन्न हो सकते हैं।

नीचे दिए गए कूट का प्रयोग कर सही उत्तर का चयन कीजिए–

(a) केवल 1 और 3
(b) केवल 2
(c) केवल 2 और 3
(d) 1, 2 और 3

उत्तर (c) सभी शैवाल प्रस्फुटन हानिकारक नहीं होते है, कुछ वस्तुतः लाभदायक हो सकते हैं। पादपप्लवक (शैवाल) समुद्री खाद्यशृंखला के आधारित स्तर में पाए जाते हैं। इसलिए महासागर में अन्य सभी जीव पादपप्लवकों पर निर्भर रहते हैं। प्रस्फुटन न केवल जल में अपितु भूमि पर भी पर्यावरणीय परिवर्तन के अच्छे संकेतक हो सकते हैं। शैवाल प्रस्फुटन अलवणीय जल एवं साथ ही साथ समुद्री पर्यावरण में भी हो सकते हैं। इस प्रकार, **कथन 1 सही नहीं है और 3 सही है।**

शैवाल प्रस्फुटन को सामान्यतः लाल ज्वार कहा जाता है, क्योंकि वे कई बार जल का रंग परिवर्तित कर लाल कर देते हैं। लेकिन शैवाल प्रस्फुटन अन्य रंगों के भी हो सकते हैं। जैसे हरा, नीला, लाल या बादामी (ब्राउन) इस प्रकार वैज्ञानिकों द्वारा हानिकारक शैवाल प्रस्फुटन शब्द के प्रयोग को वरीयता दी जाती है। **इस प्रकार, कथन 2 सही है।**

13. 'वैडोज वाटर जोन (Vadose Water Zone)' किस प्रकार का क्षेत्र है?

(a) भूमि की सतह एवं भौमजल स्तर (वाटर टेबल)
(b) ध्रुवीय क्षेत्र में स्थायी रूप से हिमीकृत अलवणीय जल।
(c) महासागर में अवस्थित क्षेत्र जहाँ केवल प्राथमिक उत्पादकता सर्वाधिक होती है।
(d) कोल-वेड के ऊपर शेल गैस का संचय।

उत्तर (a) पृथ्वी की सतह के नीचे वायुमंडलीय दाब की तुलना में अधिक दाब पर प्राप्त होने वाला जल, जो इस प्रकार अंतर्संबधित रिक्त स्थानों से किसी छिद्र में मुक्त रूप से प्रवाहित होता है, भौमजल होता है। भौमजल और मृदा जल दोनों मिलकर जलमंडल के कुल जल का लगभग 0.5% भाग होते हैं।

सतह के नीचे प्राप्त होने वाले जल को वस्तुतः तीन क्षेत्रों में विभाजित किया जा सकता है:

• भूमि की सतह एवं जल स्तर के बीच मृदा जल क्षेत्र (असंतृप्त क्षेत्र में पाया जाने वाला जल)। अतः विकल्प ('a') सही है।

• मध्यवर्ती क्षेत्र, या केशिका फ्रिंज, (ठीक जल स्तर के ऊपर विद्यमान मृदा क्षेत्र जो अंतर्निहित भौमजल स्तर (Groundwater level) से जल का अवशोषण करने वाले स्पंज के रूप में कार्य करता है और इस जल को किंचित दृढ़तापूर्वक प्रतिधारित करता है। मृदा रंध्र केशनलियों के रूप में कार्य करते हैं। मृदा रंध्र जितना लघु होगा मृदा रंध्रों में जल उतना ही ऊँचा चढ़ेगा)।

• भौमजल, या संतृप्त क्षेत्र।

दो शीर्ष क्षेत्रों अधिभौम क्षेत्र एवं केशिका फ़िन्ज को वातन क्षेत्र के रूप में समूहीकृत किया जा सकता है जहां वायु वर्ष-भर पृथ्वी के पदार्थों के बीच रंध्राकाशो (Pore spaces) में व्याप्त रहती है। कभी-कभी, विशेष रूप से उच्च वर्षा के समय के दौरान, ये रंध्राकाश जल से भर जाते हैं।

वातन क्षेत्र के नीचे संतृप्त क्षेत्र, या भौमजल क्षेत्र अवस्थित होता है। यहाँ जल निरंतर सभी रंध्राकाशों को व्याप्त कर लेता है भौमजल स्तर, जल वातन क्षेत्र को संतृप्त क्षेत्र से विभाजित करता है।

14. निम्नलिखित में से कौन-सा कथन अर्थ ऑवर (Earth hour) की सर्वश्रेष्ठ व्याख्या करता है?

(a) यह ऐसा अभियान है जिसमें भागीदार प्रतिवर्ष एक निश्चित दिन मात्र एक घंटे सार्वजनिक परिवहन का प्रयोग करते हैं।
(b) यह ऐसा अभियान है जिसमें भागीदार प्रतिवर्ष एक निश्चित दिन एक घंटे के लिए लाइट्स को स्विच-ऑफ करते हैं।
(c) यह ऐसा अभियान है जिसमें भागीदार देश एक घंटे के लिए गैर-नवीकरणीय स्रोतों द्वारा ऊर्जा के उत्पादन का निषेध करते हैं।
(d) यह ऐसा अभियान है जिसमें भागीदार प्रतिवर्ष एक निश्चित दिन एक घंटे के लिए देश की गलियों और सड़कों की सफाई करते हैं।

उत्तर (b) अर्थ ऑवर (Earth hour) वर्ल्ड वाइड फण्ड फॉर नेचर (WWF) द्वारा सम्पूर्ण पृथ्वी के लिए आयोजित किया जाने वाला विश्वव्यापी अभियान है। यह कार्यक्रम सम्पूर्ण विश्व में प्रतिवर्ष आयोजित किया जाता है एवं व्यक्तियों, समुदायों

परिवारों और व्यवसायों को पृथ्वी-ग्रह के प्रति उनकी प्रतिबद्धता के प्रतीक रूप में मार्च महीने के अंत में रात 8:30 से 9:30 बजे तक एक घंटे के लिए अपनी अनावश्यक लाइट्स को स्विच-ऑफ करने के लिए प्रोत्साहित करता है।

15. निम्नलिखित में से कौन-से अनुकूलन, मैंग्रोव वनस्पति को उनके सक्रिय और कठोर पारिस्थितिक तंत्र का सामना करने में सहायता करते हैं?

1. जरायुजता (Vivipary)

2. अवस्तंभ मूल (Stilt roots)

3. श्वसन मूल (Pneumatophores)

नीचे दिए गए कूट का प्रयोग कर सही उत्तर का चयन कीजिए–

(a) केवल 1 और 2 (b) केवल 1 और 3
(c) केवल 3 (d) 1, 2 और 3

उत्तर (d) मैंग्रोव वनस्पति का पर्यावरण अत्यंत कठोर होता है एवं मैंग्रोव इन पर्यावरणीय परिस्थितियों का सामना करने के लिए विभिन्न प्रकार से अनुकूलित होते हैं।

कथन 1 सही है। जरायुजता : लवणीय जल, ऑक्सीजन की अल्पता या अभाव वाली असंगठित लवणीय मृदा, बीजों के प्रजनन का विशिष्ट तरीका पाया जाता है, जिसे सामान्य रूप से जरायुजता के नाम से जाता है जिसके द्वारा बीज जनक वृक्ष से संलग्न रहते हुएं भी नवोदिद् के रूप में अंकुरित एवं विकसित होते है। वे उपर्युक्त मृदा पर अपनी जड़े जमाने से पूर्व कुछ समय के लिए जल में प्लवनशील एवं तरणशील रहते हैं।

कथन 2 सही है। अवस्तंभ मूल // अनुकूलन जड़ें : कुछ मैंग्रोव वनस्पतियों में तनों और शाखाओं से जड़े निकलती है एवं मुख्य तने से कुछ दूरी पर मृदा में प्रवेश करती है, जैसा की बरगद वृक्षों में देखा जाता है। इन जड़ों के रूप में तथा मुख्य भौतिक आधार प्रदान किए जाने के कारण ये अवस्तंभ मूल कहलाती है। इन जड़ों में अनेक रन्ध्र होते हैं जिनके माध्यम से वायुमंडलीय ऑक्सीजन जड़ों में प्रवेश करती है।

कथन 3 सही है। श्वसन मूल (न्यूमेटोफोर्स) : मैंग्रोव पर्यावरण में मृदा ऑक्सीजन की मात्रा अत्यंत कम या शून्य होती है। इस हेतु मैंग्रोव जड़ प्रणाली के लिए वायुमंडल में ऑक्सीजन ग्रहण करना आवश्यक हो जाता है। अत: मैंग्रोव वनस्पतियों में भूमि के ऊपर पाई जाने वाली विशेष जड़े होती है जिन्हें श्वसन मूल (न्यमेटोफोर्स) कहा जाता है। इन जड़ों में अनेक रन्ध्र होते हैं जिनके माध्यम से ऑक्सीजन भूमिगत ऊतकों में प्रवेश करती है।

16. भारत स्टेज (BS) उत्सर्जन मानकों के संबंध में, निम्नलिखित में से कौन-सा/से कथन सही है/हैं?

1. BS मानकों के अंतर्गत, CO, PM, NOx एवं अनबर्न्ट (बिना जले हुए) हाइड्रोकार्बन (HC) के उत्सर्जन की, विनियमन हेतु पहचान की जाती है।

2. BS IV मानक को पूरे भारत में कार्यान्वित किया गया है।

3. भारत BS-IV मानक के बाद BS-IV को अपनाने के बजाय, अब सीधा BS-VI मानक को अप्रैल 2020 तक अपनाया जाएगा।

नीचे दिए गए कूट का प्रयोग कर सही उत्तर का चयन कीजिए–

(a) केवल 1 और 3 (b) केवल 3
(c) केवल 1 और 2 (d) केवल 2 और 3

उत्तर (a) **कथन 1 सही है।** BS मानकों के अंतर्गत, CO, PM, NOx और बिना जले हुए हाईड्रोकार्बन (HC) के उत्सर्जन के विनियमन के लिए उनकी पहचान की जाती है।

कथन 2 गलत है। वर्तमान में BS-IV पेट्रोल और डीजल की पूरे उत्तर भारत में आपूर्ति की जा रही है और देश के शेष भाग में BS-III ग्रेड ईंधन की आपूर्ति की जा रही है। देश के शेष भाग में भी BS-IV की आपूर्ति के लिए अप्रैल 2017 का समय निर्धारित किया गया है।

कथन 3 सही है। सरकार ने जनवरी 2016 में यह घोषणा की हैं कि BS-IV मानक के बाद BS-V को अपनाने के बजाय, अब सीधा BS-VI मानक को अप्रैल 2020 तक अपनाया जाएगा। ऑटो-ईंधन नीति की मूल समय-सीमा के अनुसार, पूरे देश में वर्ष 2017 तक BS-IV, 2020 तक BS-V तक BS-VI को अपनाया जाना था।

17. निम्नलिखित युग्मों पर विचार कीजिए–

ई-अपशिष्ट में विद्यमान रसायन		रोग
1. बेरियम	:	बेरिलियोसिस रोग
2. कैडमियम	:	इटाई-इटाई रोग
3. आर्सेनिक	:	ब्लैक फुट रोग

उपर्युक्त युग्मों में से कौन-सा/से सही सुमेलित है/हैं?

(a) केवल 1 और 2 (b) केवल 2 और 3
(c) केवल 2 (d) 1, 2 और 3

उत्तर (b) **युग्म 1 सही सुमेलित नहीं है:** बेरियम के संपर्क में आने में मांसपेशियों में कमजोरी आती है और हृदय, यकृत और प्लीहा को क्षति पहुँचाती है। बेरिलियोसिस रोग बेरिलियम, न कि बेरियम के संपर्क में आने से होता है।

युग्म 2 सही सुमेलित है। इटाई-इटाई रोग कैडमियम (Cd) संदूषित क्षेत्रों में पाया जाता है। इसका सबसे पहले जापान में पता चला था।

युग्म 3 सही सुमेलित है। लंबी अवधि तक आर्सेनिक युक्त जल पीने से आर्सेनिक विषाक्ता या आर्सेनीकोसिस होता है। गंभीर स्थिति में, इसे ब्लैक फुट रोग के रूप में भी जाना जाता है। यह रक्त वाहिकाओं की बीमारी है, जिससे गैन्ग्रीन (gangrene) का खतरा होता है।

18. ग्लोबली इम्पॉर्टन्ट एग्रीकल्चरल हेरिटेज सिस्टम (GIAHS) के संबंध में निम्नलिखित में से कौन-सा/से कथन सही है/हैं?

1. इसका उद्देश्य जन-जागरूकता उत्पन्न करना एवं विश्व कृषि धरोहर स्थलों की रक्षा करना है।

2. GIAHS का दर्जा, खाद्य एवं कृषि संगठन (FAO) प्रदान करता है।

3. ओड़ीसा का कोरापुट भारत में एकमात्र मान्यता प्राप्त GIAHS है।

नीचे दिए गए कूट का प्रयोग कर सही उत्तर का चयन कीजिए:

(a) केवल 1 (b) केवल 1 और 2
(c) केवल 2 और 3 (d) 1, 2 और 3

उत्तर (b) GIAHS का उद्देश्य जन जागरूकता उत्पन्न करना तथा विश्व के कृषि धरोहर स्थलों की सुरक्षा करना है। इसे 2002 में, FAO द्वारा आरंभ किया गया था। यह एक अंतर-सरकारी संगठन है तथा इसका मुख्यालय रोम में है। इसका उद्देश्य खाद्य सुरक्षा, भूख और गरीबी उन्मूलन के माध्यम से वैश्विक्र आबादी की सहायता करना है। **इसलिए कथन 1 और 2 सही है।**

कथन 3 सही नहीं है। भारत में दो स्थलों की GIAHS के रूप में पहचान की गई है।

उड़ीसा का कोरापुट : जैव विविधता समृद्ध क्षेत्र है। यहाँ धान, मोटे अनाज, दलहन, तिलहन के साथ सब्जियों की कई किस्में भी उपजाई जाती है।

कश्मीर घाटी, पंपोर क्षेत्र : भारत में कश्मीर, केसर का धरोहर स्थल।

19. निम्नलिखित में से कौन-सी परिस्थितियां प्रवाल उत्पत्ति हेतु अनुकूल है?

1. उथले महाद्वीपीय शेल्फ

2. अत्यधिक अवसाद युक्त जल

3. वे क्षेत्र जहां नदियों से ताजा जल महासागरों में प्रवेश करता है।

4. औसत वार्षिक तापमान 22 डिग्री सेल्सियस से अधिक

नीचे दिए गए कूट का प्रयोग कर सही उत्तर चुनिए–

(a) केवल 1 और 2
(b) केवल 1, 3 और 4
(c) केवल 2 और 3
(d) केवल 1 और 4

उत्तर (d) **विकल्प 1 सही है।** प्रवालों के विकास के लिए उथले जल की आवश्यकता होती है और वह भी ऐसा जल जहाँ सूर्य का प्रकाश उन तक पहुँच सके। प्रवाल ऑक्सीजन एवं अन्य आवश्यकताओं के लिए अपने भीतर के Zooxanthellae (शैवाल) पर निर्भर रहते हैं। चूँकि इन शैवालों को जीवित रहने के लिए सूर्य के प्रकाश की आवश्यकता होती है। इसलिए प्रवालों को भी जीवित रहने के लिए सूर्य के प्रकाश की आवश्यकता होती है। प्रवाल 50 मीटर से अधिक गहरे जल में शायद ही विकसित होते हैं।

विकल्प 2 गलत है। प्रवालों को ऐसे स्वच्छ जल की आवश्यकता होती है जिससे सूर्य का प्रकाश गमन कर सके। वे अपारदर्शी जल में भली-भांति नहीं पनपते हैं। तलछट एवं प्लवक, जल को गंदला कर सकते हैं। परिणामस्वरूप zooxanthellae तक पहुँचने वाले सूर्य के प्रकाश की मात्रा में कमी हो जाती है।

विकल्प 3 गलत है। प्रवालों को जीवित रहने के लिए लवणयुक्त जल की आवयश्कता होती है लेकिन लवण एवं जल के अनुपात में एक निश्चित संतुलन की आवश्यकता होती है। इसी कारण प्रवाल ऐसे स्थानों में नहीं रहते जहाँ नदियाँ महासागरों में अलवणीय जल डालती है।

विकल्प 4 सही है। प्रवाल भित्ति का निर्माण करने वाले प्रवालों को जीवित रहने के लिए गर्म-जल परिस्थितियों की आवश्यकता होती है। विभिन्न क्षेत्रों में विकसित होने वाले विभिन्न प्रवाल तापमान के विभिन्न उतार-चढ़ावों को सहन कर सकते हैं। हालांकि, प्रवाल सामान्यतया से 20-30° C तापमान वाले जल में रहते हैं।

20. निम्नलिखित में से कौन-सा/से पलवारना (मल्चिंग) को/के लाभ है/हैं?

1. यह मृदा की नमी का संरक्षण करता है।
2. यह खर-पतवारों की वृद्धि को कम करता है।
3. यह मृदा में सूक्ष्मजीवीय गतिविधियों को प्रोत्साहित करता है।

नीचे दिए गए कूट का प्रयोग कर सही उत्तर चुनिए–

(a) केवल 3 (b) केवल 2 और 3
(c) केवल 1 और 2 (d) 1, 2 और 4

उत्तर (d) (मल्व-MULCH) पलवार, भूमि पर विघटित होते जैविक पदार्थ की एक सतह है।

दिए गए सभी कथन सही हैं। पलवार के लाभ इस प्रकार से हैं: मृदा की नमी का संरक्षण करना, खरपतवार की वृद्धि को कम करना, मृदा की उर्वरकता में वृद्धि करना, क्षेत्र की दर्शनीयता में सुधार करना, मल्चिंग की प्रक्रिया से मृदा में पोषक तत्वों एवं मृदा की जल धारण शक्ति में सुधार होता है। यह मृदा के अनुकूल सूक्ष्मजीवीय गतिविधियों एवं कीटों को प्रोत्साहित करती है, खरपतवारों की वृद्धि को दमित करती हैं, नमी को बनाए रखने में सहायता करती है, मृदा अपरदन को रोकती है, खरपतवारों को नियंत्रित करती है एवं मृदा में पोषक तत्वों का समावेश करती है।

21. निम्नलिखित में से किन गतिविधियों से मरुस्थलीकरण हो सकता है?

1. अतिचराई
2. खनन गतिविधियां
3. शुष्क भूमि की अवैज्ञानिक सिंचाई
4. भूजल का अनियंत्रित दोहन

नीचे दिए गए कूट का प्रयोग कर सही उत्तर चुनिए–

(a) केवल 1 और 3
(b) केवल 2, 3 और 4
(c) केवल 1, 2, और 4
(d) 1, 2, 3 और 4

उत्तर (d) मरुस्थलीकरण शुष्क, अर्द्ध-शुष्क एवं सूखे उपार्द्र क्षेत्रों में निरंतर भूमि निम्नीकरण की प्रक्रिया है। दी गयी सभी मानव गतिविधियों के कारण मरुस्थलीकरण हो सकता है:

1. भूमि पर अतिचारण से मृदा अपरदनकारी बलों के प्रति आरक्षित हो जाती है एवं भूमि को अनुर्वर भूमि एवं अंततोगत्वा बंजर भूमि में परिवर्तित कर देती है।

2. परिष्कृत खनन उत्खनकों का प्रयोग कर बड़े पैमान पर की जाने वाली खुदाई की प्रक्रिया के कारण, प्राकृतिक संसाधनों के निष्कर्षण के लिए सम्पन्न की जाने वाली खनन गतिविधियाँ स्थानीय भू-क्षेत्र को विपरीत रूप से प्रभावित करती हैं। ये गतिविधियाँ मृदा में नमी की मात्रा को प्रभावित करती हैं एवं मरुस्थलीकरण उत्पन्न करती हैं।

3. पर्याप्त लम्बी अवधि तक शुष्क भूमियों की अवैज्ञानिक सिंचाई मरुस्थलीकरण में योगदान करती है।

4. किसी क्षेत्र का मरुस्थलीकरण भूजल के अनियंत्रित दोहन, वाटरशेड (पनढालों) के कुप्रबंधन, गाद जमा होने एवं नदियों के सूखने से होता है।

22. अम्ल वर्षा के संबंध में निम्नलिखित कथनों पर विचार कीजिए–

1. अम्लीकृत मिट्टी में कैडमियम का उच्च स्तर धारण करने की प्रवृत्ति होती है, जो पौधों द्वार अवशोषित होने पर, उनकी विषाक्तता में वृद्धि करता है।
2. निम्नभूमियों की तुलना में पर्वतीय भूमियाँ अम्ल वर्षा के प्रभावों के प्रति अपेक्षाकृत कम सुभेद्य होती हैं।
3. अम्ल वर्षा से मिट्टी से मैग्नीशियम, पोटैशियम और आयरन निक्षलित हो जाते है।

उपर्युक्त कथनों में से कौन-सा/से सही है/हैं?

(a) केवल 3 (b) केवल 1 और 3
(c) केवल 1 और 2 (d) 1, 2 और 3

उत्तर (b) **कथन 1 सही है।** अम्लीय वर्षा के परिणामस्वरूप अम्लीकृत मृदाओं में कैडमियम धारण करने की प्रवृत्ति होती है। जब कैडमियम को पादपों द्वारा अवशोषित किया जाता है तो यह उनकी विषाक्तता को बढ़ाता है। पादपों में कैडमियम का उच्च स्तर जन्तुओं एवं मानवों के लिए हानिकारक होता है।

कथन 2 गलत है। पहाड़ों के ऊपरी भागों में अम्लीय कोहरा और धुंध पाए जाते है, इस प्रकार पहाड़ी पादप की अम्लता के प्रति अरक्षितता बढ़ जाती है। इसके अतिरिक्त पहाड़ों के ऊपरी भाग में निचले भू-भागों की तुलना में वर्षण की मात्रा भी अधिक होती है, इसलिए वे अम्लीय वर्षा के प्रति अधिक अनावृत्त होते हैं।

कथन 3 सही है। पादप विकास के लिए आवश्यक कैल्शियम, पोटेशिमय, मैगनिशियम और आयरन जैसे पोषक तत्व, अम्ली वर्षा के कारण मृदा से निक्षालित हो जाते हैं, परिणामस्वरूप मृदा में पोषक तत्वों की कमी हो जाती है।

23. निम्नलिखित में से कौन-सी गैस/गैसें अम्ल वर्षा से संबंधित है/हैं?

1. सल्फर डाइऑक्साइड
2. नाइट्रोजन के ऑक्साइड
3. मीथेन
4. ओजोन

नीचे दिए गए कूट का प्रयोग कर सही उत्तर चुनिए–

(a) केवल 1 और 2
(b) केवल 1, 2 और 3
(c) केवल 2, 3 और 4
(d) केवल 1 और 4

उत्तर (a) वातावरण में सल्फर डाइऑक्साइड (SO_2) और नाइट्रोजन (NOX) का उत्सर्जन होने एवं पवन और वायु धाराओं द्वारा इनका परिवहन किए जाने के परिणामस्वरूप अम्लीय वर्षा होती है। जल, ऑक्सीजन और अन्य रसायनों के साथ अभिक्रिया करके SO_2 एवं NOX नाइट्रिक अम्ल और सल्फ्यूरिक अम्ल निर्मित करती हैं। ये तब भूमि पर गिरने से पहले जल एवं अन्य पदार्थों के साथ मिश्रित हो जाते हैं। यद्यपि अम्लीय वर्षा के लिए जिम्मेदार SO_2 एवं NOX का एक छोटा अंश ज्वालामुखी जैसे प्राकृतिक स्रोतों से भी आता है किन्तु इसके बड़े भाग के लिए जीवाश्म ईंधनों का दहन उत्तरदायी है।

24. सूर्य के प्रकाश के विद्युत चुम्बकीय वर्णक्रम का/के निम्नलिखित में से कौन-सा/से भाग सौर कुकर और सौर वॉटर हीटर के ऊष्मन (हीटिंग) के लिए उत्तरदायी है/हैं?

1. अवरक्त तरंगें 2. UV-A तरंगें
3. UV-B तरंगें 4. UV-C तरंगें

नीचे दिए गए कूट का प्रयोग कर सही उत्तर चुनिए–

(a) केवल 1
(b) केवल 1 और 2
(c) केवल 2 और 3
(d) केवल 2, 3 और 4

उत्तर (a) **1 सही है।** सूर्य के प्रकाश के विद्युत चुम्बकीय वर्णक्रम का अवरक्त भाग सौर कुकर के साथ ही सौर वाटर हीटर को गर्म करने के लिए उत्तरदायी है। सौर कुकर UV प्रकाश किरणों को अंदर आने देता है और बाद में उन्हें अवरक्त प्रकाश किरणों में परिवर्तित कर देता है जो पलायन नहीं कर सकती हैं, इस अवरक्त विकिरण में भोजन में पानी, वसा और प्रोटीन के अणुओं में तेजी से कंपन कराने और गर्म करने के लिए उपयुक्त ऊर्जा होती है।

4 गलत है। UV-C सूर्य की किरणों का वह भाग है जो सबसे अधिक घातक होती है और ओजोन परत द्वारा अवशोषित हो जाती है।

2 और 3 गलत है। UV-C की तुलना में UV-B और UV-A दुर्बल होते हैं, लेकिन ये ओजोन परत द्वारा अवशोषित नहीं होते हैं।

25. महासागरों के अम्लीकरण के संदर्भ में, निम्नलिखित कथनों पर विचार कीजिए–

1. ऐसा नाइट्रोजन आधारित अम्लीय यौगिकों के उच्च अवशोषण के कारण होता है।

2. नाइट्रोजनयुक्त पोषक तत्वों में वृद्धि के कारण प्रवालों की उत्पादकता में वृद्धि होगी।

3. समुद्रीघास का प्रवेश अम्लीकरण के प्रभाव को कम कर सकता है।

उपर्युक्त कथनों में से कौन-सा/से सही है/हैं?

(a) केवल 1 और 2 (b) केवल 3
(c) केवल 2 और 3 (d) 1, 2 और 3

उत्तर (b) जब कार्बन डाइऑक्साइड महासागर में घुलती है, तो कार्बोनिक अम्ल का निर्माण होता है। इससे मुख्य रूप से सतह के निकट अम्लता अधिक हो जाती है, जिसे समुद्री जन्तुओं में कवच का विकास बाधित करने वाला सिद्ध किया गया है और कुछ मछलियों में प्रजनन विकारों के कारण के रूप में इस पर संदेह किया जाता है।

चूंकि मानव गतिविधियां वायुमंडल में अधिक से अधिक मात्रा में कार्बन डाइऑक्साइड डाल रही हैं। अतः हमारा महासागरीय जल इस गैस को अवशोषित कर लेता है, जिससे महासागरीय अम्लीकरण होता है।

प्रवाल, ओइस्टर, झींगा, लोबस्टर, कई प्लैंकटोनिक सजीव सहित कवच बनाने वाले जन्तु और यहां तक कि कुछ मछली प्रजातियां भी गंभीरता से प्रभावित हो सकती है। इसका कारण यह है कि प्रवाल, घोंघे, क्रसटेशियन और समुद्रीअर्चिन जैसे असंख्य समुद्री जीव कैल्सीकरण के रूप में ज्ञात प्रक्रिया से अपना कैल्सियमयुक्त कवच या कंकाल बनाने के लिए कार्बोनेट आयनों पर निर्भर होते हैं।

महासागरीय अम्लीकरण से अलग-अलग मात्रा में महासागरीय प्रजातियों के प्रभावित होने की आशा है। प्रकाश संश्लेषक शैवाल और समुद्री घासें महासगरों में उच्चतर CO_2 की स्थिति से लाभान्वित हो सकते हैं, क्योंकि भूमि पर पौधों की भांति ही उन्हें भी जीने के लिए CO_2 की आवश्यकता होती है।

अम्लीकरण कम करने के लिए समाधान : अद्भुत गुणों वाली सजीव समुद्री घासें, यह पादप कार्बन डाइऑक्साइड अवशोषित कर लेता है, तथा और अधिक समुद्री घास का उत्पादन करने के लिए इसका उपयोग करता है। इस प्रकार महासागरीय अम्लीकरण के प्रभाव को कम करके अपने चारों ओर के पानी का रसायन शास्त्र परिवर्तित कर देता है।

26. आइची लक्ष्य निम्नलिखित में से किससे जुड़े हैं?

(a) जैव विविधता पर अभिसमय
(b) वाशिंगटन अभिसमय
(c) रामसर अभिसमय
(d) बॉन अभिसमय

उत्तर (a) **'आइची लक्ष्य'** (Aichi Targets) जैव विविधता पर अभिसमय (CBD) द्वारा इसके नगोया सम्मेलन में अपनाए गए थे। रणनीतिक योजना में सम्मिलित 20 आइची जैव विविधता लक्ष्यों (Aichi Targets) को पांच रणनीतिक लक्ष्यों के अंतर्गत व्यवस्थित किया गया है, और वे इसकी प्राप्ति की पद्धति के संबंध में संगत मार्गदर्शन प्रदान करते हैं।

रणनीतिक लक्ष्य A : सरकार एवं समाज में जैव विविधता को मुख्य धारा में समाविष्ट कर जैव विविधता की क्षति के अंतर्निहित कारण को हल करना।

रणनीतिक लक्ष्य B : जैव विविधता पर प्रत्यक्ष दबावों में कमी करना एवं साधारणीय उपयोग को बढ़ावा देना।

रणनीतिक लक्ष्य C : पारिस्थितिक तंत्रों, प्रजातियों एवं आनुवांशिक विविधता की सुरक्षा कर जैव विविधता की दशा में सुधार करना।

रणनीतिक लक्ष्य D : जैव विविधता एवं परिस्थितिक सेवाओं से सभी को प्राप्त होने वाले लाभों में वृद्धि करना।

रणनीतिक लक्ष्य E : भागीदारी योजना, ज्ञान प्रबंधन एवं क्षमता निर्माण के माध्यम से कार्यान्वयन को बढ़ाना।

27. भारतीय प्राणी सर्वेक्षण (ZSI) के संदर्भ में, निम्नलिखित कथनों पर विचार कीजिए–

1. यह पर्यावरण एवं वन मंत्रालय के अधीन सांविधिक निकाय है।

2. यह जीव-जंतुओं के संबंध में पर्यावरणीय प्रभाव का आकलन करता है।

3. यह भारत के प्राणिजात और राज्यों के प्राणिजात की रेड डेटा बुक तैयार करता है।

उपर्युक्त कथनों में से कौन-सा/से सही है/हैं?

(a) केवल 1 और 2 (b) केवल 1 और 3
(c) केवल 2 और 3 (d) 1, 2 और 3

उत्तर (c) पर्यावरण और वन मंत्रालय के अधीनस्थ संगठन के रूप में भारतीय प्राणी सर्वेक्षण (ZSI) की स्थापना वर्ष 1916 में देश की असाधारण रूप से समृद्ध प्राणी विविधता से संबंधित ज्ञान के विकास हेतु प्राणि सर्वेक्षण एवं संसाधनों की खोज के लिए राष्ट्रीय केन्द्र के रूप में की गयी थी। ZSI का मुख्यालय कोलकाता में स्थित है।

इसे किसी अधिनियम के अंतर्गत स्थापित नहीं किया गया है। इसलिए यह सांविधिक निकाय नहीं है।

इसकी गतिविधियों में निम्नलिखित सम्मिलित हैं:

- राज्यों के जन्तुओं का अध्ययन
- संरक्षण क्षेत्रों के प्राणिजात
- महत्वपूर्ण पारिस्थितिक तंत्रों के प्राणिजात
- विलुप्तप्राय प्रजातियों का स्थिति सर्वेक्षण
- भारत के प्राणिजात एवं
- पारिस्थितिक अध्ययन एवं पर्यावरणीय प्रभाव आकलन

इसके प्राथमिक उद्देश्यों में से एक है। रेड डाटा बुक तैयार करना जिसमें भारत के प्राणिजात एवं राज्यों के विवरण होते हैं।

ZSI पारिस्थितिक और वन्य जीवन के विशेष संदर्भ में पर्यावरण प्रभाव आकलन (EIA) संपन्न करता है, एवं संभावित प्रभाव का आकलन करने एवं साथ ही उनके प्रशमन उपायों के लिए भी आवश्यक सेवाएं प्रदान करता है। ZSI लघु एवं दीर्घ दोनों प्रकार की समय-सीमा के परिप्रेक्ष्यों में पारिस्थितिक क्षति को कम करने के लिए विकल्पों का परामर्श देने में विकास एजेंसियों की सहायता करता है।

28. 'अम्ल आघात' (acid shock) शब्द निम्नलिखित में से किससे संबंधित है?

(a) वसंत ऋतु में हिम् पिघलने के कारण झीलों और नदियों में सल्फ्यूरिक अम्ल का सम्मिश्रण।

(b) महासागरों में पादप-प्लवक पर अम्ल वर्षा का अचानक प्रभाव

(c) वर्षा जल से शुष्क अम्ल निक्षेपों के बह जाने पर मृदा में अचानक सल्फ्यूरिक अम्ल का सम्मिश्रण।

(d) अम्ल वर्षा के कारण स्मारकों की संरचना और रंग में परिवर्तन।

उत्तर (a) जीवाश्म ईंधन के दहन से उत्पन्न सल्फर के आक्साइड अपने विमोचन के स्थान से हजारों किलोमीटर दूर तक जाते हैं और जलवाष्प में घुल जाते हैं। इस जलवाष्प के कारण झीलों और नदियों के ऊपर बनी हिम और बर्फ में सल्फ्यूरिक अम्ल होता है। वसंत ऋतु में, जब हिम पिघलती है, तो जल झीलों और नदियों में प्रवेश करता है; सल्फ्यूरिक अम्ल जलनिकायों में मिल जाते हैं, जो उन्हें अत्यधिक अम्लीय बना देता है। इस स्थिति को सामान्यता वसंत आघात या अम्ल आघात (Spring shock or acid shock) के रूप में जाना जाता है।

29. बायो-माइनिंग शब्द निम्न में से किससे सम्बंधित है?

(a) जीनोम के विश्लेषण के माध्यम से महत्वपूर्ण जानकारी का निष्कर्षण

(b) खानों से अयस्कों के निष्कर्षण के लिए सूक्ष्म जीवों का प्रयोग।

(c) सूक्ष्म जीवों का उपयोग कर अयस्कों से धातुओं का निष्कर्षण

(d) औद्योगिक रसायनों के वाणिज्यिक उत्पादन के लिए एंजाइमों का उपयोग।

उत्तर (c) बायोमाइनिंग : इसे माइक्रोबियल लीचिंग और बायोलीचिंग के नाम से जाना जाता है। इसका तात्पर्य उस प्रक्रिया से है जिसमें सूक्ष्म-जीवों के प्रयोग से अयस्क युक्त चट्टानों से धातु को निकाला जाता है।

इसका उपयोग निम्न कोटि के अयस्कों से निकेल, सीसा और जस्ता जैसे महत्वपूर्ण धातु खनिजों को निकालने के लिए किया जाता है। निम्न कोटि के अयस्कों की औद्योगिक निकासी वित्तीय रूप से व्यवहार्य नहीं है लेकिन बायोमाइनिंग की मदद से इन अयस्कों को निकालना सस्ता हो जाता है।

30. संरक्षण जुताई के संबंध में निम्नलिखित कथनों पर विचार कीजिए-

1. यह मृदा संवर्द्धन एवं फसल प्रबंधन की विधि है।

2. यह मृदा में पोषक तत्वों के निक्षालन में कमी करती है।

3. यह खेत में पिछली फसल के अवशिष्ट नहीं छोड़ती है।

उपर्युक्त कथनों में से कौन-सा/से सही है/हैं?

(a) केवल 3 (b) केवल 2 और 3

(c) केवल 1 और 2 (d) 1, 2 और 3

उत्तर (c) संरक्षण जुताई (Conservation tillage) मृदा संवर्द्धन एवं फसल प्रबंधन की ऐसी कोई भी विधि है जिसमें मृदा अपरदन और अपवाह कम करने के लिए अगली फसल रोपने से पहले या बाद में खेत में गत वर्ष की फसल के अवशेष (जैसे मक्के का डंठल या गेहूँ की ठूँठ) छोड़ दिए जाते हैं, अर्थात्, यह अपरदन कम करके मृदा संरक्षण करती है। जबकि, पारंपारिक जुताई में मृदा की सतह नग्न छोड़ दी जाती है एवं इसमें मृदा कण ढीले हो जाते हैं जिससे मृदा वायु और जल के अपरदनात्मक बल के प्रति सुभेद्य हो जाती है। इसलिए, कथन 1 सही है और 3 सही नहीं है।

संरक्षण जुताई से मृदा में कार्बनिक पदार्थ विशाल मात्रा में बने रहते हैं जिसके कारण पोषक तत्वों का निक्षालन कम होता है। ये कार्बनिक पदार्थ मृदा में बंधनकारी प्रभाव उत्पन्न करते हैं। **इसलिए, कथन 2 सही है।**

संरक्षण जुताई पद्धतियों को तीन प्रकारों में बाँटा जाता है: नो-टिल (no-till), रिज-टिल (ridge-till), एवं मल्च-टिल (mulch-till)।

31. समुद्र में पाए जाने वाले शैवालों में से, किस शैवाल के सर्वाधिक गहरे जल क्षेत्रों में पाए जाने संभावना होती है?

(a) लाल शैवाल

(b) हरा शैवाल

(c) भूरा शैवाल

(d) उपर्युक्त में से कोई नहीं

उत्तर (a) लाल शैवाल सामान्यत: महासागरों में गहराई में पाए जाते हैं क्योंकि इनमें फायकोबिलिन जैसे रंजक होते हैं जो लघु तरंग दैर्ध्य वाले नीले प्रकाश का उपयोग कर सकते हैं। यह तरंगदैर्ध्य प्रकाश की अन्य तरंगदैर्ध्यों की तुलना में अधिक गहराई तक पहुँच सकती है। हरित शैवाल एवं नील हरित शैवाल प्रकाश के इस घटक का उपयोग करने में असमर्थ होते हैं। नीला प्रकाश 500 फुट की गहराई तक प्रवेश कर सकता है इसलिए इस गहराई के नीचे शैवालों के जीवित रहने की संभावना नहीं होती है अधिक विशिष्ट रूप से कहा जाए तो लाल शैवाल, जिनकी गहरे महासागरों में निवास करने की संभावना होती है, क्रस्टोम कोरललाइन प्रजातियाँ हैं। ये अत्यधिक कैल्सीकृत होते हैं और चट्टानों की सतह से संलग्न होकर सीधे ही चट्टानों पर उग सकते हैं। लिथोथैमनियन प्रजाति इस श्रेणी के शैवाल का उदाहरण है।

हम जानते हैं कि जीवन के लिए ऊर्जा आवश्यक है और सूर्य पृथ्वी पर ऊर्जा का मूल स्रोत हे। जब सूर्य का विकिरण समुद्र की गहराई में प्रवेश करता है तो सौर स्पेक्ट्रम के केवल सबसे ऊर्जावान घटक ही अधिक गहराई तक पहुँच पाते हैं। स्पेक्ट्रम के नीले भाग की तरंगदैर्ध्य सबसे कम और ऊर्जा उच्चतम होती है इसलिए, यह नीला भाग महासागर में गहराई तक प्रवेश कर पाता है।

लाल शैवाल को इसमें पाए जाने वाले रंजक 'फायकोएरिथ्रीन' के कारण 'लाल' नाम दिया गया है। ये फायकोबिलिन/फाइकोएरिथ्रीन रंजक नीले प्रकाश को अवशोषित कर सकते हैं एवं इसका प्रकाश संश्लेषण के लिए उपयोग कर सकते हैं। इस प्रकार लाल शैवाल भोजन का निर्माण करने के लिए महासागरों के सबसे गहरे भाग तक पहुँचने वाली नगण्य सौर ऊर्जा का उपयोग करते हैं एवं इसी कारण ये महासागरों के गहरे भागों में भी जीवित रह पाते हैं। अन्य शैवाल ऐसा नहीं कर पाते।

32. निम्नलिखित में से कौन-से जलीय जीव अपनी परिभाषा से सही सुमेलित नहीं है?
1. प्लैंकटन - अतिसूक्ष्म पादप एवं जंतु
2. नेक्टन - तैरने में सक्षम जंतु।
3. नियुस्टॉन - किसी जल निकाय के तल पर पाए जाने वाले जीव।
4. बेंथोस - सतही परत पर निवास करने वाले प्लवनशील जीव।
नीचे दिए गए कूट का प्रयोग कर सही उत्तर चुनिए-
(a) केवल 1 और 2
(b) केवल 3 और 4
(c) केवल 1, 2, और 4
(d) 1, 2, 3 और 4

उत्तर (b) अपने जीवन रूप या स्थान के आधार पर, जलीय जीवों (वनस्पतिजात और प्राणीजात दोनों) को पाँच समूहों में वर्गीकृत किया जाता है:

- नेउस्टोन : असंलग्न जीव जो वायु-जल इंटरफेस (वह क्षेत्र जहाँ वायु और जल की सतह मिलती है) पर निवास करते हैं, जैसे कि प्लवनशील पौधे आदि।
- पेरिफाइटोन : ये ऐसे जीव होते हैं जो धरातल पर कीचड़ के ऊपर उभरे हुए पदार्थों अथवा जड़युक्त पौधों के तनों एवं पत्तियों से संलग्न रहते हैं। जैसे कि सेसाइल शैवाल।
- प्लैंकटन (प्लवक) : ये संचलन की सीमित शक्तियों वाली मुक्त प्लवनशील प्रजातियाँ है। इस समूह में शैवाल (पादपप्लवक या फाइटोप्लैंकटन) जैसे सूक्ष्म पादप और क्रस्टेशियनस व प्रोटोजोआ जैसे जन्तु (जन्तुप्लवक या जूप्लैंक्टोन) सम्मिलित हैं।
- नेक्टन : इस समूह में तैरने में सक्षम जंतु सम्मिलित हैं। ये जंतु तैराक कीटों से लेकर विशालतम जन्तु नीली व्हेल तक, आकार में भिन्न-भिन्न होते हैं।
- बेंथोस (नितलीय जीव) : ये जल निकायों के तल में निवास करते हैं।

33. पशुओं पर परीक्षणों के नियंत्रण एवं पर्यवेक्षण हेतु समिति (CPCSEA) के संदर्भ में, निम्नलिखित कथनों पर विचार कीजिए-
1. यह पर्यावरण, वन एवं जलवायु परिवर्तन मंत्रालय की एक वैधानिक समिति है।
2. यह पशुओं पर परीक्षण या इसे प्रयोजन हेतु पशुओं का प्रजनन करने वाले प्रतिष्ठानों को पंजीकृत करती है।

उपर्युक्त कथनों में से कौन-सा/से सही है/हैं?
(a) केवल 1 (b) केवल 2
(c) 1 और 2 दोनों (d) न तो 1, न ही 2

उत्तर (c) CPCSEA पर्यावरण, वन और जलवायु परिवर्तन मंत्रालय की एक वैधानिक समिति है और इसका गठन पशु क्रूरता रोकथाम अधिनियम, 1960 के अंतर्गत किया गया है।

CPCSEA के साथ 1,675 प्रतिष्ठान/अनुसंधान संस्थान पंजीकृत हैं जो विभिन्न छोटे और बड़े पशुओं पर प्रयोग एवं शोध करते हैं।

CPCESEA के मुख्य कार्य है:

- पशुओं पर परीक्षण या इस प्रयोजन हेतु पशुओं का प्रजनन करने वाले प्रतिष्ठानों का पंजीकरण।
- पंजीकृत प्रतिष्ठानों की संस्थागत पशु आचार समितियों के लिए नामांकित लोगों का चयन एवं नियुक्ति।
- CPCSEA द्वारा आयोजित निरीक्षण रिपोर्टों के आधार पर पशु शालाओं का अनुमोदन।
- पशुओं के उपयोग के परीक्षणों के संचालन की अनुमति।
- परीक्षणों में उपयोग के लिए पशुओं के आयात की संस्तुति।
- किसी भी कानूनी मानदंड/अनुबंध के उल्लंघन की स्थिति में प्रतिष्ठानों के विरुद्ध कार्यवाही।
- CPCSEA के नामांकित सदस्यों के लिए प्रशिक्षण कार्यक्रम का आयोजन।
- पशु आचार सहिंता पर सम्मेलनों/कार्यशालाओं का आयोजन या उन्हें प्रोत्साहन।

हाल ही में, पशुओं पर परीक्षण के नियंत्रण और पर्यवेक्षण के प्रयोजनार्थ समिति (CPCSEA) द्वारा दो-दिवसीय प्रशिक्षण कार्यक्रम आयोजित किया गया था। कार्यक्रम का उद्देश्य यह सुनिश्चित करना था कि पशुओं पर परीक्षण किए जाने से पूर्व, उस अवधि में या उसके पश्चात अनावश्यक दर्द या पीड़ा न सहन करनी पड़े। CPCSEA प्रत्येक प्रतिष्ठान की संस्थागत पशु आचार समिति (IAEC) में अपना एक प्रतिनिधि नामांकित करती है। यह कार्यक्रम इन उम्मीदवारों को प्रशिक्षित करने के लिए आयोजित किया गया था। **अतः दोनों कथन सही हैं।**

34. भारतीय प्राणी सर्वेक्षण (ZSI) के संदर्भ में, निम्नलिखित कथनों पर विचार कीजिए-
1. यह देश की समृद्ध प्राणिजात विविधता से सम्बंधित सर्वेक्षण, अन्वेषण एवं अनुसंधान करता है।
2. इसका मुख्यालय दिल्ली में है।
3. यह वन्यजीव (संरक्षण) अधिनियम, 1972 के प्रवर्तन में सहायता प्रदान करता है।

उपर्युक्त कथनों में से कौन-से सही हैं?
(a) केवल 1 और 2 (b) केवल 1 और 3
(c) केवल 2 और 3 (d) 1, 2 और 3

उत्तर (b) भारतीय प्राणी सर्वेक्षण (ZSI), की स्थापना 1916 में वन, पर्यावरण और जलवायु परिवर्तन मंत्रालय के अंतर्गत एक अग्रणी संस्थान के रूप में की गयी थी। यह देश की समृद्ध प्राणिजात विविधता से सम्बंधित सर्वेक्षण, अन्वेषण एवं अनुसंधान करता है। भारतीय प्राणी सर्वेक्षण (ZSI) द्वारा निम्नलिखित कार्य किए जाते हैं :

- राज्यों के प्राणिजात का अध्ययन।
- संरक्षित क्षेत्रों के प्राणिजात का अध्ययन।
- महत्वपूर्ण पारिस्थतिक तंत्रों के प्राणिजात का अध्ययन।
- प्राणिजात विविधता हेतु पर्यावरणीय सूचना प्रणाली (EMVIS)।
- वन्यजीव (संरक्षण) अधिनियम, 1972 के प्रवर्तन में सहायता
- भारत की संकटग्रस्त प्राणि प्रजातियों की स्थिति का सर्वेक्षण करना।

पर्यावरणीय अध्ययन एवं पर्यावरणीय प्रभाव आकलन।

इसलिए, कथन 1 और 3 सही है।

भारतीय प्राणी सर्वेक्षण (ZSI), का मुख्यालय कोलकाता में अवस्थित है। **इसलिए, कथन 2 सही नहीं है।**

35. निम्नलिखित में से किस/किन कारणों से खेतों की मल्चिंग (mulching) की जाती है?
1. नमी को संरक्षित करने हेतु
2. मृदा अपरदन रोकने हेतु
3. खरपतवार की वृद्धि रोकने हेतु
नीचे दिए गए कूट का प्रयोग कर सही उत्तर चुनिए-
(a) केवल 1 और 2 (b) केवल 2 और 3
(c) 1, 2, और 3 (d) केवल 3

उत्तर (c) मल्च, किसी मृदा क्षेत्र की सतह पर बिछायी गयी सामग्री की एक परत है। इसके निम्नलिखित में से कोई भी या सभी उद्देश्य हो सकते हैं:

- नमी का संरक्षण करना
- मृदा की उत्पादक क्षमता और स्वास्थ्य में सुधार करना।
- खरपतवार की वृद्धि को कम करना
- क्षेत्र के सौन्दर्य को बढ़ाना
- मृदा अपरदन में कमी करना

36. मानव शरीर अधिक ऊँचाई वाले क्षेत्रों पर न्यून ऑक्सीजन उपलब्धता की क्षतिपूर्ति किस प्रकार करता है?

1. लाल रक्त कोशिकाओं के उत्पादन में कमी करके

2. हीमोग्लोबिन की आबंधनशीलता में वृद्धि करके।

3. श्वसन दर को घटाकर।

नीचे दिए गए कूट का प्रयोग कर सही उत्तर चुनिए–

(a) 1, 2 और 3 (b) केवल 2 और 3
(c) केवल 1 (d) कोई नहीं

उत्तर (d) लोग कभी-कभी उच्च ऊँचाई वाले क्षेत्रों में एक बीमारी का अनुभव करते हैं जिसे एल्टिटयुड सिकनेस (altitude sickness) कहा जाता है। इसके लक्षणों मे मतली (जी मिचलाना), थकान और हृदय की धड़कन का तेज होना (heart palpitations) सम्मिलित है। ऐसा अधिक ऊँचाई वाले क्षेत्रों में निम्न वायुमंडलीय दाब के कारण, शरीर को पर्याप्त ऑक्सीजन की आपूर्ति नहीं होने से होता है। धीरे-धीरे शरीर पर्यावरण के अनुसार अभ्यस्त (acclimatised) हो जाता है। और एल्टिटयुड सिकनेस का अनुभव करना बंद कर देता है। शरीर ऑक्सीजन की कम उपलब्धता की क्षतिपूर्ति-लाल रक्त कोशिकाओं के निर्माण को बढ़ाकर, हीमोग्लोबिन की आबंधनशीलता को कम करके और श्वसन दर में वृद्धि करके करता है।

हीमोग्लोबिन की आबंधनशीलता में कमी, ऊतकों के लिए ऑक्सीजन को सरलता से मुक्त कर देती है।

37. द ग्रेट पैसिफिक गार्बेज पैच के संदर्भ में, निम्नलिखित कथनों पर विचार कीजिए–

1. यह उत्तरी प्रशांत महासागर में सागरीय अपशिष्ट प्रदूषण का ढेर है।

2. महासागरीय (pelagic) प्लास्टिक का अत्यधिक सापेक्षिक संकेंद्रण, इसका अभिलक्षण है।

उपर्युक्त कथनों में से कौन-सा/से सही है/हैं?

(a) केवल 1 (b) केवल 2
(c) 1 और 2 दोनों (d) न तो 1, न ही 2

उत्तर (c) 1985 से 1988 के बीच मध्य उत्तरी प्रशांत महासागर में खोजा गया ग्रेट पैसेफिक गार्बेज पैच (जिस पैसिफिक ट्रैश वोर्टेक्स भी कहा जाता है) सागरीय अपशिष्ट कणों का जायर (gyre) है। इस पैच की पहचान उत्तरी प्रशांत घूर्णन की धाराओं में फँसे महासगरीय प्लास्टिक, रासायनिक गाद तथा अन्य अपशिष्ट पदार्थों का अत्यधिक सापेक्षिक संकेंद्रण है। **इसलिए दोनों ही कथन सत्य हैं।**

ग्रेट पैसेफिक गार्बेज पैच लगभग पूर्णरूप माइक्रोप्लास्टिक के नाम से ज्ञात प्लास्टिक के सूक्ष्म कणों से निर्मित है। प्लास्टिक जैवनिम्नीकरण नहीं होता, अर्थात इसका विघटन नहीं होता। यह सूक्ष्म-प्लास्टिक के नाम से जाने जाने वाले सूक्ष्म से सूक्ष्मतर कणों में टूटता जाता है माइक्रोप्लास्टिक को सर्वदा नग्न आँखों से नहीं देखा जा सकता। उपग्रह से प्राप्त चित्रों में भी अपशिष्ट पदार्थों का बृहत् पैच दृष्टिगोचर नहीं होता है। ग्रेट पैसेफिक गार्बेज पैच में उपस्थित माइक्रोप्लास्टिक के कारण जल केवल एक धुँधले द्रव के रूप में दिखाई देता है।

ज्ञात हो कि माइक्रोप्लास्टिक वातावरण (विशेषत: जलीय तथा सागरीय पारितंत्र) में उच्च स्तरों पर विद्यमान रहते हैं। चूँकि प्लास्टिक वर्षो तक विघटित नहीं होता है, इसलिए इन माइक्रोप्लास्टिक को बहुत से जीवों द्वारा खा लिया जाता है तथा ये उनके शरीर और ऊतकों में प्रविष्ट होकर संग्रहित होते रहते हैं।

38. REDD+ (रिडयूसिंग एमिशन्स फ्रॉम डीफॉरेस्टेशन एंड फॉरेस्ट डीग्रेडेशन+) के संदर्भ में, निम्नलिखित कथनों पर विचार कीजिए–

1. इसका उद्देश्य वनों के संधारणीय प्रबंधन के साथ-साथ वनों के कार्बन भंडारों में वृद्धि करना है।

2. यह संयुक्त राष्ट्र पर्यावरण कार्यक्रम द्वारा विकसित जलवायु परिवर्तन प्रशमन तंत्र है।

3. इसके अंतर्गत, विकासशील देशों को परिणाम-आधारित कार्रवाईयों के लिए भुगतान प्राप्त होंगे।

उपर्युक्त कथनों में से कौन-सा/से सही है/हैं?

(a) केवल 1 (b) केवल 2
(c) 1, 2 और 3 (d) केवल 1 और 3

उत्तर (d) REDD+ (रिडयुसिंग एमिशन्स फ्रॉम डीफरेस्टेशन एंड फारेस्ट डीग्रेडेशन+) यूनाइटेड नेशन्स फ्रेमवर्क कन्वेंशन ऑन क्लाइमेट चेंज (UNFCCC) के भागीदार देशों द्वारा विकसित किया जा रहा जलवायु परिवर्तन प्रशमन तंत्र है। REDD+ केवल निर्वनीकरण एवं वन निम्नीकरण से भी आगे बढ़कर वनों के संरक्षण, संधारणीय प्रबंधन और वनों के कार्बन भंडार की वृद्धि की भूमिका को भी समाविष्ट करता है। इसका उद्देश्य वनीकृत भूमि से होने वाले उत्सर्जन को कम करने एवं संधारणीय विकास हेतु न्यून-कार्बन मार्गों में निवेश करने हेतु विकासशील देशों को प्रोत्साहन देकर वनों में संग्रहित कार्बन के लिए मौद्रिक मूल्य का निर्माण करना है। परिणाम-आधारित कार्रवाइयों के लिए विकासशील देशों को परिणाम आधारित भुगतान प्राप्त होंगे। इसके अतिरिक्त, यह स्थानीय लोगों और अन्य वन आधारित समुदायों समेत सभी हितधारकों की सूचित एवं सार्थक संलग्नता को बढ़ावा देता है।

इसलिए, कथन 1 और 3 सही हैं एवं 2 सही नहीं है।

39. निम्नलिखित में से कौन-सी मेघ बीजन (क्लाउड सीडिंग) की अवधारणा की सर्वोत्तम व्याख्या है?

(a) इंटरनेशनल स्पेस स्टेशन में खाद्य उत्पादन के लिए पादपों का प्रयोग।

(b) अधिक उत्पादकता के लिए नमी वाले बीज प्रदान करना।

(c) समुद्रों में प्रदूषण के स्तर के विषय में मछुआरों को जानकारी प्रदान करना।

(a) बादलों से वर्षण कराने हेतु रसायनों का छिड़काव करना।

उत्तर (d) क्लाउड सीडिंग वह प्रक्रिया है जिसमें बादलों से वर्षण (वर्षा या बर्फ) कराने हेतु रासायनिक रूप में हस्तक्षेप किया जाता है। वर्षा तब होती है, जब वायु में आर्द्रता उस स्तर तक पहुँच जाती है, कि उसे रोक कर नहीं रखा जा सकता है। क्लाउड सीडिंग का उद्देश्य इस प्रक्रिया को आसान बनाने और उसमें तेज़ी लाने के लिए, उपलब्ध रसायन द्वारा एक 'नाभिकीय केंद्र' बनाना है जिसके आसपास संघनन हो सके। वर्षा के ये 'बीज (seeds)' सिल्वर या पोटैशियम के आयोडाइड, शुष्क बर्फ (ठोस कार्बनडाईआक्साइड), या तरल प्रोपेन हो सकते हैं। शोध में नमक (जिसमें खाने वाला नमक भी सम्मिलित है) के उपयोग के भी अच्छे परिणाम आए हैं।

40. महत्वपूर्ण वन्यजीव पर्यावास (क्रिटिकल वाइल्डलाइफ हैबिटैट्स) के संदर्भ में, निम्नलिखित कथनों पर विचार कीजिए:

1. इनकी घोषणा केन्द्र सरकार द्वारा वन्य जीव (संरक्षण) अधिनियम, 1972 के तहत की जाती है।

2. वन्यजीव संरक्षण के प्रयोजन से यह आवश्यक है कि क्षेत्रों को क्षतिग्रस्त होने से बचाया जाए।

3. इन्हें ग्राम सभाओं और प्रभावित हितधारकों की सहमति से अधिसूचित किया जाता है।

उपर्युक्त कथनों में से कौन-सा/से सही है/हैं?

(a) केवल 1 और 2 (b) केवल 2 और 3
(c) केवल 1 और 3 (d) 1, 2 और 3

उत्तर (b) **कथन 1 सही नहीं है।** 'महत्वपूर्ण वन्यजीव पर्यावास' (क्रिटिकल वाइल्डलाइफ हैबिटैट्स) वाक्यांश को केवल अनुसूचित जनजाति एवं अन्य पारंपरिक वनवासी (वन अधिकारों की मान्यता) अधिनियम, 2006 में पारिभाषित किया गया है, न कि वन्यजीव (संरक्षण) अधिनियम, 1972 में।

कथन 2 सही है। CWLH राष्ट्रीय उद्यानों और अभयारण्यों के ऐसे क्षेत्र हैं जिन्हें वन्यजीव संरक्षण के उद्देश्य के लिए 'अक्षत' (अक्षुण्ण या मुक्त) रखा जाना चाहिए। इन्हें विशेषज्ञ समिति द्वारा परामर्श की खुली प्रक्रिया के बाद, MoE&F द्वारा निर्धारित और अधिसूचित किया जाता है। इस तरह के क्षेत्रों की पहचान, वैज्ञानिक और वस्तुनिष्ठ मानदंडों का पालन करके और जनजातीय व अन्य पारंपरिक वनवासियों के अधिकारों का निर्धारण करने के बाद ही, प्रकरण-द-प्रकरण आधार पर की जानी चाहिए।

कथन 3 सही है। CWLH की पहचान और घोषणा दो भिन्न प्रक्रियाएँ हैं। वन्यजीव संरक्षण की बेहतरी के लिए आवश्यक क्षेत्र की पहचान एक पूरी तरह से वैज्ञानिक अभ्यास है जिसे वैज्ञानिक संस्थानों से परामर्श के बाद वन विभागों द्वारा प्रकरण-दर-प्रकरण आधार पर ही किया जाना होता है। (CWLH की पहचान के लिए मानदंडों को स्थल-विशिष्ट होना चाहिए)। वहीं इसकी अधिसूचना ग्राम सभा और प्रभावित व्यक्तियों/हितधारकों के साथ व्यापक परामर्श (अर्थात सहमति) के बाद जारी की जानी होती है।

41. संरक्षण रिजर्व के संबंध में, निम्नलिखित कथनों पर विचार कीजिए–

1. इसे राज्य सरकारों द्वारा घोषित किया जाता है।

2. इसका उद्देश्य भूदृश्यों, सागरों, वनस्पतियों, जीवों तथा उनके प्राकृतिक आवास का संरक्षण करना है।

3. इनकी घोषणा वन्यजीव संरक्षण अधिनियम, 1972 के अंतर्गत की जाती है।

उपर्युक्त कथनों में से कौन-सा/से सही है/हैं?

(a) केवल 1 और 2
(b) केवल 2 और 3
(c) केवल 1 और 3
(d) 1, 2 और 3

उत्तर (c) **कथन 1 सही है।** राज्य सरकारें, सरकार के स्वामित्व वाले किसी भी क्षेत्र, विशेष रूप से राष्ट्रीय उद्यानों और अन्य संरक्षित क्षेत्रों से सटे हुए क्षेत्रों को संरक्षण रिजर्व के रूप में घोषित कर सकती हैं। राज्य सरकार किसी भी ऐसी निजी या सामुदायिक भूमि को, जो राष्ट्रीय उद्यानों, अभयारण्यों या संरक्षण रिजर्व में समाविष्ट नहीं है, समुदाय रिजर्व के रूप में घोषित कर सकती है।

कथन 2 सही है। संरक्षण रिजर्व भूदृश्यों, सागरों, वनस्पतियों जीवों और उनके प्राकृतिक आवास को संरक्षित करता है। संरक्षण रिजर्व के भीतर निवास करने वालों के अधिकार इससे प्रभावित नहीं होत हैं।

कथन 3 सही है। समुदाय और संरक्षण रिजर्व की घोषणा वन्यजीव संरक्षण अधिनियम, 1972 के अंतर्गत की जाती है।

42. राष्ट्रीय हरित अधिकरण (नेशनल ग्रीन ट्रिब्यूनल) के संबंध में, निम्नलिखित कथनों पर विचार कीजिए–

1. इसे जैव विविधता अधिनियम, 2002 के अंतर्गत स्थापित किया गया है।

2. यह पर्यावरण से संबंधित किसी कानूनी अधिकार के प्रवर्तन तथा राहत एवं मुआवजा प्रदान करने से संबंधित है।

उपर्युक्त कथनों में से कौन-सा/से सही है/हैं?

(a) केवल 1 (b) केवल 2
(c) 1 और 2 दोनों (d) न तो 1, न ही 2

उत्तर (b) **कथन 1 सही नहीं है।** राष्ट्रीय हरित अधिकरण की स्थापना 18.10.2010 को राष्ट्रीय हरित अधिकरण अधिनियम, 2010 के अंतर्गत की गयी थी।

कथन 2 सही है। इसकी स्थापना पर्यावरण संरक्षण तथा वन एवं अन्य प्राकृतिक संसाधनों के संरक्षण से संबंधित मामलों, जैसे पर्यावरण से संबंधित किसी भी कानूनी अधिकार के प्रवर्तन, व्यक्तियों और संपत्तियों की क्षतिपूर्ति के लिए राहत एवं मुआवजा प्रदान करने और उनसे जुड़े या प्रासंगिक मुद्दों के प्रभावी व शीघ्र निपटान के लिए की गयी है।

43. राष्ट्रीय हरित कोर के संदर्भ में, निम्नलिखित कथनों पर विचार कीजिए–

1. इसका उद्देश्य पर्यावरण संरक्षण की दिशा में कार्य करने वाले बच्चों के कैडरों का निर्माण करना है।

2. इसे विद्यालयों में स्थापित इको-क्लब द्वारा संचालित किया जाता है।

3. इसे मानव संसाधन विकास मंत्रालय द्वारा क्रियान्वित किया जाता है।

उपर्युक्त कथनों में से कौन-सा/से सही है/हैं?

(a) केवल 1 (b) केवल 1 और 2
(c) केवल 2 और 3 (d) 1, 2 और 3

उत्तर (b) 'पर्यावरण शिक्षा जागरूकता और प्रशिक्षण (EEAT), पर्यावरण, वन एवं जलवायु परिवर्तन मंत्रालय की एक प्रमुख योजना है। इसका उद्देश्य सभी स्तरों पर, मनुष्यों और पर्यावरण के मध्य संबंधों के आधार पर लोगों की समझ और क्षमताओं को बढ़ाना और पर्यावरण को संरक्षित करने एवं सुधारने हेतु क्षमता/कौशल का विकास करना है। इस योजना को 1983-84 में समाज के सभी वर्गों में पर्यावरण जागरूकता बढ़ाने और पर्यावरण के परिरक्षण एवं संरक्षण में लोगों की भागीदारी बढ़ाने के मूल उद्देश्य से प्रारम्भ किया गया था।

इस योजना के उद्देश्यों को पिछले कुछ वर्षों में आरंभ किए गए निम्नलिखित कार्यक्रमों के क्रियान्वयन के माध्यम से प्राप्त किया जा रहा है :

1. राष्ट्रीय पर्यावरण जागरूकता अभियान (NEAC)
2. राष्ट्रीय ग्रीन कोर (NGC)
3. सेमिनार/संगोष्ठियाँ/कार्यशालाएँ/सम्मेलन। इसलिए, कथन 3 सही नहीं है।

कथन 1 सही है : राष्ट्रीय हरित कोर पर्यावरण जागरूकता बढ़ाने हेतु 2001-02 में प्रारम्भ की गयी एक प्रमुख पहल है। इसका लक्ष्य पर्यावरण संरक्षण और संधारणीय विकास की दिशा में कार्य करने के लिए बच्चों के कैडरों का निर्माण करना है।

यह पर्यावरण शिक्षा के कार्य कर रहे MoEF, राज्य सरकारों और समर्पित NGOs के मध्य एक अनूठी सहभागिता है जिसने इस कार्यक्रम की सफलता में योगदान दिया है।

कथन 3 सही है : इसे NGC के सदस्यों के रूप में पंजीकृत विद्यालयों में स्थापित इको-क्लब द्वारा संचालित किया जाता है। यह कार्यक्रम स्कूल के बच्चों को इस क्षेत्र के गहरे अनुभवों से अवगत कराता है और उनके विचारों को रचनात्मक कार्यों में परिवर्तित करने का अवसर प्रदान करता है।

44. भारत में निम्नलिखित में से किन संरक्षित क्षेत्रों को यूनेस्को (UNESCO) द्वारा विश्व धरोहर स्थल के रूप में मान्यता प्रदान की गई है?

1. फूलों की घाटी राष्ट्रीय उद्यान

2. दाचीगाम राष्ट्रीय उद्यान

3. मानस वन्यजीव अभयारण्य

4. काजीरंगा राष्ट्रीय उद्यान

नीचे दिए गए कूट का प्रयोग कर सही उत्तर चुनिए-

(a) केवल 1, 3 और 4

(b) केवल 1 और 4

(c) 1, 2, 3 और 4

(d) केवल 2 और 3

उत्तर (a) UNESCO का विश्व धरोहर स्थल ऐसा स्थान है जिसे यूनेस्को द्वारा विशेष सांस्कृतिक या भौतिक महत्व के स्थल के रूप में सूचीबद्ध किया गया है। भारत में ऐसे 7 प्राकृतिक विश्व धरोहर स्थल है :

1. हिमाचल प्रदेश में ग्रेट हिमालय राष्ट्रीय उद्यान
2. पश्चिम घाट
3. नंदा देवी और फूलों की घाटी राष्ट्रीय उद्यान
4. सुन्दरबन राष्ट्रीय उद्यान
5. काजीरंगा राष्ट्रीय उद्यान
6. केवलादेव राष्ट्रीय उद्यान
7. मानस वन्यजीव अभ्यारण्य

इसलिए, विकल्प (a) सही है।

45. वन्यजीव अपराध नियंत्रण ब्यूरो के संदर्भ में, निम्नलिखित कथनों पर विचार कीजिए-

1. इसकी स्थापना पर्यावरण (संरक्षण) अधिनियम, 1986 के अंतर्गत की गयी है।

2. यह भारत में संगठित वन्यजीव अपराधों से संबंधित खुफिया सूचनाएं एकत्र करता है।

3. यह सरकार को वन्यजीव अपराधों से संबंधित मुद्दों पर परामर्श प्रदान करता है।

उपर्युक्त कथनों में से कौन-सा/से सही है/हैं?

(a) केवल 1 (b) केवल 2 और 3

(c) केवल 1 और 2 (d) 1, 2 और 3

उत्तर (b) वन्य जीवन अपराध नियंत्रण ब्यूरो देश में संगठित वन्यजीव अपराधों पर नियंत्रण हेतु भारत सरकार द्वारा पर्यावरण और वन मंत्रालय के अंतर्गत स्थापित एक सांविधिक निकाय है। ब्यूरो का गठन वन्य जीवन (संरक्षण) अधिनियम, 1972 में संशोधन करके किया गया था। अत:, कथन 1 सही नहीं है।

इसे एक बहु-विषयक निकाय के रूप में परिकल्पित किया गया है जिसमें वन विभाग, पुलिस, सीमाशुल्क तथा ऐसी ही अन्य एजेंसियों के अधिकारी सम्मिलित होंगे।

वन्य जीवन (संरक्षण अधिनियम, 1972 की धारा 38(Z) के अंतर्गत इसके अधिकार क्षेत्र में निम्नलिखित सम्मिलित हैं :

- संगठित वन्य जीवन अपराध गतिविधियों से संबंधित खुफिया सूचनाएं एकत्रित करना। साथ ही तत्काल कार्रवाई के लिए राज्य और अन्य प्रवर्तन एजेंसियों तक उस जानकारी को पहुंचाना ताकि अपराधियों को गिरफ्तार किया जा सके। अत:, कथन 2 सही है।
- एक केन्द्रीकृत वन्यजीव अपराध डेटा बैंक स्थापित करना;
- अधिनियम के प्रावधानों के प्रवर्तन के संबंध में विभिन्न एजेंसियों द्वारा किए जाने वाले कार्यों का समन्वयन करना;
- वन्यजीव अपराध नियंत्रण के लिए समन्वित और सार्वभौमिक कार्रवाई को सरल बनाने में विदेशी अधिकारियों और अंतर्राष्ट्रीय संगठनों की सहायता करना;
- वन्यजीव अपराध के मामलों में वैज्ञानिक और पेशेवर जांच के लिए वन्यजीव अपराध प्रवर्तन एजेंसियों का क्षमता निर्माण और वन्यजीव अपराधों से संबंधित मामलों में सफलता सुनिश्चित करने के लिए राज्य सरकारों की सहायता करना; तथा
- राष्ट्रीय और अंतर्राष्ट्रीय प्रभाव वाले वन्यजीव अपराधों से संबंधित मुद्दों, प्रासंगिक नीति और कानून पर भारत सरकार को परामर्श देना। अत: कथन 3 सही है।

यह वन्य जीव संरक्षण अधिनियम, CITES, निर्यात आयात नीति (EXIM Policy) आदि शासी निकायों के प्रावधानों के अनुसार, पादपों और जंतुओं की खेप (consignments) के निरीक्षण में सीमाशुल्क अधिकारियों को भी सहायता एवं परामर्श प्रदान करता है।

46. यूनेस्को क्रिएटिव सिटीज नेटवर्क के अंतर्गत निम्नलिखित में से किस/किन नगर/नगरों को सम्मिलित किया गया है?

1. चेन्नई 2. जयपुर

3. हैदराबाद

नीचे दिए गए कूट का प्रयोग कर सही उत्तर चुनिए-

(a) केवल 1 (b) केवल 1 और 2

(c) केवल 2 और 3 (d) 1, 2 और 3

उत्तर (d) यूनेस्को क्रिएटिव सिटीज नेटवर्क को 2004 में निर्मित किया गया था ताकि उन शहरों के साथ सहयोग किया जा सके जो संधारणीय शहरी विकास के लिए रणनीतिक कारक के रूप में रचनात्मकता की पहचान करते हैं।

सात रचनात्मक क्षेत्रों के आधार पर किसी शहर को यह दर्जा प्रदान किया जाता है, ये हैं - शिल्प और लोक कला, डिजाइन, फिल्म, पाक-कला (Gastronomy), साहित्य, संगीत और मीडिया कलाएँ।

चेन्नई को उसकी समृद्ध संगीत परम्परा के लिए यूनेस्को क्रिएटिव नेटवर्क में शामिल किया गया है। जयपुर (शिल्प) और वाराणसी (संगीत) के पश्चात यह इस नेटवर्क में शामिल किया जाने वाला तीसरा भारतीय शहर है।

47. संरक्षित क्षेत्रों के प्रबंधन के संदर्भ में सरकार द्वारा निम्नलिखित में से किन चुनौतियों का सामना किया जा रहा है?

1. प्राकृतिक आवास का विखंडन

2. बायोमास संसाधनों का अत्यधिक उपभोग।

3. बढ़ता मानव-वन्यजीव संघर्ष।

4. आजीविका हेतु वनों पर निर्भरता।

नीचे दिए गए कूट का प्रयोग कर सही उत्तर चुनिए-

(a) केवल 1 और 3

(b) केवल 2 और 4

(c) केवल 1, 2 और 3

(d) 1, 2, 3 और 4

उत्तर (d) संरक्षित क्षेत्रों के प्रबंधन से संबंधित मुख्य मुद्दे हैं :

भारत में वन्यजीव संरक्षण और प्रबंधन के समक्ष वर्तमान में कई जटिल चुनौतियाँ विद्यमान हैं, जिनकी प्रकृति पारिस्थितिक और सामाजिक दोनों प्रकार की है।

इस चुनौतियों में प्राकृतिक आवासों का विखंडन या क्षति, जैविक दबावों के संदर्भ में बायोमास संसाधनों का अत्यधिक उपभोग, मानव-वन्यजीव संघर्षों में वृद्धि, आजीविका हेतु वन एवं वन्यजीव संसाधनों पर निर्भरता और वन्यजीवों का शिकार और उनके अंगों एवं अन्य उत्पादों का अवैध व्यापार, वन्यजीव संरक्षण के लिए जन सहयोग के व्यापक आधार को बनाए रखने की आवश्यकता, आदि सम्मिलित हैं। सरकार और नागरिक समाज इन मुद्दों के समाधान के लिए कई उपाय कर रहे हैं। भारत के विविध वन संसाधनों के संरक्षण की चुनौतियों का सामना करने हेतु सभी हितधारकों के मध्य तालमेल और बेहतर समन्वय की आवश्यकता है।

48. महासागरों के अम्लीकरण के संदर्भ में, निम्नलिखित कथनों पर विचार कीजिए-

1. ऐसा नाइट्रोजन आधारित अम्लीय यौगिकों के उच्च अवशोषण के कारण होता है।

2. नाइट्रोजन युक्त पोषक तत्वों में वृद्धि के कारण प्रवालों की उत्पादकता बढ़ जाती है।

3. समुद्री घास का समावेशन अम्लीकरण का प्रभाव कम कर सकता है।

उपर्युक्त कथनों में से कौन-सा/से सही है/हैं?

(a) केवल 1 और 2 (b) केवल 3

(c) केवल 2 और 3 (d) 1, 2 और 3

उत्तर (b) समुद्र में कार्बन डाइऑक्साइड घुलने पर, कार्बोनिक अम्ल का निर्माण होता है। इससे मुख्य रूप से सतह के निकट, अत्यधिक अम्लता हो जाती है जिसे समुद्री जन्तुओं में कवच का विकास बाधित करने वाला पाया गया है और कुछ मछलियों में जनन विकारों के कारण के रूप में भी इस पर संदेह किया जाता है।

चूंकि, मानव गतिविधियां वायुमंडल में कार्बन डाइऑक्साइड की अत्यधिक मात्रा छोड़ रही हैं, अत: इस गैस को महासागरों का जल अवशोषित कर लेता है जिससे महासागरों का अम्लीकरण होता है।

प्रवाल, सीप, झींगा, केकड़ा और कई प्लैंकोटॉनिक जीवों सहित कवच बनाने वाले जन्तु और यहाँ तक कि कुछ कवच वाली मत्स्य प्रजातियां भी अधिक प्रभावित हो सकती है। इसका कारण यह है प्रवाल, घोंघे, क्रस्टेशयन और सीअर्चिन जैसे कई समुद्री जीव कैल्सीकरण के रूप में ज्ञात प्रक्रिया के माध्यम से अपना कैल्सियम युक्त कवच या कंकाल बनाने के लिए कार्बोनेट आयनों पर निर्भर होते हैं।

महासागरीय अम्लीकरण से समुद्री प्रजातियों के अलग-अलग मात्रा में प्रभावित होने का अनुमान किया जाता है। संश्लेषक शैवाल और समुद्रीघास में महासागरों में उच्च CO2 की स्थिति से लाभान्वित हो सकती है, क्योंकि उन्हें ठीक भूमि पर के पौधों की भांति जीने के लिए CO2 की आवश्यकता होती है। अम्लीकरण को कम करने के लिए समाधान: समुद्रीघास जो 'अद्भुत गुणों' वाला जीवधारी है : यह पौधा कार्बन डाइऑक्साइड का अवशोषण कर लेता है, और अधिक समुद्री घास का उत्पादन करने के लिए इसका उपयोग करता है और अपने चारों ओर के पानी की रासायनिकी में परिवर्तन कर देता है, जिससे महासागरीय अम्लीकरण का प्रभाव कम हो जाता है।

49. ब्लैक कार्बन के संदर्भ में, निम्नलिखित कथनों पर विचार कीजिए–

1. बायोमास के अपूर्ण दहन से ब्लैक कार्बन उत्पन्न होता है।
2. यह सभी तरंग दैर्ध्यों वाले सौर विकिरण को अवशोषित कर लेता है।
3. बर्फ पर ब्लैक कार्बन के निक्षेपण से अल्बीडो कम हो जाता है।

नीचे दिए गए कूट का प्रयोग कर सही उत्तर चुनिए–

(a) केवल 1 (b) केवल 1 और 2

(c) केवल 2 और 3 (d) 1, 2 और 3

उत्तर (d) वायुमंडलीय एयरोसोल में दो सबसे महत्वपूर्ण प्रकाश अवशोषित करने वाले पदार्थ, ब्लैक कार्बन और भूरा कार्बन हैं।

ब्लैक कार्बन (बी.सी.) कणिकीय पदार्थ (पी.एम.) का सर्वाधिक शक्तिशाली प्रकाश अवशोषक घटक है। इसका निर्माण जीवाश्म ईंधन, जैव ईंधन, और बायोमास के अधूरे दहन से होता है।

बी.सी. को विशेष रूप से मुख्यत: शुद्ध कार्बन के ठोस रूप में परिभाषित किया जा सकता है। यह सभी तरंग दैर्ध्यों वाले सौर विकिरण (प्रकाश) को अवशोषित कर लेता है।

सौर ऊर्जा अवशोषित करने में द्रव्यमान के अनुसार बी.सी. पी.एम. का सबसे प्रभावशाली रूप है। बी.सी. 'कालिख' का प्रमुख घटक है। 'कालिख' प्रकाश अवशोषित करने वाला एक जटिल मिश्रण है जिसमें आर्गेनिक कार्बन (ओ.सी.) होता है।

बी.सी. कई तंत्रों के माध्यम से जलवायु को प्रभवित करता है:

- प्रत्यक्ष प्रभाव
- हिम/बर्फ अल्बीडो प्रभाव
- अन्य प्रभाव

50. निम्नलिखित में से कौन-से स्रोत अम्ल वर्षा में योगदान देते हैं?

1. ज्वालामुखी विस्फोट
2. ताप विद्युत संयंत्र
3. कोयले का दहन
4. ऑटोमोबाइल उत्सर्जन

नीचे दिए गए कूट का प्रयोग कर सही उत्तर चुनिए–

(a) केवल 3 और 4

(b) केवल 1, 3 और 4

(c) केवल 2 और 3

(d) 1, 2, 3 और 4

उत्तर (d) अम्ल वर्षा, नाइट्रिक और सल्फ्यूरिक अम्लों की सामान्य मात्रा से अधिक द्वारा प्रदत्त आर्द्र और शुष्क निक्षेपित सामग्री का मिश्रण है।

पानी की बूंदों के पीएच स्तर के आधार पर अम्लता का निर्धारण किया जाता है। सामान्य वर्षाजल 5.3-6.0 की पीएच सीमा के साथ थोड़ा अम्लीय होता है क्योंकि वायु में विद्यमान कार्बन डाइऑक्साइड और पानी एक साथ अभिक्रिया करते हैं, जिससे कार्बोनिक अम्ल का निर्माण होता है, जो एक क्षीण अम्ल है। जब वर्षा जल का पीएच स्तर सीमा से नीचे गिर जाता है तो अम्ल वर्षा होती है।

विस्फोट करने वाले ज्वालामुखियों में कुछ रसायन होते हैं जो अम्ल वर्षा का कारण बन सकते हैं। इसके अतिरिक्त, मानव गतिविधियों के कारण जीवाश्म ईंधन का दहन, कारखानों और मोटरवाहनों का चलना इस गतिविधि के पीछे के कुछ अन्य कारण हैं।

51. होप स्पॉट्स (Hope Spots) के संबंध में निम्नलिखित कथनों पर विचार कीजिए–

1. ये ऐसे विशेष स्थान हैं जो महासागरों के स्वास्थ्य के लिए महत्वपूर्ण होते हैं।
2. इनके संबंध में घोषणा संयुक्त राष्ट्र संघ पर्यावरण कार्यक्रम (UNEP) के द्वारा की जाती है।
3. भारत में लक्षद्वीप एक होप स्पॉट है।

उपर्युक्त कथनों में से कौन-सा/से सही है/हैं?

(a) केवल 1

(b) केवल 1 और 3

(c) केवल 2 और 3

(d) 1, 2 और 3

उत्तर (d) होम स्पॉट ऐसे विशिष्ट स्थान होते हैं जो महासागर के स्वास्थ्य के लिए महत्वपूर्ण होते हैं। होप स्पॉट महासागर का वह क्षेत्र होता है जिसे उसके वन्य जीवन तथा महत्वपूर्ण अन्तर्जलीय प्राकृतिक वास स्थलों के लिए विशेष संरक्षण की आवश्यकता होती है।

इनकी घोषणा प्रकृति संरक्षण हेतु अंतर्राष्ट्रीय संघ (International Union for Conservation of Nature, IUCN) तथा महासागरों के अध्ययन से जुड़े एक संगठन मिशन ब्लू द्वारा की जाती है।

अंडमान तथा निकोबार द्वीप समूह और लक्षद्वीप नामक द्वीपों के दो समूहों को समुद्री जैव विविधता के मामले में अत्यंत समृद्ध समझा जाता है, तथा वे वैश्विक 'होप स्पॉट्स' की सूची में सम्मिलित भारत के प्रथम स्थल हैं।

52. माइक्रोबीड्स (माइक्रोप्लास्टिक्स), निम्नलिखित कथनों पर विचार करें–

1. ये 5 एम.एम. से कम माप वाले प्लास्टिक के टुकड़े होते हैं।
2. ये कॉस्मेटिक्स, टूथपेस्ट तथा टेबल नमक में पाए जाते हैं।
3. उनके अस्तित्व का पता केवल समुद्री सूक्ष्म-जीवों में चलता है।

नीचे दिए गए कूट का प्रयोग कर सही उत्तर चुनिए–

(a) केवल 1
(b) केवल 1 और 2
(c) केवल 2 और 3
(d) 1, 2 और 3

उत्तर (b) माइक्रोबीड्स 5 मिली मीटर से कम आकार के रेशों से बनी प्लास्टिक के टुकड़े होते हैं। उनका उपयोग व्यक्तिगत उपभोग सम्बन्धी उत्पादों में किया जाता है, तथा वे पॉलीइथिलीन (पी.इ.) के बने होते हैं, किन्तु उन्हें पॉलीप्रोपीलीन (पी.पी.), पॉलीइथिलीन टेरेफ्थालेट (पी.इ.टी.), पॉलीमिथाइल मेथाक्राइलेट (पी.एम.एम.ए.) तथा नाइलोन से भी तैयार किया जा सकता है।

उन्हें शृंगार सामग्रियों में अपपर्णन एजेंट (exfoliating agent) के के रूप में, तथा व्यक्तिगत देखभाल के उत्पादों, यथा टूथपेस्ट, के साथ-साथ जैव-चिकित्सकीय शोध में उपयोग में लाया जाता है। शोध अध्ययनों ने टेबल नमक में भी इसकी उपस्थिति दर्शायी है।

वे इतने सूक्ष्म आकार के होते हैं कि व्यक्ति को उनका भान कदाचित ही होता है। उनकी गोल आकृति तथा कण का आकार क्रीमों तथा लोशनों में बॉल-बेयरिंग प्रभाव उत्पन्न करते हैं जिसका परिणाम रेशमी संरचना और प्रसाधन सामग्री के प्रसारित हो जाने की प्रवृत्ति के रूप में होता है।

53. फ्लोरिनेटेड गैसों के संबंध में निम्नलिखित कथनों में से कौन-सा/से सही है/हैं?

1. ये ओजोन का अवक्षय करने वाले पदार्थ हैं।

2. इनका उत्सर्जन अर्द्धचालक उपकरणों के निर्माण के दौरान होता है।

3. इन्हें प्रकाश-अपघटन के माध्यम से वातावरण में हटा दिया जाता है।

नीचे दिए गए कूट का प्रयोग कर सही उत्तर चुनिए–

(a) केवल 1 और 2
(b) केवल 2 और 3
(c) केवल 1 और 3
(d) 1, 2 और 3

उत्तर (b) फ्लोरीकृत गैसें (Fluorinated gases) (F-gases/एफ-गैसें) मानव निर्मित गैसें होती हैं जो सदियों तक वातावरण में रह सकती हैं और वैश्विक ग्रीनहाउस प्रभाव में योगदान देती हैं। वे चार प्रकार की होती हैं : हाइड्रोफ्लोरोकार्बन (एच.एफ.सी.), परफ्लोरोकार्बन (पी.एफ.सी.), सल्फर हेक्साफ्लोराइड (एस.एफ.6) और नाइट्रोजन ट्राइफ्लोराइड (एन.एफ. 3.)।

कई अन्य ग्रीन हाउस गैसों के विपरीत, फ्लोरीकृत गैसों का कोई प्राकृतिक स्रोत नहीं होते हैं और वे केवल मनुष्य संबंधी गतिविधियों से उत्पन्न होती हैं। वे विभिन्न प्रकार की औद्योगिक प्रक्रियाओं जैसे एल्युमीनियम एवं अर्धचालक विनिर्माण इत्यादि से उत्सर्जित होती हैं। कई फ्लोरीकृत गैसों की भूमण्डलीय तापक्रम वृद्धि करने की क्षमताएँ (जी.डब्ल्यू.पी.) अन्य ग्रीन हाउस गैसों की तुलना में उच्च होती हैं। इसलिए कम वातावरणीय सांद्रता में भी वैश्विक तापमानों पर व्यापक प्रभाव हो सकता है।

फ्लोरीकृत गैसें वातावरण से केवल तभी हटती है जब वे पृथ्वी से सुदूर उच्च वातावरण में सूर्य के प्रकाश की उपस्थिति में नष्ट कर दी जाती हैं। सबसे सामान्य रूप से पाई जाने वाली एफ-गैसें हाइड्रोफ्लोरोकार्बन (एच.एफ.सी.) हैं, जिनमें हाइड्रोजन, फ्लोरीन और कार्बन होते हैं। वे कई प्रकारों के अनुप्रयोगों में प्रयोग की जाती हैं जिनमें वाणिज्यिक प्रशीतन, औद्योगिक प्रशीतन, एयर कंडीशनिंग प्रणालियाँ, ऊष्मा पम्प उपकरण (हीट पम्प उपकरण), एवं फोम हेतु धमन कर्मकों (blowing agents for foams), अग्निशामक तत्वों, नोदकों (aerosol propellants) और विलायकों के रूप में अनुप्रयोग सम्मिलित हैं।

परफ्लोरोकार्बन (पी.एफ.सी.) फ्लोरीन और कार्बन से मिलकर बने हुए यौगिक होते हैं। वे अन्य गैसों के साथ संयुक्त होकर इलेक्ट्रॉनिक्स, सौंदर्य प्रसाधनों और दवा इत्यादि उद्योगों के साथ ही साथ प्रशीतन में व्यापक रूप से प्रयोग किए जाते हैं।

54. निम्नलिखित में से कौन समुद्री शैवाल (seaweed) के संभावित उपयोग हैं?

1. जानवरों के चारे के रूप में।

2. जैव ईंधन के रूप में।

3. शृंगार सामग्री (कॉस्मेटिक्स) के रूप में।

4. अपशिष्ट जल शोधन में

नीचे दिए गए कूट का प्रयोग कर सही उत्तर चुनिए–

(a) केवल 1, 2 और 3
(b) केवल 1 और 3
(c) केवल 2 और 4
(d) 1, 2, 3 और 4

उत्तर (d) समुद्री शैवाल के निम्नलिखित उपयोग हैं :

समुद्रतटीय क्षेत्रों में रहने वाले भेड़, मवेशी और घोड़े इत्यादि जानवर समुद्री शैवाल खाते हैं। **इसलिए, विकल्प 1 सही है।**

समुद्री शैवाल का उपयोग इथेनॉल का उत्पादन करने के लिए किया जा सकता है, जिसे प्राकृतिक गैस के मुख्य घटक पेट्रोल या मीथेन के साथ मिलाया जा सकता है। **इसलिए, विकल्प 2 सही है।**

समुद्री शैवाल का सत्त्व विशेष रूप से चेहरे, हाथ एवं शरीर की क्रीम या लोशन हेतु प्रयोग किए जाने वाले सौन्दर्य प्रसाधनों के पैकेज के अवयवों की सूची में प्रायः पाया जाता है। **इसलिए, विकल्प 3 सही है।** हालांकि, सौंदर्य प्रसाधनों में स्वयं समुद्री शैवालों का उपयोग उनके सत्त्व के उपयोग की तुलना में अत्यधिक सीमित है।

ऐसे दो मुख्य क्षेत्र हैं जहां अपशिष्ट जल उपचार हेतु समुद्री शैवाल का उपयोग किए जाने की संभावना है। प्रथम उपयोग अपशिष्ट जल को उपचार के बाद नदियों या महासागरों में छोड़े जाने के लिए कुल नाइट्रोजन और फॉस्फोरस-युक्त यौगिकों की मात्रा कम करने हेतु वाहितमल एवं कुछ कृषि अपशिष्टों का उपचार करने हेतु है। द्वितीय उपयोग औद्योगिक अपशिष्ट जल से विषक्त धातुओं को हटाने के लिए है। **इसलिए, विकल्प 4 सही है।**

55. लाल ज्वार (Red Tide) क्या होता है?

(a) यह संज्ञा खतरे के चिह्न से ऊपर जाने वाले उच्च ज्वार को दी जाती है।
(b) इसमें पादप-प्लवक की विस्फोट वृद्धि होती है जिससे जल का रंग परिवर्तित हो जाता है।
(c) यह महासागर में कुछ गहराई पर पाए जाने वाले लाल शैवाल के प्रस्फुटित (शैवाल प्रस्फुटन) होने को संदर्भित करता है।
(d) यह घुली हुई आर्सेनिक के कारण जल के लाल रंग को दी जाने वाली संज्ञा है।

उत्तर (c) लाल ज्वार, शैवाल प्रस्फुटन के कारण घटित होने वाली एक परिघटना है जिसके दौरान शैवालों की संख्या इतनी अधिक हो जाती है कि वे तटीय जल को रंगीन कर देते हैं। कभी-कभी यह रंग लाल दिखाई देता है किन्तु ऐसा सदैव नहीं होता है, लेकिन इसे आमतौर पर लाल ज्वार कहा जाता है। यह किसी भी प्रकार की शैवाल में होने वाला प्रस्फुटन होता है और आवश्यक नहीं है कि वह लाल शैवाल ही हो। शैवाल प्रस्फुटन जल में ऑक्सीजन का अपक्षय भी कर सकते हैं और/या ऐसे विषैले तत्वों को निर्मुक्त करते हैं जो मनुष्यों एवं अन्य प्राणियों में रोग उत्पन्न कर सकते हैं।

❑❑❑